国家出版基金项目
NATIONAL PUBLICATION FOUNDATION

漢唐禮制因革譜

顧濤 著

上海書店出版社

本項目是上海文化發展基金會圖書出版專項基金資助項目

行年四十
於清華園
念寅恪

本課題的研究曾先後獲得教育部人文社会科學研究青年基金（09YJC770040，2009.11）、中國博士後科學基金（20100470290，2010.6）資助。

本課題的出版曾先後獲得上海文化發展基金（2016.10）和國家出版基金（2017.2）資助。

謹致以誠摯的謝忱！

封面题签：郭伟彬

目 次

凡 例

1. 本譜主體部分按地域爲團塊分作五卷。卷二爲西漢(前206—25)，都城在長安(今陝西西安)；卷三爲東漢至西晉(25—316)，都城在洛陽；卷四爲東晉南朝(317—589)，都城在建康(今江蘇南京)；卷五爲北朝(386—581)，都城從平城(今山西大同)遷到洛陽，再到鄴(今河北臨漳西南)，再到長安；卷六爲隋至唐開元(581—732)，都城在長安。蜀漢、孫吳則附於曹魏之後。十六國史事附載於北朝相應年份。

2. 本譜以時間先後爲序將史料予以繫年。以朝代爲框架，各朝代下標排以帝王年號，下設條目儘可能標注到某月、某日。若某事祇能考知在某月，則置於此月之末；祇能考知在某年，則置於此年之末；祇能考知在某帝時，則置於此帝去世之前。然若能考知某事與其他事件、人物等之先後，雖無法確切繫時，可靈活具體處理。有些事類相關度較高，在無法確切繫時的情況下酌情統列於一處，便於參照。

3. 本譜於帝王年號、干支紀日後分別用括號小字標注公元年、陰曆日，以示對照。曆日的推算主要依據方詩銘、方小芬《中國史曆日和中西曆日對照表》(上海人民出版社，2007年)。

4. 本譜按五禮爲綱目將禮典分類標志。依《大唐開元禮》所設框架(《通典》基本沿用)，參酌秦蕙田《五禮通考》，在各條目前分別作五禮標志，以醒眉目，如此亦可彌補全譜不以禮類分立之不足。所用標志號共計如下七種：

吉——吉禮

嘉——嘉禮(含輿服)

賓——賓禮

軍——軍禮

凶——凶禮

樂——關涉樂制者

制——統言制禮者

5. 每一辭條之撰文主要包括事目、出處、疏證三部分。事目用黑體大號字書寫，簡要概述時地、人物和所發生之禮事。事目之末統一在句號後用括號小號字標注所據出處，以便查核。爲避繁瑣，省去書名號，但遇轉引文獻，則不省。

6. 出處之下換行縮進用宋體中號字對此條詳作疏證，疏證部分又分設儀制、理據、因革、論評、考釋、附識六項。此六項各自的側重如下：

【儀制】重在直接迻録古史文獻中所記禮典之儀注和規制，包括一度通行之儀制和某次具體施行之儀注兩種，有所不同。該部分史料儘量直接引録，不作更動，以便前後對照，察其細節。有時爲避繁縟起見，會略作删削。又因史料多有缺失，有些僅存隻言片語，儘量進行離析與歸併，儘可能使某項儀制更顯充實，能復現其時場景之一二。

【理據】重在概括提煉古史文獻中所記禮制設立或施行之依據或各家爭議之理據，僅取其重要部分予以引録，並輔以概述。

【因革】重在説明某項禮典前後之因承與變革，或引録某家之成説，或出以己意，其間也着意對同一項禮典的前後予以提示照應。若某項禮典在某朝、某時段有規律地進行，儀注沒有變化，則統記於首次條目之下，以見其因承。

【論評】重在收集史書所載或歷代學者對此項禮事所作的議論和評價，酌收現當代學者的成果，亦間下己意。

【考釋】重在對與該禮事相關的事件原委與若干疑惑處進行簡單考證與解釋，以使首尾明確。

【附識】記録與該禮事相關的其他儀節、補充説明或備參等相關信息。

7. 疏證部分每一項之下若史料較多，則按類分段條列，若相關度較高的幾條，則合列在一段之内，其間用①②③……隔開。

8. 人物的名號、官階及其他信息，隨文用括號楷體小號字予以標注。

9. 十七史中的相關禮制史料，均散入本譜，並標注出處。其中的禮樂志，乃研究禮制因革的首選史料，悉數予以引録，爲避繁瑣起見，本譜使用簡稱。在引録史料時，亦以史志撰成時間爲序，一般以在前者爲主，附參在後者。例如：《漢書》的《禮樂志》、《郊祀志》，簡稱《漢志·禮樂》、《漢志·郊祀》。以此類推，《續漢書》、《宋書》、

《南齊書》、《魏書》、《隋書》、《晉書》、《舊唐書》、《新唐書》之《志》,分別簡稱《續漢志》、《宋志》、《南齊志》、《魏志》、《隋志》、《晉志》、《舊唐志》、《新唐志》。

10. 正史之外,《通典·禮典》、《樂典》的史料亦儘量予以參錄,逐一標注出處。其他典籍,諸如《資治通鑑》、歷代《會要》、《五禮通考》等,亦通盤參照一過,然僅引錄或標注出新知或存在差異之處,若與以上史料重合者,則不再予以標注。其他史籍、文集乃至現當代學者的研究成果,本譜如今祇做到選取從古到今若干家,疏略遺漏或來不及提取者尚多。

11. 引文部分遇到原本因承上下文而省略的個別字詞,必須補入者,則加〔　〕以示區別。

12. 個別人名因古史文獻簡稱,造成無法考實其姓名,今暫用□代指。

13. 本譜編製年號索引一份,按音序排列,標注年號元年所在頁碼,若元年未出現,則標注二年所在頁碼。

14. 本譜編製人名索引一份,按音序排列,然譜中帝王、皇后、太后、注釋家以及名姓不全者,一般不入索引。

卷一
叙　説

一、禮典的兩座高峰之間

與西方法治形成鮮明對照者,乃中國的禮治。依錢穆(1895—1990)之説,"中國政治是一個禮治主義的。倘使我們説西方政治是法治主義,最高是法律,那麼中國政治最高是'禮',中國傳統政治思想是禮治"《中國史學名著》,第180頁)。就此兩大傳統言,歐美社會對法治的歷史演進、制度運作、思想構成等均已進行過長足的探索,取得了豐碩的成果,而中國(乃至東亞)對禮治傳統的研究却相當薄弱,至今未能對其歷史流變脈絡形成一個清晰的認識。

如同法治的研究起自於法典,對禮治傳統的研究,也必將起自展露在外、具體可觀的禮典。中國的禮典撰修,在歷史上曾先後形成過兩座高峰。

第一座高峰是《儀禮》十七篇。此書漢人徑稱爲《禮》,或尊稱爲《禮經》,記載冠婚、射鄉、朝聘、喪祭等各種典禮儀式,藉此尚可摩見西周禮典之盛況。然此書重在記録士禮,對國家禮典僅有賓禮中的覲、聘和嘉禮中的燕饗、飲食、射禮等若干篇。據沈文倬(1917—2009)的研究,此書"是在公元前五世紀中期到四世紀中期這一百多年中,由孔子的弟子、後學陸續撰作的"(《菿闇文存》,第58頁),自周公制禮作樂以來,周代禮典在施行過程中逐漸趨於完善,至五六百年之後方纔由孔子及其弟子編訂成書。《漢書·藝文志》載有"《禮古經》五十六卷",云其"出於魯淹中及孔氏,與十七篇文相似,多三十九篇",劉歆稱此爲逸《禮》,既出於孔壁,必曾爲孔子及其弟子所見。然何以不經孔子之手而增益十七篇之數? 邵懿辰、皮錫瑞的回答是:"孔子所爲定禮樂者,獨取此十七篇以爲教,配六藝而垂萬世,則正以冠、昏、喪、祭、射、鄉、朝、聘八者,爲天下之達禮耳。"(《論禮十七篇爲孔子所定,邵懿辰之説最通,訂正禮運、射御之誤當作射、鄉,尤爲精確》,《經學通論·三禮》,第15頁)可見,十七篇融入孔門禮學精藴,當依后倉等之所爲,潛心玩索而得孔子所謂"禮之本",便可"推士禮而致於天子之説"(《漢書·藝文志》),由此可大致復現周禮創制之規模與用心。

第二座高峰是《大唐開元禮》一百五十卷。此書是漢以來禮制重建,綿延至唐趨於成熟的標志。經六國與秦,西漢立國後不再延承周禮,而是平地而起重啟新制,就禮典的撰修來看，西漢有曹褒撰《漢禮》，西晉有荀顗等修《晉禮》，至梁又有何佟之等纂《梁禮》，然唐以後均散佚，九百年實踐的積累，融入一代又一代禮家的覃思精蘊，直至唐玄宗開元二十年(732)所頒行的《大唐開元禮》，集漢唐以來制禮經驗與禮學思想之大成，堪稱繼周禮以後中國禮典發展到第二座高峰時期的傑作。此書之地位學界早已深識，如清初王夫之(1619—1692)即云："周公而後，至漢曹褒始有禮書；又閱四姓，至齊伏曼容始請修之，梁武帝乃勅何佟之、伏暅終其事，天監十一年而五禮成；其後嗣之者，唯唐開元也。"(《讀通鑑論》卷十七)所謂"唯唐開元"者，不僅上繼梁禮，實可上接西周。就其影響所及，乃如陳寅恪(1890—1969)之所言，"夫隋唐两朝爲吾國中古極盛之世，其文物制度流傳廣播，北逾大漠，南暨交趾，東至日本，西極中亞"(《隋唐制度淵源略論稿・緒論》，第 3 頁)，其所謂"文物制度"，禮典實位居大端。且王夫之又云："宋於儒者之道，上追東魯，而典禮之修，下無以繼梁、唐，是可惜也。朱子有志而未逮焉，蓋力求大醇而畏小疵，慎而葸，道乃息於天下矣。"(《讀通鑑論》卷十七)可見，其所謂"唯唐開元"者，又當下貫諸清，唐開元以後禮典雖時有更修，然大格局上已無變動。直至民國年間，章太炎(1869—1936)提出新修禮制若欲效則古禮，"宋明清三家……既不可用"，又"不能盡從《禮經》者"，故擇善而從，"莫尚於《開元禮》矣"(《喪服依開元禮議》，《太炎文録續編》卷一，第 36 頁)。

中國禮治的生命力，從一個側面來看，正蘊含在從《儀禮》第一座高峰到《大唐開元禮》第二座高峰這一文物制度的承襲流變過程中，錢穆稱此爲"漢唐因革論"。且看錢先生所言：

中國治史論政的，稱此爲"因革"。革是變革，……然而有所"革"，亦必有所"因"。……唐朝乃始可與漢朝相提並論。有的是跟着漢人而來的，有的是改變了漢人而自創的。這裏我們便可有一番"漢唐因革論"。當然，中間魏晉南北朝，還是有因有革，一路下來沒有斷。若使抹殺了中間魏晉南北朝一段，試問唐代的一切，又何因而起？其所革的，又是革的哪一代哪些事？……唐代的一切，既非憑空而起，以前的南北朝，亦非一无足取。若分別而論，則每一制度，每一儀法，如各有一條綫承貫而下。但合而論之，則一朝有一朝之制度儀法，其間高

下得失,有關治亂興衰,相距不可以道里計。所以我們研究制度,則必然是一種

通學(《中國史學名著》,第 163—165 頁)。

錢先生之説與陳寅恪可謂前後呼應。反芻陳先生《隋唐制度淵源略論稿》,探究隋唐制度前有三源,一曰[北]魏、[北]齊,二曰梁、陳、三曰[西]魏、周,在逐項論析其三條結論的過程中,陳著貫通着一種承襲流變的思想,也就是隋唐典制非平地而起,其於此前之制度有因有革,由此可直溯到漢、魏、晉。且看書中寅恪案語:"此隋制禮服不襲周而因齊之例證也。齊又襲魏太和以來所采用南朝前期之制,而江左之制源出自晉,上溯於漢,故曰漢晉。"(《隋唐制度淵源略論稿·禮儀》,第 64—65 頁)此類脈絡的梳理,彌滿於全書,爲全書内藴之主綫。概括言之,陳先生所關注的,是既要"研究其爲甚麼發此言,與當時社會生活、社會制度有甚麼關係",又要"研究其行動與當時制度的關係","研究其制度的施行,研究制度對當時的影響和當時的行動對於制度的影響"(《陳寅恪先生開課筆記三種》,卞僧慧《陳寅恪先生年譜長編》附錄一),等等。若按錢先生之説,即一方面條理出"每一制度,每一儀法"之"各有一條綫",另一方面提煉出"一朝有一朝之制度儀法"的"高下得失,有關治亂興衰"。簡括而言,兩位的宗旨同是要梳理清楚漢唐間各項典制因革的具體步驟與綫索,以及各項禮制在九百年的曲折漸進中,是如何趨於唐開元禮極完備之狀態的。

陳先生關注制度,尤其注重禮樂典章,旨在薪傳儒家禮樂精神,至其晚年贈序於其弟子蔣天樞(1903—1988,字秉南),借筆於隋世碩儒王通(文中子),仍不免流露出這一心跡,蔣先生稱這一理想爲"續命河汾的嚮往"(下文將詳述)。陳先生這一思想應該説在清華大學任教期間已基本確立。

1932 年秋起,陳先生在清華大學歷史系開設"晉至唐史"、"晉至唐文化史"兩門課,今由卞僧慧所編《陳寅恪先生年譜長編》附錄此兩課程之開課筆記可知,陳先生授課關注的重心即在思想和制度,要力避舊派研究古史之失在"不能瞭解人民精神生活與社會制度的關係"(《陳寅恪先生開課筆記三種》,卞僧慧《長編》附錄一)。

1933 年,陳先生於《馮友蘭中國哲學史下册審查報告》中明確表述其理念曰:

儒者在古代本爲典章學術所寄託之專家。……夫政治社會一切公私行動，莫不與法典相關，而法典爲儒家學説具體之實現。故二千年來華夏民族所受儒家學説之影響，最深最巨者實在制度法律公私生活之方面（參見馮友蘭《中國哲學史》，下册）。

因此，關注歷代典章制度和物質、精神生活，並試圖從其流變中抉發精神觀念，成爲陳先生各項研究之思想依託。1935 年秋起，陳先生又新開"歐陽修"課，主在"講歐陽修的思想，即其史觀"，要知"歐公言政，尤重制度；而制度之要，則在禮樂"（何澤恒《歐陽修之經史學》，第 191 頁），陳先生此課之設置可謂其史觀之直接流露。

充分體現陳先生這一思想之代表作，當然要數其後執教西南聯大時著成的、上文已數度引錄過的《隋唐制度淵源略論稿》。我們且看陳先生此書的結構，全書旨在分析推論隋唐典制之淵源遞嬗，分列禮儀、職官、刑律、音樂、兵制、財政諸方面，其中"禮儀"一章占全書一半篇幅，這一方面可以印證我上面所説的陳先生對禮樂典章的關注，更重要的是，對於中國制度史略有根底者，便不難發現此舉直接上承自唐杜佑（735—812）之《通典》。《通典》全書二百卷，分設食貨、選舉、職官、禮典、樂典、兵典、刑法、州郡、邊防九門，其中《禮典》即占一百卷。兩相比較可知，雖然陳先生書中所舉例證大多並非直接采自《通典》，然在謀篇佈局、精神氣韻上兩者一脈貫注，陳先生所欲上紹者，乃一千年前杜佑的學術偉業。對陳先生傾注巨大心力的史家汪榮祖（1940—　），曾敏感地發現一項確證，即"寅恪以手邊幸存的眉注本《通典》爲基礎，於1939 年完成《隋唐制度淵源略論稿》一書"（《史家陳寅恪傳》第五章，第 77 頁），而據史實來推算，陳先生於 1937 年離開清華園，奔波中據"手邊幸存的眉注本《通典》"寫作《隋唐制度淵源略論稿》，而其用力於《通典》，當正是在清華園執教的十二年安定的學術生涯中，尤其是 1932 年開設"晉至唐史"以後的三五年内。

對於杜佑《通典》謀篇的匠心，及背後的學術旨趣，其友李翰在《通典序》中已有精到的概括：

今《通典》之作，……以爲君子致用，在乎經邦，經邦在乎立事，立事在乎師古，師古在乎隨時。……故采五經群史，上自黄帝，至於我唐天寶之末，每事以類相從，舉其始終，歷代沿革廢置及當時群士論議得失，靡不條載，附之於事。如人支脈，散綴於體。……非聖人之書，乖聖人微旨，不取焉，惡煩雜也。事非經國禮法程制，亦所不録，棄無益也。

李翰代杜佑立言，明確揭示《通典》事類的設置均爲“經國禮法程制”，用當代學者的話説便是“抓住禮法刑政這樣的制度建設和管理運作問題，就是抓住了要點、抓住了根本”（郭鋒《杜佑評傳》，第 197 頁），而其内藴的宗旨則在“致用”，在“經邦”，即所謂“可以從中汲取安邦治國的實際建設和管理經驗，有裨益於提高治政能力和執政水平的實用理論著作”（郭鋒《杜佑評傳》，第 203 頁）。

更值得關注的是，《通典》素材的來源爲“歷代沿革廢置及當時群士論議得失”，用杜佑在《通典·禮一》“禮序”中自己的話説，叫作“或泛存沿革，或博采異同”，也就是説重心在探索禮樂典章如何發生因革變遷，以及伴隨前後歷代士大夫在議論中所呈現出來的卓見與素養，由此方能得所謂“聖人微旨”。章太炎以其對六朝思想之精熟，故對《通典》精深、微邈之處的揭櫫最爲透闢：

中國有一件奇怪事，老子明説：“禮者，忠信之薄”，却是最精於禮，孔子事事都要請教他。魏晉人最佩服老子，幾個放蕩的人，並且説：“禮豈是爲我輩設”，却是行一件事，都要考求典禮。晉朝末年，《禮論》有八百卷，到劉宋朝何承天，删並成三百卷；梁朝徐勉集五禮，共一千一百七十六卷；可見那時候的禮學，發達到十分。現在《通典》裏頭，有六十卷的禮，大半是從那邊采取來，都是精審不磨，可惜比照原書，祇存二十分之一了（《論教育的根本要從自國自心發出來》，《章太炎政論選集》，第 503—504 頁）。

問題恰恰在於，若僅將視角瞄準周、唐禮典的兩座高峰，見其玲瓏剔透，見其光怪陸離，然而殊難察知其中制度所含的精義，而正是在兩座高峰的轉變之間，在拼裁剪輯的過程中，在分合起伏的縫隙中，梳理清楚了那“自上而下地催驅了兩晉南北朝一波又一波崇禮、修禮、釋禮、論禮的浪潮"（樓勁《〈周禮〉與北魏開國建制》,《唐研究》第 13 輯,第111 頁）,纔能看出門道,看出微旨,看出血脈與筋骨,體會到形魄與靈魂如何交映,這就是杜佑識力的過人之處,也正是陳寅恪用力要上紹杜佑的學術事業,用錢穆的話說就是"漢唐因革論"。

雖然比照南朝的《禮論》三百卷,杜佑之書僅存二十分之一,但是仍然難以抑制章太炎對《通典》的高譽:"九通之中獨杜氏《通典》最當詳究,不僅考史有關,以言經學,亦重要之書也。"又云:"就政治而言,《通典》一書爲最重要,其言五禮亦備。"（《章太炎國學講演録·史學略説》,第 223、225 頁）章太炎之所謂"禮",其所涵蓋之範圍絶非限於外式上的禮儀:

> 余以爲觀象授時,體國經野,設官分職,學校制度,巡狩朝覲,皆可謂之經禮。……經禮之外,別立曲禮一項,然後依五禮分之。如是,始秩然不紊。

由此,《儀禮》當擴展爲"三禮",《大唐開元禮》當擴展爲包括《唐六典》、《唐律疏議》等在内的唐制整體,此即李翰所謂的"經國禮法程制"意義上的"禮"。職是之故,《通典》即使"祇存二十分之一",然有鑑於晉宋的《禮論》、梁代的《梁禮》均已散佚不傳的史實,杜佑"博采史志,綜貫歷代典章制度,而爲是書",其"重在政治"、"隆禮"的用心已然見諸筆端,由此成爲足以代表兩座高峰背後整體典章制度變易所内蘊機理的一部"體大思精之作"（《章太炎國學講演録·史學略説》,第 221 頁）。

錢穆自然亦不例外,對《通典》持有盛譽,他説"這部書,可説在中國史學裏是一個大創闢",他的獨創之處就在於"倘把'禮樂'兩門合算,就占了全部《通典》的一半以上"（《中國史學名著》,第 161、183 頁）。那麼,倘若"研究經濟史的,祇翻它《食貨志》,研究選舉制度的,祇翻他《選舉志》,研究政治組織的,祇翻他的《職官志》,却没有人去翻它大半部《通典》所講的禮",這便是大問題,由此便造成"今天我們没有一個講歷史講政治的人再來講禮樂"（《中國史學名著》,第 180、183 頁）。甚而至於,"若碰到一制度問題,不要祇爲找材料,去杜佑《通典》裏找,僅要拿人家的精心結撰來做自己的方便使用"（《中國史學名著》,第 171 頁）,由此杜佑那"血脈貫通,呼吸相關"的"體大思精"的學術偉業便將崩塌爲一部資料書,一地散錢碎屑。且看,錢先生對杜佑的"體大思精"
是如何闡發的:

　　　　唐代統一盛運之再興,自然有它直通古今與通籌全局之一套遠大的氣魄與
　　心胸,始得肇此盛運。所以朝代、人事,可以隨時而變,而歷朝之典章制度、大經
　　大法,則必貫古今,通彼此,而後始可知其所以然與當然。學者必先具備了此種
　　通識,乃能進而研治此種通史(《中國史學名著》,第165頁)。

由此便可知曉,關注唐代制度興盛之淵源,貫通於兩座高峰之間,淬其心力於漢唐禮
制因革,便是杜佑所創闢的、陳寅恪所紹繼的、錢穆所呼籲的學術偉業。

二、漢唐禮制史料分層

　　章太炎曾説,葉德輝語其曰"梁[啓超]氏之徒,尚知謙抑,嘗問欲明典章制度,宜
讀何書,則告以可讀《通考》",章問"何以不舉《通典》",葉笑曰"尚不配讀《通典》也"
(《章太炎國學講演録·史學略説》,第225頁)。此固可見葉、章之傲睨,然另一方面亦可知,
《通典》之"體大思精"確非人人所能把握得住,若非素年深潛典章如葉、章輩,尤其是
初學,於漢唐史料把握尚屬粗淺者,茫然捧讀《通典》,往往將空入寶山。

　　錢穆曾説,"《通典》在'禮'一部分前也有個總論,提起中國歷代講禮的人,從西
漢叔孫通起,到唐代,共有三百人之多。可見杜佑自己至少對這一部分是下着很大
工夫的"(《中國史學名著》,第180頁)。我没有統計《通典》究竟收録了唐以前各家議禮材
料多少條,牽涉多少位歷史人物,但是,僅就大致梳理過一遍其中七十二卷(《禮典》於
《開元禮纂類》之前的六十五卷,加《樂典》七卷)資料的印象來看,可以肯定被《通典》收録其
中的議禮史料確實僅有一小部分,相當大部分尚可見諸於正史者被杜佑所捨棄。舉
一個例子言,如《南齊志》、《隋志》共計載入南朝齊梁禮學家何佟之議禮條目22則,
然爲《通典》所收入者僅有10則(參見拙文《重新發掘六朝禮學》)。此外,章太炎尚明確揭
出,於"典章制度之散在列傳者,《通典》不備取"(《章太炎國學講演録·史學略説》,第221

頁），可見今天我們欲僅就《通典》以考索漢唐禮制流變，難以得乎其全豹，亦無法徵知其細部。更有甚者，《通典·嘉禮六》則記曹魏冕服之制曰"魏氏多因漢法，其所損益之制，無聞"，然據閻步克的細緻研究，發掘出大量史料，足以證明："杜佑説曹魏冕制'多因漢法'，現在看來情況相反；其輕飄飄的'無聞'二字，掩蓋了那麼多前所未聞的東西！"（《服周之冕》第六章，第 249 頁）如此者，尚非一例。

職是之故，作爲新一代的文史研究者，積累與根底殊難企及葉、章輩，而又經受了傅斯年輩"歷史學衹是史料學"的方法論熏陶，便毅然地決定從重新着手梳理史料起步，近距離地拿着放大鏡來，沉下心來慢慢觀察禮制在兩座高峰之間發生的每一項變動、每一個腳步，而不急於匆忙地要把握禮制沿革大勢，趕緊地要"以通時用"。其實，八十年前陳寅恪在清華園，一邊批注着《通典》，另一邊已然從十七史中另行爬梳起材料來了。

這就是本譜之所由起。下面，將我依次梳理的史料大致可分作如下四個層次，略事交代。

1. 十七史禮樂志，附《通典》

相對集中記載漢唐禮制因革的史料無疑是"正史"中的禮樂諸志，此係本譜構成的第一層次，悉數收錄入本譜。具體而言，從《史記》到《新唐書》這前十七部正史中，共計有九種具有禮樂志（含《輿服志》等），今以成書之先後條列如下：

① 〔東漢〕班固（32—92）《漢書》的《禮樂志》、《郊祀志》；

② 〔西晉〕司馬彪（約 246—306）《續漢書》的《禮儀志》、《祭祀志》、《輿服志》；

③ 〔梁〕沈約（441—513）《宋書》的《禮志》、《樂志》；

④ 〔梁〕蕭子顯（約 489—537）《南齊書》的《禮志》、《樂志》、《輿服志》；

⑤ 〔北齊〕魏收（506—572）《魏書》的《禮志》、《樂志》；

⑥ 〔唐〕長孫無忌（? —659）《隋書》的《禮儀志》、《音樂志》；

⑦ 〔唐〕房玄齡（579—648）《晉書》的《禮志》、《樂志》、《輿服志》；

⑧ 〔後晉〕劉昫（887—946）《舊唐書》的《禮儀志》、《音樂志》；

⑨ 〔北宋〕歐陽修（1007—1072）《新唐書》的《禮樂志》、《儀衛志》、《車服志》。

禮樂志的内容專僻龐雜，文辭滯奥難讀，禮學家沈文倬即毫不諱言："整理歷代祭典的最大障礙，是'代有變易'，而又都有'殷因夏禮，損益可知'的現象，因此一着手就錯綜複雜，滿目荆棘，並且文字艱澀，異説紛頤，欲求整個系統，困難萬端。"（《"蜡"與"臘"》，《菿闇文存》，第 859 頁）禮制研究入門門檻之高，也就直接造成了錢穆所説的"今天我們没有一個講歷史講政治的人再來講禮樂"的現實原因。然而不曾對這九部史志的内容作過細化梳理，便擬直接閲讀《通典》，極易導向浮光掠影，進入不了杜著文字背後所藴的禮意，因爲《通典》漢唐段的主體部分在相當程度上取材於以上禮樂志。祇有在對以上九種禮樂志的内容胸有成竹之後，纔有可能通過比照去觀察杜佑"怎樣地來寫這書"，纔有可能體會到"它'詳而不煩，簡而有要'，把群經、諸史，各代文集一起拿來，這一種編纂方法，真是何等體大思精"（錢穆《中國史學名著》，第 171 頁）。因此，在本譜開始着手之初，首先需要攻克的便是地毯式地梳理這九種禮樂志的每一條内容，並對照《通典》，進行一些辨析。

九種史志在記述内容和纂修體例等方面存在着一定的差異，在取用時决不可等而視之或欠加辨析，稍不留意即可能滋生差誤。九種史志中，《宋書·禮志》向以"詳博淹贍"著稱（清郝懿行《晉宋書故》"宋書禮志"條："《[宋書]禮志》詳博淹贍，勝於《史記·禮書》、《漢書·禮志》多矣"），今即以其爲例略作説明。就撰作體式上看，《宋志》主要由鈔録與述論兩種體格構成。鈔録主要包括直接迻摘禮典之宮内儀注和轉載有司所存之詔令及議禮奏表等。

迻摘禮典之宮内儀注常見於《宋志·禮一》，其首便書"今抄魏氏以後經國誕章，以備此志云"，即爲此意。經統計，此卷所鈔録之儀注，共計有十項，現因篇幅起見，僅就前二項作些分析。

① 皇帝加元服，計摘入 130 餘字。《宋志》有"江左諸帝將冠"之稱，參諸《晉書·華表列傳》所記："及帝加元服，又將納后；寇難之後，典籍靡遺，婚冠之禮，無所依據。[華]恒推尋舊典，撰定禮儀，並郊廟辟雍朝廷軌則，事並施用。"可見此項儀注即爲東晉成帝咸康初華恒所撰，而在咸康元年（335）首度施用，此後一度沿用至劉宋，《宋志》於儀注後贅"官有其注"字樣，正謂此也。此《宋志》叙述之例。

對照《通典·嘉禮一》，此段儀注基本照録，然在《嘉禮二》又增加記録"天子元服，始加則冠五梁進賢冠"及臣下所用各級冠制。更有必要留意的是，《宋志》其下尚記有"何楨《冠儀約制》及王堪私撰《冠儀》，亦皆家人之可遵用者也"，《通典·嘉禮一》則録有此兩家儀注各一節，總計有 700 餘字之多。然《通典》却將晉何楨記作"後漢何休"，對照《宋志》，可知其誤。

② 皇帝納后六禮，計摘入版文 630 餘字、品物 90 餘字。前者爲東晉穆帝升平元年(357)王彪之所撰定，《宋志》有明確交代。又據《宋志》所云東晉於成帝咸康中由"太常華恒始與博士參定其儀"，後"太常王彪之始更大引經傳及諸故事，以正其禮"，而"華恒所定六禮，云宜依漢舊及大晉已行之制，此恒猶識前事，故王彪之多從咸康"，可見華、王二氏前後相承，王依華而略有損益。此儀注於升平元年納何皇后時已見施用。後者爲寧康三年(375)納王皇后所用之儀，《宋志》云"其珪馬之制，備物之數，校太康所奏，又有不同，官有其注"，可見此年確定六禮所用品物及數目，又以西晉太康八年(287)所定儀注爲其參照。此《宋志》叙述之例。

對照《通典·嘉禮三》，則將寧康三年所定六禮所用品物及數目，逐項糅入升平元年六禮版文之前，再用小字自注標出版文内容。如《宋志》在升平元年録王彪之所定納采版文璽書曰："皇帝咨前太尉參軍何琦，渾元資始，肇經人倫，爰及夫婦，以奉天地宗廟社稷，謀于公卿，咸以爲宜率由舊典。今使使持節太常彪之、宗正綜以禮納采。"又録女方主人復辭曰："皇帝嘉命，訪婚陋族，備數采擇。臣從祖弟故散騎侍郎準之遺女，未閑教訓，衣履若而人，欽承舊章，肅奉典制。前太尉參軍都鄉侯冀土臣何琦稽首再拜承制詔。"在十八年後(寧康三年)又云"孝武納王皇后，其禮亦如之"，可見版文無異，然下云："其納采、問名、納吉、請期、親迎，皆用白雁白羊各一頭，酒米各十二斛。"可見此時新定之制如此。而《通典》則徑在"皆彪之所定"下，按六禮拆散品物云："納采，用鴈一頭，白羊一口，酒十二斛，米十二斛"，其下小字自注納采璽書之文，而省去女方主人復辭。後問名等五禮亦如之。《通典》這一做法恐未當，六禮版文十八年前後自是相承無替，然所用品物，十八年後納王皇后當係新定，與十八年前納何皇后有所不同，故《宋志》單獨記出，《通典》則埋没了前後的差别。

此外，《宋志》所鈔録的其他八種儀注爲：③ 臨軒册命皇后、三公及冠皇太子、拜蕃王，計 260 餘字；④ 元會，計 790 餘字；⑤ 南郊，計 650 餘字；⑥ 殷祠，計 260 餘字；⑦ 社稷，計 30 餘字；⑧ 藉田，計 260 餘字；⑨ 享先蠶，計 220 餘字；⑩ 大蒐，計 1100 餘字。另有若干項儀注，《宋志》未能鈔録，僅標以“官有其注”字樣，如“合朔，官有其注”，“元嘉二十二年，太子釋奠，采晉故事，官有其注”等，此類當均爲修志者親眼所見之宫内文檔，於禮制史價值之高不言而喻，若其省略，則無可再見矣。

鈔録的第二種是轉載有司所存之詔令及議禮奏表等。就《宋志·禮一》立太學（國學）條來説，先後長段引録魏齊王正始中劉馥上疏，吳景帝永安元年（258）詔，東晉建武初（317）王導上疏、戴邈上表，太興初（318）荀崧上疏、帝詔，咸康三年（337）袁瓌、馮懷上疏，太元九年（384）謝石上陳、殷茂上言、李遼上表等，總計達 4200 餘字。由此可見東晉以來，儒生不斷努力，倡議立學的艱難過程，然終整個東晉未能正式建成，一直要到劉宋元嘉二十年（443），國子學方始在建康建立起來，此年距晉元帝遷都建康已一百二十六年。

對照《通典·吉禮十二》，其下專設“大學”一節，然僅脞述太元年間謝石、殷茂二人之言，於小字自注中録太興初荀崧之疏，其他一概省略之；不過，《通典》却在此節下東晉段，增補賀循、車胤二人上言，議論經學博士人數及如何設置的問題，可見杜氏之側重在此。若尚未對此時段國學設置情況有一個大致的把握，一頭扎進《通典》，將茫然不知其重心。

又如《宋志·禮三》收録宗廟之祭若干爭議，先後羅列東晉太興三年（320）帝詔、華恒議、温嶠議，永和二年（346）有司奏、蔡謨議、馮懷表議、司馬無忌等議、孫綽議、徐禪議、劉劭等奏、張憑議，義熙九年（413）司馬德文議、徐廣議、袁豹議、臧燾議，又太元十二年（387）帝詔、徐邈議、車胤議、孔汪議、王忱議，義熙二年（406）孔安國啓、徐乾等議、范泰議，又王謐、孟昶議、謝混、劉瑾議、徐乾議、徐廣議、劉潤之議，宋孝建元年（454）有司奏、蘇瑋生議、徐宏議、朱膺之議、周景遠參議，大明七年（463）有司奏、周景遠議等，或詳引或節録，總計亦逾 3400 字。此類可視作六朝廟制的一手原始資料，均發生在禮制變異的關鍵性環節處，故史料價值極高。

對照《通典·吉禮七》，詳録太興三年諸家議禮，且新增傅純議，又《吉禮八》，詳録義熙初諸家議禮，且新增陳舒表、徐禪議、徐邈議、曹述初議，又《吉禮九》，録孝建元年、大明七年二處均以有司奏於正文，諸家議於小字自注；而被《通典》所遺落者，乃爲永和二年、義熙九年、太元十二年下共計十五位禮家的議論。

鈔録之外，《宋志》更多采用的體式是述論。這裏以《禮一》記述漢以來治兵之禮爲例，先後記叙如下六事：

① 漢獻帝建安二十一年(216)，《宋志》先録魏國有司奏請治兵，然後簡述曰："是冬，治兵，魏王親金鼓以令進退。"今參照《三國志·魏書·武帝紀》裴松之注引《魏書》可知，《宋志》所記即據此轉録而來，其録有司奏文略有簡省，又將"魏王親執金鼓"一句簡鈔成"魏王親金鼓"，它則一如《魏書》。可見雖看似叙述體，其實仍是變相的鈔録。《通典·軍禮一》與之幾同，又有數處文字差異，"魏王親執金鼓"一句則同裴注引《魏書》。

② 漢獻帝延康元年(220)，叙述此年立秋治兵於東郊，時、地、儀節等所從出處同上。

③ 魏明帝太和元年(227)，僅記"治兵於東郊"五字，出自《三國志·魏書·明帝紀》。

④ 西晉武帝泰始四年(268)、九年(273)，咸寧元年(275)，太康四年(283)、六年(285)，聯合記曰："冬，皆自臨宣武觀，大習衆軍，然不自令進退也。"又曰："自惠帝以後，其禮遂廢。"此段叙述頗爲寶貴，未知其所據，今可將其作爲一手資料，故而《通典》全部鈔録。檢《晉書·武帝紀》，失載泰始四年閱兵事，而又多載有泰始十年(274)、咸寧三年(277)二次閱兵，可見二處所載各有偏失，合而觀之，自268年至285年間，晉武帝共計舉行過七次閱兵禮。而且，《宋志》又首次概括出此禮自晉武帝以來的儀注變化，那就是皇帝"不自令進退"，又明確指出此禮在惠帝以後不再行的事實，此均其獨特價值所在。

⑤ 東晉元帝太興四年(321)、成帝咸和元年(326)，《宋志》首次概括出此二年儀注發生的細節變化，對照《晉書·成帝紀》，前一次失載，後一次亦僅記有"大閱于南郊"五字，可知《宋志》所叙述今已成爲一手資料。故《通典》照采入之。

⑥ 宋文帝時，《宋志》叙曰："依故事肆習衆軍，兼用漢魏之禮。其後以時講武於

宣武堂。"對照《宋書·文帝本紀》可知,文帝前後曾有四次閲武,分別在元嘉五年(428)、元嘉十六年(439)、元嘉二十年(443)、元嘉二十五年(448),《宋志》此處當爲概述其事,而側重於述其儀注之因革,於行禮之地點、原委等一概略之。

可見,《宋志》顯然是在通覽各種史料後,將最重要的一些信息予以提取、概括,或記時地,或録儀制,或叙因革,或及理據所在,雖時有疏略,然足可成爲如今禮制史研究的一手資料。記述之外,《宋志》亦間發評論,兹不再詳述。

以上簡介《宋志》的撰寫體式,其他諸史志雖各有偏重,然實不出此兩大類。《宋志》另一大特點便是所記遠不止劉宋一朝,而是上溯漢魏兩晉,南宋葉適(1150—1223)有云:"遷、固爲書志,論述前代舊章以經緯當世,而漢事自多闕略;蔡邕、胡廣始有纂集,陳壽、范蔚宗廢不復著。至沈約比次漢魏以來,最爲詳悉,唐人取之以補《晉記》,然後歷代故實可得而推。"(《習學記言序目》卷三十一,第443頁)因此,期明兩漢以來數百年間之禮制遞變大勢,沈約《宋志》無疑爲首選。

與《宋志》相類者,當首推《隋志》。《隋志》所記亦非僅限於隋代,而是自"梁、陳以降,以迄于隋"(《禮儀一》),其先以《五代史志》三十卷別行,後方與紀傳相合成一書。就《禮志》而言,其於各項禮典下逐次收羅梁、陳、北齊、北周、隋五代之儀制及其間因革要目。若論其撰作体式,則頗重鈔録,以間録禮典之宮内儀注和議禮之表奏、詔令爲其大較。《隋志》所録禮典儀注,往往爲一朝之通制,而在宮内一度留存直至隋唐者,故尤以北齊、北周、隋三代爲多。如以北齊爲例,其時曾由魏收爲總監,薛道衡等參預纂修五禮,至隋而其制尚存,開皇間修定新禮,"悉用東齊儀注以爲準"(《隋志·禮儀三》),可見北朝禮制"由高氏父子之收掇,更得以恢復熾盛於鄴都"(陳寅恪《隋唐制度淵源略論稿·禮儀》,第49頁),而又重爲隋人所沿承。故《隋志》往往整段迻録北齊儀注,遍及圜丘、方澤,南北郊,大雩禮,五郊迎氣,天子、侯王宗廟,皇帝藉田、皇后享先蠶、高禖,天子出征,命將出征,季秋講武,春蒐,大射禮,時儺,合朔伐鼓,立皇太后、皇后,册皇太子,策諸王,帝加元服,皇太子冠,皇帝納后,皇太子納妃,立學釋奠,元會、皇后受朝賀,皇太子監國,讀時令,養老禮等,然却未能記載其施用情況。

《宋》、《隋》二志之外,其他幾部均以專記一代典制爲主,然其間亦頗有參差。

《漢志》與《續漢志》之失在過於簡括，故史家頻歎："漢初叔孫通制漢禮，而班固之志不載；及至東京，太尉胡廣撰《舊儀》，左中郎蔡邕造《獨斷》，應劭、蔡質咸綴識時事，而司馬彪之書不取。"（《南齊志·禮上》）《漢志》基本采用述論體，直至成帝建始元年（前32）以後始漸録議禮之言論，西漢末王莽改制所記始略詳。《續漢志·禮儀》三卷則基本采用鈔録儀注體，《祭祀》三卷始用述論與鈔録結合式，故其所記亦有若干段難以與實際施行者相印證。好在《續漢志》有梁劉昭注補，引録大量史料可與志文相參照，爲儀注之落實提供了極佳之佐助。

《南齊志》、《魏志》均分別偏重於鈔録南齊與北魏議禮之實況，往往不惜將時人奏議整段迻摘。《南齊志》之特色在於《禮上》有以"史臣曰"起頭納入四處論評，分別在天子太廟室數、別起舊宅祠堂、三月三日曲水會、九月九日馬射之後，所評往往追溯禮意，條論歷代因革，甚得禮制廢立之原。又《南齊志》於所録朝臣議禮之言論中亦多夾叙夾議，往往追溯漢魏典制之行用與得失，由此可見南朝士人之禮學觀念，亦可補正史籍所載兩漢禮典之疏漏。兹舉二例。如西漢昭帝始元元年（前86）所行藉田禮，因帝時年九歲，年幼無知，故《漢書·昭帝紀》稱"耕于鉤盾弄田"，此事不見於《續漢志》，《宋志·禮一》、《通典·吉禮五》均襲《昭帝紀》。然《昭帝紀》記其時在二月己亥，不合曆日，今適據《南齊志·禮上》永明三年（485）所録顧暠之議藉田無定辰所舉漢魏故事，可知當在此月癸亥，即十六日。又如魏文帝黃初二年（221）郊祀天地、明堂，《宋志·禮三》及《三國志·魏書·文帝紀》均有所載，然均不録配饗之制，若不推究很容易認爲乃因東漢之制配以先帝，今據《南齊志·禮上》所録建元元年（479）王儉議，明確指出那一年南郊、明堂"皆無配也"。此類因漢魏之際禮制史料殘缺嚴重，故《南齊志》等轉述者當格外重視。

兩唐書雖均記唐代，然差異甚巨。《舊唐志》是後晉史家在唐修《國史》的基礎上，參照大量實録、起居注等一手資料編纂而成，重於典制之歷年因革，詳於器物度數。而《新唐志》則是歐陽修等以濃縮唐代禮樂爲旨，以《大唐開元禮》爲藍本新編擴展而成，又廣批史籍，條析流變，參織己意，間綜妙識（參閱孫曉輝《兩唐書樂志研究》）。本譜以條繹《舊唐志》爲主，審析《新唐志》之所變，前者重其實制，後者重其識度。

九種史志中性質最特異者當數《晉志》。《晉志》撰述體例略同《宋志》，其所記内容亦上溯至漢魏，二志重疊的内容超過一半。然衆知《晉書》是唐太宗貞觀年間由房玄齡領銜編修，其成書晚於《宋書》近兩百年，那麽是否凡二志相同處均可判定爲《晉》襲《宋》，抑或徑棄《晉志》而不顧呢？經逐條比對，答案爲否。關於《晉書》之史料來源，北宋時即有定論：“以臧榮緒《晉書》爲本，捃摭諸家傳記而附益之，爰及晉代文集，罔不畢記。”（《册府元龜·國史部·采撰第二》）而《南齊書·高逸列傳》記臧榮緒“純篤好學，括東、西晉爲一書，紀、録、志、傳百一十卷”，可見宋齊時臧氏本《晉書》即已成書，且有志，房氏據此重修，雖於紀傳頗事更張，而於志文恰多沿襲。今且不論《晉志》、《宋志》有些條目互不相見，當各有所源，即使兩者相重處亦偶或可見《晉志》之優勝。兹舉一例。東晉康帝建元元年（343）正月將郊祀，有疑議，時從顧和之表，正月中辛南郊，後辛北郊，二志均録顧氏表文，然歧出兩處，一是顧氏轉述東漢光武帝北郊，《晉志》曰：“及中興草創，百度從簡，合七郊於一丘。”《宋志》“七郊”作“北郊”。此處所指爲光武帝建武二年（26）正月制郊兆於洛陽城南，此時天地、五帝之祀（所謂七郊）尚未作分别，《續漢志·祭祀上》和《宋志·禮三》均載此壇所祀“凡千五百一十四神”，後至建武三十二年（56）始初營明堂與北郊，《後漢書·曹褒傳》稱曹充“受詔議立七郊、三雍、大射、養老禮儀”，正指此事，直至明帝永平二年（59）祀五帝於明堂，三月臨辟雍行大射禮，《續漢志》盛稱“於是七郊禮樂三雍之義備矣”。可見《宋志》雖一字之差，失之千里。二是顧氏轉述曹魏初之祭天，《晉志》曰：“魏承後漢，正月祭天以地配。時高堂隆等以爲禮祭天不以地配，而稱周禮三王之郊，一用夏正。”《宋志》脱“時高堂隆等以爲禮祭天不以地配”一句 14 字，恰恰是顧氏持議之主要依據。因此，今推論漢晉禮制，“《宋志》、《晉志》（還有《南齊志》）宜合觀”之説（陳戍國《中國禮制史·魏晉南北朝卷》，第 117 頁），已漸爲諸家所認同。難處則在於，如何辨析異同，如何參驗去取，今則以《宋志》爲主，輔參以《晉志》。

在一邊梳理禮樂志史料的同時，一邊對照《通典·禮典》、《樂典》，其分類纂録各項禮制史料，雖大多鈔録自史志，然間有出入，又略事更益，且時加評騭，也有不少《通典》忽而略之者，也有不少《通典》有而不見於正史者。此書編成於唐德宗貞元十七年（801），杜氏所見尚有不少原始材料，不能互見或頗有差異之處不在少數，對於這一部分如今可視作一手史料。如錢穆即曾揭出：“在杜佑《通典》裏，就保留着可以説最詳備的當時的喪服制度。在他以前以後都没有。"(《中國史學名著》,第 181 頁)此所指乃從《通典·凶禮十》到《凶禮二十五》共計十六卷的材料,絶大部分未見於其他史籍。當然在其他四禮中,亦有僅存於《通典》而不見於其他史籍者,比如關於曹魏社稷,禮樂志記載闕失嚴重,《宋》、《晉》二志均僅附帶記述一句,如《晉志·禮上》曰:"漢至魏但太社有稷,而官社無稷,故常二社一稷也。"而《通典·吉禮四》先自鈔録《晉志》,然後補録其事曰:"至明帝景初中,立帝社。"且以小字自注:"至景初之時,更立太社、太稷,又特立帝社。"又迻録當時孔晁與劉喜爲此所生辯議,孔氏曰:"漢氏及魏初,皆立一社一稷,……宜省除一社,以從舊典。"劉氏難引《禮記·祭法》"王爲群姓立社曰大社。王自爲立社曰王社",指出分祀二社合乎經義,並非煩黷。故明帝從劉説。要知二社一稷之制,漢魏、二晉、劉宋一貫沿承,至齊建武二年(495)方始更改,其時由禮學家何佟之力持合併説,然前後凡三反復,歷經兩年始得施行。而此前其實屢有辯論,禮樂志僅記有西晉太康九年(288)一次,今由《通典》可知又有魏景初中一次,這兩次無疑爲數百年後之何説奠定了歷史基礎。

又如屬於宗廟祭禮重頭的禘祭,《通典·吉禮八》即載魏明帝太和六年(232)與喪禮發生衝突的一次議禘禮,尤其是王肅之議,及尚書據鄭玄之説難王肅,向爲後世所舉證。如北魏孝明帝即位之初,延昌四年(515)崔亮奏待宣武帝三年喪畢乃行殷祀,即援引此年王肅議之故事(《魏書·禮二》)。而如今,我們祇得從《通典》中纔能見到此年雙方議論之大概。此類例證尚多,由本譜每一條目後的出處標注可一目瞭然。當然,《通典》所載的少量孤例,如東晉武帝太元十三年(388),《通典·吉禮三》記有"正月後辛祀明堂"一條,秦蕙田《五禮通考》即予以辨析曰:"《宋書》所載東晉之無明堂也,審矣。《晉書》紀、志亦絶無孝武祀明堂事,《通典》此條不知何據?"(《吉禮二十五》"明堂")此類史料使用起來則必須非常謹慎。

2. 十七史諸列傳等

禮樂志所載雖至關緊要,乃本譜的重中之重,但終究僅爲有關禮制因革的部分史料,距離禮制史實之全貌尚甚遠,且時有疏誤。唐劉知幾(661—721)《史通·斷限》即指出:"宋史則上括魏朝,隋書則仰包梁代,求其所書之事,得十一於千百。"(浦起龍《史通通釋》，第96頁)今人陳成國勾稽禮制史脈絡，亦指出："《舊[唐]志》基本上衹講吉禮與喪服，《新[唐]志》與《通典》於唐代五禮都有介紹，但是都采取先秦《儀禮》一書作法，殊不易懂，又與唐代社會禮典實踐不盡相符，而且不够完備。"(《中國禮制史·隋唐五代卷》，第55頁)非獨《宋》、《隋》及二《唐志》若然，劉、陳所云其實是各史禮樂志通存之不足，此係制約今人進行禮制因革研究較爲棘手的問題。因此，史料的收集範圍必須進行擴充。

章太炎認爲被杜佑所大量忽略的十七史諸列傳等所記載的禮制史料，構成本譜的第二層次，今亦悉數收録本譜。這些史料因散落在各史列傳，甚至其他史志(如天文志、律曆志、食貨志等)中，彙集起來頗費時日，尤其需要與禮樂志所記史料進行比對互參。有時爲坐實一條史料，耗費心力不可估量。今就本譜所得的史料來看，這一層次在數量上幾可與第一層次相抗衡。

其中，諸史的儒林傳以及集中記載某一位禮學家的傳記，諸如《漢書·韋賢傳》、《王莽傳》、《後漢書·張純列傳》、《曹褒列傳》、《梁書·徐勉列傳》、《南史·王曇首列傳》、《魏書·劉芳列傳》、《北史·長孫道生列傳》、《隋書·牛弘列傳》、《舊唐書·王方慶列傳》等，記載禮制相關事件較爲頻繁，而往往不見於史志，或可補史志等之疏略，然時或可見諸《通典》。兹舉若干例以作對比。

第一類是列傳所記史料爲現存唯一史料，不見於他處。如《魏書·劉芳列傳》(《北史·劉芳列傳》同)記載孝文帝時素有"劉石經"之譽的禮學名家劉芳議禮材料甚多，不少即爲現存唯一史料，如劉芳在轉任太常卿之後，即上疏議吉禮二事，一爲五郊及日月之位去城三十里數欠妥，靈星、周公之祀不應隸太常；二爲社稷無樹欠妥，宜植松，前者帝未從，後者得從。差不多同時，該傳又記公孫崇表請委高肇共營修樂，帝詔劉芳佐之，劉氏即上表"以禮樂事大，不容輒决，自非博延公卿，廣集儒彦，討論得失，研窮是非，則無以垂之萬葉，爲不朽之式"，又考證公孫崇等所定"盈縮有差，不合典式"。此三事，正史他處全然不見，《通典》亦不見載。不過，此類材料使用起來亦有一定的麻煩，那就是不易考實年月。劉芳以上議禮樂三事，列傳僅記在其轉任太常卿之後，對照《資治通鑑》，可知議樂當在宣武帝正始四年(507)，今衹得暫將議吉禮二事，繫於前一年。

第二類是列傳所記史料他處偶或可見，然難敵此處。如《漢書·韋賢傳》記西漢宗廟興廢前後史事甚爲豐富，其中永光四年(前40)在罷郡國廟之後，有一次議立太廟的過程，今不見於《漢書》及其他史志，僅在經過六百餘年之後的大業元年（605），《隋志·禮儀二》錄許善心等議禮中提到一句："漢諸帝之廟各立，無迭毀之義，至元帝時，貢禹、匡衡之徒，始建其禮，以高帝爲太祖，而立四親廟，是爲五廟。"恰在《韋賢傳》有詳細記載，其時貢禹、匡衡等以高帝爲太祖而立四親廟，是爲五廟，帝下詔令群臣議，韋玄成等四十四人奏議以爲太上皇、孝惠、孝文、孝景廟皆親盡宜毀，皇考廟親未盡，如故，許嘉等二十九人以爲文帝宜爲太宗廟，尹忠以爲武帝宜爲世宗廟，尹更始等十八人以爲皇考廟宜毀。此次議禮牽涉人物衆多，共計九十二位，分爲四派，故而最終未能決議。此事在西漢廟制轉變過程中具有里程碑的意義，故而《通典·吉禮六》亦載之，衹是將毀廟的史實書之於正文，而簡錄韋玄成、許嘉、尹更始三派意見於小字自注中。同樣，此後綏和二年（前7）哀帝即位後，群臣又大議武帝廟毀廟，不見於《漢書》及其他史志，僅在《隋志》許善心等議禮中引述了劉歆的觀點，且引錄"班固稱，考論諸儒之議，劉歆博而篤矣"，此段同樣出自《韋賢傳》，詳細記載了孔光、何武等雜議，及彭宣、滿昌、左咸等五十三人議宜毀，王舜、劉歆議不宜毀等前後過程，爲後來禮家多所稱述，而《通典》失載。

第三類是列傳所記史料可與他處互補。經典的例子莫過於那部"五禮之書，莫備于梁天監"（秦蕙田《五禮通考》卷首第三"禮制因革上"）的一千一百七十六卷"梁禮"的撰修經過，如今主要記錄在《梁書·徐勉列傳》（《南史·徐勉列傳》同）收錄徐勉於普通六年（525）上表中，同時輔之以《梁書·司馬褧列傳》、《周捨列傳》、《許懋列傳》、《賀琛列傳》、《柳惲列傳》、《儒林列傳》、《良吏列傳》等，各傳均旁及相關人物參與修禮的信息，可知參與者之衆及各自如何分工、負責哪些内容、前後如何承繼，等等，如此可大致復現梁初修禮之大要。《隋志·禮儀一》則僅存一句簡括的介紹："梁武始命群儒，裁成大典，吉禮則明山賓，凶禮則嚴植之，軍禮則陸璉，賓禮則賀瑒，嘉禮則司馬褧。帝又命沈約、周捨、徐勉、何佟之等，咸在參詳。"《通典·禮一》同之。今觀閆寧《齊梁〈五禮儀注〉修撰考》詳考梁禮自齊至梁撰修過程的每一步細節，其所依據的一手史料基本上來自於《南齊書》、《梁書》、《南史》諸列傳。

又正史的其他部分，亦往往有可提取出來補充禮制的史料。今姑舉一例。如《宋志·五行二》記載有四次雩禮，分別是曹魏太和五年（231）和西晉泰始七年（271）、泰始九年(273)、咸寧二年(276)。其中前兩次可與相應的本紀互參,最後一次可與《宋志》互參,不過泰始九年"自正月旱,至于六月,祈宗廟社稷山川,癸未(十七),雨"這一條,記載較爲詳細,且涉及祈禮對象,已成現存唯一史料。

3. 十七史諸本紀,附《資治通鑑》

十七史諸列傳之外,本紀中記載皇帝(或國家)各年所行禮事以及相關之詔令等內容頗豐,在某些時段竟大大超過禮樂志所記,今予以系統勾輯,構成本譜的第三層次,悉數收録。

本紀部分史料的價值,首先在於重禮典施行實況的記載,由此與禮樂志和《通典》的史料可形成互補、互證。禮樂志往往更多地是記儀注、記議禮、記脈絡、記因革,而究竟在現實中是否落實,落實得怎麼樣,本紀部分的史料恰可予以實證。上文(第 13 頁)所言及的閲兵禮,以《晉書·武帝紀》與《宋志·禮一》進行比照,即可看出本紀的價值。又如藉田禮,《宋志·禮四》劈頭即總述曹魏時概括:"魏氏三祖皆親耕籍,此則先農無廢享也。其禮無異聞,宜從漢儀。"對照《三國志·魏書》本紀所記,《武帝紀》記建安十九年(214)、二十一年(216)魏公親耕藉田,此乃魏世藉田禮之始,《明帝紀》又記太和元年(227)明帝即位之初,即耕於藉田,太和五年(231)又行此禮。這四次藉田禮施行的確鑿記載,可作爲《宋志》所概括的禮制因革的佐證,由此可信其所云當爲實。不過,曹魏其他皇帝在位時本紀則無藉田施行之記載,《宋志》所說"魏氏三祖"的另一祖,仍無法落實。又《晉志·禮上》記晉武帝泰始四年(268)行藉田禮,並述其因革:"自惠帝之後,其事便廢",今據《晉書·武帝紀》可完全證實其說。《武帝紀》明確記泰始四年行禮在正月丁亥(十九),此後於泰始八年(272)正月、泰始十年(274)正月又行此禮,又於十年十二月,置藉田令,然此後終西晉,未見藉田再度施行之記載。當然,本紀確實也有失載之處,由此難免會給後人造成"是没有進行還是史籍未載已不可考"(梁滿倉《魏晉南北朝五禮制度考論》,第 185 頁)的遺憾,然總體上可兩相印證是可以肯定的。基於以上,本譜將充分重視本紀對禮典施行實況之收集,並在譜系中予以適當標注。若遇到本紀前後連貫記載某一禮典施行,則於其首度記載處標注"因革",將此後沿襲者標注其下,如上述藉田即然。又如劉宋文帝元嘉年間，《宋書‧文帝本紀》共記載行南郊之禮六次，即在首次元嘉二年(425)下，標注出"元嘉四年(427)、六年(429)、十二年(435)、十四年(437)、二十六年(449)又行此禮"，由此可彌補禮樂志有時疏於概述之不足。諸如此類，均爲漢唐禮制因革研究的一手資料。

本紀部分史料更常見的另一種情況，是與禮樂志所記，甚至與諸史列傳部分所記不相稱，兩者對不上號。這也是促使本譜最終形成以年月爲框架，總理各類史料的最根本原因。而在没有對各類史料進行過通盤觀察、細緻辨證之前，切不可草率進行禮意的抽繹與對禮治內涵的抉發。今試截取一段關鍵性年份略作説明。

據康樂之研究，北魏孝文帝實行漢化運動，至太和十八年(494)"他一口氣廢除了西郊郊天、五月五日饗和七月七日饗等等最重要的一些北亞祭典，禮制一祭典的改革至此大體告一段落"(《從西郊到南郊》，《臺灣學者中國史研究論叢‧政治與權力》，第221頁)，那麽，此前先後共四年，孝文帝進行了極爲密集的禮制變革，由此成爲北魏禮制轉型之大關節。今即依《魏書‧高祖紀下》所記，參合《魏志》，摘録其中重要項目表列如下：

年	月日	禮制變革與施行實況	《魏志》載録（打√）	《通典》載録（打√）
太和十五年(491)	四月	經始明堂，改營太廟。	√	√
	五月丙辰	下詔造五輅。	√	
	七月己卯	帝詔尊道武帝爲太祖，與世祖、顯祖爲太廟二祧。	√(有疏誤)	√(有疏誤)
	八月壬辰	議肆類上帝、禋六宗。	√(有疏誤)	√(有疏誤)
	八月壬辰	下詔廢正月朝廷五帝之祀，又廢探策之祭。	√(本紀未見)	
	八月壬辰	議養老禮。		
	八月戊戌	移道壇於桑乾之陰。		
	八月乙巳	群臣議禘禮，決議五年一禘。	√	√
	八月甲寅	下詔議朝日夕月用日。	√(本紀未見)	√
	八月戊午	下詔減省雜祀。	√	√

續表

年	月日	禮制變革與施行實況	《魏志》載錄（打√）	《通典》載錄（打√）
太和十五年（491）	九月丁亥	文明太后大祥祭。	√（本紀未見）	
	十月庚寅	帝謁永固陵。		
	、十月	明堂、太廟成。		
	十一月	遷太和廟神主入新建太廟。	√	
	十一月丙戌	初罷小歲賀。		
	十二月壬辰	遷社於內城之西。		
	十二月己酉	帝迎春於東郊。		
太和十六年（492）	正月戊午朔	饗群臣於太華殿。		
	同上	下詔定四時祭在孟月。	√（本紀未見）	√
	正月己未	宗祀顯祖獻文帝於明堂，以配上帝。		
	正月辛酉	祀南郊，以太祖道武帝配。		
	正月壬戌	穆亮等十二人上奏北魏行次當從李彪說，以水承金。	√（與本紀不合）	√（有疏誤）
	正月甲子	下詔罷祖裸。		
	正月丙子	始以孟月祭廟。		
	二月辛卯	罷寒食饗。		
	二月甲午	朝日於東郊。		
	二月丁酉	下詔祀唐堯於平陽，虞舜於廣寧，夏禹於安邑，周文王於洛陽。	√（本紀未見）	√
	二月丙午	下詔有司擇亥日以藉田。	√（本紀未見）	
	二月癸丑	授策孔子文聖尼父。	√（與本紀互補）	
	三月癸酉	帝廢西郊郊天雜事。		
	三月乙亥	帝迎氣南郊。		
	春	下詔令高閭與太樂治樂。	√（本紀未見）	√
	八月庚寅	夕月於西郊。		
	八月己酉朔	養三老五更於明堂。		√
	八月癸丑	下詔修講武之式。		

年	月日	禮制變革與施行實況	《魏志》載錄（打√）	《通典》載錄（打√）
太和十六年（492）	八月	將行大射之禮，遇雨未成。		
	九月甲寅朔	大序昭穆於明堂。並親祀文明太后於玄室。	√	
	九月辛未	文明太后兩期，帝哭於永固陵。	√	√
	十月己亥	下詔令白登道武帝諸廟之祀有司行事，明元帝等停祀。	√（本紀未見）	
	十月甲辰	下詔以功臣配饗太廟。		
	十一月乙卯	依古六寢，權制三寢。		
	十二月	賜京城老人鳩杖。		
太和十七年（493）	正月壬子朔	饗百僚於太極殿。		
	二月己丑	帝藉田於都南。		
	五月壬戌	宴四廟子孫於宣文殿堂。		
	六月丁未	將南伐，講武。		
	八月丙戌	帝類於上帝。		
	八月丁亥	將出征，辭永固陵。		
	九月戊辰	下詔賜爵高年。		
	十月乙未	設壇於滑臺城東，告行廟以遷都之意。		
太和十八年（494）	正月丁未朔	朝群臣於鄴宮澄鸞殿。		
	正月戊辰	南巡經殷比干墓，祭以太牢。	√	
	二月己丑	帝至河陰，規建方澤之所。		
	閏二月甲戌 八月庚午	帝謁永固陵。		
	三月庚辰	下詔廢西郊祭天。	√	
	五月乙亥	下詔罷五月五日饗、七月七日饗。		
	八月丁未	帝至閱武臺，臨觀講武。		
	十月戊申	告太廟，奉遷神主於洛陽。		
	十二月壬寅	革衣服之制。		

由此表可知,孝文帝爲遷都所作準備,興作禮事共計 59 項,然《魏志》所及者僅 21 項,占 36％,《通典》所及者僅 12 項,占 20％,當然本紀亦有一些遺漏,計 8 項,占 14％。更重要的是,足以代表漢化程度的重要禮典,如南郊、方澤、明堂、社壇、四時迎氣、廟祭、功臣配饗、元正朝會、講武、大射等,《魏志》一概未予載録;同時,代表拓跋族舊有之禮儀,如小歲賀、寒食饗、五月五日饗、七月七日饗等,孝文帝下決心予以革除,如此與禮制的漢化相輔相成,《魏志》同樣未予載録。太和十七年是啓動遷都的關鍵一年,年中施行重要禮典八項,《魏志》全部遺落。而且,朝日、夕月、四時祭、藉田四項,《魏志》僅載曾有帝詔擬予施行,而《魏書·高祖紀下》則明確記載了首度施行之時日。策拜孔子廟一事,本紀載二月丁未(二十一)改謚,《魏志》則載癸丑(二十七)策授,其後又拜祭,兩相配合,可見其流程。可見,單憑《魏志》所載離北魏禮制詳情差之千里。《通典》則基本依《魏志》而來,又較《魏志》更大爲省略,僅在養三老五更之事上未限於《魏志》,而其所采則當來自《魏書·尉元列傳》,而非本紀。

此外,《魏志》所載尚有若干疏誤,如太和十五年(491)下詔改尊道武帝爲太祖事,依本紀可明確在七月己卯,《魏志》屬上四月改營太廟而言,欠妥,《通典》沿此誤。又如此年大議肆類上帝、禋六宗之禮,據本紀明確在八月壬辰,《魏志》載此事雜於太和十三年與十四年間,且以“高閭曰”劈頭言之,不知其所以然,《通典》鈔録此事,前冠“時大議禋祀之禮”一句,交代來龍去脈,可見其時議論之盛;然《通典》徑定此事曰:“至孝文太和十三年,詔祀天皇大帝及五帝之神於郊天壇。”繫年則又沿《魏志》而誤。而太和十六年正月穆亮等上奏定北魏行次,《魏志》記此在去年正月,恐非;《通典》更記在太和十四年即定議,顯然不妥,又誤祖申臘辰爲“祖辰臘申”。

北魏情況如此,其他時段亦略可相仿。而《南史》、《北史》二書雖爲入唐後新編,就史料而言大多與此前七部斷代史相重,然亦偶或有一些僅見於此的新材料,可利用以作增補,或可據以作校正。兹舉一例。梁代之講武禮,《隋志·禮儀三》記曰:“梁、陳時,依宋元嘉二十五年蒐宣武場。”然《梁書》失載此禮之施行,今檢《南史·梁本紀》可得兩次確鑿之記録:大同四年(538)九月,閱武於樂游苑,又承聖三年(554)十一月,講武於津陽門。

同類的情況,尚有《資治通鑑》。應該説,《通鑑》的主要價值不在史料,其所録大部分史料均可視爲二手資料,故本譜不再收録。然亦偶或有未見於他書者,或可補充他書資料者,則予以收録。如漢宣帝五鳳二年(前56),《通鑑·漢紀十九》記載:"春,正月,上幸甘泉,郊泰畤。"胡三省注引《考異》曰:"《宣紀》云:'三月,行幸甘泉。'荀《紀》作'正月'。按漢制,常以正月郊祀。蓋荀悦作《紀》之時,本猶未誤也。"此年郊祭甘泉泰一,未見其他文獻記載,故胡注以此條爲難得。不過,僅見於《通鑑》所載的史料,利用起來要非常謹慎,就以此條所記爲例,我認爲終屬可疑。檢《漢書·宣帝紀》所記,宣帝自神爵元年(前61)恢復行此禮,此後五鳳元年(前57)、甘露元年(前53)又行此禮,此後甘露三年(前51)、黄龍元年(前49)又行此禮。而甘露三年之所以赴甘泉,是因爲同時將"朝單于於甘泉宫"(《漢志·郊祀下》),故屬於變例。去掉此次變例,則前61年—前57年—前53年—前49年,每四年一赴甘泉郊泰一,屬常禮。因此,五鳳二年緊接着去年剛剛行過此禮,何以會如此繁數?且胡注引《考異》所據《宣紀》"三月,行幸甘泉",查不見於今本《漢書·宣帝紀》,不知司馬光等何所據。今姑列於本譜中,待進一步考證。

4. 史注及其他文獻,附歷代《會要》

正史之外,還有海量的其他資料,本譜適當予以勾稽、彙總,構成第四層次,由此可作爲以上三層次史料的補充。

其中尤其需要留意的,便是前四史的注文,包括《史記》三家注、《漢書》顔師古注、《後漢書》李賢注、《續漢志》劉昭注補、《三國志》裴松之注,還有《資治通鑑》胡三省注。尤其是其中轉引了不少前代佚籍,史料價值比較高。兹舉一例,如西漢祭天地之禮,今所能大致復現者,乃元始五年(5)王莽所定之南北郊儀注,而爲此後東漢所繼承者,可見於《漢志·郊祀下》。此前的祭天,全然不同於王莽所定儀注,采用的是甘泉祀泰一、汾陰祀后土,因東漢以後徹底廢止,故今難以見於正史,然而尚可於《三國志》裴松之注中見其彷彿。《三國志·魏書·王朗傳》裴注引《魏名臣奏》載王朗奏魏文帝之言回顧曰:"若夫西京雲陽、汾陰之大祭,千有五百之群,祀通天之臺,入阿房之宫,齋必百日,養犧五載。牛則千其重,玉則七千其器。文綺以飾重席,童女以蹈舞綴。釀酎必貫三時而後成,樂人必三千四百而後備。”可見其時祭天地之盛況。

又唐宋時期編纂而成的一些政書、類書,亦有相當的參考價值。如《唐六典》、《唐大詔令集》、《太平御覽》、《册府元龜》、《玉海》等,包括自北宋《唐會要》問世以來,南宋的《西漢會要》、《東漢會要》等,因當時編者所據尚頗多宮內一手文獻,其中所參引的若干史料,有正史所遺闕者,今因被引文獻悉數散佚,故價值亦顯,若取用以作比證,往往可收意想不到的效果。兹舉一例。起居注堪稱第一手資料,此體起於兩漢,至兩晉以後漸成規模,今據清人輯佚,得晉起居注近二十種(孫啓治、陳建華編《古佚書輯本目錄》,第 152—154 頁),其資料大多來自於唐宋類書,偶有與禮制相關者。如《太平御覽·器物部八》“斧”條下引《晉咸和起居注》即有如下之記載:“因有司奏魏氏故事,正旦賀,公卿上殿,虎賁六人隨上,以斧柄掛衣裙上,今宜依舊爲儀注,詔曰:‘此非前代善制,其除之。’”由此可考見曹魏正旦朝會若干儀注,而至東晉咸和中(326—334)得以廢止。此條材料絶不見於他處,《宋》、《晉》二志僅詳記西晉咸寧元會儀注,《宋志·禮一》又曰:“江左更隨事立位,大體亦無異也。宋有天下,多仍舊儀,所損益可知矣。”《晉志·禮下》雖有“江左多虞,不復晨賀”云云,亦將東晉一筆帶過,今由此條殘留起居注所記,可見兩晉間雖“大體亦無異”,然細節仍有變化。

除傳世文獻之外,尚有出土資料中與禮制相關者。漢唐間碑刻、墓誌類史料十分豐富,前人已下過大工夫予以彙集,其間之史料尚待大力開發。兹舉一例。1931年 6 月河南洛陽城外出土一塊辟雍碑,碑額題“大晉龍興皇帝三臨辟雍皇太子又再蒞之盛德隆熙之頌”,此後又發現該碑的碑座,並進一步確定其位置在洛陽故城辟雍遺址中心建築臺基南邊。此碑明確記載了西晉武帝泰始年間於辟雍行鄉飲酒、鄉射、大射禮之經過,其所記泰始三年(267)十月、泰始六年(270)正月兩次武帝親行禮均不見載於傳世典籍,而六年十月所行鄉飲酒禮,《晉書·武帝紀》署“冬十一月”,《宋志》、《晉志》署“十二月”均略失實;又所記咸寧三年(277)十一月、咸寧四年(278)二月皇太子行禮,亦不見載於傳世典籍,《宋志》於泰始六年十月帝行鄉飲酒禮後記“咸寧三年、惠帝元康九年復行此禮”,殊不知咸寧三年至辟雍者非武帝,又失實(參閱顧廷龍

《大晉龍興皇帝三臨辟雍皇太子又再蒞之盛德隆熙之頌跋》、余嘉錫《晉辟雍碑考證》）。另外，尚有不少禮制建築的考古出土，可與史料記載互相印證。比如張一兵《明堂制度研究》就依據考古出土遺址，對漢唐時期七處明堂建築進行了推測，繪製出復原示意圖：漢武帝汶上明堂、劉宋明堂、梁武帝明堂、唐乾元殿、唐永徽三年明堂、唐總章二年明堂、武后明堂（示意圖可參見張一兵《明堂制度源流考》，第 103、155、160、196—197、205、206、207—209 頁）。同時，也依據都城考古發掘報告，對王莽時期明堂辟雍、東漢洛陽明堂、北魏平城明堂等歷史上存在的分歧進行了進一步考辨。

今之"學者立乎千載之後，考見始末，當使相承如一日"，若既無法於玉帛鐘鼓間直達先聖造作之文心，無法直接企及《通典》禮意之所蘊藉，而又止步於後儒片斷之叙説，以及其他零散之新發現，"而不求其實，則失之遠矣"（葉適《習學記言序目》卷三十一《宋書》）。故而本譜儘量予以匯合之，輯證之。不過，需要説明的是，即使將以上四個層次史料予以通盤收集，亦祇是儘量復原當時禮制因革和施行之實況，仍有部分史實或未予及時記載，或所記業已散佚，因此無法考究之細節，在數量與覆蓋面上仍不在少數。

5. 後世彙輯與研究成果

彙集禮制類史料，其實開創於《通典》，此後《通志》、《文獻通考》等延續之，歷代會要亦承擔了這項功能。本譜的處理方式是，將《通典》作爲第一層次史料，通盤收録，唐宋時期編成的會要三種，作爲第四層次史料。而《通志》以下，包括清錢儀吉、楊晨《三國會要》，清朱銘盤《南朝宋會要》、《南朝齊會要》、《南朝梁會要》、《南朝陳會要》，汪兆鏞《稿本晉會要》等則作爲第五層次，適當進行參考。

與此同時，歷代研究著作中的大量成果，或爲考證，或爲推理，或爲評論，則擇要予以參考，酌情收録一些重要觀點。其中參酌較多的著作有秦蕙田《五禮通考》、王夫之《讀通鑒論》、陳寅恪《隋唐制度淵源略論稿》、陳戍國《中國禮制史》（相關三卷）、楊志剛《中國禮儀制度研究》、甘懷真《皇權、禮儀與經典詮釋》等。20 世紀以來的學術研究成果，本譜收録則非常有限。

三、分卷的依據：以郊天爲例

　　本譜的基本思路是將上述五個層次的禮制史料，回填於漢唐間行禮和議論的時空背景中。具體而言，就是在歷時的脈絡中，將每一項禮典在漢唐間的運行，從如何起步，如何變道，留下了哪些路標，關鍵性的轉折點在何處，到最終如何走向唐開元之隆盛狀態，進行儘可能細緻的勾稽與疏證，努力呈現各項禮典的設立運行、因革遞變，包括儀注品類的增删和器物度數的挪移等。這是因爲“‘禮義’體現在‘禮儀’的各個細節上，牽一髮而動全身”（閻步克《服周之冕》第一章，第 16 頁），祇有在不折不扣經歷了這一過程之後，方可分析儀節隆殺與損益的理據與成因，其間融入了大量學士議禮的真知灼見和學養識力。

　　基於這一思路，本譜在設置上打破了禮樂志乃至《通典》一貫所采用的，總述加例證式的叙述模式，而是嚴格以時間先後爲序將史料予以繫年、考辨和疏釋。全部史料以朝代爲框架，各朝代下以帝王年號紀年，下設條目儘可能標注到某月、某日。這樣對於呈現禮制因革變遷大勢，高效利用和開發禮制史料，具有相當積極的意義；且本譜已内藴了好幾項禮制史研究的前沿課題，望有識之士進一步開拓。

　　爲了遵奉陳寅恪所倡導的“歷史重在準確，不怕瑣碎”之宗旨，本譜融入了一番考證的心血，有時爲了某一條史料的定時，付出的時間與勞動強度是超出自己預估的。陳先生彈斥所謂的“以科學方法整理國故”，故“講大概則似乎很對，講精細則不太準確”（《陳寅恪先生開課筆記三種》，卞僧慧《陳寅恪先生年譜長編》附録一），正是本譜力避之失。然而即便如此，仍有不少現存禮制史料，無法得到有效繫年，本譜祇得大致隸入某一時點，待進一步考證。還有一些史料，如《隋志》中通記一代儀注，如五郊迎氣、高禖、時儺、合朔伐鼓、讀時令等，經對照《北齊書》、《北史》紀傳，竟難以確證是否真正實行用過。有些雖偶有記載，却難以考實當年所行是否即爲《隋志》所記，其間有無變化、行用前後是否一貫、頻率如何，等等，諸如此類也祇能勉強隸入本譜。他志亦有類似情況。

在繫年的基礎上,本譜嘗試進行分卷。如今的做法是按都城所在地爲團塊分作五卷。卷二西漢爲第一期,都城在長安;卷三東漢至西晉爲第二期,都城在洛陽;卷四東晉南朝爲第三期,都城在建康;卷五北朝爲第四期,都城從平城遷到洛陽,再到鄴,再到長安;卷六隋至唐開元爲第五期,都城在長安。蜀漢、孫吳則附於曹魏之後。北朝禮制則由孝文帝時重新建立,情況略異,今合爲一卷。五卷的分設,實際上也就意味着本譜將漢唐間禮制的演進分爲五個發展階段。這一分法,打破了完全以朝代爲分界的固有模式,表面上看以都城的轉移爲標志,但實際上隱含着漢唐間禮制發生重大變革的幾個關鍵步驟,反映出由漢至唐逐步走向精密、豐滿的演進大勢。今以南郊祀天爲例,將本譜何以如此分設的理由略作説明。正所謂"禮莫重於祭,祭莫大於天,天爲百神之君"(秦蕙田《五禮通考·吉禮一》卷首),姑以祭禮之最大者——郊天,作爲漢唐禮制因革變遷的典型代表。

卷二西漢(前206—25),都城在長安(今陝西西安),此時爲漢唐禮制的創立期。以郊天爲例,西漢成功實現了由郊五畤到郊泰畤再到京城南郊的轉型,由此南郊祀天之制可謂正式走向正軌。

西漢建國之初,承用秦雍州四畤,更起北畤,祀五帝,然其時祇是令祠官以時祀之,至漢文帝十四年(前166),文治漸興,祭天於治國之緊要性擺上議事日程,遂於雍增廣五畤壇,明年皇帝开始親郊五畤,《史》、《漢》三處皆曰"古者天子夏親郊,祀上帝於郊,故曰郊"(《史記·孝文本紀》、《封禪書》、《漢志·郊祀上》),此乃正式祭天的開端。至武帝以後,認識到祭天當祭泰一神,遂於元朔五年(前124)立泰一祠於京城東南郊,秦蕙田稱"儼然彷彿圓丘之意矣"(《五禮通考·吉禮六》"圓丘祀天")。至元鼎五年(前112),采兩位大學者司馬談、寬舒之説,立泰畤壇於甘泉,並且確立了國家祭天之制:"立泰一祠於甘泉,二歲一郊,與雍更祠,亦以高祖配"(《漢志·郊祀下》"元始五年"王莽奏)。今從《三國志》裴注所引史料中尚可見其盛況(參見上文第25—26頁)。至成帝以後,情況發生重大轉變,匡衡、張譚兩位禮學家主張宜在京城設南北郊,如此方合禮意,建始元年(前32)發生一次大規模議禮事件,最終匡、張之説以50:8的票數勝出,於是此年底,立即修作長安南北郊,罷甘泉、汾陰祠,明年成帝首次祀南郊,並罷雍五畤。這一年具有標志性意義,漢王朝總算開始擺脱由秦延續而來的郊五畤之禮,歷時一百七十五年。然而由於各種原因交織，南郊之制尚未穩定，泰畤、五畤又一度復祀，一直要到平帝元始五年(5)，也就是西漢的最後一年，由王莽奏復立京城南北郊，明年也就是王莽居攝元年(6)，由其本人親祀上帝於南郊。至此，南郊祀天之制的根基纔算夯實，從而爲東漢以後全力建設此禮打下了地基。伴隨着整個西漢，祭天的對象不斷地變更，祭祀的地點也不斷在變更，儀制自然也跟着變更，而且確定下來了又會來回反復，這正是禮制草創時期的典型特徵。

卷三東漢至西晉(25—316)，都城在洛陽，此爲漢唐禮制的成型期。以郊天爲例，東漢通過在新京城重建南郊，將西漢二百餘年積累的成果落實下來，魏晉以來，在沿承的基礎上開始分辨圜丘與南郊之别，終於在西晉成功合併圜丘於南郊，郊天禮制的主體框架由此落定。

東漢建國之初，即在洛陽城南新作郊兆，采用的規制即去年(元始五年)王莽等現成的定制，正如楊志剛所説的：“王莽修定了一套郊壇建置制度和郊祭制度，新朝雖短命，然而這套制度却爲東漢劉秀所繼承。”(《中國禮儀制度研究》，第 273 頁)此壇一直沿用到西晉末，垂一百八十年。然此時又創爲異制，不立北郊，合祀天地於南郊，此制遭非議者衆，終於到光武帝末年(57)，新立北郊，由此南北郊兆分立，郊祀天地大格局確定。魏晉沿用洛陽郊兆，儀制損益亦有限，關鍵性變化是在魏明帝景初元年(237)的新營圜丘，由此開出冬至祀圜丘的祭天另一路，而與立春南郊相並行。此禮之設，起於禮學上的鄭王之爭，其時高堂隆采用鄭玄之説。不過，《宋志·禮三》稱“自正始以後終魏世，不復郊祀”，可見圜丘之祀魏代僅行用過一次。至西晉建國之初，郊天之制發生重要變革，其一爲除五帝位，同稱昊天上帝，其二便是併圜丘於南郊，可見西晉最終貫徹的是王肅之禮學。至此，洛陽郊兆新修告成，郊天之禮的主幹基本成型。自東漢至西晉，從南郊的確立，到郊丘的分立，到郊丘合一，較之唐開元禮，郊天的主體框架已經確立，此後的變化已不足以撼動這一根幹。郊天的背後，伴隨着的便是《晉禮》的撰定，樓勁稱其“上承漢來禮制數百年之流變，下啓南北朝隋唐禮典數百年之統緒，其意義非同小可”(《〈周禮〉與北魏開國建制》，《唐研究》第 13 輯，第 121 頁)，可以作爲漢唐禮制成型期的標志。

卷四東晉南朝(317—589)，都城在建康(今江蘇南京)，此爲漢唐禮制的成熟期。以

郊天爲例，東晉在新都城重建南郊，禮制再一次出現反復，經過了分立南北郊，分別
圜丘與南郊，至梁武帝年間禮制趨於成熟。

　　東晉元帝即位之初，即於建康城南營立郊兆，並親祀南郊，"其制度皆太常賀循
依據漢、晉之舊也"，然在江南定都，一切制度從新，正所謂"于時百度草創，舊禮未
備"，造成的缺憾便是"未立北壇，地祇衆神共在天郊也"（《宋志·禮三》），與東漢之初
同。一直到建國十六年之後，即第三任皇帝成帝咸和八年（333），北郊纔算建成，由此
南北郊分祭，並逐步將二祭分別時日。至孝武帝太元十二年（387），經徐邈等議，遂改
定郊祀之制，《宋志·禮一》詳録宫内儀注，可見一度承用至南朝。劉宋以後，於郊祀
之制有多次博議，細部多所改定，儀注漸趨精密。如宋孝建二年（455）之議南郊宜無
祼，議南郊用樂，大明二年（458）之議遇雨遷郊，大明三年（459）之議遷移郊兆，泰始六
年（470）之議定二年一郊，又齊建元元年（479）、永明二年（484）兩議祀郊廟明堂序列，建
武二年（495）之議祭禮用牲之色，一直到梁天監元年（502）之議郊祀用樂，天監三年
（504）終於由何佟之提出當分祀圜丘與南郊。二祭禮意不同，冬至圜丘，義在報天，立
春南郊，義在祈穀，至此在格局上真正實現了對西晉"二至之祀合於二郊"主幹結構
的深層次突破，梁滿倉指出："冬至祭天與正月祈穀，一個郊壇分爲二祭，再加上祭天
時間有很強的規律性，構成了南朝祭天區别於兩晉時期的突出特點。……標志着南
朝國家祭天制度的成熟。"（《魏晉南北朝五禮制度考論》，第186—187頁）梁説甚是。爲了標
志郊天之制至此已趨於豐滿與成熟，梁武帝普通二年（521）改作南北郊。此後雖就具
體儀注尚有一些變更，然基本沿用至陳。不過，殊爲可惜的是，冬至圜丘於梁陳之際
未見史書有施行的記載，很可能祇是在書面上予以區别，而未付之於行用。在改作
南北郊的同時，《梁禮》亦於普通五年（524）繕寫校定，後世學者一致將其作爲漢唐禮
制兩座高峰之間最系統、最完備的禮制著作，究其内因，便在於它是漢代以來六百年
禮制因革臻於成熟的標志。

　　卷五北朝（386—581），都城從平城（今山西大同）遷到洛陽，再到鄴（今河北臨漳西南），
再到長安，此爲漢唐禮制的新建期。從時代上講，此時期與東晉南朝一北一南，差不
多同時展開。以郊天爲例，北魏以來一直努力在向漢晉禮制傳統回歸，至孝文帝遷
都以後進度加快，基本實現了一郊二祭的大格局，北齊、北周禮制又一次新建，大致

沿承北魏之制。

　　北魏一度采用的是鮮卑族原有的游牧傳統祭天舊俗，即西郊，爲了消解其在國家制度中的比重，實現漢化的理想，經歷了從“西郊到南郊”的艱難轉變歷程。自道武帝登國元年(386)正式即位、定都平城之初，郊天采用“西向設祭”，天興元年(398)行四月西郊，至天賜二年(405)復行西郊，且《魏志·禮一》云“自是之後，歲一祭”，可見拓跋氏舊俗終道武帝之世，尚根深葉茂，難以撼動。代表漢化特徵的南郊，雖自天興元年即由董謐撰其儀注，年底立壇兆，並於來年、後年正月施行過兩輪，然其後恐並未延續，一直到孝文帝太和十年(486)仍行四月西郊之禮。真正廢除西郊，要到孝文帝詔告群臣遷都洛陽，猛烈推行漢化之後，那具有標志性的太和十八年(494)，康樂指出此年“一口氣廢除了西郊郊天、五月五日饗和七月七日饗等等最重要的一些北亞祭典，禮制—祭典的改革至此大體告一段落”(《從西郊到南郊：拓跋魏的“國家祭典”與孝文帝的“禮制改革”》，《臺灣學者中國史研究論叢·政治與權力》，第221頁)。而與此同時，南郊的建設有計劃地逐步推進，太和十二年(488)，築圜丘於平城南郊，並於來年正式祀圜丘，一開始即采用郊丘合一之制，説明北魏郊天起步較高，甫建之時即在西晉大框架的基礎上展開。然由太和十五年(491)八月廢正月朝廷祀五帝、道壇移出南郊、議圜丘同於禘、廢圜丘以下水火之神四十餘，這緊密發生的四事可知，平城南郊尚處於掃除舊俗紛擾的快刀斬亂麻時期，衹是徒具漢禮的形式，在禮意上遠不能與東晉南朝相匹。遷都洛陽以後，孝文帝親至委粟山，議定圜丘，可見其重視；宣武帝景明二年(501)，又新改築其址，然其儀注仍遭秦蕙田譏斥。後至孝明帝正光三年(522)議冬至祀圜丘，正光五年(524)立春祀南郊，一壇二祭之制至北魏末似大致確立。北齊又於鄴城南建郊壇，儀制承北魏，然“祀圜丘者三，祀南郊者一，皆以春正月，而冬至之祭，卒未嘗行”(秦蕙田《五禮通考·吉禮八》“圜丘祀天”)；北周又於長安南郊重建圜丘，壇制與北齊異，而儀制略同，然而“明帝元年十一月、武帝元年春正月，似乎正祭，然一以冬至，一以孟春，其典禮之無定可知矣”(秦蕙田《五禮通考·吉禮八》“圜丘祀天”)，可見北齊、北周均未能完全達到北魏末一壇二祭的水平，也就是未達到梁禮的高度。可見北朝禮制於平城、洛陽、鄴城、長安多次新建，雖大致上接魏晉以來的傳統，但尚不可與南朝儀制在精密程度上相匹。

卷六隋至唐開元(581—732),都城在長安,此爲漢唐禮制的極盛期。以郊天爲例,隋禮直接上承自南朝梁禮,圜丘、南郊分祭,唐代在此基礎上經過武德、貞觀、開元三度定制,雜説、歧説刪汰盡净,至開元年間一歲四祀之精密譜系最終告成。

隋開皇初,於京城之南,分別建南郊、圜丘壇,據記載,隋文帝於開皇四年(584)、開皇十三年(593),孟春南郊,又於開皇十年(590)、開皇十二年(592)、開皇十八年(598)、仁壽元年(601),冬至祀圜丘,可見二祭已斷然分開,南郊所祠爲“感帝赤熛怒”,圜丘所祠爲“昊天上帝”。此制絕非繼承自北周,而是充分吸收了南朝禮制的精華纔能達到的。這也就是陳寅恪反復論證的,“隋文帝雖受周禪,其禮制多不上襲北周,而轉做北齊或更采江左蕭梁之舊典,與其政權之授受,王業之繼承,迥然別爲一事”(《隋唐制度淵源略論稿·禮儀》,第57頁)。從這個意義上説,隋開皇禮是充分融匯了北朝、南朝禮制因革的成果,爲唐代禮制趨盛做好了充分準備。入唐以後,武德初定令,儀制已綫路分明:“每歲冬至,祀昊天上帝於圜丘,以景帝配。”“孟春辛日,祈穀,祀感帝于南郊,元帝配。”(《舊唐志·禮儀一》)由此冬至祀圜丘,成爲國家最高級別的祭祀大典。進而至於貞觀禮,“冬至祀昊天上帝于圜丘,正月辛日祀感生帝靈威仰于南郊以祈穀,而孟夏雩于南郊,季秋大享于明堂,皆祀五天帝”(《新唐志·禮儀三》),一年四祭已臻於完備,秦蕙田譽之爲“卓然與經典合”(《五禮通考·吉禮八》“圜丘祀天”)。此後,貞觀六年(632)作圜丘樂章,永徽二年(651)議正配饗,顯慶元年(656)議郊祀服制,顯慶二年(657)廢六天之義,由此祀五帝之儀刪落,鄭玄讖説滌除盡净。許敬宗等又在細節上予以改進。其間雖經武后,儀制出現一時的變異,然很快即得到恢復,並於玄宗開元二十年(732)由蕭嵩定郊天之制,“冬至,祀昊天上帝於圜丘,高祖神堯皇帝配”,“正月上辛祈穀,祀昊天上帝於圜丘,以高祖配,五方帝從祀”(《舊唐志·禮儀一》),最終以此定制收編入《大唐開元禮》。

合而言之,漢唐郊天之禮的演進脈絡如下:西漢創立祀天之壇立於京城南郊,東漢至西晉圜丘與南郊分祀之制大致成型,東晉南朝冬至圜丘、立春祈穀一壇二祭之制基本成熟,北朝則先後於平城、洛陽、鄴城、長安多次重建南郊,儀制未定,隋以後則在北朝的基礎上充分吸取南朝議禮成果,終於開元時趨於完備而極盛。漢唐禮制因革可分爲創立、成型、成熟、新建、極盛五期,由本譜初步確定下來。不過,總合全部五禮之制，進行更翔實、更細化的論證，則將俟諸他日。

四、國本乎？虛文乎？

梳理十七史禮樂志自《漢志》一路而下，待到最後一部《新唐志》，原已積聚的認識將受到巨大的衝擊。如果能衝破這座火焰山，那麼認識的深度將進一步翻番，如果衝不過去，那麼認識將可能跌落到起點。諸位行將閱讀、使用本譜，有必要當頭棒喝在前。

《新唐志‧禮樂一》一開頭，歐陽修（1007—1072）即亮出他對漢唐禮制的總體認識：

> 由三代而上，治出於一，而禮樂達于天下；由三代而下，治出於二，而禮樂爲虛名。……及三代已亡，遭秦變古，後之有天下者，自天子百官名號位序、國家制度、官車服器一切用秦，其間雖有欲治之主，思所改作，不能超然遠復三代之上，而牽其時俗，稍即以損益，大抵安於苟簡而已。……故自漢以來，史官所記事物名數、降登揖讓、拜俛伏興之節，皆有司之事爾，所謂禮之末節也。然用之郊廟、朝廷，自搢紳、大夫從事其間者，皆莫能曉習，而天下之人至於老死未嘗見也，況欲識禮樂之盛，曉然論其意而被其教化以成俗乎？嗚呼！習其器而不知其意，忘其本而存其末，又不能備具，所謂朝覲、聘問、射鄉、食饗、師田、學校、冠婚、喪葬之禮在者幾何？

本譜所梳理的內容，大多未出歐陽修之所謂“事物名數、降登揖讓、拜俛伏興之節”，也就是“禮之末節”的範圍。“所謂朝覲、聘問、射鄉、食饗、師田、學校、冠婚、喪葬之禮”，即使是堪當國之大事的祭禮，究竟在漢唐國家治理中占據何等位置，起到了何等效用，是否已然落入“禮樂爲虛名”的境地？若剛好被歐陽修言中，那麼本譜的工作，以及其他同仁們有關禮制史的研究，將無可幸免地被歸入研究形式主義的窠臼中。

確定了就要研究形式主義，自然亦無可厚非，不過當年陳寅恪是抱着更爲高遠

的目標來研究隋唐禮制淵源的。對陳先生這一思想的揭橥,當數汪榮祖如下一段之概括最爲切要,汪先生云:

> 寅恪本人素有繼先賢足跡,聚徒講學,興百年禮樂,起一代風流的志願,亦即是蔣秉南所謂乃師有"續命河汾的嚮往"(《史家陳寅恪傳》第十六章,第241頁)。

所謂"續命河汾",典出隋世碩儒王通(584—618)。王氏,河東龍門(今山西河津縣)人,謚號文中子。其以儒學道統自任,直承孔子修訂六經之旨,傾力撰成《續六經》百餘卷(《續詩》、《續書》、《禮論》、《樂論》、《易贊》、《元經》),宋陸九淵稱"孟子之後,以儒稱於當世者,荀卿、揚雄、王通、韓愈四子最著"(《陸九淵集》卷二十四《策問》),高似孫則更譽之云"蓋自孟子歷兩漢數百年而僅稱揚雄,歷六朝數百年而僅稱王通,歷唐而三百年而唯一韓愈"(《子略》卷四"文中子"條),漢唐間儒學以王通爲第一人。隋煬帝大業元年(605)以後,王氏退隱講學於故鄉北山之白牛溪,地處黃河、汾水之間,一時門徒衆多,相傳李唐開國初知名卿相如房玄齡、杜如晦、魏徵、薛收、李靖等,均從其問學,可見王通的思想理念對唐初治國政策和章制建構產生了深遠影響。有鑒於此,宋人撰《文中子碑》,盛稱王氏"歸於汾北,大振其教,雷一動而四海尋其聲來者三千之徒","唐興,得其弟子輩,發文中之經以治天下,天下遂至乎正,禮樂制度,炳然四百年,比隆於三代"(宋釋契嵩《文中子碑》,《鐔津文集》卷十五)。陳先生旨在追慕王通,畢生之學術歸根於薪傳儒家禮樂精神,其晚年雖境遇受制,然在贈弟子蔣天樞一序中仍不免流露出這一心跡(參見陳寅恪《贈蔣秉南序》,1964年),故而蔣先生能深悉乃師之夙願。蔣先生在《陳寅恪先生傳》之末尾綜括陳先生治學特色有四端,一曰以淑世爲懷,二曰探索自由之義諦,三曰珍惜傳統歷史文化,四曰"續命河汾"之嚮往,而第四項"雖僅於贈葉遐庵詩、《贈蔣秉南序》中偶一發之,實[陳先生]往來心目中之要事"(《紀念陳寅恪先生誕辰百年學術論文集》,第9頁)。

陳寅恪"興百年禮樂,起一代風流"的志願,自然秉承着禮治的深厚傳統,而較杜佑的學術事業似更進一步。正如當年北魏孝文帝深慕華夏禮樂,不惜與鮮卑舊族衆議相抗,鐵了心要遷都洛陽,廢除了一系列拓跋氏胡俗,大肆興復魏晉以來禮制傳統，"作明堂，正祀典，定祧廟，祀圜丘，迎春東郊，定次五德，朝日養老，修舜、禹、周、孔之祀，耕藉田，行三載考績之典，禁胡服胡語，親祀闕里，求遺書，立國子大學四門小學，定族姓，宴國老庶老，聽群臣終三年之喪"（王夫之《讀通鑑論》卷十六）。所達到的效果，從我們上一節的分析可知，在孝文帝基礎上，至孝明帝正光年間（520—524）北魏已確立郊、丘一壇二祭之制，這與梁武帝確立一壇二祭、繕定梁禮（524）年代相當，南北朝禮制幾乎同時在各自的基礎上達到前所未有的高峰，故陳先生稱"魏孝文以來，文化之正統仍在山東，遙與江左南朝並爲衣冠禮樂之所萃"（《隋唐制度淵源略論稿·禮儀》，第49頁），並認爲隋禮淵源之兩大支，即分別采自梁禮與北魏洛陽之制，而非直承自北周。由此可見，正是禮樂讓北魏在相當短的時間内迎頭趕上南朝兩百年的文化積累，在文明史上拓跋族飛速步入了中原文化的主流。

　　然而問題將呈現出複雜的另一面。

　　我們且看孝文帝當年所持的建國理念。如在甫遷洛之初的太和十九年（495），孝文帝從鄴回洛，引見公卿，第一句話便是："營國之本，禮教爲先。朕離京邑以來，禮教爲日新不？"（《魏書·景穆十二王列傳》）此所指禮教，是指婦人冠服之制。又如此年文武官員盡遷洛陽，帝引陸叡、元贊等，對之曰："朕自行禮九年，置冠三載，正欲開導兆人，致之禮教。"（《魏書·獻文六王列傳》）何建章釋曰："語中'行禮九年'，當指太和十年之後以官員服制改革爲起點的一系列禮儀制度改革"，"'置官三載'，無疑指太和十五年'大定官品'之後的官制改革。"（《論北魏孝文帝遷都事件》，《魏晉南北朝史叢稿》，第10頁）那麼，那一年底引群臣於光極殿，班賜冠服，便是"致之禮教"的重要舉措。孝文帝去世後三年，宣武帝下詔述父業曰："仰尋遺意，感慶交衷，既禮盛周宣《斯干》之制，事高漢祖壯麗之儀。"其時元澄（任城王）亦上表概括孝文帝的事業："先帝未常不以《書典》在懷，《禮經》爲事，周旋之則，不輟於時。自鳳舉中京，方隆禮教，宗室之範，每蒙委及。"（《魏書·景穆十二王列傳》）孝明帝時李崇（驃騎大將軍）上表又一次概括孝文帝的事業："仰惟高祖孝文皇帝稟聖自天，道鏡今古，徙馭嵩河，光宅函洛，模唐虞以革軌儀，規周漢以新品制，列教序於鄉黨，敦《詩》、《書》於郡國。使揖讓之禮，橫被於崎嶇；歌詠之音，聲溢於仄陋。"（《魏書·李崇列傳》）所謂"壯麗之儀"，所謂"《禮經》爲事"，所謂"革軌儀"、"新品制"，也就是韓顯宗（中書侍郎）在遷都前夕向孝文帝所建言的"今陛下光隆先業,遷宅中土,稽古復禮,於斯爲盛"(《魏書·韓麒麟列傳》)。"稽古復禮"四字印入孝文帝之心,並將之確立爲"營國之本"。可是,所有這些冠服儀節,"周旋之則"、"揖讓之禮"、"歌詠之音",豈不就是歐陽修之所概括的"事物名數、降登揖讓、拜俛伏興之節"? 被孝文帝認定爲"營國之本"的禮樂,在歐陽修看來竟成了"禮之虛文"?

其實,歐陽修之説並非是空穴來風的。我們在研讀《魏書》的過程中,留意到作者在盛譽之下已流露出另外一種情緒來。如《郭祚列傳》稱遷都前後,"高祖鋭意典禮,兼銓鏡九流,又遷都草創,征討不息,内外規略,號爲多事","鋭意典禮"加上"征討不息",就會流入擾民、多事、實務荒疏。到孝文帝去世之後,連年水旱,社會問題積聚,宣武帝即位不到兩年即下詔曰:"比年以來,連有軍旅,役務既多,百姓彫弊。宜時矜量,以拯民瘼。"(《魏書·世宗紀》)盧昶(散騎常侍,兼尚書)的上奏則將問題揭示得更爲清晰:"然自比年以來,兵革屢動,……死喪離曠,十室而九。細役煩徭,日月滋甚;苛兵酷吏,因逞威福。至使通原遥畛,田蕪罕耘;連村接閭,鹽飢莫食。"(《魏書·盧玄列傳》)民瘼凋弊,一方面是因爲征戰,另一方面則是因爲細役,也就是務於"虛文"。由此延續到延昌中(512—515),逼迫得孫紹要"泣血上陳",道出問題的實質來:"往在代都,武質而治安;中京以來,文華而政亂。"(《魏書·孫紹列傳》)所謂"文華",也就是"禮樂爲虛文",而所謂"武質",代表的則是兵力、治安、財政、民生等國家實務。顯然孫紹當年已經認識到"禮儀畢竟與兵刑錢穀没有直接關係","'禮樂致太平'是不可預測、不可計算、不可控制的,……二者間没有必然關係"(閻步克《服周之冕》第一章,第27頁),甚至二者之間很可能是一種反作用關係。

正是看到了《魏書》隱没在内的這一條伏流,宋代思想家葉適纔會説出讓人震驚的話:"孝文慨慕華風,力變夷俗,始遷洛邑,根本既虛,隨即崩潰,亦不過數十年,天下復還中國之舊矣。"又曰:"蓋好名慕古而不實見國家大計,其害至此。"又曰:"是北方輿服能變夷從華,皆本於孝文,故王通謂'太和之政近雅';通知其近雅,而不知其近亡也。"(《習學記言序目》卷三十四《魏書》、卷三十六《隋書一》)水心之言,與當年的孫紹可謂一脈相承,被華風、慕古、輿服等禮樂之事所掩蓋了的,便是"根本既虛","國家大計"之所在。

又六百年後,王夫之所言與葉適仍如出一轍,且更顯得觸目驚心。在《讀通鑑論》中,船山對孝文帝煞費苦心所經營的禮樂盛事,評價爲"小儒爭豔稱之以爲榮"(卷十六),在他看來,"自遷雒以來,塗飾虛僞,始於儒,濫於釋,皆所謂沐猴而冠者也。縻天下於無實之文,自詫昇平之象,強宗大族以侈相尚,而上莫之懲,於是而精悍之氣銷矣,樸固之風斫矣"(卷十七)。定性爲"沐猴而冠",較諸葉適的"好名慕古",較諸歐陽修的"禮樂爲虛文",更形象生動,更一針見血,也更刺中了死穴。

孝文帝之復禮,就像漢唐禮制因革的一道縮影。是國本抑或虛文,是每一個有志於研究禮制的有識之士,絕難繞得過去的思想困境。當年在清華園内,陳寅恪的"歐陽修"課上,想必已議論及此!

如今唯一的路,就是迎上去,衝破它!

卷二

西漢：禮制創立期（前 206—25）

公元前 206 年,劉邦滅秦,四年後戰敗項羽,即帝位於汜水之陽(今山東定陶),兩年後定都長安(今陝西西安),國號漢。以與其後東漢相區別,史稱西漢。公元 8 年爲王莽所代。共歷十二帝(高祖、惠帝、文帝、景帝、武帝、昭帝、宣帝、元帝、成帝、哀帝、平帝、孺子),二百一十四年。王莽代漢稱帝,國號新。23 年爲綠林軍所滅。綠林軍立劉玄爲帝,25 年爲赤眉軍所滅。

高祖(劉邦)

元年(前 206)

制 十一月,劉邦(沛公)軍入咸陽,與父老約法三章,除去其餘秦法。

(史記・高祖本紀,漢書・高帝紀上,漢志・刑法,通典・刑法一)

【儀制】《史記》記劉邦召諸縣豪傑曰:"父老苦秦苛法久矣,誹謗者族,偶語者弃市。"今所約法三章爲:"殺人者死,傷人及盜抵罪。"《漢書》同。

【因革】淺井虎夫《中國法典編纂沿革史》指出:"高祖入咸陽,其翌月與秦父老約法三章,此蓋漢代發佈法律之始。……此雖非編纂法典,然要爲他日蕭何編輯九章之起點。"(第三章,第 11—12 頁)

【考釋】漢因秦以十月爲歲首,至太初元年(前 104)方改以正月。

制 二月,項羽自立爲西楚霸王,都彭城,立劉邦爲漢王,都南鄭。

(史記・高祖本紀,漢書・高帝紀上)

【論評】陳顧遠認爲:"秦滅六國,廢除封建,統一之局奠定,然有時亦不無例外之表現。……楚漢爭鹿,當時曾尊楚懷王爲義帝,分封六國之後及滅秦有功者,項羽自立爲西楚霸王,爲諸侯長,此亦刹那間之封建國家也。"(《中國法制史》,第 144 頁)

軍 四月,漢王齋戒,設壇場,拜韓信爲大將軍,部署諸將,以定三秦。 (史記・淮陰侯列傳,漢書・高帝紀,通典・軍禮一)

二年（前205）

卷二 西漢：禮制創立期

吉 冬，承用秦雍州四畤，更起北畤，備祀五帝。（史記·封禪書，漢志·郊祀上，通典·吉禮一）

【儀制】《史記》記曰："有司進祠，上不親往。悉召故秦祝官，復置太祝、太宰，如其故儀禮。因令縣爲公社。"《漢志》同。

【理據】《史記》録曰：［帝］問："故秦時上帝祠何帝也？"對曰："四帝，有白、青、黃、赤帝之祠。"高祖曰："吾聞天有五帝，而四，何也？"莫知其説。於是高祖曰："吾知之矣，乃待我而具五也。乃立黑帝祠，名曰北畤。"《漢志》同。

吉 二月癸未（初五），令民除秦社稷，立漢社稷。（史記·高祖本紀，漢書·高帝紀上）

【因革】秦蕙田《五禮通考》論曰："《禮》有勝國之社，故商有夏社，周有殷社，示誡也。高祖除秦社稷，則勝國之社禮亡矣！"（《吉禮四十三》"社稷"）

嘉 二月，置三老，每鄉一人，擇鄉三老一人爲縣三老。（漢書·高帝紀上）

【理據】《漢書》記曰"舉民年五十以上，有修行，能帥衆爲善者，置以爲三老"，縣三老"與縣令丞尉以事相教，勿復繇戍"。

又邢義田指出高祖尊老、養老有歷史傳統，如《禮記·王制》："五十杖於家，六十杖於鄉，七十杖於國，八十杖於朝。"《禮記·月令》仲秋之月"養衰老，授几杖，行糜粥飲食"。其云："一年之中，隨時令養老授杖，應爲古制，並非出自臆想。"（《從尹灣出土簡牘看漢代的"種樹"與"養老"》，《天下一家》，第561—562頁）

【儀制】《漢書》記此時確定"以十月賜酒肉"。

凶 三月，聞知楚懷王（義帝）被殺，劉邦袒而大哭，親爲發喪，臨三日。（史記·高祖本紀，漢書·高帝紀上）

【考釋】此年十月，義帝被項羽將所殺。

嘉 六月壬午（初五），立劉盈爲太子。（史記·高祖本紀，漢書·高帝紀上）

吉 六月，雍州歸漢，令祠官祀天地四方上帝山川，以時祠之。（史記·高祖本紀，漢書·高帝紀上）

制 八月，漢王命蕭何守關中，爲法令，立宗廟、社稷、宮室、縣邑。

（史記·蕭相國世家，漢書·蕭何曹參傳，資治通鑑·漢紀一）

【因革】①《漢志·刑法》記曰：“其後四夷未附，兵革未息，三章之法不足以禦姦，於是相國蕭何攈摭秦法，取其宜於時者，作《律九章》。”②《唐六典》自注：“至漢，蕭何加［李］悝所造《戶》、《興》、《廄》三篇，謂之《九章之律》。”（卷六，第180頁）按指在李悝《法經》六篇之外加三篇。③淺井虎夫《中國法典編纂沿革史》指出：“《九章律》即漢代最初之刑法典也。”“自蕭何編《九章律》以來，漢代編纂法典之舉蓋不可勝數。”（第三章，第13、14頁）

又就社稷，《史記》記曰：“二年，東擊項籍而還入關，……因令縣爲公社。”裴駰集解引李奇曰：“猶官社。”《漢志》同。

又就宗廟，秦蕙田《五禮通考》推論曰：“漢初未有追王立廟之事，況是時天下未定耶！相國何所立，當是因秦之舊而存其規制耳。”（《吉禮七十八》“宗廟制度”）

四年（前 203）

嘉 十一月，漢王西入關，至櫟陽，存問父老，置酒。（史記·高祖本紀，漢書·高帝紀上）

凶 八月，漢王下令爲死亡軍士，製衣衾棺斂，轉送其家。（漢書·高帝紀上）

【論評】《漢書》評曰：“四方歸心焉。”

制 八月，項王與漢王立約，中分天下，鴻溝以西爲漢，以東爲楚。

（史記·高祖本紀，漢書·高帝紀上）

【考釋】鴻溝，《漢書》顏師古注引文穎曰：“於滎陽下引河東南爲鴻溝，……即今官渡水也。”

五年(前202)

[凶] 十二月，項王被殺於東城，魯國降，漢王以魯公禮葬之於穀城，臨哭而去。（史記·項羽本紀，漢書·高帝紀下）

[吉] 正月，諸侯王及盧綰(太尉)等三百人，與叔孫通(博士)擇定時日，上皇帝尊號；二月甲午(初三)，帝即位於氾水之陽。（史記·高祖本紀，漢書·高帝紀下）

【理據】《史記》記群臣曰："大王起微細，誅暴逆，平定四海，有功者輒裂地而封爲王侯。大王不尊號，皆疑不信。臣等以死守之。"又記帝不得已，曰："諸君必以爲便，便國家。"

[嘉] 二月，立呂氏(王后)爲皇后，劉盈(太子)爲皇太子。（漢書·高帝紀下）

[嘉] 二月，帝西都洛陽；五月，置酒於洛陽南宮。（漢書·高帝紀下）

[凶] 五月，帝召田橫(齊王)，田橫與其賓客二人至尸鄉，自殺，令賓客持其頭至洛陽，帝發卒二千人，以王者禮葬之。（史記·田儋列傳，漢書·田儋傳，資治通鑑·漢紀三）

【儀制】①《史記》記曰："既葬，二客穿其冢旁孔，皆自剄，下從之。"又使使召尚餘五百人，"至則聞田橫死，亦皆自殺"。②《通典·凶禮八》記曰："齊王田橫自殺，其故吏不敢哭泣，但隨柩叙哀。而後代相承，以爲挽歌，蓋因於古也。"

[吉] 修復周家舊祠，祀后稷於東南。（史記·封禪書正義）

六年(前201)

[嘉] 五月丙午(二十二)，尊太公曰太上皇。（史記·高祖本紀，漢書·高帝紀下，通典·嘉禮十二）

【儀制】《史記》記曰：“高祖五日一朝太公，如家人父子禮。……後高祖朝，太公擁篲，迎門却行。”《漢書》略同。

【理據】《漢書》録帝詔曰：“人之至親，莫親於父子，故父有天下傳歸於子，子有天下尊歸於父，此人道之極也。”

吉 **下詔御史令豐縣立枌榆社，以時祀，春以羊彘祠之。**（史記·封禪書，漢志·郊祀上，通典·吉禮四）

【因革】《史記》記曰：“漢興，……高祖初起，禱豐枌榆社。”《漢志》同。按可見漢因秦故社而更修之。

【考釋】裴駰集解引張晏曰：“枌，白榆也。社在豐東北十五里。”顔注又曰：“以此樹爲社神，因立名也。”《通典》自注：“或曰：枌榆，鄉名，高帝里社。”

吉 **立蚩尤之祠於京城，並置祠祀官、女巫，皆以歲時祠宮中。**（史記·封禪書，漢志·郊祀上，通典·吉禮四、吉禮十四）

【儀制】《史記》記曰：“其梁巫，祠天、地、天社、天水、房中、堂上之屬；晉巫，祠五帝、東君、雲中君、巫社、巫祠、族人、先炊之屬；秦巫，祠杜主、巫保、族纍之屬；荊巫，祠堂下、巫先、司命、施糜之屬；九天巫，祠九天。其河巫祠河於臨晉，而南山巫祠南山、秦中。”《漢志》同。

【理據】《通典·吉禮四》述曰：“漢初，因秦滅學，禮經在人閒潛出，所以祠祀未修，典禮用女巫者未多。其梁巫主祠天地。”

【因革】① 秦二世元年（前209），高祖立爲沛公時，祠皇帝，祭蚩尤於沛廷。楊樹達據此指出：“漢之爲比，沿周制也。”（《漢書窺管》卷一）② 甘懷真指出：“漢朝在漢六年再次建立漢家的祠官體系。”（《皇權、禮儀與經典詮釋》，第37頁）

【論評】秦蕙田《五禮通考》論曰：“梁巫祀天地，晉巫祀五帝，則天與五帝明有不同矣。乃復有九天之祀，何其謬耶！”（《吉禮六》“圜丘祀天”）

嘉 **令叔孫通**（博士）**定朝儀。**（史記·劉敬叔孫通列傳，漢書·叔孫通傳，通典·嘉禮十五注）

【考釋】《史記》録叔孫通定朝儀始末曰：“漢五年，已并天下，諸侯共尊漢王爲皇帝於定陶,叔孫通就其儀號。高帝悉去秦苛儀法,爲簡易。群臣飲酒爭功,醉或妄呼,拔劍擊柱,高帝患之。叔孫通知上益厭之也,說上曰:'夫儒者難與進取,可與守成。臣願徵魯諸生,與臣弟子共起朝儀。'高帝曰:'得無難乎?'叔孫通曰:'五帝異樂,三王不同禮。禮者,因時世人情爲之節文者也。故夏、殷、周之禮所因損益可知者,謂不相復也。臣願頗采古禮與秦儀雜就之。'上曰:'可試爲之,令易知,度吾所能行爲之。'於是叔孫通使徵魯諸生三十餘人,……及上左右爲學者與其弟子百餘人爲緜蕝野外。習之月餘,叔孫通曰:'上可試觀。'上既觀,使行禮,曰:'吾能爲此。'迺令群臣習肄,會十月。"《漢書》略同。

【因革】《史記・禮書》記曰:"至秦有天下,悉內六國禮儀,采擇其善,雖不合聖制,其尊君抑臣,朝廷濟濟,依古以來。至于高祖,光有四海,叔孫通頗有所增益減損,大抵皆襲秦故。自天子稱號下至佐僚及宮室官名,少所變改。"

【論評】①《舊唐志・禮儀一》概括曰:"漢興,叔孫通草定,止習朝儀。至於郊天祀地之文,配祖禋宗之制,拊石鳴球之備物,介丘璧水之盛獻,語則有之,未遑措思。"② 宋徐天麟詳述之曰:"自秦燔《詩》、《書》,殺術士,而三代之禮樂湮沒不存。高皇帝誅項籍,引兵圍魯,魯中諸儒尚講習舊禮,絃歌之音不絕,此蓋聖人遺化僅存于好學之國者也。而漢初君臣不能博會名儒,講習先王制作之本,故叔孫通所起朝儀,謂之秦儀雜就,往往猶祖其尊君卑臣之陋習,而樂家但有制氏,徒能紀其鏗鏘鼓舞而已。由是稽古禮文之事,君子歎其多闕焉。"(《東漢會要》卷三)③ 沈文倬亦論之曰:"定朝儀在六年夏秋之間,還不可能考慮全部漢禮儀,不過適應整肅朝規的急切需要,並迎合高祖'令易知'的要求,倉卒制訂,是很簡陋的。"(《從漢初今文經的形成說到兩漢今文〈禮〉的傳授》,《菿闇文存》,第 532 頁)

[制] 叔孫通徵魯諸生三十餘人習禮,魯兩生不肯行,叔孫通笑之爲鄙儒。(史記・劉敬叔孫通列傳,漢書・叔孫通傳)

【理據】《史記》錄兩生曰:"今天下初定,死者未葬,傷者未起,又欲起禮樂。禮樂所由起,積德百年而後可興也。吾不忍爲公所爲。公所爲不合古,吾不行。"《漢書》同。

【論評】王夫之《讀通鑑論》(卷二)論曰："魯兩生則叔孫通興禮樂於死者未葬、傷者未起之時，非也。將以爲休息生養而後興禮樂焉，則抑管子'衣食足而後禮義興'之邪説也。……使兩生者出，而以先王安上治民、移風易俗之精意，舉大綱以與高帝相更始，如其不用而後退，未晚也；乃必期以百年，而聽目前之滅裂！"

制 張蒼(北平侯)始定律曆。(史記·張丞相列傳，漢志·律曆上，通典·樂三)

【考釋】《史記》述其原委曰："是時蕭何爲相國，而張蒼乃自秦時爲柱下史，明習天下圖書計籍。蒼又善用算律曆，故令蒼以列侯居相府，領主郡國上計者。"按張蒼此年被封爲北平侯。

【因革】《宋志·律曆中》記曰："漢興，襲秦正朔，北平侯張蒼首言律曆之事，以顓頊曆比於六曆，所失差近。施用至武帝元封七年，太中大夫公孫卿、壺遂、太史令司馬遷等，言曆紀廢壞，宜改正朔，易服色，所以明受之於天也。乃詔遂等造漢曆。"

樂 叔孫通因秦樂人制宗廟樂。(漢志·禮樂，通典·樂一)

【儀制】《漢志》記曰："大祝迎神于廟門，奏《嘉至》，猶古降神之樂也。皇帝入廟門，奏《永至》，以爲行步之節，猶古《采薺》、《肆夏》也。乾豆上，奏登歌，獨上歌，不以筦弦亂人聲，欲在位者徧聞之，猶古《清廟》之歌也。登歌再終，下奏《休成》之樂，美神明既饗也。皇帝就酒東廂，坐定，奏《永安》之樂，美禮已成也。……高祖樂楚聲，故《房中樂》楚聲也。"

【考釋】此事在高祖時，未標年月，叔孫通之制自亦起於此年。

又《周禮·夏官·弁師》"弁師掌王之五冕"賈公彦疏："凡冕體，《周禮》無文，叔孫通作《漢禮器制度》，取法於周。"閻步克據此曰："叔孫通爲劉邦制禮，又留下了一部《禮器制度》，其中有冕服規劃。"(《服周之冕》第五章，第 164 頁)

七年(前 200)

嘉 十月，長樂宮成，朝會群臣。(史記·劉敬叔孫通列傳，漢書·叔孫通傳，通典·嘉禮十五)

【儀制】《史記》記儀注曰:"先平明,謁者治禮,引以次入殿門,廷中陳車騎步卒衞宮,設兵張旗志。傳言'趨'。殿下郎中俠陛,陛數百人。功臣列侯諸將軍軍吏以次陳西方,東鄉;文官丞相以下陳東方,西鄉。大行設九賓,臚傳。於是皇帝輦出房,百官執職傳警,引諸侯王以下至吏六百石以次奉賀。自諸侯王以下莫不振恐肅敬。至禮畢,復置法酒。諸侍坐殿上皆伏抑首,以尊卑次起上壽。觴九行,謁者言'罷酒'。御史執法舉不如儀者輒引去。竟朝置酒,無敢讙譁失禮者。於是高帝曰:'吾迺今日知爲皇帝之貴也。'"《漢書》同。

【因革】秦蕙田《五禮通考》指出:"漢時朝正月,或在長樂宮,或在未央宫,或在甘泉宫,或在建章宫,隨上所在無定所,不必常在長樂也。"(《嘉禮九》"朝禮")

嘉 **二月,帝至長安,蕭何治未央宫,立東闕、北闕、前殿、武庫、大倉,甚爲壯麗。**(漢書·高帝紀下)

【理據】《漢書》記曰:"夫天子四海爲家,非令壯麗亡以重威,且亡令後世有以加也。"

八年(前 199)

凶 **十一月,令士卒從軍死者爲櫝,縣給衣衾葬具,祠以少牢,長吏視葬。**(漢書·高帝紀下)

吉 **下詔御史令天下立靈星祠,常以歲時祠以牛。**(史記·封禪書,漢志·郊祀上,通典·吉禮三)

【儀制】《續漢志·祭祀下》記曰:"祀用壬辰位祠之。壬爲水,辰爲龍,就其類也。牲用太牢,縣邑令長侍祠。舞者用童男十六人。舞者象教田,初爲芟除,次耕種、芸耨、驅爵及獲刈、春簸之形,象其功也。"又劉昭注補引《三輔故事》記祠在長安城東十里。

【理據】《史記》記曰:"或曰周興而邑郵,立后稷之祠,至今血食天下。"《漢志》略同。高祖因是而起立靈星祠。《續漢志·祭祀下》曰:"言祠后稷而謂之靈星者,以后稷又配食星也。”

【考釋】甘懷真釋曰：“靈星也是一種主導農業之神，與雨水有關，屬於主司農業的社稷之神。”（《皇權、禮儀與經典詮釋》，第 38 頁）

【因革】楊樹達曰：“靈星之祀自古有之。”（《漢書窺管》卷三）

九年（前 198）

嘉 十月，未央宮成，朝會諸侯群臣。（史記·高祖本紀，漢書·高帝紀下）

【儀制】①《漢書》記曰：“淮南王、梁王、趙王、楚王朝未央宮，置酒前殿。”②《史記·梁孝王世家》記漢諸侯朝覲之禮曰：“諸侯王朝見天子，漢法凡當四見耳。始到，入小見；到正月朔旦，奉皮薦璧玉賀正月，法見；後三日，爲王置酒，賜金錢財物；後二日，復入小見，辭去。凡留長安不過二十日。小見者，燕見於禁門内，飲於省中，非士人所得入也。……朝見賀正月者，常一王與四侯俱朝見，十餘歲一至。”

賓 冬，帝取家人女，名爲長公主，以妻匈奴冒頓單于，使劉敬（關内侯）往結和親約。（史記·劉敬叔孫通列傳，漢書·婁敬傳，資治通鑑·漢紀四）

十年（前 197）

嘉 十月，淮南王、燕王、荆王、梁王、楚王、齊王、長沙王來朝。（史記·高祖本紀，漢書·高帝紀下）

吉 春，有司請令縣常於春三月及臘祠社稷以羊彘，制可。（史記·封禪書，漢志·郊祀上）

【儀制】《史記》記曰：“民里社各自財以祠。”《漢志》、《通典·吉禮四》同。顏師古注：“隨其祠具之豐儉也。”

【考釋】《漢書·武帝紀》太初二年顏注曰：“臘者，冬至後臘祭百神也。”《通典·吉禮三》記曰：“季冬之月，星迴歲終，陰陽以交，勞農大享臘。”

【因革】①《史記·秦本紀》："[惠文王]十二年，初臘。"張守節正義："十二月臘也。秦惠文王始效中國爲之，故云初臘。"《秦始皇本紀》："三十一年十二月，更名臘曰嘉平。"②《通典》自注："或曰：臘之名，始自漢氏。""言祭宗廟，旁祭五祀，蓋同一日，自此而始。"

凶 **五月，太上皇去世於櫟陽；七月癸卯**(十三)**，葬於萬年**(櫟陽北原)。（資治通鑑·漢紀四）

【儀制】《通鑑》記曰："楚王、梁王皆來送葬。"

【考釋】《漢書·高帝紀下》記此事曰："夏五月，太上皇后崩。秋七月癸卯，太上皇崩，葬萬年。"按兹不取其說，胡三省注已辨析之。

吉 **八月，令諸侯王皆立太上皇廟於國都。**（漢書·高帝紀下，通典·吉禮六）

【因革】《漢書·韋賢傳》記此後延承曰："初，高祖時，令諸侯王都皆立太上皇廟。至惠帝尊高帝廟爲太祖廟，景帝尊孝文廟爲太宗廟，行所嘗幸郡國各立太祖、太宗廟。至宣帝本始二年，復尊孝武廟爲世宗廟，行所巡狩亦立焉。凡祖宗廟在郡國六十八，合百六十七所。"

秦蕙田《五禮通考》指出："此郡國立廟之始。由是西漢宗廟之禮紕謬相沿，仍而難正矣。"又曰："史不言京師立廟，豈因蕭何所建而奉主以祠耶？"（《吉禮七十八》"宗廟制度"）按《史記》、《漢書》均言及京城有太上皇廟。

【論評】甘懷真論曰："景帝之後，這類皇帝廟已乏宗廟意義，毋寧視爲神祠。……漢朝是想借由這類具有神祠性質的皇帝宗廟成爲民間信仰之一，而使得國家之支配力能及於地方。"（《皇權、禮儀與經典詮釋》，第40頁）

十一年(前 196)

嘉 **二月，令諸侯王、通侯常以十月朝獻。**（漢書·高帝紀下）

【因革】秦蕙田《五禮通考》指出："朝賀之禮在歲首正月朔，秦漢以十月爲正月，云'朝十月'者，史家於太初改曆之後追書之。"（《嘉禮九》"朝禮"）

十二年(前 195)

嘉 十月,帝至沛,置酒沛宫,悉召故人、父老、子弟佐酒。(漢書·高帝
紀下,漢志·禮樂,通典·樂一)

【儀制】《漢書》記曰:"發沛中兒得百二十人,教之歌。酒酣,上擊筑,自歌曰:
'大風起兮雲飛揚,威加海內兮歸故鄉,安得猛士兮守四方!'令兒皆和習之。上
乃起舞,慷慨傷懷,泣數行下。"

吉 十一月,帝過魯,祠孔子以太牢。(漢書·高帝紀下)

【論評】陳戍國指出:"身爲皇帝而親自祭孔子,劉邦是第一人。"(《中國禮制史·秦
漢卷》,第 124 頁)

吉 十二月,下詔令秦始皇守冢二十家,楚、魏、齊王各十家,趙及魏
無忌(公子)各五家。(漢書·高帝紀下)

凶 四月甲辰(二十五),帝去世於長樂宮,丁未(二十八),發喪;五月丙寅
(十七),葬於長陵,太子即位,至太上皇廟,上尊號。(史記·高祖本紀,
漢書·高帝紀下、惠帝紀)

【儀制】①《漢書·高帝紀下》記丙寅日,"葬長陵,已下,皇太子群臣皆反至太上
皇廟"。顏注引鄭氏曰:"已下棺也。"②《續漢志·禮儀下》劉昭注補引《漢舊
儀》曰:"高帝崩三日,小斂室中牖下。作栗木主,長八寸,前方後圓,圍一尺,置
牖中,望外,內張縣絮以鄣外,以皓木大如指,長三尺,四枚,纏以皓皮四方置牖
中,主居其中央。七日大斂棺,以黍飯羊舌祭之牖中。已葬,收主。爲木函,藏
廟太室中西牆壁埳中。"《通典·凶禮一》同。

【考釋】太子即位之日,《史記》標在己巳(二十),《漢書》則標在丙寅下葬日。

惠帝(劉盈,高祖太子)

吉 令郡國諸侯各立高廟,以歲時祀。(史記·高祖本紀,漢書·惠帝紀)

【因革】據《史記·秦始皇本紀》,秦二世皇帝元年(前 209),曾"令群臣議尊始皇

廟”,群臣言“天子儀當獨奉酌祠始皇廟,……以尊始皇廟爲帝者祖廟”,不與先王廟合。

【附識】《史記·樂書》記曰:“高祖崩,令沛得以四時歌儛宗廟。”

元年(前194)

制 **帝令叔孫通**(太常)**制訂漢禮儀。**(史記·劉敬叔孫通列傳,漢書·叔孫通傳)

【因革】《史記·禮書》曰:“秦有天下,悉内六國禮儀,采擇其善,雖不合聖制,其尊君抑臣,朝廷濟濟,依古以來。至于高祖,光有四海,叔孫通頗有所增益減損,大抵皆襲秦故。”《漢書·禮樂志》曰:“初,叔孫通將制定禮儀,見非於齊魯之士,然卒爲漢儒宗。”故沈文倬曰:“他本來主張‘三王不同禮’,定漢儀不過利用現成的秦制,結合當時需要來增删,與齊魯所傳古禮没有任何因襲關係。”(《從漢初今文經的形成説到兩漢今文〈禮〉的傳授》,《菿闇文存》,第534頁)

【考釋】《漢書·禮樂志》曰:“以通爲奉常,遂定儀法,未盡備而通終。”據《後漢書·曹褒傳》載東漢章帝章和元年(87)班固上“叔孫通《漢儀》十二篇”,可見叔孫氏所撰雖未最終定稿,然在官署内一度有所流傳,後爲班氏所得。

又《晉書·刑法志》述曰:“叔孫通益律所不及,傍章十八篇。”程樹德曰:“王應麟於《漢藝文志考證》增《漢儀》一種,即謂此也,别無益律十八篇之説。《史記》、《漢書》通本傳及《刑法志》俱不載,疑莫能明。後考《禮樂志》云,今叔孫通所撰禮儀與律令同録臧於理官,而後得其説,蓋與律令同録,故謂之傍章。”(《九朝律考·漢律考一》)

【論評】① 王夫之《讀通鑑論》論曰:“秦滅先王之典,漢承之而多固陋之儀,然叔孫通之苟簡,人見而知之,固不足以惑天下與無窮也。若叔孫通不存其髣髴,則永墜矣。曹褒之作,亦猶是也,要其不醇,亦豈能爲道病哉?至於梁而人知其謬,伏曼容諸儒弗難革也。……然非有漢之疵,則亦無據以成梁之醇。故患其絶也,非患其疵也,疵可正而絶則不復興也。”(卷十七)② 秦蕙田《五禮通考》論曰:“自秦變古制,漢初典章散亡,叔孫通號爲習禮,隨時迎合上意,因陋就簡,一切爲權宜之制，于是古先制度棽滅幾盡。……自漢禮壞于叔孫，而先王之制不可復矣。"（《吉禮九十》"宗廟時享"）③ 顧頡剛則指出："凡漢初的種種制度，都是他（指叔孫通）做太常時所討論規定的。他似乎沒有受到五德説的影響，所以他定的禮，我們見不着五行的色彩。"（《秦漢的方士與儒生》第九章，第 34 頁）

二年（前 193）

賓 十月，齊悼惠王（劉肥）入朝，帝與之燕飲於皇太后前。（漢書·高五王傳、惠帝紀）

【儀制】《高五王傳》記曰："置齊王上坐，如家人禮。"顔注："以兄弟齒列，不從君臣之禮，故曰家人也。"

樂 使夏侯寬（樂府令）備其簫管，更名房中樂爲《安世樂》。（漢志·禮樂，通典·樂一）

三年（前 192）

賓 匈奴冒頓單于遺書高后，言辭不遜，高后召諸將議之，使張澤（大謁者）報書，匈奴因獻馬，遂和親。（史記·季布欒布列傳、匈奴列傳，漢書·季布傳、匈奴傳）

四年（前 191）

嘉 十月壬寅，立皇后張氏（魯元公主女）。（漢書·惠帝紀）

【儀制】《通典·嘉禮三》記曰："納采鴈璧，乘馬束帛，聘黃金二萬斤，馬十二疋。"

【論評】秦蕙田《五禮通考》論曰："吕氏爲惠帝娶魯元公主女,故特優其禮。"(《嘉禮二十七》"昏禮")

【附識】《通典·嘉禮三》録漢制皇太子納妃,"奉常迎",自注:"時叔孫通定禮,以天子無親迎之義,皇太子以奉常迎也。"秦蕙田《五禮通考》推測:"叔孫通此説或有所本。"(《嘉禮二十七》"昏禮")

【考釋】此年十月甲寅朔,無壬寅日。

嘉 **三月甲子**(初七),**帝加元服**。(漢書·惠帝紀,通典·嘉禮一,資治通鑑·漢紀四)

【儀制】①《通典》則記曰:"惠帝加元服,用正月甲子若景(即丙)子爲吉",此恐由《續漢志·禮儀上》所記推論而得。②《通鑑》胡三省注引鄭樵曰:"漢改皇帝冠爲加元服。初加緇布進賢,次爵弁,次武弁,次通天冠,冠訖,皆於高祖廟如禮謁見。"

【考釋】① 帝於高祖元年(前206)時年 5 歲,至今 20 歲。② 胡注引鄭樵説未必是,恐當係東漢之制。

【論評】秦蕙田《五禮通考》評曰:"甲子、丙子,用剛日也,亦喪弧蓬矢之意。"(《嘉禮二十二》"冠禮")

制 **三月,省法令有妨吏民者,除挾書律**。(漢書·惠帝紀,通典·刑法一)

【考釋】①《漢書》顔注引張晏曰:"秦律,敢有挾書者族。"②《通典》則記此事在惠帝二年,誤。

吉 **叔孫通**(太常)**提議加立原廟於渭北,下詔有司立之**。(漢書·叔孫通傳,資治通鑑·漢紀四,通典·吉禮六)

【理據】《漢書》記曰:"惠帝爲東朝長樂宫,及間往,數蹕煩民,作復道,方築武庫南,通奏事,因請間,曰:'陛下何自築復道? 高帝寝衣冠月出游高廟,子孫奈何乘宗廟道上行哉?'惠帝懼,曰:'急壞之。'通曰:'人主無過舉。今已作,百姓皆知之矣。願陛下爲原廟渭北,衣冠月出游之,益廣宗廟,大孝之本。'"

【論評】①《漢志·五行上》記曰:"高皇帝廟在長安城中,後以叔孫通諫復道,故復起原廟於渭北,非正也。"② 秦蕙田《五禮通考》論曰:"原廟尤爲不經,啓後世瀆神嬻禮之弊者,叔孫實始作俑。"(《吉禮七十八》"宗廟制度")

吉 帝出游離宮，叔孫通(太常)提議取櫻桃獻宗廟，許之。（史記·劉敬叔孫

通列傳，漢書·叔孫通傳，通典·吉禮八）

【因革】《史記》記曰："諸果獻由此興。"《漢書》同。

五年（前 190）

吉 以沛宮爲高祖原廟。（史記·高祖本紀）

【考釋】裴駰集解："謂原者，再也。先既已立廟，今又再立，故謂之原廟。"

【儀制】①《通典·吉禮六》記曰："帝乃立原廟；又尊帝廟爲太祖廟。"②《漢
志·禮樂》記曰："以沛宮爲原廟，皆令歌兒習吹以相和〔風起之詩〕，常以百二十
人爲員。"《通典·樂一》同。

【因革】宋徐天麟《西漢會要》(卷十二)指出原廟在元帝時被罷，建昭五年(前 34)
又復。

六年（前 189）

嘉 令女子年十五以上至三十不嫁，出錢五算。（漢書·惠帝紀）

【理據】《漢書》顏注引應劭曰："《國語》越王勾踐令國中女子年十七不嫁者父母
有罪，欲人民繁息也。漢律人出一算，算百二十錢，唯賈人與奴婢倍算。今使五
算，罪謫之也。"

七年（前 188）

凶 八月戊寅(十一)，帝去世於未央宮；九月辛丑(初五)，葬於安陵。（史
記·呂太后本紀，漢書·惠帝紀）

54

高后（吕氏，惠帝母）

吉 九月，立劉恭（太子）爲皇帝，吕后臨朝稱制。（史記·吕太后本紀，漢書·高后紀）

【儀制】《史記》記曰："太子即位爲帝，謁高廟。"

四年（前184）

吉 五月丙辰（十一），立劉弘（恒山王）爲皇帝。（漢書·高后紀）

八年（前180）

吉 三月，祓於霸上。（漢志·五行中之上，通典·吉禮十四）

【考釋】《通典》記在"高后八月"，月當爲"年"字之誤。

凶 七月辛巳（三十），吕后去世於未央宮；後合葬長陵。（史記·吕太后本紀，漢書·惠帝紀）

文帝（劉恒，高祖中子，惠帝弟）

吉 閏九月己酉（二十九），代王即位，即日入未央宮。（漢書·文帝紀）

元年（前179）

吉 十月辛亥（初七），帝見於高廟。（漢書·文帝紀）

嘉 **正月，有司固請建太子，帝先不取，終許以劉啓爲太子。**（史記·孝文本紀，漢書·文帝紀）

【理據】《漢書》録帝詔曰："朕既不德，上帝神明未歆饗也，天下人民未有愜志。今縱不能博求天下賢聖有德之人而嬗天下焉，而曰豫建太子，是重吾不德也。謂天下何？其安之。"録有司曰："豫建太子，所以重宗廟社稷，不忘天下也。"又曰："古者殷周有國，治安皆且千歲，有天下者莫長焉，用此道也。立嗣必子，所從來遠矣。高帝始平天下，建諸侯，爲帝者太祖。諸侯王列侯始受國者亦皆爲其國祖。子孫繼嗣，世世不絶，天下之大義也。故高帝設之以撫海内。今釋宜建而更選於諸侯宗室，非高帝之志也。更議不宜。"

嘉 **三月，有司請立皇后，薄太后定以竇氏**（太子母）。（史記·孝文本紀，漢書·文帝紀）

制 **有司議欲定禮儀，爲帝所罷。**（史記·禮書）

【考釋】《漢書·賈誼傳》記文帝遷賈誼爲太中大夫，"誼以爲漢興二十餘年，天下和洽，宜當改正朔，易服色制度，定官名，興禮樂。乃草具其儀法，色上黄，數用五，爲官名悉更，奏之。文帝謙讓未皇也。然諸法令所更定，及列侯就國，其説皆誼發之"。

【理據】《史記》記曰："孝文好道家之學，以爲繁禮飾貌，無益於治，躬化謂何耳，故罷去之。"

【論評】王夫之《讀通鑑論》（卷二）論曰："漢興，至文帝而天下大定。賈誼請改正朔、易服色、定官名、興禮樂，斯其時矣。魯兩生百年而後興之説謬矣。雖然，抑豈如誼之請遽興之而遂足以興邪？武帝固興之矣，唐玄宗欲興之矣，拓跋氏、宇文氏及宋之蔡京亦皆欲興之矣。文帝從誼之請，而一旦有事於制作，不保其無以異於彼也。於是而興與不興交錯，以凋喪禮樂，而先王中和之極遂斬於中夏。"

二年（前 178）

吉 **正月丁亥**（十五），**下詔親耕藉田。**（史記·孝文本紀，漢書·文帝紀，通典·吉禮五）

【理據】顏注引應劭曰:"古者天子耕藉田千畝,爲天下先。藉者,帝王典藉之常也。"又引韋昭曰:"藉,借也。借民力以治之,以奉宗廟,且以勸率天下,使務農也。"

又《漢書·食貨志上》記此事緣起曰:"文帝即位,躬修儉節,思安百姓。時民近戰國,皆背本趨末。賈誼説上曰:'筦子曰"倉廩實而知禮節",……漢之爲漢幾四十年矣,公私之積猶可哀痛。……今毆民而歸之農,皆著於本,使天下各食其力,末技游食之民轉而緣南畝,則畜積足而人樂其所矣。可以爲富安天下,而直爲此廩廩也,竊爲陛下惜之!'於是上感誼言,始開籍田,躬耕以勸百姓。"

【因革】據顏注引臣瓚曰:"景帝詔曰'朕親耕,后親桑,爲天下先'。"又《漢書·董仲舒傳》載武帝册董仲舒制有曰"今朕親耕藉田以爲農先",可見藉田之禮西漢一度延續。

[賓] 九月,初與郡國守相爲銅虎符、竹使符。(史記·孝文本紀,漢書·文帝紀)

卷二 西漢:禮制創立期

四年(前176)

[吉] 九月,作顧成廟。(漢書·文帝紀)

【考釋】顏注引應劭曰:"文帝自爲廟,制度卑狹,若顧望而成,猶文王靈臺不日成之,故曰顧成。"

【理據】《漢書·賈誼傳》録賈誼上疏曰:"禮,祖有功而宗有德,使顧成之廟稱爲太宗,上配太祖,與漢亡極。建久安之勢,成長治之業,以承祖廟,以奉六親,至孝也;以幸天下,以育群生,至仁也;立經陳紀,輕重同得,後可以爲萬世法程,雖有愚幼不肖之嗣,猶得蒙業而安,至明也。"

六年(前174)

[制] 賈誼(太中大夫)草具禮樂儀注,然未施行。(漢志·禮樂)

【理據】《漢志》載賈誼以爲:"漢承秦之敗俗,廢禮義,捐廉恥,今其甚者殺父兄,盜者取廟器,而大臣特以簿書不報期會爲故,至於風俗流溢,恬而不怪,以爲是適然耳。夫移風易俗,使天下回心而鄉道,類非俗吏之所能爲也。夫立君臣,等上下,使綱紀有序,六親和睦,此非天之所爲,人之所設也。人之所設,不爲不立,不修則壞。漢興至今二十餘年,宜定制度,興禮樂,然後諸侯軌道,百姓素樸,獄訟衰息。"又《漢書·賈誼傳》記賈誼之言有曰:"夫禮者禁於將然之前,而法者禁於已然之後,是故法之所用易見,而禮之所爲生難知也。……然而曰禮云禮云者,貴絕惡於未萌,而起教於微眇,使民日遷善遠罪而不自知也。"

【考釋】①《漢志》記曰:"而大臣絳、灌之屬害之,故其議遂寢。"《漢書·賈誼傳》記曰:"[誼]乃草具其儀法,色上黄,數用五,爲官名悉更,奏之。文帝謙讓未皇也。然諸法令所更定,及列侯就國,其説皆誼發之。於是天子議以誼任公卿之位。絳、灌、東陽侯、馮敬之屬盡害之,乃毁誼曰:'雒陽之人年少初學,專欲擅權,紛亂諸事。'於是天子後亦疏之,不用其議,以誼爲長沙王太傅。"按絳侯,即周勃;灌,即灌嬰。② 此事《漢志》僅標"文帝時",今暫繫於此。

十年(前 170)

凶 冬,薄昭(將軍)殺漢使者,不肯自殺,帝使群臣喪服往哭之,乃自殺。(漢書·文帝紀及顏注)

【儀制】《漢書·賈誼傳》記此前經賈誼上疏,帝"深納其言,養臣下有節,是後大臣有罪,皆自殺,不受刑"。其後,"至武帝時,稍復入獄,自甯成始"。

十二年(前 168)

嘉 二月,出惠帝後宮美人,令得嫁。(漢書·文帝紀)

吉 三月,下詔遣謁者勞賜三老。(漢書·文帝紀)

【理據】《漢書·賈山傳》錄賈山《至言》曰:"古者聖王之制,史在前書過失,工誦箴諫,瞽誦詩諫,公卿比諫,士傳言諫,庶人謗於道,商旅議於市,然後君得聞其過失也。聞其過失而改之,見義而從之,所以永有天下也。天子之尊,四海之內,其義莫不爲臣。然而養三老於大學,親執醬而饋,執爵而酳,祝餂在前,祝鯁在後,公卿奉杖,大夫進履,舉賢以自輔弼,求修正之士使直諫。故以天子之尊,尊養三老,視孝也;立輔弼之臣者,恐驕也;置直諫之士者,恐不得聞其過也;學問至於芻蕘者,求善無饜也;商人庶人誹謗己而改之,從善無不聽也。"

[吉] 因五穀不登,下詔增修山川群祀。(續漢志·祭祀中劉昭注補引《東觀書》,通典·吉禮五)

十三年(前167)

[吉] 二月甲寅(十六),下詔定皇帝藉田、皇后親桑儀注。(漢書·文帝紀)

[吉] 夏,廢除祕祝之官。(史記·孝文本紀、封禪書,漢書·文帝紀,漢志·郊祀上)

【儀制】《封禪書》記秦時曰:"至如他名山川諸鬼及八神之屬,上過則祠,去則已。郡縣遠方神祠者,民各自奉祠,不領於天子之祝官。"又曰:"始名山大川在諸侯,諸侯祝各自奉祠,天子官不領。及齊、淮南國廢,令太祝盡以歲時致禮如故。"

又《通典·吉禮十四》錄漢制厲殃之儀:"祀天地日月星辰四時陰陽之神,以師曠配之。其壇常祀以禳災,兼用三代葦茭、桃梗。五月五日,朱索五色印,爲門户飾,以儺止惡氣。"

【考釋】《封禪書》記曰:"祝官有祕祝,即有菑祥,輒祝祠移過於下。"張守節正義:"謂有災祥,輒令祝官祠祭,移其咎惡於眾官及百姓也。"

[制] 五月,張蒼(丞相)、馮敬(御史大夫)奏請定律,除肉刑,制可。(史記·孝文本紀,漢書·文帝紀,漢志·刑法,通典·刑法一、刑法六)

【因革】《後漢書・郎顗列傳》載陽嘉二年(133)郎顗曰:"王者因天視聽,奉順時氣,宜務崇温柔,遵其行令。……自文帝省刑,適三百年,而輕微之禁,漸已殷積。"

【考釋】①《漢志》記孝文之世,"刑罰大省,至於斷獄四百,有刑錯之風"。②《漢書・景帝紀》録景帝元年詔述曰:"孝文皇帝臨天下,通關梁,不異遠方;除誹謗,去肉刑,賞賜長老,收恤孤獨,以遂群生;減耆欲,不受獻,罪人不帑,不誅亡罪,不私其利也;除宮刑,出美人,重絕人之世也。"

十四年(前 166)

吉 春,下詔增雍五畤及諸祀壇所用器品,令祠官致敬,無有所祈。

(史記・孝文本紀、封禪書,漢書・文帝紀,漢志・郊祀上,通典・吉禮一)

【儀制】《封禪書》録制曰:"有司議增雍五畤路車各一乘,駕被具;西畤、畦畤禺車各一乘,禺馬四匹,駕被具;河、湫、漢水,加玉各二;及諸祀皆廣壇場,珪幣俎豆以差加之。"《漢志》同。

【理據】《漢書》録帝詔曰:"昔先王遠施不求其報,望祀不祈其福,右賢左戚,先民後己,至明之極也。今吾聞祠官祝釐,皆歸福於朕躬,不爲百姓,朕甚媿之。夫以朕之不德,而專鄉獨美其福,百姓不與焉,是重吾不德也。其令祠官致敬,無有所祈。"

十五年(前 165)

吉 春,帝下詔議郊祀。召公孫臣(魯人)拜爲博士,與諸生申明土德,草改曆服色事。(史記・封禪書,漢書・文帝紀,漢志・郊祀上,通典・吉禮一、吉禮十四)

吉 四月,帝至雍,始郊見五畤,衣皆尚赤。(史記・孝文本紀、封禪書,漢志・郊祀上,漢書・文帝紀,通典・吉禮一)

【理據】《史記》二處均録有司皆曰："古者天子夏親郊,祀上帝於郊,故曰郊。"《漢志》同。

【論評】秦蕙田《五禮通考》論曰："文帝郊見五畤,《索隱》注祭天、祭五畤亦各不同,是祭天之壇場、時日儀文、珪幣雖無可考,不足以爲郊祀之典要,然祭天之禮,固未嘗竟廢。"(《吉禮六》"圜丘祀天")

吉 **四月,修復名山大川曾祀而今絶者。**(漢書·文帝紀)

【儀制】《文帝紀》曰："有司以歲時致禮。"

吉 **采新垣平**(趙人)**説,起渭陽五帝廟。**(史記·孝文本紀、封禪書,漢志·郊祀上,漢書·文帝紀,通典·吉禮一)

【儀制】①《封禪書》記曰："同宇,帝一殿,面五門,各如其帝色。祠所用及儀亦如雍五畤。"《漢志》同。②《漢志·郊祀下》元始五年(5)録王莽奏言："初起渭陽五帝廟,祭泰一、地祇,以太祖高皇帝配。日冬至祠泰一,夏至祠地祇,皆并祠五帝,而共一牲,上親郊拜。"③顏注引《廟記》云："五帝廟在長安東北也。"

【考釋】五帝,據《左傳·昭公二十九年》載"故有五行之官,是謂五官,實列受氏姓,封爲上公,祀爲貴神。社稷五祀,是尊是奉。木正曰句芒,火正曰祝融,金正曰蓐收,水正曰玄冥,土正曰后土。"至戰國時《吕氏春秋·十二紀》和《禮記·月令》等篇正式形成以四季與"五帝—五神"相配合的體系,即春—大皡—句芒,夏—炎帝—祝融,仲夏—黃帝—后土,秋—少皡—蓐收,冬—顓頊—玄冥。鄭玄注《周禮·春官》即據此。

【論評】①據《文帝紀》,新垣平在後元元年(前163)十月,"詐覺,謀反,夷三族"。②《漢志·五行上》亦大斥新垣平此舉,且以"文帝後三年秋,大雨,晝夜不絶三十五日;藍田山水出,流九百餘家;漢水出,壞民室八千餘所,殺三百餘人"作爲此舉之兆。

十六年(前164)

吉 **四月,帝親郊渭陽五帝廟。**(史記·孝文本紀、封禪書,漢志·郊祀上,漢書·文帝

紀,通典·吉禮一)

【論評】秦蕙田《五禮通考》論曰:"漢先立五畤,後立渭陽五帝廟,五帝廟旋領祀官,而親祠五畤,是爲五帝正祭。其祀明堂復有五帝者,蓋比諸圜丘從祀之例。至東漢明帝時乃專以明堂祀五帝,而宋齊以下時或從之,則尤誤矣。"(《吉禮三十一》"五帝")

吉 四月,新垣平與博士諸生刺六經之文作《王制》,謀議巡狩、封禪。(史記·封禪書,漢志·郊祀上)

【因革】據《史記·秦始皇本紀》所記,始皇帝二十八年(前 219),秦始皇曾"與魯諸生議,刻石頌秦德,議封禪望祭山川之事",并即行封禪。

吉 四月,立五帝壇於長門道北,祠以五牢。(史記·封禪書,漢志·郊祀上,通典·吉禮一)

【理據】《漢志》記曰:"文帝出長門,若見五人於道北,遂因其直立五帝壇。"

【因革】《漢志》記曰:明年新垣平受誅,"是後,文帝怠於改正服鬼神之事,而渭陽、長門五帝使祠官領,以時致禮,不往焉。"又:"數歲而孝景即位,十六年祠官各以歲時祠如故,無有所興。"

吉 帝親郊泰一、地祇,以高帝配。(漢志·郊祀下"元始五年"王莽奏)

【儀制】《漢志》錄王莽奏曰:"孝文十六年用新垣平,初起渭陽五帝廟,祭泰一、地祇,以太祖高皇帝配。日冬至祠泰一,夏至祠地祇,皆并祠五帝,而共一牲,上親郊拜。"

【因革】① 王莽奏又曰:"後平伏誅,乃不復自親,而使有司行事。"按新垣平被誅於明年十月。② 秦蕙田《五禮通考》論曰:"據此(指王莽奏),則高皇帝之配泰畤,自文帝始,特史失載耳。"(《吉禮六》"圜丘祀天")

後元年(前 163)

吉 十月,新垣平言汾陰將出周鼎,帝使使治廟於汾陰,欲祠出周鼎,

且改元年。（史記·封禪書，漢志·郊祀上）

【考釋】恐即在此時，"人有上書告新垣平所言氣神事皆詐也"，故被誅。《資治通鑑·漢紀七》則將此事置於去年末，告發被誅在此年首。

【因革】秦蕙田《五禮通考》論曰："此帝王有後元年之始，後世改元皆本此。"（《嘉禮一》"即位改元"）

凶 孝惠皇后（張氏）去世，葬於安陵，不起墳。（漢書·外戚傳上）

後七年（前157）

凶 六月己亥（初一），帝於未央宮去世，遺詔革三年之喪；乙巳（初七），葬於霸陵。（史記·孝文本紀，漢書·文帝紀，宋志·禮二）

【儀制】①《文帝紀》錄遺詔曰："其令天下吏民，令到，出臨三日，皆釋服。無禁取婦、嫁女、祠祀時飲酒食肉。自當給喪事服臨者，皆無踐。絰帶無過三寸。無布車及兵器。無發民哭臨宮殿中。殿中當臨者，皆以旦夕各十五舉音，禮畢罷。非旦夕臨時，禁無得擅哭[臨]。以下，服大功十五日，小功十四日，纖七日，釋服。它不在令中者，皆以此令比類從事。"《通典·凶禮一》、《凶禮二》散采之。② 遺詔又曰："霸陵山川因其故，無有所改。"顏注引應劭曰："因山為藏，不復起墳，山下川流不遏絕，就其水名以為陵號。"《通典·凶禮一》同。③《文帝紀》末贊曰："治霸陵，皆瓦器，不得以金銀銅錫為飾。"

【因革】①《宋志》述曰："漢文帝始革三年喪制。臨終詔曰……文帝以己亥崩，乙巳葬，其間凡七日。自是之後，天下遵令，無復三年之禮。"② 王夫之《讀通鑑論》（卷二）曰："文帝之短喪，遂以施行於萬世，而有志者莫挽，不亦悲乎！"

【理據】《通典·凶禮二》議曰："漢文彌留之際，不詳前代舊規，深慮大政之廢，遂施易月之令。"

【論評】①《三國志·魏書·文帝紀》裴注引孫盛曰："三年之喪，自天子達於庶人，……故雖三季之末，七雄之弊，猶未有廢縗斬於旬朔之間，釋麻杖於反哭之日者也。逮於漢文，變易古制，人道之紀，一旦而廢，縗素奪於至尊，四海散其邊密，義感闕於羣后，大化墜於君親；雖心存貶約，慮在經綸，至於樹德垂聲，崇化變俗，固以道薄於當年，風頹於百代矣。”②《宋志》評曰：“案《尸子》，禹治水，爲喪法，曰毀必杖，哀必三年，是則水不救也。故使死於陵者葬於陵，死於澤者葬於澤。桐棺三寸，制喪三日。然則聖人之於急病，必爲權制也。但漢文治致升平，四海寧晏，廢禮開薄，非也。”③ 王夫之《讀通鑑論》(卷二)更進而論曰：“漢文短喪，而孝道衰於天下，乃其繇來有漸也。……抑文帝之詔，統吏民而壹之，則無差等也。……秦統而重之，文帝統而輕之，皆昧分殊之等，而禮遂以亡。”

又①《晉書·索靖列傳》載西晉末霸陵、杜陵被盜發，多獲珍寶，帝問索琳“漢陵中物何乃多邪”，索琳對曰：“漢天子即位一年而爲陵，天下貢賦三分之，一供宗廟，一供賓客，一充山陵。……此二陵是儉者耳，亦百世之誡也。”② 楊樹達《漢書窺管》(卷四)曰：“據《王莽傳》，漢末赤眉起，漢陵皆見發掘，唯文帝之霸陵及宣帝之杜陵完，蓋有以也。”

景帝（劉啓，文帝太子）

嘉 **六月丁未**(初九)，**太子即位於高廟。**（史記·孝文本紀，漢書·景帝紀）

【儀制】秦蕙田《五禮通考》引鄭樵曰：“漢大斂畢，三公奏《尚書·顧命》‘太子即日即天子位于柩前’，請太子即皇帝位，皇后爲皇太后，奏可。群臣皆出，吉服入會如儀，太尉升自阼階，當柩御坐，北面稽首，讀册畢，以傳國玉璽綬東面跪授皇太子即皇帝位，告令群臣，群臣皆伏稱萬歲，或大赦天下。群臣百僚罷，入成喪服如禮。”(《嘉禮一》“即位改元”)

【因革】秦蕙田《五禮通考》論曰：“此禮即倣《尚書·顧命》、《康王之誥》二篇爲之，後世即位禮，史雖不詳，大略同此。”(《嘉禮一》“即位改元”)

嘉 立薄氏（妃）爲皇后。（漢書・外戚傳上）

元年（前156）

吉 十月，申屠嘉（丞相）等奏宜爲高祖立太祖廟，爲文帝立太宗廟，天子世世奉獻；郡國諸侯宜各爲文帝立太宗廟，而遣使侍祠天子所獻祖宗之廟，制可。（漢書・景帝紀）

【儀制】《漢書・韋賢傳》顏注引晉灼曰："《漢儀注》：宗廟一歲十二祠。五月嘗麥。六月、七月三伏、立秋貙婁，又嘗粢。八月先夕饋飱，皆一太牢，酎祭用九太牢。十月嘗稻，又飲蒸，二太牢。十月嘗，十二月臘，二太牢。又每月一太牢，如閏加一祀，與此上十二爲二十五祠。"

【論評】陳戌國指出："由是西漢宗廟之設與宗廟之祭有了制度化的趨向。"（《中國禮制史・秦漢卷》，第127頁）

秦蕙田《五禮通考》則論曰："當時制度典冊疏略，其詳亦不可得聞，今所考見者，唯《漢舊儀》所載，略見祭祀之節。宗廟八月飲酎，彷彿秋嘗之意，而春祠、夏礿、冬烝之禮廢矣。寢廟正祠一歲二十有二，薦新之享，雜出不倫。原廟一歲十二祠，閏加一祠，園廟一歲四祠，凡歲大祠五十二，小祠千一百，而月游衣冠，更屬不經。伊古迄今，祭禮之壞亂，未有甚于西京者也。"（《吉禮九十》"宗廟時享"）

吉 十月，下詔定文帝廟酎祭宜奏《昭德》之舞。（史記・孝文本紀，漢書・景帝紀，宋志・樂一）

【儀制】①《史記》錄帝詔曰："高廟酎，奏《武德》、《文始》、《五行》之舞。孝惠廟酎，奏《文始》、《五行》之舞。"《景帝紀》同。②《漢志・禮樂》則又記曰："孝文廟奏《昭德》、《文始》、《四時》、《五行》之舞；孝武廟奏《盛德》、《文始》、《四時》、《五行》之舞。"《通典・樂一》同。③楊寬概括其儀注曰："在宗廟中這次祭祀最爲主要而隆重，由皇帝親自率領公卿諸侯百官來主持，祭祀的犧牲要用‘九太牢’（九份牛、羊、豕三牲），比其他的祭祀要多；而且規定諸侯王、列侯必須按照封地內人口數的比率，獻納黃金助祭，叫做‘酎金’。”（《中國古代陵寢制度史》，第 38 頁）

【理據】《史記》錄帝詔曰：“蓋聞古者祖有功而宗有德，制禮樂各有由。聞歌者，所以發德也；舞者，所以明功也。”《景帝紀》同。

【因革】《漢志·禮樂》記諸舞來歷曰：“《武德》舞者，高祖四年作，以象天下樂己行武以除亂也。《文始》舞者，曰本舜《招》舞也，高祖六年更名曰《文始》，以示不相襲也。《五行》舞者，本周舞也，秦始皇二十六年更名曰《五行》也。《四時》舞者，孝文所作，以示天下之安和也。”又曰：“孝景采《武德》舞以爲《昭德》，以尊大宗廟。至孝宣，采《昭德》舞爲《盛德》，以尊世宗廟。諸帝廟皆常奏《文始》、《四時》、《五行》舞云。高祖六年又作《昭容》樂、《禮容》樂。……大氐皆因秦舊事焉。”《通典·樂一》同。

據此，秦蕙田《五禮通考》論曰：“漢廟舞《文始》即《招》舞，《五行》舞即周舞，周舞者《大武》也。上述虞舜，下繼文武，有深意焉。是漢雖有《武德》、《昭德》，自制之舞，而前代之舞猶存，猶古大合樂之意矣。蓋漢初雖遭秦廢古之後，而樂工金石之器，不與《詩》、《書》竝火，故僅存焉。”（《吉禮九十》“宗廟時享”）

又楊樹達據《左傳·襄公二十二年》，云“知酎制始於春秋時”（漢書窺管》卷一）。

【考釋】顏注引張晏曰：“正月旦作酒，八月成，名曰酎。酎之言純也。至武帝時，因八月嘗酎會諸侯廟中，出金助祭，所謂酎金也。”又曰：“酎，三重釀，醇酒也，味厚，故以薦宗廟。”

古 **五月，爲孝文帝立太宗廟，令群臣勿朝賀。**（史記·孝景本紀，通典·吉禮六）

【儀制】《通典》記帝“所常幸郡國各立太祖、太宗廟。”

制 **下詔定律。**（漢志·刑法，通典·刑法一）

【因革】《漢志》記此年所定“猶尚不全”，至中元六年（前 144），又下詔減笞，“自是笞者得全，然酷吏猶以爲威。死刑既重，而生刑又輕，民易犯之”。

二年(前 155)

嘉 十二月，令男子年二十始就傅。（史記·孝景本紀，漢書·景帝紀）

【因革】顏注曰："舊法二十三，今此二十，更爲異制也。"

凶 四月壬午(二十五)，太皇太后(薄氏，文帝母)去世，後葬於南陵。（漢書·景帝紀、外戚傳上）

【理據】《外戚傳》記曰："用吕氏，不合葬長陵，故特自起陵，近文帝。"顏注："以吕后是正嫡，故薄不得合葬也。"

【儀制】《通典·凶禮三》記曰："天子朝臣並居重服。"

三年(前 154)

賓 十月，劉武(梁王，帝之弟)來朝，帝與之宴飲。（漢書·文三王傳）

【考釋】《文三王傳》記曰："是時，上未置太子，與孝王宴飲，從容言曰：'千秋萬歲後傳於王。'王辭謝。"

【因革】《文三王傳》記曰："孝王十四年，入朝。十七年，十八年，比年入朝，留。其明年，乃之國。二十一年，入朝。二十二年，文帝崩。二十四年，入朝。二十五年，復入朝。"按梁孝王二十五年，即此年。又其後，"二十九年十月，孝王入朝"，"三十五年冬，復入朝"。

四年(前 153)

嘉 四月己巳(二十三)，立劉榮爲皇太子。（史記·孝景本紀，漢書·景帝紀）

七年(前 150)

嘉 四月乙巳(十七)，立皇后王氏。（史記·孝景本紀，漢書·景帝紀）

【考釋】去年九月，原皇后薄氏廢。

嘉 四月丁巳（二十三），立劉徹（膠東王）爲皇太子。（史記·孝景本紀，漢書·景帝紀）

【考釋】此年正月，皇太子劉榮廢。

中元二年（前148）

凶 二月，下令定諸侯王、列侯去世喪葬之儀。（漢書·景帝紀）

【儀制】《漢書》記曰：“令諸侯王薨、列侯初封及之國，大鴻臚奏謚、誄、策。列侯薨及諸侯太傅初除之官，大行奏謚、誄、策。王薨，遣光禄大夫弔襚祠賵，視喪事，因立嗣子。列侯薨，遣大中大夫弔祠，視喪事，因立嗣。其葬，國得發民輓喪，穿復土，治墳無過三百人畢事。”

中元三年（前147）

制 夏，禁酤酒。（漢書·景帝紀）

【因革】此後至後元元年（前143）夏，開酒禁。

中元四年（前146）

吉 三月，起德陽宫。（史記·孝景本紀，漢書·景帝紀）

【考釋】裴駰集解引臣瓚曰：“是景帝廟也，帝自作之，諱不言廟，故言宫。”

【因革】此後武帝元光三年（前132）作龍淵宫，宣帝神爵三年（前59）起樂游苑，恐亦是自作廟。

中元五年（前145）

嘉 始詔制公侯大夫車輅。（通典·嘉禮十）

【儀制】《通典》記曰：“六百石以上施車轓，得銅五末，軛有吉陽筩。中二千石以上右騑，三百石以上皂布蓋，千石以上皂繒覆蓋，二百石以下白布蓋，皆有四維杠衣。賈人不得乘馬車。除吏赤畫杠，其餘皆青。"又曰："公、卿、二千石，郊廟、明堂、祀陵，法出，皆大車，立乘，駕駟；他出，乘安車。大行載車，其飾如金根車。……公卿以下至縣三百石，五吏、賊曹、督賊功曹，皆帶劍，三車導；主簿、主記，兩車爲從。縣令以上，加導斧車。牛車，武帝推恩之末，諸侯有寡弱者，乘牛車，其後牛車稍通貴者所乘。"

中元六年（前144）

吉 十月，帝至雍，郊五畤。（史記·孝景本紀，漢書·景帝紀）

後元二年（前142）

吉 四月，下詔親耕藉，皇后親桑。（漢書·景帝紀）

【理據】《漢書》録帝詔曰："雕文刻鏤，傷農事者也；錦繡纂組，害女紅者也。農事傷則飢之本也，女紅害則寒之原也。夫飢寒並至，而能亡爲非者寡矣。朕親耕，后親桑，以奉宗廟粢盛祭服，爲天下先；不受獻，减太官，省繇賦，欲天下務農蠶，素有畜積，以備災害。"

【儀制】《續漢志·禮儀上》劉昭注補引《漢舊儀》曰："春桑生，而皇后親桑於菀中。蠶室養蠶千薄以上。祠以中牢羊豕，祭蠶神曰菀窳婦人、寓氏公主，凡二神。群臣妾從桑還，獻於繭觀，皆賜從桑者絲。皇后自行。"《通典·吉禮五》記曰："漢皇后蠶於東郊。"自注同上。

後元三年（前141）

嘉 正月，皇太子（劉徹）加冠。（漢書·景帝紀）

【考釋】劉徹於景帝七年(前 150)立爲皇太子時年 7 歲,至今 16 歲。

凶 **正月甲子**(二十七)**,帝去世於未央宮,出宮人歸其家,太子即位;二月癸酉**(十二)**,葬於陽陵。**(史記·孝景本紀,漢書·景帝紀)

【因革】王夫之《讀通鑑論》(卷二)將此較之文帝之喪曰:"夫文帝猶有古之遺意也。……大功小功者,受服之變也;纎,禫服也。雖短之,猶未失古之意,而促已甚。文帝以己亥崩,乙巳葬,合而計之,四十三日耳。景帝速葬而速除,不懷甚矣。以日易月,非文帝之制也,愈趨而愈下也。"

武帝(劉徹,景帝中子)

嘉 **立陳氏**(妃)**爲皇后。**(漢書·外戚傳上)

建元元年(前 140)

制 嘉 **十月,董仲舒上策倡論禮樂之功效,又議興建太學。**(漢書·董仲舒傳,資治通鑑·漢紀九)

【理據】《漢書》載董仲舒上策曰:"道者,所繇適於治之路也,仁義禮樂皆其具也。故聖王已没,而子孫長久安寧數百歲,此皆禮樂教化之功也。王者未作樂之時,乃用先王之樂宜於世者,而以深入教化於民。教化之情不得,雅頌之樂不成,故王者功成作樂,樂其德也。樂者,所以變民風,化民俗也;其變民也易,其化人也著。故聲發於和而本於情,接於肌膚,臧於骨髓。故王道雖微缺,而筦絃之聲未衰也。"

《漢書》又載董曰:"夫不素養士而欲求賢,譬猶不琢玉而求文采也。故養士之大者,莫大虖太學;太學者,賢士之所關也,教化之本原也。今以一郡一國之衆,對亡應書者,是王道往往而絶也。臣願陛下興太學,置明師,以養天下之士,數考問以盡其材,則英俊宜可得矣。"

【考釋】董仲舒上《舉賢良對策》的時間頗有争議,兹依《通鑑》。

嘉 **四月己巳**(初九)**,下詔令遂供養其親。**(漢書·武帝紀)

【理據】《漢書》録帝詔曰:"古之立教,鄉里以齒,朝廷以爵,扶世導民,莫善於德。然則於鄉里先者艾,奉高年,古之道也。今天下孝子順孫願自竭盡以承其親,外迫公事,内乏資財,是以孝心闕焉。"

吉 **五月,下詔令祠官修山川之祠,歲祀以爲常。**(漢書·武帝紀)

【因革】《史記·封禪書》記此前:"景帝即位,十六年,祠官各以歲時祠如故,無有所興,至今天子。"

吉 **七月,趙綰**(御史大夫)**、王臧**(郎中令)**等欲議立明堂以朝諸侯,草巡狩、封禪、改曆、服色事。明年皆廢。**(史記·孝武本紀、封禪書,漢志·郊祀上、禮樂,漢書·武帝紀)

【考釋】①《漢書·竇田灌韓傳》記曰:"[竇]嬰、[田]蚡俱好儒術,推轂趙綰爲御史大夫,王臧爲郎中令。迎魯申公,欲設明堂,令列侯就國,除關,以禮爲服制,以興太平。"按楊樹達據此曰:"此欲革文帝短喪之制也。"(《漢書窺管》卷六)②《儒林傳》記曰:"綰、臧請立明堂以朝諸侯,不能就其事,乃言師申公。於是上使使束帛加璧,安車以蒲裹輪,駕駟迎申公,弟子兩人乘軺傳從。至,見上,上問治亂之事。申公時已八十餘,老,對曰:'爲治者不在多言,顧力行何如耳。'是時上方好文辭,見申公對,默然。然已招致,既以爲太中大夫,舍魯邸,議明堂事。"

又《漢志·禮樂》記曰:"至武帝即位,進用英儁,議立明堂,制禮服,以興太平。會竇太后好黄老言,不説儒術,其事又廢。"《郊祀上》記曰:"竇太后不好儒術,使人微伺趙綰等姦利事,按綰、臧,綰、臧自殺,諸所興爲皆廢。"《史記·魏其武安侯列傳》記曰:"及建元二年,御史大夫趙綰請無奏事東宫。竇太后大怒,乃罷逐趙綰、王臧等,而免丞相、太尉。"

【因革】《漢書·賈山傳》載文帝時,賈山即曾上言"以夏歲二月,定明堂,造太學,修先王之道",然未見采納。此後直至平帝元始四年(4)王莽上奏,方得正式起修。

【論評】《封禪書》論曰:"今天子即位,尤敬鬼神之祀。"

建元二年（前 139）

吉 三月，被於霸上。（漢書·外戚傳，資治通鑑·漢紀九）

【理據】《漢書》記曰："武帝即位，數年無子。"

建元三年（前 138）

嘉 十月，劉登（代王）、劉發（長沙王）、劉勝（中山王）、劉明（濟川王）來朝。（漢書·景十三王傳，資治通鑑·漢紀九）

建元五年（前 136）

嘉 春，初置五經博士。（漢書·武帝紀、百官公卿表上）

【考釋】《漢書·儒林傳》贊曰："初，《書》唯有歐陽，《禮》后，《易》楊，《春秋》公羊而已。"

【因革】《通典·吉禮十二》記漢以來崇學經過曰："漢高帝以叔孫通爲奉常，諸弟子共定禮儀者，咸爲選首，其後亦未遑庠序之事。至孝文時，頗登用，然帝本好刑名之言。及孝景，不任儒學，竇太后又好黃老術，故諸博士具官待問，未有進者。武帝立，後竇太后崩，田蚡爲丞相，黜黃老、刑名百家之言，延儒者百數。……因舊博士置弟子五十人。太常擇年十八以上儀狀端正者，補博士弟子。"自注引摯虞《決疑》曰："漢初置博士，而無弟子。後置弟子五十人，與博士俱共習肄禮儀。"

建元六年（前 135）

吉 二月乙未（初三），遼東高廟災；四月壬子（二十一），高園便殿火，上素

72

服五日。（漢書・武帝紀，漢志・五行上）

【理據】《漢志》録董仲舒對曰："今高廟不當居遼東，高園殿不當居陵旁，於禮亦不當立，與魯所災同。其不當立久矣，至於陛下時天乃災之者，殆亦其時可也。"

【考釋】《漢志》記高廟災時間在"六月丁酉"，誤。此年六月辛卯朔，無丁酉日。

凶 **五月丁亥**(二十六)，**太皇太后**(竇氏，景帝母)**去世，合葬霸陵。**（漢書・外戚傳上、武帝紀）

【考釋】《外戚傳》記竇太后去世時間曰："太后後景帝六歲，凡立五十一年，元光六年崩"，顏注辨析之曰："此傳云後景帝六歲，是也。而以建元爲元光，則是參錯。"

賓 **匈奴來請和親，上下其議，王恢**(大行)**議擊之，韓安國**(御史大夫)**以爲宜和親，許之。**（史記・韓長孺列傳，漢書・韓安國傳）

【儀制】《漢書・匈奴傳》記曰："武帝即位，明和親約束，厚遇關市，饒給之。匈奴自單于以下皆親漢，往來長城下。"

元光元年（前 134）

嘉 **五月，詔賢良、文學，帝親策之。**（漢書・武帝紀）

【考釋】《武帝紀》記曰："於是董仲舒、公孫弘等出焉。"

元光二年（前 133）

吉 **十月，帝至雍，郊五時。**（史記・孝武本紀、封禪書，漢志・郊祀上，漢書・武帝紀，通典・吉禮一）

【因革】《封禪書》記曰："今上初至雍，郊見五時。後常三歲一郊。"《漢志》同。司馬貞索隱引《漢舊儀》云："元年祭天，二年祭地，三年祭五時。三歲一遍，皇帝自行也。"

吉 **信李少君之言，始親祠竈。**（史記・孝武本紀，封禪書，漢志・郊祀上，通典・吉禮十四）

【理據】《史記》二篇均録李少君言:"祠竈則致物,致物而丹沙可化爲黄金,黄金成以爲飲食器則益壽,益壽而海中蓬萊僊者可見,見之以封禪則不死,黄帝是也。"《漢志》同。

【儀制】《史記》二篇均記曰:"是時上求神君,舍之上林中蹏氏觀。……及武帝即位,則厚禮置祠之内中,聞其言,不見其人云。"又曰:"遣方士入海求蓬萊安期生之屬,……求蓬萊安期生莫能得,而海上燕齊怪迂之方士多相效,更言神事矣。"《漢志》同。

元光四年(前 131)

嘉 夏,田蚡(丞相)娶燕王之女爲夫人,太后下詔列侯宗室皆往賀。(史記·魏其武安侯列傳,漢書·竇田灌韓傳)

【因革】陳戍國指出:"由此産生中國古代婚制的一大改革,冷静幽静的婚禮轉而爲熱鬧喧嘩的婚禮所取代。至宣帝五鳳二年此禮遂普及全國,婚禮成爲純粹的嘉禮了。"(《中國禮制史·秦漢卷》,第 271 頁)

【考釋】《漢書·武帝紀》載田蚡去世於此年春三月乙卯,誤,恐當爲明年春。

制 劉德(河間獻王)以金帛招求四方善書,得古文先秦舊書,采禮樂之古事,增輯至五百餘篇。(漢書·景十三王傳,資治通鑑·漢紀十)

【考釋】《漢書》記曰:"獻王所得書皆古文先秦舊書,《周官》、《尚書》、《禮》、《禮記》、《孟子》、《老子》之屬,皆經傳説記,七十子之徒所論。其學舉六藝,立毛氏《詩》、左氏《春秋》博士。修禮樂,被服儒術,造次必於儒者。山東諸儒多從而游。"

【論評】《舊唐志·禮儀一》綜述曰:"世宗禮重儒術,屢訪賢良,河間博洽古文,大搜經籍,有周舊典,始得《周官》五篇,《士禮》十七篇。王又鳩集諸子之説,爲《禮書》一百四十篇。后倉二戴,因而删擇,得四十九篇,此曲臺集禮,今之《禮記》是也。然數百載不見舊儀,諸子所書,止論其意。百家縱胸臆之説,五禮無著定之文。故西漢一朝,曲臺無制。"

[樂] 劉德(河間獻王)與毛生等共采《周官》及諸子言樂事者，以著《樂記》。（宋志·樂一，通典·樂一）

元光五年(前130)

[樂] 十月，劉德(河間獻王)來朝，獻所集雅樂，對策三雍宮，帝以所獻下大樂官。（漢書·景十三王傳，漢志·禮樂，資治通鑑·漢紀十）

【考釋】《漢志》記曰："河間獻王有雅材，亦以爲治道非禮樂不成，因獻所集雅樂。天子下大樂官，常存肄之，歲時以備數，然不常御，常御及郊廟皆非雅聲。"

[吉] 七月，楚服(女巫)等教皇后(陳氏)巫蠱祠祭祝詛，乙巳(十四)，皇后被廢，居長樂宮。（漢書·外戚傳上、武帝紀，資治通鑑·漢紀十）

【考釋】《通鑑》胡注引賈公彥曰："按《漢書》，婦人蠱惑媚道，更相祝詛，作木偶人埋之於地。漢法又有官禁敢行媚道者。"

[制] 張湯(太中大夫)與趙禹(中大夫)共條定法令，定律令三百五十九章。（漢書·張湯傳、趙禹傳，漢志·刑法，通典·刑法一，資治通鑑·漢紀十）

【理據】《張湯傳》記其目的"務在深文，拘守職之吏"，又云其後張湯爲廷尉，"決大義，欲傅古義，乃請博士弟子治《尚書》、《春秋》，補廷尉史，亭疑法"。

【考釋】《漢志》記其成果曰："作見知故縱、監臨部主之法，緩深故之罪，急縱出之誅。其後姦猾巧法，轉相比況，禁罔寖密。律令凡三百五十九章，大辟四百九條，千八百八十二事，死罪決事比萬三千四百七十二事。文書盈於几閣，典者不能徧睹。"按至此律令愈加複雜。

元朔元年(前128)

[嘉] 三月甲子(十三)，立衛子夫爲皇后。（漢書·武帝紀、外戚傳上）

吉 立高禖祠於城南，祭以特牲。（隋志·禮儀二，通典·吉禮十四）

【考釋】《續漢志·禮儀上》劉昭注補曰：“晉元康中，高禖壇上石破，詔問出何經典，朝士莫知。博士束晳答曰：‘漢武帝晚得太子，始爲立高禖之祠。高禖者，人之先也，故立石爲主，祀以太牢。’”

【因革】《續漢志》記東漢通行之禮曰：“仲春之月，立高禖祠于城南，祀以特牲。”可見此禮兩漢一度延續。

元朔三年(前 126)

凶 六月庚午（初二），皇太后（王氏）去世，合葬陽陵。（漢書·外戚傳上、武帝紀）

元朔五年(前 124)

嘉 六月，下詔擬導民以禮樂，令禮官勸學，選賢材，公孫弘（丞相）請爲博士置弟子員。（漢書·武帝紀）

【考釋】《漢志·禮樂》載曰：“董仲舒對策言：‘……今廢先王之德教，獨用執法之吏治民，而欲德化被四海，故難成也。是故古之王者莫不以教化爲大務，立大學以教於國，設庠序以化於邑。教化已明，習俗已成，天下嘗無一人之獄矣。……今臨政而願治七十餘歲矣，不如退而更化。更化則可善治，而災害日去，福祿日來矣。’是時，上方征討四夷，銳志武功，不暇留意禮文之事。”按此年帝詔或當即因董仲舒此策而下。

吉 帝令太祝立泰一祠於長安東南郊。奉祠用謬忌（亳人）之方；其後祠法略有更易。（史記·孝武本紀、封禪書，漢志·郊祀上，通典·吉禮一）

【儀制】《封禪書》錄此前謬忌奏祠泰一方曰：“古者天子以春秋祭太一東南郊，用太牢，七日，爲壇開八通之鬼道。”其後，人上書言：“古者天子三年壹用太牢祠

神三一：天一、地一、太一。"帝亦采其説。後人復有言："古者天子常以春解祠，

祠黃帝用一梟、破鏡；冥羊用羊祠；馬行用一青牡馬；太一、澤山君地長用牛；武

夷君用乾魚；陰陽使者以一牛。"帝又采其説，"令祠官領之如其方，而祠於忌太

一壇旁"。《孝武本紀》、《漢志》略同。《通典·吉禮十二》采祠黃帝説。

【考釋】① 此事《史記》、《漢志》無繫年，然下一條郊雍五時承此標作"後二年"，

《通典》標作"後一年"，茲從《漢志》逆推。然《資治通鑑·漢紀十》則將此事繫於

元光二年（前 133）。② 謬忌，《孝武本紀》作薄誘忌。

【論評】秦蕙田《五禮通考》論曰："自謬忌創爲泰一之説，立祠于長安東南郊，則

儼然彷彿圓丘之意矣。復增三一之祠，又別泰一于天一、地一之上，後遂專拜泰

一，立泰時壇，不經甚矣。"（《吉禮六》"圓丘祀天"）

元狩元年（前 122）

吉 十月，帝至雍，祠五時。（史記·孝武本紀、封禪書，漢志·郊祀上，漢書·武帝紀，通

典·吉禮一）

【儀制】《封禪書》記曰："郊雍，獲一角獸，若麃然。……於是以薦五時，時加一

牛以燎。錫諸侯白金，風符應合于天也。"《漢志》同。

【考釋】《史記》二篇均録時有司曰："陛下肅祇郊祀，上帝報享，錫一角獸，蓋麟

云。"《漢志》同。《漢書》記曰："獲白麟，作《白麟之歌》。"《通典·吉禮一》直接記

作"若麟"。

嘉 四月丁卯（二十一），立劉據爲皇太子。（漢書·武帝紀）

元狩二年（前 121）

吉 十月，帝至雍，祠五時。（漢志·郊祀上，漢書·武帝紀）

吉 始巡郡縣，至泰山。（史記·孝武本紀、封禪書，通典·吉禮十三）

元狩三年(前 120)

樂 設立樂府，使司馬相如等數十人造爲詩賦，以李延年爲協律都尉，絃次以合八音之調，作十九章之歌。(漢志·禮樂,通典·吉禮一,資治通鑑·漢紀十一,通典·樂一)

【考釋】①《史記·樂書》記曰："至今上即位,作十九章,……通一經之士不能獨知其辭,皆集會五經家,相與共講習讀之,乃能通知其意,多爾雅之文。"②《通典·樂三》自注："武帝以李延年爲協律都尉,蓋掌音律也。"

【因革】《漢志》顏注："始置之也。樂府之名蓋起於此,哀帝時罷之。"

元狩四年(前 119)

賓 匈奴遣使好辭請和親，帝下其議，或言和親，或言臣之，乃遣任敞(丞相長史)使於單于，使爲外臣。(漢書·匈奴傳,資治通鑑·漢紀十一)

元狩五年(前 118)

吉 司馬相如遺書言封禪，所忠奏之於帝；帝即問兒寬，乃自制儀。(史記·司馬相如列傳,漢書·司馬相如傳、兒寬傳)

【考釋】《兒寬傳》略記前後史實曰："及議欲放古巡狩封禪之事,諸儒對者五十餘人,未能有所定。先是,司馬相如病死,有遺書,頌功德,言符瑞,足以封泰山。上奇其書,以問寬,寬對曰:'……其封泰山,禪梁父,昭姓考瑞,帝王之盛節也。然享薦之義,不著于經,以爲封禪告成,合袪於天地神祇,祇戒精專以接神明。總百官之職,各稱事宜而爲之節文。唯聖主所由,制定其當,非群臣之所能列。'上然之,乃自制儀,采儒術以文焉。既成,將用事,拜寬爲御史大夫,從東封泰山，還登明堂。"

【論評】王夫之《讀通鑑論》(卷三)論曰："武帝之淫祠以求長生，方士言之，巫言之耳。兒寬，儒者也，其言王道也，琅琅乎大言之無慚矣；乃附會緣飾，以贊封禪之舉，與公孫卿之流相爲表裏，武帝利賴其説，采儒術以文其淫誕，先王之道，一同於後世緇黃之徒，而滅裂極矣。"

元狩六年(前117)

吉 四月乙巳(初八)，廟立子劉閎爲齊王、劉旦爲燕王、劉胥爲廣陵王，初作誥。(漢書·武帝紀)

凶 九月，霍去病(大司馬，驃騎將軍)去世，發屬國玄甲，送葬軍陣自長安至茂陵，爲冢象祁連山。(史記·衛將軍驃騎列傳，漢書·衛青霍去病傳、武帝紀)

【考釋】司馬貞索隱引姚氏案："冢在茂陵東北，與衛青冢並。西者是青，東者是去病冢。上有豎石，前有石馬相對，又有石人也。"

元鼎二年(前115)

凶 十一月，張湯(御史大夫)被誣自殺，諸子欲厚葬，張母拒之，乃載以牛車，有棺而無椁。(史記·酷吏列傳，漢書·張湯傳、武帝紀)

【理據】《史記》録張湯母曰："湯爲天子大臣，被汙惡言而死，何厚葬乎！"《漢書》列傳同。

元鼎四年(前113)

吉 十月，帝至雍，祠五畤。(史記·孝武本紀，漢志·郊祀上，漢書·武帝紀)

吉 十一月甲子，采有司與司馬談(太史令)、寬舒(祠官)等議，起立后土祠於汾陰脽上。(史記·孝武本紀、封禪書，漢志·郊祀上，漢書·武帝紀，通典·吉禮四)

【儀制】《史記》二篇均録有司等議曰："后土宜於澤中圜丘爲五壇，壇一黄犢、太牢具。已祠盡瘗，而從祠衣上黄。"《漢志》同。《通典》略同，且曰："以高帝配。"

又《史記》二篇均記此年，"上親望拜，如上帝禮"。《漢志》同。

【考釋】① 《武帝紀》顏注引如淳曰："脽者，河之東岸特堆掘，長四五里，廣二里餘，高十餘丈。汾陰縣治脽之上，后土祠在縣西。汾在脽之北，西流與河合。"② 此年十一月辛巳朔，無甲子日；然《漢志·郊祀下》"元始五年"王莽奏言此事亦作"十一月甲子"，同《武帝紀》。③ 司馬談、寬舒等議，恐當起於元狩二年(前121)。

吉 十一月，汾陰巫(錦)爲民祠於脽上后土祠，得大鼎，乃以禮祠，迎鼎之甘泉，薦之於宗廟及上帝，藏於甘泉宫。(史記·孝武本紀、封禪書，漢志·郊祀上，資治通鑑·漢紀十二)

吉 十一月，下詔封姬嘉爲周子南君，以奉周祀。(漢書·武帝紀)

軍 帝北出蕭關，從數萬騎行獵新秦中，以勒邊兵而歸。(漢書·食貨志下)

吉 帝至雍，將郊，有人言宜立泰一然後郊，公孫卿(齊人)言宜下迎黄帝，進而封禪，帝拜其爲郎，東使候神於太室。(史記·孝武本紀、封禪書，漢志·郊祀上)

【理據】《孝武本紀》録公孫卿曰："漢興復當黄帝之時。漢之聖者，在高祖之孫且曾孫也。寶鼎出而與神通，封禪。封禪七十二王，唯黄帝得上泰山封。""其後黄帝接萬靈明庭。明庭者，甘泉也。所謂寒門者，谷口也。黄帝采首山銅，鑄鼎於荆山下。鼎既成，有龍垂胡頷下迎黄帝。黄帝上騎，群臣後宫從上龍七十餘人，龍乃上去。"《封禪書》、《漢志》同。

元鼎五年(前112)

吉 十月，帝至雍，祠五畤。(漢志·郊祀上，漢書·武帝紀)

吉 十月，采司馬談(太史令)、寬舒(祠官)等言，立泰畤壇於甘泉。(史記·孝
武本紀、封禪書，漢志·郊祀上，郊祀下"元始五年"王莽奏，漢書·武帝紀，通典·吉禮一)

【儀制】①《孝武本紀》記曰："壇放亳忌泰一壇，三陔。五帝壇環居其下，各如其
方。黃帝西南，除八通鬼道。"《封禪書》、《漢志》同。按亳忌，即元朔五年(前124)
的謬忌。②《漢志·郊祀上》錄司馬談等曰："令太祝領，秋及臘間祠。三歲天子
壹郊見。"《郊祀下》亦記曰："甘泉泰一、汾陰后土，三年親郊祠。"而《郊祀下》則
錄王莽奏曰："五年十一月癸未，始立泰一祠於甘泉，二歲一郊，與雍更祠，亦以
高祖配。"按十一月癸未(初三)，辛巳後兩日。

【因革】①《漢書·揚雄傳上》記曰："甘泉本因秦離宮，既奢泰，而武帝復增通
天、高光、迎風。宮外近則洪厓、旁皇、儲胥、弩陆，遠則石關、封巒、枝鵲、露寒、
棠梨、師得，游觀屈奇瑰瑋，非木摩而不彫，牆塗而不畫，周宣所考，般庚所遷，夏
卑宮室，唐虞棌椽三等之制也。"② 秦蕙田《五禮通考》論曰："太史公作此書(按
指《封禪書》)，意在廣陳淫祀以彰武帝之失，而於三代常禮幸存一綫於呂政者，反
從其略，故通篇所言惟此一條爲正郊也。高祖入關，既立黑帝，後雖有詔祀上帝
及梁巫祠天地之文，所言天帝皆是泛稱，並無正祭。武帝既立泰畤，以後與五畤
間歲祠祭，是漢人固亦知有天與五帝之分，特以泰一爲天，而非《周禮》所郊之昊
天也。"(《吉禮六》"圜丘祀天")

【論評】①《三國志·吳書·吳主傳》裴注引《志林》曰："按世宗立甘泉、汾陰之
祠，皆出方士之言，非據經典者也。方士以甘泉、汾陰黃帝祭天地之處，故孝武
因之，遂立二畤。漢治長安，而甘泉在北，謂就乾位，而[匡]衡云'武帝居甘泉，
祭于南宮'，此既誤矣；祭汾陰在水之脽，呼爲澤中，而衡云'東之少陽'，失其本
意。"② 秦蕙田《五禮通考》則論曰："泰一天神，固不足以當昊天，然班史諸紀每

幸雍曰'祠五畤',幸甘泉曰'郊泰畤',蓋以泰畤之設,其尊在五畤之上,而五帝僅爲之佐,則漢直以當圜丘之祭矣。若更黜爲非郊,必謂建始以上全不祀天,殊亦乖其本意。"又曰:"武帝祠太乙于甘泉,祭后土於汾陰,雖非古南北郊之制,而其意略同。"(《吉禮六》"圜丘祀天")

[吉] 十一月辛巳(初一,冬至),帝郊拜泰一,朝日夕月。(史記·孝武本紀、封禪書,漢志·郊祀上,漢書·武帝紀)

【儀制】①《孝武本紀》記曰:"泰一所用,如雍一畤物,而加醴棗脯之屬,殺一犛牛以爲俎豆牢具。而五帝獨有俎豆醴進。其下四方地,爲腏,食群神從者及北斗云。已祠,胙餘皆燎之。其牛色白,白鹿居其中,彘在鹿中,鹿中水而酒之。祭日以牛,祭月以羊彘特。泰一祝宰則衣紫及繡。五帝各如其色,日赤,月白。"《封禪書》、《漢志》同。②《隋志·禮儀七》述曰:"西漢武帝,每上甘泉,則列鹵簿,車千乘,騎萬匹。其居前殿,則植戟懸楯,以戒不虞。其所由來者尚矣。"

《史記》二篇又記此日儀注曰:"昧爽,天子始郊拜泰一。朝朝日,夕夕月,則揖;而見泰一如雍郊禮。……而衣上黃。其祠列火滿壇,壇旁亨炊具。……有司奉瑄玉嘉牲薦饗。"《漢志》同。

【因革】①《南齊志·禮上》永明二年(484)劉蔓議曰:"漢元鼎五年,以辛巳行事,自後郊日,略無違異。"②《通典·吉禮三》曰:"漢武帝立二十八年,始郊太一,朝日夕月,改周法。其後常以郊泰畤,質明,出行竹宮,東向揖日。其夕,西向揖月。即爲郊日月,又不在東西郊,遂朝夕常於殿下,東面拜日。"

【考釋】《武帝紀》顏注:"春朝朝日,秋暮夕月,蓋常禮也。郊泰畤而揖日月,此又別儀。"

【論評】秦蕙田《五禮通考》論曰:"三代以上郊天儀節散見於經傳,秦漢之人無所攷正,疎略久矣,其壇制、祭日、從祀、牲牢、俎豆、衣服、祝詞,大概稍見於此。"(卷六《吉禮六》"圜丘祀天")又曰:"西漢無郊天之禮,安得有祀日月之事,《漢書》所載,乃郊見泰一時所行耳。至於朝夕于殿下拜之,可見有不能自已于其心者,則典禮之宜講明矣。"(《吉禮三十二》"日月")

吉 九月，因諸侯獻黃金酎助祭宗廟不合法，奪爵者一百零六人。（漢書·武帝紀）

【理據】顏注引如淳曰："《漢儀注》諸侯王歲以户口酎黃金於漢廟，皇帝臨受獻金，金少不如斤兩，色惡，王削縣，侯免國。"

吉 秋，因將征南越，告禱泰一。（史記·封禪書，漢志·郊祀上）

【儀制】《漢志》記曰："以牡荆畫幡日月北斗登龍，以象太一三星，爲泰一鋒旗，命曰'靈旗'。爲兵禱，則太史奉以指所伐國。"

元鼎六年（前 111）

樂 春，下公卿議郊祀當奏樂，定祠泰一、后土始用樂舞，作二十五絃及空侯瑟。（史記·封禪書，漢志·郊祀上）

【因革】陳戍國指出："據説郊祀用樂自此始。"（《中國禮制史·秦漢卷》，第 110 頁）

【考釋】《通典·吉禮四》將"始用樂舞"合入此前立祠。

吉 平南越，報祠泰一、后土，始用樂舞。（史記·封禪書）

【儀制】《封禪書》記曰："益召歌兒，作二十五弦及空侯琴瑟自此始。"

吉 帝自制封禪儀注，頗采儒術以文之，自爲封禪祠器，以示諸儒。

（史記·孝武本紀、封禪書，漢志·郊祀上，資治通鑑·漢紀十二）

【考釋】《史記》二篇記此年度制前後史實曰："自得寶鼎，上與公卿諸生議封禪。封禪用希曠絶，莫知其儀禮，而群儒采封禪《尚書》、《周官》、《王制》之望祀射牛事。……上於是乃令諸儒習射牛，草封禪儀。數年，至且行。……群儒既以不能辯明封禪事，又牽拘於《詩》、《書》古文而不敢騁。上爲封祠器示群儒，群儒或曰'不與古同'，徐偃又曰'太常諸生行禮不如魯善'……於是上黜偃、霸，盡罷諸儒弗用"。《漢志》同。《通典·吉禮十三》略同。按由此可見明年封禪儀注，當係武帝臨時親定。

【理據】秦蕙田《五禮通考》指出："漢武封禪，意在慕皇帝之升天也。"（《吉禮四十九》"四望山川附"）

元封元年（前 110）

軍 十月，因將用事泰山，振兵於朔方，還祭黃帝冢於橋山，類祠泰一於甘泉。（史記・孝武本紀、封禪書，漢志・郊祀上，漢書・武帝紀）

【理據】《史記》錄帝議曰："古者先振兵澤旅，然後封禪。"

【因革】《漢志・刑法》曰："至武帝平百粵，內增七校，外有樓船，皆歲時講肄，修武備云。"

【考釋】類祠，《武帝紀》顏注曰："謂以事類而祭也。"又《史記・孝武本紀》"遂類于上帝，禋于六宗"張守節正義引《五經異義》云："非時祭天謂之類，言以事類告也。時舜告攝，非常祭也。"

吉 正月，帝至緱氏，禮祭嵩高山太室，下詔加增嵩高山太室祠。（史記・孝武本紀、封禪書，漢書・武帝紀）

【考釋】《史記》二篇標此事在三月。

吉 三月，帝東上泰山，令上石立於泰山巔。（史記・孝武本紀、封禪書，漢志・郊祀上，通典・吉禮十三）

吉 三月，帝東巡海上，行禮祠八神。（史記・孝武本紀、封禪書，漢志・郊祀上）

【考釋】《孝武本紀》記此年封禪之後，"乃遂去，並海上，北至碣石，巡自遼西，歷北邊至九原。五月，返至甘泉。"《通典・吉禮十三》同，並曰："周萬八千里。"於是改元。

【理據】《孝武本紀》錄帝詔曰："古者天子五載一巡狩，用事泰山，諸侯有朝宿地。"

吉 四月，帝至梁父，禮祠地主。 乙卯（十九），登封泰山。 丙辰（二十），禪於肅然山。（史記・孝武本紀、封禪書，漢志・郊祀上，漢書・武帝紀，通典・吉禮十三）

【儀制】《封禪書》記曰："乙卯，令侍中儒者皮弁薦紳，射牛行事。封泰山下東方,如郊祠太一之禮。封廣丈二尺,高九尺,其下則有玉牒書,書祕。禮畢,天子獨與侍中奉車子侯上泰山,亦有封。其事皆禁。明日,下陰道。丙辰(二十),禪泰山下阯東北肅然山,如祭后土禮。天子皆親拜見,衣上黃而盡用樂焉。江淮閒一茅三脊爲神藉。五色土益雜封。縱遠方奇獸飛禽及白雉諸物,頗以加祠。兕牛象犀之屬不用。皆至泰山,祭后土。封禪祠,其夜若有光,晝有白雲出封中。天子從禪還,坐明堂,群臣更上壽。"《漢志》略同。按此明堂,當爲古明堂之處。

【因革】此年之前,據《史記‧秦始皇本紀》所記,始皇帝二十八年(前 219),秦始皇曾"上泰山,立石,封,祠祀",並"禪梁父"。張守節正義引《晉太康地記》述其制曰:"爲壇於太山以祭天,示增高也。爲墠於梁父以祭地,示增廣也。祭尚玄酒而俎魚。墠皆廣長十二丈,壇高三尺,階三等。而樹石太山之上,高三丈一尺,廣三尺,秦之刻石云。"

【考釋】《史記》二篇均載太史公曰:"余從巡祭天地諸神名山川而封禪焉。……若至俎豆珪幣之詳,獻酬之禮,則有司存。"《通典》自注據此曰"而漢史不得其制"。

元封二年(前 109)

[吉] **十月,帝至雍,祠五畤;四月,還祠泰一。**(史記‧孝武本紀、封禪書,漢志‧郊祀上,漢書‧武帝紀)

【儀制】《資治通鑑‧漢紀十三》記曰:"還,祝祠泰一,以拜德星。"

【考釋】《漢志》記曰:"還,拜祝祠泰一。"未標月份。《武帝紀》則作"夏四月,還祠泰山",泰山,恐即"泰一"之誤。

[吉] **正月,因旱,帝禱萬里沙,四月,還,過祠泰山。**(史記‧孝武本紀、封禪書,漢志‧郊祀上,資治通鑑‧漢紀十三)

【考釋】顏注引應劭曰:"萬里沙,神祠也,在東萊曲城。"

[吉] **令越巫立越祝祠,祠天神、上帝、百鬼,而以雞卜。**(史記‧孝武本紀、

封禪書,通典・吉禮十四)

【因革】《史記》二篇均記曰:"上信之,越祠雞卜始用焉。"

吉 **秋,作明堂於泰山下之汶上。** (史記・孝武本紀、封禪書,漢書・武帝紀,漢志・郊祀下,通典・吉禮三)

【理據】《史記》、《漢志》均記帝令奉高作明堂於汶上,其制依據公玉帶所上黃帝時明堂圖。

【儀制】《封禪書》記明堂圖曰:"明堂圖中有一殿,四面無壁,以茅蓋,通水,圜宮垣,爲複道,上有樓,從西南入,名曰昆侖,天子從之入,以拜祠上帝焉。"《漢志》略同。

【考釋】① 此年所作明堂非去年封禪之後所至者,顏注引臣瓚已指出去年者爲"泰山東北阯古時有明堂處"。② 張一兵作有"漢武帝汶上明堂推測示意圖"(《明堂制度源流考》,第 103 頁),可參。

【因革】楊志剛據經籍所記指出:"明堂是施政、宣明政教兼作祭祀的場所,……或明辨政事,明辨等級,明辨時序,明辨方位",然而,"在公玉帶和武帝的心目中,明堂是祭祀的地方,而且主要是用於祭祀天帝的"(《中國禮儀制度研究》,第 290 頁)。

【論評】① 王夫之《讀通鑑論》(卷十三)曰:"明堂者,天子肆覲諸侯於太廟,即廟前當宁之堂也。……漢儒師公玉帶之邪説而張皇之,以爲王者法天範地,布月令,造俊髦,必於此而明王道,乃爲欹零四出、曲徑崇臺、怪異不經之制以神之。此固與夷狄盜賊妖妄之情合,而升猱冠猴者鬻之以希榮利,固其宜矣。"② 秦蕙田《五禮通考》徑斥之曰:"明堂制度見于經傳者明矣,從未有如公玉帶所圖四面無壁,通水圜宮,垣上有樓而命曰昆侖者也。……方士者流,以黃帝有登仙之説,又有仙人好樓居之説,遂附會穿鑿,造爲此圖,荒誕極矣。後世異議紛紜,違戾經典,皆作俑于此。"(《吉禮二十五》"明堂")

元封三年(前 108)

嘉 **春,初作角抵戲,三百里内皆來觀。** (漢書・武帝紀)

【考釋】顏注引文穎曰：“名此樂爲角抵者，兩兩相當角力，角技藝射御，故名角抵，蓋雜技樂也。巴俞戲、魚龍蔓延之屬也。漢後更名平樂觀。”

吉 夏，因旱，帝令天下尊祠靈星。（史記·孝武本紀、封禪書，漢志·郊祀下）

【因革】靈星之祀東漢以後無聞，《晉志·禮上》記曰：“江左以來，……靈星則配饗南郊，不復特置焉。”直至北魏明元帝時方始重置。

元封四年（前 107）

吉 十月，帝至雍，祠五畤；三月，還至河東祠后土。（漢志·郊祀下）

元封五年（前 106）

吉 冬，帝南巡狩，望祀虞舜於九嶷；所過禮祠名山大川。（漢書·武帝紀）

【因革】據《史記·秦始皇本紀》所記，始皇帝三十七年（前 210）十一月，秦始皇曾“望祀虞舜於九疑山”，又“上會稽，祭大禹”。

吉 三月，增封泰山；甲子（二十一），祀明堂；四月，還至甘泉，郊泰畤。（史記·孝武本紀、封禪書，漢書·武帝紀，漢志·郊祀下）

【儀制】①《史記》記其儀制爲：“祠泰一、五帝於明堂上坐，合高皇帝祠坐對之。祠后土於下房，以二十太牢。天子從昆侖道入，始拜明堂如郊禮。畢，燎堂下。而上又上泰山，自有祕祠其顛。而泰山下祠五帝，各如其方，黃帝并赤帝所，而有司侍祠焉。泰山上舉火，下悉應之。”《漢志》同。②《通典·吉禮三》略同上，又記曰：“其明堂制，從公玉帶所上黃帝時圖。”

【考釋】《武帝紀》記曰：“祠高祖于明堂，以配上帝。”與《史記》、《漢志》所云不同。《通典·吉禮三》注曰：“是時未以高祖配天，故言對也。光武以來乃配。”然秦蕙田《五禮通考》則認爲：“對，即配也。服虔謂‘漢是時未以高祖配，光武以來乃配之'，非是。"（《吉禮二十五》"明堂"）

凶 衛青（大司馬，大將軍）去世，與平陽公主合葬，於茂陵東爲冢象廬山。

（漢書・衛青霍去病傳）

元封六年（前 105）

吉 三月，帝至汾陰，祠后土。（漢書・武帝紀，漢志・郊祀下）

吉 秋，大旱，女子及巫丈夫不入市。（通典・吉禮二）

【考釋】《漢書・武帝紀》僅記此年"秋，大旱，蝗"，《通典》則記所行之事。

【因革】《通典》記此前，"漢承秦滅學，正雩禮廢；旱，太常祝天地宗廟"。

賓 烏孫使使獻馬，願娶漢公主，帝問群臣，議許；烏孫以馬千匹聘，
帝遣劉建（江都王）女妻之，烏孫以爲右夫人。（漢書・西域傳下，資治通鑑・漢紀十三）

【儀制】《西域傳》記曰："賜［公主］乘輿服御物，爲備官屬宦官侍御數百人，贈送甚盛。"

太初元年（前 104）

吉 十月，帝至泰山，十一月甲子（初一，冬至），祀上帝於明堂。（史記・孝武本紀、封禪書，漢書・武帝紀，漢志・郊祀下）

【考釋】《史記》裴駰集解引徐廣曰："［封禪］常五年一脩耳。今適二年，故但祀明堂。"

【論評】秦蕙田《五禮通考》論曰："古者明堂大饗行于季秋，是時萬寶告成，備物以祭，所以答天功也。太初之元，乃以冬日至祀明堂，是混郊與明堂爲一矣。後世或于正月行禮，又與祈穀之郊相混，皆漢武開其端也。"（《吉禮二十五》"明堂"）

吉 十二月甲午（初一），帝親禪高里，祠后土。東臨勃海，望祠蓬萊。

（史記・孝武本紀、封禪書，漢志・郊祀下，漢書・武帝紀）

制 五月，正太初曆，以正月爲歲首，色尚黃，數用五，定官名，協音

律。（史記・孝武本紀、封禪書，漢書・武帝紀，漢志・郊祀下，通典・吉禮十四）

【考釋】《漢志・律曆》記此事前後曰："至武帝元封七年，漢興百二歲矣，大中大
夫公孫卿、壺遂、太史令司馬遷等言'曆紀壞廢，宜改正朔'。是時御史大夫兒寬
明經術，上乃詔寬曰：'與博士共議，今宜何以爲正朔？服色何上？'寬與博士賜
等議，……遂詔卿、遂、遷與侍郎尊、大典星射姓等議造漢曆。……姓等奏不能
爲算，願募治曆者，更造密度，各自增減，以造漢太初曆。"

太初二年（前 103）

吉 三月，帝至河東祠后土。（漢書・武帝紀）

吉 三月，令天下大酺五日，貙膢五日，祠門户，比臘。（漢書・武帝紀）

【考釋】貙膢，《武帝紀》顏注引蘇林曰："膢，祭名也。貙，虎屬。常以立秋日祭
獸王者，亦以此日出獵，還，以祭宗廟，故有貙膢之祭也。"又謂："《續漢書》作貙
劉。膢、劉義各通耳。"

吉 下令祠官雍五時進熟犢牢具，又以木寓馬代駒。（史記・孝武本紀、封禪

書，漢志・郊祀下，通典・吉禮一）

【儀制】《史記》二篇記曰："有司上言雍五時無牢孰具，芬芳不備。乃命祠官進
時犢牢具，色食所勝；而以木禺馬代駒焉。獨五帝用駒，行親郊用駒。"又曰："及
諸名山川用駒者，悉以木禺馬代。行過，乃用駒。他禮如故。"《漢志》略同。後
一句別采如《通典・吉禮五》。

【因革】用木寓馬之制起於秦，漢初承用。對此《通典》自注斥之曰："時經焚書
坑儒，後更無典禮。祠用木寓龍、木寓馬，不知何憑，如此乖謬。"

太初三年(前 102)

吉 正月，帝東巡海上，親祠上帝，衣尚黄。（史記·孝武本紀、封禪書，漢書·武帝紀，漢志·郊祀下）

吉 四月，至泰山修封，又禪祠石閭山。（史記·孝武本紀、封禪書，漢書·武帝紀，漢志·郊祀下）

【儀制】《史記》二篇記曰："天子既令設祠具，至東泰山，東泰山卑小，不稱其聲，乃令祠官禮之，而不封禪焉。其後令帶奉祠候神物。夏，遂還泰山，脩五年之禮如前，而加禪祠石閭。"《漢志》同。

【考釋】《史記》二篇記曰："石閭者，在泰山下阯南方，方士言僊人閭也，故上親禪焉。"《漢志》同。

天漢元年(前 100)

吉 正月，帝至甘泉郊泰畤；三月，至河東祠后土。（漢書·武帝紀）

【儀制】《漢志·禮樂》記樂府所造十九章之歌，"以正月上辛用事甘泉圜丘，使童男女七十人俱歌，昏祠至明。夜常有神光如流星止集于祠壇，天子自竹宫而望拜，百官侍祠者數百人皆肅然動心焉"。《通典·吉禮一》、《樂一》同。

【論評】《漢志·禮樂》論曰："今漢郊廟詩歌，未有祖宗之事，八音調均，又不協於鐘律，而内有掖庭材人，外有上林樂府，皆以鄭聲施於朝廷。"《通典·樂一》同。

天漢二年(前 99)

吉 秋，禁止巫祠道中者。（漢書·武帝紀）

【考釋】顏注：“今此總禁百姓巫覡於道中祠祭者耳。”

天漢三年(前 98)

吉 三月，帝至泰山，修封禪，祀明堂；還過祭恒山，瘞玄玉。（漢書·
武帝紀，漢志·郊祀下）

【因革】《史記·封禪書》記曰：“今上封禪，其後十二歲而還，徧於五岳、四瀆
矣。”《孝武本紀》同。而《漢志》記曰：“自封泰山後，十三歲而周遍於五嶽、四瀆
矣。”自元封元年（前 110）至此計十三年。

天漢四年(前 97)

嘉 正月，朝諸侯王於甘泉宮，定輿服制，班於天下。（漢書·武帝紀，南齊
志·輿服，通典·嘉禮九）

【因革】①《晉志·輿服》記曰：“世宗(指武帝)挺英雄之略，總文景之資，揚霓拂
翳，皮軒記鼓，橫汾河而祠后土，登甘泉而祭昊天，奉常獻儀，謂之大駕，車千乘
而騎萬匹。”《通典》略同，且曰：“其儀甚盛，不必師古”。②《晉志》又曰：“於後
王氏擅朝，武車常軔，赤眉之亂，文物無遺。”

【儀制】《通典·嘉禮十五》記曰：“至武帝，雖用夏正，然每月朔朝，至於十月朔，
猶常享會。”秦蕙田《五禮通考》釋之曰：“蓋漢儀諸侯王惟朝正月，公卿則每月常
朝。以十月舊爲歲首，故亦有享會之禮。”(《嘉禮九》“朝禮”)

太始元年(前 96)

凶 竇太主(帝之姑)去世，與董偃會葬於霸陵。（漢書·東方朔傳）

【論評】《東方朔傳》論曰：“是後，公主貴人多踰禮制，自董偃始。”

【理據】《東方朔傳》載東方朔諫曰："董偃有斬罪三，……偃以人臣私侍公主，其罪一也。敗男女之化，而亂婚姻之禮，傷王制，其罪二也。……偃爲淫首，其罪三也。"所指乃竇太主幸男寵董偃事。

【考釋】此事未詳年月，暫繫於此。

太始三年(前 94)

嘉 正月，帝至甘泉宫，饗外國客。（漢書·武帝紀）

吉 二月，帝至琅邪，祭日於成山，浮大海。（漢書·武帝紀）

太始四年(前 93)

吉 三月，帝至泰山，壬午(二十五)，祀高祖於明堂以配上帝；癸未(二十六)，祀景帝於明堂；甲申(二十七)，修封泰山；丙戌(二十九)，禪石閭。（漢書·武帝紀，漢志·郊祀下）

【論評】秦蕙田《五禮通考》論曰："漢武以孝景配祀，蓋亦泥《孝經》嚴父之説，而昧其旨者也。兩日之内，連舉大事，而異其配，可謂進退失據，而自陷于弗欽之過矣。"（《吉禮二十五》"明堂"）

吉 十二月，帝至雍，祠五時。（漢書·武帝紀）

征和二年(前 91)

凶 七月庚寅(十七)，皇后衛子夫自殺，盛以小棺，瘞之城南桐柏。（漢書·外戚傳上、武帝紀）

【考釋】至宣帝即位，乃予以改葬。

征和四年（前 89）

吉 三月，帝耕於鉅定。（漢書·武帝紀）

吉 三月，帝至泰山修封；庚寅（二十六），祀於明堂；癸巳（二十九），禪石閭。（漢書·武帝紀，漢志·郊祀下）

【因革】①《漢志》記曰："泰山五年一修封，武帝凡五修封。"此繼元封元年（前110）初封之後共有五次。②《漢志》又曰："昭帝即位，富於春秋，未嘗親巡祭云。"可見封禪之禮漢昭帝以後廢行。

【儀制】《史記·封禪書》總述武帝祠禮曰："今天子所興祠，太一、后土，三年親郊祠，建漢家封禪，五年一脩封。薄忌太一及三一、冥羊、馬行、赤星，五，寬舒之祠官以歲時致禮。凡六祠，皆太祝領之。至如八神諸神，明年、凡山他名祠，行過則祠，行去則已。方士所興祠，各自主，其人終則已，祠官不主。他祠皆如其故。"《孝武本紀》同。

【論評】《舊唐志·禮儀一》評武帝時曰："故西漢一朝，曲臺無制。郊上帝於甘泉，祀后土於汾陰。宗廟無定主，樂懸缺金石。巡狩非勛、華之典，封禪異陶匏之音。"

吉 三月癸巳，帝見群臣，田千秋（大鴻臚）請罷方士言神仙者，從之，悉罷諸方士候神人者。（資治通鑑·漢紀十四）

【理據】《通鑑》錄此後帝對群臣歎曰："曏時愚惑，爲方士所欺。天下豈有仙人，盡妖妄耳！"

後元元年（前 88）

吉 正月，帝至甘泉，郊泰畤。（漢書·武帝紀）

古 二月，下詔薦於泰時。（漢書·武帝紀）

【理據】《武帝紀》録帝詔曰："朕郊見上帝，巡于北邊，見群鶴留止，以不羅罔，靡所獲獻。薦于泰時，光景並見。"

【論評】宋徐天麟概論文武之際禮文曰："賈誼請興禮樂，而文帝謙遜未遑。董仲舒言改制作樂，而武帝征討四夷，未暇留意禮文之事。雖曰興太學，修郊祀，改正朔，定曆數，協音律，作詩樂，建封禪，禮百神，紹周後，史謂號令文章，焕焉可述，若足以粉飾治平矣。然甘泉實奉泰一之祠，音律或雜鄭衛之聲，以封禪則惑方士之言，以宗廟則遺七廟之制。大典既失，末節何譏！"（《東漢會要》卷三）

古 東海郯郡爲于公（于定國之父）立生祠，號曰于公祠。（漢書·于定國傳）

【理據】《于定國傳》記曰："其父于公爲縣獄史，郡決曹，決獄平，羅文法者于公所決皆不恨。"

【考釋】此事未詳年月，暫繫於此。

後元二年（前87）

嘉 正月，朝諸侯王於甘泉宮。（漢書·武帝紀）

嘉 二月乙丑（十二），立劉弗陵爲皇太子。（漢書·武帝紀、昭帝紀）

【考釋】征和二年（前91）八月，皇太子劉據自殺。

凶 二月丁卯（十四），帝去世於盩屋五柞宫，入殯於未央宫前殿，戊辰（十五），太子即位；三月甲申（初二），葬於茂陵。（漢書·武帝紀、昭帝紀）

【儀制】《漢書·外戚傳上》記曰："大將軍霍光緣上雅意，以李夫人配食，追上尊號曰孝武皇后。"

又《漢書·貢禹傳》録貢氏奏曰："及[武帝]棄天下，昭帝幼弱，霍光專事，不知禮正，妄多臧金錢財物，鳥獸魚鼈牛馬虎豹生禽，凡百九十物，盡瘞臧之，又皆以後宫女置於園陵，大失禮，逆天心，又未必稱武帝意也。"

又《續漢志・禮儀下》劉昭注補引《漢舊儀》略載西漢諸帝壽陵曰:"天子即位明
年,將作大匠營陵地,用地七頃,方中用地一頃。深十三丈,堂壇高三丈,墳高十
二丈。"又錄武帝陵曰:"武帝墳高二十丈,明中高一丈七尺,四周二丈,内梓棺柏
黄腸題湊,以次百官藏畢。其設四通羡門,容大車六馬,皆藏之内方,外陟車石。
外方立,先閉劍户,户設夜龍、莫邪劍、伏弩,設伏火。已營陵,餘地爲西園后陵,
餘地爲婕好以下,次賜親屬功臣。"《通典・凶禮一》同。

【因革】《貢禹傳》録貢氏奏曰:"昭帝晏駕,[霍]光復行之。"

【論評】《晉書・索靖列傳》載西晉末索琳之對曰:"漢武帝饗年久長,比崩而茂陵不
復容物,其樹皆已可拱。赤眉取陵中物不能減半,于今猶有朽帛委積,珠玉未盡。"

昭帝(劉弗陵,武帝少子)

始元元年(前86)

吉 二月己亥,帝耕於鉤盾弄田。(漢書・昭帝紀,通典・吉禮五)

【考釋】①《昭帝紀》顏注引應劭曰:"時帝年九歲,未能親耕帝籍,鉤盾,宦者近
署,故往試耕爲戲弄也。"② 此年二月戊申朔,無己亥日,據《南齊志・禮上》永
明三年(485)顧憲之議所述,當爲癸亥(十六)。

始元三年(前84)

吉 十月,鳳凰集東海,遣使者祠其處。(漢書・昭帝紀)

始元四年(前83)

嘉 三月甲寅(二十五),立皇后上官氏。六月,皇后見高廟。(漢書・昭帝紀)

始元六年（前 81）

吉 正月，帝耕於上林。（漢書·昭帝紀）

制 二月，下詔有司問郡國所舉賢良、文學，議罷鹽鐵、榷酤，增博士弟子員滿百人。（漢書·昭帝紀、儒林傳）

【理據】《昭帝紀》顏注引應劭曰："武帝時，以國用不足，縣官悉自賣鹽鐵，酤酒。昭帝務本抑末，不與天下爭利，故罷之。"

【論評】《昭帝紀》贊曰："承孝武奢侈餘敝師旅之後，海內虛耗，戶口減半，光知時務之要，輕繇薄賦，與民休息。至始元、元鳳之間，匈奴和親，百姓充實。"

吉 夏，旱，大雩，令不得舉火。（漢書·昭帝紀）

【儀制】《續漢志·禮儀中》劉昭注補引《漢舊儀》曰："求雨，太常禱天地、宗廟、社稷、山川以賽，各如其常牢，禮也。四月立夏旱，乃求雨禱雨而已；後旱，復重禱而已；訖立秋，雖旱不得禱求雨也。"

元鳳元年（前 80）

嘉 三月，賜郡國所選有行義者韓福（涿郡人）等五人帛，遣歸。下詔令郡縣常以正月賜羊酒。（漢書·昭帝紀、兩龔傳）

【理據】《昭帝紀》錄帝詔使此等人"務修孝弟以教鄉里"。

【考釋】《兩龔傳》錄詔曰："常以歲八月賜羊一頭，酒二斛。"

元鳳二年（前 79）

嘉 四月，帝徙居未央宮，大置酒。（漢書·昭帝紀）

元鳳四年(前 77)

嘉　正月丁亥(初二)，帝加元服，見於高廟。(漢書·昭帝紀,漢志·五行上)

【理據】《漢志》記云帝"通《詩》、《尚書》,有明悊之性"。

【論評】秦蕙田《五禮通考》指出:"冠而見廟始見於此。"(《嘉禮二十二》"冠禮")

【考釋】帝於後元二年(前87)立爲皇太子時年 8 歲,至今 18 歲。

吉　五月丁丑，文帝廟正殿失火，帝及群臣皆素服。(漢書·昭帝紀,漢志·五行上)

【理據】《漢志》記劉向云大將軍霍光"亡周公之德,秉政九年,久於周公,上既已冠而不歸政,將爲國害。故正月加元服,五月而災見。古之廟皆在城中,孝文廟始出居外,天戒若曰,去貴而不正者。宣帝既立,光猶攝政,驕溢過制"。

【考釋】此年五月甲申朔,無丁丑日。

元平元年(前 74)

凶　四月癸未(十七)，帝去世於未央宮；六月壬申(初七)，葬於平陵。(漢書·昭帝紀)

宣帝(劉詢,原名病已,武帝曾孫,昭帝兄戾太子之孫)

元平元年(前 74)

吉　六月丙寅(初一)，劉賀(昌邑王)受皇帝璽綬；癸巳(二十八)，被廢。(漢書·宣帝紀、霍光金日磾傳、武五子傳)

【儀制】《武五子傳》記曰:"[劉]賀到霸上,大鴻臚郊迎,驂奉乘輿車。王使僕壽成御，郎中令［龔］遂參乘。且至廣明東都門，遂曰：'禮，奔喪望見國都哭。此長安東郭門也。'賀曰：'我嗌痛，不能哭。'至城門，遂復言，賀曰：'城門與郭門等耳。'且至未央宮東闕，遂曰：'昌邑帳在是闕外馳道北，未至帳所，有南北行道，馬足未至數步，大王宜下車，鄉闕西面伏，哭盡哀止。'王曰：'諾。'到，哭如儀。"不想，劉賀即位二十七日，即行淫亂，霍光（大將軍）奏請廢帝，"太后被珠襦，盛服坐武帳中，侍御數百人皆持兵，期門武士陛戟，陳列殿下。群臣以次上殿，召昌邑王伏前聽詔。光與群臣連名奏王，尚書令讀奏……皇太后詔曰：'可。'光令王起拜受詔，……乃即持其手，解脫其璽組，奉上太后，扶王下殿，出金馬門，群臣隨送。王西面拜，曰：'愚戇不任漢事。'起就乘輿副車。大將軍光送至昌邑邸。"

【考釋】劉賀，乃武帝子劉髆之子。

吉 七月庚申（二十五），**帝入未央宮，群臣奏上璽綬，即皇帝位，謁高廟。**（漢書‧宣帝紀、霍光金日磾傳）

【儀制】《宣帝紀》記曰：秋七月，霍光（大將軍）奏議以支子入繼大統，"奏可。遣宗正［劉］德至曾孫尚冠里舍，洗沐，賜御府衣。太僕以軨獵車奉迎曾孫，就齊宗正府。"《霍光傳》同。

又《霍光傳》記曰："宣帝始立，謁見高廟，大將軍光從驂乘。"

嘉 十一月壬子（十九），**立許氏**（婕妤）**爲皇后。**（漢書‧宣帝紀）

本始元年（前 73）

吉 六月，下詔爲故皇太子（帝之祖父）**定謚號，用以歲時祠。有司奏請謚帝之父曰悼皇，祖曰戾太子，分別建悼園、戾園。**（漢書‧宣帝紀、武五子傳，通典‧嘉禮十七）

【儀制】《武五子傳》記有司奏曰："愚以爲親謚宜曰悼，母曰悼后，比諸侯王園，置奉邑三百家。故皇太子謚曰戾，置奉邑二百家。史良娣曰戾夫人，置守冢三十家。園置長丞，周衛奉守如法。"因此，"以湖閿鄉邪里聚爲戾園，長安白亭東爲戾后園,廣明成鄉爲悼園,皆改葬焉”。

本始二年(前 72)

吉 樂 **五月,下詔議奏武帝廟樂;六月庚午,尊武帝廟爲世宗廟,奏《盛德》、《文始》、《五行》之舞,天子世世獻。武帝巡狩所至四十九郡國,皆立廟。**(漢書·宣帝紀、夏侯勝傳,宋志·樂一,通典·吉禮六、樂一)

【因革】《夏侯勝傳》記曰郡國所立武帝廟“如高祖、太宗焉”。

【考釋】此年六月甲申朔,無庚午日。

制 **王吉**(博士,諫大夫)**上疏願與大臣及儒生撰述禮制,帝未納其言。**(漢志·禮樂)

【考釋】此事《漢志》僅標“宣帝時”,無法確知年月,暫繫於此。

本始三年(前 71)

凶 **正月癸亥**(十三),**皇后**(許氏)**去世,葬於杜陵南。**(漢書·外戚傳上、宣帝紀)

【考釋】其後,皇后父許廣漢(平恩侯)去世,葬杜陵南園旁。

制 **韓延壽轉任潁川太守,教以禮讓,召郡中長老數十人,與議定嫁娶、喪祭儀品,略依古禮。**(漢書·韓延壽傳,資治通鑑·漢紀十八)

【儀制】①《漢書》記曰:“延壽於是令文學校官諸生皮弁執俎豆,爲吏民行喪嫁娶禮。百姓遵用其教,賣偶車馬下里僞物者,棄之市道。”②又記韓延壽此後轉任東郡太守,“延壽爲吏,上禮義,好古教化,所至必聘其賢士,以禮待用,廣謀議,納諫爭;舉行喪讓財,表孝弟有行;修治學官,春秋鄉射,陳鍾鼓管弦,盛升降揖讓,及都試講武,設斧鉞旌旗,習射御之事。治城郭,收賦租,先明布告其日,以期會爲大事,吏民敬畏趨鄉之”。

【論評】《漢書》記韓延壽之前,“潁川多豪彊,難治,國家常爲選良二千石。先是，趙廣漢爲太守，患其俗多朋黨，故構會吏民，令相告訐，一切以爲聰明，潁川由是以爲俗，民多怨讎”，此後，“數年，徙爲東郡太守，黃霸代延壽居潁川，霸因其迹而大治”。

本始四年（前 70）

樂 正月，下詔令太官損膳省宰，樂府減樂人，使歸就農業。（漢書·宣帝紀）

【理據】《宣帝紀》録帝詔曰：“蓋聞農者興德之本也，今歲不登，已遣使者振貸困乏。”

嘉 三月乙卯（十一），立皇后霍氏。（漢書·宣帝紀）

【儀制】《漢書·外戚傳上》記曰：“初許后起微賤，登至尊日淺，從官車服甚節儉，五日一朝皇太后於長樂宮，親奉案上食，以婦道共養。及霍后立，亦修許后故事。”

吉 四月壬寅（二十九），北海、琅邪等郡國地震，壞祖宗廟，帝素服避正殿五日。（漢書·宣帝紀）

地節二年（前 68）

凶 三月庚午（初八），霍光（大司馬，大將軍）去世，帝及太皇太后親臨，任宣（太中大夫）與侍御史五人持節喪事；葬於茂陵旁。（漢書·霍光金日磾傳、宣帝紀）

【儀制】《霍光傳》記曰：“中二千石治莫府冢上。賜金錢、繒絮，繡被百領。衣五十篋，璧珠璣玉衣，梓宮、便房、黃腸題湊各一具，樅木外臧椁十五具。東園温明，皆如乘輿制度。載光尸柩以轀輬車，黃屋左纛，發材官輕車北軍五校士軍陳至茂陵，以送其葬。……發三河卒穿復土，起冢祠堂，置園邑三百家，長丞奉守如舊法。”

地節三年(前67)

嘉 四月戊申(二十二)，立劉奭爲皇太子。(漢書·宣帝紀)

地節四年(前66)

凶 二月，下詔有父母之喪者勿徭役，使得收斂送終。(漢書·宣帝紀，宋志·禮二，通典·凶禮二注)

吉 八月，帝飲酎，行祠昭帝廟。(漢書·儒林傳)

【儀制】《儒林傳》記曰："先歐旄頭劍挺墮墜，首垂泥中，刃鄉乘輿車，馬驚。於是召[梁丘]賀筮之，有兵謀，不吉。上還，使有司侍祠。"

【因革】《儒林傳》記曰："會八月飲酎，……故事，上常夜入廟，其後待明而入，自此始也。"

【考釋】梁丘賀參與的這一年，乃任宣謀反被誅之時，暫繫於此。

元康元年(前65)

賓 正月，龜兹王(絳賓)及其夫人來朝，皆賜印綬，夫人號爲公主。(漢書·西域傳下，資治通鑑·漢紀十七)

【儀制】《漢書》記曰："賜以車騎旗鼓，歌吹數十人，綺繡雜繒琦珍凡數千萬。留且一年，厚贈送之。後數來朝賀，樂漢衣服制度，歸其國，治宮室，作徼道周衛，出入傳呼，撞鐘鼓，如漢家儀。"

吉 五月，立皇考廟，增益寢園。(漢書·宣帝紀、武五子傳)

【理據】《武五子傳》記有司奏曰："禮'父爲士，子爲天子，祭以天子'。悼園宜稱尊號曰皇考，立廟，因園爲寢，以時薦享焉。益奉園民滿千六百家，以爲奉明縣。尊戾夫人曰戾后，置園奉邑，及益戾園各滿三百家。"

【儀制】《漢書·韋賢傳》記曰："京師自高祖下至宣帝，與太上皇、悼皇考各自居陵旁立廟，……又園中各有寢、便殿。日祭於寢，月祭於廟，時祭於便殿。"

【因革】本始元年（前 73），立悼園、戾園。

又楊志剛推測曰："此高祖至宣帝的陵寢制度，應該就是由叔孫通擬定的。"又曰："正如叔孫通作朝儀是參照秦禮而不盡用秦禮一樣，他制定陵寢制度也沒有完全仿效秦制。……陵旁立廟不見於秦，當始於西漢，應是由叔孫通首創。"（《中國禮儀制度研究》，第 142、143 頁）

【考釋】據《漢書·韋賢傳》錄平帝元始中王莽奏引，可見此事乃起於魏相（丞相）等之奏。

【論評】《漢書·韋賢傳》錄王莽奏論此事曰："孝宣皇帝以兄孫繼統爲孝昭皇帝後，以數，故孝元世以孝景皇帝及皇考廟親未盡，不毀。此兩統貳父，違於禮制。案〔蔡〕義奏親諡曰'悼'，裁置奉邑，皆應經義。〔魏〕相奏悼園稱'皇考'，立廟，益民爲縣，違離祖統，乖繆本義。父爲士，子爲天子，祭以天子者，乃謂若虞舜、夏禹、殷湯、周文、漢之高祖受命而王者也，非謂繼祖統爲後者也。"

又秦蕙田《五禮通考》論曰："厥後直曰皇考，則未得禮。若曰'本生皇考'，亦無妨也，猶之《禮》曰'其父母也'。至因園爲寢，而曰皇考廟，則疑上與昭帝相承無別，雖在廟制之外，然非禮也。"（《吉禮一百五》"私親廟"）

吉 **五月，復高祖功臣周勃等百三十六人家子孫，令奉祭祀，世世勿絶。**（漢書·宣帝紀）

【考釋】《資治通鑑·漢紀十七》記此事在元康三年（前 63）。

嘉 **八月，下詔博舉通文學者，明先王之術者。**（漢書·宣帝紀）

【理據】《宣帝紀》錄帝詔曰："朕不明六藝，鬱于大道，是以陰陽風雨未時。"

元康二年(前 64)

嘉 二月乙丑(二十六)，立王氏(婕妤)爲皇后。(漢書·宣帝紀)

【考釋】地節四年(前 66)八月，皇后霍氏廢。

吉 五月，下詔更名爲詢，赦免此前觸諱以犯罪者。(漢書·宣帝紀)

賓 烏孫昆彌翁歸靡因常惠(長羅侯)上書，願以元貴靡(長子，漢公主所生)爲嗣，得令嫁漢公主，結婚重親，詔下公卿議，蕭望之(大鴻臚)以爲不可，帝不納。(漢書·西域傳下、蕭望之傳)

【儀制】《西域傳》記曰："遣使者至烏孫，先迎取聘，昆彌及太子、左右大將、都尉皆遣使，凡三百餘人，入漢迎取公主。"

【考釋】此後神爵二年(前 60)，遣常惠送公主配元貴靡，其時翁歸靡去世，烏孫分裂，未成。

元康三年(前 63)

嘉 疏廣(太傅)、疏受(少傅)年老歸鄉，公卿故人設祖道供張東都門外，送者車數百輛；至鄉，令其家賣所賜黃金，請族人、故舊、賓客，與相爲樂。(漢書·疏廣傳，資治通鑑·漢紀十七)

【考釋】《漢書》記帝之賜贈曰："加賜黃金二十斤，皇太子贈以五十斤。"

元康四年(前 62)

吉 正月，遣李彊(大中大夫)等十二人循行天下，舉茂材異倫之士。(漢書·宣帝紀)

103

凶 尹翁歸(右扶風守)去世，家無餘財，八月，下詔賜其子黃金百斤，以奉其祭祠。（漢書·宣帝紀、尹翁歸傳）

神爵元年(前 61)

吉 正月，帝至甘泉，郊泰畤。（漢志·郊祀下，漢書·宣帝紀）

【儀制】①《漢志》記曰：“修武帝故事，盛車服，敬齊祠之禮，頗作詩歌。”②《宣帝紀》神爵四年(前 58)二月録帝詔曰：“齋戒之暮，神光顯著。薦鬯之夕，神光交錯。或降于天，或登于地，或從四方來集于壇。上帝嘉嚮，海内承福。”

【理據】《宣帝紀》神爵四年(前 58)二月録帝詔曰：“修興泰一、五帝、后土之祠，祈爲百姓蒙祉福。”

【因革】《漢志》録去年十二月帝詔曰：“上帝之祠闕而不親十有餘年。”自武帝去世後至今復行郊祀。

吉 三月，帝至河東，祠后土。（漢志·郊祀下，漢書·宣帝紀）

【因革】《通典·吉禮四》述曰：“至宣帝，修武帝故事，間歲正月一日，至河東祠后土。”

【考釋】《漢志》記此年祠后土“有神爵集，改元爲神爵”。

吉 三月後，制詔太常，令五嶽四瀆按四時常禮奉祀。（漢志·郊祀下）

【儀制】《漢志》記曰：“東嶽泰山於博，中嶽泰室於嵩高，南嶽灊山於灊，西嶽華山於華陰，北嶽常山於上曲陽，河於臨晉，江於江都，淮於平氏，濟於臨邑界中，皆使者持節侍祠。唯泰山與河歲五祠，江水四，餘皆一禱而三祠云。”

吉 起立諸雜祠。（漢志·郊祀下，通典·吉禮十四）

【考釋】《漢志》所記諸雜祠曰：“時，南郡獲白虎，獻其皮牙爪，上爲立祠。又以方士言，爲隨侯、劍寶、玉寶璧、周康寶鼎立四祠於未央宮中。又祠太室山於即墨，三户山於下密，祠天封苑火井於鴻門。又立歲星、辰星、太白、熒惑、南斗祠於長安城旁。又祠參山八神於曲城,蓬山石社石鼓於臨朐,之罘山於腄,成山於不夜,萊山於黃。成山祠日,萊山祠月。又祠四時於琅邪,蚩尤於壽良。京師近縣鄠,則有勞谷、五牀山、日月、五帝、僊人、玉女祠。雲陽有徑路神祠,祭休屠王也。又立五龍山僊人祠及黃帝、天神、帝原水,凡四祠於膚施。"

嘉 六月,下詔令諸侯王、列侯、蠻夷王侯君長當二年朝者,皆毋朝。

(漢書·宣帝紀)

凶 朱邑(大司農)去世,秋,下詔賜其子黃金百斤,以奉祭祀。(漢書·宣帝紀、循吏傳)

神爵二年(前60)

賓 九月,匈奴單于遣王奉獻,賀正月。(漢書·宣帝紀)

【因革】《漢書》記曰:"始和親。"

神爵四年(前58)

賓 五月,匈奴單于遣弟呼留若王(勝之)來朝。(漢書·宣帝紀)

五鳳元年(前57)

吉 正月,帝至甘泉,郊泰畤,改元。(漢志·郊祀下,漢書·宣帝紀)

嘉 正月,皇太子冠。(漢書·宣帝紀,通典·嘉禮一)

【儀制】《通典》記曰:"冠諸王,遣使行事。"可見此年乃帝親自冠。

【考釋】劉奭於地節三年(前67)立為皇太子時年8歲,至今18歲。

五鳳二年（前 56）

吉 正月，帝至甘泉，郊泰畤。（資治通鑑・漢紀十九）

【考釋】此年事《漢書》未載，《通鑑》胡注引《考異》曰：“《宣紀》云：‘三月，行幸甘泉。’荀《紀》作‘正月’。按漢制，常以正月郊祀。蓋荀悦作《紀》之時，本猶未誤也。”按《考異》所云，不合今本《漢書・宣帝紀》。《通鑑》所載此事，終屬可疑。

吉 三月，帝至雍，祠五畤。（漢志・郊祀下，漢書・宣帝紀）

【考釋】此事《通鑑》又失載。

嘉 八月，下詔開婚娶不得具酒食相賀之禁。（漢書・宣帝紀）

五鳳三年（前 55）

吉 三月，帝至河東，祠后土。（漢志・郊祀下，漢書・宣帝紀）

【考釋】《宣帝紀》録帝詔記前後祥瑞曰：“朕飭躬齊戒，郊上帝，祠后土，神光並見，或興于谷，燭燿齊宮，十有餘刻。甘露降，神爵集。已詔有司告祠上帝、宗廟。三月辛丑，鸞鳳又集長樂宮東闕中樹上，飛下止地，文章五色，留十餘刻，吏民並觀。”

甘露元年（前 53）

吉 正月，帝至甘泉，郊泰畤。（漢志・郊祀下，漢書・宣帝紀）

吉 四月丙申（初一），太上皇廟失火，甲辰（初九），文帝廟失火，帝素服五日。（漢書・宣帝紀，漢志・五行上）

【理據】《漢志》記劉向以爲“先是前將軍蕭望之、光禄大夫周堪輔政，爲佞臣石顯、許章等所譖”。

甘露二年(前52)

賓 十二月，匈奴呼韓邪單于願來朝正月，下詔有司議，終定以客禮
待之，位在諸侯王上。(漢書·宣帝紀)

【理據】《漢書》録有司曰："匈奴單于鄉風慕義，舉國同心，奉珍朝賀，自古未之
有也。"

甘露三年(前51)

吉 正月，帝至甘泉，郊泰畤。(漢志·郊祀下，漢書·宣帝紀)

【考釋】《漢志》記曰："上郊泰畤，因朝單于於甘泉宮。"

賓 正月，匈奴呼韓邪單于(稽侯狦)來朝。(漢書·宣帝紀、匈奴傳下)

【儀制】《匈奴傳》記曰："漢遣車騎都尉韓昌迎，發過所七郡郡二千騎，爲陳道
上。單于正月朝天子于甘泉宮，漢寵以殊禮，位在諸侯王上，贊謁稱臣而不名。
賜以冠帶衣裳，黃金璽盭綬，玉具劍，佩刀，弓一張，矢四發，棨戟十，安車一乘，
鞍勒一具，馬十五匹，黃金二十斤，錢二十萬，衣被七十七襲，錦繡綺縠雜帛八千
匹，絮六千斤。禮畢，使使者道單于先行，宿長平。上自甘泉宿池陽宮。上登長
平，詔單于毋謁，其左右當戶之群臣皆得列觀，及諸蠻夷君長王侯數萬，咸迎於
渭橋下，夾道陳。上登渭橋，咸稱萬歲。單于就邸，留月餘，遣歸國。"
又《宣帝紀》記曰："贊謁稱藩臣而不名。賜以璽綬、冠帶、衣裳、安車、駟馬、黃金、錦
繡、繒絮。使有司道單于先行就邸長安，宿長平。上自甘泉宿池陽宮。上登長平阪，
詔單于毋謁。其左右當戶之群皆列觀，蠻夷君長王侯迎者數萬人，夾道陳。上登渭
橋，咸稱萬歲。單于就邸。置酒建章宮，饗賜單于，觀以珍寶。二月，單于罷歸。"

賓 郅支單于遣使來朝。(漢書·匈奴傳下)

【因革】《匈奴傳》記明年又遣使來朝。

嘉 三月，詔諸儒於石渠閣講五經同異，蕭望之(太子太傅)等平奏其議，帝親稱制臨決。(漢書·宣帝紀、儒林傳)

【考釋】①《宣帝紀》記曰："乃立梁丘《易》、大小夏侯《尚書》、穀梁《春秋》博士。"②《儒林傳》記此事頗詳，然繫於甘露元年，誤。

嘉 三月，□臨(黃門侍郎)奏問大射何以不合樂，戴聖、聞人通漢、韋玄成均答之，公卿以韋説是。(續漢志·禮儀上劉昭注補引《石渠論》，通典·軍禮二)

【理據】《通典》録戴聖曰："鄉射至而合樂者，質也。大射，人君之禮，儀多，故不合樂也。"録聞人通漢曰："鄉射合樂者，人禮也，所以合和百姓也。大射不合樂者，諸侯之禮也。"録韋玄成曰："鄉射禮所以合樂者，鄉人本無樂，故合樂歲時，所以合和百姓以同其意也。至諸侯，當有樂，……君臣朝廷固當有之矣，必須合樂而後合，故不云合樂也。"

黃龍元年(前 49)

吉 正月，帝至甘泉，郊泰時。(漢志·郊祀下，漢書·宣帝紀)

【考釋】《漢志》記曰："正月復幸甘泉，郊泰時，又朝單于於甘泉宮。"

賓 正月，匈奴呼韓邪單于來朝。(漢書·宣帝紀)

【因革】《宣帝紀》曰"禮賜如初"，又曰"二月，單于歸國"，可見儀節同二年前。又《後漢書·西域傳》李賢注："宣帝、元帝時，呼韓邪單于數入朝，稱臣奉貢。"

凶 十二月甲戌(初七)，帝去世於未央宮；明年正月辛丑(初四)，葬於杜陵。(漢書·宣帝紀、元帝紀)

元帝(劉奭,宣帝太子)

吉 十二月癸巳(二十六)，太子即位，謁高廟。(漢書·元帝紀)

初元元年(前 48)

|嘉| 正月丙午(初九)，立王氏(婕妤)爲皇后。(漢書·元帝紀、元后傳)

|嘉| 六月，以民疾苦，令太官減膳，減樂府員，省苑馬，以賑困乏。(漢書·元帝紀)

|吉| 孔霸(關內侯)上書求奉孔子祭祀，帝下詔令孔氏所食八百戶祠孔子。(漢書·孔光傳)

|制| 因律令煩多，下詔蠲除減輕之。(漢志·刑法)

初元二年(前 47)

|吉| 正月，帝至甘泉，郊泰時。(漢書·元帝紀)

|嘉| 四月丁巳(二十八)，立劉驁爲皇太子。(漢書·元帝紀)

初元三年(前 46)

|吉| 六月，下詔使丞相、御史舉天下明陰陽、災異者各三人。(漢書·元帝紀)

初元四年(前 45)

|吉| 正月，帝至甘泉，郊泰時；三月，至河東，祠后土。(漢書·元帝紀)

【儀制】《漢書·揚雄傳上》記曰："其三月，將祭后土，上乃帥群臣橫大河，湊汾陰。既祭，行游介山，回安邑，顧龍門，覽鹽池，登歷觀，陟西岳以望八荒，跡殷周

之虛,眇然以思唐虞之風。”

【因革】《漢志·郊祀下》記曰:“元帝即位,遵舊儀,間歲正月,一幸甘泉郊泰畤,又東至河東祠后土,西至雍祠五畤。凡五奉泰畤、后土之祠。”按《通典·吉禮一》言泰畤、五畤同,然《吉禮四》言后土則稱“至宣帝,修武帝故事,間歲正月一日,至河東祠后土”。

秦蕙田《五禮通考》概括之曰:“自漢初至此,南北郊未立,其制凡四變。天地五畤,三歲一徧祭,一也;立泰一祠于長安東南郊,二也;增三一祠于亳忌泰一壇上,三也;甘泉立泰畤,四也。其時天子所親行者,泰一、五帝、后土,其最著云。”(《吉禮六》“圜丘祀天”)

初元五年(前 44)

吉 三月,帝至雍,祠五畤。(漢書·元帝紀)

永光元年(前 43)

吉 正月,帝至甘泉,郊泰畤。(漢書·元帝紀、薛廣德傳)

【儀制】《薛廣德傳》記曰:“禮畢,因留射獵。”因薛廣德上書諫,即日還。

吉 秋,帝酎祭宗廟。(漢書·薛廣德傳)

【儀制】《薛廣德傳》記曰:“上酎祭宗廟,出便門,欲御樓船,廣德當乘輿車,免冠頓首曰:‘宜從橋。’詔曰:‘大夫冠。’廣德曰:‘陛下不聽臣,臣自刎,以血汙車輪,陛下不得入廟矣!’上不説。”

永光四年(前 40)

吉 三月,帝至雍,祠五畤。(漢書·元帝紀)

[吉] 九月戊子（十一），罷衛思后（戾太子母）園及戾園；十月乙丑（十九），罷祖宗廟在郡國者，諸陵分屬三輔；又罷先后父母之奉邑。（漢書·元帝紀）

【因革】《元帝紀》顏注曰："先是諸陵總屬太常，今各依其地界屬三輔。"又引應劭曰："先后爲其父母置邑守冢，以奉祭祀，既已久遠，又非典制，故罷之。"

又何炳棣論曰："自高祖起，皇帝的'神化'工作即開始進行；皇帝以至后妃都立廟祭祀，直至元帝永光四年纔罷廢郡國的祖宗廟。"（《華夏人本主義文化：淵源、特徵及意義》，《何炳棣思想制度史論》，第 43 頁）

【儀制】《漢書·韋賢傳》記曰："凡祖宗廟在郡國六十八，合百六十七所。而京師自高祖下至宣帝，與太上皇、悼皇考各自居陵旁立廟，并爲百七十六。又園中各有寢、便殿。日祭於寢，月祭於廟，時祭於便殿。寢，日四上食；廟，歲二十五祠；便殿，歲四祠。又月一游衣冠。而昭靈后、武哀王、昭哀后、孝文太后、孝昭太后、衛思后、戾太子、戾后各有寢園，與諸帝合，凡三十所。一歲祠，上食二萬四千四百五十五，用衛士四萬五千一百二十九人，祝宰樂人萬二千一百四十七人，養犧牲卒不在數中。"《通典·吉禮六》采入。

【考釋】西漢廟祀煩瀆至此，故罷廢在所難免。《漢書·韋賢傳》記此年帝下詔議罷郡國廟，"丞相玄成、御史大夫鄭弘、太子太傅嚴彭祖、少府歐陽地餘、諫大夫尹更始等七十人皆曰：'……愚以爲宗廟在郡國，宜無修，臣請勿復修。'"於是定所罷者有昭靈后、武哀王、昭哀后、衛思后、戾太子、戾后園等。

又王先謙稱"今《紀》文有衛思后園、戾園，而無昭靈后、武哀王、昭哀后，蓋傳寫奪之。"（楊樹達《漢書窺管》卷一）

【因革】① 秦蕙田《五禮通考》論曰："漢承秦敝，七廟之典不修，昭穆之禮不備，其尤不經者，原廟也，寢園也，郡國廟也，瀆亂繁雜，三代之禮於焉盡矣！元帝銳意復古，貢禹始有毀廟及罷郡國廟之議，而韋元成等卒成之。"（《吉禮七十八》"宗廟制度"）② 甘懷真進而指出："以丞相韋玄成爲首約七十名官員上書回應皇帝的意見，這份文獻可以看成是西漢郊廟禮制改革的宣言。"（《皇權、禮儀與經典詮釋》，第 45 頁）

【論評】《漢志・五行上》記云：“有司奏罷郡國廟，是歲又定迭毀，罷太上皇、孝惠帝寢廟，皆無復修，通儒以爲違古制。”

軍 十二月，帝羽獵。（漢書・揚雄傳上）

【理據】《揚雄傳上》記揚雄“以爲昔在二帝三王，宮館臺榭沼池苑囿林麓藪澤財足以奉郊廟，御賓客，充庖廚而已，不奪百姓膏腴穀土桑柘之地”。

吉 貢禹（御史大夫）、匡衡（少傅）等以高帝爲太祖而立四親廟，是爲五廟，帝下詔令群臣議。韋玄成（丞相）等四十四人奏議以爲太上皇、孝惠、孝文、孝景廟皆親盡宜毀，皇考廟親未盡，如故，許嘉（大司馬、車騎將軍）等二十九人以爲文帝宜爲太宗廟，尹忠（廷尉）以爲武帝宜爲世宗廟，尹更始（諫大夫）等十八人以爲皇考廟宜毀，未定。（漢書・韋賢傳，隋志・禮儀二“大業元年”許善心等議，通典・吉禮六注）

【儀制】《通典・吉禮六》記曰：“以高皇帝爲太祖，孝文皇帝爲太宗，孝景皇帝爲昭，孝武皇帝爲穆，孝昭皇帝與孝宣皇帝俱爲昭。皇考廟親未盡。太上、孝惠廟皆親盡，宜毀。太上廟主宜瘞園，孝惠帝爲穆，主遷於太廟，寢園皆罷修。”

【理據】①《漢書》録韋玄成等奏議曰：“臣愚以爲高帝受命定天下，宜爲帝者太祖之廟，世世不毀，承後屬盡者宜毀。今宗廟異處，昭穆不序，宜入就太祖廟而序昭穆如禮。”②又録許嘉等以爲“孝文皇帝除誹謗，去肉刑，躬節儉，不受獻，罪人不帑，不私其利，出美人，重絕人類，賓賜長老，收恤孤獨，德厚侔天地，利澤施四海，宜爲帝者太宗之廟”；又述尹忠以爲“孝武皇帝改正朔，易服色，攘四夷，宜爲世宗之廟”。

【因革】《隋志》録許善心等議稱“漢諸帝之廟各立，無迭毀之義，至元帝時，貢禹、匡衡之徒，始建其禮”。

又《漢書・翼奉傳》記曰：“上復延問以得失。奉以爲祭天地於雲陽汾陰，及諸寢廟不以親疏迭毀，皆煩費，違古制。又宮室苑囿，奢泰難供，以故民困國虛，亡累年之畜。所繇來久，不改其本，難以末正，乃上疏……其後，貢禹亦言當定迭毀禮，上遂從之。”

【論評】《韋賢傳》末録班彪曰：“漢承亡秦絶學之後，祖宗之制因時施宜。自元、成後學者蕃滋，貢禹毀宗廟，匡衡改郊兆，何武定三公，後皆數復，故紛紛不定。何者？禮文缺微，古今異制，各爲一家，未易可偏定也。”

【考釋】此事未詳年月，《漢書》記在“罷郡國廟後月餘”，可見當在此年末。

永光五年(前 39)

吉 正月，帝至甘泉，郊泰畤；三月，至河東，祠后土。（漢書・元帝紀）

軍 冬，帝至長楊射熊館，布車騎，大獵。（漢書・元帝紀）

【因革】《漢志・刑法》曰：“至元帝時，以貢禹議，始罷角抵，而未正治兵振旅之事也。”《通典・軍禮一》略同。

吉 十二月乙酉(十六)，從韋玄成(丞相)等奏，毀太上皇、惠帝寢廟園。

（漢書・元帝紀、韋賢傳）

【因革】《韋賢傳》記自去歲所議未決，“上重其事，依違者一年，乃下詔”。

又《漢志・郊祀下》記曰：“元帝好儒，貢禹、韋玄成、匡衡等相繼爲公卿。禹建言漢家宗廟祭祀多不應古禮，上是其言。後韋玄成爲丞相，議罷郡國廟，自太上皇、孝惠帝諸園寢廟皆罷。後元帝寢疾，夢神靈譴罷諸廟祠，上遂復焉。後或罷或復，至哀、平不定。”

【理據】《韋賢傳》録帝詔曰：“高皇帝爲漢太祖，孝文皇帝爲太宗，世世承祀，傳之無窮，朕甚樂之。孝宣皇帝爲孝昭皇帝後，於義壹體。孝景皇帝廟及皇考廟皆親盡，其正禮儀。”又録韋玄成等奏曰：“祖宗之廟世世不毀，繼祖以下，五廟而迭毀。今高皇帝爲太祖，孝文皇帝爲太宗，孝景皇帝爲昭，孝武皇帝爲穆，孝昭皇帝與孝宣皇帝俱爲昭。皇考廟親未盡。太上、孝惠廟皆親盡，宜毀。太上廟主宜瘞園，孝惠皇帝爲穆，主遷於太祖廟，寢園皆無復修。”

【考釋】《續漢志・祭祀下》釋曰：“古不墓祭，漢諸陵皆有園寢，承秦所爲也。說者以爲古宗廟前制廟，後制寢，以象人之居前有朝，後有寢也。……廟以藏主，以四時祭。寢有衣冠几杖象生之具，以薦新物。秦始出寢，起於墓側，漢因而弗改，故陵上稱寢殿，起居衣服象生人之具，古寢之意也。"《宋志·禮三》、《通典·吉禮八》略同。

《漢書·貢禹傳》記"禹又奏欲罷郡國廟，定漢宗廟迭毀之禮，皆未施行；……禹卒後，上追思其議，竟下詔罷郡國廟，定迭毀之禮"。又《漢書·平當傳》記"韋玄成爲丞相，奏罷太上皇寢廟園"。

【論評】楊志剛評曰："從元帝開始，掀起恢復'古禮'的浪潮。……雖然從元帝到西漢末，儒臣恢復'古禮'的運動幾經變更，或興或廢，但議禮引經（即援引儒家經典）、托用古制（即文、武、周公之制），以增加儒家的色彩和影響，成爲這一時期禮制發展的主流和主導力量，卻已是不爭的事實。"（《中國禮儀制度研究》，第153頁）

建昭元年（前38）

吉　三月，帝至雍，祠五畤。（漢書·元帝紀）

吉　冬，罷孝文太后、孝昭太后寢園。（漢書·元帝紀）

【考釋】《漢書·韋賢傳》記曰："京師自高祖下至宣帝，與太上皇、悼皇考各自居陵旁立廟，并爲百七十六。又園中各有寢、便殿。日祭於寢，月祭於廟，時祭於便殿。寢，日四上食；廟，歲二十五祠；便殿，歲四祠。又月一游衣冠。而昭靈后、武哀王、昭哀后、孝文太后、孝昭太后、衛思后、戾太子、戾后各有寢園，與諸帝合，凡三十所。一歲祠，上食二萬四千四百五十五，用衛士四萬五千一百二十九人，祝宰樂人萬二千一百四十七人，養犧牲卒不在數中。"經韋玄成等奏言，先後罷四廟。

【理據】錢穆稱"此亦發於韋玄成"，並論前年以來罷毀諸寢廟園事曰："凡此皆漢儒追復古禮之事，蓋始自漢元以後。"（《劉向歆父子年譜》，《兩漢經學今古文平議》，第36頁）

建昭二年(前 37)

吉 正月，帝至甘泉，郊泰畤；三月，至河東，祠后土。(漢書·元帝紀)

凶 閏八月丁酉(初八)，太皇太后(上官氏，昭帝皇后)去世，合葬平陵。(漢書·
外戚傳上、元帝紀)

建昭四年(前 35)

吉 正月，因誅郅支單于，告祠郊廟。(漢書·元帝紀)

建昭五年(前 34)

吉 六月庚申(十七)，復戾園；七月庚子(二十八)，復太上皇寢廟園、原
園、昭靈后(高祖母)園、武哀王(高祖兄)園、昭哀后(高祖姊)園、衛思后
(戾太子母)園。(漢書·元帝紀)

【理據】《漢書·平當傳》録平當上書言："夫孝子善述人之志，周公既成文武之
業而制作禮樂，修嚴父配天之事，知文王不欲以子臨父，故推而序之，上極於后
稷而以配天。此聖人之德，亡以加於孝也。高皇帝聖德受命，有天下，尊太上
皇，猶周文武之追王太王、王季也。此漢之始祖，後嗣所宜尊奉以廣盛德，孝之
至也。"帝納其言，下詔復太上皇寢廟園。

《漢書·韋賢傳》記在韋玄成定罷四廟"後歲餘，玄成薨，匡衡爲丞相"，"上疾久
不平，衡惶恐，禱高祖、孝文、孝武廟"，又逐一告謝所毀廟，"久之，上疾連年，遂
盡復諸所罷寢廟園，皆修祀如故"。

竟寧元年(前 33)

賓 **正月,匈奴呼韓邪單于來朝,下詔改元。**(漢書·元帝紀、匈奴傳下)

【因革】《匈奴傳》記曰:"禮賜如初,加衣服錦帛絮,皆倍於黃龍時。單于自言願婿漢氏以自親。元帝以後宮良家子王牆字昭君賜單于。單于驩喜,上書願保塞上谷以西至敦煌,傳之無窮,請罷邊備塞吏卒,以休天子人民。"

【考釋】《後漢書·南匈奴列傳》記帝以王昭君嫁於呼韓邪。

嘉 **正月,皇太子**(劉驁)**冠。**(漢書·元帝紀)

【理據】《漢書·匡衡傳》録匡衡上疏曰:"臣又聞室家之道修,則天下之理得,故詩始國風,禮本冠婚。始乎國風,原情性而明人倫也;本乎冠婚,正基兆而防未然也。福之興莫不本乎室家,道之衰莫不始乎梱內。故聖王必慎妃后之際,別適長之位。禮之於内也,卑不隃尊,新不先故,所以統人情而理陰氣也。其尊適而卑庶也,適子冠乎阼,禮之用醴,衆子不得與列,所以貴正體而明嫌疑也。非虛加其禮文而已,乃中心與之殊異,故禮探其情而見之外也。"

【考釋】劉驁於初元二年(前 47)立爲皇太子時年 3 歲,至今 17 歲。

又據《匡衡傳》,其上疏乃因"傅昭儀及子定陶王愛幸,寵於皇后、太子",事應在此年之前。

吉 **三月癸未**(十四),**復孝惠帝寢廟園、孝文太后寢園、孝昭太后寢園。**(漢書·元帝紀)

凶 **五月壬辰**(二十四),**帝去世於未央宮;七月丙戌**(十九),**葬於渭陵。**(漢書·元帝紀)

【儀制】《漢書·成帝紀》記六月乙未,有司曾言:"乘輿車、牛馬、禽獸皆非禮,不宜以葬。"奏可。按此年六月戊戌朔,無乙未日。

【因革】楊樹達指出:"此革霍光葬武帝、昭帝以來之惡習也。"(《漢書窺管》卷一)

吉 **五月,毀太上皇、孝惠、孝景帝廟;罷孝文太后、孝昭太后、昭靈**

后、武哀王、昭哀后寢園。（漢書·元帝紀、韋賢傳）

【考釋】此年五月壬辰（二十四），元帝去世，毀廟之事在其後。

【因革】《韋賢傳》記曰："初，高后時患臣下妄非議先帝宗廟寢園官，故定著令，敢有擅議者棄市。至元帝改制，蠲除此令。成帝時以無繼嗣，河平元年復復太上皇寢廟園，世世奉祠。昭靈后、武哀王、昭哀后并食於太上寢廟如故，又復擅議宗廟之命。"

王夫之《讀通鑑論》（卷五）揭櫫之曰："成、哀之世，天地宗廟之祀倏廢倏興，以兒戲而玩鬼神甚矣。其廢而復興也，或以天子之病，或以繼嗣之不立，小人徼福之術，固不足道。其廢也，始於貢禹而成於匡衡，所持者，三代之典禮也。"

【論評】《韋賢傳》記劉歆以爲："孫居王父之處，正昭穆，則孫常與祖相代，此遷廟之殺也。聖人於其祖，出於情矣，禮無所不順，故無毀廟。自貢禹建迭毀之議，惠、景及太上寢園廢而爲虛，失禮意矣。"

又錢穆論曰："此事爲循秦制及稽古禮一大争端。師丹、翟方進之徒與匡衡同主興復古禮以革秦制，蓋亦承貢、韋議禮之風也。"（《劉向歆父子年譜》，《兩漢經學今古文平議》，第 39 頁）

成帝（劉驁，元帝太子）

吉 **六月己未**（二十二），**太子即位，謁高廟。**（漢書·成帝紀）

建始元年（前 32）

吉 **正月乙丑**（初一），**皇曾祖悼考廟災。**（漢書·成帝紀，漢志·五行上）

【考釋】《成帝紀》顏注引文穎曰："宣帝父史皇考廟。"

【理據】《漢志》記曰："初，宣帝爲昭帝後而立父廟，於禮不正。是時大將軍王鳳顓權擅朝，甚於田蚡，將害國家，故天於元年正月而見象也。"

吉 匡衡（丞相）、張譚（御史大夫）奏徙甘泉泰畤、河東后土之祠於長安南北郊，許嘉（大司馬，車騎將軍）等八人議宜如舊，王商（右將軍）、師丹（博士）、翟方進（議郎）等五十人以爲當徙。匡、張再奏議，帝從之。（漢志·郊祀下，通典·吉禮一、吉禮四）

【理據】①《漢志》錄匡衡、張譚奏曰：“帝王之事莫大乎承天之序，承天之序莫重於郊祀，故聖王盡心極慮以建其制。祭天於南郊，就陽之義也；瘞地於北郊，即陰之象也。天之於天子也，因其所都而各饗焉。……今行常幸長安，郊見皇天反北之泰陰，祠后土反東之少陽，事與古制殊。……昔者周文、武郊於豐鄗，成王郊於雒邑。由此觀之，天隨王者所居而饗之，可見也。甘泉泰畤、河東后土之祠宜可徙置長安，合於古帝王。”②又錄王商等五十人以爲：“《禮記》曰：‘燔柴於太壇，祭天也；瘞薶於大折，祭地也。’兆於南郊，所以定天位也；祭地於大折，在北郊，就陰位也。郊處各在聖王所都之南北。周公加牲，告徙新邑，定郊禮於雒。……故聖王制祭天地之禮必於國郊。長安，聖主之居，皇天所觀視也。甘泉、河東之祠非神靈所饗，宜徙就正陽、大陰之處。”

又《漢書·翼奉傳》記曰：“上復延問以得失。奉以爲祭天地於雲陽汾陰，及諸寢廟不以親疏迭毀，皆煩費，違古制。又宮室苑囿，奢泰難供，以故民困國虛，亡累年之畜。所繇來久，不改其本，難以末正，乃上疏……及匡衡爲丞相，奏徙南北郊，其議皆自奉發之。”

【論評】秦蕙田《五禮通考》論曰：“匡衡之議可謂精矣。蓋由是復覩古先之制焉，漢時經術之效至是乃見。北郊之文于經無有，而此俱稱《禮記》，必有明據，非臆説也。特爲二戴删定而逸之耳，惜哉！”（《吉禮六》“圜丘祀天”）

吉 十二月，作長安南北郊，罷甘泉、汾陰祠。（漢書·成帝紀）

【儀制】顏注引應劭曰：“天郊在長安城南，地郊在長安城北長陵界中。”

吉 匡衡（丞相）奏請罷泰畤紫壇偽飾、女樂、鸞路、騂駒、龍馬、石壇之屬。（漢志·郊祀下）

【理據】《漢志》錄匡衡言：“臣聞郊柴饗帝之義，埽地而祭，上質也。歌大吕舞

《雲門》以竢天神，歌太蔟舞《咸池》以竢地祇，其牲用犢，其席槀稭，其器陶匏，皆因天地之性，貴誠上質，不敢修其文也。以爲神祇功德至大，雖修精微而備庶物，猶不足以報功，唯至誠爲可，故上質不飾，以章天德。"

嘉 **匡衡**（丞相）**上疏戒妃匹。**（漢書·匡衡傳）

【理據】《匡衡傳》録匡衡上疏曰："臣又聞之師曰：'妃匹之際，生民之始，萬福之原。'婚姻之禮正，然後品物遂而天命全。孔子論《詩》以《關雎》爲始，言太上者民之父母，后夫人之行不侔乎天地，則無以奉神靈之統而理萬物之宜。故《詩》曰：'窈窕淑女，君子好仇。'言能致其貞淑，不貳其操，情欲之感無介乎容儀，宴私之意不形乎動静，夫然後可以配至尊而爲宗廟主。此綱紀之首，王教之端也，自上世已來，三代興廢，未有不由此者也。願陛下詳覽得失盛衰之效以定大基，采有德，戒聲色，近嚴敬，遠技能。"

嘉 **匡衡**（丞相）**上疏立帝王威儀之則，饗宴之儀。**（漢書·匡衡傳）

【儀制】《匡衡傳》録匡衡上疏曰："臣又聞聖王之自爲動静周旋，奉天承親，臨朝享臣，物有節文，以章人倫。蓋欽翼祇栗，事天之容也；温恭敬遜，承親之禮也；正躬嚴恪，臨衆之儀也；嘉惠和説，饗下之顔也。舉錯動作，物遵其儀，故形爲仁義，動爲法則。孔子曰：'德義可尊，容止可觀，進退可度，以臨其民，是以其民畏而愛之，則而象之。'《大雅》云：'敬慎威儀，惟民之則。'諸侯正月朝覲天子，天子惟道德，昭穆穆以視之，又觀以禮樂，饗醴乃歸。故萬國莫不獲賜祉福，蒙化而成俗。今正月初幸路寢，臨朝賀，置酒以饗萬方，傳曰'君子慎始'，願陛下留神動静之節，使群下得望盛德休光，以立基楨，天下幸甚！"

【論評】王夫之《讀通鑑論》（卷四）評曰："貢禹、匡衡之言，其不醇者蓋亦鮮矣。……讀其文，繹其義，想見其學，非公孫弘、兒寬之勸舊聞而無心得者所及；亦且非韋玄成、薛廣德之擇焉而不精者所可與匹儔也。……使無禹、衡之正，稱《詩》、《禮》精嚴之旨以防其流，則以帝之柔而益以驕淫，安所得十六年之安，內無寇攘，而外收絶域之功乎！"

建始二年(前 31)

吉 **正月，罷雍五畤。**（漢書·成帝紀）

【論評】《漢志·五行上》以爲去年徙泰畤、后土，此年"罷雍五畤、郡國諸舊祀，凡六所"欠妥，且以"建始三年夏，大水，三輔霖雨三十餘日，郡國十九雨，山谷水出，凡殺四千餘人，壞官寺民舍八萬三千餘所"爲其兆。

吉 **正月辛巳**（二十三），**帝始郊祀於長安南郊。三月辛丑**（十四），**祠后土於北郊。**（漢書·成帝紀）

【論評】秦蕙田《五禮通考》論曰："此西漢南北郊之始。然正月上辛乃古祈穀之祭，非圜丘正祭，匡衡蓋亦誤認魯禮爲周禮耳。甘泉泰畤用十一月朔旦冬至，其地則非，其時則近古也。"（《吉禮六》"圜丘祀天"）

嘉 **三月丙午**（十九），**立許氏**（妃）**爲皇后。**（漢書·成帝紀、外戚傳）

吉 **匡衡**（丞相）**奏請罷鄜、密、上下畤，及北畤與陳寶祠，從之。**（漢志·郊祀下，通典·吉禮一、吉禮十四）

【考釋】① 顏注引晉灼曰前三項乃"秦文公、宣公所立畤也"。② 據《資治通鑑·漢紀二十二》所記"正月，罷雍五畤及陳寶祠，皆從匡衡之請也"，將《漢志》此條繫此。

吉 **匡衡**（丞相）、**張譚**（御史大夫）**奏請罷諸淫祠不應禮者四百七十五所，奏可。**（漢志·郊祀下，通典·吉禮十四）

【考釋】《漢志》錄匡衡等奏，"長安廚官縣官給祠郡國候神方士使者所祠，凡六百八十三所，其二百八所應禮，及疑無明文，可奉祠如故。其餘四百七十五所不應禮，或復重，請皆罷"，"本雍舊祠二百三所，唯山川諸星十五所爲應禮云"，"又罷高祖所立梁、晉、秦、荆巫、九天、南山、萊中之屬，及孝文渭陽、孝武薄忌泰一、三一、黃帝、冥羊、馬行、泰一、皋山山君、武夷、夏后啓母石、萬里沙、八神、延年之屬,及孝宣參山、蓬山、之罘、成山、萊山、四時、蚩尤、勞谷、五床、僊人、玉女、徑路、黃帝、天神、原水之屬,皆罷"。由此可見成帝以前淫祠之所興。

【論評】①《續漢志·祭祀下》劉昭注補曰:"至如孝武皇帝淫祀妄祭,舉天下而從焉,疲耗蒼生,費散國畜,後王深戒,來世宜懲。"② 甘懷真論曰:"匡衡等人的郊祀改革,在制度上有二,一是將眾神請至首都之南北郊受祀,於此建立某種'萬神殿',由天子直接祭祀。二是根據'應禮'與否的標準,整頓地方神祠。尤其是廢止基於巫教所建立的神祠,改革者清楚地區別了'禮'與'巫'。"(《皇權、禮儀與經典詮釋》,第 53—54 頁)

建始三年(前 30)

吉 六月,命諸官止雨,朱繩反縈社,擊鼓攻之。(續漢志·儀禮中劉昭注補引《漢舊儀》,通典·吉禮二)

【因革】劉昭注補曰:"是後水旱常不和。"

【考釋】①《漢書·成帝紀》記曰:"秋,關內大水。"②《通典》記此事在"成帝五年六月",恐誤。

吉 十二月,劉向(中郎)答帝問,以爲舊祠不得遷廢。(漢志·郊祀下)

【理據】《漢志》載此年匡衡坐事免官爵,故"眾庶多言不當變動祭祀者",且"初罷甘泉泰畤作南郊日,大風壞甘泉竹宮,折拔畤中樹大十圍以上百餘",故"天子異之,以問劉向"。劉向所答力主"祖宗所立神祇舊位,誠未易動",其云:"且甘泉、汾陰及雍五畤始立,皆有神祇感應,然後營之,非苟而已也。武宣之世,奉此三神,禮敬敕備,神光尤著。""及陳寶祠,自秦文公至今七百餘歲矣,漢興世世常來,光色赤黃,長四五丈,直祠而息,音聲砰隱,野雞皆雊。每見雍太祝祠以太牢,遣候者乘一乘傳馳詣行在所,以爲福祥。高祖時五來,文帝二十六來,武帝七十五來,宣帝二十五來,初元元年以來亦二十來,此陽氣舊祠也。及漢宗廟之禮,不得擅議,皆祖宗之君與賢臣所共定。"

【因革】後"以無繼嗣故"，遂於永始三年（前 14）復舊祠。

【論評】錢穆斥之曰："［劉］向雖精忠，識有不超，如此等處可見。"（《兩漢經學今古文平議》，第 53 頁）

河平元年（前 28）

賓 正月，匈奴單于遣伊邪莫演（右皋林王）等來朝。（漢書・匈奴傳下）

吉 九月，復太上皇寢廟園。（漢書・成帝紀）

【因革】《漢書・韋賢傳》記曰："初，高后時患臣下妄非議先帝宗廟寢園官，故定著令，敢有擅議者棄市。至元帝改制，蠲除此令。成帝時以無繼嗣，河平元年復太上皇寢廟園，世世奉祠。昭靈后、武哀王、昭哀后并食於太上寢廟如故，又復擅議宗廟之命。"

制 下詔議減死刑及儘量蠲除約省之，有司毛舉數事塞詔。（漢志・刑法，資治通鑑・漢紀二十二）

【理據】《漢志》錄帝詔曰："今大辟之刑千有餘條，律令煩多，百有餘萬言，奇請它比，日以益滋，自明習者不知所由，欲以曉喻衆庶，不亦難乎！"可見帝之希望在"建立明制，爲一代之法"。

【因革】《漢志》記自宣帝即位以來即下詔删定律令，元帝時又曾下詔。淺井虎夫《中國法典編纂沿革史》指出："蓋《九章律》以後不獨編纂刑法典而已，且編纂行政法典，即所謂律令者是也。社會現象由單純日趨複雜，律令滋章，勢所宜然。"（第三章，第 16 頁）

河平三年（前 26）

嘉 帝以中秘書頗散亡，使陳農（謁者）求遺書於天下，下詔劉向（光祿大夫）校經傳、諸子、詩賦，任宏（步兵校尉）校兵書，尹咸（太史令）校數術，

李柱國（侍醫）校方技。（漢志・藝文，資治通鑑・漢紀二十二）

【考釋】《漢志》記此後曰：“會〔劉〕向卒，哀帝復使向子侍中奉車都尉歆卒父業。歆於是總群書而奏其《七略》。”

吉 劉向（光祿大夫）因《尚書・洪範》，集合上古以來符瑞、災異之記，推跡行事，著其占驗，成《洪範五行傳論》十一篇。（漢書・楚元王傳，資治通鑑・漢紀二十二）

【理據】《漢書》記劉向此舉之目的曰：“是時帝元舅陽平侯王鳳爲大將軍秉政，倚太后，專國權，兄弟七人皆封爲列侯。時數有大異，向以爲外戚貴盛，鳳兄弟用事之咎。”

河平四年(前 25)

賓 正月，匈奴復株累單于來朝。二月，歸國。（漢書・成帝紀、王商傳、匈奴傳下）

【儀制】《王商傳》記曰：“引見白虎殿。丞相商坐未央廷中，單于前，拜謁商。商起，離席與言，單于仰視商貌，大畏之，遷延却退。”

【因革】《匈奴傳》記曰：“加賜錦繡繒帛二萬匹，絮二萬斤，它如竟寧時。”

陽朔二年(前 23)

嘉 九月，下詔雜舉以充太學博士位。（漢書・成帝紀）

【理據】《成帝紀》錄帝詔曰：“古之立太學，將以傳先王之業，流化於天下也。儒林之官，四海淵原，宜皆明於古今，溫故知新，通達國體，故謂之博士。”

陽朔四年(前 21)

吉 正月，下詔令二千石勉勸農桑，出入阡陌。（漢書・成帝紀）

鴻嘉元年(前 20)

嘉 **二月，帝始微行出訪。**（漢書·成帝紀）

【儀制】顔注引張晏曰：“於後門出，從期門郎及私奴客十餘人。白衣組幘，單騎出入市里，不復驚蹕，若微賤之所爲，故曰微行。”

鴻嘉二年(前 19)

嘉 **三月，博士行大射禮。**（漢志·五行中之下，漢書·成帝紀）

【考釋】《成帝紀》則記曰“三月，博士行飲酒禮”，《兩漢紀》記此事在二月，云“博士行鄉飲酒禮”，兹依《五行志》。

制 **三月，下詔云禮義之興首在選賢得人。**（漢書·成帝紀）

【理據】《成帝紀》録帝詔曰：“朕承鴻業十有餘年，數遭水旱疾疫之災，黎民婁困於飢寒，而望禮義之興，豈不難哉！朕既無以率道，帝王之道日以陵夷，意乃招賢選士之路鬱滯而不通與，將舉者未得其人也？其舉敦厚有行義能直言者，冀聞切言嘉謀，匡朕之不逮。”

制 **梅福**（南昌尉）**上書期以鄉飲酒之禮理軍市，帝未納。**（漢書·梅福傳）

【理據】《梅福傳》録梅氏上書曰：“今不循伯者之道，乃欲以三代選舉之法取當時之士，猶察伯樂之圖，求騏驥於市，而不可得，亦已明矣。故高祖棄陳平之過而獲其謀，晉文召天王，齊桓用其讎，有益於時，不顧逆順，此所謂伯道者也。一色成體謂之醇，白黑雜合謂之駁。欲以承平之法治暴秦之緒，猶以鄉飲酒之禮理軍市也。”

【考釋】① 梅福此上書係針對大將軍王鳳專勢擅朝。② 此事未詳年月，暫繫於此。

鴻嘉三年(前 18)

吉 八月乙卯(十五)，孝景廟北闕災。(漢書‧成帝紀,漢志‧五行上)

永始元年(前 16)

嘉 六月丙寅(初七)，立趙氏(婕妤)爲皇后。(漢書‧成帝紀、外戚傳下)

【考釋】鴻嘉三年(前 18)十一月,皇后許氏廢。

凶 帝營昌陵，制度奢泰，五年未成，劉向(光祿大夫)上疏諫，群臣皆非之，七月，下詔罷昌陵，還復初陵。(漢書‧成帝紀、楚元王傳、陳湯傳,資治通鑑‧漢紀二十三)

【儀制】《楚元王傳》録劉向上疏曰:"陛下即位,躬親節儉,始營初陵,其制約小,天下莫不稱賢明。及徙昌陵,增埤爲高,積土爲山,發民墳墓,積以萬數,營起邑居,期日迫卒,功費大萬百餘。死者恨於下,生者愁於上,怨氣感動陰陽,因之以饑饉,物故流離以十萬數,臣甚憫焉。"

【理據】《楚元王傳》録劉向上疏曰:"自古至今,葬未有盛如始皇者也,數年之間,外被項籍之災,內離牧豎之禍,豈不哀哉!是故德彌厚者葬彌薄,知愈深者葬愈微。無德寡知,其葬愈厚,丘隴彌高,宫廟甚麗,發掘必速。由是觀之,明暗之效,葬之吉凶,昭然可見矣。"

【考釋】《楚元王傳》記劉向"書奏,上甚感向言,而不能從其計",《陳湯傳》則記"[解]萬年自詭三年可成,後卒不就,群臣多言其不便者。下有司議,皆曰:'……故陵因天性,據真土,處勢高敞,旁近祖考,前又已有十年功緒,宜還復故陵'",於是帝乃下詔。按解萬年,乃營昌陵之將作大匠,此後乃徙敦煌。

凶 八月丁丑(十九)，太皇太后(王氏,宣帝皇后)去世，合葬杜陵。(漢書‧外戚傳上、成帝紀)

永始二年(前 15)

吉 **十一月，帝至雍，祠五時。** (漢書‧成帝紀)

【因革】雍五時，罷於建始二年(前 31)。

凶 **翟方進**(丞相)**後母去世，既葬三十六日，除服視事。** (漢書‧翟方進傳，宋
志‧禮二，通典‧凶禮二)

【理據】《漢書》記翟方進"以爲身備漢相，不敢踰國家之制。"顏注曰："漢制自文
帝遺詔之後，國家遵以爲常。大功十五日，小功十四日，緦麻七日。方進自以大
臣，故云不敢踰制。"

【論評】《宋志》則比較之而曰："然而原涉行父喪三年，顯名天下。河間惠王行
母喪三年，詔書褒稱，以爲宗室儀表。薛脩服母喪三年，而兄宣曰：'人少能行
之。'遂兄弟不同，宣卒以此獲譏於世。是則喪禮見貴常存矣。"

永始三年(前 14)

吉 **十月庚辰**(初五)**，皇太后下詔復甘泉泰時、汾陰后土祠、雍五時、
陳倉陳寶祠。又復長安、雍及郡國諸舊祠。** (漢書‧成帝紀，漢志‧郊祀下，
通典‧吉禮一、吉禮四、吉禮十四)

【理據】此即因建始三年(前 30)劉向之言而起，《漢志》又曰"上以無繼嗣故，令皇
太后下詔"。

【因革】《漢志》記曰："天子親郊禮如前。"又曰："成帝末年頗好鬼神，亦以無繼
嗣故，多上書言祭祀方術者，皆得待詔。"

【考釋】此事《漢志》元始五年(5)王莽奏云在永始元年三月，與去年成帝行祀相
較，似更合理；不過《資治通鑑‧漢紀二十三》亦繫於此年。

永始四年(前 13)

[吉] 正月，帝至甘泉，郊泰畤。三月，至河東，祠后土。(漢書·成帝紀)

【因革】① 此後元延二年(前 11)、元延四年(前 9)、綏和二年(前 7)之正月、三月又分別行此二禮。② 其間隔年交替則祠五畤。

【考釋】《漢書·揚雄傳上》記帝召揚雄待詔承明之庭，並"從上甘泉，還奏《甘泉賦》以風"，又"其三月，將祭后土，上乃帥群臣橫大河，湊汾陰。既祭，行游介山，回安邑，……還，上河東賦以勸"。

[制] 六月，下詔檢省禮制之奢侈踰制。(漢書·成帝紀)

【理據】《成帝紀》錄帝詔曰："聖王明禮制以序尊卑，異車服以章有德，雖有其財，而無其尊，不得踰制，故民興行，上義而下利。方今世俗奢僭罔極，靡有厭足。公卿列侯親屬近臣，四方所則，未聞修身遵禮，同心憂國者也。或乃奢侈逸豫，務廣第宅，治園池，多畜奴婢，被服綺縠，設鐘鼓，備女樂，車服嫁娶葬埋過制。吏民慕效，浸以成俗，而欲望百姓儉節，家給人足，豈不難哉！"

【附識】《成帝紀》記曰此年六月甲午(二十三)，"霸陵園門闕災"。

元延元年(前 12)

[吉] 三月，帝至雍，祠五畤。(漢書·成帝紀)

【因革】此後元延三年(前 10)三月、綏和元年(前 8)三月又行此禮。

[吉] 七月，帝以災異屢見，博謀群臣，谷永(北地太守)對以爲當勿加賦，減奢泰，賑贍困乏，敕耕農桑，劉向(中壘校尉)上書諫。(漢書·成帝紀、谷永傳、楚元王傳，漢志·五行下)

【考釋】《成帝紀》載此年天象曰："春正月己亥朔，日有蝕之。""夏四月丁酉，無雲有雷，聲光耀耀，四面下至地，昏止。""秋七月，有星孛于東井。"

【理據】①《谷永傳》録谷永對曰："建始元年以來二十載間,群災大異,交錯鋒起,多於《春秋》所書。八世著記,久不塞除,重以今年正月己亥朔日有食之,三朝之會,四月丁酉四方衆星白晝流隕,七月辛未彗星横天。乘三難之際會,畜衆多之災異,因之以饑饉,接之以不贍。"②《楚元王傳》録劉向上書曰："謹案《春秋》二百四十二年,日蝕三十六,襄公尤數,率三歲五月有奇而壹食。漢興訖竟寧,孝景帝尤數,率三歲一月而一食。臣向前數言日當食,今連三年比食。自建始以來,二十歲間而八食,率二歲六月而一發,古今罕有。"

【附識】《漢書·外戚傳》記曰："皇太后及帝舅憂上無繼嗣,時又數有災異,劉向、谷永等皆陳其咎在於後宫。上然其言,於是省減椒房掖廷用度。"按此事乃其延伸。

元延二年(前 11)

軍 十二月,帝至長楊宫,從胡客大校獵。(漢書·成帝紀)

【考釋】①《漢書·揚雄傳上》記曰："其十二月羽獵,雄從。……故聊因《校獵賦》以風。"②《資治通鑑·漢紀二十四》載此事在元延三年,當據《文選注》所引《七略》,錢穆《劉向歆父子年譜》已辨其誤(《兩漢經學今古文平議》,第58頁)。

元延三年(前 10)

軍 秋,帝至長楊射熊館校獵。(漢書·揚雄傳下)

【儀制】《揚雄傳》記曰："明年,上將大誇胡人以多禽獸,秋,命右扶風發民入南山,西自褒斜,東至弘農,南歐漢中,張羅罔罝罦,捕熊羆豪豬虎豹狖玃狐菟麋鹿,載以檻車,輸長楊射熊館。以罔爲周阹,縱禽獸其中,令胡人手搏之,自取其獲,上親臨觀焉。"

【考釋】《揚雄傳》記"雄從至射熊館,還,上《長楊賦》"。

元延四年(前 9)

嘉 正月，劉興(中山王)、劉欣(定陶王)入朝，帝爲定陶王加元服。(漢書·哀帝紀,資治通鑑·漢紀二十四)

【考釋】《漢書》記劉欣此年 17 歲。

綏和元年(前 8)

嘉 二月，立劉欣(定陶王)爲皇太子。(漢書·成帝紀)

【考釋】劉欣乃帝之弟劉康之子。

吉 二月癸丑(十九)，下詔封孔吉爲殷紹嘉侯，奉湯祀。三月，與周承休侯均進爵爲公。(漢書·成帝紀)

【因革】①《漢書·梅福傳》載漢世始末曰："武帝時,始封周後姬嘉爲周子南君,至元帝時,尊周子南君爲周承休侯,位次諸侯王。使諸大夫博士求殷後,分散爲十餘姓,郡國往往得其大家,推求子孫,絶不能紀。時匡衡議,……上以其語不經,遂見寢。至成帝時,梅福復言宜封孔子後以奉湯祀。綏和元年,立二王後,推跡古文,以《左氏》、《穀梁》、《世本》、《禮記》相明,遂下詔封孔子世爲殷紹嘉公。"②錢穆歸結之曰："此皆漢儒自元、成以下追古禮、薄秦制之徵。其議發於匡衡、梅福。……漢廷據《左氏》立制,事始此。"(《兩漢經學今古文平議》,第 60 頁)

【理據】秦蕙田《五禮通考》指出："紹嘉侯之封,雖曰繼殷之後,其實亦是奉孔子也。"(《吉禮一百二十一》"祀孔子")

制 改御史大夫爲大司空，封爲列侯，益大司馬、大司空奉如丞相。(漢書·成帝紀)

【理據】《漢書·何武傳》記曰："成帝欲修辟雍,通三公官,即改御史大夫爲大司空。武更爲大司空,封汜鄉侯,食邑千户。"

【論評】錢穆論曰："其議發於何武，亦薄秦制、追古禮之一徵，爲莽、歆新政先聲。"（《兩漢經學今古文平議》，第 61 頁）

制 劉向（光祿大夫）上言宜興辟雍，設庠序，陳禮樂，帝以劉氏言下公卿議；明年，丞相、大司空奏請立辟雍。（漢志·禮樂，通典·吉禮十二）

【考釋】① 此年恰逢劉向因病去世，故事未果，明年大司空之奏，又因帝去世而未行。② 據錢穆推證，"向之請修辟雍，或者尚在今年春、夏之間耶"（《兩漢經學今古平議》，第 65 頁）。

嘉 增博士弟子員三千人。（漢書·儒林傳，通典·吉禮十二）

【因革】《漢書》記昭帝時博士弟子員已滿百人，"宣帝末增倍之。元帝好儒，能通一經者皆復。數年，以用度不足，更爲設員千人，郡國置五經百石卒史"，至成帝末，增至三千人，"歲餘，復如故"。

綏和二年（前7）

凶 春，熒惑守心，二月壬子（十三），翟方進（丞相）自殺，帝親臨弔數次，禮賜異於他相故事。（漢書·成帝紀、翟方進傳，漢志·天文）

【儀制】《翟方進傳》記曰："上祕之，遣九卿册贈以丞相高陵侯印綬，賜乘輿祕器，少府供張，柱檻皆衣素。"顏注引《漢舊儀》曰："丞相有疾，皇帝法駕親至問疾，從西門入。即薨，移居第中，車駕往弔，贈棺、棺斂具，賜錢、葬地。葬日，公卿已下會葬焉。"

【考釋】《漢志》記翟方進去世於二月乙丑（二十六）。

制 除誹謗詆欺法。（通典·刑法一）

凶 三月丙戌（十八），帝去世於未央宮；五月己卯（十二），葬於延陵。（漢書·成帝紀）

【考釋】《漢書》原作"四月己卯"，然顏注引臣瓚曰"自崩至葬凡五十四日"，可知當作"五月己卯"。

吉 三月，皇太后下詔復長安南北郊。（漢書·成帝紀，漢志·郊祀下，通典·吉禮一、吉禮四）

【理據】《漢志》載此前當王商爲大司馬衛將軍輔政時，杜鄴即説其復還長安南北郊。此年三月丙戌（十八），成帝去世，皇太后詔曰："懼未有皇孫，故復甘泉泰畤、汾陰后土，庶幾獲福。皇帝恨難之，卒未得其祐。其復南北郊長安如故，以順皇帝之意也。"

【論評】秦蕙田《五禮通考》論曰："此西漢再復南北郊。然其忽罷忽復，復而仍罷者，或以未得皇孫，或以久疾不瘳，蓋方士禍福之説中入骨髓。其所謂敬恭明神者，但知有祈禱之私，而不知有典禮之正。區區一匡衡正之，猶捧土以塞孟津，欲障而迴之也，難矣！"（《吉禮六》"圜丘祀天"）

哀帝（劉欣，元帝庶孫，成帝弟定陶恭王子）

吉 四月丙午（初八），太子即位，謁高廟。（漢書·哀帝紀）

嘉 五月丙戌（十九），立皇后傅氏。（漢書·哀帝紀）

樂 六月，下詔罷樂府。（漢書·哀帝紀、百官公卿表，漢志·禮樂，通典·樂一）

【儀制】《漢志》録帝詔曰："郊祭樂及古兵法武樂，在經非鄭衛之樂者，條奏，別屬他官。"

【因革】《漢志》記在成帝時，平當（博士）以爲"河間獻王聘求幽隱，修興雅樂以助化。時，大儒公孫弘、董仲舒等皆以爲音中正雅，立之大樂。春秋鄉射，作於學官，希闊不講"，然事下公卿，未能認同，其議遂寢。因此，"是時，鄭聲尤甚。黃門名倡丙彊、景武之屬富顯於世，貴戚五侯、定陵、富平、外戚之家淫侈過度，至與人主爭女樂。哀帝自爲定陶王時疾之，又性不好音，及即位，下詔"。"然百姓漸漬日久，又不制雅樂有以相變，豪富吏民湛沔自若，陵夷壞于王莽"。

又錢穆述曰："漢自元、成以下，儒者言禮制，美古者，於武、宣所興頗有矯革。樂

府立於武帝元狩三年（前120），王吉、貢禹每以爲言，至是乃廢。"（《兩漢經學今古文平議》，第68頁）

凶 六月，劉良（河間王）爲母服喪三年，下詔益封萬户。（漢書·哀帝紀、景十三王傳）

【理據】《漢書》錄帝詔稱其"爲宗室儀表"。

制 六月，下詔掖庭宫人三十以下者出嫁之，博士弟子父母去世，予歸三年。（漢書·哀帝紀）

【理據】《漢書》錄帝詔曰："制節謹度以防奢淫，爲政所先，百王不易之道也。"按同時尚有其他多項節儉措施。

吉 孔光（丞相）、何武（大司空）請群臣雜議武帝廟親盡宜毁，彭宣（光禄勳）、滿昌（詹事）、左咸（博士）等五十三人皆以爲宜毁；王舜（太僕）、劉歆（中壘校尉）議武帝、宣帝兩世宗廟建之萬世，不宜毁，從之。（漢書·韋賢傳，隋志·禮儀二"大業元年"許善心等議）

【理據】《韋賢傳》錄彭宣等以爲："繼祖宗以下，五廟而迭毁，後雖有賢君，猶不得與祖宗並列。子孫雖欲襃大顯揚而立之，鬼神不饗也。孝武皇帝雖有功烈，親盡宜毁。"而劉歆等議曰："以七廟言之，孝武皇帝未宜毁；以所宗言之，則不可謂無功德。《禮記》祀典曰：'夫聖王之制祀也，功施於民則祀之，以勞定國則祀之，能救大災則祀之。'竊觀孝武皇帝，功德皆兼而有焉。凡在於異姓，猶將特祀之，況于先祖？……迭毁之禮自有常法，無殊功異德，固以親疏相推及。至祖宗之序，多少之數，經傳無明文，至尊至重，難以疑文虚説定也。孝宣皇舉公卿之議，用衆儒之謀，既以爲世宗之廟，建之萬世，宣布天下。臣愚以爲孝武皇帝功烈如彼，孝宣皇帝崇立之如此，不宜毁。"

【論評】①《韋賢傳》末錄班彪曰："考觀諸儒之議，劉歆博而篤矣。"② 秦蕙田《五禮通考》論曰："至劉歆建宗不在七廟數中之説，而後三昭三穆之序乃定，漢廷經術之效於斯鉅矣。乃或可而不行，或廢而再復，終使宗廟大禮竟漢代莫之能正，惜哉！"（《吉禮七十八》"宗廟制度"）③ 錢穆論曰："毁廟之議發自貢禹，至是紛紛數復矣。時議者率主毀武帝廟,蓋元、成以來言禮制者,頗非孝武誇飾,亦一時學風然也。莽、歆爲政,多采言禮制者卹民之意,然亦好鋪張太平,效法漢武,歆此奏,亦見其一端。"(《兩漢經學今古文平議》,第 73 頁)

【考釋】此事《韋賢傳》標示"成帝崩,哀帝即位",劉汝霖考證曰:"按《漢書·百官表》,是年三月孔光方爲丞相,而十月師丹代何武爲大司空,則光與武之議毀廟事,當在其中之七月中。"(《漢晉學術編年》卷三,第 100—101 頁)

建平元年(前 6)

嘉 劉歆(光禄大夫)移書讓太常博士,請立左氏《春秋》等古文經爲博士。(漢書·楚元王傳)

建平二年(前 5)

吉 四月,下詔立父定陶恭皇(劉康)廟於京都。(漢書·哀帝紀,通典·嘉禮十七)

【儀制】《漢書·外戚傳下》記曰:"爲恭皇立寢廟於京師,比宣帝父悼皇考制度,序昭穆於前殿。"

【因革】《漢書·師丹傳》詳記始末曰,在哀帝即位後,"上新立,謙讓,納用[王]莽、[師]丹言",未敢尊定陶共王爲皇,後"傅太后大怒",又因泠襃(郎中令)、段猶(黃門郎)等復奏,有司認同,唯師丹力主不宜立,待"丹既免數月,上用朱博議,尊傅太后爲皇太太后,丁后爲帝太后,與太皇太后及皇太后同尊,又爲共皇立廟京師,儀如孝元皇帝"。直至此後"平帝即位,新都侯王莽白太皇太后發掘傅太后、丁太后冢,奪其璽綬,更以民葬之,定陶隳廢共皇廟"。

秦蕙田《五禮通考》則指出:"此立私親廟于京師之始。"又曰:"宣帝以孫後祖,但稱本生父曰皇考而已,稱皇實始於哀帝追尊定陶共皇,厥後安帝父清河孝王曰孝德皇,桓帝父蠡吾侯曰孝崇皇,祖河間孝王曰孝穆皇,靈帝父解瀆亭侯曰孝仁皇,祖曰孝元皇,俱相繼起。而漢人諱言哀帝,但曰法宣帝,是誣也。惟哀帝既承大統,又自以己爲定陶共皇後,廢前所立定陶王,後安帝而下,雖追尊本生祖父,仍就王國奉祀,不立廟京師,非特法宣帝、光武帝,亦鑑於哀帝也。"(《吉禮一百五》"私親廟")

【理據】《師丹傳》錄師丹曰:"陛下既繼體先帝,持重大宗,承宗廟天地社稷之祀,義不得復奉定陶共皇祭入其廟。今欲立廟於京師,而使臣下祭之,是無主也。又親盡當毀,空去一國太祖不墮之祀,而就無主當毀不正之禮,非所以尊厚共皇也。"

【論評】秦蕙田《五禮通考》論曰:"定陶共皇之稱,非宣帝稱皇考比也,……以皇代之,其理不直,其名不正,固顯然矣。又立寢廟于京師,列昭穆之次,更非宣帝因園爲寢之比。師丹言定陶共皇謚已定,不得復改,而堅持立廟京師,使臣下祭之爲無主,明前之失在私尊定陶共皇,後之失乃以共皇而亂天子宗廟鉅制也。"(《吉禮一百五》"私親廟")

凶 **六月庚申**(初五),**太后**(丁氏,帝母)**去世,祔葬定陶,起陵於恭皇之園。**

(漢書·哀帝紀、外戚傳下)

【理據】《哀帝紀》記帝曰:"朕聞夫婦一體。《詩》云:'穀則異室,死則同穴。'昔季武子成寢,杜氏之殯在西階下,請合葬而許之。附葬之禮,自周興焉。"《外戚傳》略同。

【儀制】《外戚傳》記遣劉明(大司馬,驃騎將軍)"送葬于定陶,貴震山東"。

吉 **六月甲子**(初九),**夏賀良等言赤精子之讖,下詔改元太初元將元年,號曰陳聖劉太平皇帝。**(漢書·哀帝紀,漢志·天文)

吉 **七月,帝因寢疾,盡復前世所常興諸雜祠,凡七百餘所,一年三萬七千祠。**(漢志·郊祀下,通典·吉禮十四)

建平三年(前4)

吉 **十一月壬子**(初五),**太皇太后下詔有司復甘泉泰畤、汾陰后土祠,**

罷南北郊。（漢書·哀帝紀，漢志·郊祀下，通典·吉禮一）

【儀制】《漢志》記曰：“上亦不能親至，遣有司行事而禮祠焉。”

又《三國志·魏書·王朗傳》裴注引《魏名臣奏》載王朗奏魏文帝之言回顧曰：“若夫西京雲陽、汾陰之大祭，千有五百之群，祀通天之臺，入阿房之宮，齋必百日，養犧五載。牛則千其重，玉則七千其器。文綺以飾重席，童女以蹈舞綴。釀酎必貫三時而後成，樂人必三千四百而後備。”

【因革】宋徐天麟概述武帝以來禮制興作概要曰：“至宣帝時，王吉願與大臣延及儒生，述舊禮，明王制；成帝時，劉向因犍爲古磬之出，請興辟雍，設庠序，隆雅頌之聲，盛揖遜之容，以風化天下，其言皆寢而不行。其後，貢禹毀宗廟，匡衡改郊兆，何武定三公，駸駸向于正誼，而數罷數復，紛紛不定。先漢禮儀，竟有歉焉。”（《東漢會要》卷三）

建平四年（前3）

吉 正月，關東民驚走，曰行西王母籌，經郡國二十六，至京城；夏，京城民聚會里巷，設張博具，歌舞祠西王母，至秋乃止。（漢志·五行下，資治通鑑·漢紀二十六）

【理據】《漢志》記曰：“此異乃王太后、莽之應也。”

元壽元年（前2）

軍 正月辛丑（初一），日有蝕之，下詔令公卿大夫陳帝之得失。（漢書·哀帝紀）

凶 正月丁巳（十七），皇太太后傅氏（元帝昭儀）去世，合葬渭陵。（漢書·外戚傳下、哀帝紀）

元壽二年(前1)

賓 正月，匈奴單于、烏孫大昆彌來朝。二月，歸國。（漢書·哀帝紀、匈奴傳下）

【因革】①《匈奴傳》記曰："建平四年(前3)，單于上書願朝五年。時哀帝被疾，或言匈奴從上游來厭人，自黃龍、竟寧時，單于朝中國輒有大故。上由是難之，以問公卿，亦以爲虛費府帑，可且勿許。單于使辭去，未發，黃門郎揚雄上書諫曰……書奏，天子寤焉，召還匈奴使者，更報單于書而許之。……單于未發，會病，復遣使願朝明年。故事，單于朝，從名王以下及從者二百餘人。單于又上書言：'蒙天子神靈，人民盛壯，願從五百人入朝，以明天子盛德。'上皆許之。"可見漢匈和好，得力於揚雄之諫。② 又此年，"單于來朝，上以太歲厭勝所在，舍之上林苑蒲陶宮。告之以加敬於單于，單于知之。加賜衣三百七十襲，錦繡繒帛三萬匹，絮三萬斤，它如河平時"。

凶 六月戊午(二十六)，帝去世於未央宫；十月壬寅(十二)，葬義陵。（漢書·哀帝紀）

【考釋】帝之葬日，《漢書》記在九月壬寅，然此年九月辛酉朔，如壬寅日，據顏注引臣瓚曰"自崩至葬凡百五日"，則葬日當在十月壬寅，兹改之。

平帝(劉衍，元帝庶孫，成帝弟中山孝王子)

吉 九月辛酉(初一)，中山王即位，謁高廟。（漢書·平帝紀）

【考釋】《漢書》記曰："帝年九歲，太皇太后臨朝，大司馬[王]莽秉政，百官總己以聽於莽。"

元始元年(公元1)

吉 正月，下詔使三公以薦宗廟。（漢書·平帝紀、王莽傳上）

【儀制】《王莽傳》記曰："莽白太后下詔,以白雉薦宗廟。"

制 正月,王莽受太傅安漢公號,建言上尊宗廟,增加禮樂。(漢書·王莽傳上)

【考釋】《王莽傳》記群臣因此盛稱"莽功德致周成白雉之瑞,千載同符。……莽有定國安漢家之大功,宜賜號曰安漢公"。錢穆推闡曰:"自前年六月哀帝崩,至是僅半歲,漢廷群臣已頌莽比周公。"(《兩漢經學今古文平議》,第92頁)

制 二月,置羲和官,外史、閭師,班教化,禁淫祀,放鄭聲。(漢書·平帝紀)

【因革】錢穆論曰:"據《周禮》設官始見此。"(《兩漢經學今古文平議》,第92頁)

吉 六月,奉周公之後爲褒魯侯,孔子之後(孔均)爲褒成侯,奉其祀。

(漢書·平帝紀,通典·吉禮十二)

元始二年(2)

吉 春,下詔因帝改名,使孔光(太師)告祠高廟,以太牢。(漢書·平帝紀)

【考釋】顔注引孟康曰:"平帝本名箕子,更名曰衍。"

嘉 因王莽專政,龔勝(光祿大夫)、邴漢(太中大夫)求歸,王莽令太后策加優禮而遣之。(漢書·兩龔傳,資治通鑑·漢紀二十七)

【儀制】《兩龔傳》錄策曰:"賜帛及行道舍宿,歲時羊酒衣衾,皆如韓福故事。所上子男皆除爲郎。"按韓福故事,在昭帝元鳳元年(前80)。

元始三年(3)

嘉 春,下詔有司爲帝納采於王莽(安漢公)之女,並卜期。(漢書·平帝紀、外戚傳下、王莽傳上,通典·嘉禮三)

【儀制】①《外戚傳》記其時太后遣夏侯藩(長樂少府)、劉宏(宗正)、宗伯鳳(少府)、平晏(尚書令)納采,孔光(太師)、馬宮(大司徒)、甄豐(大司空)、孫建(左將軍)、尹賞(執金吾）、劉歆（行太常事，太中大夫）及"太卜、太史令以下四十九人賜皮弁素績，以禮雜卜筮，太牢祠宗廟，待吉月日"。②《王莽傳》記曰："有司奏'故事，聘皇后黃金二萬斤，爲錢二萬萬。'莽深辭讓，受四千萬，而以其三千三百萬予十一媵家。……有詔，復益二千三百萬，合爲三千萬。莽復以其千萬分予九族貧者。"

嘉 **春，下詔劉歆**（光祿大夫）**等雜定婚禮。**（漢書·平帝紀，通典·嘉禮三）

【儀制】《平帝紀》記曰："四輔、公卿、大夫、博士、郎、吏家屬皆以禮娶，親迎立軺併馬。"

【因革】顏注："新定此制也。"

吉 **夏，王莽**（安漢公）**奏車服制度，吏民養生、送終、嫁娶、奴婢、田宅、器械之名。**（漢書·平帝紀）

吉 **夏，王莽奏宜於官社後別立官稷，依行。**（漢志·郊祀下，漢書·平帝紀，通典·吉禮四）

【儀制】①《漢志》記曰："遂於官社後立官稷，以夏禹配食官社，后稷配食官稷。稷種穀樹。徐州牧歲貢五色土各一斗。"②《平帝紀》顏注曰："初立官稷於官社之後，是爲一處；今更創置建於別所，不相從也。"

【因革】《平帝紀》顏注引臣瓚曰："漢初除秦社稷，立漢社稷，其後又立官社，配以夏禹，而不立官稷。至此始立官稷。光武之後，但有官社，不立官稷。"又《晉志·禮上》述曰："前漢但置官社而無官稷，王莽置官稷，後復省。故漢至魏但太社有稷，而官社無稷，故常二社一稷也。"《宋志·禮四》略同。

【論評】秦蕙田《五禮通考》論曰："高祖立漢社稷，有大社、大稷，即《周禮》王爲群姓立之大社也，又有官社，而未立官稷。王莽立之，亦猶古王社矣。但古者大社、王社皆以句龍配，而莽又以夏禹配之，安矣。"（《吉禮四十三》"社稷"）

嘉 **夏，郡國立學校。**（漢書·平帝紀）

【儀制】《平帝紀》記曰："郡國曰學，縣、道、邑、侯國曰校。校、學置經師一人。鄉曰庠，聚曰序。序、庠置《孝經》師一人。"

【因革】《南齊志·禮上》永泰元年（498）曹思文表曰："昔漢成立學，爰洎元始，百餘年中，未嘗暫廢。”

元始四年(4)

[古] 正月，郊祀高祖以配天，宗祀孝文以配上帝。（漢書·平帝紀、王莽傳上）

[嘉] 二月丁未（初七），迎王氏於安漢公第，立爲皇后；夏，皇后見於高廟。（漢書·平帝紀、外戚傳下，通典·嘉禮三、嘉禮四）

【儀制】《外戚傳下》詳載其經過曰：“遣大司徒［馬］宮、大司空［甄］豐、左將軍［孫］建、右將軍甄邯、光禄大夫［劉］歆奉乘輿法駕，迎皇后於安漢公第。宮、豐、歆授皇后璽綬，登車稱警蹕，便時上林延壽門，入未央宫前殿。群臣就位行禮，大赦天下。……皇后立三月，以禮見高廟。”

【考釋】①《漢書·王莽傳上》記此事在四月丁未。②《通典·嘉禮四》繫此條在“舅姑俱殁婦廟見”節下。

[嘉] 夏，有司請加安漢公爲宰衡，位上公，封王莽子王安爲褒新侯，王臨爲賞都侯，太后臨前殿，親封拜。（漢書·平帝紀、王莽傳上）

【儀制】《王莽傳》記曰：“安漢公拜前，二子拜後，如周公故事。”

[古] 夏，王莽（安漢公）奏起明堂、辟雍、靈臺。（漢書·平帝紀、王莽傳上）

【儀制】《王莽傳》記曰：“莽奏起明堂、辟雍、靈臺，爲學者築舍萬區，作市、常滿倉，制度甚盛。立《樂經》，益博士員，經各五人。”

又《隋書·宇文愷列傳》録宇文愷論及此年之制曰：“八月，起明堂、璧雍長安城南門，制度如儀。一殿，垣四面，門八觀，水外周，堤壤高四尺，和會築作三旬。”《北史·宇文貴列傳》略同。

【考釋】①《平帝紀》顔注引應劭曰：“明堂所以正四時，出教化。明堂上圜下方，八窗四達，布政之宫，在國之陽。上八窗法八風，四達法四時，九室法九州，十二重法十二月，三十六户法三十六旬，七十二牖法七十二候。《孝經》曰：‘宗祀文王於明堂，以配上帝。’上帝謂五時帝太昊之屬。黄帝曰合宫，有虞曰總章，殷曰陽館,周曰明堂。辟廱者,象璧圜,雍之以水,象教化流行。"② 據《舊唐書·禮儀二》貞觀十七年(643)顏師古議,可知當時"孔牢等乃以爲明堂、辟雍、太學,其實一也,而有三名;金褒等又稱經傳無文,不能分別同異"。

【論評】邢義田認爲:"王莽在許多方面都是富於理想和呆氣十足的書生。也正因爲如此,他才能贏得當時勢力日漸龐大、理想性又高的儒生士大夫集團的支持。""其中關係儒生切身利害、最能贏得他們衷心擁戴的殆爲擴大太學規模和廣徵天下通經異能之士。"(《母權·外戚·儒生》,《天下一家》,第 171—173 頁)

吉 **尊宣帝廟爲中宗,元帝廟爲高宗,天子世世獻祭。**(漢書·平帝紀)

吉 **王莽**(大司馬)**與平晏**(大司徒)**等一百四十七人議,奏請毀宣帝皇考廟、奉明園,罷文太后南陵、昭太后雲陵爲縣,奏可。**(漢書·韋賢傳)

【因革】宣帝皇考廟,立於宣帝元康元年(前 65)。

【考釋】《韋賢傳》記此事在"元始中"。

吉 **下詔祀百官卿士有益於民者。蜀郡爲文翁,九江、南陽爲召信臣立祠。**(漢書·循吏傳)

元始五年(5)

吉 **正月辛未**(初六)**,郊天,以高祖配。**(漢書·平帝紀、王莽傳上)

吉 **正月丁亥**(二十二)**,祫祀明堂,以孝文帝配上帝。**(漢書·平帝紀、王莽傳上,南齊志·禮上"永明二年"錄陸澄議,隋書·宇文愷列傳錄《明堂議表》)

【儀制】①《平帝紀》、《王莽傳上》均記曰:"諸侯王二十八人、列侯百二十人、宗室子九百餘人徵助祭。"②《隋書》錄宇文愷論及此年之儀曰:"先賢、百辟、卿士有益者,於是秩而祭之。親扶三老五更,袒而割牲,跪而進之。因班時令,宣恩澤。諸侯王、宗室、四夷君長、匈奴、西國侍子,悉奉貢助祭。"《北史·宇文貴列傳》同。

【考釋】顏注引應劭曰："禮五年而再殷祭,壹禘壹祫。祫祭者,毀廟與未毀廟之主皆合食於太祖。"

【因革】《後漢書·張純列傳》録張氏建武二十六年(50)奏曰："元始五年,諸王公列侯廟會始爲禘祭。"《續漢志·祭祀下》録張純之奏亦曰："元始五年,始行禘禮。"按此二處所云禘祭,與《漢書》所云祫祭,劉昭注補稱"蓋禘、祫俱是大祭,名可通也"。

【論評】秦蕙田《五禮通考》論曰："祫者,宗廟之大祭;明堂,乃饗帝之所。天神、人鬼之祀,截然不可紊也。漢平乃混而一之,其斯爲末世之制乎!"(卷二十五《吉禮二十五》"明堂")又曰："西漢禘、祫之制不見正史。《韋玄成傳》稱'五年殷祭,間歲而祫',其所稱引皆出《春秋傳》。……至後漢張純言漢舊制三年一祫,毀廟主合食高廟,存廟主未嘗合祭,是當時祫祭并與《公羊傳》大祫之旨不同矣;又稱元始五年始爲禘祭,是前此但有祫也。禘、祫之禮,終西漢未有定制。"(《吉禮九十》"宗廟時享")

〔嘉〕 **正月,徵天下通知逸經、古記、天文、曆算、鍾律、小學、《史篇》、方術、本草及以五經、《論語》、《孝經》、《爾雅》教授者,遣詣京城。至者前後千數。**(漢書·平帝紀、王莽傳上)

【因革】錢穆述曰："漢帝重儒者,則古昔,皆自孝元始。莽政亦承孝元遺風。"又曰："莽建設之魄力,制度之盛如此,毋怪漢廷儒生誠心擁戴矣。"(《兩漢經學今古文平議》,第101、102頁)

〔吉〕 **王莽奏言復立京城南北郊,並改定儀注,以天地合祀,祖妣相配,奏可。**(漢志·郊祀下,通典·吉禮一、吉禮四)

【儀制】《漢志》謂"莽又頗改其祭禮",定儀注曰："祭天南郊,則以墬配,一體之誼也。天墬位皆南鄉,同席,墬在東,共牢而食。高帝、高后配於壇上,西鄉,后在北,亦同席共牢。牲用繭栗,玄酒陶匏,……宜有黍稷。天地用牲一,燔燎瘞薶用牲一,高帝、高后用牲一。天用牲左,及黍稷燔燎南郊;墬用牲右,及黍稷瘞於北郊。其旦,東鄉再拜朝日;其夕,西鄉再拜夕月。"又《續漢志·祭祀上》劉昭注補引《黃圖》載元始儀曰："常以歲之孟春正月上辛若丁,親郊祭天南郊,以地配,望秩山川,偏于群神。天地位皆南鄉同席,地差在東,共牢而食。太祖高皇帝、高后配于壇上,西鄉,后在北,亦同席,共牢而食。日冬至,使有司奉祭天神于南郊,高皇帝配而望群陽。夏至,使有司奉祭地祇于北郊,高皇后配而望群陰。天地用牲二,燔燎瘞埋用牲一,先祖先妣用牲一。天以牲左,地以牲右,皆用黍稷及樂。"可見《漢志》僅略述之。

【因革】①《漢志》記曰:"三十餘年間,天地之祠五徙焉。"此指自成帝即位後,建始元年(前32)遷自甘泉、汾陰遷長安南北郊,永始元年(前16)遷回,綏和二年(前7)復長安,建平三年(前4)遷回,此年再復長安。②《宋志·禮三》述曰:"漢氏以太祖兼配天地,則未以后配地也。王莽作相,引《周禮》享先妣爲配北郊。夏至祭后土,以高后配,自此始也。"

又秦蕙田《五禮通考》論曰:"此西漢三復南北郊,然改爲合祭以妣配墬。魏晉以下皆率行之,不知其皆莽禮也。"(《吉禮六》"圜丘祀天")楊志剛亦指出:"王莽修定了一套郊壇建置制度和郊祭制度,新朝雖短命,然而這套制度却爲東漢劉秀所繼承。"(《中國禮儀制度研究》,第273頁)

【考釋】關於此事時間,錢穆以去年四月孔光去世,"而議復南北郊至議地祇稱號,光皆預焉。其間凡歷幾時,固不可知;或尚在前年,而《志》誤以爲五年歟。"(《兩漢經學今古文平議》,第100頁)其實,王莽之議或在此前,然獲準則恐正在此年。

【論評】① 宋徐天麟指出:"迄于元始,而王莽復奏宜如建始時復南北郊祀,而莽又頗改其祭禮,謂《周禮》祀天地之樂有別有合,故以正月上辛若丁,天子親合祀天地于南郊,而以冬夏日至使有司別祀天地于南北郊。平帝雖可其奏,而不及躬行其禮。"(《東漢會要》卷三)② 秦蕙田《五禮通考》亦論之曰:"莽雖復南北郊,僅於冬夏至使有司行事,而天子則以孟春親合祀天墬于南郊,是南北郊制雖似合古,而祭祀之禮失矣。"(《吉禮六》"圜丘祀天")

清王先謙《集解》引黃山評西漢郊禮曰:"成帝用匡衡之議,定長安南北郊,郊禮始正。乃成帝定而旋改,哀帝復而又廢。平帝元始五年,莽請復如衡議復南北郊,乃議以孟春親郊天地,高帝、高后並配;冬夏二至遣有司分郊天地,高帝、高后分配。古郊禮后夫人不侍祠,安有先后配郊之禮? 二至帝不親往,何名爲郊? 附會古文,遂成奇謬,然終平帝之世固未實行也。……是年十二月帝崩,則定壇場,具郊儀必已在莽居攝之後。"

吉 **王莽奏言京城旁宜立五帝郊兆,並祠六宗,又定北郊尊稱皇地后祇,兆曰廣畤,依行。**(漢志·郊祀下,通典·吉禮一)

【儀制】《漢志》記王莽奏所定:"分群神以類相從爲五部,兆天墜之別神:中央帝黃靈后土畤及日廟、北辰、北斗、填星、中宿中宮於長安城之未墜;兆東方帝太昊青靈勾芒畤及雷公、風伯廟、歲星、東宿東宮於東郊;兆南方炎帝赤靈祝融畤及熒惑星、南宿南宮於南郊;兆西方帝少皞白靈蓐收畤及太白星、西宿西宮於西郊;兆北方帝顓頊黑靈玄冥畤及月廟、雨師廟、辰星、北宿北宮於北郊。"

【考釋】關於六宗,王莽奏曰:"《書》曰'類於上帝,禋于六宗',歐陽、大小夏侯三家説六宗,皆曰上不及天,下不及墜,旁不及四方,在六者之間,助陰陽變化,實一而名六,名實不相應。……謹案《周官》'兆五帝於四郊',山川各因其方,今五帝兆居在雍五畤,不合於古。又日月雷風山澤,《易》卦六子之尊氣,所謂六宗也。星辰水火溝瀆,皆六宗之屬也。今或未特祀,或無兆居。"據此可知王氏所謂六宗涵括日月雷風山澤等,此時與祀五帝者相併。

【因革】《通典·吉禮三》記曰:"漢興,於甘泉汾陰立壇,禋六宗。"可見六宗之祀漢初合於后土。

【論評】①《漢志》述曰:"於是長安旁諸廟兆畤甚盛矣。"② 秦蕙田《五禮通考》論曰:"[莽]立泰一兆曰泰畤,后祇曰廣畤,則是仍不廢舊畤,但移之于國都耳。"

(《吉禮六》"圜丘祀天")

制 **五月庚寅**(二十七),**太皇太后下詔倡制禮作樂,加王莽九錫之禮。**(漢書·王莽傳上)

【理據】《王莽傳》記曰:"《詩》之靈臺,《書》之作雒,鎬京之制,商邑之度,於今復興。昭章先帝之元功,明著祖宗之令德,推顯嚴父配天之義,修立郊禘宗祀之禮，以光大孝。……麟鳳龜龍，衆祥之瑞，七百有餘。遂制禮作樂，有綏靖宗廟社稷之大勳。普天之下，惟公是賴，官在宰衡，位爲上公。今加九命之錫，其以助祭，共文武之職，乃遂及厥祖。”

【儀制】《王莽傳上》記曰：“於是莽稽首再拜，受緑韍袞冕衣裳，瑒琫瑒珌，句履，鸞路乘馬，龍旂九旒，皮弁素積，戎路乘馬，彤弓矢，盧弓矢，左建朱鉞，右建金戚，甲胄一具，秬鬯二卣，圭瓚二，九命青玉珪二，朱戶納陛。署宗官、祝官、卜官、史官，虎賁三百人，家令丞各一人，宗、祝、卜、史官皆置嗇夫，佐安漢公。在中府外第，虎賁爲門衛，當出入者傅籍。自四輔、三公有事府第，皆用傅。以楚王邸爲安漢公第，大繕治，通周衛。祖禰廟及寢皆爲朱戶納陛。”

【論評】顧頡剛評曰：“王莽是禮家出身，所以要把所有的禮制都用他自己的意思改變過，使它成爲極整齊的一大套。自從國家的宗廟、社稷、封國、車服、刑罰等制度，以及人民的養生、送死、嫁娶、奴婢、田宅、器械等品級，他没有不改定的。這確是一代的大手筆，而他也更像那位‘思兼三王以施四事’的周公了。”（《秦漢的方士與儒生》第十四章，第 61—62 頁）

吉 閏五月丁酉（初四），下詔劉歆（羲和）等四人使治明堂、辟雍。（漢書·平帝紀，資治通鑑·漢紀二十八）

【理據】《平帝紀》記曰：“令漢與文王靈臺、周公作洛同符。”

【考釋】20 世紀 50 年代於西安西郊大土門村發掘出土的大型禮制建築遺址，有學者認爲即西漢末之明堂辟雍，尚有爭議，參見張一兵《明堂制度源流考》（第 107—127 頁）。

【論評】顧頡剛論曰：“王莽奏起明堂和辟雍等，規復古代的建築，就是由劉歆主辦的。……這時候，劉歆已成爲文化事業的中心人物，他可以用了自己的理想構成一個文化的系統了。於是左氏《春秋》、古文《尚書》、逸《禮》、毛《詩》都立於學官。”（《秦漢的方士與儒生》第十七章，第 76 頁）

凶 王莽請發傅太后（元帝昭儀）、丁太后（哀帝母）冢，改葬之，太后以爲不可，王莽固爭，太后詔因故棺爲致椁作冢，祠以太牢，王莽固爭

之，奏可。（漢書·外戚傳下）

【理據】《漢書》錄王莽言曰："共王母、丁姬前不臣妾，至葬渭陵，冢高與元帝山齊，懷帝太后、皇太太后璽綬以葬，不應禮。"

【儀制】《漢書》錄王莽復奏曰："前共王母生，僭居桂宮，皇天震怒，災其正殿；丁姬死，葬踰制度，今火焚其椁。……共王母及丁姬棺皆名梓宮，珠玉之衣非藩妾服，請更以木棺代，去珠玉衣，葬丁姬媵妾之次。"

【考釋】《漢書》記其後施行曰："謁者護既發傅太后冢，崩壓殺數百人；開丁姬椁戶，火出炎四五丈，吏卒以水沃滅乃得入，燒燔椁中器物。"又："既開傅太后棺，臭聞數里。公卿在位皆阿莽指，入錢帛，遣子弟及諸生四夷，凡十餘萬人，操持作具，助將作掘平共王母、丁姬故冢，二旬間皆平。"

［吉］七月己亥（初七），**高皇帝原廟殿門災盡。**（漢志·五行上）

【理據】《漢志》記曰："是時平帝幼，成帝母王太后臨朝，委任王莽，將篡絕漢，墮高祖宗廟，故天象見也。"

［吉］十二月，帝疾，王莽作策，請命於泰時，戴璧秉圭，願以身代。（漢書·王莽傳上）

［凶］［嘉］十二月丙午，帝去世於未央宮，有司議以禮數加元服，奏可；後葬於康陵。（漢書·平帝紀）

【理據】《平帝紀》錄有司奏曰："禮，臣不殤君。皇帝年十有四歲，宜以禮斂，加元服。"

【考釋】① 此年十二月辛酉朔，無丙午日。② 帝即位時年 9 歲，至今 14 歲。帝爲王莽所鴆。

［凶］帝去世，王莽徵宗伯鳳等，定天下吏六百石以上皆服喪三年。（漢書·王莽傳上，宋志·禮二，通典·凶禮二）

【論評】錢穆論之曰："莽之不顧輿情，信古敢爲率如此。其得人尊信在此，其召亂致敗亦在此。"（《兩漢經學今古文平議》，第 111 頁）

［吉］群臣奏請王莽居攝踐祚，服天子韍冕，背斧依於戶牖之間，南面

朝群臣，聽政事，車服出入警蹕，民臣稱臣妾，皆如天子之制。

太后詔可。（漢書·王莽傳上）

【儀制】《王莽傳》録群臣奏又言：“郊祀天地，宗祀明堂，共祀宗廟，享祭群神，贊曰‘假皇帝’，民臣謂之‘攝皇帝’，自稱曰‘予’。平決朝事，常以皇帝之詔稱‘制’。”

樂 徵通知鍾律者百餘人，令劉歆（羲和）等典領條奏，造銅律。（漢志·律曆，通典·樂三注）

【因革】《通典》記元帝時，“郎中京房知五音六十律之數，上使韋玄成等試問房於樂府”，此所造，“其所制與房不殊”。

【考釋】《漢志》記此事在“元始中”。

王莽建新

居攝元年(6)

吉 正月，王莽祀上帝於南郊，迎春於東郊。（漢書·王莽傳上）

嘉 正月，王莽行大射禮於明堂，養三老五更。（漢書·王莽傳上）

【理據】張一兵《明堂制度源流考》指出：“這樣在明堂裏舉行的既非‘祭天配祖’的明堂禮，亦非祇祭祖宗的宗廟禮，而成了按照周禮祇能在太學、辟雍裏舉行的養老禮和大射禮，明堂的性質和功能已被改得面目全非。”進而推論王莽的目的是“利用新編的明堂禮在君權神授的層面上完成了自己篡位的合法化過程”。（第三章，第110、111頁）

嘉 三月己丑（初一），立劉嬰（宣帝玄孫）爲皇太子，號曰孺子。（漢書·王莽傳上）

賓 五月甲辰（十七），太后詔王莽朝見，稱“假皇帝”。（漢書·王莽傳上）

居攝二年(7)

吉　九月，王莽晝夜抱劉嬰告禱郊廟，會群臣；十月甲子(十五)，依《周書》作《大誥》，遣桓譚(大夫)等班行諭告當反政。（漢書·王莽傳上，資治通鑑·漢紀二十八）

【考釋】《漢書·翟方進傳》則記曰："火見未央宮前殿，莽晝夜抱孺子禱宗廟。"

居攝三年(8，十一月改元初始)

凶　九月，王莽母功顯君去世，令太后下詔議其服，劉歆(少阿、羲和)與博士諸儒七十八人皆曰攝皇帝當總縗。（漢書·王莽傳上，宋志·禮二）

【理據】《王莽傳》錄劉歆等曰："明攝皇帝與尊者爲體，承宗廟之祭，奉共養太皇太后，不得服其私親也。《周禮》曰'王爲諸侯總縗'，'弁而加環絰'，同姓則麻，異姓則葛。攝皇帝當爲功顯君總縗，弁而加麻環絰，如天子弔諸侯服。"

【儀制】《宋志》記曰："及莽母死，但服天子弔諸侯之服，一弔再會而已。而令子新都侯宇服喪三年。"

樂　九月，王莽下書言正月郊祀，當奏八音。（漢書·王莽傳上）

吉　哀章(梓潼人)作金匱上獻。十一月戊辰(二十五)，王莽至高廟拜受金匱神嬗，下書即真天子位。（漢書·王莽傳上）

【考釋】《王莽傳》記高廟金匱之來源，乃哀章"見莽居攝，即作銅匱，爲兩檢，署其一曰'天帝行璽金匱圖'，其一署曰'赤帝行璽某傳予黃帝金策書'。某者，高皇帝名也。書言王莽爲真天子，皇太后如天命"，又"即日昏時，衣黃衣，持匱至高廟，以付僕射"。

【儀制】《王莽傳》記曰："[莽]御王冠，謁太后，還坐未央宮前殿，下書：……即真天子位,定有天下之號曰新。其改正朔,易服色,變犧牲,殊徽幟,異器制。以十二月朔癸酉爲建國元年正月之朔,以雞鳴爲時。服色配德上黄,犧牲應正用白,使節之旄幡皆純黄,其署曰'新使五威節',以承皇天上帝威命也。"

始建國元年(9)

吉 **正月朔,王莽帥公侯卿士奉皇太后璽韍,上太皇太后,去漢號。**

(漢書·王莽傳中)

【考釋】王莽建新改用丑正,此所謂正月,實即十二月。

嘉 **王莽妻王氏立爲皇后。**(漢書·王莽傳中)

吉 **策命劉嬰(孺子)爲定安公,立漢祖宗之廟於其國,行其正朔、服色。**(漢書·王莽傳中)

【論評】顧頡剛評曰:"從此以後,中國的歷史上,凡是換朝代而出於同民族的,便没有不依照這個成例,行禪讓的典禮的。……王莽固然不久失敗,但這'心法'是長期傳下去了。"(《秦漢的方士與儒生》第十四章,第 65 頁)

嘉 **封王氏齊縗之屬爲侯,大功爲伯,小功爲子,緦麻爲男,其女皆爲任。**(漢書·王莽傳中)

吉 **下令追蹤其後,奉祀黄帝、少昊、顓頊、嚳、堯、舜、夏禹、皋陶、伊尹,又周、殷、夏及周公、孔子亦奉祀。**(漢書·王莽傳中)

吉 **下令立祖廟五,親廟四,后夫人皆配食。**(漢書·王莽傳中)

吉 **下令郊祀黄帝以配天,黄后以配地,歲時以祀。**(漢書·王莽傳中)

吉 **下令分治黄帝、虞帝、胡王、敬王、愍王、伯王、孺王園,使者四時致祠。**(漢書·王莽傳中)

【因革】《王莽傳》記曰:"其廟當作者,以天下初定,且祫祭於明堂太廟。"

吉 以漢高廟爲文祖廟。立漢七廟於安定國。其園寢陵在京城者，勿罷，祠薦如故。（漢書·王莽傳中）

制 秋，遣王奇（五威將）等十二人班《符命》四十二篇於天下。（漢書·王莽傳中）

【考釋】《王莽傳》記曰："德祥五事，符命二十五，福應十二，凡四十二篇。其德祥言文、宣之世黃龍見於成紀、新都，高祖考王伯墓門梓柱生枝葉之屬。符命言井石、金匱之屬。福應言雌雞化爲雄之屬。"

【因革】王夫之《讀通鑑論》（卷五）揭獘之曰："當僞之初起也，匡衡、貢禹不度德，不相時，舍本逐末，與明堂辟雍，倣《周官》飾學校於衰涒之世；孔光繼起爲僞之魁，而劉歆諸人鼓吹以播其淫聲。而且經術之變，溢爲五行災祥之說；陽九百六之數，易姓受命之符，甘忠可雖死而言傳，天下翕然信天命而廢人事，乃至走傳王母之籌而禁不能止。故莽可以白稚、黃龍、哀章銅匱惑天下，而愚民畏天以媚莽。則劉向實爲之俑，而京房、李尋益導之以浸灌人心，使疾化於妖也。"

【論評】邢義田指出："王莽能吸引多數士人支持，終致篡漢，另外一個有利的因素是昭、宣以後流行的禪讓傳賢以及漢家氣數已盡的說法。……劉歆雖無意於王莽居攝稱帝，然而迫於形勢，也不得不出任新朝的'國師公'，繼續爲一場儒家理想的大實驗服務。"（《母權·外戚·儒生》，《天下一家》，第174—175頁）

始建國二年（10）

制 王莽於長安及五都立五均司市、錢府官；以《周官》稅民。（漢志·食貨）

【理據】《漢志》記曰："莽性躁擾，不能無爲，每有所興造，必欲依古得經文。國師公劉歆言周有泉府之官，收不讐，與欲得，即《易》所謂'理財正辭，禁民爲非'者也。"又録其詔曰："夫《周禮》有賒貸，《樂語》有五均，傳記各有幹焉。"

吉 十一月，孫建（立國將軍）上奏以漢高祖享食明堂，漢氏諸廟在京者皆

罷，王莽可之。（漢書・王莽傳中）

【理據】《王莽傳》録孫建奏曰："今狂狡之虜或妄自稱亡漢將軍，或稱成帝子子輿，至犯夷滅，連未止者，此聖恩不蚤絶其萌牙故也。臣愚以爲漢高皇帝爲新室賓，享食明堂。成帝，異姓之兄弟，平帝，婿也，皆不宜復入其廟。元帝與皇太后爲體，聖恩所隆，禮亦宜之。臣請漢氏諸廟在京師者皆罷。"

吉 興神仙事，采蘇樂（方士）言，起八風臺於宮中，作樂其上，順風作液湯。（漢志・郊祀下）

始建國三年(11)

制 王莽因律令儀法未悉定，仍因漢律令儀法以從事。（漢書・王莽傳中）

嘉 置師友祭酒，及侍中、諫議、六經祭酒各一人，凡九祭酒，秩上卿。（漢書・王莽傳中）

嘉 凶 王莽遣使者奉璽書、印綬、安車駟馬迎龔勝，拜爲師友祭酒，龔氏不受，絶食十四日而死。（漢書・兩龔傳）

【儀制】《兩龔傳》記曰："使者與郡太守、縣長吏、三老官屬、行義諸生千人以上入勝里致詔。使者欲令勝起迎，久立門外。勝稱病篤，爲牀室中户西南牖下，東首加朝服扗紳。使者入户，西行南面立，致詔付璽書，遷延再拜奉印綬，内安車駟馬，……使者要説，至以印綬就加勝身，勝輒推不受。"此後，"使者五日壹與太守俱問起居"，"勝自知不見聽，即謂[門人高]暉等：'吾受漢家厚恩，亡以報，今年老矣，且暮入地，誼豈以一身事二姓，下見故主哉？'"

《兩龔傳》又記曰："勝因敕以棺斂喪事：'衣周於身，棺周於衣。勿隨俗動吾冢，種柏，作祠堂。'語畢，遂不復開口飲食，積十四日死，死時七十九矣。使者、太守臨斂，賜複衾祭祠如法。門人衰絰治喪者百數。"

始建國四年(12)

吉 王莽至明堂，授諸侯茅土。（漢書·王莽傳中）

吉 王莽專念稽古，下書擬東巡狩，遍祭群神。（漢書·王莽傳中）

【理據】《王莽傳》録其書以效法虞舜："伏念予之皇始祖考虞帝，受終文祖，在璿璣
玉衡以齊七政，遂類于上帝，禋于六宗，望秩于山川，遍于群神，巡狩五嶽，群后四
朝，敷奏以言，明試以功。……其以此年二月建寅之節東巡狩，具禮儀調度。"

始建國五年(13)

凶 二月癸丑(初四)，文母皇太后(漢平帝皇后)去世；三月乙酉(初七)，葬於
渭陵，立廟於長安。王莽服喪三年。（漢書·王莽傳中、元后傳）

【儀制】《王莽傳》記曰："葬渭陵，與元帝合而溝絶之。立廟於長安，新室世世獻
祭。元帝配食，坐於牀下。"

又《元后傳》記此前，"及莽改號太后爲新室文母，絶之於漢，不令得體元帝。墮
壞孝元廟，更爲文母太后起廟，獨置孝元廟故殿以爲文母篹食堂，既成，名曰長
壽宮。以太后在，故未謂之廟"。

凶 元后去世，王莽服喪三年。（漢書·王莽傳中，宋志·禮二）

【論評】《宋志》較之於此前漢平帝去世及王莽之母去世，王莽之服期，故曰"事
皆姦妄，天下疾之"，《通典·凶禮二》自注亦曰"顛倒姦謬若此"。

天鳳元年(14)

吉 二月，擬遷都洛陽，遣平晏(太傅)、王邑(大司空)赴洛陽，營相宅兆，

圖起宗廟、社稷、郊兆。（漢書·王莽傳中）

制 以《周官》、《王制》之文，置百官。（漢書·王莽傳中）

【論評】錢穆論曰："此亦莽拘古紛更之一端。"（《兩漢經學今古文平議》，第 150 頁）

嘉 下令天下小學，戊子代甲子爲六旬首，冠以戊子爲元日，婚以戊寅之旬爲忌日。百姓多不從。（漢書·王莽傳中）

天鳳二年(15)

嘉 二月，置酒王路堂，公卿大夫皆佐酒。（漢書·王莽傳中）

制 王莽銳思於地理，制禮作樂，講合六經之説。（漢書·王莽傳中）

【理據】《王莽傳》稱"莽意以爲制定則天下自平"。

【論評】《王莽傳》揭其弊曰："公卿旦入暮出，議論連年不決，不暇省獄訟冤結民之急務。縣宰缺者，數年守兼，一切貪殘日甚。中郎將、繡衣執法在郡國者，並乘權勢，傳相舉奏。又十一公士分布勸農桑，班時令，案諸章，冠蓋相望，交錯道路，召會吏民，逮捕證左，郡縣賦斂，遞相賕賂，白黑紛然，守闕告訴者多。"

又王夫之《讀通鑑論》（卷五）論曰："君子之道以經世者，唯小人之不可竊者而已；即不必允協於先王之常道而可以經世，亦唯小人之所不可竊者而已。……《七月》之詩，勸農之事也，而王莽竊之，命大司農部丞十三人、人部一州，以勸農桑，似矣。養生、送死、嫁娶、宮室、器服之有制，禮之等也，而王莽竊之，定制度吏民之品，似矣。……則以此思之，君子經世之大猷不在此，明矣。"

天鳳三年(16)

制 王莽始建吏禄制度，四輔公卿大夫士，下至輿僚，凡十五等。（漢書·王莽傳中）

【論評】《王莽傳》記曰："莽之制度煩碎如此，課計不可理，吏終不得祿，各因官職爲姦，受取賕賂以自共給。"

天鳳四年(17)

吉 六月，授諸侯茅土於明堂。（漢書‧王莽傳下）

【理據】《王莽傳》録王莽之言曰："予制作地理，建封五等，考之經藝，合之傳記，通於義理，論之思之，至於再三，自始建國之元以來九年于兹，乃今定矣。予親設文石之平，陳菁茅四色之土，欽告于岱宗泰社后土、先祖先妣，以班授之。"

【論評】《王莽傳》斥之曰："莽好空言，慕古法，多封爵人，性實遴嗇，託以地理未定，故且先賦茅土，用慰喜封者。"

吉 八月，王莽親之南郊，鑄作威斗。（漢書‧王莽傳下）

【考釋】《王莽傳》記曰："威斗者，以五石銅爲之，若北斗，長二尺五寸，欲以厭勝衆兵。"

天鳳五年(18)

制 因皇孫王宗(功崇公)自畫容貌，被服天子衣冠，發覺自殺，王莽下詔更易新冠。（漢書‧王莽傳下）

【論評】《王莽傳》斥曰"其好怪如此"，顏注："言莽性好爲鬼神怪異之事。"

天鳳六年(19)

制 春，令太史推三萬六千歲曆紀，六歲一改元，佈天下。（漢書‧王莽傳下）

【理據】《王莽傳》記此舉之緣由爲"莽見盜賊多，……欲以誑燿百姓，銷解盜賊。

眾皆笑之"。

樂 **春，初獻新樂於明堂、太廟。群臣始冠麟韋之弁。**（漢書·王莽傳下）

【論評】①《王莽傳》録或聞其聲者曰："清厲而哀，非興國之聲也。"② 秦蕙田《五禮通考》斥之曰："其居攝元年祀帝南郊，迎春東郊，始建國元年郊祀黄帝以配天，黄后配地，又宗祀虞舜于明堂，六年獻所樂於明堂。莽之僭亂好爲粉飾如此，人而不仁如禮樂何！"（《吉禮六》"圜丘祀天"）

地皇元年(20)

制 **正月，下書令趨走喧譁犯法者論斬，百姓震懼，道路以目。**（漢書·王莽傳下）

吉 **九月，營宗廟於長安城南，明堂之西。**（漢書·王莽傳下）

【儀制】《王莽傳》記曰："壞徹城西苑中建章、承光、包陽、大臺、儲元宫及平樂、當路、陽禄館，凡十餘所，取其材瓦，以起九廟。一曰黄帝太初祖廟，二曰帝虞始祖昭廟，三曰陳胡王統祖穆廟，四曰齊敬王世祖昭廟，五曰濟北愍王王祖穆廟，凡五廟不墮云；六曰濟南伯王尊禰昭廟，七曰元城孺王尊禰穆廟，八曰陽平頃王戚禰昭廟，九曰新都顯王戚禰穆廟。殿皆重屋。太初祖廟東西南北各四十丈，高十七丈，餘廟半之。爲銅薄櫨，飾以金銀琱文，窮極百工之巧。"按《通典·吉禮六》自注采入。

【考釋】黄展嶽推測 1960 年出土清理完的長安城南郊 12 號建築遺址即王莽九廟（《關於王莽九廟的問題》，《考古》1989 年第 3 期）。

地皇二年(21)

凶 **正月，王莽妻去世，葬渭陵長壽園西，令侍文母。**（漢書·王莽傳下）

吉 **正月，王莽壞漢武帝、昭帝廟，分葬子孫其中。**（漢書·王莽傳下）

凶　秋，盜賊瓜田儀降，未出而死，王莽求其尸葬之，爲起冢、祠室，謚曰瓜寧殤男。（漢書・王莽傳下）

【理據】《王莽傳》記曰："幾以招來其餘，然無肯降者。"顏注："幾，讀曰冀。"

【考釋】《資治通鑑・漢紀三十》胡注："此殤，非未成人之殤，強死者也。《楚辭》所謂國殤者。"

凶　閏八月丙辰（二十七），令天下大服及自喪親私服者，均釋服。（漢書・王莽傳下）

吉　王莽惡漢高廟神靈，遣虎賁武士入其中，毀其牆屋戶牖，令輕車校尉居其中。（漢書・王莽傳下）

制　王莽造華蓋九重，出令在前，呼曰登僊。（漢書・王莽傳下）

【儀制】《王莽傳》記曰："莽乃造華蓋九重，高八丈一尺，金瑵羽葆，載以祕機四輪車，駕六馬，力士三百人黃衣幘，車上人擊鼓，輓者皆呼'登僊'。莽出，令在前。百官竊言'此似輀車，非僊物也。'"

地皇三年(22)

吉　正月，九廟構成，納神主。王莽謁見。（漢書・王莽傳下）

【儀制】《王莽傳》記曰："大駕乘六馬，以五采毛爲龍文衣，著角，長三尺。華蓋車，元戎十乘在前。"

更始元年(23)

嘉　三月，進所徵天下淑女，立史氏爲皇后。（漢書・王莽傳下，通典・嘉禮三注）

【儀制】《王莽傳》記曰："聘黃金三萬斤，車馬奴婢雜帛珍寶以巨萬計。莽親迎於前殿兩階間，成同牢之禮于上西堂。備和嬪、美御、和人三，位視公；嬪人九，視卿；美人二十七，視大夫；御人八十一，視元士：凡百二十人，皆佩印韍，執弓鞬。"顏注："〔帶以弓鞬，〕求男子之祥也，故莽依放之焉。"

【考釋】《王莽傳》記此月辛巳(初一)，"平林、新市、下江兵將王常、朱鮪等共立聖公爲帝，改年爲更始元年，拜置百官。莽聞之愈恐"，此舉乃其應對之策。

樂 王莽日與涿郡昭君等於後宮考驗方術，縱淫樂。(漢書·王莽傳下)

吉 淫祠自天地六宗以下至諸小鬼神，凡千七百所，用三牲鳥獸三千餘種。(漢志·郊祀下)

【考釋】《通典·吉禮十四》記此事在"平帝末年"，誤。

嘉 六月，王莽會公卿以下於王路堂，開所爲漢平帝請命金縢之册，泣以視群臣，命張邯(明學男)稱説其德及符命事。(漢書·王莽傳下)

【考釋】《王莽傳》記此事之起，乃因王莽聞漢兵言其鴆殺漢平帝。

嘉 秋，王莽率群臣至南郊，陳其符命本末，仰天大哭，伏而叩頭，作告天策，自陳功勞千餘言。(漢書·王莽傳下)

【理據】《王莽傳》記此事之起，乃因漢兵迫近，"莽愈憂，不知所出。崔發言：'《周禮》及《春秋左氏》，國有大災，則哭以厭之。故《易》稱"先號咷而後笑"。宜呼嗟告天以求救'"。

吉 凶 八月，更始軍發掘王莽妻子父祖冢，燒其棺椁及九廟、明堂辟雍；九月庚戌(初三)，王莽被殺。(漢書·王莽傳下，後漢書·光武帝紀上)

吉 陳咸悉令三子(陳參、陳豐、陳欽)解官歸鄉里，用漢家祖臘。(後漢書·陳寵列傳)

【儀制】李賢注："臘者，歲終祭衆神之名。臘，接也，新故交接，故大祭以報功也。漢火行，衰於戌，故臘用戌日也。"

【考釋】《陳寵列傳》記陳咸在成帝、哀帝時曾以明律令爲尚書，"平帝時，王莽輔政，多改漢制，咸心非之"。

嘉 九月，更始(劉玄)至洛陽，劉秀(武信侯)置僚屬司隸東迎之，依舊漢官

威儀。（後漢書·光武帝紀上）

【儀制】《後漢書》記其實更始所帶"諸將過，皆冠幘，而服婦人衣，諸于繡䘓，莫不笑之，或有畏而走者"，而見劉秀所帶三輔吏士，"皆歡喜不自勝，老吏或垂涕曰：'不圖今日復見漢官威儀！'由是識者皆屬心焉"。

更始二年（24）

古　二月，更始（劉玄）都長安。歲餘政教不行。（漢書·王莽傳下）

【考釋】據《王莽傳》，王莽於去年十月被殺。又明年夏，更始帝爲赤眉所殺，長安"宗廟園陵皆發掘，唯霸陵、杜陵完"。

卷三

東漢至西晉：禮制成型期
(25—316)

一、東漢之部

25 年，劉秀重建漢政權，定都洛陽(今河南洛陽)。以與其前的西漢相區別，史稱東漢。220 年爲曹魏所代。共歷十三帝(光武帝、明帝、章帝、和帝、殤帝、安帝、順帝、沖帝、質帝、桓帝、靈帝、少帝、獻帝)，一百九十六年。

光武帝(世祖，劉秀，高祖八世孫，景帝六世孫)

建武元年(25)

凶 四月，帝過范陽，命收葬吏士。(後漢書·光武帝紀上)

吉 六月，命有司營祭壇於鄗南，己未(二十二)，即位，祭告天地，改元。(續漢志·祭祀上，後漢書·光武帝紀上，通典·吉禮一)

【儀制】①《光武帝紀》記曰："燔燎告天，禋于六宗，望於群神。"②《續漢志》記曰："六宗群神皆從，未以祖配。天地共犢，餘牲尚約。"③《通典·嘉禮二》記曰："光武踐祚，祀天地明堂，皆冠旒冕。"

【因革】《續漢志》記曰："采用元始中郊祭故事。"此指元始五年(5)王莽所定儀注。

秦蕙田《五禮通考》則論曰："即位燔燎告天，禋六宗，望群神，三代後始見于此。蓋是時經術大明，修復唐虞之迹也。"(《嘉禮一》"即位改元")

【考釋】《光武帝紀》李賢注曰："鄗，縣名，今趙州高邑縣也。"

吉 六月，赤眉軍立劉盆子爲帝，建元。(漢書·王莽傳下，後漢書·劉玄劉盆子列傳)

【儀制】《劉盆子列傳》記曰："遂於鄭北設壇場，祠城陽景王。諸三老、從事皆大會陛下，列盆子等三人居中立，以年次探札。盆子最幼，後探得符，諸將乃皆稱臣拜。盆子時年十五，被髮徒跣，敝衣赭汗，見衆拜，恐畏欲啼。"

160

吉 八月壬子（十六），祭社稷；癸丑（十七），祠高祖、太宗、世宗於懷宮。

（後漢書・光武帝紀上）

制 張純（虎賁中郎將）數被引見，自郊廟婚冠喪紀禮儀，多所是正。（後漢

書・張純列傳）

【論評】 王夫之《讀通鑑論》評曰："光武則可謂勿忘其能矣。天下未定，戰爭方

亟，汲汲然式古典，修禮樂，寬以居，仁以行，而緣飾學問以充其美，見龍之德，在

飛不舍，三代以下稱盛治，莫有過焉。"（卷六）

嘉 十二月臘日，赤眉軍樊崇設樂大會，群臣更相辯鬥，格殺百餘

人。（後漢書・劉玄劉盆子列傳）

【儀制】《劉盆子列傳》記曰："盆子坐正殿，中黃門持兵在後，公卿皆列坐殿上。

酒未行，其中一人出刀筆書謁欲。賀，其餘不知書者起請之，各各屯聚，更相背

向。……更相辯鬥，而兵衆遂各踰宮斬關，入掠酒肉，互相殺傷。"

建武二年（26）

吉 正月，立高廟於洛陽。遣府掾奉入十一帝神主。（續漢志・祭祀下，後漢

書・光武帝紀上，通典・吉禮六、吉禮七）

【儀制】《光武帝紀》李賢注曰："十一帝謂高祖至平帝。神主，以木爲之，方尺二

寸，穿中央，達四方。天子主長尺二寸，諸侯主長一尺，虞主用桑。練主用栗。"

又引衛宏《舊漢儀》曰："已葬，收主，爲木函，藏廟太室中西壁坎中，去地六尺一

寸，祭則立主於坎下。"

《續漢志》記廟祭之制曰："四時祫祀，高帝爲太祖，文帝爲太宗，武帝爲世宗，如

舊。餘帝四時春以正月，夏以四月，秋以七月，冬以十月及臘，一歲五祀。"

【論評】 秦蕙田《五禮通考》論曰："東漢建武享祀之制，可謂近古矣。四時祫祭

于高廟，文帝爲太宗，武帝爲世宗，此不祧之宗也。餘帝以四孟月及臘，一歲五

祀。四孟之祭與祠、礿、烝、嘗之義合，臘祭與大祫之義合，不疏不數，殆得禮之

意者。稽之周禮六祭，特少一禘耳。禘祭始祖所自出，三代以後荒遠無徵，自易從闕。至祭南頓君以上至節侯于故園廟，尤爲不易。"（《吉禮九十》"宗廟時享"）

吉 **正月，立社稷於洛陽。**（續漢志・祭祀下，後漢書・光武帝紀上，通典・吉禮四）

【儀制】①《續漢志》記曰："在宗廟之右，方壇，無屋，有牆門而已。"胡注引《禮記》曰："天子大社，必受霜露風雨，以達天地之氣也。"② 又曰："二月、八月及臘，一歲三祠，皆太牢具，使有司祠。……故句龍配食於社，棄配食於稷。"③ 又曰："郡縣置社稷，太守、令、長侍祠，牲用羊豕。唯州所治有社無稷，以其使官。"

【因革】《續漢志》劉昭注補引《古今注》曰："建武二十一年（45）二月乙酉，徙立社稷上東門內。"

【論評】秦蕙田《五禮通考》論曰："後漢社稷壇位、配神、祭祀之禮，俱合古，用康成説也。州社無稷，非是。"（《吉禮四十三》"社稷"）

吉 **正月，制郊兆於洛陽城南七里。**（續漢志・祭祀上，後漢書・光武帝紀上，通典・吉禮一）

【儀制】《續漢志》記曰："爲圓壇八陛，中又爲重壇，天地位其上，皆南鄉，西上。其外壇上爲五帝位。青帝位在甲寅之地，赤帝位在丙巳之地，黃帝位在丁未之地，白帝位在庚申之地，黑帝位在壬亥之地。其外爲壝，重營皆紫，以像紫宮；有四通道以爲門。日月在中營內南道，日在東，月在西，北斗在北道之西，皆別位，不在群神列中。八陛，陛五十八醊，合四百六十四醊。五帝陛郭，帝七十二醊，合三百六十醊。中營四門，門五十四神，合二百一十六神。外營四門，門百八神，合四百三十二神。皆背營內鄉。中營四門，門封神四，外營四門，門封神四，合三十二神。凡千五百一十四神。……背中營神，五星也，及中官宿五官神及五嶽之屬也。背外營神，二十八宿外官星，雷公、先農、風伯、雨師、四海、四瀆、名山、大川之屬也。"《宋志・禮三》概述曰："光武建武中，不立北郊，故后地之祇，常配食天壇，山川群望皆在營內，凡一千五百一十四神。"

【因革】①《續漢志》記曰："依鄗，采元始中故事。"此後東漢北郊、五郊迎氣、六宗等均"采元始中故事"，陳戍國指出："'元始中故事'所影響於東漢者實大，而東漢之祭天地與古制殊者,其源蓋出於此。"(《中國禮制史・秦漢卷》,第 322 頁)② 秦蕙田《五禮通考》論曰:"此東漢郊壇從祀之位,魏以降從祀星辰漸以繁多矣。"(《吉禮七》"圜丘祀天")③ 楊志剛指出:"這是一個合五帝在内的配享和從祀 1514 位神衹的綜合性郊壇。此一建制的基本格局爲後世長期沿用。"(《中國禮儀制度研究》,第 273 頁)

【論評】秦蕙田《五禮通考》斥之曰:"建武中興制郊兆于洛陽城南,其地得矣。乃内外壇壝門營從祀之神至一千五百一十四,何其溢也,然此猶曰'西京故事'也。而天地共席,帝后同牢,則王莽瀆亂不經之舉,當撥邪反正之初,倘稽考典章,洗除穢惡,後嗣知所遵循,詎不美歟!乃帝既不深考,而在廷諸臣亦無有引伸匡衡之議而救正之者,良由棄經信讖、因陋蹈訛,遂使陳陳沿襲,洎迄後代竟以合祭爲便,安逸豫之身,圖錮蔽執持,牢不可破。不特禮制就隳,而人主敬天之意荒矣。"(《吉禮七》"圜丘祀天")

嘉 **六月戊戌**(初七),**立郭氏**(貴人)**爲皇后,立劉彊爲皇太子。**(後漢書・光武帝紀上、皇后紀上)

【儀制】《續漢志・禮儀中》載東漢拜皇太子之儀曰:"百官會,位定,謁者引皇太子當御坐殿下,北面;司空當太子西北,東面立。讀策書畢,中常侍持皇太子璽綬東向授太子。太子再拜,三稽首。謁者贊皇太子臣某,中謁者稱制曰'可'。三公升階上殿,賀壽萬歲。因大赦天下。供賜禮畢,罷。"《通典・嘉禮十五》同。

【考釋】①《續漢志》所載爲東漢通用之儀,今姑繫此。② 劉昭注補曰:"漢立皇后,國禮之大,而志無其儀,良未可了。"其引靈帝建寧四年(171)立宋皇后儀可爲參照。

吉 **設立五祀之祭。**(續漢志・祭祀下,通典・吉禮九)

【儀制】《續漢志》記曰:"有司掌之,其禮簡於社稷云。"

【因革】①《通典》記曰:"漢立五祀。"並引《白虎通》語以證之,云"歲一徧,有司行事,禮頗輕於社稷"。② 又曰:"魏武始定天下,興復舊祀,而造祭五祀,門、户、井、竈、中霤也。"

【考釋】① 劉昭注補曰："五祀：門、户、井、竈、中霤也。"② 此事未悉年月,《通典》記在"建武初",暫繫於此。

建武三年(27)

吉 **正月辛巳**(二十三)**,立四親廟於洛陽。**(續漢志·祭祀下,後漢書·光武帝紀上,通典·吉禮六)

【考釋】所祀四親爲帝父南頓君(劉欽),祖父鉅鹿都尉(劉回),曾祖郁林太守(劉外),高祖春陵節侯(劉買)稱皇高祖考廟。

【論評】秦蕙田《五禮通考》論曰："光武中興崛起,承奉大宗,據昭穆之次,以元帝爲父,故南頓君以上四世僅奉祠園寢,未有追尊之典,與爲人後之禮合,先儒皆以爲不可及也。"(《嘉禮十五》"尊親禮")

吉 **二月己未**(初二)**,祠高廟,受傳國璽。**(後漢書·光武帝紀上)

吉 **十月壬申**(十九)**,帝至春陵,祠舊宅園廟。**(後漢書·光武帝紀上)

建武五年(29)

吉 **七月丁丑**(初四)**,帝至沛,祠高原廟。下詔修復西京園陵。**(後漢書·光武帝紀上)

吉 **十月,帝至魯,使大司空祠孔子。**(後漢書·光武帝紀上)

【因革】秦蕙田《五禮通考》指出："此遣官祀闕里之始。"(《吉禮一百二十一》"祀孔子")

嘉 **十月,起太學於洛陽。**(後漢書·光武帝紀上、儒林列傳上)

【儀制】李賢注引陸機《洛陽記》曰："太學在洛陽故開陽門外,去宫八里,講堂長十丈,廣三丈。"

又《儒林列傳上》述曰："修起太學，稽式古典，籩豆干戚之容，備之於列，服方領習矩步者，委它乎其中。"

又《後漢書·翟酺列傳》錄翟酺上言曰："光武初興，愍其荒廢，起太學博士舍、內外講堂，諸生橫卷，爲海內所集。"

【論評】《朱浮列傳》錄朱浮上書曰："夫太學者，禮義之宮，教化所由興也。陛下尊敬先聖，垂意古典，宮室未飾，干戈未休，而先建太學，建立橫舍，比日車駕親臨觀饗，將以弘時雍之化，顯勉進之功也。"

嘉 **伏湛**(大司徒)**奏行鄉飲酒禮，遂施行。** (後漢書·伏湛列傳)

【理據】《伏湛列傳》記曰："湛雖在倉卒，造次必於文德，以爲禮樂政化之首，顛沛猶不可違。"

【考釋】此事的年代，秦蕙田《五禮通考》曰："伏湛奏行鄉飲酒禮，以紀傳參校，當在建武五年，是此禮光武時已行之。"(《嘉禮四十一》"鄉飲酒禮")

建武六年(30)

吉 **四月丙子**(初八)**，帝至長安，祠高廟，上十一陵。** (後漢書·光武帝紀下)

【因革】其後建武十年(34)八月己亥(二十六)、十八年(42)、二十二年(46)又行此祭。

【儀制】《續漢志·祭祀下》記曰："建武以來，關西諸陵以轉久遠，但四時特牲祠；帝每幸長安謁諸陵，乃太牢祠。"《通典·吉禮八》、《禮十二》同。

嘉 **李忠**(丹陽太守)**興起學校，習禮容，春秋行鄉飲酒禮。** (後漢書·李忠列傳)

【理據】《李忠列傳》記曰："忠以丹陽越俗不好學，嫁娶禮儀，衰于中國，乃爲起學校，習禮容，春秋鄉飲，選用明經，郡中向慕之。"

嘉 **衛颯**(桂陽太守)**修庠序之教，設婚姻之禮，期年而邦俗從化。** (後漢書·循吏列傳)

【考釋】①《循吏列傳》記當時情形曰："郡與交州接境，頗染其俗，不知禮則。"

② 此條未知詳細年代,在建武二年(26)年之後,暫繫於此。

嘉 任延(九眞太守)**設立婚嫁之禮。**(後漢書·循吏列傳)

【儀制】《循吏列傳》記曰:"延乃移書屬縣,各使男年二十至五十,女年十五至四十,皆以年齒相配。其貧無禮娉,令長吏以下各省奉禄以賑助之。同時相娶者二千餘人。"

【考釋】①《循吏列傳》記當時情形曰:"駱越之民無嫁娶禮法,各因淫好,無適對匹,不識父子之性,夫婦之道。"② 此條未悉年代,在建武年間,暫繫於此。

建武七年(31)

凶 **正月,下詔布告天下令薄葬送終。**(後漢書·光武帝紀下)

【理據】《光武帝紀》錄帝詔曰:"世以厚葬爲德,薄終爲鄙,至于富者奢僭,貧者單財,法令不能禁,禮義不能止,倉卒乃知其咎。"李賢注:"倉卒,謂喪亂也。諸厚葬者皆被發掘,故乃知其咎。"

【論評】楊志剛評曰:"劉秀與劉邦不通禮樂判然有別,與王莽大興禮樂却煩民、擾民也絶不相似。光武帝在位期間,始終奉行節儉的原則。"(《中國禮儀制度研究》,第146頁)

軍 **三月癸亥**(晦,三十)**,日有蝕之,帝避正殿,停兵,不聽事五日。**(後漢書·光武帝紀下)

【儀制】《晉志·禮上》記曰:"漢儀,每月旦,太史上其月曆,有司侍郎尚書見讀其令,奉行其正。朔前後二日,牽牛酒至社下以祭日。日有變,割羊以祠社,用救日變。執事者長冠,衣絳領袖緣中衣、絳袴襪以行禮,如故事。"《通典·軍禮三》同,標爲"後漢制"。

【理據】秦蕙田《五禮通考》指出:"此即《左傳》'伐鼓用牲'之意,蓋漢猶行之也。"(《吉禮四十三》"社稷")

制 **三月癸亥,下詔百官各上封事,鄭興**(太中大夫)**上疏請垂意《洪範》**

之法。（後漢書・鄭興列傳）

吉 五月，下詔議郊祀制，杜林（侍御史）上疏否定衆議，不當配堯，帝從之。（續漢志・祭祀上，通典・吉禮一）

【理據】《後漢書・杜林列傳》記曰："林獨以爲周室之興，祚由后稷，漢業特起，功不緣堯。祖宗故事，所宜因循。"又《續漢志》劉昭注補引《東觀書》載杜林上疏曰："方軍師在外，祭可且如元年郊祭故事。"

【因革】《東觀漢記》載建武二年(26)正月，議者即提出"漢劉祖堯，宜令郊祀帝堯以配天"，爲有司所否定。

吉 帝問郊祀事，欲以讖斷之，鄭興（太中大夫）對以己不爲讖。（後漢書・鄭興列傳）

【論評】《鄭興列傳》評曰："興數言政事，依經守義，文章温雅，然以不善讖故不能任。"

嘉 朱浮（太僕）上書太學宜廣博士之選，帝從之。（後漢書・朱浮列傳）

凶 宋均出任上蔡令，府下請禁人喪葬奢侈，宋均不肯施行。（後漢書・宋均列傳）

【理據】《宋均列傳》録其言曰："夫送終踰制，失之輕者。今有不義之民，尚未循化，而遽罰過禮，非政之先。"

【考釋】此條未悉年月，暫繫於此，可與此年正月詔書並觀。

建武九年(33)

凶 正月，祭遵（潁陽侯）於軍中去世，遺戒薄葬，下詔大長秋、謁者、河南尹監護喪事，大司農給費。（後漢書・光武帝紀下、祭遵列傳，資治通鑑・漢紀三十四）

【理據】《祭遵列傳》記曰："遵爲人廉約小心，克己奉公，賞賜輒盡與士卒，家無私財，身衣韋絝，布被，夫人裳不加緣，帝以是重焉。及卒，愍悼之尤甚。"

【儀制】《祭遵列傳》記曰："喪至河南縣,詔遣百官先會喪所,車駕素服臨之,望哭哀慟。還幸城門,過其車騎,涕泣不能已。喪禮成,復親祠以太牢,如宣帝臨霍光故事。""至葬,車駕復臨,贈以將軍、侯印綬,朱輪容車,介士軍陳送葬,謚曰成侯。既葬,車駕復臨其墳,存見夫人室家。"

建武十年(34)

吉 正月,修理長安高廟。（後漢書·光武帝紀下）

建武十一年(35)

吉 三月,帝至章陵,祠園陵。（後漢書·光武帝紀下）

【考釋】《後漢書·宗室四王三侯列傳》記曰："建武二年,以皇祖、皇考墓爲昌陵,置陵令守視;後改爲章陵。"

建武十三年(37)

制 得公孫述之瞽師、郊廟樂器、葆車、輿輦,於是法物始備。（後漢書·光武帝紀下,晉志·輿服,南齊志·輿服,通典·嘉禮九）

【儀制】《通典》概括之曰："因舊制金根車,擬周之玉輅,最尊者也。輪皆朱斑重牙,貳轂兩轄,金薄繆龍,爲輿倚較,文虎伏軾,龍首銜軛,左右吉陽筩,鸞雀立衡,樠文畫輈,羽蓋華蚤,建大旂,十有二斿,畫日月升龍,駕六馬,象鑣鏤錫,金鋄方釳,插以翟尾,朱兼樊纓,赤罽易茸,金就十有二,左纛以犛牛尾爲之,在左騑馬軛上,大如斗,是爲德車。大駕則御鳳凰車,以金根爲副。"

【因革】①《宋志·禮五》釋曰："古曰桑根車,秦曰金根車也。漢氏因秦之舊,亦爲乘輿,所謂乘殷之路者也。"②《通典》自注："其駕玄馬六,因秦不改。或云始

168

自漢制。"

【考釋】公孫述於建武元年(25)稱帝於蜀,去年十一月被破。

[吉] 因平定隴、蜀,增廣郊祀。（續漢志・祭祀上,宋志・樂一,通典・吉禮一、樂一）

【儀制】《續漢志》記曰:"高帝配食,位在中壇上,西面北上。天、地、高帝、黃帝各用犢一頭,青帝、赤帝共用犢一頭,白帝、黑帝共用犢一頭,凡用犢六頭。日、月、北斗共用牛一頭,四營群神共用牛四頭,凡用牛五頭。凡樂奏《青陽》、《朱明》、《西皓》、《玄冥》及《雲翹》、《育命》舞。中營四門,門用席十八枚,外營四門,門用席三十六枚,凡用席二百一十六枚,皆莞簟,率一席三神。日、月、北斗無陛郭醊。既送神,燎俎實於壇南巳地。"又劉昭注補引《漢舊儀》曰:"祭天居紫壇幄帷。高皇帝配天,居堂下西向,紺帷帳,紺席。"

建武十四年(38)

[賓] 莎車王(賢)與鄯善王(安)並遣使朝獻。（後漢書・光武帝紀下、西域傳）

【論評】《西域傳》評此事曰:"於是西域始通。"

[制] 梁統(太中大夫)上疏請重刑峻法,事下三公、廷尉議,以爲不可。（晉志・刑法,通典・刑法一,資治通鑑・漢紀三十五）

【因革】《晉志》記曰:"漢自王莽篡位之後,舊章不存。光武中興,留心庶獄,常臨朝聽訟,躬決疑事。是時承離亂之後,法網弛縱,罪名既輕,無以懲肅。"

建武十五年(39)

[嘉] 三月,竇融(大司空)、李通(固始侯)、賈復(膠東侯)、鄧禹(高密侯)、□登(太常)等奏議請大司空上輿地圖,太常擇吉日,分封皇子,制可。（後漢書・光武帝紀下）

嘉 四月戊申(初二)，以太牢告祠宗廟。丁巳(十一)，封諸皇子。（後漢書·光武帝紀下）

【儀制】《續漢志·禮儀中》載拜諸侯王公之儀曰：“百官會，位定，謁者引光禄勳前。謁者引當拜者前，當坐伏殿下。光禄勳前，一拜，舉手曰：‘制詔其以某爲某。’讀策書畢，謁者稱臣某再拜。尚書郎以璽印綬付侍御史。侍御史前，東面立，授璽印綬。王公再拜頓首三。贊謁者曰：‘某王臣某新封，某公某初除，謝。’中謁者報謹謝。贊者立曰：‘皇帝爲公興。’重坐，受策者拜謝，起就位。供賜禮畢。罷。”《通典·嘉禮十六》同。

【考釋】據《光武帝紀》此年三月曾下詔群臣議封皇子之事，太常曾爲此制定禮儀，故可知《續漢志》所載雖爲東漢通儀，然恐亦即此年所施行者。

建武十七年(41)

嘉 十月辛巳(十九)，廢皇后(郭氏)爲中山太后，立陰氏(貴人)爲皇后。（後漢書·光武帝紀下、皇后紀上）

吉 十月甲申(二十二)，帝至章陵，修園廟，祠舊宅，悉爲春陵宗室起祠堂。（後漢書·光武帝紀下）

建武十八年(42)

吉 三月壬午，祠高廟，上十一陵。又至蒲坂，祀后土。（後漢書·光武帝紀下）

【附識】李賢注引《漢官儀》曰：“祭地於河東汾陰后土宫。宫曲入河，古之祭地，澤中方丘也。以夏至日祭，其禮儀如祭天。”按東漢祀后土，始見於此。

【考釋】此年三月庚寅朔，無壬午日。

吉 十月，祠章陵。（後漢書·光武帝紀下）

[吉] 立考侯（劉仁）、康侯（劉敞）廟。下詔零陵郡奉祠節侯（劉買）、戴侯（劉熊渠）廟。（後漢書・宗室四王三侯列傳）

【儀制】《宗室四王三侯列傳》曰："以四時及臘歲五祠焉。"

【考釋】劉敞爲光武帝族兄，劉買、劉熊渠、劉仁分別爲劉敞曾祖父、祖父、父。

建武十九年（43）

[吉] 張純（五官中郎將）、朱浮（太僕）奏議廟制興廢，戴涉（大司徒）、竇融（大司空）等議以爲宜以先帝廟代親廟，親廟由群臣奉祠，時議有異，帝可戴氏等議。正月，下詔定制。（續漢志・祭祀下，後漢書・光武帝紀下、張純列傳，通典・吉禮六）

【儀制】《續漢志》記所定制曰："於是雒陽高廟四時加祭孝宣、孝元，凡五帝。其西廟成、哀、平三帝主，四時祭於故高廟。東廟，京兆尹侍祠，冠衣車服如太常祠陵廟之禮。南頓君以上至節侯，皆就園廟。南頓君稱皇考廟，鉅鹿都尉稱皇祖考廟，郁林太守稱皇曾祖考廟，節侯稱皇高祖考廟，在所郡縣侍祠。"洛陽京城高廟所祀五帝爲高祖、文帝、武帝、宣帝、元帝；成帝、哀帝、平帝，則祀於長安故高廟；南頓四世，隨所在而祭。

【理據】《續漢志》載張純等奏議曰："禮，爲人子事大宗，降其私親。禮之設施，不授之與自得之異意，當除今親廟四。"

【因革】洛陽立四親廟始於建武三年（27），經此年議奏之後則廢，春陵節侯以下四世祀於章陵。

【考釋】《光武帝紀》李賢注引《漢官儀》曰："光武第雖十二，於父子之次，於成帝爲兄弟，於哀帝爲諸父，於平帝爲祖父，皆不可爲之後。上至元帝於光武爲父，故上繼元帝而爲九代。"可見兩漢諸帝昭穆次第至此年始定。

【論評】王夫之《讀通鑑論》（卷六）評曰："張純、朱浮議宗廟之制，謂禮爲人子事大宗，降其私親，請除春陵節侯以下四親廟，以先帝四廟代之。光武抑情從議，以昭穆禰元帝,而祠其親於章陵,異於後世之苟私其親者,而要未合於禮之中也。……光武之事,三代所未有也,七廟之制,不必刻畫以求肖成周,節侯以下與元帝以上並祀,而溢於七廟之數,亦奚不可?"

嘉 **六月戊申**(二十六)**,下詔改立劉陽**(東海王)**爲皇太子,改名莊。**(後漢書·光武帝紀下)

【理據】《光武帝紀》録帝詔曰:"《春秋》之義,立子以貴。東海王陽,皇后之子,宜承大統。"

【論評】王夫之《讀通鑑論》(卷六)評曰:"帝之易太子也,意所偏私而不能自克,盈廷不敢争,而從臾之者,自郅惲之佞外無人焉。……嗚呼! 人苟於天倫之際有私愛而任私恩,則自天子以至於庶人,鮮不違道而開敗國亡家之隙,可不慎哉!"

建武二十一年(45)

賓 **冬,車師前王、鄯善、焉耆等十八國俱遣子朝獻,厚加賞賜。**(後漢書·光武帝紀下、西域傳)

【考釋】《光武帝紀》記共"十六國"。

建武二十二年(46)

吉 **閏正月丙戌**(十九)**,帝至長安,祠高廟,上十一陵。**(後漢書·光武帝紀下)

軍 **九月戊辰**(初五)**,南洋地震,下詔撫卹,賜郡中壓死者棺錢,人三千。**(後漢書·光武帝紀下)

建武二十三年(47)

吉 **五月,匈奴龍祠。**(後漢書·南匈奴列傳)

【儀制】①《南匈奴列傳》記曰："匈奴俗,歲有三龍祠,常以正月、五月、九月戊日祭天神。南單于既內附,兼祠漢帝,因會諸部,議國事,走馬及駱駝爲樂。"② 李賢注引《前書》曰:"匈奴法,歲正月諸長小會單于庭祠,五月大會龍城,祭其先天地鬼神,八月大會蹛林,課校人畜計。"

建武二十五年(49)

賓 正月,烏桓大人(郝旦)來朝。(後漢書·光武帝紀下)

賓 夫餘王遣使來朝,帝厚答報之。(後漢書·東夷列傳)

建武二十六年(50)

凶 作壽陵成,竇融(將作大匠)請定園陵之制,帝令不起山陵。(後漢書·光武帝紀下)

【因革】李賢注曰:"漢自文帝以後皆預作陵,今循舊制也。"

吉 下詔問張純(大司空)禘祫之禮,張氏奏定其制,而合祭於高廟。(續漢志·祭祀下,後漢書·張純列傳,通典·吉禮八)

【儀制】①《續漢志》錄張純奏定制三年一祫,五年一禘,禘以夏四月,祫以冬十月。據張說定制:"太祖東面,惠、文、武、元帝爲昭,景、宣帝爲穆。惠、景、昭三帝非殷祭時不祭。"② 劉昭注補引《漢舊儀》詳記當時祫祭儀注爲:"宗廟三年大祫祭,子孫諸帝以昭穆坐於高廟,諸隳廟神皆合食,設左右坐。高祖南面,幄繡帳,望堂上西北隅。帳中坐長一丈,廣六尺,繡絪厚一尺,著之以絮四百斤。曲几,黃金釦器。高后右坐,亦幄帳,却六寸。白銀釦器。每牢中分之,左辨上帝,右辨上后。俎餘委肉積於前數千斤,名曰堆俎。子爲昭,孫爲穆。昭西面,曲屏風,穆東面,皆曲几,如高祖。饌陳其右,各配其左,坐如祖姒之法。太常導皇帝入北門。群臣陪者,皆舉手班辟抑首伏。大鴻臚、大行令、九儐傳曰:'起。'復位。皇帝上堂盥，侍中以巾奉觶酒從。帝進拜謁。贊饗曰：'嗣曾孫皇帝敬再拜。'前上酒。却行，至昭穆之坐次上酒。子爲昭，孫爲穆，各父子相對也。畢，却西面坐，坐如乘輿坐。贊饗奉高祖賜壽，皇帝起再拜，即席以太牢之左辦賜皇帝，如祠。其夜半入行禮，平明上九卮，畢，群臣皆拜，因賜胙。皇帝出，即更衣巾，詔罷，當從者奉承。"

【因革】①《張純列傳》李賢注引《續漢書》曰建武十八年（42），帝曾"幸長安，詔太常行禘禮于高廟，序昭穆"；此後至今八年，《張純列傳》謂"自是禘、祫遂定"。②《續漢志》記曰："後以三年冬祫、五年夏禘之時，但就陳祭毀廟主而已，謂之殷。"可見殷祭之制確定於此年。③《通典·吉禮六》自注曰："周制三年一禘，五年一祫，至此則革周制。"

【考釋】《續漢志》劉昭注補引《決疑要注》曰："毀廟主藏廟外戶之外，西牖之中。有石函，名曰宗祐。函中有笥，以盛主。親盡則廟毀，毀廟之主藏于始祖之廟。一世爲祧，祧猶四時祭之。二世爲壇，三世爲墠，四世爲鬼，祫乃祭之，有禱亦祭之。祫於始祖之廟，禱則迎主出，陳於壇墠而祭之，事訖還藏故室。迎送皆蹕，禮也。"

【論評】①《三國志·魏書·明帝紀》"景初元年"下裴注引魏明帝詔斥漢之無禘祭曰："昔漢氏之初，承秦滅學之後，采摭殘缺，以備郊祀，自甘泉后土、雍宮五時，神祇兆位，多不見經，是以制度無常，一彼一此，四百餘年，廢無禘祀。古代之所更立者，遂有闕焉。"《宋志·禮三》、《晉志·禮上》亦録之。②王夫之《讀通鑑論》（卷十）論曰："秦雖無德，而猶柏翳之裔，受封西土，可以繼三代而王，使追所自出之帝而禘焉，得矣。至於漢興，雖曰帝堯之苗裔，而不可考也。陶唐之子孫受侯封者，國久滅而宗社皆亡，帝堯之不祀，久已忽諸。高帝起田間爲亭長，自以滅秦夷項之功而有天下，徵家世於若存若亡之餘，懸擬一古帝爲祖，將誰欺？欺天乎？自漢以下之不禘，豈不允哉！"③秦蕙田《五禮通考》論曰："祫祭，太祖東向，穆北向昭南向，此室中之位也。高祖南面，穆東向昭西向，此堂上之位也，古禮之變始此。至高祖幄帳在堂上西北隅，太牢中分，左帝右后，則又非禮之禮矣。而受胙、賜胙及九卮爲九獻，則猶近古意云。"（《吉禮九十》"宗廟時享"）

制 桓榮(博士)上言宜立辟雍、明堂，章下三公、太常，張純(大司空)議同，帝乃許之。(後漢書·張純列傳)

【考釋】《張純列傳》記此前張純曾"案七經讖、明堂圖、河間《古辟雍記》、孝武太山明堂制度，及平帝時議，欲具奏之"，然"未及上"，適會桓榮上奏。

凶 中山太后之母(郭主)去世，帝親臨喪，送葬，百官大會，遣使者迎郭昌喪柩合葬。(後漢書·皇后紀上)

【考釋】帝之夫人郭氏，更始二年(24)娶，建武二年(33)立為皇后，建武十七年(41)廢為中山太后。郭昌、郭主乃其父母。

建武二十八年(52)

賓 北匈奴遣使來朝，貢馬及裘，乞請和親，並請音樂，又求率西域諸國俱獻見，帝下三府議酬答之禮，班彪(司徒掾)奏定，帝悉納之。(後漢書·南匈奴列傳)

【儀制】《南匈奴列傳》錄班彪奏曰："今齎雜繒五百匹，弓鞬韇丸一，矢四發，遺遺單于。又賜獻馬左骨都侯、右谷蠡王雜繒各四百匹，斬馬劍各一。單于前言先帝時所賜呼韓邪竽、瑟、空侯皆敗，願復裁賜。"

【因革】去年，北匈奴曾"遣使詣武威求和親，天子召公卿廷議，不決"。

建武三十年(54)

賓 正月，鮮卑大人內屬朝賀。(後漢書·光武帝紀下)

吉 二月，張純(太僕)、趙憙(太尉)等即上言封禪，帝拒之。(續漢志·祭祀上，後漢書·張純列傳、趙憙列傳，通典·吉禮十三)

【理據】①《張純列傳》記張純引《樂緯動聲儀》及《書》以證封禪之義；《趙憙列

傳》又記曰:"熹上言宜封禪,正三雍之禮。"② 然《續漢志》録帝詔曰:"即位三十年,百姓怨氣滿腹,吾誰欺,欺天乎? 曾謂泰山不如林放,何事汙七十二代之編録! 桓公欲封,管仲非之。若郡縣遠遣吏上壽,盛稱虚美,必髡,兼令屯田。"

吉 三月,帝至魯,過泰山,太守等承詔祭泰山及梁父。(續漢志・祭祀上,通典・吉禮十三)

中元元年(56)

賓 正月,劉彊(東海王)、劉輔(沛王)、劉英(楚王)、劉康(濟南王)、劉延(淮陽王)、劉盱(趙王)來朝。(後漢書・光武帝紀下)

【儀制】《後漢書・儒林列傳上》記曰:"正旦朝賀,百僚畢會,帝令群臣能説經者更相難詰,義有不通,輒奪其席以益通者,[戴]憑遂重坐五十餘席。"

【考釋】《儒林列傳上》載戴憑事,未詳年代,暫置於此。

吉 正月,梁松(虎賁中郎將)等奏河、雒言九世封禪事,帝許之。有司奏用器,帝命促成之。(續漢志・祭祀上,通典・吉禮十三)

【因革】《續漢志》記曰:"乃求元封時封禪故事,議封禪所施用。"

【理據】秦蕙田《五禮通考》指出:"光武封禪,信讖也。"(《吉禮四十九》"四望山川附")

吉 二月,帝至奉高,遣石工先上山刻石。辛卯(二十二),柴望岱宗,登封於泰山;甲午(二十五)禪,祭地於梁父。(續漢志・祭祀上,後漢書・光武帝紀下,通典・吉禮十三)

【儀制】《續漢志》記曰:"辛卯晨,燎祭天於泰山下南方,群神皆從,用樂如南郊。諸王、王者後二公、孔子後褒成君,皆助祭位事也。事畢,將升封,……使謁者以一特牲於常祠泰山處,告祠泰山,如親耕、貙劉、先祠、先農、先虞故事。至食時,御輦升山,日中後到山上,更衣,早晡時即位于壇,北面。群臣以次陳後,西上,畢位升壇。尚書令奉玉牒檢,皇帝以寸二分璽親封之,訖,太常命人發壇上石,尚書令藏玉牒已,復石,覆訖,尚書令以五寸印封石檢。事畢,皇帝再拜,群臣稱萬歲。命人立所刻石碑,乃復道下。"又:"禪,祭地于梁陰,以高后配,山川群神從,如元始中北郊故事。"

【考釋】①《續漢志》詳録刻石之文,引録《河圖赤伏符》、《河圖會昌符》、《河圖合古篇》、《河圖提劉予》、《洛書甄曜度》、《孝經鈎命決》六種緯書,以明封禪之義。據《後漢書·張純列傳》記載,此又當出自張純之手。② 劉昭注補引應劭《漢官》馬第伯《封禪儀記》記此事儀節頗詳,邢義田據之進行了詳細的梳理,參見《東漢光武帝與封禪》(《天下一家》,第180頁往後)。

【因革】顧頡剛論曰:"他以二月二十二日辛卯晨,燎祭天於泰山下,如南郊禮;二十五日甲午,禪祭地於梁陰,以高后配,如北郊禮。這不消説,他沿襲了王莽的制度。秦皇、漢武的禪讓本没有天地陰陽的區別,但從此以後,封泰山是祭天,禪泰山下的小山是祭地,等於國都中的南北郊,大家用了王莽的方式作定制了。"(《秦漢的方士與儒生》第二十一章,第102頁)

【論評】劉昭注補引袁宏論曰:"夫東方者,萬物之所始;山嶽者,靈氣之所宅。故求之物本,必於其始;取其所通,必於所宅。崇其壇場,則謂之封;明其代興,則謂之禪。然則封禪者,王者開務之大禮也。德不周洽,不得輒議斯事;功不弘濟,不得髣髴斯禮。曠代一有,其道至高。故自黄帝、堯、舜至三代,各一得封禪,未有中修其禮者也。……夫神道貞一,其用不煩;天地易簡,其禮尚質。故藉用白茅,貴其誠素;器用陶匏,取其易從。然封禪之禮,簡易可也。若夫石函玉牒,非天地之性也。"

[吉] **四月己卯(十一),改元,命以吉日刻玉牒書函藏金匱,璽印封之;乙酉(十七),使太尉以特告至高廟,藏於廟室西壁石室神主之下。**

(續漢志·祭祀上)

【理據】邢義田認爲:"光武對被稱爲聖人或聖王的猶豫態度,到晚年爲應合圖讖,終於跨出一步,作了理論上祇有聖王纔够格做的事。他行封禪是以儀式象徵並證明天下太平,自己是致太平的聖主;立碑則在昭告天下,期待當世和後世的承認。這或許纔是光武封禪和立碑真正的用意。(《東漢光武帝與封禪》,《天下一

家》,第 197 頁)

【論評】《續漢志·祭祀下》論曰:"自秦始皇、孝武帝封泰山,本由好僊、信方士之言,造爲石檢印封之事也,所聞如此。雖誠天道難可度知,然其大較猶有本要。天道質誠,約而不費者也。故牲用犢,器用陶匏,殆將無事於檢封之間,而樂難攻之石也。且唯封爲改代,故曰岱宗。夏康、周宣,由廢復興,不聞改封。世祖欲因孝武故封,實繼祖宗之道也。而梁松固爭,以爲必改;乃當夫既封之後,未有福,而松卒被誅死,雖罪由身,蓋亦誣神之咎也。且帝王所以能大顯於後者,實在其德加於民,不聞其在封矣。"此論所言甚得封禪禮意。

宋徐天麟彈斥此禮曰:"光武中興,初以大義却群臣之請,似稍知義禮者,然卒于讖緯之文,張純、梁松又從而附會之,固不逃于識者之譏矣。然武帝始與群臣議封禪,皆以禮典曠絕,莫知其儀體,乃盡罷諸儒弗用,而率意行之,不過如郊祀太一之禮。及建武親升告功,又特講求元封故事,則知二君雖修舉曠典,而威儀文物,實出于私意之所裁定,未嘗稽合于古聖之典,是以言禮者無取焉。"(《東漢會要》卷三)

吉 **四月戊子**(二十),**祀長陵。**(後漢書·光武帝紀下)

吉 **夏,京城醴泉涌出,郡國頻上甘露,群臣奏請令太史撰集祥符,帝不納。**(後漢書·光武帝紀下)

【因革】《光武帝紀》錄群臣奏曰:"孝宣帝每有嘉瑞,輒以改元,神爵、五鳳、甘露、黃龍,列爲年紀,蓋以感致神祇,表彰德信。是以化致升平,稱爲中興。"又稱光武帝"常自謙無德,每郡國所上,輒抑而不當,故史官罕得記焉"。

吉 **十月甲申**(二十九),**令司空祠高廟,上薄太后尊號曰高皇后。**(後漢書·光武帝紀下)

【理據】《光武帝紀》錄司空告曰:"吕太后賊害三趙,專王吕氏,賴社稷之靈,[吕]祿、[吕]産伏誅,天命幾墜,危朝更安。吕太后不宜配食高廟,同祧至尊。薄太后母德慈仁,孝文皇帝賢明臨國,子孫賴福,延祚至今。"

吉 **初營明堂、辟雍、靈臺及北郊兆域,未用事。**(續漢志·祭祀中,後漢書·

光武帝紀下）

【儀制】李賢注引《漢官儀》曰：“明堂四面起土作塹，上作橋，塹中無水。明堂去平城門二里所，天子出，從平城門，先歷明堂，乃至郊祀。”又曰：“辟雍去明堂三百步。車駕臨辟雍，從北門入。三月、九月，皆於中行鄉射禮。辟雍以水周其外，以節觀者。諸侯曰泮宮。東西南有水，北無，下天子也。”又引《漢宮閣疏》曰：“靈臺高三丈，十二門。天子曰靈臺，諸侯曰觀臺。”

又《通典·吉禮三》記此明堂形制曰：“上圓下方，八窗四闥，九室十二座，三十六戶七十二牖。”

【因革】①《通典》所記明堂形制，當出自應劭說，《漢書》顏注引之以注元始四年（4）王莽奏立明堂。② 秦蕙田《五禮通考》指出：“案《漢書》‘河間獻王來朝，對三雍宮’注以三雍爲明堂、辟雍、靈臺。兒寬亦云‘陛下發憤，祖立明堂辟雍’，則西京已有之。”（《嘉禮四十四》“學禮”）

【考釋】《通典》記作“光武建武三十年，初營明堂”，恐誤。

制 **曹充**（博士）**受詔議立七郊、三雍、大射、養老禮儀。**（後漢書·曹褒列傳）

【考釋】李賢注曰：“五帝及天地爲七郊。”

吉 **桓譚**（議郎，給事中）**上疏請帝不用讖，帝不納，宣佈圖讖於天下。**（後漢書·光武帝紀下、桓譚列傳）

【考釋】《資治通鑑·漢紀三十六》述曰：“初，上以赤伏符即帝位，由是信用讖文，多以決定嫌疑。”

【理據】《桓譚列傳》記桓譚上疏：“蓋天道性命，聖人所難言也。自子貢以下，不得而聞，況後世淺儒，能通之乎！今諸巧慧小才伎數之人，增益圖書，矯稱讖記，以欺惑貪邪，詿誤人主，焉可不抑遠之哉！……陛下宜垂明聽，發聖意，屛群小之曲說，述五經之正義。”然“帝省奏，愈不悅”。

【附識】《桓譚列傳》又記此時“有詔會議靈臺所處，帝謂譚曰：‘吾欲以讖決之，何如？’譚默然良久，曰：‘臣不讀讖。’帝問其故，譚復極言讖之非經，帝大怒”，欲斬之，最終貶之爲六安郡丞。

【論評】顧頡剛論曰："圖讖本已迎合人們迷信的心理,現在又定爲功令的必讀書,當然鑽入各個角落更深更普遍了。"又曰："桓譚是西漢末的舊臣,王莽時也曾做過掌樂大夫,這些讖緯造作的歷史滿落在他的眼裏。……不過他終究是一個不識時務的人,他不懂得光武帝爲什麼要提倡讖緯的心理。"(《秦漢的方士與儒生》第二十一章,第 102、100—101 頁)

吉 浚遒縣民祠唐、后二山,衆巫娶百姓男女以爲公嫗,每歲改易,宋均(九江太守)下書自今以後皆娶自巫家,於是遂絕。(後漢書·宋均列傳)

【儀制】李賢注："以男爲山公,以女爲山嫗,猶祭之有尸主也。"

中元二年(57)

吉 正月辛未(初八),初立北郊,祠后土。(續漢志·祭祀中,後漢書·光武帝紀下,通典·吉禮四)

【儀制】《續漢志》記曰："是年初營北郊,……北郊在雒陽城北四里,爲方壇四陛。……別祀地祇,位南面西上,高皇后配,西面北上,皆在壇上,地理群神從食,皆在壇下,如元始中故事。中嶽在未,四嶽各在其方孟辰之地,中營內。海在東;四瀆河西,濟北,淮東,江南;他山川各如其方,皆在外營內。四陛醊及中外營門封神如南郊。地祇、高后用犢各一頭,五嶽共牛一頭,海、四瀆共牛一頭,群神共二頭。奏樂亦如南郊。既送神,瘞俎實于壇北。"《後漢書·光武帝紀下》李賢注引《漢官儀》所記略同。

【因革】此年始祀北郊,其制之成同樣參酌元始五年(5)王莽所定儀注。

【考釋】此時所配高皇后爲薄太后,此於去年十月所改,呂太后廟主別遷於園。《後漢書·光武帝紀下》載中元元年十月甲申(十九)馮魴(司空)祠告廟之語可爲證。

【論評】① 宋徐天麟指出："中元之初,又營北郊于雒城之北而別祀地祇焉,則是天地之祠復析爲二也;且五嶽、四海、四瀆、名山、大川之神,既已列叙於南郊矣,今北郊又復奉祀,禮煩則亂,事神則雜,其斯之謂歟?"(《東漢會要》卷三)② 王夫之《讀通鑑論》(卷六)評曰:"以祖妣配地祇於北郊,漢之亂典也。光武以呂后幾危劉氏,改配薄后,亂之亂者也。呂氏不德,不足以配地矣,薄后遂勝任而無歉乎?"

賓 **倭奴國奉貢朝賀。**(後漢書·東夷列傳)

凶 **二月戊戌**(初五)**,帝去世於南宮前殿,太子即位;三月丁卯**(初五)**,葬於原陵。**(後漢書·光武帝紀下、顯宗孝明帝紀)

【儀制】①《續漢志·禮儀下》詳記東漢大喪之儀曰:"登遐,皇后詔三公典喪事。百官皆衣白單衣,白幘不冠。閉城門、宮門。近臣中黃門持兵,虎賁、羽林、郎中署皆嚴宿衛,宮府各警,北軍五校繞宮屯兵,黃門令、尚書、御史、謁者晝夜行陳。三公啓手足色膚如禮。皇后、皇太子、皇子哭踊如禮。沐浴如禮。守宮令兼東園匠將女執事,黃綿、緹繒、金縷玉柙如故事。飯唅珠玉如禮。槃冰如禮。百官哭臨殿下。是日夜,下竹使符告郡國二千石、諸侯王。竹使符到,皆伏哭盡哀。小斂如禮。東園匠、考工令奏東園祕器,表裏洞赤,虡文畫日、月、鳥、龜、龍、虎、連璧、偃月,牙檜梓宮如故事。大斂于兩楹之間。五官、左右虎賁、羽林五將,各將所部,執虎賁戟,屯殿端門陛左右廂,中黃門持兵陛殿上。夜漏,群臣入。晝漏上水,大鴻臚設九賓,隨立殿下。謁者引諸侯王立殿下,西面北上;宗室諸侯、四姓小侯在後,西面北上。治禮引三公就位,殿下北面;特進次中二千石;列侯次二千石;六百石、博士在後;群臣陪位者皆重行,西上。位定,大鴻臚言具,謁者以聞。皇后東向,貴人、公主、宗室婦女以次立後;皇太子、皇子在東,西向;皇子少退在南,北面:皆伏哭。大鴻臚傳哭,群臣皆哭。三公升自阼階,安梓宮內珪璋諸物,近臣佐如故事。嗣子哭踊如禮。東園匠、武士下釘衽,截去牙。太常上太牢奠,太官食監、中黃門、尚食次奠,執事者如禮。太常、大鴻臚傳哭如儀。"② 又記太子即位之儀:"三公奏《尚書·顧命》,太子即日即天子位于柩前,請太子即皇帝位,皇后爲皇太后。奏可。群臣皆出,吉服入會如儀。太尉升自阼階,當柩御坐北面稽首,讀策畢,以傳國玉璽綬東面跪授皇太子,即皇帝位。"③ 又記"百官五日一會臨,故吏二千石、刺史、在京都郡國上計掾史皆五日一會,天下吏民發喪臨三日”,及送葬之制,兹從略。《通典·凶禮一》同。

【考釋】《後漢書·趙憙列傳》記“憙受遺詔,典喪禮”。

明帝(顯宗,劉莊,光武帝第四子)

永平元年(58)

吉 **正月,帝率諸侯王、公卿,上光武帝原陵。**（後漢書·顯宗孝明帝紀,舊唐志·禮儀五）

【儀制】①《後漢書》曰:“如元會儀。”②《舊唐志》記曰:“親奉先后陰氏粧奩篋笥悲慟,左右侍臣,莫不嗚咽。”

《續漢志·禮儀上》總記漢儀曰:“西都舊有上陵。東都之儀,百官、四姓親家婦女、公主、諸王大夫、外國朝者侍子、郡國計吏會陵。晝漏上水,大鴻臚設九賓,隨立寢殿前。鍾鳴,謁者治禮引客,群臣就位如儀。乘輿自東廂下,太常導出,西向拜,折旋升阼階,拜神坐。退坐東廂,西向。侍中、尚書、陛者皆神坐後。公卿群臣謁神坐,太官上食,太常樂奏食舉,舞《文始》、《五行》之舞。樂闋,群臣受賜食畢,郡國上計吏以次前,當神軒占其郡國穀價,民所疾苦,欲神知其動靜。孝子事親盡禮,敬愛之心也。周徧如禮。”《通典·吉禮十一》同。

又李賢注引《漢官儀》曰:“古不墓祭。秦始皇起寢於墓側,漢因而不改。諸陵寢皆以晦、望、二十四氣、三伏、社、臘及四時上飯。”又《續漢志·祭祀下》記曰:“自雒陽諸陵至靈帝,皆以晦望、二十四氣、伏、臘及四時祠。廟日上飯,太官送用物,園令、食監典省,其親陵所宮人隨鼓漏理被枕,具盥水,陳嚴具。”《通典·吉禮八》、《禮十二》同。按此當為東漢通用之儀,由此年為起端。

【因革】楊寬指出:“原來宗廟每年‘二十五祠’中最主要的‘酎祭禮’,……到東漢時期,隨着上陵禮的舉行,這種‘飲酎’禮也移到陵寢舉行,儀式上和上陵禮相同。”(《中國古代陵寢制度史》,第38—39頁)

【論評】①《續漢志·禮儀上》劉昭注補引魚豢評曰:“孝明以正月旦,百官及四方來朝者，上原陵朝禮，是謂甚違古不墓祭之義。"又引蔡邕評曰："昔京師在長安時，其禮不可盡得聞也。光武即世，始葬于此。明帝嗣位踰年，群臣朝正，感先帝不復聞見此禮，乃帥公卿百僚，就園陵而創焉。……以明帝聖孝之心，親服三年，久在園陵，初興此儀，仰察几筵，下顧群臣，悲切之心，必不可堪。"② 王夫之《讀通鑑論》(卷七)評曰："明帝即位之元年，率百官朝於先帝之陵，上食奏樂，郡國計吏以次占其穀價及民疾苦，遂爲定制。迨後靈帝時，蔡邕從駕上陵，見其威儀，察其本意，歎明帝至孝惻隱之不易奪，而古不墓祭之未盡也，邕於是乎知通矣。"③ 楊寬《中國古代陵寢制度史》評曰："東漢明帝開始舉行上陵禮，是對禮制的一次重大改革。"(第39頁)

吉 **爲光武帝更起世祖廟。**（續漢志·祭祀下，通典·吉禮六）

【儀制】《續漢志》記曰："以元帝於光武爲穆，故雖非宗，不毀也。"因光武帝在廟制昭穆上直承西漢元帝爲父，故世祖廟上置元帝。《後漢書·光武帝紀上》建武二年正月"壬子，起高廟"李賢注引《漢禮制度》曰："光武都洛陽，乃合高祖以下至平帝爲一廟，藏十一帝主於其中。元帝次當第八，光武第九，故立元帝爲祖廟，後遵而不改。"此處所述與《續漢志》可相印證。

【因革】東漢廟制確定昭穆關係始於建武十九年(43)，至此年正式確定兩廟共祀。

凶 **五月戊寅**（二十二），**劉彊**（光武帝長子，東海恭王）**去世，遣馮魴**（司空）**持節視喪事，賜升龍旄頭、鑾輅、龍旂；六月乙卯**（三十），**下葬。**（後漢書·顯宗孝明帝紀）

軍 **六月乙卯**（二十八），**行貙劉之禮。**（後漢志·禮儀中劉昭注補引《古今注》）

【儀制】①《後漢志》記曰："立秋之日，白郊禮畢，始揚威武，斬牲於郊東門，以薦陵廟。其儀：乘輿御戎路，白馬朱鬣，躬執弩射牲，牲以鹿麛。太宰令、謁者各一人，載以獲車，馳駟送陵廟。於是乘輿還宮，遣使者齎束帛以賜武官。武官肄兵，習戰陣之儀、斬牲之禮，名曰貙劉。兵、官皆肄孫、吳兵法六十四陣，名曰乘之。"《晉志·禮下》、《通典·軍禮一》同。② 又記其儀注曰："貙劉之禮：祠先虞,執事告先虞已,烹鮮時,有司告,乃逡巡射牲。獲車畢,有司告事畢。"

制 劉蒼(東平憲王)與公卿共議定南北郊冠冕、車服制度,及光武廟登歌八佾舞數。(後漢書·光武十王列傳)

【因革】①《宋志·禮五》則記曰:"秦以戰國即天子位,滅去古制,郊祭之服,皆以袀玄。至漢明帝始采《周官》、《禮記》、《尚書》諸儒説,還備袞冕之服。"《晉志·興服》略同。②《續漢志》劉昭注補引《東觀書》引劉蒼曰:"高皇帝始受命創業,制長冠以入宗廟。光武受命中興,建明堂,立辟雍。陛下以聖明奉遵,以禮服龍袞,祭五帝。禮缺樂崩,久無祭天地冕服之制。"③《資治通鑑·漢紀三十六》胡注:"光武建武二年(26),立南郊。中元元年(56),立北郊於雒陽城北四里。今定其冠冕、車服制度。"

【考釋】兹從《通鑑》,繫此事在明年下詔制服之前。

【附識】①《後漢書·梁統列傳》記曰:"〔梁〕松博通經書,明習故事,與諸儒脩明堂、辟雍、郊祀、封禪禮儀,常與論議,寵幸莫比。"②《儒林列傳下》又記曰:"〔董〕鈞博通古今,數言政事。永平初,爲博士。時草創五郊祭祀及宗廟禮樂,威儀章服,輒令鈞參議,多見從用,當世稱爲通儒。"

永平二年(59)

嘉 正月,下詔有司采《周官》、《禮記》、《尚書·皋陶篇》,天子從歐陽氏説,公卿以下從夏侯氏説,備冕服之制。(續漢志·興服下,晉志·興服,通典·嘉禮二、嘉禮六)

【儀制】①《續漢志》記曰:"天子、三公、九卿、特進侯、侍祠侯,祀天地明堂,皆冠旒冕,衣裳玄上纁下。乘輿備文,日月星辰十二章,三公、諸侯用山龍九章,九卿以下用華蟲七章,皆備五采,大佩,赤舄絢履,以承大祭。百官執事者,冠長冠,皆祗服。五獄、四瀆、山川、宗廟、社稷諸沾秩祠,皆袀玄長冠,五郊各如方色云。百官不執事,各服常冠袀玄以從。"② 又記曰:"冕皆廣七寸,長尺二寸,前圓後方,朱綠裏,玄上,前垂四寸,後垂三寸,係白玉珠爲十二旒,以其綬采色爲組纓。三公諸侯七旒,青玉爲珠;卿大夫五旒,黑玉爲珠。皆有前無後,各以其綬采色爲組纓,旁垂黈纊。郊天地、宗祀、明堂則冠之。"

【因革】閻步克指出:"可見此前的天地祭祀,是使用長冠或通天冠的。漢明帝從善如流,隨即在天地郊祀中采用了冕服。永平冕制,由此而定。""漢高祖劉邦'長冠以入宗廟',象徵着民間崛起的新興勢力對周朝等級秩序的劇烈衝擊。而今,帝國地締造者的規矩被放棄了,'長冠'讓位於'服周之冕'。由民間插入祭服系統的長冠被迫讓位,表明新興勢力被古老的'周禮'所征服。"(《服周之冕》第五章,第 171 頁)

【理據】閻步克就永平冕制所依據的《周禮》、《尚書》、《禮記》三種經典有詳細討論(《服周之冕》第五章,第 175—190 頁)。

【考釋】此事《續漢志》標在此年,《通典‧嘉禮二》標在"永平初",《嘉禮六》標在"永平中",當在明年郊雍之禮前,恐即起自去年。

【論評】楊志剛評曰:"冕服制度的確立,從一個側面説明漢代禮制漸趨完備。"(《中國禮儀制度研究》,第 150 頁)

吉 **正月上丁,祀南郊,次北郊。**(通典‧吉禮四)

【因革】① 此月上丁,當在丁巳(初五),然未見其他文獻記載。②《通典》作"祀南郊畢,次郊",次郊當即北郊。③ 又《通典‧吉禮十一》記曰:"其雒陽陵,每正月上丁,祀郊廟畢,以次上陵。"不知此年是否已施行。

【儀制】《通典‧嘉禮十一》記後漢鹵簿曰:"祀天南郊則法駕,用三十六乘。河南尹、執金吾、雒陽令奉引,奉車郎御,侍中參乘。前驅有九斿雲罕,鳳凰車,闟戟車,皮軒車,鸞旗車,後有金鉦車,黃鉞車,黃門鼓車。黃門令校駕,祀天南郊。"

吉 **正月辛未**(十九)**,祀五帝於明堂,以光武帝配。**(續漢志‧祭祀中,後漢書‧顯宗孝明帝紀,通典‧吉禮三)

【儀制】①《續漢志》記曰:"五帝坐位堂上,各處其方。黃帝在未,皆如南郊之位。光武帝位在青帝之南少退,西面。牲各一犢,奏樂如南郊。卒事,遂升靈臺,以望雲物。”又《孝明帝紀》記曰:“帝及公卿列侯始服冠冕、衣裳、玉佩、絇屨以行事。禮畢,登靈臺。……群僚藩輔,宗室子孫,桑郡奉計,百蠻貢職,烏桓、濊貊咸來助祭,單于侍子、骨都侯亦皆陪位。”② 李賢注引《漢官儀》曰:“天子冠通天,諸侯王冠遠游,三公、諸侯冠進賢三梁,卿、大夫、尚書、二千石、博士冠兩梁,二千石已下至小吏冠一梁。天子、公、卿、特進、諸侯祀天地明堂,皆冠平冕,天子十二旒,三公、九卿、諸侯七,其纓各如其綬色,玄衣纁裳。”

【因革】此後章帝建初三年(78)正月、和帝永元五年(93)正月、順帝永和元年(136)正月、漢安元年(142)正月又行此禮。

【論評】秦蕙田《五禮通考》論曰:“西漢明堂皆以泰一爲主,五帝爲從,至此始專祀五帝,而光武配之,失之又甚矣。”(《吉禮二十五》“明堂”)

嘉 **三月,帝臨辟雍,初行大射之禮。**(續漢志·禮儀上,後漢書·顯宗孝明帝紀)

【儀制】①《後漢書·儒林列傳上》記曰:“饗射禮畢,帝正坐自講,諸儒執經問難於前,冠帶縉紳之人,圜橋門而觀聽者蓋億萬計。其後復爲功臣子孫、四姓末屬別立校舍,搜選高能以受其業,自期門羽林之士,悉令通《孝經》章句,匈奴亦遣子入學。”②《樊宏陰識列傳》錄鄧太后時樊準上疏曰:“每饗射禮畢,正坐自講,諸儒並聽,四方欣欣。雖闕里之化,矍相之事,誠不足言。又多徵名儒,以充禮官,如沛國趙孝、琅邪承宮等,或安車結駟,告歸鄉里;或豐衣博帶,從見宗廟。其餘以經術見優者,布在廊廟。故朝多皤皤之良,華首之老。每讌會,則論難衎衎,共求政化。”

又《通典·嘉禮六》記曰:“大射禮於辟雍,公卿諸侯大夫行禮者,冠委貌,衣玄端素裳。執事者冠布弁,衣緇麻衣,皁領袖,下素裳。”《嘉禮二》亦記漢大射用委貌冠。

【因革】此後和帝永元十四年(102)三月、順帝陽嘉元年(132)三月又行此禮。

又《後漢書·翟酺列傳》錄翟酺上言曰:“明帝時辟雍始成,欲毀太學,太尉趙憙以爲太學、辟雍皆宜兼存,故並傳至今。”可見三年前辟雍始成,至今方得完善。

【論評】《儒林列傳上》評曰:“濟濟乎,洋洋乎,盛於永平矣!”

嘉 三月，郡、縣、道行鄉飲酒於學校，皆祀周公、孔子，牲以犬。（續

漢志‧禮儀上，通典‧嘉禮十八）

【考釋】《後漢書‧樊宏陰識列傳》録鄧太后時樊準上疏盛贊此時，"朝門羽林介胄之士，悉通《孝經》。博士議郎，一人開門，徒衆百數。化自聖躬，流及蠻荒，匈奴遣伊秩訾王大車且渠來入就學。八方肅清，上下無事。是以議者每稱盛時，咸言永平"。

【因革】游自勇《漢唐鄉飲酒禮制化考論》評曰："這條材料料明確告訴我們中央開始向地方推行鄉飲酒禮，而其能載入《禮儀志》，也表明鄉飲酒禮開始了納入國家禮制的漫長歷程。"

【論評】《資治通鑑‧漢紀六十》司馬光評曰："教化，國家之急務也，而俗吏慢之；風俗，天下之大事也，而庸君忽之。……光武遭漢中衰，群雄麋沸，奮起布衣，紹恢前緒，征伐四方，日不暇給，乃能敦尚經術，賓延儒雅，開廣學校，修明禮樂，武功既成，文德亦洽。繼以孝明、孝章，遹追先志，臨雍拜老，横經問道。自公卿、大夫至于郡縣之吏，咸選用經明行脩之人，虎賁衛士皆習《孝經》，匈奴子弟亦游大學，是以教立於上，俗成於下。……自三代既亡，風化之美，未有若東漢之盛者也。"

吉 四月，皇后帥公卿諸侯夫人祠先蠶，祀以少牢。（續漢志‧禮儀上，通典‧

吉禮五）

【儀制】①《續漢志》劉昭注補引丁孚《漢儀》曰："皇后出，乘鸞輅，青羽蓋，駕駟馬，龍旂九旒，大將軍妻參乘，太僕妻御，前鸞旂車，皮軒闟戟，雒陽令奉引，亦千乘萬騎。車府令設鹵簿駕，公、卿、五營校尉、司隸校尉、河南尹妻皆乘其官車，帶夫本官綬，從其官屬導從皇后。置虎賁、羽林騎，戎頭、黃門鼓吹，五帝車，女騎夾轂，執法御史在前後，亦有金鉦黃鉞，五將導。桑于蠶宮，手三盆于繭館，畢，還宮。"②《晉志‧禮上》記曰："漢儀，皇后親桑東郊苑中，蠶室祭蠶神，曰苑窳婦人、寓氏公主，祠用少牢。"

【考釋】《續漢志》署"是月"，則當依前爲"三月"，然劉昭注補："案谷永對稱'四

月壬子,皇后蠶桑之日也',則漢桑亦用四月。"《通典》用劉説,兹即依之。

嘉 **十月壬子**(初五),**帝帥群臣養三老、五更於辟雍。**(後漢書·顯宗孝明帝紀,
續漢志·禮儀上,通典·嘉禮十二)

【儀制】《續漢志》記曰:"先吉日,司徒上太傅若講師故三公人名,用其德行年者高者一人爲老,次一人爲更也。皆服都紵大袍單衣,皁緣領袖中衣,冠進賢,扶王杖。五更亦如之,不杖。皆齋于太學講堂。其日,乘輿先到辟雍禮殿,御坐東厢,遣使者安車迎三老、五更。天子迎于門屏,交禮,道自阼階,三老升自賓階。至階,天子揖如禮。三老升,東面,三公設几,九卿正履,天子親袒割牲,執醬而饋,執爵而酳,祝鯁在前,祝饐在後。五更南面,公進供禮,亦如之。明日皆詣闕謝恩,以見禮遇大尊顯故也。"

又《孝明帝紀》録帝詔曰:"令月元日,復踐辟雍。尊事三老,兄事五更,安車輭輪,供綏執授。侯王設醬,公卿饌珍,朕親袒割,執爵而酳。祝哽在前,祝噎在後。升歌《鹿鳴》,下管《新宫》,八佾具修,萬舞於庭。"又曰:"其賜天下三老酒人一石,肉四十斤。"

又《後漢書·儒林列傳上》記此年所行之儀曰:"天子始冠通天,衣日月,備法物之駕,盛清道之儀,坐明堂而朝羣後,登靈臺以望雲物,袒割辟雍之上,尊養三老五更。"

又《後漢書·桓榮列傳》記曰:"永平二年,三雍初成,拜榮爲五更。每大射養老禮畢,帝輒引榮及弟子升堂,執經自爲下説。"

又《續漢志·禮儀中》記曰:"仲秋之月,縣道皆案戶比民。年始七十者,授之以王杖,餔之糜粥。八十九十,禮有加賜。王杖長九尺,端以鳩鳥爲飾。"

【理據】劉昭注補引譙周《五經然否》引董鈞曰:"養三老,所以教事文之道也。"

【考釋】① 此年所奉三老爲李躬,五更爲桓榮。②《續漢志》將此事署於三月,與上列三月所行大射禮相併,《通典》同。

【因革】①《續漢志》述曰:"於是七郊禮樂、三雍之義備矣。"②《晉志·樂上》述曰:"自斯厥後,禮樂彌殷。"③《通典·樂二》記曰:"漢明帝養老亦奏樂,自後遂亡。"

又邢義田據西漢出土簡牘,云"一出實物鳩杖,一出受杖人數統計,可以完全證

實西漢時在地方郡國普遍賜七十歲老者鳩杖，不是一句空話。"(《從尹灣出土簡牘看漢代的"種樹"與"養老"》,《天下一家》,第556頁)按可見授杖承自西漢。

【論評】陳戍國評曰："這樣的養老禮典，確是秦與先秦沒有過的，西漢也沒有。東漢明帝初行養老禮，其隆重在燕饗王侯禮之上。"(《中國禮制史·秦漢卷》,第388頁)

王夫之《讀通鑑論》(卷七)則論曰："養老之典，有本有標。……養老于庠，袒而割牲，執醬而饋，執爵而酳，標也。制民田里，教之樹畜，免其從政，不饑不寒，而使得養其老，本也。""明帝修三老五更之禮養李躬、桓榮盡敬養之文，於時之天下，果使家給戶饒遂其衣帛食肉以奉其父母乎？抑尚末也？民未給養而徒修其文，則固無以興起孝弟而虛設此不情之儀節矣。……光武崩，曾未期年，而雍容于冠冕笙磬之下，不已急乎！躬與榮憑几受饋，而寢門之視膳，天奪吾歡，則固有憪怛而不寧者。明帝、東平王蒼斬焉銜恤之子也，王亟請之，帝輒行之，無已泰乎！是則斲本而務其末也。"

吉 **十月甲子**(十七)，**帝至長安，祠高廟，上十一陵。**(後漢書·顯宗孝明帝紀)

【因革】東漢上陵之儀自光武帝世即多行之，此年承之。此後章帝建初七年(82)十月、和帝永元三年(91)十一月、順帝永和二年(137)十一月、桓帝延熹二年(159)十月又行此祭。

吉 **十一月甲申**(初七)，**遣使以中牢祠蕭何、霍光。帝謁陵園，過式其墓。**(後漢書·顯宗孝明帝紀)

【考釋】李賢注引《東觀漢記》曰："蕭何墓在長陵東司馬門道北百步。""霍光墓在茂陵東司馬門道南四里。"

【論評】秦蕙田《五禮通考》論曰："兩漢風俗淳茂，祀典所及，見於史冊者，蕭、曹與霍皆有相業，功在社稷，桓譚以經學博聞名後世，卓茂、韓福等以行義稱，至于民間亦立生祠，有甘棠之愛焉。百世而下猶爲興起，況當其時者乎！逮漢末諸君子皆以行義風節相矜尚，所由來者遠矣。"(《吉禮一百二十三》"賢臣祀典")

吉 **立五郊之兆於京城四方，始迎氣於五郊。**(續漢志·祭祀中，後漢書·顯宗孝

明帝紀，通典·吉禮一、樂一）

【理據】《續漢志》記曰："以《禮讖》及《月令》有五郊迎氣服色，因采元始中故事，兆五郊于雒陽四方，中兆在未，壇皆三尺，階無等。"

【儀制】《續漢志》記曰："立春之日，迎春于東郊，祭青帝句芒。車旗服飾皆青，歌《青陽》，八佾舞《雲翹》之舞。……立夏之日，迎夏于南郊，祭赤帝祝融。車旗服飾皆赤，歌《朱明》，八佾舞《雲翹》之舞。先立秋十八日，迎黃靈于中北，祭黃帝后土。車旗服飾皆黃，歌《朱明》，八佾舞《雲翹》、《育命》之舞。立秋之日，迎秋于西郊，祭白帝蓐收。車旗服飾皆白，歌《西皓》，八佾舞《育命》之舞。……立冬之日，迎冬于北郊，祭黑帝玄冥。車旗服飾皆黑，歌《玄冥》，八佾舞《育命》之舞。"《宋志·樂一》略記之。

又《續漢志·禮儀上》記曰："立春之日，夜漏未盡五刻，京師百官皆衣青衣，郡國縣道官下至斗食令史皆服青幘，立青幡，施土牛耕人于門外，以示兆民，至立夏。唯武官不。"《儀禮中》記曰："立夏之日，夜漏未盡五刻，京都百官皆衣赤，至季夏衣黃，郊。其禮：祠特，祭竈。""先立秋十八日，郊黃帝。是日夜漏未盡五刻，京都百官皆衣黃，至立秋。迎氣於黃郊，樂奏黃鍾之宮，歌《帝臨》，冕而執干戚，舞《雲翹》、《育命》，所以養時訓也。""立秋之日，夜漏未盡五刻，京都百官皆衣白，施皁領緣中衣，迎氣於白郊。禮畢，皆衣絳，至立冬。""立冬之日，夜漏未盡五刻，京都百官皆衣皁，迎氣於黑郊。禮畢，皆衣絳，至冬至絕事。""冬至前後，君子安身静體，百官絕事，不聽政，擇吉辰而後省事。絕事之日，夜漏未盡五刻，京都百官皆衣絳，至立春。""日冬至、夏至，陰陽晷景長短之極，微氣之所生也。故使八能之士八人，或吹黃鍾之律閒竿；或撞黃鍾之鍾；或度晷景，權水輕重，水一升，冬重十三兩；或擊黃鍾之磬；或鼓黃鍾之瑟，軫閒九尺，二十五弦，宮處于中，左右爲商、徵、角、羽；或擊黃鍾之鼓。先之三日，太史謁之。至日，夏時四孟，冬則四仲，其氣至焉。"

又《續漢志·禮儀中》詳載行禮儀注："先氣至五刻，太史令與八能之士即坐于端門左塾。大予具樂器，夏赤冬黑，列前殿之前西上，鐘爲端。守宮設席于器南，北面東上，正德席，鼓南西面，令晷儀東北。三刻，中黃門持兵，引太史令、八能之士入自端門，就位。二刻，侍中、尚書、御史、謁者皆陛。一刻，乘輿親御臨軒，安體静居以聽之。太史令前，當軒溜北面跪。舉手曰：'八能之事以備，請行事。'制曰'可'。太史令稽首曰'諾'。起立少退，顧令正德曰：'可行事。'正德曰'諾'。皆旋復位。正德立，命八能士曰：'以次行事，鬮音以竽。'八能曰'諾'。五音各三十爲闋。正德曰：'合五音律。'先唱，五音並作，二十五闋，皆音以竽。訖，正德曰：'八能士各言事。'八能士各書板言事。文曰：'臣某言，今月若干日甲乙日冬至，黃鍾之音調，君道得，孝道褒。'商臣、角民、徵事、羽物，各一板。否則召太史令各板書，封以皁囊，送西陛，跪授尚書，施當軒，北面稽首，拜上封事。尚書授侍中常侍迎受，報聞。以小黃門幡麾節度。太史令前白禮畢。制曰'可'。太史令前，稽首曰'諾'。太史命八能士詣太官受賜。陛者以次罷。日夏至禮亦如之。"

【因革】①《宋書·禮三》記曰："魏晉依之。江左以來，未遑修建。"② 秦蕙田《五禮通考》指出："西漢崇重五帝，而不聞有迎氣之制，東漢以下但有五郊迎氣而無特祭五帝之文。"又曰："五郊迎氣之禮，定于永平。"（《吉禮三十一》"五帝"）

永平三年(60)

[制] 正月，帝奉郊祀，登靈臺，見史官，正儀度。（後漢書·顯宗孝明帝紀）

【理據】《孝明帝紀》錄帝詔曰："夫春者，歲之始也。始得其正，則三時有成。"

[嘉] 二月甲子(十九)，立馬氏(貴人)爲皇后，立劉炟爲皇太子。（後漢書·顯宗孝明帝紀、肅宗孝章帝紀、皇后紀上）

[吉] 夏，因旱，鍾離意(尚書僕射)上疏諫止北宮，帝詔北祈明堂，南設雩場，止作諸宮，不久淑雨。（後漢書·鍾離意列傳）

【考釋】李賢注："明堂在洛陽城南，言北祈者，蓋時修雩塲在明堂之南。"

[樂] 八月戊辰(初四)，帝接受曹充上言，改大樂官爲大予樂。（後漢書·顯宗孝明帝紀、曹褒傳，晉志·樂上）

【理據】《曹褒傳》載曹充上言曰："《尚書璇璣鈐》曰：'有帝漢出，德洽作樂，名予。'"

【考釋】①《晉志》記曰：“官之司樂，改名大予，式揚典禮，旁求圖讖，道鄰雅頌，事邇中和。”②《續漢志·禮儀中》劉昭注補引蔡邕《禮樂志》曰：“漢樂四品：一曰大予樂，典郊廟、上陵、殿諸食舉之樂。”“二曰周頌雅樂，典辟雍、饗射、六宗、社稷之樂。”“三曰黃門鼓吹，天子所以宴樂群臣，《詩》所謂‘坎坎鼓我，蹲蹲舞我’者也。其短簫、鐃歌，軍樂也。”《通典·樂一》同。

吉 十月，烝祭光武廟，初奏《文始》、《五行》、《武德》，爲《大武》之舞。（後漢書·顯宗孝明帝紀，通典·樂一）

【因革】《南齊志·樂》記“太廟樂歌辭，《周頌·清廟》一篇，漢《安世歌》十七章是也”，及至此年，“東平王蒼造光武廟登歌一章二十六句，其辭稱述功德”。

永平四年(61)

吉 二月辛亥(初六)，下詔親耕藉田。（後漢書·顯宗孝明帝紀，續漢志·禮儀上）

【儀制】①《續漢志》記曰：“正月始耕。晝漏上水初納，執事告祠先農，已享。耕時，有司請行事，就耕位，天子、三公、九卿、諸侯、百官以次耕。力田種各耰訖，有司告事畢。”《通典·吉禮五》略同。② 李賢注引《漢舊儀》曰：“祠以太牢，百官皆從。皇帝親執耒耜而耕。天子三推，三公五，孤卿七，大夫十二，士庶人終畝。乃致藉田倉，置令丞，以給祭天地宗廟，以爲粢盛。”

又《續漢志·祭祀下》記縣邑所祀曰：“縣邑常以乙未日祠先農於乙地，……用羊豕。”《晉志·禮上》略同。

【因革】此後永平十三年(70)二月又行此禮。

【考釋】《續漢志》所録爲東漢通用之儀，然由其所定“正月”看，頗與具體施行者未相合。

嘉 帝臨辟雍。（後漢書·儒林列傳下）

【考釋】《儒林列傳》記帝於行禮中拜伏恭(太僕)爲司空。

|吉| **風師、雨師及老人星、心星等祠。**（續漢志·祭祀下、禮儀中，晉志·禮上，通典·
吉禮三）

【儀制】《續漢志·祭祀下》記曰："〔縣邑常〕以丙戌日祠風伯於戌地，以己丑日
祠雨師於丑地，用羊豕。"《禮儀中》記曰："仲秋之月，祀老人星于國都南郊老人
廟。季秋之月，祠星于城南壇心星廟。"《晉志》略同。

【因革】《通典》記此後："晉以仲春月祀於國都遠郊老人星廟。季秋祀心星於南
郊壇心星廟。東晉以來配饗南郊，不復特立。"

【考釋】此數祀無法考定施行年月，暫依《通典》合併繫此，亦可與東漢郡縣祠先
農者合觀。

永平六年(63)

|嘉| **正月，劉輔**（沛王）、**劉英**（楚王）、**劉蒼**（東平王）、**劉延**（淮陽王）、**劉京**（琅邪
王）、**劉政**（東海王）、**劉盱**（趙王）、**劉興**（北海王）、**劉石**（齊王）**來朝。**（後漢書·
顯宗孝明帝紀）

|吉| **十月，帝至魯，祠東海恭王陵。十二月，還至陽城，遣使祠中嶽。**
（後漢書·顯宗孝明帝紀）

永平七年(64)

|凶| **正月癸卯**（二十），**皇太后**（陰氏）**去世；二月庚申**（十八），**合葬原陵。**（後漢
書·顯宗孝明帝紀、皇后紀上）

【儀制】①《續漢志·禮儀下》記漢儀曰："太皇太后、皇太后崩，司空以特牲告諡
于祖廟如儀。長樂太僕、少府、大長秋典喪事，三公奉制度，他皆如禮。"《晉志·
禮中》略同。②《續漢志·禮儀下》劉昭注補引丁孚《漢儀》曰："晏駕詔曰：柩將
發於殿，群臣百官陪位，黃門鼓吹三通，鳴鍾鼓，天子舉哀。女侍史官三百人皆

著素，參以白素，引棺挽歌，下殿就車，黄門宦者引以出宮省。太后魂車，鸞路，青羽蓋，駟馬，龍旂九斿，前有方相，鳳皇車，大將軍妻參乘，太僕妻御，女騎夾轂悉道。公卿百官如天子郊鹵簿儀。"《通典·凶禮一》同。又《宋志·禮五》引應劭《漢官》節引輿服之制，《通典·嘉禮十》自注同。

永平八年(65)

嘉 十月丙子(初四)，帝至辟雍，養三老、五更。(後漢書·顯宗孝明帝紀)

凶 十月丙子，下詔死罪者令贖罪，劉英(楚王)遣郎中令奉黄縑、白紈三十匹爲贖罪，帝詔令助沙門之盛饌。(後漢書·光武十王列傳、顯宗孝明帝紀，資治通鑑·漢紀三十七)

【理據】《通鑑》記其背景曰："初，帝聞西域有神，其名曰佛，因遣使之天竺求其道，得其書及沙門以來。……善爲宏闊勝大之言，以勸誘愚俗。精於其道者，號曰沙門。於是中國始傳其術，圖其形像，而王公貴人，獨楚王英最先好之。"

軍 十月壬寅(晦，三十)，日有蝕之，帝下詔引咎，群臣上封事言得失，帝覽章，班示百官。(後漢書·顯宗孝明帝紀)

【理據】《孝明帝紀》録帝詔曰："日食之變，其災尤大，《春秋》圖讖所爲至譴。"

永平九年(66)

嘉 爲四姓小侯開立學校，置五經師。(後漢書·顯宗孝明帝紀)

制 鮑德修起橫舍，備俎豆黻冕，行禮奏樂，又尊饗國老，宴會諸儒。

(後漢書·鮑永列傳)

【考釋】此事未詳年月，鮑德生卒年無考，據《鮑永列傳》記"時郡學久廢"，和前後事件大致推排於此。

永平十年(67)

吉 閏十月，帝南巡狩至南陽，祠章陵，又祠舊宅。（後漢書·顯宗孝明帝紀）

【儀制】《孝明帝紀》記曰："禮畢，召校官弟子作雅樂，奏《鹿鳴》，帝自御塤篪和之。"

嘉 閏十月，帝至南頓，勞饗三老、官屬。（後漢書·顯宗孝明帝紀）

凶 丁琳（陵陽侯）去世，既葬，其子丁鴻掛縗絰於冢廬而逃去，讓國於弟。（後漢書·桓榮丁鴻列傳）

【考釋】後經鮑駿勸諫，丁鴻乃回國，教授經學。

永平十一年(68)

嘉 正月，劉輔（沛王）、劉英（楚王）、劉康（濟南王）、劉蒼（東平王）、劉延（淮陽王）、劉焉（中山王）、劉京（琅邪王）、劉政（東海王）來朝。（後漢書·顯宗孝明帝紀）

永平十二年(69)

凶 五月，下詔節省喪禮之用。（後漢書·顯宗孝明帝紀）

【理據】《孝明帝紀》錄帝詔曰："曾、閔奉親，竭歡致養；仲尼葬子，有棺無椁。喪貴致哀，禮存寧儉。今百姓送終之制，競爲奢靡。生者無擔石之儲，而財力盡於墳土。伏臘無糟糠，而牲牢兼於一奠。糜破積世之業，以供終朝之費，子孫飢寒，絕命於此，豈祖考之意哉！又車服制度，恣極耳目。田荒不耕，游食者衆。"

永平十三年(70)

吉 二月，帝耕於藉田。（後漢書·顯宗孝明帝紀）

吉 四月乙酉(初八)，下詔薦嘉玉絜牲，以禮河神。（後漢書·顯宗孝明帝紀）

永平十四年(71)

凶 初作壽陵。（後漢書·顯宗孝明帝紀）

【儀制】《孝明帝紀》輯曰："帝初作壽陵，制令流水而已，石椁廣一丈二尺，長二丈五尺，無得起墳。萬年之後，埽地而祭，杅水脯糒而已。過百日，唯四時設奠，置吏卒數人供給灑埽，勿開修道。敢有所興作者，以擅議宗廟法從事。"

永平十五年(72)

吉 二月癸亥(二十七)，帝至彭城，耕於下邳。（後漢書·顯宗孝明帝紀，通典·吉禮五）

吉 三月，帝至魯，於孔子宅祀孔子及七十二弟子。（後漢書·顯宗孝明帝紀）

【儀制】李賢注引《漢春秋》曰："帝時升廟立，群臣中庭北面，皆再拜，帝進爵而後坐。"《後漢書》又記曰：祀畢，"親御講堂，命皇太子、諸王說經。"

吉 三月，帝至魯，祠東海恭王陵；至定陶，祠定陶恭王陵。（後漢書·顯宗孝明帝紀）

軍 冬，車騎校獵於上林苑。（後漢書·顯宗孝明帝紀）

永平十六年(73)

吉 二月，祭肜去世，遼東吏民爲之立祠，四時奉祭。（後漢書·祭遵列傳，資
治通鑑·漢紀三十七）

【理據】《祭遵列傳》記祭肜任遼東太守三十年，"肜爲人質厚重毅，體貌絕衆，撫
夷狄以恩信，皆畏而愛之，故得其死力"；在祭肜去世後，"烏桓、鮮卑追思肜無
已，每朝賀京師，常過冢拜謁，仰天號泣乃去"。

永平十七年(74)

吉 正月，當謁原陵，帝夜夢先帝、太后如平生歡，明日，遂率百官上
陵。（後漢書·皇后紀、顯宗孝明帝紀）

【儀制】《皇后紀》記曰："其日，降甘露於陵樹，帝令百官采取以薦。"

嘉 五月戊子(初五)，公卿百官並集朝堂，奉觴上壽。（後漢書·顯宗孝明帝紀）

【理據】《孝明帝紀》記曰："是歲，甘露仍降，樹枝內附，芝草生殿前，神雀五色翔
集京師。西南夷哀牢、儋耳、僬僥、槃木、白狼、動黏諸種，前後慕義貢獻。西域
諸國遣子入侍。"

永平十八年(75)

吉 四月己未(十一)，因自春以來不雨，下詔二千石分禱五嶽四瀆。（後漢
書·顯宗孝明帝紀）

【儀制】《孝明帝紀》錄帝詔尚曰："郡界有名山大川能興雲致雨者，長吏各絜齋
禱請。"

【考釋】《孝明帝紀》錄帝詔言同時所行："其賜天下男子爵，人二級，及流民無名

數欲占者人一級；鰥寡孤獨、篤癃，貧不能自存者粟，人三斛。理冤獄，録輕繫。"

【論評】秦蕙田《五禮通考》評曰："後世祈雨之法不一，類皆巫覡、方士之術。永平之詔以恤鰥寡，理冤獄爲先，可謂知要矣。"（《吉禮二十二》"大雩"）

凶 八月壬子（初六），**帝去世於東宮前殿，太子即位；壬戌（十六），葬於顯節陵。**（後漢書·顯宗孝明帝紀、肅宗孝章帝紀）

章帝（肅宗，劉炟，明帝第五子）

軍 十一月甲辰（晦,三十），**日有蝕之，帝避正殿，寢兵，不聽事五日，下詔有司上封事。**（後漢書·肅宗孝章帝紀）

吉 十二月癸巳（二十），**有司奏宜尊明帝爲顯宗廟，四時禘祫於光武廟，間祀則還，共進武德之舞，制可。**（後漢書·肅宗孝章帝紀,通典·吉禮六）

【儀制】①《孝明帝紀》記明帝臨終遺詔："無起寢廟，藏主於光烈皇后更衣別室。"《續漢志》述之則曰："遵儉，無起寢廟，藏主於世祖廟更衣"。② 李賢注引《續漢書》曰："四時正祭外，有五月嘗麥，三伏、立秋嘗粢盛酎，十月嘗稻等，謂之間祀，即各于更衣之殿。更衣者，非正處也。"

【因革】①《續漢志》記曰："章帝臨崩，遺詔無起寢廟，廟如先帝故事。和帝即位不敢違，上尊號曰肅宗。後帝承尊，皆藏主于世祖廟，積多無別，是後顯宗但爲陵寢之號。"具體而言，明帝（顯宗）、章帝（肅宗）、和帝（穆宗）、安帝（恭宗）、順帝（敬宗）、桓帝（威宗）去世，皆藏主於世祖廟，至靈帝時，"京都四時所祭高廟五主，世祖廟七主"。②《孝章帝紀》録有司奏曰："如孝文皇帝祫祭高廟故事。"

又秦蕙田《五禮通考》引邱濬曰："古者天子七廟，各自爲室，自漢明帝以後，始爲同堂異室之制，行之千百餘年。"故秦曰："東漢明、章廟制，古今一大更易也。"（《吉禮七十八》"宗廟制度"）

【理據】楊寬論曰："明帝臨終下遺詔，説是爲了節儉不起寢廟，把神主藏到光武廟中光烈皇后（明帝之母）的更衣室中。所説節儉不過是個藉口，主要原因還是由

於推行上陵禮之後，宗廟已失去了重要作用。"(《中國古代陵寢制度史》，第 41—42 頁)

【論評】楊寬進而論曰："明帝對宗廟制度的改革，不但廢除了西漢時期在'陵旁立廟'的制度，取消了爲每個祖先建立一廟的辦法，而且破壞了長期以來皇帝祖廟實行'天子七廟'之制，從此把許多祖先的神主供奉在一個祖廟（太廟）裏，實行'同堂異室'的供奉辦法。……實際上東漢以後，帝王對祖先的祭祀更加隆重，祇是把這種隆重的祭祀典禮從宗廟遷移到了陵寢，使宗廟失去了重要作用。"

(《中國古代陵寢制度史》，第 42 頁)

建初二年(77)

嘉 **冬，行饗禮，以伏恭爲三老。**（後漢書·儒林列傳下）

建初三年(78)

吉 **正月己酉**（十七），**宗祀明堂。**（後漢書·肅宗孝章帝紀）

【儀制】《孝章帝紀》記曰："禮畢，登靈臺，望雲物。"

嘉 **三月癸巳**（初二），**立竇氏**（貴人）**爲皇后。**（後漢書·肅宗孝章帝紀、皇后紀上）

樂 **鮑鄴請用旋宮之樂。**（通典·樂二）

【因革】《通典》記至順帝陽嘉二年(133)復廢。

【考釋】《通典·樂四》推論曰："漢章、和代實用旋宮，漢代群儒備言其義，牛弘、祖孝孫所由準的，知漢代之樂爲最備矣。後漢則亡矣。"

建初四年(79)

嘉 **四月戊子**（初四），**立劉慶爲皇太子。**（後漢書·肅宗孝章帝紀）

凶 六月癸丑(三十)，皇太后(馬氏)去世；七月戊辰(十五)，合葬顯節陵。

(後漢書·肅宗孝章帝紀、皇后紀上)

制 十一月，將、大夫、博士、議郎、郎官及諸生、諸儒會白虎觀，講
議五經同異，帝親稱制臨決。(後漢書·肅宗孝章帝紀)

【因革】《孝章帝紀》記曰："如孝宣甘露石渠故事。"

建初五年(80)

樂 冬，始行月令迎氣樂。(後漢書·肅宗孝章帝紀、馬援列傳)

建初六年(81)

嘉 正月，馬鉅(光祿勳馬防之子)當冠，特拜爲黃門侍郎，帝至章臺下殿，
陳鼎俎，親臨冠之。(後漢書·馬援列傳)

【論評】秦蕙田《五禮通考》論曰："皇帝臨冠廷臣止此。"(《吉禮一百四十九》"冠禮")

建初七年(82)

嘉 正月，劉輔(沛王)、劉康(濟南王)、劉蒼(東平王)、劉焉(中山王)、劉政(東海
王)、劉宇(琅邪王)來朝。(後漢書·肅宗孝章帝紀、光武十王列傳)

【儀制】《光武十王列傳》記曰："帝以[劉]蒼冒涉寒露，遣謁者賜貂裘，及太官食
物珍果，使大鴻臚竇固持節郊迎。帝乃親自循行邸第，豫設帷牀，其錢帛器物無
不充備。"又曰："蒼既至，升殿乃拜，天子親荅之。其後諸王入宮，輒以輦迎，至
省閣乃下。"又曰："三月，大鴻臚奏遣諸王歸國，帝特留蒼。"

嘉 六月甲寅(十八)，廢皇太子(劉慶)爲清河王，立劉肇爲皇太子。(後漢

書·肅宗孝章帝紀）

【因革】王夫之《讀通鑑論》（卷七）論曰：“光武以郭后失寵而廢太子彊，群臣莫敢爭者。幸而明帝之賢，得以揜光武之過。而法之不臧，禍發於異世，故章帝廢慶立肇，而群臣亦無敢爭焉。嗚呼！肇之賢不肖且勿論也，章帝崩，肇甫十歲，而嗣大位，欲不倒太阿以授之婦人而不能。終漢之世，沖、質、蠡吾、解瀆皆以童昏嗣立，權臣哲婦貪幼少之尸位，以唯其所爲，而東漢無一日之治。此其禍章帝始之，而實光武貽之也。”

吉 八月，飲酎高廟，禘祭光武帝、明帝於高廟。（後漢書·肅宗孝章帝紀）

【儀制】①《後漢書》李賢注引《前書》曰：“高廟飲酎，奏《武德》、《五行》之舞。”②《續漢志·禮儀上》“八月飲酎，上陵”下劉昭注補引《漢舊儀》曰：“皇帝惟八月酎。車駕夕牲，牛以絳衣之。皇帝暮視牲，以鑑燧取水於月，以火燧取火於日，爲明水火。左袒，以水沃牛右肩，手執鸞刀，以切牛毛薦之，而即更衣，侍中上熟，乃祀。”《通典·吉禮十一》自注略同。

【考釋】《通典·吉禮十一》自注引丁孚《漢儀》曰：“酎金律，文帝所加，以正月朝作酒，八月成，名酎酒。因令諸侯助祭貢金。”

【論評】秦蕙田《五禮通考》論曰：“《公羊傳》：‘毀廟之主陳於太祖，未毀廟之主皆升合食太祖，謂之大祫。’漢制但以毀廟主合食，未毀廟之主不合食，義無所裁。後漢張純亦不能是正。又禘、祫雖有冬夏之分，祭之時俱但陳毀廟主，仍以禘祫相混，名雖分而實未異也。”（《吉禮九十八》“禘祫”）

吉 十月丙辰（二十二），帝至長安，祠高廟，上十一陵。又遣使祠太上皇於萬年，以中牢祠蕭何、霍光。（後漢書·肅宗孝章帝紀）

建初八年(83)

凶 正月壬辰（二十九），劉蒼（東平王，帝同母弟）去世；三月辛卯（二十九），下葬，賜鑾輅、乘馬、龍旂、虎賁百人。（後漢書·肅宗孝章帝紀、光武十王列傳）

【儀制】《光武十王列傳》記曰："遣大鴻臚持節，五官中郎將副監喪，及將作使者凡六人，令四姓小侯諸國王主悉會詣東平奔喪，賜錢前後一億，布九萬匹。"

嘉 下詔選高才生受學《左氏》、穀梁《春秋》、古文《尚書》、毛《詩》，以扶微學。(後漢書·顯宗孝明帝紀)

元和元年(84)

賓 正月，劉焉(中山王)來朝。(後漢書·肅宗孝章帝紀)

吉 九月辛丑(十八)，帝至章陵，祠舊宅園廟。(後漢書·肅宗孝章帝紀)

吉 十月，令廬江太守祠南嶽，又令長沙、零陵太守祠長沙定王、春陵節侯、鬱林府君。(後漢書·肅宗孝章帝紀)

吉 班固(玄武司馬)奏用《周頌·載芟》，祠先農。(南齊志·樂，通典·樂一)

樂 殷肜(待詔候鍾律)上言無樂官曉六十律以準調音者，建議召嚴宣補學官，主調樂器，未成。(續漢志·律曆上、宋志·律曆上)

【因革】《續漢志》記曰："太史丞弘試十二律，其二中，其四不中，其六不知何律，[嚴]宣遂罷。自此律家莫能爲準施弦，候部莫知復見。"按弘，不知其姓。

元和二年(85)

吉 正月，下詔議增修群祀。(續漢志·祭祀中，後漢書·肅宗孝章帝紀，通典·吉禮五)

【因革】《後漢書》錄帝詔曰："今山川鬼神應典禮者，尚未盡秩。"《續漢志》略同。

【考釋】《後漢書》錄此詔在此年二月下。

制 二月甲寅(初四)，始用四分曆。(後漢書·肅宗孝章帝紀)

【因革】《宋志·律曆中》記曰："光武建武八年，太僕朱浮上言曆紀不正，宜當改治。

時所差尚微,未遑考正。明帝永平中,待詔楊岑、張盛、景防等典治曆,但改易加時弦望,未能綜校曆元也。至元和二年,太初失天益遠,宿度相覺浸多,候者皆知日宿差五度,冬至之日在斗二十一度,晦朔弦望,先天一日。章帝召治曆編訢、李梵等綜校其狀。……於是四分法施行。黃帝以來諸曆以爲冬至在牽牛初者皆黜焉。"

嘉 **二月丙辰**(初六),**帝至東郡,引張酺及門生、郡縣摶史並會庭中,帝先備弟子之禮,使張酺講《尚書》一篇,然後修君臣之禮。**(後漢書·肅宗孝章帝紀、張酺列傳)

【理據】《張酺列傳》記此前,"顯宗爲四姓小侯開學於南宮,置五經師。酺以尚書教授,數講於御前,……遂令入授皇太子",可見帝在皇太子時受教於張酺。

吉 **二月乙丑**(十五),**帝耕於定陶。**(後漢書·肅宗孝章帝紀)

吉 **二月,東巡狩,遣使祠唐堯於濟陰**(成陽縣)**靈臺。**(後漢書·肅宗孝章帝紀,通典·吉禮十二、吉禮十三)

【儀制】《通典》二節均記曰:"使使者奉一太牢。"

吉 **二月,帝至泰山,修光武山南壇兆。辛未**(二十一),**柴祀天地群神。壬申**(二十二),**宗祀五帝於汶上明堂。癸酉**(二十三),**告祠二祖、四宗於明堂,各一太牢。**(續漢志·祭祀中,後漢書·肅宗孝章帝紀,通典·吉禮三、吉禮十三)

【因革】① 此年所祀五帝於汶上明堂,即西漢武帝元封五年(前106)所修者,《續漢志》記其儀"光武帝配,如雒陽明堂禮",此則是永平二年(59)所行用者。② 《續漢志》記此年"柴祭天地群神如故事",此後"和帝無所增改"。

【考釋】二祖、四宗分別指高祖、太宗(文帝)、世宗(武帝)、中宗(宣帝)、世祖、顯宗(明帝)。

【論評】秦蕙田《五禮通考》論曰:"人君將出,必告祭宗廟,其歸,有飲至之禮,出告反面之義也。章帝于巡幸所至,告祀祖宗于明堂,失其意矣。"(《吉禮二十五》"明堂")

吉 **三月己丑**(初十),**帝至魯,祠東海恭王陵;壬辰**(十三),**至東平,祠憲王陵;甲午**(十五),**遣使祠定陶太后、恭王陵。**(後漢書·肅宗孝章帝紀)

吉 **三月庚寅**(十一),**帝過魯至闕里,以太牢祠孔子及七十二弟子。**(後漢

書·肅宗孝章帝紀、儒林列傳上,續漢志·祭祀中,通典·吉禮十二、吉禮十三)

【儀制】《儒林列傳》記曰:"作六代之樂,大會孔氏男子二十以上者六十三人,命儒者講《論語》。"

【考釋】《通典》作"二月",誤,此蓋係杜氏纂抄自《續漢志》,而未檢《後漢書》本紀所致。

吉 至沛,使使者祠桓譚冢。（後漢書·桓譚列傳）

吉 四月庚申（十一），還京,告祠高廟、世祖廟。（續漢志·祭祀中,後漢書·肅宗孝章帝紀,通典·吉禮十三）

【儀制】《續漢志》記曰:"各一特牛。"

又《宋志·樂一》於此年下記曰:"宗廟樂,故事,食畢有《鹿鳴》、《承元氣》二曲。"

吉 九月丙申（二十），帝徵劉康（濟南王）、劉焉（中山王），烝祭。（後漢書·肅宗孝章帝紀）

制 帝下詔欲制定禮樂,曹褒（博士）上疏,然爲巢堪（太常）所否決。明年,曹氏復上疏,又未得從。（後漢書·曹褒列傳）

【考釋】《曹褒列傳》記此事始末曰:"會肅宗欲制定禮樂,元和二年下詔,……褒知帝旨欲有興作,乃上疏,……章下太常,太常巢堪以爲一世大典,非褒所定,不可許。"於是,此後"帝知群僚拘攣,難與圖始,朝廷禮憲,宜時刊立,明年復下詔曰:'……漢遭秦餘,禮壞樂崩,且因循故事,未可觀省,有知其說者,各盡所能。'褒省詔,……遂復上疏,具陳禮樂之本,制改之意。拜褒侍中,從駕南巡,既還,以事下三公,未及奏,詔召玄武司馬班固,問改定禮制之宜。固曰:'京師諸儒,多能說禮,宜廣招集,共議得失。'帝曰:'諺言"作舍道邊,三年不成",會禮之家,名爲聚訟,互生疑異,筆不得下。昔堯作大章,一夔足矣。'"至此,章帝心意已決。

元和三年(86)

吉 正月辛丑（二十七），帝北巡狩,耕於懷。（後漢書·肅宗孝章帝紀,通典·吉禮五）

【考釋】《孝章帝紀》記濟南王(劉康)、中山王(劉焉)、西平王(劉羨)、六安王(劉恭)、樂成王(劉黨)、淮陽王(劉昞)、任城王(劉尚)、沛王(劉定)皆從。

吉 帝東巡狩，上劉蒼(故東平憲王)陵。(後漢書·光武十王列傳)

【考釋】《光武十王列傳》記曰："遂幸蒼陵，爲陳虎賁、鸞輅、龍旂，以章顯之，祠以太牢，親拜祠坐，哭泣盡哀，賜御劍虞于陵前。"

【論評】《崔駰列傳》記曰："元和中，肅宗始修古禮，巡狩方岳。駰上《四巡頌》以稱漢德。"

吉 二月戊辰(二十四)，帝至中山，遣使者祠北嶽。(後漢書·肅宗孝章帝紀)

吉 二月癸酉(二十九)，帝至元氏(帝之所生地)，祠光武帝、孝明帝於縣舍正堂；甲戌(三十)，又祠孝明帝於始生堂，皆奏樂。(後漢書·肅宗孝章帝紀)

吉 三月丙子(初三)，下詔使高邑令祠光武帝於即位壇。(後漢書·肅宗孝章帝紀)

吉 三月庚辰(初七)，祠房山於靈壽。(後漢書·肅宗孝章帝紀)

【考釋】《孝章帝紀》李賢注曰："房山，……俗名王母山，上有王母祠。"

章和元年(87)

制 正月，帝敕曹褒(侍中)依叔孫通所制《漢儀》十二篇條正，使可施行；十二月，曹褒上奏《漢禮》一百五十篇。(後漢書·曹褒列傳)

【理據】《曹褒列傳》記曰："褒既受命，乃次序禮事，依準舊典，雜以五經讖記之文，撰次天子至於庶人冠婚吉凶終始制度，以爲百五十篇，寫以二尺四寸簡。"甘懷真釋曰："所謂舊典是指漢朝官方所有的禮儀書，尤其是叔孫通《漢儀》。其中特別值得重視的是讖諱。……這本《漢禮》的主要經學依據當來自緯書，故此次制禮可視爲讖諱信仰的產物。"(《皇權、禮儀與經典詮釋》，第70頁)

【考釋】①《曹褒列傳》記曹褒少時"博雅疏通，尤好禮學。常感朝廷制度未備，慕叔孫通爲漢禮儀,晝夜研精,沈吟專思,寢則懷抱筆札,行則誦習文書,當其念至,忘所之適"。② 又記曰:"帝以觸論難一,故但納之,不復令有司平奏。"可見曹襃所撰新禮僅部分施用,且未能傳用,《宋志·禮一》記曰:"漢順帝冠,又兼用曹襃新禮。襃新禮今不存。"

【因革】《曹襃列傳》總論漢代制禮曰:"漢初天下創定,朝制無文,叔孫通頗采經禮,參酌秦法,雖適物觀時,有救崩敝,然先王之容典蓋多闕矣,是以賈誼、仲舒、王吉、劉向之徒,懷憤嘆息所不能已也。資文、宣之遠圖明懿,而終莫或用,故知自燕而觀,有不盡矣。孝章永言前王,明發興作,專命禮臣,撰定國憲,洋洋乎盛德之事焉。"

又宋徐天麟概述光武帝以來制禮之概況曰:"世祖中興,張純定郊廟冠昏之制,東平王創制車服冠冕之儀,殘缺之餘,賴以正定。建武末年,初建三雍;顯宗即位,親行其禮。天子始冠通天,衣日月,備法物之駕,盛清道之儀,威儀既盛美矣。然而中和之化未流,禮樂之文未備,識者猶有憾焉。永平三年,始用曹充之言,正名大予樂,而其説乃出於《尚書璇璣鈐》。肅宗時,曹襃撰次禮制爲百五十卷,而乃雜以五經、讖記之文,故張酺劾其破亂聖術,竟寢不行。雖曹氏父子溺于時好,而不能守先儒純正之論,要亦上之人實有以啓之也。"(《東漢會要》卷三)

【論評】王夫之《讀通鑑論》(卷七)論曰:"襃之禮,吾知其必有疵也;雖然,吾知其必有得也。應劭、蔡邕之所傳,語而不詳,永嘉之後,夷禮雜附,而天道人事終於昏翳,惜哉! 使襃之禮而傳也,辨其失,存其得,考其異,驗其同,後之人猶有徵焉。張酺以迂執之説致其湮没,是亦古今之大缺陷矣。"

又沈文倬認爲:董鈞、曹充、曹襃"三人是一脈相承的,都是叔孫通定漢儀的繼承者,他們都不是今文《禮》的學者","董鈞、曹充的'參議',更不過是一些祀典中的'禮儀'、'威儀章服',曹襃的'撰次',顯然祇是叔孫通《漢禮儀》的抄襲和輯録。總起來説,東漢重修的禮儀,事實上仍然是秦儀的復現","與十七篇古禮的性質完全不同"(《從漢初今文經的形成説到兩漢今文〈禮〉的傳授》,《菿闇文存》,第548、551—552頁)。

楊志剛則從另一個角度指出曹襃"撰次天子至於庶人冠婚吉凶終始制度","此

事却折射出禮制的下傳和普及”，“由此，禮制向民間和大衆傳播、滲透，統一化
的婚喪嫁娶、處事爲人的禮儀規則，逐漸爲社會認同、遵循、仿效、參照”（《中國禮
儀制度研究》，第 156 頁）。

嘉 七月，養衰老。（後漢書·肅宗孝章帝紀）

【儀制】《孝章帝紀》記曰：“授几杖，行糜粥飲食。其賜高年二人共布帛各一匹，
以爲醴酪。”

吉 八月，帝南巡狩，壬午（十七），遣使祠昭靈后於小黃園；己丑（二十
四），遣使祠沛高原廟；乙未（三十），至沛，祠獻王陵。（後漢書·肅宗孝章
帝紀）

章和二年(88)

嘉 正月，劉康（濟南王）、劉延（阜陵王）、劉焉（中山王）來朝。（後漢書·肅宗孝章
帝紀）

凶 二月壬辰（三十），帝去世於章德前殿，遺詔勿起寢廟，太子即位；
三月癸卯（十一），葬於敬陵。（後漢書·肅宗孝章帝紀、孝和孝殤帝紀）

和帝(穆宗，劉肇，章帝第四子)

吉 四月丙子（十五），謁高廟；丁丑（十六），謁世祖廟。（後漢書·孝和孝殤帝紀）

永元二年(90)

凶 六月辛卯（十二），劉焉（中山王）去世，賻錢一億，下詔劉康（濟南王）、劉

政(東海王)會葬，大修冢塋，開神道。(後漢書·光武十王列傳、孝和孝殤帝紀)

【考釋】《光武十王列傳》記曰："平夷吏人冢墓以千數，作者萬餘人。發常山、鉅鹿、涿郡柏黄腸雜木，三郡不能備，復調餘州郡工徒及送致者數千人。凡徵發搖動六州十八郡，制度餘國莫及。"

永元三年(91)

嘉 正月甲子(十九)，帝加元服。(後漢書·孝和孝殤帝紀,通典·嘉禮一)

【儀制】①《續漢志·禮儀上》記冠禮通儀曰："正月甲子若丙子爲吉日，可加元服，儀從《冠禮》。乘輿初加緇布進賢，次爵弁，次武弁，次通天。冠訖，皆於高祖廟如禮謁。"按可見漢時冠禮四加。② 李賢注引《東觀記》曰："時太后詔袁安(司徒)爲賓，賜束帛、乘馬。"③《通典》記曰："和帝冠以正月甲子，乘金根車，駕六玄虯，至廟成禮，乃迴軫反宮，朝服以饗宴，撞太蔟之庭鐘，咸獻壽焉。"

【考釋】帝即位時年 10 歲，至今 13 歲。

【因革】此年所行當即依章和元年(87)曹褒所撰新禮。

吉 十一月癸卯(初二)，祠高廟，上十一陵。(後漢書·孝和孝殤帝紀)

永元四年(92)

賓 正月，北匈奴於除鞬(右谷蠡王)自立爲單于，帝遣耿夔(大將軍左校尉)授璽綬。(後漢書·孝和孝殤帝紀)

【考釋】於除鞬於明年九月，被討滅。

凶 曹褒任射聲校尉，爲建武以來絕無後、停棺不葬者，買地營葬，設祭以祀之。(後漢書·曹褒列傳)

永元五年(93)

吉 正月乙亥(十一)，宗祀五帝於明堂，登靈臺。(後漢書・孝和孝殤帝紀)

制 十一月乙丑(十二)，張酺(太僕)、張敏(尚書)等奏曹褒擅制《漢禮》，破亂聖術，宜加刑誅。(後漢書・曹褒列傳,資治通鑑・漢紀四十)

【因革】《曹褒列傳》記曰："帝雖寢其奏,而《漢禮》遂不行。"

【論評】王夫之《讀通鑑論》(卷七)評曰："章帝命曹褒制《漢禮》,不參群議,斷自上裁,而褒雜引五經、旁及讖緯以成之。和帝之加元服,亦既用之矣,張酺奏褒擅制、破亂聖術而廢之,褒所定禮遂不傳於世,亦可惜矣! 褒之引讖緯以定彝典,其說今閒見於鄭玄,加號上帝以耀寶魄之類,誠陋矣;若其雜引五經以參同異者,初未嘗失。而酺以專家保殘之學,屈公義以伸其私說,其不能通於吉凶哀樂之大用也庸愈乎?"

張文昌《制禮以教天下》論曰："曹褒《漢禮》之所以不行,除了政爭外,主要是因為儒士對於國家禮典呈現的方式,以及禮典的編撰體例,當時尚未形成共識所致。因此曹褒的《漢禮》雖未獲行用,至少代表漢代已經跨出自訂禮典,讓漢儀成為體系化和成文化規範的第一步。從東漢嘗試制禮,且屢遭波折的過程中,可以探索出國家禮典内容所應具備的要件,包括了統治者之天命、祖德、以及儒家學者的經學共識。"(第二章,第48頁)

永元六年(94)

制 陳寵(廷尉)復校律令,奏除刑法溢出《吕刑》者一千九百八十九事。(晉志・刑法,通典・刑法一)

【因革】《晉志》記此前,陳寵即上疏請減少刑律,"帝納寵言,決罪行刑,務於寬厚。其後遂詔有司,禁絕鉆鑽諸酷痛舊制,解祅惡之禁,除文致之請,讞五十餘事,定著于令。是後獄法和平"。此年陳寵上奏,"未及施行,會寵抵罪,遂寢"。此後永初中,其子陳忠爲尚書,"略依寵意,奏上三十三條,爲《決事比》,以省請讞之弊。又上除蠶室刑,解贓吏三世禁錮,狂易殺人得減重論,母子兄弟相代死聽赦所代者,事皆施行"。

【理據】《晉志》録陳寵奏曰:"刑法繁多,宜令三公、廷尉集平律令,應經合義可施行者,大辟二百,耐罪、贖罪二千八百,合爲三千,與禮相應。……使百姓改易視聽,以成大化,致刑措之美,傳之無窮。"

永元七年(95)

軍 四月辛亥(初一),日有蝕之,帝引見公卿,令將、大夫、御史、謁者、博士、議郎、郎官會廷中,各言封事。(後漢書·孝和孝殤帝紀)

永元八年(96)

嘉 二月己丑,立陰氏(貴人)爲皇后。(後漢書·孝和孝殤帝紀、皇后紀上)

【考釋】此年二月丁未朔,無己丑日。

永元九年(97)

嘉 八月,飲酎,齋會章臺。(後漢書·魯恭列傳)

【因革】《孝和帝紀》記去年八月,亦飲酎。

凶 閏八月辛巳(十四),皇太后(竇氏)去世;將葬,張酺(太尉)、劉方(司徒)、張奮(司空)上奏以爲不宜合葬章帝,帝詔不從;丙申(二十九),合葬敬陵。(後漢書·孝和孝殤帝紀、皇后紀上)

凶 九月甲子（二十八），追尊皇妣梁貴人曰恭懷皇后；十月乙酉（十九），改葬於西陵。（後漢書·孝和孝殤帝紀、皇后紀上，續漢志·祭祀下）

【儀制】①《皇后紀》記曰："帝以貴人酷沒，斂葬禮闕，乃改殯於承光宮，……追服喪制，百官縞素，與姊大貴人俱葬西陵，儀比敬園。"②《章帝八王列傳》記廢太子劉慶，"常以貴人葬禮有闕，每竊感恨，至四節伏臘，輒祭於私室。竇氏誅後，始使乳母於城北遙祠。及竇太后崩，慶求上冢致哀，帝許之，詔太官四時給祭具。……欲求作祠堂，恐有自同恭懷梁后之嫌，遂不敢言。常泣向左右，以爲沒齒之恨"。

【因革】別就陵寢祭祀之制起於漢和帝時，《續漢志》記之後安帝"以清河孝王子即位，建光元年，追尊其祖母宋貴人曰敬隱后，陵曰敬北陵。亦就陵寢祭，太常領如西陵。追尊父清河孝王曰孝德皇，母曰孝德后，清河嗣王奉祭而已"，順帝即位，"追尊其母曰恭湣后，陵曰恭北陵，就陵寢祭，如敬北陵"。又殤帝、沖帝、質帝未成年而去世，亦不列於廟，就陵寢祭之。故至靈帝時有"少帝三陵，追尊后三陵"。

【論評】秦蕙田《五禮通考》論曰："和帝尊崇所生，而仍不徇群臣之請上黜太后，大分既昭，私恩亦盡，可謂斟情酌理者矣。"（《吉禮一百二》"后妃廟"）

又王夫之《讀通鑑論》（卷七）評曰："漢清河王慶，其賢矣。夫慶之廢，章帝之私也。慶廢而安於廢，母以誣死而不怨，怡然與和帝相友愛而篤其敬，竇后沒，和帝崇梁氏之禮，慶垂涕念母，欲求作祠堂而守禮不敢言，和帝崩，立襁褓之子於民間，而無所窺望，庶幾乎知命而安土以敦仁者乎！"

凶 追尊恭懷皇后之父（梁竦）爲褒親愍侯，建塋於西陵旁，改葬，帝親臨送葬，百官畢會。（後漢書·梁統列傳）

【儀制】《梁統列傳》記曰："遣中謁者與嫕及扈，備禮西迎竦喪，詣京師改殯，賜東園畫棺、玉匣、衣衾。"

嘉 陳思王劉鈞立，行天子大射禮，高慎（陳國戶曹史）上諫，未從。（後漢書·孝明八王列傳）

【儀制】李賢注曰："天子將祭，擇士而祭，謂之大射。大射之禮，張三侯，虎侯、熊侯、豹侯，示服猛也，皆以其皮方制之。樂用《騶虞》，九節。"

【理據】李賢注引《謝承書》載高慎諫國相曰："諸侯射豕,天子射熊,八彝六樽,禮數不同。昔季氏設朱干玉戚以舞《大夏》。《左傳》曰:'唯名與器,不可以假人。'奢僭之漸,不可聽也。"然而"諫爭不合,爲王所非,坐司寇罪"。

【論評】《孝明八王列傳》稱"鈞立,多不法"。

永元十三年(101)

制 張奮(太常)上疏條考禮樂異議三事,未施行。 (後漢書·張純列傳)

【考釋】《張純列傳》載永元九年(97)張奮被罷在家時即上疏言宜制定禮樂大典,至此年召拜太常,故復上疏,此年冬復以病罷,明年即去世。

【因革】《張純列傳》録張奮於九年上疏曰:"聖人所美,政道至要,本在禮樂。五經同歸,而禮樂之用尤急。……臣以爲漢當制作禮樂。"

【因革】《張純列傳》録張奮上疏曰:"昔者孝武皇帝、光武皇帝封禪告成,而禮樂不定,事不相副。先帝已詔曹褒,今陛下但奉而成之,……非自爲制,誠無所疑。"

永元十四年(102)

嘉 三月戊辰(二十七),帝臨辟雍,饗射。 (後漢書·孝和孝殤帝紀)

凶 六月辛卯(二十二),皇后陰氏廢,遷於桐宫,去世,葬於臨平亭部。

(後漢書·孝和孝殤帝紀、皇后紀上)

嘉 十月辛卯(二十四),立鄧氏(貴人)爲皇后。 (後漢書·孝和孝殤帝紀、皇后紀上)

永元十五年(103)

吉 十月戊申(十七),帝至章陵,祠舊宅;癸丑(二十二),祠園廟,會宗室

於舊廬，作樂。（後漢書·孝和孝殤帝紀）

永元十六年（104）

制 二月己未（三十），下詔兗、豫、徐、冀四州連年雨多傷稼，禁沽酒。

（後漢書·孝和孝殤帝紀）

凶 八月己酉（二十二），張酺（司徒）去世，令其子無起祠堂，帝乘輿縞素臨

弔，賜冢塋地，賵贈甚厚。（後漢書·張酺列傳，資治通鑑·漢紀四十）

元興元年（105）

凶 王渙（洛陽令）病逝，百姓相與賦斂，爲之立祠於安陽亭西。（後漢書·循

吏列傳）

【儀制】《循吏列傳》記曰："百姓市道莫不咨嗟。男女老壯皆相與賦斂,
致奠醊以千數。渙喪西歸,道經弘農,民庶皆設盤桉於路。……民思其德,爲立祠安陽
亭西,每食輒弦歌而薦之。"

【因革】《循吏列傳》記曰："延熹中,桓帝事黃老道,悉毀諸房祀,唯特詔密縣存
故太傅卓茂廟,洛陽留王渙祠焉。"

制 許荆（桂陽太守）爲設喪紀婚姻制度，使知禮禁。（後漢書·循吏列傳）

【考釋】《循吏列傳》記許荆去世後,"桂陽人爲立廟樹碑"。

凶 十二月癸未（二十二），帝去世於章德前殿；明年三月甲申（初七），葬於

慎陵。（後漢書·孝和孝殤帝紀）

嘉 十二月辛未，立劉隆爲皇太子，即日即位。（後漢書·孝和孝殤帝紀）

【考釋】皇子劉隆尚誕生百餘日。

殤帝（劉隆，和帝少子）

延平元年（106）

吉 四月庚申(十三)，下詔罷祀官不在祀典者。（後漢書·孝和孝殤帝紀）

嘉 郡國三十七雨水，六月己未(十三)，太后下詔徹膳損服，減太官、導官、尚方、内署諸服御珍膳靡麗難成之物。（後漢書·孝和孝殤帝紀）

凶 八月辛亥(初六)，帝去世，癸丑(初八)，殯於崇德前殿；九月丙寅，葬於康陵。（後漢書·孝和孝殤帝紀、孝安帝紀）

【考釋】① 《孝安帝紀》李賢注：“陵在慎陵塋中庚地。”② 此年九月乙亥朔，無丙寅日。

安帝（恭宗，劉祜，章帝孫，和帝兄清河王子）

吉 八月辛亥(初六)夜，由鄧騭(車騎將軍)持節以王青蓋車迎清河王子，入宮即位。（後漢書·孝安帝紀）

吉 九月庚子(二十六)，謁高廟；辛丑(二十七)，謁光武廟。（後漢書·孝安帝紀）

凶 十二月甲子(二十一)，劉慶(清河王，帝之生父)去世，使司空持節弔祭，鄧騭(車騎將軍)護喪事；明年三月甲申(十三)，下葬，贈龍旗、虎賁。（後漢書·孝安帝紀）

嘉 十二月乙酉，罷魚龍曼延百戲。（後漢書·孝安帝紀，資治通鑑·漢紀四十一）

【因革】《通鑑》胡注：“武帝元封三年(前108)，作魚麗曼延戲，今罷之。”

【考釋】① 此年十二月甲辰朔，無乙酉日。② 據李賢注引《漢官典職》，知魚龍曼延所指乃九賓樂。

永初元年(107)

制 九月庚午(初一)，下詔禁殫財厚葬；壬午(十三)，下詔太僕、少府減黃門鼓吹，非供宗廟園陵之造作皆止。(後漢書·孝安帝紀)

【理據】《孝安帝紀》記曰："詔三公明申舊令，禁奢侈，無作浮巧之物，殫財厚葬。"又曰："詔太僕、少府減黃門鼓吹，以補羽林士。"

永初三年(109)

嘉 正月庚子(初九)，帝加元服。(後漢書·孝安帝紀)

【考釋】帝即位時年13歲，至今16歲。

凶 九月，符修儀去世，廣德三公主服大功。(宋書·禮二"元嘉二十三年"何承天奏)

【理據】《宋志》錄何承天奏云"此先君餘尊之所厭者也"。

吉 秋，因鄧太后身體欠安，大儺逐疫。(後漢書·皇后紀上)

【儀制】《續漢志·禮儀中》記大儺禮通儀曰："先臘一日，大儺，謂之逐疫。其儀：選中黃門子弟年十歲以上，十二以下，百二十人爲侲子。皆赤幘皁制，執大鼗。方相氏黃金四目，蒙熊皮，玄衣朱裳，執戈揚盾。十二獸有衣毛角。中黃門行之，冗從僕射將之，以逐惡鬼于禁中。夜漏上水，朝臣會，侍中、尚書、御史、謁者、虎賁、羽林郎將執事，皆赤幘陛衛，乘輿御前殿。黃門令奏曰：'侲子備，請逐疫。'於是中黃門倡，侲子和，曰：'甲作食凶，胇胃食虎，雄伯食魅，騰簡食不詳，攬諸食咎，伯奇食夢，強梁、祖明共食磔死寄生，委隨食觀，錯斷食巨、窮奇、騰根共食蠱。凡使十二神追惡凶，赫女軀，拉女幹，節解女肉，抽女肺腸。女不急去，後者爲糧！'因作方相與十二獸儛。讙呼，周徧前後省三過，持炬火，送疫出端門；門外騶騎傳炬出宮，司馬闕門門外五營騎士傳火棄雒水中。百官官府各以木面獸能爲儺人師訖，設桃梗、鬱儡、葦茭畢，執事陛者罷。葦戟、桃杖以賜公、卿、將軍、特侯、諸侯云。”《通典·軍禮三》同。

嘉 **鄧太后下詔饗會勿設戲作樂。**（後漢書·皇后紀上）

【理據】《皇后紀》記曰：“太后以陰陽不和，軍旅數興。”

永初四年(110)

嘉 **正月元日（丙戌），朝會，徹樂，不陳充庭車。**（後漢書·孝安帝紀）

【理據】《孝安帝紀》李賢注曰：“每大朝會，必陳乘輿法物車輦於庭，故曰充庭車也。以年飢，故不陳。”按去歲，“京師及郡國四十一雨水雹，并、涼二州大飢，人相食”。

制 **二月乙亥（二十），下詔劉珍（謁者）及五經博士，校定東觀五經、諸子、傳記、百家藝術。**（後漢書·孝安帝紀）

制 **劉珍（謁者僕射）、劉騊駼（校書郎）受詔著作東觀，撰集《漢記》，定漢家禮儀。**（後漢書·張衡列傳）

【理據】《續漢志·百官一》劉昭注補采胡廣引樊長孫與劉千秋書曰：“漢家禮儀，叔孫通等所草創，皆隨律令在理官，藏於几閣，無記録者，久令二代之業，闇而不彰。誠宜撰次，依擬《周禮》，定位分職，各有條序，令人無愚智，入朝不惑。”按劉千秋，恐即劉珍。

【因革】《張衡列傳》記當時曾“上言請衡參論其事，會並卒，而衡常歎息，欲終成之”，此後張衡“爲侍中，上疏請得專事東觀，收撿遺文，畢力補綴”，然“書數上，竟不聽。及後之著述，多不詳典，時人追恨之”。

【考釋】邢義田指出：“東漢尚書典故事。……大凡政府檔案，不論詔書、章奏、判例、儀制、約束、各朝注記甚至侍講註籍都以原來的形式被保留起來，以供參考。……存放的處所，東漢時是在洛陽南宮的東觀及蘭臺、石室等藏書閣。”（《從“如故事”和“便宜行事”看漢代行政中的經常與權變》，《治國安邦》，第 397 頁）

【論評】甘懷真指出："西漢以來，朝儀被當成一般的法制，置於理官"，"被視爲個別的'故事'，漢國家並沒有想到要將這些故事編成有系統的禮書"；"東漢中期，已有人呼籲依照《禮經》的形式，編寫當代的禮典，這是西晉國家頒行五禮的前奏"。"可是在東漢中期，這種想法似乎不普遍。"(《唐代京城社會與士大夫禮儀之研究》，第261頁)

凶 十月甲戌(二十三)，新野君(陰氏，鄧太后母)去世，使司空持節弔祭，鄧太后諒闇。(後漢書·孝安帝紀、皇后紀上)

【儀制】①《皇后紀》記曰："贈以長公主赤綬，東園祕器，玉衣繡衾，又賜布三萬匹，錢三千萬。"②《通典·凶禮三》錄曹魏時繆襲(散騎常侍)奏曰："安帝服緦，百官素服。"

永初五年(111)

制 閏四月戊戌(二十)，下詔令三公、特進、侯、中二千石、郡守、諸侯相舉賢良方正。(後漢書·孝安帝紀)

永初六年(112)

嘉 春，行大射禮。(後漢書·張敏列傳)

永初七年(113)

吉 正月庚戌(十二)，鄧太后率大臣、命婦謁宗廟。(後漢書·孝安帝紀、皇后紀上)

【儀制】《皇后紀》記曰："七年正月，初入太廟，齋七日，賜公卿百僚各有差。庚戌,謁宗廟,率命婦群妾相禮儀,與皇帝交獻親薦,成禮而還。"

【考釋】《孝安帝紀》李賢注曰:"案《東觀》、《續漢》、袁山松、《謝沈書》、《古今注》皆云'六年正月甲寅,謁宗廟',此云'七年庚戌',疑紀誤也。"

吉 **五月庚子**(初四),**京城大雩。**(後漢書·孝安帝紀)

元初二年(115)

凶 **二月戊戌**(十二),**遣使收葬京師客死無家屬及棺椁朽敗者,皆爲設祭。**(後漢書·孝安帝紀)

嘉 **四月丙午**(二十一),**立閻氏**(貴人)**爲皇后。**(後漢書·孝安帝紀、皇后紀下)

元初三年(116)

凶 **十一月丙戌**(十一),**采劉愷、陳忠議,下詔大臣、二千石、刺史得行三年喪,服闋還職。**(後漢書·孝安帝紀、劉愷列傳、陳寵列傳)

【儀制】《劉愷列傳》記曰:"舊制,公卿、二千石、刺史不得行三年喪,由是内外衆職,並廢喪禮。"

【因革】《陳寵列傳》録尚書陳忠建光中(121)上疏曰:"大漢之興,雖承衰敝,而先王之制,稍以施行。故藉田之耕,起於孝文;孝廉之貢,發於孝武;郊祀之禮,定於元、成;三雍之序,備於顯宗;大臣終喪,成乎陛下。"

【理據】①《劉愷列傳》録劉氏議曰:"詔書所以爲制服之科者,蓋崇化厲俗,以弘孝道也。今刺史一州之表,二千石千里之師,職在辯章百姓,宜美風俗,尤宜尊重禮典,以身先之。"②《陳寵列傳》録陳氏上言:"孝宣皇帝舊令:人從軍屯及給事縣官者,大父母死未滿三月,皆勿徭,令得葬送。請依此制。"

元初四年(117)

嘉 七月，因京城及郡國十雨水，下詔郡縣躬奉養老禮。（後漢書·孝安帝

紀，宋志·禮四，通典·嘉禮十二）

【理據】《後漢書》録帝詔曰：“又《月令》‘仲秋養衰老，授几杖，行糜粥’，方今案
比之時，郡縣多不奉行。雖有糜粥，糠粃相半，長吏怠事，莫有躬親，甚違詔書養
老之意。”《宋志》略同。

【考釋】①《宋志》記曰：“按此詔，漢時猶依《月令》施政事也。”②《後漢書·魯
恭列傳》記“永初二年(108)，詔公卿舉儒術篤學者，大將軍鄧騭舉[魯]丕，再遷，
復爲侍中、左中郎將，再爲三老”，《獨行列傳》則記李充“年八十八，爲國三老，安
帝常特進見，賜以几杖”，據此《通典》概括曰“和帝以魯丕爲三老，安帝亦以魯丕
爲三老，又以李充爲三老”，然尚不知此年爲三老者是誰。

【附識】《後漢書·袁安列傳》又記此後靈帝時，“朝廷以[袁]逢嘗爲三老，特優
禮之，賜以珠畫特詔祕器，飯含珠玉二十六品”。

元初五年(118)

制 七月丙子(初十)，下詔去京師婚喪奢飾。（後漢書·孝安帝紀）

【理據】《孝安帝紀》録帝詔曰：“遭永初之際，人離荒厄，朝廷躬自菲薄，去絶奢
飾，食不兼味，衣無二綵。比年雖獲豐穰，尚乏儲積，而小人無慮，不圖久長，嫁
娶送終，紛華靡麗，至有走卒奴婢被綺縠，著珠璣。京師尚若斯，何以示四遠？”

元初六年(119)

嘉 二月乙卯(二十二)，下詔爲貞婦有節義者，旌表門閭。（後漢書·孝安

帝紀)

吉 三月庚辰（十八），采李郃（司空）之説，立祀六宗於洛陽西北戌亥之地。（續漢志·祭祀中，後漢書·孝安帝紀，通典·吉禮三）

【儀制】《續漢志》記曰：“禮比於太社。”

【因革】《續漢志》記曰：“以《尚書》歐陽家説，謂六宗者，在天地四方之中，爲上下四方之宗。以元始中故事，謂六宗《易》六子之氣日、月、雷公、風伯、山、澤者爲非是。”劉昭注補引《李氏家書》詳載李郃奏曰：“漢初甘泉、汾陰天地亦禋宗。孝成之時，匡衡奏立南北郊祀，復祠六宗。及王莽謂六宗，《易》六子也。建武都雒陽，制祀不道祭六宗，由是廢不血食。今宜復舊制度。”可見六宗之祀漢以來屢有施行，然祭祀之法互不相同。李氏此從歐陽和伯、夏侯建之説，詳參劉昭注補集證諸家之説。

軍 四月，會稽大疫，遣光禄大夫將太醫循行疾病，賜棺木。（後漢書·孝安帝紀）

嘉 鄧太后下詔徵劉壽（濟北王）、劉開（河間王）子男年五歲以上四十餘人，及鄧氏近親子孫三十餘人，爲開邸第，教學經書，親自監試。（後漢書·皇后紀上）

永寧元年(120)

嘉 四月丙寅（十一），立劉保爲皇太子。（後漢書·孝安帝紀、孝順孝沖孝質帝紀）

建光元年(121)

凶 三月癸巳（十三），皇太后（鄧氏）去世；丙午（二十六），合葬順陵。（後漢書·孝安帝紀、皇后紀上）

【因革】《續漢志・禮儀下》劉昭注補引丁孚《漢儀》曰較諸永平七年(64)陰太后之喪，"和熹鄧后葬，案以爲儀，自此皆降損於前事也"。《通典・凶禮一》同。

[吉] 三月戊申(二十八)，告祠高廟，追尊清河孝王(皇考)曰孝德皇，皇妣(左氏)曰孝德皇后，祖妣(宋貴人)曰敬隱皇后。(後漢書・孝安帝紀、章帝八王列傳，續漢志・祭祀下，通典・嘉禮十七)

【儀制】①《通典》錄帝詔曰："其告祠高廟，使司徒[楊]震持節，大鴻臚、特進、樂平侯[梁]常副，奉策璽綬，到清河上尊號。"②《續漢志》記曰："清河嗣王奉祭而已。"

【論評】秦蕙田《五禮通考》論曰："清河孝王雖加尊號，崇奉陵廟，然未立廟京師，但嗣王奉祀于其國而已。"(《吉禮一百五》"私親廟")

[凶] 祝諷(尚書令)、孟布(尚書)等奏廢大臣行三年喪，十一月庚子(二十三)，斷大臣二千石以上服三年喪。(後漢書・孝安帝紀、陳寵列傳，宋志・禮二，通典・凶禮二)

【因革】①《陳寵列傳》錄祝諷等奏以爲："孝文皇帝定約禮之制，光武皇帝絶告寧之典，貽則萬世，誠不可改。宜復建武故事。"②《宋志》則概述前後曰："漢安帝初，長吏多避事棄官。乃令自非父母服，不得去職。是後吏又守職居官，不行三年喪服。其後又開長吏以下告寧，言事者或以爲刺史二千石宜同此制，帝從之。建光元年，尚書孟布奏宜復如建武、永平故事。"

【附識】《陳寵列傳》載陳忠(尚書)上疏反對，然爲宦官所阻。

【論評】邢義田比較元初三年(116)下詔，論曰："陳忠和劉愷主張公卿大臣行三年喪所依據的是經義、宣帝舊令和高祖、蕭何所創的寧告之科；祝諷和孟布引據的則是孝文帝和光武故事。在故事相歧的情況下，決策的達成就全看主政者的抉擇了。(《從"如故事"和"便宜行事"看漢代行政中的經常與權變》，《治國安邦》，第403頁)

延光二年(123)

嘉 正月，下詔選三署郎及吏人能通古文《尚書》、毛《詩》、穀梁《春秋》各一人。（後漢書·孝安帝紀）

【考釋】《孝和帝紀》李賢注引《漢官儀》曰："郡國舉孝廉以補三署郎，年五十以上屬五官，其次分在左、右署，凡有中郎、議郎、侍郎、郎中四等，無員。"

軍 十一月甲辰（初九），校獵上林苑。（後漢書·孝安帝紀）

【因革】可上承明帝永平十五年(72)行此禮。據《後漢書·馬融列傳》，安帝初，俗儒以爲宜廢武功，遂寢蒐狩之禮。

賓 帝以玄纁羔幣聘名士周燮（汝南人）、馮良（南陽人），並不就。（後漢書·周燮列傳）

【理據】《周燮列傳》記馮良曰："志行高整，非禮不動，遇妻子如君臣，鄉黨以爲儀表。"李賢注引《謝承書》記周燮曰："燮居家清處，非法不言，兄弟、父子、室家相待如賓，鄉曲不善者皆從其教。"

延光三年(124)

吉 正月丁未（十三），南郊；戊申（十四），北郊；己酉（十五），祀明堂；庚戌（十六），祀宗廟；辛亥（十七），祀世祖廟。（南齊書·禮上"永明二年"陸澄議引陳忠《奏事》）

【儀制】①《續漢志·禮儀上》記曰："正月上丁，祠南郊。禮畢，次北郊，明堂，高廟，世祖廟，謂之五供。五供畢，以次上陵。"《晉志·禮中》略同。②《續漢志》又曰："正月，天郊，夕牲。晝漏未盡十八刻初納，夜漏未盡八刻初納，進執獻，太祝送，旋，皆就燎位，宰祝舉火燔柴，火然，天子再拜，興，有司告事畢也。明堂、五郊、宗廟、太社稷、六宗夕牲，皆以晝漏未盡十四刻初納，夜漏未盡七刻初納，進熟獻，送神，還，有司告事畢。六宗燔燎，火大然，有司告事畢。"

【因革】《續漢志》、《晉志》所錄五供之制，據《南齊志・禮上》建元元年（479）所錄王儉議，稱見諸蔡邕《獨斷》，可見係東漢末年修史者概括而成。然此制當爲東漢通行之儀，《宋志・禮二》述曰"漢儀五供畢則上陵，歲歲以爲常"，可見施行較久遠。《南齊志》永明二年（484）陸澄議檢得東漢陳忠所記，與蔡氏所説恰相符合，故此暫以此年爲五供施行之始。

吉 二月丁丑（十四），使陳留太守祠南頓君、光武帝於濟陽；庚寅（二十七），遣使祠唐堯於成陽。（後漢書・孝安帝紀）

吉 二月辛卯（二十八），帝東巡狩，至泰山，柴祭；壬辰（二十九），宗祀五帝於汶上明堂；癸巳（三十），告祀二祖、六宗。（後漢書・孝安帝紀，續漢志・祭祀中，通典・吉禮三、吉禮十三）

【因革】《續漢志》記曰："如元和二年故事。"按此年告祀二祖六宗係在元和二年（85）二祖四宗外加高宗（元帝）、蕭宗（章帝）。

【儀制】《孝安帝紀》記癸巳日，"勞賜郡縣，作樂"。

吉 三月戊戌（初五），祀孔子及七十二弟子於闕里。（後漢書・孝安帝紀）

【儀制】三月壬戌（二十九），帝自魯返京都，即臨太學。

【因革】此上承明帝永平十五年（72）、章帝元和二年（85）故事。宋徐天麟條釋之曰："高皇帝雖在倥傯，猶能修其祠于過魯之日。武帝興太學，而獨未聞釋奠之禮焉。明帝行鄉飲于學校，祀聖師周公、孔子，初似未知所以獨崇宣聖之意。至永平十五年，幸孔子宅，祠仲尼；章帝、安帝皆幸闕里，祠孔子，作六代之樂，則所以崇文重道者至矣。"（《東漢會要》卷五）

吉 四月乙丑（初二），帝回京，告於祖廟。（後漢書・孝安帝紀）

吉 閏十月乙未（初六），祠高廟，上十一陵。遣使祠太上皇於萬年，以中牢祠蕭何、曹參、霍光。（後漢書・孝安帝紀）

延光四年(125)

吉 三月辛酉(初四)，祠章陵園廟。使長沙、零陵太守祠定王、節侯、鬱林府君。（後漢書·孝安帝紀）

凶 三月丁卯(初十)，帝於途中去世，庚午(十三)，回京，辛未(十四)，發喪；四月己酉(二十三)，葬於恭陵。（後漢書·孝安帝紀）

【儀制】《皇后紀下》記帝去世後事曰："乃僞云帝疾甚，徙御臥車。行四日，驅馳還宮。明日，詐遣司徒劉熹詣郊廟社稷，告天請命。其夕，乃發喪。"

凶 三月乙酉(二十八)，劉懿(章帝孫,北鄉侯)即位；十月辛亥(二十七)，去世；十一月己卯(二十六)，葬以諸王禮。（後漢書·孝安帝紀、孝順孝沖孝質帝紀）

【論評】《通典·凶禮二》錄此後永和中，帝以北鄉侯宜加尊謚，周舉(司隸校尉)議曰："昔周公有請命之功，太平之勳，故薨之日，天動威以彰其德，故成王以王者禮葬之，以應天命。北鄉王無他功德，恐非所以應天消災。北鄉本侯也，已加王禮，於禮已崇，不宜追加尊謚。"

順帝(敬宗,劉保,安帝太子)

制 十一月丁巳(初四)，孫程(中黃門)等十九人迎濟陰王，即位於德陽殿西鐘下，劉光(尚書令)等臨時條案禮儀。（後漢書·孝順孝沖孝質帝紀）

【考釋】① 帝本爲皇太子，去年九月被廢爲濟陰王。② 據《後漢書》載劉光等奏"即位倉卒，典章多缺，請條案禮儀，分別具奏"，秦蕙田《五禮通考》論曰："順帝被廢即位，自屬變禮，據史'即位倉卒，典章多闕'，則其餘諸帝典章無闕可知也，後漢即位禮，其詳不可得聞。"（《嘉禮一》"即位改元"）

吉 十一月壬申(十九)，謁高廟；癸酉(二十)，謁光武廟。（後漢書·孝順孝沖孝

質帝紀)

永建元年(126)

凶 正月辛未(十九)，皇太后(閻氏)去世；二月甲申(初二)，合葬恭陵。(後漢書‧孝順孝沖孝質帝紀、皇后紀下)

永建二年(127)

嘉 正月戊申(初一)，樂安王(劉鴻)來朝。(後漢書‧孝順孝沖孝質帝紀)

凶 帝知母(李氏)瘞於洛陽城北，乃發哀，親至瘞所，更以禮殯；六月乙酉(十一)，追尊爲恭愍皇后，葬於恭北陵。(後漢書‧孝順孝沖孝質帝紀、皇后紀下)

永建三年(128)

吉 七月丁酉(二十九)，茂陵園寢災，帝縞素避正殿；八月辛亥(十四)，使王龔(太常)持節告祠茂陵。(後漢書‧孝順孝沖孝質帝紀)

【考釋】此年七月以丁酉日爲晦，辛亥應在八月，《後漢書》"辛亥"前恐脱"八月"二字。

永建四年(129)

嘉 正月丙子(十一)，帝加元服於高廟。(後漢書‧孝順孝沖孝質帝紀，通典‧嘉禮一)

【考釋】帝即位時年 11 歲，至今 15 歲。

【因革】《宋志·禮一》記曰："漢氏以來，天子諸侯，頗采其(指《儀禮》所載士禮)議。《志》曰'儀從冠禮'是也。漢順帝冠，又兼用曹褒新禮。"

【儀制】《宋志·禮一》引《禮儀志》："乘輿初加緇布進賢，次爵弁、武弁，次通天，皆於高廟。王公以下，初加進賢而已。"

軍 八月庚子(初八)，因數月雨水，遣使瘞埋死亡者，收斂稟賜。(後漢書·孝順孝沖孝質帝紀)

賓 三月，帝拜樊英爲五官中郎將，待以師傅之禮。(後漢書·方術列傳上)

【儀制】《方術列傳》記曰："天子乃爲英設壇席，令公車令導，尚書奉引，賜几杖，待以師傅之禮，延問得失。"

【考釋】此前在永建二年，帝即"策書備禮，玄纁徵之，復固辭疾篤。乃詔切責郡縣，駕載上道。英不得已，到京，稱病不肯起"。

嘉 樊英有疾，妻遣婢拜問，其下牀答拜。(後漢書·方術列傳上)

【理據】《方術列傳》記樊英曰："妻，齊也，共奉祭祀，禮無不答。"

【考釋】此事未詳年月，暫次於上條。

永建五年(130)

嘉 十月乙亥(二十)，班始(定遠侯)因殺其妻陰城公主(帝之姑)，腰斬。(後漢書·孝順孝沖孝質帝紀)

永建六年(131)

嘉 九月辛巳(初二)，繕起太學；明年七月丙辰，太學新成。(後漢書·孝順孝沖孝質帝紀)

【因革】《後漢書·翟酺列傳》載翟酺(將作大將)曾上言言兩漢太學始末曰："文皇帝始置一經博士，武帝大合天下之書，而孝宣論六經於石渠，學者滋盛，弟子萬數。光武初興，漸其荒廢，起太學博士舍、内外講堂，諸生橫巷，爲海内所集。明帝時辟雍始成，欲毁太學，太尉趙憙以爲太學、辟雍皆宜兼存，故並傳至今；而頃者頹廢，至爲園采芻牧之處。宜更修繕，誘進後學。"然至翟氏免官後方得施行。

【儀制】《後漢書‧儒林列傳上》記曰："順帝感翟酺之言，乃更修黌宇，凡所造構二百四十房，千八百五十室。試明經下第補弟子，增甲乙之科員各十人，除郡國耆儒皆補郎、舍人。"

【考釋】明年七月丙子朔，無丙辰日，疑"丙辰"前脱"八月"二字。

又《後漢書‧儒林列傳上》記帝因宋登"明識禮樂，使持節臨太學"。

陽嘉元年(132)

嘉 正月乙巳(二十八)，立梁氏(貴人)爲皇后。二月丁巳(初十)，皇后謁高廟、光武廟。(後漢書‧孝順孝沖孝質帝紀、皇后紀下)

【理據】《後漢書‧胡廣列傳》記"順帝欲立皇后，而貴人有寵者四人，莫知所建"，胡廣(尚書僕射)與尚書郭虔、史敞上疏曰："宜參良家，簡求有德，德同以年，年鈞以貌，稽之典經，斷之聖慮。"帝從之，立梁貴人。

古 二月，京城旱，庚申(十三)，勅郡國二千石各禱名山嶽瀆，遣大夫、謁者詣嵩高、首陽山，並祠河、洛，請雨；戊辰(二十一)，雩；甲戌(二十七)，下詔遣王輔(侍中)等持節分祈岱山、東海、滎陽、河、洛。(後漢書‧孝順孝沖孝質帝紀)

【儀制】《續漢志‧禮儀中》記東漢雩禮通儀曰："自立春至立夏盡立秋，郡國上雨澤。若少。郡縣各掃除社稷；其旱也，公卿官長以次行雩禮求雨。閉諸陽，衣皁，興土龍，立土人舞僮二佾，七日一變如故事。反拘朱索縈社，伐朱鼓。禱賽以少牢如禮。"《通典‧吉禮二》同。

嘉 三月庚寅(十三)，帝至辟雍，饗射，改元。(後漢書‧孝順孝沖孝質帝紀)

【因革】《後漢書‧楊厚列傳》記楊厚"年八十二，卒於家。……門人爲立廟，郡文學搏史春秋饗射常祠之",可見東漢中期饗射禮之施行。

陽嘉二年(133)

吉 正月，公車徵郎顗，問以災異，復使對尚書，郎氏對條國政七事。
（後漢書·郎顗襄楷列傳）

【理據】《郎顗列傳》錄郎顗拜章曰："方今時俗奢佚，淺恩薄義。夫救奢必於儉約，拯薄無若敦厚，安上理人，莫善於禮。修禮遵約，蓋惟上興，革文變薄，事不在下。故《周南》之德，《關雎》政本。"

嘉 樂 十月庚午(初三)，行禮辟雍，奏應鍾，始復黃鍾，作樂器隨月律。（後漢書·孝順孝沖孝質帝紀，魏志·樂"神龜二年"陳仲儒言）

【因革】李賢注引《東觀記》曰："元和以來，音戾不調，修復如舊典。"

陽嘉三年(134)

吉 二月，河南、三輔大旱，己丑(二十四)，下詔停考竟諸獄，五月戊戌(初四)，下詔大赦，賜民年八十以上；帝露坐德陽殿東廂請雨，又下司隸、河南禱祀河神、名山、大澤。（後漢書·周舉列傳、孝順孝沖孝質帝紀，資治通鑑·漢紀四十四）

吉 張衡(太史令)上疏請禁絕圖讖。（後漢書·張衡列傳，資治通鑑·漢紀四十四）

【因革】《後漢書》記曰："初，光武善讖，及顯宗、肅宗因祖述焉。自中興之後，儒者爭學圖緯，兼復附以訛言。衡以圖緯虛妄，非聖人之法，乃上疏。"又錄張衡上疏曰："自漢取秦，用兵力戰，功成業遂，可謂大事，當此之時，莫或稱讖。若夏侯勝、眭孟之徒，以道術立名，其所述著，無讖一言。劉向父子領校祕書，閱定九流，亦無讖錄。成、哀之後，乃始聞之。"又曰："往者侍中賈逵摘讖互異三十餘事，諸言讖者皆不能説。至於王莽篡位，漢世大禍，八十篇何爲不戒？則知圖讖成於哀平之際也。……此皆欺世罔俗，以昧執位，情僞較然，莫之糾禁。"

永和元年(136)

嘉 正月，夫餘王來朝，帝作黃門鼓吹、角抵戲以遣之。（後漢書·孝順孝沖孝質帝紀、東夷列傳）

吉 正月己巳(十五)，宗祀明堂，登靈臺。（後漢書·孝順孝沖孝質帝紀）

永和二年(137)

吉 十一月丙午(初二)，祠高廟；丁未(初三)，上十一陵。（後漢書·孝順孝沖孝質帝紀）

永和三年(138)

吉 黃瓊上疏以爲宜修藉田禮，帝從之。（後漢書·黃瓊列傳）

【因革】《黃瓊列傳》記曰："自帝即位以後，不行籍田之禮。瓊以國之大典不宜久廢，上疏奏。"

永和四年(139)

吉 正月，祀南郊，夕牲。（續漢志·天文中）

軍 十月戊午(二十六)，校獵於上林苑，歷函谷關而還。（後漢書·孝順孝沖孝質帝紀）

永和六年(141)

嘉 三月上巳，梁商_(大將軍)大會賓客，讌於洛水，酒闌，繼以《薤露》之歌。（後漢書·周舉列傳）

【論評】《周舉列傳》記周舉歎曰："此所謂哀樂失時,非其所也,殃將及乎!"

凶 八月丙辰_(初四)，梁商_(大將軍)去世，令子簡喪，帝親臨喪，賜以東園朱壽器、銀鏤、黃腸、玉匣、什物二十八種及錢、布；及葬，贈輕車介士，中宮親送，帝至宣陽亭瞻望。（後漢書·梁統列傳、孝順孝沖孝質帝紀）

【儀制】《梁統列傳》錄梁商臨終勑子曰："方今邊境不寧,盜賊未息,豈宜重爲國損! 氣絕之後,載至冢舍,即時殯斂。斂以時服,皆以故衣,無更裁制。殯已開冢,冢開即葬。祭食如存,無用三牲。"至去世后,"諸子欲從其誨,朝廷不聽"。

漢安元年(142)

吉 正月癸巳_(十四)，宗祀明堂。（後漢書·孝順孝沖孝質帝紀）

漢安二年(143)

賓 六月丙寅_(二十五)，立南匈奴呼蘭若尸逐就單于_(兜樓儲)，饗賜作樂。
（後漢書·南匈奴列傳、孝順孝沖孝質帝紀）

【儀制】《南匈奴列傳》記曰："天子臨軒,大鴻臚持節拜授璽綬,引上殿。……遣行中郎將持節護送單于歸南庭。詔太常、大鴻臚與諸國侍子於廣陽城門外祖會,饗賜作樂,角抵百戲。順帝幸胡桃宮臨觀之。"

建康元年(144)

嘉 四月辛巳(十五)，立劉炳爲皇太子，改元。（後漢書·孝順孝沖孝質帝紀）

凶 八月庚午(初六)，帝去世於玉堂前殿，遺詔無起寢廟，斂以故服，太子即位；九月丙午(十二)，葬於憲陵。（後漢書·孝順孝沖孝質帝紀）

沖帝(劉炳,順帝太子)

永憙元年(145)

凶 正月戊戌(初六)，帝去世於玉堂前殿；己未(二十七)，葬於懷陵。（後漢書·孝順孝沖孝質帝紀）

質帝(劉纘,章帝玄孫,和帝弟千乘貞王曾孫)

吉 正月丁巳(二十五)，帝即位；二月甲申(二十三)，謁高廟，乙酉(二十四)，謁光武廟。（後漢書·孝順孝沖孝質帝紀）

【考釋】二謁廟事按《孝質帝紀》在正月，然此年正月癸巳朔，無甲申、乙酉日；此事後一條作"二月，豫章太守虞續坐贓，下獄死"，"二月"恐當置此條之前。

吉 四月壬申(十一)，雩。（後漢書·孝順孝沖孝質帝紀）

吉 五月，皇太后擬以殤帝年幼，廟次在順帝之下，呂勃(諫議大夫)以爲應依昭穆之序先殤帝後順帝，周舉(大鴻臚)議同呂說，太后從之；丙辰(二十四)，下詔恭陵次康陵，憲陵次恭陵。（後漢書·孝順孝沖孝質帝紀、周舉列傳）

【理據】《周舉列傳》録周舉議曰:"《春秋》魯閔公無子,庶兄僖公代立,其子文公遂躋僖于閔上。孔子譏之,書曰:'有事于太廟,躋僖公。'《傳》曰:'逆祀也。'及定公正其序,經曰'從祀先公',爲萬世法也。今殤帝在先,於秩爲父,順帝在後,於親爲子,先後之義不可改,昭穆之序不可亂。"

本初元年(146)

制 正月丙申(初十),下詔禁止有司行律殘暴,罪非殊死,勿予案驗。
(後漢書·孝順孝沖孝質帝紀)

嘉 四月庚辰(二十五),令郡國舉明經詣太學,梁太后下詔自大將軍以下皆遣子受業,歲滿課試,拜官。(後漢書·孝順孝沖孝質帝紀、儒林列傳上,通典·吉禮十二)

【因革】①《儒林列傳》録梁太后詔曰:"每歲輒於鄉射月一饗會之,以此爲常。"② 又曰:"自是游學增盛,至三萬餘生。然章句漸疏,而多以浮華相尚,儒者之風蓋衰矣。"③《通典》記曰:"自本初後二十四年,高生皓首,見拔者少。"

凶 閏六月甲申(初一),帝被殺於玉堂前殿;七月乙卯(初二),葬於静陵。(後漢書·孝順孝沖孝質帝紀、孝桓帝紀)

【儀制】秦蕙田《五禮通考》有桓帝即位至謁廟凡五十二日,推論曰:"後漢制以二十七日除服,後既葬而謁廟也。"(《嘉禮一》"即位改元")

桓帝(威宗,劉志,章帝曾孫,和帝弟河間孝王孫)

吉 閏六月庚寅(初七),蠡吾侯即位;七月辛巳(二十八),謁高廟、光武廟。(後漢書·孝桓帝紀)

【儀制】《孝桓帝紀》記梁冀(大將軍)"持節,以王青蓋車,迎帝入南宮"。

吉 九月戊戌,追尊帝祖廟曰清廟,陵曰樂成陵,帝父廟曰烈廟,陵曰

博陵，皆置令、丞，使司徒持節奉策書、璽綬，祠以太牢。（後漢書·孝桓帝紀、章帝八王列傳）

【考釋】此年九月癸丑朔，無戊戌日。

建和元年(147)

軍 四月庚寅（十一），京城地震，下詔大將軍、公卿、校尉舉賢良方正，能直言極諫之士各一人。（後漢書·孝桓帝紀）

嘉 八月乙未（十八），立梁氏（梁冀妹）爲皇后。（後漢書·孝桓帝紀、皇后紀下、李杜列傳，通典·嘉禮三）

【儀制】①《皇后紀》記曰："悉依孝惠納后故事，聘黃金二萬斤，納采雁璧乘馬束帛，一如舊典。"② 此年六月入宮，八月立爲后。

建和二年(148)

嘉 正月甲子（十九），帝加元服。（後漢書·孝桓帝紀）

【考釋】帝即位時年 15 歲，至今 17 歲。

吉 十月，陳景（長平人）自號"黃帝子"，署置官署，管伯（南頓人）稱"真人"，舉兵，被誅。（後漢書·孝桓帝紀）

建和三年(149)

軍 四月丁卯（三十），日有蝕之，五月乙亥（初八），下詔禁止妖惡，流徙者使還本郡。（後漢書·孝桓帝紀）

【理據】《孝桓帝紀》錄帝詔曰："《傳》不云乎：'日食修德，月食修刑。'昔孝章帝憨前世禁徙,故建初之元,並蒙恩澤,流徙者使還故郡,没入者免爲庶民。先皇德政,可不務乎!"

【儀制】此年六月庚子(初四),又下詔大將軍、三公、特進、侯,與卿、校尉舉賢良方正,能直言極諫之士各一人。

和平元年(150)

凶 二月甲寅(二十二),皇太后(梁氏)去世;四月甲午(初三),合葬憲陵。(後漢書·孝桓帝紀、皇后紀下)

【考釋】《孝桓帝紀》標下葬日前恐脱"四月"二字,承上似在三月,然此年三月癸亥朔,無甲午日,兹徑補。

嘉 五月庚辰(十九),帝至博陵(帝父陵),尊匽氏(貴人,帝之生母)爲孝崇皇后。(後漢書·皇后紀下)

【儀制】《皇后紀》記曰:"遣司徒持節奉策授璽綬,齋乘輿器服,備法物。宮曰永樂。置太僕、少府以下,皆如長樂宮故事。"

元嘉元年(151)

嘉 正月朔,群臣朝會,梁冀(大將軍)帶劍入朝。(資治通鑑·漢紀四十五)

【儀制】《後漢書·張霸列傳》記此行遭張陵呵叱、劾奏。

嘉 帝大會公卿,議梁冀(大將軍)入朝之儀。(後漢書·梁統列傳)

【儀制】《梁統列傳》記有司奏曰:"[梁]冀入朝不趨,劍履上殿,謁讚不名,禮儀比蕭何;悉以定陶、成陽餘户增封爲四縣,比鄧禹;賞賜金錢、奴婢、彩帛、車馬、衣服、甲第,比霍光:以殊元勳。每朝會,與三公絶席。十日一入,平尚書事。宣佈天下,爲萬世法。"

【理據】《梁統列傳》記梁冀在順帝時拜爲大將軍,沖帝時"侈暴滋甚",又鴆殺質

帝,復立桓帝,"建和元年,益封冀萬三千户,增大將軍府舉高第茂才,官屬倍於
三公。……和平元年,重增封冀萬户,並前所襲合三萬户"。

元嘉二年(152)

[凶] 四月甲寅(初四),孝崇皇后(匽氏,帝之母)去世;五月辛卯(十二),合葬博

陵。(後漢書·孝桓帝紀、皇后紀下)

【儀制】《皇后紀》記曰:"以帝弟平原王石爲喪主,斂以東園畫梓壽器、玉匣、飯
含之具,禮儀制度比恭懷皇后。使司徒持節,大長秋奉弔祠,賻錢四千萬,布四
萬匹,中謁者僕射典護喪事,侍御史護大駕鹵簿。詔安平王豹、河間王建、勃海
王悝,長社、益陽二長公主,與諸國侯三百里内者,及中二千石、二千石、令、長、
相,皆會葬。將作大匠復土,繕廟,合葬博陵。"

永興二年(154)

[凶] 二月辛丑(初二),初許刺史、二千石行三年喪。(後漢書·孝桓帝紀,宋志·

禮二,通典·凶禮二)

【因革】此後永壽二年(156)正月,又許中官得行三年喪,至延熹元年(158),又皆
絶之。

[軍] 二月癸卯(初四),京城地震,下詔公、卿、校尉舉賢良方正、能直言

極諫之士,並損省輿服制度。(後漢書·孝桓帝紀)

【因革】《孝桓帝紀》録帝詔曰:"郡縣務存儉約,申明舊令,如永平故事。"

[制] 九月丁卯(初一),日有蝕之,下詔禁郡國不得賣酒,祠祀除外。(後漢

書·孝桓帝紀)

[軍] 十一月甲辰(初九),校獵上林苑,至函谷關。(後漢書·孝桓帝紀)

延熹元年(158)

嘉 五月己酉（初四），大會公卿以下。（後漢書·孝桓帝紀）

吉 六月，大雩。（後漢書·孝桓帝紀）

軍 十月，校獵廣成，至上林苑。（後漢書·孝桓帝紀）

延熹二年(159)

凶 三月，斷刺史、二千石行三年喪。（後漢書·孝桓帝紀）

凶 七月丙午（初八），皇后（梁氏）去世；乙丑（二十七），葬於懿陵。（後漢書·孝桓帝紀、皇后紀下）

【考釋】此後，梁冀（大將軍）自殺，懿陵被廢爲貴人冢。

嘉 八月壬午（十五），立鄧氏爲皇后。（後漢書·孝桓帝紀、皇后紀下）

【考釋】《皇后紀》記鄧氏其時姓梁，"帝惡梁氏，改姓爲薄，……四年，有司奏后本郎中鄧香之女，不宜改易它姓，於是復爲鄧氏"。

吉 十月甲午（二十七），祠高廟；十一月庚子（初四），上十一陵。（後漢書·孝桓帝紀）

賓 陳蕃（尚書令）、胡廣上疏薦徐稺（豫章人）、姜肱（彭城人）、袁閎（汝南人）、韋著（京兆人）、李曇（潁川人）五處士，帝悉以安車、玄纁禮徵之，皆不至。（後漢書·徐稺列傳）

【論評】王夫之《讀通鑑論》（卷八）論曰："陳蕃之薦五處士爲不知時而妄動乎？曰：此未可以責蕃也。蕃既立乎其位矣，苟可以爲焉，則庶幾於一當，植正人於君側，君其有悛心乎！亦臣子不容己之情也。然而固不能也。故五子者，愛道以全身,斯可尚也。"

延熹三年(160)

[凶] 正月丙午(十一),單超(車騎將軍,新豐侯)去世,賜東園祕器、棺中玉具,及葬,發五營騎士、侍御史護喪,將作大匠起冢塋。(後漢書·宦者列傳、孝桓帝紀)

延熹四年(161)

[吉] 七月,京城雪。(後漢書·孝桓帝紀)

延熹六年(163)

[軍] 十月丙辰(十三),校獵廣成,至函谷關、上林苑。(後漢書·孝桓帝紀)

【考釋】《後漢書·陳蕃列傳》記此時陳蕃(光祿勳)曾上疏諫曰:"臣聞人君有事于苑囿,唯仲秋西郊,順時講武,殺禽助祭,以敦孝敬。如或違此,則爲肆縱。"然書奏不納。

延熹七年(164)

[凶] 二月丙戌,黃瓊(前司空,邟鄉侯)去世,將葬,四方名士會者六七千人。(資治通鑑·漢紀四十七)

【考釋】此年二月壬寅朔,無丙戌日。

[吉] 十月庚申(二十三),帝南巡狩,至章陵,祠舊宅,有事於園廟。至新

237

野，祠湖陽公主、新野公主、魯哀王、壽張敬侯(樊重)廟。(後漢書·孝桓帝紀)

延熹八年(165)

吉 正月，遣左悺(中常侍)至苦縣祠老子。十一月，又使管霸(中常侍)至苦縣祠老子。(後漢書·孝桓帝紀,通典·吉禮十二)

軍 正月丙申(三十)，日有蝕之，下詔公、卿、校尉舉賢良方正。(後漢書·孝桓帝紀)

凶 二月癸亥(二十七)，廢皇后鄧氏，死於暴室，葬於北邙。(後漢書·皇后紀下)

吉 四月丁巳(二十二)，壞郡國諸房祀。(後漢書·孝桓帝紀)

【考釋】① 李賢注曰："房，謂祠堂也。"②《資治通鑑·漢紀四十七》則徑記爲："詔壞郡國諸淫祀。"

嘉 十月辛巳(二十)，立竇氏(貴人)爲皇后。(後漢書·孝桓帝紀、皇后紀下)

【理據】《後漢書·應奉列傳》錄應奉諫曰："臣聞周納狄女，襄王出居于鄭；漢立飛燕，成帝胤嗣泯絕。母后之重，興廢所因。宜思《關雎》之所求，遠五禁之所忌。"帝納其言。

吉 十月，蓋登(渤海人)等稱"太上皇帝"，置玉印、珪璧、鐵券、相署置，皆被誅。(後漢書·孝桓帝紀)

延熹九年(166)

軍 正月辛卯(初一)，日有蝕之，下詔公、卿、校尉、郡國舉至孝。(後漢書·孝桓帝紀)

吉 正月，戴異（沛國人）得黃金印，與龍尚（廣陵人）等共祭井，作符書，稱"太上皇"，被誅。（後漢書·孝桓帝紀）

吉 七月庚午，帝親祠黃帝、老子於濯龍。（後漢書·孝桓帝紀，續漢志·祭祀中，通典·吉禮十二）

【儀制】《續漢志》記曰："文罽爲壇，飾淳金釦器，設華蓋之坐，用郊天樂也。"

【因革】《後漢書·西域傳》述曰："後桓帝好神，數祀浮屠、老子，百姓稍有奉者，後遂轉盛。"

【論評】《孝桓帝紀》贊曰："前史稱桓帝好音樂，善琴笙；飾芳林而考濯龍之宮，設華蓋以祠浮屠、老子，斯將所謂'聽於神'乎！"

【考釋】① 此年七月戊子朔，無庚午日。《資治通鑑·漢紀四十七》則繫在五月庚午，然亦不合曆日。②《通典》、《通鑑》僅記親祠老子。

嘉 九月，大秦國王遣使來朝。（後漢書·孝桓帝紀）

制 荀爽（郎中）對策陳言三年之喪、婚禮之制。（後漢書·荀淑列傳）

【理據】就三年之喪，《荀淑列傳》記荀爽對策曰："夫喪親自盡，孝之終也。今之公卿及二千石，三年之喪，不得即去，殆非所以增崇孝道而克稱火德者也。……夫失禮之源，自上而始。古者大喪三年不呼其門，所以崇國厚俗篤化之道也。"

就婚禮，《荀淑列傳》記荀爽對策曰："臣聞有夫婦然後有父子，有父子然後有君臣，有君臣然後有上下，有上下然後有禮義。禮義備，則人知所厝矣。夫婦人倫之始，王化之端，故文王作《易》，上經首《乾》、《坤》，下經首《咸》、《恒》。……且《詩》初篇實首《關雎》，《禮》始《冠》、《婚》，先正夫婦。天地六經，其旨一揆。"又曰："衆禮之中，婚禮爲首。故天子娶十二，天之數也；諸侯以下各有差等，事之降也。陽性純而能施，陰體順而能化，以禮濟衆，節宣其氣。故能豐子孫之祥，致老壽之福。"

【儀制】《荀淑列傳》記此後袁逢（司空）去世，"爽制服三年，當世往往化以爲俗"；又"時人多不行妻服，雖在親憂猶有弔問喪疾者，又私諡其君父及諸名士，爽皆引據大義，正之經典，雖不悉變，亦頗有改。"

凶 趙咨(東海相)在京去世，遺令薄斂素棺，籍以黃壤，欲令速朽，其故吏朱祇、蕭建等送喪到家，子趙胤欲更改殯，朱、蕭堅持。(後漢書·趙咨列傳)

【儀制】①《趙咨列傳》錄趙咨遺書曰："但欲制坎，令容棺椁，棺歸即葬，平地無墳。勿卜時日，葬無設奠，勿留墓側，無起封樹。"② 李賢注引《謝承書》記曰："咨在京師病困，故吏蕭建經營之。咨豫自買小素棺，使人取乾黃土細擣篩之，聚二十石。臨卒，謂建曰：'亡後自著所有故巾單衣，先置土於棺，內尸其中以擁其上。'"

【理據】《趙咨列傳》錄趙咨遺書批斥厚葬曰："自生民以來，厚終之敝，未有若此者。雖有仲尼重明周禮，墨子勉以古道，猶不能禦也。是以華夏之士，爭相陵尚，違禮之本，事禮之末，務禮之華，弃禮之實，單家竭財，以相營赴。廢事生而營終亡，替所養而爲厚葬，豈云聖人制禮之意乎？"

【考釋】此事未悉年月，當在桓靈之際，暫繫於此。

永康元年(167)

軍 五月壬子(三十)，日有蝕之，下詔公、卿、校尉舉賢良方正。(後漢書·孝桓帝紀)

凶 十二月丁丑(二十八)，帝去世於德陽前殿；明年二月辛酉(十三)，葬於宣陵。(後漢書·孝桓帝紀、孝靈帝紀)

靈帝(劉宏，章帝玄孫，和帝弟河間孝王曾孫)

建寧元年(168)

吉 正月庚子(二十一)，解瀆亭侯即位，改元。(後漢書·孝靈帝紀)

【儀制】《孝靈帝紀》記正月己亥(二十)，"帝到夏門亭，使竇武(大將軍)持節，以王青蓋車迎入殿中"。

吉 二月庚午（二十二），謁高廟，辛未（二十三），謁世祖廟。（後漢書·孝靈帝紀）

【儀制】《續漢志·祭祀下》記曰："靈帝時，京都四時所祭高廟五主，世祖廟七主，少帝三陵，追尊后三陵，凡牲用十八太牢，皆有副倅。"《通典·吉禮八》同。

軍 五月丁未（初一），日有蝕之，下詔公卿以下各上封事，及郡國守相舉有道者各一人。（後漢書·孝靈帝紀）

建寧二年（169）

嘉 三月乙巳（初三），迎董氏（貴人，帝之生母）於河間，尊之爲孝仁皇后，居永樂宮。（後漢書·孝靈帝紀、皇后紀下）

軍 四月癸巳（二十二），大風，雨雹，下詔公卿以下各上封事。（後漢書·孝靈帝紀）

建寧四年（171）

嘉 正月甲子（初三），帝加元服。（後漢書·孝靈帝紀）

【考釋】帝即位時年 12 歲，至今 15 歲。

嘉 七月癸丑，立宋氏（貴人）爲皇后。（後漢書·孝靈帝紀、皇后紀下，通典·嘉禮三）

【儀制】《續漢志·禮儀中》劉昭注補引蔡質所記立宋皇后儀曰："皇后初即位章德殿，太尉使持節奉璽綬，天子臨軒，百官陪位。皇后北面，太尉住蓋下，東向，宗正、大長秋西向。宗正讀策文畢，皇后拜，稱臣妾，畢，住位。太尉［聞人］襲授璽綬，中常侍長秋太僕高鄉侯［侯］覽長跪受璽綬，奏於殿前，女史授婕妤，婕妤長跪受，以授昭儀，昭儀受，長跪以帶皇后。皇后伏，起拜，稱臣妾。訖，黃門鼓吹三通。鳴鼓畢，群臣以次出。后即位，大赦天下。皇后秩比國王，即位威儀，赤綬玉璽。"

【因革】東漢自建武二年(26)立郭皇后起,各帝當均沿用其儀,然未見記錄其儀注,劉昭謂蔡氏所記此年儀注"今取以補闕",故或可視作東漢之通儀。

【考釋】此年七月己未朔,無癸丑日。劉昭注補引蔡質則記爲七月乙未,同樣不合曆日。

凶 孫嵩(邊郡官)去世,無以殯斂,楊賜(光禄勳)、袁逢(太僕)、段熲(少府)爲備棺椁葬具,袁隗(大鴻臚)樹碑頌德。(後漢書·崔駰列傳)

【附識】《後漢書》又記此前孫嵩父親去世,"剽賣田宅,起冢塋,立碑頌。葬訖,資産竭盡,因窮困,以酤釀販鬻爲業"。

【考釋】此事《後漢書》僅署在"建寧中"。

熹平元年(172)

吉 正月,帝上原陵。(續漢志·禮儀上李賢注引《謝承書》,通典·吉禮十一注引)

凶 三月壬戌(初八),胡廣(太傅)去世,使五官中郎將持節奉策贈太傅、安樂鄉侯印綬,給東園梓器,謁者監護喪事;賜冢塋於原陵。(後漢書·胡廣列傳、孝靈帝紀)

【儀制】《胡廣列傳》記曰:"故吏自公、卿、大夫、博士、議郎以下數百人,皆縗絰殯位,自終及葬。"

【儀制】《胡廣列傳》述曰:"自在公台三十餘年,歷事六帝,禮任甚優,每遜位辭病,及免退田里,未嘗滿歲,輒復升進。凡一履司空,再作司徒,三登太尉,又爲太傅。其所辟命,皆天下名士。"

【儀制】《胡廣列傳》贊曰:"漢興以來,人臣之盛,未嘗有也。"

凶 六月癸巳(初十),皇太后(竇氏)去世,曹節(中常侍)、王甫(中常侍)欲用貴人禮殯,帝定以后禮。(後漢書·孝靈帝紀、皇后紀下、陳球列傳)

【儀制】《陳球列傳》記太后去世,"宦者積怨竇氏,遂以衣車載后尸,置城南市舍數日"。

凶 **將葬竇太后，曹節**(中常侍)**等欲別葬，以馮貴人配祔，下詔公卿大會朝堂，令趙忠**(中常侍)**監議，李咸**(太尉)**、陳球**(廷尉)**堅持與桓帝合葬；七月甲寅**(初二)**，合葬宣陵。**（後漢書·孝靈帝紀、皇后紀下、陳球列傳）

【理據】《陳球列傳》記曰："曹節、王甫復爭，以爲梁后家犯惡逆，別葬懿陵，武帝黜廢衛后，而以李夫人配食。今竇氏罪深，豈得合葬先帝乎？李咸乃詣闕上疏曰：'臣伏惟章德竇后虐害恭懷，安思閻后家犯惡逆，而和帝無異葬之議，順朝無貶降之文。至於衛后，孝武皇帝身所廢棄，不可以爲比。'"最終帝謂曹節等曰："竇氏雖爲不道，而太后有德於朕，不宜降黜。"

【論評】邢義田論曰："這裏宦官與朝臣相爭，都利用武帝黜衛后的故事，却各作不同的解釋。故事的解釋雖祇是政事的表面，大家却都不能不借故事爲幌子，因爲故事終究是治事公認的依據。當故事取捨和解釋不同，最後的關鍵在於天子的意向。"（《從"如故事"和"便宜行事"看漢代行政中的經常與權變》，《治國安邦》，第 406 頁）

熹平四年(175)

樂 **正月，出《雲臺十二門》新詩，下大予樂官頌習，被聲，與舊詩並行。**（續漢志·禮儀中劉昭注補引蔡邕《禮樂志》）

嘉 **三月，下詔諸儒正五經文字，刻石立於太學門外。**（後漢書·孝靈帝紀、儒林列傳上）

【考釋】①《後漢書·蔡邕列傳》記曰："[蔡]邕以經籍去聖久遠，文字多謬，俗儒穿鑿，疑誤後學，熹平四年，乃與五官中郎將堂谿典，光禄大夫楊賜，諫議大夫馬日磾，議郎張馴、韓説，太史令單颺等，奏求正定六經文字。靈帝許之，邕乃自書册於碑，使工鐫刻立於太學門外。"②《魏書·藝術列傳》録延昌三年(514)江式上表曰："左中郎將陳留蔡邕采李斯、曹喜之法爲古今雜形，詔於太學立石碑，刊

243

載五經,題書楷法,多是邕書也。"

吉 五月,延陵園火,遣使持節告祠。(後漢書·孝靈帝紀)

制 制婚姻之家及兩州人不得互爲官,稱爲三互法。(後漢書·蔡邕列傳)

熹平五年(176)

吉 四月,大雩。(後漢書·孝靈帝紀)

【考釋】李賢注引《東觀記》曰:"使中郎將堂谿典請雨。"

熹平六年(177)

吉 采蔡邕(議郎)之奏,帝迎氣於北郊。(後漢書·蔡邕列傳)

【理據】《蔡邕列傳》錄蔡邕上封事曰:"《明堂月令》'天子以四立及季夏之節,迎五帝於郊,所以導致神氣,祈福豐年。'清廟祭祀,追往孝敬,養老辟雍,示人禮化,皆帝者之大業,祖宗所祇奉也。……竊見南郊齋戒,未嘗有廢,至於它祀,輒興異議,豈南郊卑而它祀尊哉?"

吉 十月,帝臨辟雍。(後漢書·孝靈帝紀、蔡邕列傳)

【考釋】《後漢書·楊震列傳》記光和元年(178)冬,"行辟雍禮,引〔楊〕賜爲三老",或即此年之事。

樂 東觀召典律者張光(太子舍人)等問音律,不能定其絃緩急。 史官能辨清濁者遂絶。(續漢志·律曆上,晉志·律曆上,宋志·律曆上,隋書·牛弘列傳)

光和元年(178)

嘉 二月,置鴻都門學,畫孔子及七十二弟子像。(後漢書·蔡邕列傳、孝靈

帝紀）

【考釋】《蔡邕列傳》記此前，"初，帝好學，自造《皇羲篇》五十章，因引諸生能爲文賦者。本頗以經學相招，後諸爲尺牘及工書鳥篆者，皆加引召，遂至數十人。侍中祭酒樂松、賈護，多引無行趣埶之徒，並待制鴻都門下"。

凶 十月，廢皇后宋氏，於暴室去世，歸葬於皐門亭（宋氏舊塋）。（後漢書·孝靈帝紀、皇后紀下）

光和三年（180）

嘉 十二月己巳（初五），立何氏（貴人）爲皇后。（後漢書·孝靈帝紀、皇后紀下）

光和四年（181）

吉 張奐（太守）去世，武威多爲立祠，世世不絕。（後漢書·張奐列傳）

【考釋】《張奐列傳》記在張奐任武威太守時，"風俗遂改，百姓生爲立祠"。

光和五年（182）

軍 十月，校獵於上林苑，歷函谷關，巡狩於廣成苑。（後漢書·孝靈帝紀）

嘉 立所刻石經於太學講堂前。（後漢書·蔡邕列傳、儒林列傳上）

【考釋】此事起於熹平四年（175），至此年成。據《隋書·經籍志》，所刻共計《易》、《書》、魯《詩》、《禮經》、《春秋》及《公羊傳》、《論語》。

【論評】屈萬里稱熹平石經乃"吾國經籍最古之刻本"（《漢石經周易殘字集證》，第1頁）。

嘉 十二月，帝至太學。（後漢書·孝靈帝紀）

【考釋】靈帝此年至太學,石經必已刻成入列。

制 劉洪(穀城門侯)悟四分曆之疏闊,造《乾象法》,又制遲疾曆以步月行,名爲乾象曆。(宋志·律曆中,晉志·律曆中)

【考釋】此事《宋志》僅標在"光和中"。

中平元年(184)

吉 二月,張角(鉅鹿人)起兵,自稱黃天,託有神靈,遣八使以善道教化天下。(後漢書·孝靈帝紀,三國志·吳書·孫破虜討逆傳)

吉 宋建(隴西人)自稱河首平漢王,聚衆枹罕,置百官,改元。(三國志·魏書·武帝紀)

【考釋】後至建安十九年(214),方爲夏侯淵所滅。

吉 曹操出任濟南相,禁斷淫祀。(三國志·魏書·武帝紀,通典·吉禮十四)

【儀制】裴注引《魏書》記此前淫祀曰:"初,城陽景王劉章以有功於漢,故其國爲立祠,青州諸郡轉相倣效,濟南尤盛,至六百餘祠。賈人或假二千石輿服導從作倡樂,奢侈日甚,民坐貧窮,歷世長吏無敢禁絶者。太祖到,皆毀壞祠屋,止絶官吏民不得祠祀。及至秉政,遂除姦邪鬼神之事,世之淫祀由此遂絶。"

中平二年(185)

吉 二月己酉(初十),南宮雲臺災。(續漢志·五行二)

【考釋】《續漢志》記曰:"夫雲臺者,乃周家之所造也,圖書、術籍、珍玩、寶怪皆所藏在也。"

凶 九月庚寅(二十四),楊賜(司空)去世,帝素服三日不臨朝,賜東園梓器襚服;及葬,使侍御史持節送葬,公卿以下會葬。(後漢書·楊震列傳、

孝靈帝紀）

【儀制】《楊震列傳》記曰："蘭臺令史十人發羽林騎輕車介士，前後部鼓吹，又勅
驃騎將軍官屬司空法駕，送至舊塋。"

【考釋】楊賜去世時間，《後漢書》本紀標在十月庚寅，然此年十月丙申朔，無庚
寅日，據《楊震列傳》載"九月，復代張溫爲司空，其月薨"，可知當在九月，茲
徑改。

制 造萬金堂於西園，引司農金錢、繒帛滿積其中。（後漢書·孝靈帝紀、宦者
列傳）

中平四年(187)

凶 陳寔（前太丘長）去世，何進（大將軍）遣使弔祭，海內赴者三萬餘人，制
衰麻者以百數。（後漢書·陳寔列傳）

【理據】《陳寔列傳》記"寔在鄉閭，平心率物。其有爭訟，輒求判正，曉譬曲直，
退無怨者"；多次被徵辟，"時三公每缺，議者歸之，累見徵命，遂不起，閉門懸車，
棲遲養老"。

中平五年(188)

軍 十月甲子（十六），帝講武於平樂觀下，自稱"無上將軍"。（後漢書·孝
靈帝紀、何進列傳，通典·軍禮一）

【儀制】《何進列傳》記曰："起大壇，上建十二重五采華蓋，高十丈，壇東北爲小
壇，復建九重華蓋，高九丈，列步兵，騎士數萬人，結營爲陳。天子親出臨軍，駐
大華蓋下，進駐小華蓋下。禮畢，帝躬擐甲介馬，稱'無上將軍'，行陳三匝
而還。"

【考釋】其時青、徐黃巾軍復起。

中平六年(189)

凶 四月丙辰(十一)，帝去世於南宮嘉德殿，戊午(十三)，劉辯(皇子)即位；六月辛酉(十七)，葬於文陵。(後漢書·孝靈帝紀)

凶 六月辛亥(初七)，孝仁皇后(董氏,帝之母)去世；七月庚寅(十六)，歸葬於河間慎陵(帝父劉萇之墓)。(後漢書·孝靈帝紀、皇后紀下)

獻帝(劉協,靈帝中子)

永漢元年(189)

吉 九月甲戌(初一)，董卓大會百官於崇德前殿，脅太后廢帝爲弘農王；陳留王即位，改元。(後漢書·孝靈帝紀、孝獻帝紀、董卓列傳)

【儀制】《資治通鑑·漢紀五十一》概述其日情形曰："袁隗解帝璽綬，以奉陳留王，扶弘農王下殿，北面稱臣。太后鯁涕，群臣含悲，莫敢言者。"

凶 九月丙子(初三)，皇太后(何氏)被殺；十月乙巳(初三)，合葬文昭陵。

(後漢書·孝獻帝紀、皇后紀下)

【儀制】①《皇后紀》記曰："董卓令帝出奉常亭舉哀，公卿皆白衣會，不成喪也。"
②《三國志·魏書·董卓傳》裴注記曰："卓以太后見廢，故公卿以下不布服，會葬，素衣而已。"

初平元年(190)

凶 正月癸酉，弘農王被殺；二月，葬於劉忠(故中常侍)成壙中。(後漢書·

孝獻帝紀、皇后紀下）

【考釋】此年正月壬寅朔，無癸酉日；若爲二月癸酉，則爲初三日，然《孝獻帝紀》此年"二月"標記又在此事後。

軍 正月，張邈（陳留太守）與劉岱（兗州刺史）、孔伷（豫州刺史）、橋瑁（東郡太守）、張超（廣陵太守）於酸棗（屬陳留郡）會盟，共推臧洪升壇操槃歃血，共討董卓。（三國志·魏書·臧洪傳，後漢書·臧洪列傳）

【考釋】此事《三國志》、《後漢書》均未載時日，今據《資治通鑑·漢紀五十一》知此年正月，諸軍俱屯酸棗，故繫於此。

吉 二月丁亥（十七），遷都長安；三月己酉（初九），董卓焚洛陽宮廟。（後漢書·孝獻帝紀）

吉 董卓（相國）、蔡邕（左中郎將）等奏以爲世祖廟和帝以下當遷毀，由此祭高廟一祖二宗及世祖廟四帝，凡七帝。（續漢志·祭祀下，後漢書·孝獻帝紀，通典·吉禮六）

【儀制】劉昭注補引《決疑要注》記藏主之法曰："毀廟主藏廟外戶之外，西牖之中。有石函，名曰宗祏。函中有笥，以盛主。親盡則廟毀，毀廟之主藏于始祖之廟。一世爲祧，祧猶四時祭之。二世爲壇，三世爲墠，四世爲鬼，祫乃祭之，有禱亦祭之。祫於始祖之廟，禱則迎主出，陳於壇墠而祭之，事訖還藏故室。迎送皆蹕，禮也。"

【因革】東漢至此，方議天子七廟之制。《續漢志》劉昭注補引《袁山松書》載蔡邕議曰："元帝世在第八，光武世在第九，故以元帝爲考廟，尊而奉之。"此由明帝永平元年（58）所確定；又追述西漢故事，"孝宣尊崇孝武，廟稱世宗。中正大臣夏侯勝等猶執異議，不應爲宗。至孝成皇帝，議猶不定。"故此時效夏侯勝之舉，"孝和以下，穆宗……之號皆宜省去"。

又《續漢志》記此年"及餘非宗者追尊三后，皆奏毀之"。

【論評】《南齊志·禮上》錄史臣曰："漢立宗廟，違經背古。匡衡、貢禹、蔡邕之徒，空有遷毀之議，亙年四百，竟無成典。"宋徐天麟亦嘆曰："考之于史，建武所立親廟四,言者首議其非;永平所立世祖廟,又與高廟異處,無復昭穆之序。明帝臨終,遺詔藏主于光烈皇后更衣別室;章帝而下,莫敢或違,徒務爲抑損之私,而不知禮義之正。末年遂至高廟五主,世祖廟七主,其瀆亂不經,未有如是之甚者。噫!東都儒者如張純、朱浮、曹褒、鄭玄之儔,皆號稱明習典禮,而獨不能復古人七廟之制。魏晉循之,遂不能革,而先王宗廟之禮始盡廢矣。惜哉!"(《東漢會要》卷四)

吉 **公孫度自立爲遼東侯,立漢二祖廟,設壇於襄平城南,郊祀天地,藉田,治兵。**(後漢書‧袁紹列傳,三國志‧魏書‧公孫度傳,資治通鑑‧漢紀五十一)

【儀制】《公孫度傳》記曰:"乘鸞輅,九旒,旄頭羽騎。"

初平二年(191)

吉 **二月,董卓焚燒洛陽宮室,發掘諸帝陵。**(後漢書‧孝獻帝紀、董卓列傳,三國志‧魏書‧董卓傳)

【因革】《三國志‧吳書‧孫破虜討逆列傳》記此後,"[孫]堅乃前入至雒,修諸陵,平塞卓所發掘"。

嘉 **四月,董卓至長安,爲太師,號曰尚父,乘青蓋金華車,爪畫兩轓;公卿見之,謁拜車下,董不爲禮。**(後漢書‧董卓列傳,三國志‧魏書‧董卓傳)

【考釋】《後漢書》記曰:"時人號'竿摩車',言其服飾近天子也。"

初平三年(192)

嘉 凶 **四月,帝疾新愈,大會未央殿,董卓朝服升車而入,被殺,士卒皆呼萬歲,百姓歌舞於道。**(後漢書‧董卓列傳,三國志‧魏書‧董卓傳)

初平四年(193)

軍 正月，當南郊，又定冠禮，遇日蝕，士孫瑞議以爲廢冠不廢郊，朝

議從之。（南齊志·禮上"永明元年"王儉議，通典·軍禮三）

嘉 十月，太學行禮，帝至永福城門，臨觀其儀。（後漢書·孝獻帝紀）

【考釋】上月試儒生四十餘人，賜位郎中，次太子舍人。

制 田疇率五千餘家，營居於徐無山中，制定律法二十餘條，制爲婚

姻嫁娶之禮，興舉學校講授之業。（三國志·魏書·田疇傳，資治通鑑·漢紀五

十二）

興平元年(194)

嘉 正月甲子(十六)，帝加元服。（後漢書·孝獻帝紀、皇后紀下，後漢志·禮儀上劉昭注

引《獻帝傳》，通典·嘉禮一）

【考釋】帝即位時 9 歲，至此 14 歲。

【儀制】劉昭注引《獻帝傳》記曰："帝加元服，司徒淳、于嘉爲賓，加賜玄纁

駟馬。"

【論評】秦蕙田《五禮通考》指出："加元服用賓見此。"（《吉禮一百四十九》"冠禮"）

凶 二月甲申(初一)，改葬靈懷皇后(王氏，帝之生母)於文昭陵。（後漢書·孝獻帝

紀、皇后紀下）

【儀制】《皇后紀》記曰："儀比敬、恭二陵，使光禄大夫持節行司空事奉璽綬，

[王]斌與河南尹駱業復土。"

【考釋】帝母王美人於光和四年(181)生下帝，即被皇后(何氏)毒殺。

吉 二月丁亥(初十)，帝耕於藉田。（後漢書·孝獻帝紀）

【因革】《後漢書·黃瓊列傳》記順帝"即位以後，不行籍田之禮，瓊以國之大典不宜久廢，上疏奏"，"書奏，帝從之"，然據《後漢書》本紀，明帝永平四年(61)以後即未見記載。

軍 六月乙巳(三十)，日有蝕之，帝避正殿，寢兵，不聽事五日。(後漢書·孝獻帝紀)

吉 七月，因三輔自四月至此大旱，帝避正殿，請雨。(後漢書·孝獻帝紀)

嘉 笮融爲下邳相，大起浮屠寺，課人誦讀佛經，每浴佛，布席於路，就食而觀者萬餘人。(後漢書·陶謙列傳,資治通鑑·漢紀五十三)

【儀制】《陶謙列傳》記曰："大起浮屠寺。上累金盤，下爲重樓，又堂閣周回，可容三千許人，作黃金塗像，衣以錦綵。"

【考釋】此事當在此年之前，暫繫於此。

興平二年(195)

嘉 四月甲午(二十三)，立伏氏(貴人)爲皇后。(後漢書·孝獻帝紀、皇后紀下)

吉 冬，袁術以讖言"代漢者當塗高"，自云名字應之，大會群下，議稱國號。(後漢書·袁術列傳,三國志·魏書·袁術傳)

【理據】《後漢書》記曰："又以袁氏出陳爲舜後，以黃代赤，德運之次，遂有僭逆之謀。"

建安元年(196)

吉 正月癸酉(初七)，郊祀上帝於安邑，改元。(後漢書·孝獻帝紀)

吉 七月，帝至洛陽，丁丑(十四)，郊祀上帝。(後漢書·孝獻帝紀)

【因革】秦蕙田《五禮通考》論曰："東漢依元始故事，歲凡三祭，合祀天地者一，分祀天地者各一，王莽所謂有合有別也，當時雖行合祭而分祭之禮固未嘗廢。後之主合祭者乃悍然以爲不必分祭，是宗王莽而又失之矣。"（《吉禮七》"圜丘祀天"）

吉 **七月己卯**（十六），**謁太廟。**（後漢書·孝獻帝紀）

吉 **八月庚申**（二十七），**遷都許**（河南許昌東）。（後漢書·孝獻帝紀）

【儀制】《三國志·魏書·武帝紀》記曰："自天子西遷，朝廷日亂，至是，宗廟社稷制度始立。"按所謂西遷，指初平元年（190）二月，遷都長安。

嘉 **伏完**（皇后父，屯騎校尉，不其亭侯）**朝賀公庭，拜如衆臣，及皇后在離宮，后拜如子禮。三公八座議定之，鄭玄議即如伏氏，邴原**（丞相徵事）**駁之。**（通典·嘉禮十二）

【儀制】《通典》錄三公八座議有四種儀節："或以爲，皇后天下之母也，〔伏〕完雖后父，不可令后獨拜於朝。或以爲，當交拜，令后存人子之道，完不廢人臣之義。……欲令完猶行父法，后專奉子禮，公私之朝，后當獨拜。或以爲，皇后至尊，父亦至親，交拜則父子無別，完拜則傷子道，后拜則損至尊，欲令公朝者完拜如衆臣，於公宮后拜如子。"鄭玄認爲從第四種："今不其亭侯在京師，禮事出入，宜從臣禮。若后息離宮，及歸寧父母，從子禮。"而邴原則從第三種。

【考釋】此年七月，伏完等十三人封爲列侯，此事恐當即在伏完封侯之際。

制 **應劭刪定律令，以爲《漢儀》。**（後漢書·應奉列傳，晉志·刑法，通典·刑法一）

【考釋】《後漢書》錄應劭表奏《漢儀》之構成曰："撰具《律本章句》、《尚書舊事》、《廷尉板令》、《決事比例》、《司徒都目》、《五曹詔書》及《春秋斷獄》，凡二百五十篇，蠲去復重，爲之節文。又集《駁議》三十篇，以類相從，凡八十二事。其見《漢書》二十五，《漢記》四，皆刪叙潤色，以全本體。其二十六，博采古今瓖瑋之士，文章焕炳，德義可觀。其二十七，臣所創造。"《晉志》略同。

【因革】淺井虎夫《中國法典編纂沿革史》指出："自此以後，法律編纂之事無聞焉，然解釋法律之學自此起矣。應劭《律本章句》外，叔孫宣、郭令卿、馬融、鄭玄等各作章句，凡十有餘家，家數十萬言云。"（第三章，第17—18頁）

制 崔寔(故遼東太守)、鄭玄(大司農)、陳紀(大鴻臚)均以爲宜復肉刑，未行。

(晉志·刑法,通典·刑法六)

【考釋】①《後漢書·崔駰列傳》載崔寔《政論》,述其理由,《資治通鑑·漢紀四十五》繫之於元嘉元年(151)。②《晉志》此事承上漢獻帝時應劭刪定律令,云"是時天下將亂,百姓有土崩之勢,刑罰不足以懲惡,於是名儒大才……以爲宜復行肉刑",《通典》即據此標在"後漢獻帝之時",茲從之。

【因革】《晉志》記至曹操匡輔漢室,荀彧(尚書令)"博訪百官,復欲申之",然孔融(少府)議以爲不可,卒不改。

【論評】《通鑑》司馬光評曰:"漢家之法已嚴矣,而崔寔猶病其寬,何哉? 蓋衰世之君,衰多柔懦,凡愚之佐,唯知姑息,是以權幸之臣有罪不坐,豪猾之民犯法不誅,仁恩所施,止於目前,姦宄得志,紀綱不立。故崔寔之論,以矯一時之枉,非百世之通義也。"

建安二年(197)

制 因遷都,舊章湮没,應劭著《漢官禮儀故事》,以立朝廷制度、百官典式。(後漢書·應奉列傳)

【因革】《舊唐志·禮儀一》述曰:"光武受命,始詔儒官,草定儀注,經邦大典,至是粗備。漢末喪亂,又淪没焉。而衛宏、應仲遠、王仲宣等掇拾遺散,裁志條目而已。東京舊典,世莫得聞。"按應劭,字仲遠。衛宏,《後漢書·儒林列傳》記其"作《漢舊儀》四篇,以載西京雜事"。王粲,字仲宣,《三國志·魏書·王粲傳》記曰:"時舊儀廢弛,興造制度,粲恒典之。"

【考釋】邢義田釋曰:"從内容上看,故事包括律令、儀制、百官的章奏、歷朝的注記、行政中不成文的慣例、君臣理事而成的典故、君臣之間誓約或與外族的約束等等。"(《從"如故事"和"便宜行事"看漢代行政中的經常與權變》,《治國安邦》,第383頁)

吉 春,袁術因張炯符命,稱帝於壽春,祀南北郊,置公卿百官。(後漢

書·袁術列傳、孝獻帝紀，三國志·魏書·袁術傳）

【考釋】《後漢書》列傳述曰："術雖矜名尚奇，而天性驕肆，尊己陵物。及竊僭號，淫侈滋甚，媵御數百，無不兼羅紈，厭粱肉，自下飢困，莫之簡卹。於是資實空盡，不能自立。"

建安五年（200）

軍 九月庚午（初一），日有蝕之，下詔三公舉至孝一人，九卿、校尉、郡國守相各一人，皆上封事。（後漢書·孝獻帝紀）

吉 帝欲爲南陽王（劉馮）、東海王（劉祗）修四時之祭，孔融（少府）諫止之。

（後漢書·孔融列傳）

【理據】《孔融列傳》記孔融對帝曰："竊觀故事，前梁懷王、臨江愍王、齊哀王、臨淮懷王並薨無後，同產昆弟，即景、武、昭、明四帝是也，未聞前朝修立祭祀。若臨時所施，則不列傳紀。臣愚以爲諸在沖齔，聖慈哀悼，禮同成人，加以號謚者，宜稱上恩，祭祀禮畢，而後絶之。至於一歲之限，不合禮意，又違先帝已然之法，所未敢處。"

【考釋】此年七月，南陽王去世，十月，東海王去世，"帝傷其早殁"。

凶 八月，孫策（討逆將軍，吳侯）去世，富春諸長吏並欲出赴喪，虞翻（富春長）止之，留制服行喪。 諸縣皆效之。 （三國志·吳書·虞翻傳、孫破虜討逆傳）

【理據】《虞翻傳》錄虞翻曰："恐鄰縣山民，或有奸變，遠委城郭，必致不虞。"

建安七年（202）

吉 正月，曹操（武平侯）至浚儀，治睢陽渠，遣使以太牢祀橋玄（故太尉）。

（三國志·魏書·武帝紀，通典·吉禮十二）

凶 孫堅（破虜將軍）夫人（吳氏）去世，與之合葬高陵。 （三國志·吳書·妃嬪傳）

【考釋】孫堅，吳大帝孫權之父，於建安五年（200）去世。

建安八年(203)

嘉 **正月，朝會，改令四百石以下執雉。**（續漢志‧禮儀中，通典‧嘉禮十五）

【儀制】《續漢志》記漢以來朝會通制曰："每歲首[正月]，爲大朝受賀。其儀：夜漏未盡七刻，鍾鳴，受賀。及贊，公、侯璧，中二千石、二千石羔，千石、六百石鴈，四百石以下雉。百官賀正月。二千石以上上殿稱萬歲。舉觴御坐前。司空奉羹，大司農奉飯，奏食舉之樂。百官受賜宴饗，大作樂。"

又劉昭注補引蔡質《漢儀》曰："正月旦，天子幸德陽殿，臨軒。公、卿、將、大夫、百官各陪[位]朝賀。蠻、貊、胡、羌朝貢畢，見屬郡計吏，皆[陛]覲，庭燎。宗室諸劉親會，萬人以上，立西面。位既定，上壽。[群]計吏中庭北面立，太官上食，賜群臣酒食，[西入東出]。御史四人執法殿下，虎賁、羽林張弓挾矢，陛戟左右，戎頭偪脛陪前向後，左右中郎將位東南，羽林、虎賁將位東北，五官將位中央，悉坐就賜。作九賓散樂。……小黃門吹三通，謁者引公卿群臣以次拜，微行出，罷。卑官在前，尊官在後。德陽殿周旋容萬人。"又在九賓散樂之後，"舍利獸從西方來，戲於庭極，乃畢入殿前，激水化爲比目魚，跳躍嗽水，作霧鄣日。畢，化成黃龍，長八丈，出水遨戲於庭，炫燿日光。以兩大絲繩繫兩柱閒，相去數丈，兩倡女對舞，行於繩上，對面道逢，切肩不傾，又蹋局出身，藏形於斗中。鍾磬並作，倡樂畢，作魚龍曼延"。

【因革】① 據劉昭注補引《獻帝起居注》曰："舊典，市長執鴈，建安八年始令執雉。"可見東漢朝會儀注此年改定。② 劉昭注補又引蔡邕曰："群臣朝見之儀，視不晚朝十月朔之故，以問胡廣。廣曰：'舊儀，公卿以下每月常朝，先帝以其頻，故省，唯六月、十月朔朝。後復以六月朔盛暑，省之。'"可見從此定爲正月、十月朔朝會。

【論評】秦蕙田《五禮通考》論曰："正旦朝會百僚，爲盛禮所在，乃以雜技、游戲，不經瀆禮，莫此爲甚。"（《嘉禮九》"朝禮"）

【考釋】《南齊志‧禮上》記曰："漢末，蔡邕立漢《朝會志》，竟不就。"

吉 **十月己巳，公卿迎冬於北郊。**（後漢書‧孝獻帝紀）

【儀制】《孝獻帝紀》記曰："總章始復備八佾舞。"

【因革】李賢注："往因亂廢，今始備之。"自明帝永平二年(59)以來未見記載行此禮者。

【考釋】此年十月壬午朔，無己巳日。

建安十年(205)

制 杜畿治河東，勸耕桑，舉孝弟，冬月修戎講武，興學校，親自執經講授。（三國志·魏書·杜畿傳）

【論評】①《杜畿傳》評曰："畿在河東十六年，常爲天下最。"《通鑑》胡注："爲曹操因河東資實以平關中張本。"② 裴注引《魏略》記曰："至今河東特多儒者，則畿之由矣。"

【考釋】《杜畿傳》此事未悉年月，今據《資治通鑑·漢紀五十六》繫於此年。

凶 曹操下令不得厚葬，禁立碑。（宋志·禮二）

建安十三年(208)

凶 曹沖(曹操幼子)去世，曹操欲娉邴原(司空搏)亡女合葬，邴原却之。（三國志·魏書·公孫度傳、武文世王公傳，資治通鑑·漢紀五十七）

【理據】《通鑑》録邴原辭曰："嫁殤，非禮也。"胡注："非成人而死曰殤。生未爲配偶而死合葬，故曰非禮。"

建安十七年(212)

吉 帝哀惜荀彧(侍中、光禄大夫)自殺，祭祖神日廢讌樂。（後漢書·荀彧列傳）

建安十八年(213)

制　正月庚寅(初三)，復《禹貢》九州。(後漢書・孝獻帝紀)

嘉　正月壬子(二十五)，劉邈(濟北王)加冠户外。(續漢志・禮儀上劉昭注引《獻帝起居注》)

【考釋】《後漢書・孝獻帝紀》記去年九月,立皇子劉邈爲濟北王。

嘉　七月，聘曹操三女(曹憲、曹節、曹華)爲貴人，少者待年於國。(三國志・魏書・武帝紀,通典・嘉禮三)

【儀制】《武帝紀》裴注引《獻帝起居注》曰:"使使持節行太常大司農安陽亭侯王邑,齎璧、帛、玄纁、絹五萬匹之鄴納聘,介者五人,皆以議郎行大夫事,副介一人。"又記明年正月,使王邑與劉艾(宗正)"皆持節,齎束帛駟馬,及給事黄門侍郎、掖庭丞、中常侍二人,迎二貴人于魏公國"。

建安二十年(215)

嘉　正月甲子(十八)，立曹氏(貴人)爲皇后。(後漢書・孝獻帝紀、皇后紀下,三國志・魏書・武帝紀)

【考釋】去年十一月,皇后伏氏爲曹操所殺。

建安二十一年(216)

賓　七月，匈奴南單于來朝。(後漢書・孝獻帝紀)

建安二十二年(217)

凶　魯肅(吳横江將軍)去世，孫權爲之舉哀，臨喪，諸葛亮亦爲發哀。(三國志・吳書・魯肅傳)

建安二十四年(219)

凶 呂蒙被孫權任爲南郡太守，封孱陵侯，未及受封而病重，孫權自臨視，命道士於星辰下爲之請命，既而去世，遺命喪事務簡；孫權爲置守冢三百家。(三國志·吳書·呂蒙傳,資治通鑑·漢紀六十)

【儀制】《吳書》記呂蒙被封，"賜錢一億，黃金五百斤。蒙固辭金錢，權不許"，在去世前，"所得金寶諸賜盡付府藏，敕主者命絕之日皆上還"；孫權聞訃，"哀痛甚，爲之降損"，知其還金，"益以悲感"。

延康元年(220)

凶 正月庚子(二十三)，曹操(魏王)去世。(後漢書·孝獻帝紀)

吉 十月乙卯(十三)，帝召群公卿士告祠高廟，使張音(兼御史大夫)持節奉璽綬禪位於魏。(後漢書·孝獻帝紀,三國志·魏書·文帝紀)

【儀制】《孝獻帝紀》記曰："奉帝爲山陽公,邑一萬户,位在諸侯王上,奏事不稱臣,受詔不拜,以天子車服郊祀天地、宗廟,祖、臘皆如漢制,都山陽之濁鹿城。"

【考釋】《宋志·禮三》記曰："漢獻帝延康元年十一月己丑,詔公卿告祠高廟,……"所記時日有別。

賓 十一月癸酉(初一)，魏以山陽邑萬户奉帝爲山陽公，行漢正朔，以天子禮郊祀天地、宗廟，祖臘如漢制，上書不稱臣，京城有事於太廟則致胙。(三國志·魏書·文帝紀,通典·賓禮一)

二、魏之部

220 年，曹丕代漢稱帝，定都洛陽（今河南洛陽），國號魏。265 年爲西晉所代。共歷五帝（文帝、明帝、齊王、高貴鄉公、元帝），四十六年。

武王（太祖，曹操）

建安十八年(213)

嘉 **五月丙申**（初十），**漢獻帝使郗慮**（御史大夫）**持節策命曹操爲魏公。**（三國志·魏書·武帝紀，宋志·禮三，晉志·禮上）

【考釋】《後漢書·孝獻帝紀》則記曰："曹操自立爲魏公，加九錫。"後爲魏王亦稱"自進號"。

吉 **七月，建魏社稷、宗廟於鄴。**（三國志·魏書·武帝紀，通典·吉禮七）

【儀制】《宋書·禮志三》記曰："是年七月，始建宗廟于鄴，自以諸侯禮立五廟也。後雖進爵爲王，無所改易。"《晉志·禮上》同。

樂 **王粲**（侍中）**爲宗廟作登歌《安世詩》，説神靈鑒饗之意。**（南齊志·樂，宋志·樂一）

【因革】《南齊志》記此後至明帝時，依繆襲（侍中）奏云"案《周禮》注云，《安世樂》猶周房中樂也，……思惟往者謂房中樂爲后妃歌，恐失其意。方祭祀娛神，登歌先祖功德，下堂詠宴享，無事歌后妃之化也"，於是改《安世樂》爲《饗神歌》。《宋志》同。

【論評】《宋志》史臣案："文帝已改《安世》爲《正始》，而襲至是又改《安世》爲《享神》，未詳其義。王粲所造《安世詩》，今亡。"

建安十九年(214)

吉 正月，始耕藉田。（三國志·魏書·武帝紀）

【考釋】盧弼《集解》曰："今史書始耕藉田，乃魏公之耕於鄴，非漢帝之耕於許，是則求如'政由季氏、祭則寡人'者，亦不可得矣。又按後文二十一年，公親耕藉田，則是年尚係遣代也。"

嘉 三月，漢獻帝使魏公位在諸侯王上，改授金璽、赤紱、遠游冠。

（三國志·魏書·武帝紀）

【論評】盧弼《集解》引趙一清曰："三者皆諸侯王之制。曹公是時雖未膺王爵，而已具其制度矣。"

建安二十一年(216)

吉 二月辛未（初一），魏公出征還鄴，有司以太牢告至，策勳於廟。（三國志·魏書·武帝紀裴注引《魏書》）

吉 二月甲午（二十四），始春祠。（三國志·魏書·武帝紀裴注引《魏書》）

吉 三月壬寅（初三），魏公親耕藉田。（三國志·魏書·武帝紀）

軍 三月，有司奏請立秋閱兵，獲準。十月，魏王閱兵。（三國志·魏書·武帝紀裴注引《魏書》，宋志·禮一，晉志·禮下，通典·軍禮一）

【因革】裴注引《魏書》録有司奏曰："四時講武於農隙。漢承秦制，三時不講，唯十月都試車馬，幸長水南門，會五營士為八陳進退，名曰'乘之'。今金革未偃，士民素習，自今已後，可無四時講武，但以立秋擇吉日大朝車騎，號曰'治兵'，上合禮名，下承漢制。"

【儀制】裴注引《魏書》記曰："魏王親執金鼓，以令進退。"

【論評】楊志剛論曰："古代軍禮再度受到重視，並有所復興，始自魏晉。"（《中國禮

儀制度研究》,第 425 頁)

嘉 五月,漢獻帝進魏公爵爲魏王。（三國志・魏書・武帝紀）

賓 七月,匈奴南單于(呼廚泉)來朝,待以客禮,並留魏。（三國志・魏書・武帝紀）

建安二十二年(217)

嘉 春,孫權遣徐詳(都尉)來詣,請降,魏王報使修好,重結婚姻。（三國志・吳書・吳主傳）

嘉 四月,漢獻帝命魏王設天子旌旗,出入稱警蹕;十月,又命魏王冕十二旒,乘金銀車,駕六馬,設五時副車。（三國志・魏書・武帝紀,通典・嘉禮九）

嘉 五月,建泮宮於鄴城南。（三國志・魏書・武帝紀,宋志・禮一,通典・吉禮十二）

嘉 十月,以曹丕(五官中郎將)爲魏太子。（三國志・魏書・武帝紀）

凶 司馬朗率軍至居巢,遇疾去世,遺命布衣幅巾,斂以時服,州人追思之。（三國志・魏書・司馬朗傳）

凶 邢顒(廣宗長)爲故將奔喪棄官,有司舉正,曹操釋之勿問。（三國志・魏書・邢顒傳）

【理據】《三國志》録太祖曰:"顒篤於舊君,有一致之節。"甘懷真釋曰:"曹操不顧官僚制之規定,以士大夫之道德爲邢顒脱罪,其目的之一在於籠絡士大夫社會,却也陷入制度性的矛盾。"(《皇權、禮儀與經典詮釋》,第 301 頁)

【考釋】此事未悉年月,"舊君"亦不知其名,暫繫於此。

建安二十三年(218)

凶 六月,下令定葬制。（三國志・魏書・武帝紀）

【理據】《武帝紀》録令曰："古之葬者，必居瘠薄之地。其規西門豹祠西原上爲壽陵，因高爲基，不封不樹。《周禮》冢人掌公墓之地，凡諸侯居左右以前，卿大夫居後，漢制亦謂之陪陵。其公卿大臣列將有功者，宜陪壽陵。其廣爲兆域，使足相容。"

軍 七月，魏王治兵。（三國志·魏書·武帝紀）

【考釋】此爲西征劉備而設。

建安二十四年(219)

嘉 七月，立卞氏（夫人）爲王后。（三國志·魏書·武帝紀、后妃傳）

延康元年(220)

凶 正月庚子（二十三），曹操（魏王）去世於洛陽，遺令葬畢除服，曹丕（太子）即王位；二月丁卯（二十一），葬高陵（鄴城西）。（三國志·魏書·武帝紀，宋志·禮二）

【儀制】①《三國志·魏書·賈逵傳》記時賈逵（諫議大夫）典喪事，"奉梓宮還鄴"。②《武帝紀》録遺令曰："葬畢，皆除服。其將兵屯戍者，皆不得離屯部。有司各率乃職。斂以時服，無藏金玉珍寶。"《宋志》録遺令亦曰："天下尚未安定，未得遵古。百官臨殿中者，十五舉音。葬畢便除服。"《通典·凶禮二》同。③《宋志》録魏武帝終令曰："古之葬者，必在瘠薄之地，其規西原上爲壽陵。因高爲基，不封不樹。《周禮》冢人掌公墓之地，凡諸侯居左右以前，卿大夫居後。漢制亦謂之陪陵。其公卿大臣列將有功者，宜陪壽陵。其廣爲兆域，使足相容。"④《宋志》記曰："魏武以送終制衣服四篋，題識其上，春秋冬夏日有不諱，隨時以斂。金珥珠玉銅鐵之物，一不得送。文帝遵奉，無所增加。"《晉志·禮中》、《通典·凶禮一》同。⑤《宋志》記曰："辛丑（二十四）即殯，是月丁卯葬，葬畢反吉，是爲不踰月也。"

又《晉志·禮中》統記曰："魏氏故事，國有大喪，群臣凶服，以帛爲綏囊，以布爲劍衣。"又曰："漢魏故事，將葬，設吉凶鹵簿，皆以鼓吹。"又曰："漢魏故事，大喪及大臣之喪，執紼者輓歌。"

又《宋志·禮三》記曰："及魏武帝葬高陵，有司依漢，立陵上祭殿。"《晉志·禮中》同。

【因革】①《宋志》論曰："魏、蜀喪制，又並異於漢也。"②《宋志》記曰："漢禮明器甚多，自是皆省矣。"《晉志·禮中》同。③ 裴注引《魏書》記曰："常以送終之制，襲稱之數，繁而無益，俗又過之，故豫自制終亡衣服，四篋而已。"《通典·凶禮一》同。④《武帝紀》錄遺令曰："天下尚未安定，未得遵古也。"

吉 **四月丁巳**(十二)，**饒安縣言白雉見，太常以太牢祠宗廟。** (三國志·魏書·文帝紀裴注引《魏書》)

凶 **四月庚午**(二十五)，**夏侯惇**(大將軍)**去世，魏王素服至鄴東城門發哀。**
(三國志·魏書·文帝紀)

【論評】裴注引孫盛曰："在禮，天子哭同姓於宗廟門之外，哭於城門，失其所也。"而盧弼《集解》則引何焯曰："魏未嘗以夏侯爲同姓，故與之婚姻，孫盛所議非也。"

軍 **六月辛亥**(初七，立秋)，**魏王閱兵於東郊。** (三國志·魏書·文帝紀，宋志·禮一，
晉志·禮下，通典·軍禮一)

【儀制】裴注引《魏書》記曰："公卿相儀。王御華蓋，視金鼓之節。"

【考釋】此月庚午(二十六)便南征孫權。

嘉 **七月甲午**(二十)，**魏王軍次於譙，大饗六軍及父老百姓於邑東。** (三國
志·魏書·文帝紀)

【儀制】裴注引《魏書》記曰："設伎樂百戲。……三老吏民上壽，日夕而罷。"

【理據】《宋志·禮二》記曰："魏武以正月崩，魏文以其年七月設伎樂百戲，是魏不以喪廢樂也。"《晉志·禮中》同。

【考釋】《水經注·陰溝水》記此事曰："文帝以延康元年幸譙，大饗父老，立壇於故宅，壇前樹碑，碑題云'大饗之碑'。"

【論評】裴注引孫盛曰："魏王既追漢制，替其大禮，處莫重之哀而設饗宴之樂，居貽厥之始而墜王化之基，及至受禪，顯納二女，忘其至恤以誣先聖之典，天心喪矣，將何以終！"

吉 七月丙申（二十二），魏王親祠譙陵。（三國志·魏書·文帝紀引《魏書》）

【因革】《宋志·禮三》記曰："魏文帝幸譙，親祠譙陵，此漢禮也。漢氏諸陵皆有園寢者，承秦所爲也。"

凶 十月癸卯（初一），魏王下令士卒死亡未斂者，給棺櫬，殯斂送致其家，官爲設祭。（三國志·魏書·文帝紀）

【考釋】《文帝紀》原作"十一月癸卯"，此年十一月癸酉朔，無癸卯日，從盧文弨等校改。

吉 有司奏宜修藩鎮諸侯耕藉之禮，未施行。（晉志·禮上）

文帝（世祖，曹丕，武帝太子）

黃初元年（220）

吉 十月庚午（二十八），帝即位於潁陰之繁陽，登壇告天，改元。（三國志·魏書·文帝紀，宋志·禮三，通典·吉禮一）

【儀制】①《文帝紀》記曰："王升壇即阼，百官陪位。事訖，降壇，視燎，成禮而反。"② 裴注引《獻帝傳》詳載禪代前後每日進程，而載受禪告天曰："辛未（二十九），魏王登壇受禪，公卿、列侯、諸將、匈奴單于、四夷朝者數萬人陪位，燎祭天地、五嶽、四瀆。"③《宋志》記曰："有司乃爲壇踰潁陰之繁陽故城。……魏相國華歆跪受璽綬以進於王。既受畢，降壇視燎，成禮而返，未有祖配之事。"

制 十二月，初營洛陽宮，帝定居之。（三國志·魏書·文帝紀）

吉 下詔定魏土德，以建寅之月爲正，服尚黄，臘以丑，牲用白，節旄尚赤，節幡尚黄。（宋志·禮一，通典·吉禮十四）

【因革】《宋志》録帝詔曰：“其餘郊祀天地朝會四時之服，宜如漢制。宗廟所服，一如周禮。”

【論評】顧頡剛論曰：“王莽的天下是漢高帝在冥冥之中傳與他的，曹丕的天下是獻帝明白禪讓的。王莽爲他自己是土德，所以把漢改排了火德；曹丕因爲漢是火德，所以他就自居於土德。他們的德運雖同，而一個主動，一個被動。”又曰：“魏文帝短壽，没有等到改正朔，易服色，就死去了。到了他的兒子明帝景初元年，山茌縣黄龍見，官員們奏魏得白統，應以建丑之月爲正，纔依照了三統説改定曆法，又服色尚黄，犧牲用白，都和王莽的制度一樣。”（《秦漢的方士與儒生》第二十二章，第 109 頁）

黄初二年(221)

吉 正月，郊祀天地、明堂。（三國志·魏書·文帝紀，宋志·禮三）

【儀制】據《南齊志·禮上》所録建元元年(479)王儉議，知此年郊祀、明堂“皆無配也”。

【因革】《宋志》記曰：“是時魏都洛京，而神祇、兆域、明堂、靈臺皆因漢舊事。”又《三國志·魏書·王朗傳》裴注引《魏名臣奏》載王朗奏曰：“在天地及五帝、六宗、宗廟、社稷既已因前代之兆域矣；夫天地則埽地而祭，其餘則皆壇而堳之矣。”

【理據】王朗奏又曰：“明堂所以祀上帝，靈臺所以觀天文，辟雍所以修禮樂，太學所以集儒林，高禖所以祈休祥，又所以察時務，揚教化。稽古先民，開誕慶祚，舊時皆在國之陽，並高棟夏屋，足以肆饗射，望雲物。七郊雖尊祀尚質，猶皆有門宇便坐，足以避風雨，可須軍罷年豐，以漸修治。”

【論評】秦蕙田《五禮通考》論曰：“魏晉以下皆以一日之内郊宗並舉，其不成禮可知。”（《吉禮二十五》“明堂”）

〔軍〕〔吉〕 正月甲戌（初三），校獵至原陵，遣使祠漢光武帝，以太牢。（三國志·魏書·文帝紀，宋志·禮四）

〔吉〕 正月乙亥（初四），朝日於東郊。（三國志·魏書·文帝紀，宋志·禮一，晉志·禮上，通典·吉禮三）

【因革】①《宋志》録前此帝詔曰：“漢氏不拜日於東郊，而旦夕常於殿下東西拜日月，煩褻似家人之事，非事天神之道也。”《晉志》同。②《南齊志·禮上》永元元年（499）何佟之議轉述文帝此詔則略詳，曰：“漢改周法，群公無四朝之事，故不復朝於東郊，得禮之變矣；然旦夕常于殿下東向拜日，其禮太煩。今采周春分之禮，損漢日拜之儀，又無諸侯之事，無所出東郊，今正殿即亦朝會行禮之庭也，宜常以春分於正殿之庭拜日。”

【考釋】① 據《南齊書·禮上》永元元年何佟之議所轉述，文帝下詔明確提出朝日用春分，然不知何故又改在正月。而裴注則曰：“尋此年正月郊祀，有月無日，乙亥朝日，則有日無月，蓋文之脱也。案明帝朝日夕月，皆如禮文，故知此紀爲誤者也。”② 據何佟之轉述，文帝詔又云“其夕月文不分明，其議奏”，之後有薛循（秘書監）提出“朝日宜用仲春之朔，夕月宜用仲秋之朔”，淳于睿又駁薛説，提出秋分夕月，然此時尚未施用。

【論評】《宋志》評曰：“按禮，春分祀朝日於東，秋分祀夕月於西。今正月，非其時也。”《晉志》亦曰：“又違禮二分之義。”《通典》循此爲説。然據裴注，則或當別論。

【考釋】薛循，《通典》作“薛靖”；薛氏云“夕月宜用仲秋之朔”之朔，《通典》作“朏”。

〔吉〕 正月，以孔羨（議郎，二十一代孫）爲宗聖侯，奉祀孔子，令魯郡修舊廟，置百户吏卒以守衛之。（三國志·魏書·文帝紀，宋志·禮四，晉志·禮上，通典·吉禮十二）

【因革】《三國志·魏書·崔林传》記載明帝景初年間，魯相上言請提升祀孔之禮，"宜給牲牢，長吏奉祀，尊爲貴神"，傅祗（博士）同之，崔林（司空）議非之，以爲孔子"以大夫之後"，不可"特受無疆之祀，禮過古帝，義踰湯武"。

制 **三月，初復五銖錢。十月，罷五銖錢。** （三國志·魏書·文帝紀）

【因革】盧弼《集解》引潘眉曰："漢世五銖錢，行最久，董卓壞之，更鑄小錢，至是始復。是年因穀貴，旋罷。明帝太和元年（227）復行。"

吉 **六月庚子（初一），初祀五嶽四瀆，咸秩群祀，瘞沈珪璋。** （三國志·魏書·文帝紀，宋志·禮四，晉志·禮上，通典·吉禮五）

吉 **六月甲辰（初五），因洛陽宗廟未成，祠武帝於建始殿。** （三國志·魏書·文帝紀裴注引《魏書》，宋志·禮三，晉志·禮上，通典·吉禮六）

【論評】《宋志》謂文帝"親執饋奠如家人禮"，並錄何承天斥曰："案禮，將營宮室，宗廟爲先。庶人無廟，故祭於寢。帝者行之，非禮甚矣。"按《晉志》則徑去何氏名，儼成己説，《通典》亦然。

嘉 **八月己亥（初一），公卿朝朔旦，引見楊彪（故漢太尉），待以客禮。** （三國志·魏書·文帝紀裴注引《魏書》，宋志·禮五）

【儀注】《魏書》錄帝詔曰："其賜公延年杖及馮几；謁請之日，便使杖入，又可使著鹿皮冠。"然而，"彪辭讓不聽，竟著布單衣、皮弁以見"。《宋志》略同。

【考釋】此年十月，以楊飈爲光禄大夫。

賓 **八月，孫權遣使稱臣；丁巳（十九），使邢貞（太常）持節拜孫權爲大將軍，封吳王，加九錫。** （三國志·魏書·文帝紀）

樂 **改巴渝樂爲《昭武》。** （通典·樂七）

樂 **繆襲（侍中）奏文昭皇后別廟四懸之樂，號曰昭廟之樂，尚書奏同，奏可。** （通典·樂七）

嘉 **王朗（司空）革公主出嫁之禮。** （宋志·禮一，晉志·禮下）

【因革】《宋志》記曰："漢魏之禮，公主居第，尚公主者來第成婚。司空王朗以爲不可，其後乃革。”

【考釋】此事未悉年月，據《三國志·魏書·王朗傳》“及文帝踐祚，改爲司空”，暫繫於此。

黄初三年(222)

軍 **正月丙寅**(初一)，**日有蝕之。**（三國志·魏書·文帝紀）

【考釋】《文帝紀》雖未明確記載此年行元會，然《宋志·禮一》認爲“魏國初建，事多兼闕，故黄初三年，始奉璧朝賀”。又此後黄初五年(224)，《宋志》明確記載“正月，元會”，《文帝紀》依然失載。

賓 **二月，鄯善、龜兹、于闐王各遣使來朝，下詔遣使撫勞。**（三國志·魏書·文帝紀）

【論評】《資治通鑑·魏紀一》記曰：“是後西域復通，置戊己校尉。”胡注：“漢自安帝以後，未嘗不欲通西域，訖不能通。今雖置戊己校尉，亦不能如漢之屯田車師也。”

軍 **七月，冀州蝗災，民飢，遣使杜畿**(尚書)**持節開倉賑恤。**（三國志·魏書·文帝紀）

制 **九月甲午**(初三)，**下詔禁絶婦人與政。**（三國志·魏書·文帝紀）

【儀制】《文帝紀》録帝詔曰：“夫婦人與政，亂之本也。自今以後，群臣不得奏事太后，后族之家不得當輔政之任，又不得横受茅土之爵。”

嘉 **九月庚子**(初九)，**立皇后郭氏。**（三國志·魏書·文帝紀、后妃傳）

【考釋】夫人甄氏於去年六月賜死。

【附識】《后妃傳》録帝欲立后，棧潛(中郎)上疏曰：“《春秋》書宗人釁夏云‘無以妾爲夫人之禮’。齊桓誓命于葵丘，亦曰‘無以妾爲妻’。今後宮嬖寵，常亞乘輿。若因愛登后，使賤人暴貴，臣恐後世下陵上替，開張非度，亂自上起也。”帝未從。

凶 **十月甲子**(初三)，**定首陽山東爲壽陵，作終制薄葬，不封樹，不墓**

祭。（三國志·魏書·文帝紀,宋志·禮二,晉志·禮中）

【理據】《文帝紀》録帝詔曰："封樹之制,非上古也,吾無取焉。……夫葬也者,藏也,欲人之不得見也。骨無痛痒之知,冢非棲神之宅,禮不墓祭,欲存亡之不黷也,爲棺槨足以朽骨,衣衾足以朽肉而已。故吾營此丘墟不食之地,欲使易代之後不知其處。"《宋志》、《晉志》略同。

【儀制】①《文帝紀》録帝詔曰："壽陵因山爲體,無爲封樹,無立寢殿、造園邑、通神道。"《通典·凶禮一》同。② 又曰："無施葦炭,無藏金銀銅鐵,一以瓦器,合古塗車、芻靈之義。棺但漆際會三過,飯含無以珠玉,無施珠襦玉匣。"《通典·凶禮六》略同。

【因革】①《文帝紀》録帝詔曰："喪亂以來,漢氏諸陵無不發掘,至乃燒取玉匣金縷,骸骨并盡,是焚如之刑,豈不重痛哉! 禍由乎厚葬封樹。"②《宋志》記曰:"明帝亦遵奉之。明帝性雖崇奢,然未遽營陵墓也。"《晉志》同。

吉 **下詔毀去武帝高陵上祭殿，廢上陵之禮。**（宋志·禮三,晉志·禮中,通典·吉禮十一）

【因革】①《宋志》記曰:"漢獻帝延康元年七月,魏文帝幸譙,親祠譙陵,此漢禮也。漢氏諸陵皆有園寢者,承秦所爲也。"又:"秦始出寢起於墓側,漢因弗改。陵上稱寢殿,象生之具,古寢之意也。及魏武帝葬高陵,有司依漢,立陵上祭殿。"可見秦、漢、魏陵制相承。② 又曰:"及文帝自作終制,又曰:'壽陵無立寢殿,造園邑。'自後至今,陵寢遂絶。"可見此後廢除上陵之禮,直至劉宋。

【儀制】《宋志》録帝詔曰:"古不墓祭,皆設於廟。高陵上殿屋皆毀壞,車馬還厩,衣服藏府,以從先帝儉德之志。"《晉志》同。高陵,《通典》作"高平陵",誤。

【理據】楊寬推測曰:"當時魏文帝以'古不墓祭'爲理由來毀去高陵的殿屋,衹不過是一種藉口;他之所以要毀去殿屋,廢棄陵寢制度,主要的原因還是怕將來政權交替之後陵墓被發掘。"（《中國古代陵寢制度史》,第45頁）

黄初四年(223)

吉 五月,有司奏鄴城立太皇帝廟、武帝廟。(三國志·魏書·文帝紀裴注引《魏書》)

【儀制】《魏書》記曰:"有司奏造二廟,立太皇帝廟,大長秋特進侯與高祖合祭,親盡以次毀;特立武皇帝廟,四時享祀,爲魏太祖,萬載不毀也。"

【因革】《隋志·禮儀二》隋大業元年(605)録許善心等議指出:"至魏初,高堂隆爲鄭學,議立親廟四,太祖武帝,猶在四親之内,乃虚置太祖及二祧,以待後代。"至此時武帝入廟,此制正式確定。

【考釋】據《宋志·禮三》可知,太皇帝廟所祠爲文帝之高祖處士、曾祖高皇大長秋(吳夫人)、祖太王(丁夫人)。《晉志·禮上》同。

又《三國志·魏書·明帝紀》盧弼《集解》引沈家本考證:"顧[曹]操死於洛陽而神主在鄴者,蓋操於建安十八年爲魏公,即立魏宗廟于鄴,故死而神主亦送至鄴。《魏略》言改長安、譙、許昌、鄴、洛陽爲五都,可見文帝之世,尚未定都,故時而幸許,時而幸洛,終歲無常所。既立廟于鄴,自不必于洛陽別起宗廟。"

凶 六月甲戌(十七),曹彰(任城王,帝同母弟)被殺於京;至葬,賜鑾輅、龍旂、虎賁百人。(三國志·魏書·任城王傳、文帝紀)

【因革】《任城王傳》記曰:"如漢東平王故事。"按參見東漢章帝建初八年(83)。

吉 七月乙未(初九),帝將東巡,使太常告南郊,以特牛。(三國志·魏書·文帝紀裴注引《魏書》,宋志·禮三,晉志·禮上)

【因革】① 裴注曰:"魏郊祀奏中,尚書盧毓議祀屬殊事云:'具犧牲祭器,如前後師出告郊之禮。'如此,則魏氏出師,皆告郊也。"②《宋志》記曰:"禮,大事則告祖禰,小事則特告禰,秦漢久廢。"

【論評】《宋志》曰:"禮也。"

軍 八月辛未(十五),校獵於滎陽,遂東巡。(三國志·魏書·文帝紀)

樂 八月，有司奏改漢宗廟樂舞之名。（三國志·魏書·文帝紀裴注引《魏書》，宋志·樂一，通典·樂一）

【儀制】《魏書》記改《安世樂》曰《正世樂》，《嘉至樂》曰《迎靈樂》，《武德樂》曰《武頌樂》，《昭容樂》曰《昭業樂》，《雲翹舞》曰《鳳翔舞》，《育命舞》曰《靈應舞》，《武德舞》曰《武頌舞》，《文始舞》曰《大韶舞》，《五行舞》曰《大武舞》。

【考釋】①《宋志》記曰：“漢末大亂，衆樂淪缺。魏武平荆州，獲杜夔，善八音，嘗爲漢雅樂郎，尤悉樂事，於是以爲軍謀祭酒，使創定雅樂。時又有鄧静、尹商，善訓雅樂，哥師尹胡能哥宗廟郊祀之曲，舞師馮肅、服養曉知先代諸舞，夔悉總領之。遠考經籍，近采故事，魏復先代古樂，自夔始也。”②《晉志·樂上》記曰：“杜夔傳舊雅樂四曲，一曰《鹿鳴》，二曰《騶虞》，三曰《伐檀》，四曰《文王》，皆古聲辭。”

黄初五年（224）

嘉 正月，元會。（宋志·禮一）

【儀制】《宋志》推測曰：“何承天云，魏元會儀無存者。案何楨《許都賦》曰：‘元正大饗，壇彼西南。旗幕峨峨，檐宇弘深。’王沈《正會賦》又曰：‘華幄映於飛雲，朱幕張于前庭。絪青帷於兩階，象紫極之崢嶸。延百辟于和門，等尊卑而奉璋。’此則大饗悉在城外，不在宮内也。臣案魏司空王朗奏事曰：‘故事，正月朔，賀。殿下設兩百華鐙，對於二階之間。端門設庭燎火炬，端門外設五尺、三尺鐙。月照星明，雖夜猶晝矣。’如此，則不在城外也。”

【因革】①《南齊志·禮上》述漢以來朝會儀因革曰：“漢末，蔡邕立漢《朝會志》，竟不就。秦人以十月旦爲歲首，漢初習以大饗會，後用夏正，饗會猶未廢十月旦會也。東京以後，正旦夜漏未盡七刻，鳴鐘受賀，公侯以下執贄來庭，二千石以上升殿稱萬歲，然後作樂宴饗。……魏武都鄴，正會文昌殿，用漢儀，又設百華燈。後魏文修洛陽宮室，權都許昌，宮殿狹小，元日于城南立氈殿，青帷以爲門，設樂饗會。後還洛陽，依漢舊事。晉武帝初，更定朝會儀。"《通典·嘉禮十五》同。②《三國志·魏書·高堂隆傳》記曰："［明］帝初踐阼，群臣或以為宜饗會，隆曰："唐虞有遏密之哀，高宗有不言之思，是以至德雍熙，光于四海。"以為不宜為會，帝敬納之。"

嘉 **四月，立太學於洛陽，制五經課試之法。**（三國志·魏書·文帝紀，宋志·禮一，通典·吉禮十二）

【因革】①《資治通鑑·魏紀二》胡注："博士課試之法，始於漢武帝，事見十九卷元朔五年（前124）。"②《三國志·魏書·高柔傳》錄高柔上疏曰："昔漢末陵遲，禮樂崩壞，雄戰虎爭，以戰陳為務，遂使儒林之群，幽隱而不顯。太祖初興，愍其如此，在於撥亂之際，並使郡縣立教學之官。高祖即位，遂闡其業，興復辟雍，州立課試，於是天下之士，復聞庠序之教，親俎豆之禮焉。"

又此前建安二十二年（217），魏建泮宮於鄴城南。

又《王肅傳》裴注引《魏略·儒宗傳》序記魏世太學之弊曰："黃初元年之後，新主乃復，始掃除太學之灰炭，補舊石碑之缺壞，備博士之員錄，依漢甲乙以考課，申告州郡，有欲學者，皆遣詣太學。太學始開，有弟子數百人。至太和、青龍中，中外多事，人懷避就，雖性非解學，多求詣太學。太學諸生有千數，而諸博士率皆粗疏，無以教弟子。弟子本亦避役，竟無能習學，冬來春去，歲歲如是。……正始中，有詔議圜丘，普延學士。是時郎官及司徒領吏二萬餘人，雖復分佈，見在京師者尚且萬人，而應書與議者略無幾人。又是時朝堂公卿以下四百餘人，其能操筆者未有十人，多皆相從飽食而退。"

【理據】《三國志·魏書·華歆傳》錄帝即位後三府議："舉孝廉本以德行，不復限以試經。"華歆（司徒）則以為："夫制法者，所以經盛衰，今聽孝廉不以經試，恐學業遂從此而廢。"帝從華氏言。

【論評】《三國志·魏書·劉馥傳》錄正始中劉靖（大司農，衛尉）上疏曰："自黃初以來，崇立太學二十餘年，而寡有成者。蓋由博士選輕，諸生避役，高門子弟，恥非其倫，故無學者。雖有其名，而無其人；雖設其教，而無其功。"可見魏世太學收效甚微，故劉氏建議規定"使二千石以上子孫，年從十五，皆入太學，明制紃陟榮辱之路”，然又未從其説。按《宋志》亦録此説，然標之爲劉馥（劉靖之父）上疏，誤。

軍 十一月，冀州飢，遣使開倉賑恤。（三國志·魏書·文帝紀）

吉 十二月，下詔禁淫祀。（三國志·魏書·文帝紀，宋志·禮四，通典·吉禮十四）

【理據】《文帝紀》録帝詔曰：“先王制禮，所以昭孝事祖，大則郊社，其次宗廟，三辰五行，名山川澤，非此族也，不在祀典。……自今，其敢設非禮之祭，巫祝之言，皆以執左道論，著于令典。”《宋志》録略同。此詔嚴別正當之祀典與“非禮之祭”的區別。

【因革】《宋志》記曰：“魏武帝爲濟南相，皆毀絶之。及秉大政，普加除翦，世之淫祀遂絶。”可見禁淫祀之舉自魏武帝以來一貫而行。

【考釋】《宋志》記此詔作“十一月”。

黄初六年(225)

軍 二月，遣使巡行許昌以東至沛郡，問民疾苦，賑貸貧者。（三國志·魏書·文帝紀）

吉 九月壬戌（十八），遣使沉璧於淮。（宋志·禮四，晉志·禮上）

【論評】《宋志》曰：“禮也。”

軍 十月，帝至廣陵故城，臨江觀兵。（三國志·魏書·文帝紀）

【儀制】《文帝紀》記曰：“戎卒十餘萬，旌旗數百里。”

吉 十二月，帝過梁郡，遣使以太牢祠漢太尉橋玄。（三國志·魏書·文帝紀，宋志·禮四）

【因革】《宋志》記曰：“魏武帝少時，漢太尉橋玄獨先禮異焉，故建安中，遣使祠以太牢。”

制 高堂隆（太史令）詳議律數，韓翊（太史丞）造黄初曆。（宋志·律曆中，晉志·律

曆中）

【考釋】此事二志均僅標在"黄初中"。

黄初七年（226）

[吉] **正月，皇后祀先蠶於北郊。**（宋志·禮一，晉志·禮上，通典·吉禮五）

【因革】①《晉志》記曰："依周典也。"②《宋志》稱據韋誕《后蠶賦》可知，魏世蠶禮之儀係新撰，又"及至晉氏，先蠶多采魏法"。③《隋志·禮二》述曰："周禮王后蠶于北郊，而漢法皇后蠶于東郊。魏遵周禮，蠶于北郊。吳韋昭制《西蠶頌》，則孫氏亦有其禮矣。晉太康六年（285），武帝楊皇后蠶于西郊，依漢故事。"

【論評】秦蕙田《五禮通考》評曰："史家稱周禮蠶於北郊，漢則東郊，非古也；魏依周制，用北郊爲是；晉則西郊，蓋止取與東郊藉田相對，俱非古義。"（《吉禮一百二十六》"親桑享先蠶"）

[嘉] **五月，帝病重，立曹叡爲皇太子。**（三國志·魏書·明帝紀）

[凶] **五月丁巳**（十七）**，帝去世於嘉福殿，皇太子即位；六月戊寅**（初九）**，葬於首陽陵。**（三國志·魏書·文帝紀）

【儀制】裴注引《魏氏春秋》曰："自殯及葬，皆以終制從事。"

[吉] **五月，帝去世，鍾繇**（太尉）**告謚南郊。**（宋志·禮三，晉志·禮上）

【因革】《宋志》曰此事與黄初四年（223）七月東巡"皆是有事於郊也"，《晉志》則衍其流曰："自是迄晉相承，告郊之後仍以告廟，至江左其禮廢。"

[吉] **薛悌**（尚書）**奏涼州刺史上靈命瑞圖，秦靜**（博士）**議宜告祀天皇大帝、五精帝於洛陽南郊，薛悌又引王肅議以爲宜以地配天，帝從之。**

（通典·吉禮十四）

【考釋】此事未悉年月，暫繫於文帝末。

明帝(烈祖,曹叡,文帝太子)

太和元年(227)

吉 正月丁未(十一)，郊祀武帝以配天，宗祀文帝於明堂以配上帝。(三國志·魏書·明帝紀,宋志·禮三,晉志·禮上,通典·吉禮一、吉禮三)

【理據】《三國志·魏書·蔣濟傳》記曰："初,侍中高堂隆論郊祀事,以魏爲舜後,推順配天。濟以爲舜本姓嬀,其苗曰田,非曹之先,著文以追詰隆。"又據《南齊志·禮上》所録建元元年(479)王儉議,此年前爲郊配之事的爭議,確實高堂隆議以舜配天,蔣濟云宜以武皇帝配天,此年所行采蔣説。

【儀制】《通典·吉禮十四》録薛悌轉述孫欽曰："大魏受禪,因漢祀天以地配,此謂正月南郊常祀也。"

【因革】①《宋志》曰："是時二漢郊禋之制具存,魏所損益可知也。"《晉志》同。此所指當爲東漢建武二年(26)所建之制。② 盧弼《集解》引侯康云："漢制郊、堂不同日舉行;同日自此始。"③ 關於配饗之制,《晉志》曰"齊王亦行其禮",王儉又云"晉宋因循,即爲前式"。

吉 二月辛未(初五)，帝耕於藉田。(三國志·魏書·明帝紀)

【因革】① 此後太和五年(231)正月又行此禮。②《宋志·禮四》述曰："魏氏三祖皆親耕籍,此則先農無廢享也。其禮無異聞,宜從漢儀。執事告祠以太牢。"

吉 二月辛巳(十五)，采有司、三公奏，別立文昭皇后(甄氏)寢廟於鄴城。(三國志·魏書·明帝紀、后妃傳,宋志·禮三,晉志·禮上,通典·吉禮六)

【理據】甄氏爲明帝生母,於文帝黃初二年(221)六月賜死,不入廟,明帝即位追謚。《宋志》録三公奏曰："自古周人始祖后稷,又特立廟以祀姜嫄。今文昭皇后之於後嗣,聖德至化,豈有量哉……稽之古制,宜依周禮,先妣別立寢廟。"

【儀制】《后妃傳》記曰："有司奏請追謚,使司空王朗持節奉策,以太牢告祠于陵。"《宋志》同。

又《宋志·樂一》録繆襲奏以爲廟樂應同文帝廟,奏可。

【古】 **二月丁亥**(二十一)**,朝日於東郊。八月己丑**(二十六)**,夕月於西郊。**(宋
志·禮一,晉志·禮上,通典·吉禮三)

【因革】①《資治通鑑·陳紀十》胡注引《五代志》:"禮,天子以春分朝日於東郊,
秋分夕月於西郊。漢法不俟二分,於東、西郊常以郊泰畤,且出竹宮,東向揖日,
其夕西向揖月。魏文譏其煩褻似家人之事,而以正月朝日于東門之外;前史又
以爲非時。及明帝太和元年二月丁亥,朝日于東郊,八月己丑,夕月於西郊,始
合於古。"②《通典》記曰:"晉因之。"

【論評】《宋志》稱"此古禮也",《晉志》曰魏世至此"始得古禮",係針對黃初二年
(221)朝日不合禮而言。故楊志剛指出:"自魏明帝始,重又行朝日東郊、夕月西
郊,朝着正統的儒教學説回歸。"(《中國禮儀制度研究》,第310頁)

【考釋】《宋志》於"丁亥"後有一"朔"字,《通典》亦然,《晉志》則無,《宋書校勘
記》已疑爲衍文。

【制】 **四月乙亥**(初十)**,復行五銖錢。**(三國志·魏書·明帝紀,通典·食貨八)

【因革】《通典》記曰:"魏文帝黃初二年(221),罷五銖錢,使百姓以穀帛爲市買。
至明帝代,錢廢穀用既久,人間巧僞漸多,競濕穀以要利,作薄絹以爲市。雖處
以嚴刑,而不能禁也。司馬芝等舉朝大議,以爲用錢非徒豐國,亦所以省刑,今
若更鑄五銖,於是爲便。帝乃更立五銖錢,至晉用之,不聞有所改創。"

【古】 **四月甲申**(十九)**,初營宗廟於洛陽。**(三國志·魏書·明帝紀,通典·吉禮六)

【理據】魏之宗廟於黃初四年(223)立於鄴城,《宋志·五行四》記"水不潤下"即
其後果:"初,帝即位,自鄴遷洛,營造宮室,而不起宗廟,太祖神主猶在鄴。嘗於
建始殿饗祭如家人之禮,終黃初不復還鄴,而圓丘、方澤、南北郊、社稷等神位,
未有定所。此簡宗廟,廢祭祀之罰也。"

又《三國志·魏書·韓暨傳》記原委曰:"時新都洛陽,制度未備,而宗廟主祏皆
在鄴都。[韓]暨奏請迎鄴四廟神主,建立洛陽廟,四時蒸嘗,親奉粢盛。"

吉 **四月，營宗廟時掘地得玉璽，以太牢告廟。**（三國志・魏書・后妃傳）

【考釋】《后妃傳》記所得玉璽"方一寸九分，其文曰：'天子羨思慈親。'明帝爲之改容。"而此時距明帝之母文昭皇后別立廟僅兩月。

凶 **四月，文昭皇后之母**（帝之外祖母）**去世，韓暨**（太常）**、尚書奏無服，經趙咨**（尚書）**、繆襲**（散騎常侍）**、樂詳**（博士）**議，帝制總服臨哀，百官陪位。**（三國志・魏書・后妃傳，通典・凶禮三）

【儀制】《通典》録尚書奏曰："漢舊事亡闕，無外祖制儀。三代異禮，可臨畢，御還寢，明日反吉便膳。"又録樂詳議曰："周禮，王弔，弁絰，錫繐。禮有損益，今進賢冠，練單衣。"

【因革】《通典》録繆襲列舉東漢新野君之喪，"安帝服總，百官素服"，樊宏之喪，帝"親臨喪葬"，認爲"準前代，宜尚書、侍中以下弔祭送葬"。最終帝詔曰："當依周禮，無事更造。"

軍 **十月丙寅**（初四）**，治兵於東郊。**（三國志・魏書・明帝紀，宋志・禮一，晉志・禮下，通典・軍禮一）

嘉 **十一月，立毛氏**（貴嬪）**爲皇后。**（三國志・魏書・明帝紀、后妃傳）

軍 **許芝**（太史令）**奏日應蝕，與太尉祈禳於靈臺。**（宋志・五行五）

【考釋】《宋志》載此事在"太和初"。

樂 **樂官名復舊稱太樂。公卿奏請爲帝建定烈祖，制《章斌》之舞，尚書奏可，三請，乃許之。**（宋志・樂一，通典・樂一）

【因革】《宋志》記曰："太樂，漢舊名，後漢依讖改太予樂官，至是改復舊。

【考釋】①《宋志》録公卿奏曰："今太祖武皇帝樂，宜曰《武始》之樂。……高祖文皇帝樂，宜曰《咸熙》之舞。……至於群臣述德論功，建定烈祖之稱，而未制樂舞，非所以昭德紀功。……臣等謹制樂舞名《章斌》之舞。……三舞宜有總名，可名《大鈞》之樂。鈞，平也，言大魏三世同功，以至隆平也。"②《宋志》載此事在"太和初"。

【儀制】《宋志》録尚書奏三舞之制："祀圓丘以下，《武始》舞者，平冕，黑介幘，玄衣裳，白領袖，絳領袖中衣，絳合幅袴，絳絑，黑韋鞮。《咸熙》舞者，冠委貌，其餘服如前。《章斌》舞者，與《武始》、《咸熙》舞者同服。奏於朝庭，則《武始》舞者，武冠，赤介幘，生絳袍單衣，絳領袖，皁領袖中衣，虎文畫合幅袴，白布絑，黑韋鞮。《咸熙》舞者，進賢冠，黑介幘，生黄袍單衣，白合幅袴，其餘服如前。"奏可。

制 鍾繇（太傅）上疏請復肉刑，詔公卿以下議，王朗（司徒）以爲不可取，議者百餘人多同王朗。（三國志·魏書·鍾繇傳，晉志·刑法，通典·刑法一、刑法六）

【因革】①《晉志》載此前，"及魏國建，陳紀子群時爲御史中丞，魏武帝下令又欲復之，使群申其父論。群深陳其便。時鍾繇爲相國，亦贊成之，而奉常王脩不同其議。魏武帝亦難以藩國改漢朝之制，遂寢不行"；"魏文帝受禪，又議肉刑。詳議未定，會有軍事，復寢"。②《魏書》記此前鍾繇即曾提議："初，太祖下令，使平議死刑可宫割者。繇以爲'古之肉刑，更歷聖人，宜復施行，以代死刑'。議者以爲非悦民之道，遂寢。及文帝臨饗群臣，詔謂'大理欲復肉刑，此誠聖王之法。公卿當善共議'。議未定，會有軍事，復寢。"

據《通典》所載，此後齊王正始中，又有夏侯玄、李勝議肉刑；晉武帝初，劉頌又上疏議之；東晉元帝時，衛展又上言復之，安帝元興末，又議復肉刑，然最終未行。

【考釋】《魏書》載此事在"太和中"，《資治通鑑·魏紀二》繫於此年，從之。

太和二年（228）

制 四月，徐邈出任涼州刺史，立學明訓，禁厚葬，斷淫祀，風化大行。（三國志·魏書·徐邈傳，資治通鑑·魏紀三）

【考釋】《徐邈傳》記此行在修鹽池，開水田，"家家豐足，倉庫盈溢"的基礎上，此外又"西域流通，荒戎入貢，皆邈勛也"。

嘉 六月，下詔貢士以經學爲先。（三國志·魏書·明帝紀）

【因革】《三國志·魏書·高堂隆傳》録此後景初中，帝下詔曰："其科郎吏高才解經義者三十人,從光禄勳[高堂]隆、散騎常侍[蘇]林、博士[秦]静,分受四經三禮,主者具爲設課試之法。"然又曰:"數年,隆等皆卒,學者遂廢。"

凶 **賈逵**(關內侯,督四軍)**去世於軍中,因未克孫吳,遺言喪事不得有所修作;豫州吏民爲刻石立祠。**(三國志·魏書·賈逵傳)

【理據】《賈逵傳》記賈逵曾任豫州刺史,"外修軍旅,内治民事,遏鄢、汝,造新陂,又斷山溜長谿水,造小弋陽陂,又通運渠二百餘里,所謂賈侯渠者也"。

【因革】《賈逵傳》記青龍中,帝"乘輦入逵祠",又裴注引《魏略》記甘露二年(257),高貴鄉公"復入逵祠下"。

太和三年(229)

吉 **六月,鄴城宗廟祠親廟四室。**(宋志·禮三,晉志·禮上,通典·吉禮六)

【因革】此即立於文帝黄初四年(223)者。

吉 **六月,下詔追尊高祖大長秋爲高皇。**(宋志·禮三,晉志·禮上,通典·嘉禮十七)

【因革】①《宋志》記曰:"二漢此典棄矣。"而實際上,黄初元年(220),文帝追尊皇祖爲太皇帝,皇考爲武皇帝。②《通典》録劉曄(侍中)議曰:"至於漢氏之初,追謚之義,不過其父。上比周室,則大魏發跡自高皇而始。"

【儀制】《通典》録陳群(司空)等議曰:"大長秋特進君宜號高皇,載主宜以金根車,可遣大鴻臚持節,乘大使車,從驃騎,奉印綬,即鄴廟以太牢告祠。"

【理據】《通典》録鍾繇(太傅)議曰:"按《禮·小記》曰:'親親以三爲五,以五爲九,上殺下殺旁殺而親畢矣。'乃唐堯之所以敦叙於九族也。其禮上殺於五,非不孝敬於祖也;下殺於五,非不慈愛於其孫也;旁殺於五,非不篤友於昆弟也。故爲族屬,以禮殺之。……今諸博士以禮斷之,其議可從。"

【論評】秦蕙田《五禮通考》論曰:"自魏以前,無有稱帝者,稱之自魏始。鍾繇以《小記》斷追尊之代,於周追王義合。劉侍中議,亦不可廢。"(《嘉禮十五》"尊親禮")

吉 七月，下詔支子入繼大統，不得追尊其父爲皇考，並書之金策，藏

於宗廟。（三國志·魏書·明帝紀，宋志·禮四，晉志·禮上）

【因革】不得追尊之制正從明帝此詔始。《宋志》又曰：“是後高貴、常道援立，皆

不外尊也。”《晉志》同。按可見此制終魏世。

【論評】秦蕙田《五禮通考》論曰：“明帝此詔，大義卓然可法。”（《吉禮一百五》“私

親廟”）

制 十月，改平望觀爲聽訟觀，每斷大獄，常觀臨聽訟。（三國志·魏書·明

帝紀）

【理據】《明帝紀》記曰：“帝常言：‘獄者，天下之性命也。’”

制 衛覬（尚書）上奏請置律博士，事遂施行。（三國志·魏書·衛覬傳，晉志·刑法，

資治通鑑·魏紀三）

【理據】①《晉志》記其時，“律文煩廣，事比衆多”。②《衛覬傳》錄衛氏奏曰：

“刑法者，國家之所貴重，而私議之所輕賤；獄吏者，百姓之所縣命，而選用者之

所卑下。王政之弊，未必不由此也。”

【考釋】《衛覬傳》僅記此事在明帝即位，茲依《通鑑》次於上條。

制 下詔改定刑制，命陳群（司空）、 劉劭（散騎常侍）、 韓遜（給事黃門侍郎）、 庾

嶷（議郎）、 黃休（中郎）、 荀詵（中郎）等刪約九科，傍采漢律，制新律十

八篇。（三國志·魏書·劉劭傳，晉志·刑法，通典·刑法一，資治通鑑·魏紀三）

【因革】《通鑑》記曰：“初，魏文侯師李悝著《法經》六篇，商君受之以相秦。蕭何

定《漢律》，益爲九篇，後稍增至六十篇。又有《令》三百餘篇，《決事比》九百六

篇，世有增損，錯糅無常，後人各爲章句，馬、鄭諸儒十有餘家，以至於魏，所當用

者合二萬六千二百七十二條，七百七十三萬餘言，覽者益難。帝乃詔但用鄭氏

章句。”此經衛覬之奏，乃下詔制新律。

《晉志》錄魏律《序略》則曰：“改漢舊律不行於魏者皆除之，更依古義制爲五刑。”

又淺井虎夫《中國法典編纂沿革史》指出：“其主任編纂者爲劉劭，乃刪約舊科、

尚襲漢律而成者也。……蓋漢《九章》所總括者，失之太廣，往往內容與篇名不

相符,且社會日趨複雜,法令應乎時勢,遂感別設專篇之必要,此魏所以立十八篇之目也。"(第四章,第33—34頁)

【論評】王夫之《讀通鑑論》(卷十)論曰:"漢之延祚四百,紹三代之久長,而天下戴之不衰者,高帝之寬,光武之柔,得民而合天也。漢衰而法馳,人皆恣肆以自得。曹操以刻薄寡恩之姿,懲漢失而以申、韓之法鉗網天下;崔琰、毛玠、鍾繇、陳群爭附之,以峻削嚴迫相尚。士困於廷,而衣冠不能自安;民困於野,而寢處不能自容。終魏之世,兵旅亟興,而無敢爲崔葦之寇,乃蘊怒於心,思得一解網羅以優游卒歲也,其情亟矣。"

吉 **十一月,洛陽太廟成,使韓暨**(太常)、**曹恪**(太廟宗正)**持節迎高皇以下神主於鄴廟,十二月己丑**(初十)**至,共一廟,猶爲四室。**(三國志・魏書・明帝紀,宋志・禮三,晉志・禮上,通典・吉禮六)

【因革】《三國志》裴注曰:"黃初四年,有司奏立二廟,太皇帝大長秋與文帝之高祖共一廟,特立武帝廟,百世不毀。今此無高祖神主,蓋以親盡毀也。此則魏初唯立親廟,祀四室而已。至景初元年,始定七廟之制。"

【儀制】《宋志》記曰:"洛京廟成,則以親盡遷處土主,置園邑,使令丞奉薦。"

樂 **王肅**(散騎常侍)**議請祀圜丘方澤,宜以天子制,設宮懸之樂、八佾之舞,盧毓**(尚書)**引左延年**(協律中郎將)、**繆襲**(侍中)、**衛臻**(司空)**等議略同,奏可。**(宋志・樂一,通典・樂七)

【理據】①《宋志》録王肅議曰:"王者各以其禮制事天地,今說者據《周官》單文爲經國大體,懼其局而不知弘也。"② 又議曰:"四夷之樂,乃入宗廟;先代之典,獨不得用。大享及燕日如之者,明古今夷、夏之樂,皆主之於宗廟,而後播及其餘也。夫作先王樂者,貴能包而用之,納四夷之樂者,美德廣之所及也。"

【儀制】《通典》録繆襲議曰:"今樂制既亡,唯承漢氏《韶武》。魏承舜,又周爲二王之統,故《文始》、《大武》、《武德》、《武始》、《大鈞》可以備四代之樂。奏黃鍾,舞《文始》,以禮天地;奏太蔟,舞《大武》,以祀五郊、明堂;奏姑洗,舞《武德》,巡狩以祭四望山川;奏蕤賓,舞《武始》、《大鈞》,以祀宗廟;及二至祀丘澤,於祭可兼舞四代。又漢有《雲翹》、《育命》之舞，不知所出，舊以祀天。今可兼以《雲翹》祀圜丘，兼以《育命》祀方澤。祀天地宜宮懸，如延年議。"

又《宋志》記王肅"私造宗廟詩頌十二篇，不被哥"。

【考釋】此事未悉年月，茲因王肅於此年任散騎常侍，故暫繫於此。下二事隨之。

樂　繆襲(侍中)奏改《安世》歌爲《享神》歌。王肅又議宗廟宜兼用先代及《武始》、《大鈞》之舞，奏可。（宋志·樂一，通典·樂一）

樂　左延年改杜夔《騶虞》、《伐檀》、《文王》三曲，更自作聲節，《鹿鳴》不改。（晉志·樂上，通典·樂七）

【儀制】《晉志》記曰："每正旦大會，太尉奉璧，群后行禮，東廂雅樂常作者是也。"

樂　改漢短蕭鐃歌之樂十二曲，使繆襲爲詞，述魏代漢功績。（晉志·樂下，通典·樂一）

【附識】《晉志》又記曰："是時吳亦使韋昭制十二曲名，以述功德受命。"

【考釋】此事未悉年月，暫次於上三條。

太和四年(230)

嘉　二月壬午(初四)，下詔郎吏學通一經，由博士課試，亟用。（三國志·魏書·明帝紀）

【理據】《明帝紀》錄帝詔曰："兵亂以來，經學廢絕，後生進趣，不由典、謨。……其郎吏學通一經，才任牧民，博士課試，擢其高第者，亟用；其浮華不務道本者，皆罷退之。"按郎吏，《資治通鑑·魏紀三》胡注："謂尚書郎也。"

嘉　二月戊子(初十)，下詔太傅三公以文帝《典論》刻石，立於廟門之外。（三國志·魏書·明帝紀）

【儀制】《三國志·魏書·三少帝紀》裴注錄帝詔三公曰："先帝昔著《典論》，不朽之格言,其刊石于廟門之外及太學,與石經並,以永示來世。”

【論評】盧弼《集解》評曰:“魏明帝以《典論》附於經典之次,開後世刊刻諭旨之端,過於尊崇君父,而不審其本質,遂自忘其妄矣。”

凶 **四月,鍾繇**(太傅)**去世,帝素服臨弔。**(三國志·魏書·鍾繇傳、明帝紀,通典·凶禮三“天子爲大臣及諸親舉哀議”條)

凶 **六月戊子**(十一)**,太皇太后**(卞氏)**去世;七月,祔葬於高陵。**(三國志·魏書·明帝紀、后妃傳)

【儀制】《三國志·魏書·楊阜傳》載楊阜上疏曰:“文皇帝、武宣皇后崩,陛下皆不送葬,所以重社稷,備不虞也。”

吉 **八月辛巳**(初五)**,帝東巡,遣使以特牛祠中嶽。**(三國志·魏書·明帝紀,宋志·禮四,晉志·禮上)

【論評】《宋志》曰:“禮也。”

吉 **八月,帝東巡,過繁昌,使臧霸**(執金吾)**祠受禪壇,以特牛。**(三國志·魏書·明帝紀裴注引《魏書》,宋志·禮三,晉志·禮上)

【論評】裴注斥之曰:“此雖前代已行故事,然爲壇以祀天,而壇非神也。今無事于上帝,而致祀于虛壇,求之義典,未詳所據。”《宋志》略同。按此云“前代已行故事”,指東漢章帝元和三年(86)下詔祠高邑即位壇。

凶 **十二月辛未**(二十八)**,改葬文昭皇后**(甄氏)**於朝陽陵。**(三國志·魏書·明帝紀)

【理據】《資治通鑑·魏紀三》胡注:“帝以舊陵庳下改葬。”

太和五年(231)

吉 **正月,帝耕於藉田。**(三國志·魏書·明帝紀)

【考釋】盧弼《集解》引侯康曰:“《御覽》五百三十七引繆襲《許昌宮賦》云:太和六年春,上既躬耕帝藉。則是時魏帝頻歲耕藉也。陳《志》不書,豈略之耶?抑

《御覽》誤五年爲六年耶？"

吉 三月辛巳（初九），因去冬十月至此不雨，大雩。（三國志·魏書·明帝紀，宋志·五行二）

凶 三月，曹真（大司馬，邵陵元侯）去世，王肅（散騎常侍）上表請帝爲舉哀，帝至城東，張帳而哭之。（通典·凶禮三，三國志·魏書·明帝紀）

凶 陳群（司空）之母去世，帝遣使者弔祭，司馬孚（尚書）奏無三公喪母弔祭之禮。（通典·凶禮五）

【理據】《通典》記因司馬孚之奏，輒訪韋誕、王肅、高堂隆、秦静等，檢出故事"漢太傅胡廣喪母，天子使謁者以中牢弔祭、送葬"。

【考釋】此事未悉年月，暫與上條同列。

制 七月，曹植（東阿王）上疏存問親戚婚姻、慶弔之禮，詔取之。（三國志·魏書·陳思王傳，資治通鑑·魏紀四）

【理據】《陳思王傳》録曹植上疏曰："近且婚媾不通，兄弟乖絶，吉凶之問塞，慶弔之禮廢，恩紀之違，甚於路人，隔閡之異，殊於胡越。"《通鑑》概括之曰："黄初以來，諸侯王法禁嚴切，至于婚姻皆不敢相通問。"

嘉 八月，下詔令諸王及宗室公侯各將嫡子一人朝明年正月。（三國志·魏書·明帝紀、陳思王傳）

【理據】《明帝紀》録帝詔曰："朕惟不見諸王，十有二載，悠悠之懷，能不興思！"

【因革】《晉志·禮下》記曰："魏制，藩王不得朝覲。魏明帝時，有朝者皆由特恩，不得以爲常。"《通典·嘉禮十五》、《賓禮一》同。

太和六年（232）

吉 二月，帝女（曹淑）三月而夭，追封謚爲平原懿公主，葬於南陵，立廟於京城。（三國志·魏書·后妃傳，宋志·禮四，資治通鑑·魏紀四）

【儀制】①《后妃傳》記曰："取［甄］后亡從孫黃與合葬，追封黃列侯。"②《通鑑》記曰："帝欲自臨送葬，又欲幸許。"後陳群、楊阜上諫，帝皆不聽，可見行之。

【理據】《三國志·魏書·陳群傳》載陳群（司空）上疏曰："八歲下殤，禮所不備；況未朞月，而以成人禮送之，家爲制服，舉朝素衣，朝夕哭臨，自古已來，未有此也。而乃復自往視陵，親臨祖載。願陛下抑割無益有損之事，但悉聽群臣送葬，乞車駕不行，此萬國之至望也。"《楊阜傳》又載楊阜上疏，然帝均未采其説。

【論評】① 裴注引孫盛曰："於禮，婦人既無封爵之典，況于孩末，而可建以大邑乎？憇自異族，援繼非類，匪功匪親，而襲母爵，違情背典，於此爲甚。"②《宋志》斥之曰："無前典，非禮也。"

嘉 三月，東巡，所過存問高年、鰥寡、孤獨，賜穀帛。（三國志·魏書·明帝紀）

【因革】《通典·吉禮十三》記曰："魏明帝凡三東巡狩，所過存問高年，恤疾苦，或賜穀帛，有古巡幸之風焉。"

吉 三月，因武宣皇后太和四年（230）六月去世，有司奏以此年四月禘告，王肅議以爲當至禫月乃得禘，趙怡等以爲宜二十七月之後乃得禘祫。（通典·吉禮八）

【理據】此因尚書據鄭玄之説禘者各於其廟，不必合食，而難王肅，故王氏詳證禘祭與四時常祀不同，"禘祫殷祭，群主皆合，舉祫則禘可知也"，"漢光武時下祭禮，以禘者毀廟之主皆合於太祖，祫者唯未毀之主合而已矣。鄭玄以爲禘者各於其廟，……鄭斯失矣"。

【考釋】據《魏書·禮二》延昌四年（515）崔亮上言，可知此時"高堂隆亦如肅議，於是停不殷祭"。

【論評】秦蕙田《五禮通考》論曰："王肅所謂禘者，毀廟之主皆合食於太祖，是以祫爲禘也。祫者，惟未毀之主合而已矣，是以時祫爲大祫也。其説皆非。其破鄭各於其廟之説，則是。"（《吉禮九十八》"禘祫"）

吉 四月甲子（二十八），初進新果於廟。（三國志·魏書·明帝紀）

286

【理據】《通典·吉禮八》録高堂隆云："按舊典，天子諸侯月有祭事：其孟，則四時之祭也，三牲、黍稷，時物咸備；其仲月、季月，皆薦新之祭也。大夫以上將之以羔，或加以犬而已，不備三牲也。士以豚。庶人則唯其時宜，魚雁可也。皆有黍稷。"按此年初行薦新之禮當即采高氏之説。

凶 **十一月庚寅**(二十八)，**曹植**(陳思王)**去世，遺令薄葬；葬於魚山。**(三國志·魏書·陳思王傳、明帝紀)

吉 **司馬懿**(征西大將軍)**等遣送所得地下玉印，下詔奠於文思皇后神座前，高堂隆**(散騎常侍)**議必先告廟，並定儀注。**(通典·吉禮十四)

吉 **蔣濟**(中護軍)**奏請封禪，帝下詔拒其議；後使高堂隆**(散騎常侍)**草封禪之儀，然未行而高氏去世。**(三國志·魏書·高堂隆傳，宋志·禮三，晉志·禮下，通典·吉禮十三)

【理據】《高堂隆傳》録高氏上疏曰："宜崇禮樂，班叙明堂，修三雍、大射、養老，營建郊廟，尊儒士，舉逸民，表章制度，改正朔，易服色，布愷悌，尚儉素，然後備禮封禪，歸功天地，使雅頌之聲盈于六合，緝熙之化混于後嗣。斯蓋至治之美事，不朽之貴業也。"

【因革】《晉書·鄭袤列傳》記此後，"高貴鄉公議立明堂、辟雍，精選博士，袤舉劉毅、劉寔、程咸、庾峻，後並至公輔大位"，然此事僅見於此。

【考釋】《高堂隆傳》載此事在太和中，今從之，繫於太和末。《晉志》作"魏明帝黄初中"，然"黄初"係文帝年號，誤。

青龍元年(233)

吉 **五月壬申**(十二)，**下詔夏侯惇**(故大將軍)、**曹仁**(大司馬)、**程昱**(車騎將軍)**配食於太祖廟庭。**(三國志·魏書·明帝紀)

【儀制】《通典·吉禮九》録高堂隆議云："按先典，祭祀之禮皆依生前尊卑之叙，以爲位次。功臣配食於先王，象生時侍讌。……貴者取貴骨，賤者取賤骨，今使配食者因君之牢，以貴賤爲俎，庶合事宜。……此即配食之義，位在堂上之明審也。下爲北面三公朝立之位耳，譙則脫屨升堂，不在庭也。凡獻爵，有十二、九、七、五、三之差，君禮大夫三獻，太祝令進三爵於配食者可也。”按此年配食之禮當即采高氏之説。

【理據】《通典·吉禮九》録高堂隆議云：“《周志》曰：‘勇則害上，不登于明堂，共用謂之勇。’言有勇而無義，死不登堂而配食。此即配食之義。”

【考釋】秦蕙田《五禮通考》指出：“《左傳》‘勇則害上，不登于明堂’杜注云：‘明堂祖廟也，所以策功序德，故不義之士不得升。’……據注疏二家，是謂生而入廟受賞耳。魏高堂隆則以爲登堂配食，乃指死後而言。……高堂隆在杜預以前，釋經必有所依據也。”（《吉禮一百二十二》“功臣配享”）

吉 **閏五月，下詔令郡國山川不在祀典者，勿祠。**（三國志·魏書·明帝紀，宋志·禮四，晉志·禮上，通典·吉禮十四）

【因革】《三國志·魏書·徐邈傳》載明帝時徐邈爲涼州刺史，“禁厚葬，斷淫祀”。

吉 **大修禳祈之祭，用磔雞之儀。**（宋志·禮一，晉志·禮上）

【因革】《宋志》記曰：“舊時歲旦，常設葦茭桃梗，磔雞于宮及百寺門，以禳惡氣。漢儀則仲夏之月設之，有桃卯，無磔雞。……磔雞宜起於魏也。桃卯本漢所以輔，卯金又宜魏所除也，但未詳改仲夏在歲旦之所起耳。”可見禳祈之祭漢用桃梗，魏用磔雞。

【論評】《通典·吉禮十四》録王肅云：“厲殃同人非禮器，雄黃等非禮飾。漢文除祕祝，所以稱仁明也。”

【考釋】此事未知具體時月，暫繫於此。

青龍二年（234）

凶 **三月庚寅**（初六），**漢獻帝**（山陽公）**去世，帝素服舉哀；八月壬申**（二十），**以漢天子禮儀葬於禪陵，帝制錫衰弁絰，哭之慟。**（後漢書·孝獻帝紀，三國志·魏書·明帝紀，通典·賓禮一）

【儀制】李賢注引《續漢書》記曰："天子葬，太僕駕四輪輇爲賓車，大練爲屋幬。中黃門、虎賁各二十人執紼。司空擇土造穿，太史卜日，將作作黃腸、題湊、便房，如禮。大駕，大僕御。方相氏黃金四目，蒙熊皮，玄衣朱裳，執戈揚楯，立乘四馬先驅。旂長三刃，十有二旒曳地，畫日、月、升龍。書旐曰'天子之柩'。謁者二人，立乘六馬爲次。太常跪曰哭，十五舉音，止哭。晝漏上水，請發。司徒、河南尹先引車轉，太常曰請拜送。車著白絲三糾，紼長三十丈，圍七寸；六行，行五十人。公卿已下子弟凡三百人，皆素幘，委貌冠，衣素裳，挽。校尉三人，皆赤幘，不冠，持幢幡，皆銜枚。羽林孤兒、巴俞䑛歌者六十人，爲六列。司馬八人，執鐸。至陵南羨門，司徒跪請就下房，都導東園武士奉入房，執事下明器，太祝進醴獻。司空將校復土。"按此當爲東漢天子葬禮之延續。

又裴注引《獻帝傳》記曰："帝變服，率群臣哭之，使使持節行司徒太常和洽弔祭，又使持節行大司空大司農崔林監護喪事。……使太尉具以一太牢告祠文帝廟。"並錄告文曰："命司徒、司空持節弔祭護喪，光祿、大鴻臚爲副，將作大匠、復土將軍營成陵墓，及置百官群吏，車旗服章喪葬禮儀，一如漢氏故事；喪葬所供群官之費，皆仰大司農。"

[凶] **尚書奏以劉康**（漢獻帝嫡孫，杞氏鄉侯）**襲爵，假授使者拜授，劉康素服，秦靜議以爲可，王肅議以爲宜服命服，詔從之，高堂隆又議拜受之儀。**（通典·嘉禮十七）

【因革】《通典》錄秦靜議曰："漢氏承秦，改六冕之制，以玄冠絳衣一服而已。有喪凶之事，則變吉服以從簡易。故諸王薨，遣使者拜嗣子爲王，則玄冠纚絰，服素以承詔命，事訖，然後反喪服。"

【儀制】①《通典》錄王肅議曰："受天子命者，亦宜服其命服，使者出，反喪服，即位而哭，既合於禮，又合人情。"又補曰："使者既出，公猶服命服，設奠而告。又禮小祥之祭，然後禫之。……如禮不禫，既告反服，既位而哭。"② 又錄高堂隆所據舊儀"天子遣使者齎車服策命命諸侯嗣位之禮"。

[吉] **四月丙寅**（十二），**因大疫，又崇華殿災，下詔有司告祠文帝廟，以**

太牢。(三國志・魏書・明帝紀)

【因革】明年七月,崇華殿又災,帝命有司復立,改名九龍殿。

【理據】《三國志・魏書・高堂隆傳》記帝詔問高堂隆(侍中,太史令):"此何咎?於禮寧有祈禳之義乎?"高堂氏對曰:"夫災變之發,皆所以明教誡也,惟率禮修德,可以勝之。……今宜罷散民役,宮室之制,務從約節。内足以待風雨,外足以講禮儀。清埽所災之處,不敢於此有所立作。"

【論評】《高堂隆傳》載至青龍四年(236),高堂隆上疏曰:"今之宮室,實違禮度,乃更建立九龍,華飾過前。天彗章灼,始起於房心,犯帝坐而干紫微,此乃皇天子愛陛下,是以發教戒之象,始卒皆於尊位,殷勤鄭重,欲必覺寤陛下。"

［軍］**八月己未**(初七),**大曜兵,饗六軍,遣使持節犒勞合肥、壽春諸軍。**(三國志・魏書・明帝紀)

【理據】此年七月帝親征,東吳孫權敗走。

青龍三年(235)

［凶］**二月丁巳**(初八),**皇太后**(郭氏)**去世;三月庚寅**(十一),**葬於首陽陵澗西。**(三國志・魏書・明帝紀)

【儀制】《明帝紀》記曰:"如終制。"按即魏文帝所定之制。

【考釋】去世之日,《明帝紀》"丁巳"承上在正月,然此年正月辛巳朔,無丁巳日,可知"丁巳"上當脱"二月"二字。

［制］**年中,大治洛陽宮,起昭陽太極殿,築總章觀,致農桑失業。**(三國志・魏書・明帝紀,資治通鑑・魏紀五)

【考釋】① 總章,《通鑑》胡注:"舜有總章之訪,相傳以爲總章即明堂也。"② 經陳群(司空)、楊阜(少府)等上疏諫,略有減省。

［凶］**十月己酉**(初三),**曹袞**(中山恭王)**去世,下詔曹林**(沛王)**留訖葬,使大鴻臚持節典護喪事,宗正弔祭。**(三國志・魏書・武文世王公傳、明帝紀)

青龍四年(236)

制 六月壬申（初一），下詔令廷尉及獄官慎行死刑。（三國志・魏書・明帝紀）

【理據】《明帝紀》録帝詔曰："法令滋章，犯者彌多，刑罰愈衆，而姦不可止。往者按大辟之條，多所蠲除，思濟生民之命，此朕之至意也。而郡國黮獄，一歲之中尚過數百，豈朕訓導不醇，俾民輕罪，將苛法猶存，爲之陷穽乎？有司其議獄緩死，務從寬簡，及乞恩者，或辭未出而獄以報斷，非所以究理盡情也。"

【論評】盧弼《集解》評曰："魏明自即位以來，屢下慎刑之詔，可謂明主。然按《王肅傳》云'景初間，宮室盛美，民失農業，期信不敦，刑殺倉卒'，《高堂隆傳》'時軍國多事，用法深重'，《通鑑》云'帝性嚴急，其督修宮室，有稽限者，帝親召問，言猶在口，身首已分'，又云'是時獵法嚴峻，殺禁地鹿者，身死'。是當時之濫刑可知，何其言行之相背也！"

凶 徐宣（侍中，光禄大夫）去世，遺令布衣疏布，斂以時服，下詔葬如公禮。（三國志・魏書・徐宣傳）

樂 鑄大鐘，高堂崇諫止，帝從之。（通典・樂三）

【理據】《通典》録高堂崇諫曰："夫禮樂者，爲治之大本也。故簫韶九成，鳳凰來儀，雷鼓六變，天神以降，是以政平刑措，和之至也。新聲發響，商辛以隕；大鐘既鑄，周景以死。存亡之機，恒由此作。"

【考釋】《通典》記此事在青龍中。

景初元年(237)

制 正月，有司奏魏宜以建丑之月爲正。三月，定景初曆，改元，以此月爲孟夏四月。（三國志・魏書・明帝紀，宋志・禮一，通典・吉禮十四）

【理據】裴注引《魏書》曰："初，文皇帝即位，以受禪于漢，因循漢正朔弗改。帝在東宮著論，以爲五帝三王雖同氣共祖，禮不相襲，正朔自宜改變，以明受命之運。"即位後史官又言宜改，博議之，然"議者或不同，帝據古典，甲子詔曰：'……今推三統之次，魏得地統，當以建丑之月爲正月。'"

【因革】①《宋志·律曆中》記曰："明帝時，尚書郎楊偉制景初曆，施用至于晉宋。""劉氏在蜀，不見改曆，當是仍用漢四分曆。……孫氏用乾象曆，至于吳亡。"②《魏志·律曆上》記曰："秦世漢興，曆同顓頊，百有餘年，始行《三統》。後漢孝章世改從《四分》，光和中易以《乾象》，魏文時用韓翊所定，至明帝行楊偉《景初》，終於晉朝，無所改作。"

【考釋】《宋志》詳載明帝即位以來"朝議多異同，故遲疑不決"之經過，司馬懿(太尉)、衛臻(尚書僕射)、薛悌(尚書)、劉放(中書監)、刁幹(中書侍郎)、秦静(博士)、趙怡(博士)、季岐(中侯中詔)以爲宜改，繆襲(侍中)、王肅(散騎常侍)、魏衡(尚書郎)、黃史嗣(太子舍人)以爲不宜改，最終至此年"山茌縣言黃龍見"，乃下詔。《通典》則記此年乃"用博士秦静等議"。

制 **三月，定魏服色尚黃，犧牲用白，戎事乘黑首白馬，建大赤之旂，朝會建大白之旗。**(三國志·魏書·明帝紀，宋志·禮一，晉志·輿服，通典·吉禮十四、嘉禮九)

【儀制】①《明帝紀》記曰："其春夏秋冬孟仲季月雖與正歲不同，至於郊祀、迎氣、祫祠、蒸嘗、巡狩、搜田、分至啓閉、班宣時令、中氣早晚、敬授民事，皆以正歲斗建爲歷數之序。"②《宋志》記帝又詔曰："今祭皇皇帝天、皇皇后地、天地郊、明堂、宗廟，皆宜用白。其別祭五郊，各隨方色，祭日月星辰之類用騂，社稷山川之屬用玄。"

【理據】①《宋志》記曰："案服色尚黃，據土行也。犧牲旂旗，一用殷禮，行殷之時故也。……魏用殷禮，變周之制，故建大白朝，大赤即戎也。"②《三國志·魏書·高堂隆傳》記曰："隆又以爲改正朔，易服色，殊徽號，異器械，自古帝王所以神明其政，變民耳目。故三春稱王，明三統也。於是敷演舊章，奏而改焉。帝從其異。"《晉志·輿服》略同。

【論評】《高堂隆傳》末陳壽評曰："高堂隆學業修明，志在匡君，因變陳戎，發於懇誠，忠矣哉！及至必改正朔，俾魏祖虞，所謂意過其通者歟？"

嘉 **十二月二十一日，高堂隆**（散騎常侍，領太史令）**奏令讀四時令，服黃之時無令。**（宋志‧禮二"元嘉六年"有司奏，晉志‧禮上，通典‧嘉禮十五）

【因革】①《晉志》記曰："漢儀，太史每歲上其年曆，先立春、立夏、大暑、立秋、立冬常讀五時令，皇帝所服，各隨五時之色。"至此，"斯則魏氏不讀大暑令也"。《宋志》明確記載東漢"官有其注"。②《通典》議曰："讀時令，非古制也。自東漢始焉，其後因而沿襲。"

嘉 **損略公卿袞衣黼黻之飾，始制天子服刺繡文，公卿服織成文。**（宋志‧禮五，晉志‧輿服）

【因革】①《通典‧嘉禮二》記冠冕之制"魏因漢故事"，《嘉禮六》則記曰"魏氏多因漢法，其所損益之制，無聞"。②《宋志》記曰："晉以來無改更也"。《嘉禮六》亦記"晉因不改"。

【儀制】①《晉志》記曰："後漢以來，天子之冕，前後旒用真白玉珠。魏明帝好婦人之飾，改用珊瑚珠。晉初仍舊不改。"《通典‧嘉禮二》同。② 據閻步克研究，"魏明帝'損略黼黻'的具體做法，是令三公七章七旒、卿五章五旒；這做法西晉'遵而無改'，直至劉宋、南齊"（《服周之冕》第六章，第 223 頁）。

【理據】閻步克推論曰："魏明帝'損略黼黻'事件，很可能有一個經學背景。……第一，《尚書》偽孔傳顯示了一種新的服章安排，它來自馬融，被魏明帝利用以'損略'公卿黼黻；第二，魏明帝還曾利用《周禮》，去減損公卿冕服的章數；第三，這事情還跟'鄭王之爭'——即鄭玄與王肅的經學之爭——攪在一起了。"（《服周之冕》第六章，第 213 頁）

【考釋】① 此事未悉年代，僅知在明帝時，暫與上條同列。②《續漢志‧輿服下》則記"衣裳玉佩備章采，乘輿刺繡，公侯九卿以下皆織成"在東漢明帝永平二年（59），《通典‧嘉禮六》自注兩引之，且云"未詳孰是"。

【論評】①《通典‧嘉禮七》評曰："魏之服制，不依古法，多以文繡。"② 閻步克論曰："杜佑説曹魏冕制'多因漢法',現在看來情況相反;其輕飄飄的'無聞'二字,掩蓋了那麼多前所未聞的東西! 魏明帝對冕制做重大改革,魏晉冕制大異於漢,'多因漢法'之説,可以休矣。"(《服周之冕》第六章,第249頁)

吉 **高堂隆議以魏土德,宜以戌祖辰臘,秦静**(博士)**議以爲宜如前以未祖丑臘,奏可。**(通典・吉禮三)

【因革】《通典》録秦静議曰:"漢氏用午祖戌臘。"又曰:"魏因之。"

【理據】《通典》録秦静議謂高堂隆之説"因就傅著五行以爲説,皆非典籍經義之文也",又曰:"《尚書》、《易經》説五行水火金木土王,相衍天地陰陽之義。故易曰坤爲土,土位西南。黄精之君,盛德在未,故大魏以未祖。……丑者土之終,故以丑臘,終而復始,乃終有慶"。

【考釋】①《通典》録秦静議曰:"古禮,歲終,聚合百物祭宗廟,謂之褚。皆有常日,臨時造請而用之。"② 此事未悉年月,暫與上條同列。

【論評】秦蕙田《五禮通考》論曰:"秦漢以後雖改蜡爲臘,不同于古,然饗祀之意則無異也。自蔡邕有五帝臘祖之名之説,而高堂隆引伸之,遂爲魏家之令典,而不知其出于識緯之邪説也。博士秦静謂'非典籍經義之文',可爲有識,惜其不能奪而終歸于附會耳。"(《吉禮五十六》"蜡臘")

吉 **六月,群公有司奏定七廟之制,以太祖武帝、高祖文帝、烈祖明帝三廟萬世不毀。**(宋志・禮三,晉志・禮上,三國志・魏書・明帝紀,通典・吉禮六)

【理據】《三國志・魏書・高堂隆傳》記去年高堂隆上疏曰:"將營宮室,則宗廟爲先,廄庫爲次,居室爲後。今圜丘、方澤、南北郊、明堂、社稷,神位未定,宗廟之制又未如禮,而崇飾居室,士民失業。"

【儀制】《宋志》載所定廟制曰:"更於太祖廟北爲二祧,其左爲文帝廟,號曰高祖,昭祧,其右擬明帝號曰烈祖,穆祧。三祖之廟,萬世不毀,其餘四廟,親盡迭遷。"《晉志》同。此時明帝尚在世,即爲其預定不遷之廟,以足成天子七廟。因此,後世亦往往據實稱此時爲六廟,如《隋志・禮儀二》大業元年(605)許善心等議即謂"至景初間,乃依王肅,更立五世、六世祖,就四親而爲六廟"。

【論評】① 裴注引孫盛斥曰："夫謚以表行，廟以存容，皆於既歿，然後著焉。所以原始要終，以示百世者也。未有當年而逆制祖宗，未終而豫自尊顯。昔華樂以厚斂致譏，周人以豫凶違禮，魏之群司，於是乎失正。"《宋志》亦引孫說。② 盧弼《集解》引王鳴盛曰："盛知魏人生存而豫爲廟號之非，然未盡也。禮，祖有功宗有德，自李唐始，無代不稱宗，其濫斯極，要未有若魏之三世，連稱爲祖，尤振古未聞。不但[曹]叡不能稱此名，即丕亦因父業，何功之有！"

樂 六月，有司奏武帝樂用《武始》之舞，文帝樂用《咸熙》之舞，明帝樂用《章斌》之舞，皆執羽籥。（三國志·魏書·明帝紀，通典·樂七）

吉 七月，公孫淵自立爲燕王，置百官，改元紹漢。（三國志·魏書·明帝紀、公孫淵傳）

軍 九月，冀、兗、徐、豫四州民遇水，遣侍御史巡行没溺死亡及失財産者，開倉賑救。（三國志·魏書·明帝紀）

凶 九月庚辰（十六），皇后（毛氏）被賜死；十月癸丑（初九），葬於愍陵。（三國志·魏書·明帝紀、后妃傳）

【考釋】本年三月起魏以建丑爲正，以三月爲四月，十二月爲正月。

吉 十月乙卯（二十一），始營圜丘於洛陽南委粟山。（三國志·魏書·明帝紀，宋志·禮三，晉志·禮上，通典·吉禮一）

吉 十二月壬子（十九，冬至），祀皇皇帝天於圜丘，以始祖虞舜配。（三國志·魏書·明帝紀，宋志·禮三，晉志·禮上，通典·吉禮一）

【儀制】《三國志》裴注引《魏書》録帝詔定郊丘明堂配饗之制曰："曹氏系世，出自有虞氏，今祀圜丘，以始祖帝舜配，號圜丘曰皇皇帝天；方丘所祭曰皇皇后地，以舜妃伊氏配；天郊所祭曰皇天之神，以太祖武皇帝配；地郊所祭曰皇地之祇，以武宣后配；宗祀皇考高祖文皇帝於明堂，以配上帝。"《宋志》、《晉志》亦載之。方丘之祀則入《通典·吉禮四》。

又傅玄《正都賦》描述此禮曰："建乎禋祀，祈福上帝。天子乃反古，服襲大裘，縱紐五彩，平冕垂旒，質文斌斌，帝容孔修，列大駕於郊畛。外八通之靈壇，執鎮珪而進蒼璧，思致美乎上乾。爾乃太簇爲徵，圜鍾爲宮，吹孤竹而拊雲和，修軒轅之遺風。類於圓丘，六變既終，則天神斯降，可得而禮矣。”（《太平御覽》卷五二七《禮儀六》）

【考釋】①《通典·吉禮一》、《吉禮四》注均録高堂隆（又作崇）表及魚豢議云宜以魏武帝配天，武宣后配地，此當爲帝詔之所本。故《資治通鑑·魏紀五》記曰：“帝用高堂隆之議。”②《三國志·魏書·蔣濟傳》則記曰：“初，侍中高堂隆論郊祀事，以魏爲舜後，推舜配天。濟以爲舜本姓媯，其苗曰田，非曹之先，著文以追詰隆。”據此，秦蕙田《五禮通考》辨之曰：“《通典》言高堂隆表與《蔣濟傳》不合，不知何據？豈‘武帝’二字本作‘虞舜’，而刻本誤歟？魚豢議亦不見正史，豢作《魏略》，恐是著撰私議，非當官議禮之詞也。”（《吉禮七》“圜丘祀天”）按秦説恐非，高堂隆恐在蔣濟詰難後改云如此。

【因革】① 魏分別圜丘與郊天，革東漢建武二年（26）所定之禮。②《明帝紀》裴注曰：“至晉泰始二年，並圜丘、方丘二至之祀於南北郊。”③《宋志》曰：“自正始以後終魏世，不復郊祀。”《晉志》同。

【理據】閻步克指出由《正都賦》可見，此次圜丘祭天，“第一意味着其時的皇帝冕制用《周禮》了，第二意味着皇帝采用王肅的‘脱裘服袞’了”，“學者認爲是用鄭玄而不用王肅，因爲鄭玄認爲郊、丘爲二，而王肅主張郊丘合一。但我們對祭天冕服的考察表明，魏明帝依然給了王肅一席之地，以令鄭、王兩家平分秋色”（《服周之冕》第六章，第 246、247 頁）。

【論評】① 王夫之《讀通鑑論》（卷十）斥其配饗曰：“其亢地於天，離妣於祖，亂乾坤高卑之位，固不足道矣。”② 秦蕙田《五禮通考》斥其名曰：“鄭氏所立天之名號非一，然並無皇皇帝天、皇皇后地之號，魏氏用鄭玄之説，爲二天二地，而所立名字又不經，若此異哉！”（《吉禮七》“圜丘祀天”）

吉 十二月己未（二十六），有司奏立文昭皇后（甄氏）廟於洛陽，樂舞同祖廟，廢鄴廟。（三國志·魏書·明帝紀、后妃傳，宋志·禮三，晉志·禮上，通典·吉禮六）

【儀制】《后妃傳》録有司奏曰：“文昭廟宜世世享祀奏樂，與祖廟同，永著不毀之典。"

【因革】文昭皇后別立鄴廟於太和元年(227)。

吉 **更立太社、太稷，又特立帝社壇。**（通典·吉禮四）

【理據】《通典》録孔晁（博士）與劉喜之辯議，孔氏曰："漢氏及魏初，皆立一社一稷，……宜省除一社，以從舊典。"劉氏難引《禮記·祭法》"王爲群姓立社曰大社。王自爲立社曰王社"，指出分祀二社合乎經義，並非煩黷。

【因革】《宋志·禮四》述曰："《禮》：'王爲群姓立社曰太社，王自爲立社曰王社。'故國有二社，而稷亦有二也。漢魏則有官社，無稷，故常二社一稷也。晉初仍魏，無所增損。"《晉志·禮上》略同。

【儀制】《通典》記曰："明帝祭社，但稱皇帝。"《南齊志·禮上》永明十一年(493)治禮學士議轉述曰："魏世秦静使社稷別營，稱自漢以來，相承南向。"

【論評】①《南齊志》録永明十一年何佟之議曰："魏權漢社，社稷同營共門，稷壇在社壇北，皆非古制。後移宮南，自當[如禮]。如静此言，乃是顯漢社失周法，見漢世舊事。爾時祭社南向，未審出何史籍。"② 秦蕙田《五禮通考》論曰："孔晁之議，出于臆説。劉喜難之，是也。"（《吉禮四十三》"社稷"）

【考釋】《通典》記此事在景初中，暫繫於此。

吉 **徙長安鐘簴、駱駝、銅人、承露盤於洛陽，又鑄黄龍、鳳凰各一，置内殿前。**（三國志·魏書·明帝紀裴注引《魏略》，資治通鑑·魏紀五）

【考釋】裴注引《魏略》記曰："盤折，銅人重不可致，留于霸城。大發銅鑄，作銅人二，號曰翁仲，列坐于司馬門外。"

【論評】《三國志·魏書·高堂隆傳》録高堂隆（光禄勳）上疏曰："然今之小人，好説秦、漢之奢靡以盪聖心，求取亡國不度之器，勞役費損，以傷德政，非所以興禮樂之和，保神明之休也。"《通鑑》録同，胡注："不度之器，謂長安鍾簴、橐佗、銅人、承露盤也。"按此疏兹依《通鑑》，繫於此年，《高堂隆傳》則云在青龍中。

凶 **尚書祠部郎問同母異父兄弟服，應幾月，曹毗（太常）述趙怡（博士）以爲大功九月，高堂隆以爲不得有服。**（通典·凶禮十三）

【理據】《通典》録高堂隆曰："聖人制禮，外親正服不過緦，殊異外内之明理也。外祖父母以尊加，從母以名加，皆小功；舅緦服而已。外兄弟異族無屬，疏於外家遠矣，故於禮序不得有服。"

【附識】《通典》又載武竺有同母異父兄弟之喪，王肅定以"繼父同居服周，則子宜大功也"。又録此後晉淳于睿議曰："據繼父同居異居有輕重，同母昆弟，蓋亦宜矣。異居大功，同居有相長養之恩，服齊縗，似近人情矣。"

【考釋】《通典》記此事在"景初中"，兹繫於高堂隆去世之前。

凶 高堂隆(光禄勳)去世，遺令薄葬，斂以時服。(三國志·魏書·高堂隆傳)

【考釋】高堂隆之卒年，據《資治通鑑·魏紀五》，暫繫於此。

景初二年(238)

凶 四月，韓暨(司徒)去世，遺令斂以時服，葬爲土藏，穿畢便葬。(三國志·魏書·韓暨傳)

【理據】裴注引《楚國先賢傳》録韓暨遺言："歷見前代，送終過制，失之甚矣！"

吉 八月癸丑(二十四)，彗星見於張宿，大修禳禱之術以厭之。(三國志·魏書·明帝紀及裴注)

【理據】裴注引《漢晉春秋》記史官之言曰："此周之分野也，洛邑惡之。"

嘉 十二月辛巳(二十四)，立皇后郭氏。(三國志·魏書·明帝紀、后妃傳)

吉 大議六宗之神，王肅以爲《易》六子，劉邵(散騎常侍)以爲太極沖和之氣，從之，仍不廢舊祀。(晉志·禮上，通典·吉禮三)

【因革】《晉志》述曰："王莽以《易》六子，遂立六宗祠。魏明帝時疑其事，以問王肅，亦以爲《易》六子，故不廢。"按東漢六宗之兆立於安帝元初六年(119)，魏仍此兆域。

【考釋】《晉志》、《通典》此處的"劉邵"，當即下條《三國志》的"劉劭"。

樂 劉劭著《樂論》十四篇，然未施行。(三國志·魏書·劉劭傳)

【理據】《劉劭傳》記劉氏"以爲宜制禮作樂,以移風俗"。

景初三年(239)

凶 正月丁亥_(初一),帝去世於嘉福殿;癸丑_(二十七),葬於高平陵。(三國志·魏書·明帝紀)

【儀制】裴注引《魏書》曰:"殯于九龍前殿。"

【考釋】《三少帝紀》裴注引孫盛《魏世籍》記曰:"高平陵在洛水南大石山,去洛城九十里。"

【附識】《通典·凶禮一》錄尚書訪王肅,問告祖之祝文、既葬容衣還、入帳填衛見三項儀注。

齊王(曹芳,明帝太子)

吉 正月丁亥_(初一),立曹芳_(齊王)爲皇太子,即帝位,罷諸所興作宮室之役。(三國志·魏書·三少帝紀)

制 十二月,下詔復用夏正,以建寅之月爲正月,改元。(三國志·魏書·三少帝紀,宋志·禮一,通典·吉禮十四)

【理據】①《宋志》錄盧毓_(尚書)奏曰:"烈祖明皇帝建丑之月棄天下,臣妾之情,於此正日,有甚甲乙。今若以建丑正朝四方,會群臣,設盛樂,不合於禮。"② 又錄劉肇_(大將軍屬)議曰:"宜過正一日乃朝賀大會,明令天下,知崩亡之日不朝也。"然未被采用。

【論評】①《通典》自注引袁準《正論》曰:"自非繼亂,不宜改正也。"② 秦蕙田《五禮通考》論曰:"魏明帝以元正日崩,便是忌日,朝賀之禮自應不舉。適會其時改用丑正,因改朝正之禮於建寅,復用夏時,事出偶然耳。不然則如劉肇議過正一日朝會,似亦可行也。"(《嘉禮九》"朝禮")

正始元年(240)

〔吉〕 **二月丙寅，因自去歲十二月至今不雨，下詔令獄官平冤，群公卿士獻謀。**（三國志·魏書·三少帝紀）

【考釋】此年二月辛巳朔，無丙寅日，盧弼《集解》引潘眉等以爲"丙寅"前脱"三月"二字；然《宋志·五行二》、《晉志·五行中》記此事均作"魏齊王正始元年二月，自去冬十二月至此月不雨"。

〔制〕 **司馬懿**（侍中）**奏罷靡麗之制度。**（晉書·宣帝紀）

【理據】《晉書》述曰："初，魏明帝好修宮室，制度靡麗，百姓苦之。帝自遼東遷，役者猶萬餘人，雕玩之物動以千計。至是皆奏罷之，節用務農，天下欣賴焉。"

【因革】《通典·嘉禮九》記曰："齊王正始中，詔出入必御輦乘輿。"《晉志·輿服》釋之曰："輦，案自漢以來爲人君之乘，魏晉御小出即乘之。"

正始二年(241)

〔吉〕 **孔美**（太常）**、趙怡**（博士）**等以爲明帝禪在二十七月，至此年四月應祫祭，王肅**（散騎常侍）**、樂詳**（博士）**等以爲禪在祥月，至此年二月宜祫祭。**（魏書·禮二"景明二年"孫惠蔚議）

【考釋】魏明帝於景初三年(239)正月去世，至此年二月滿二十五月爲大祥。

【儀制】清錢儀吉述曰："魏以武帝爲太祖，至明帝始三帝，未有毁主而行禘祫。"又曰："宗廟三歲大祫，每太牢分之，左辨上帝，右辨上后。"（《三國會要》卷七）

〔吉〕 **三月，帝講《論語》通，使太常釋奠於辟雍。**（三國志·魏書·三少帝紀，宋志·禮四，晉志·禮上，通典·吉禮十二）

【儀制】《宋志》記曰："以太牢祀孔子於辟雍，以顏淵配。"《晉志》同。

【因革】《晉志》記曰："禮，始立學必先釋奠于先聖先師，及行事必用幣。漢世雖立學，斯禮無聞。”《舊唐志‧禮儀四》亦曰：“秦、漢釋奠，無文可檢。至於魏武，則使太常行事。”可見釋奠禮始於此。《舊唐志》所謂“魏武”當爲“魏世”之誤。

又此後正始五年(244)五月，帝講《尚書》通，七年(246)十二月，講《禮記》通，均釋奠如此。《宋志‧禮一》則又記“正始中，齊王每講經遍，輒使太常釋奠先聖先師於辟雍，弗躬親”，《晉志‧禮下》同，前後所記相合。

【考釋】《三少帝紀》記此事作“二月”。

正始四年(243)

嘉 **正月，帝加元服。**（三國志‧魏書‧三少帝紀，通典‧嘉禮一）

【儀制】《宋志‧禮一》述曰：“魏天子冠一加。”又曰：“魏氏太子再加，皇子、王公世子乃三加。”《晉志‧禮下》同。

【考釋】帝即位時年 8 歲，至今 12 歲。

【因革】① 帝加冠在正月，當承東漢和帝永元三年(91)以來故事。②《宋志‧禮一》述曰：“禮，冠於廟，自魏不復在廟矣。”此或當已革漢制。

【論評】①《宋志》載時人之説曰：“士禮三加，加有成也。至於天子諸侯，無加數之文者，將以踐阼臨民，尊極德備，豈得復與士同？”《晉志》同。然《宋志》又斥之曰：“此言非也。夫以聖人之才，猶三十而立，況十二之年，未及志學，便謂德成，無所勸勉，非理實也。……孫毓以爲一加、再加皆非也。”按《通典》則詳録孫毓《五禮駁》之説。② 秦蕙田《五禮通考》論曰：“據此自魏以前天子加元服，猶用古禮。至是始分一加、二加、三加之別，又改爲正殿行事，非禮也。”（《吉禮一百四十九》“冠禮”）

嘉 **四月乙卯**(十八)，**立皇后甄氏。**（三國志‧魏書‧三少帝紀，宋志‧禮一，晉志‧禮下，通典‧嘉禮三）

【儀制】《宋志》載“其儀不存”。《晉志》同。然據晉太康八年(289)朱整議“按魏氏故事，王娶妃、公主嫁之禮，天子、諸侯以皮馬爲庭實，天子加以穀珪，諸侯加以大璋",可知此年必以皮馬爲庭實,並加穀珪。《通典·嘉禮三》"天子納后"節、"公侯大夫士婚禮"節分別以此立爲魏制。

吉 **七月,下詔祀功臣二十人於太祖廟庭。**（三國志·魏書·三少帝紀）

【考釋】此功臣二十人分別是:曹眞(故大司馬)、曹休(故大司馬)、夏侯尚(征南大將軍)、桓階(太常)、陳羣(司空)、鍾繇(太傅)、張郃(車騎將軍)、徐晃(左將軍)、張遼(前將軍)、樂進(右將軍)、華歆(太尉)、王朗(司徒)、曹洪(驃騎將軍)、夏侯淵(征西將軍)、朱靈(後將軍)、文聘(後將軍)、臧霸(執金吾)、李典(破虜將軍)、龐德(立義將軍)、典韋(武猛校尉)。

正始五年(244)

吉 **十一月癸卯**(二十一)**,下詔祀荀攸**(故尚書令)**於太祖廟庭。**（三國志·魏書·三少帝紀）

凶 **裴潛**(太尉軍師,大司農)**去世,遺令儉葬。**（三國志·魏書·裴潛傳）

【儀制】《裴潛傳》記曰:"墓中惟置一坐,瓦器數枚,其餘一無所設。"

凶 **蔣濟**(太尉)**《萬機論》以爲夫之兄弟、兄弟之妻皆服小功,何晏**(尚書)**、夏侯泰**(太常)**難之,以爲當無服,曹羲**(中領軍)**申蔣議。**（通典·凶禮十四）

【理據】①《通典》錄何晏等曰:"夫嫂叔之交,有男女之別,故絕其親授,禁其通問。家人之中,男女宜別,未有若嫂叔之至者也。彼無尊卑之至敬,故交接不可不疏;彼無骨肉之不殊,故交疏而無服:情亦微矣。"②又錄蔣濟明確指出"嫂叔服文,統見於經而明之,可謂微而著,婉而成章也"。又此後晉成粲(太常)又曰:"《喪服》云'夫爲兄弟服,妻降一等',則專服夫之兄弟,固已明矣。尊卑相侔,服無不報。由此論之,嫂叔大功,可得而從。"

【論評】《通典》錄宋庾蔚之評曰:"蔣濟、成粲,排棄聖賢經傳,而苟虛樹己説,可謂誣於禮矣。"

凶 蔣濟議會喪不宜去冠，下博士評議，杜布（博士）議以爲宜去玄冠，代以布巾，詔從之。（通典·凶禮三、凶禮五）

【因革】《凶禮三》録杜布議曰："周人去玄冠代以素弁。漢去玄冠代以布巾，亦王者相變之儀，未必獨非也。……今宜因漢氏故事。"

【考釋】① 以上二事未悉年月，暫與上條同列。②《通典》二處重見，然杜布，《凶禮五》作"杜希"。

正始六年（245）

吉 十一月，祫祭太祖廟，始祀功臣二十一人。（三國志·魏書·三少帝紀）

嘉 立所刻三體石經於太學。（晉書·衛恒傳）

【考釋】《衛恒傳》僅記"正始中立三體石經"，據 1957 年西安出土殘石可知其始刻於正始二年（241）三月。劉汝霖推測刻成立石當在此年，其所據爲"是年劉馥請整頓太學，朝廷又立王朗《易傳》，學術界頗呈活躍之氣"（《漢晉學術編年》卷六，第 169 頁）。

正始七年（246）

嘉 正月丙子（初一），帝朝會群臣。（三國志·魏書·三少帝紀，晉書·宣帝紀）

【儀制】《三少帝紀》記帝詔使司馬懿（太傅，侍中）"乘輿升殿"。《晉書》同。

正始八年（247）

嘉 七月，何晏（尚書）上奏帝在式乾殿及後園時，大臣侍從，詢謀政事，講論經義；十二月，孔乂（散騎常侍，諫議大夫）又奏請絶後園習騎乘

馬，均未從。（三國志‧魏書‧三少帝紀）

【論評】《資治通鑑‧魏紀七》論曰：“時尚書何晏等朋附曹爽，好變改法度。太尉蔣濟上疏曰：‘……夫爲國法度，惟命世大才，乃能張其綱維以垂於後，豈中下之吏所宜改易哉！終無益於治，適足傷民。’”

正始十年(249，四月改元嘉平)

吉 **正月甲午**（初六），**帝謁高平陵。**（三國志‧魏書‧三少帝紀、諸夏侯曹傳，晉書‧宣帝紀）

【因革】《宋志‧禮二》記曰：“齊王在位九年，始一謁高平陵而曹爽誅，其後遂廢，終魏世。”《晉志‧禮中》、《通典‧吉禮十一》略同。

凶 **鍾毓**（魏郡太守，爲父後）**迎還出母，去世則自制服，武申**（郡臣）**奏可，成洽以爲不爲出母服，吳商證之。**（通典‧凶禮十六）

【理據】《通典》錄成洽曰：“《喪服傳》曰：‘出妻之子爲父後者，爲出母無服。與尊者爲體，不敢服其私親也。’……出母之與嫁母俱絕族，今爲嫁母服，不爲出母服，其不然乎！經證若斯其謬耳。”又錄吳商更明確指出：“出母無服，此由尊父之命。嫁母，父不命出，何得同出母乎？……而今欲以出母同於嫁母，違廢父命，豈人子所行，又引繼父云經謬也？”

【論評】《通典》錄宋庾蔚之論曰：“爲父後不服出母，爲廢祭也。母嫁而迎還，是子之私情。至於嫡子，不可廢祭。鍾毓率情而制服，非禮意也。”

嘉平三年(251)

凶 **八月戊寅**（初五），**司馬懿**（丞相，後尊爲晉宣帝）**去世，帝素服臨弔；九月庚申**（十八），**葬於河陰。**（晉書‧宣帝紀）

【因革】《宣帝紀》記曰：“喪葬威儀依漢霍光故事。”

【儀制】《宣帝紀》記曰："先是，預作終制，於首陽山爲土藏，不墳不樹；作《顧命》三篇，斂以時服，不設明器，後終者不得合葬。"此年"一如遺命"。《宋志·禮二》、《晉志·禮中》略同。

【考釋】晉武帝建國後，尊宣帝陵爲高原陵。

【附識】《后妃列傳上》記司馬懿之妻張氏（後追尊爲宣穆皇后）於正始八年即已去世（247），"葬洛陽高原陵"。

吉 **十一月，有司奏諸功臣配饗於太祖廟者，應以官爲次，司馬懿**（太傅）**最在上。**（三國志·魏書·三少帝紀）

嘉平四年(252)

嘉 **二月，立皇后張氏。**（三國志·魏書·三少帝紀）

【考釋】皇后甄氏於去年七月去世。

嘉平六年(254)

嘉 **四月，立皇后王氏。**（三國志·魏書·三少帝紀）

【考釋】皇后張氏於此年三月被廢。

吉 **九月甲戌**（十九），**司馬師**（大將軍，司馬景王）**謀廢帝，皇太后令使高柔**（兼太尉）**奉策用一元大武告於宗廟，遣帝歸藩於齊；即日，遷居別宮。**（三國志·魏書·三少帝紀）

【儀制】《三少帝紀》記曰："使者持節送衛，營齊王宮於河內重門，制度皆如藩國之禮。"

【因革】裴注引《魏書》詳録前後謀議，記諸臣奏言"請依漢霍光故事，收帝璽綬"。

高貴鄉公（曹髦，文帝孫，明帝弟東海定王子）

正元元年（254）

吉 十月庚寅（初五），帝入洛陽，即位於太極前殿，群臣陪位，改元。

（三國志·魏書·三少帝紀）

【儀制】《三少帝紀》記曰：“十月己丑（初四），公至于玄武館，群臣奏請舍前殿，公以先帝舊處，避止西廂；群臣又請以法駕迎，公不聽。庚寅，公入于洛陽，群臣迎拜西掖門南，公下輿將答拜，儐者請曰：‘儀不拜。’公曰：‘吾人臣也。’遂答拜。至止車門下輿。左右曰：‘舊乘輿入。’公曰：‘吾被皇太后徵，未知所爲！’遂步至太極東堂，見于太后。其日即皇帝位於太極前殿，百僚陪位者欣欣焉。”

嘉 十月，帝即位，減乘輿服御，後宮用度，罷尚方御府百工技巧靡麗無益之物。（三國志·魏書·三少帝紀）

嘉 十月壬辰（初七），遣侍中持節赴四方，觀風俗，勞士民，察冤獄失職。（三國志·魏書·三少帝紀）

正元二年（255）

吉 正月乙丑（十二），毌丘儉（鎮東將軍）、文欽（揚州刺史）於壽春反，爲壇於城西，歃血稱兵爲盟。（三國志·魏書·毌丘儉傳、三少帝紀）

【儀制】《魏書·諸葛誕傳》裴注引《傅子》記曰：“宋建椎牛禱賽，終自焚滅。文欽日祠祭事天，斬于人手。諸葛誕夫婦聚會神巫，淫祀求福，伏尸淮南，舉族誅夷。”按宋建、諸葛誕分別於東漢中平元年（184）、甘露二年（257）反。

凶 閏正月辛亥（二十八），司馬師（大將軍，司馬景王，後尊爲晉景帝）去世，帝素服

臨弔。（晉書·景帝紀）

【考釋】①《三國志·魏書·三少帝紀》記司馬師之去世在閏正月壬子（二十九）之後。②司馬師何時下葬無載。晉武帝建國後，尊景帝陵爲峻平陵。

【因革】《宋志·禮二》記曰：“景帝崩，喪事制度又依宣帝故事。”《晉志·禮中》同。

【附識】《后妃列傳上》記司馬師之妻夏侯氏（後追尊爲景懷皇后）於青龍二年（234）即已去世，“葬峻平陵”。

制 閏正月，毌丘儉夷三族，荀顗表請帝，詔允許其兒媳（荀氏）與毌丘甸（儉子）離婚，得免死；荀芝（毌丘儉孫女，劉子元妻）懷孕，荀顗又請何曾（司隷校尉）没其爲官奴，得免死；且使程咸上議，於是詔使改定律令。（晉志·刑法，三國志·魏書·何夔傳裴注引干寶《晉紀》，通典·刑法一，資治通鑑·魏紀八）

【儀制】《晉志》記其時法制：“景帝輔政，是時魏法，犯大逆者誅及已出之女。”

【理據】《晉志》録程咸議曰：“女人有三從之義，無自專之道，出適他族，還喪父母，降其服紀，所以明外成之節，異在室之恩。而父母有罪，追刑已出之女；夫黨見誅，又有隨姓之戮。一人之身，内外受辟。今女既嫁，則爲異姓之妻；如或産育，則爲他族之母，此爲元惡之所忽，戮無辜之所重。於防則不足懲姦亂之源，於情則傷孝子之心。男不得罪於他族，而女獨嬰戮於二門，非所以哀矜女弱，蠲明法制之本分也。臣以爲在室之女，從父母之誅；既醮之婦，從夫家之罰。”

【考釋】此事從《通鑑》，繫於此。

軍 二月甲子（十二），破吴將孫峻軍，獻捷於京城。（三国志·魏书·三少帝纪）

軍 三月朔，太史奏日蝕而未蝕，曹爽（大將軍）、鄭小同（侍中）均推究史官不驗之責，經史官答辯乃止。（宋志·禮一，通典·軍禮三）

【因革】《宋志》又記曰：“昔漢建安中，將正會，而太史上言正旦當日蝕，朝士疑會不。共詣尚書令荀文若諮之，時廣平計吏劉劭在坐，曰：‘……聖人垂制，不爲變異豫廢朝禮者，或災消異伏，或推術謬誤也。’文若及衆人咸喜而從之，遂朝會如舊,日亦不蝕。劭由此顯名,魏史美而書之。"可見此年不以推算日蝕却元會,承建安中故事。

【考釋】《通典》所錄此事較詳備,《宋志》撮述大概。

嘉 三月,立皇后卞氏。(三國志・魏書・三少帝紀)

凶 十二月癸丑(初五),下詔令征西、安西將軍於戰處求屍喪,收斂埋藏。(三國志・魏書・三少帝紀)

【考釋】此事承上屬十一月,然此年十一月己卯朔,無癸丑日,可知"癸丑"前當脫"十二月"三字。

正元三年(256,六月改元甘露)

嘉 二月丙辰(初九),帝宴群臣於太極東堂,與荀顗(侍中)等講述禮典。

(三国志・魏书・三少帝纪裴注引《魏氏春秋》)

嘉 四月丙辰(初十),帝至太學與諸儒講論經義,問《易》義,淳于俊(易博士)對之;問《尚書》義,庾峻(博士)對之;問《禮記》義,馬照(博士)對之。(三国志・魏书・三少帝纪)

【因革】裴注引傅暢《晉諸公贊》則又記曰:"帝常與中護軍司馬望、侍中王沈、散騎常侍裴秀、黃門侍郎鍾會等講宴於東堂,并屬文論。……帝性急,請召欲速。秀等在内職,到得及時,以望在外,特給追鋒車,虎賁卒五人,每有集會,望輒奔馳而至。"

【論評】①《資治通鑑・魏紀九》胡注:"時帝與博士淳于俊論《易》,庾峻論《書》,馬照論《禮記》,考其難疑答問,不過摘抉經義及王、鄭之異同耳,非人君之學也。"② 盧弼《集解》則評曰:"高貴鄉公是時年方十六,博學好問,禎祥自叙,文采斐然,才同陳思,當時已有定評。……設得賢宰輔,誠有為之君。"

軍 七月癸未(初九),鄧艾(安西將軍)破蜀將姜維軍,下詔遣使犒賜講士,

大會臨饗。（三国志·魏书·三少帝纪）

凶 王肅（中領軍，散騎常侍）去世，門生縗絰者以百數。（三國志·魏書·王朗傳）

凶 王戻（尚書左丞）出任陳相，未到國而王去世，議者或以爲宜齊縗，或以爲宜無服，王肅定爲服斬縗，既葬而除之，詔可。（通典·凶禮十）

【理據】《通典》録王肅曰："孔子曰：'婿齊縗而弔，既葬而除之。夫死亦如之。'各以其服，如服斬縗，斬縗而弔之，既葬而除之也。今戻爲王相，未入國而王薨，義與女未入門夫死同，則戻宜服斬縗，既葬而除之，此禮之明文也。"

【考釋】此事完全無法考知年月，暫繫於王肅去世之年。

甘露二年（257）

嘉 五月辛未（初一），帝至辟雍，會群臣，命賦詩。（三國志·魏書·三少帝紀）

凶 王倫（大將軍參軍，太原人）去世，兄王俊作《表德論》，刊於墓之陰。（宋志·禮二）

【因革】《宋志》述曰："此則碑禁尚嚴也。此後復弛替。"

甘露三年（258）

凶 二月，司馬昭攻破壽春，平定三叛，允許文鴦、文虎收斂其父文欽，給其牛車，致葬舊墓。（三國志·魏書·諸葛誕傳）

【考釋】三叛，指諸葛誕、文欽、唐咨。

嘉 八月丙寅（初四），下詔行養老之禮，帝親帥群司行禮。（三國志·魏書·三少帝紀，宋志·禮一，晉志·禮下，通典·嘉禮十二）

【儀制】《宋志》載"行養老之禮於太學，於是王祥爲三老，鄭小同爲五更"，又曰："今無其注，然漢禮具存也。"《晉志》略同。然《通典》則記曰："祥南面，几杖，以師道自居。天子北面,乞言。祥陳明王聖帝君臣政化之要以訓之,聞者莫不砥礪。"

【考釋】宋、晉二志及《通典》記此事均在甘露二年,兹依《三國志》,中華書局點校本《宋書》即據此改。

甘露五年(260)

凶 五月己丑(初七),帝被殺;六月丁卯(十五),葬於洛陽西北瀍澗之濱。(三國志・魏書・三少帝紀及裴注引《漢晉春秋》)

【儀制】《三少帝紀》録司馬孚(太傅)、司馬昭(大將軍)、高柔(太尉)、鄭沖(司空)論葬禮等級曰:"故高貴鄉公悖逆不道,自陷大禍,依漢昌邑王罪廢故事,以民禮葬。……然臣等伏惟殿下仁慈過隆,雖存大義,猶垂哀矜,臣等之心,實有不忍,以爲可加恩,以王禮葬之。"

又裴注引《漢晉春秋》記帝之葬日情況:"下車數乘,不設旌旐,百姓相聚而觀之,……或掩面而泣,悲不自勝。"裴松之稱曰:"若但下車數乘,不設旌旐,何以爲王禮葬乎?"

元帝(曹奂,武帝曾孫,常道鄉公,陳留王)

景元元年(260)

吉 六月甲寅(初二),帝入洛陽,即位於太極前殿,改元。(三國志・魏書・三少帝紀)

凶 六月己未(初七),漢獻穆皇后(曹氏)去世,帝臨於華林園;合葬禪陵。(三國志・魏書・三少帝紀,後漢書・皇后紀下)

【儀制】《三少帝紀》記曰:"車服制度皆如漢氏故事。"

嘉 **十一月，曹宇**(燕王，帝之父)**上表賀冬至，稱臣，下詔依禮典議之，有司奏敬父之制。**(三國志·魏書·三少帝紀，通典·嘉禮十二)

【儀制】《三少帝紀》録有司奏曰："燕王章表，可聽如舊式；中詔所施，……宜曰皇帝敬問大王侍御。至于制書，國之正典，朝廷所以辨章公制，宣昭軌儀于天下者也，宜循法，故曰制詔燕王。凡詔命、制書、奏事、上書諸稱燕王者，可皆上平。其非宗廟助祭之事，皆不得稱王名，奏事上書、文書及吏民皆不得觸王諱，以彰殊禮，加于群后。"

凶 **陳公**(舉將，僕射)**去世，傅玄問服制，鄭小同**(光禄)**以爲弔服加麻，三月除之，鄭公**(司徒)**以爲齊縗三月。**(通典·凶禮二十一)

【理據】此乃秀孝爲舉將之服，《通典》記鄭小同云"宜準禮而以情義斷之"，鄭公之所據乃"漢代名臣皆然"。

景元三年(262)

吉 **下詔祀郭嘉**(故軍祭酒)**於太祖廟庭。**(三國志·魏書·三少帝紀)

景元四年(263)

嘉 **十月癸卯**(十一)**，立皇后卞氏。**(三國志·魏書·三少帝紀)

嘉 **十月甲寅**(二十二)**，封司馬昭**(大將軍)**爲晉公，共封十郡，加九錫之禮，受之。**(三國志·魏書·三少帝紀)

【考釋】此前景元元年(260)六月、二年八月、四年二月已三度命封，司馬昭均固辭。

凶 **十二月乙卯**(二十四)**，皇太后**(郭氏)**去世；明年二月庚申**(三十)**，下葬。**

(三國志·魏書·三少帝紀、后妃傳)

咸熙元年(264)

[吉] 正月壬申(十一)，帝行至長安，遣使以璧幣祠華山。（三國志·魏書·三少帝紀，宋志·禮四，晉志·禮上）

【論評】《宋志》曰："禮也。"

[嘉] 三月己卯(十九)，進司馬昭(晉公)爲王，共封二十郡；王祥(太尉)、何曾(司徒)、荀顗(司空)共謁晉王。（三國志·魏書·三少帝紀及裴注引《漢晉春秋》）

【儀制】裴注引《漢晉春秋》記曰："及入，顗遂拜，而祥獨長揖。"

【理據】裴注引《漢晉春秋》錄王祥曰："吾等魏之三公；公、王相去一階而已，班列大同，安有天子三公可輒拜人者？"

[制] 五月庚申(初一)，晉王奏復五等爵。（三國志·魏書·三少帝紀）

【論評】甘懷真指出："此舉的目的之一是宣告一個遵從'周政'的新體制的誕生，而不再用漢家之法。"（《皇權、禮儀與經典詮釋》，第 73 頁）

咸熙二年(265)

[賓] 四月，吳遣使紀陟、弘璆來聘，請和。（三國志·魏書·三少帝紀，晉書·文帝紀）

[吉] 五月，命晉王冕十有二旒，建天子旌旗，出警入蹕，乘金根車，駕六馬，備五時副車，置旄頭雲罕，樂舞八佾，設鍾虡宮懸。（三國志·魏書·三少帝紀）

[吉] 十二月壬戌(十三)，下詔百官卿士具儀設壇於南郊，使使者奉皇帝璽綬禪位於晉。（三國志·魏書·三少帝紀）

【因革】《三少帝紀》曰："禪位於晉嗣王，如漢魏故事。"

賓 十二月己巳(二十)，晉武帝下詔元帝(陳留王)載天子旌旗，備五時副車，行魏正朔，郊祀天地，禮樂制度皆如魏舊。(晉書·武帝紀，通典·賓禮一)

吉 任茂(晉散騎常侍)議以爲魏功臣配食於宗廟者，宜從遷，石苞(大司馬)等議以爲宜從歸於陳留國。(通典·吉禮九)

【考釋】此事未悉年代，暫置於魏末。

三、蜀之部

221年，劉備在成都(今四川成都)稱帝，國號漢。以與之前的兩漢相區別，史稱蜀或蜀漢。263年爲魏所滅。共歷二帝(昭烈帝、後主)，四十三年。

先主(昭烈帝，劉備，漢景帝之後)

建安十九年(214)

制 夏，先主定益州，令許慈(博士)、胡潛(博士)與孟光(議郎)、來敏(典學校尉)等共掌制度。(三國志·蜀書·許慈傳、孟光傳、來敏傳)

【考釋】《許慈傳》載其時情形曰："[胡]潛雖學不沾洽，然卓犖強識，祖宗制度之儀，喪紀五服之數，皆指掌畫地，舉手可采。先主定蜀，承喪亂歷紀，學業衰廢，乃鳩合典籍，沙汰衆學。慈、潛並爲學士，與孟光、來敏等典掌舊文。值庶事草創，動多疑議，慈、潛更相克伐，謗讟忿急，形於聲色；書籍有無，不相通借，時尋楚撻，以相震撼。其矜己妒彼，乃至於此。"

建安二十二年(217)

凶 霍峻(梓潼太守，裨將軍)去世，遷葬成都，先主親率百官臨會弔祭，留宿墓上。(三國志·蜀書·霍峻傳)

【考釋】霍峻的卒年，據《霍峻傳》"先主定蜀，……以峻爲梓潼太守，裨將軍。在官三年，年四十卒"云云，推定在此年。

建安二十四年(219)

吉 秋，設壇場於沔陽，陳兵列衆，群臣表奏漢帝，以先主爲漢中王，御王冠。(三國志·蜀書·先主傳)

章武元年(221)

吉 四月丙午(初六)，即位於成都武擔山南，設壇告天，用玄牡。(三國志‧蜀書‧先主傳，宋志‧禮三，通典‧吉禮一注)

吉 四月，立宗廟，祫祭高祖以下。(三國志‧蜀書‧先主傳，宋志‧禮三，通典‧吉禮六注)

【考釋】《三國志》裴注："先主雖云出自孝景，而世數悠遠，昭穆雖明，既紹漢祚，不知以何帝爲元祖以立親廟。于時英賢作輔，儒生在官，宗廟制度必有憲章，而載記闕略，良可恨哉！"

【論評】《宋志》評曰："[劉]備紹世而起，亦未辨繼何帝爲禰，亦無祖宗之號。"

嘉 五月辛巳(十二)，立吳氏(夫人)爲皇后。(三國志‧蜀書‧二主妃子傳、資治通鑑‧魏紀一)

嘉 五月，立劉禪(皇后吳氏子)爲皇太子。(三國志‧蜀書‧先主傳、後主傳)

章武二年(222)

吉 十月，下詔令諸葛亮(丞相)營南北郊於成都。(三國志‧蜀書‧先主傳，宋志‧禮三，通典‧吉禮一注、吉禮四注)

【因革】陳成國認爲："後來劉禪當即於成都之南北郊祭祀皇天、后土。據《後主傳》注引《魏略》，劉禪嘗云：'政由葛氏，祭則寡人。'"(《中國禮制史‧魏晉南北朝卷》，第30頁)

賓 十二月，吳王遣使鄭泉(太中大夫)聘帝於白帝；帝遣宗瑋(太中大夫)報命。(三國志‧吳書‧吳主傳)

【論評】《資治通鑑‧魏紀一》評曰："吳、漢復通。"

章武三年(223)

凶 四月癸巳，帝去世於永安宫；五月，諸葛亮(丞相)奉梓宫回成都；八月，葬惠陵。(三國志·蜀書·先主傳、後主傳)

【儀制】《宋志·禮二》記曰："諸葛亮受劉備遺詔，既崩，群臣發喪，滿三日除服，到葬復如禮。其郡國太守、相、尉、縣令長三日便除服。"《通典·凶禮二》自注略同。

【考釋】此年四月己未朔，無癸巳日。盧弼《集解》引潘眉説先主去世於四月辛巳(二十四)，待考。

凶 遷葬皇后(甘氏)自南郡，未至而帝去世，諸葛亮(丞相)、賴恭(太常臣)等議以爲宜合葬，制可。(三國志·蜀書·二主妃子傳)

【理據】《二主妃子傳》錄諸葛亮言曰："《禮記》曰：'立愛自親始，教民孝也；立敬自長始，教民順也。'不忘其親，所由生也。《春秋》之義，母以子貴。……今皇思夫人宜有尊號，以慰寒泉之思……《詩》曰：'榖則異室，死則同穴。'"

【理據】秦蕙田《五禮通考》推論曰："晉代徐邈、臧燾之議，謂母以子貴，宜崇尊號合葬祔食，理所不可。然則昭烈既立穆后，而甘后仍與合葬，禮歟？曰：甘后之合葬，則非爲妾媵之比。史稱先主數喪嫡室，常攝内事，則隱然有繼室之義，其薨也在先主未即位之先，因而未及追尊，至即位後，甘氏已薨，孫夫人又歸吴，緣是立穆后耳。況所生子禪早已建爲太子，又與以藩邸入繼大統者不同。據此數端，雖謂甘后之合葬，禮以義起，可也。"(《吉禮一百二》"后妃廟")

後主(劉禪，先主太子)

建興元年(223)

吉 五月，皇太子即位，改元。(三國志·蜀書·後主傳)

【因革】秦蕙田《五禮通考》論曰："繼嗣之君，以即位之明年改元，此古今通禮
也。後主以章武三年即位，即改其年五月以後爲建興元年，先儒所謂崩年改元，
亂世之事蓋始于此。"（《嘉禮一》"即位改元"）

賓　諸葛亮（丞相）以大喪未便加兵，遣使鄧芝（尚書郎）聘於吳，團結和
親。（三國志·蜀書·後主傳、諸葛亮傳、鄧芝傳）

嘉　立張氏（妃）爲皇后。（三國志·蜀書·後主傳、二主妃子傳）

吉　別立昭烈帝廟。（宋志·禮三，通典·吉禮六注）

【考釋】此事未悉年月，暫繫於此。

建興三年(225)

軍　諸葛亮（丞相）治戎講武，以備征戰。（三國志·蜀書·諸葛亮傳）

建興六年(228)

凶　馬謖（參軍）下獄被殺，諸葛亮親臨祭，爲之流涕。（三國志·蜀書·馬良傳）

建興十年(232)

軍　諸葛亮（丞相）勸農於黃沙，作流馬木牛車，教兵講武。（三國志·蜀書·
後主傳）

【考釋】《資治通鑑·魏紀四》記此事在青龍元年(233)末。

建興十二年(234)

凶　八月，諸葛亮（丞相）去世於軍中，遺命葬漢中定軍山。（三國志·蜀書·

諸葛亮傳、後主傳)

【儀制】《諸葛亮傳》記曰:"因山爲墳,冢足容棺,斂以時服,不須器物。"

建興十五年(237)

[凶] 六月,皇后(張氏)去世;葬於南陵。(三國志·蜀書·二主妃子傳、後主傳)

延熙元年(238)

[嘉] 正月,立皇后張氏,改元。(三國志·蜀書·後主傳、二主妃子傳)

【考釋】此所立乃前皇后張氏之妹。

[嘉] 正月,立劉璿爲太子。(三國志·蜀書·後主傳)

延熙八年(245)

[凶] 八月,穆太后(吳氏)去世;合葬惠陵。(三國志·蜀書·二主妃子傳、後主傳)

延熙九年(246)

[嘉] 因帝頗出游觀,增廣聲樂,譙周(太子家令)上疏省減樂官、後宮,未

從。(三國志·蜀書·譙周傳,資治通鑑·魏紀七)

【理據】《譙周傳》載譙周上疏曰:"且承事宗廟,非徒求福佑,所以率民尊上也。至於四時之祀,或有不臨,池苑之觀,或有仍出,臣之愚滯,私不自安。夫憂責在身者,不暇盡樂,先帝之志,堂構未成,誠非盡樂之時。"

延熙十六年(253)

嘉 正月，元會。（三國志・蜀書・費禕傳）

【考釋】三國時歲首元會之禮未見記載，此處因費禕於會上被殺，故記及之。

延熙十七年(254)

吉 張嶷（曾任越巂太守）戰亡，越巂民爲之立廟，四時水旱則祀之。（三國志・蜀書・張嶷傳）

景耀元年(258)

吉 史官言景星見，改元。（三國志・蜀書・後主傳）

景耀六年(263，八月改元炎興)

吉 春，帝從習隆（步兵校尉）、向充（中書侍郎）等上表，下詔爲諸葛亮（丞相）立廟於沔陽。（三國志・蜀書・諸葛亮傳裴注引《襄陽記》，宋志・禮四，通典・吉禮十二注）

【儀制】裴注引《襄陽記》記曰：“亮初亡，所在各求爲立廟，朝議以禮秩不聽，百姓遂因時節私祭之於道陌上。言事者或以爲可聽立廟於成都者，後主不從。”

【理據】《宋志》錄習隆、向充等言曰：“今若盡從人心，則瀆而無典；建之京師，又逼宗廟。”然考慮當時情勢：“自漢興已來，小善小德，而圖形立廟者多矣；況亮德範遐邇，勳蓋季世，興王室之不壞，實斯人是賴。”故提出此策。

【論評】《宋志》録何承天曰："《周禮》'凡有功者祭於大烝'，故後代遵之，以元勳配饗。充等曾不是式，禪又從之，並非禮也。"

然秦蕙田《五禮通考》則論曰："孔明爲漢季第一人物，故當爲三國祠祀之冠。"（《吉禮一百二十三》"賢臣祀典"）

吉 秋，鍾會（魏鎮西將軍）征蜀至漢川，祭諸葛亮廟，令軍士不得於其墓所芻牧樵采。（三國志·蜀書·諸葛亮傳）

吉 冬，劉諶（北地王，帝之子）哭於昭烈帝廟，傷國之亡，先殺妻子，然後自殺。（三國志·蜀書·後主傳裴注引《漢晉春秋》）

吉 明年三月丁亥（二十七），魏元帝使太常策命後主爲安樂縣公。（三國志·蜀書·後主傳）

四、吴之部

229 年,孫權在武昌（今湖北鄂城）稱帝,不久遷都建鄴（今江蘇南京）,國號吴。265 年,遷都武昌,267 年,又遷都建鄴。280 年爲西晉所滅。共歷四帝（大帝、會稽王、景帝、末帝）,五十二年。

大帝（孫權）

魏文帝黄初二年(221)

卷三
東漢至西晉：禮制成型期

吉 十一月,魏文帝遣使邢貞（太常,高平侯）策命孫權爲吴王,加九錫。（三國志·吴書·吴主傳）

嘉 十一月,立孫登爲太子。（三國志·吴書·吴主傳、吴主五子傳）

【附識】《吴主五子傳》記孫登爲太子後受教之經歷曰:"選置師傅,銓簡秀士,以爲賓友,於是諸葛恪、張休、顧譚、陳表等以選入,侍講詩書,出從騎射。權欲登讀漢書,習知近代之事,以張昭有師法,重煩勞之,乃令休從昭受讀,還以授登。登待接寮屬,略用布衣之禮,與恪、休、譚等或同輿而載,或共帳而寐。"

黄武二年(223)

吉 正月,推五德之運,以爲土行,用未祖辰臘,用乾象曆。（三國志·吴書·吴主傳及裴注）

【附識】《吴書·闞澤傳》記闞澤（尚書）"著《乾象曆注》以正時日",又云"每朝廷大議,經典所疑,輒諮訪之"。

賓 十一月,蜀遣使鄧芝（中郎將）來聘。（三國志·吴書·吴主傳）

【考釋】鄧芝的官銜與《三國志·蜀書》所載不同,盧弼《集解》引李清植説謂此處爲“異國紀録之誤,而編史者因之”。參見蜀後主建興元年(223)。

吉 顧邵(豫章太守)禁淫祀非禮之祭者。（三國志·吳書·顧雍傳）

【考釋】此事未悉年月,然據顧邵任太守在二十七歲推理,當在孫權即帝位之前,暫繫於此。

黃武三年(224)

賓 夏，遣使張温(輔義中郎將)報聘於蜀。蜀復遣使鄧芝還聘於吳。（三國志·吳書·吳主傳、蜀書·鄧芝傳）

【因革】《資治通鑑·魏紀二》記曰:“自是吳、蜀信使不絕。”

黃武七年(228)

凶 八月，吕範(大司馬)去世，孫權素服舉哀。（三國志·吳書·吕範傳、吳主傳）

【儀制】《吕範傳》記明年遷都建鄴,“權過範墓,呼曰:‘子衡!’言及流涕,祀以太牢”。

黃龍元年(229)

吉 四月丙申(十三)，即皇帝位，南郊告天，用玄牡。（三國志·吳書·吳主傳,宋志·禮三,通典·吉禮一注）

【因革】《宋志》曰:“其後自以居非中土,不復修設。”按此年九月,遷都建鄴。

賓 六月，蜀遣使陳震(衛尉)慶賀，盟約中分天下。（三國志·吳書·吳主傳、蜀書·諸葛亮傳）

制 九月，劉廙(南陽人)著《先刑後禮論》，謝景(南陽人)稱之於陸遜(大將

軍），陸氏非之。（三國志·吳書·陸遜傳，資治通鑑·魏紀三）

【理據】《陸遜傳》録陸遜曰：“禮之長於刑久矣，廣以細辯而詭先聖之教，皆非也。”

吉 未立七廟，立父孫堅始祖廟於長沙臨湘縣，立兄孫策廟於建鄴朱雀橋南。（宋志·禮三，通典·吉禮六注）

【儀制】《宋志》記曰：“權既不親祠，直是依後漢奉南頓故事，使太守祠也。……又以民人所發吳芮冢材爲屋，未之前聞也。”

【論評】《宋志·五行四》述曰：“案權稱帝三十年，竟不於建業創七廟，但有父堅一廟，遠在長沙。”

【考釋】此二事未悉年月，暫繫於孫權即帝位之後。

黄龍二年（230）

嘉 正月，下詔立都講祭酒，以教學諸子。（三國志·吳書·吳主傳）

嘉禾元年（232）

吉 冬，群臣奏議宜修郊祀，帝未從。（三國志·吳書·吳主傳裴注，宋志·禮三）

【理據】裴注引《江表傳》録孫權與群臣所議：權曰：“郊祀當於中土，今非其所。”重奏曰：“普天之下，莫非王土。王者以天下爲家。昔周文、武郊於酆、鎬，非必中土。”權曰：“武王伐紂，即祚於鎬京，而郊其所也。文王未爲天子，立郊於酆，見何經典？”復奏曰：“伏見《漢書·郊祀志》，匡衡奏徙甘泉河東郊於長安，言文王郊於酆。”權曰：“文王德性謙讓，處諸侯之位，明未郊也。經傳無明文，匡衡俗儒意説，非典籍正義，不可用也。”《宋志》亦引之。

【因革】《宋志·禮一》記曰：“孫權始都武昌及建業，不立郊兆，至末年太元元年十一月，祭南郊。”

【論評】① 裴注引《志林》曰：“吴王糾駮郊祀之奏，追貶匡衡，謂之俗儒。凡在見者，莫不慨然以爲統盡物理，達於事宜，至於稽之典籍，乃更不通。”② 然秦蕙田《五禮通考》論曰：“《志林》之言過矣。……權果自比文王，則猶漢之方伯，何以告天即位？ 既云‘歷數在躬’，則猶周之鎬京，何以必擇土中？ 其説本爲紕繆，但山陽未崩，而黄龍改號，權之僭妄，内懷不安，郊祀不舉，猶可謂一隙之明。”(《吉禮七》“圜丘祀天”)

嘉禾五年(236)

凶 三月，張昭(輔吴將軍)去世，遺令幅巾素棺，斂以時服，帝素服臨弔。(三國志·吴書·張昭傳、吴主傳)

嘉禾六年(237)

凶 正月，下詔請議禁止在官者奔喪，顧譚議在選代之間訃告，則加大辟，胡綜(將軍)議宜定科文奔喪者以大辟，顧雍(丞相)從胡説。(三國志·吴書·吴主傳，宋志·禮二)

【理據】《吴主傳》錄帝詔曰：“世治道泰，上下無事，君子不奪人情，故三年不逮孝子之門。至於有事，則殺禮以從宜，要経而處事。故聖人制法，有禮無時則不行。遭喪不奔非古也，蓋隨時之宜，以義斷恩也。”又錄胡綜議曰：“方今戎事軍國異容，而長吏遭喪，知有科禁，公敢干突，苟念聞憂不奔之恥，不計爲臣犯禁之罪，此由科防本輕所致。忠節在國，孝道立家，出身爲臣，焉得兼之？ 故爲忠臣不得爲孝子。”

《宋志》記吴此前情形曰：“孫權令諸居任遭三年之喪，皆須交代乃去，然多犯者。”《通典·凶禮二》自注同。

【因革】①《吴主傳》記此後孟宗(吴令)喪母奔赴，“已而自拘於武昌以聽刑。陸遜陳其素行,因爲之請,權乃減宗一等,後不得以爲比,因此遂絕"。《通典·凶禮二》自注同。②《吳書·胡綜傳》則曰:"遂用綜言,由是奔喪乃斷。"

【論評】盧弼《集解》引或曰:"顧譚之論,有若兒戲,胡綜、顧雍則違禮滅天矣。嗚呼,痛哉! 以死刑驅人於逆,異乎先王以孝教天下矣。"

赤烏元年(238)

凶 九月,帝之夫人(步氏)去世,閏十一月,追尊爲皇后,葬於蔣陵。

(三國志·吳書·妃嬪傳)

赤烏三年(240)

軍 十一月,民饑,下詔開倉賑濟。(三國志·吳書·吳主傳)

赤烏四年(241)

凶 閏六月,諸葛瑾(大將軍)去世,遺令素棺,斂以時服,事從省約。(三國志·吳書·諸葛瑾傳、吳主傳)

赤烏五年(242)

嘉 正月,立孫和爲太子。(三國志·吳書·吳主傳)

【考釋】太子孫登於去年五月去世。

制 四月,禁進獻御,減太官膳。(三國志·吳書·吳主傳)

赤烏六年（243）

凶 十一月，顧雍（丞相）去世，帝素服臨弔。（三國志·吳書·顧雍傳、吳主傳）

凶 闞澤（太子太傅，中書令）去世，帝食不進數日。（三國志·吳書·闞澤傳）

赤烏十二年（249）

凶 三月，朱然（左大司馬）去世，孫權素服舉哀，爲之感慟。（三國志·吳書·朱然傳、吳主傳）

吉 四月丙寅（初九），朱據（驃騎將軍）任職丞相，燎鵲以祭。（三國志·吳書·吳主傳）

【考釋】《吳主傳》記此年四月，"有兩烏銜鵲墮東館"。

【論評】《宋志·五行三》述曰："是時權意溢德衰，信讒好殺，二子將危，將相俱殆。覩妖不悟，加之以燎，昧道之甚者也。明年，太子和廢，魯王霸賜死，朱據左遷，陸議憂卒，是其應也。"《晉志·五行上》略同。

赤烏十三年（250）

嘉 十一月，立孫亮爲太子。（三國志·吳書·吳主傳、三嗣主傳）

【考釋】太子孫和於此年八月被廢。

凶 是儀（尚書僕射）去世，遺令素棺，斂以時服，務從省約。（三國志·吳書·是儀傳）

【考釋】是儀去世當在赤烏年間，未詳，今暫繫於赤烏末。

太元元年(251)

嘉 **五月，立潘氏**(夫人)**爲皇后，改元。**（三國志・吳書・吳主傳、三嗣主傳、妃嬪傳）

【理據】《吳主傳》記去歲，"神人授書，告以改年、立后"。

吉 **十一月，南郊，以吳始祖孫堅配。**（三國志・吳書・吳主傳，宋志・禮一、禮三，通典・吉禮一注）

【儀制】《宋志・禮一》記曰："祭南郊，其地今秣陵縣南十餘里郊中是也。"《禮三》録環氏《吳紀》："權思崇嚴父配天之義，追上父堅尊號爲吳始祖。"

【因革】①《宋志・禮三》記曰："權卒後，三嗣主終吳世不郊祀，則權不享配帝之禮矣。"②《宋志・五行四》記曰："亮及休、皓又並廢二郊，不秩群神。"

【論評】《宋志・禮三》録何承天曰："案權建號繼天，而郊享有闕，固非也。末年雖一南郊，而遂無北郊之禮。"又《宋志・五行四》述曰："案權稱帝三十年，竟不於建業創七廟，但有父堅一廟，遠在長沙，而郊禋禮闕。嘉禾初，群臣奏宜郊祀，又弗許。末年雖一南郊，而北郊遂無聞焉。且三江、五湖、衡、霍、會稽，皆吳、楚之望，亦不見秩，反禮羅陽妖神，以求福助。天意若曰，權簡宗廟，不禱祠，廢祭祀，示此罰，欲其感悟也。"《晉志・五行上》略同。按此罰，指赤烏八年、十三年均有洪水。

吉 **朝日於東郊。**（宋志・禮一）

【考釋】《宋志》略記曰："吳時郎陳融奏《東郊頌》，吳時亦行此禮也。"然吳行此禮無法考實，今暫附於此。

太元二年(251)

凶 **四月，帝去世，太子即位；七月，合葬蔣陵。**（三國志・吳書・吳主傳）

【考釋】《吳書・妃嬪傳》又載皇后潘氏不久前去世，至此"合葬蔣陵"。

會稽王(孫亮,大帝少子)

建興二年(253)

嘉 正月丙寅(初一),立皇后全氏。(三國志·吳書·三嗣主傳、妃嬪傳)

吉 正月,於宮東立父孫權太祖廟。(宋志·禮三,通典·吉禮六注)

【論評】《宋志·禮三》斥曰:"既不在宮南,又無昭穆之序。"又《宋志·五行四》斥曰:
"亮即位四年,乃立權廟,又終吳世,不上祖宗之號,不修嚴父之禮,昭穆之數有闕。"

【附識】《宋志·禮四》又記吳之社稷曰:"吳時宮東門雩門,疑吳社亦在宮東,與
其廟同所也。"

嘉 十月,大饗。(三國志·吳書·三嗣主傳)

凶 十月,諸葛恪(太傅,大將軍)爲孫峻(武衛將軍)所殺,以葦蓆裹屍,投之
於石子岡,經臧均(臨淮人)表乞收葬,後由其故吏斂葬之。(三國志·吳
書·諸葛恪傳、三嗣主傳)

五鳳二年(255)

吉 十二月,作太廟。(三國志·吳書·三嗣主傳,資治通鑑·魏紀八)

【因革】《通鑑》記曰:"初,吳大帝不立太廟,以武烈嘗爲長沙太守,立廟於臨湘,使太
守奉祠而已。冬,十月,始作太廟於建業,尊大帝爲太祖。"按,十月,或本作十二月。

太平元年(256)

凶 九月己丑(十六),呂岱(大司馬)去世,遺令殯以素棺,疏巾布褠,葬送

之制務從儉約，其子呂凱_(副軍校尉)奉行之。（三國志・吳書・呂岱傳、三嗣主傳）

太平二年(257)

嘉 四月，帝臨正殿，始親政事。（三國志・吳書・三嗣主傳）

太平三年(258)

吉 九月戊午_(二十六)，帝被黜爲會稽王。（三國志・吳書・三嗣主傳）

景帝(孫休，大帝第六子)

永安元年(258)

吉 十月己卯_(十八)，帝以琅邪王即位，改元。（三國志・吳書・三嗣主傳）

嘉 十二月，下詔立太學。（三國志・吳書・三嗣主傳，宋志・禮一）

【因革】《三嗣主傳》錄帝詔曰："自建興以來，時事多故，吏民頗以目前趨務，去本就末，不循古道。……其案古置學官，立五經博士，核取應選，加其寵禄，科見吏之中及將吏子弟有志好者，各令就業。"《宋志》同。

嘉 十二月戊辰_(初八)，臘會。（三國志・吳書・孫綝傳）

凶 追尊生母王夫人爲敬懷皇后，改葬敬陵。（三國志・吳書・妃嬪傳）

永安四年(261)

嘉 八月，遣周奕_(光禄大夫)、石偉_(光禄大夫)巡行風俗，察將吏清濁。（三國

志·吳書·三嗣主傳)

賓 帝使薛珝(五官中郎將)聘於蜀，及還，問漢政得失。（資治通鑑·魏紀九）

【理據】《通鑑》此條當本諸《三國志·吳書·薛綜傳》裴注引《漢晉春秋》。

永安五年(262)

嘉 八月乙酉(十六)，立皇后朱氏。（三國志·吳書·三嗣主傳、妃嬪傳）

嘉 八月戊子(十九)，立孫𩅿爲太子。（三國志·吳書·三嗣主傳）

永安七年(264)

凶 七月癸未(二十五)，帝去世；十二月，葬定陵。（三國志·吳書·三嗣主傳）

末帝(孫皓,大帝孫,景帝兄孫和子)

元興元年(264)

吉 七月，濮陽興(丞相)、張布(左將軍)迎立帝(烏程侯)即位，改元。（三國志·吳書·三嗣主傳）

吉 九月，追尊父孫和爲文皇帝，建明陵於烏程西山，設陵寢，使縣令丞四時奉祠。（宋志·禮三,三國志·吳書·三嗣主傳、吳主五子傳）

【因革】秦蕙田《五禮通考》指出：“終漢之直,追尊本生父但稱皇,至吳主皓,稱皇帝。”(《吉禮一百五》“私親廟”)

吉 九月，貶朱太后爲景皇后，尊母何氏爲太后。（三國志·吳書·三嗣主傳）

嘉 十月，立皇后滕氏。（三國志·吳書·三嗣主傳、妃嬪傳）

制 發優詔恤士民，開倉廩振貧乏，出宮女以配無妻者。（三國志·吳書·
三嗣主傳裴注引《江表傳》）

【論評】裴注引《江表傳》稱曰："當時翕然，稱爲明主。"《資治通鑑·魏紀十》亦
錄之，且繼之曰："及既得志，粗暴驕盈，多忌諱，好酒色，大小失望，濮陽興、張布
竊悔之。"然此年十一月，二人皆被殺。

甘露元年(265)

賓 三月，遣使紀陟（光祿大夫）、弘璆（五官中郎將）報聘於晉。（三國志·吳書·三
嗣主傳）

【考釋】去年十月，晉王曾使所獲吳臣徐紹、孫彧回吳致書，參見西晉咸熙元年
(264)。此行報聘，徐、孫二人偕行。

凶 七月，景皇后（朱氏）被殺，於苑中小屋治喪；合葬定陵。（三國志·吳
書·三嗣主傳、妃嬪傳）

寶鼎元年(266)

吉 正月，遣張儼（大鴻臚）、丁忠（五官中郎將）弔祭晉文帝（司馬昭）。（三國志·吳
書·三嗣主傳）

嘉 帝使黃門科取將吏家女，充入後宮，檢閱不中者方得出嫁。（三國
志·吳書·妃嬪傳裴注引《江表傳》，資治通鑑·晉紀一）

【儀制】① 裴注引《江表傳》記曰："後宮千數，而采擇無已。"② 據《晉書·武帝
紀》記太康二年(281)三月，"詔選孫皓妓妾五千人入宮"，可見此時後宮之數。

寶鼎二年(267)

制 六月，新起昭明宮；十二月，帝移居之。（三國志·吳書·三嗣主傳、華覈傳）

【儀制】①《華覈傳》記曰：“皓更營新宮，制度弘廣，飾以珠玉，所費甚多。是時盛夏興工，農守並廢。”②《三嗣主傳》裴注引《江表傳》曰：“皓營新宮，二千石以下皆自入山督攝伐木。又破壞諸營，大開園囿，起土山樓觀，窮極伎巧，工役之費以億萬計。陸凱固諫，不從。”

【考釋】昭明，《三國志》作顯明，乃避晉諱。

吉 七月，於建鄴營建清廟；十二月，遣使孟仁(丞相)、姚信(太常)等東迎文皇帝(孫和)神於明陵，神主入廟。(三國志·吳書·吳主五子傳，宋志·禮三)

【儀制】《吳主五子傳》記祠饗之儀曰：“……皓引見仁，親拜送於庭。靈輿當至，使丞相陸凱奉三牲祭於近郊。皓於金城外露宿。明日，望拜於東門之外。其翌日，拜廟薦祭，歔欷悲感。比七日三祭，倡伎晝夜娛樂。有司奏：‘祭不欲數，數則黷，宜以禮斷情。’然後止。”《宋志》同。

建衡元年(269)

嘉 正月，立孫瑾爲太子。(三國志·吳書·三嗣主傳)

建衡三年(271)

軍 三月，帝見刁玄(丹陽人)所作讖文，大舉兵出華里，太后、皇后及後宮數千人皆行。(三國志·吳書·三嗣主傳及裴注引《江表傳》)

【理據】裴注引《江表傳》録刁玄所作讖文曰：“黃旗紫蓋，見於東南，終有天下者，荊、揚之君乎！”又“得中國降人，言壽春下有童謠曰‘吳天子當上’。皓聞之，喜曰：‘此天命也。’”

【因革】其後天紀四年(280)裴注引干寶《晉紀》又記帝使尚廣筮，《資治通鑑·晉紀一》轉述之曰：“吳主既克西陵，自謂得天助，志益張大，使術士尚廣筮取天下，

“對曰：‘吉。庚子歲，青蓋當入洛陽。’吴主喜，不修德政，專爲兼并之計。”按此事《通鑑》繫於泰始八年（272）十一月，恐是。

鳳凰二年（273）

吉 吴人多言祥瑞，帝問韋昭（侍中，左國史），答以“人家筐篋中物”。（三國志·吴書·韋曜傳，資治通鑑·晉紀二）

【考釋】人家，《通鑑》作“家人”，胡注：“言祥瑞而謂之家人筐篋中物者，蓋稱引圖緯以言祥瑞之應，故謂其書爲家人筐篋中物也。”

鳳凰三年（274）

凶 帝之左夫人（王氏）去世，帝哀念過甚，朝夕哭臨，數月不出。（三國志·吴書·吴主五子傳，資治通鑑·晉紀二）

【考釋】此事《吴主五子傳》標在建衡二年（270），記曰：“由是民間或謂皓死，訛言〔孫〕奮與上虞侯〔孫〕奉當有立者。”按《三嗣主傳》此年記有“會稽妖言章安侯奮當爲天子”，《通鑑》據此定在此年，兹從之。

【附識】《三國志·吴書·妃嬪傳》裴注引《江表傳》記曰：“皓以張布女爲美人，有寵，……會夫人死，皓哀愍思念，葬于苑中，大作冢，使工匠刻柏作木人，内冢中以爲兵衛，以金銀珍玩之物送葬，不可稱計。已葬之後，皓治喪於内，半年不出。國人見葬太奢麗，皆謂皓已死，所葬者是也。皓舅子何都顔狀似皓，云都代立。”按此事當與左夫人去世爲二事，《通鑑》將何都的謠言繫於左夫人去世之後，恐非。

天璽元年（276）

吉 八月，歷陽山現石印，帝遣使以太牢祠之，使者以朱書石，帝令封

其山神爲王，明年改元天紀。（三國志‧吳書‧三嗣主傳及裴注引《江表傳》）

【因革】此前建衡三年(271)西苑言鳳凰集，故改明年爲鳳凰元年(272)；又天册元年(275)，吳郡言掘地得銀，刻有年月字，於是改元；又此年吳郡臨平湖邊得石函，中有小石，刻有"皇帝"字，故改元。

吉 八月，遣董朝（兼司徒）、周處（兼太常）至陽羨山封禪國山。（三國志‧吳書‧三嗣主傳）

【理據】《三嗣主傳》記此月"吳興陽羨山有空石，長十餘丈，名曰石室，在所表爲大瑞"。

【考釋】清王鳴盛《十七史商榷》記曰："吳《禪國山碑》見宋趙明誠《金石録》，而其文久漫滅，今日博學如東吳顧氏、秀水朱氏皆未之見，惟亡友山陽吳玉搢山夫《金石存》著于録，云：'此碑篆書，碑甚巨，今存者止二十行，行九字，而字皆不可辨識，審視諦觀稍可見，亦不能成句。'趙明誠跋約舉其文，僅百許字，而趙彦衛《雲麓漫抄》第一卷載之頗詳，約八百字，前歷言諸祥瑞，後云旃蒙協洽之歲，月次陬訾之舍，日惟重光大淵獻，受上天玉璽文曰'吳真皇帝'，乃以柔兆涒灘之歲，欽若上天，月正革元，郊天祭地，紀號天璽，實彰明命於是。"（卷四十二"封禪國山"條）

天紀四年(280)

吉 四月，帝歸降於晉，受封爲歸命侯。（三國志‧吳書‧三嗣主傳）

五、西晉之部

265 年，司馬炎代魏稱帝，定都洛陽（今河南洛陽），國號晉。以與其後的東晉相區別，史稱西晉。316 年爲前趙所滅。共歷四帝（武帝、惠帝、懷帝、愍帝），五十二年。

魏元帝咸熙元年（264）

制 七月，采司馬昭（時爲晉王）之奏，由荀顗（司空）定禮儀，賈充（中護軍）正法律，裴秀（尚書僕射）議官制，鄭沖（太保）總裁之。始建五等爵。（晉書·文帝紀、裴秀列傳）

【因革】《裴秀列傳》稱"秀創制朝儀，廣陳刑政，朝廷多遵用之，以爲故事"，可見此年所創，實開晉制之端。

《南齊志·禮上》縷述三國時期禮制草創概況曰："魏氏籍漢末大亂，舊章殄滅，侍中王粲、尚書衛覬集創朝儀，而魚豢、王沈、陳壽、孫盛並未詳也。吳則太史令丁孚拾遺漢事，蜀則孟光、許慈草建衆典。"

賓 十月丁亥（初六），下詔遣使徐紹（散騎常侍，原吳相國參軍事）、孫彧（給事黃門侍郎，原吳水曹掾）聘於吳。（三國志·魏書·三少帝紀）

嘉 十月丙午（二十），立司馬炎（撫命大將軍，新昌侯）爲世子。（三國志·魏書·三少帝紀，晉書·武帝紀）

【理據】《武帝紀》記當時司馬昭擬立司馬攸爲太子，"初，文帝以景帝既宣帝之嫡，早世無後，以帝弟攸爲嗣，特加愛異，自謂攝居相位，百年之後，大業宜歸攸。每曰：'此景王之天下也，吾何與焉。'將議立世子，屬意於攸。何曾等固爭，……由是遂定。"《晉書·山濤列傳》則錄司馬昭嘗問裴秀，"秀以爲不可"，又問山濤，濤對曰："廢長立少，違禮不祥；國之安危，恒必由之"，"太子位於是乃定"。

【考釋】世子，明年五月進爲太子。

咸熙二年(265)

嘉 **五月，魏帝命司馬昭**(時爲晉王)**建帝者之儀。**(晉書·文帝紀，通典·嘉禮九)

【儀制】《晉書》記曰："天子命帝冕十有二旒，建天子旌旗，出警入蹕，乘金根車，駕六馬，備五時副車，置旄頭雲罕，樂舞八佾，設鍾虡宮懸，位在燕王上。進王妃爲王后，世子爲太子，王女王孫爵命之號皆如帝者之儀。"

【因革】《通典》概述武帝受禪之後五輅之制曰："設玉金象革木五輅，並爲法駕，旗斿服用，悉取周制，文物華藻，因金根車，更增其飾。朱斑漆輪，加畫橑文。兩箱之後，加玳瑁爲鷗翅，金銀雕飾，時人亦謂爲金鷗車。邪注斿旗於車之左，又加棨戟於車之右，皆囊而施之。棨戟韜以黼繡，上爲亞字，繫大蛙蟆幡。軹長丈餘。於戟之杪，以氂牛尾，大如斗，置左騑馬軛上，是爲左纛。轅皆曲向上，取夏殷'山車垂鈎'之義。"又曰："法駕行則五輅各有所主。復制金根車，去漢之文物，駕四馬，不建旗幟，上如畫輪車，下猶金根之飾。"按《通典》係由概括《晉志·輿服》而成。

制 **荀顗**(司空)**上請羊祜**(相國從事中郎)、**任愷**(侍中)、**庾峻**(侍中)、**應貞**(散騎常侍)、**孔顗**(參軍)**共刪改舊文，撰定晉禮，成百六十五篇。**(晉書·荀顗列傳，晉志·禮上)

【考釋】《晉志》記曰："及晉國建，文帝又命荀顗因魏代前事，撰爲新禮，參考今古，更其節文，羊祜、任愷、庾峻、應貞並共刊定，成百六十五篇，奏之。"可見此禮書之成篇當在魏咸熙二年(265)，而在晉武帝即位改元之前。又《晉書·應貞傳》曰："[貞]後遷散騎常侍，以儒學與太尉荀顗撰定新禮，未施行。"依此，此禮典儀注編成後並未立即施用。

【因革】《通典·禮一》概述三國以來修禮過程曰："魏以王粲、衛覬集創朝儀，而魚豢、王沈、陳壽、孫盛雖綴時禮，不足相變。吳則丁孚拾遺漢事，蜀則孟光、許慈草建時制。晉初以荀顗、鄭沖典禮，參考今古，更其節文，羊祜、任愷、庾峻、應貞並加删集，成百六十五篇。後摯虞、傅咸纘續未成，屬中原覆没，今虞之決疑注，是其遺文也。”

又張文昌指出：“所謂‘舊文’與‘魏代前事’，可能都是指曹魏時的朝儀，以及曹魏時的禮學大家王肅、高堂隆所治之禮文。”（《唐代禮典的編纂與傳承》，第60—61頁）

又荀氏所請各位之官銜亦據張文昌《制禮以教天下》所製《漢魏晉南北朝禮典編纂者職官表》所考訂。

又楊志剛論曰：“‘五禮’在漢代還僅是一種學説，一種借以條分繁複的禮制系統的觀念，它還没有付諸實踐，尚未進入現實的操作領域。……《晉禮》的撰作既適應了西晉政治統一的需要，又開編纂‘五禮’之先河。”（《中國禮儀制度研究》，第157頁）

又樓勁論曰：“《新禮》的制定，上承漢來禮制數百年之流變，下啓南北朝隋唐禮典數百年之統緒，其意義非同小可。”（《〈周禮〉與北魏開國建制》，《唐研究》第13輯，第121頁）

【論評】《晉志》録元康元年(291)摯虞上議此禮書之疏誤有言：“又以《喪服》最多疑闕，宜見補定。又以今禮篇卷煩重，宜隨類通合。”又曰：“蓋冠婚祭會諸吉禮，其制少變；至于《喪服》，世之要用，而特易失旨。……《喪服》本文省略，必待注解事義乃彰；……而顗直書古經文而已，盡除子夏《傳》及先儒注説，其事不可得行。”又曰：“又此禮當班於天下，不宜繁多。顗爲百六十五篇，篇爲一卷，合十五餘萬言，臣猶謂卷多文煩，類皆重出。”由此亦可略見荀氏等所編禮典儀注之大概。

凶 **八月辛卯**(初九)，**司馬昭**(晉王，文帝)**去世；九月乙亥**(二十四)，**葬於崇陽陵。**（三國志·魏書·三少帝紀，晉書·文帝紀、武帝紀）

【考釋】《文帝紀》記葬日在九月癸酉(二十二)，此從《三國志》。

凶 **八月辛卯**(初四)，**文帝去世，司馬炎**(長子，後爲武帝)**服喪；既葬，除服。**（宋志·禮二，晉志·禮中）

【儀制】《資治通鑑·晉紀一》記曰：“文帝之喪，臣民皆從權制，三日除服。既葬，帝亦除之；然猶素冠疏食，哀毀如居喪者。”

【因革】《宋志》記曰：“晉宣帝崩，文、景並從權制。及文帝崩，國内行服三日。

武帝亦遵漢魏之典,既葬除服,然猶深衣素冠,降席撤膳。"《晉志》同。

凶 因文帝去世,羊祜(中軍將軍)以爲當復古三年之喪,傅玄以爲不可,羊祜又謂主上可服,傅玄以爲虧君臣之道,習鑿齒以孝治天下斥傅玄。(宋志·禮二,晉書·羊祜列傳,通典·凶禮二)

【理據】《宋志》録羊祜曰:"三年之喪,自天子達。漢文除之,毀禮傷義。今上有曾、閔之性,實行喪禮。喪禮實行,何爲除服? 若因此守先王之法,不亦善乎?"又録傅玄曰:"數百年一旦復古,恐難行也。""若上不除而臣下除,此爲但有父子,無復君臣,三綱之道虧矣。"又録習鑿齒曰:"三綱之道,二服恒用於私室,而王者獨盡廢之,豈所以孝治天下乎?"《羊祜列傳》同。

【考釋】《資治通鑑·晉紀一》繫此事在明年八月帝謁崇陽陵後,恐非。

凶 八月,因文帝去世,子司馬攸(武帝之弟)哀毀過禮。(晉書·文六王列傳)

【儀制】《文六王列傳》記曰:"居文帝喪,哀毀過禮,杖而後起。左右以稻米乾飯雜理中丸進之,攸泣而不受。太后自往勉喻,……常遣人逼進飲食。司馬嵇喜又諫,……喜躬自進食,攸不得已,爲之強飯。"

武帝(世祖,司馬炎)

泰始元年(265)

吉 十二月丙寅(十七),即位告天,設壇南郊;丁卯(十八),遣劉原(太僕)告於太廟。(宋志·禮三,晉志·禮上,晉書·武帝紀,通典·吉禮一)

【儀制】《宋志》記曰:"未有祖配。"《晉志》同。《武帝紀》記曰:"百僚在位及匈奴南單于、四夷者數萬人,柴燎告類于上帝曰:皇帝臣炎敢用玄牡明告于皇皇后帝,……禮畢,即洛陽宮幸太極前殿。"又《宋志》、《武帝紀》均録武帝告文,茲略。

【理據】陳戍國指出燎用玄牡"語出僞古文《尚書》,……以《論語·堯曰》與《墨子·兼愛下》引《湯誓》證之,知燎用玄牡之禮甚古。"(《中國禮制史·魏晉南北朝卷》,

338

第 101 頁）

【論評】就第二日遣太僕告廟之儀，陳戍國斥之曰："此儀周禮已有之，兩漢亦遵行，魏蜀吳三國已廢止。司馬炎改造此儀，派人告於太廟而不親往，其實與魏蜀吳一樣不妥。……豈有報告祖宗而請別人代替之理?"（《中國禮制史·魏晉南北朝卷》，第 102 頁）

吉 十二月丁卯（十八），改景初曆爲泰始曆，定酉臘、丑社。（晉書·武帝紀）

吉 十二月，下詔禁淫祀。（宋志·禮四，晉志·禮上，通典·吉禮十四）

【理據】《宋志》録帝詔曰："昔聖帝明王，修五嶽四瀆，名山川澤，各有定制。……末代通道不篤，僭禮瀆神，縱欲祈請，曾不敬而遠之，徒偷以求幸，妖妄相扇，舍正爲邪，故魏朝疾之。其按舊禮，具爲之制，使功著於人者，必有其報，而妖淫之鬼，不亂其間。"此謂"舊禮"，當即指魏青龍元年（233）禁淫祀之先例。

凶 下詔諸將吏二千石以下可終三年喪，庶人復除徭役。（宋志·禮二，通典·凶禮二）

吉 有司奏御牛青絲紖斷，下詔以青麻代之。（晉書·武帝紀，資治通鑑·晉紀一）

【儀制】《通鑑》胡注："禮：迎牲，君執紖。《周禮·封人》，祭祀，飾其牛牲，置其紖。注曰：'紖，著牛鼻繩，所以牽牛者，今人謂之雉。'……紖則紖之別名，今亦謂之爲紖。"

【理據】《武帝紀》記曰："承魏氏奢侈刻弊之後，百姓思古之遺風，乃屬以恭儉，敦以寡慾。"

【考釋】此事《武帝紀》記於紀末，兹從《通鑑》繫於此年。

吉 司馬睦（帝之從叔父）受封爲中山王，自表欲立始祖廟，劉憙（博士，祭酒）等議以爲不可，待後世乃得爲其立廟，詔下禮官博議，荀顗（司徒）議以爲宜各得立廟，詔從荀議，後又下詔改從劉議。（晉書·宗室列傳，通典·吉禮十）

【理據】①《晉書》記司馬睦自表"依六、蓼祀皋陶，鄅、杞祀相立廟"，其與兄司馬遂(譙王)可並立廟,劉憙等議以爲"假令支弟並爲諸侯,始封之君不得立廟也","後世中山乃得爲睦立廟,爲後世子孫之始祖耳"。②《通典》又錄帝詔曰:"前詔以譙王、中山王父非諸侯,尊同,禮不相厭,故欲令各得祭以申私恩也。然考之典制,事不經通。"

【論評】①《通典》錄虞喜評曰:"譙與中山俱始封之君,父非諸侯,尊同體敵,無所爲厭,並立禰廟,恩情兩伸,苟議是也。詔書所喻,恐非禮意。"② 又錄徐禪評曰:"愚等謂尊祖敬宗,禮之所同。若列國秩同,則祭歸嫡子,所以明宗也;嫡輕庶重,禮有兼享,所以致孝也。今譙王爲長,既享用重禄,中山之祀,無以加焉,二國兩祭,禮無所取,詔書禁之是也。"③ 又錄此後劉宋時庾蔚之評曰:"徐以弟禄卑於兄,不得兩祭;虞以爲可兩祭,由於父非諸侯:又未善也。"

秦蕙田《五禮通考》評曰:"兄弟並封祭歸嫡子,無兩國並祭之禮。劉憙、虞喜之説同爲正義。"(《吉禮一百七》"太子廟")

泰始二年(266)

吉 **正月丙戌**(初七),**有司奏請春分祠厲殃及禳祠,帝詔除之。**(宋志・禮四,晉志・禮上,晉書・武帝紀,通典・吉禮十四)

【考釋】《武帝紀》記曰:"遣兼侍中侯史光等持節四方,循省風俗,除禳祝之不在祀典者。"當即指此事。

【因革】《通典》記曰:"晉制,每歲朝設葦茭桃梗,磔雞於宮及百寺之門,以辟惡氣。"可見用桃梗、磔雞在西晉一度均有行用。又《宋志・禮一》記曰:"宋皆省,而諸郡縣此禮往往猶存。"

吉 **正月丁亥**(初八),**有司奏置天子七廟,下詔權立一廟;群臣奏議可仍用魏舊廟,奏可。**(宋志・禮三,晉志・禮上,晉書・武帝紀,通典・吉禮六)

【理據】①《武帝紀》記曰:"有司請建七廟,帝重其役,不許。"②《宋志》錄群臣奏議曰:"昔舜承堯禪,受終文祖,遂陟帝位,蓋三十載,月正元日,又格于文祖。

340

此則虞氏不改唐廟，因仍舊宮。可依有虞氏故事，即用魏廟。"《晉志》同。

【儀制】《宋志》記曰："追祭征西將軍、豫章府君、潁川府君、京兆府君，與宣皇帝、景皇帝、文皇帝爲三昭三穆。"又記："是時宣皇未升，太祖虛位，所以祠六世與景帝爲七廟，其禮則據王肅説也。"《晉志》同。按晉廟六世爲征西將軍司馬鈞、豫章府君司馬景、潁川府君司馬雋、京兆府君司馬防，宣帝司馬懿、文帝司馬昭。景帝司馬師爲文帝之兄，暫充七廟之數。

《通典》記廟制曰："於中門外之左，通爲屋，四阿。殿制，堂高三尺，隨見廟數爲室，代滿備遷毀。"

【論評】《南齊志·禮上》載史臣曰："晉用王肅之談，以文、景爲共世，上至征西，其實六也。尋其此意，非以兄弟爲後，當以立主之義，可相容於七室。"按《通典》自注録之，標爲蕭子顯曰。

【因革】秦蕙田《五禮通考》論曰："晉享國一百五十餘年，宗廟昭穆祧遷之禮屢議而未得其當者，其失有三。一在建國之初未定太祖之位，而于一廟之中備三昭三穆之數。夫有太祖而後有昭穆，今晉未立太祖之廟，竝祭文帝以上至征西，是但有親廟而無祖廟，其失一也。……晉始終太祖之祭未正而昭穆、祧遷之數未定也。能不爲當時議禮諸臣惜哉！"又曰："景帝與文帝，兄弟也，宜爲一世，乃分文景爲二世，以充七廟之數，其失二也。武帝崩而遷征西，懷帝登而遷潁川，室則七而世維五，皆由不知兄弟同昭穆之義，其失三也。"（《吉禮七十九》"宗廟制度"）

嘉 **正月丙午**（二十七），**立皇后楊氏。**（晉書·武帝紀、后妃列傳上）

【因革】《后妃列傳上》記曰："有司奏依漢故事，皇后、太子各食湯沐邑四十縣，而帝以非古典，不許。"

吉 **正月，下詔欲更定郊祀禮制，群臣議以爲南郊宜除五帝位，五郊同稱昊天上帝，各設一座，北郊宜除先后配祀，悉從之。**（宋志·禮三，晉志·禮上，通典·吉禮一、吉禮三、吉禮四）

【理據】《宋志》録帝詔曰："有司前奏，郊祀權用魏禮。朕不慮改作之難，今便爲永制。衆議紛互,遂不時定,不得以時供饗神祀,配以祖考,日夕歎企,貶食忘安。其便郊祀。"録群臣議曰:"五帝,即天也。五氣時異,故殊其號。雖名有五,其實一神。明堂、南郊,宜除五帝之坐。五郊改五精之號,皆同稱昊天上帝,各設一坐而已。"《晉志》同。

又《資治通鑑·晉紀一》記曰:"帝,王肅外孫也,故郊祀之禮,有司多從肅議。"胡注:"鄭玄以爲昊天上帝者,天皇大帝,北辰耀魄寶也。五帝者,五行精氣之神也,……由是有六天之説。……王肅駁之,以爲五帝非天,唯用《家語》之文,謂太皞、炎帝、黃帝、少皞、顓頊五帝,爲五人帝。晉群臣祖肅之説,以爲五帝即天帝,王氣時異,故殊其號雖五,其實一神。"

【因革】就配饗之制,秦蕙田《五禮通考》論曰:"西漢武帝建明堂,祀上帝,甚正也。後漢明帝兼祀五帝,非《孝經》上帝之義矣。武帝初以高祖配,甚正也。未幾,兼以景帝配,平帝又以文帝配,非《孝經》嚴父之義矣。魏承漢制,配以文帝,而五帝仍之,迨晉泰始二年始除五帝座,改五精之號,除先后配地,三者皆足以救弊。惜其不久而即更也!"(《吉禮二十五》"明堂")

【考釋】①《晉書·司馬彪列傳》述曰:"泰始初,武帝親祠南郊,彪上疏定議。"由此可見司馬彪曾參與此事。② 據《晉志》録摯虞議,稱此年下詔爲"庚午詔書",然不合曆日。

【論評】《宋志·五行四》述曰:"帝即尊位,不加三后祖宗之號,泰始二年,又除明堂南郊五帝坐,同稱昊天上帝,一位而已。又省先后配地之禮。此簡宗廟、廢祭祀之罰,與漢成帝同事。"按此罰,指泰始四年、七年均有霖雨。

然秦蕙田《五禮通考》論曰:"王、鄭説郊不同,斷以王氏之説爲是。泰始所行,後世所可法也。"(《吉禮七》"圜丘祀天")又曰:"明堂除五帝之坐,五郊改五精之號,皆晉武特識,超越兩漢。但五帝本五行之氣,同在天中而各有所主,譬如人有五官,不可指其一而名之曰人,同稱昊天上帝,於義殊爲未安也。"(《吉禮三十一》"五帝")

吉 二月丁丑(二十九),郊祀宣帝(司馬懿)以配天,宗祀文帝(司馬昭)於明堂以配上帝。(宋志·禮三,晉志·禮上,晉書·武帝紀,通典·吉禮一、吉禮三)

【因革】此明堂仍在東漢時洛陽舊址，1962年對洛陽故城平城門外大道東側明堂遺址的考古發掘、研究已經證明"曹魏和西晉時期是仍然沿用並且重修了東漢的明堂建築"（《漢魏洛陽故城南郊禮制建築遺址》，第355頁）。

又關於用樂，《南齊志‧樂》記曰："南郊樂舞歌辭，二漢同用，見《前漢志》，五郊互奏之。魏歌舞不見，疑是用漢辭也。晉武帝泰始二年，郊祀明堂，詔禮遵用周室肇稱殷祀之義，權用魏儀。"

又《晉志》記明堂配饗曰："晉初以文帝配，後復以宣帝，尋復還以文帝配，其餘無所變革。是則郊與明堂，同配異配，參差不同矣。"

賓 三月戊戌（二十），吳人來弔祭，帝僅以書答之。（晉書‧武帝紀）

【理據】《武帝紀》記帝曰："昔漢文、光武懷撫尉佗、公孫述，皆未正君臣之儀，所以羈縻未實也。"故此，晉待吳以君臣之禮。

【附識】參見三國吳寶鼎元年（266）。

凶 五月壬子，王沈（驃騎將軍，博陵公）去世，帝素服舉哀。（晉書‧王沈列傳、武帝紀）

【考釋】此年五月戊寅朔，無壬子日，疑在四月。

吉 七月辛巳（初五），下詔新營太廟，不仍魏舊。（宋志‧禮三，晉志‧禮上，晉書‧武帝紀）

【理據】《太平御覽‧禮儀部十》"宗廟"條錄帝詔曰："往者乃魏氏舊廟處立廟，既壅翳不顯，又材木弱小，至令中間有跌橈之患。今當修立，不宜在故處，太僕寺南臨甬道，地形顯敞，更於此營之。"然《御覽》記作"武帝太安中"，字誤。

凶 八月，下詔備謁文帝崇陽陵服制，司馬孚（太宰）、裴秀（尚書令）、武陔（尚書僕射）等奏請止息，帝不從，且以爲當以衰絰行，司馬孚等又奏當釋降衰麻，帝勉強從之。（宋志‧禮二，晉志‧禮中）

【理據】《宋志》錄司馬孚等奏曰："陛下以社稷宗廟之重，萬方億兆之故，既從權制，釋降衰麻，群臣庶僚吉服。今者謁陵，以叙哀慕，若加衰絰，近臣期服，當復受制。進退無當，不敢奉詔。"又錄帝詔曰："人子情思，爲欲令哀喪之物在身，蓋近情也。群臣自當案舊制。"司馬孚等又奏曰:"陛下隨時之宜,既降心克己,俯就權制,既除衰麻,而行心喪之禮。今復制服,義無所依。若君服而臣不服,雖先帝厚恩,亦未之敢安也。"

【因革】① 自魏文帝革上陵之禮,《宋志》記晉宣帝遺令"子弟群官皆不得謁陵","於是景、文遵旨","至武帝,猶再謁崇陽陵,一謁峻平陵,然遂不敢謁高原陵,至惠帝復止也"。《晉志》、《通典·吉禮十一》同。② 楊寬概括曰:"晉代基本上沿襲魏的制度。西晉從司馬懿到惠帝,先後建築五個陵墓,始終沒有恢復陵寢制度和上陵的禮儀。"(《中國古代陵寢制度史》,第44頁)

[凶] 八月戊辰(二十二),司馬孚(太宰)、鄭沖(太傅)、王祥(太保)、何曾(太尉)、司馬望(司徒領中領軍)、荀顗(司空)、賈充(車騎將軍)、裴秀(尚書令)、武陔(尚書僕射)、郭建(都護大將軍)、郭綏(侍中)、荀勖(中書監)、羊祜(中軍將軍)等奏請帝易服復膳,帝不許,以蔬素終三年。(晉書·武帝紀,宋志·禮二,晉志·禮中,通典·凶禮二)

【考釋】晉文帝於咸熙二年(265)八月去世,至此亦服喪一年有餘。

【理據】《宋志》錄司馬孚等奏曰:"大晉紹承漢、魏,有革有因,期於足以興化致治而已。故未皆得返情太素,同規上古也。陛下既已俯遵漢、魏降喪之典,以濟時務;而躬蹈大孝,情過於哀。……臣等以爲陛下宜回慮割情,以康時濟治。"又錄武帝詔曰:"吾本諸生家,傳禮來久,何心一旦便易此情於所天。相從已多,可試省孔子答宰我之言,無事紛紜也。"又曰:"三年之喪,自古達禮,誠聖人稱心立哀,明恕而行也。神靈日遠,無所告訴。雖薄於情,食旨服美,朕更所不堪也。"《晉志》同。

【因革】《宋志》記曰:"後居太后之喪,亦如之。"《晉志》同。

【論評】《資治通鑑·晉紀一》司馬光評曰:"三年之喪,自天子達于庶人,此先王禮經,百世不易者也。漢文師心不學,變古壞禮,絕父子之恩,虧君臣之義,後世帝王不能篤於哀感之情,而群臣諂諛,莫肯釐正。至於晉武獨以天性矯而行之,可謂不世之賢君;而裴、傅之徒,固陋庸臣,習常玩故,而不能將順其美,惜哉!"

吉 九月戊戌（二十三），有司奏正朔、服色均沿用魏制，奏可。〔晉書・武帝

紀，宋志・禮一，晉志・輿服，通典・吉禮十四〕

【理據】《武帝紀》録奏曰："大晉繼三皇之蹤，蹈舜禹之跡，應天順時，受禪有魏，

宜一用前代正朔服色，皆如虞遵唐故事。"《宋志》略同。

【因革】①《通典》記曰："東晉並同西晉。"②《宋志》記曰："及宋受禪，亦如魏晉

故事。"

【考釋】《通典》則録此年傅玄（散騎常侍）上議，可見有司奏乃采傅議。

【論評】《宋志》録孫盛曰："仍舊，非也。且晉爲金行，服色尚赤，考之天道，其違

甚矣。"

制 九月乙未（二十五），初置諫官，以皇甫陶（散騎常侍）、傅玄（散騎常侍）任

之。〔晉書・武帝紀，資治通鑑・晉紀一〕

【因革】《通鑑》胡注："秦漢以來有諫大夫，鄭昌所謂'官以諫爲名'者也。東漢

有諫議大夫。魏不復置。晉以散騎常侍拾遺補缺，即諫官職也。"

【考釋】《通鑑》繫此事在去年末，未確。

吉 十一月己卯（初五），有司議奏以爲宜并圜丘、方澤於南北郊，二至

之祀合於二郊，獲準。〔宋志・禮三，晉志・禮上，晉書・武帝紀，通典・吉禮一、吉

禮四〕

【儀制】《南齊志・禮上》建武二年（495）何佟之議述曰："自晉以來，立圜丘於南

郊，是以郊壇列五帝、勾芒等。"

【理據】《宋志》録有司議奏曰："古者丘郊不異，宜并圜丘方澤於南北郊，更修治

壇兆。其二至之祀合於二郊。"並指出武帝從此議，"一如宣帝所用王肅議也"。

《晉志》同。

按《隋志・禮儀一》録王肅之意曰："一云：唯有昊天，無五精之帝。而一天歲二

祭，壇位唯一。圜丘之祭，即是南郊，南郊之祭，即是圜丘。日南至，於其上以祭

天，春又一祭，以祈農事，謂之二祭，無別天也。……此則王學之所宗也。"此正

爲司馬懿所用之説。

【因革】郊壇外別營圜丘始於魏景初元年（237）。《宋志》曰：“自是後，圜丘方澤不別立，至今矣。”《晉志》略同。按圜丘、方澤併於南北郊祀之制自此以後延用未改。

【論評】王夫之《讀通鑑論》（卷十一）曰：“晉始建國，立七世之廟，除五帝之座，罷圜丘、方澤之祀，合之於郊，皆宗王肅而廢鄭玄也。於是而知王肅之學，醇正於鄭玄遠矣。”

吉 十一月庚寅（十六，冬至），**帝親祠圜丘於南郊。**（宋志·禮三，晉志·禮上，通典·吉禮一、吉禮四）

吉 十一月辛卯（十七），**遷祖禰神主於新太廟。**（晉書·武帝紀）

樂 **令傅玄製二十二篇，述以功德代魏。**（晉志·樂下，通典·樂一）

凶 **下詔停止移陵十里内所居人。**（宋志·禮二）

【理據】《宋志》録帝詔推崇“祖考清簡之旨”。

凶 **矯公智**（征南軍師）**母**（夾氏）**去世，爲服三年，其異母弟公曜不爲服，劉喜**（博士）**以爲可，劉克義**（少府）**以爲不妥。**（通典·凶禮十六）

【考釋】《通典》以傅玄曰述其原委曰：“矯公智父前取夾氏女，生公智後而出之。未幾，重取王氏女，生公曜。父終之日，謂公智曰：‘公曜母年少，必當更嫁。可迎還汝母。’及父卒，公智以告其母。母曰：‘我夾氏女，非復矯氏婦也。今將依汝居，然不與矯氏家事。’夾氏來至，王氏不悦，脱繚絰而求去。夾氏見其如此，即還歸夾舍。三年喪畢，王氏果嫁。夾氏乃更來。每有祭祀之事，夾氏不與。及公智祖母并姑亡，夾氏並不爲制服。後夾氏疾困，謂公智：‘我非矯氏婦，乃汝母耳，勿葬我矯氏墓也。’公智從其母令，別葬之。公智以父昔有命，母還，於是爲服三年。公曜以夾氏母始終無順父命，竟不爲服。”

【理據】《通典》録劉克義曰：“公曜父臨亡，知其母無守志，故敕公智還其母，此爲臨亡情正慮審也。公曜幼小在此母懷抱，其見慈長以至成人，過於所生。……夫孝子事其親，事亡若事存也。”

【論評】《宋志》録宋庾蔚之論曰：“臨亡使子迎母，自是申子之私情耳。此母自處不失禮,而子不用出母之服,非也。公曜不服,當矣。"

【考釋】此事未悉年月,當在晉初,暫繫於此。

泰始三年(267)

嘉 正月丁卯,立司馬衷爲皇太子,不赦。(晉書·武帝紀)

【因革】《資治通鑑·晉紀一》概括帝詔曰:"近世每立太子必有赦。今世運將平,當示之以好惡,使百姓絕多幸之望。曲惠小人,朕無取焉!"

【考釋】此年正月甲戌朔,無丁卯日。

凶 三月戊寅(初六),初令二千石得終三年喪。(晉書·武帝紀)

嘉 十月,行鄉飲酒、鄉射禮於辟雍。(晉辟雍碑)

【因革】鄉飲酒禮自漢永平二年(59)之後長期未見施行之記載。

吉 十一月庚寅(二十一,冬至),祀圜丘於南郊。(宋志·禮三,晉志·禮上)

【考釋】此事《宋志》承去年十一月議禮而云,稱"是月庚寅冬至",誤,去年十一月庚寅爲十六日,非冬至,《晉志》同誤。而《宋志·禮三》載劉宋大明二年(458)正月王燮之議云"三年十一月庚寅冬至祠天,郊於圜丘",不誤。

吉 十一月,改封孔震(宗聖侯,二十三代孫)爲奉聖亭侯,以奉祀孔子。 又下詔太學及魯國四時備三牲以祀孔子。(宋志·禮四,晉志·禮上,晉書·武帝紀,通典·吉禮十二)

【考釋】《武帝紀》記封孔震事在此年十二月。

制 十二月,禁星氣、讖緯之學。(晉書·武帝紀)

【儀制】王夫之《讀通鑑論》(卷十一)曰:"其尤妖誣而不經者,爲上帝之名曰耀寶魄,又立靈威仰、赤熛怒、白招矩、叶光紀之名,爲四方之帝,有若父名而賓字之者,適足以資通人之一哂。而以之釋經,以之議禮,誣神媟天,黷祀惑民,玄之罪不容貸矣。託之於星術,而實傳之於讖緯,夫且誣爲孔氏之書。"

【論評】王夫之《讀通鑑論》（卷十一）評曰："王肅氏起而辨之，晉武因而絀之，於是禁星氣、讖緯之學，以嚴邪説之防，肅之功大矣哉！"

嘉 下詔司馬孚（太宰，安平王）服侍中之服，賜司馬望（大司馬）袞冕之服。（宋志·禮五）

【附識】《宋志》又記明年，"詔趙、樂安、燕王服散騎常侍之服"，泰始十年，"賜彭城王袞冕之服"。

泰始四年（268）

制 正月丙戌（十八），賈充（尚書令）等上新修律令，帝親自臨講，使裴楷（散騎侍郎）執讀。 既而，頒行天下。（晉志·刑法，晉書·武帝紀，通典·刑法一、刑法二）

【儀制】《晉志》記修律內容爲："就漢九章增十一篇，仍其族類，正其體號，改舊律爲刑名、法例，辨囚律爲告劾、繫訊、斷獄，分盜律爲請賕、詐僞、水火、毀亡，因事類爲衛宮、違制，撰《周官》爲諸侯律。"共成二十篇，六百二十條。其餘爲修令："其餘未宜除者，若軍事、田農、酤酒，未得皆從人心，權設其法，太平當除，故不入律，悉以爲令。施行制度，以此設教，違令有罪則入律。其常事品式章程，各還其府，爲故事。減梟斬族誅從坐之條，除謀反適養母出女嫁皆不復還坐父母棄市，省禁固相告之條，去捕亡、亡沒爲官奴婢之制。輕過誤老少女人，當罰金杖罰者，皆令半之。重姦伯叔母之令，棄市。淫寡女，三歲刑。崇嫁娶之要，一以下娉爲正，不理私約。峻禮教之防，準五服以制罪也。"總計律令二千九百二十六條，六十卷，故事三十卷。

【考釋】①《晉志》記與賈充共同修律的尚有鄭沖（太傅）、荀顗（司徒）、荀勗（中書監）、羊祜（中軍將軍）、王業（中護軍）、杜友（廷尉）、杜預（守河南尹）、裴楷（散騎侍郎）、周雄（潁川太守）、郭頎（齊相）、成公綏（騎都尉）、柳軌（尚書郎）、史榮邵（吏部令）等人。
②《晉書·裴秀列傳》記曰："賈充改定律令，以〔裴〕楷爲定科郎。事畢，詔楷於

御前執讀，平議當否。"

【因革】①《晉志》記曹魏在司馬師輔政時，即有詔改定律令，其後"文帝爲晉王，患前代律令本注煩雜，陳羣、劉邵雖經改革，而科網本密，又叔孫、郭、馬、杜諸儒章句，但取鄭氏，又爲偏黨，未可承用。於是令賈充定法律"。②《唐六典》自注："宋及南齊律之篇目及刑名之制略同晉氏，唯贖罪絹兼用之。梁氏受命，命蔡法度、沈約等十人增損晉律，爲二十篇。"（卷六，第 181 頁）③ 陳寅恪《隋唐制度淵源略論稿》指出："古代禮律關係密切，而司馬氏以東漢末年之儒學大族創建晉室，統制中國，其所制定之刑律尤爲儒家化，既爲南朝歷代所因襲，北魏改律，復采用之，輾轉嬗蜕，經由[北]齊隋，以至於唐，實爲華夏刑律不祧之正統。"（《刑律》，第 111 頁）

【論評】王夫之《讀通鑑論》（卷十一）評曰："晉武之初立，正郊廟，行通喪，封宗室，罷禁錮，立諫官，徵廢逸，禁讖緯，增吏俸，崇寬弘雅正之治術，故民藉以安。內亂外逼，國已糜爛，而人心猶繫之。"

又張文昌《制禮以教天下》論曰："西晉不僅完成儒教化之禮典，……也完成了體系化與儒家化的'泰始律令'。'五禮'與'律令'不但在西晉成爲'禮典'與'法典'的主要形式，彼此間也有着較爲緊密的聯繫，成爲皇帝治下國家運作最重要的制度。"（第二章，第 50 頁）

吉 **正月，有司奏藉田可使有司行事，帝下詔藉田。丁亥**（十九），**帝親藉田於東郊。**（晉志·禮上，晉書·武帝紀，通典·吉禮五）

【理據】《晉志》録帝詔曰："夫民之大事，在祀與農，是以古之聖王，躬耕帝籍，以供郊廟之粢盛，且以訓化天下。近代以來，耕籍止於數步中，空有慕古之名，曾無供祀訓農之實，而有百官車徒之費。今修千畝之制，當與羣公卿士，躬稼穡之艱難，以率先天下。"晉武帝申述重農之禮意。

【儀制】帝詔定藉田之所在曰："主者詳具其制，下河南，處田地于東郊之南，洛水之北。若無官田，隨宜使換，而不得侵人也。"又曰："於是乘輿御木輅以耕，以太牢祀先農。"

又《晉書·潘岳列傳》載潘氏賦此年事曰："伊晉之四年正月丁未，皇帝親率羣後藉於千畝之甸，禮也。於是乃使甸師清畿，野廬掃路，封人墠宮，掌舍設栢。青壇鬱其嶽立兮，翠幕默以雲布。結崇基之靈阯兮，啓四塗之廣阼。……百僚先置，位以職分，自上下下，具惟命臣。……森奉璋以階列兮，望皇軒而肅震。若湛露之晞朝陽兮，衆星之拱北辰也。於是前驅魚麗，屬車鱗萃，閶闔洞啓，參途方駟，常伯陪乘，太僕執轡。后妃獻穜稑之種，司農撰播殖之器，挈壺掌升降之節，宮正設門闈之躍。天子乃御玉輦，蔭華蓋，衝牙錚鎗，綃紈綷縩。……震震填填，塵霧連天，以幸乎藉田。……於是我皇乃降靈壇，撫御耦，游場染屨，洪縻在手。三推而舍，庶人終畝。貴賤以班，或五或九。”由此可見此年所行藉田禮之大致經過。

【考釋】《潘岳列傳》賦文記此事在正月丁未，誤。

【因革】① 此後泰始八年(272)正月、泰始十年(274)正月又行此禮。②《晉志》記曰：“自惠帝之後，其事便廢。”然《宋志·禮一》記曰：“自此之後，其事便廢，史注載多有闕。”《宋志》所言未如《晉志》精確。

樂 傅玄(太傅)作祀《先農先蠶夕牲歌詩》一篇，《迎送神》一篇，饗社稷、先農、先聖、先蠶歌詩三篇。(南齊志·樂，通典·樂一)

【考釋】①《南齊志》述三篇“前一篇十二句，中一篇十六句，後一篇十二句，辭皆敘田農事”。② 此事《南齊志》僅標“晉”，今暫繫於此，可與上條並參。

凶 三月戊子(二十一)，皇太后(王氏，文明皇后)去世，群臣發哀三日止，帝居喪盡如禮。(晉書·武帝紀，宋志·禮二，晉志·禮中)

【儀制】《宋志》錄有司奏曰：“前代故事，倚廬中施白縑帳蓐，素牀，以布巾裹由車。輴輦板輿細犢車皆施縑裏。”然詔不聽，但令以布衣車而已，“其餘居喪之制，一如禮文”。《晉志》同。

又《通典·凶禮三》記曰：“天下將吏發哀，三日止。”

凶 四月戊戌(初二)，王祥(太保，睢陵公)去世，因文明太后之葬，帝稍後下詔特爲之發哀。(晉書·王祥列傳、武帝紀)

【儀制】《王祥列傳》記曰：“祥之薨，奔赴者非朝廷之賢，則親親故吏而已，門無雜弔之賓。"

【考釋】《王祥列傳》記此事在泰始五年,誤。

凶 四月己亥(初三),文明皇后合葬於崇陽陵;有司奏既虞請除服,詔不許,有司反覆奏,群臣又固請,帝流涕久之乃許。(晉書·武帝紀、后妃列傳上,宋志·禮二,晉志·禮中)

【儀制】《宋志》記曰:"將合葬,開崇陽陵,使太尉司馬望奉祭,進皇帝蜜璽綬於便房神坐。魏氏金璽,此又儉矣。"《晉志》同。

又《資治通鑑·晉紀一》記除服之後,帝"猶素冠疏食以終三年,如文帝之喪"。

【理據】《宋志》錄有司奏曰:"方今戎馬未散,王事至殷,更須聽斷,以熙庶績。"又錄帝詔曰:"夫三年之喪,天下之達禮也。受終身之愛,而無數年之報,奈何葬而便即吉,情所不忍也。""誠知衣服末事耳,然今思存草土,率常以吉物奪之,乃所以重傷至心,非見念也。"《晉志》同。

嘉 六月甲申(初一),下詔郡國守相於春季三年一巡行屬縣。(晉書·武帝紀)

【儀制】《晉書》錄帝詔曰:"見長吏,觀風俗,協禮律,考度量,存問耆老,親見百年。錄囚徒,理冤枉,詳察政刑得失,知百姓所患苦。無有遠近,便若朕親臨之。"

【因革】秦蕙田《五禮通考》指出:"此後世遣使代巡之始。"(《嘉禮五十二》"巡狩")

吉 七月己卯(十四),帝謁崇陽陵。(晉書·武帝紀)

軍 冬,帝至宣武觀,大習衆兵。(宋志·禮一,晉志·禮下,通典·軍禮一)

【因革】①《宋志》記晉世閱兵"不自令進退",可見與魏世相異。②據《宋志》,此後泰始九年(273)、咸寧元年(275)、太康四年(283)、太康六年(285)冬又行此禮。③《宋志》又記"自惠帝以後,其禮遂廢"。《晉志》略同,僅此年後贅記"九月",而無"九年",恐爲字誤。

凶 何楨(尚書)奏請故吏皆反服舊君齊衰三月,從之。(宋志·禮二)

【因革】《宋志》記曰:"漢、魏廢帝喪親三年之制,而魏世或爲舊君服三年者。"此年下詔"悉同依古典"。

泰始五年（269）

樂 尚書奏使傅玄（太傅）、荀勖（中書監）、張華（黃門侍郎）等各造正旦行禮及王公上壽酒食舉樂歌詩，傅玄作元會大饗四廟歌辭。（宋志·樂一，晉志·樂上，南齊志·樂）

【考釋】《南齊志》記傅玄作"元會大饗四廟樂歌辭"，張華"正旦大會行禮歌詩四章，壽酒詩一章，食舉東西廂樂十三章"，荀勖、成公綏分別作"上壽食舉行禮詩十八章"。

【論評】《通典·樂七》記"荀勖乃除《鹿鳴》舊歌，更作行禮詩四篇，先陳三朝朝宗之義"，且評曰："荀譏《鹿鳴》之失，似悟昔謬，還製四篇，復襲前軌。"

泰始六年（270）

嘉 正月丁亥（初一），帝臨軒，不設樂。（晉書·武帝紀）

【儀制】《晉書·宗室列傳》記武帝元會時，曾"詔孚乘輿車上殿，帝於阼階迎拜。既坐，帝親奉觴上壽，如家人禮。帝每拜，孚跪而止之"。按司馬孚，武帝之叔祖父，被封爲安平王。

【附識】《宋志·禮二》記曰："晉武帝以來，國有大喪未除，正會亦廢樂。"《晉志·禮中》同。

嘉 正月，劉熹、段溥等奏行大射禮於辟雍。（晉辟雍碑）

【因革】晉辟雍碑又記此後咸寧四年（278）二月又行此禮。

嘉 十月，帝至辟雍，行鄉飲酒禮。（晉辟雍碑，宋志·禮一，晉志·禮下，通典·吉禮十二、嘉禮十八）

【儀制】辟雍碑記曰："錫寺卿丞博士治禮學生下至樂工束帛、幨巾各有等差。"

《宋志》記曰:"賜太常絹百匹,丞、博士及學生牛酒。"《晉志》同。

【因革】此後,《宋志》又記在"咸寧三年(277)、惠帝元康九年(299)復行此禮",《晉志》同,晉辟雍碑則記咸寧三年冬十一月由皇太子至辟雍行此禮。

【考釋】此事《晉書·武帝紀》署"冬十一月",《宋志》、《晉志》、《通典》署"十二月",今依辟雍碑所記。

泰始七年(271)

嘉 **正月丙午**(二十六),**皇太子**(司馬衷)**加冠。**(宋志·禮一,晉志·禮下,晉書·武帝紀,通典·嘉禮一)

【儀制】①《宋志》記曰"武帝臨軒",使司馬珪(兼司徒,高陽王)加冠,華廙(兼光禄勳,屯騎校尉)贊冠。②《通典》自注:"武、惠冠太子,冠訖,皆即廟見,斯亦擬在廟之儀。"

【因革】秦蕙田《五禮通考》指出:"臨軒行事,從魏制也。"(《吉禮一百四十九》"冠禮")

吉 **四月庚戌**(初一),**帝親夕牲,改原儀注還不拜,而躬臨拜。辛亥**(初二),**將親祠太廟遇雨,有司行事。**(宋志·禮一,晉志·禮上,宋志·禮四"大明三年"陸澄議)

【理據】《宋志》記曰:"儀注還不拜。詔問其故,博士奏歷代相承如此。帝曰:'非致敬宗廟之禮也。'於是實拜而還,遂以為制。"《晉志》同。按武帝以禮典用意主敬為據改制。

【因革】《宋志》又曰"江左以來復止",《晉志》同。可見東晉以後又改回前制,還不拜。

樂 **傅玄**(太傅)**造《廟夕牲昭夏》歌一篇,《迎送神肆夏》歌詩一篇,登歌七廟七篇。**(南齊志·樂)

【理據】《南齊志》錄傅玄云:"登歌歌盛德之功烈,故廟異其文。至於饗神,猶《周頌》之《有瞽》及《雍》,但説祭饗神明禮樂之盛,七廟饗神皆用之。"

【附識】《通典·樂一》又記曰："又令荀勖、張華、夏侯湛、成公綏等,各造郊廟諸樂歌詞。"

【理據】此事《南齊志》僅標"晉泰始中",今暫繫於此,可與上條並參。

[吉] 閏五月,大雪。（晉書·武帝紀,宋志·五行二）

[吉] 皇太子講《孝經》通,親釋奠。（宋志·禮四,晉志·禮上,通典·吉禮十二）

【儀制】《宋志》記曰："以太牢祠孔子,以顏淵配。"《晉志》同。

【因革】① 晉改魏制太常行事爲親事。②《晉志》記曰："咸寧三年,講《詩》通;太康三年,講《禮記》通;惠帝元康三年,皇太子講《論語》通;元帝太興三年,皇太子講《論語》通,太子並親釋奠,以太牢祠孔子,以顏淵配。成帝咸康元年,帝講《詩》通;穆帝升平元年三月,帝講《孝經》通;孝武寧康三年七月,帝講《孝經》通,並釋奠如故事。"《宋志》有脫文。③《宋志·禮一》記曰："晉惠帝、明帝之爲太子,及愍懷太子講經竟,並親釋奠于太學,太子進爵於先師,中庶子進爵於顏回。……成、穆、孝武三帝,亦皆親釋奠。"《晉志·禮下》同。前後所記相合。可見釋奠之禮延續兩晉大致無更易,然西晉以來釋奠於太學,則與曹魏行此禮於辟雍者相異。

【論評】松浦千春認爲："魏晉南朝的釋奠禮儀用來表現皇太子和幼年即位的皇帝的知識和人格的養成,是皇位繼承過程中的重要環節。"（《魏晉南朝の帝位繼承と釋奠儀禮》,譯文轉引自朱溢《唐代孔廟釋奠禮儀新探》）

[凶] 楊旌（太常）有伯母服未除,而舉孝廉,姜鋌（天水中正）以爲不合禮,劉喜（博士,祭酒）議以爲不必以喪廢舉,爰幹（博士）議同,韓光（博士）議以爲應貶。（通典·凶禮二十三）

【考釋】《通典》錄姜鋌述其原委："旌以去六年二月遭伯母喪,其年十一月葬,十二月應舉,不爲人後。"

【理據】《通典》錄劉喜議曰："今[楊]旌十二月被舉,過既葬之後,因情哀殺而順君命。三年之喪則終其服,周之喪一月而已,明情有輕重也。又按律令,無以喪廢舉之限。"

泰始八年(272)

嘉 **二月辛卯**(十七)，**皇太子納妃**(賈氏)。(晉書·后妃列傳上)

【理據】《后妃列傳》載此前帝欲納衛瓘之女,楊皇后欲納賈充之女,帝曰:"衛公女有五可,賈公女有五不可。衛家種賢而多子,美而長白;賈家種妒而少子,醜而短黑。"按最終所納爲賈妃。

凶 **二月壬辰**(十八)，**司馬孚**(安平獻王、帝之叔祖父)**去世，帝於太極東殿舉哀三日，又再臨；及葬，帝至都亭，望柩而拜。**(晉書·宗室列傳、武帝紀)

【儀制】《宗室列傳》記司馬孚終身以曹魏貞士自居,其遺令曰:"當以素棺單椁,斂以時服。"帝詔曰:"其以東園温明祕器、朝服一具、衣一襲、緋練百匹、絹布各五百匹、錢百萬、穀千斛以供喪事。"然而,"其家遵孚遺旨,所給器物,一不施用。"至下葬日,帝又"給鑾輅輕車,介士武賁百人,吉凶導從二千餘人,前後鼓吹,配饗太廟"。

【因革】①《宗室列傳》録帝詔曰:"諸所施行,皆依漢東平獻王蒼故事。"按參見東漢建初八年(83)。② 安平獻王司馬孚的喪禮,爲此後晉世重臣去世多所仿效。

凶 **程諒**(安豐太守)**前妻去世，後妻子程勳疑所服，張華**(中書令)**疑其禮意，鄭沖**(太傅)**議以爲前後妻子並服三年，於禮過重，賈充**(車騎)、**任愷**(侍中,少傅)**同之，荀顗**(太尉)**議以爲前妻爲嫡，後妻爲庶，荀勖**(中書監)**議同之。**(晉志·禮中)

【理據】《晉志》録張華造甲乙之問曰:"甲娶乙爲妻,後又娶丙,匿不説有乙,居家如二嫡,無有貴賤之差。乙亡,丙之子當何服?"又録荀勖議指出故事:"昔鄉里鄭子群娶陳司空從妹,後隔吕布之亂,不復相知存亡,更娶鄉里蔡氏女。徐州平定,陳氏得還,遂二妃並存。蔡氏之子字元甝,爲陳氏服嫡母之服,事陳公以從舅之禮。族兄宗伯曾責元甝,謂抑其親,鄉里先達以元甝爲合宜。"

【儀制】《晉志》録荀顗議曰："當斷之以禮，先至爲嫡，後至爲庶。丙子宜以嫡母服乙，乙子宜以庶母事丙。"

【考釋】此事未悉年月，據人物史跡略推，暫繫於此。

凶 **鮑融**（少府）**去世**，□**恂**（故吏，尚書令史）**等詣喪所行服，何遵**（散騎常侍）**駁以爲違禮，荀顗表則以爲於義爲弘，下詔禮官評考，吴奮**（尚書）**議以爲皆不應服，何楨**（尚書）**議以爲宜依古爲舊君服，曾璠**（衡陽内史）、**范汪議同之，孔愉**（國子祭酒）**議以爲應同弟子服師之制，范甯議以爲應棄職奔喪。**（通典·凶禮十二）

【理據】①《通典》録何遵的主要理據是："恂等已登天朝，反服舊主，典禮相違。"
② 又録范汪議指出："漢魏名臣爲州郡吏者，雖違適不同，多爲舊君齊縗三月。"
而范甯則從情理上分析："臣爲君服斬縗，舊君齊縗三月，此古今所以得異。甯謂臣有貴賤，禮有降殺。州郡綱紀，察舉辟命之吏，聞舊君喪，應即奔赴。在官之人，亦宜棄職而去。雖不皆與禮合，稱情立文也"。

《通典》又載此後虞道恭又問此義，徐邈答曰："吾謂仕者豈以後絶前邪？正使仕於此君之朝，而追前君，亦何不可，況爲前君服舊君之服也"。

【考釋】此事僅知在泰始中，暫繫於此。

泰始九年（273）

凶 **正月辛酉**（二十二），**鄭袤**（司空，密陵侯）**去世，帝於東堂發哀。**（晉書·鄭袤列傳、武帝紀）

凶 **二月癸巳**（二十五），**石苞**（司徒、樂陵公）**去世，帝於明堂發哀。**（晉書·石苞列傳、武帝紀）

【儀制】《石苞列傳》記曰："及葬，給節、幢、麾、曲蓋、追鋒車、鼓吹、介士、大車，皆如魏司空陳泰故事，車駕臨送於車輄門外。"

又《石苞列傳》載其生前預爲終制，倡導薄葬曰："自今死亡者，皆斂以時服，不得兼重；又不得飯唅，爲愚俗所爲；又不得設牀帳明器也。定窆之後，復土滿坎，一不得起墳種樹。"故石苞去世，"諸子皆奉遵遺令，又斷親戚故吏設祭"。

【考釋】《石苞列傳》載此事在泰始八年，恐誤。

吉 六月，因正月旱，祈宗廟社稷山川，癸未（十七），雨。（宋志·五行二）

嘉 七月，下詔聘公卿以下女備六宮，采擇未備，暫禁斷婚姻。（晉書·武帝紀、后妃列傳上）

【論評】①《后妃列傳》記曰："泰始中，帝博選良家以充後宮，先下書禁天下嫁娶，使宦者乘使車，給騶騎，馳傳州郡，召充選者使后揀擇。"②《胡奮列傳》亦記此事曰："泰始末，武帝怠政事而耽於色，大采擇公卿女以充六宮。"胡奮（護軍）聞女選入爲貴人，哭之。

【考釋】《后妃列傳》記曰："司徒李胤、鎮軍大將軍胡奮、廷尉諸葛沖、太僕臧權、侍中馮蓀、秘書郎左思及世族子女並充三夫人九嬪之列。司、冀、兗、豫四州二千石將吏家，補良人以下。名家盛族子女，多敗衣瘁貌以避之。"

嘉 十月辛巳（十七），下制女年十七未嫁者，使長吏配之。（晉書·武帝紀）

軍 十一月丁酉（初三），帝至宣武觀大閱諸軍，甲辰（初十）乃罷。（晉書·武帝紀）

【因革】此後明年十一月、咸寧元年（275）十一月、咸寧三年（277）十一月、太康四年（283）十二月、太康六年（285）十二月又行此禮。

【考釋】《武帝紀》失載泰始四年（268）閱兵事。

樂 以《正德》、《大豫》雅頌未合，命荀顗（太尉）定樂，事未終。（宋志·樂一，晉志·樂上，晉書·荀顗列傳）

【儀制】《宋志》記曰："荀勖遂典知樂事，使郭瓊、宋識等造《正德》、《大豫》之舞，而勖及傅玄、張華又各造此舞哥詩。勖作新律笛十二枚，散騎常侍阮咸譏新律聲高，高近哀思，不合中和。"

【考釋】①《晉志》載其時荀勖官任光禄大夫，"啟朝士解音律者共掌之"。② 因荀顗明年四月去世，故事未終。此事暫繫於此。

泰始十年（274）

凶 閏正月癸酉(十一)，鄭沖(太傅，壽光公)去世，帝於明堂發哀。（晉書·鄭沖列傳、武帝紀）

嘉 閏正月丁亥(二十五)，下詔不得登用妾媵以爲嫡正。（晉書·武帝紀）

【因革】《資治通鑑·晉紀二》胡注：“謂魏三祖立卞、郭、毛爲后。”

嘉 聘拜三夫人、九嬪，帝臨軒。（宋志·禮一，晉志·禮下，通典·嘉禮三）

【理據】《宋志》録有司奏曰：“禮，皇后聘以穀珪，無妾媵禮贄之制。”詔曰：“拜授可依魏氏故事。”《晉志》同。

【儀制】《宋志》記曰：“使使持節，兼太常拜夫人，兼御史中丞拜九嬪。”《晉志》同。

《宋志》又録“凡遣大使拜皇后、三公，及冠皇太子，及拜蕃王，帝皆臨軒”，具體儀注爲：“太樂令宿設金石四厢之樂於殿前。漏上二刻，侍中、侍臣、冗從僕射、中謁者、節騎郎、虎賁、旄頭遮列，五牛旗皆入。虎賁中郎將、羽林監分陛端門內。侍御史、謁者各一人監端門。廷尉監、平分陛東、西中華門。漏上三刻，殿中侍御史奏開殿之殿門、南止車門、宣陽城門。軍校、侍中、散騎常侍、給事黃門侍郎、散騎侍郎升殿夾御座。尚書令以下應階者以次入。治禮引大鴻臚入，陳九賓。漏上四刻，侍中奏：‘外辦。’皇帝服袞冕之服，升太極殿，臨軒南面。謁者前北面一拜，跪奏：‘大鴻臚臣某稽首言，群臣就位。謹具。’侍中稱制曰：‘可。’謁者贊拜，在位皆再拜。大鴻臚稱臣一拜，仰奏：‘請行事。’侍中稱制曰：‘可。’鴻臚舉手曰：‘可行事。’謁者引護當使者當拜者入就拜位。四厢樂作。將拜，樂止。禮畢出。”按此爲新定之晉禮儀注，《宋志》明確指稱“官有其注”。

【考釋】此事《宋志》、《晉志》均標在此年，《宋志·五行二》記“去歲秋冬，采擇卿校諸葛沖等女，是春，五十餘人入殿簡選”，聘拜當在此時。

嘉 三月，又取良家及小將吏女數十人入宮。（宋志·禮一，晉志·禮下，資治通

鑑·晉紀二)

凶 **四月己未**（二十八），**荀顗**（太尉、臨淮公）**去世，帝爲舉哀，皇太子臨喪。**
（晉書·荀顗列傳、武帝紀）

凶 **七月丙寅**（初六），**武元皇后**（楊氏）**去世於明光殿；八月戊申**（十九），**葬於峻陽陵。**（晉書·武帝紀、后妃列傳上，晉志·禮中）

【儀制】《晉志》記曰："依舊制，既葬，帝及群臣除喪即吉。"

又《通典·凶禮三》記曰："天下將吏發哀，三日止。"

凶 **八月，武元皇后既葬，帝及群臣除喪即吉，就皇太子是否從制俱釋服，張靖**（博士）、**摯虞均以爲當依舊制，葬畢即除服，陳逵**（博士）**議以爲皇太子宜終服，杜預**（尚書）**奏皇太子當心喪終制，盧欽**（尚書僕射）、**魏舒**（尚書）**奏上杜説，段暢**（博士）**又引據禮傳以成杜説，遂行。**
（晉書·武帝紀、后妃列傳上、摯虞列傳，晉志·禮中，宋志·禮二，通典·凶禮二、凶禮四）

【因革】《晉志》錄杜預奏曰："古者天子諸侯三年之喪始同齊斬，既葬除喪服，諒闇以居，心喪終制，不與士庶同禮。漢氏承秦，率天子爲天子修服三年。漢文帝見其不可久行，而不知古制，更以意制祥禫，除喪即吉。魏氏直以訖喪爲節，嗣君不復諒闇終制。學者非之久矣，然竟不推究經傳，考其行事。"

【理據】①《晉志》又錄陳逵議曰："今制所依，蓋漢帝權制，興於有事，非禮之正。皇太子無有國事，自宜終服。"②《摯虞列傳》錄摯虞之言："喪服者，以服表喪。今帝者一日萬機，太子監撫之重，以宜奪禮，葬訖除服，變制通理，垂典將來，何必附之於古，使老儒致争哉！"③《晉志》又錄杜預之言曰："周公不言高宗服喪三年，而云諒闇三年，此釋服心喪之文也。叔嚮不譏景王除喪，而譏其燕樂已早，明既葬應除，而違諒闇之節也。《春秋》晉侯享諸侯，子產相鄭伯，時簡公未葬，請免喪以聽命，君子謂之知禮。""由此言之，天子居喪，齊斬之制，菲杖絰帶，當遂其服。既葬而除，諒闇以終之，三年無改父之道，故百官總己聽於冢宰。喪服已除，故稱不言之美，明不復寢苦枕塊，以荒大政也。"

【儀制】①《宋志》記曰："既卒哭，太子及三夫人以下皆隨御除服。"②《晉志》則記曰："于是太子遂以厭降之議,從國制除衰麻,諒闇終制。"

【考釋】① 此事《晉志》記述最詳,《宋志》僅胝述大要。《晉志》有言:"于時外內卒聞預異議,多怪之。或者乃謂其違禮以合時。時預亦不自解説,退使博士段暢博采典籍,爲之證據,令大義著明,足以垂示將來。"②《通典》又詳錄段暢引經傳,重申杜預議,又錄謝況(博士)之議,兹從略。

【論評】《通典》議曰:"《禮經》云'三年之喪,自天子達',雖有其説,無聞服制。所引武王崩,既葬,成王冠;襄王崩,嗣王未再周,賜齊侯胙:皆可爲明徵。當以萬機至繁,百度須理,如同臣庶喪制,唯祀與戎多闕。……《禮經》雖云'七月而葬',漢魏以降,多一兩月內,山陵禮終。窀穸之期,不必七月;除服之制,止於反虞。魯史足徵,可無致惑。庶情禮兩得,政教無虧矣。"

然《資治通鑑‧晉紀二》司馬光則評曰:"杜預巧飾經傳,以附人情,辯則辯矣,臣謂不若陳逵之言質略而敦實也。"

[吉] **武元皇后入主宗廟,未遷征西府君。**(南齊志‧禮上"史臣曰",通典‧吉禮六注)

【儀制】《晉書‧賀循列傳》錄東晉賀循議曰:"武帝初成太廟時,正神止七,而楊元后之神亦權立一室。永熙元年,告世祖謚於太廟八室,此是苟有八神,不拘於七之舊例也。"《通典‧吉禮七》注采之。

【理據】《南齊志》錄史臣曰:"及楊元后崩,征西之廟不毀,則知不以元后爲世數。廟有七室,數盈八主。江左賀循立議以後,弟不繼兄,故世必限七,主無定數。"《通典》自注采之,標爲蕭子顯曰。

[吉] **十二月,置藉田令。**(晉書‧武帝紀)

【考釋】此令之設,據《杜預列傳》,恐因杜預奏立藉田等"內以利國、外以救邊者五十餘條"。

[樂] **荀勖**(中書監)**、張華**(中書令)**出御府銅竹律二十五具,令劉秀**(太樂郎)**等校試,又問列和**(協律中郎將)**樂律,於是定用十二律造笛像十二枚,御府笛正聲下各備一具,其餘毀。**(宋志‧律曆上,晉志‧律曆上,通典‧樂三)

【理據】《宋志》案語曰："如[列]和所對，直以意造，率短一寸，七孔聲均，不知其皆應何律。調與不調，無以檢正。唯取竹之鳴者，爲無法制。輒令部郎劉秀、鄧昊、王艷、魏邵等與笛工參共作笛，工人造其形，律者定其聲，然後器象有制，音均和協。"《晉志》同。

【因革】《宋志》記此年制律多問於列和，並録其制，又總括曰："《周禮》載六律六同。《禮記》又曰：'五声十二律，還相爲宮。'劉歆、班固纂《律曆志》，亦紀十二律。唯京房始創六十律，至章帝时，其法已亡；蔡邕雖追紀其言，亦曰'今無能爲者'。依案古典及今音家所用六十律者，無施於樂。謹依典記，以五聲十二律還相爲宮之法，制十二笛象，記注圖側，如別。"《晉志》同。

樂 荀勖（中書監）總領劉恭（佐著作郎）依周禮更積黍起度，以鑄新律。帝以荀勖律與周、漢器合，乃施用之。（宋志·律曆上，晉志·律曆上，通典·樂一）

【因革】①《宋志》記荀勖"以魏杜夔所制律呂，檢校太樂、總章、鼓吹八音，與律乖錯。始知後漢至魏，尺度漸長於古四分有餘。夔依爲律呂，故致失韻"。②《通典》記曰："律成，遂頒下太常，使太樂、總章、鼓吹、清商施用。"

【考釋】①《晉書·荀勖列傳》記荀勖（中書監）在晉初"既掌樂事，又修律呂，並行於世"。②《晉志·樂上》記荀勖在泰始九年"始作古尺，以調聲韵，仍以張華等所制高文，陳諸下管"。

【論評】①《宋志》記阮咸（散騎侍郎）"譏其聲高，非興國之音"，"咸亡後，掘地得古銅尺，果长勖尺四分，時人咸服其妙"。《晉志》同。②《晉志》史臣案："[荀]勖於千載之外，推百代之法，度數既宜，聲韵又契，可謂切密，信而有徵也。而時人寡識，據無聞之一尺，忽周漢之兩器，雷同臧否，何其謬哉！"

嘉 司馬承（南宮王）年十五應冠，有司議奏不宜遣使行冠，於是新制諸王冠儀。（宋志·禮一，晉志·禮下，通典·嘉禮一）

【因革】《宋志》録有司奏曰："禮十五成童。國君十五而生子，以明可冠之宜。又漢魏遣使冠諸王，非古典。"《晉志》同。由此皇子冠禮定於十五歲，不再遣使代行。

咸寧元年(275)

嘉 正月，饗萬國，設樂。(通典·樂七"東晉永和中"王彪之議)

吉 八月壬寅(十八)，以鄭沖(故太傅)、荀顗(太尉)、石苞(司徒)、裴秀(司空)、王沈(驃騎將軍)、司馬孚(安平獻王)等及何曾(太保)、賈充(司空)、陳騫(太尉)、荀勖(中書監)、羊祜(平南將軍)、司馬攸(齊王)等十二人皆列於銘饗，配享廟庭。(晉書·武帝紀、鄭沖列傳、裴秀列傳等)

吉 十二月丁亥(初五)，追尊宣帝廟曰高祖，景帝曰世宗，文帝曰太祖。(晉書·武帝紀,宋志·樂一,晉志·樂上,通典·樂一)

【儀制】《晉志》記曰："廟樂乃停《宣武》、《宣文》二舞,而用荀勖所使郭夏、宋識等所造《正德》、《大豫》二舞云。"《通典·樂七》同。

【因革】由此確定了宗廟以武帝之父司馬昭爲太祖,萬世不毀的地位。

又秦蕙田《五禮通考》指出："廟樂同用《正德》、《大豫》舞,然則此二舞乃宗廟之樂,及宋改《正德》曰前舞,《大豫》曰後舞,於元會四廂亦用之,齊梁以後因而不改。"(《嘉禮九》"朝禮")

咸寧二年(276)

嘉 正月，以疾疫廢朝。(晉書·武帝紀)

【考釋】《宋書·五行志》載去年"十一月,大疫,京都死者十萬人"。

【理據】《武帝紀》又記此年帝亦病,及瘳,群臣欲上壽,帝下詔拒之曰："每念頃遇疫氣死亡,爲之愴然。豈以一身之休息,忘百姓之艱邪?諸上禮者皆絕之。"

吉 春四月丁巳，因久旱，下詔諸旱處祈雨。五月庚午(二十一)，祈雨於社稷山川。六月戊子(初九)，澍雨。(宋志·禮四、五行二,晉志·禮上,通典·吉

禮二)

【因革】①《宋志》述曰:"此雩、禜舊典也。"《通典》述曰:"因後漢舊典。"②《宋
志》又曰:"太康三年(282)四月、十年(289)二月,又如之。是後,修之至今。"《晉
志》無最後一句,然增記曰:"其雨多則禜祭,赤幘朱衣,閉諸陰,朱索禜社,伐朱
鼓焉。"《通典・吉禮十四》同。由此可見自是年起,雩祭延續不斷,間有禜祭。

【考釋】此年四月辛巳朔,無丁巳日。按若爲"三月丁巳(初七)",可與前云春季
相合,若爲"五月丁巳(初八)",可與後云庚午相應,相較後者爲長。

嘉 **五月,立國子學。**(宋志・禮一,晉書・武帝紀,通典・吉禮十二)

【考釋】《晉書・職官志》記曰:"及咸寧四年,武帝初立國子學,定置國子祭酒、
博士各一人,助教十五人,以教生徒。"此處作"四年"恐誤。

【理據】《通典》自注:"法周禮,國之貴游子弟,國子受教於師者也。"

【因革】秦蕙田《五禮通考》指出:"國子學之名,始於此。"(《嘉禮四十四》"學禮")

吉 **六月癸丑,薦荔枝於太廟。**(晉書・武帝紀)

【考釋】此年六月庚辰朔,無癸丑日。

凶 **七月癸丑(初五),司馬隆(安平獻王)去世,弟司馬敦上繼,張靖(博士)以
爲宜服喪三年,孫毓、宋昌議以爲宜服一期而除,然喪祭三年。**
(晉志・禮中,晉書・武帝紀,通典・凶禮十五)

【理據】《晉志》記張靖所據爲魯僖公服閔公三年之先例,當時尚書符則詰之曰:
"穆王不臣敦,敦不繼穆,與閔僖不同。"

嘉 **閏九月,遣使爲子司馬柬(汝南王)加冠。**(宋志・禮一,晉志・禮下,通典・嘉
禮一)

【因革】《宋志》述行冠禮之時月曰:"魯襄公冠以冬,漢惠帝冠以三月,明無定月
也。後漢以來,帝加元服咸以正月。……此則晉禮亦有非必歲首也。"《晉
志》同。

嘉 **十月丁卯(二十一),立皇后楊氏。**(宋志・禮一,晉志・禮下,晉書・武帝紀、后妃列
傳上,通典・嘉禮三)

【儀制】《宋志》載曰："[帝]臨軒,遣太尉賈充策立后楊氏","因大赦,賜王公以下各有差,百僚上禮"。《晉志》同。

凶 下詔諸王公大臣去世,應三朝發哀者,踰月舉樂,應一朝發哀者,三日不舉樂。(晉志·禮中,通典·凶禮三)

【論評】《晉志》録賀循論曰:"咸寧詔書雖不會經典,然隨時立宜,以爲定制。"

凶 郄詵(前太子洗馬)母去世,因病,未歸葬故里,假葬於堂北壁外,三年即吉,詔任征東參軍,衞瓘(尚書令)表請博士評議是否當貶,詔問山濤,山氏以爲可。(通典·凶禮二十五)

【考釋】①《通典》録郄詵自述曰:"咸寧二年母亡,家自祖以下十四墳在緱氏,而墓地數有水,規悉遷改,常多疾病,遂便留此。此方下濕,唯城中高,故遂葬於所居之宅,祭於所養之堂。"② 郄詵之母此年去世,至遲至咸寧五年即已除服,而衞瓘上表則已至"太康中"。

【理據】《通典》録魏舒(兗州大中正)與山濤書曰:"郄詵至孝,中閒去郎,正爲母耳。居喪毀瘁,殆不自全。其父喪在緱氏,欲改葬,不能自致,故過時不葬。後於家堂北假葬,埏道通堂中,不時閉,服欲闋乃閉。葬後經年乃見用。"

咸寧三年(277)

軍 正月丙子(初一),以正旦合朔却元會。(宋志·禮一,晉志·禮上,晉書·武帝紀,通典·軍禮三)

【因革】①《宋志》稱"改魏故事也",《晉志》同。可見漢魏相承不却朝會。② 明年正月庚午朔,又因合朔却元會。

軍 三月乙未(二十一),帝將射雉,慮損麥苗而止。(晉書·武帝紀)

軍 十一月丙戌(十六)至壬辰(二十二),帝臨宣武觀大閱。(晉書·武帝紀)

【理據】《杜預列傳》記杜預曾"以天下雖安,忘戰必危,勤於講武,修立泮宮,江漢懷德，化被萬里”，此説應爲晉所采。

嘉 十一月，皇太子至辟雍，行鄉飲酒禮。(晉辟雍碑)

嘉 新拜始平、濮陽諸王，有司奏依故事，京城近臣、諸王、公主復上禮，張放(博士)議以爲拜宜作樂，王師(太常)等言同之，顧和(尚書)以爲不應有樂，不應服冕。(通典·嘉禮十六,通典·樂七)

【理據】《通典》録張放議指出：“按泰始中，皇太子冠，太子進而樂作，位定樂止。王者諸侯，雖殊尊卑，至於禮秩，或有同者。冠之與拜，俱爲嘉禮。是以準昔儀注，謂宜作樂。”又録顧和曰：“按衛宏撰《漢儀》，拜丞相，亦無樂。古之燕饗有樂者，以暢賓主之歡耳。今拜三公，事畢於庭階，禮成於拜立，歡宴未交，無事於樂。又按六冕之服，主於祭祀，唯婚特用之，他事未見服冕者，故拜公不應服冕。”

古 燕國遷廟主於國，張繁(國子博士)定其儀。(通典·吉禮七注)

【儀制】《通典》録張繁曰：“今王之國，迎廟主而行，宜以發日，夙興，告廟迎主。今無齋車，當以犢車，二主同車共祠，合於古。宗祀國遷，掌奉主祐當侍從。主車在王鹵簿前，設導從。每頓止，傳主車於中門外，左，設脯醢醴酒之奠，而後即安之。”

【論評】秦蕙田《五禮通考》評曰：“此遷廟議，不悖於古。”(《吉禮一百八》“諸侯廟祭”)

古 或問諸侯廟，孫毓(博士)議定其儀。(通典·吉禮七)

【儀制】《通典》録張繁曰：“按《禮》，諸侯五廟，二昭二穆及太祖也。今之諸王，實古之諸侯也。諸侯不得祖天子，當以始封之君爲太祖，百代不遷，或謂之祧。其非始封，親盡則遷。其沖幼紹位未踰年而薨者，依漢舊制不列於宗廟，四時祭祀於寢而已。”

【論評】秦蕙田《五禮通考》評曰：“孫毓議極是，可爲諸侯宗廟之準繩矣。”(《吉禮一百八》“諸侯廟祭”)

【考釋】此事未悉年月，暫繫於此。

咸寧四年(278)

<u>嘉</u> 二月，皇太子至辟雍，行大射禮。（晉辟雍碑）

<u>凶</u> 六月，皇太后（羊氏，景獻皇后）去世於弘訓宮。（晉書·武帝紀）

【儀制】《晉書·傅玄列傳》記設喪位之制曰："舊制，司隸於端門外坐，在諸卿上，絕席。其入殿，按本品秩在諸卿上，以次坐，不絕席。"傅玄時爲司隸校尉，而"謁者以弘訓宮爲殿內，秩玄位在卿下"，傅玄大怒。

<u>凶</u> 七月己丑（二十二），祔葬景獻皇后於峻平陵。（晉書·武帝紀、后妃列传上）

【考釋】景帝峻平陵已葬景懷皇后夏侯氏。

<u>吉</u> 十一月，因太后去世，宗廟廢一時之祀，天地明堂去樂，且不上胙。（宋志·禮三，晉志·禮上，通典·吉禮十一）

【考釋】《宋志》《晉志》詳記羊氏去世之日爲"咸寧五年十一月己酉"，《通典》等均襲之，與上條《晉書》所載不同，當誤。

<u>凶</u> 十一月，羊祜（征南大將軍）去世，帝素服哭，南州人罷市，吳守邊將士爲之哭；葬日，帝於大司馬門南臨送。（晉書·羊祜列傳、武帝紀）

【考釋】《羊祜列傳》記帝舉哀之日爲大寒，"帝涕淚霑鬚鬢，皆爲冰焉"。

【儀制】《羊祜列傳》記其墓地曰："從弟［羊］琇等述祜素志，求葬於先人墓次。帝不許，賜去城十里外近陵葬地一頃。"又記爲其立碑："襄陽百姓於峴山祜平生游憩之所建碑立廟，歲時饗祭焉。望其碑者莫不流涕，杜預因名爲墮淚碑。"

<u>凶</u> 十二月丁未（十三），何曾（太宰，朗陵公）去世，帝於明堂素服舉哀。（晉書·何曾列傳、武帝紀）

<u>凶</u> 下詔禁斷墓葬石獸碑表。（宋志·禮二）

【理據】《宋志》錄帝詔曰："此石獸碑表，既私褒美，興長虛僞，傷財害人，莫大於此。"

凶 燕公（曹宇，陳留王生父）去世，有司奏陳留王應服朞，下詔不得服其私

親。（晉志・禮中，通典・凶禮十五）

【理據】《晉志》録帝詔曰："王奉魏氏，所承者重，不得服其私親。"

咸寧五年（279）

嘉 更定元會儀注。（宋志・禮一，晉志・禮下，通典・嘉禮十五）

【儀制】《宋志》詳録《咸寧注》曰："先正一日，守宮宿設王公卿校便坐於端門外，
大樂鼓吹又宿設四厢樂及牛馬帷閣於殿前。夜漏未盡十刻，群臣集到，庭燎起
火。上賀謁報，又賀皇后。還從雲龍東中華門入謁，詣東閣下便坐。漏未盡七
刻，群司乘車與百官及受贄郎下至計史，皆入，詣陛部立。其陛衛者，如臨軒儀。
漏未盡五刻，謁者僕射、大鴻臚各奏：'群臣就位定。'漏盡，侍中奏：'外辦。'皇帝
出，鍾鼓作，百官皆拜伏。太常導皇帝升御座，鍾鼓止，百官起。大鴻臚跪奏：
'請朝賀。'治禮郎讚：'皇帝延王登。'大鴻臚跪讚：'蕃王臣某等奉白璧各一，再
拜賀。'太常報：'王悉登。'謁者引上殿，當御座。皇帝興，王再拜。皇帝坐，復再
拜，跪置璧御座前，復再拜。成禮訖，謁者引下殿，還故位。治禮郎引公、特進、
匈奴南單于子、金紫將軍當大鴻臚西，中二千石、二千石、千石、六百石當大行令
西，皆北面伏。大鴻臚跪讚：'太尉、中二千石等奉璧皮帛羔雁雉，再拜賀。'太常
讚：'皇帝延君登。'治禮引公至金紫將軍上殿，當御座。皇帝興，皆再拜。皇帝
坐，又再拜。跪置璧皮帛御座前，復再拜。成禮訖，讚者引下殿，還故位。王公
置璧成禮時，大行令並讚，殿下中二千石以下同。成禮訖，以贄授受贄郎，郎以
璧帛付謁者，羔雁雉付太官。太樂令跪請奏雅樂，以次作樂。乘黃令乃出車，皇
帝罷入，百官皆坐。晝漏上水六刻，諸蠻夷胡客以次入，皆再拜訖，坐。御入三
刻，又出。鍾鼓作。謁者僕射跪奏：'請群臣上。'謁者引王公至二千石上殿，千
石、六百石停本位。謁者引王詣尊酌壽酒，跪授侍中。侍中跪置御座前。王還
自酌，置位前。謁者跪奏：'蕃王臣某等奉觴再拜，上千萬歲壽。'侍中曰：'觴已

上。'百官伏稱萬歲。四厢樂作,百官再拜。已飲,又再拜。謁者引諸王等還本位。陞者傳就席,群臣皆跪諾。侍中、中書令、尚書令各於殿上上壽酒,登歌樂升,太官令又行御酒。御酒升階,太官令跪授侍郎,侍郎跪進御座前。乃行百官酒。太樂令跪奏:'奏登歌。'三。終,乃降。太官令跪請御飯到陞,群臣皆起。太官令持羹跪授司徒;持飯跪授大司農;尚食持案並授侍郎,侍郎跪進御座前。群臣就席,太樂令跪奏:'食。舉樂。'太官行百官飯案遍。食畢,太樂令跪奏:'請進儺。'儺以次作。鼓吹令又前跪奏:'請以次進衆伎。'乃召諸郡計吏前,授敕戒於階下。宴樂畢,謁者一人跪奏:'請罷退。'鍾鼓作,群臣北面再拜出。"《晉志》略同。《晉志》又記曰:"夜漏未盡七刻謂之晨賀。晝漏上三刻更出,百官奉壽酒,謂之晝會。別置女樂三十人于黃帳外,奏房中之歌。"

《宋志》又載:"正旦元會,設白獸樽於殿庭,樽蓋上施白虎,若有能獻直言者,則發此樽飲酒。"《晉志》略記之。《通典·嘉禮十五》將此節隸入東晉。

【理據】①《宋志》記漢叔孫通所制元會儀"未周備",又"何承天云,魏元會儀無存者",可見晉《咸寧注》基本上屬度創新制。②《宋志》又曰:"傅玄《元會賦》曰:'考夏后之遺訓,綜殷周之典藝,采秦漢之舊儀,定元正之嘉會。'此則兼采衆代可知矣。"《晉志》同。可見其又有參酌前代者,如《南齊志·禮上》便揭出:"夜漏未盡十刻,庭燎起火,群臣集,……此則因魏儀與庭燎並設也。漏未盡七刻,群臣入白賀,未盡五刻,就本位,至漏盡,皇帝出前殿,百官上賀,如漢儀。"

【因革】《宋志》曰:"江左更隨事立位,大體亦無異也。宋有天下,多仍舊儀,所損益可知矣。"可見西晉元會儀注在東晉以後一度承用。

【考釋】此事《宋志》僅標在咸寧中。

凶 皇甫謐著《篤終》,論葬送之制,又論祔葬非古制,又論禮不墓祭。(晉書·皇甫謐列傳)

【儀制】《皇甫謐列傳》錄《篤終》之文曰:"吾欲朝死夕葬,夕死朝葬,不設棺椁,不加纏斂,不修沐浴,不造新服,殯唅之物,一皆絶之。吾本欲露形入阬,以身親土,或恐人情染俗來久,頓革理難,今故觕爲之制,奢不石椁,儉不露形。氣絶之後，便即時服，幅巾故衣，以蘧篨裹尸，麻約二頭，置尸牀上。擇不毛之地，穿阬深十尺，長一丈五尺，廣六尺，阬訖，舉牀就阬，去牀下尸。平生之物，皆無自隨，唯齎《孝經》一卷，示不忘孝道。蘧篨之外，便以親土。土与地平，還其故草，使生其上，無種樹木、削除，使生迹無處，自求不知。不見可欲，則姦不生心，終始無怵惕，千載不慮患。”又曰：“無問師工，無信卜筮，無拘俗言，無張神坐，無十五日朝夕上食。禮不墓祭，但月朔於家設席以祭，百日而止。臨必昏明，不得以夜。制服常居，不得墓次。夫古不崇墓，智也。今之封樹，愚也。”

【理據】關於不得移祔，《篤終》又曰：“祔葬自周公來，非古制也。舜葬蒼梧，二妃不從，以爲一定，何必周禮。”

【考釋】皇甫謐著此篇在咸寧初辭太子中庶子之後，其於太康三年(282)去世，故暫繫於此。

[凶] 庾純(侍中)議以爲孫無爲祖承重之制，劉智非之，以爲魏晉以來一貫承持重，劉寶則以爲不應爲祖服三年，王敞難之，吳商(國子博士)從情禮駁之，成洽則以爲不當服斬衰。(通典·凶禮三)

【理據】①《通典》録庾純議曰：“古者所以重宗，諸侯代爵，士大夫代禄，防其爭競，故明其宗。今無國士代禄者，防無所施。”又録劉寶曰：“《喪服》云‘孫爲祖周’，按《小記》‘爲祖後者爲祖母三年’，二文不同，何以爲正？答曰：經無孫爲祖三年之文。《小記》所云爲祖母三年，自謂無後養人子以爲孫者耳。”②《通典》録吳商答曰：“按禮貴嫡重正，所尊祖禰，繼代之正統也。夫受重者，不得以輕服服之。是以孫及曾玄其爲後者，皆服三年，受重故也。且絶屬之宗，來爲人後者服之，如今嫡孫爲後，而欲使爲祖服周，與衆孫無異，既非受重之義，豈合聖人稱情之制耶？且孫爲祖正服周，祖爲孫正服九月，嫡孫爲後，則祖爲加服周，孫亦當加祖三年，此經之明據也。今欲使祖以嫡加孫，孫以庶服報祖，豈經意耶？又欲使絶屬之孫同於嫡孫，豈合人情？”

【理據】《通典》評曰：“夫人倫之道有本焉，重本所以重正也，重正所以明尊祖也，尊祖所以統宗廟也，豈獨争競之防乎？是以宗絶而繼之，使其正宗百代不失也。其繼宗者，是曰受重，受重者必以尊服服之，若不三年，豈爲尊重正祖者耶？……以情求理，博士吳商議之當矣。”

【考釋】此事未悉年月，兹按前後人物生平略推，暫繫於此。

太康元年(280)

[嘉] 六月丙寅(十一)，帝臨軒大會文武，及四方使者，國子學生皆與會。（晉書·武帝紀，資治通鑑·晉紀三）

【理據】此月朝會，係因吳國爲晉所滅，吳帝孫皓降晉，此年五月受封爲歸命侯。故朝會時“引皓升殿”。

【考釋】《晉書》丙寅日原在“五月”下，中華書局點校本校勘記曰：“丙寅及此下丁卯……皆在六月內，下文丁丑前‘六月’二字應在丙寅上。”《通鑑》則署在五月庚寅(初十)。按兹從校勘記説。下條同。

[吉] 六月丁卯(十二)，薦鄑淥酒於太廟。（晉書·武帝紀）

[賓] 七月，東夷二十國朝獻。（晉書·武帝紀）

【考釋】①《武帝紀》記此年六月甲申(二十九)“東夷十國歸化”，數日後即來朝覲。② 此前咸寧四年(278)三月，亦記有“東夷六國來獻”，未書“朝”字，此類不録。

[嘉] 南越獻馴象，下詔作大車駕之，以載黃門鼓吹數十人。（晉志·輿服，通典·嘉禮九）

【儀制】《晉書》記曰：“元正大會，駕象入庭。”

【考釋】此事《晉書》標在“太康中平吳後”。

[吉] 九月庚寅(初六)，滅吳後，衛瓘(尚書令)、山濤(尚書左僕射)、魏舒(右僕射)、劉寔(尚書)、張華(司空)等堅請議封禪儀注，連續五次上奏，帝四次下詔斷拒其議。冬，王公、有司又奏請具封禪儀，終爲帝下

詔所絕。（宋志·禮三，晉志·禮下，晉書·武帝紀、魏舒列传，通典·吉禮十三）

吉 **靈壽公主神主祔於太廟。**（宋志·禮三，晉志·禮上，通典·吉禮六）

【因革】①《宋志》述曰："周、漢未有其準，魏明帝則別立廟，晉又異魏也。"可見此事前無先例。②《宋志》又記此後惠帝世，愍懷太子、太子二子並祔廟，元帝世，懷帝殤太子又祔廟，如此號爲陰室四殤。《晉志》同。

【論評】秦蕙田《五禮通考》論曰："公主祔廟，尤非禮矣。"（《吉禮七十九》"宗廟制度"）

吉 **楊皇后親蠶。**（通典·嘉禮十二）

【儀制】《通典》録儀注曰："皇后乘輦，群臣皆拜，安昌君平立。至壇，下輦，后乃拜安昌君。及升壇，后乃爲安昌君設榻於其位。至還，后復拜。"按楊平，安昌君，皇后之父。

凶 **王毖先後娶二妻，均去世，王昌**（後母之子）**聞前母久喪，如何服祭，謝衡**（守博士）**議以爲宜更相爲服，許猛**（守博士）**以爲不應服，劉智安**（散騎常侍）**議以爲以期爲斷，虞溥**（都令史）**議以爲禮不可二嫡，崔諒**（黃門侍郎）**、荀悝**（黃門侍郎）**、荀勖**（中書監）**、和嶠**（領中書令）**、夏侯湛**（侍郎）**皆同虞議，張惲**（侍中領博士）**議以爲宜使各自服其母，山雄**（侍郎）**、陳壽**（兼侍郎著作）**以爲可使王昌兄服之，卞粹**（賊曹屬）**議以爲當服前母之服，衛衡**（倉曹屬）**、劉卞**（主簿）**、司馬攸**（司空、齊王）**、李胤**（司徒）**議以爲當不復追服，往來議論甚衆，尚書八座決以不應復服，制采之。**（晉志·禮中，通典·凶禮十一）

【理據】《晉志》録各家言説甚詳，尚書八座括之曰："且夫婦人牽夫，猶有所尊，趙姬之舉，禮得權通，故先史詳之，不譏其事耳。今昌之二母，各已終亡，尚無并主輕重之事也。昌之前母，宜依叔隗爲比。若亡在昌未生之前者，則昌不應复服。生及母存，自應如禮以名服三年。"

【論評】《晉志》又此後至太興初（318— ），干寶（著作郎）論之曰："古之王者，有以師友之禮待其臣，而臣不敢自尊。今令先妻以一體接後，而後妻不敢抗，及其子孫交相爲服,禮之善物也。然則王昌兄弟相得之日,蓋宜祫祭二母,等其禮饋,序其先後,配以左右,兄弟肅雍,交酬奏獻,上以恕先父之志,中以高二母之德,下以齊兄弟之好,使義風弘于王教,慈讓洽乎急難,不亦得禮之本乎!"

凶 **劉仲武前妻毋丘氏**(曾被出爲別舍,然未告絕)**去世,其子劉正舒求祔葬,劉陶**(後妻王氏之子)**不許。**(晉志·禮中)

【考釋】《晉志》記劉正舒爲求祔葬不許,"訟于上下,泣血露骨,縗裳綴絡,數十年弗得從,以至死亡"。

【附識】《晉志》又記此前吳國朱某,曾娶妻陳氏,入晉後又賜一妻,待太康中去世,"二母篤先后之序,雍雍人無間焉,及其終也,二子交相爲服,君子以爲賢"。

凶 **遂殷**(尚書令史)**祖母去世,有司定服大功,假二十日,其上表請去職,尚書奏不應去,詔可。**(通典·凶禮十八)

【考釋】《通典》錄遂殷表曰:"父翔,少繼叔父榮。榮早終,不及持重。今祖母姜亡,主者以翔後榮,從出降之制,斷殷爲大功。"

凶 **步熊問己爲人後,爲出母及出祖母是否應服,許猛答以不應服。**

(通典·凶禮十六)

凶 **王愷母**(周氏)**被出,去世,褚粲**(姨兄弟)**疑其服,車胤以爲不當服,宋濤之**(博士)**以爲當服。**(通典·凶禮十七)

【理據】《通典》錄宋濤之曰:"禮有從無服而有服,不必要以相報爲名。王不服褚,以其母被出,絕於外族。褚之從母,在王之室,及停庚之家,同曰從母。《禮》云'以名服不答以報服'。褚若不服王,則是卒不爲其母黨服,便成違禮。"

【考釋】以上三事未悉年月,暫次於上條。

嘉 **吳綱**(魏征東長史)**與後妻並子由吳歸,時人以爲依典禮不宜有二嫡妻,袁準《正論》以爲以前嫡妻承統,虞喜以爲當後妻,庾蔚之同袁氏。**(通典·嘉禮十三)

【考釋】《通典》記其時緣由:"吳綱亡入吳,妻子留在中國,於吳更娶。吳亡,綱與後妻并子俱還,二婦並存。"按今將此事暫繫於吳亡之年。

【理據】《通典》録《正論》曰:"並后匹嫡,禮之大忌。然此爲情愛所偏,無故而立之者耳。綱夫妻之絶,非犯宜出之罪,來還則復初,焉得而廢之? 在異域則事勢絶,可以娶妻,後妻不害,焉得而遣之? 按並后匹嫡,事不兩立,前嫡承統,後嫡不傳重可也。"

太康二年(281)

吉 冬,有司奏明年正月郊祀可使有司行事,詔未從。(宋志·禮三)

【因革】《宋志》録帝詔曰:"郊祀禮典所重,中間以軍國多事,臨時有所妨廢,故每從奏可。自今方外事簡,唯此爲大,親奉禋享,固常典也。"《宋志·禮一》、《晉志·禮上》亦録此詔,略同。由此可見西晉以來正月郊祀均有司行事,故《宋志》載明年正月帝親郊祀,而謂此"非前典也"。

吉 有司奏春分朝日,寒温未適,帝可不親出,詔未從。(宋志·禮三,晉志·禮上,通典·吉禮三)

【理據】《宋志》録帝詔曰:"禮儀宜有常;如所奏,與故太尉所撰不同,復爲無定制。間者方難未平,故每從所奏。今戎事弭息,唯此爲大。"《晉志》同。

【因革】《宋志》曰:"案此詔,帝復爲親朝日也。此後廢。"《晉志》同。《通典》據此稱武帝"遂親朝日"。西晉以來朝日禮唯此一見,是否確曾施行,終難考實。

太康三年(282)

吉 正月丁丑(初一),帝親祀南郊,皇太子、皇弟、皇子侍祠。(宋志·禮三,通典·吉禮一,資治通鑑·晉紀三)

【因革】《宋志·禮一》又曰"此後廢",《晉志·禮上》同。又《晉書·摯虞列傳》述曰:"自元康以來,不親郊祀,禮儀弛廢。"與此相合。

【考釋】《晉志·禮上》所載侍祠者無"皇弟",《通典》亦無。

凶 四月庚午(二十五),賈充(太尉、魯公)去世,帝爲之慟,葬禮依霍光及安平獻王(司馬孚)故事。(晉書·賈充列傳、武帝紀)

嘉 賈充去世,無子,夫人郭槐表陳以韓謐(外孫)奉其後,韓咸(郎中令)、曹軫(中尉)諫之,不從,帝詔自餘不得爲比。(晉書·賈充列傳,通典·嘉禮十四)

【理據】《晉書》録帝詔曰:"太宰素取外孫韓謐爲世子黎民後。吾退而斷之,外孫骨肉至近,推恩計情,合於人心。……自非功如太宰,始封無後如太宰,所取必以己自出不如太宰,皆不得以爲比。"

凶 閏四月丙子(初一),李胤(司徒,廣陸侯)去世,詔遣御史持節監喪致祠。
(晉書·李胤列傳、武帝紀)

太康四年(283)

嘉 二月己丑(十九),立司馬寔(長樂亭侯,司馬攸子)爲北海王,設軒縣之樂,六佾之舞,黃鉞朝車,乘輿之副隨從。(資治通鑑·晉紀三,晉書·武帝紀)

凶 三月癸丑(十四),司馬攸(大司馬,齊王,帝之弟)去世,帝臨喪,哭之慟,廟設軒懸之樂,配饗太廟。(晉書·文六王列傳、武帝紀)

【因革】《文六王列傳》記下詔喪禮依安平獻王(司馬孚)故事。

嘉 下詔依漢故事,給九卿朝車駕及安車各一乘。(宋志·禮五,晉志·輿服)

【儀制】《宋志》記曰:"漢制,公、列侯、中二千石、二千石夫人,會廟及蠶,各乘其夫之安車,右騑,加皂交絡,帷裳皆皂。非公會,則乘漆布輜軿,銅五末。……傅暢故事,尚書令詔車,黑耳後户。僕射但後户無耳。中書監令如僕射。"

【因革】《晉志》又記曰:"漢制,自天子至於百官,無不佩劍,其後惟朝帶劍。晉世始代之以木,貴者猶用玉首,賤者亦用蚌、金銀、玳瑁爲雕飾。"按此制暫附於此。

太康五年（284）

凶 **閏十二月，杜預**（鎮南大將軍，當陽侯）**去世，遺令喪事從儉。**（晉書·杜預列傳、武帝紀）

【理據】《杜預列傳》錄杜預遺令曰："君子尚其有情，小人無利可動，歷千載無毀，儉之至也。……儀制取法於鄭大夫（祭仲），欲以儉自完耳。棺器小斂之事，皆當稱此。"

【儀制】《杜預列傳》錄杜預遺令，欲效"古不合葬，明於始終之理，同於有無也"，自選洛陽城東首陽之北小山爲墓兆，意在"東奉二陵，西瞻宮闕，南觀伊洛，北望夷叔"。

吉 **修作明堂、辟雍、靈臺。**（宋志·禮一）

【因革】張一兵《明堂制度源流考》指出："由於明堂在此前已經存在，所以這一次'修作'應該是在原有東漢→曹魏明堂的基礎上修繕和改造；而辟雍、靈臺此前未見，就可能是在原有的基礎上重新營建。"（第四章，第145頁）

【考釋】據《宋志·禮三》宋大明五年（461）有司奏，可知此時當由裴頠（侍中）詳考明堂之制，上奏其説。又據《舊唐志·禮儀二》錄魏徵議，可知"裴頠以諸儒持論，異端蜂起，是非舛互，靡所適從，遂乃以人廢言，止爲一殿。宋、齊即仍其舊，梁、陳遵而不改"。

【論評】《晉書·荀崧列傳》錄荀崧上疏贊曰："世祖武皇帝應運登禪，崇儒興學。經始明堂，營建辟雍，告朔班政，鄉飲大射。西閣東序，河圖祕書禁籍，臺省有宗廟太府金墉故事，太學有石經古文先儒典訓。"

太康六年（285）

軍 **十二月甲申**（初一），**大閱兵於宣武觀，旬日而罷。**（晉書·武帝紀）

【因革】武帝自泰始四年(268)、泰始九年(273)以來，多次振兵行此禮，周邊諸國均歸服。

凶 十二月庚子(十七)，王濬(撫軍大將軍，襄陽侯)去世，葬柏谷山，大營塋域。(晉書‧王濬列傳、武帝紀)

【儀制】《王濬列傳》記曰：“葬垣周四十五里，面別開一門，松柏茂盛。”

吉 華嶠(散騎常侍)奏請修享先蠶禮，於是使成粲(侍中)草定儀注。(宋志‧禮一，晉志‧禮上，通典‧吉禮五)

【儀制】《晉志》記蠶禮儀注曰：“先蠶壇高一丈，方二丈，爲四出陛，陛廣五尺，在皇后采桑壇東南帷宮外門之外，而東南去帷宮十丈，在蠶室西南，桑林在其東。取列侯妻六人爲蠶母。蠶將生，擇吉日，皇后著十二笄步搖，依漢魏故事，衣青衣，乘油畫雲母安車，駕六騩馬。女尚書著貂蟬佩璽陪乘，載筐鉤。公主、三夫人、九嬪、世婦、諸太妃、太夫人及縣鄉君、郡公侯特進夫人、外世婦、命婦皆步搖、衣青，各載筐鉤從蠶。先桑二日，蠶室生蠶著薄上。桑日，皇后未到，太祝令質明以一太牢告祠，謁者一人監祠。祠畢撤饌，班餘胙於從桑及奉祠者。皇后至西郊升壇，公主以下陪列壇東。皇后東面躬桑，采三條，諸妃公主各采五條，縣鄉君以下各采九條，悉以桑授蠶母，還蠶室。事訖，皇后還便坐，公主以下乃就位，設饗宴，賜絹各有差。”《宋志》略有減省。

【因革】《宋志》錄華嶠奏曰：“今藉田有制，而蠶禮不修，……其詳依古典，及近代故事，以參今宜，明年施行。”《晉志》同。此所指“近代故事”，當爲魏黃初七年(226)所修之儀。

【考釋】《通典》采錄儀注，然徑云“太康六年，蠶於西郊”，欠妥，其實施行已到太康九年。

太康七年(286)

凶 鄭默(大鴻臚)母喪，既葬，固陳終制，始制大臣得終三年喪。(宋志‧禮

二,晉志・禮中,晉書・鄭袤列傳)

【因革】《鄭袤列傳》記曰:"遭母喪,舊制,既葬還職,默自陳懇至,久而見許。遂改法定令,聽大臣終喪,自默始也。"

又《宋志》記曰:"然元康中,陳準、傅咸之徒,猶以權奪,不得終禮。自茲至今,往往以爲成比也。"《晉志》同。

又《魏書・李彪列傳》録李彪之言曰:"漢初,軍旅屢興,未能遵古。至宣帝時,民當從軍屯者,遭大父母、父母死,未滿三月,皆弗徭役;其朝臣喪制,未有定聞。至後漢元初中,大臣有重憂,始得去官終服。暨魏武、孫、劉之世,日尋干戈,前世禮制復廢而不行。晉時,鴻臚鄭默喪親,固請終服,武帝感其孝誠,遂著令以爲常。聖魏之初,撥亂返正,未遑建終喪之制。"《北史・李彪列傳》同。

太康八年(287)

吉 正月,因太廟殿陷,群臣奏議可七廟異所,帝下詔仍一廟七室。

(宋志・禮三,晉志・禮上,晉書・武帝紀,通典・吉禮六)

【理據】《宋志》録帝詔曰:"古雖七廟,自近代以來,皆一廟七室,於禮無廢,於情爲叙,亦隨時之宜也。其便仍舊。"《晉志》同。此即上承曹魏廟制而爲泰始二年(266)所沿用者。

【考釋】此事《宋志》、《晉志》、《通典》均署太康六年,然《武帝紀》作"八年",中華書局點校本《宋書校勘記》據此改,茲從之。

【因革】秦蕙田《五禮通考》論曰:"同廟異室之制,定于此矣。"(《吉禮七十九》"宗廟制度")

吉 九月,改營太廟。(晉書・武帝紀)

凶 十月,太常上郭奕(故太常,平陵男)謚號景侯,有司奏議與景帝同,可改謚穆,王濟(侍中)等議以爲不必改,成粲(侍中)等議以爲不宜因襲魏制,下詔謚簡。(通典・凶禮二十六)

【因革】《通典》録王濟等議曰："按主者議諡,避帝而不避后,既不脩古典,不嫌同稱,復乖近代不襲帝后之例。"

嘉 **有司奏天子、諸侯大婚納徵用物,朱整**(尚書)**議條列前朝故事,帝詔謂朝廷唯給璋,餘如故事。**（宋志·禮一,晉志·禮下,通典·嘉禮三）

【儀制】據宋泰始五年(469)有司奏,可知太子昏納徵,仍用玉一,虎皮二。《宋志》此録有司奏曰"依《周禮》改璧用璋,其羊、雁、酒、米、玄纁如故。諸侯昏禮加納采、告期、親迎各帛五匹,及納徵馬四匹,皆令夫家自備,唯璋官爲具致之",並未采用。《晉志》同。

【理據】《宋志》録朱整議曰："按魏氏故事,王娶妃、公主嫁之禮,天子諸侯以皮馬爲庭實,天子加以穀珪,諸侯加以大璋。漢高后制,聘后黃金二百斤,馬十二匹;夫人金五十斤,馬四匹。魏聘后、王娶妃、公主嫁之禮,用絹百九十匹。晉興,故事用絹三百匹。"《晉志》同。

【因革】《晉志》又單獨有記載："前漢聘后,黃金二百斤,馬十二匹,亦無用羊之旨。鄭氏《婚物贊》曰'羊者祥也',然則婚之有羊,自漢末始也。王者六禮,尚未用焉。"此年有司奏"太子婚,納徵用玄纁束帛,加羊馬二駟",然仍未采用。

太康九年(288)

吉 **三月丁丑**(初七)**,皇后親桑於西郊,祀先蠶。**（宋志·禮四,晉書·武帝紀、后妃列傳上）

【儀制】《后妃列傳上》記曰："后率內外夫人命婦躬桑于西郊。"

【理據】《隋志·禮儀二》指出"[晉]武帝楊皇后蠶于西郊,依漢故事"。

【考釋】此前太康六年(285)所擬定蠶禮儀注,真正施行當在本年。然《隋志》謂"晉太康六年,武帝楊皇后蠶于西郊",略失實。《通典·吉禮五》沿《隋志》說,徑合此二事爲一,誤。

吉 **三月壬辰**(二十二)**,因改建宗廟,社稷壇俱遷,下詔擬併二社爲一,**

傅咸(車騎司馬)表堅稱宜仍舊立二社，並加爲二稷，成粲有異議，劉寔同傅説，帝未從，下詔仍舊魏制。(宋志·禮四，晉志·禮上，晉書·武帝紀，通典·吉禮四)

【理據】《宋志》録傅咸表援王肅之説曰："王景侯之論王社，亦謂春祈籍田，秋而報之也。其論太社，則曰'王者布下圻内，爲百姓立之，謂之太社，不自立之於京師也'。景侯此論據《祭法》'大夫以下，成群立社，曰置社'，景侯解曰：'今之里社是也。'景侯解《祭法》，則以置社爲人間之社矣。而別論復以太社爲人間之社，未曉此旨也。"由此，傅氏更以意補足之曰："親耕，謂自報，自爲立社者，爲籍而報也。國以人爲本，人以穀爲命，故又爲百姓立社而祈報焉。事異報殊，此社之所以有二也。……太社，天子爲民而祀，故稱天子社。《郊特牲》曰'天子太社，必受霜露風雨'，夫以群姓之衆，王者通爲立社，故稱太社。"因此傅説在禮意上便顯得較爲完足。成粲議稱"景侯論太社不立京都，欲破鄭氏學"，實未能直刺傅説之要害，故反遭傅氏之譏："不知此論從何出而與解乖，上違經記明文，下壞景侯之解。"基於此，武帝下詔曰："社實一神而相襲二位，衆議不同，何必改作，其使仍舊，一如魏制。"《晉志》同。

【論評】秦蕙田《五禮通考》論曰："景侯不自立之京師之説，與孔晁同義，傅咸以爲人間之社不稱太，足以折服之矣。景侯解《禹貢》又與己説相矛盾，然此解却是。"(《吉禮四十三》"社稷")

太康十年(289)

吉 四月，太廟建成。 乙巳(十一)，遷神主於新廟，祫祭。(宋志·禮三，晉志·禮上，晉書·武帝紀)

【儀制】《宋志》記曰："帝率百官遷神主于新廟，自征西以下，車服導從皆如帝者之儀。摯虞之議也。"《晉志》略同。又《武帝紀》記曰："帝迎於道左。"

吉 十月，帝更詔改前所定郊祀禮制，復明堂及南郊五帝位。(宋志·禮

三,晉志·禮上,通典·吉禮一、吉禮三)

【理據】①《宋志》錄帝詔曰:"《孝經》'郊祀后稷以配天,宗祀文王於明堂,以配上帝'。而《周官》云:'祀天旅上帝。'又曰:'祀地旅四望。'四望非地,則明上帝不得爲天也。往者衆議除明堂五帝位,考之禮文正經不通。且《詩序》曰:'文、武之功,起於后稷。'故推以配天焉。宣帝以神武創業,既已配天,復以先帝配天,於義亦不安。"《晉志》同。②《通典》自注:"時以五精帝佐天育物,前代相因,莫之或廢。"

【儀制】由帝詔可推知,此後當以武帝司馬炎配天,以宣帝司馬懿配明堂。

【因革】《晉志》錄此後摯虞議指出:"漢魏故事,明堂祀五帝之神。新禮,五帝即上帝,即天帝也,明堂除五帝之位,惟祭上帝。……晉初始從異議。庚午詔書,明堂及南郊除五帝之位,惟祀天神,新禮奉而用之。前太醫令韓楊上書,宜如舊祀五帝。太康十年,詔已施用。"可見此年下詔,乃采韓楊之説;至此,泰始二年(266)所改之制已然廢棄。

樂 帝頗親宴樂,華嶠(侍中)等上表微諫,乃止。(晉書·華表列傳)

太熙元年(290)

賓 二月辛丑(十二),東夷七國朝貢。(晉書·武帝紀)

凶 四月己酉(二十),帝去世於含章殿,皇太子即位;五月辛未(十三),葬於峻陽陵。(晉書·武帝紀、惠帝紀)

【儀制】《資治通鑑·晉紀四》胡注:"時梓宮蓋自含章殿徙殯太極殿。"《通鑑》又記"詔石鑒與中護軍張劭監作山陵";子司馬亮(汝南王)畏楊駿(太尉),"不敢臨喪,哭於大司馬門外",胡注:"君父之喪,哭於門外,非禮也。"

又《宋志·禮二》記太傅錄司馬道子(尚書,會稽王)議:"山陵之後,通婚嫁不得作樂,以一朞爲斷。"《晉志·禮中》同。

【理據】《通典·凶禮一》錄尚書問"今大行崩含章殿,安梓宮宜在何殿",卜摧(博士）、楊雍（博士）議曰：“今太極殿，古之路寢，梓宮宜在太極殿，依周人殯於西階。”
又曰：“朔望則奠，用太牢備物。”“諸王宜各於其所居爲廬，朝夕則就位哭臨。”

【附識】《通典·凶禮三》又録晉尚書問公卿爲天子服，卞揺、應琳議以爲“臺書
令史，列職天朝，皆應服斬”，又“自士以上見在官者，皆應制服”。

惠帝（司馬衷，武帝第二子）

永熙元年（290）

嘉 四月，立賈氏（妃）爲皇后。（晉書·惠帝紀）

吉 宗廟登武帝神主，遷征西府君。（宋志·禮三，晉志·禮上）

嘉 八月壬午（二十六），立司馬遹（廣陵王）爲皇太子。（晉書·惠帝紀）

凶 帝欲爲先帝諒闇自居，楊駿（太尉）輔政，傅咸（尚書左丞）勸楊氏，從武
帝心喪三年。（晉書·傅玄列傳）

【因革】《晉書》録傅咸言曰：“事與世變，禮隨時宜，諒闇之不行尚矣。……逮至
漢文，以天下體大，服重難久，遂制既葬而除。世祖武皇帝雖大孝烝烝，亦從時
釋服，制心喪三年，至於萬機之事，則有不遑。今聖上欲委政於公，諒闇自居，此
雖謙讓之心，而天下未以爲善。”

永平元年（291，三月改元元康）

嘉 正月乙酉（初一），帝臨朝，不設樂；下詔子弟及群官並不得謁陵。
（晉書·惠帝紀）

嘉 正月丙午（二十一），皇太子（司馬遹）加冠；丁未（二十二），見於太廟。（晉
書·惠帝紀，通典·嘉禮一）

【考釋】司馬遹於永康元年(300)去世時年 23 歲,反推此年 14 歲。

【因革】《通典》記曰:"懷帝亦以正月冠皇太子。"

賓 二月癸酉(二十),司馬瑋(楚王,鎮南將軍)、司馬允(淮南王,鎮東將軍)來朝。

(晉書·惠帝紀)

【儀制】《晉志·禮下》記泰始中,有司奏定儀制:"諸侯之國,其王公以下入朝者,四方各爲二番,三歲而周,周則更始。若臨時有故,却在明年。明年來朝之後,更滿三歲乃復朝,不得違本數。朝禮皆親執璧,如舊朝之制。不朝之歲,各遣卿奉聘。"《通典·賓禮一》同。

【儀制】《晉志·禮下》更記此後,"江左王侯不之國,其有受任居外,則同方伯刺史二千石之禮,亦無朝聘之制,故此禮遂廢"。《通典·賓禮一》同。

吉 三月,皇后(賈氏)矯詔廢皇太后(楊氏,武悼皇后)爲庶人,告天地宗廟。

(晉書·惠帝紀、后妃列傳上)

【儀制】《后妃列傳》録有司奏請"廢太后爲庶人,遣使者以太牢告於郊廟,以奉承祖宗之命"。

【附識】明年二月,皇太后絕食而亡。

吉 三月,因改元,石鑒(使持節,太尉)造於太廟。 (通典·吉禮十四引《惠帝起居注》)

凶 六月,司馬亮(汝南王)被殺,喪葬之禮如安平獻王(司馬孚)故事,廟設軒懸之樂。 (晉書·汝南王亮列傳、惠帝紀)

【考釋】皇后矯詔,使司馬瑋(楚王)殺司馬亮,不久司馬瑋被誅,追復司馬亮爵位。

凶 九月,司馬柬(秦王)去世,李含(秦國郎中令)因王葬畢除服被貶,傅咸(御史中丞)上表斥之,以爲遭龐騰(中正)所侮,不從。 (晉書·李含列傳、惠帝紀,通典·凶禮十)

【儀制】《通典》録傅咸曰:"臣以國之大制,不可而偏,秦國郎中令李含,承尚書之敕,奉喪服之命,既葬除服,而中正龐騰無所據仗,貶含品三等,謂此未值漢魏以來施行之制，具以表聞，未嘗朝廷當云何。騰等之論，以秦王無後，前又有詔，以此謂含不應除服。愚謂諸侯之制，不得異於天朝。就秦王有嗣，於制亦自應除；且秦王無後，乃前有詔，朝野莫不聞知。而尚書下敕，葬訖含自應攝職，不應差代，尋舉爲臺郎；又司徒摘罰訪問，催含攝職。如此，臺府亦皆謂含既葬應除也。”

制 **摯虞討論晉初《新禮》訖，上議明堂五帝、二社六宗及吉凶王公制度，凡十五篇，詔可。**（晉志·禮上）

【考釋】《晉志》記曰：“太康初，尚書僕射朱整奏付尚書郎摯虞討論之。”又曰：“後虞與傅咸纘續其事，竟未成功，中原覆没。虞之《決疑注》，是其遺事也。”據此可知，晉初新禮制定後未立即施行，至太康初命摯虞負責討論，歷十年而摯氏上議其中疏誤。之後，命摯氏與傅咸共同修訂，然歷十多年而未成，永康之亂起。摯氏等之功業有《決疑注》一書流傳。

又《晉志》録摯虞上議曰：“〔荀〕顗爲百六十五篇，篇爲一卷，合十五餘萬言，臣猶謂卷多文煩，類皆重出。案《尚書·堯典》祀山川之禮，惟於東嶽備稱牲幣之數，陳所用之儀，其餘則但曰‘如初’；《周禮》祀天地五帝享先王，其事同者皆曰‘亦如之’，文約而義舉。今禮儀事同而名異者，輒別爲篇，卷煩而不典，皆宜省文通事，隨類合之，事有不同，乃列其異。如此，所減三分之一。”由此段可見摯氏所擬修繕的禮典儀注在結構、卷軼、行文等方面的原則。

【理據】《晉志》録摯虞上議曰：“蓋冠婚祭會諸吉禮，其制少變；至于《喪服》，世之要用，而特易失旨。……況自此已來，篇章焚散，去聖彌遠，喪制詭謬，固其宜矣。是以《喪服》一卷，卷不盈握，而争説紛然。三年之喪，鄭云二十七月，王云二十五月。改葬之服，鄭云服緦三月，王云葬訖而除。繼母出嫁，鄭云皆服，王云從乎繼寄育乃爲之服。無服之殤，鄭云子生一月哭之一日，王云以哭之日易服之月。如此者甚衆。《喪服》本文省略，必待注解事義乃彰；其傳説差詳，世稱子夏所作。鄭、王祖經宗傳，而各有異同，天下並疑，莫知所定，而顗直書古經文而已，盡除《子夏傳》及先儒注説，其事不可得行。及其行事，故當遷頒異説，一彼一此，非所以定制也。臣以爲今宜參采《禮記》，略取《傳》説，補其未備，一其殊義。可依准王景侯所撰《喪服變除》，使類統明正，以斷疑争，然後制無二門，咸同所由。"由此段可見摯氏所持禮制隨時因革的制禮觀念，及其所設定的新制建構當如何依從、取鑑。

【因革】楊華指出："這是首次在國家大典的製作中提出鄭、王之學的差異和擇從問題，距王肅之死不過三十年。摯虞之議，得到司馬炎的詔可，結果王肅之學被西晉悉數接受，其後南朝禮法也多源襲於此，以王肅之學爲基礎理論。"（《論〈開元禮〉對鄭玄和王肅禮學的擇從》）

吉 **摯虞議以爲宜據太康十年詔定新禮，明堂及南郊祀五帝如舊。**（晉志·禮上）

【理據】《晉志》録摯虞議曰："周禮，祀天旅上帝，祀地旅四望。望非地，則上帝非天，斷可識矣。郊丘之祀，掃地而祭，牲用繭栗，器用陶匏，事反其始，故配以遠祖。明堂之祭，備物以薦，玉牲並陳，籩豆成列，禮同人鬼，故配以近考。"

【論評】① 秦蕙田《五禮通考》論曰："帝即天也，《孝經》配天、配上帝互文見義耳。摯虞惑于六天之説，取其君之善制而變之，誤孰大焉！"（《吉禮二十五》"明堂"）
② 陳戍國則指出摯虞所論"駁斥了新禮，也就駁斥了王肅"，"他與鄭玄（還有那位早於摯虞提出異議的韓楊）自有根據，不似王肅等人全憑臆造"（《中國禮制史·魏晉南北朝卷》，第117頁）。

吉 **摯虞奏當復立六宗祀，詔從之。**（晉志·禮上，通典·吉禮三）

【因革】①《晉志》記曰："及晉受命，司馬彪等表六宗之祀不應特立新禮，於是遂罷其祀。"②《通典》記此年經摯虞議，"復立六宗祀，因魏舊事"。

【理據】《晉志》録摯虞表列舉漢元初六年(119)、魏景初二年(238)故事，以證"漢魏相仍，著爲貴祀"。

吉 **摯虞奏稱次殿之設不當采新禮，宜改從魏舊，從之。**（晉志·禮上）

【理據】《晉志》記曰："魏故事，天子爲次殿於廟殿之北東，天子入自北門。新禮，設次殿于南門中門外之右，天子入自南門。摯虞以爲：'次殿所以爲解息之處，凡適尊以不顯爲恭，以由隱爲順，而設之於上位，入自南門，非謙厭之義。宜定新禮，皆如舊説。'"

【考釋】此事無紀年，今暫與摯虞上議事同繫而並觀之。

吉 **摯虞議祀皋陶時、地均宜改如舊，制可。**（晉志·禮上，通典·吉禮十二）

【儀制】《晉志》記曰："故事，祀皋陶於廷尉寺，新禮移祀於律署，以同祭先聖於太學也。故事，祀以社日，新禮改以孟秋之月，以應秋政。"

【考釋】此事《通典》無紀年，今暫與摯虞上議事同繫而並觀之。《通典》前冠"東晉孝武帝寧康三年七月"，誤，中華書局本校勘記已辨之。

軍 **摯虞定合朔伐鼓儀注。**（宋志·禮一，晉志·禮上）

【儀制】《宋志》録摯虞《決疑》曰："凡救蝕者，皆著赤幘，以助陽也。日將蝕，天子素服避正殿，內外嚴警，太史登靈臺，伺候日變。更伐鼓于門，聞鼓音，侍臣皆著赤幘，帶劍入侍。三臺令史以上，皆各持劍立其户前。衛尉卿馳繞宮，伺察守備，周而復始。日復常，乃皆罷。"此外，亦伐鼓於社，"又以赤絲爲繩繫社。祝史陳辭以責之"。《晉志》略同。

【理據】據《宋志》所録摯虞説，合朔用伐鼓之儀，係采魯昭公十七年（前525）叔孫昭子之説。

【因革】《宋志》述曰："合朔，官有其注。"可見摯氏所定儀注此前一度承用，故《通典·軍禮三》記此段儀注爲漢制。

凶 **摯虞議新禮喪制宜改五事如舊，詔從之。**（晉志·禮中）

【儀制】《晉志》記摯虞議改三事爲：其一，新禮齊斬之喪不佩劍綏，改爲布衣劍如舊；其二，新禮無吉駕導從，除吉駕鹵簿，改爲設吉服導從如舊；其三，新禮除輓歌，改不除如舊；其四，新禮建王公五等諸侯喪制，改爲公卿朝士服喪親疏各如其親；其五，新禮制弟子爲師齊衰三月，改爲無服如舊。《通典·凶禮一》、《凶禮八》載之。

又《通典·凶禮三》記摯虞曰："凡使弔祭，同姓者，素冠幘，白練深衣，器用皆素。異姓者，服色器用皆不變。""國家爲同姓王、公、妃、主發哀於東堂，爲異姓公、侯、都督發哀於朝堂。”

【理據】①《晉志》録摯虞曰："周禮作於刑厝之時，而著荒政十二。禮備制待物，不以時衰而除盛典，世隆而闕衰教也。……是時天下又多此比，皆禮之所及。宜定新禮自如舊經。"②就喪服無弟子爲師服之制，摯虞曰："自古無師服之制，故仲尼之喪，門人疑於所服，……遂心喪三年。"清黃以周據此推論曰："晉人蓋有爲師齊衰者，故仲洽云爾。"（《禮書通故·喪服通故三》125條）

【因革】《晉志》録摯虞曰："漢朝依古爲制，事與古異，皆不施行，施行者著在魏科。大晉采以著令。"

嘉 **摯虞議以爲王公群妾見夫人，夫人宜如舊不答拜。**（晉志·禮下，通典·嘉禮十三）

【理據】《晉志》記曰："新禮以爲禮無不答，更制妃公侯夫人答妾拜。"而摯虞以爲："名位不同，本無酬報。禮無不答，義不謂此。"

元康二年(292)

嘉 **王渾**（司徒）**奏諸官周喪嫁女娶婦者宜加貶黜，尚書符下國子學處議，吳商**（國子助教）**議以爲拜時與娶婦應區別開，裴頠**（國子祭酒）**議以爲當別嘉凶，詔從之。**（通典·嘉禮五）

【儀制】《通典》録王渾奏指出違禮者八人：虞濬（太子家令）有弟喪，嫁女拜時；陳湛（鎮東司馬）有弟喪，嫁女拜時；王崇（上庸太守）有兄喪，嫁女拜時；夏侯俊有弟子喪，爲子納婦，恆無服；鄒湛（國子祭酒）有弟婦喪，爲子娶婦拜時，蒙有周服；王琛（給事中）有兄喪，爲子娶婦拜時；羊暨（并州刺史）有兄喪，爲子娶婦拜時；牽昌（征西長史）有弟喪，爲子娶婦拜時。

【理據】①《通典》録王渾的依據是《儀禮》"大功之末可以嫁子，小功之末可以娶婦"，裴頠議曰："吉凶之別，禮之大端，子服在凶，而行嘉禮，非所以爲訓。"②又録吳商議區別之曰："今之拜時，事畢便歸，婚禮未成，不得與娶婦者同也。俊、琛、稜並以齊縗娶婦、娶妻,所犯者重。……湛身既平吉,子雖齊縗,義服之末,又不親迎,吉凶別處,則所犯者輕。潛、暨爲子拜時,拜時禮輕當降也。"

【因革】《通典》"周喪不可嫁女娶婦議"條又記此後有劉隗（司直）上言糾彈王籍（文學）"有叔母服,未一月,納吉娶妻";王叔仁兄十月去世,"詔其子與瑯琊王婚拜時,叔仁以喪辭",會稽王以爲當從詔,王彪之反對,認爲"君主的意見不可以成爲'聖人故事',絶不能成爲禮儀的通則,……所以王叔仁拒絶遵守王命是正當的"（甘懷真《皇權、禮儀與經典詮釋》,第 77 頁）。

【論評】甘懷真指出:"這個案子的重要之處,在於王籍是王導的族人,屬於東晉第一流的瑯琊王氏,糾舉的有司也稱他爲'名門'。可見這項禮儀連一些士族都無法達到。"（《皇權、禮儀與經典詮釋》,第 79 頁）

元康三年(293)

吉 閏二月,皇太子（司馬遹）至太學,釋奠於先師。（晉書·潘岳列傳,通典·吉禮十二）

【儀制】《潘岳列傳》載潘尼《釋奠頌》曰:"三年春閏月,將有事於上庠,釋奠于先師,禮也。越二十四日丙申,侍祠者既齊,輿駕次于太學。太傅在前,少傅在後,恂恂乎弘保訓之道;宮臣畢從,三率備衛,濟濟乎肅翼贊之敬。乃掃壇爲殿,懸幕爲宮。夫子位於西序,顔回侍於北墉。宗伯掌禮,司儀辯位。二學儒官,搢紳先生之徒,垂纓佩玉,規行矩步者,皆端委而陪於堂下,以待執事之命。設樽篚於兩楹之間,陳罍洗於阼階之左。幾筵既布,鐘懸既列,我後乃躬拜俯之勤,資在三之義。……於是牲饋之事既終,享獻之禮已畢,釋玄衣,御春服,馳齋禁,反故式。天子乃命内外群司,百辟卿士,蕃王三事,至于學徒國子,咸來觀禮,我後皆延而與之燕。金石簫管之音,八佾六代之舞,鏗鏘閶閤,般辟俯仰,可以澄神滌欲,移風易俗者,罔不畢奏。"

【因革】① 西晉釋奠之禮起自泰始七年(271)。② 陳戍國指出"古籍記此禮無如潘尼《釋奠頌》之詳且早者"（《中國禮制史·魏晉南北朝卷》,第 197 頁）。

嘉 制立學官品，使第五以上入國學。（通典·吉禮十二）

【因革】據《宋志·禮一》，泰始八年(272)有司曾奏太學生七千人如何去留，下詔謂未經試者均"遣還郡國"，同時又令"大臣子弟堪受教者"入太學，由此便造成《通典》所謂"人多猥雜，欲辨其涇渭"的局面，故此年新立國學以與太學作區別。

【論評】《南齊志》建武四年(498)曹思文上表曰："晉初太學生三千人，既多猥雜，惠帝時欲辯其涇渭，故元康三年始立國子學，官品第五以上得入國學。天子去太學入國學，以行禮也；太子去太學入國學，以齒讓也。太學之與國學，斯是晉世殊其士庶，異其貴賤耳。然貴賤士庶，皆須教成，故國學、太學兩存之也。"

【考釋】《晉書·裴秀列傳》記曰："[裴頠]累遷侍中，時天下暫寧，頠奏修國學，刻石寫經；皇太子既講，釋奠祀孔子，飲饗射侯，甚有儀序。又令荀籓終父勖之志，鑄鐘鑿磬，以備郊廟朝享禮樂。"可見立國學、釋奠二事頗賴裴氏之力。

元康四年(294)

凶 曹臣（中郎，關中侯）之父（趙郡將，定公）去世，蘇宙（前趙郡吏，太學博士）未奔弔，上冀州大中正請予貶官，蘇氏云其聞喪已設位盡哀，謝衡（博士）議以爲無所犯，周哀（博士）議以爲應致書唁，孫兆（河內太守）議不宜弔。

（通典·凶禮二十一）

【理據】《通典》錄蘇宙曰："禮，聞父母喪，不得奔赴，爲位斂髮，成踊襲絰，割孝子之心，以終君之命，謂之禮也。往聞喪設位盡哀，仰則先哲，俯順王度，儀刑古典，不失舊物。"又錄孫兆曰："至於奔赴弔祭故將，非禮典所載，是末代流俗相習，委巷之所行耳，非聖軌之明式也。"

元康五年(295)

吉 帝未郊祀，荆、揚、兗、豫、青、徐等六州大水。（晉書·惠帝紀、宋志·

五行四）

【因革】《宋志》述曰："是時帝即位五載，猶未郊祀，烝嘗亦多不身親近。簡宗廟、廢祭祀之罰也。"

【理據】《宋志》引班固曰："王者即位，必郊祀天地，望秩山川。若乃不敬鬼神，政令違逆，則霧水暴至，百川逆溢，壞鄉邑，溺人民，水不潤下也。"

元康六年(296)

吉 下詔改皇后蠶禮純服青。（晉書·輿服，通典·嘉禮七）

【因革】《晉志》録帝詔曰："魏以來皇后蠶服皆以文繡，非古義也。"

【考釋】《通典》"后妃命婦服章制度"節下同；又於"后妃命婦首飾制度"節下記有"元康六年詔改"六字，校勘記認爲"此係編寫之駁文，定稿時未予删削者"。

元康八年(298)

吉 五月，郊禖壇上石破爲二，詔問是否應更造，博士議以爲不必，束皙議以爲宜更造，後依束説更鐫石，置高禖壇上。（晉書·惠帝紀，隋志·禮儀二，通典·吉禮十四）

【因革】①《隋志》記曰："後得高堂隆故事，魏青龍中，造立此石，詔更鐫石，令如舊，置高禖壇上。"可見高禖壇上立石之制起於魏青龍中（233—236）。②《隋志》又記梁時於太廟北門内得宋武帝郊禖之石，可見"江左亦有此禮"。

【考釋】此事《隋志》、《通典》署作元康六年，恐誤。

元康九年(299)

吉 十二月壬戌（三十），使和郁（尚書）等詣東宮，廢皇太子（司馬遹）爲庶人，

幽於金墉城。（晉書·惠帝紀、愍懷太子列傳）

【儀制】《愍懷太子列傳》記曰："是日太子游玄圃,聞有使者至,改服出崇賢門,再拜受詔,步出承華門,乘粗犢車。[司馬]澹以兵仗送太子妃王氏、三皇孫于金墉城。"

嘉 **帝至辟雍,行鄉飲酒禮。**（宋志·禮一,晉志·禮下）

【考釋】《通典·吉禮十二》記此事在元康五年(295)。

永康元年(300)

凶 **三月癸未(二十二),皇太子**（司馬遹）**被殺;六月壬寅(十三),葬於顯平陵。**（晉書·惠帝紀、愍懷太子列傳,宋志·禮二）

【考釋】皇太子於去年十二月被廢爲庶人,此年三月爲皇后賈氏指使孫慮（黃門）椎殺於許昌,四月賈后被廢,追復故皇太子位。

又《愍懷太子列傳》記葬日在六月己卯,誤。

【儀制】《愍懷太子列傳》記太子被殺,"將以庶人禮葬之,賈后表曰……詔以廣陵王禮葬之";此後太子追復位號,"帝爲太子服長子斬衰,群臣齊衰,使尚書和郁率東宮屬具吉凶之制,迎太子喪於許昌"。

凶 **愍懷太子去世,王堪**（司隸）**議以爲當服三年,王接**（司隸從事）**議以爲帝無服。**（通典·凶禮三）

【理據】《通典》記曰："愍懷太子以庶子立爲太子,及薨,議疑上當服三年。"又録王接議曰："依《喪服》及鄭氏説,制服不得與嫡同,應從庶例。天子諸侯不爲庶子服。"

【論評】《通典》録宋庾蔚之論曰："王堪以爲拜爲太子,則全同嫡正。王接據庶子爲後,爲其母緦,庶名不去,故雖爲太子,猶應與衆子同,天子不爲服。可謂兩失其衷,嘗試言之。按《喪服傳》通經,長子三年,言以正體乎上,又將所傳重。明二義兼足,乃得加至三年。今拜爲太子,雖將所傳重,而非正體,安得便同嫡正爲之斬縗乎？既拜爲太子，則是將所傳重，寧得猶與衆庶子同其無服乎？天子諸侯絕傍周。"

凶 **謝淑媛**（愍懷太子母）**葬於顯平陵。**（晉書·后妃列傳上）

【考釋】謝淑媛於去年十二月被害。

嘉 **十一月甲子**（初七），**立皇后羊氏。**（晉書·惠帝紀）

【考釋】① 此年四月，皇后賈氏被廢爲庶人，隨即被殺。②《后妃列傳上》記太安元年（302）立爲皇后，誤。

永寧元年（301）

吉 **正月乙丑**（初九），**司馬倫**（趙王，司馬懿之子）**僭即帝位，改元建始，親祠太廟。**（晉書·惠帝紀、趙王倫列傳）

【考釋】帝被遷居金墉城，號太上皇，至四月還宮，司馬倫被殺。

嘉 **五月，立司馬尚**（襄陽王）**爲皇太孫。**（晉書·惠帝紀）

凶 **六月，司馬穎**（大將軍，成都王）**爲黃橋戰亡者造棺八千餘枚，葬於黃橋北。**（晉書·成都王穎列傳）

【儀制】《成都王穎列傳》曰："穎乃造棺八千餘枚，以成都國秩爲衣服，斂祭，葬於黃橋北，樹枳籬爲之塋域。又立都祭堂，刊石立碑，紀其赴義之功，使亡者之家四時祭祀有所。……又命河內溫縣埋藏趙倫戰死士卒萬四千餘。"

太安元年（302）

嘉 **正月，因太子喪未除，元會廢樂。**（宋志·禮二，晉志·禮中）

【論評】秦蕙田《五禮通考》論曰："晉故事，國有大喪，元會輟樂者三年，於禮爲合。若惠帝以愍懷之喪未除而元會廢樂，揆之《春秋》，叔向譏景王之義，亦爲允協。蓋晉時儒者以凶禮爲呕,《儀禮·喪服》一篇,專門訓詁者亡慮十數家,故國有大喪,尚能據禮,是正鄭、王諸大儒之流風猶有存者,未可概以清談薄之也。"（《嘉禮九》"朝禮"）

【考釋】《通典·樂七》則記去年冬,"愍懷太子母喪,三年制未終",故江統（大司馬府參軍）議元會"不宜舉樂"。按此事繫年恐有誤。

凶 三月,皇太孫（司馬尚）去世,有司奏服齊衰期,詔通議。謝衡（散騎常侍）、卞粹（中書令）、蔡克（博士）、摯虞（秘書監）均有所議,終以御史以上皆服齊衰。（晉書·惠帝紀,宋志·禮二,晉志·禮中,通典·凶禮四）

【理據】《宋志》錄摯虞議曰:"太孫亦體君傳重,由位成而服全,非以年也。天子無服殤之儀,絕期故也。"

嘉 五月癸卯（二十五）,立司馬覃（清河王司馬遐之子）爲皇太子。（晉書·惠帝紀）

【考釋】皇太子司馬遹於永康元年（300）被殺。

太安二年(303)

凶 十月,陸雲（清河內史）被殺,門生故吏迎喪葬於清河,修墓立碑,四時祠祭。（晉書·陸雲列傳、惠帝紀）

永安元年(304,十二月改元永興)

嘉 三月戊申（十一）,立司馬穎（成都王）爲皇太弟。（晉書·惠帝紀）

【考釋】此年二月,皇后羊氏、皇太子司馬覃被廢,七月又復位。

吉 七月,帝被迫至鄴,立郊於鄴南。（晉書·惠帝紀、成都王穎列傳）

嘉 十二月丁亥（二十四）,更立司馬熾（豫章郡王）爲皇太弟。（晉書·惠帝紀、孝懷帝紀）

【考釋】此年八月，皇后羊氏、皇太子司馬覃又被廢，十一月，皇后復位。

光熙元年（306）

吉 六月丙辰（初一），帝回洛陽，謁太廟，改元。（晉書·惠帝紀）

【考釋】帝自大安二年（303）八月張方等攻至洛陽，被迫離京，落魄在外，及至此時回京升舊殿，於太廟"哀感流涕"。

凶 十一月庚午（十八），帝去世於顯陽殿；十二月己酉（二十八），葬於太陽陵。（晉書·惠帝紀、孝懷帝紀）

凶 帝去世，江統（司徒左長史）議奔赴山陵，自臺郎御史以上不赴，應受義責，加貶絶。（通典·凶禮二）

懷帝（司馬熾，武帝第二十五子，惠帝弟）

嘉 十一月癸酉（二十一），即位，立梁氏（妃）爲皇后。（晉書·孝懷帝紀）

永嘉元年（307）

吉 宗廟登惠帝神主，遷豫章府君。（宋志·禮三，晉志·禮上）

凶 三月丁卯（十七），改葬武悼皇后（楊氏）。（晉書·孝懷帝紀）

【儀制】《晉書·后妃列傳上》記云"追復尊號，別立廟，神主不配武帝"。《晉志·禮中》記時依閻丘沖議，至后祖載，帝"三朝素服發哀"。

【因革】① 據《后妃列傳上》，武悼皇后於元康二年（292）爲賈皇后逼死，且"謂太后必訴寃先帝，乃覆而殯之"。②《晉書·后妃列傳上》記後至東晉咸康七年（341），虞潭（衛將軍）議得到眾議認可，纔重新配食武帝。

嘉 三月庚午(二十)，立司馬詮(豫章王)爲皇太子。(晉書·孝懷帝紀)

【考釋】司馬詮，《武十三王列傳》作司馬銓。按其乃帝之兄司馬遐(清河康王)之子。

嘉 冬，因三年制未終，江統(司徒左長史)議明年正會不宜作樂。(南齊志·

禮下"建武二年"何佟之議，通典·樂七)

【考釋】江統，《南齊志》作"江充"，校勘記已正之。

吉 帝親郊。(晉書·摯虞列傳)

【因革】《摯虞列傳》記曰："自元康以來，不親郊祀，禮儀弛廢。虞考正舊典，法
物粲然。"

【考釋】懷帝親郊不知具體年月，《摯虞列傳》僅標在"永嘉中"，暫繫於此。

賓 司馬睿(安東將軍，後之元帝)鎮建鄴，顧榮、賀循朝見，自此君臣之禮始

定。(晉書·王導列傳、元帝紀)

【理據】《王導列傳》録王導之言："古之王者，莫不賓禮故老，存問風俗，虛己傾
心，以招俊乂。……顧榮、賀循，此土之望，未若引之以結人心。"王導親自拜訪
二位，二位來朝，"吳風風靡，百姓歸心焉"。

【考釋】此事未悉年月，《元帝紀》標爲"永嘉初"，暫繫於此。

嘉 潘尼(太常)爲子娶李循(黃門郎)女，已拜時，各遭周喪，仍迎娶，江統

(國子博士)、許遐(侍中)議以爲齊縗大功三月既葬，可迎婦，何琦駁議

之。(通典·嘉禮四)

【因革】①《通典》又記此後東晉太和中，魏驚(功曹)"周喪內迎拜時婦，鄉曲以違
禮議之"，後謝安議以爲"拜時雖非正典，代所共行久矣。將以三族多虞，歲有吉
忌，故逆成其禮"。②《通典》議之曰："按《禮經》婚嫁無'拜時''三日'之文，自
後漢魏晉以來，或爲拜時之婦，或爲三日之婚。……宋齊以後，斯制遂息。"

【考釋】《劉隗列傳》此事僅知在"永嘉中"，暫繫於此。

嘉 因梁龕(廬江太守)宴請奏伎，在除婦服前一日，周顗(丞相長史)等三十

人同會，劉隗(丞相司直)奏請元帝，免梁龕官，奪周顗等俸一月，從

之。（晉書·劉隗列傳）

【理據】《劉隗列傳》録劉隗奏曰："夫嫡妻長子皆杖居廬，故周景王有三年之喪，既除而宴，《春秋》猶譏，況龕匹夫，暮宴朝祥，慢服之愆，宜肅喪紀之禮。"而周顗等"知龕有喪，吉會非禮"，明知故違。

【考釋】此事未悉年月，在建興以前，暫繫於此。

永嘉五年(311)

[吉] 六月，劉曜(漢始安王)、王彌等入晉宮，戊戌(十二)，發掘諸陵，焚宮廟、官府，帝與六璽遷於平陽。（晉書·孝懷帝紀，資治通鑑·晉紀九）

[嘉] 六月，苟晞(大將軍)於倉垣立司馬端(豫章王)爲皇太子。（晉書·孝懷帝紀）

【考釋】皇太子司馬詮被劉曜所殺。

[吉] 七月，王浚(大司馬)設壇告類，立皇太子，備置百官，自領尚書令。

（資治通鑑·晉紀九）

愍帝(司馬鄴，武帝孫，都長安)

永嘉六年(312)

[吉] 九月辛巳(初三)，賈疋(前雍州刺史)等奉司馬鄴(秦王)爲皇太子，建行臺於長安，登壇告類，建宗廟社稷。（晉書·孝愍帝紀、閻鼎列傳）

【考釋】《宋志·禮三》叙曰："愍帝都長安，未及立郊廟而敗。"愍帝於明年四月正式即皇帝位，四年後即去世。

[凶] 顧榮(軍司馬)去世，元帝臨喪盡哀，家人置琴於靈座。（晉書·顧榮列傳）

【考釋】《顧榮列傳》記張翰"哭之慟，既而上牀鼓琴數曲，撫琴而歎，……因又慟哭,不弔喪主而去"。

【儀制】《宋志·禮二》記後至東晉太興元年(318),有司奏請爲顧榮立碑,"詔特聽之"。

【因革】《宋志·禮二》記因此次立碑,"自是後,禁又漸頹。大臣長吏,人皆私立。義熙中,尚書祠部郎中裴松之又議禁斷"。

建興元年(313)

嘉 **正月丁丑**(初一),**漢主宴會群臣於光極前殿,使懷帝著青衣行酒。**
(晉書·劉聰載記、孝懷帝紀)

凶 **四月丙午**(初一),**知懷帝去世,皇太子舉哀成禮。** (晉書·孝愍帝紀)

【考釋】懷帝於二月丁未(初一),被殺於平陽。

嘉 **四月,皇太子加元服;壬申**(二十七),**即位。** (晉書·孝愍帝紀,資治通鑑·晉紀十)

【考釋】帝於建興五年(317)去世時 18 歲,此年 14 歲。

嘉 **十二月,熊遠**(主簿)**上諫因懷帝梓宮未返,明年元會宜設饌徹樂,帝納之。** (晉書·熊遠列傳,通典·樂七)

吉 **熊遠**(主簿)**建議江東制度草創,首當修立農桑之禮,時議美之。** (晉書·熊遠列傳)

【儀制】《熊遠列傳》錄熊遠建議曰:"立春之日,天子祈穀于上帝,乃擇元辰,載耒耜,師三公、九卿、諸侯、大夫,躬耕帝藉,以勸農功。"

【考釋】此時《熊遠列傳》記在建興初,暫繫於此。

建興三年(315)

凶 **六月,漢霸陵、杜陵及薄太后陵被盜發,所餘葬品收入內府。** (晉

書・孝愍帝紀）

【考釋】《孝愍帝紀》記曰："盜發漢霸、杜二陵及薄太后陵，太后面如生，得金玉綵帛不可勝記。時以朝廷草創，服章多闕，敕收其餘，以實內府。"

建興四年(316)

吉　正月，梁芬（司徒）議追尊皇考（吳王，司馬晏），索琳（左僕射）等亦以爲不可，故追贈爲太保。（宋志・禮四，晉志・禮上，資治通鑑・晉紀十一）

【理據】《宋志》記索琳等"稱引魏制"以成此說，《晉志》同。此實即魏太和三年(229)所定制。

凶　七月，劉曜進軍涇陽，獲晉將魯充（建威將軍）、梁緯（散騎常侍），魯、梁自殺，梁妻辛氏亦自殺，皆以禮葬之。（晉書・列女列傳，資治通鑑・晉紀十一）

【理據】《通鑑》記劉曜欲求魯充，魯充死晉，劉曜贊之曰"義士也"，欲妻辛氏，辛氏死其夫，劉曜贊之曰"貞女也"。

嘉　十一月乙未（十一），帝乘羊車，肉袒銜璧，輿櫬出東門降於劉曜，壬寅（十八），漢主（劉聰）臨光極殿，帝稽首於前。（晉書・孝愍帝紀、劉聰載記）

【儀制】《劉聰載記》記曰："聰以帝爲光祿大夫、懷安侯，使[劉]粲告于太廟。"

建興五年(317)

嘉　十二月，漢主饗群臣於光極殿，令帝行酒洗爵，更衣使其執蓋。

（晉書・孝愍帝紀，資治通鑑・晉紀十二）

【理據】《通鑑》胡注曰："戎狄狡計，正以此觀晉舊臣及遺黎之心也。"

卷四

東晉南朝：禮制成熟期

（317—589）

一、東晉之部

317年,司馬睿在建康(今江蘇南京)重建政權。以與其前西晉相區別,史稱東晉。420年爲劉宋所代。共歷十一帝(元帝、明帝、成帝、康帝、穆帝、哀帝、廢帝、簡文帝、孝武帝、安帝、恭帝),一百零四年。

元帝(中宗,司馬睿,西晉武帝曾孫)

建武元年(317)

吉 三月,知愍帝降漢,琅邪王素服避正殿,舉哀三日。(晉書‧元帝紀)

吉 三月辛卯(初九),即晉王位,備百官,行天子殷祀之禮,改元。(宋志‧禮一,晉書‧元帝紀)

【考釋】《元帝紀》記曰:"西陽王羕及群僚參佐、州佐牧守等上尊號,帝不許。羕等以死固請,至於再三。……群臣乃不敢逼,請依魏晉故事爲晉王,許之。辛卯,即王位。"直至明年三月得知愍帝去世,方即皇帝位。故《宋志》曰"非常之事也"。

【儀制】《宋志》詳載儀注曰:"殷祠,皇帝散齋七日,致齋三日。百官清者亦如之。致齋之日,御太極殿幄坐,著絳紗袍,黑介幘,通天金博山冠。祠之日,車駕出,百官應齋從駕留守填街先置者,各依宣攝從事。上水一刻,皇帝著平冕龍衮之服,升金根車,到廟北門訖。治禮、謁者各引太樂、太常、光禄勳、三公等皆入在位。皇帝降車入廟,脱舄,盥及洗爵,訖,升殿。初獻,奠爵,樂奏。太祝令跪讀祝文,訖,進奠神座前,皇帝還本位。博士引太尉亞獻,訖,謁者又引光禄勳終獻。凡禘祫大祭,則神主悉出廟堂,爲昭穆以安坐,不復停室也。晉氏又有陰室四殤,治禮引陰室以次奠爵于饌前。其功臣配饗者,設坐於庭,謁者奠爵於饌前。"又："皇帝不親祠，則三公行事，而太尉初獻，太常亞獻，光禄勳終獻也。"

又曰："四時祭祀，亦皆於將祭必先夕牲，其儀如郊。"按《通典·吉禮八》録以上兩段儀注略同，然標在劉宋時。

【因革】《宋志》述曰："魏及晉初，祭儀雖不具存，江左則備矣。官有其注。"可見東晉以來殷祀儀注始詳備，或係參酌西晉摯虞等所定。

吉 三月，依洛陽制立宗廟、社稷於建康。（宋志·禮四，晉志·禮上，晉書·元帝紀，通典·吉禮四）

【考釋】所立仍爲二社（太社、帝社）一稷（太稷）。

【儀制】《宋志·禮一》記曰："祠太社、帝社、太稷，常以歲二月八月二社日祠之。太祝令夕牲進熟，如郊廟儀。司空、太常、大司農三獻也。"

【因革】《宋志·禮一》記曰："官有其注。周禮王親祭，漢以來有司行事。"又《禮四》述曰："禮，左宗廟，右社稷，歷代遵之，故洛京社稷在廟之右，而江左又然也。吳時宮東門雩門，疑吳社亦在宮東，與其廟同所也。宋仍舊，無所改作。"由此可知，漢魏晉宋社稷一脈相承，而三國吳則壇位有異。

又《魏書·司馬叡列傳》記東晉初建之制曰："其朝廷之儀，都邑之制，皆準模王者，擬議中國。遂都於丹陽，因孫權之舊所，即《禹貢》揚州之地，去洛二千七百里。"

吉 從刁協（尚書左僕射）議，宗廟新造神主，登懷帝神主，遷潁川府君。（宋志·禮三，晉志·禮上，通典·吉禮六）

【考釋】①《晉書·賀循列傳》記其時背景："時宗廟始建，舊儀多闕，或以惠、懷二帝應各爲世，則潁川世數過七，宜在迭毀。事下太常。"②《宋志》記最終結果："位雖七室，其實五世，蓋從刁協，以兄弟爲世數故也。于時百度草創，舊禮未備，三祖毀主，權居別室。"《晉志》同。《通典》自注亦曰："位雖七室，其實五代。蓋從刁協議兄弟爲代數故也。"按此時七室爲京兆府君、宣帝、文帝、景帝、武帝、惠帝、懷帝。景帝爲文帝之兄，懷帝爲惠帝之弟，故言五世。所毀三主爲征西府君、豫章府君、潁川府君。

【理據】《通典・吉禮十》記其時懷帝"崩於平陽，梓宮未反京師"，而"喪已過三年"，賀循（太常）議曰："懷帝梓宮未反，遭時之故，事難非常，不得以常禮自拘，宜以時入太廟，修祭祀之禮。"

又賀循在遷主問題上，持有異議。①《晉書・賀循列傳》則録賀循議與此相異："惠懷二帝俱繼世祖，兄弟旁親，同爲一世，而上毀二爲一世。今以惠帝之崩已毀豫章，懷帝之入復毀潁川，如此則一世再遷，祖位橫折，求之古義，未見此例。惠帝宜出，尚未輕論，況可輕毀一祖而無義例乎？潁川既無可毀之理，則見神之數居然自八，此盡有由而然，非謂數之常也。"②《通典・吉禮十》亦録賀循議曰："以古義論之，愚謂未必如有司所列，惠帝之崩，當已遷章郡府君，又以懷帝入廟，當遷潁川府君，此是兩帝兄弟各遷一祖也。……若兄弟相代，則共是一代，昭穆位同，不得兼毀二廟，禮之常例也。"按兩處所載雖措辭不同，然觀點一致，可見賀氏以爲宗廟應序以昭穆，神主不限以七數，不宜遷潁川府君。然《賀循列傳》則又云"時尚書僕射刁協與循異議，循答義深備，辭多不載，竟從循議焉"，恐有誤。

吉 孫文上言宗廟不應祭豫章、京兆二府君，刁協（僕射）斥之，以爲宜加議罪。（通典・吉禮十一）

【理據】①《通典》記孫文認爲晉帝乃"宣帝支子"，當就晉武帝之父司馬昭（文帝）乃宣帝次子而言。② 又録刁協云："諸侯奪宗，聖庶奪嫡，豈況天子乎！自皇祚以來，五十餘年，宗廟已序，而文攻乎異端。"

【考釋】此事僅標在"建武初"，暫於上二條同列。

嘉 四月丙辰（初四），立司馬紹（世子）爲王太子。（晉書・元帝紀、元四王列傳）

【理據】《元四王列傳》記帝欲立司馬裒（宣城公）爲太子，謂王導曰："立子以德不以年。"王導堅持"固當以年"，帝從之。又《王導列傳》記王導曰："夫立子以長，且紹又賢，不宜改革。"而且王導"日夕陳諫，故太子卒定"。

制 使荀崧（尚書僕射）、刁協（尚書左僕射）共定中興禮儀。（晉書・荀崧列傳、刁協列傳）

【因革】《刁協列傳》記曰："于時朝廷草創,憲章未立,朝臣無習舊儀者。協久在中朝,諳練舊事,凡所制度,皆稟於協焉,深爲當時所稱許。"

【附識】《資治通鑑・晉紀十二》記曰："是時承喪亂之後,江東草創,刁協久宦中朝,諳練舊事,賀循爲世儒宗,明習禮學,凡有疑議,皆取決焉。"

[嘉] **始造大輅、戎輅各一,五輅皆駕黑駵,是爲玄牡。**（晉志・輿服,通典・嘉禮九）

【因革】《晉志》記大輅、戎輅"皆即古金根之制也,無復充庭之儀"。

【儀制】《晉志》記曰："至於郊祀大事,則權飾餘車以周用。六師親征則用戎路,去其蓋而乘之,屬車但五乘而已。加綠油幢,朱絲路,飾青交路,黃金塗五采,其輪轂猶素,兩箱無金錦之飾。其一車又是輧車。……無復五時車,有事則權以馬車代之,建旗其上。其後但以五色木牛象五時車,豎旗於牛背,行則使人輿之。……惟天子親戎,五旗舒旆,所謂武車綏旌者也。"

[制] **熊遠**（主簿）**奏請立議當引律令經傳,不得任情破法,未能從。**（晉志・刑法,通典・刑法二）

【考釋】《晉志》記曰："及于江左,元帝爲丞相時,朝廷草創,議斷不循法律,人立異議,高下無狀。"

[凶] **七月,朱嵩**（散騎侍郎）**、顧球**（尚書郎）**去世,帝爲舉哀,哭之甚慟。**（晉書・元帝紀）

【理據】《元帝紀》載有司奏"舊尚書郎不在舉哀之例",帝曰："喪亂之弊,特相痛悼。"遂破舊例。

[凶] **十月丁未**（二十九）**,司馬裒**（琅邪王）**去世,丁潭**（郎中令）**上疏求行終喪禮,下詔博議,杜夷**（國子祭酒）**議以爲應既葬而除,賀循**（太常）**議以爲天子諸侯當一例,於是詔使除服,心喪三年。**（晉書・丁潭列傳、元帝紀）

【因革】《丁潭列傳》錄賀循議曰："春秋之事,天子諸侯不行三年。……今法令,諸侯卿相官屬爲君斬衰,既葬而除。"

[嘉] **十一月丁卯**（十九）**,立太學。**（晉書・元帝紀）

【考釋】《宋志·禮一》載"元帝爲晉王,建武初"有王導(驃騎將軍)上疏、戴邈(散騎常侍)上表議修立學校,倡明禮教,《晉書·王導列傳》、《戴若思列傳》亦分別載錄,且分別記曰"帝甚納之","疏奏、納焉,於是始修禮學",可見其事當在明年元帝正式即帝位後方始推行。

又《甘卓列傳》載中興初,甘卓(湘州刺史,于湖侯)曾上疏論學校之業,然"朝議不許"。

嘉 **虞溥**(鄱陽內史)**大修庠序,並反對祭酒另起屋行禮。**(晉書·虞溥列傳)

【理據】《虞溥列傳》載虞溥之言曰:"君子行禮,無常處也。故孔子射於矍相之圃,而行禮於大樹之下。況今學庭庠序,高堂顯敞乎!"

【考釋】此事未悉年代,暫次於上條。

凶 **溫嶠以母亡於難,欲營改葬,不拜領散騎侍郎職,帝詔通議此例,司馬羕**(太宰、西陽王)、**司馬組**(司徒、臨潁公)、**王導**(驃騎將軍)、**紀瞻**(侍中)、**周顗**(尚書)、**荀邃**(散騎常侍)**等議以爲不可以私情却王命,故有司奏請依東關故事,限行三年之禮畢而除,溫嶠乃拜。**(晉志·禮中,通典·凶禮二十四)

【理據】《晉志》錄有司奏曰:"唯二親生離,吉凶未分,服喪則凶事未據,從吉則疑於不存,心憂居素,出自人情,有如此者,非官制之所裁。今嶠以未得改卜奔赴,累設疾辭。案辛未之制,已有成斷,皆不得復遂其私情,不服王命,以虧法憲。"

凶 **就二親陷沒寇難,是否應制服,王敦**(征南大將軍)**上言宜使三年喪畢,不可終身居服,賀循**(太常)**議同之,帝乃定以行喪三年而除,不得從未葬之例。**(通典·凶禮二十,晉志·禮中)

【理據】《晉志》錄賀循先提出若不確定二親是否亡故,宜"心憂居素",而後又同意王敦之說,"直以禍難未銷,不可終身居服,故隨時立制,爲之義斷,使依東關故事,大將軍上事,謂可從也"。

【考釋】《晉志》僅載賀循前言,《通典》詳之。

凶 廣昌鄉君(宋氏,帝之姨)去世,未葬,熊遠(中丞)上表請廢冬至小會,賀循(太常)以爲合古義。(晉志‧禮中,通典‧凶禮三、樂七)

【因革】《晉志》録熊遠舉出《禮記》"君於卿大夫,比葬不食肉,比卒哭不舉樂",即咸寧二年(276)故事,故賀循以爲"咸寧詔書雖不會經典,然隨時立宜,以爲定制"。

【考釋】此事未悉年月,僅知在熊遠出任御史中丞之後,今暫繫於此。

凶 制小功緦麻,追服者宜全服,不得服其殘月。(通典‧凶禮二十)

【理據】①《通典》束晳問步熊,步答曰:"禮,已除不追耳。未除,當追服五月。"賀循説同。② 然徐邈答曰:"鄭玄云'五月之内追服',王肅云'服其殘月。小功不追,以恩輕故也'。若方全服,與追何異? 宜服餘月。"

【論評】《通典》録宋庾蔚之論曰:"鄭王所説,雖各有理,而王議容朝聞夕除,或不容成服,求之人心,未爲允愜。……今喪寧心制,既無其條,則是前朝已自詳定,無服殘月之制。"可見此制影響深遠。

【考釋】此事《通典》僅標"晉元帝制",今繫於元帝之首。

建武二年(318,三月改元太興)

嘉 正月戊申(初一),帝臨朝,懸而不樂。(晉書‧元帝紀)

凶 袁瓌上《禁招魂葬表》,阮放(博士)、傅純、張亮等議同之,詔下太常詳議,賀循以爲自今以後禁絶。(通典‧凶禮二十五)

【附識】《通典》尚載有荀組《非招魂葬議》,干寶《駁招魂葬議》,孔衍《禁招魂葬議》等。

【論評】《通典》録宋庾蔚之論曰:"葬以藏形,廟以饗神。季子所云'魂氣無不之',寧可得招而葬乎!"

【考釋】袁瓌上表,《通典》標在"建武二年",可見在元帝正式即位之前,賀循議則在即位之後,故標爲"大興元年"。

凶 三月癸丑(初七)，知愍帝去世，帝斬縗居廬。（晉書·元帝紀）

【考釋】愍帝於去年十二月戊戌(二十)，被殺於平陽。

凶 張寔(臨危下詔進任大都督、涼州牧、侍中、司空)率步騎二萬至新陽，知愍帝去世，素服舉哀，大臨三日。（晉書·張軌列傳）

【考釋】此事未悉年月，暫次於上條。

吉 三月丙辰(初十)，即皇帝位，焚柴告類上帝，改元。（晉書·元帝紀）

【因革】陳戍國指出：“武帝、元帝之外，兩晉諸帝別無他人在登帝位的時候舉行過‘告類上帝’的焚柴之儀。”（《中國禮制史·魏晉南北朝卷》，第102頁）

吉 帝即位告廟，賀循定以告四祖之廟，不用牲。（通典·吉禮十四）

【因革】①《通典》録賀循曰：“《蜀書》劉先主初封漢王時，群臣共奏上勳德，承以即位。今雖事不正同，然議可方論。”②又録賀循議曰：“先告代祖謚於太廟，復有用牲，於禮不正，理不應有牲。告郊廟皆不用牲，牲惟施於祭及禱耳。”

【儀制】《通典》録帝詔曰：“當先告廟，出便南郊，先人事而後天理，自親及尊耶?”然王岷、徐邈議非之，以爲宜“先郊後廟”。

嘉 三月庚午(二十四)，立司馬紹(王太子)爲皇太子。（晉書·元帝紀）

軍 四月丁丑(初一)，合朔，孔愉奏請改伐鼓之地，詔從之。（宋志·禮一，晉志·禮上，通典·軍禮三）

【因革】據《宋志》録孔愉奏，原有儀注伐鼓於諸門，孔氏請依《春秋》舊典，“天子伐鼓於社，諸侯伐鼓於朝”。《晉志》同。

凶 四月戊寅(初二)，初禁招魂葬。（晉書·元帝紀）

凶 裴妃欲招魂葬司馬越(故東海王)，傅純(博士)以爲違禮義，裴妃不奉詔，葬之於廣陵。（晉書·東海王越列傳）

【理據】《東海王越列傳》録傅純曰：“設冢椁以藏形，而事之以凶；立廟祧以安神，而奉之以吉。送形而往，迎精而還，此墓廟之大分，形神之異制也。……今亂形神之別，錯廟墓之宜。”

【考釋】① 司馬越於永嘉五年(311)三月於討伐中憂懼去世,未得葬。②《東海王越列傳》又云至"太興末,墓毀,改葬丹徒"。

又此事《東海王越列傳》僅標"太興中",上條之禁恐即因此而起,故暫繫於此。

[吉] 六月,帝親雩。(晉書·元帝紀)

[凶] 十二月己卯(初七),司馬煥(琅邪王)去世,將葬,加以成人之禮,立凶門柏歷,備吉凶儀服,營起陵園。孫霄(琅邪國右常侍)上疏以爲非禮,帝不從。(晉書·元四王列傳、元帝紀)

【考釋】司馬煥年僅二歲,帝愛之,在其病重時詔封琅邪王。

凶門,《宋志·禮二》記蔡謨説,"以二瓦器盛死者之祭,繫於木表,裹以葦席,置於庭中近南,名爲重。今之凶門,是其遺象也"。

【理據】《元四王列傳》孫霄所據爲:"棺槨與服旒翣之屬,禮典舊制,不可廢闕。凶門柏歷,禮典所無,天晴可不用,遇雨則無益,此至宜節省者也。""又禮,將葬,遷柩于廟祖而行,及墓即窆,葬之日即反哭而虞。如此,則柩不宿於墓上也。聖人非不哀親子罕在土而無情於丘墓,蓋以墓非安神之所,故修虞於殯宮。始則營草於山陵,遷神柩於墓側,又非典也。"

[嘉] 欲修立學校,就博士如何設置有爭議,荀崧(太常)上疏謂宜增《儀禮》、《公羊》、《穀梁》、鄭《易》,有司奏同之,除《穀梁》外詔可其奏。(宋志·禮一,晉書·荀崧列傳,通典·吉禮十二)

【理據】據《宋志》,荀崧疏是基於《易》王氏,《書》鄭氏和古文孔氏,毛《詩》、《周官》、《禮記》、《論語》、《孝經》鄭氏,《春秋左傳》杜氏和服氏已確定各設博士一人,故荀氏要求增加四經博士。《荀崧列傳》同。

【因革】此當延續去年王導、戴邈所奏疏而來。《通典》又載賀循(太常)上言提出"今宜《周禮》、《儀禮》二經置博士二人,《春秋》三傳置博士三人,其餘則經置一人,合八人",車胤(太常)上言認爲"宜依魏氏故事,擇朝臣一人經學最優者,不繫位之高下,常以領之",恐均未見采納。

《宋志》、《荀崧列傳》又載此詔"會王敦之難,事不施行"。

太興二年(319)

凶 **正月丁卯**(二十六)，**崇陽陵毀，帝素服哭三日。**（晉書·元帝紀）

吉 **更立南郊兆於建康，議立南郊於巳地。刁協**(尚書令)、**杜夷**(國子祭酒)**以爲宜返都洛邑後乃修此禮；荀組**(司徒)**以爲宜即便立郊，王導**(驃騎將軍)、**荀崧**(尚書僕射)、**華恒**(太常)、**庾亮**(中書侍郎)**皆同荀組議，事遂施行。**（宋志·禮三，晉志·禮上，晉書·華表列傳）

【因革】《宋志》曰："其制度皆太常賀循依據漢、晉之舊也。"《晉志》、《通典·吉禮一》略同。

【論評】《宋志·禮一》記曰："晉氏南遷，立南郊於巳地，非禮所謂陽位之義也。"又載宋大明三年(459)徐爰議謂"又南出道狹，未議開闓，遂於東南巳地創立丘壇，……且居民之中，非邑外之謂"，東晉南郊兆域不合禮制如此。

吉 **二月辛卯**(二十)，**帝親南郊。**（宋志·禮三，晉志·禮上，通典·吉禮一）

【因革】《宋志》記曰："饗配之禮一依武帝始郊故事。"《晉志》同。

【儀制】①《宋志》記曰："江左初，未立北壇，地祇衆神共在天郊也。"《晉志》、《通典·吉禮四》略同。② 又《通典·吉禮三》記曰："東晉靈星配饗南郊，不特置祀。"

【考釋】①《宋志》叙事前後頗失序，兹依《晉志》。② 帝親郊時間二志、《通典》均謂在"三月辛卯"，然太興元年、二年三月壬寅朔，均無辛卯日，故《晉書》校勘記據《太平御覽》引《晉起居注》"元帝中興，以二月郊"，以爲"《志》文'三月'爲'二月'之誤"，今從此説。

吉 **有司言可稱琅邪恭王爲皇考，賀循**(太常)**議以爲不可，帝從之。**（宋志·禮四，晉志·禮上）

【理據】《晉志》録賀循議曰："禮典之義，子不敢以己爵加其父號。"此所謂"禮典"，即魏太和三年(229)所定制。

吉 五月癸丑（十三），太陽陵毀，帝素服哭三日。（晉書·元帝紀）

吉 帝擬修耕藉，尚書符問帝是否應親祠先農，賀循答以爲宜立兩儀注。然因賀氏等所上儀注未詳允，事未施行。（晉志·禮上，通典·吉禮五）

【因革】《宋志·禮一》記曰："江左元、哀二帝，將修耕籍，賀循等所上注及裴憲爲胡中所定儀，又未詳允。"

【考釋】此事未悉年月，今因賀循卒於此年，暫繫於此。

吉 司馬滔（章武王司馬混小子）嗣司馬確（新蔡王）爲後，上疏因兄弟俱没於遼東，章武國絕，請還所生，新蔡太妃訟之，賀循（太常）議不可，應遣令其兄還國繼嗣，帝詔許其還國。（晉書·宗室列傳）

【理據】①《晉書》錄賀循議曰："按滔既已被命爲人後矣，必須無復兄弟，本國永絕，然後得還所生。今兄弟在遠，不得言無，道里雖阻，復非絕域。且鮮卑恭命，信使不絕。"②又錄帝詔曰："新蔡太妃相待甚薄，滔執意如此。如其不聽，終當紛紜，更爲不可。今便順其所執，還襲章武。"

秦蕙田《五禮通考》論曰："太常之議，禮也；元帝之詔，情也。據禮則兄弟尚存，不應歸宗，論情則母子既乖，不容強合，蓋雖不可以爲常法，而不幸處變，亦宜有以變通而兩全之矣。"（《嘉禮二十》"飲食禮"）

【考釋】此事《晉書》明確標在此年，兹繫於賀循去世之前。

凶 七月乙丑（二十六），賀循（太常）去世，帝素服舉哀，哭之甚慟；將葬，帝又出臨其柩，哭之盡哀；遣兼侍御史持節監護。（晉書·賀循列傳、元帝紀）

吉 未臘前一日，下詔明日爲范氏從母舉哀，百官戒嚴，張亮（尚書郎）議以爲未可。（通典·吉禮三）

凶 荀組（司徒）表墓毀服制，宜議爲定制，下詔改葬服緦，已修復則素服，杜夷（國子祭酒）議以爲發墓依改葬，服緦三月，江啓（侍中，黃門侍郎）表同之，已修復則心喪縞素，哭臨三月。（通典·凶禮二十四）

【儀制】《通典》録荀組表言其時各人做法差異"或有制重斬杖者,復有制齊縗三月、緦麻三月者,直素服盡哀者"。

凶 李幹(中郎)提出未得父母死亡之訊,當如何處,荀組(司徒)表以爲宜立王法,凶不過三年,杜夷(博士)、江泉(博士)議以爲當尋求其訊,乃後行喪,虞豫議以爲宜心喪行之,王愆期(征西司馬)、孫綽議以爲宜及時婚宦,蔡謨議宜制立權禮,庾蔚之以爲三年之外,宜便宜婚宦。(通典·凶禮二十,晉志·禮中)

【理據】《晉志》録庾蔚之曰:"尋求之理絶,三年之外,便宜婚宦,胤嗣不可絶,王政不可廢故也。猶宜以哀素自居,不豫吉慶之事,待中壽而服之也。若境内賊亂清平,肆眚之後,尋覺無蹤跡者,便宜制服。"

【儀制】《通典》録蔡謨議曰:"父子流離,存亡未分,吉凶無問,人道不可終凶,宜制立權禮。其過盛年之女,可聽許嫁;其男宜尋求,理極道窮,乃得聘娶。"

【考釋】此事乃就建武元年之議而來,《通典》記載詳之,然未載庾蔚之言,《晉志》僅載荀組、庾蔚之言。

太興三年(320)

吉 正月乙卯(十九),下詔宗廟登愍帝神主,華恒(太常)議以爲宜復豫章、潁川二主,足成七世,温嶠(驃騎長史)、王導(驃騎將軍)議同之,遂得施行。(宋志·禮三,晉志·禮上,通典·吉禮六、吉禮七)

【理據】①《宋志》録華恒議曰:"今上承繼武帝,而廟之昭穆,四世而已。前太常賀循、博士傅純以爲惠、懷及愍宜別立廟。然臣愚謂廟室當以客主爲限,無拘常數。殷世有二祖三宗,若拘七室,則當祭禰而已。推此論之,宜還復豫章、潁川,全祠七廟之禮。"《晉志》同。②《通典·吉禮七》録傅純(博士)議曰:"夫陰室以安殤主,北向面陰,非人君正位。更衣者,帝王入廟便殿,當歸盛位。漢明以存所常居,故崩以安神;而議者謂卑於陰室,實所未喻。惠、懷、愍宜更別立廟。"按由此可知爲惠帝、懷帝、愍帝立廟事東遷之初已有爭議,然未依從。

【論評】《宋志》録孫盛《晉春秋》評曰:"《陽秋傳》云'臣子一例也',雖繼君位,不以後尊,降廢前敬。昔魯僖上嗣莊公,以友于長幼而升之,爲逆。準之古義,明詔是也。"春秋時魯莊公死後,先由其子姬啓即位,是爲閔公,閔公被弒後又由莊公少子姬申即位,是爲僖公,僖公享年超過閔公很多。……故《宋志》稱"惠、懷、愍三帝自從《春秋》尊尊之義,在廟不替也"。

凶 **閏三月,司馬保**(晉王)**被殺,陳安**(前趙大將軍)**迎喪,於柩前斬楊次,以天子禮葬於上邽。**(晉書・宗室列傳,資治通鑑・晉紀十三)

凶 **五月丙寅**(初三)**,司馬詮**(孝懷太子)**被殺,帝三日哭,群臣亦三日舉哀。**(晉書・元帝紀、王導列傳)

【理據】《王導列傳》記有司奏"天子三朝舉哀,群臣一哭而已",王導以爲"皇太子副貳宸極,普天有情,宜同三朝之哭",從之。

吉 凶 **八月辛酉**(二十九)**,元敬皇后**(虞氏)**神主祔於太廟,葬建平陵。**(晉書・元帝紀、后妃列傳下)

【考釋】虞氏乃帝爲琅邪王時所納妃,永嘉六年(312)即去世。

【附識】《通典・吉禮六》録王導與賀循書,論爲別立虞廟。可見並未采納。

吉 **八月,皇太子**(司馬紹)**釋奠於太學。**(晉書・元帝紀,宋志・禮五,晉志・輿服,通典・吉禮十二)

【儀制】《宋志》録帝詔曰:"未有高車,可乘安車。"又曰:"高車,即立乘車也。"

【因革】《南齊志・輿服》記漢晉輿服之制曰:"蔡邕創立此志,馬彪勒成漢典,晉摯虞治禮,亦議五輅制度。江左之始,車服多闕,但有金戎,省充庭之儀。太興中,……元、明時,屬車唯九乘。"

凶 **下詔通議有爵乃謚是否可行,有司表劉毅當謚。**(通典・凶禮二十六)

【理據】《通典》録有司表曰:"按謚者行之跡,而號者功之表。今毅功德並立,而有號無謚,於義不體。"

【理據】《通典》録有司表曰:"漢魏相承,爵非列侯,則皆没其高行而不加之謚,至使三事之賢臣,不如野戰之將士。臣願聖代舉春秋之遠制,改近代之舊服。"

凶 **王式**(淮南小中正)**繼母還前繼子家,去世,與前夫合葬,王式追服周**,**杜夷**(國子祭酒)**議以爲雖厚可恕之,江泉**(博士)**議同之,荀崧**(太常,曲陵公)、**蕭輪**(丞,騎都尉)**議以爲追服過厚,宜訪之中正、宗老求決**,**卞壼**(御史中丞)**議堅請裁制,陸曄**(司徒,揚州大中正)、**胡弘**(淮南大中正)**等並免官。**(通典·凶禮十六)

【儀制】《通典》錄卞壼議述前後原委:"王式繼母前嫁夫終,後嫁式父,式父終,持服葬訖,還前夫家。前家亦有繼子,養至終,遂合葬於前夫。式爲制出母周服。式辭以父臨終,母求去,父許諾。"

【理據】①《通典》錄卞壼議曰:"禮,長子不爲出母服,出繼母又不應服。式長子也。又母非所生,不應服坦然,而式乃制服,明前絕無徵,違禮莫據,内愧於心,欲以詐眩視聽,託過厚以制飾非。尋其事情,考之禮正,義不容恕。"② 然荀崧等則以爲:"按式母之求去,式父之遣,並無名例。若以父母之過,非式所得言,及式奉親盡禮,而母自求去者,過在母矣。式之追服,可謂過厚。若乃六親有違,去就非禮,宜訪之中正、宗老,非禮官所得逆裁。"

【論評】《通典》錄宋庾蔚之論曰:"式父許後妻之請,是無相責之情,不得謂之爲遣妻。制服依禮,葬畢乃還家,積年方就前家子,比之繼嫁,不亦可乎! 然式是長子,則不得服繼嫁以廢祭。"

太興四年(321)

吉 二月庚戌(二十一),告於太廟,受鮮卑末波(段部)奉送皇帝信璽。(晉書·元帝紀)

嘉 三月,置《周易》、《儀禮》、《公羊》博士。(晉書·元帝紀)

軍 下詔左右衛及諸營教習,依大習儀,作雁羽仗。(宋志·禮一,晉志·禮下,通典·軍禮一)

凶 九月壬寅，祖逖（征西將軍，豫州刺史）去世於雍丘，豫州百姓如喪父母，

譙梁間爲之立祠。（晉書・祖逖列傳、元帝紀）

【考釋】此年九月丁巳朔，無壬寅日。

永昌元年（322）

軍 三月，帝徇六師於郊外，遣將出師。（晉書・元帝紀）

【考釋】此年元月，大將軍王敦舉兵於武昌，爲平王敦之亂，帝親披甲遣將。

【因革】《通典・軍禮一》記曰："魏故事，遣將出征，符節郎授節鉞，跪而推轂。"
然此禮不知此時是否沿用。

凶 閏十一月己丑（初十），帝去世於内殿，庚寅（十一），太子即位；明年
二月庚戌（二十六），葬於建平陵，明帝徒跣至陵。（晉書・元帝紀、明帝紀，資
治通鑑・晉紀十四）

【因革】《宋志・禮二》記曰："江左元、明崇儉，且百度草創，山陵奉終，省約備
矣。"《晉志・禮中》同。

明帝（肅祖，司馬紹，元帝長子）

太寧元年（323）

吉 宗廟登元帝神主，遷豫章府君。（宋志・禮三，晉志・禮上，通典・吉禮六）

【儀制】《宋志》記曰："然元帝神位，猶在愍帝之下，故有坎室者十也。"《晉
志》同。

【理據】《通典・吉禮七》録其時温嶠答王導書曰："今坎室窄，其意不過欲定先
神主，存正室，故下愍帝也。廟窄之與本體，各是一事，那何以廟窄而廢本
體也？"

嘉 三月戊寅(初一)，改元，帝臨軒，停饗宴之禮，懸而不樂。(晉書‧明帝紀)

【因革】明年正月丁丑(初五)，帝臨軒亦然。

【附識】《通典‧樂七》記孔恢(博士)議"素會宜都去懸"，然未從。按孔議恐即在此時。

嘉 六月壬子(初六)，立庾氏(妃)爲皇后。(晉書‧明帝紀、后妃列傳下)

太寧二年(324)

嘉 正月丁丑(初五)，帝臨朝，停饗宴之禮，懸而不樂。(晉書‧明帝紀)

凶 十二月壬子(十五)，帝謁建平陵，從大祥之禮。(晉書‧明帝紀)

【考釋】元帝去世至今正二十五個月，明帝脫喪。

吉 因王導(司徒)之議，詔百官拜陵。(晉書‧王導列傳)

【因革】①《王導列傳》記曰："自漢魏以來，群臣不拜山陵。……由是詔百官拜陵，自導始也。"西晉永平元年(291)，又一次明確下詔群臣不得謁陵。②《宋志‧禮二》記曰："逮江左初，元帝崩後，諸公始有謁陵、辭陵之事，蓋由眷同友執，率情而舉，非洛京之舊也。"《晉志‧禮中》、《通典‧吉禮十一》略同。

【儀制】楊寬指出："東晉時期雖然恢復了上陵的禮儀，但是並沒有恢復過去那樣的陵寢的規模。東晉諸帝的陵墓，大多數在半山腰的南麓鑿挖墓坑築成，並不起墳，把墓室隱蔽起來。"(《中國古代陵寢制度史》，第45頁)

【考釋】此事未悉年月，乃由王導追思元帝建平陵起，暫繫於此。

太寧三年(325)

嘉 三月戊辰(初二)，立司馬衍爲皇太子。癸巳(二十七)，下詔議朝臣是否

宜同拜太子，卞壺議以爲仍舊宜同拜，從之。（晉書·明帝紀，晉志·禮下，通典·嘉禮十二、嘉禮十五注）

【理據】《晉志》錄帝詔曰："今衍幼沖之年，便臣先達，將令日習所見，謂之自然，此豈可以教之邪！"又錄卞壺議曰："周禮，王后太子不會，明禮同於君，皆所以重儲貳，異正嫡。苟奉之如君，不得不拜矣。太子若存謙沖，故宜答拜。"

吉 七月，下詔立北郊兆。（宋志·禮三，晉志·禮上，晉書·明帝紀，通典·吉禮四）

【因革】《明帝紀》錄帝詔曰："自中興以來，惟南郊，未曾北郊，四時五郊之禮都不復設，五嶽、四瀆、名山、大川載在祀典應望秩者，悉廢而未舉，主者其依舊詳處。"

【考釋】《晉志》、《宋志》均記曰："未及建而帝崩。"

吉 下詔孔亭（奉聖亭侯）四時祠孔子。（宋志·禮四，晉志·禮上，通典·吉禮十二）

【因革】《宋志》記曰："祭宜如泰始故事。"此指西晉泰始三年（267）事。

凶 閏八月戊子（二十五），帝去世於東堂，己丑（二十六），太子即位；九月辛丑（初九），葬於武平陵。（晉書·明帝紀、成帝紀）

成帝（顯宗，司馬衍，明帝長子）

咸和元年（326）

吉 二月丁亥（二十七），改元即郊。（南齊志·禮上"建元四年"王儉議，晉書·成帝紀）

吉 宗廟登明帝神主，遷潁川府君。（宋志·禮三，晉志·禮上，通典·吉禮六）

【儀制】《宋志》記曰："于時續廣太廟，故三遷主並還西儲，名之曰祧，以準遠廟。"《晉志》同。

【理據】《通典·吉禮七》記其時"祠部以廟過七室，欲毀一廟；又正室窄狹，欲權下一帝"，溫嶠議曰："今兄弟同代，已有七帝。若以一帝爲一代，則當不得祭於禰,乃不及庶人之祭也。夫兄弟同代,於恩既順,於義無否。至於廟室已滿,大行皇帝神主當登正室。又不宜下正室之主,遷之祧位。自宜增廟。"

軍 十一月壬子(二十六),大閱於南郊。(晉書·成帝紀)

【儀制】《宋志·禮一》記曰:"咸和中,詔内外諸軍戲兵於南郊之場,故其地因名鬪場。"

【因革】《宋志》記曰:"自後蕃鎮桓、庾諸方伯,往往閱習,然朝廷無事焉。"《晉志·禮下》、《通典·軍禮一》同。

凶 鄭太后(元帝夫人)去世,子司馬昱(琅邪王,後爲簡文帝)制服重,有司奏王已出繼,宜降服,王上疏却之。(晉書·后妃列傳下,通典·凶禮四)

【因革】《后妃列傳》録琅邪王上疏曰:"昔敬后崩,孝王已出繼,亦還服重。此則明比,臣所憲章也。"

咸和三年(328)

凶 三月丙子,皇太后(庾氏,明穆皇后)去世,四月壬申(二十四),葬於武平陵。(晉書·成帝紀)

【儀制】《通典·凶禮三》記庾家訪服,王崑(博士)議以爲"宜準小君服周",高崧(侍中)答以爲"皆準五屬爲夫人周",孔愉(祠部郎)、江彪(護軍)等亦以爲齊縗周。

【考釋】此年三月己卯朔,無丙子日。

吉 五月,因蘇峻之亂,遷立行廟於白石,行告廟禮。(宋志·禮三,晉志·禮上,晉書·成帝紀)

【儀制】①《宋志》録告辭曰:"逆臣蘇峻,傾覆社稷,毀棄三正,汙辱海内。臣[庾]亮等手刃戎首,龔行天罰。惟中宗元皇帝、肅祖明皇帝、明穆皇后之靈,降鑒有罪,剿絶其命,翦此群凶,以安宗廟。臣等雖隕首摧軀,猶生之年。"《晉志》略同。②《晉書·温嶠列傳》記曰:"嶠於是創建行廟,廣設壇場,告皇天后土祖宗之靈,親讀祝文,聲氣激揚,流涕覆面,三軍莫能仰視。"

【因革】《晉志》稱此係魏黄初四年(223)之後復行告廟之禮。

咸和四年(329)

制 二月，因宮殿宗廟並毀，溫嶠(驃騎將軍,始安公)議欲遷都豫章，王導(司徒)以爲不可，遂止。(晉書·王導列傳,資治通鑑·晉紀十六)

【理據】《王導列傳》録王導曰："建康，古之金陵，舊爲帝里，又孫仲謀、劉玄德俱言王者之宅。"

凶 四月乙未(二十三)，溫嶠(驃騎將軍,始安公)去世，葬於豫章。將爲造大墓於元帝、明帝二陵之北，陶侃(太尉)上表謂不可，詔從之。(晉書·溫嶠列傳、成帝紀)

【理據】《溫嶠列傳》録陶侃上表曰溫嶠之志在"追恨國恥,將臣戮力,救濟艱難","豈樂今日勞費之事"。

【考釋】《溫嶠列傳》記其後溫嶠之妻何氏去世,仍詔遷葬於元帝建平陵北。

凶 庾亮(太尉)改葬其親，服齊縗。(通典·凶禮二十四)

【因革】《通典》記此後咸康三年,何充(司空)"改葬,亦然"。

【附識】《通典》又記蔡謨以爲"改葬斬縗,禮言緦者,謂緦親以上皆反服也",又記范汪言孫放改葬其祖,"服斬縗,一門反服"。

【論評】《通典》録宋庾蔚之論曰:"改葬所以緦而不重者,當以送亡有已,復生有節。若用始亡之服,則是死其親,故制緦以示變吉。"

咸和五年(330)

嘉 十月丁丑(十四)，帝至王導(司徒)府第，置酒大會。(晉書·成帝紀)

【考釋】因皇宮在蘇峻之亂中被毀,帝於此年九月造新宮,後年十二月方遷入。然《晉書·王導列傳》則稱"導有羸疾,不堪朝會,帝幸其府,縱酒作樂"。

【儀制】《晉書·天文志中》在"咸和六年三月壬戌朔日有蝕之"下記成帝見王導夫人之禮曰："是時帝已年長,每幸司徒第,猶出入見王導夫人曹氏如子弟之禮。以人君而敬人臣之妻,有虧君德之象也。"

嘉 六月丁未,有司奏讀秋令,荀奕(兼侍中,散騎常侍)、曹宇(兼黃門侍郎,散騎侍郎)駁依故事不讀令,詔可。(宋志·禮二,晉志·禮上,通典·嘉禮十五)

【理據】《宋志》録荀奕等議曰:"尚書三公曹奏讀秋令,新荒以來,舊典未備。臣等參議光禄大夫臣華恒議,武皇帝以秋夏盛暑,常闕不讀令,在春冬不廢也。"《晉志》同。

【考釋】此年六月丙寅朔,無丁未日。

嘉 賀喬(散騎常侍)妾張氏生子張纂,其妻于氏上表其養子賀率(賀喬兄賀群與陶氏子)當續嗣,敕下太常、廷尉、禮律博士決議,杜瑗(博士)議以爲于氏所據有明證,陳序(廷史)議以爲賀率應別爲户,張闓(尚書)議以爲賀率應歸還本宗,周謨(丹陽尹)議同。(通典·嘉禮十四)

【理據】《通典》録于氏上表:"原薄及群以率賜妾之意,非唯以續喬之嗣,乃以存妾之身,妾所以得終奉烝嘗於賀氏,緣守群信言也。……夫禮所謂爲人後者,非養子之謂。而世之不深按禮文,恒令此二事以相疑亂,處斷所以大謬也。"同時陳述"六義十疑"之由。然而陳序議指出當時律令曰:"令文:'養人子男,後自有子男,及閹人非親者,皆別爲户。'按喬自有子纂,率應別爲户。"此實爲明據,故張闓議明確指出其間事實:"喬妻于無子,夫群命小息率爲喬嗣。一年,喬妾張生纂。故驃騎將軍顧榮謂群,喬已有男,宜使率還,問與爲人後者不。故司空賀循取從子紘爲子,鞠養之恩,皆如率,循後有晚生子,遣紘歸本。率今欲喬,即便見遣。"周謨更斥于氏曰:"按于所陳,雖煩辭博稱,並非禮典正義,可謂欲之而必爲之辭者也。"

咸和六年(331)

嘉 三月,有司奏十六日立夏讀夏令,奏可。(宋志·禮二,晉志·禮上,通典·嘉

禮十五）

吉 冬，蒸祭太廟，下詔歸胙於王導（司徒），王導辭疾不敢當。（晉書·王導列傳，資治通鑑·晉紀十六）

嘉 有司議元會日帝是否應敬拜王導，郭熙（博士）、杜援（博士）以爲不可，馮懷（侍中）議以爲應敬拜猶拜三老，荀奕（散騎常侍）議以爲不可，詔從之。（晉書·荀勖列傳、王導列傳，資治通鑑·晉紀十六）

【理據】《荀勖列傳》載郭熙等以爲"禮無拜臣之文"，馮懷以爲天子於明堂"猶拜三老，況今先帝師傅"，荀奕則以爲朝會"宜明君臣之體"，"若他日小會，自可盡禮"。

【儀制】《王導列傳》記曰："自後元正，導入，帝猶爲之興焉。"

【考釋】此事未悉年代，暫次於上條。《通鑑》記"初，帝即位沖幼，每見導必拜"，故有司通議，其時當在此年之前。

嘉 下詔革魏以來正旦賀禮儀注。（太平御覽·器物部八"斧"條引《晉咸和起居注》）

【儀制】《晉咸和起居注》記曰："因有司奏魏氏故事，正旦賀，公卿上殿，虎賁六人隨上，以斧柄掛衣裙上，今宜依舊爲儀注，詔曰：'此非前代善制，其除之。'"

【考釋】《晉咸和起居注》僅標此事在"咸和中"，茲因此年末新宮成，明年賀正旦，故暫繫於此。

咸和七年（332）

吉 虞潭上表服喪三月，既葬，可祭宗廟，博士通議同之。（通典·吉禮十一）

【理據】《通典》録虞潭上表曰："大宗之家，喪服累仍，若皆不祭，是先人之享嘗，永爲有廢。臣謂三月之後，禮情漸殺，若非父母之喪，尚通內外，服踰月，既葬，可祭宗廟。"

【考釋】《通典》記其時"會有軍事，未及施行"。

咸和八年(333)

嘉 **正月辛亥**(初一)**，帝於新宮大饗。** (晉書·成帝紀)

【考釋】帝於去年十二月庚戌(二十九)遷入新宮。

吉 **正月，立北郊兆於覆舟山南。** (宋志·禮三,晉志·禮上,通典·吉禮一、吉禮四)

【儀制】《宋志》記二郊之制曰："晉成帝立二郊，天郊則六十二神，五帝之佐、日月、五星、二十八宿、文昌、北斗、三台、司命、軒轅、后土、太一、天一、太微、鉤陳、北極、雨師、雷電、司空、風伯、老人六十二神也。地郊則四十四神，五嶽、四望、四海、四瀆、五湖、五帝之佐、沂山、嶽山、白山、霍山、醫無閭山、蔣山、松江、會稽山、錢唐江、先農凡四十四也。江南諸小山，蓋江左所立，猶如漢西京關中小水，皆有祭秩也。"《晉志》同。

又《晉志》通記曰："江左南北郊同用玄牲。明堂、廟社同以赤牲。"

【因革】《宋志》曰："魏氏故事，非晉舊也。"《晉志》同。此故事，指魏明帝景初元年(237)十二月所下詔。《宋志》又曰："江左初，未立北壇，地祇衆神，共在天郊也。"此即所謂"晉舊"。

吉 **正月辛未**(十五)**，帝祀北郊，以宣穆張皇后配。** (宋志·禮三,晉志·禮上,通典·吉禮四)

【考釋】此年正月定二郊之制，然所行者恐僅爲北郊，《通典·吉禮一》混糅此二事，故有所謂"成帝咸和八年正月郊天"云云。

咸和九年(334)

吉 **八月，大雪。** (晉書·成帝紀)

【因革】此後咸康二年(336)三月又行此禮。

咸康元年（335）

[嘉] 正月庚午_(初一)，帝加元服，改元；二日，親祀南郊。<small>（晉書·成帝紀,南</small>

<small>齊志·禮一"永明元年"王儉議）</small>

【考釋】帝即位時年5歲,至今15歲。

【儀制】《宋志·禮一》記曰："江左諸帝將冠,金石宿設,百僚陪位。又豫於殿上
鋪大牀。御府令奉冕、幘、簪導、袞服以授侍中、常侍。太尉加幘,太保加冕。將
加冕,太尉跪讀祝文曰:'令月吉日,始加元服。皇帝穆穆,思弘袞職。欽若昊
天,六合是式。率遵祖考,永永無極。眉壽惟祺,介茲景福。'加冕訖,侍中繫玄
紞。侍中脫絳紗服,加袞服。冠事畢,太保率群臣奉觴上壽,王公以下三稱萬
歲,乃退。"又曰:"按儀注,一加幘冕而已。"《晉志·禮下》同。《通典·嘉禮一》
同,且曰:"成帝用三元吉日,既加元服,拜於太廟。"

又《通典·嘉禮二》則記晉以來用冠:"天子元服,始加則冠五梁進賢冠。三公及
封郡公、縣侯、鄉亭侯則三梁。卿大夫下至千石則兩梁。中書門下至門郎小吏,
並一梁。"

【論評】秦蕙田《五禮通考》指出:"冠用金石之樂見此。"（《吉禮一百四十九》"冠禮"）

[吉] 二月甲子_(二十六)，帝親釋奠於辟雍。<small>（晉書·成帝紀,通典·吉禮十二）</small>

[軍] 四月癸丑_(十六)，帝觀兵於廣莫門，分命諸將。<small>（晉書·成帝紀）</small>

咸康二年（336）

[嘉] 二月，將册立皇后，華恒_(太常)等參定其儀。辛亥_(十九)，立皇后杜

氏。<small>（宋志·禮一,晉志·禮下,晉書·成帝紀、后妃列傳下,通典·嘉禮三）</small>

【儀制】①《宋志》記册拜之日,帝臨軒,遣使諸葛恢<small>(兼太保,領軍將軍)</small>、孔愉<small>(兼太</small>
<small>尉,護軍將軍)</small>"六禮備物,拜皇后杜氏。即日入宮。帝御太極殿,群臣畢賀"。

②《后妃列傳下》又記："帝御太極前殿,群臣畢賀。晝漏盡,懸籥,百官乃罷。"《宋志》又曰："然其儀注,又不具存。"《晉志》、《通典·嘉禮四》同。

【論評】《宋志》評曰："[賀,]非禮也。"《晉志》同。

【因革】《宋志》述曰："王者昏禮,禮無其制。《春秋》'祭公逆王后于紀',《穀梁》、《左氏》説與《公羊》又不同,而漢魏遺事闕略者衆。晉武、惠納后,江左又無復儀注。故成帝將納杜后,太常華恒始與博士參定其儀。據杜預《左氏傳》説主婚,是供其婚禮之幣而已。"可見東晉納后儀注乃華氏等新定,未沿用太康八年(287)所議故事。又據升平元年(357)納章后節《宋志》所評"華恒所定六禮,云宜依漢舊及大晉已行之制,此恒猶識前事,故王彪之多從咸康,由此也",可知華氏所定儀注上有所承,且下爲王彪之所沿用。參下升平元年(357)八月。

[吉] **四月丁巳**(二十六),**皇后見於太廟**。(晉書·成帝紀)

【考釋】《宋志·五行四》記此事在"正月丁巳",誤。

[吉] **從蔡謨**(太傅)**議,停皇后拜陵**。(晉書·蔡謨列傳,宋志·禮二,晉志·禮中,通典·吉禮十一)

【因革】《蔡謨列傳》記曰："初,皇后每年拜陵,勞費甚多,謨建議曰:'古者皇后廟見而已,不拜陵也。'由是遂止。"

【考釋】此事未悉年月,暫繫於此。

[制] **華恒撰定帝加元服、納后禮儀,並郊廟辟雍朝廷軌則,均施用。**

(晉書·華表列傳)

【考釋】《華表列傳》述曰："寇難之後,典籍靡遺,婚冠之禮,無所依據。恒推尋舊典,撰定禮儀。"可見東晉以來華氏於禮制之所爲作,今暫繫於此,以爲華氏所定諸儀之結。

【附識】《通典·嘉禮三》録有王堪所撰諸侯大夫士婚六禮辭。

[凶] **陳誑前妻李氏**(生四子)**爲賊所截,更娶嚴氏**(生三子),**後得迎回,及李氏去世,陳誑疑其服制,上庾亮**(征西大將軍)**府平議,王愆期**(司馬)**議以爲當依先嫡後繼之禮,庾亮從之。**(晉志·禮中,通典·凶禮十一)

【理據】《晉志》錄王愆期議曰："李雖没賊,尚有生冀,謹尋求之理不盡,而便娶妻,誠謹之短也。然隴畝之夫,不達禮義,考之傳記不胜。……謹有兩妻,非故犯法。李鄙野人,而能臨危請活姑命,險不忘順,可謂孝婦矣。議者欲令在没略之中,必全苦操,有隕無二,是望凡人皆爲宋伯姬也。謹雖不應娶妻,要以嚴爲妻,妻則繼室,本非嫡也。"

【考釋】《通典》又錄王群(倉曹參軍)議以爲"嚴子不宜以母服服之,李子宜以出穆居之",又錄諸葛瑒(行參軍)議以爲陳謹"協嚴迎李,籍注二妻,李亡之日,乃復疑服"當法繩之,此外尚有虞眕(倉曹參軍)、談劇(户曹掾)等同王愆期議。

凶 **王群**(庾亮府曹參軍)**從父姊去世,無主後,繼子又去世,請反歸服大功,荀訥以爲不可,庾亮**(征西大將軍)**從之。**(通典·凶禮二十一)

【理據】《通典》錄荀訥曰："若從姊夫没無子,無主後,反服可也。今已立後,殯葬有主祭,足下制小功之服。"

【論評】《通典》錄宋庾蔚之論曰："王群從姊喪亡之初,有繼兒,群已制小功之服。凡服皆定於始制之日,豈得以葬竟兒亡方欲追改其服乎!"

【考釋】此事未悉年月,因同在庾亮府,故次於上條。

咸康三年(337)

嘉 **袁瓌**(國子祭酒)、**馮懷**(太常)**上疏議立國學,帝從之。**(宋志·禮一)

【因革】《晉書·袁瓌列傳》載其疏,且曰:"國學之興,自瓌始也。"

嘉 **正月辛卯**(初四),**立太學。**(晉書·成帝紀)

【考釋】《宋志·禮一》記曰:"由是議立國學,徵集生徒,而世尚莊、老,莫肯用心儒訓。穆帝永和八年(352),殷浩西征,以軍興罷遣,由此遂廢。"

嘉 **庾亮**(征西將軍)**在武昌開置學官,起立講舍。**(宋志·禮一,通典·吉禮十二)

【考釋】①《宋志》記曰"又繕造禮器俎豆之屬,將行大射之禮",然而"亮尋薨,又廢"。②《宋志》此事未標年代,然庾亮由征西將軍升任司空在明年五月,故暫將此事繫此。《通典》標此事在"穆帝永和中",誤。

軍 春，庾亮(征西將軍)行鄉射禮。(通典·軍禮二)

【儀制】《通典》記曰："依古周制，親執其事，洋洋然有洙泗之風。"

吉 十月二十七日，虞潭(衞將軍)嗣子去世，十二月十日，公除，禘祭宗

廟。(通典·吉禮十一)

【理據】《通典》記曰："既葬，依令文行喪三十日。"

咸康四年(338)

樂 五月，帝臨軒，遣使拜太傅、太尉、司空，設樂。(晉書·蔡謨列傳，晉

志·禮下)

【因革】《蔡謨列傳》記其時"門下奏，非祭祀燕饗則無設樂之制"，蔡謨(太常)議

認爲宜設，遂從之，"臨軒作樂，自此始也"。

【考釋】①《蔡謨列傳》云事在成帝時，參諸《成帝紀》可知，此年五月同時拜此三

職，故繫於此。② 此月拜王導(司徒)爲太傅，郗鑒(都督中外諸軍事，司空)爲太尉，

庾亮(征西將軍)，爲司空。

嘉 顧和(侍中)奏冕旒所用珠，可改用白璇珠，從之。(晉志·輿服，晉書·顧和

列傳，隋志·禮儀六，通典·嘉禮二)

【因革】《晉志》記曰："及過江，服章多闕，而冕飾以翡翠珊瑚雜珠。"

【理據】《顧和列傳》録顧和奏曰："舊冕十有二旒，皆用玉珠，今用雜珠等，非

禮。"改用白璇，據《晉志》，乃是因"美玉難得，不能備"。

【儀制】《通典》記曰："後帝郊祀天地、明堂、宗廟，元會臨軒，改服黑介幘，通天

冠，平冕。"按通天冠起於秦漢，"晉依漢制，前加金博山述，乘輿常服"，"宋因之，

又加黑介幘"。

【考釋】此事未悉年月，據顧和生平略推，暫繫於此。

咸康五年(339)

凶 七月庚申(十八)，王導(侍中、丞相、始興公)去世，帝於朝堂舉哀三日，使
大鴻臚持節監護喪事。(晉書·王導列傳、成帝紀)

【因革】《王導列傳》稱"一依漢博陸侯及[晉]安平獻王故事"，《資治通鑑·晉紀
十八》則又稱"參用天子之禮"。

咸康六年(340)

凶 正月庚子(初一)，庾亮(司空，都亭侯)去世，帝親臨；將葬，何充會之。
(晉書·庾亮列傳、成帝紀)

咸康七年(341)

凶 三月戊戌(初五)，恭皇后(杜氏)去世，詔停凶門柏歷等煩費之儀；四
月丁卯(初五)，葬於興平陵。(晉書·成帝紀、后妃列傳下，宋志·禮二，晉志·禮中，
通典·凶禮一、凶禮八)

【儀制】《宋志》記曰："詔外官五日一人臨，內官旦一人而已。過葬，虞祭禮畢
止。"又詔曰："重壤之下，豈宜崇飾無用。陵中唯潔掃而已。"又有司奏"依舊選
公卿以下六品子弟六十人爲挽郎"，詔又停之。《晉志》、《后妃列傳》略同。

凶 恭皇后去世，王濛(司徒西曹屬)議立奔赴之制，徐衆(黃門郎)等駁之，又
付王彪之(尚書左丞)議，同王說，詔可。(通典·凶禮二)

【儀制】《通典》錄王濛議曰："請王畿以外，南極五嶺，非守見職，周年不至者，宜
勒注黃紙，有爵土者削降。……今見在官即吉之後去職，不及凶事，無所貶責。

萬里外以再周爲限。自此以内，明依前牒，雖在父母喪，其責不異。”

【考釋】《通典》記明年成帝去世，殷融（尚書）上言擬廢王濛議，“宜遵前代，聞凶行喪三日而已”，然後仍依王濛所上條制；後至建元初，殷融方議定不應奔赴山陵。

凶 恭皇后去世，杜弘據（東海國臣）問禮官蕃國臣服，謝詮（太學博士）答以諸國臣服緦縗七月。（通典・凶禮三）

樂 蔡謨（尚書）奏明年正會儀注唯作鼓吹鐘鼓，其餘伎樂盡除，張澄（侍中）、陳逮（給事黃門侍郎）駁之，又顧臻（散騎侍郎）表請除夷狄之樂及雜伎，於是除《高絚》、《紫鹿》、《跂行》、《鼈食》及《齊王捲衣》、《笮兒》等樂。（宋志・樂一，晉志・樂下）

【因革】《宋志》記“其後復《高絚》、《紫鹿》焉”。《晉志》同。

【考釋】《宋志》僅載顧臻上表。

咸康八年(342)

嘉 正月，元會，日有蝕之，有司奏廢樂，帝詔廢管絃，奏金石如故。

（晉書・后妃列傳下，資治通鑑・晉紀十九）

吉 三月，始作武悼皇后（楊氏）神主祔廟，配饗武帝。（晉書・成帝紀，宋志・禮三，晉志・禮上，通典・吉禮六）

【理據】《晉書・后妃列傳上》載去年曾詳議此事，虞譚（衛將軍）認爲：“若以悼后復位爲宜，則應配食世祖；若以復之爲非，則譜諡宜闕，未有位號居正，而偏祠別室者也。若以孝懷皇帝私隆母子之道，特爲立廟者，此苟崇私情，有虧國典，則國譜帝諱，皆宜除棄，匪徒不得同祀于世祖之廟也。”司馬昱（會稽王）、庾冰（中書監）、何充（中書令）、諸葛恢（尚書令）、謝廣（尚書）、留擢（光祿勳）、殷融（丹楊尹）、馮懷（護軍將軍）、鄧逸（散騎常侍）等皆從之。

【考釋】此事《宋志》、《晉志》均標在去年五月，《通典》標在咸康五年。

426

凶 恭皇后大祥忌日臨哭，徐禪(博士)以爲帝於東堂舉哀，君臣詣陵哭，徐衆(兼侍中)議以爲不妥，許翰(博士)等議以爲當斟酌而用。(通典·凶禮三)

【理據】《通典》録許翰等議曰："今皇子出承國蕃，故王后喪，諸侯卑，不得爲主。夫喪無主，禮有正文，至尊統天承重，則爲主在聖躬也。乃同先帝先后於考妣，哀禮終於今晦，吉禘始於來朔，非人臣之所主也。"

吉 祠南郊遇雨，顧和(司空)啓以爲宜遷日，詔可。(宋志·禮三)

【考釋】此事僅知在成帝時，不詳具體年月，然後世議禮者多所援引。

凶 六月癸巳(初八)，帝去世於西堂，甲午(初九)，琅邪王即位；七月丙辰(初一)，葬於興平陵，康帝親奉奠於西階，徒行至閶闔門，升素輿至陵。(晉書·成帝紀、康帝紀)

【儀制】《資治通鑑·晉紀十九》記康帝即位，"良陰不言，委政於庾冰、何充"，至葬日，"帝徒行送喪，至閶闔門，乃升素輿至陵所"。

凶 帝去世，殷泉源問致仕之臣服有同異，范宣答爲舊君齊縗三月。

(通典·凶禮十二)

凶 雷孝清問爲祖母服，既葬而母去世，服制如何，范宣答至祖母練日，變除居堊室，事畢反後喪之服。(通典·凶禮十九)

【理據】《通典》引范宣雖云"按禮應服後喪之服"，然考慮到"承嫡居諸父之上，一身爲兩喪之主，無緣更別開門立廬，以失居正之意"，故主張服祖母畢，然後服母。

【論評】《通典》録宋庾蔚之論曰："若如范説，非爲反後喪之服，亦應還毀堊室，立廬在諸父堊室之上。但二喪共位，廬堊室雜處，恐非適時之禮。謂宜始有後喪，便別室爲廬，兼主二喪。"

【考釋】此事未悉年月，因同爲范宣答，暫次於上條。

康帝（司馬岳，明帝子，成帝弟）

[嘉] 十二月，將納皇后，因儀注陛者不設旄頭，殿中御史奏未當，詔不從其説，仍舊。壬子（二十九），立褚氏（妃）爲皇后。（宋志·禮一，晉志·禮下，晉書·康帝紀、后妃列傳下，通典·嘉禮三）

【理據】①《宋志》録殿中御史奏曰：“今迎皇后，依昔成恭皇后入宮御物，……今當臨軒遣使，而立五牛旂旗，旄頭畢罕並出，即用故至，今闕。”《晉志》同。②《宋志》又録帝詔曰：“恭后神主入廟，先帝詔后禮宜有降，不宜建五牛旗，而今猶復設之邪？既不設五牛旗，則旄頭畢罕之器易具也。”又：“舊制既難準，且於今而備，亦非宜。府庫之儲，唯當以供軍國之費耳。法服儀飾粗令舉，其餘兼副雜器，停之。”《晉志》同。康帝立意在更易成帝舊制，故其舉出成恭皇后喪禮之儀，並稱納后之儀當從略。

【考釋】① 立后時間從《康帝紀》、《宋志》、《通典》等記在明年，不確。②《宋志》“即用故至，今闕”，《通典》録之作“即用舊制，今闕”，義同。中華書局本《宋書》據《通典》將“故至”改作“舊制”，恐無此必要。

[凶] 司馬沖（東海哀王）去世逾年，嗣王不復追服，群臣皆已反吉，下詔國妃終三年之制。（宋志·禮二，晉志·禮中，通典·凶禮十五）

【理據】《宋志》録帝詔曰：“朝廷所以從權制者，以王事奪之，非爲變禮也。婦人傳重義大，若從權制，義將安託。”《晉志》同。

【論評】《宋志》録孫盛曰：“廢三年之禮，開偷薄之源，漢、魏失之大者也。今若以丈夫宜奪以王事，婦人可終本服，是爲吉凶之儀，雜陳於宮寢，綵素之制，乖異於内外，無乃情禮俱違，哀樂失所乎。”《晉志》同。

【考釋】《宋志》、《晉志》記此事在“晉穆帝時”，然據《晉書·元四王列傳》，可知東海哀王去世於咸康七年，故繫於此年。

[吉] 宗廟登成帝神主，未遷京兆府君，始十一室。（宋志·禮三，晉志·禮上，通

典·吉禮六）

吉 將改元，徐禪（博士）議以爲宜告廟，尚書同之。（通典·吉禮十四）

【理據】《通典》録徐禪議曰："蓋改元之道，宜其親告，不以喪闕。……事莫大於正位，禮莫盛於改元。"

【論評】秦蕙田《五禮通考》評曰："徐禪議是。"（《嘉禮一》"即位改元"）

凶 下詔以王允之任衞將軍、會稽内史，王表郡與其祖王會同名，求改授，詔下八座詳議，司馬無忌（給事黄門侍郎，譙王）議以爲不必改。（通典·凶禮二十六）

【理據】《通典》録司馬無忌議曰："夫君命之重，固不得崇其私。又國之典憲，亦無以祖名辭命之制也。"

建元元年（343）

吉 正月，顧和（太常）表議以爲南北郊宜分别時日，帝均宜親行，從之。辛未（十九），南郊，辛巳（二十九），北郊，帝皆親奉。（宋志·禮三，晉志·禮上，晉志·顧和列傳，通典·吉禮一、吉禮四）

【因革】《晉志》録顧和表曰："泰始中，合二至之祀於二郊。北郊之月，古無明文，或以夏至，或同用陽復。漢光武正月辛未，始建北郊，此則與南郊同月。及中興草創，百度從簡，合七郊於一丘。憲章未備，權用斯禮，蓋時宜也。至咸和中，議别立北郊，同用正月。魏承後漢，正月祭天，以地配，時高堂隆等以爲禮祭天不以地配，而稱周禮三王之郊，一用夏正。"按《宋志》略同，但七郊作"北郊"，未必妥；又漏"時高堂隆等以爲禮祭天不以地配"十四字。顧氏追述北郊之典始於東漢光武中元二年（57）正月，東晉成帝咸和八年（333）更立北郊。其持議南北郊分别時日，實本諸魏高堂隆之説。

又《晉志·禮上》記用牲之制沿革："郊廟牲幣璧玉之色，雖有成文，秦世多以駵駒，漢則但云犢，未辨其色。江左南北郊同用玄牲，明堂廟社同以赤牲。"

429

又《宋志·禮一》述曰:“自魏以來,多使三公行事,乘輿罕出矣。魏及晉初,儀注雖不具存,所損益漢制可知也。江左以後,官有其注。”可見自東晉撰定儀注,至南朝宋仍沿用。

【論評】秦蕙田《五禮通考》論曰:“高堂隆稱祭天不以地配,是矣;所稱三王之郊,一用夏正,仍用鄭氏緯書之說,非周禮也。”(《吉禮三十八》“方丘祭地”)

凶 正月晦,成恭皇后杜氏周忌,有司奏請改服,詔不許,素服如舊。
(宋志·禮二,晉志·禮中,通典·凶禮二)

【理據】《宋志》錄帝詔曰:“君親,名教之重也。權制出於近代耳。”《晉志》同。

【因革】《宋志》稱“非漢、魏之舊”。《晉志》同。

凶 六月壬寅(二十二),有司請改素服,進膳如舊,下詔却之。(晉書·康帝紀)

【理據】有司據此時成帝去世已一年,《康帝紀》錄帝詔曰:“權制之作,蓋出近代,雖曰適事,實弊薄之始。先王崇之,後世猶怠,而況因循,又從輕降,義弗可矣。”

軍 太史上元日合朔,庾冰(中書令)采蔡謨(領司徒)等議,却朝會。(宋志·禮一,晉志·禮上,通典·軍禮三)

【理據】《宋志》載庾冰以東漢劉劭故事示八座,錄蔡謨議曰:“夫敬誠之事,與其疑而廢之,寧慎而行之。故孔子、老聃助葬於巷黨,以喪不見星而行,故日蝕而止柩,曰安知其不見星也。今史官言當蝕,亦安知其不蝕乎?夫子、老聃豫行見星之防,而劭廢之,是棄聖賢之成規也。”蔡氏究諸《禮記》所載先聖故事,並輔之以禮意主敬,故爲衆議所認同。

【論評】秦蕙田《五禮通考》評曰:“蔡謨駁劉邵之議甚當。”(《嘉禮九》“朝禮”)

建元二年(344)

嘉 九月丙申(二十四),立司馬聃爲皇太子。(晉書·康帝紀)

凶 九月戊戌(二十六),帝去世於式乾殿,己亥(二十七),太子即位;十月乙丑(二十三),葬於崇平陵。(晉書·康帝紀、穆帝紀)

穆帝（孝宗，司馬聃，康帝太子）

永和元年（345）

[嘉] 正月甲戌（初一），皇太后（褚氏）抱帝臨軒，改元。（晉書·穆帝紀）

【儀制】《穆帝紀》記"設白紗帷於太極殿"。

【考釋】帝於去年九月即位，僅二歲。

[賓] 褚裒（衛將軍）爲太后之父，殷融（太常）議以爲其在宮廷當盡臣禮，庾翼（征西將軍）、謝尚（南中郎）從其說，太后從之。（晉書·后妃列傳下）

【儀制】《后妃列傳下》記殷融議據鄭玄説，"衛將軍裒在宮廷則盡臣敬，太后歸寧之日自如家人之禮"。

【理據】《后妃列傳下》記太后詔曰："典禮誠所未詳，如所奏，是情所不能安也。"庾翼、謝尚則以爲"父尊盡於一家，君敬重於天下，鄭玄義合情禮之中"。

[吉] 有司議制雩壇於國南郊之旁，祈上帝百辟，旱則祈雨，大雩社稷、山林、川澤。五月戊寅（初十），大雩。（通典·吉禮二，晉書·穆帝紀）

【儀制】《通典》記曰："舞僮八佾六十四人，皆玄服，持羽翳，而歌《雲漢》之詩章。"又據《南齊書·禮上》建武二年（495）何佟之議，此年"得雨，報太牢"。

【因革】金子修一指出："這是爲雩祀製作祭壇的最早的記録。"（《關於魏晉到隋唐的郊祀、宗廟制度》，《日本中青年學者論中國史·六朝隋唐卷》，第372頁）

永和二年（346）

[吉] 七月，有司奏議宗廟登遷，宣帝之上四祖如何安置。蔡謨（領司徒）議以爲宜立四祖於別室，殷祀則升征西於宣帝之上，遷主入征西之

祧，馮懷（護軍將軍）表議以爲可立於別室，殷祀則祭於壇，司馬無忌（輔國將軍）、孫綽（尚書郎）議以爲宜遷主入宣帝之祧，徐禪（尚書郎）議以爲可藏主於石室，祭於壇，並遣其訪虞喜（處士），證藏主之法可行，故司馬昱（撫軍將軍）、劉劭（尚書）等奏以爲宜藏主石室，祭如舊，最終劉遐（太常）、張憑（博士）等同蔡謨議。於是宗廟登康帝神主，遷京兆入西儲，正室仍爲十一。（宋志·禮三，晉志·禮上，通典·吉禮六、吉禮七）

【理據】《宋志》録有司奏文曰：“十月殷祭，京兆府君當遷祧室。昔征西、豫章、潁川三府君毀主，中興之初權居天府，在廟門之西。咸康中，太常馮懷表續奉還於西儲夾室，謂之爲祧，疑亦非禮。今京兆遷入，是爲四世遠祖，長在太祖之上。昔周室太祖世遠，故遷有所歸。今晉廟宣皇爲主，而四祖居之，是屈祖就孫也。殷祫在上，是代太祖也。”又録蔡謨議曰：“四府君宜改築別室，若未展者，當入就太廟之室。人莫敢卑其祖，文、武不先不窋。殷祭之日，征西東面，處宣皇之上。其後遷廟之主，藏於征西之祧，祭薦不絕。”《晉志》同。

《宋志》又載當時范宣兄子問此禮之意，范氏釋曰：“舜廟所祭，皆是庶人。其後世遠而毀，不居舜上，不序昭穆。今四君號猶依本，非以功德致禮也。若依虞主之瘞，則猶藏子孫之所；若依夏主之埋，則又非本廟之階。宜思其變，別築一室，親未盡則禘祫，處宣帝之上；親盡則無緣下就子孫之列。”《晉志》同。

【考釋】《晉書·儒林列傳》記有此事，謂“内外博議不能決，時喜在會稽，朝廷遣就喜諮訪焉”。

【論評】縱觀兩晉宗廟之制，陳戍國認爲：“晉朝宗廟祭祀的範圍（事七）以及尊重先王兄弟並世者的祭儀都與古禮大旨相合。其不合者，如一廟七室或者多至十一室，則與周禮以來的七廟之制不同。”（《中國禮制史·魏晉南北朝卷》，第122頁）又《晉書·蔡謨列傳》稱：“謨博學，於禮儀宗廟制度多所議定。”

凶 司馬統（汝南王）、衛崇（江夏公）爲庶母制服三年，顧和（尚書令）奏違禮，應貶黜，詔從之。（晉書·顧和列傳，通典·凶禮四）

【理據】《晉書》録顧和奏曰：“復行重制，違冒禮度，肆其私情。閭閻許其過厚，談者莫以爲非,則政道陵遲由乎禮廢,憲章頹替始於容違。若弗糾正,無以齊物。"

【考釋】① 此事《通典》僅標在"永和中",暫繫於顧和起任尚書令之年。②《通典》記司馬統爵位爲濟南王,誤。

凶 司徒問太常若妻已去世,是否猶應服其父母,杜潛(太常)等答以不以存亡爲異,司徒又問國子博士,張憑(博士)議以爲不宜服,爭執者不乏其人。(通典·凶禮十七)

【理據】《通典》尚録有苟訥、季祖鐘、曹述初等以爲當服,其中苟訥"謂前妻雖卒,終當同穴,今妻配己,理無異前,不以存亡爲異也";步熊、范甯等則以爲"同於徒從,妻没則不從服"。

【論評】《通典》録宋庚蔚之評曰:"夫妻一體之親,而謂妻之父母徒從,失之甚矣。言應服者,辨之已詳。"

【考釋】此事《通典》僅標在"永和中",暫繫於此。

永和六年(350)

嘉 正月,帝臨朝,因褚裒之喪,懸而不樂。(晉書·穆帝紀,通典·樂七)

【考釋】① 褚裒,皇太后之父,因北征後趙,進軍彭城,失利,去年十二月己酉(初七)去世。② 此時實際上是皇太后臨朝,此時尚未下葬,太后居喪。③《通典》記其時蔡王彪之(尚書)議,懸而不樂。

【因革】《宋志·禮二》記曰:"穆帝永和中,爲中原山陵未修復,頻年會,輒廢樂。是時太后臨朝,后父褚裒薨,元會又廢樂。"《晉志·禮中》同。

吉 五月九日,安平王去世,孫欽(博士)議不應由此廢四時祭。(通典·吉禮十一)

【理據】《通典》録孫欽議曰:"臣聞伯叔父、同產昆弟、庶子、庶孫及次妃以下,天子諸侯則降而不服,於四時之祭無闕廢,禮也。漢文帝前代盛德之君也,猶不忍以三年之喪,妨廢孝享,割損年月,早葬速除,追思祖考,念在烝嘗,所以重宗廟也。"

【考釋】中華書局本校勘記曰:"《晉書·宗室傳》言安平王司馬隆咸寧二年薨,無子絕國。此安平王蓋東晉紹封者。"

[軍] 史官推定合朔,殷浩(揚州刺史)采王彪之(廷尉)議,却朝會。(三國志裴注·魏書·劉劭傳,宋志·禮一,晉志·禮上,通典·軍禮三)

【理據】其時與從東漢末劉邵故事不却會,裴注錄王彪之書曰:"禮云諸侯旅見天子,入門不得終禮而廢者四,太廟火,日蝕,後之喪,雨霑服失容。尋此四事之指,自謂諸侯雖已入門而卒暴有之,則不得終禮;非爲先存其事,而徼幸史官推術錯繆,故不豫廢朝禮也。……合朔之禮,不輕於元會;元會有可却之准,合朔無可廢之義。"王氏認爲既知將合朔,自當從敬,心存僥倖不合禮意。《宋志》、《晉志》僅略記之,然又稱王氏所據爲咸寧、建元故事。

【因革】《宋志》又曰此"相承至今",可見兩晉合朔均却會,因承至劉宋。

【考釋】《宋志》等載此事在永和中,據《晉書·穆帝紀》,僅永和七年(351)正月丁酉朔、八年正月辛卯朔載"日有蝕之",故暫繫於此年末。

永和七年(351)

[吉] 九月,峻陽、太陽二陵崩,帝於太極殿素服臨朝三日。(晉書·穆帝紀)

【因革】明年二月峻平、崇陽二陵崩,《穆帝紀》記曰"帝臨三日",當類此。

[吉] 朝廷將行郊祀,司馬昱(會稽王,撫軍)問王彪之(廷尉)應否有赦,王以爲不宜,從之。(晉書·王廙列傳,資治通鑑·晉紀二十一)

【因革】《晉書》錄王彪之答曰:"中興以來,郊祀往往有赦,……凶愚之輩復生心於僥倖矣。"

【論評】秦蕙田《五禮通考》論曰:"彪之論郊不宜赦,誠爲正當。"(《吉禮七》"圜丘祀天")

永和八年(352)

吉 七月，大雩。(晉書·穆帝紀)

永和九年(353)

吉 正月丙寅(十二)，皇太后與帝同拜建平陵。(晉書·穆帝紀,晉志·禮中,通典·吉禮十一)

嘉 褚太后見父，胡訥(博士)議從漢邴原，徐禪(博士)議從鄭玄，何充(中書監)同徐氏，蔡謨(司徒)議以爲不應拜，太后詔勉從徐氏。(通典·嘉禮十二)

【考釋】《通典》自注録何充與庾翼書言其背景:"褚將軍還朝,值太后臨朝,時議褚侯雖后父,乃晉臣也,宜用鄭議。"

【儀制】《通典》録何充議曰:"左將軍入在公庭,則修臣敬;皇太后歸寧之日,則全子禮。"

【理據】《通典》録何充議曰:"依鄭玄議,君臣,父子之道存焉。"按鄭玄、邴原之議,參見東漢建安元年(196)。

永和十年(354)

嘉 正月己酉(初一)，帝臨朝，因五陵未復，懸而不樂。(晉書·穆帝紀)

【考釋】① 五陵,指宣帝陵、景帝峻平陵、文帝崇陽陵、武帝峻陽陵、惠帝太陽陵。
② 去年八月,曾遣司馬欽(兼太尉、河間王)修復五陵。

嘉 臺符問六禮版文如今當用何稱，曹耽(博士)以爲婚禮不稱主人，王

彪之(太常)定以稱皇太后詔。（通典・嘉禮三）

【因革】《通典》記臺符又問：“今后還政，不復臨朝，當何稱？”王彪之答曰：“當稱皇帝詔。”

【考釋】《宋志・禮一》僅記曰：“太常王彪之始更大引經傳及諸故事，以正其禮，深非《公羊》婚禮不稱主人之義。”且將此事統記在升平元年下。《晉志・禮下》同。

永和十一年(355)

凶 彭城國爲李太妃求謚，曹耽(博士)議以爲可，胡訥、王彪之以爲婦人無謚。（晉志・禮中，通典・凶禮二十六）

【理據】《晉志》錄胡訥之言：“禮，婦人生以夫爵，死以夫謚。《春秋》夫人有謚，不復依禮耳。安平獻王李妃、琅邪武王諸葛妃，太傅東海王裴妃並無謚，今宜率舊典。”王彪之亦持“禮，婦人無謚”説。

【考釋】李太妃，其人待考實。

永和十二年(356)

嘉 正月丁卯(初一)，帝臨朝，因太后母喪，懸而不樂。（晉書・穆帝紀）

凶 峻平四陵修復，尚書府問皇太后應何服，曹耽(博士)、胡訥(博士)議以爲改葬當緦，荀訥(領國子博士)議以爲不應服緦，王彪之(太常)、范汪(尚書)同曹、胡議，遂定皇太后服緦。（通典・凶禮二十四）

吉 十二月庚戌(十九)，因祭五陵，告於太廟。（晉書・穆帝紀）

【儀制】《穆帝紀》記曰：“帝及群臣皆服緦，于太極殿臨三日。”

升平元年（357）

嘉 **正月壬戌**(初一)，**帝加元服，告於太廟，改元。**（晉書·穆帝紀）

【考釋】穆帝即位時 2 歲，至此 15 歲。此前均由皇太后臨朝攝政，此後歸政，《后妃列傳下》載有太后二詔。

【因革】《宋志》述加元服之地曰："禮冠於廟，魏以來不復在廟。然晉武、惠冠太子，皆即廟見，斯亦擬在廟之儀也。晉穆帝、孝武將冠，先以幣告廟，訖又廟見也。"《晉志》同。

【理據】《通典·嘉禮一》錄王彪之(太常)議曰："按禮，冠皆於廟，《儀禮》云'既畢，賓出，主人送於廟門'，明必在廟。近代以來，不復在廟。成帝既加元服，拜太廟以告成，蓋亦猶擬在廟之儀。今既加元服，亦應拜廟。"《晉志》略同。

【論評】秦蕙田《五禮通考》論曰："王彪之議頗得漢魏之詳，所稱冠無定時日，必在廟，尤合禮意。"（《吉禮一百四十九》"冠禮"）

吉 **三月，帝講《孝經》，壬申**(十二)，**親釋奠於中堂。**（晉書·穆帝紀，通典·吉禮十二）

【因革】去年二月辛丑(初五)，《穆帝紀》亦記帝講《孝經》。

嘉 **八月，將納皇后，王彪之**(太常)**新定六禮儀注。**（宋志·禮一，晉志·禮下，通典·嘉禮三、嘉禮四）

【儀制】《宋志》詳錄王彪之所定六禮版文，含皇帝璽書文及女方主人復文。《晉志》同。茲從略。

【因革】《宋志》記王彪之曰："案咸寧二年，納悼皇后時，弘訓太后母臨天下，而無命戚屬之臣爲武皇父兄主婚之文。又考大晉已行之事，咸寧故事，不稱父兄師友，則咸康華恒所上合於舊也。臣愚謂今納后儀制，宜一依咸康故事。"又："惟以取婦之家，三日不舉樂，而咸康群臣賀爲失禮；故但依咸寧上禮，不復賀也。"《晉志》同。由此可見王氏所定儀注基本沿用華恒之舊，僅去其群臣畢賀一項。

又秦蕙田《五禮通考》指出:"皇帝大昏,至晉始具六禮,亦緣士禮推之也。"(《嘉禮二十七》"昏禮")

嘉 **八月,議納后是否當賀,王述云當賀,王彪之議以爲不當賀,用王彪之説。**(晉志·禮下,通典·嘉禮四)

【理據】①《晉志》録王述曰:"婚是嘉禮。《春秋傳》曰:'娶者大吉,非常吉。'"② 又王彪之曰:"婚禮不樂。鼓吹亦樂之總名。《儀注》所以無者,依婚禮。今宜備設而不作。"又曰:"婚禮不樂不賀,《禮》之明文。……禮,取婦三日不舉樂,明三日之後自當樂。至於不賀,無三日之斷,恐三日之後故無應賀之禮。"王氏本諸古婚禮屬陰禮之實質,《禮記·郊特牲》有明文:"昏禮不用樂,幽陰之義也;樂,陽氣也。昏禮不賀,人之序也。"故其説較有説服力。

【考釋】此事《晉志》署"永和二年",《通典》則署"永和三年"。清洪頤煊《諸史考異》已指出:"永和二年,穆帝四歲,無納后之文。"按此事仍屬納皇后何氏而起,故暫繫於此。

【論評】秦蕙田《五禮通考》指出:"當時廷臣深於禮典,信經如蓍蔡,至於不樂不賀,猶往來辯論如此,可謂篤信好學矣。"(《嘉禮二十七》"昏禮")

嘉 **八月,臺符問迎皇后大駕是否應作樂,胡訥**(博士)**議以爲不當作,王彪之**(太常)**議以爲宜備設而不作,用王説。**(晉志·禮下,通典·嘉禮四)

【考釋】此事《晉志》署"升平八年",清洪頤煊《諸史考異》已指出:"穆帝立皇后何氏在升平元年八月,升平止五年,無八年。"(校勘記已引録)今據洪説徑繫入元年八月。

凶 **八月,因九月值康帝忌月,范汪以時間緊迫,是否延至十月,曹耽**(博士)**、荀訥**(博士)**均以爲禮無忌月,周閔**(僕射)**等以爲當如皇太后令,用九月。**(通典·凶禮二十三、樂七)

【考釋】就史實來看,最終未用九月,改在八月急速完事。

嘉 **八月丁未**(十九)**,立皇后何氏。十月,皇后見於太廟。**(晉書·穆帝紀、后

438

妃列傳下）

【儀制】①《后妃列傳》記使司馬晞（兼太保，武陵王）、司馬洽（兼太尉，中領軍）"持節奉冊立爲皇后"。②《通典·嘉禮四》記曰："於時竟不賀，但上禮。"

凶 冬，廬陵公主（帝姑）去世，未葬，冬至小會應否作樂，胡訥（博士）議以爲宜闕樂，王彪之（太常）議以爲宜作樂，不知所取。（晉志·禮中，通典·樂七）

【理據】①《晉志》録胡訥議曰："君於卿大夫，比卒哭不舉樂。公主有骨肉之親。"② 又録王彪之議舉出晉武帝咸寧二年（276）之詔，曰："泰始十年春，長樂長公主薨，太康七年秋，扶風王駿薨，武帝並舉哀三日而已。中興已後，更參論不改此制。"

嘉 臺符問廬陵公主去世，琅琊、東海二王能否婚娶，王彪之（太常）以爲除喪而後可婚。（通典·嘉禮五）

【考釋】《通典》自注引袁矯之（太常博士）等按："公主於二王屬爲姑，二王出爲人後，主又出適，今應降服小功。"

【理據】《通典》録王彪之曰："二王應制小功之服。禮，小功絶哭，可以娶妻；下殤之小功則不可。先儒之説，本齊縗之親，故除喪而後可婚。今二王雖以出後降服，本亦齊縗之親，情例如禮，不應成婚。"

升平二年（358）

嘉 正月朔，朝會，賜衆客醳醴酒。（藝文類聚·禮部中）

吉 何琦論修五嶽祠，然未見省。（宋志·禮四，晉志·禮上，通典·吉禮十四）

【因革】《宋志》録何琦論曰："唐虞之制，天子五載一巡狩，省時之方，柴燎五嶽，望于山川，徧于群神。……降逮三代，年數雖殊，而其禮不易。……及秦漢都西京，涇渭長水，雖不在祀典，以近咸陽，故盡得比大川之祠。而正立之祀，可以闕哉！自永嘉之亂，神州傾覆，茲事替矣。……咸和迄今，已復墮替。計今非典之祠,可謂非一,考其正名,則淫昏之鬼,推其糜費,則四人之蠹。而山川大神,更爲簡闕,禮俗頹紊,人神雜擾,公私奔蹙,漸以滋繁。良由頃國家多難,日不暇給,草建廢滯,事有未遑,今元憝已殲,宜修舊典。……其五嶽、四瀆宜遵修之處,但俎豆牲牢,祝嘏文辭,舊章靡記。可令禮官作式,歸諸誠簡,以達明德馨香,如斯而已。其諸妖孽,可粗依法令,先去其甚。俾邪正不瀆。"《晉志》略同。按何氏所闡國家設立山川祀典之用意在"嶽瀆之域,風教所被,來蘇之人,咸蒙德澤",若正禮不立,則必然造成社會風俗混亂,即"禮俗頹紊,人神雜擾,公私奔蹙,漸以滋繁",由此導致淫祀盛行,即"計今非典之祠,可謂非一,考其正名,則淫昏之鬼"。

【考釋】此事二志僅標在"升平中",暫繫於此。

升平四年(360)

凶 司馬晞(太宰,武陵王)所生母喪,表希齊衰三年,下詔依安樂王故事,制大功九月,江夷(太常)上孔恢(博士)議以爲宜降一等,服五月,謝奉(尚書)以爲當依庶子爲後之制服緦,許穆(倉部郎)議以爲宜制服周,崧重(吏部郎)議以爲應服齊衰周,於是又詔從緦麻服制,司馬晞最終服大功。(通典·凶禮四)

【理據】《通典》載各家之説詳悉,又云"詔常侍割喻太宰,從緦麻服制。累表至切。又遣敦喻。太宰不敢執遂私懷,以闕王憲,乃制大功之服"。

【考釋】此事《通典》僅標在"升平中",據《晉志·禮中》載太元十八年(393)車胤之言,可知當在此年。

升平五年(361)

凶 五月丁巳(二十二),帝去世於顯陽殿;七月戊午(二十四),葬於永平

陵。（晉書·穆帝紀、哀帝紀）

凶 帝去世，曹耽（前尚書郎）等奔赴，皆服齊縗，喻希（侍御史）表彈其失禮，孔愉（博士）等議以爲當免所履除官，曹耽上表自證以合禮。（通典·凶禮十二）

【儀制】《通典》録曹耽上表曰："臣服齊縗，哭臨殿庭，踰月歷旬，外内監司，莫之或譏。及至梓宮將幸山陵，諸官來赴，服斬者多。"

【理據】《通典》記孔愉等議僅指出"禮無解職厭降之文"，而曹耽上表曰："臣聞君喪之禮，貴賤不同。禮，臣爲君斬縗，仕焉而已，爲舊君齊縗。爵禄既絶，朝見既替，蓋以疏賤於親貴，故降其制也。又國喪儀注，居職者朝夕臨，去職者朔望臨。禮，哭泣之節，各稱其服，哭輕則服不得重。據令，去職之臣朔望哭，宜爲舊君服齊縗。是以臣前率而行之，不敢有加。"其説禮意豐沛。

哀帝（司馬丕，成帝長子）

吉 五月庚申（二十五），帝以琅邪王即位。（晉書·哀帝紀）

【儀制】《哀帝紀》記曰："百官備法駕，迎于琅邪宫。"

吉 帝於穆帝爲從父兄弟，詔下議位次，江虨（尚書僕射）等四人以爲應承穆帝，王述（衛軍）等二十五人、謝奉（尚書）等六人以爲宜繼康帝（顯宗），遂上繼康帝。（晉志·禮中，通典·凶禮二）

【考釋】此從《晉志》，《通典》較此更詳，又録謝奉後又議謂應繼成帝，又有"太常臣夷等五人議"同王述。

嘉 曹弘之（博士）等議立秋讀時令，改服素幘，詔從之。（宋志·禮五，通典·嘉禮二）

【因革】①《宋志》記曰："漢儀，立秋日獵服絳幘。"② 又記此後至宋文帝元嘉六年（429），徐道娛表"不應服素"，然"帝執宜如舊，遂不改"。

嘉 九月戊申（十四），立皇后王氏。（晉書·哀帝紀）

吉 十月己卯(十六)，殷祀。因穆帝之喪，丘夷(太常)等議宜徹樂，行用之。(宋志·禮三，晉志·禮上，通典·吉禮八)

【理據】《宋志》記曰：“初，永嘉中，散騎常侍江統議曰：‘《陽秋》之義，去樂卒事。’是爲吉祭有廢樂也，故升平末行之。”此揭出丘氏等議之依據。

【因革】《宋志》又載：“宋世國有故，廟祠皆懸而不樂。”劉宋正效晉世故事。

【論評】《宋志》又録其後江逌(太常)上表非之曰：“逌尋詳今行漢制，無特祀之別。既入廟吉禘，何疑於樂?”

隆和元年(362)

吉 下詔欲於太極殿前庭修鴻祀之制，孔嚴(尚書左丞)諫止。(晉書·孔愉列傳，通典·吉禮十四)

【理據】①《晉書》録孔嚴諫曰：“鴻祀雖出《尚書大傳》，先儒所不究，歷代莫之興，承天接神，豈可以疑殆行事乎！”②《通典》又録劉遵啓曰：“此唯出《大傳》，不在六籍，劉向、鄭玄雖爲其訓，自後不同。前代以來，並無其式。”

【考釋】《通典》自注：“以鴻雁來爲候，因而祭之，謂之鴻祀。”

興寧元年(363)

凶 三月壬寅(十七)，皇太妃(周氏，帝之生母)去世於琅邪第，癸卯(十八)，帝奔喪；七月丁酉(初八)，下葬。(晉書·哀帝紀，晉志·禮中，通典·凶禮二，資治通鑑·晉紀二十三)

【儀制】《晉志》記時帝欲服三年，依江虨(尚書僕射)啓，制緦麻三月。

【考釋】《哀帝紀》記因帝奔喪，下詔由司馬昱(司徒、會稽王)總內外衆務。

【論評】王夫之《讀通鑑論》(卷十四)評曰：“爲人後者，爲所生母服期，亦天下之通喪也。僅見於《士喪禮》，而以情理推之，固可通於天子。天子喪禮無傳文，後世執期喪達乎天下之説,以屈厭而議短喪,非也。哀帝欲爲所生周太妃服三年,則過;既而欲服期,是也。江霈(通醮)執服緦之説,抑帝而從之,邪説也。天子絶期,而又何緦乎?爲人後而繼大宗,承正統,上嚴祖考,而不得厚其私親,此以君臣之義裁之也。"

凶 就皇后服制,尚書奏帝緦麻三月,皇后齊縗周,縶毋邃駁之,以爲皇后亦當緦。(通典·凶禮十七)

【理據】《通典》録此前賀循曰:"庶子爲人後,爲其母緦麻三月。庶子之妻自如常禮,尊所不降也。自天子通於大夫皆然。"尚書之奏依據即在此。然縶毋邃的根據則是"后服不宜踰至尊"。

興寧二年(364)

吉 二月癸卯(二十三),帝親耕藉田。(晉書·哀帝紀)

【因革】《晉書·江統列傳》記曰:"哀帝即位,……帝欲於殿庭立鴻祀,又欲躬自藉田,[江]霈並以爲禮廢日久,儀注不存,中興以來所不行,謂宜停之。"可見藉田之禮自西晉惠帝以後廢棄甚久。

【考釋】《晉志·禮上》記東晉藉田自元帝時賀循等所上儀注未施行,"後哀帝復欲行其典,亦不能遂",此説或可見江霈之議爲帝所采。梁滿倉又補證《宋書·百官志》所記晉武帝泰始十年(274)置藉田令,"江左省,宋太祖元嘉中又置",可見"整個東晉時期不設藉田令,亦見此時期没有藉田活動"(《魏晉南北朝五禮制度考論》,第225頁)。

制 三月庚戌(初一),大閲户人,嚴法制。(晉書·哀帝紀)

嘉 高崧(御史中丞)有從弟喪,在大功服末欲爲兒婚,書訪范汪(尚書),范氏以爲不可,又訪於江彪,亦以爲不可,於是服畢方婚。(通典·嘉禮五)

【理據】《通典》録范汪曰:"按《禮》'大功之末,可以冠子嫁子',此於子已爲無服也。以己尚在大功喪中,猶未忍爲子娶婦,近於歡事也。故於冠子嫁子則可,娶婦

則不可矣。"高崧的依據則是《禮》"己雖小功,卒哭,可冠、娶妻也",江彪駁之曰:
"娶婦則父爲主,娶妻則己爲主,故父大功之末不得行此嘉禮,至於己小功之末則
可行之。又禮稱娶妻,則是無父之正文。謂大功之末娶婦,於禮例猶尚不安。"

【論評】甘懷真指出:"即使高崧内心早有定見,仍須尋求禮學家爲其行爲找到
《禮經》中的根據,如此他在行禮時纔能心安,而免去來自士大夫階層的指責,或
所謂清議。"(《皇權、禮儀與經典詮釋》,第 29 頁)

【考釋】此事未悉年月,據前後史事略推,暫繫於哀帝末。

興寧三年(365)

凶 正月庚申(十六),皇后(王氏)去世。二月丙申(二十二),帝去世於西堂,
丁酉(二十三),琅邪王即位;三月壬申(二十九),葬帝與皇后於安平
陵。(晉書·哀帝紀、海西公紀)

廢帝(海西公,司馬奕,哀帝弟)

嘉 七月壬子(十日),立庾氏(妃)爲皇后。(晉書·海西公紀)

太和元年(366)

凶 五月戊寅(十二),皇后(庾氏)去世;七月癸酉(初八),葬於敬平陵。(晉
書·海西公紀、后妃列傳下)

【考釋】《后妃列傳》書此事在太和六年,誤。

吉 十月,殷祀。(宋志·禮三"義熙二年"劉瑾議,通典·吉禮八)

【考釋】《通典》自注:"此哀皇帝再周之内,庾氏既葬之後殷也。"

簡文帝（太宗，司馬昱，元帝少子，明帝弟）

咸安元年（371）

吉 十一月己酉（十五），百官拜辭廢帝，奉迎簡文帝即位。（晉書·海西公紀、簡文帝紀）

【因革】《海西公紀》録崇德太后令曰："今廢奕爲東海王，以王還第，供衛之儀，皆如漢朝昌邑故事。"又《晉書·王彪之列傳》記其時王彪之（尚書左僕射）"命取《〔漢書·〕霍光傳》，禮度儀制，定於須臾。……時廢立之儀寂絕於曠代，朝臣莫有識其故典者。彪之神彩毅然，朝服當階，文武儀準莫不取定，朝廷以此服之。"

【儀制】《海西公紀》記曰："百官入太極前殿，即日桓温使散騎侍郎劉享收帝璽綬。帝著白帢單衣，步下西堂，乘犢車出神獸門。群臣拜辭，莫不歔欷。"《簡文帝紀》又記曰："於是大司馬桓温率百官進太極前殿，具乘輿法駕，奉迎帝於會稽邸，於朝堂變服，著平巾幘單衣，東向拜受璽綬。"

吉 帝上繼元帝，世秩登進，還潁川、京兆二主於宗廟。（宋志·禮三，晉志·禮上，通典·吉禮六）

【因革】簡文帝時宗廟當從潁川至元帝，共十室。《宋志》又載："至簡文崩，潁川又遷。"《晉志》同。

吉 十二月辛卯（二十七），薦酃淥酒於太廟。（晉書·簡文帝紀）

【因革】此前西晉太康元年（280）六月曾行此禮。

咸安二年（372）

嘉 七月己未（二十八），立司馬曜（會稽王）爲皇太子。（晉書·簡文帝紀）

凶 七月己未，帝去世於東堂，太子即位；十月丁卯（初八），葬於高平

陵。（晉書·簡文帝紀、孝武帝紀）

【儀制】據《晉書·后妃列傳下》，順皇后（王氏）此時合葬。按王氏於永和四年(348)即去世，時簡文帝尚未即位。

凶 帝去世，鎮軍府問參佐綱紀服，邵戬答以參佐無除者齊衰三月，綱紀被除敕者總衰七月。（通典·凶禮三）

【理據】甘懷真析曰："問題在於參佐綱紀一類的僚佐多是由府主所辟召，故與府主間有某種君臣關係，職是之故，他們與皇帝之間的君臣關係的性質爲何，引發爭議。"邵戬認爲，"軍府僚佐與皇帝之間沒有君臣關係，但軍府中的上層僚佐因爲曾受皇帝'除敕'，即曾接受皇帝的任命公文，彼此曾行相見之禮，可類比於封建制中的諸侯之卿之於天子，雖然不是天子'純臣'，不須依臣禮爲天子服三年之喪，但可服大功總縗"。（《皇權、禮儀與經典詮釋》，第 197 頁）

孝武帝（司馬曜，簡文帝第三子）

寧康元年(373)

吉 正月己丑（初一），改元即郊。（南齊志·禮上"建元四年"王儉議）

【考釋】《晉書·孝武帝紀》僅云改元，未記郊天。

凶 七月己亥（十四），桓温（丞相，大司馬，南郡公）去世，皇太后與帝臨於朝堂三日，葬儀一依晉安平獻王（司馬孚）、漢霍光（大將軍）故事。（晉書·桓温列傳、孝武帝紀）

寧康二年(374)

凶 七月，因簡文帝去世二年遇閏，謝攸（博士）、孔粲（博士）議以爲至閏

七月而祥，謝安（尚書僕射）、 王劭（中領軍）、 鄭襲（散騎常侍）、 殷康（右衛將軍）、 袁宏（驍騎將軍）、 殷茂（散騎侍郎）、 車胤（中書郎）、 劉遵（尚書左丞）、 劉耽（吏部郎中）議同，王彪之（尚書令）、 王混（侍中）、 司馬恬（御史中丞，譙王）、 戴謐（右丞）**等則認爲當此月祥除，謝安等參詳以七月晦除服，詔可。**（晉志·禮中，通典·凶禮二十二）

【理據】①《晉志》錄鄭襲曰："中宗、肅祖皆以閏月崩，祥除之變皆用閏之後月。先朝尚用閏之後月，今閏附七月，取之何疑，亦合遠日申情之言。又閏是後七而非八也，豈踰月之嫌乎！"《通典》又錄劉遵議曰："愚謂周忌故當用七月二十八日，大祥應用閏月晦，既得周忌之正，不失遠日之義。禮之遠日，誠非出月遇閏而然，蓋隨時之變耳。"②《晉志》錄王彪之等啓曰："一代之禮，宜準經典。三年之喪，十三月而練，二十五月而畢，禮之明文也。"《通典》又錄戴謐議曰："尋博士所上祥事，是專用吳商議也。商之所言，依公羊何氏注及禮之遠日也。……吳商采尋，便爲正義，不亦謬乎！閏在喪中，略而不計，祥除值閏，外而不取，重周忌也。"③《通典》錄謝安等參議曰："宜準經典，三年之喪，十三月而練，二十五月而畢，禮之明文也。祥除必正周月。"

【論評】《晉志》錄徐廣論斥之曰："禮疑通物，喪易寧戚，順情通物，固有成言矣。彪之不能徵援正義，有以相屈，但以名位格人。君子虛受，心無適莫，豈其然哉！執政從而行之，其殆過矣。"

凶 **七月己酉**（三十），**帝除縞即吉。**（晉志·禮中，通典·凶禮二十二）

嘉 **八月，以皇后將立，權停婚姻。**（晉書·孝武帝紀）

寧康三年（375）

嘉 **八月癸巳**（二十），**立皇后王氏。**（宋志·禮一，晉志·禮下，晉書·孝武帝紀）

【儀制】《宋志》記曰："其納采、問名、納吉、請期、親迎，皆用白雁白羊各一頭，酒米各十二斛。唯納徵羊一頭，玄纁用帛三匹，絳二匹，絹二百匹，虎皮二枚，錢二百萬,玉璧一枚,馬六頭,酒米各十二斛。"《晉志》同。

【因革】《宋志》述曰:"[此]鄭玄所謂五雁六禮也。其珪馬之制,備物之數,校太康所奏,又有不同,官有其注。"《晉志》同。可見此所用物品合乎《儀禮》鄭注之舊,而與西晉太康八年(287)所定儀注有所不同。又此年六禮版文等當同升平元年(357)故事。

【考釋】《通典·嘉禮三》下將此年所用品物及數目,逐項併入升平元年六禮版文之前,不作分別,恐未當。升平元年之六禮版文等此年沿用,然其所用物品,恐係新定,與前有所不同。

吉 **九月,帝講《孝經》,十二月癸巳**(十六),**釋奠於中堂。**(晉書·孝武帝紀,宋志·禮一,晉志·禮下,通典·吉禮十二)

【儀制】①《孝武帝紀》記曰:"祠孔子,以顏回配。"②《宋志》記曰:"于時無復國子生,有司奏:'應須復二學生百二十人。太學生取見人六十,國子生權銓大臣子孫六十人,事訖罷。'奏可。釋奠禮畢,會百官六品以上。"《晉志》同。③《隋志·禮儀六》記曰:"晉太元中,國子生見祭酒博士,單衣,角巾,執經一卷,以代手版。"又曰:"宋末,闕其制。齊立學,太尉王儉更造。"

【因革】《宋志》記曰:"孝武時,以太學在水南懸遠,有司議依升平元年,于中堂權立行太學。"《晉志》同。《宋志·禮四》又曰:"穆帝、孝武並權以中堂爲太學。"《晉志·禮上》同。

【考釋】此事《宋志·禮四》籠統署爲七月,《晉志·禮上》同,不確。

太元元年(376)

嘉 **正月壬寅**(初一),**帝加元服,見於太廟,改元,丙午**(初五),**臨朝。**(晉書·孝武帝紀)

【考釋】① 帝即位時年 10 歲,至今 14 歲。② 升平元年(357)正月,皇太后褚氏歸政穆帝,及哀帝、廢帝之世,復臨朝,至孝武帝即位,再臨朝,此時再度歸政,

《后妃列傳下》叙其始末。

吉 **正月甲子**（二十三），**謁建平等四陵。**（晉書·孝武帝紀）

【因革】此後太元四年（379）正月丙子（二十三），謁建平等七陵；五年（380）正月乙巳（二十八），謁崇平陵；九年（384）正月辛亥（二十七），謁建平等四陵；十年（385）正月甲午（二十六），謁諸陵；十一年（386）正月乙酉，謁諸陵。

【考釋】太元十一年正月癸卯朔，無乙酉日，中華書局點校本校勘記云當爲二月乙酉（十三）；然依諸上陵之例，時日均在正月下旬，改作二月恐未必是。

太元三年(378)

制 **二月乙巳**（十七），**作新宮，帝移居會稽王邸；七月辛巳**（二十五），**帝入新宮。**（晉書·孝武帝紀）

【因革】《晉書·王彪列傳》記此前謝安即欲更營宮室，王彪之（尚書令）曰：“中興初，即位東府，殊爲儉陋，元明二帝亦不改制。蘇峻之亂，成帝止蘭臺都坐，殆不蔽寒暑，是以更營修築。方之漢魏，誠爲儉狹，復不至陋，殆合豐約之中，今自可隨宜增益修補而已。強寇未殄，正是休兵養士之時，何可大興功力，勞擾百姓邪！”因此，“終彪之之世，不改營焉”。按王彪之去世於去年十月。

太元五年(380)

凶 **九月癸未**（初十），**皇后**（王氏）**去世，詔喪事從儉速；十一月乙酉**（十三），**葬於隆平陵。**（晉書·孝武帝紀、后妃列傳下，宋志·禮二，晉志·禮中）

【儀制】《宋志》録有帝詔，又詔：“遠近不得遣山陵使。”有司奏選挽郎二十四人，詔停。《晉志》同。

【考釋】《宋志》、《晉志》記卒年在太和四年九月，誤。

凶 嘉 **司馬道子**（琅琊王）**納妃，纔登車而聞皇后之喪，改服即哭位。**（通

典·凶禮三)

【理據】《通典》録宋庾蔚之曰:"瑯琊王妃者,……於孝武定后,本娣姒小功之服。王者絶旁親,故宜成以臣妾齊縗之周。"

太元六年(381)

嘉 正月,因皇后之喪,元會廢樂。(宋志·禮二,晉志·禮中)

制 正月,帝初奉佛法,立精舍於殿内,引諸沙門居之。(晉書·孝武帝紀)

凶 司馬晞(武陵王,簡文帝兄)於新安去世,帝三日臨於西堂,下詔靈柩回京,並其妃(應氏)及故世子(梁王)諸喪。(晉書·元四王列傳)

凶 司馬晞(故太宰,武陵王)去世,司馬道子(琅琊王)服制有疑,徐邈以爲當服大功。(通典·凶禮四)

【理據】《通典》録王奧(郎中令)問曰:"元皇帝入承大宗,孝王出嗣宗國,殿下出後孝王,於元帝故得爲子不?"徐邈答曰:"元皇、孝王所承既異,則大制宜降,故論者據此爲斷。子之離父,父之捨子,其所承繼不同,何得復全其本?"

吉 下詔以司馬珣(宗室子)之爲司馬道生(會稽世子)之後,江熙(博士)議以爲宜權立行廟,告嗣。(通典·吉禮六)

【儀制】《通典》記江熙議曰:"皇子廟祭,用大夫禮,三廟,牲用少牢。若繼嗣之身未准大夫,祭用士禮。"

太元八年(383)

樂 十一月丁亥(初二),謝石(征討都督)等戰勝後秦軍,歸靖康,得秦樂工,於是宗廟始備金石之樂。(資治通鑑·晉紀二十七,通典·樂一、樂四)

【因革】《晉志·樂下》綜述東晉以來樂事曰:"永嘉之亂,海内分崩,伶官樂器,皆没於劉、石。江左初立宗廟,尚書下太常祭祀所用樂名。……于時以無雅樂器及伶人,省太樂并鼓吹令。是後頗得登歌,食舉之樂,猶有未備。太寧末,明帝又訪阮孚等增益之。咸和中,成帝乃復置太樂官,鳩集遺逸,而尚未有金石也。庾亮爲荊州,與謝尚修復雅樂,未具而亮薨。庾翼、桓溫專事軍旅,樂器在庫,遂至朽壞焉。及慕容儁平冉閔,兵戈之際,而鄴下樂人亦頗有來者。永和十一年,謝尚鎮壽陽,於是采拾樂人,以備太樂,并制石磬,雅樂始頗具。而王猛平鄴,慕容氏所得樂聲又入關右。太元中,破苻堅,又獲其樂工楊蜀等,閑習舊樂,於是四厢金石始備焉。"《宋志·樂一》亦頗記之。

【考釋】《晉志》記曰:"乃使曹毗、王珣等增造宗廟歌詩,然郊祀遂不設樂。"《宋志·樂一》同。

太元九年(384)

[凶] 六月癸丑(初一),皇太后(褚氏,康獻皇后)去世,朝議疑帝服,徐藻(太學博士)議以爲仍從君后之道,應齊衰期,從之。(晉書·孝武帝紀、后妃列傳下,宋志·禮二,晉志·禮中,通典·凶禮二)

【理據】因太后與帝爲從嫂,《后妃列傳下》録徐藻議曰:"禮云'其夫屬父道者,妻皆母道也',則夫屬君道,妻亦后道矣。服后以齊,母之儀也。……今上躬奉康、穆、哀皇及靖后之祀,致敬同于所天,豈可敬之君道,而服廢於本親!"《宋志》幾同。

【考釋】《晉志》記此事在"孝武寧康中",誤。

[凶] 七月己酉(二十八),葬康獻皇后於崇平陵。(晉書·孝武帝紀)

[凶] 王蘊(鎮軍將軍,會稽內史,王皇后父)去世,帝舉哀,制服三日,僕射以下皆從服。(通典·凶禮二,晉書·外戚列傳)

【考釋】王蘊的卒年,《通典》記作"太元元年正月",誤,兹從《晉書》。

[嘉] 謝石(尚書)上言請立國學,帝納其言;明年,選公卿二千石子弟爲生,增造廟屋一百五十五間。又因品課無章,殷茂(國子祭酒)上言參

議制定課程，詔雖襃納，然未施行。（宋志·禮一，通典·吉禮十二）

【考釋】《晉書·孝武帝紀》則記此年"夏四月己卯，增置太學生百人"，明年"二月，立國學"，當即指此事；又《車胤列傳》記"太元中，增置太學生百人，以胤領國子博士"。

又《謝安列傳》記其時謝石上疏令"班下州郡，普修鄉校"。

【因革】此後又有清河人李遼上表請修孔子廟，立庠序，然"又不見省"。按終晉世，國學竟未能形成規模。

【論評】《宋志》記曰："朝廷及草萊之人有志於學者，莫不發憤歎息。"

太元十年(385)

凶 八月丁酉（二十二），謝安（侍中，中書監，衛將軍，太保）去世，帝三日臨於朝堂，詔府中備凶儀。（晉書·謝安列傳、孝武帝紀）

嘉 范甯任餘杭令六年，興學校，養生徒。其後任豫章太守，又大設庠序，並取郡四姓子弟，皆充學生，課讀五經。（晉書·范汪列傳）

【論評】《晉書》評范甯在餘杭曰："朞年之後，風化大行。自中興已來，崇學敦教，未有如甯者也。"

【儀制】《宋書·隱逸列傳》記周續之曰："豫章太守范甯於郡立學，招集生徒，遠方至者甚衆，續之年十二，詣甯受業。居學數年，通五經并緯候。"《南史·隱逸列傳上》同。可見范甯之功。

【考釋】此二事均未悉年月。范甯任餘杭令，在其任中書侍郎，論辯禮制之前，任豫章太守，則在其後。

太元十一年(386)

吉 八月庚午（初一），封孔靖之爲奉聖亭侯，奉宣尼祀。（晉書·孝武帝紀）

[古] 九月，值應烝祠，皇女去世，范甯（中書侍郎）奏議是否當停祀，尚書奏使三公行事。（宋志・禮一，晉志・禮上，通典・吉禮十一）

【理據】①《宋志》錄范甯奏曰：“案《喪服傳》，有死宮中者，三月不舉祭，不別長幼之與貴賤也。皇女雖在嬰孩，臣竊以爲疑。”《晉志》同。②《通典》自注引賀循《祭議》云：“禮，在喪者不祭。祭，吉事故也。其義不但施於生人，亦祖禰之情，同其哀戚，故云於死者無服則祭也。今人者有服祭祀如故，吉凶相干，非禮意也。”

【論評】秦蕙田《五禮通考》評曰：“以女殤廢親祭，非禮也。”（《吉禮九十》“宗廟時享”）

[凶] 十月甲申（十六），海西公去世於吳；與孝皇后庾氏合葬於吳陵。（晉書・孝武帝紀、后妃列傳下）

【考釋】孝皇后曾於太和元年（366）七月葬於敬平陵。

太元十二年（387）

[古] 五月壬戌（二十七），下詔擬正宗廟太祖之位，經詳議，徐邈（祠部郎）議以爲世數至今未足七世，宜仍舊虛位，車胤（侍中）、王珉（中書令）、孔汪（太常）等議均略同，故奉行無改。（宋志・禮三，晉志・禮上）

【理據】《宋志》錄徐邈議曰：“武皇帝建廟，六世三昭三穆，宣皇帝創基之主，實惟太祖，親則王考，四廟在上，未及遷世，故權虛東向之位也。兄弟相及，義非二世，故當今廟祀，世數未足，而欲太祖正位，則違事七之義矣。又《禮》曰‘庶子王亦禘祖立廟’，蓋謂支胤授位，則親近必復。京兆府君於今六世，宜復立此室，則宣皇未在六世之上，須前世既遷，乃太祖位定爾。京兆遷毀，宜藏主於石室。雖禘祫猶弗及。何者？傳稱毀主升合乎太祖，升者自下之名，不謂可降尊就卑也。”《晉志》同。

然《宋書・臧燾列傳》載其時臧燾（掌祠部）曾上議提出異見：“泰始建廟，从王氏議,以禮父爲士,子爲天子諸侯,祭以天子諸侯,其尸服以士服。故上及征西,以備六世之數,宣皇雖爲太祖,尚在子孫之位,至於殷祭之日,未申東向之禮,所謂子雖齊聖,不先父食者矣。今京兆以上既遷,太祖始得居正,議者以昭穆未足,欲屈太祖於卑坐,臣以爲非禮典之旨。所謂與太祖而七,自是昭穆既足,太祖在六世之外,非爲須滿七廟乃得居太祖也。議者又以四府君神主宜永同於殷祫,臣又以为不然。傳所謂毀廟之主,陳乎太祖,謂太祖以下先君之主也。故《白虎通》云'禘祫祭遷廟者,以其繼君之體,持其統而不絕也。'豈如四府君在太祖之前乎。非繼統之主,無靈命之瑞,非王業之基,昔以世近而及,今則情禮已遠,而當长飨殷祫,永虛太祖之位,求之禮籍,未見其可。"可惜,"時學者多從熹議,竟未施行"。《南史·臧熹列傳》同。

吉 **五月壬戌**(二十七),**下詔擬改定郊祀、明堂之制,徐邈**(祠部郎)、**車胤**(侍中)、**王忱**(吏部郎)、**司馬道子**(驃騎將軍)、**謝石**(尚書令)**均有所議。**(宋志·禮三,晉志·禮上)

【理據】《宋志》錄徐邈議曰:"圓丘、郊祀,經典無二,宣皇帝嘗辨斯義。而檢以聖典,爰及中興,備加研極,以定南北二郊,誠非異學所可輕改也,謂仍舊爲安。"車胤議曰:"明堂之制,既其難詳。且樂主於和,禮主於敬,故質文不同,音器亦殊。既茅茨廣廈,不一其度,何必守其形範,而不知弘本順民乎!九服咸寧,河朔無塵,然後明堂、辟雍可崇而修之。"王忱議曰:"明堂則天象地,儀觀之大,宜俟皇居反舊,然後修之。"《晉志》同。

【因革】明堂之制,據《晉志》記曰:"江左以後,未遑修建。"又《宋志》曰:"按元帝紹命中興,依漢氏故事,宜享明堂宗祀之禮。江左不立明堂,故闕焉。"可見,此年在車胤、王忱之説影響下,東晉明堂之制終未能建立。

【儀制】《通典·吉禮三》自注記時議所定爲:"帝親奉,今親祀北郊,明年正月上辛,祀昊天,次辛,祠后土,後辛,祀明堂。"

【儀制】《宋志·禮一》詳録東晉以來南郊儀注曰:"皇帝散齋七日,致齋三日。官掌清者亦如之。致齋之朝,御太極殿幄坐。著絳紗袍,黑介幘,通天金博山冠。先郊日未晡五刻,夕牲。……以二陶豆酌毛血,其一奠皇天神座前,其一奠太祖神座前。郊之日未明八刻，太祝令進饌，郎施饌。牲用騂犢二頭，群神用牛一頭。醴用秬鬯，藉用白茅。玄酒一器，器用匏陶，以瓦樽盛酒，瓦斝斟酒。璧用蒼玉。蒯席各二，不設茵蓐。古者席藁，晉江左用蒯。車駕出，百官應齋及從駕填街先置者，各隨申攝從事。上水一刻，御服龍袞，平天冠，升金根車，到壇東門外。博士、太常引入到黑攢。太祝令跪執匏陶，酒以灌地。皇帝再拜，興。群臣皆再拜伏。治禮曰：'興。'博士、太常引皇帝至南階，脱舄升壇，詣疊盥。黃門侍郎洗爵，跪授皇帝。執樽郎授爵，酌秬鬯授皇帝。跪奠皇天神座前，再拜，興。次詣太祖配天神座前，執爵跪奠，如皇天之禮。南面北向，一拜伏。太祝令各酌福酒，合置一爵中，跪進皇帝，再拜伏。飲福酒訖，博士、太常引帝從東階下，還南階。謁者引太常升壇，亞獻。謁者又引光禄升壇，終獻。訖，各降階還本位。太祝送神，跪執匏陶，酒以灌地。興。直南行出壇門，治禮舉手白，群臣皆再拜伏。皇帝盤，治禮曰：'興。'博士跪曰：'祠事畢，就燎。'博士、太常引皇帝就燎位，當壇東階，皇帝南向立。太祝令以案奉玉璧牲體爵酒黍飯諸饌物，登柴壇施設之。治禮舉手曰：'可燎。'三人持火炬上。火發。太祝令等各下壇。壇東西各二十人，以炬投壇，火半柴傾。博士仰白：'事畢。'皇帝出便坐。解嚴。天子有故，則三公行事，而太尉初獻，其亞獻、終獻，猶太常、光禄勳也。北郊齋、夕牲、進熟，及乘輿百官到壇三獻，悉如南郊之禮；唯事訖，太祝令牲玉饌物詣坎置牲上訖，又以一牲覆其上。治禮舉手曰：'可埋。'二十人俱時下土。填坎欲半，博士仰白：'事畢。'帝出。"按《宋志》云"江左以後，官有其注"，恐即此年改定之制，而延續至南朝。

【附識】《晉書·范汪列傳》則記范甯（中書侍郎）亦參與此事："在職多所獻替，有益政道。時更營新廟，博求辟雍、明堂之制，[范]甯據經傳奏上，皆有典證。"

嘉 八月，將冊立皇太子，臺符問朝臣是否應上禮，車胤（國子博士）謂方伯應上禮，朝臣不須上禮，庾弘之（太學博士）、徐邈議均以爲朝臣應上禮奉賀。辛巳（十八），立司馬德宗爲皇太子。（晉志·禮下，晉書·孝武帝紀，通典·嘉禮十五）

【理據】《晉志》録車胤云:"百辟卿士,咸預盛禮,展敬拜伏,不須復上禮。惟方伯牧守,不覩大禮,自非酒牢貢羞,無以表其乃誠,故宜有上禮。"而庾弘之議則列舉"咸寧三年始平、濮陽諸王新拜,有司奏依故事,聽京城近臣諸王公主應朝賀者復上禮"之故事,因此徐邈指出"既有前事",又"皆已瞻仰致敬",故應上禮無疑。

【儀制】《晉志》又録車胤議王公以下見皇太子之制:"朝臣宜朱衣褠幘,拜敬,太子答拜。"

嘉 **太子乘輅有青赤旂,徐邈議認爲太子既不備五輅,宜省赤旂。**（晉志・輿服）

【因革】《晉志》記曰:"漢制,太子鸞路皆以安車爲名。自晉過江,禮儀疏舛,王公以下,車服卑雜,惟有東宮禮秩崇異,上次辰極,下納侯王。而安帝爲皇太子乘石山安車,制如金路,義不經見,事無所出。"

賓 **議二王後與太子先後,庾弘之**（博士）**及尚書參議,以爲陳留王位在太子之上,制可。**（晉志・禮下,通典・禮下）

【理據】《通典》録庾弘之等議曰:"陳留王前代之後,遇以上賓之禮。皇太子雖國之儲副,在人臣之位。今謂班次宜在王下。"

太元十三年(388)

吉 **正月後辛,祀明堂。**（通典・吉禮三）

【儀制】《通典》記曰:"車服之儀,率遵漢制;出以法駕,服以袞冕。"

【考釋】秦蕙田《五禮通考》指出:"《宋書》所載東晉之無明堂也,審矣。《晉書》紀、志亦絶無孝武祀明堂事,《通典》此條不知何據?"（《吉禮二十五》"明堂"）

吉 **四月癸巳**（初四）**,祫祠宗廟。**（宋志・五行二）

【考釋】《宋志》記此日"祫祠畢,有兔行廟堂上",爲不祥之兆。

太元十五年(390)

凶 陳淑媛（皇太子生母）去世，尚書疑所服，徐邈（太子前衛率）議以爲練冠麻
衣，既葬而除即可，從之；後葬於熙平陵。（宋志‧禮二，晉志‧禮中，晉
書‧后妃列傳下，通典‧凶禮四）

【理據】《宋志》録徐邈議謂"非五服之常，則謂之無服"。

【考釋】此事《通典》録之較詳，記有徐邈與殷仲堪對論之言。

太元十六年(391)

吉 正月，改築太廟，遷神主於行廟。九月，新廟成，又還主，均設脯
醢之奠。（宋志‧禮三，晉志‧禮上，晉書‧孝武帝紀，通典‧吉禮六）

【儀制】《宋志》載新廟建制曰："殿正室十六間，東西儲各一間，合十八間，棟高
八丈四尺。堂基長三十九丈一尺，廣十丈一尺。堂集方石，庭以磚。"按《晉志》
省堂基以下二句。正室十六間當從京兆至元帝十室，加明帝至簡文帝六室。
《通典》記爲"正室十四間"，"合十六間"。

又《宋志》記遷主之儀曰："尊備法駕，遷神主于行廟。征西至京兆四主，及太子
太孫，各用其位之儀服。四主不從帝者之儀，是與太康異也。"《晉志》同。

又①《通典‧吉禮七》録傅瑗（祠部郎）問徐邈移廟祝之儀，徐邈答曰："既出坎而
不殊，謂可同時告奠。奠訖，次引大駕鹵簿列於外。左右侍衛各從神輿，不復待
一主入室迎一主也。其陪位者，每神輿出，輒遙拜致敬。遷引既畢，乃辭退。特
遷主之晨，宜依告以設奠，而啓鼓嚴之節。"又曰："室狹不容四座，戶外張幔，可
謂禮從宜。"②《通典‧吉禮十四》録傅瑗問徐邈告廟設奠之儀，徐答曰："禮，諸
侯出朝，既告祖禰，臨行，又遍告。告不嫌再。所引每舍奠者，取其疏數若隨宜
然，則奠不爲數。今之告廟，戒出期也；至日又告，告將出也。""且初告，告將移，

祝曰'敢以嘉幣'；後告而明享，祝曰'敢用嘉薦'。尋此二祝之稱，則知幣也薦也，各施於一廟矣。"

太元十八年（393）

[凶] **車胤**（太常）**於去年即上言庶子爲母服喪，不應同嫡居廬三年，未答；此年又上言，尚書奏請依樂安王大功九月爲正，詔可。**（晉志·禮中，通典·凶禮四）

【理據】《晉志》録車胤去年上言曰："謹案《喪服禮經》，'庶子爲母緦麻三月'。《傳》曰：'何以緦麻？以尊者爲體，不敢服其私親也。'此經傳之明文，聖賢之格言。而自頃開國公侯，至于卿士，庶子爲後，各肆私情，服其庶母，同之於嫡。此末俗之弊，溺情傷教，縱而不革，則流遁忘返矣。且夫尊尊親親，雖禮之大本，然厭親於尊，由來尚矣。"

【因革】《晉志》録車胤此年上言曰："若以所陳或謬，則經有文；若以古今不同，則晉有成典。升平四年（360），故太宰武陵王所生母喪，表求齊衰三年，詔听依昔樂安王故事，制大功九月。興宁三年（365），故梁王瑋又所生母喪，亦求三年。《庚子詔書》依太宰故事，同服大功。若謹案周禮，則緦麻三月；若奉晉制，則大功九月。古禮今制，并無居廬三年之文，而頃年已來，各申私情，更相擬襲，漸以成俗。縱而不禁，則聖典滅矣。"

【論評】《通典》録宋庾蔚之論曰："'庶子爲後，爲所生服緦'，此禮之正文。近遂爲三年，失之甚也。按晉樂安王所生母喪，議者謂應小功，孝武詔令大功，乃合餘尊之義。"

太元十九年（394）

[吉] **六月，徐邈采臧燾**（助教）**之議，立宣太后**（鄭氏，簡文帝母）**廟於太廟道**

西。（宋志・禮三，晉志・禮上，晉書・孝武帝紀、后妃列传下，宋書・臧燾列傳，南史・臧燾列傳）

【理據】① 據《后妃列傳》所録帝詔可知，此制有漢孝懷帝故事爲據。徐邈論不可祔葬配食。② 二《臧燾列傳》均載其時"孝武帝追崇庶祖母宣太后，議者或謂宜配食中宗"，而臧燾議則舉出"遠准《陽秋》考宮之義，近摹二漢不配之典"，尤其是"前漢孝文、孝昭太后，並繫子爲號，祭於寢園，不配於高祖、孝武之廟。後漢和帝之母曰恭懷皇后，安帝祖母曰敬隱皇后，順帝之母曰恭愍皇后，雖不繫子爲號，亦祭於陵寢，不配章、安二帝。此則二漢雖有太后、皇后之異，至於並不配食，義同《陽秋》"，故明確認爲宜"別建寢廟"。

【因革】又據《宋志・禮四》大明二年(458)、泰始二年(466)所議太后廟制引東晉故事，可知此時據徐邈議確定別立宣太后廟，並殷祀同薦饗，有司稱"徐邈議廟制，自是以來，著爲通典"。

【儀制】《通典・吉禮十四》記伏系問宣后移廟，是否需告太廟，徐邈答曰："今自一別廟之遷耳，於太廟無事。無事而告，則近黷矣。"

【考釋】繫年依《宋志》、《晉志》，《后妃列傳》亦在此年；《孝武帝紀》作"太元二十年二月"，茲未從。

太元二十一年(396)

嘉 **皇太子納妃王氏。**（晉書・后妃列傳下）

【儀制】《太平御覽・皇親部十五》引《晉孝武帝起居注》曰："上臨軒，設懸而不樂。遣兼司空、望蔡公謝琰納太子妃。……左僕射王珣奏賜文武絹布。百官謁止車門上禮。"

樂 **得關中檐橦胡伎，進太樂。**（南齊志・樂）

【因革】《南齊志》記曰："江左咸康中，罷紫鹿、跂行、鱉食、笮鼠、齊王卷衣、絕倒、五案等伎，中朝所無，見《起居注》，並莫知所由也。"

【考釋】此事《南齊志》僅標"太元中,苻堅敗後",暫隸於此。

凶 九月庚申(二十),帝被殺於清暑殿,辛酉(二十一),太子即位;十月甲

申(初二),葬於隆平陵。(晉書・孝武帝紀、安帝紀)

【儀制】《通典・凶禮三》記曰:"李太后制三年之服。"

安帝(司馬德宗,孝武帝長子)

凶 因孝武帝去世,李太后制三年之服。(宋志・禮二,晉志・禮中)

樂 司馬道子(會稽王)議以爲天子去世,一年内通婚嫁不得作樂。(晉志・

禮中)

隆安元年(397)

嘉 正月己亥(初一),帝加元服,改元。(晉書・安帝紀)

【考釋】帝去世時 37 歲,反推此年 16 歲。

嘉 三月戊午(二十),立皇后王氏。(晉書・安帝紀,資治通鑑・晉紀三十一)

【考釋】《晉書》標此事在二月戊午,誤。

吉 宗廟登孝武帝神主,遷京兆府君入祧廟。(宋志・禮三,晉志・禮上,通典・吉

禮六)

【考釋】《宋志》載曰:"及孝武崩,京兆又遷,如穆帝之世四祧故事。"《晉志》同。

此時正室十六間則從宣帝至孝武帝,征西至京兆四府君入祧廟。

吉 從司馬道子(驃騎將軍)建議,帝至陵,變服單衣。(宋志・禮二,晉志・禮中,

通典・吉禮十一)

【理據】《宋志》録司馬道子命曰:"今雖權制釋服,至於朔望諸節,自應展情陵

所,以一周爲斷。"《晉志》同。

【論評】《宋志》評曰:"煩黷無準,非禮意也。"《晉志》同。

隆安三年(399)

|吉| 十月,殷祀。(宋志·禮三"義熙二年"孔安國啓,通典·吉禮八)

【考釋】《通典》記本來在太和二十一年(396)"十月應殷,其年九月孝武崩",故延至此年,"國家大吉,乃循殷事"。

隆安四年(400)

|凶| 七月壬子(初四),太皇太后(李氏,孝武文太后)去世,朝議疑其服制,采何澄(左僕射)、王雅(右僕射)、車胤(尚書)、孔安國(領軍)、徐廣(祠部郎)等議,帝服齊衰三年,皇后及百官皆服齊衰朞。(晉書·后妃列傳下、安帝紀,宋志·禮二,晉志·禮中,宋書·徐廣列傳,南史·徐廣列傳,通典·凶禮二、凶禮三)

【理據】① 太后乃帝之祖母。《后妃列傳》載何澄等議曰"且禮,祖不厭孫,固宜追服無屈,而緣情立制。……謂應同于爲祖母後齊衰三年"。按二《徐廣列傳》引同;齊衰三年,《宋志》、《晉志》則作"齊衰朞"。②《通典·凶禮三》錄徐廣"又尋按漢文所生薄太后亡,朝臣亦居重服"的故事,故車胤曰:"漢代皆服重。且大體已定,此當無復翻革耶。"

【儀制】《后妃列傳》記曰:"皇后及百官皆服齊衰朞,永安皇后一舉哀。於是設廬於西堂,凶儀施于神獸門。"

【考釋】二《徐廣列傳》、《宋志》僅稱此條爲徐廣議,略去其他四人名姓。《通典·凶禮三》又錄有殷茂(太常)、徐野人、車胤等議。

|凶||吉| 八月壬寅(二十四),葬文太后於脩平陵,神主祔於宣太后廟。又安帝母陳太后神主同祔於宣太后廟。(晉書·安帝紀、后妃列傳下,宋志·禮三,晉志·禮上)

【考釋】① 宣太后鄭氏廟建於太元二十年(395)二月。② 宣德陳太后去世於太元十五年(390)。

吉 十二月辛丑(二十五)，臘祠作樂。（太平御覽·時序部十八"臘"條）

隆安五年(401)

吉 六月，孫恩軍逼京城，司馬元顯(後將軍)拒戰不利，司馬道子(會稽王)日禱蔣侯廟，爲厭勝之術。（晉書·簡文三子列傳,資治通鑑·晉紀三十四）

【因革】《通鑑》胡注："漢末，秣陵尉蔣子文討賊，戰死山下，吳孫權爲立廟，江東朝野禱之,率有靈應。"

制 禁酒。（晉書·安帝紀）

【因革】① 此前太元八年(383)十二月，開酒禁，增民稅米。② 此年因饑,禁酒,直至義熙三年(407)二月,除酒禁。

元興元年(402)

軍 二月丙午(初七)，帝戎服餞司馬元顯(驃騎大將軍、征討大都督)於西池，以討桓玄。（晉書·安帝紀）

凶 十二月庚申(二十六)，司馬道子(會稽王,帝之叔父)被殺，帝三日哭於西堂。（晉書·簡文三子列傳、安帝紀）

【儀制】《簡文三子列傳》記至桓玄兵敗後,遣司馬珣之(通直常侍)"迎道子柩于安成",至義熙元年(405),"合葬於王妃陵"。

吉 桓謙(尚書左僕射)奏請停百官拜陵，施行。（宋志·禮二,晉志·禮中,通典·吉禮十一）

【因革】《宋志》錄桓謙奏曰："百僚拜陵，起於中興，非晉舊典。積習生常,遂爲近法。尋武皇帝詔，乃不使人主諸王拜陵，豈唯百僚。"又記曰："及義熙初，又復江左之舊。"《晉志》同。

元興二年（403）

吉 十一月庚辰（二十一），帝臨軒，遣王謐（兼太保，領司徒）奉璽綬，禪位於桓玄，壬午（二十二），帝出居尋陽永安宮，癸未（二十四），移太廟神主於琅邪國。（晉書·安帝紀、桓玄列傳，資治通鑑·晉紀三十五）

【儀制】《桓玄列傳》記曰："十一月，玄矯制加其冕十有二旒，建天子旌旗，出警入蹕，乘金根車，駕六馬，備五時副車，置旄頭雲罕，樂儛八佾，設鍾虡宮縣。"

吉 十二月庚寅（初一），桓玄築壇於九井山北（城南七里），壬辰，即皇帝位，國號楚，改元。（晉書·安帝紀、桓玄列傳，魏書·島夷桓玄列傳，資治通鑑·晉紀三十五）

【儀制】《桓玄列傳》記曰："登壇篡位，以玄牡告天，百僚陪列，而儀注不備，忘稱萬歲，又不易帝諱。榜爲文告天皇后帝。"

【論評】《桓玄列傳》記曰："初出僞詔，改年爲建始，右丞王悠之曰：'建始，趙王倫僞號也。'又改爲永始，復是王莽始執權之歲，其兆號不祥，冥符僭逆如此。"

凶 孔琳之（太尉主簿，尚書左丞）建言請罷凶門之式，表以素扇。（宋書·孔琳之列傳，南史·孔琳之列傳）

【理據】《宋書》録孔氏曰："凶門柏裝，不出禮典，起自末代，積習生常，遂成舊俗。……凡人士喪儀，多出閭里，每有此須，動十數萬，損民財力，而義無所取。至於寒庶，則人思自竭，雖復室如懸磬，莫不傾產殫財，所謂葬之以禮，其若此乎?"《南史》同。

元興三年（404）

吉 正月，桓玄欲立一廟，徐廣（散騎常侍）據晉典宜追立七廟，桓玄斥晉

廟之非，又毀晉小廟。（晉書·桓玄列傳，魏書·島夷桓玄列傳，資治通鑑·晉紀三十五）

【儀制】《桓玄列傳》記曰："玄曾祖以上名位不顯，故不欲序列，且以王莽九廟見譏於前史，遂以一廟矯之，郊廟齋二日而已。……其庶母蒸嘗，靡有定所，忌日見賓客游宴，唯至亡時一哭而已。綦服之內，不廢音樂。"

【儀制】《桓玄列傳》録桓玄矯斥晉太廟昭穆之位曰："禮，太祖東向，左昭右穆。如晉室之廟，則宣帝在昭穆之列，不得在太祖之位。昭穆既錯，太祖無寄，失之遠矣。"

【論評】《桓玄列傳》録卞承之（秘書監）斥之曰："祭不及祖，知楚德之不長也。"

吉 三月庚申（初三），劉裕兵鎮建康，焚桓温（桓玄父）神主於宣陽門外，造晉新主，立於太廟。（宋書·武帝本紀上）

吉 三月，桓玄聞劉裕軍至竹里，殺其二將，乃召諸巫術道士推算數爲厭勝之法。（晉書·桓玄列傳，魏書·島夷桓玄列傳）

吉 三月己卯（二十二），劉裕（建武將軍）軍討桓玄，告義功於南郊。（宋志·禮三，晉志·禮上）

吉 四月，何無忌（輔國將軍）奉送宗廟神主自尋陽還；五月丙子（二十），百官拜迎，戊寅（二十二），神主入太廟。（宋志·禮三，晉志·禮上，晉書·安帝紀）

凶 四月戊寅（二十二），桓玄梟首於大桁；閏五月壬辰（初六），桓振（桓玄子）爲之舉哀，立喪庭，謚曰武悼皇帝。（晉書·桓玄列傳，魏書·島夷桓玄列傳，資治通鑑·晉紀三十五）

吉 四月，當殷祀，從徐乾（太常博士）等議改用十月。（宋志·禮三"義熙二年"孔安國啓，通典·吉禮八）

【考釋】《通典》記徐乾等議"應用孟秋，進用孟冬時"，然後遇穆章皇后之喪而廢，至義熙二年從孔安國啓，徐乾等皆免官。

凶 七月戊申（二十三），永安皇后（何氏）去世；八月癸酉（十九），祔葬於永平

陵。（晉書・安帝紀）

義熙元年（405）

⟨古⟩ 正月，值郊而帝在江陵未返，是否當郊引起爭議。朝議以爲當由宗伯攝職，三公行事；王訥之（尚書左丞）議以爲郊時可至三月，此時不宜攝事，得從。（宋志・禮三，晉志・禮上，通典・吉禮一）

【理據】《宋志》録王訥之議曰：“既殯郊祀，自是天子當陽，有君存焉，稟命而行，何所辨也。齋之與否，豈如今日之比乎？”又：“郊天極尊，唯一而已，故非天子不祀也。庶人以上，莫不蒸嘗，嫡子居外，庶子執事，禮文炳然。未有不親受命而可祭天者。”又：“武皇受禪，用二月郊，元帝中興，以三月郊。今郊時未過，日望輿駕。無爲欲速而無據，使皇輿旋返，更不得親奉。”《晉志》略同。

【考釋】① 王訥之，原作“王納之”，中華書局點校本《晉書校勘記》據《世說新語》劉孝標注引《王氏譜》“訥之字永言”改正，今從之。《通典》正作“王訥之”，然官職又誤作“尚書右丞”。②《太平御覽・禮儀部六》“郊丘”條記王氏議在去年十二月，恐較爲合理。

⟨樂⟩ 三月，殷仲文（尚書）以朝廷音樂未備，請治之，劉裕不納。（南史・宋本紀上，資治通鑑・晉紀三十六）

【理據】《南史》録劉裕曰：“今日不暇給，且性所不解。”殷仲文曰：“好之自解。”劉裕曰：“正以解則好之，故不習耳。”

【論評】《通鑑》胡注：“英雄之言，政自度越常流；世之嗜音者，可以自省矣。”

⟨制⟩ 劉裕使徐廣（鎮軍諮議參軍）撰《車服儀注》。（宋書・徐廣列傳，南史・徐廣列傳）

【考釋】此事二傳謹標在“義熙初”，暫繫於此。

⟨凶⟩ 裴松之（尚書祠部郎）上表請斷世立私碑。（宋書・裴松之列傳，宋志・禮二）

【考釋】此事在義熙年間，尚難作實年月。

義熙二年(406)

吉 六月，值明年四月當殷祀，因章后之喪，爲此起争議。范泰(御史中丞)議以爲喪未一周不應殷祀，劉瑾(太常)議以爲當用十月，孔安國(白衣領尚書左僕射)啓斥其均非，以爲殷祀相承用冬夏，三十月爲一周。丁巳(十四)，下詔范、劉皆白衣領職。(宋志·禮三,通典·吉禮八)

【因革】《宋志》録孔安國舉證升平五年(361)、太和元年(366)、隆安五年(401)三則故事，證成不可"以小君之哀"而廢殷祀大禮；而其所持殷祀三十月一周之説又有永和十年(354)以來之儀注爲據。

又據《宋志》大明七年(463)周景遠議，可知其時徐乾(太常博士)"又引晉咸康六年七月殷祠，是不專用冬夏"，而"于時晉朝雖不從乾議，然乾據禮及咸康故事，安國無以奪之"。

【考釋】白衣領職，即指免除官職以後仍暫以平民身份、不領薪俸繼續執行公職。

吉 其後，再議來年殷祀之用時。王謐(領司徒)、孟昶(丹陽尹)議以爲宜用來年四月，謝混(中領軍)、劉瑾(太常)議同，徐廣(員外散騎侍郎、領著作郎)、劉潤之(左丞)等議以爲宜用來年十月，尚書奏從王謐議，以太元元年(376)十月爲始推算。(宋志·禮三,通典·吉禮八)

【考釋】① 關於殷祀舉行的時間，東漢以來一般是禘祭五年裏在夏四月舉行一次，祫祭三年裏在冬十月舉行一次；而晉以來則通過三十個月一周的方式使兩者五年輪流一次，即所謂"五年再殷"。②《宋志》記此番争議之緣起曰："初，元興三年四月，不得殷祠，進用十月，若計常限，則義熙三年冬又當殷；若更起端，則應用來年四月。"元興三年(404)改四月爲十月，由此造成後一次殷祀分別按三十月一周推算，便可有兩説。

又《通典》尚載有陳舒(博士)表、徐禪(博士)議、徐邈議、曹述初(太學博士)議，最終定以"每三十月當殷祀"。

【理據】①《宋志》録謝混、劉瑾議曰："殷無定日，考時致敬，且禮意尚簡。去年十月祠，雖於日有差，而情典允備，宜仍以爲正。"② 徐廣議則曰："尋先事，海西公太和六年十月，殷祠。孝武皇帝寧康二年十月，殷祠。若依常去前三十月，則應用四月也。于時蓋當有故，而遷在冬，但未詳其事。太元元年十月殷祠，依常三十月，則應用二年四月也。是追計辛未歲十月，來合六十月而再殷。……昔年有故推遷，非其常度。寧康、太元前事可依。雖年有曠近之異，然追計之理同矣。愚謂從復常次者，以推歸正之道也。"徐廣引前代合乎常例之故事，認爲殷祀之用月當以常次推算，故其結論則正如劉潤之議所云："太元元年四月應殷，而禮官墮失，建用十月，本非正期，不應即以失爲始也。宜以反初四月爲始，當用三年十月。"

義熙三年(407)

☒ 何叔度(尚書)之姨去世，服三年喪甚篤。（宋書·何尚之列傳，南史·何尚之列傳）

【儀制】《宋書》記曰："姨適沛郡劉璩，與叔度母情愛甚篤，叔度母蚤卒，奉姨有若所生。姨亡，朔望必往致哀，并設祭奠，食並珍新，躬自臨視。若朔望應有公事，則先遣送祭，皆手自料簡，流涕對之。公事畢，即往致哀，以此爲常，至三年服竟。"《南史》同。

【考釋】此事未悉年月，在義熙五年之前，暫繫於此。

義熙六年(410)

☒ 桓謙(助姚興攻晉)被殺，朱超石(徐州主簿)爲之收迎身首，親營殯葬。（宋書·朱齡石列傳，南史·朱齡石列傳）

【附識】此前桓謙爲晉衛將軍時,朱氏曾補行參軍。

凶 鄭鮮之(御史中丞)上議斥新制不允以父母疾去官,謂宜從舊,從之。

(宋書・鄭鮮之列傳,南史・鄭鮮之列傳)

【儀制】《宋書》記從鄭議後,"自二品以上父母没者,墳墓崩毁及疾病族屬輒去,並不禁錮"。《南史》同。

【理據】《宋書》記鄭鮮之議曰:"省父母之疾,而加以罪名,悖義疾理,莫此爲大。謂宜從舊,於義爲允。"《南史》同。

義熙七年(411)

軍 正月己未(十二),振旅於京城。(宋書・武帝本紀中,南史・宋本紀上)

凶 正月己未,凡南北征伐戰亡者,並列上賵贈,屍骨未反者,遣主帥迎接,致還本土。(宋書・武帝本紀中,南史・宋本紀上)

義熙八年(412)

凶 八月,皇后(王氏,安僖皇后)去世於徽音殿;九月癸酉(初六),葬於休平陵。(晉書・安帝紀、后妃列傳下)

嘉 孔靖爲會稽内史,修飾學校,督課誦習。(宋書・孔季恭列傳,南史・孔靖列傳)

義熙九年(413)

吉 四月,將殷祀,下詔博議遷毁之禮。司馬德文(大司馬)議以爲宜正宣帝(司馬懿)爲太祖之位,四府君藏入别室不祀,徐廣(大司農)議以爲可遷藏西儲不祀，臧燾(祠部郎)議以爲當瘞埋其主，僅袁豹(太尉諮議參軍)議以爲可仍舊殷祠，劉裕同司馬德文議。故擬定改制。(宋志·禮三，晉志·禮上)

【理據】《宋志》録司馬德文議曰："泰始之初，虛太祖之位，而緣情流遠，上及征西，故世盡則宜毀，而宣皇帝正太祖之位。又漢光武帝移十一帝主於洛邑，則毀主不設，理可推矣。宜從范宣之言，築別室以居四府君之主，永藏而不祀也。"《晉志》同。司馬之説力主世勢變遷，故當改制，又以東漢光武帝故事以爲憑據。

【考釋】《宋志》載曰："須後殷祀行事改制。"又曰："安帝崩，未及禘，而天禄終焉。"《晉志》將此二句合爲一句。自義熙九年(413)至安帝去世(418)間尚有五年，可見並未能得行殷祀。

【論評】《舊唐志·禮儀六》録唐貞元十一年(795)陸淳奏云："謹按《禮經》及先儒之説，復太祖之位，位既正也，義在不疑。太祖之位既正，懿、獻二主，當有所歸。詳考十四狀，其意有四：一曰藏諸夾室，二曰置之別廟，三曰遷于園寢，四曰祔于興聖。藏諸夾室，是無饗獻之期，異乎周人藏於二祧之義，禮不可行也。置之別廟，始於魏明之説，實非《禮經》之文。晉義熙九年，雖立此義，已後亦無行者。"

[賓] 高句麗遣高冀(長史)奉表，獻方物，以高璉爲征東將軍、高麗王、樂浪公。(南史·夷貊列傳下，晉書·安帝紀)

義熙十一年(415)

[凶] 四月，劉敬宣遇刺(青、冀二州刺史，右將軍)，喪至，劉裕臨哭甚哀。(宋書·劉敬宣列傳)

【考釋】據《晉書·安帝紀》可知，劉敬宣被害在此年四月乙卯(初三)日。

[吉] 七月丙戌(初五)，京城大水毀太廟。(晉書·安帝紀)

義熙十二年(416)

凶 八月丁未（初二），謝裕（尚書左僕射）去世，謝述（謝裕弟）哀號過禮；葬日，劉裕親臨哭慟。（宋書‧謝景仁列傳，南史‧謝裕列傳，晉書‧安帝本紀）

【考釋】《晉書》本紀記謝裕去世八月丁未日，隸入義熙十一年，然此年八月壬子朔，無丁未日；今據《宋書》、《南史》所載“十二年卒”，繫於此。

吉 十月，遣司馬恢之（兼司空，高密王）修謁五陵。（晉書‧安帝紀，宋書‧武帝本紀中，南史‧宋本紀上）

【考釋】此事《晉書》本紀記在十月己丑，然此年十月乙巳朔，無己丑日，故《宋書》、《南史》均未載某日。

義熙十三年(417)

吉 正月，劉裕軍次留城，經張良廟，令修飾棟宇，以時致薦。（宋書‧武帝本紀中，南史‧宋本紀上）

制 九月，劉裕（太尉）至長安，收後秦彝器、渾儀、土圭、記里鼓、指南車及秦始皇璽，送至京城。（宋書‧武帝本紀中，晉志‧輿服，南史‧宋本紀上，通典‧嘉禮九）

【因革】①《晉志》記曰：“指南車，過江亡失，及義熙五年，劉裕屠廣固，始復獲焉。”② 又曰：“其輦，過江亦亡制度，太元中謝安率意造焉，及破苻堅於淮上，獲京都舊輦，形制無差，大小如一，時人服其精記。義熙五年，劉裕執慕容超，獲金鉦輦、豹尾，舊式猶存。”《通典‧嘉禮十一》略同。及至此年定關中，大獲，“制度始備”。

吉 嘉 九月，劉裕謁漢高帝陵，大會文武於未央殿。（宋書‧武帝本紀中，南

史‧宋本紀上）

凶 十一月辛未（初三），劉穆之（左僕射，前將軍）去世，劉裕聞之，哀慟者累

日。（宋書‧劉穆之列傳，南史‧劉穆之列傳，晉書‧安帝本紀）

【考釋】因劉穆之去世，劉裕遂終止征伐，東還。

義熙十四年(418)

嘉 六月丁亥（二十三），劉裕受相國宋公九錫之命，依天朝之制置宋國百

官。（宋書‧武帝本紀中，南史‧宋本紀上）

凶 十二月戊寅（二十二），帝被殺於東堂，琅邪王即位；明年正月庚申（二

十九），葬於休平陵。（晉書‧安帝紀、恭帝紀）

恭帝（司馬德文，安帝弟）

元熙元年(419)

嘉 正月壬辰（初一），以安帝未下葬，却朝會。（晉書‧恭帝紀）

嘉 正月壬辰，立褚氏（妃）爲皇后。（晉書‧恭帝紀、后妃列傳下）

吉 十二月，帝命宋王冕十有二旒，建天子旌旗，出警入蹕，乘金銀

車，駕六馬，備五時副車，置旄頭雲罕，樂舞八佾，設鍾虡宮縣。

（宋書‧武帝本紀中，南史‧宋本紀上）

軍 劉裕（宋公）在彭城，於九月九日，出項羽戲馬臺射。（南齊志‧禮上，通

典‧軍禮二）

【理據】《南齊志》記曰：“九月九日馬射，或説云，秋金之節，講武習射，像漢立秋之禮。”

【因革】《南齊志》記曰：“至今相承，以爲舊準。”

【考釋】此時僅知在劉裕爲宋公時,暫繫於晉末。

元熙二年(420)

吉 六月,禪位於宋,遷居琅邪第。(宋書·武帝本紀中,晉書·恭帝紀,魏書·島夷劉裕列傳)

【因革】《宋書》録帝詔曰:"予其遜位別宮,歸禪于宋,一依唐虞、漢魏故事。"

賓 宋封帝爲零陵王,載天子旌旗,乘五時副車,行晉正朔,郊祀天地、禮樂制度皆用晉典。(宋書·武帝本紀下,南史·宋本紀上,通典·賓禮一)

【考釋】《通典》記曰:"有文而不備其禮。"

二、劉宋之部

420 年，劉裕代晉稱帝，定都建康（今江蘇南京），國號宋。因皇室姓劉，史稱劉宋，以與之後的趙宋相區別。479 年爲南齊所代。共歷八帝（武帝、少帝、文帝、孝武帝、前廢帝、明帝、後廢帝、順帝），六十年。

武帝（高祖，劉裕）

元熙元年（419）

[吉] 初建宗廟於彭城，立一廟五室。（宋志·禮三，通典·吉禮七）

【理據】《宋志》記曰"依魏晉故事"，又記此時"從諸侯五廟之禮也"。

【儀制】《南齊志·禮上》史臣曰："宋臺初立五廟，以臧后爲世室。就禮而求，亦親廟四矣。"

[制] 宋臺建，何承天（尚書祠部郎）與傅亮共撰朝儀。（宋書·何承天列傳）

【附識】《宋書·殷景仁列傳》記殷氏"國典朝儀，舊章記注，莫不撰録，識者知其有當世之志也"。《南史·殷景仁列傳》同。

永初元年（420）

[吉] 六月丁卯（十四），設壇於南郊，即位，柴燎告天，改元。（宋志·禮三，宋書·武帝本紀下，南史·宋本紀上）

【儀制】《武帝紀》記策曰："皇帝臣裕，敢用玄牝，昭告皇天后帝。"又記曰："禮畢，備法駕幸建康宮，臨太極前殿。"《南史》同。

[制] 六月己卯（二十六），改晉泰始曆爲永初曆，社以子，臘以辰。（宋書·武

帝本紀下,南史·宋本紀上)

【儀制】《通典·吉禮三》在東晉後記曰:"宋因之。水德王,祖以子,臘以辰。"

吉 增立宗廟七室。七月戊申(二十六),遷神主於太廟,帝親奉。(宋志·
禮三,宋書·武帝本紀下,南史·宋本紀上,通典·吉禮六)

【考釋】《宋志》記曰:"追尊皇考處士爲孝穆皇帝,皇妣趙氏爲穆皇后。"此時七
世爲右北平府君、相國掾府君、開封府君、武原府君、東安府君、處士府君、武敬
臧后。因臧后係武帝之配,意在爲武帝預置太祖位,實際上此時"止於六廟,逮
[武帝]身殁,主升從昭穆,猶太祖之位也"(《隋志·禮儀二》"大業元年"許善心等議)。

【論評】王鳴盛析曰:"古者夫妻同一主。……其時武帝見存而臧后已没,故即
以充一世之數。蓋五廟之制原應奉其先之有功者一人爲百世不遷之太祖,其下
則高、曾、祖、禰四親,是爲五廟。劉氏之先既無有功者可奉爲太祖,但有四親而
已,惟武帝有大功,當比周文武世室,而身又見存,遂以臧后充數。"(《十七史商榷》
卷五十八"以婦人爲一世"條)

樂 七月,有司奏鄭鮮之(太常)等八十八人各撰立新歌,王韶之(黄門侍郎)
撰歌辭七首,並施用,詔可。十二月,有司奏王韶之立三十二章,
教試誦習,詔可。(宋志·樂一,通典·樂一)

樂 改郊廟之樂《正德》舞曰前舞,《大豫》舞曰後舞。(通典·樂七)

【因革】《通典》記志齊建武二年(495),"改前舞爲《凱容》,謂之文舞;後舞爲《宣
烈》,謂之武舞。"

【考據】《通典》記曰:"《正德》、《大豫》二舞,即出宣武、宣文、魏《大武》三舞
也。……今《凱容》舞則執籥翟,此即魏《文始》舞也。《宣烈》舞有牟弩,有干戚。
牟弩,漢《巴渝舞》也;干戚,周《武舞》也。宋代止革其辭與名,不變其舞。舞相
傳習,至今不改。"

樂 議五廟樂,裴松之(世子洗馬)以臧氏廟用樂宜與四廟同。(宋書·裴松之列
傳,南史·裴松之列傳)

【考釋】據《南史》,此事在"宋國初建"時,暫於上條同列。

吉 八月癸酉（二十一），立劉義符（王太子）爲皇太子。皇太子拜告南北

郊。（宋書・武帝本紀下，南史・宋本紀上，宋志・禮三）

嘉 閏八月辛丑（二十），下詔停冬至受朝賀之禮。（宋志・禮一，宋書・武帝本紀下）

【因革】《宋志》記曰：“魏晉則冬至日受萬國及百僚稱賀，因小會。其儀亞於歲

旦，晉有其注。”至此則除“元正大慶”外，“事役宜省，今可悉停”，且“郡縣遣冬使

詣州及都督府者，亦宜同停”。

又秦蕙田《五禮通考》論曰：“冬至朝賀，於古無聞，至魏晉始有之。據晉、宋《禮

志》，則是因漢有十月享會，始移之冬至，而漢儀無之也。然蔡邕《獨斷》已有冬

至陽氣起，君道長，故賀之説，似後漢先有之矣。”（《嘉禮十三》“朝禮”）

凶 十月辛卯（十一），采王准之（黄門侍郎）議，改晉所用三年喪爲二十七

月。（宋書・武帝本紀下、王准之列傳，宋志・禮二，南史・王准之列傳，通典・凶禮二）

【理據】《宋志》録王准之議曰：“鄭玄喪制二十七月而終，學者多云得禮。晉初

用王肅議，祥禫共月，遂以爲制。江左以來，唯晉朝施用；搢紳之士，猶多遵玄

議。”《宋書》、《南史》列傳同。

【附識】《宋書》記曰：“准之究識舊儀，問無不對，……撰儀注，朝廷至今遵用

之。”《南史》同。

永初二年（421）

吉 正月辛酉（十二），帝祀南郊，大赦。（宋書・武帝本紀下，南史・宋本紀上）

【考釋】①《宋志・禮三》則記曰：“正月上辛，上親郊祀。”《通典・吉禮一》同。

按此年正月庚戌朔，上辛爲辛亥（初二），與《武帝紀》不合。②《通典・吉禮四》則

記此年“親祀南北郊”，未知何所據。

【論評】《資治通鑑・宋紀一》引裴子野曰：“夫郊祀天地，修歲事也；赦彼有罪，

夫何爲哉！”

凶 正月己卯(三十)，禁喪事用銅釘。(宋書・武帝本紀下，南史・宋本紀上)

賓 二月，林邑國遣使朝貢，以陽邁爲林邑王。(梁書・諸夷列傳，南史・夷貊列

傳上、宋本紀上)

【考釋】此事《宋本紀》僅記作"倭國遣使朝貢"，《宋書・武帝本紀下》未載。

吉 四月己卯(初一)，下詔普禁淫祀，蔣子文祠以下皆毀絕。(宋志・禮四，

宋書・武帝本紀下，南史・宋本紀上，通典・吉禮十四)

【理據】《宋書》錄帝詔曰："淫祠惑民費財，前典所絕，可並下在所除諸房廟。其

先賢及以勳德立祠者，不在此例。"

【理據】《南史》云此時"初禁淫祀"。

嘉 七月一日，皇太子正會。(宋書・孔琳之列傳)

【考釋】據《孔琳之列傳》錄孔氏上奏，可見徐羨之(尚書令)、孔琳之(御史中臣)均與會。

嘉 帝行經蘭臺，親臨見孔琳之(御史中臣)。(宋書・孔琳之列傳)

【考釋】此年二月，孔琳之曾於延賢堂奏劾徐羨之(尚書令)，因其"明憲直法，無所

屈橈"，"自是百僚震肅莫敢犯禁，高祖甚嘉之"。

嘉 徵周續之至京城，開館以居，帝親臨見之。(宋書・顏延之列傳)

【考釋】《顏延之列傳》謂"雁門人周續之隱居廬山，儒學著稱"，故帝於"永初中"

徵見之。今故繫於此年，可與上事並觀。

凶 九月，晉恭帝被殺於秣陵，帝率百僚於朝堂舉哀三日；十一月辛

亥(初七)，葬於沖平陵，帝率百官瞻送。(宋書・武帝本紀下，晉書・恭帝紀，南

史・宋本紀上)

【因革】《宋書》記喪禮"一依魏明帝服山陽公故事"，又"太尉持節監護，葬以晉

禮"。《南史》同。

【考釋】此事《宋書》、《南史》記在"九月己丑"，《晉書》記在"九月丁丑"，此月丙

午朔，無己丑、丁丑日。

永初三年（422）

嘉 正月乙丑（二十二），下詔弘振國學，以范泰爲國子祭酒，後未立。（宋書·武帝本紀下、范泰列傳，南史·范泰列傳）

【考釋】《宋志·禮一》記曰："宋高祖受命，詔有司立學，未就而崩。"《通典·吉禮十二》同。

吉 三月，帝及多位重臣染疾，群臣請祈禱神祇，不許，唯使謝方明（侍中）告廟。（宋書·武帝本紀下，南史·宋本紀上）

凶 六月，劉道憐（武帝中弟，長沙景王，太尉）去世，喪祭禮依晉安平王（司馬孚）故事。（宋書·宗室列傳，南史·宋宗室及諸王列傳上）

【儀制】《宋書》記曰："鸞輅九旒，黃屋左纛，轀輬，挽歌二部，前後部羽葆、鼓吹，虎賁班劍百人。"《南史》同。

【附識】故事參見西晉武帝泰始八年（272）。

嘉 諸公主出嫁，遣送不過二十萬，無錦繡金玉，內外奉禁，莫不節儉。（宋書·武帝本紀下）

【附識】此條係史臣於紀末概括而言，暫繫於武帝末。

凶 五月癸亥（二十一），帝去世於西殿，少帝即位，制服三年。（宋書·武帝本紀上、后妃列傳，南史·宋本紀上，通典·凶禮二）

【儀制】《通典·凶禮三》記曰："蕭太后制三年之服也。"

凶 七月己酉（初八），葬武帝於丹陽初寧陵，武敬皇后（臧氏）祔葬。（宋書·武帝本紀上、后妃列傳，南史·宋本紀上）

【儀制】《宋志·禮二》記曰："葬畢，吏民至于宮掖，悉通樂，唯殿內禁。"

【附識】《后妃列傳》記臧后於義熙四年（408）正月去世，"還葬丹徒，高祖臨崩，遺詔留葬京師，於是備法駕，迎梓宮祔葬初寧陵"。

少帝（劉義符，營陽王，武帝長子）

嘉 五月，立司馬氏（妃）爲皇后。（宋書·后妃列傳，資治通鑑·宋紀一）

吉 宗廟登武帝神主。（宋志·禮三，通典·吉禮六）

【因革】《宋志》記曰："高祖崩，神主升廟，猶從昭穆之序，如魏晉之制，虛太祖之位也。廟殿亦不改構，又如晉初之因魏也。"

吉 九月丁未（初七），徐羨之（司空）、傅亮（尚書令）等奏以爲宜以武帝配南郊，武敬皇后配北郊，詔可。（宋志·禮三，宋書·少帝本紀，南史·宋本紀上，通典·吉禮一）

【理據】《宋志》錄徐羨之等奏文曰："伏惟高祖武皇帝允協靈祇，有命自天，弘日靜之勤，立蒸民之極，帝遷明德，光宅八表，太和宣被，玄化遐通……高祖武皇帝宜配天郊；至於地祇之配，雖禮無明文，先代舊章，每所因循，魏晉故典，足爲前式。謂武敬皇后宜配北郊。蓋述懷以追孝，躋聖敬於無窮，對越兩儀，允洽幽顯者也。明年孟春，有事於二郊，請宣攝內外，詳依舊典。"按此奏舉出"魏晉故典"爲依據。

吉 九月十日，傅亮（尚書令）所定殷祀"權制即吉"，成開代準則。（宋志·禮三"孝建元年"周景遠參議，通典·吉禮九）

【因革】《通典》記曰："宋制，殷祭皆即吉乃行。"

【考釋】《宋書·蔡廓傳》記曰："武帝時，中書令傅亮任寄隆重，學冠當時，朝廷儀典，皆取定於亮，每諮中丞蔡廓然後施行。"由此可見傅氏撰定吉禮儀注之大要。

景平元年(423)

吉 正月辛丑（初三），祀南郊。（宋書·少帝本紀，南史·宋本紀上）

【因革】此時所行當即爲去年九月所奏之儀，其後應當有北郊，至此，劉宋南北郊祀之典成。

☒ 二月丁丑（初十），太皇太后（孝懿皇后，蕭氏）去世；三月壬寅（初五），祔葬於興寧陵。並爲祔廟。（宋書·少帝本紀、后妃列傳，南史·宋本紀上、后妃列傳上，宋志·禮三）

【儀制】《后妃列傳》記曰："乃開別壙，與興寧陵合墳。"

【理據】《后妃列傳》記太皇太后遺令曰："孝皇背世五十餘年，古不祔葬。且漢世帝后陵皆異處，今可於塋域之內別爲一壙。孝皇陵墳本用素門之禮，與王者制度奢儉不同，婦人禮有所從，可一遵往式。"

【考釋】《宋志》記"［永初］三年，孝懿蕭皇后崩，又祔廟"，繫年有誤。

景平二年（424）

☒ 正月，帝居喪無禮，游戲無度，范泰（特進致仕）上諫，帝不聽。（資治通鑑·宋紀二，宋書·范泰列傳）

【理據】《宋書》錄范泰上封事諫曰："陛下踐阼，委政宰臣，實同高宗諒闇之美。而更親狎小人，不免近習，懼非社稷至計，經世之道。"

☐ 五月乙酉（二十），皇太后令廢帝爲營陽王。（宋書·少帝本紀，南史·宋本紀上）

【因革】《宋書》錄皇太后令曰："今廢爲營陽王，一依漢昌邑、晉海西故事。"

☒ 六月癸丑（十八），帝被殺於吳郡，江夷（吳郡太守）臨哭盡禮。（宋書·少帝本紀、江夷列傳，南史·宋本紀上、江夷列傳）

文帝（太祖，劉義隆，武帝第三子，少帝弟）

元嘉元年（424）

☐ 八月丁酉（初九），帝謁初寧陵，還即皇帝位於中堂，御太極前殿，

改元。（宋書·文帝本紀，南史·宋本紀中）

【考釋】帝原爲宜都王，七月中，百官備法駕至江陵進璽綬，八月丙申（初八），帝自江陵至京城。

吉 八月戊戌（初十），拜太廟。辛丑（十三），謁臨川烈武王陵。（南史·宋本紀中）

吉 八月甲辰（十六），追尊生母（胡婕妤）爲章皇太后，立別廟於西晉宣太后地。（宋志·禮三，宋書·文帝本紀、后妃列傳，通典·吉禮六）

【因革】《宋志》記後事曰："孝武昭太后、明帝宣太后並祔章太后廟。"

嘉 九月丙子（十八），立袁氏（妃）爲皇后。（宋書·文帝本紀，南史·宋本紀中）

元嘉二年(425)

吉 正月辛未（十五），帝祀南郊。（宋書·文帝本紀，南史·宋本紀中）

【因革】其後元嘉四年（427）正月辛巳（初七）、六年（429）正月辛丑（初八）、十二年（435）正月辛未（十三）、十四年（437）正月辛卯（十五）、二十六年（449）正月辛巳（十四）又行此禮。梁滿倉指出："在文帝在位的二十九年中，元嘉八年、十年、十六年、十八年、二十年、二十二年、二十四年沒有祭天的記載，是沒有進行還是史籍未載已不可考，但是從史籍記載的情況看，基本上是每隔一年進行一次的。"（《魏晉南北朝五禮制度考論》第四章，第 185 頁）

又關於用樂，《南齊志·樂》記曰："［晉］後使傅玄造《祠天地五郊夕牲歌》詩一篇，《迎神歌》一篇。宋文帝使顏延之造《郊天夕牲》、《迎送神》、《饗神歌》詩三篇，是則宋初又仍晉也。"

又關於北郊用樂，《南齊志·樂》記曰："北郊樂歌辭，案《周頌·昊天有成命》，郊祀天地也。是則周、漢以來，祭天地皆同辭矣。宋顏延之《饗地神辭》一篇，餘與南郊同。"

嘉 范泰（特進、光祿大夫）上表賀元正。（宋書·范泰列傳，南史·范泰列傳）

吉 正月，帝謁初寧陵。（宋志·禮二，通典·吉禮十一）

【因革】《宋志》記曰："自元嘉以來，每歲正月，輿駕必謁初寧陵，復漢儀也。"然並未見文帝謁陵之記載。

元嘉三年（426）

吉 正月庚午（二十），因誅徐羨之（司徒、錄尚書事、揚州刺史）、傅亮（尚書令、護軍將軍、左光祿大夫），幣告太廟。（宋書·文帝本紀，宋志·禮四）

【考釋】據《文帝本紀》，徐、傅伏誅在正月丙寅（十六），其後四日告廟，正在情理之中，《宋志》署爲"五月庚午"，恐誤。

吉 正月，西征謝晦（荊州刺史），幣告南北郊、太廟、太社；三月，平定叛亂還宮，又告太廟、太社，不告二郊。（宋志·禮三、禮四，宋書·文帝本紀）

【考釋】①《宋志》僅載出征之儀，回返之儀可由孝建元年（454）八座奏文推知。② 據《文帝本紀》，此年正月"上親率六師西征"，二月擒謝晦，三月還宮，然《宋志·禮四》則記此年"十二月甲寅，西征謝晦，告太廟、太社"，未知所據。

賓 八月，遣使吉恒（殿中將軍）聘於北魏。（資治通鑑·宋紀二）

凶 賈恩之母去世，居喪過禮；未葬，因鄰火，與妻（桓氏）號哭奔救，俱燒死。（宋書·孝義列傳，南史·孝義列傳上）

【儀制】因爲此事，《宋書》載"有司奏改其里爲孝義里"。《南史》同。

【附識】又《梁書·孝行列傳》載徐普濟居喪遇鄰火，"號慟伏棺上，以身蔽火"。《南史·孝行列傳下》同。

吉 遣使履行泰山舊道，下詔山謙之（學士）草封禪儀注。後因與北魏起戰，未成。（宋志·禮三，通典·吉禮十三）

【考釋】《宋志》稱"宋太祖在位長久，有意封禪"，故有此事，僅知在文帝時，不詳具體年月。

元嘉四年（427）

吉 **二月乙卯**（十一），**帝東巡狩，至丹徒，謁京陵。**（宋書·文帝本紀，南史·宋本紀中，通典·吉禮十三）

【儀制】《資治通鑑·宋紀二》記曰："初，高祖既貴，命藏微時耕具以示子孫。帝至故宮，見之，有慚色。近侍或進曰：'……陛下不覩遺物，安知先帝之至德，稼穡之艱難乎！'"

【考釋】①《通鑑》記乙卯日帝至丹徒，謁京陵則在己巳（二十五）。②胡注："劉氏自彭城移居晉陵丹徒之京口里，陵墓及故宮在焉。"

【附識】《通典·嘉禮六》記宋時君臣服制曰："制平天冕服，不易舊法。更名韍曰蔽膝。其未加元服、釋奠先聖、視朝、拜陵等服，及雜色紗裙、武冠素服，並沿舊不改。王公助祭郊廟，章服降殺亦如之。其冠委貌者，衣黑而裳素，中衣以皁緣領袖。玄冠、韋弁、絳韋戎衣，復依漢法。袴褶因晉不易，腰有絡帶以代鞶革。中官紫標，外官絳標。又有纂嚴戎服，而不綴標，行留文武悉同。其畋獵巡幸，則唯從官戎服，帶鞶革。文帝元嘉中，巡幸、蒐狩、救廟水火皆如之。"

嘉 **三月丙子**（初三），**帝宴會父老於丹徒行宮。**（南史·宋本紀中，通典·吉禮十三）

凶 **五月，京城疾疫，死者若無家屬，賜棺器。**（宋書·文帝本紀，南史·宋本紀中）

吉 **八月，劉義欣**（南兗州刺史）**鎮廣陵，父劉道憐**（故太傅，長沙景王）**神主隨遷。**（宋志·禮二）

【儀制】《宋志》記曰："備所加殊禮下船。及至鎮，入行廟。"

【因革】《宋志》記此後，劉道規（臨川烈武王）神主隨子劉義慶（荊州刺史）之江陵，"亦如之"。

凶 **謝曜**（驃騎長史）**去世，謝密**（右衛將軍，謝曜弟）**哀戚過禮，服除仍不吃魚肉。**（宋書·謝弘微列傳，南史·謝弘微列傳）

【理據】《宋書》記釋慧琳見謝密仍蔬素,勸之不可"無益傷生",謝氏曰:"衣冠之變,禮不可踰。在心之哀,實未能已。"且更"遂廢食感咽,歔欷不自胜"。《南史》同。

元嘉五年(428)

軍 正月甲申(十五),帝至玄武館閱武。(宋書·文帝本紀,南史·宋本紀中)

元嘉六年(429)

嘉 三月丁巳(二十五),立劉劭爲皇太子。(宋書·文帝本紀,南史·宋本紀中)

嘉 六月辛酉(初一),徐道娛(駙馬都尉,奉朝請)上表謂立秋讀時令不當著幘,荀萬秋(太學博士)議以爲宜仍舊,有司奏列舊儀。(宋志·禮二,通典·嘉禮十五)

【因革】《宋志》録徐道娛上表:"晉博士曹弘之議,立秋御讀令,上應著緗幘,遂改用素,相承至今。"然荀萬秋議曰:"漢元始用,衆臣率從。故司馬彪《輿服志》曰:'尚書幘名曰納言。迎氣五郊,各如其色,從章服也。'自兹相承,迄于有晉。大宋受命,禮制因循。斯既歷代成準,謂宜仍舊。"

【理據】《宋志》録徐道娛上表:"幘又非古服,出自後代。上附於冠,下不屬衣。冠固不革,而幘豈容異色。愚謂應恒與冠同色,不宜隨節變綵。"

【儀制】《宋志》記曰:"其後太祖常謂土令,三公郎每讀時令,皇帝臨軒,百僚備位,多震悚失常儀。"

吉 七月,徐道娛(太學博士)上議以爲太廟祫嘗儀注宜去送神之文,有司奏下禮官詳判。江邃(博士)、賀道期(博士)、荀萬秋(博士)均以爲舊儀不宜改,陳珉(博士)則同徐説,參詳宜仍遵舊儀,詔可。(宋志·禮四)

【理據】《宋志》録徐道娛上議曰："伏見太廟禘嘗儀注,皇帝行事畢,出便坐,三公已上獻,太祝送神于門,然後至尊還拜,百官贊拜,乃退。謹尋清廟之道,所以肅安神也。《禮》曰,廟者,貌也,神靈所馮依也。事亡如存,若常在也。既不應有送神之文,自陳豆薦俎,車駕至止,並弗奉迎。夫不迎而送,送而後辭,闇短之情,實用未達。按時人私祠,誠皆迎送,由於無廟,庶感降來格。因心立意,非王者之禮也。《儀禮》雖太祝迎尸于門,此乃延尸之儀,豈是敬神之典?恐於禮有疑,謹以議上。"按徐氏認爲王者祀太廟與常人私祠不同,神靈本已在廟,故無需迎送,《儀禮》迎尸之儀亦不適用於此。

《宋志》又録賀道期議曰："樂以迎來,哀以送往。《祭統》'迎牲而不迎尸'。《詩》云'鐘鼓送尸'鄭云:'尸,神象也。'與今儀注不迎而後送,若合符契。"荀萬秋議曰:"古之事尸,與今之事神,其義一也。周禮,'尸出,送于廟門,拜,尸不顧'。《詩》云'鐘鼓送尸',則送神之義,其來久矣。《記》曰:'迎牲而不迎尸,別嫌也。尸在門外,則疑於臣;入廟中,則全於君。君在門外,則疑於君;入廟,則全於臣。是故不出者,明君臣之義。'"按賀、荀舉《禮記·祭統》、《詩·小雅·楚茨》之文,以證"尸"即相當於其時之"神",故參議稱其"皆依擬經禮",立說可信。

吉 **九月,值下十月三日殷祀,十二日禘祀,徐道娛**(太學博士)**上議以爲殷、禘不當同月,寢未報。**(宋志·禮四,通典·吉禮九)

【理據】《宋志》録徐道娛上議曰:"尋殷禘祀重,祭薦禮輕。輕尚異月,重寧反同。且'祭不欲數,數則瀆'。今隔旬頻享,恐於禮爲煩。自經緯墳誥,都無一月兩獻。先儒舊説,皆云殊朔。晉代相承,未審其原。"按徐氏詳引《禮記·王制》及《春秋》三傳之文,以證"天子以孟月殷,仲月禘"之説,故晉以來相承的"一月兩獻"當作變革。然恐因離下月典禮時日較近,故未能報議。

【因革】由此可見南朝殷祀制度仍然當爲"五年再殷",與晉義熙三年(407)以來一脈相承。

凶 **帝之姊蘇氏**(同母章太后女)**去世,帝親往臨哭,欲遵二漢推恩之典,殷景仁**(中領軍,侍中)**勸止。**(宋書·殷景仁列傳,南史·殷景仁列傳)

【理據】《宋書》録有司奏曰："謹尋漢氏推恩加爵,于時承秦之弊,儒術蔑如,……懼非盛明所宜軌蹈。晉監二代,朝政之所因,君舉必書,哲王之所慎。體至公者,懸爵賞於無私;奉天統者,每屈情以申制。所以作孚萬國,貽則後昆。"《南史》同。

元嘉七年(430)

吉 四月乙丑(初九),有司奏宫中有喪是否行祀,下太常依禮詳正。江邃、袁朗、徐道娛、陳珉(均太學博士)等議參互不同,謝元(殿中曹郎中領祠部)議以爲可使有司行事,參詳請依謝説,詔可。(宋志·禮四,通典·吉禮十一)

【理據】《宋志》録有司奏曰："《禮·喪服傳》云:'有死於宫中者,則爲之三月不舉祭。'今祈祀既戒,而掖庭有故。"

凶 王曇首(揚州刺史)去世,帝臨慟,歎惜之。(南史·王曇首列傳)

【考釋】《宋書·王曇首列傳》僅記"太祖爲之慟"。

元嘉八年(431)

吉 三月,大雪。 六月乙丑(十六),又大雪。(南史·宋本紀中)

吉 有司奏奉聖亭侯奪爵。(宋志·禮四,通典·吉禮十二)

【理據】《宋志》記曰："亭五代孫繼之博塞無度,常以祭直顧進,替慢不祀。"

【因革】《宋志》記孔亭受封祀孔,事在東晉太寧三年(325)。又記此後:"至十九年(442),又授孔隱之。兄子熙先謀逆,又失爵。二十八年(451),更以孔惠雲爲奉聖侯。後有重疾,失爵。孝武大明二年(458),又以孔邁爲奉聖侯。邁卒,子莽嗣,有罪,失爵。"可見祀孔之制延續劉宋世。

凶 二月,江夷(湘州刺史,散騎常侍)去世,遺令薄斂蔬奠,務存儉約。(宋書·江夷列傳、文帝本紀,南史·江夷列傳)

元嘉九年(432)

吉 二月辛卯(十六)，下詔功臣六人配祭廟庭。(南史·宋本紀中,南史·宋宗室及諸王列傳上)

【考釋】此功臣六人爲劉道憐(故太傅、長沙景王)、劉道規(故大司馬、臨川烈武王)、劉穆之(故司徒、南康文宣公)、王弘(衛將軍、華容公)、檀道濟(征南大將軍、永修公)、王鎮惡(故左將軍、龍陽侯)。

凶 五月壬申(二十九)，王弘(中書監,録尚書事,衛將軍,揚州刺史)去世，給節，加羽葆、鼓吹，增班劍爲六十人。(宋書·王弘列傳、文帝本紀,南史·王弘列傳)

吉 六月，劉義慶(嗣劉道規爲後)任荆州刺史，劉道規(臨川王)廟隨遷，下詔加殊禮。(宋書·宗室列傳,南史·宋宗室及諸王列傳上)

【儀制】《宋書》録帝詔曰："追崇丞相，加殊禮，鸞輅九旒，黄屋左纛，給節鉞、前後部羽葆、鼓吹，虎賁班劍百人。"又此後及劉道規之太妃檀氏、曹氏去世，"祭皆給鸞輅九旒，黄屋左纛，輼輬車，挽歌一部，前後部羽葆、鼓吹，虎賁班劍百人"。

【考釋】劉道規於義熙八年(412)即去世，至武帝即位，追封爲臨川王。

凶 東鄉君(晉陵公主,謝混妻)去世，遺財千萬，謝密(右衛將軍,謝混侄)自以私禄營葬；合葬日，謝密帶病臨赴。(宋書·謝弘微列傳,南史·謝弘微列傳)

【附識】謝密因臨葬遂病甚，明年即去世。

凶 張邵(吳興太守)去世，遺令祭以菜果，葦席爲輴車，諸子從之。(宋書·張邵列傳,南史·張邵列傳)

【考釋】此事未悉年月，當在元嘉間在此年之後。

凶 郭世道(會稽永興人)去世，其子郭原平哭踊慟絶，數日方蘇，自起兩間小屋以爲祠堂。(宋書·孝義列傳,南史·孝義列傳上)

【儀制】《宋書》記郭氏祠堂曰："每至節歲烝嘗，於此數日中，哀思，絶飲粥。父服除後，不復食魚肉，於母前，示有所噉，在私室，未曾妄嘗，自此迄終，三十餘載。"《南史》略同。

又《宋書》記此後郭原平之母去世，"毀瘠彌甚，僅乃免喪。墓前有數十畝田，不屬原平，每至農月，耕者恒裸袒，原平不欲使人慢其墳墓，乃販質家貨，貴買此田。三農之月，輒束帶垂泣，躬自耕墾"。《南史》同。

【考釋】① 郭世道，《南史》作郭世通。其本人即以母親去世，"負土成墳"而著名。② 此事未悉年月，當在元嘉四年(427)之後。

元嘉十年(433)

吉 十二月癸酉(初九)，徐閏(太祝令)投刺祭典薦五牲不當用雌，令太學依禮詳議。徐道娛(博士)等議以爲春月不用雌，秋冬無禁，司馬操(太常丞)議詢雌雄之別何以偏在雞，徐道娛等未能釋其由，參詳以爲當據徐閏説，故改用雄雞。(宋志·禮四)

【理據】《宋志》載徐道娛等議曰："案《禮》孟春之月，'是月也，犧牲無用牝'。如此，是春月不用雌爾，秋冬無禁。雄雞斷尾，自可是春月。"又："凡宗祀牲牝不一，前惟《月令》不用牝者，蓋明在春必雄，秋冬可雌，非以山林同宗廟也。四牲不改，在雞偏異，相承來久，義或有由，誠非末學所能詳究。"按徐氏不用雌雞係據《禮記·月令》爲説，乃爲春月妨其交尾；然何以牛、羊、豕、犬四牲不改，未能找到經典依據。

元嘉十一年(434)

嘉 元會儀注皇太子位升在三恪上，並將受朝賀時間改在晝漏十刻。
(宋志·禮一，通典·嘉禮十五、賓禮一)

【因革】《宋志》記曰："晉江左注，皇太子出會者，則在三恪下、王公上。"又據《晉志·禮下》所記："江左多虞，不復晨賀。夜漏未盡十刻，開宣陽門，至平明始開殿門，晝漏上水五刻，皇帝乃出受賀。"《南齊志·禮上》略同。《通典》指出："宋因晉制，無所改易，唯朝至十刻乃受朝賀，升皇太子在三恪上。"又曰："齊因之。"可見元會儀注宋、齊基本沿用晉制。

【考釋】《南齊志·禮上》述曰："宋世至十刻乃受賀。其餘升降拜伏之儀，及置立後妃王公已下祠祀夕牲拜授弔祭，皆有儀注，文多不載。"可見元會儀注宮內一度有沿傳，正因其歷代大致相同，故修志者省錄。

嘉 **劉義綦**（營道侯）**將冠，下詔依舊行禮。**（宋志·禮一）

【因革】① 此年所行，當與西晉泰始十年（274）所制之儀相承。②《宋志》又曰："宋冠皇太子及蕃王，亦一加也。"《通典·嘉禮一》同。按所謂"亦一加"，乃承用東晉成帝咸康以來天子加冠之儀。

【附識】《宋志》記曰："何楨《冠儀約制》及王堪私撰《冠儀》，亦皆家人之可遵用者也。"《通典·嘉禮一》則錄有兩家儀注，然將晉何楨記作"後漢何休"，秦蕙田《五禮通考》承之，將前者繫於東漢，後者繫於東晉，且曰："此漢時士庶冠禮大概，彷彿《儀禮》，添出拜父一節"（《吉禮一百四十九》"冠禮"）。

元嘉十二年（435）

嘉 **六月，斷酒。**（宋書·文帝本紀，南史·宋本紀中）

元嘉十三年（436）

嘉 **正月癸丑**（初一），**帝有疾，廢朝會。**（宋書·文帝本紀，南史·宋本紀中）

【因革】由此可見劉宋一度曾行元會之禮。

嘉 **劉義康**（司徒，彭城王）**於東府正會，依舊給伎。**（宋志·樂一，通典·樂七）

【儀制】《宋志》錄馮大（總章工）曰："相承給諸王伎十四種，其舞伎三十六人。"然傅隆(太常)則斥之"未詳此人數所由",故"事不施行"。

[嘉] 七月，有司奏帝出行，六門之內，尚書令、二僕射應分道，與中丞同。(宋志·禮二)

[凶] 七月，晉恭思皇后(褚氏)去世，葬以晉禮，祔葬於沖平陵。(宋書·文帝本紀，南史·宋本紀中，晉書·后妃列傳下)

元嘉十四年(437)

[嘉] 十二月辛酉(二十)，停賀雪。(宋書·文帝本紀，南史·宋本紀中)

【因革】由此可見劉宋一度曾行冬至朝會之禮，《南史》更直書"初停賀雪"。

[制] 帝以新撰《禮論》付傅隆(太常)，傅氏上表五十二事。(宋書·傅隆列傳、南史·傅亮列傳)

【附識】《宋書·何承天列傳》記曰："先是《禮論》有八百卷，承天刪減并合，以類相從，凡爲三百卷。"《南史·何承天列傳》同。未知此處所謂"新撰《禮論》"指的是多少卷。

元嘉十五年(438)

[嘉] 四月，皇太子納妃(殷氏)；壬戌(十七)，設宴會於太極殿西堂，詔停妓樂。(宋志·禮一，宋書·文帝本紀，通典·嘉禮三)

【理據】《宋志》記曰："又詔令小會可停妓樂，時有臨川曹太妃服。"

【儀制】《宋志》述曰："六禮文與納后不異。百官上禮。"按此與升平元年(357)王彪之所定納后儀注相同。

[賓] 四月己巳(三十)，倭國珍遣使貢獻，下詔授安東將軍、倭國王。(宋書·夷蠻列傳、文帝本紀，北史·夷貊列傳下)

凶 五月辛卯(二十二)，王懿(鎮北大將軍,徐州刺史)去世，於廟立白狼、童子壇，每祭必祠之。(宋書·王懿列傳、文帝本紀,南史·王懿列傳)

【理據】王懿早年與兄王叡起兵戰慕容垂,兵敗困澤中,有一小兒青衣與飯,有一白狼助渡河。

嘉 立儒學館於北郊，命雷次宗居之。(南史·宋本紀中)

【考釋】《南齊書·高帝本紀上》記有"儒士雷次宗立學於雞籠山,太祖年十三,受業,治《禮》與左氏《春秋》",當即指此。

又《南史》於明年又記帝"好儒雅",命何尚之(丹陽尹)立玄學,何承天(著作佐郎)立史學,謝元(司徒參軍)立文學。

【論評】《南史》評曰:"江左風俗,於斯爲美,後言政化,稱元嘉焉。"

元嘉十六年(439)

吉 正月辛未(初六)，祀南郊。(南齊志·禮上"永明元年"王儉啟)

【因革】文帝自元嘉二年(425)以來屢行正月上辛南郊,然自元嘉十二年(435)起改用中辛日,此年似又改用上辛。

【考釋】《宋書·文帝本紀》自元嘉二年起屢記有正月南郊之文,然此年却未見記載。

軍 正月戊寅(十三)，帝於北郊閱武。(宋書·文帝本紀,南史·宋本紀中)

嘉 十二月乙亥(十六)，皇太子(劉劭)加冠。(宋書·文帝本紀,南史·宋本紀中)

【儀制】《宋書·二凶列傳》記劉劭"十三加元服","成服日,劭登殿臨臺,號慟不自持。博訪公卿,詢求治道,薄賦輕徭,損諸游費。田苑山澤,有可弛者,假與貧民"。

凶 冬，因丁況(丹陽人)等三家久喪不棺葬，何承天(太子率更令)議以爲不必追責此三家，然當制旨葬不如法，同伍糾言。(宋書·何承天列傳,南史·何承天列傳)

【儀制】《宋書》錄何承天議指出葬制"禮所云'还葬',當謂荒儉一時,故許其稱

財而不求備”，可是“丁况三家，數年中葬輒無棺槨，實由淺情薄恩，同於禽獸者
耳”，而且“如聞在東諸處，此例既多，江西、淮北尤爲不少”。《南史》同。

元嘉十七年(440)

凶 **七月壬子**(二十六)，**文元皇后**(袁氏)**去世，劉温**(兼司徒，給事中)**持節監
喪；九月壬子**(二十七)，**葬於長寧陵。**(宋書·文帝本紀，宋志·禮二，南史·宋本
紀中，通典·凶禮二)

【儀制】①《宋志》記曰：“神虎門設凶門柏歷至西上閣，皇太子於東宮崇正殿及
永福省並設廬。諸皇子未有府第者，於西廂設廬。”② 又記曰：“皇太子心喪三
年。”又録有司奏言皇太子“心喪已經十三月，大祥十五月，……不應復有禫”。
《通典·凶禮四》同。③ 又記曰：“詔亦停選挽郎。”《通典·凶禮八》同。

元嘉十八年(441)

軍 **六月戊辰**(十七)，**遣使巡行賑卹。**(宋書·文帝本紀，南史·宋本紀中)

元嘉十九年(442)

嘉 **正月乙巳**(二十八)，**下詔啓修國子學，何承天領國子博士；明年成。**
(宋書·文帝本紀、何承天列傳，宋志·禮一，南史·何承天列傳，通典·吉禮十二)

【儀制】《南齊志·禮上》永明三年(485)王儉議述曰：“元嘉立學，裴松之議應舞
六佾，以郊樂未具，故權奏登歌。”

【因革】① 此前永初三年(422)曾詔立國學。②《宋志》載元嘉二十七年(450)又
廢國子學。

吉 **四月甲戌**(二十八)，**帝以久疾癒，始奉祔祠。**(宋書·文帝本紀，南史·宋本紀中)

吉 十二月丙申（二十四），下詔修孔子祠及學舍，四時饗祀，令孔景等五百戶供給灑掃孔子墓，種松柏六百株。（宋書·文帝本紀，南史·宋本紀中）

凶 劉道產（雍州刺史，寧蠻都尉，兼襄陽太守）去世，還葬，諸蠻皆備衰絰，號哭追送至沔口。（宋書·劉道產列傳，南史·劉康祖列傳）

【附識】《宋書》記劉道產"在雍部政績尤著，蠻夷前後叛戾不受化者，並皆順服，悉出緣沔爲居。百姓樂業，民戶豐贍，由此有《襄陽樂歌》，自道產始也。……道產惠澤被於西土"。《南史》略同。

元嘉二十年(443)

吉 正月辛亥（初十），祀南郊。（南史·宋本紀中）

軍 二月甲申（二十三），帝於白下閱武。（宋書·文帝本紀，南史·宋本紀中）

吉 十二月壬午（十六），下詔擬修藉田；使何承天撰儀注，山謙之（史學生）奏上其所私集者，因以斟酌造定。（宋志·禮一，宋書·文帝本紀，南史·宋本紀中，通典·吉禮五）

【儀制】《宋志》載所撰儀注曰："先立春九日，尚書宣攝內外，各使隨局從事。司空、大農、京尹、令、尉，度宮之辰地八里之外，整制千畝，開阡陌。立先農壇於中阡西陌南，御耕壇於中阡東陌北。將耕，宿設青幕于耕壇之上。皇后帥六宮之人出種稑之種，付籍田令。耕日，太祝以一太牢告祠先農，悉如祠帝社之儀。孟春之月，擇上辛後吉亥日，御乘耕根三蓋車，駕蒼駟，青旗，著通天冠，青幘，朝服青袞，帶佩蒼玉。蕃王以下至六百石皆衣青。唯三臺武衛不耕，不改服章。車駕出，眾事如郊廟之儀。車駕至籍田，侍中跪奏：'尊降車。'臨壇，大司農跪奏：'先農已享，請皇帝親耕。'太史令讚曰：'皇帝親耕。'三推三反。於是群臣以次耕，王公五等開國諸侯五推五反，孤卿大夫七推七反，士九推九反。籍田令率其屬耕，竟畝，灑種，即糯，禮畢。"

【因革】《隋志·禮二》述曰:"古典有天子東耕儀。江左未暇,至宋始有其典。"不過東晉並非未行藉田禮,如哀帝興寧二年(364)二月即曾行。

軍 諸州郡水旱傷稼,大飢,遣使開倉賑卹。（宋書·文帝本紀,南史·宋本紀中）

元嘉二十一年(444)

制 正月己亥(初三),南除、南兗、南豫州、揚州之浙江西禁酒。（南史·宋本紀中,宋書·文帝本紀）

【考釋】《宋書》無"南兗"。

吉 正月辛酉(二十五),親耕藉田。（南史·宋本紀中,宋志·禮四,通典·吉禮五）

【儀制】此年藉田當即用去年十二月所定儀注,《宋志》又補記:"乃立先農壇於籍田中阡西陌南,高四尺,方二丈。爲四出陛,陛廣五尺,外加塿。去阡陌各二十丈。車駕未到,司空、大司農率太祝令及衆執事質明以一太牢告祠。祭器用祭社稷器。祠畢,班餘胙於奉祠者。"可見具體施行時對所撰儀注又作充實。

【因革】《宋志》又曰:"舊典先農又常列於郊祭云。"可見此前先農之祀併入南郊。

吉 七月乙巳(十二),下詔諸州郡縣,悉備藉田禮。（宋志·禮一,宋書·文帝本紀）

【因革】《宋志》記魏以來均無州郡耕籍之禮,晉武帝末有司奏請修之,然未施行。至此當屬新建。

【考釋】《南史·宋本紀中》記此事則爲:"冬十月己亥,命刺史郡守修東耕。"此年十月癸亥朔,無己亥日,恐誤。

元嘉二十二年(445)

制 正月辛卯(初一),改用何承天(御史中丞)撰元嘉新曆。（宋書·文帝本紀,宋志·律曆中,南史·宋本紀中、何承天列傳）

【論評】王夫之《讀通鑑論》(卷十五)評曰："曆法至何承天而始得天,前此者未逮,後此者爲一行、爲郭守敬,皆踵之以興,而無能廢承天之法也。"

吉 四月,皇太子講《孝經》通,釋奠國子學。(宋志·禮四、禮一,通典·吉禮十二)

【儀制】①《宋志·禮一》記曰："祭畢,太祖親臨學宴會,太子以下悉豫。"②《通典》自注錄裴松之述曰："應舞六佾,宜設軒懸之樂,牲牢器用,悉依上公。"

【因革】《宋志·禮一》記曰"采晉故事,官有其注",《禮四》又曰"如晉故事",可見儀注延晉無改,然未予載錄。

【考釋】《宋書·何承天列傳》記曰："皇太子講《孝經》,承天與中庶子顏延之同爲執經。"《南史·何承天列傳》同。

制 九月己未(初三),開酒禁。(宋書·文帝本紀,南史·宋本紀中)

嘉 九月癸酉(十七),宴於武帳堂,使諸子知百姓艱苦。(南史·宋本紀中)

【考釋】《南史》記此日事曰："上將行,敕諸子且勿食,至會所賜饌。日旰,食不至,有飢色。上誡之曰:'汝曹少長豐佚,不見百姓艱難,今使爾識有飢苦,知以節儉期物。'"

樂 南郊始設登歌,下詔顏延之(御史中丞)造歌詩。(宋志·樂一,通典·樂一、樂七)

【因革】①《資治通鑑·宋紀六》述曰："初,江左二郊無樂,宗廟雖有登歌,亦無二舞。"②《宋志》記在元嘉十八年(441)九月,有司即奏"二郊宜奏登哥",又"議宗廟舞事,……未及列奏,值軍興事寢"。③《宋志》又記在元嘉九年(432),鍾宗之(太樂令)"更調金石",十四年(437),奚縱(治書令史)"又改之"。《通典·樂四》同。

元嘉二十三年(446)

嘉 九月己卯(二十九),帝至國子學,策試諸生。(宋書·文帝本紀)

凶 七月,何承天(白衣領御史中丞)奏海鹽公主(司馬氏)服所生母(蔣美人)喪,禮官博士所定儀注率意妄作,宜並免官,從之。(宋志·禮二)

【儀制】《宋志》錄何承天奏引顧雅(太學博士)議曰:"今既咸用士禮,便宜同齊衰削杖,布帶疏履,朞,禮畢,心喪三年。"又引周野王(博士)曰:"今諸王公主咸用士禮。譙王、衡陽王爲所生太妃皆居重服,則公主情禮,亦宜家中朞服爲允。"其他博士庾邃之、顏測、殷明、王淵之四人同顧雅議,何恢、王羅雲二人同周野王議。

【理據】《宋志》錄何承天奏斥之曰:"博士既不據古,又不依今,背違施行見事,而多作浮辭自衞。乃云五帝之時,三王之季。又言長子去斬衰,除禫杖,皆是古禮,不少今世。博士雖復引此諸條,無救於失。……臣聞喪紀有制,禮之大經;降殺攸宜,家國舊典。古之諸侯衆子,猶以尊厭;況在王室,而欲同之士庶。此之僻謬,不俟言而顯。太常統寺,曾不研却,所謂同乎失者,亦未得之。"

【考釋】《宋志》錄何承天請加糾責曰:"謹案太學博士顧雅,國子助教周野王,博士王羅雲、顏測、殷明、何恢、王淵之,前博士遷員外散騎侍郎庾邃之等,咸蒙抽飾,備位前疑,既不謹守舊文,又不審據前准,遂上背經典,下違故事,率意妄作,自造禮章。太常臣敬叔位居宗伯,問禮所司,騰述往反,了無研却,混同茲失,亦宜及咎。請以見事並免今所居官,解野王領國子助教。雅、野王初立議乖舛,中執捍愆失,未違十日之限,雖起一事,合成三愆,羅雲掌押捍失,三人加禁固五年。"按帝詔劉敬叔白衣領職,其他從何奏。

元嘉二十四年(447)

吉 蕭承之(右軍將軍,蕭道成之父)去世,因平梁州之功,於峨公山立廟祭祀。(南齊書·高帝本紀上,南史·齊本紀上)

元嘉二十五年(448)

軍 二月庚寅(十八),宣武場成,下詔行講武。(宋書·文帝本紀)

【因革】①《宋志·禮一》記曰:"太祖在位,依故事肄習衆軍,兼用漢魏之禮。其後以時講武於宣武堂。"《通典·軍禮一》同。②《資治通鑑·宋紀七》胡注:"建康倣洛都之制,築宣武場於臺城北。"

軍 閏二月己酉(初七),大蒐於宣武場。(宋志·禮一,宋書·文帝本紀,南史·宋本紀中,通典·軍禮一)

【儀制】《宋志》詳記其儀注:① 陳設隊列:"設行宮殿便坐武帳於幕府山南岡,設王公百官便坐幔省如常儀,設南北左右四行旌門;建獲旗以表獲車。殿中郎一人典獲車,主者二人收禽,吏二十四人配獲車。備獲車十二兩。校獵之官著袴褶。有帶武冠者,脱冠者上纓。二品以上擁刀,備槊、麾幡,三品以下帶刀。皆騎乘。將領部曲先獵一日,遣屯布圍。領軍將軍一人督右甄;護軍一人督左甄;大司馬一人居中,董正諸軍,悉受節度。殿中郎率獲車部曲,在司馬之後。尚書僕射、都官尚書、五兵尚書、左右丞、都官諸曹郎、都令史、都官諸曹令史幹、蘭臺治書侍御史令史、諸曹令史幹,督攝糾司,校獵非違。至日,會於宣武場,列爲重圍。設留守填街位於雲龍門外內官道北,外官道南,以西爲上。設從官位於雲龍門內大官階北,小官階南,以西爲上。設先置官位於行止車門外內官道西,外官道東,以北爲上。設先置官還位於廣莫門外道之東西,以南爲上。"

② 正常行禮儀節:"校獵日平旦,正直侍中奏嚴。上水一刻,奏'搥一鼓',爲一嚴。上水二刻,奏'搥二鼓',爲再嚴。殿中侍御史奏開東中華雲龍門,引仗爲小駕鹵簿。百官非校獵之官,著朱服,集列廣莫門外。應還省者還省。留守填街後部從官就位;前部從官依鹵簿;先置官先行。上水三刻,奏'搥三鼓',爲三嚴。上水四刻,奏'外辦'。正次直侍中、散騎常侍、給事黃門侍郎、軍校劍履進夾上閣。正直侍郎負璽,通事令史帶龜印中書之印。上水五刻,皇帝出,著黑介幘單衣,乘輦。正直侍中負璽陪乘,不帶劍。殿中侍御史督攝黃麾以內。次直侍中、次直黃門侍郎護駕在前。又次直侍中佩信璽、行璽,與正直黃門侍郎從護駕在後。不鳴鼓角,不得諠譁,以次引出,警蹕如常儀。東駕出,騶贊,陛者再拜。皇太子入守。車駕將至,威儀唱:'引先置前部從官就位。'再拜。車駕至行殿前回

輦,正直侍中跪奏'降輦'。次直侍中稱制曰'可'。正直侍中俛伏起。皇帝降輦登御坐,侍臣升殿。直衛鞁戟虎賁,旄頭文衣,鶡尾,以次列階。正直侍中奏'解嚴'。先置從駕百官還便坐幔省。"

③ 若親射儀節:"帝若躬親射禽,變御戎服,內外從官以及虎賁悉變服,如校獵儀。鞁戟抽鞘,以備武衛。黃麾內官,從入圍裏。列置部曲,廣張甄圍,旗鼓相望,銜枚而進。甄周圍會,督甄令史奔騎號法施令曰:'春禽懷孕,蒐而不射;鳥獸之肉不登於俎,不射;皮革齒牙骨角毛羽不登於器,不射。'甄會。大司馬鳴鼓蹙圍,眾軍鼓譟警角,至宣武場止。大司馬屯北旌門;二甄帥屯左右旌門;殿中中郎率獲車部曲入次北旌門內之右。皇帝從南旌門入射禽。謁者以獲車收載,還陳於獲旗北。王公以下以次射禽,各送詣獲旗下,付收禽主者。事畢,大司馬鳴鼓解圍復屯,殿中郎率其屬收禽,以實獲車,充庖廚。列言統曹正廚,置尊酒俎肉于中逵,以犒饗校獵眾軍。至晡,正直侍中量宜奏嚴,從官還著朱服,鞁戟復鞘。再嚴,先置官先還。三嚴後二刻,正直侍中奏'外辦'。皇帝著黑介幘單衣。正次直侍中、散騎常侍、給事黃門侍郎、軍校進夾御坐。正直侍中跪奏'還宮'。次直侍中稱制曰'可'。正直侍中俛伏起。乘輿登輦還,衛從如常儀。大司馬鳴鼓散屯,以次就舍。車駕將至,威儀唱:'引留守填街先置前部從官就位。'再拜。車駕至殿前回輦,正直侍中跪奏'降輦'。次直侍中稱制曰'可'。正直侍中俛伏起。乘輿降入。正直次直侍中、散騎常侍、給事黃門侍郎、散騎侍郎、軍校從至閤,亦如常儀。正直侍中奏'解嚴'。內外百官拜表問訊如常儀,訖,罷。"

【論評】陳戍國認爲:"此大蒐之儀,有練兵之效。督甄令史宣佈的三'不射',用《左傳·隱公五年》成句與《禮記·月令》之意,足見劉宋元嘉年間大蒐猶存'古之制'。"(《中國禮制史·魏晉南北朝卷》,第322頁)

軍 三月庚辰(初九),校獵。(宋書·文帝本紀,南史·宋本紀中)

吉 四月丙辰(十五),帝至江寧,經劉穆之(故司徒)墓,遣使致祭。(宋志·禮四,宋書·劉穆之列傳,南史·劉穆之列傳)

卷四
東晉南朝:禮制成熟期

元嘉二十六年(449)

吉 二月己亥(初三)，帝東巡，至丹徒，謁京陵。(宋書·文帝本紀,南史·宋本紀

中,通典·吉禮十三)

嘉 三月丁巳，下詔宴饗故老；又臧質來朝，時共上禮，帝設宴於丹徒

宮。(宋書·文帝本紀、臧質列傳,南史·宋本紀中,通典·吉禮十三)

【因革】上同元嘉四年(427)。

【考釋】此年三月丁卯朔，無丁巳日,《校勘記》疑爲四月丁巳(二十二)。

吉 三月癸亥，遣使祭何無忌(晉故司空)之墓。(宋書·文帝本紀,南史·宋本紀中)

【考釋】《宋書》未書"癸亥",兹據《南史》。然此年三月無癸亥日,若承上條亦作

四月,則爲二十八日。

制 帝東巡，皇太子監國，有司撰儀注。(宋志·禮二,通典·嘉禮十六)

元嘉二十七年(450)

嘉 三月戊寅(十八)，罷國子學。(南史·宋本紀中)

賓 十二月甲申(二十九)，使饋百牢於北魏。(南史·宋本紀中)

元嘉二十八年(451)

嘉 正月丙戌(初一)，因北魏軍侵逼，廢朝會。(宋書·文帝本紀)

吉 三月丙申(十二)，拜初寧陵。(南史·宋本紀中)

元嘉二十九年(452)

凶 劉鑠(南平王)所生母(吳淑儀)去世,經有司奏,得以成服。(宋志·禮二)

【因革】《宋志》記曰:"依禮無服,麻衣練冠,既葬而除。"此後,"皇子皆申母服"。

元嘉三十年(453)

嘉 正月乙亥(初一),會群臣於太極前殿。(南史·宋本紀中)

凶 二月甲子(二十一),帝被殺於合殿,太子即位;三月癸巳(二十),葬文帝於長寧陵。(宋書·文帝本紀、二凶列傳,南史·宋本紀中)

【儀制】《二凶列傳》記曰:"成服日,[劉]劭登殿臨靈,號慟不自持。博訪公卿,詢求治道,薄賦輕繇,損諸游費。田苑山澤,有可弛者,假與貧民。"

凶 聞帝去世,郭原平(會稽永興人)號慟,日食麥餅一枚,如此五日。(宋書·孝義列傳,南史·孝義列傳上)

嘉 四月,劉劭立殷氏(妻)爲皇后;己巳(二十七),立劉偉之爲皇太子。(宋書·二凶列傳)

【儀制】《二凶列傳》記曰:"臨軒拜息偉之爲太子,百官皆戎服,劭獨袞衣。"

孝武帝(世祖,劉駿,文帝第三子)

吉 四月己巳(二十七),武陵王於江寧即位。(宋書·孝武帝本紀,南史·宋本紀中)

【考釋】① 劉紹被殺於五月丙子(初四)。②《宋書·徐爰列傳》記曰:"時世祖將即大位,軍府造次,不曉朝章。爰素諳其事,既至,莫不喜説,以兼太常丞,撰立儀注。"《南史·恩倖列傳》同。可見孝武帝即位之儀賴徐氏以定。

嘉 五月乙酉(十三)，立王氏(妃)爲皇后。（宋書·孝武帝本紀，南史·宋本紀中）

吉 五月甲午(二十二)，謁初寧陵、長寧陵。（南史·宋本紀中，資治通鑑·宋紀九）

【因革】《宋志·禮二》記曰："世祖、太宗亦每歲拜初寧、長陵陵。"《通典·吉禮十一》同。

嘉 五月，進劉義恭爲太傅，帝不欲致禮，使有司上奏"天子不應加拜"，從之。（南史·宋宗室及諸王列傳上、宋書·孝武帝本紀、武三王列傳）

【理據】《武三王列傳》錄有司奏曰："周之師保，實稱三吏，晉因於魏，特加其禮。帝道嚴極，既有常尊，考之史籍，未見茲典。故卞壺、孫楚並謂人君無降尊之義。"

嘉 五月庚辰(初八)，下詔分遣大使巡省方俗；閏六月丙子(初五)，遣使樂詢(兼散騎常侍)等十五人巡行風俗。（宋書·孝武帝本紀，南史·宋本紀中）

嘉 七月辛丑(初一)，日有蝕之；辛酉(二十一)，下詔崇儉約，省細作，禁淫侈。（宋書·孝武帝本紀，南史·宋本紀中）

孝建元年(454)

吉 正月己亥(初一)，帝祀南郊，改元。（宋書·孝武帝本紀，南史·宋本紀中）

嘉 正月丙寅(二十八)，立劉子業爲皇太子。（宋書·孝武帝本紀，南史·宋本紀中）

凶 六月己巳(初四)，劉休倩(第十六皇弟)殤，追贈爲東平沖王，有司奏請議服制，陸澄(太學博士)議以爲當服成人之制，羊希(左丞)參議以爲旁親宜服殤，臣子喪用成人，詔可。（宋志·禮二，通典·凶禮四）

【理據】《宋志》錄陸澄議曰："今璽策咸秩，是成人之禮；群后臨哀，非下殤之制。若喪用成人，親以殤服，末學含疑，未之或辨。"

吉 六月癸巳(二十八)，值劉義宣、臧質叛亂平定，八座奏議是否當告南北二郊，經禮官博議。徐宏、孫勃、陸澄(均太學博士)議以爲宜告，蘇瑋生(國子助教)參議以爲宜由公卿行事，詔可。(宋志·禮三)

【理據】《宋志》録八座奏曰："檢元嘉三年討謝晦之始，普告二郊、太廟；賊既平蕩，唯告太廟、太社，不告二郊。"故生此疑，對此蘇瑋生議曰："天子諸侯，雖事有小大，其禮略鈞，告出告至，理不得殊。鄭云'出入禮同'，其義甚明。天子出征，類于上帝，推前所告者歸必告至，則宜告郊，不復容疑。元嘉三年，唯告廟、社，未詳其義。或當以《禮記》唯云'歸假祖禰'，而無告郊之辭。果立此義，彌所未達。夫《禮記》殘缺之書，本無備體，折簡敗字，多所闕略。正應推例求意，不可動必徵文。天子反行告社，亦無成記，何故告郊，獨當致嫌。但出入必告，蓋孝敬之心。既以告歸爲義，本非獻捷之禮。今興駕竟未出宮，無容有告至之文；若陳告不行之禮，則爲未有前准。愚謂祝史致辭，以昭誠信。苟其義舛於禮，自可從實而闕。臣等參議，以應告爲允，宜並用牲告南北二郊、太廟、太社，依舊公卿行事。"按蘇氏立説甚爲通達，其所依據主要有二，一是鄭玄所云"出入禮同"，此源於經注；二是"出入必告，蓋孝敬之心"，此緣於人情。其所揭示定制新禮的原則爲"應推例求意，不可動必徵文"。

凶 六月，湘東國太妃周忌時日請禮官詳議，丘邁之(博士)議以爲宜在六月，劉宏(左僕射，建平王)議以爲宜在七月。(宋志·禮二，通典·凶禮二十二)

【考釋】《宋志》記太妃去世於去年閏六月二十八日。

【理據】《宋志》録劉宏議曰："案晉世及皇代以來，閏月亡者，以閏之後月祥。"

吉 七月辛酉(二十六)，有司奏議劉休倩祔廟之法，下禮官詳議。徐宏(太學博士)議以爲宜祔長沙景王廟，詔可。(宋志·禮四，通典·吉禮十一)

【理據】《宋志》録徐宏議曰："《記》曰：'殤與無後者，從祖祔食。'又曰：'士大夫不得祔於諸侯，祔於祖之爲士大夫者。'按諸侯不得祔於天子，沖王則宜祔諸祖之廟爲王者，應祔長沙景王廟。"按徐氏依據《禮記·喪服小記》，得出祔廟宋武帝弟長沙景王的結論。

【考釋】《宋書·孝武帝本紀》載此年四月封第十六皇弟劉休倩爲東平王，未拜即去世。之後，追謚爲東平沖王。

【論評】秦蕙田《五禮通考》評曰："沖王殤，祔諸祖之廟爲王者，徐議是。"（《吉禮一百八》"諸侯廟祭"）

吉 **十月戊辰**（初五），**有司奏議章皇太后廟毁置之禮，劉義恭**（太傅）**議以爲不應毁，二品官六百三十六人同之，王法施**（散騎侍郎）**等二十七人議以爲應毁，周景遠**（領曹郎中）**重參議以劉説爲允，詔可。**（宋志·禮四）

【理據】《宋志》録劉義恭議曰："經籍殘僞，訓傳異門，諒言之者罔一，故求之者尠究。是以六宗之辯，舛於兼儒，迭毁之論，亂於群學。……夫議者成疑，實傍紀傳，知一爽二，莫窮書旨。按《禮記》不代祭，爰及慈母，置辭令有所施。《穀梁》於孫止，别主立祭，則親執虔祀，事異前志。將由大君之宜，其職彌重，人極之貴，其數特中。且漢代鴻風，遂登配祔，晉氏明規，咸留薦祀。遠考史策，近因閭見，未應毁之，於義爲長。所據《公羊》，祇足堅秉。安可以貴等帝王，祭從士庶，緣情訪制，顛越滋甚。謂應同七廟，六代乃毁。"按劉氏對經籍所載太后毁廟之説提出異議，認爲對經傳當"緣情訪制"，不可"知一爽二，莫窮書旨"，即指禮制因革未可徒襲舊儀而不悉禮意。

【考釋】《宋志》記曰："二品官議者六百六十三人。"由此可見當時議禮所具之規模。

吉 **十月戊寅**（十五），**下詔修孔子廟，制同諸侯之禮。**（宋書·孝武帝本紀，南史·宋本紀中）

吉 **十二月戊子**（二十六），**因此年十月殷祀尚猶在禫内，有司奏下禮官議正。蘇瑋生**（國子助教）**議以爲不得殷祀，徐宏**（太學博士）、**朱膺之**（太常丞）**議以爲可用來年十月，周景遠**（郎中）**參議謂徐、朱之説爲允，詔可。**（宋志·禮三，通典·吉禮九）

【理據】《宋志》録蘇瑋生議曰："案《禮》，三年喪畢，然後祫於太祖。又云'三年不祭，唯天地社稷，越紼行事'，且不禫即祭，見譏《春秋》。求之古禮，喪服未終，固無祼享之義。自漢文以來，一從權制，宗廟朝聘，莫不皆吉。雖祥禫空存，無緣縞之變，烝嘗薦祀，不異平日。"按蘇氏以經典所記貶斥漢以來所行之不合禮。

《宋志》又録朱膺之議曰："《虞禮》云：'中月而禫，是月也吉祭，猶未配。'謂二十七月既禫祭，當四時之祭日，則未以其妃配，哀未忘也。推此而言，未禫不得祭也。又《春秋·閔公二年》'吉禘于莊公'，鄭玄云：'閔公心懼於難，務自尊成以厭其禍，凡二十二月而除喪，又不禫。'云又不禫，明禫內不得禘也。案王肅等言於魏朝云，今權宜存古禮，俟畢三年。舊説三年喪畢，遇禘則禘，遇祫則祫。鄭玄云：'禘以孟夏，祫以孟秋。'今相承用十月。"按朱説基本同蘇氏，不過提出權宜之法，即可用孟秋十月祫祭。

卷四 東晉南朝：禮制成熟期

吉 更修蔣子文祠，又立九州廟於雞籠山，由是各地淫祀大興。（宋志·禮四，通典·吉禮十四）

【因革】此舉大破永初二年（421）普禁淫祀之先例，《宋志》記自更修起蔣山祠之後，"四方諸神，咸加爵秩"。

【考釋】此事《宋志》署時爲"孝建初"，暫隸於此。

制 謝莊（左將軍）上表請遵任職六年之限，未納。（南史·謝弘微列傳）

【因革】《南史》記曰："初，文帝世，限年三十而仕郡縣，六周乃選代，刺史或十年餘。至是皆易之，仕者不拘長少，苟人以三周爲滿，宋之善政於是乎衰。"

【考釋】《資治通鑑·宋紀九》繫此事在元嘉三十年（453），誤。

孝建二年（455）

吉 正月庚寅，即將南郊，有司奏議二事：廟祠、南郊時是否分別以太尉、太常亞獻；祭事之始與送神時是否均需以酒灌地，下禮官詳正。王祀之（太學博士）議以爲當如舊儀；朱膺之（太常丞）議以爲廟祠、南郊宜均由太尉亞獻，廟祀初宜祼，南郊宜無祼。通關八座丞郎博士並同朱氏議，劉宏（尚書令）重參議，亦謂朱氏議爲允，詔可。（宋

503

志·禮三）

【理據】《宋志》録朱膺之議曰：“案《周禮》大宗伯使掌典禮，以事神爲上，職總祭祀，而昊天爲首。今太常即宗伯也。又尋袁山松《漢百官志》云：‘郊祀之事，太尉掌亞獻，光禄掌三獻。太常每祭祀，先奏其禮儀及行事，掌贊天子。’無掌獻事。如儀志，漢亞獻之事，專由上司，不由秩宗貴官也。今宗廟太尉亞獻，光禄三獻，則漢儀也。又賀循制太尉由東南道升壇，明此官必預郊祭。古禮雖由宗伯，然世有因革，上司亞獻，漢儀所行。愚謂郊祀禮重，宜同宗廟。且太常既掌贊天子，事不容兼。又尋灌事，《禮記》曰‘祭求諸陰陽之義也，殷人先求諸陽’，‘樂三闋然後迎牲’，則殷人後灌也；‘周人先求諸陰’，‘灌用鬯，達於淵泉，既灌，然後迎牲’，則周人先灌也。此謂廟祭，非謂郊祠。案《周禮·天官》‘凡祭祀贊王裸將之事’鄭注云：‘裸者，灌也。唯人道宗廟有灌，天地大神至尊不灌。’而郊未始有灌，於禮未詳，淵儒注義，炳然明審。謂今之有灌，相承爲失，則宜無灌。”按朱氏立説前者主要依據東漢、東晉之禮典，並未依從《周禮》，後者主要依據《周禮》鄭注，而捨弃《禮記》之説。

【因革】《宋志·禮一》所載南郊儀注自東晉以來一度延續，兹隸入東晉太元十二年（387），至此省去灌地儀注，陳成國認爲“比較南朝郊祀與晉朝之不同，其著者爲用裸與否”（《中國禮制史·魏晉南北朝卷》，第259頁）。

【考釋】① 此年正月癸巳朔，無庚寅日，恐爲去年十二月庚寅（二十八）。② 袁山松（？—401），東晉人，撰《後漢書》百篇（《晉書·袁瓌傳》），《隋書·經籍志》、《兩唐書·藝文志》均有著録。朱氏所稱當即屬此書。

樂 九月甲午（初六），有司奏荀萬秋（前殿中曹郎）議郊廟宜設備樂，使内外博議，劉誕（驃騎大將軍，竟陵王）等五十一人並同荀議，劉宏（尚書左僕射，建平王）議以爲應有迎送神並設樂，顔竣（散騎常侍，丹陽尹）詳議宗廟同庭，用樂不得異制，劉宏議云顔説乃一家之意，衆議並同劉宏，詔可。（宋志·樂一，通典·樂一、樂七）

【儀制】《宋志》記劉宏所定用樂之制曰：“祠南郊迎神，奏《肆夏》。皇帝初登壇，奏登哥。初獻，奏《凱容》、《宣烈》之舞。送神，奏《肆夏》。祠廟迎神，奏《肆夏》。皇帝入廟門，奏《永至》。皇帝詣東壁，奏登哥。初獻，奏《凱容》、《宣烈》之舞。終獻，奏《永安》。送神奏《肆夏》。”

【因革】①《宋志》記有司奏曰：“秦奏《五行》，魏舞《咸熙》，皆以用享。爰逮晉氏，泰始之初，傅玄作《晉郊廟哥詩》三十二篇。元康中，荀藩受詔成父勖業，金石四縣，用之郊廟。是則相承郊廟有樂之證也。今廟祠登哥雖奏，而象舞未陳，懼闕備禮。”② 又錄劉宏議曰：“尋諸漢志，永至等樂，各有義況，宜仍舊不改。爰及東晉，太祝唯送神而不迎神。近議者或云廟以居神，恒如在也，不應有迎送之事，意以為並乖其衷。……又傅玄有迎神送神哥辭，明江左不迎，非舊典也。”《資治通鑑·宋紀十》胡注：“晉氏南渡草創，二郊無樂；宗廟雖有登歌，亦無二舞。及破符堅，得樂工，始有金石之樂。文帝元嘉二十二年，南郊，始設登歌。此所謂備樂，非能備雅樂，魏、晉以來世俗之樂耳。”

【論評】《資治通鑑·宋紀十》胡注：“順帝昇明二年（478），王僧虔所謂‘朝廷禮樂多違舊典’，蓋指此類。”

【考釋】《通典·禮七》則將劉宏議迎神一段單列出，冠以“沈約《宋書》曰”，置於“宗廟迎送神樂議”一節下。

|軍| 九月丁亥，閱武於宣武場。（宋書·孝武帝本紀，南史·宋本紀中）

【考釋】此年九月己丑朔，無丁亥日。

|制| 十月己未（初一），劉義恭（大司馬，江夏王）、劉誕（驃騎大將軍，竟陵王）表奏裁革王侯車服、器用、樂舞制度，凡九條，帝使有司增廣為二十四條。（宋志·禮五，宋書·武三王列傳）

【儀制】《宋志》錄二十四條包括：“(1) 聽事不得南向坐，施帳并幨。(2) 蕃國官正冬不得跣登國殿，及夾侍國師傳令及油戟。(3) 公主王妃傳令，不得朱服。輿不得重杠。(4) 郵扇不得雉尾。(5) 劍不得鹿盧形。(6) 槊毦不得孔雀白鷺。(7) 夾轂隊不得絳襖。(8) 平乘誕馬不得過二匹。(9) 胡伎不得綵衣。(10) 舞伎正冬著袿衣，不得莊面蔽花。(11) 正冬會不得鐸舞、杯柈舞。

(12)長蹻伎、趫舒、丸劍、博山伎、緣大橦伎、升五案伎，自非正冬會奏舞曲，不得舞。(13)諸妃主不得著袞帶。(14)信幡，非臺省官悉用絳。(15)郡縣內史相及封內官長，於其封君，既非在三，罷官則不復追敬，不合稱臣，正宜上下官敬而已。(16)諸鎮常行，車前後不得過六隊，白直夾轂，不在其限。(17)刀不得過銀銅爲裝。(18)諸王女封縣主、諸王子孫襲封王王之妃及封侯者夫人行，並不得鹵簿。(19)諸王子繼體爲王者，婚葬吉凶，悉依諸國公侯之禮，不得同皇弟皇子。(20)車輿不得油幢，軺車不在其限。(21)平乘舫皆平兩頭作露平形，不得擬像龍舟，悉不得朱油。(22)帳幬不得作五花及豎筩形。(23)若先有器物者，悉輸送臺藏。(24)書到後二十日期，若有竊玩犯禁者，及統司無舉糾，並臨時議罪。"《武三王列傳》略省。

【理據】《宋志》記曰："世祖嫌侯王強盛，欲加減削。"

樂 十月辛未（十三），有司奏郊廟舞樂皇帝親奉，初登壇及入廟詣東壁，並奏登歌，劉宏（尚書左僕射，建平王）議以爲公卿行事亦然，詔可。（宋志•樂一，通典•樂一）

【附識】《宋志》記有司又奏："元會及二廟齋祠，登哥依舊並於殿庭設作。尋廟祠，依新儀注，登哥人上殿，弦管在下；今元會，登哥人亦上殿，弦管在下。"

嘉 十一月乙巳（十八），何偃（侍中，祭酒）擬臨軒之儀，有司奏請詳議，徐爰（曹郎中）參議同，詔可。（宋志•禮五）

【儀制】《宋志》記曰："自今臨軒，乘輿法服，褰華蓋，登殿宜依廟齋以夾御，侍中、常侍夾扶上殿，及應爲王公興，又夾扶，畢，還本位。"

孝建三年(456)

吉 正月辛丑（十五），帝祀南郊。（宋書•孝武帝本紀，南史•宋本紀中）

吉 正月辛丑，到彥之（驃騎將軍，建昌忠公）、王華（衛將軍，左光祿大夫，新安文宣侯）、王曇首（豫寧文侯）配饗於文帝廟庭。（南史•宋本紀中、到彥之列傳、王華列傳、王曇

首列傳)

【考釋】《宋書·王華列傳》、《王曇首列傳》均謂"世祖即位,配饗太祖廟庭",誤。

嘉 正月壬子(二十六),立皇太子妃何氏,群臣上禮。(宋書·孝武帝本紀,南史·宋本紀中)

凶 二月癸亥(初七),王偃(右光祿大夫)去世,有司奏請禮官議帝緦麻三月,是否當除服等三事,王膺之(太學博士)議以爲帝三月除服,祖葬日皇后宜反齊衰,終除之日直接釋服布素,朱膺之(太常丞)議以爲皇后終除之日宜反服未公除時服,然後就除,蘇瑋生(國子助教)議以爲皇后於祖葬、終除日並宜反服齊衰,劉宏(尚書令,中軍將軍)議以爲帝緦制終,祇需舉哀,周景遠議帝不需除服,重加詳議,以朱膺之、劉宏議爲允,詔可。(宋志·禮二,宋書·孝武帝本紀,通典·凶禮二)

【儀制】《宋志》錄所議三事爲:"至尊爲服緦三月,成服,仍即公除。至三月竟,未詳當除服與不?又皇后依朝制服心喪,行喪三十日公除。至祖葬日,臨喪當著何服?又舊事,皇后心喪,服終除之日,更還著未公除時服,然後就除。未詳今皇后除心制日,當依舊更服?爲但釋心制中所著布素而已?"

賓 二月丁丑(二十一),始制朔望臨西堂,接群臣,受奏事。(宋書·孝武帝本紀,南史·宋本紀中)

嘉 四月甲子,初禁人車及酒肆器用銅。(南史·宋本紀中)

【考釋】此年四月乙酉朔,無甲子日。

吉 五月丁巳(初三),值以劉子綏(第四皇子)出紹江夏王太子劉叡爲後,有司奏議是否當告廟,若告當告幾室,請二學禮官議正。傅休(太學博士)議以爲宜告諸室,庾亮(太常丞)議以爲宜告禰廟,朱膺之(祠部郎)、徐爰(兼右丞殿中郎)議同傅説,參議以徐議爲允,詔可。(宋志·禮四)

【理據】《宋志》錄傅休議曰:"禮無皇子出後告廟明文。晉太康四年,封北海王寔紹廣漢殤王後，告于太廟。漢初帝各異廟，故告不必同。自漢明帝以來，乃共堂各室，魏晉依之。今既共堂，若獨告一室，而闕諸室，則於情未安。"傅氏舉西晉太康四年(283)故事以爲宜告之依據，並以禮典緣出人之情性爲據，以證獨告一室爲非。朱氏議舉晉賀循説"古禮異廟，唯謁一室是也；既皆共廟，而闕於諸帝，於情未安"，可見賀、傅之説一脈相承。

嘉 **五月壬戌**(初八)，**有司奏大駕屬車之制，劉宏**(尚書令，建平王)**參議定帝王十二乘，詔可。**（宋志・禮五，通典・嘉禮十一）

【因革】①《宋志》録有司奏曰："漢胡廣、蔡邕並云古者諸侯貳車九乘，秦滅六國，兼其車服，故王者大駕屬車八十一乘。尚書、御史乘之。最後一車，懸豹尾。法駕則三十六乘。檢晉江左逮至于今，乘輿出行，副車相承五乘。"②《通典》則記曰："太興中，屬車唯九乘，苻堅敗，又得僞車輦，增爲十二乘。"

【理據】《宋志》録劉宏參議認爲"八十一乘，義兼九國，三十六乘無所准，並不出經典。自邕、廣傳説，又是從官所乘，非帝者副車正數。江左五乘，儉不中禮"。

凶 **顏延之**(金紫光禄大夫)**去世，子顏竣**(吏部尚書)**服喪纔逾月，起任右將軍，上表固辭十次不許，遣戴明寶**(中書舍人)**抱其登車，載之郡舍。**（南史・顏延之列傳）

【儀制】《顏延之列傳》記曰："賜以布衣一襲，絮以綵緜，遣主衣就衣諸體。"

嘉 **劉鑠**(南平王)**子劉敬淵婚，劉褘**(廬江王)**往視之，向帝借伎，被拒。**（宋書・文五王列傳）

【理據】《文五王列傳》録帝答曰："婚禮不舉樂，且敬淵等孤苦，倍非宜也。"

【考釋】劉鑠係文帝四子，已於元嘉三十年(453)去世。劉敬淵則於永光元年(465)被害，其行婚禮在孝武帝何年，難考，今姑隸此。

大明元年(457)

凶 **二月，有司奏劉休業**(太常，鄱陽哀王)**之喪何月祥除，下禮官詳議，傅**

休（博士）議以爲宜在四月末，庚蔚之（太常丞）議以爲宜在三月末，通關並同庚議，從之。（宋志・禮二，通典・凶禮二十二）

【考釋】①《宋志》記劉休業去世於去年閏三月十八日。② 傅休，《通典》作"孫休"。

【理據】①《宋志》録傅休議曰："晉元、明二帝，並以閏二月崩，以閏後月祥，先代成准，則是今比。"② 又録庚蔚之議曰："閏月附正，公羊明議，故班固以閏九月爲後九月，月名既不殊，天時亦不異。若用閏之後月，則春夏永革，節候亦舛。設有人以閏臘月亡者，若用閏後月爲祥忌，則祥忌應在後年正月。祥涉三載，既失周朞之義，冬亡而春忌，又乖致感之本。"

賓 三月壬戌（十三），制大臣加班劍者，不得入宮城門。（宋書・孝武帝本紀，南史・宋本紀中）

凶 四月丙申（十七），遣使巡行，死而無收斂者，官爲斂埋。（梁書・孝武帝本紀，南史・宋本紀中）

軍 五月乙卯（初七），遣使開倉賑卹。（宋書・孝武帝本紀，南史・宋本紀中）

吉 六月己卯（初一），值以前太子步兵校尉之子劉歆紹南豐王（劉朗）爲後，有司奏議是否當告廟，下禮官議正。王燮之（太學博士）議以爲不宜告，朱膺之（祠部郎）議以爲宜告，徐爰（殿中郎）議同王説，參詳以徐議爲允，詔可。（宋志・禮四）

【理據】《宋志》録徐爰議曰："營陽繼體皇基，身亡封絶，恩詔追封，錫以一城。既始啓建茅土，故宜臨軒告廟。今歆繼後南豐，彼此俱爲列國，長沙、南豐，自應各告其祖，豈關太廟？事非始封，不合臨軒。"按徐氏以南豐王自有宗廟，今其繼後亦非自皇室，故已無涉太廟，自不必告。

嘉 九月丁未（初一），有司奏請議正皇太后出行副車定數，王燮之（博士）議以爲應同帝爲十二乘，通關爲允，詔可。（宋志・禮五）

吉 十一月戊申（初三），劉義恭（太宰）表請封禪，帝下詔婉拒。（宋志・禮三，

通典·吉禮十三)

大明二年(458)

吉 正月丙午（初一），六日將南郊，有司奏議若遇雨是否需遷日、重告，使禮官議正並參。王燮之（博士）議以爲遇雨當遷後辛日，不宜重告；朱膺之（曹郎）議以爲遇雨當遷後辛日，且宜重告；何偃（尚書）議同王説，徐爰（尚書右丞）議補充若殺牲薦血後遇雨，則不再遷日，有司行事。參議同何、徐之説，詔可。（宋志·禮三，通典·吉禮一）

【理據】《宋志》錄有司奏舉出前代故事曰："魏世值雨，高堂隆謂應更用後辛。晉時既出遇雨，顧和亦云宜更告。"又錄王燮之議曰："遇雨遷郊，則先代成議。《禮》《傳》所記，辛日有徵。……以斯明之，則郊祭之禮，未有不用辛日者也。晉氏或丙、或己、或庚，並有別議。武帝以十二月丙寅南郊受禪，斯則不得用辛也。又泰始二年十一月己卯，始并圓丘、方澤二至之祀合於二郊；三年十一月庚寅冬至祠天，郊於圓丘。是猶用圓丘之禮，非專祈穀之祭，故又不得用辛也。今之郊饗，既行夏時，雖得遷却，謂宜猶必用辛也。徐禪所據，或爲未宜。又案《郊特牲》曰：'受命于祖廟，作龜于禰宮。'鄭玄注曰：'受命，謂告退而卜也。'則告義在郊，非爲告日。今日雖有遷，而郊祀不異，愚謂不宜重告。"按王説郊祀必用辛日依據《禮記》及《春秋》經傳，而斥西晉所議之非；其説不宜重告則據《禮記》鄭注。

又錄朱膺之議曰："案先儒論郊，其議不一。……江左以來，皆用正月，當以傳云三王之郊，各以其正，晉不改正朔，行夏之時，故因以首歲，不以冬日，皆用上辛，近代成典也。夫祭之禮，'過時不舉'。今在孟春，郊時未過，值雨遷日，於禮無違。既已告日，而以事不從，禋祀重敬，謂宜更告。"按朱説補證南郊必用上辛自東晉以來已成"近代成典"；其説宜重告之理由在"禋祀重敬"，並無史證。

【論評】秦蕙田《五禮通考》論曰："遇雨遷郊，于禮無徵。因遷重告，尤爲煩瀆。

不遷不告，自是正誼。郊以至日，理無常辛，語尤破的。"（《吉禮七》"圜丘祀天"）

吉 **正月辛亥**（初六），**帝祀南郊。**（宋書·孝武帝本紀，南史·宋本紀中）

【因革】《通典·吉禮一》自注曰："南郊，自魏以來，多使三公行事。"

【考釋】《通典》又記曰："至時或雨，遂遷日，有司行事。"與本紀所記不合，秦蕙田《五禮通考》辨其誤曰："徐爰議云遇雨遷用後辛，……是懸擬之詞，並非事實。杜氏撮此二語，直云遂遷日，有司行事，以本日親奉之祭指爲遷日，而又不親奉，誤矣。"（《吉禮七》"圜丘祀天"）

吉 **正月壬戌**（十七），**拜初寧陵。**（南史·宋本紀中）

凶 **正月，有司奏皇后服父喪除服之制，朱膺之**（領儀曹郎）**議以爲在二月晦釋素即吉，詔可。**（宋志·禮二，通典·凶禮二）

【理據】《宋志》錄有司奏此前兩制不同："檢元嘉十九年舊事，武康公主出適，二十五月心制終盡，從禮即吉。昔國哀再周，孝建二年二月，其月末，諸公主心制終，則應從吉。于時猶心禫素衣，二十七月乃除，二事不同。"按朱膺之議以爲宜依元嘉十九年（442）制。

吉 **二月庚寅**（初十），**有司奏若依魏晉故事殷祀當薦章太后廟，使禮官議正。孫武**（博士）**議以爲章后廟不宜與太廟同殷祀，王燮之**（博士）、**孫緬**（太常丞）、**朱膺之**（祠部）**議均以爲殷祀宜及章后廟，下詔行之。**
（宋志·禮四，通典·吉禮六）

【理據】《宋志》錄有司奏所據二故事爲："高堂隆議魏文思后依周姜嫄廟禘祫，及徐邈答晉宣太后殷薦舊事。"孫武議詳舉經注以明"今殷祠是合食太祖，而序昭穆"，由此斥徐、高之做法曰："若徐邈議，今殷祠就別廟奉薦，則乖禘祫大祭合食序昭穆之義。……今章太后廟，四時饗薦，雖不於孫止，若太廟禘祫，獨祭別宮，與四時烝嘗不異，則非禘大祭之義，又無取於'祫，合食'之文，謂不宜與太廟同殷祭之禮。高堂隆答魏文思后依姜嫄廟禘祫，又不辨祫之義，而改祫大饗，蓋有由而然耳。守文淺學，懼乖禮衷。"然王燮之議又駁孫氏之說曰："推尋祫之爲名，雖在合食，而祭典之重，於此爲大。夫以孝饗親，尊愛罔極，既殷薦太祖，亦致盛祀於小廟。譬有事於尊者,可以及卑,故高堂隆所謂獨以祫故而祭之也。是以魏之文思,晉之宣后,雖並不序於太廟,而猶均禘於姜嫄,其意如此。又徐邈所引四殤不祫,就而祭之,以爲別饗之例,斯其證矣。愚謂章皇太后廟,亦宜殷薦。"孫氏立説立足於經注所界定的殷祀本意,王氏則由人之情性入手,認爲儀制當隨時因革,高、徐之改制合乎禮意,因此,孫緬指出孫、王兩者之異根本在於前者"守經據古",而後者能因勢而變,即"小廟之禮,肇自近魏,晉之所行,足爲前準"。兩者相較,朱脣之等傾向後者,故帝詔曰:"魏晉從饗,式範無替,宜述附前典,以宣情敬。"

吉 三月乙卯(十一),以田農要月,太官停殺牛。(宋書·孝武帝本紀,南史·宋本紀中)

軍 九月壬戌(二十一),襄陽大水,遣使巡行賑卹。(宋書·孝武帝本紀,南史·宋本紀中)

凶 十二月己亥(三十),制諸王及妃主庶姓位從公者,喪事可設凶門,餘悉斷。(宋書·孝武帝本紀,南史·宋本紀中)

凶 太子妃去世,建九斿。(通典·凶禮六)

【因革】《通典》録齊王儉議曰:"斿本是命服,無關於凶事。今公卿以下,平存不能備禮,故在凶乃建耳。……大明舊事,不經詳議,率爾便行耳。今宜考以禮典,吉部自有斿輅,凶部別有銘旌。"詔從之。

大明三年(459)

吉 二月戊申(初十),帝親藉田。經袁湛(左光禄大夫)墓,遣使致祭。(宋志·禮四,宋書·袁湛列傳,南史·袁湛列傳)

軍 四月甲子(二十七),爲討劉誕(竟陵王)反,帝親御六師,出頓宣武堂。
(宋書·孝武帝本紀、文五王列傳,南史·宋宗室及諸王列傳下)

軍 七月己巳（初三），攻克廣陵城，斬劉誕，悉誅城内男丁，以女口爲軍賞。（宋書・孝武帝本紀，南史・宋本紀中）

【論評】此條適可見劉宋之無禮至極。

吉 六月乙丑（二十九），值來月嘗祀在即，帝出戎未歸，且此時第八皇女去世，有司奏議太子是否當親祠，下禮官議正。司馬興之（太學博士）議以爲太子不得親祭，劉郁（博士）議以爲太子可親祭，然此時宜停祭，尚書參詳以劉説爲允，詔可。（宋志・禮四）

【理據】《宋志》録司馬興之議曰："案《祭統》'夫祭之道，孫爲王父尸'，又云'祭有昭穆，所以别父子'。太子監國，雖不攝，至於宗廟，則昭穆實存，謂事不可亂。又云'有故則使人'。准此二三，太子無奉祀之道。"又録劉郁議曰："案《春秋》，太子奉社稷之粢盛，長子主器；出可守宗廟，以爲祭主，《易象》明文。監國之重，居然親祭。"按司馬氏舉《禮記・祭統》所言昭穆之别，以爲太子不可代父之據；劉氏則據《春秋》、《易・震卦》象傳説明太子可爲國君之代表，故二説難抉。至於因皇女之夭而廢祀，則所據在《儀禮・喪服傳》"有死于宫中者，則爲之三月不舉祭"。

吉 九月，徐爰（尚書右丞）議南郊兆宜移至正午之地，司馬興之（博士）、傅郁（博士）、陸澄（太常丞）議同。甲午（二十九），移南郊壇於秣陵牛頭山西。（宋志・禮一，南史・宋本紀中，通典・吉禮一）

【理據】《宋志》録徐爰議舉證："《禮記》'兆於南郊，就陽位也。'漢初甘泉河東禋埋易位，終亦徙於長安南北。光武紹祚，定二郊洛陽南北。"而東晉以來"於東南巳地創立丘壇"，非在正南陽位，且位處"居民之中，非邑外之謂"。

【因革】東晉南遷立南郊兆於城東南巳地，宋代承用至今，至此始變更其地"正在宫之午地"。然《宋志》又載："世祖崩，前廢帝即位，以郊舊地爲吉祥，移還本處。"可見此兆域未能沿用。

吉 移北郊於鍾山北原道西，與南郊相對。（宋志・禮一，通典・吉禮四）

【因革】《宋志》記曰:"北郊,晉成帝世始立,本在覆舟山南。宋太祖以其地爲樂游苑,移於山西北。後以其地爲北湖,移於湖塘西北。其地卑下泥濕,又移於白石邨東。其地又以爲湖,乃移於鍾山北京道西,與南郊相對。後罷白石東湖,北郊還舊處。"北郊立於東晉成帝咸和八年(333)。又恢復"舊處"係在廢帝即位後。

【考釋】此條未署月份,暫繫於九月南郊移位之後。

吉 **十月丁酉**(初三),**下詔來年可使六宮妃嬪修親桑之禮;甲子**(三十),**立皇后蠶宮於西郊。**(宋書·孝武帝本紀,南史·宋本紀中)

【儀制】《晉志·興服》記東晉時蠶禮之制曰:"中宮初建及祀先蠶,皆用法駕,太僕妻御,大將軍妻參乘,侍中妻陪乘,丹楊尹建康令及公卿之妻奉引,各乘其夫車服,多以宮人權領其職。"按此宋當沿用之。

【考釋】立皇后蠶宮事,《南史》作"十一月甲子",然此年十一月乙丑朔,兹改作十月。

吉 **十一月乙丑**(初一),**值四時廟祀已卜定日期,有司奏議若遇雨及舉哀,當遷日還是使有司行事,下禮官博議。江長**(博士)**議以爲不宜遷日,陸澄**(太常丞)**議以爲時在散齋遇故宜遷日,已入致齋則使有司行事,殷淡**(殿中郎)**議同江説,參議采陸説,詔可。**(宋志·禮四)

【理據】《宋志》録陸澄議曰:"案《周禮》宗伯之職'若王不與祭祀則攝位'鄭君曰:'王有故,行其祭事也。'臣以爲此謂在致齋,祭事盡備,神不可瀆,齋不可久,而王有他故,則使有司攝焉。晉泰始七年四月,世祖將親祠於太廟,庚戌,車駕夕牲,辛亥,雨,有司行事。此雖非人故,蓋亦天祾也。求之古禮,未乖周制。案《禮記》'孔子答曾子,當祭而日蝕太廟火,如牲至未殺,則廢',然則祭非無可廢之道也,但權所爲之輕重耳。日蝕廟火,變之甚者,故乃牲至尚猶可廢,推此而降,可以理尋。今散齋之內,未及致齋,而有輕哀甚雨,日時展事,可以延敬,不愆義情,無傷正典,改擇令日,夫何以疑!愚謂散齋而有舉哀若雨,可更遷日。唯入致齋及日月逼晚者,乃使有司行事耳。又前代司空顧和啓,南郊車駕已出遇雨,宜遷日更郊,事見施用。郊之與廟,其敬可均,至日猶遷,況散齋邪!"陸氏舉《禮記·曾子問》、晉泰始七年(271)、咸和八年(333)三故事以爲有故遷日之依據。而殷氏則對此三事逐一予以駁斥:"清廟敬重,郊禋禮大,故廟焚日蝕,許以可遷;輕哀微故,事不合改。是以鼷鼠食牛,改卜非禮。晉世祖有司行事,顧司空之改郊月,既不見其當時之宜,此不足爲准。"然參議則以陸說"既有理據,且晉氏遷郊,宋初遷祠,並有成准",而殷氏謂不能遷則無所憑據。

【儀制】《宋志·禮三》載大明五年(461)九月有司奏曰:"廟四時祠六室用二牛。"此法當爲劉宋成制。

嘉 **命荀萬秋**(尚書左丞)**造五輅,依金根車,加羽葆蓋。**(宋志·禮五,通典·嘉禮九)

【儀制】《宋志》記車制曰:"《禮圖》:玉路,建赤旂,無蓋,改造依擬金根,而赤漆橫畫,玉飾諸末,建青旂,十有二旒,駕玄馬四,施羽葆蓋,以祀。即以金根爲金路,建大青旂,十有二旒,駕玄馬四,羽葆蓋,以賓。象、革、木路,《周官》、《輿服志》、《禮圖》並不載其形段,並依擬玉路,漆橫畫,羽葆蓋,象飾諸末,建立赤旂,十有二旒,以視朝。革路,建赤旂,十有二旒,以即戎。木路,建赤麾,以田。象、革駕玄,木駕赤,四馬。"

【因革】①《宋志》記曰:"舊有大事,法駕出,五路各有所主,不俱出也。大明中,始制五路俱出。"② 又錄泰始四年(468)劉休仁參議曰:"秦改周輅,制爲金根,通以金薄,周匝四面。漢、魏、二晉,因循莫改。逮于大明,始備五輅。金玉二制,並類金根,造次瞻覩,殆無差別。"

《南齊志》記晉以來輿服之制曰:"永和中,石虎死後,舊工人奔叛歸國,稍造車輿。太元中,苻堅敗後,又得僞車輦,於是屬車增爲十二乘。義熙中,宋武平關、洛,得姚興僞車輦。宋大明改修輦輅,妙盡時華,始備僞氏,復設充庭之制。永明中,更增藻飾,盛於前矣。"

【考釋】關於金根車,據《魏志·禮四》所載北魏熙平元年(516)王延業議,可知:"阮諶《禮圖》并載秦漢已來輿服,亦云:金根輅,皇后法駕乘之,以禮婚見廟;……晉《先蠶儀注》:'皇后乘雲母安車,駕六駹。'案周、秦、漢、晉車輿儀式,互見圖書,雖名號小異,其大較略相依擬。金根車雖起自秦造,即殷之遺制,今之乘輿五輅,是其象也,華飾典麗,容觀莊美。司馬彪以爲孔子所謂乘殷之輅,即此之謂也。”

【論評】《資治通鑑・宋紀十一》胡注:“五路之制與金根車不同,加羽葆蓋,愈非古矣。”

大明四年(460)

吉 **正月戊辰**(初五),**荀萬秋**(尚書左丞)**奏認爲宜改藉田儀注所定冕服、車制,詔可。**(宋志・禮五)

【儀制】①《宋志》録荀萬秋所定輿服制爲:“輿駕藉田,宜冠冕,璪十二旒,朱珣,黑介幘,衣青紗袍。常伯陪乘,太僕秉轡。”② 就去歲所造五路之制,《宋志》記曰:“親耕籍田,乘三蓋車,一名芝車,又名耕根車,置耒耜於軾上。”

【因革】荀氏引録此前藉田儀注曰:“皇帝冠通天冠,朱珣,青介幘,衣青紗袍。侍中陪乘,奉車郎秉轡。”

【理據】荀氏認爲“宜改儀注,一遵二《禮》,以爲定儀”,具體而言,“《禮記》曰:‘昔者天子爲藉千畝,冕而朱珣,躬秉耒耜。’鄭玄注《周官・司服》曰‘六服同冕’,尊故也。時服雖變,冕制不改。又潘岳《藉田賦》云:‘常伯陪乘,太僕秉轡。’”

吉 **正月辛未**(初八),**帝祀南郊。**(宋書・孝武帝本紀,南史・宋本紀中)

【儀制】①《宋志・禮三》録明年九月有司奏曰:“南郊祭用三牛。”②《宋志・禮五》録此年有司奏:“南郊親奉儀注,皇帝初著平天冠,火龍黼黻之服。還,變通天冠,絳紗袍。”

【因革】①《宋志・禮五》又録正月己卯(十六)有司奏:“舊儀乘金根車。今五路既備,依禮玉路以祀,亦宜改金根車爲玉路。”詔可。②《通典・嘉禮二》記宋因東晉冠冕,“更名曰平天冕,天子郊祀及宗廟服之,王公並用舊法”。

吉 **正月乙亥**(十二),**帝親耕藉田。**(宋書・孝武帝本紀,南史・宋本紀中)

【因革】此年所行即爲修改之儀注，與去年二月所行者不同。

【儀制】《資治通鑑·宋紀十一》記曰："己卯（十六），詔祀郊廟，初乘玉路。"

吉 三月甲申（二十二），皇后親桑於西郊，皇太后觀禮。（宋書·孝武帝本紀、后妃列傳，南史·宋本紀中、后妃列傳上，宋志·禮一，隋志·儀禮二）

【儀制】《宋書》列傳録帝詔曰："爰詔六宮，親蠶川室。皇太后降鑾從御，佇蹕觀禮。綠蘧既具，玄紞方修，庶儀發椒，闈化動中。"

【因革】《隋志》記至此年，"始於臺城西白石里爲西蠶，設兆域。置大殿七間，又立蠶觀。自是有其禮"。《通典·吉禮五》同。按東晉南遷以後始行此禮。

吉 四月辛亥（二十），有司奏續請封禪，並奉所擬儀注。下詔停奏。（宋志·禮三）

【因革】據《宋書·袁淑列傳》，元嘉二十六年（449），袁淑（尚書吏部郎）曾上言"願上《封禪書》一篇"，文帝婉拒。

軍 四月辛酉（三十），都邑疾疫，下詔遣使存問，其死亡者隨宜賑卹。
（宋書·孝武帝本紀，南史·宋本紀中）

吉 四月丁巳（二十六），有司奏議江夏宣王之母是否應祠。傅郁（太學博士）議以爲應廢祭，徐爰（右丞）議以爲宜合祀於祖母廟，參議以徐説爲允，詔可。（宋志·禮四）

【理據】《宋志》録徐爰議曰："按《禮》'慈母妾母不世祭'，鄭玄注：'以其非正，故傳曰子祭孫止。'又云：'爲慈母後者，爲祖庶母可也。'注稱：'緣爲慈母後之義，父妾無子，亦可命己庶子爲之後也。'考尋斯義，父母妾之祭，不必唯子。……既未獲祔享江夏，又不從祭安陸，即事求情，愚以爲宜依祖母有爲後之義，謂合列祀于廟。"按徐氏援引《禮記·喪服小記》經注以表面宣王之母不當祔於宣王，但"即事求情"又不便廢祭，故可"合列祀于廟"。

軍 八月甲寅（二十四），雍州大水，遣軍部賑卹。（宋書·孝武帝本紀，南史·宋本紀中）

吉 皇太子講《孝經》於崇正殿。（宋書·前廢帝本紀）

凶 帝使有司奏周朗（廬陵內史）居喪無禮，詔傳送寧州。（宋書·周朗列傳，南

史·周朗列傳）

【儀制】《宋書》記此前周朗母親去世，"有孝性，每哭必慟，其餘頗不依居喪

常節"。

【考釋】周朗實因此前直書忤旨，故有此事，帝又於傳送途中殺之。

大明五年（461）

軍 二月癸巳（初六），閱武。（宋書·孝武帝本紀，南史·宋本紀中）

吉 三月甲戌（十八），帝至江乘，遣使祭王弘（故太保）、王曇首（故光祿大夫）

墓。（宋書·王弘列傳，南史·宋本紀中）

吉 四月庚子（十四），下詔擬營建明堂，有司奏可依西晉之制。（宋志·禮

三，通典·吉禮三）

【儀制】《宋志》載明堂形制曰："依〔裴〕頠議，但作大殿屋雕畫而已，無古三十六

戶七十二牖之制。"所謂"古三十六戶七十二牖"者見諸《大戴禮記·明堂》。張

一兵據其所仿太廟之制作"劉宋明堂推測示意圖"（《明堂制度源流考》，第 155 頁），可

參。其所建位置則在國學南丙巳之地。

【理據】《宋志》錄有司奏曰："《周書》云清廟明堂路寢同制，鄭玄注《禮》，義生於

斯。諸儒又云：'明堂在國之陽，丙巳之地，三里之內。'至於室宇堂个，戶牖達

向，世代湮緬，難得該詳。晉侍中裴頠，西都碩學，考詳前載，未能制定。以爲尊

祖配天，其義明著，廟宇之制，理據未分，直可爲殿，以崇嚴祀。其餘雜碎，一皆

除之。參詳鄭玄之注，差有準據；裴頠之奏，竊謂可安。國學之南，地實丙巳，爽

塏平暢，足以營建。其墻宇規範，宜擬則太廟，唯十有二間，以應朞數。依漢汶

上圖儀，設五帝位，太祖、文皇帝對饗。"由此可知劉宋新修明堂，擇地所據"諸

儒"說當起於東漢淳于登；形制大殿十二間，則依西晉裴頠之議；祭位依西漢奉

高明堂圖，品儀則參依太廟禮。

【因革】陳成國經分析有司奏及帝詔後指出："劉駿所說的'宗祀先靈，式配上帝'，有司至奏說的'設五帝位，太祖、文皇帝對饗'，與西漢明堂之用正同。有司明確提出'依漢汶上圖儀'，劉駿亦明言'汶邑斯尊'，足證劉宋明堂之制正源於漢。"（《中國禮制史·魏晉南北朝卷》，第 264 頁）

【考釋】上引文"明堂在國之陽，丙巳之地，三里之內"，據《通典》自注引淳于登說，知當作"明堂在國之南，三里之外，七里之內，丙巳之地"。

【論評】秦蕙田《五禮通考》論曰："制擬宗廟，祀以五帝，屋用雕畫，室無戶牖，失其義矣。"（《吉禮二十五》"明堂"）

吉 五月，起明堂於國學之南，丙巳之地。（南史·宋本紀中）

凶 七月，有司奏劉叔子（永陽縣開國侯，年四歲）去世，旁親用何服制，虞龢（太學博士）、周景遠（領軍長史）、朱膺之（司馬）、庾蔚之（前太常丞）等議並以爲宜同成人之服，司馬興之（博士）議以爲應同東平沖王殤服，荀萬秋（左丞）等參議以爲國臣應全服，旁親從殤服，詔以周景遠議爲允。（宋志·禮二，通典·凶禮四）

【理據】《宋志》錄周景遠等議以爲此與孝建元年（454）東平沖王服制不同，"東平沖王服殤，實由追贈，異於已受茅土"。

吉 八月己丑（初五），下詔明年修葺庠序。（宋書·孝武帝本紀，南史·宋本紀中）

吉 九月甲子（十一），有司奏南郊祭用三牛，廟四時祠六室用二牛。（宋志·禮三，通典·吉禮一）

吉 九月甲子，有司奏議明堂祠五帝用幾牛。司馬興之（太學博士）議以爲宜用六牛，虞龢（博士）、顏㚟（祠部郎）議均以爲宜用二牛。（宋志·禮三）

【理據】《宋志》錄虞龢議曰："祀帝之名雖五，而所生之實常一。五德之帝，迭有休王，各有所司，故有五室。宗祀所主，要隨其王而饗焉。主一配一，合用二牛。"按五帝迭有輪休，所主僅一，故與配祠之帝當各用一牛即可。

吉 九月庚午（十七），帝經殷景仁（故司空）墓，遣使致祭。（宋志·禮四，宋書·殷

景仁列傳,南史·殷景仁列傳)

凶 閏九月戊子(初五)，皇太子妃(何氏)去世，斬車建九旐，墓中有石誌。(宋書·孝武帝本紀,宋志·禮二,南齊志·禮下)

【儀制】《宋志》詳記之曰:"樟木爲槨,號曰樟宮。載以龍輀。造陵於龍山,置大匠卿斷草,司空告后土。謂葬曰山塋。祔文元皇后廟之陰室,在正堂後壁之外,北向。御服大功九月,設位太極東宮堂殿。中監、黃門侍郎、僕射並從服。從服者,御服衰乃從服,他日則否。宮臣服齊衰三月,其居宮者處寧假。"

【論評】《南齊志》錄王儉議曰:"大明舊事,是不經詳議,率爾便行事。今宜考以禮典,不得效尤從矣。"又錄有司奏曰:"大明故事,太子妃玄宮中有石誌,參議墓銘不出禮典。"

【考釋】此事見於《南齊志》錄王儉議,稱時間在"宋大明二年",未確。

凶 皇太子妃去世,有司奏皇太后服小功五月,皇后大功九月,徐爰(右丞)參議從服者及太子見帝之服;有司又奏能否作鼓吹及樂,司馬興之(博士)議以爲祔廟之後可作樂,徐爰議以爲皇太子朞服内不當作樂。(宋志·禮二,通典·凶禮四)

【儀制】《宋志》錄徐爰曰:"宮人從服者,若二御哭臨應著衰時,從服者悉著衰,非其日如常儀。太子既有妃朞服,詔見之日,還著公服。若至尊非哭臨日幸東宮,太子見亦如之。宮臣見至尊,皆著朱衣。"

吉 十月甲寅(初二),值皇太子妃去世,有司奏請本月八日烝祠使公卿行事,庾蔚之(前太常丞)、司馬興之(博士)、周景遠(領軍長史)、徐爰(右丞)議均以爲當廢祭,詔可。(宋志·禮四)

【理據】《宋志》錄庾蔚之議指出:"禮所以有喪廢祭,由祭必有樂。"又錄徐爰議曰:"《禮》'緦不祭',蓋惟通議。大夫以尊貴降絕,及其有服,不容復異。《祭統》云'君有故使人可'者,謂於禮應祭,君不得齋,祭不可闕,故使臣下攝奉;不謂君不應祭,有司行事也。晉咸寧四年,景獻皇后崩,晉武帝伯母,宗廟廢一時之祀,雖名號尊崇,粗可依准。今太子妃至尊正服大功,非有故之比,既未山塋,謂烝祠宜廢。尋蔚之等議,指歸不殊,闕忞爲允。過卒哭祔廟,一依常典。"按徐氏明確區分《禮記》所列當廢祭與於禮應祭而君有故兩種情況,並舉證晉咸寧四年(278)之故事,説明此時帝尚服大功,當廢祭,不宜有司攝事行祭。庾蔚之議所謂"有故三公行事,是得祭之辰,非今之比",周景遠議所謂"至奠以大功之服,於禮不得親奉,非有故之謂"等,其意類徐説,均係"上尋禮文,下准前代"(司馬興之議語)所得,故無異議。

【考釋】《宋書·孝武帝本紀》載皇太子妃何氏去世於此年閏九月戊子(初五)。

【論評】秦蕙田《五禮通考》論曰:"此議謂大功廢祭,不使人攝,義亦可通。"(《吉禮九十》"宗廟時享")

吉 皇太子妃祔文元皇后廟之陰室。(宋志·禮二)

【儀制】《宋志》記曰:"太正室後壁之外,北向。"

大明六年(462)

吉 正月辛卯(初十),帝南郊,又祀五帝於明堂。(宋志·禮三,宋書·孝武帝本紀,南史·宋本紀中,通典·吉禮三)

【儀制】《宋志》記曰:"南郊還,世祖親奉明堂,祠祭五時之帝,以文皇帝配。"

【理據】《宋志》論曰:"是用鄭玄議也。"此指《禮記·大傳》鄭注:"《孝經》曰'郊祀后稷以配天',配靈威仰也;'宗祀文王於明堂以配上帝',汎配五帝也。"

凶 四月,殷淑儀(宣貴妃)去世,葬給轀輬車,虎賁、班劍,鑾輅九旒,黃屋左纛,前後部羽葆、鼓吹;八日,建齋並灌佛;十月壬申(二十五),葬於龍山。(宋書·孝武十四王列傳,南史·后妃列傳上、張邵列傳,魏書·島夷劉裕列傳,資治通鑑·宋紀十一)

【儀制】《南史》記曰:"上自於南掖門臨,過喪車,悲不自勝,左右莫不掩泣。上痛愛不已,精神罔罔,頗廢政事。每寝,先於靈牀酌奠酒飲之,既而慟哭不能自反。"

又《魏書》記曰："及葬龍山，給鑾輅、九旒、黃屋、左纛、羽葆、鼓吹、班劍、虎賁。龍轜之麗，功妙萬端，山池雲鳳之屬，皆裝以衆寶，繡帷珠帶，重鈴疊眊，儀服之盛，古今尠有。"

又《宋書‧劉懷慎列傳》記曰："上寵姬殷貴妃薨，葬畢，數與群臣至殷墓。謂[劉]德願曰：'卿哭貴妃若悲，當加厚賞。'德願應聲便號慟，撫膺擗踊，涕泗交流。上甚悦，以爲豫州刺史。又令醫術人羊志哭殷氏，志亦嗚咽。"《南史‧劉懷慎列傳》同。

【論評】《通鑑》記曰："鑿岡通道數十里，民不堪役，死亡甚衆；自江南葬埋之盛，未之有也。"

吉 **五月丙戌**(初七)，**置凌室於覆舟山，修藏冰之禮。**(宋書‧孝武帝本紀,宋志‧禮二,南史‧宋本紀中,宋志‧禮二,通典‧吉禮十四)

吉 **八月壬戌**(十四)，**有司奏改祠廟服法駕鹵簿，帝乘玉路，詔可。**(宋志‧禮五)

【因革】《宋志》録有司奏曰："晉氏江左，大駕未立，故郊祀用法駕，宗廟以小駕。至於儀服，二駕不異。拜陵，御服單衣幘，百官陪從，朱衣而已，亦謂之小駕，名實乖舛。考尋前記，大駕上陵，北郊。"

吉 **十月丙寅**(十九)，**值晉陵王神主入廟三日，諸臣已除服，有司奏議周忌是否還臨，由誰主祭，庾蔚之**(太常丞)**議以爲諸臣宜還臨哭，上卿主祭，詔可。**(宋志‧禮四,通典‧吉禮十一)

【儀制】《宋志》録庾蔚之議曰："朔望及朞忌，諸臣宜還臨哭，變服衣幘，使上卿主祭。王既未有後，又無三年服者，朞親服除之，而國尚存，便宜立廟，爲國之始祖。服除之日，神主暫祔食祖廟。諸王不得祖天子，宜祔從祖國廟，還居新廟之室。未有嗣之前，四時饗薦，常使上卿主之。"

【考釋】劉子雲，宋孝武帝十九子，此年七月乙未(十七)立爲晉陵王，當日即去世，死時尚未有後，故有此新制。

【論評】秦蕙田《五禮通考》評曰："始封無後，暫祔王廟，上卿主祭，俟立，後立廟，此議甚允。"（《吉禮一百八》"諸侯廟祭"）

嘉 有司奏定沙門接見，禮敬之容依其本俗，詔可。（宋書·夷蠻列傳）

【因革】《宋書》記曰："先是晉世庾冰始創議，欲使沙門敬王者，後桓玄復述其義，並不果行。"又："前廢帝初，復舊。"

大明七年（463）

軍 正月癸未（初八），下詔行春蒐之禮。（宋書·孝武帝本紀，南史·宋本紀中）

【儀制】《宋書》錄帝詔曰："可克日於玄武湖大閱水師，并巡江右，講武校獵。"

吉 正月庚子（二十五），有司奏是否應爲宣貴妃（殷氏）立新廟，虞龢（太學博士）議以爲應立，徐爰（左丞）議同之，參議以爲允，詔可。（宋志·禮四，通典·吉禮六）

【理據】《宋志》錄虞龢議曰："《曲禮》云：'天子有后，有夫人。'《檀弓》云：'舜葬蒼梧，三妃未之從。'《昏義》云：'后之立六宮，有三夫人。'然則三妃即三夫人也。后之有三妃，猶天子之有三公也。按《周禮》，三公八命，諸侯七命。三公既尊於列國諸侯，三妃亦貴於庶邦夫人。據《春秋傳》仲子非魯惠元嫡，尚得考彼別宮，今貴妃是秩，天之崇班，理應立此新廟。"按因孝武帝極寵愛宣貴妃，喪禮加殊，故虞氏顯已認定必立新廟，故輾轉斷取經義，並以三公與三妃相設比，牽強之甚。徐爰議則道出了真相"宣貴妃既加殊命，禮絕五宮"，自當別立廟。

【考釋】《南史·后妃列傳上》記曰："乃立別廟於都下。"

吉 二月辛亥（初六），值四月殷祀未得行，有司奏議是否可遷用孟秋。周景遠（領軍長史）議以爲可遷，參議以爲周説爲允，詔可。（宋志·禮三，通典·吉禮九）

【理據】《宋志》錄周景遠議舉"《禮記》云'天子祫禘祫嘗祫烝'，依如禮文，則夏秋冬三時皆殷，不唯用冬夏也"，又分析義熙二年（406）之爭議，認爲徐乾之説有理，故"遷用孟秋，於禮無違"。

【因革】《宋志》述曰："宋殷祭皆即吉乃行。"

軍 二月甲寅（初九），帝出巡南豫、南兗二州，辭二廟，並行春蒐之禮。（宋志·禮五）

【儀制】《宋志》記曰："冕服，御玉路，辭二廟。改服通天冠，御木路，建大麾。"

【論評】《宋志·五行二》論曰："孝武帝大明七年、八年，東諸郡大旱，民飢死者十六七。先是江左以來，制度多闕，孝武帝立明堂，造五輅。是時大發徒眾，南巡校獵，盛自矜大，故致旱災。"

吉 二月丙辰（十一），值帝講武校獵返，有司奏請薦獵品於太廟、章太后廟等，公卿行事。虞龢（太學博士）議以爲不宜薦，庚蔚之（兼太常丞）議以爲宜薦，參議采庚說，並謂擇上殺先薦廟、社，依舊以太尉行事。（宋志·禮四）

【理據】《宋志》錄虞龢議曰："檢《周禮》，四時講武獻牲，各有所施：振旅春蒐，則以祭社；茇舍夏苗，則以享礿；治兵秋獮，則以祀祊；大閱冬狩，則以享烝。案《漢祭祀志》：唯立秋之日，白郊事畢，始揚威武，名曰貙劉。乘輿入囿，躬執弩以射，牲以鹿麛。太宰令謁者各一人，載獲車馳送陵廟。然則春田薦廟，未有先准。"又錄庚蔚之議駁之曰："龢所言是蒐狩不失其時，此禮久廢。今時龢表晏，講武教人，又虔供乾豆，先薦二廟，禮情俱允。"按虞氏舉證《周禮》及《漢祭祀志》（可見今本《續漢書·禮儀志中》），得出"春田薦廟，未有先准"之說。庚氏大非之，以爲時勢變遷，不當泥古，即參議所謂"蒐狩之禮，四時異議，禮有損益，時代不同"，今度新制，當使其合諸"禮情俱允"。

吉 二月丙辰（十一），下詔遣使奠祭南嶽霍山。（宋書·孝武帝本紀）

軍 二月丁巳（十二），帝校獵於歷陽之烏江。（宋書·孝武帝本紀，南史·宋本紀中）

吉 二月壬申（二十七），帝東巡返至京城，拜二廟，乃還宮。（南史·宋本紀中）

吉 三月戊戌（二十四），有司奏議宣貴妃入新廟四事：在何時，是否當先袝廟，禫前是否行四時祭，其子新安王在心喪中能否親奉。虞龢（太學博士）議以爲入廟應在禫除之後，可行吉祭，新安王宜親奉，入廟不應袝，徐爰（左丞）議略同之，參議以爲允，詔可。（宋志・禮四，通典・吉禮六）

【理據】宜貴妃入廟係新創，前無準照，故《宋志》録徐爰議曰："禮有損益，古今異儀，雖云卒哭而袝，袝而作主，時之諸侯，皆禫終入廟。且麻衣縓緣，革服於元嘉，苫絰變除，申情於皇宋。"而對於不能袝廟，虞龢終究難以釋懷，故其嘆曰："袝之爲言，以後亡者袝於先廟也。《小記》云：'諸侯不得袝於天子。'今貴妃爵視諸侯，居然不得袝於先后，又別考新宮，無所宜袝。"然徐氏彌縫之曰："貴妃上厭皇姑，下絶列國，無所應袝。"

【儀制】《宋志》録徐爰議曰："禫除之後，宜親執奠爵之禮。若有故，三卿行事。"

吉 六月丙辰（十三），有司奏議奠祭霍山三事：奉使何官，用何牲饌，奠用何器。丘景先（殿中郎）議以爲宜使太常持節，牲以太牢，羞用酒脯時穀，禮以赤璋纁幣，器尚陶匏，參議以爲允，詔可。（宋志・禮四，通典・吉禮五）

【儀制】《宋志》録參議曰："今以兼太常持節奉使，牲用太牢，加以璋幣，器用陶匏，時不復用蜃，宜同郊祀，以爵獻。凡肴饌種數，一依社祭爲允。"可見劉宋新立此項禮典，頗采録郊、社二祀儀注。

【理據】《宋志》録丘景先議曰："尋姬典事繼宗伯，漢載持節侍祠，血祭埋沉，經垂明範，酒脯牢具，悉有詳例。"可見丘説係準周、漢成制而來。而就用器，丘氏又曰："又匕人之職，'凡山川四方用蜃'，則盛酒當以蠡杯，其餘器用，無所取説。按郊望山瀆，以質表誠，器尚陶匏，籍以茅席，近可依準。"此由《周禮・春官・匕人》用蜃，概括得其禮意在"以質表誠"。

嘉 十月壬寅（初一），皇太子（劉子業）加冠。（宋書・孝武帝本紀，南史・宋本紀中）

【儀制】《宋書・袁粲列傳》記此事曰："上臨宴東宮。"

【考釋】劉子業出生於元嘉二十六年（449），至今 15 歲。

⬚軍 十月戊申（初七），帝巡南豫州，奉太后以行；己巳（二十八），校獵於姑孰；十一月癸巳（二十二），祀梁山，大閱水軍。（宋書·孝武帝本紀，南史·宋本紀中）

⬚吉 十一月癸未（十二），值衡陽王喪服未除，有司奏議晉陵王之祭是否應廢。顏僧道（博士）議以爲應廢，庾蔚之（太常丞）議以爲應祭三月，徐爰（兼左丞）議以爲不宜廢祭，參議以徐説爲允，詔可。（宋志·禮四，通典·吉禮十一）

【理據】顏、庾、徐三位持説之立足點不同。顏僧道議曰"今晉陵王於衡陽小功，宜依二國同廢"，是就二者同爲宋武帝之子屬兄弟而言，庾蔚之議曰"晉陵雖未有嗣，宜依有嗣致服，依闋祭之限，衡陽爲族伯緦麻，則應祭三月"則是就衡陽王與晉陵王之嗣爲伯侄之關係而言，徐爰議曰"嗣王未立，將來承胤未知疏近，豈宜空計服屬，以虧祭敬"則認爲晉陵王之嗣未定，兩者暫無法確定服制關係，故應各行其是。

【論評】《宋書·徐爰列傳》評大明以來徐爰之議曰："大明世，委寄尤重，朝廷大禮儀注，非爰議不行，雖復當時碩學所解過人者，既不敢立異議，所言亦不見從。"《南史·恩倖列傳》同。

⬚吉 十一月乙酉（十四），帝南巡中，遣使祭桓溫（晉大司馬）、毛璩（晉征西將軍）墓。（宋書·孝武帝本紀，南史·宋本紀中）

⬚軍 十二月壬寅（初二），遣使開倉賑卹。（宋書·孝武帝本紀，南史·宋本紀中）

【考釋】《宋書》隸此事於十一月下，誤。

大明八年(464)

⬚吉 正月辛巳（十一），祀南郊，還宗祀文帝於明堂。（南史·宋本紀中）

⬚吉 正月壬辰（二十二），有司奏議齊敬王立廟是否待有後之日，今於何處

526

祭祀，徐爰(游擊將軍)議以爲宜便立廟作主，三卿主祭，通關博議以爲允。(宋志·禮四，通典·吉禮十一)

【儀制】《宋志》記曰："令便立廟，廟成作主，依晉陵王近例，先暫祔廬陵孝獻王廟。祭竟，神主即還新廟。未立後之前，常使國上卿主祭。"

【理據】徐爰議所謂"事著前準"即大明六年(462)晉陵王近例。

【論評】《宋書·恩倖列傳》稱曰："大明世，委寄尤重，朝廷大禮儀注，非爰議不行，雖復當時碩學所解過人者，既不敢立異議，所言亦不見從。"

[軍] 作酒法，鞭罰過度，校獵於江右。(南齊書·倖臣列傳，南史·恩倖列傳)

[凶] 閏五月庚申(二十三)，帝去世於玉燭殿，皇太子即位；七月丙午(初九)，葬於景寧陵(丹陽秣陵縣巖山)。(宋書·孝武帝本紀，南史·宋本紀中)

【附識】《通典·凶禮一》錄宋崔元凱《喪儀》曰："銘旌，今之旐也。天子丈二尺，皆施跗樹於壙中。遣車九乘，謂結草爲馬，以泥爲車，疏布輤，四面有障，置壙四角。以載遣奠牢肉，斬取骨胫，車各載一枚。"按此事無法考實，暫附於此。

前廢帝(劉子業，孝武帝長子)

[制] 七月乙卯(十八)，孝建以來所改制度，還依元嘉。(宋書·前廢帝本紀，南史·宋本紀中)

【因革】《宋書·蔡廓列傳》記曰："先是大明世，奢侈無度，多所造立，賦調煩嚴，徵役過苦。至是發詔，悉皆削除，由此紫极殿南北馳道之屬，皆被毀壞。自孝建以來至大明末，凡諸制度，無或存者。"《南史·蔡廓列傳》同。

【論評】《宋書·蔡廓列傳》錄蔡興宗慨然謂顏師伯曰："先帝雖非盛德主，要以道始终。三年無改，古典所貴。今殯宮始徹，山陵未遠，而凡諸制度興造，不論是非，一皆刊削。雖復禪代，亦不至爾。"《南史·蔡廓列傳》同。

[凶] 八月己丑(二十三)，皇太后(王氏，武穆皇后)去世；九月乙卯(十九)，祔葬景寧陵。(宋書·前廢帝本紀、后妃列傳，南史·宋本紀中、后妃列傳上)

【儀制】《魏書・島夷劉裕列傳》記至改元景和,"子業除去喪禮,服錦縠之衣。"

永光元年(465,八月改元景和)

吉 九月,將掘景寧陵,太史進言乃止,縱糞於景寧陵,遣發宣貴妃(殷氏)墓。(南史・宋本紀中)

【附識】《宋書・前廢帝本紀》記帝之惡行曰:"初踐阼,受璽紱,悖然無哀容。始猶難諸大臣及戴法興等,既殺法興,諸大臣莫不震懾。於是又誅群公。[杜]元凱以下,皆被毆捶牽曳。內外危懼,殿省騷然。"

嘉 十一月壬寅(十三),立皇后路氏,四廂奏樂。(宋書・前廢帝本紀,南史・宋本紀中)

凶 十一月戊午(二十三),帝被殺;葬於丹陽秣陵縣南郊壇西。(宋書・前廢帝本紀,南史・宋本紀中)

【儀制】《宋書・后妃列傳》記曰:"太宗踐阼,遷[獻皇]后,與廢帝合葬龍山北。"按獻皇后何氏,本爲皇太子妃,大明五年(461)即去世,前廢帝即位追崇爲獻皇后。

明帝(太宗,劉彧,文帝第十一子,孝武帝弟)

泰始元年(465)

吉 十二月丙寅(初七),湘東王即位於太極前殿,改元。(宋書・明帝本紀,南史・宋本紀下)

嘉 十二月戊寅(十九),立王氏(妃)爲皇后。(宋書・明帝本紀,南史・宋本紀下)

吉 十二月壬午(二十三),謁太廟。(宋書・明帝本紀,南史・宋本紀下)

泰始二年（466）

嘉 正月己丑（初一），以軍事廢朝會。（宋書・明帝本紀）

吉 正月七日，鄧琬等稱説符瑞，造乘輿車服，立宗廟，設壇場，奉劉子勛（晉安王）即位於尋陽城，備置百官。（宋書・鄧琬列傳、孝武十四王列傳，南史・鄧琬列傳，魏書・島夷劉裕列傳）

軍 正月丙午（十八），帝親御六師，出頓中興堂。（宋書・明帝本紀，南史・宋本紀下）

凶 正月壬子（二十四），崇憲太后（路氏）去世；五月甲寅（二十八），葬於修寧陵。（宋書・明帝本紀、后妃列傳，南史・宋本紀下、后妃列傳上）

【儀制】《南史》列傳記曰："是日太后崩，祕之，喪事如禮。遣殯東宮，題曰崇憲宮。又詔述太后恩慈，特齊衰三月，以申追遠。謚曰昭皇太后，葬孝武陵東南，號曰修寧陵。"

吉 五月甲寅，有司奏議路太后祔廟之禮，下禮官詳議，王略（博士）、虞愿（太常丞）議以爲神主應入章太后廟，使有司行事，虞龢（長兼儀曹郎）議同之，參議以虞説爲允，詔可。（宋志・禮四，通典・吉禮六）

【理據】《宋志》記入廟之制前有"太宗宣太后已祔章太后廟"，故無異議。至於認爲帝不當親奉，王略、虞愿議指出："宜依晉元皇帝之於愍帝，安帝之於永安后，祭祀之日，不親執觴爵，使有司行事。"虞龢議又謂："今昭皇太后既非所生，益無親奉之理。"如此既有前準，又合乎情理，故亦無異議。

吉 六月丁丑（二十一），有司奏議三事：一是來月嘗祀孝武皇帝室，帝是否親進觴爵及進拜；二是過昭皇太后室，是否應拜；三是皇后是否可薦拜此二室，下禮官議正。劉緄（太學博士）議以爲帝於孝武室不宜親進爵、進拜，於昭后室亦不宜進拜，皇后不宜薦拜，虞愿（太常丞）議以爲帝於孝武室宜進拜，觴爵使有司行事，於昭后室宜進拜，皇后則不宜薦拜，參議以虞説未允，詔可。（宋志·禮四，通典·吉禮六）

【理據】劉、虞二説對於皇后不宜薦拜並無異議，分歧在於帝祀孝武、昭后二廟是否宜親進拜，起因是孝武是明帝之兄，均爲文帝之子。《宋志》録劉繢之依據爲：“尋晉元北面稱臣於愍帝，烝嘗奉薦，亦使有司行事；且兄弟不相爲後，著於魯史。”而虞愿議則曰：“按晉景帝之於武帝，屬居伯父，武帝至祭之日，猶進觴爵。今上既纂祠文皇，於孝武室謂宜進拜而已，觴爵使有司行事。按《禮》‘過墓則軾，過祀則下’。凡在神祇，尚或致恭，況昭太后母臨四海，至尊親曾北面，兄母有敬，謂宜進拜，祝文宜稱皇帝諱。”按兩説均有前準，然虞説更合乎情理，故參議采之。

【考釋】此年七月帝必親嘗祀二廟，故朱銘盤《南朝宋會要·吉禮》“親行禮”條下列此事，然未見史料載記。

嘉 九月，陳貴妃（皇太子所生母）禮秩同皇太子妃，有司奏請議百官見面之儀，王慶緒（博士）議以爲百官應與皇太子同，虞愿（太常丞）同之，劉休仁（尚書令）議大致同，以爲不應有牋表，參議以爲允，詔可。（宋志·禮二）

嘉 十月戊寅（二十四），立劉昱爲皇太子。（宋書·明帝本紀，南史·宋本紀下）

吉 十一月辛酉，下詔擬郊類告功，有司奏未有前準，徐爰（黄門侍郎）議以爲可擇吉日行事，帝當親奉，劉休仁（尚書令）同之，參議爲允，詔可。（宋志·禮三）

【理據】《宋志》録徐爰議曰：“虞稱肆類，殷述昭告。蓋以創世成功，德盛業遠，開統肇基，必享上帝。漢魏以來，聿遵斯典。高祖武皇帝克伐僞楚，晉安帝尚在江陵，即於京師告義功于郊兆。伏惟泰始應符，神武英斷，王赫出討，戎戒淹時，雖司奉弗虧，親謁尚闕。謹尋晉武郊以二月，晉元禋以三月，有非常之慶，必有非常之典，不得拘以常祀，限以正月上辛。愚謂宜下史官，考擇十一月嘉吉，車駕親郊,奉謁昊天上帝,高祖武皇帝配饗。其餘祔食,不關今祭。"按臨時告郊事功爲宋明帝新制,有司已奏未有前準,徐氏則以"有非常之慶,必有非常之典,不得拘以常祀"爲説,奉承帝意。

【考釋】此年十一月甲申朔,無辛酉日。

泰始三年(467)

吉 正月庚子(十八),以農役將興,下詔太官停宰牛。(宋書·明帝本紀,南史·宋本紀下)

軍 閏正月庚午(十八),京城大雨雪,遣使巡行賑賜。(宋書·明帝本紀,南史·宋本紀下)

凶 二月甲申(初三),帝爲戰亡將士舉哀。(宋書·明帝本紀,南史·宋本紀下)

吉 四月丙戌(初五),下詔以劉義恭(故丞相,江夏文獻王)、柳元景(故太尉,巴東忠烈公)、沈慶之(故司空,始興襄公)、宗慤(故征西將軍,洮陽肅侯)配饗於孝武帝廟庭。(南史·宋本紀下)

軍 九月戊午(初十),以皇后六宮以下雜衣千領、金釵千枚賜北征將士。(宋書·明帝本紀,南史·宋本紀下)

泰始四年(468)

吉 正月己未(十三),帝親南郊。(宋書·明帝本紀)

嘉 五月甲戌(三十),劉休仁(尚書令)參議定皇太子車服,詔可。(宋志·禮五)

【儀制】《宋志》録劉休仁參議曰:"東宫車服,宜降天子二等,驂駕四馬,乘象輅,降龍碧旂九葉。"

【因革】《宋志》録劉休仁參議曰："自晉武過江，禮儀疏舛，王公以下，車服卑雜；唯有東宮，禮秩崇異，上次辰極，下絶侯王。而皇太子乘石山安車，義不見經，事無所出。"

嘉 **八月甲寅，下詔改定五輅，修成六服，載於典章。**（宋志·禮五,通典·嘉禮六）

【儀制】《宋志》録帝詔曰："朕以大冕純玉繅，玄衣黃裳，乘玉輅，郊祀天，宗祀明堂。又以法冕五綵繅，玄衣絳裳，乘金路，祀太廟，元正大會諸侯。又以飾冠冕四綵繅，紫衣紅裳，乘象輅，小會宴饗，餞送諸侯，臨軒會王公。又以繡冕三綵繅，朱衣裳，乘革路，征伐不賓，講武校獵。又以絃冕二綵繅，青衣裳，乘木輅，耕稼，饗國子。又以通天冠，朱紗袍，爲聽政之服。"

【理據】閻步克推論曰："此前宋孝武帝的'五輅'，是玉輅以祀、金輅以賓、象輅以視朝、革輅以即戎、木輅以田，完全依照《周禮》。""宋明帝及相關學者'酌古代今'，'沿時變禮'，其輿服之制創意頗豐，源於《周禮》又超越了《周禮》，青出於藍而勝於藍。"（《服周之冕》第七章，第 257、258 頁）

【考釋】此年八月甲戌朔，無甲寅日。

凶 **改葬劉誕**（故廣陵王），**祭以少牢。**（宋書·文五王列傳,南史·宋宗室及諸王列傳下）

【考釋】劉誕於孝武帝時反，於大明三年（459）七月被殺。

【因革】此前大明八年（464），前廢帝即位，劉昶（義陽王）即曾表請改葬，詔葬之以庶人禮。

凶 **江夏王**（劉義恭）**第十五女去世，年十九未笄，禮官議從成人服，諸王服大功；孫夐**（左丞）**重奏以爲禮官違越經典。**（南齊書·江謐列傳,南史·江秉之列傳）

【理據】《南齊書》録孫夐奏曰："《禮記》女子十五而笄，鄭云應年許嫁者也。其未許嫁者，則二十而笄。射慈云'十九猶爲殤'。禮官違越經典，於禮無據。"

凶 **金寶去世，陳貴妃爲父制服三十日滿，公除。**（宋志·禮二）

【考釋】此事《宋志》僅言在"泰始中"，暫繫於此。

嘉 正旦應合朔，尚書奏遷元會，阮佃夫(游擊將軍)以爲遷合朔日。(宋

書·恩倖列傳,南史·恩倖列傳)

【考釋】此事未悉年月，以阮佃夫任游擊將軍在此年，暫繫於此。

泰始五年(469)

吉 正月癸亥(二十二)，親耕藉田。(宋書·明帝本紀,南史·宋本紀下)

賓 十一月丁未(十一)，北魏遣使來聘。(宋書·明帝本紀,南史·宋本紀下)

【因革】《資治通鑑·宋紀十四》："自是信使歲通。"胡注："自元嘉之末，南北不

復通好。帝即位之三年、四年，再遣聘使。是歲，魏使來，復通好。"

【考釋】《宋書》記此事曰"索虜遣使獻方物"，泰始七年(471)同之，以上臨下

之甚。

嘉 十一月，有司奏議太子納妃所用珪璋、豹熊羆皮之數，裴昭明(太學

博士)議以爲均不宜用，孫詵(兼太常)、虞龢(長兼國子博士)議均以爲珪璋

仍舊各一，豹熊羆皮各用二，參議以爲允，詔可。(宋志·禮一,南史·

裴松之列傳,通典·嘉禮三)

【理據】《宋志》録裴昭明議曰："案周禮'納徵，玄纁束帛儷皮'鄭玄注云：'束帛

十端也。儷，兩也。兩皮爲庭實，鹿皮也。'……雖禮代不同，文質或異，而鄭爲

儒宗，既有明説，守文淺見，蓋有惟疑。"裴氏謹守《儀禮》鄭注之用鹿皮説，爲當

世所不取。又録孫詵議曰："聘幣之典，損益惟義，歷代行事，取制士婚。……今

儲后崇聘，禮先訓遠，皮玉之美，宜盡暉備。"虞龢議又指出"《禮記·郊特牲》云

虎豹皮與玉璧，非虛作也"，故其説既合乎情理，又有《禮記》爲據。

【因革】《宋志》録有司奏曰："按晉江左以來，太子昏，納徵，禮用玉一，虎皮二，

未詳何所準況。或者虎取其威猛有彬炳，玉以象德而有溫潤。尋珪璋既玉之美

者，豹皮義兼炳蔚，熊羆亦昏禮吉徵，以類取象，亦宜並用，未詳何以遺文。晉氏

江左，禮物多闕，後代因襲，未遑研考。"按《通典》據此析出以爲東晉以來太子納

妃之制。可見沿用至此有所更易。

【考釋】① 上引裴昭明議"十端也"以下十一字原本無,據《南齊書·裴昭明傳》等補入,參見中華書局點校本校勘記。② 上引有司奏文,《晉志》析出以爲己語,然自"熊羆亦昏禮吉徵"以下脱漏,竄入他事。

【論評】《通典》議曰:"秦漢以降,衣服制度與三代殊,乃不合更以玄纁及皮爲禮物也。又有用虎皮豹皮者,王彪之云'取威猛有斑彩',尤臆説也。"又曰:"彪之當時有學知禮者。且婦人主中饋,婦道本柔順,乃云取其威猛,何乃謬誤。"

嘉 **蔡興宗**(會稽太守)**行鄉射禮。** (宋書·蔡廓列傳,南史·蔡廓列傳)

【因革】《宋書》述曰:"三吳舊有鄉射禮,久不復修,興宗行之,禮儀甚整。先是元嘉中,羊玄保爲郡,亦行鄉射。"《南史》略同。

【考釋】據《宋書·蔡惠開列傳》,蔡興宗於此年至郡,故將此事繫於此。

泰始六年(470)

嘉 **正月戊辰**(初三)**,有司奏皇太子朝賀是否服袞冕九章,丘仲起**(儀曹郎)**、陸澄**(兼左丞)**議均以爲是,詔可。** (宋志·禮五,宋書·明帝本紀,南齊書·陸澄列傳,南史·宋本紀下、陸澄列傳,通典·嘉禮六)

【因革】《宋志》載陸澄議曰:"服冕以朝,實著經典。秦除六冕之制,至漢明帝始與諸儒還備古章。自魏、晉以來,宗廟行禮之外,不欲令臣下服袞冕,故位公者,每加侍官。今皇太子承乾作副,禮絕群后,宜遵聖王之盛典,革近代之陋制。"二《陸澄列傳》同。又《隋志·禮儀七》録許善心詳援引丘、陸之言對隋文帝。

吉 **正月乙亥**(初十)**,下詔定間二年一祭南郊、間一年一祭明堂。有司奏引此前虞愿**(兼曹郎)**議同此,王延秀**(曹郎)**重議以爲宜各間二年,通關八座同其議。** (宋書·明帝本紀,南史·宋本紀下,宋志·禮三)

【理據】《宋志》録王延秀議曰:"謹尋自初郊間二載,明堂間一年,第二郊與第三明堂,還復同歲。愿謂自始郊明堂以後,宜各間二年。以斯相推,長得異歲。"

【因革】《宋志》録帝詔曰："自晉以來，間年一郊，明堂同日。質文詳略，疏數有分。自今可間二年一郊，間歲一明堂。"金子修一指出："此處的晉正確地説指的是東晉"，"到了東晉，纔建立了在正月上辛舉行兩年一次郊祀的二年一郊制度"（《關於魏晉到隋唐的郊祀、宗廟制度》，《日本中青年學者論中國史・六朝隋唐卷》，第 348—349 頁）。

【論評】秦蕙田《五禮通考》論曰："郊與明堂，天子歲祀天之常，一于冬至，一于季秋，不相妨也。同日則已黷，間年則已疏，二者胥失之矣。"（《吉禮二十五》"明堂"）

嘉 二月癸丑(十九)，皇太子納妃。（宋書・明帝本紀）

【考釋】此當即行用去年十一月所議定之儀。

嘉 九月戊寅(十七)，立總明觀，徵學士以充之，分儒、道、文、史、陰陽五部學。（宋書・明帝本紀，南史・宋本紀下）

凶 何子平之母去世八年不得營葬，蔡興宗(會稽太守)爲營冢槨，何子平居喪毀甚。（宋書・孝義列傳）

【儀制】《宋書》記因饑荒，何子平母去世，"八年不得營葬，晝夜號絕擗踊，不闋俄頃，叫慕之音，常如袒括之日。冬不衣絮，暑避清涼，日以數合米爲粥，不進鹽菜。所居屋敗，不蔽雨日，兄子伯興采伐茂竹，欲爲葺治，子平不肯，曰：'我情事未申，天地一罪人耳，屋何宜覆。'"待蔡興宗爲營冢槨，"子平居喪毀甚，困瘠踰久，及至免喪，支體殆不相屬。"

凶 滕曇恭之父母去世，水漿不入口旬日，蔬食終身。（梁書・孝行列傳，南史・孝義列傳下）

【儀制】《梁書》記曰："感慟嘔血，絕而復蘇。隆冬不著繭絮，蔬食終身。每至忌日，思慕不自堪，晝夜哀慟。"《南史》同。

【考釋】此事未悉年月，在王僧虔任太守時，可知在泰始中。

泰始七年(471)

賓 三月辛酉(初三)，北魏遣使來聘。（宋書・明帝本紀，南史・宋本紀下）

【附識】 參見北魏獻文帝皇興五年(471)。

嘉 **帝遣孫奉伯**(前淮南太守)**往淮陰監元會。**（南齊志·祥瑞，南史·齊本紀上）

【考釋】《南史》記此事則在泰始三年(467)。

吉 **十月庚子**(十五)**，有司奏議祠明堂與南郊同日，是否需復告太廟。王延秀**(祠部郎)**議以爲自當應告，袁粲**(守尚書令)**等同之。**（宋志·禮三）

【理據】《宋志》錄王延秀議曰："案鄭玄云：'郊者祭天之名，上帝者，天之別名也。神無二主，故明堂異處，以避后稷。'謹尋郊宗二祀，既名殊實同，至於應告，不容有異。"王氏以南郊祭天與明堂祠上帝非同一神，故立其説。然其援引鄭玄説未知從何而出。

吉 **帝敕江斅出繼從叔江愻，王儉**(僕射)**啓以爲不可，可以江斅小兒繼其孫，尚書參議以爲義無所據，最終江斅還本家，詔使江愻自量立後。**（南齊書·江斅列傳）

【理據】因江斅爲獨子，故《南齊書》錄王儉啓曰："近世緣情，皆由父祖之命，未有既孤之後，出繼宗族也"。又就立其子爲人後，尚書參議曰："閒世立後，禮無其文。苟顗無子立孫，墜禮之始。何琦又立此論，義無所據。"

【論評】秦蕙田《五禮通考》論曰："斅本獨子，理無出嗣，而王儉之啓於無父命爲後，尤爲切著。……苟無父命，雖天子不能奪也。彼貪利財産，甘棄其親而以人爲親者，讀此可以惕然心動矣。"（《嘉禮十九》"飲食禮"）

【考釋】此事未悉年月，暫置於明帝末。

泰豫元年(472)

嘉 **正月甲寅**(初一)**，帝有疾，廢朝會。戊午**(初五)**，皇太子會萬國於東宮，並受貢計。**（宋書·明帝本紀）

吉 **帝末年宮內禁忌尤甚，移牀修壁，必先祭土神，使文士爲文詞祝**

策，如大祭饗。（宋書·明帝本紀，南史·宋本紀下）

【評論】《明帝本紀》末總叙曰："末年好鬼神，多忌諱，言語文書，有禍敗凶喪及疑似之言應回避者，數百千品，有犯必加罪戮。……泰始、泰豫之際，更忍虐好殺，左右失旨忤意，往往有斫剟斷截者。"《南史》同。

<u>凶</u> 四月癸巳（十一），帝去世於景福殿，庚子（十八），太子即位；五月戊寅（二十七），葬於高寧陵（臨沂縣幕府山）。（宋書·明帝本紀，南史·宋本紀下）

後廢帝（蒼梧王，劉昱，明帝長子）

<u>嘉</u> 尊陳貴妃（所生母）爲皇太妃，輿服依晉孝武太妃故事，唯省五牛旗及赤旂。（宋志·禮五）

<u>凶</u> 有司奏議皇太妃喪服制，王爕之（前曹郎）議以爲親疏準之太后，舉哀無服，司馬爕之（兼太常丞）議同之，參議以爲允。（宋志·禮二）

【理據】《宋志》録司馬爕之議曰："諸侯之妾爲他妾之子無服，既不服他妾之子，豈容服君及女君餘親。況皇太后妃貴亞相極，禮絶群后，崇輝盛典，有踰東儲，尚不服朞，太妃豈應有異。若本親有慘，舉哀之儀，宜仰則太后。"

【理據】《宋志》記曰："其太妃王妃三夫人九嬪各舉哀。"

<u>嘉</u> 六月乙巳（二十四），立江氏（妃）爲皇后。（宋書·後廢帝本紀，南史·宋本紀下）

<u>吉</u> 七月庚申（初九），值嘗祠在即，有司奏議帝是否當親奉，下禮官通議。周洽（博士）議以爲不宜親祀，當使有司行事，參議同，詔可。（宋志·禮四）

【理據】《宋志》録此議曰："伏尋'三年之制自天子達'。漢文愍秦餘之弊，於是制爲權典。魏晉以來，卒哭而祔則就吉。案《禮記·王制》'三年不祭，唯祭天地社稷，爲越紼而行事'鄭玄云：'唯不敢以卑廢尊也。'范宣難杜預、段暢，所以闕宗廟祭者，皆人理所奉，哀戚之情，同於生者。譙周《祭志》稱：'禮，身有喪，則不

爲吉祭。緦麻之喪，於祖考有服者，則亦不祭，爲神不饗也。’尋宮中有故，雖在無服，亦廢祭三月，有喪不祭。如或非若三年之内必宜親奉者，則應禘序昭穆。而今必須免喪，然後禘祫，故知未祭之意，當似可思。《起居注》晉武有二喪，兩朞之中，並不自祠，亦近代前事也。伏惟至尊孝越姬文，情深明發，公服雖釋，純哀内纏。推訪典例，則未應親奉。”按此議舉證《禮記·王制》鄭注、晉范宣説、三國譙周説以及晉武帝時故事，得出“推訪典例，則未應親奉”的結論，故參議謂“甚有明證”。

【因革】① 據“魏晉以來，卒哭而祔則就吉”可知，魏以後在喪禮至入葬、卒哭、班祔之後，即可行吉祭，已不用《禮記》“三年不祭”之説。② 此年所改之制至南齊建元四年（482）又廢，改回魏晉舊制。

【論評】《南齊志·禮上》建元元年（479）王儉議駁斥此年議禮之所依據均不足信，且曰：“晉武在喪，每欲存寧戚之懷，不全依諒闇之典，至於四時蒸嘗，蓋以哀疾未堪，非便頓改舊式。”

【考釋】① 此條依例在“伏尋”前當署議者職名，今闕，據《南齊志·禮上》建元四年王儉奏前之補叙可知當爲“博士周洽”。② 譙周（約200—270），字允南，巴西西充国（今四川阆中西南）人，《三國志·蜀書》有傳，云其“耽古篤學”，“精研六經”。其撰《祭志》未見著録。③ 議稱引晉武故事謂據《起居注》，由此可見禮官采擇“故事”的途徑之一。

凶 八月戊午（初七），蔡興宗（中書監，左光禄大夫，開府儀同三司）去世，遺令薄葬，奉還封爵。（宋書·蔡廓列傳、後廢帝本紀，南史·蔡廓列傳）

凶 十月辛未（二十二），褚淵（中書令，護軍將軍）庶母（郭氏）去世，哀毁不可復識，期年不盥櫛；帝下詔斷哭，禁弔客。（宋書·褚淵列傳、後廢帝本紀，南史·褚裕之列傳）

【因革】其後建元四年（482），嫡母去世，褚淵又毁瘠骨立，“葬畢，詔攝職，固辭。又以期祭禮及，表解職，並不許”。

538

元徽元年(473)

賓 正月，北魏遣使來聘。（南史·宋本紀下）

【附識】參見北魏孝文帝延興三年(473)。

元徽二年(474)

凶 五月壬辰(二十二)，劉勔(鎮軍將軍)力戰身亡，子劉悛(寧朔將軍)號哭求屍，持喪墓側，冬月不衣絮。（南齊書·劉悛列傳，宋書·後廢帝本紀，南史·劉勔列傳）

凶 劉勔(鎮軍將軍)力戰身亡，張融(祠部)議以爲帝應哭之，於是舉哀。（南齊書·張融列傳，南史·張邵列傳）

凶 五月丁酉(二十七)，詔京邑二縣埋藏所殺反兵，並戰亡者。（宋書·後廢帝本紀）

凶 七月，劉友(第七皇弟)訓養母鄭修容去世，有司奏請禮官議服制，周山文(太學博士)議劉友宜服小功，參議並同。（宋志·禮二）

【理據】《宋志》録周山文議曰："案庶母慈己者，小功五月。鄭玄云：'其使養之不命爲母子，亦服庶母慈己之服。'"

吉 十月壬寅(初五)，有司奏議毀置昭太后廟，下禮官詳議。韓貴(太常丞)議以爲不宜毀，殷匪子(都令史)議以爲宜埋昭后毀主於廟之北牆，升宣太后主，劉秉(左僕射)等七人同殷説，王諶重參議以殷説爲允，詔可。（宋志·禮四）

【理據】《宋志》録殷匪子議曰："按《記》云'妾祔於妾祖姑'，'無妾祖姑，則易牲而祔於女君可也'。始章太后於昭太后，論昭穆而言，則非妾祖姑，又非女君，於義不當。……又尋昭太后毀主，無義陳列於太祖，博士欲依虞主埋於廟兩階之間。按階間本以埋告幣、埋虞主之所。昔虞喜云，依五經典議，以毀主附於虞主，埋於廟之北牆，最爲可據。"按殷氏所言上本《禮記·喪服小記》，下依晉虞喜舊説，故能令人信從。

【儀制】殷匪子又議曰："禮，牲幣雜用，檢魏晉以來，互有不同。元嘉十六年，下禮官辨正。太學博士殷靈祚議稱：'吉事用牲，凶事用幣。'自茲而後，吉凶爲判，已是一代之成典。今事雖不全凶，亦未近吉，故宜依舊，以幣徧告二廟。……昭太后神主毀之埋之後，上室不可不虛置，太后便應上下升之。既升之頃，又應設脯醢以安神。"按殷氏依元嘉十六年(439)故事，又補足今事所增之空缺，故較爲妥帖。

【因革】孝武昭太后於泰始二年(466)去世，隨後祔廟。

吉 十月丁巳(二十)，有司奏郊祀、明堂還復同日，間年一修。(宋志·禮三)

【因革】至此則泰始六年(470)之議廢棄，復歸於舊。

吉 十月丙寅(二十九)，值帝將親祠太廟，有司奏議帝於孝武皇帝及昭太后是否應親執鬯爵，下禮官議。周山文(太學博士)議以爲帝於孝武皇帝宜親執，於昭太后宜使三公行事，顏燮(博士)等四人同之，韓賁(太常丞)、孫緬(前左丞)議亦略同，詔可。(宋志·禮四,通典·吉禮六)

【理據】《宋志》録韓賁議曰："晉景帝之於世祖，肅祖之於孝武，皆傍尊也，親執鬯枓。今孝武皇帝於至尊，親爲伯父，功列祖宗，奉祠之日，謂宜親執。按昭皇太后於主上，親無名秩，情則疏遠，庶母在我，猶子祭孫止，況伯父之庶母。愚謂昭后鬯爵，可付之有司。"韓氏舉證晉世有伯、侄相繼故事，得出帝當親執的結論，孫緬更據此推衍，謂"今朝明準，而初無有司行事之禮，愚謂主上親執孝武皇帝鬯爵，有愜情敬"，使此儀節合乎禮意。而帝與昭皇太后則"親無名秩，情則疏遠"，故孫氏進一步更稱"非唯不躬奉，廼宜議其毀替"，故必不得親執。

嘉 十一月丙戌(十九)，帝加元服。(宋書·後廢帝本紀,南史·宋本紀下)

【考釋】帝生於大明七年(463)，至今 12 歲。

元徽三年(475)

吉 正月辛巳(十五)，**親祀南郊、明堂。**（宋書·後廢帝本紀）

【附識】《南齊志·祥瑞》則載有："元徽四年，太祖從南郊，望氣者陳安寶見太祖身上黃紫氣屬天。"未詳何所指。

賓 **六月，北魏遣使來聘。**（南史·宋本紀下）

【附識】參見北魏孝文帝延興五年(475)。

元徽四年(476)

吉 正月己亥(初九)，**親耕藉田。**（宋書·後廢帝本紀）

凶 **七月乙未**(初七)，**劉景素**(征北將軍，南徐州刺史，建平王)**被誅，左右離散，王思遠**(南徐州主簿)**親視殯葬，手種松柏。**（南齊書·王思遠列傳，南史·王鎮之列傳，宋書後廢帝本紀）

【附識】此年七月戊子(初一)，劉景素據京城反。

嘉 **王儉**(司徒右長史)**議公府長史不應著朱服，應服朝服，沈悒之**(儀曹郎中)**議以為不宜革，遂寢。**（宋志·禮五）

【因革】①《宋志》錄王儉議曰："按晉令，公府長史，官品第六，銅印，墨綬，朝服，進賢兩梁冠。掾、屬，官品第七，朝服，進賢一梁冠。晉官表注，亦與令同。而今長史、掾、屬，但著朱服而已，此則公違明文，積習成謬。謂宜依舊制，長史兩梁冠，掾、屬一梁冠，並同備朝服。中單韋舄，率由舊章。"② 然沈悒之議則曰："青素相因，代有損益，何事棄盛宋之興法，追往晉之頹典。變改空煩，謂不宜革。"又《宋志》錄王儉議曰："伏尋皇宋受終，每因晉舊制，律令條章，同規在昔。"

元徽五年(477)

凶 七月戊子⁽初七⁾，帝乘露車往青園尼寺，晚至新安寺飲酒醉，被殺；葬廢帝於丹陽秣陵縣南郊壇西。（宋書·後廢帝本紀，南史·宋本紀下）

【附識】《宋書》記曰：“[帝]天性好殺，以此爲歡，一日無事，輒慘慘不樂。内外百司，人不自保，殿省憂遑，夕不及旦。齊王順天人之心，潛圖廢立，與直閤將軍王敬則謀之。”《南史》同。

順帝（劉準，明帝第三子，後廢帝弟）

昇明元年(477)

吉 七月壬辰⁽十一⁾，帝⁽安成王⁾即位，改元；癸卯⁽二十二⁾，帝謁太廟。（宋書·順帝本紀，南史·宋本紀下）

昇明二年(478)

嘉 正月己酉⁽初一⁾，百官戎服入朝。（資治通鑑·宋紀十六）

制 八月，蕭道成⁽齊王⁾奏罷御府，又奏禁民間華僞雜物。（南齊書·高帝本紀上，資治通鑑·宋紀十六）

【儀制】《南齊書》記曰：“不得以金銀爲箔，馬乘具不得金銀度，不得織成繡裙，道路不得著錦履，不得用紅色爲幡蓋衣服，不得翦彩帛爲雜花，不得以綾作雜服飾，不得作鹿行錦及局脚樏柏床、牙箱籠雜物、彩帛作屏鄣、錦緣薦席，不得私作器仗，不得以七寶飾樂器又諸雜漆物，不得以金銀爲花獸，不得輒鑄金銅爲像。皆須墨敕，凡十七条。”

【因革】《南齊書》述曰:"大明、泰始以來,相承奢侈,百姓成俗。太祖輔政,罷御府,省二尚方諸飾玩。至是,又上表。"

嘉 十月壬寅(二十八),立皇后謝氏;十二月丙戌(十三),皇后見於太廟。

（宋書·順帝本紀,南史·宋本紀下）

【儀制】《宋志·禮五》記曰:"今皇后謁廟服袿襡大衣,謂之褘衣。"

樂 王僧虔(尚書令)上表請正聲樂,蕭道成(輔政,齊王)使蕭惠基(侍中)調正清商音律。（南齊書·王僧虔列傳,南史·王曇首列傳）

【理據】《王僧虔列傳》述曰,"僧虔好文史,解音律,以朝廷禮樂多違正典,民間競造新聲雜曲",故上表請正。

【因革】《王僧虔列傳》錄王氏上表曰:"大明中,即以宮懸合和《鞞》、《拂》,節數雖會,慮乖《雅》體,將來知音,或譏聖世。"

又《南齊書·蕭惠基列傳》述曰:"自宋大明以來,聲伎所尚,多鄭、衛淫俗,雅樂正聲,鮮有好者。惠基解音律,尤好魏三祖曲及《相和歌》,每奏,輒賞悅不已。"《南史·蕭思話列傳》同。

樂 令褚淵(司空)造太廟登歌二章。（南齊志·樂）

【因革】《南齊志》記宋初,"宋世王韶之造七廟登歌七篇"。

昇明三年(479)

嘉 三月甲辰(初二),蕭道成建齊國,詔進位相國,總百揆,爲齊公,備九錫之禮,加璽綬遠游冠,位在諸王上。（宋書·順帝本紀,南齊書·高帝本紀上,南史·宋本紀下、齊本紀上）

【儀制】《南齊志·輿服》記"錫齊王大輅、戎輅各一",王逡之(左丞)議以爲"今木路,即大路也",王儉(太尉左長史)議以爲宜用金輅九旒。

制 齊朝議草創,王儉(尚書右僕射)定衣服制則、百官敬齊公之禮及世子禮秩。（南史·王曇首列傳）

【考釋】此事當有王逡之參與，《南史·王准之列傳》記曰："昇明末，尚書右僕射王儉重儒術，逡之以著作郎兼尚書左丞，參定齊國禮儀。初，儉撰《古今喪服集記》，逡之難儉十一條。"

[吉] 四月辛卯(二十)，下詔禪位於齊，懸而不樂；壬辰(二十一)，帝遜位於東邸，既而遷居丹陽宮。（宋書·順帝本紀，宋志·禮二，南齊書·高帝本紀上、下，南史·宋本紀下、齊本紀上）

【儀制】《宋書》記四月丙戌(十五)，"命齊王冕十有二旒，建天子旌旗，出警入蹕，乘金根車，駕六馬，備五時副車，置旄頭雲罕，樂佾八佾，設鐘簴宮縣。"《南齊書》同。

又《南齊書·高帝本紀上》記宋帝遜位曰："宋帝遜于東邸，備羽儀，乘畫輪車，出東掖門，問今日何不奏鼓吹，左右莫有答者。"

又《高帝本紀下》記宋順帝曰："封宋帝爲汝陰王，築宮丹陽縣故治，行宋正朔，車旗服色，一如故事，上書不爲表，答表不稱詔。"《宋書》近之。

【因革】《高帝本紀上》載宋順帝詔曰："便遜位別宮，敬禪于齊，一依唐虞、魏晉故事。"

[凶] 五月己未(十八)，帝去世；六月乙酉(十五)，葬順帝於遂寧陵。（宋書·順帝本紀，南齊書·高帝本紀下，南史·宋本紀下、齊本紀上）

【因革】《南齊書》記曰："終禮依魏元、晉恭帝故事。"

三、南齊之部

479年,蕭道成代宋稱帝,定都建康(今江蘇南京),國號齊。以與北齊相區別,史稱南齊。502年爲梁所代。共歷七帝(高帝、武帝、鬱林王、海陵王、明帝、東昏侯、和帝),二十四年。

高帝(太祖,蕭道成)

建元元年(479)

制 四月辛卯(二十),宋順帝遜位,王儉(尚書右僕射)奏撰立受禪儀注。(南齊書·高帝本紀上)

【考釋】《南齊書·王儉列傳》記曰:"時大典將行,儉爲佐命,禮儀詔策,皆出於儉,褚淵唯爲禪詔文,使儉參治之。"《南史·王曇首列傳》同。

吉 四月甲午(二十三),即位,南郊,柴燎告天。禮畢還宮,臨太極前殿。斷四方上慶禮。(南齊書·高帝本紀下,南史·齊本紀上)

制 五月,改元嘉曆爲建元曆,以木德盛卯終未,改以正月卯祖,十二月未臘。(南齊書·高帝本紀下,南史·齊本紀上)

凶 六月乙亥(初五),下詔宋末以來因戰亂災疾而死亡,枯骸不收或棺毀莫掩者,速下埋葬。(南齊書·高帝本紀下,南史·齊本紀上)

吉 六月庚辰(初十),備法駕,登七廟神主於太廟。(南齊書·高帝本紀下,南史·齊本紀上,通典·吉禮六)

【考釋】七廟分別爲廣陵府君、太中府君、淮陰府君、即丘府君、太常府君、宣皇帝和昭皇后。昭后爲高帝之配,宋泰豫元年(472)去世,高帝即位後尊諡昭皇后。

【因革】①《南齊志·禮上》記曰:"太祖爲齊王,依舊立五廟,即位,立七廟。"
② 以武昭皇后入廟,亦上承宋初以武敬臧后入廟成七世之舊制。

嘉 六月甲申(二十四),立蕭賾爲皇太子,斷諸州郡慶禮。(南齊書·高帝本紀下,南史·齊本紀上)

吉 七月,有司奏議郊天、殷祀、明堂時日及祭儀七事,八座丞郎通關博士議。裴昭明(曹郎中)、孔逿(儀曹郎中)議以爲此年七月殷祀,來年正月南郊、明堂,並祭而無配,司馬憲(殿中郎)議此年十月殷祀,明堂無配宜廢祀,王儉(右僕射)議以爲此年十月殷祀宗廟,來年正月上辛南郊,即日還祭明堂,次辛北郊,皆可無配,犧牲之色沿晉宋之舊。詔可王説。(南齊志·禮上,南史·王曇首列傳)

【儀制】《南齊志》録有司奏議儀制七事爲:"郊殷之禮,未詳郊在何年? 復以何祖配郊? 殷復在何時? 未郊得先殷與不? 明堂亦應與郊同年而祭不? 若應祭者,復有配與無配? 不祀者,堂殿職僚毀置云何?"

【理據】《南齊志》録王儉議,關於配饗之制,雖自魏太和元年(227)采蔣濟説,以"武皇帝配天,文皇帝配上帝","晉宋因循,即爲前式",但魏黄初二年(221)"南郊、明堂皆無配也",且"《史記》云趙綰、王臧欲立明堂,于時亦未有郊配,漢又祀汾陰五時,即是五帝之祭,亦未有郊配",魏"黄初中南郊、明堂,皆無配也",此均可爲無配之故事;關於南郊明堂用日,據漢代蔡邕、馬融之説雖可成"南郊、明堂各日之證",然"近代從省,故與郊同日,猶無煩黷之疑。何者? 其爲祭雖同,所以致祭則異",故依舊同日無妨;關於郊日,雖"漢魏以來,或丁或己,而用辛常多",然《禮記·郊特牲》有明言郊用辛,故"考之典據,辛日爲允";關於用牲,王氏的基本觀念是"今大齊受命,建寅創曆,郊廟用牲,一依晉宋"。

【考釋】《通典·吉禮三》徑列此年七月,"祭五帝之神於明堂,有功德之君配",並注:"時從王儉議。"然王儉議明確提出可無配,此言"有功德之君"未知何所指。

【論評】秦蕙田《五禮通考》論曰:"殷祭與郊,自是兩事,何先後之可議? 裴、孔得之,王儉則仍讖緯之習詞,稍支矣。其郊配之議,則不可易。"又曰:"郊日用辛,較之或丁、或己,固有據矣。但不知其爲祀天、祈穀之日,而非古人冬至、南郊之正也。齊併二郊爲一祭,用辛日,于建寅之月,所謂義在報天,事兼祈穀,兩失之矣。"(《吉禮八》"圜丘祀天")

嘉 **九月戊申**(初九)**,帝至宣武堂宴會,下詔諸王公以下賦詩。** (南齊書·高帝本紀下)

吉 **十月己卯**(十一)**,殷祀太廟。** (南齊書·高帝本紀下,南史·齊本紀上)

嘉 **十一月辛亥**(十三)**,立皇太子妃裴氏。** (南齊書·高帝本紀下)

凶 **顧憲之**(衡陽內史)**下令殯葬連年來疾疫死亡者。** (梁書·止足列傳,南史·顧愷之列傳)

【儀制】《梁書》記曰:"郡境連歲疾疫,死者太半,棺木尤貴,悉裹以葦席,棄之路傍。憲之下車,分告屬縣,求其親黨,悉令殯葬。其家人絶滅者,憲之爲出公禄,使綱紀營護之。"《南史》同。

凶 **顧憲之**(衡陽內史)**令停開冢剖棺洗骨之土俗。** (梁書·止足列傳,南史·顧愷之列傳)

【儀制】《梁書》記曰:"又土俗,山民有病,輒云先人爲禍,皆開冢剖棺,水洗枯骨,名爲除祟。憲之曉喻,爲陳生死之别,事不相由,風俗遂改。"《南史》同。

【考釋】以上兩條未悉年月,《梁書》云在"齊高帝即位"初。

制 **劉善明**(征虜將軍、淮南宣城二郡太守)**表陳宜立學校,制齊禮,開賓館以接鄰國。** (南齊書·劉善明列傳,南史·劉懷珍列傳)

【考釋】此條未悉年月,在高帝即位初。因劉氏同時上表諫起宣陽門,據《王儉列傳》可知明年爲王儉等諫止。

吉 **伏曼容**(通直散騎侍郎)**上書勸封禪,帝以其禮難備,不從。** (南史·儒林列傳)

【考釋】此條未係年月,《南史》僅云在"齊建元中"。

建元二年(480)

吉 正月辛丑（初四），帝祀南郊。（南齊書·高帝本紀下，南史·齊本紀上，通典·吉禮一）

【儀制】《通典》據去年所議概括此年儀注："正月上辛，有事南郊，而無配，犧牲之色因晉宋故事。"

吉 正月次辛，祀北郊，無配。（通典·吉禮四）

【考釋】此月次辛，當在辛亥（十四），然未見其他文獻記載。

吉 帝親祀太廟，六室拜伏竟，至昭皇后（帝妻）室前儀注應倚立，帝疑，劉瓛（彭城丞）對以爲宜諸王兼三公親事，帝從之。（南齊志·禮上）

【理據】《南齊志》記帝"欲使廟僚行事，又欲以諸王代祝令於昭后室前執爵"，劉瓛對曰"若都不至昭后坐前，竊以爲薄"，且"廟僚即是代上執爵饋奠耳，祝令位卑，恐諸王無容代之"。

軍 二月辛卯（二十五），因垣崇祖破虜寇，下詔西境獻捷。（南齊書·高帝本紀下，南史·齊本紀上）

軍 二月癸巳（二十七），遣使巡慰淮、肥、徐、豫邊民尤貧遘難者。（南齊書·高帝本紀下，南史·齊本紀上）

嘉 三月己亥（初三），帝至樂游苑宴會，王公以下賦詩。（南齊書·高帝本紀下）

【因革】《南史·王曇首列傳》略記此事後，又記此後："後幸華林宴集，使各效伎藝。褚彥回彈琵琶，王僧虔、柳世隆彈琴，沈文季歌《子夜來》，張敬兒舞。儉曰：'臣無所解，唯知誦書。'因跪上前誦相如《封禪書》。"《南齊書·王儉列傳》略同。

制 五月，立六門都墻。（南齊書·高帝本紀下，南史·齊本紀上）

【因革】《南齊書·王儉列傳》記其原委曰："宋世外六門設竹籬，是年初，有發白虎樽者，言'白門三重關，竹籬穿不完'，上感其言，改立都墻。"《南史·王曇首列傳》同。

【論評】葉南客等《南京百年城市史》指出：“南齊時期開啓了都城磚砌城牆的歷史。高帝建元二年(480)，著手改建建康城牆，將原來的土城牆全部改用磚砌築。”(綜合卷,第31頁)

嘉 夏，蕭嶷(荆湘刺史、豫章王)於南蠻園東南開館立學，置生四十人，行釋菜禮。 (南齊書·豫章文獻王傳,南史·齊高帝諸子列傳上)

凶 七月戊午(二十四)，皇太子妃(穆妃,裴氏)去世，前宮臣疑所服，王儉(左僕射)議以爲分二等行喪，從之。 (南齊志·禮下,南齊書·高帝本紀下,南史·王曇首列傳)

【儀制】《南齊志》錄王儉議曰：“宜依禮爲舊君妻齊衰三月，居官之身，並合屬假，朝晡臨哭悉繫東宮。今臣之未從官在遠者，於居官之所，屬寧二日半，仍行喪成服，遣牋表，不得奔赴。”

凶 七月，穆妃喪成服日，帝臨喪，朝議疑太子是否應出門迎，王儉(左僕射)議以爲帝爲主喪，南郡王(蕭長懋,太孫)以下不應出門奉迎，太子則仍應依常奉迎。 (南齊書·文惠太子列傳,南史·齊武帝諸子列傳)

【儀制】《南齊書》錄王儉議曰：“今鑾輿臨降，自以主喪而至，雖因事撫慰，義不在弔，南郡以下不應出門奉迎；但尊極所臨，禮有變革，權去杖絰，移立户外，足表情敬，無煩止哭。皇太子既一宮之主，自應以車駕幸宮，依常奉候。既當成服之日，吉凶不容相干，宜以衰幘行事。望拜止哭，率由舊章。”《南史》同。

凶 七月，穆妃下葬，有司議斬車是否建旒，用幾翣，王儉議以爲不當立旒，翣用八，從之。 (南齊志·禮下)

【理據】《南齊志》錄王儉議曰：“旒本是命服，無關於凶事。今公卿以下，平存不能備禮，故在凶乃建耳。東宮秩同上公九命之儀，妃與儲君一體，義不容異，無緣未同常例，別立凶旒。……吉部伍自有桁輅，凶部別有銘旌，若復立旒，復置何處？”

凶 穆妃卒哭除喪後，有司奏遇朔望，是否當設祭，王儉議以爲不復再祭，從之。（南齊志·禮下）

【理據】《南齊志》録王儉議曰："帝室既以卒哭除喪，無緣方有朔望之祭。靈筵雖未升廟堂，而舫中即成行廟，猶如桓玄及宋高祖長沙、臨川二國，並有移廟之禮。豈復謂靈筵在途，便設殷事耶？推此而言，朔望不復俟祭。宋懿后時舊事不及此，益可知時議。"

凶 南郡王(蕭長懋)與聞喜公(蕭子良)爲母穆妃服喪，是否制君母服，王儉議以爲宜與宮臣同，不可特例。（南齊志·禮下）

【理據】《南齊志》録王儉議曰："諸侯之大夫妻爲大人服緦衰七月，以此輕微疏遠，故不得盡禮。今皇孫自是蕃國之王公，太子穆妃是天朝之嫡婦。宮臣得申小君之禮，國官豈敢爲夫人之敬？當單衣白帢素帶哭於中門外，每臨輒入，與宮官同。"

賓 九月丙午(十三)，柔然遣使來聘。（資治通鑑·齊紀一）

樂 有司奏請學者製立郊廟雅樂歌辭，參議以爲太廟登歌宜用褚淵(司徒)，餘悉用謝超宗(黃門郎)辭。（南齊志·樂，通典·樂二）

【因革】①《南齊志》記曰："超宗所撰，多删顔延之、謝莊辭以爲新曲，備改樂名。"按宋文帝曾使顔延之造《郊天夕牲》、《迎送神》、《饗神歌》詩三篇。②《通典》又記"其太廟二室及郊配辭，並尚書令王儉所作"。

【儀制】①《南齊志》記南郊用樂："群臣出入，奏《肅咸》之樂；牲出入，奏《引牲》之樂；迎神，奏《昭夏》之樂；皇帝入壇東門，奏《永至》之樂；皇帝初獻，奏《文德宣烈》之樂；皇帝飲福酒，奏《嘉胙》之樂；送神，奏《昭夏》之樂。"② 又記北郊用樂："齊北郊，群臣入奏《肅咸》樂；牲入，奏《引牲》；薦豆毛血，奏《嘉薦》；皇帝入壇東門，奏《永至》；飲福酒，奏《嘉胙》；還便殿，奏《休成》。辭並與南郊同。迎送神《昭夏》登歌異。"

【考釋】《南齊書·謝超宗列傳》記此事曰："有司奏撰立郊廟歌，敕司徒褚淵、侍中謝朏、散騎侍郎孔稚珪、太學博士王逡之、總明學士劉融、何法囧、何曇秀十人並作，超宗辭獨見用。"

樂 下詔謝超宗（黃門郎）造明堂夕牲等辭，並采用謝莊辭，又造廟樂歌十六章。（南齊志·樂）

【因革】《南齊志》記此前"宋孝武使謝莊造辭"，然"若依《鴻範》木數用三，則應水一火二金四也，若依《月令》金九水六，則應木八火七也"，就此矛盾，"當以《鴻範》一二之數，言不成文，故有取捨，而使兩義並違，未詳以數立言爲何依據也"。

【儀制】《南齊志》録有建元、永明中所奏明堂歌辭。

樂 王僧虔（左光禄大夫）書王儉（左僕射），望樂署備《鼓吹》曲，分別南北異同，未納。（南齊書·王僧虔列傳）

【因革】①《王僧虔列傳》録王氏書曰："苻堅敗後，東晉始備金石樂，故知不可全誣也。北國或有遺樂，誠未可便以補中夏之闕，且得知其存亡，亦一理也。但《鼓吹》舊有二十一曲，今所能者十一而已。"② 又述曰："僧虔留意雅樂，昇明中所奏，雖微有釐改，尚多遺失。"所指爲昇明二年（478）上表。

制 初置史官，檀超（驍騎將軍，司徒右長史）與江淹（驃騎記室）上表立條例，立十志，詔內外詳議，王儉（左僕射）議以爲宜增《食貨》，省《朝會》，詔可。（南齊書·文學列傳）

【考釋】檀、江所立十志爲："《律曆》、《禮樂》、《天文》、《五行》、《郊祀》、《刑法》、《藝文》依班固，《朝會》、《輿服》依蔡邕、司馬彪，《州郡》依徐爰，《百官》依范曄，合《州郡》。……又立《處士》、《列女傳》。"

【理據】《南齊書》録王儉議曰："金粟之重，八政所先，食貨通則國富民實，宜加編録，以崇務本。《朝會志》前史不書，蔡邕稱先師胡廣説《漢舊儀》，此乃伯喈一家之意，曲碎小儀，無煩録。……若有高德異行，自當載在《列女》，若止於常美，則仍舊不書。"

嘉 王逡之（著作郎兼尚書左丞）上表立學。（南史·王准之列傳）

【因革】至建元四年（482）方下詔立國學，王逡之轉任國子博士。

凶 劉善明（征虜將軍、淮南宣城二郡太守）去世，遺命薄殯。（南齊書·劉善明列傳，南

史·劉懷珍列傳)

建元三年(481)

嘉 四月辛亥(二十二),始制東宮臣僚用下官禮敬蕭子良(聞喜公,皇太子次

子)。(南齊書·武十七王,南史·齊本紀上)

凶 九月,顧昌玄因父親於宋泰始中北征死亡,屍骸未返而宴樂嬉

游,有司請加以清議。(南史·齊本紀上)

凶 穆妃小祥祭,因去年閏九月,有司奏是否用月數數閏,以四月晦

乃祥,王儉(左僕射)議以爲應在五月晦乃祥,褚淵(尚書令)駁難十餘

問,王儉均隨事解釋,王珪之(祠部郎中)議謂依八座通關博議,以王

儉説爲允,詔可。(南齊志·禮下,通典·凶禮二十二)

【理據】《南齊志》録王儉議曰:"今杖期之喪,雖以十一月而小祥,至於祥縞,必須周
歲。凡厭屈之禮,要取象正服。祥縞相去二月,厭降小祥,亦以則之。又且求之名
義,則小祥本以年限,考於倫例,則相去必應二朔。今以厭屈而先祥,不得謂此事之
非期,事既同條,情無異貫,没閏之理,固在言先。設令祥在此晦,則去縞三月,依附
准例,益復爲礙。謂應須五月晦乃祥。"又録王珪之議曰:"喪以閏施,功衰以下小祥
值閏,則略而不言。今雖厭屈,祥名猶存,異於餘服。計月爲數,屈追慕之心,以遠爲
邇。日既餘分,月非正朔,含而全制,於情唯允。僕射儉議,理據詳博,謹所附同。"

凶 南郡王(蕭長懋)與聞喜公(蕭子良)爲母穆妃服大祥之期,王逡之(尚書左丞兼

著作郎)問是否同取六月,王儉議以爲宜各自爲祥,褚淵(司徒)等二十

人並同王儉議,請以爲永制,詔可。(南齊志·禮下,南史·齊武帝諸子列傳)

【考釋】① 導因是穆妃去年七月去世,聞喜公至八月方知,服喪晚開始一月。
② 王逡之,《南齊志》誤作"王逡"。

【理據】《南齊志》録王儉議曰:"相待之義,經記無聞。世人多以廬室衰麻,不宜有

異，故相去一二月者，或申以俱除。此所謂任情徑行，未達禮旨。昔撰《喪記》，已嘗言之。……若疑兄弟同居，吉凶舛雜，則古有異宮之義。設無異宮，則遠還之子，自應開立別門，以終喪事。靈筵祭奠，隨在家之人，再期而毀。……而況儲妃正體王室，中軍長嫡之重，天朝又行權制，進退彌復非疑。謂不應相待。"

【儀制】《南齊志》録王儉議曰："中軍祥縞之日，聞喜致哀而已，不受弔慰。及至忌辰變除，昆弟亦宜相就寫情而不對客。"《南史》同。

吉 七月，帝將親嘗酎，因盛暑欲夜出，褚淵（尚書令）、王儉（左僕射）諫以爲不可，帝從之。（南史·褚裕之傳）

【理據】《南史》録褚、王諫曰："自漢宣帝以來，不夜入廟，所以誡非常。人君之重，所宜克慎。"

賓 九月辛未（十四），柔然遣使來聘。（資治通鑑·齊紀一）

【儀制】《通鑑》記曰："與上書，謂上爲'足下'，自稱曰'吾'，遺上師子皮袴褶，約共伐魏。"

建元四年（482）

嘉 正月壬戌（初七），下詔修立國學。（南齊志·禮上，南齊書·高帝本紀下，通典·吉禮十二）

【儀制】《南齊志》録帝詔所定國學之制曰："置學生百五十人。其有位樂入者五十人。生年十五以上，二十以還，取王公已下至三將、著作郎、廷尉正、太子舍人、領護諸府司馬諮議經除敕者、諸州別駕治中等見居官及罷散者子孫。悉取家去都二千里爲限。"

【考釋】《南齊書·張緒列傳》記此年"初立國學，以緒爲太常卿，領國子祭酒"。

凶 三月壬戌（初八），帝去世於臨光殿，皇太子即位；四月庚寅（初六），奉梓宮於東府前渚升龍舟，丙午（二十二），葬武進泰安陵，於龍舟卒哭，内外反吉。（南齊書·高帝本紀下，南史·齊本紀上）

【儀制】《南齊書・豫章文獻王列傳》記帝去世,蕭嶷(帝第二子)"哀號,眼耳皆出血"。《南史・齊高帝諸子列傳上》略同。

凶 **三月乙丑**(十一)**,稱遺詔喪禮存簡約,內官三日一還臨,外官間一日還臨。**(南齊書・武帝本紀,南史・齊本紀上)

【因革】《南齊書》錄詔曰:"後有大喪皆如之。"《南史》同。

凶 **昭皇后遷祔高帝陵,祠部疑是否有祖祭及遣啓諸奠、九飯之儀,王儉**(左僕射)**議以爲奠如大斂,從之。有司又奏昭皇后神主在廟,是否應虞祭,王儉議以爲當設虞,從之。**(南齊志・禮下)

【理據】《南齊志》錄王儉議采信"賀循云'從墓之墓皆設奠,如將葬廟朝之禮',范寧云'將窆而奠'",又"范寧云'葬必有魂車',……賀循云'既窆,設奠於墓,以終其事',雖非正虞,亦粗相似",且"晉氏修復五陵,宋朝敬后改葬,皆有虞"。

武帝(世祖,蕭賾,高帝長子)

嘉 **四月辛卯**(初七)**,追尊穆妃**(裴氏)**爲皇后。**(南齊書・武帝本紀、皇后列傳,南史・齊本紀上)

【考釋】裴氏於建元三年(481)即去世。

吉 **五月庚申**(初七)**,以高皇帝配南郊,高昭皇后配北郊。**(南史・齊本紀上)

嘉 **六月甲申**(初一)**,立蕭長懋爲皇太子。**(南齊書・武帝本紀,南史・齊本紀上)

嘉 **六月丙申**(十三)**,立皇太子妃王氏。**(南齊書・武帝本紀,南史・齊本紀上)

凶 **夏,劉懷珍**(左衛將軍、散騎常侍)**去世,遺言薄葬。**(南齊書・劉懷珍列傳)

凶 **八月癸卯**(二十一)**,褚淵**(司徒)**去世,下詔給節,加羽葆鼓吹,增班劍爲六十人,葬禮悉依劉宋王弘**(太保)**故事。**(南齊書・褚淵列傳、武帝本紀,南史・褚裕之列傳)

【因革】《褚淵列傳》記曰:"先是庶姓三公輼車,未有定格。王儉議官品第一,皆加幢絡,自淵始也。"

【儀制】《資治通鑑·齊紀一》記曰:"世子侍中[褚]賁恥其父失節,服初,遂不仕,以爵讓其弟[褚]蓁,屏居墓下終身。"

嘉 **九月丁巳**(初六)**,以國哀故,罷國子學。**（南齊書·武帝本紀,南史·齊本紀上）

嘉 **崔祖思**(給事中,黃門侍郎)**陳宜在太廟之南修文序,司農以北開武校。**

（南齊書·崔祖思列傳,南史·崔祖思列傳）

【因革】此事《南齊書》云時在"上初即位"。

吉 **秋,因此年正月已郊,三月武帝即位,有司奏議明年是否應郊祀、明堂,通關八座丞郎博士議。王儉**(尚書令)**議以爲明年正月仍宜郊祀、明堂,此後依舊間歲,張緒**(尚書領國子祭酒)**等十七人並同,詔可。**（南齊志·禮上,南史·王曇首列傳,通典·吉禮一注）

【理據】《南齊志》録王儉議曰:"魏晉因循,率由漢典,雖時或參差,而類多間歲;至於嗣位之君,參差不一。"因此,王氏檢得晉咸和元年（326）、寧康元年（373）、宋孝建元年（454）三例故事,謂"此則二代明例,差可依放",故其説無異議。

嘉 **十二月己丑**(初九)**,下詔遣中書舍人宣旨,淮戌將可臨三元朝會。**

（南齊書·武帝本紀,南史·齊本紀上）

【因革】《南齊書》録帝詔曰:"後每歲皆如之。"

吉 **太廟登高帝,毀廣陵府君,仍爲七室。**（南齊志·禮上）

【因革】《南齊志》記曰:武帝崩,鬱林王即位,追尊文惠太子爲文帝,"又毀太中府君,止淮陰府君";"明帝立,復舊",即如此年廟制;明帝崩,"祔廟,與世祖爲兄弟,不爲世數"。

【論評】南齊自此年起太廟七室僅六世,故《南齊志》載史臣曰:"今謂之七廟,而上唯六祀,使受命之君,流光之典不足。若謂太祖未登,則昭穆之數何繼,斯故禮官所宜詳也。"又針對昭后與高帝分列二廟,史臣斥曰:"夫妻道合,非世葉相承,譬由下祭殤嫡,無關廟數,同之祖曾,義未可了。若據伊尹之言,必及七世,則子昭孫穆，不列婦人。若依鄭玄之説，廟有親稱，妻者言齊，豈或濫享?"然南齊似終未解決此問題。

吉 **帝尚在喪期，王儉**(尚書令)**奏帝服卒哭之後即可親奉四時祭，帝從之。**(南齊志·禮上，通典·吉禮十一)

【因革】宋泰豫元年(472)議定"權制：諒闇之内，不親奉四時祠"，至此方改從舊制。

【理據】《南齊志》録王儉采晉中朝《諒闇議》，並列舉春秋以來既葬卒哭即行吉祭之故事，以證"所以晉宋因循，同規前典，卒哭公除，親奉蒸嘗，率禮無違，因心允協"，又駁斥泰豫元年禮官所定權制之依據曰："據《王制》稱'喪三年不祭，唯祭天地社稷，越紼而行事'，曾不知'自天子達'，本在至情，即葬釋除，事以權奪，委衰襲袞，孝享宜申；越紼之旨，事施未葬，卒哭之後，何紼可越?"王説情、例俱足。

制 **制王公侯卿尹佩玉以珠水精，其餘用牙蠙。**(南齊志·輿服)

【因革】《南齊志》記佩玉之制曰："佩玉，自乘輿以下，與晉宋制同。"

樂 **崔祖思**(給事中，黃門侍郎)**陳請罷雜伎，王庭唯置鍾簴、羽戚、登歌。**(南齊書·崔祖思列傳，南史·崔祖思列傳)

【因革】《南齊書》録崔祖思陳曰："太樂雅、鄭，元徽時校試千有餘人，後堂雜伎，不在其數，糜廢力役，傷敗風俗。"《南史》同。《通典·樂一》亦記其數。

凶 **下詔改葬劉景素**(宋建平王)**，以王禮還舊墓。**(宋書·文九王列傳，南史·宋宗室及諸王列傳下)

【考釋】劉景素，宋文帝子劉宏之子，宋廢帝元徽四年(476)受垣祇祖勸起兵，軍破被斬，即葬京口。

【因革】齊高帝即位後，劉璡(故劉景素秀才)上書列其美德十項，未見省。

永明元年(483)

吉 **正月，當南郊，帝因立春在郊後，欲遷郊日；王儉**(尚書令)**啓謂無煩**

遷日，帝從之。（南齊志·禮上，南史·王曇首列傳，通典·吉禮一注）

【理據】《南齊志》録王儉啓曰："王肅曰：'周以冬祭天於圜丘，以正月又祭天以祈穀。《祭法》稱"燔柴太壇"，則圜丘也；《春秋傳》云"啓蟄而郊"，則祈穀也。'謹尋《禮》、《傳》二文，各有其義，盧[植]、王[肅]兩説，有若合符。中朝省二丘以并二郊，即今之郊禮，義在報天，事兼祈穀，既不全以祈農，何必俟夫啓蟄？史官唯見《傳》義，未達禮旨。"按王氏指出當深析經籍所蘊禮意，不可拘泥經文；而且，又列舉宋景平元年(423)、元嘉十六年(439)南郊先於立春之故事，以證明"此復是近世明例，不以先郊後春爲嫌"。此外，王氏又提出合朔若在齋内不必致理，此又有晉咸康元年(335)故事爲證。

【論評】秦蕙田《五禮通考》論曰："王儉所云，所謂調停之論也。既不全以祈農，則非月令元日之義也，何必俟夫啓蟄？又非冬至報天之正，意在遷就先郊後春，不知適以彰其失也。"（《吉禮八》"圜丘祀天"）

吉 正月辛亥（初二），祀南郊。（南齊書·武帝本紀，南史·齊本紀上，通典·吉禮一）

【因革】此後永明三年(485)正月辛卯（二十三）、永明七年(489)正月辛亥（初七）、永明九年(491)正月辛丑（初八）又行此禮。故《通典·吉禮一》概括齊制曰："武帝繼位，明年正月祀南郊。自兹以後，間歲而祀。"

吉 正月甲子（十五），築青溪舊宮，作新林、婁湖苑以厭勝。（南史·齊本紀上）

【考釋】《南史·齊本紀下》追溯此事云："永明中，望氣者云新林、婁湖、青溪並有天子氣，于其處大起樓苑宮觀，武帝屢游幸以應之；又起舊宮於青溪，以弭其氣。"

吉 三月，有司以天文失度，請禳之，帝不從。（資治通鑑·齊紀一）

【理據】《通鑑》録帝曰："應天以實不以文。我克己求治，思隆惠政；若災眚在我，禳之何益！"

凶 四月壬午（初四），下詔宋故臣袁粲、劉秉可修棺椁，沈攸之及其諸子可送返舊墓。（南齊書·武帝本紀）

【考釋】此三人均爲劉宋舊臣，曾因反抗蕭道成而死，至今墓葬未葺。

賓 **八月壬申**(二十六)，**北魏遣使來聘。**(南史·齊本紀上)

【儀制】《南史·蕭思話列傳》記此年"魏遣李彪來使，齊武帝讌之，[蕭]琛於御筵舉酒勸彪"。

【因革】此後永明二年(484)十二月庚申(二十二)、永明三年(485)十月丙辰(二十二)、永明七年(489)九月壬寅(初一)、永明八年(490)六月己巳(初三)、永明九年(491)五月丁未(十六)、十月甲寅(二十六)、永明十一年(493)四月癸未(初三)，又遣使來聘。

【附識】參見北魏孝文帝太和七年(483)、太和九年(485)、太和十三年(489)。

賓 **十月丙寅**(二十一)，**遣使劉纘**(驍騎將軍)**聘於北魏。**(南史·齊本紀上)

【附識】《魏書·高祖紀上》載此事在十一月辛丑(十五)，"蕭賾遣使朝貢"。

【因革】《魏書·高祖紀上》又載明年九月甲午(十九)，"蕭賾遣使朝貢"。

軍 **十二月乙巳**(初一)，**合朔，三日當臘祠社稷，時值致齋，有司奏議是否廢祠，王儉**(尚書令)**議以爲不宜廢，詔可。**(南齊志·禮上,通典·軍禮三)

【理據】《南齊書》録王儉議揭出"《禮記·曾子問》'天子嘗、禘、郊、社、五禮之祭，簠簋既陳'，唯大喪乃廢"，此爲經典所記，故"致齋初日，仍值薄蝕，則不應廢祭"，又漢初平四年(193)日蝕不廢郊之故事可爲前準。其實，前此正月議南郊遷日時王儉已舉出："若或以元日合朔爲礙者，則晉成帝咸康元年正月一日加元服，二日親祠南郊。元服之重，百僚備列，雖在致齋，行之不疑。今齋内合朔，此即前准。"此故事用於此處似更爲有理。

永明二年(484)

嘉 **八月丙午**(初六)，**帝至青溪舊宮小會，設金石樂，在位者賦詩。**(南齊書·武帝本紀)

【考釋】此前七月癸未(十二)，曾下詔至青溪宮小會。

軍 **八月戊申**(初八)，**帝至玄武湖講武。**(南齊書‧武帝本紀,南史‧齊本紀上)

【因革】① 據《南齊書‧魏虜傳》,此年冬魏使李道固報聘,帝又於玄武湖水步軍講武。② 此後永明四年(486)閏正月,講武於宣武堂；永明六年(488)九月,講武於琅邪城,習水步兵；永明九年(491)九月,講武於琅邪城；永明十年(492)十月,講武於玄武湖。

吉 **蔡履**(祠部郎中)**議二郊與明堂共日之制宜改，來年郊祭宜有定準。**

王祐(太學博士)**議以爲正月上辛、次辛、後辛分別南郊、明堂、北郊，劉蔓**(兼博士)**議提出北郊恐應先於明堂，蔡仲熊**(兼太常丞)**議以爲用辛日或丁日宜臨時詳擇，顧憲之**(太尉從事中郎)**議以爲宜先郊後明堂，梁王**(司徒西閤祭酒)**、江淹**(驍騎將軍)**議均以爲可共日，陸澄**(尚書)**議提出明堂應在北郊後，王儉**(尚書令)**決議明年正月上辛、次辛、後辛分別南郊、北郊、明堂，帝皆親奉。**(南齊志‧禮上)

【理據】《南齊志》録蔡仲熊議曰："《鄭志》云'正月上辛,祀后稷於南郊,還於明堂,以文王配。'故宋氏創立明堂,郊還即祭,是用《鄭志》之説也。"蔡氏揭出南郊明堂共日之舊制的依據,然蔡氏又曰："周禮、二漢及魏,皆不共日矣。《禮》以辛郊,《書》以丁祀,辛丁皆合",故其云"宜臨時詳擇"。而梁王則舉出魏太和元年(227)南郊明堂共日"已行之前准",江淹又補充曰"郊旅上天,堂祀五帝,非爲一日再黷之謂,無俟釐革",此説實與建元元年(479)王儉議所説相同,然此時意在更制,故未予采納。同樣,陸澄又舉出漢元始五年(5)、永平二年(59)、元和二年(85)、延光三年(124)諸故事,以明"柴山祠地,尚不共日,郊堂宜異,於例益明",由此駁斥梁、江之説。王儉贊同陸氏,議曰："前漢各日,後漢亦不共辰。魏晉故事,不辨同異,宋立明堂,唯據自郊徂宮之義,未達祀天旅帝之旨。何者？郊壇旅天,甫自詰朝,還祀明堂,便在日昃,雖致祭有由,而煩黷斯甚,異日之議,於理爲弘。"由此大斥魏晉以後共日之做法。關於北郊先明堂,王氏舉出《春秋感精符》云"王者父天母地"爲據。關於帝當親奉,王氏舉證曰："漢魏北郊,亦皆親奉,晉泰寧有詔,未及遵遂。咸和八年,甫得營繕,太常顧和秉議親奉。康皇之世,已經遵用。宋氏因循,未遑釐革。"又關於車服,其云"率遵漢制",即"南郊大駕,北郊、明堂降爲法駕;袞冕之服,諸祠咸用"。

【考釋】①《通典·吉禮四》則記在"永明五年議,郊祀用正月,次辛瘞后土,御並親奉",中華書局本校勘記云"五,北宋本作三",恐是。此議由此年延續至明年。②《鄭志》,《後漢書·鄭玄傳》云:"門人相與撰玄答諸弟子問五經,議《論語》作《鄭志》。"《隋書·經籍志》載《鄭志》十一卷,魏侍中鄭小同撰,鄭小同爲鄭玄之孫,此書當編定於其手。該書所載未必盡合鄭玄原意,此魏晉以降士人所習知,故蔡仲熊有謂"蓋爲志者失,非玄意也"。

【論評】秦蕙田《五禮通考》論曰:"祀天以冬至,祈穀以孟春,北郊以仲夏,明堂以季秋,禮有定期,未有并于一時而兼及宗廟者。漢時本兩郊及明堂、宗廟之禮,而謬爲五供之舉,豈可據爲典要而援議哉!永明諸臣不求諸古,而尋之非禮,宜其聚訟紛紜,毫無準則,徒見嗤於後世爾。"(《吉禮八》"圜丘祀天")

樂 尚書殿中曹奏太祖高帝、穆后廟神室均應配歌辭,下詔王儉(尚書令)造太廟二室及郊配辭。(南齊志·樂)

【因革】《南齊志》錄尚書殿中曹奏曰:"尋漢世歌篇多少無定,皆稱事立文,並多八句,然後轉韻。時有兩三韻而轉,其例甚寡。張華、夏侯湛亦同前式。傅玄改韻頗數,更傷簡節之美。近世王韶之、顏延之並四韻乃轉,得賖促之中。顏延之、謝莊作三廟歌,皆各三章章八句,此於序述功業詳略爲宜,今宜依之。"

【儀制】《南齊志》錄有太廟樂歌辭。

嘉 就車旂之制,伏曼容(太子步兵校尉)議以爲當以姓音爲尚,齊德尚青,五輅牛車及五色幡旗並宜先青,周顒(太子僕)及劉朗之(散騎常侍)等十五人議駁之,事不行。(南齊志·輿服,通典·嘉禮九)

【儀制】《南齊志》記其常制曰:"玉、金輅,建碧旂;象、木輅,建赤旂。"

【理據】《南齊志》錄周顒議斥伏曼容曰:"三代姓音,古無前記,裁音配尚,起自曼容。則是曼容善識姓聲,不復方假吹律。"

【因革】①《通典》記其時“因宋金根車而脩玉輅”，並載其制，然遭蕭子良非議：“凡蓋圓象天，軫方象地。上無二天之儀，下設兩蓋之飾，求諸志録，殊爲乖衷。又假爲麟首，加乎爲頭，事不師古，鮮或可施”。② 又記其後至建武中，“明帝乃省重蓋等。金輅之飾如玉輅而減少，象輅減金輅，革輅如象輅而尤減，木輅如革輅，建大赤麾，首施大鄒幡。玉輅、金輅建碧旂，象輅、木輅建赤旂”。

凶 **王儉**（衛將軍）**令伏曼容**（太子率更令）**與司馬憲、陸澄共撰《喪服義》，成。**（梁書·儒林列傳，南史·儒林列傳）

【考釋】此事未悉年月，《梁書》載此事“既成，[王儉]又欲與之定禮樂，會儉薨”，故暫隸於下條前。

制 **伏曼容**（太子步兵校尉）**表定禮樂，下詔由王儉**（尚書令）**制定新禮，立治禮樂學士及職局，因集前代，撰治五禮。**（南齊志·禮上）

【考釋】《南齊志》記職局的組成情況曰：“置舊學四人，新學六人，正書令史各一人，幹一人，秘書省差能書弟子二人。”

《梁書·徐勉列傳》録徐勉普通六年(525)上表述其經過曰：“伏尋所定五禮，起齊永明三年，太子步兵校尉伏曼容表求制一代禮樂，于時參議置新舊學士十人，止修五禮，諮稟衛將軍丹陽尹王儉，學士亦分住郡中，製作歷年，猶未克就。及文憲薨殂，遺文散逸，後又以事付國子祭酒何胤，經涉九載，猶復未畢。建武四年，胤還東山，齊明帝敕委尚書令徐孝嗣。舊事本末，隨在南第。永元中，孝嗣於此遇禍，又多零落。當時鳩斂所餘，權付尚書左丞蔡仲熊、驍騎將軍何佟之共掌其事。時修禮局住在國子學中門外，東昏之代，頻有軍火，其所散失，又逾太半。”《南史·徐勉列傳》同。按徐勉上表所云“永明三年”，恐爲下詔由王儉制禮的時間，與《南齊志》並不矛盾。

關於撰修經過，《梁書·處士列傳》載曰：“尚書令王儉受詔撰新禮，[何胤]未就而卒；又使特進張緒續成之，緒又卒；屬在司徒竟陵王子良，子良以讓胤，乃置學士二十人，佐胤撰録。”《南史·何尚之列傳》同。由此可見，南齊撰修五禮，先後由王儉、何胤等職掌此事，然漸成而漸有散落，故終齊世而未能畢，故蕭子顯修

《南齊志》嘆"文多不載",正其實情也。

關於協助制禮者,《南齊書·劉繪列傳》載:"[繪]轉中書郎,掌詔誥,敕助國子祭酒何胤撰治禮儀。"又《孝義列傳》載:"[杜栖]轉西曹佐,竟陵王子良數致禮接;國子祭酒何胤治禮,又重栖,以爲學士,掌婚冠儀。"又《徐孝嗣列傳》載:"會王儉亡,上徵孝嗣爲五兵尚書。其年,上敕儀曹令史陳淑、王景之、朱玄真、陳義民撰江左以來儀典,令諮受孝嗣。"

【論評】①《南齊書·王儉列傳》述曰:"朝廷初基,制度草創,儉識舊事,問無不答。上歎曰:'《詩》云"維嶽降神,生甫及申",今亦天爲我生儉也。'"②《南史·王曇首列傳》述曰:"何承天《禮論》三百卷,[王]儉抄爲八帙,又別抄條目為十三卷。朝儀舊典,晉宋來施行故事,撰次諳憶,無遺漏者。所以當朝理事,斷決如流。每博議引證,先儒罕有其例,八坐丞郎,無能異者。令史諮事,賓客滿席,儉應接銓序,傍無留滯。"③ 楊志剛指出:"王儉所撰儀注,集南朝前期制度之總和。"(《中國禮儀制度研究》,第158頁)④ 張文昌指出:"這應當是中國最早爲修撰國家禮典所設置之專職職官與修撰機構。"(《制禮以教天下》,第243頁)

樂 伏曼容(太子步兵校尉)上表删纂雅樂,詔付外詳,未行。(南齊志·樂)

永明三年(485)

吉 正月辛卯(二十三),帝祠南郊;二月辛丑(初四),祠北郊。(南齊書·武帝本紀)

【考釋】《南史·齊本紀上》未載北郊。

嘉 正月,下詔立國學。之後創立堂宇,置生二百人,至秋中悉集。

(南齊志·禮上,南齊書·武帝本紀,南史·王曇首列傳)

【因革】《南史》記曰:"宋時國學頹廢,未暇修復,宋明帝泰始六年,置總明觀以集學士,或謂之東觀,置東觀祭酒一人,總明訪舉郎二人;儒、玄、文、史四科,科置學士十人,其餘令史以下各有差。是歲,以國學既立,省總明觀,於儉宅開學士館,以總明四部書充之。"《通典·吉禮十二》略同。

又據《南齊志》永泰元年(498)曹思文上表可知,國學終因文惠太子去世而廢。曹氏深斥曰:"然[國學]繫廢興於太子者,此永明之鉅失也。"

【儀制】《資治通鑑·齊紀二》記曰:"釋奠先師用上公禮。"

【論評】《南史》評曰:"先是宋孝武好文章,天下悉以文采相尚,莫以專經爲業。儉弱年便留意三禮,尤善《春秋》,發言吐論,造次必於儒教,由是衣冠翕然,並尚經學,儒教於此大興。"

吉 **有司奏議是否行釋奠禮,用何樂及禮器。王儉**(尚書令)**議以爲當從喻希説,釋奠禮宜行軒懸之樂、六佾之舞,牲勞器用均依上公。**

(南齊志·禮上,通典·吉禮十二)

【理據】《南齊志》録王儉議曰:"中朝以來,釋菜禮廢,今之所行,釋奠而已。"中朝,指西晉,既此後均行釋奠,故不必改作。然就儀制而言,王氏又曰:"陸納、車胤謂宣尼廟宜依亭侯之爵;范甯欲依周公之廟,用王者儀,范宣謂當其爲師則不臣之,釋奠日備帝王禮樂。此則車、陸失於過輕,二范傷於太重。"因此,"皇朝屈尊弘教,待以師資,引同上公,即事惟允",即各項儀節"悉依上公"。

【因革】《通典》記曰:"時從喻希議,用元嘉故事。"按指宋元嘉二十二年(445)所行釋奠。

賓 **三月甲寅,遣使劉纘**(輔國將軍)**聘於北魏。** (南史·齊本紀上)

【考釋】此月戊辰朔,無甲寅日。

【附識】此年十月,北魏遣使來聘,參見永明元年(483)。

吉 **十月,皇太子**(蕭長懋)**講畢《孝經》,親臨釋奠,王公以下往觀禮。**

(南齊志·禮上,南齊書·武帝本紀)

【附識】《南齊書·文惠太子列傳》記此年皇太子於崇正殿講《孝經》,王儉(少傅)令周顒(太子僕)撰爲義疏。《南史·齊武帝諸子列傳》同。

吉 **十二月丁酉**(初四)**,下詔擬行藉田,有司奏以明年正月丁亥**(二十五)**,王儉以爲無依據,通下詳議。劉蔓**(兼太學博士)**、何謂之**(太常丞)**、桑惠**

度（國子助教）、周山文（國子助教）、何佟之（國子助教）、顧𫍲之（殿中郎）議均以爲用丁亥爲宜，參議以爲允，詔可。（南齊志·禮上，南齊書·武帝本紀，通典·吉禮五）

【理據】《禮記·月令》"乃擇元辰，天子親載耒耜"鄭注："元辰，蓋郊後吉辰也。"此爲耕藉禮用時之經據，然並未坐實爲丁亥，故王儉有疑。《南齊志》録劉蔓等議釋以陰陽之説，未能服人。何佟之議則舉證《儀禮·少牢饋食禮》鄭注，以明"丁亥自是祭祀之日，不專施於先農"，而"漢文用此日耕藉祠先農，故後王相承用之，非有別義"。之後顧𫍲之議進一步明確"鄭玄稱先郊後吉辰，而不説必亥之由；盧植明子亥爲辰，亦無常辰之證"，而且漢魏時有用亥、用丑、用未"實兼有據"，然晉宋以來則相承用丁亥。

【因革】顧𫍲之議曰："［漢］昭帝癸亥耕於鉤盾弄田，明帝癸亥耕下邳，章帝乙亥耕定陶，又辛丑耕懷，魏之烈祖實書辛未，不繫一辰，徵於兩代矣。推晉之革魏，宋之因晉，政是服膺康成，非有異見者也。"由此可見晉宋以來改定此制，相承復歸於漢文帝時所用之丁亥。

吉 因玄象失度，史官奏宜修祈禳之禮。（南史·恩幸傳·呂文顯）

吉 遣蕭嶷（高帝第二子，帝之弟）拜陵。（南齊書·豫章文獻王列傳，南史·齊高帝諸子列傳上）

【考釋】《南齊書》記曰："世祖即位後，頻發詔拜陵，不果行。"《南史》同。何時遣蕭嶷，未悉，暫繫於此。

永明四年(486)

吉 閏正月辛亥（十九），帝藉田；甲寅（二十二），禮畢，帝至閲武堂小會。（南齊書·武帝本紀，南史·齊本紀上）

【理據】《南齊書》録帝詔曰："耕籍所以表敬，親載所以率民。"此得藉田之禮意。

【儀制】①《隋志·禮儀二》録梁武帝曰："齊代舊事，藉田使御史乘馬車，載耒粗,於五輅後。"②《南齊志·樂》録有此年江淹(驍騎將軍)造《藉田歌》二章。《通典·樂二》同。

軍 閏正月戊午(二十六),帝至宣武堂講武。(南齊書·武帝本紀,南史·齊本紀上)

嘉 三月辛亥(二十),國子學講《孝經》,帝至學,賞賜國子祭酒、博士、助教。(南齊書·武帝本紀)

凶 蕭鈞(衡陽王)因母區貴人去世,居喪盡禮;服闋,登車三上不能升。(南齊書·宗室列傳,南史·齊宗室列傳)

凶 蕭子敬(應城縣公)養母范氏(貴妃)去世,服制未明,王儉(尚書令)議以爲子及婦宜制期年服,從之。(南史·齊武帝諸子列傳)

【考釋】此事《南史》僅標"永明中",暫繫於此。

凶 蕭順之妻(吴氏)去世,子蕭秀(12歲)、蕭憺(9歲)居喪,累日不進漿飲,父取粥給之。(梁書·太祖五王列傳,南史·梁宗室列傳下)

【考釋】① 蕭順之,即蕭衍之父,梁建國後追奉爲太祖。② 蕭秀,梁之安成王,《南史》記其母去世時13歲。

永明五年(487)

吉 三月戊子(初三),帝至芳林園禊宴。(南齊書·武帝本紀)

【因革】《南齊志·禮上》記曰:"三月三日曲水會,古禊祭也。《漢·禮儀志》云'季春月上巳,官民皆絜濯於東流水上,自洗濯祓除去宿疾爲大絜',不見東流爲何水也。晉中朝云,卿已下至於庶民,皆禊洛水之側,……趙王倫篡位,三日,會天淵池誅張林。懷帝亦會天淵池賦詩。……元帝又詔罷三日弄具。今相承爲百戲之具,雕弄技巧,增損無常。"《通典·吉禮十四》略同,並據此析出東漢、晉之制。

又《南齊書·王融列傳》記永明九年(491)又行此禮,並使王融爲《曲水詩序》。

《南史·王弘列傳》同。

【理據】《南齊志》録史臣曰列古禊祭之用意，其中有"一説，三月三日，清明之節，將修事于水側，禱祀以祈豐年"，當以此"祈農之説，於事爲當"。

吉 四月庚午(初五)，殷祀太廟。（南齊書·武帝本紀，南史·齊本紀上）

嘉 九月辛卯(初九)，帝至商飆館，登高宴群臣。（南齊書·武帝本紀，南史·齊本紀上）

嘉 十月，皇孫蕭昭業(南郡王，後即帝位)將冠，有司奏議定儀注，王儉(尚書令)議初定儀注，後王奐等十四人議並同，並撰定祝辭與醮酒辭，詔可。（南齊志·禮上，通典·嘉禮一）

【儀制】《南齊志》録王儉議所定儀注爲："宜使太常持節加冠，大鴻臚爲贊；醮酒之儀，亦歸二卿；祝醮之辭，附准經記，別更撰立，不依蕃國常體。國官陪位拜賀，自依舊章。其日内外二品清官以上，詣止車集賀，並詣東宮南門通箋。別日上禮，宮臣亦詣門稱賀，如上臺之儀。既冠之後，克日謁廟，以弘尊祖之義。"王奐等撰辭，祝辭曰："皇帝使給事中、太常、武安侯蕭惠基加南郡王冠。"祝曰："筮日筮賓，肇加元服。棄爾幼志，從厥成德。親賢使能，克隆景福。"醮酒辭曰："旨酒既清，嘉薦既盈。兄弟具在，淑慎儀形。永届眉壽，于穆斯寧。"

【理據】王儉議指出"皇孫冠事，歷代所無"，故其先辨《儀禮·士冠禮》、《大戴禮記·公冠》、《小戴禮記·冠義》及鄭注所載之禮意，又考察前朝故事，"中朝以來，太子冠則皇帝臨軒，司徒加冠，光禄贊冠。諸王則郎中加冠，中尉贊冠；今同於儲皇則重，依於諸王則輕"。具體而言，"南郡雖處蕃國，非支庶之列，宜稟天朝之命，微申冠祚之禮。晉武帝詔稱漢、魏遣使冠諸王，非古正典，此蓋謂庶子封王，合依公冠自主之義。至於國之長孫，遣使惟允。"由此可參酌而定新制。

【論評】秦蕙田《五禮通考》論曰："此天子嫡孫冠禮，王儉等議是也。集賀上禮見此。"（《吉禮一百四十九》"冠禮"）

嘉 十一月戊子(初七)，蕭昭業(南郡王，皇太子之子)冠於東宮崇政殿，其日小

會。（南齊書·鬱林王本紀，南史·齊本紀下）

【考釋】蕭昭業在建元四年（482）時 10 歲，至今 15 歲。

嘉 冬，皇太子臨國學，策試諸生，問《曲禮》"無不敬"與上接下以慈，是否有礙，與王儉（太傳）等往復問難，王儉以《書》"不忘恭敬，民之主也"爲結，張緒（金紫光祿大夫）答以恭敬爲立身之本，蕭子良（竟陵王）答以"禮者敬而已矣"，蕭映（臨川王）答以先舉必敬以明大體，又謝幾卿等太學生十一人均筆對。（南齊書·文惠太子列傳，南史·齊武帝諸子列傳）

【因革】《南齊書》述曰："太子以長年臨學，亦前代未有也。"文惠太子在國學問答禮意，可見其學養。

凶 蕭叡明（南蘭陵人）之母去世，不勝哀，亦去世。（南史·孝義列傳上）

【附識】《南史》又載羊佩任、褚脩，母亡亦如之。

永明六年（488）

嘉 十月庚申（十四，立冬），帝至太極殿讀時令。（南齊書·武帝本紀，南史·齊本紀上）

吉 就祭用生魚一頭、干魚五頭，何諲之（太常丞）議以爲宜用鮮、槁魚各二頭，桑惠度（國子助教）議以爲何説無所法，遂不行。（南齊志·禮上）

【理據】《南齊志》録何諲之議曰："《少牢饋食禮》云'司士升魚腊膚魚，用鮒十有五'，上既云'腊'，下必是鮮，其數宜同，稱'膚'足知鱗革無毀。《記》云'槁魚曰商祭，鮮曰脡祭'，鄭注：'商，量。脡，直也。'尋'商'旨裁截，'脡'義在全。賀循《祭義》猶用魚十五頭。今鮮頓删約，槁皆全用。"何氏舉證《儀禮·少牢饋食禮》、《禮記·曲禮下》等文爲證，今用鮮一、槁五顯與古未合，頗似有據。然何氏進而提出用鮮、槁各二，卻同樣無準據，而桑惠度議則指出："干魚五頭者，以其既加人功,可法於五味,以象酒之五齊也。今欲鮮、槁各雙,義無所法。"

嘉 何諲之(太常丞)議請案《周禮》命數,改三公八旒,卿六旒,王儉(尚書令)議請依漢三公服,山、龍九章,卿華蟲七章,從之。(南齊志·輿服)

【儀制】《南齊志》記曰:"舊相承三公以下冕七旒,青玉珠,卿大夫以下五旒,黑玉珠。"

【理據】閻步克推論曰:"《周禮》的影響繼續增大。……我猜想何諲之本來是想讓章數也加旒數,也以命數爲準的;但王儉堅持漢制,齊武帝便居間折衷,旒數從何諲之、用《周禮》,章數從王儉、依漢制。"(《服周之冕》第七章,第262頁)

樂 敕位在黃門郎以下,不得畜女妓。(南齊書·王晏列傳,南史·王晏列傳,通典·樂二)

永明七年(489)

吉 二月己丑(十五),下詔修祀孔子廟。(南齊書·武帝本紀)

【儀制】《南齊書》錄帝詔曰:"可改築宗祊,務在爽塏。量給祭秩,禮同諸侯,奉聖之爵,以時紹繼。"

嘉 四月戊寅(初五),下詔更革婚禮奢侈之風。(南齊書·武帝本紀)

【儀制】《南齊書》錄帝詔言當時禮俗曰:"乃聞同牢之費,華泰尤甚。膳羞方丈,有過王侯。富者扇其驕風,貧者恥躬不逮。或以供帳未具,動致推遷,年不再來,盛時忽往。"

凶 五月乙巳(初三),王儉(尚書令、衛將軍、開府儀同三司)去世,下詔衛軍文武及臺所兵仗悉停侍葬,並給節,加羽葆鼓吹,增班劍爲六十人,葬禮依褚淵(故太宰)故事。(南齊書·王儉列傳、武帝本紀,南史·王曇首列傳)

制 十月己丑(十九),下詔禁婚喪之禮奢靡之風。(南齊書·武帝本紀)

568

【儀制】《南齊書》録帝詔言當時禮俗曰："吉凶奢靡，動違矩則，或裂錦繡以競車服之飾，塗金鏤石以窮塋域之麗，至斑白不婚，露棺累葉，苟相姱衒，罔顧大典。"又《南齊志・禮上》記曰："永明中，世祖以婚禮奢費，敕諸王納妃，上御及六宮依禮止棗栗腶脩，加以香澤花粉，其餘衣物皆停。唯公主降嬪，則止遺舅姑也。"《通典・嘉禮三》同。

制 帝敕陳淑、王景之、朱玄真、陳義民（均儀曹令史）撰江左以來儀典，令諮受徐孝嗣（五兵尚書）。（南齊書・徐孝嗣列傳）

永明八年（490）

吉 六月，大雷雨，百官戎服救太廟。（南齊書・虞悰列傳，南史・齊本紀上）

軍 八月丙寅（初一），京城霖雨，下詔遣中書舍人、二縣官長賑恤。（南齊書・武帝本紀）

嘉 何胤爲國子祭酒，疑所服，陸澄不能據，遂以玄服臨試，後經博議，乃用朱服。（南齊志・百官，南史・何尚之列傳）

【因革】《南史》稱"祭酒朱服，自此始也"。

永明九年（491）

賓 正月戊午（二十五），遣使裴昭明（射聲校尉）聘於北魏。（南史・齊本紀上）

【附識】參見北魏孝文帝太和十五年（491）。

吉 正月，詔太廟四時祭，薦宣、高二帝二后。又勅豫章王妃（庾氏）四時還青溪宮舊宅奉祠二帝二后。（南齊志・禮上，通典・吉禮八）

【儀制】《南齊志》記曰："薦宣帝麨起餅、鴨臛；孝皇后筍、鴨卵、脯醬、炙白肉；高皇帝薦肉膾、菹羹；昭皇后茗、粣、炙魚：皆所嗜也。"又曰："庾氏四時還青溪宮舊宅,處內合堂,奉祠二帝二后,牲牢、服章用家人禮。"

【論評】①《南齊志》録史臣曰列舉漢建武三年(27)、魏黃初二年(221)故事,稱:"世祖發漢明之夢,肇祀故宮,孝享既申,義合前典,亦一時之盛也。"② 然而《資治通鑑·齊紀三》司馬光評曰:"昔屈到嗜芰,屈建去之,以爲不可以私欲干國之典,況子爲天子,而以庶人之禮祭其父,違禮甚矣!"

吉 三月癸巳(初一),**明堂災。**(南史·齊本紀上)

吉 四月乙亥(十三),**有司奏改上陵之制,詔可。**(南齊書·武帝本紀)

【儀制】《南齊書》録有司奏曰:"舊格一年兩過行陵,三月十五日曹郎以下小行,九月十五日司空以下大行,今長停小行,唯二州一大行。"

軍 九月戊辰(初九),**帝至琅邪城講武,觀者傾都,普頒酒肉。**(南齊書·武帝本紀,南史·齊本紀上)

制 王植(尚書刪定郎)**撰定《刑律》二十卷、《叙録》一卷成,孔稚珪**(廷尉)**上表請付外施用,置律助教,未行。**(南齊書·孔稚珪列傳,南史·孔珪列傳,通典·刑法二)

【因革】《南齊書》述此前修律之事曰:"江左相承用晉世張、杜律二十卷,世祖留心法令,數訊囚徒,詔獄官詳正舊注。先是七年,尚書刪定郎王植撰定律章表奏之,於是公卿八座參議,考正舊注。有輕重處,竟陵王子良下意,多使從輕。其中朝議不能斷者,制旨平決。"據王植之奏,可知"晉律,文簡辭約,旨通大綱,事之所質,取斷難釋。張斐、杜預同注一章,而生殺永殊。自晉泰始以來,唯斟酌參用",而南齊律,至此年書成。

【考釋】① 孔稚珪,《南史》作孔珪。② 王植,《隋志·刑法》、《通典》作王植之。

吉 蕭緬(使持節,都督雍梁南北秦四州、荆州之竟陵、司州之隨郡軍事,左將軍,寧蠻校尉,雍州刺史)**喪還,百姓沿沔水悲泣設祭,立祠於峴山。**(南齊書·宗室列傳,南史·齊宗室列傳)

【附識】《南史·崔祖思列傳》又載崔景真在平昌太守任上,"有惠政……去任之日,土人思之爲立祠"。

永明十年（492）

吉 正月丙戌（二十九），下詔功臣六人配饗太祖廟庭。何諲之（祠部郎）議可設坐板，上具書贈官爵謚及名，有司贊同何説。（南齊志・禮上，南史・齊本紀上，南史・齊本紀上）

【考釋】《南齊志》記配饗者爲："故太宰褚淵、故太尉王儉、故司空柳世隆、故驃騎大將軍王敬則、故鎮東大將軍陳顯達、故鎮東將軍李安民六人。"《南史》於王敬則、陸顯達二氏前無"故"字，清錢大昕《廿二史考異》云："按敬則、顯達二人此時見存，不應加'故'字，校刊者妄意配饗廟庭之人必已身故，謬加此字耳。"按此乃人未死而預定配饗之制。

【理據】《南齊志》録何諲之議曰："功臣配饗，累行宋世，檢其遺事，題列坐位，具書贈官爵謚及名，文不稱主，便是設板也。《白虎通》云'祭之有主，孝子以繫心也'，揆斯而言，升配廟廷，不容有主。"可見何説沿宋而來。

【儀制】何氏進而確定設坐板"大小厚薄如尚書召板"，有司攝太廟舊人云何説與宋世所留存儀注所記相符。

凶 四月辛丑（十五），蕭嶷（大司馬，豫章王）去世，遺令二子定喪祭之制（南齊書・豫章文獻王列傳、武帝本紀，南史・齊高帝諸子列傳上）

【儀制】《南齊書》録蕭嶷臨終語二子曰："三日施靈，唯香火、槃水、干飯、酒脯、檳榔而已。朔望菜食一盤，加以甘菓，此外悉省。葬後除靈，可施吾常所乘轝扇繖。朔望時節，席地香火、槃水、酒脯、干飯、檳榔便足。……棺器及墓中，勿用餘物爲後患也。朝服之外，唯下鐵環刀一口。作冢勿令深，一一依格，莫過度也。"《南史》同。

凶 蕭嶷（帝之弟）去世，下詔斂以袞冕之服，溫明秘器，命服一具，衣一襲，又詔給九旒鑾輅，黃屋左纛，虎賁班劍百人，轀輬車，前後部羽葆、鼓吹，喪葬送儀一依漢東平王故事。（南齊書・豫章文獻王列傳，南

史·齊高帝諸子列傳上)

【儀制】①《南齊書》録帝詔曰："大鴻臚持節護喪事,太官朝夕送奠,大司馬、太傅二府文武悉停過葬。"《南史》同。②《南史》又記曰："武帝哀痛特至,蔬食積旬,……其年十二月,乃舉樂宴朝臣。樂始舉,上便欷歔流涕。"《南齊書》略同。

吉 **十月甲午**(十一)，**殷祀太廟。**(南齊書·武帝本紀,南史·齊本紀上)

賓 **十二月乙巳**(二十三)，**遣使蕭琛**(司徒參軍)**聘於北魏。**(南史·齊本紀上)

【考釋】《梁書·儒林列傳》記曰："永明年中,與魏氏和親,歲通聘好,特簡才學之士,以爲行人,[范]縝及從弟雲、蕭琛、琅邪顏幼明、河東裴昭明相繼將命,皆著名隣國。"《南史·范雲列傳》同。《南史·范雲列傳》確實載范雲此年使於北魏,《王諶列傳》又載何憲(國子博士)此年使於北魏。按永明元年(483)來即屢有聘使,難以坐實人選。

【因革】《魏書·高祖紀下》又載此年三月(二十二),"蕭賾遣使朝貢"。

凶 **蕭順之**(丹陽尹,梁代追尊爲文帝)**去世，子蕭衍服喪過禮。**(梁書·武帝本紀下,南史·梁本紀中)

【儀制】《梁書》記武帝服喪曰："及丁文皇帝憂,時爲齊隨王諮議,隨府在荆鎮,髣髴奉聞,便投刻星馳,不復寢食,倍道就路,憤風驚浪,不暫停止。高祖形容本壯,及還至京都,銷毀骨立,親表士友,不復識焉。望宅奉諱,氣絶久之,每哭輒歐血數升。服内不復嘗米,惟資大麥,日止二溢。拜掃山陵,涕淚所灑,松草變色。"《南史》同。

【考釋】此爲《梁書》本紀末之"史臣曰",其恐本之於《金樓子·興王》,蕭順之卒年亦據此(參見柏俊才《梁武帝蕭衍考略》之"梁武帝之父蕭順之考")。

凶 **袁昂**(太孫中庶子,衛軍武陵王長史)**之母去世，哀毀過禮；服未除而從兄袁象去世，乃制縗服。**(梁書·袁昂列傳,南史·袁湛列傳)

【理據】《梁書》録人有怪而問之,袁昂致書以答曰："既情若同生,而服爲諸從,言心即事,實未忍安。昔馬稜與弟毅同居,毅亡,稜爲心服三年。由也之不除喪,亦緣情而致制,雖識不及古,誠懷感慕。常願千秋之後,從服期齊;不圖門衰,禍集一旦,草土殘息,復罹今酷,尋惟慟絕,彌劇彌深。今以余喘,欲遂素志,庶寄其罔慕之痛,少申無已之情。雖禮無明據,乃事有先例,率迷而至,必欲行之。”

【考釋】此事未悉年月,據前後史事略推,暫繫於此。

【附識】《梁書》又記此前袁昂之父袁顗被斬,屍還,“昂號慟嘔血,絕而復蘇,從兄象嘗撫視抑臂,昂更制服,廬於墓次”,《南史》又記其“以父亡不以理,終身不聽音樂”。

《梁書》又記此後袁昂出爲豫章內史,丁所生母憂,“以喪還,江路風浪暴駭,昂乃縛衣著柩,誓同沈溺。及風止,余船皆沒,唯昂所乘船獲全,咸謂精誠所致”。《南史》同。

凶 **任昉**(竟陵王記室參軍)**之父去世,泣血三年,杖而後起。**(南史·任昉列傳,梁書·任昉列傳)

【儀制】《南史》記帝使任昉之伯任遐勸食,“當時勉勵,回即歐出”;又記任昉繼母去世,“先以毀瘠,每一慟絕,良久乃蘇,因廬於墓側,以終喪禮。哭泣之地,草爲不生”。《梁書》略同。

【考釋】此事未悉年月,暫繫於此。

永明十一年(493)

凶 **正月丙子**(二十五)**,皇太子**(蕭長懋)**去世,帝至東宮,臨哭盡哀,下詔斂以袞冕之服;後葬於崇安陵。**(南齊書·武帝本紀、文惠太子列傳,南史·齊武帝諸子列傳)

【儀制】《南史》記喪服之制曰:“有司奏御服綦,朝臣齊衰三月,南郡國臣齊衰綦,臨汝、曲江國臣並不服,六宮不從服。”

又《南史·齊本紀下》記皇太孫蕭昭業服喪曰:“文惠太子自疾至薨,帝侍疾及居喪,哀容號毀,旁人見者,莫不嗚咽。裁還私室,即歡笑酣飲,備食甘滋。”

凶 文惠太子去世，王晏（右僕射）等奏服制、祥除等四事，詔可。（南齊志・禮下，通典・凶禮四）

【儀制】《南齊志》錄王晏等奏曰：“今至尊既不行三年之典，止服期制，群臣應降一等，便應大功。九月功衰，是兄弟之服，不可以服尊，臣等參議，謂宜重其衰裳，減其月數，同服齊衰三月。至於太孫三年既申，南郡國臣，宜備齊衰期服。臨汝、曲江既非正嫡，不得襧先儲，二公國臣，並不得服。”又奏曰：“案禮，祥除皆先於今夕易服，明旦乃設祭。……臣等參議，謂先哭臨竟而後祭之。應公除者，皆於府第變服，而後入臨，行奉慰之禮。”

吉 文惠太子擬祔廟於太廟陰室。王晏（右僕射）、徐孝嗣（吏部尚書）、何胤（侍中）奏宜太尉行禮，太孫拜伏，陰室之祭太孫親自進奠，詔可。（南齊志・禮上）

【理據】《南齊志》錄王晏等議曰：“故太子祔太廟，既無先准。檢宋元后故事，太尉行禮，太子拜伏與太尉俱。臣等參議，依擬前典。”宋元后，指宋文帝時袁皇后，於元嘉十七年（440）去世，特詔謚爲元皇后。

嘉 四月甲午（十四），立蕭昭業（皇太子之子）爲皇太孫，何氏爲太孫妃。（南齊書・武帝本紀，南史・齊本紀上）

嘉 五月戊辰（十九），下詔京城二縣、朱方、姑熟權斷酒。（南齊書・武帝本紀，南史・齊本紀上）

吉 何佟之（兼祠部郎）議提出相承所用二社一稷壇之位向宜作修改，儀曹稱治禮學士議以爲有不妥，何氏又議駁之，治禮學士又難何氏，凡三往復。（南齊志・禮上，通典・吉禮四）

【儀制】《南齊志》錄何佟之議提出宜將壇位面向等改定爲：“謂二社，……論其神則一，位並宜北向。稷若北向，則成相背。稷是百穀之總神，非陰氣之主，宜依先東向。齋官立社壇東北，南向立，東爲上，諸執事西向立，南爲上。”又：“稷依禮無兼稱，今若欲尊崇，正可名爲太稷耳，豈得謂爲稷社邪？”治禮學士則認爲設祭壇位均宜南向，薦饗者北向行禮。

【因革】何氏議曰:"知古祭社,北向設位,齋官南向明矣。近代相承,帝社南向,太社及稷並東向,而齋官位在帝社壇北,西向,於神背後行禮。又名稷爲稷社,甚乖禮意。乃未知失在何時,原此理當未久。竊以皇齊改物,禮樂惟新,中國之神,莫貴於社,若遂仍前謬,懼虧盛典。"何氏所謂"近代相承"的儀注,恐即東晉建武元年(317)所定者。之後晉宋沿用,至此方始改作。

【考釋】此後至建武二年(495),有司更議,何説乃得施行。

【論評】秦蕙田《五禮通考》論曰:"《郊特牲》'君南向以答陰',則社北向可知。以爲社稷並南向,固非,以爲社南向、稷東向,是以稷爲社之配位矣,句龍后稷之配,更宜何向耶? 佟之駁稷社名,得之。治禮解臣北向答君,非是。祈祀天地之日,亦是也。"(《吉禮四十三》"社稷")

凶 **七月戊寅**(三十)**,帝去世於延昌殿,下詔喪禮存省約,祭勿以牲,太孫即位;九月丙寅**(十八)**,葬帝於景安陵。**(南齊書·武帝本紀,南史·齊本紀上)

【儀制】《武帝本紀》録帝詔言喪禮曰:"我識滅之後,身上著夏衣畫天衣,純烏犀導,應諸器悉不得用寶物及織成等,唯裝複裌衣各一通。常所服身刀長短二口鐵環者,隨我入梓宫。……喪禮每存省約,不須煩民。百官停六時入臨,朔望祖日可依舊。諸主六宫,並不須從山陵。"又言祭禮曰:"祭敬之典,本在因心,東鄰殺牛,不如西家禴祭。我靈上慎勿以牲爲祭,唯設餅、茶飲、乾飯、酒脯而已。天下貴賤,咸同此制。……内殿鳳華、壽昌、耀靈三處,是吾所治製。夫貴有天下,富兼四海,宴處寢息,不容乃陋,謂此爲奢儉之中,慎勿壞去。顯陽殿玉像諸佛及供養,具如別牒,可盡心禮拜供養之。應有功德事,可專在中。"《南史》同。

又《南齊書·鬱林王本紀》記皇太孫服喪曰:"在世祖喪,哭泣竟,入後宫,嘗列胡妓二部夾閤迎奏。"《南史·齊本紀下》又記曰:"大殮始畢,乃悉呼武帝諸伎,備奏衆樂,諸伎雖畏威從事,莫不哽咽流涕。……及武帝梓宫下渚,帝於端門内奉辭,輀輬車未出端門,便稱疾還内。裁入閤,即於内奏胡伎,鞞鐸之聲,震響内外。"《魏書·島夷蕭道成列傳》略同。

吉 江祀(南東海太守)因治下有宣尼廟，久廢不修，開掃構立。(南齊書·江祀列傳)

【考釋】此事未悉年月，以江祀任晉安王鎮北長史，由《南齊書·武十七王》蕭子懋(晉安王)生平大致推斷，暫繫於此。

鬱林王(廢帝，蕭昭業，武帝孫，文惠太子長子)

嘉 十月壬寅(二十五)，立皇后何氏。(南齊書·鬱林王本紀)

【附識】同時追尊皇太孫太妃王氏(文惠太子妃)爲皇太后。

賓 十一月庚戌(初三)，北魏遣使來聘。(南史·齊本紀下)

【附識】參見北魏孝文帝太和十七年(493)。

吉 十二月，皇太后(王氏)謁太廟，皇后何氏同日謁太廟。(南齊書·皇后列傳，南史·后妃列傳上)

軍 即位未逾旬，帝即毀武帝所起招婉殿，於其處爲馬埒。(南齊書·鬱林王本紀，南史·齊本紀下)

【儀制】《南齊志·禮上》載馬射之禮曰："九月九日馬射。或説云，秋金之節，講武習射，像漢立秋之禮。"

嘉 阮孝緒年十五，行冠禮，見其父(阮彥之)，父誡之。(梁書·處士列傳，南史·隱逸列傳下)

【儀制】《梁書》載阮彥之誡曰："三加彌尊，人倫之始。宜思自勗，以庇爾躬。"《南史》同。按阮孝緒年十三，遍通五經，自行冠禮後屏居一室，家人莫見其面。

隆昌元年(494)

吉 正月辛亥(初五)，祠南郊。戊午(十二)，拜崇安陵。(南齊書·鬱林王本紀，南

史·齊本紀下）

【考釋】崇安陵，原作景安陵，校勘記引張元濟云："景安陵爲武帝陵，崇安陵爲文惠太子陵，疑作崇安陵爲是。"

賓　正月甲戌（二十八），遣使劉敳（司徒參軍）聘於北魏。（南史·齊本紀下）

吉　二月辛卯（十六），祀明堂。（南齊書·鬱林王本紀，南史·齊本紀下）

凶　四月戊子（十四），蕭子良（太傅，竟陵王）去世，下詔給東園溫明祕器，斂以衮冕之服，東府施喪位，大鴻臚持節監護，太官朝夕送祭；後葬於祖硎山。（南齊書·武十七王列傳、鬱林王本紀，南史·齊武帝諸子列傳）

【儀制】《武十七王列傳》又録帝詔曰："給九旒鸞輅，黄屋左纛，輼輬車，前後部羽葆鼓吹，挽歌二部，虎賁班劍百人，葬禮依晉安平王孚故事。"

吉　有司奏參議以爲明堂當配以世祖，謝曇濟（國子助教）議以爲宜以文、武雙配，徐景嵩（助教）、王遜之（光禄大夫）議以爲當以世宗文皇帝配，何佟之（祠部郎）、王晏（左僕射）議以爲宜以世祖武帝配，詔可。（南齊志·禮上，通典·吉禮三）

【考釋】① 鬱林王即位，追尊其父文惠太子蕭長懋爲世宗文皇帝。②《通典》將此事署爲"明帝崇昌元年"，改隆爲崇係避唐玄宗諱；然此年十月明帝方即位，此事尚在鬱林王時。

凶　王秀之（輔國將軍，吳興太守）去世，遺令朱服不得入棺，祭則酒脯，去僕妾助哭。（南史·王裕之列傳）

【理據】《南史》記王秀之遺令曰："世人以僕妾直靈助哭，當由喪主不能淳至，欲以多聲相亂。魂而有靈，吾當笑之。"

凶　七月癸巳（二十一），皇太后令廢帝爲鬱林王，甲午（二十二），被殺。（南齊書·鬱林王本紀，南史·齊本紀下）

【儀制】《南齊書》記喪制曰："舁尸出徐龍駒（閹人）宅，殯葬以王禮。"

海陵王(蕭昭文,武帝孫,文惠太子第二子)

延興元年(494)

吉 七月丁酉(二十五),新安王即位,改元。(南齊書‧海陵王本紀,南史‧齊本紀下)

賓 八月壬辰,北魏遣使來聘。(南史‧齊本紀下)

【考釋】此月癸卯朔,無壬辰日。

嘉 八月甲辰(初二),下詔使者觀省風俗。(南史‧齊本紀下)

凶 十月,皇太后令廢帝爲海陵王;十一月,被殺,喪禮依漢東海王故事。(南齊書‧海陵王本紀,南史‧齊本紀下)

【儀制】《南齊書》記廢帝詔曰:"海陵王依漢東海王彊故事,給虎賁、旄頭、畫輪車,設鐘虡宮縣。"又記喪制曰:"十一月,稱王有疾,數遣御師占視,乃殞之。給溫明秘器,衣一襲,斂以袞冕之服。大鴻臚監護喪事。葬給輼輬車,九旒大輅,黄屋左纛,前後部羽葆鼓吹,輓歌二部,依東海王故事。"《南史》同。

凶 十月,帝去世,百官會哀,朝議疑是否戎服臨會,何佟之(祠部郎)議以爲當於宮門變戎服,臨畢還襲戎衣,從之。(南齊志‧禮下)

【理據】《南齊志》録何佟之議曰:"羔裘玄冠不以弔,理不容以兵服臨喪。宋泰始二年,孝武大祥之日,于時百寮入臨,皆於宮門變戎服,著衣幘入臨畢,出外,還襲戎衣。"

明帝(高宗,蕭鸞,高帝侄子)

建武元年(494)

吉 十月癸亥(二十二),宣城王即位,改元;乙丑(二十四),詔斷遠近上

禮。（南齊書・明帝本紀，南史・齊本紀下）

【考釋】《南齊書》記曰："太后令廢海陵王，以上入纂太祖爲第三子，群臣三請，乃受命。"

【儀制】《南齊書》録帝詔曰："自今彫文篆刻，歲時光新，可悉停省。蕃牧守宰，或有薦獻，事非任土，嚴加禁斷。"《南史》同。

[軍] 十一月壬申（初二），日有蝕之，帝宿沐浴，潔齋蔬食，斷朝務，單衣帢衣危坐，以至事畢。（南史・齊本紀下）

[制] 十一月癸酉（初三），革永明之制，依晉宋舊典。（南史・齊本紀下）

[嘉] 十一月戊子（十八），立蕭寶卷爲皇太子，己丑（二十四），下詔東宮肇建，悉斷遠近慶禮。（南齊書・明帝本紀，南史・齊本紀下）

[凶] 十二月庚戌（初十），因劉郎之（宣德太僕）、劉璪之（游擊將軍）子不瞻養其兄之子，致使隨母他嫁，免其官，禁錮終身，付之鄉論。（南史・齊本紀下）

【論評】此條可見南朝家族禮法關係。

[嘉] 追尊敬妃（劉氏）爲皇后。（南齊書・皇后列傳）

【考釋】劉氏於永明七年（489）即去世。

[嘉] 改衮服用織成爲天衣。（通典・嘉禮六）

【因革】《通典》記曰："齊因制平天冠服，不易舊法，郊廟臨朝所服也。"

【儀制】《通典》記曰："明帝以織太重，乃采畫爲之，加金飾銀薄，時亦謂爲天衣。通天冠服，絳紗袍，皁緣中衣，乘輿臨朝所服，臣下皆同。拜陵則黑介幘，服無定色。舉哀臨喪，白帢單衣，亦謂之素服。王公助祭，平冕服，山龍以下九章，卿七章，皆畫皁絳繒爲之。袴褶相因不改。"

【考釋】此事僅知在"建武中"，暫繫於此。

建武二年（495）

[凶] 正月，朝會，因未出武帝喪期，朝議疑是否作樂，何佟之（祠部郎）議

以爲當守過密三年之制，從之。（南齊志·禮下）

【儀制】《南齊志·樂》宋齊之世元會樂制曰："宋黃門郎王韶之造《肆夏》四章，行禮一章，上壽一章，登歌三章，食舉十章，前後舞歌一章。齊微改革，多仍舊辭。其前後舞二章新改。其臨軒樂，亦奏《肆夏》於鑠四章。"

凶 正月己卯（初九），下詔京城二縣有毀發墳墓，隨宜修理。（南齊書·明帝本紀，南史·齊本紀下）

吉 正月己卯，下詔條格耕蠶之禮。（南齊書·明帝本紀）

凶 正月，有司奏定文帝（文惠太子）祥禫除服之儀，下二學八座丞郎，陶韶（博士）以爲皇帝宜服祭服，出太極殿，百僚亦祭服陪位，崔愜（太學博士）同；李撝（太常丞）議以爲皇帝宜弔服出正殿，百僚舉哀，沈俁（太常）同；謝曇濟（給事中領國子助教）議以爲文帝未即位，無所依設，何佟之（祠部郎）議以爲皇帝宜弔服升殿，群臣同致哀，事畢詣宣德宮拜表，致哀陵園，王晏（尚書令）等十九人同，詔可。（南齊志·禮下）

【儀制】《南齊志》記文帝於此年正月二十四日爲再忌日，二十九日大祥，三月二十九日祥禫。

【理據】《南齊志》錄何佟之議曰："《春秋》之旨，臣子繼君親，雖恩義有殊，而其禮則一，所以敦資敬之情，篤方喪之義。"

吉 五月甲午（二十六），始安貞王寢廟建成於御道西。（南齊書·明帝本紀、宗室列傳，南史·齊本紀下）

【考釋】始安貞王蕭道生，明帝之父，去年十一月明帝即位後追尊爲景皇，妃江氏爲懿后，令別立寢廟。

制 十月癸卯（初八），因禮讓未興，侈華猶競，下詔罷東田，毀青光樓。（南齊書·明帝本紀，南史·齊本紀下）

【考釋】①《南齊書·文惠太子列傳》記曰："[太子]風韻甚和而性頗奢麗，宮內殿堂，皆雕飾精綺，過於上宮。……以晉明帝爲太子時立西池，乃啓世祖引前例，求東田起小苑，上許之。"②《東昏侯本紀》記曰："世祖興光樓上施青漆，世謂之'青樓'。"

【論評】《南齊書》本紀末記曰："[明帝]大存儉約，罷世祖所起新林苑，以地還百姓。廢文帝所起太子東田，斥賣之。永明中，興輦舟乘悉剔取金銀，還主衣庫。"《南史》同。

嘉 十月乙卯(二十)，納皇太子妃褚氏，斷四方上禮。(南齊書·明帝本紀，南史·齊本紀下)

吉 十二月丁酉(初三)，下詔晉帝諸陵，悉加修理，並增守衛。(南齊書·明帝本紀，南史·齊本紀下)

吉 因永明中南郊壇外起立瓦屋，庾曇隆(通直散騎常侍)啓以爲當棄廢，詔付外詳。徐景嵩(國子助教)、賀瑒(太學博士)、王摛(兼左丞)議均同庾說，虞炎(驍騎將軍)、李撝(祠部郎)議則以爲可立無妨，故庾說未行。(南齊志·禮上，通典·吉禮一)

【理據】《南齊志》錄庾曇隆啓曰："伏見南郊壇員兆外內，永明中起瓦屋，形製宏壯，檢案經史，無所准據。"並指出南郊禮意："尋《周禮》，祭天於圜丘，取其因高之義，兆於南郊，就陽位也。故以高敞，貴在上昭天明，旁流氣物。"又推前代故事："自秦漢以來，雖郊祀參差，而壇域中間，並無更立宮室。其意何也？政是質誠尊天，不自崇樹，兼事通曠，必務開遠。宋元嘉南郊，至時權作小陳帳以爲退息，泰始薄加修廣，永明初彌漸高麗，往年工匠遂啓立瓦屋。前代帝皇，豈於上天之祀而昧營構，所不爲者，深有情意。"庾說理據充足，故徐景嵩認爲"今帳瓦之構雖殊，俱非千載成例，宜務因循"。然而，李撝則以宗廟爲譬，議曰："《周禮》'凡祭祀張其旅幕，張尸次'，尸則有幄，仲師云'尸次，祭祀之尸所居更衣帳也'。……宗廟旅幕，可變爲棟宇；郊祀氈案，何爲不轉製檐甍！"按此說實甚牽強。

吉 何佟之(祠部郎)議提出相承用的祭禮設牲之色宜作修改，劉繪(前軍長史)補議祀山川用牲色，何氏又議釋之，參議以何說爲允，帝從

之。（南齊志•禮上）

【因革】《南齊志》録何佟之議指出“今南北兩郊同用玄牲，又明堂、宗廟、社稷俱用赤，有違昔典”，可見此前祭禮所行之儀。何氏又指出：“自晉以來，並圜丘於南郊，是以郊壇列五帝、勾芒等。今明堂祀五精，更闕五神之位，北郊祭地祇，而設重黎之坐，二三乖舛，懼虧盛則。”然後者未見其修改意見。

【理據】何氏提出當以《周禮》及鄭注爲修改依據，其云：“《周禮•大宗伯》‘以蒼璧禮天，黃琮禮地’鄭玄又云：‘皆有牲幣，各放其器之色。’知禮天圜丘用玄犢，禮地方澤用黃牲矣。《牧人》云‘凡陽祀用騂牲，陰祀用黝牲’鄭玄云：‘騂，赤；黝，黑也。陽祀，祭天南郊及宗廟；陰祀，祭地北郊及社稷。’《祭法》云‘燔柴於泰壇，祭天也。瘞埋於泰折，祭地也。用騂犢。’鄭云：‘地，陰祀，用黝牲，與天俱用犢，故連言之耳。’知此祭天地即南北郊矣。”而劉繪議則引《論語•雍也》“犁牛之子騂且角，雖欲勿用，山川其舍諸”，提出祀山川用牲色，何氏又議曰：“《周禮》以天地爲大祀，四望爲次祀，山川爲小祀。周人尚赤，自四望以上牲色各依其方者，以其祀大，宜從本也。山川以下，牲色不見者，以其祀小，從所尚也。”按如此解釋趨於融通，故參議爲允。

古 因旱，有司議雩祭依明堂。何佟之（祠部郎）議立雩制，建雩壇祀五帝，以武帝配饗，帝從之。（南齊志•禮上，通典•吉禮二）

【儀制】《南齊志》録何佟之議提出：“大雩所祭，唯應祭五精之帝”，“勾芒等五神，既是五帝之佐，依鄭玄説，宜配食於庭也”；雩壇“宜於郊壇之東、營域之外築壇”，“築壇宜崇四尺，其廣輪仍以四爲度，徑四丈，周員十二丈而四階也。設五帝之位，各依其方，如在明堂之儀，皇齊以世祖（武帝）配五精於明堂，今亦宜配饗於雩壇矣”，“今祀五帝、世祖，亦宜各用一犢，斯外悉如南郊之禮也”；“可不奏盛樂，至於旱祭舞雩，蓋是吁嗟之義，既非存歡樂，謂此不涉嫌，其餘祝史稱辭，仰祈靈澤而已”，不使女巫，而使童子；“今祭服皆緇，差無所革，其所歌之詩，及諸供須，輒勒主者申攝備辦”。

又《南齊志•樂》録有雩祭歌辭。

【理據】《南齊志》録何氏議詳列《周禮》、《禮記》及鄭玄、王肅之説,以明雩祭禮意,又參諸晉永和中故事及當世實情度定新制。具體而言,如定雩壇位置依據是:"鄭玄云雩壇在南郊壇之旁,而不辨東西,尋地道尊右,雩壇方郊壇爲輕,理應在左。"又如定雩壇之尺寸依據是:"尋雩壇高廣,禮、傳無明文,案《覲禮》設方明之祀,爲壇高四尺,用圭璋等六玉,禮天地四方之神,王者率諸侯親禮,爲所以教尊尊也。雩祭五帝,粗可依放。"又如定所用牲品依據是:"禮祀帝於郊,則所尚省費,周祭靈威仰若后稷,各用一牲;今祀五帝、世祖,亦宜各用一犢,斯外悉如南郊之禮也。"何説理據充足,帝從之。

【因革】金子修一指出:"能够確認雩祀中皇帝配祀的,這是最早的記録。這樣一來,依據鄭玄學説的雩祀就完全付諸實施了。"(《關於魏晉到隋唐的郊祀、宗廟制度》,《日本中青年學者論中國史·六朝隋唐卷》,第 373 頁)

又《南齊志·樂》記此年"雩祭明堂,謝朓造辭,一依謝莊,唯世祖四言也",而劉宋孝武時謝莊造辭,"《周頌·我將》祀文王,言皆四,其一句五,一句七,謝莊歌宋太祖亦無定句"。《通典·樂二》同。

吉 景懿后擬遷登新廟,有司奏議車服之儀,何佟之(祠部郎)議以爲景皇后乘重翟,帝乘金輅親奉,帝從之。 (南齊志·禮上,通典·吉禮六)

【考釋】齊明帝父爲始安貞王蕭道生,高帝蕭道成之兄,明帝即位後追尊其父爲景皇,其母爲景懿后。

【理據】《南齊志》録何佟之議舉出"晉朝太妃服章之禮,同於太后,宋代皇太妃唯無五牛旗爲異;其外侍官則有侍中、散騎常侍、黄門侍郎、散騎侍郎各二人,分從前後部,同於王者,内職則有女尚書、女長御各二人,榮引同於太后",因此"景皇后悉依近代皇太妃之儀,則侍衛陪乘竝不得異,后乘重翟,亦謂非疑也"。至於帝親奉所乘,又有"齊初移廟,宣皇神主乘金輅,皇帝親奉,亦乘金輅,先往行禮畢,仍從神主至新廟"之先例,故"今所宜依准也"。

凶 江斅(國子祭酒)去世,遺令儉約葬,不受賵贈;子江蒨居喪廬於墓側。 (南齊書·江斅列傳,梁書·江蒨列傳,南史·江夷列傳)

【儀制】①《南齊書》記其時"詔賻錢三萬,布百匹",然"子蒨啓遵敕令,讓不受"。②《梁書》又記江蒨廬於墓側,"明帝敕遣齊仗二十人防墓所"。《南史》均載之。

凶 **張稷爲生母劉氏改申葬禮,退還賻贈,常設劉氏神座。**(南史‧張裕列傳)

【儀制】《南史》記曰:"賻助委積。於時雖不拒絕,事畢隨以還之。自幼及長,數十年中,常設劉氏神座。出告反面,如事生焉。"

又《南史》記此前張稷母去世時曰:"所生母劉無寵,遘疾。時稷年十一,侍養衣不解帶,每劇則累夜不寢。及終,毀瘠過人,杖而後起。見年輩幼童,輒哽咽泣淚,州里謂之淳孝。"

又《南史》記此前張稷父與嫡母去世時曰:"父永及嫡母丘相繼殂,六年廬于墓側。"

【考釋】此事僅標"建武中",暫次於上條,可互參。

建武三年(496)

嘉 **三月壬午**(十九)**,下詔剔除車府乘輿之金銀飾校者。**(南齊書‧明帝本紀,南史‧齊本紀下)

嘉 **閏十二月戊寅**(二十)**,皇太子**(蕭寶卷)**加冠,斷遠近上禮。**(南齊書‧明帝本紀,南史‧齊本紀下)

【考釋】① 蕭寶卷被廢時年19歲,反推此年14歲。②《通典‧嘉禮一》記載"明帝冠太子用正月",恐以閏十二月爲明年正月。

建武四年(497)

嘉 **正月,下詔修立國學。**(南齊志‧禮上,南齊書‧明帝本紀)

凶 **張融**(司徒右長史)**去世,遺令建白旐無旒,不設祭,令人捉麈尾復**

魂。（南齊書·張融列傳，南史·張邵列傳）

【儀制】《南齊書》又録其儀曰："三千買棺，無製新衾。左手執《孝經》、《老子》，右手執小品《法華經》。妾二人，哀事畢，各遣還家。"《南史》同。

吉 夷陵有伍相廟、唐漢三神廟、胡里神廟，范縝（宜都太守）下令斷不祠。（南史·范雲列傳）

【考釋】《梁書·儒林列傳》未載此事，然記范縝出任宜都太守時間在"建武中"。

永泰元年（498）

凶 正月，蕭子峻（衡陽王，原廣漢王）被殺，嚴植之（曾任廣漢王國右常侍）獨奔哭，手營殯殮，徒跣送喪，爲起冢而葬。（梁書·儒林列傳，南齊書·明帝本紀，南史·儒林列傳）

凶 正月，蕭子琳（南康王）被殺，江泌（曾任南康侍讀）往哭之，淚盡繼之以血，親視殯葬。（南齊書·孝義列傳、明帝本紀，南史·孝義列傳上）

【考釋】正月丁未（二十五），蕭鉉（河東王）、蕭子岳（臨賀王）、蕭子文（西陽王）、蕭子峻（衡陽王）、蕭子琳（南康王）、蕭子珉（永陽王）、蕭子建（湘東王）、蕭子夏（南郡王）、蕭昭粲（桂楊王）、蕭昭秀（巴陵王）皆被蕭遥光所殺，故《資治通鑑·齊紀七》稱"於是太祖、世祖及世宗諸子皆盡矣"。

吉 三月戊申（二十七），下詔增孔子祭秩比諸侯。（南齊書·明帝本紀，南史·齊本紀下）

吉 七月，帝因寢疾甚久，身衣絳衣，服飾皆赤，以爲厭勝。（南齊書·明帝本紀）

凶 七月己酉（三十），帝去世於正福殿，太子即位；後葬於興安陵，敬皇后（劉氏）祔葬。（南齊書·明帝本紀、皇后列傳，南史·齊本紀下、后妃列傳上）

【附識】《南齊書·謝朓列傳》記謝氏爲敬皇后遷祔"撰哀策文，齊世莫有及者"。

《南史·謝裕列傳》同。

東昏侯(蕭寶卷,明帝第二子)

古 七月，即位，有司議是否應再謁廟。徐孝嗣(尚書令)議以爲可省，蕭琛(左丞)議以爲宜謁廟，奏可。(南齊志·禮上,南齊書·東昏侯本紀,南史·蕭思話列傳)

【理據】《南齊志》轉由蕭琛議録時人議者曰："先在儲宮,已經致敬,卒哭之後,即親奉時祭,則是廟見,故無別謁之禮。"對此,蕭氏大非之,其列舉毛《詩·周頌·烈文》、《閔予小子》及鄭注所載嗣王告廟之記載,"又二漢由太子而嗣位者,西京七主,東都四帝,其昭、成、哀、和、順五君,並皆謁廟,文存漢史;其惠、景、武、元、明、章六君,前史不載謁事,或是偶有闕文,理無異説",此爲漢代成例,且"自漢及晉,支庶嗣位,竝皆謁廟",因此,蕭氏認爲"宜遠纂周、漢之盛範,近黜晉、宋之乖義"。

【因革】由蕭氏議可推知,晉宋以來嗣帝在卒哭之祭後即帝位,一度不再謁廟,至此則有意恢復舊制。

制 十月己未(十一),下詔刪省科律。(南齊書·東昏侯本紀,南史·齊本紀下)

嘉 十一月戊子(十一),立褚氏(妃)爲皇后。(南齊書·東昏侯本紀,南史·齊本紀下)

嘉 十一月庚寅(十三),徐孝嗣(尚書令)議減省王侯貴人冠、婚用器,參議並同,奏可。(南齊志·禮上,南史·齊本紀下,通典·嘉禮三)

【儀制】《南齊志》録徐孝嗣議所定爲："自今王侯已下冠畢一酌醴。""婚亦依古,以匏酌終酳之酒,並除金銀連鎖,自餘雜器,悉用梃陶。堂人執燭,足充煏燎,牢燭華侈,亦宜停省。"

【因革】徐氏首先指出"三加廢於士庶,六禮限於天朝",今欲以之爲規範,此前冠、婚之禮儀"深宜損益",冠禮"猶用醮辭,實爲乖衷";婚禮"儀注先酳匏,以再以三,有違旨趣","今雖以方椽示約,而彌乖昔典,又連匏以鎖,蓋出近俗,復別有牢燭,雕費采飾,亦虧曩制"。

【理據】徐氏主要依據《儀禮》所記冠、婚儀注推尋其禮意,如其云《士冠禮》"或醴或醮,二三之義,詳記於經文","尋婚禮實筵以四爵,加以合卺,既崇尚質之理,又象泮合之義,故三飯卒食,再酳用卺。先儒以禮成好合,事終於三,然後用卺合"等等均是。

【考釋】《通典》標此事在明年。

【論評】秦蕙田《五禮通考》評曰:"晉宋以後風俗奢敝,齊世祖之詔、孝嗣之議,可謂得禮意矣。"(《嘉禮二十七》"昏禮")

嘉 **因明帝去世,尚書府廢立國學詔。有司奏曹思文**(領國子助教)**上表論不宜廢,請付詳議,帝從之。**(南齊志·禮上,通典·吉禮十二)

【理據】《南齊志》錄尚書府廢學依據是"永明舊事",即因文惠太子去世而廢。曹思文上表指出:"若以國諱故宜廢,昔漢成立學,爰洎元始,百餘年中,未嘗暫廢,其間有國諱也。且晉武之崩,又其學猶存,斯皆先代不以國諱而廢學之明文也。永明以無太子故廢,斯非古典也。"進而曹氏又條理國學之設立起於晉元康三年(293),當時是爲分辨學生貴賤而兩存之,實際上"今之國學,即古之太學",因此"非有太子故立也,然繫廢興于太子者,此永明之鉅失也",由此尚書府之依據顯然不能成立。

【因革】《南齊志》記曰:"學竟不立。"可見此奏之後未有下文。

永元元年(499)

吉 **正月辛卯**(十四),**祠南郊。**(南齊書·東昏侯本紀,南史·齊本紀下)

【因革】① 上承鬱林王隆昌元年(494)正月南郊,其間明帝"简于出入,竟不南郊"(《南齊書·明帝本紀》)。② 此後永元三年(501)正月辛亥(十六),又祠南郊。

嘉 **四月己巳**(二十四),**立蕭誦爲皇太子。**(南齊書·東昏侯本紀,南史·齊本紀下)

軍 **七月丁亥**(十三),**京城大水,死者甚衆,下詔賜死者材器,並加賑**

岬。(南齊書·東昏侯本紀,南史·齊本紀下)

吉 何佟之(步兵校尉)議修定朝日夕月之禮典,帝從之。(南齊志·禮上,通典·吉禮三)

【儀制】《南齊志》錄何佟之議曰:"以春分朝於殿庭之西,東向而拜日,秋分於殿庭之東,西向而拜月,此即所謂必放日月以端其位之義也。"關於所用服制,何氏據《周禮》天子祭服等級,以辨"朝日不得同昊天至質之禮,故玄冕三旒也",進而認爲"頃世天子小朝會,著絳紗袍、通天金博山冠,斯即今朝之服次衮冕者也,竊謂宜依此拜日月,其得差降之宜也"。

【理據】何氏舉證《周禮·春官·典瑞》馬融注"天子以春分朝日,秋分夕月",《禮記·玉藻》鄭玄注"朝日春分之時也",而盧植則云"朝日以立春之日也",由此據理推論:"馬、鄭云用二分之時,盧植云用立春之日。佟之以爲日者太陽之精,月者太陰之精。春分陽氣方永,秋分陰氣向長。天地至尊用其始,故祭以二至,日月禮次天地,故朝以二分,差有理據,則融、玄之言得其義矣。"

【因革】何氏又指出:"佟之謂魏世所行,善得與奪之衷。晉初棄圜丘方澤,於兩郊二至輟禮,至於二分之朝,致替無義。江左草創,舊章多闕,宋氏因循,未能反古。竊惟皇齊應天御極,典教惟新,謂宜使盛典行之盛代。"所謂"魏世所行",即指魏文帝黃初二年(221)、明帝太和元年(227)所行。此後朝日夕月之禮一度廢棄。

【論評】① 秦蕙田《五禮通考》論曰:"佟之議甚得禮意,但謂于殿庭間東向、西向拜之,非是。"(《吉禮三十二》"日月")② 閻步克論曰:"何佟之期望,現行冕服能跟《周禮》接近一點兒,但他也知道現行冕服驟難大變,祇能小修小補,就設想衮冕爲一等,通天冠爲一等;天地明堂用前者,朝日夕月用後者,算是'慰情聊勝於無'吧。"(《服周之冕》第七章,第264頁)

凶 蕭遙欣(雍州刺史,寧蠻校尉)去世,葬用王禮。(南齊書·宗室列傳,南史·齊宗室列傳)

【儀制】《南齊書》記曰:"及遙欣喪,還葬武進,停東府前渚,荆州眾力送者甚盛。"《南史》同。

凶 崔慰祖(始安王記室)去世，遺令以棺親土，不須墠，勿設靈座。(南齊
書·文學列傳，南史·文學列傳)

永元二年(500)

嘉 正月辛丑(初一)，元會，帝食後方出，朝賀竟，還殿西序寢，自巳至
申時，百官陪位，皆僵仆菜色。(南齊書·東昏侯本紀，南史·齊本紀下)

嘉 六月庚寅(二十二)，帝至樂游苑内會，如正月元會，京邑女人放觀。
(南齊書·東昏侯本紀，南史·齊本紀下)

吉 何佟之建議明堂禮可兼配世祖(武帝)與高宗(明帝)。王摛(國子博士)議以
爲不可，何氏又議證之，參議同何説，詔可。(南齊志·禮上)

【儀制】因東昏侯之父明帝與武帝屬兄弟關係，《南齊書》録何佟之建議："先皇
於武皇，倫則第爲季，義則經爲臣，設配饗之坐，應在世祖之下，竝列，俱西向。"

【理據】《南齊書》録何氏議力持周初有祖文王、宗武王之例，如《國語》"周人禘
嚳郊稷，祖文王，宗武王"韋昭注："周公時，以文王爲宗，其後更以文王爲祖，武
王爲宗。"又《詩·周頌·昊天有成命》"昊天有成命，二后受之"毛傳："二后，文
王、武王也。"又鄭云"享五帝於明堂，則泛配文、武"，以證成其可"祖宗並配"的
結論。按此所引鄭氏語，恐爲《鄭志》所記，非鄭玄之作。

永元三年(501)

嘉 正月丙申(初一)，合朔，事畢，帝與宫人於閲武堂元會。(南齊書·東昏
侯本紀，南史·齊本紀下)

【儀制】《南齊書》記曰："皇后正位，閹人行儀，帝戎服臨視。"《南史》同。

吉　尊蔣子文神爲皇帝，迎神像及諸廟雜神皆入後堂，使朱光尚(大巫)

禱祀祈福。(南齊書·東昏侯本紀，南史·齊本紀下)

【儀制】《南史》述之曰："偏信蔣侯神，迎來入宮，晝夜祈禱。左右朱光尚詐云見
神，動輒諮啓，並云降福。……又曲信小祠，日有十數，師巫魔嫗，迎送紛紜。光
尚輒託云神意。"

【考釋】此事恐持續於東昏侯在位時，姑繫於末。

凶　十二月丙寅(初六)，帝被殺，依宣德太后令追封爲東昏侯。(南齊書·
東昏侯本紀，南史·齊本紀下)

【因革】《南齊書》記曰："又令依漢海昏侯故事，追封東昏侯。"《南史》同。

【儀制】《魏書·蕭寶夤列傳》記蕭寶夤(東昏侯之弟)逃匿，爲北魏元澄(揚州刺史，任
城王)所得，待以客禮，"乃請喪居斬衰之服，澄遣人曉示情禮，以喪兄之制，給以
齊衰，寶夤從命"，又"澄率官僚赴弔，寶夤居處有禮，不飲酒食肉，輟笑簡言，一
同極哀之節"。按《資治通鑑·梁紀一》采之，繫於明年三月。

和帝(蕭寶融，明帝第八子，東昏侯弟)

中興元年(501)

吉　正月，南康王爲相國，蕭穎胄(鎮軍將軍)使宗夬(別駕)撰定禮儀。(南齊
書·蕭赤斧列傳)

吉　二月己巳(初五)，群臣上尊號，於江陵立宗廟及南北郊。(南齊書·和帝
本紀，南史·齊本紀下)

吉　三月乙巳(十一)，南康王即位於江陵，改元。(南齊書·東昏侯本紀、和帝本
紀，南史·齊本紀下)

【考釋】《東昏侯本紀》記此事在三月丁未(十三)，《通鑑考異》云"蓋是日建康始
聞之耳"。

嘉 立皇后王氏。（南齊書·皇后列傳）

嘉 五月乙卯（二十二），至竹林寺禪房宴群臣。（南齊書·和帝本紀）

凶 十一月壬寅（十二），蕭穎胄（侍中，尚書令）去世，帝出臨哭，詔贈前後部羽葆鼓吹，班劍三十人，輼輬車，黃屋左纛；明年，還葬，蕭衍臨哭渚次。（南齊書·蕭赤斧列傳、和帝本紀，南史·齊宗室列傳）

【因革】《南齊書》録帝詔曰：“前代所加殊禮，依晉王導、齊豫章王故事，可悉給。”

【考釋】此事《蕭赤斧列傳》記作“十二月壬寅”，誤。

軍 十二月己卯（十九），蕭衍（中書監、大司馬）入屯閲武堂。（梁書·武帝本紀上）

中興二年（502）

制 正月，蕭衍（大司馬）下令禁絶東昏侯時之浮費。（資治通鑑·梁紀一）

【理據】《通鑑》録蕭衍令曰：“凡東昏時浮費，自非可以習禮樂之容，繕甲兵之備者，餘皆禁絶。”

嘉 正月甲寅（二十五），下詔蕭衍（梁王）進位相國，總百揆，揚州牧，封十郡爲梁公，備九錫之禮，置梁百司，加遠游冠，位在諸王上。（南齊書·和帝本紀，梁書·武帝本紀上，南史·齊本紀下、梁本紀上）

制 二月辛酉（初二），焚東昏侯淫奢異服六十二種於都街道。（梁書·武帝本紀上，南史·梁本紀上）

吉 三月丙午（十八），命梁王冕十有二旒，建天子旌旗，出警入蹕，乘金根車，駕六馬，備五時副車，置旄頭雲罕，樂舞八佾，設鍾虡宮懸。（南齊書·和帝本紀，梁書·武帝本紀上，南史·梁本紀上）

【因革】《南齊書》記此事在三月甲午（初六）。

[吉] 三月丙辰（二十八），下詔禪位於梁。帝爲巴陵王，宮於姑熟。（南齊書・和帝本紀，梁書・武帝本紀上，南史・齊本紀下、梁本紀上）

【因革】《梁書》録帝詔曰："今便敬禪于梁，即安姑孰，依唐虞、晉宋故事。"

【儀制】《梁書・武帝本紀中》記曰："封齊帝爲巴陵王，全食一郡。載天子旌旗，乘五時副車，行齊正朔。郊祀天地，禮樂制度，皆用齊典。"《南史・梁本紀上》同。

[凶] 四月戊辰（初十），帝去世於姑熟；後葬於恭安陵。（南齊書・和帝本紀，梁書・武帝本紀中，南史・齊本紀下、梁本紀上）

【因革】《梁書》記曰："終禮一依故事。"《南史・梁本紀上》同。

四、梁之部

502年，蕭衍代齊稱帝，定都建康（今江蘇南京），國號梁。557年爲陳所代。共歷六帝（武帝、簡文帝、豫章王、元帝、貞陽侯、敬帝），五十六年。

武帝（高祖，蕭衍）

天監元年（502）

囷 四月丙寅（初八），即位，南郊，設壇柴燎，告類於天。禮畢還宮，臨太極前殿。（梁書·武帝本紀中，范雲列傳，南史·梁本紀上、范雲列傳）

【儀制】《隋志·禮儀七》記其時鹵簿之儀曰："梁武受禪于齊，侍衛多循其制。正殿便殿閣及諸門上下，各以直閣將軍等直領。又置刀鋋、御刀、御楯之屬，直御左右。兼有御仗、鋋稍、赤氅、角抵、勇士、青氅、衛仗、長刀、刀劍、細仗、羽林等左右二百七十六人，以分直諸門。行則儀衛左右。又有左右夾轂、蜀客、楯劍、格獸羽林、八從游盪、十二不從游盪、直從細射、廉察、刀戟、腰弩、大弩等隊，凡四十九隊，亦分直諸門上下。行則量爲儀衛。東西掖、端、大司馬、東西華、承明、大通等門，又各二隊，及防殿三隊，雖行幸不從。又有八馬游盪、馬左右夾轂、左右馬百騎等各二隊，及騎官、閱武馬容、雜伎馬容及左右馬騎直隊，行則侍衛左右，分爲警衛。車駕晨夜出入及涉險，皆作函。鹵簿應宿衛軍騎，皆執兵持滿，各當其所保護方面。天明及度險，乃奏解函，撾鼓而依常列。"

【因革】《隋志·禮儀七》記此後陳受禪，"陳氏承梁，亦無改革"。

嘉 四月丙寅，追尊郗氏（妃）爲德皇后。（梁書·武帝本紀中、高祖郗皇后列傳，南史·梁本紀上）

凶 四月丙寅，追葬蕭懿（帝之長兄），給九旒、鸞絡、輼輬車，黃屋左

纛，前後部羽葆鼓吹，挽歌二部，虎賁班劍百人，葬禮一依晉安平王故事。（梁書·長沙嗣王業列傳，南史·梁宗室列傳上）

【考釋】蕭懿於永元二年(500)被殺，中興元年(501)即追贈侍中、中書監、司徒。

【理據】《資治通鑑·梁紀一》胡注："懿爲東昏侯所殺，葬不成禮。"

吉 立四親廟於東城，並郗氏(妃)而爲五廟。（隋志·禮儀二）

【儀制】《隋志》記曰："告祠之禮，並用太牢。"

【因革】武帝妃郗氏在永元元年(499)八月即已去世。以郗氏入廟，上承宋、齊之舊。

嘉 四月丁卯(初九)，下詔悉數放遣後宮、樂府、西解、暴室諸婦女。

（梁書·武帝本紀中，南史·梁本紀上，通鑑·梁紀一）

【理據】《梁書》録帝詔曰："宋氏以來，並恣淫侈，傾宮之富，遂盈數千。"

嘉 四月甲戌(十六)，詔斷遠近上慶禮。（梁書·武帝本紀中，南史·梁本紀上）

吉 四月，值王果(領軍司馬)宣旨下詔何胤爲特進、右光禄大夫，何氏欲陳舊典丘、郊合一之謬，使王氏奏聞於帝。（梁書·處士列傳，南史·何尚之列傳）

【理據】《梁書》載何胤之言曰："吾昔於齊朝欲陳兩三條事，一者欲正郊丘，……圓丘國郊，舊典不同。南郊祠五帝靈威仰之類，圓丘祠天皇大帝、北極大星是也。往代合之郊丘，先儒之巨失。今梁德告始，不宜遂因前謬。"

【因革】此爲天監三年(504)何佟之所議作了鋪墊。

【考釋】《梁書》録此事之時僅記"武帝踐阼"，檢《武帝本紀》可知，徵何胤任右光禄大夫在此年四月辛未(十三)。

【論評】秦蕙田《五禮通考》論曰："何胤棲身巖穴而因使獻言，其真篤守鄭學者也。然終梁之世，郊丘不分，後且并南郊從祀而去之，則武帝亦知胤言之非矣。"

（《吉禮八》"圜丘祀天"）

吉 五月，遷東城四親廟神主入太廟，凡七廟。（隋志·禮儀二，梁書·武帝本紀中，南史·梁本紀上，通典·吉禮六）

【儀制】①《隋志》記曰："春祀、夏礿、秋嘗,冬烝並臘,一歲凡五,謂之時祭。三年一禘,五年一祫,謂之殷祭。禘以夏,祫以冬,皆以功臣配。其儀頗同南郊。"②《南史·梁宗室上》記曰:"至五月,有司方奏追皇考皇妣尊號,遷神主於太廟。帝不親奉,命臨川王宏侍從。七月,帝臨軒,遣兼太尉、散騎常侍王份奉策上太祖文皇帝、獻皇后及德皇后尊號。……識者頗致譏議焉。"

【考釋】《隋志》記曰:"始自皇祖太中府君、皇祖淮陰府君、皇高祖濟陰府君、皇曾祖中從事史府君、皇祖特進府君,並皇考,以爲三昭三穆,凡六廟。追尊皇考爲文皇帝,皇妣爲德皇后,廟號太祖。……擬祖遷於上,而太祖之廟不毀,與六親廟爲七,皆同一堂,共庭而別室。"

吉 **十一月己未**(初五),**別立小廟。**(隋志·禮儀二,梁書·武帝本紀中,南史·梁本紀上,通典·吉禮六)

【理據】《隋志》記曰:"太祖太夫人廟也,非嫡,故別立廟。"

【儀制】《隋志》記曰:"皇帝每祭太廟訖,乃詣小廟,亦以一太牢,如太廟禮。"

嘉 **十一月甲子**(初十),**立蕭統爲皇太子。**(梁書·武帝本紀中、昭明太子列傳,南史·梁本紀上、梁武帝諸子列傳)

吉 **雩祀,並遷雩壇於東郊。**(隋志·禮儀二,通典·吉禮二)

【理據】《隋志》記曰,武帝"以爲雨既類陰,而求之正陽,其謬已甚;東方既非盛陽,而爲生養之始,則雩壇應在東方,祈晴亦宜此地"。

【儀制】《隋志》記梁雩祭儀制曰:"大雩禮,立圓壇於南郊之左,高及輪廣四丈,周十二丈,四陛。牲用黃牡牛一。祈五天帝及五人帝於其上,各依其方,以太祖配,位於青帝之南,五官配食於下。七日乃去樂。又徧祈社稷山林川澤,就故地處大雩。國南除地爲墠,舞童六十四人。祈百辟卿士於雩壇之左,除地爲墠,舞童六十四人,皆袨服,爲八列,各執羽翳。每列歌《雲漢》詩一章而畢。旱而祈澍,則報乙太牢,皆有司行事。唯雩則不報。"

【考釋】《隋志》記梁代"有事雩壇"在天監九年(510),《通典》則記在天監元年,今檢《梁書·武帝本紀中》元年記"是歲大旱,米斗五千,人多餓死",此年當行此禮,故從《通典》。

制 下詔各置學士一人裁成五禮，由沈約（尚書僕射）等參議，遇有疑問奏請武帝斷決。（梁書·徐勉列傳，隋志·禮儀一，南史·徐勉列傳）

【考釋】《梁書》録徐勉於普通六年(525)上表述其大致經過曰：“天監元年，佟之啓審省置之宜，敕使外詳。……於是尚書僕射沈約等參議，請五禮各置舊學士一人，人各自舉學士二人，相助抄撰。其中有疑者，依前漢石渠、後漢白虎，隨源以聞，請旨斷決。”此時確定五禮職掌人員如下：明山賓（右軍記室參軍）掌吉禮，嚴植之（中軍騎兵參軍）掌凶禮，賀瑒（中軍田曹行參軍兼太常丞）掌賓禮，陸璉（征虜記室參軍）掌軍禮，司馬褧（右軍參軍）掌嘉禮，何佟之（尚書左丞）總參其事。之後情況有所變化，“佟之亡後，以鎮北諮議參軍伏暅代之。後又以暅代嚴植之掌凶禮。暅尋遷官，以五經博士繆昭掌凶禮。復以禮儀深廣，記載殘缺，宜須博論，共盡其致，更使鎮軍將軍丹陽尹沈約、太常卿張充及臣三人同參厥務。臣又奉別敕，總知其事。末又使中書侍郎周捨、庾於陵二人復豫參知。若有疑義，所掌學士當職先立議，通諮五禮舊學士及參知，各言同異，條牒啓聞，決之制旨。”《南史》同。參諸徐表，《隋志》所謂“帝又命沈約、周捨、徐勉、何佟之等，咸在參詳”者，大率得之。

就具體參與者而言，《梁書·司馬褧列傳》載曰：“天監初，詔通儒治五禮，有司舉[司馬]褧治嘉禮，除尚書祠部郎中。是時創定禮樂，褧所議多見施行，除步兵校尉，兼中書通事舍人。褧學尤精於事數，國家吉凶禮，當世名儒明山賓、賀瑒等疑不能斷，皆取決焉。”《儒林列傳》載曰：“佟之明習事數，當時國家吉凶禮則，皆取決焉，名重於世。……高祖踐阼，尊重儒術，以佟之爲尚書左丞。是時百度草創，佟之依禮定議，多所裨益。”《周捨列傳》記曰：“時天下草創，禮儀損益，多自捨出。”《徐勉列傳》記曰：“[勉]博通經史，多識前載，朝儀國典，婚冠吉凶，勉皆預圖議。”《良吏列傳》記曰：“[伏暅]兼《五經》博士，與吏部尚書徐勉、中書侍郎周捨，總知五禮事。”又《許懋列傳》記曰：“[懋]與司馬褧同志友善，僕射江祏甚推重之，號爲‘經史笥’。天監初，吏部尚書范雲舉懋參詳五禮。”《賀琛列傳》記曰："[琛]領尚書左丞,並參禮儀事。琛前後居職,凡郊廟諸儀多所創定。……遷散騎常侍,參禮儀如故。"《柳惲列傳》記曰："天監元年,[惲]除長兼侍中,與僕射沈約等共定新律。"《南史》相關列傳同。

[軍] 就陸璉所定軍禮儀注,帝提出可減省,嚴植之又爭之,於是改定出征告禮用牲幣,反亦如之。（隋志·禮儀三,通典·軍禮一）

【理據】據《隋志》所記,陸璉所定一準周制,即"古者天子征伐,則宜于社,造于祖,類於上帝,還亦以牲徧告",武帝認爲宜、造、類三者之意均在"明不敢自專",故可減省爲"陳幣承命可也"。陸氏顯然未明禮意,故面對武帝之説"璉不能對"。

【論評】楊志剛評曰："這反映出試圖系統地恢復古代軍禮的動向。"（《中國禮儀制度研究》,第 425 頁）

[樂] 下詔定梁樂,時對樂者七十八家,皆言宜改樂,不言改樂之法,帝遂自制四器,名之爲通。（隋志·音樂上,通典·樂二、樂三、樂四）

【因革】①《隋志》記曰："梁氏之初,樂緣齊舊。武帝思弘古樂。""帝既素善鍾律,詳悉舊事,遂自制定禮樂。"② 又曰："齊永明中,舞人冠幘並簪筆",帝以爲無此必要,"於是去筆"。③ 又曰："晉及宋、齊,懸鍾磬大準相似,皆十六架。……[帝]於是除去衡鍾,設十二鎛鍾,各依辰位,而應其律。每一鎛鍾,則設編鍾磬各一虡,合三十六架。植建鼓於四隅。元正大會備用之。"④ 又曰："鼓吹,宋、齊並用漢曲,又充庭用十六曲。高祖乃去四曲,留其十二,合四時也。更制新歌,以述功德。"

【考釋】《隋志》録沈約（散騎常侍,尚書僕射）奏曰："樂書淪亡,尋案無所。宜選諸生,分令尋討經史百家,凡樂事無小大,皆別纂録。乃委一舊學,撰爲樂書,以起千載絶文,以定大梁之樂。"

[樂] 何佟之（北中郎司馬）上言請改正三夏之樂,周捨議指出前代用樂當改者數處,並從之。（隋志·音樂上）

【儀制】《隋志》録何佟之指出前代當改正者爲"齊氏仍宋儀注,迎神奏《昭夏》,

皇帝出入奏《永至》，牲出入更奏引牲之樂”，周捨議以爲“宜除《永至》，還用《皇夏》”，宜改“神入廟門，遂奏《昭夏》”，而從“尸出入奏《肆夏》，賓入大門奏《肆夏》”。同時，時議又云天神宜改迎神爲降神，“地宜依舊爲迎神”，又“明堂則徧歌五帝，其餘同於郊式焉”。

樂 **任昉**（太常）**議祀天地、祭宗廟不備宮懸，備六代樂，從之；帝又以爲六代樂亦宜去。**（隋志・音樂上，通典・樂七）

【因革】《隋志》記曰：“初宋、齊代，祀天地，祭宗廟，準漢祠太一后土，盡用宮懸。”

【理據】①《隋志》記曰：“太常任昉，亦據王肅議。”② 又録帝曰：“周官分樂饗祀，虞書止鳴兩懸，求之於古，無宮懸之議，何？事人禮縟，事神禮簡也。天子襲衮，而至敬不文，觀天下之物，無可以稱其德者，則以少爲貴矣。”又曰：“若依肅議，郊既有迎送之樂，又有登歌，各頌功德，徧以六代，繼之出入，方待樂終。此則乖於仲尼韙晏朝之意矣。”

樂 **定郊禋宗廟及三朝之樂，以武舞爲《大壯舞》，以文舞爲《大觀舞》。**（隋志・音樂上，通典・樂二）

【因革】《隋志》記此年改易之處尚有“衆官出入，宋元徽三年（475）儀注奏《肅咸樂》，齊及梁初亦同，至是改爲《俊雅》……二郊、太廟、明堂，三朝同用焉”，“皇帝出入，宋孝建二年（455）秋起居注奏《永至》，齊及梁初亦同，至是改爲《皇雅》，……二郊、太廟同用”，“皇太子出入，奏《胤雅》”，“王公出入，奏《寅雅》”，“上壽酒，奏《介雅》”，“食舉，奏《需雅》”，“撤饌，奏《雍雅》”，“牲出入，宋元徽二年儀注奏《引牲》，齊及梁初亦同，至是改爲《滌雅》”，“薦毛血，宋元徽三年儀注奏《嘉薦》，齊及梁初亦同，至是改爲《牷雅》，……北郊明堂、太廟並同用”，“降神及迎送，宋元徽三年儀注奏《昭夏》，齊及梁初亦同，至是改爲《誠雅》”，“皇帝飲福酒，宋元徽三年儀注奏《嘉祚》，至齊不改，梁初，改爲《永祚》，至是改爲《獻雅》，……北郊、明堂、太廟同用”，“就燎位，宋元徽三年儀注奏《昭遠》，齊及梁不改，就埋位，齊永明六年儀注奏《隸幽》，至是燎埋俱奏《禋雅》”。

【考釋】據秦蕙田《五禮通考》，"皇帝出入，……改爲《皇雅》，……二郊、太廟同用"，"同用"前當脱"三朝"二字（《嘉禮九》"朝禮"）。

[樂] 有司議請宗廟省迎送神之樂，帝制前儒之説可安。（通典·樂七）

【理據】《通典》録有司議曰："清廟嚴閟，此唯靈宅，主安於龕，神若是依。既無出入，何事迎送？歌陽而迎，彌非降神之敬。儒者云，周祀，尸出入，奏肆夏；今無復尸，即以迎神。尸非神，神非尸，迴此迎神，失之已遠。"

【考釋】此事未悉年月，暫於上數條同列。

[凶] 齊太祖妾（齊臨川獻王蕭映之母）之墓被發，蕭子晉（蕭映長子）諮何佟之（禮官），何氏議以爲改葬服緦，依新宮火災，三日哭，帝以爲得禮。（隋志·禮儀三，通典·凶禮二十四）

[凶] 庾蓽（會稽郡丞）去世，因素日清節，停屍無以斂，柩不能歸，帝詔賜絹、穀。（梁書·良吏列傳，南史·庾杲之列傳）

[凶] 荀匠（員外散騎常侍）父服未畢，兄荀斐（鬱林太守）戰亡，哀毁去世。（梁書·孝行列傳，南史·孝義列傳下）

【儀制】《梁書》記荀匠聞父親去世曰："凶問至，匠號慟氣絶，身體皆冷，至夜乃蘇。既而奔喪，每宿江渚，商旅皆不忍聞其哭聲。"又記其兄去世曰："喪還，匠迎于豫章，望舟投水，傍人赴救，僅而得全。既至，家貧不得時葬，居父憂并兄服，歷四年不出廬户。自括髮後，不復櫛沐，髮皆秃落。哭無時，聲盡則係之以泣，目眥皆爛，形體枯户，皮骨裁連，雖家人不復識。郡縣以狀言，高祖詔遣中書舍人爲其除服，擢爲豫章王國左常侍。匠雖即吉，毁雖逾甚。……竟以毁卒於家。"《南史》同。

天監二年(503)

[嘉] 元會，柳惔（太子詹事，散騎常侍）論功得封。（南史·柳元景列傳）

制 四月癸卯（二十一），蔡法度（尚書删定郎）上《梁律》二十卷、《令》三十卷、《科》四十卷，詔頒新律。（梁書·武帝本紀中，南史·梁本紀上，隋志·刑法，通典·刑法二）

【考釋】《隋志》記梁律之撰成經過曰："時欲議定律令，得齊時舊郎濟陽蔡法度，家傳律學，云齊武時，删定郎王植之，集注張［斐］、杜［預］舊律，合爲一書，凡一千五百三十條，事未施行，其文殆滅。法度能言之。於是以爲兼尚書删定郎，使損益植之舊本，以爲《梁律》。"按王植之集注晉律，見南齊永明九年（491）。於是在去年八月下詔修撰，同时命王亮（尚書令）、王瑩（侍中）、沈約（尚書僕射）、范雲（吏部尚書）、柳惲（長兼侍中）、傅昭（給事黃門侍郎）、孔藹（通直散騎常侍）、樂藹（御史中丞）、許懋（太常丞）九人參議斷定。

凶 五月丁巳（初六），范雲（散騎常侍，尚書右僕射）去世，帝即日臨殯，下詔給鼓吹一部。（梁書·范雲列傳、武帝本紀中，南史·范雲列傳）

賓 七月，扶南國遣使獻方物，下詔授憍陳如闍邪跋摩安南將軍、扶南王。（梁書·諸夷列傳、武帝本紀中，南史·夷貊列傳上）

嘉 下令定車制。（隋志·禮儀五）

【儀制】《隋志》記曰："三公、開府、尚書令，則給鹿幡軺，施耳，後户，皁輞。尚書僕射、左右光禄大夫、侍中、中書監令、祕書監，則給鳳轄軺，後户，皁輞。領、護、國子祭酒、太子詹事、尚書、侍中、列卿、散騎常侍，給聊泥軺，無後户，漆輪。車騎、驃騎及諸王除刺史、帶將軍，給龍雀軺，以金銀飾。御史中丞給方蓋軺，形如小傘。"又曰："上臺，六宮、長公主、公主、諸王太妃、妃，皆乘青油興幢通幰車，揭幢涅幰爲副。采女、皇女、諸王嗣子、侯夫人，皆乘赤油揭幢車，以涅幰爲副。侍女、直乘涅幰之乘。"

【因革】《隋志》記曰："初齊武帝造大小輦，並如軺車，但無輪轂，下橫轅軛。梁初，漆畫代之。後帝令上可加笨輦，形如犢車，自兹始也。"

凶 何佟之（尚書左丞）議以爲追服三年無禫，尚書以爲得禮。（隋志·禮儀三）

凶 蕭憺(始興王)嗣子去世，管恒(博士)議使國長從服緦麻。(隋志‧禮儀三)

凶 沈麟士去世，自爲終制，其子奉而行之。(南史‧隱逸列傳下)

【儀制】《南史》記沈氏遺令曰："氣絕剔被，取三幅布以覆屍。及斂，仍移布於屍下，以爲斂服。反被左右兩際以周上，不復製覆被。不須沐浴唅珠。以本裙衫、先着褌，凡二服，上加單衣幅巾履枕，棺中唯此。依士安用《孝經》。既殯不復立靈座，四節及祥，權鋪席於地，以設玄酒之奠。人家相承漆棺，今不復爾。亦不須旐。成服後即葬，作冢令小，後祔更作小冢於濱。合葬非古也。冢不須聚土成墳，使上與地平。……葬不須輼車、靈舫、魌頭也。不得朝夕下食。祭奠之法，至于葬，唯清水一盃。"

【理據】《南史》記沈氏"以楊王孫、皇甫謐深達生死而終禮矯俗"，故而自爲終制。

凶 沈約(尚書左僕射)之母去世，帝親出臨弔，以沈約年衰，不宜致毀，遣中書舍人斷客節哭。(梁書‧沈約列傳，南史‧沈約列傳)

凶 沈崇傃(吳興主簿)之母去世，水漿不入口，葬後更行服三年。(梁書‧孝行列傳，南史‧孝義列傳下)

【儀制】《梁書》記曰："母卒，崇傃以不及侍疾，將欲致死，水漿不入口，晝夜號哭，旬日殆將絕氣。兄弟謂之曰：'殯葬未申，遽自毀滅，非全孝之道也。'崇傃之瘵所，不避雨雪，倚墳哀慟。……家貧無以遷窆，乃行乞經年，始獲葬焉。既而廬于墓側，自以初行喪禮不備，復以葬後更治服三年。久食麥屑，不噉鹽酢，坐臥於單薦，因虛腫不能起。"《南史》同。

吉 始新、新安、海寧三縣同時生爲伏暅(新安太守)立祠。(梁書‧良吏列傳，南史‧儒林列傳)

【考釋】① 伏暅爲伏曼容之子，在新安太守任上，"在郡清恪"，"民賦稅不登者，輒以太守田米助之；郡多麻苧，家人乃至無以爲繩，其廉志如此"。② 此事未悉年月，在伏氏徵爲國子博士之前，暫繫於此。

天監三年(504)

嘉 **正月，元日朝會萬國。**（梁書·謝朏列傳、王亮列傳，南史·謝弘微列傳）

【儀制】《謝朏列傳》記曰:"詔朏乘小輿升殿。"

吉 **正月，祀北郊。**（隋志·禮儀一）

【儀制】《隋志》録梁北郊儀注曰:"北郊，爲方壇於北郊。上方十丈，下方十二丈，高一丈。四面各有陛。其外爲壝再重。與南郊間歲。正月上辛，以一特牛，祀后地之神於其上，以德后配。禮以黄琮制幣。五官之神、先農、五岳、沂山、岳山、白石山、霍山、無閭山、蔣山、四海、四瀆、松江、會稽江、錢塘江、四望，皆從祀。太史設埋坎於壬地焉。"《通典·吉禮四》略同。

【考釋】梁初北郊之事年月難以考定，今由儀注所定南北郊間歲之制，據明年正月南郊，可知北郊當在此年。

吉 **吳操之**（左丞）**啓稱郊祭應在立春之後，何佟之**（尚書左丞）**議以爲當分別圜丘與郊天，帝采何説，進而確定郊天宜在冬至，祈穀則在啓蟄。**（隋志·禮儀一）

【理據】《隋志》録何佟之議曰:"周冬至於圜丘，大報天也。夏正又郊，以祈農事，故有啓蟄之説。"此二者禮意本不同，然"自晉太始二年，并圜丘、方澤同於二郊"，遂生此疑。

《梁書·處士列傳》記梁武帝曾遣王果（領軍司馬）赴何胤處敦請回朝修禮，何胤對王果講了他在齊時未了的修禮心願三則:"一者欲正郊丘，二者欲更鑄九鼎，三者欲樹雙闕。"關於郊丘，何胤曰:"圜丘國郊，舊典不同。南郊祠五帝靈威仰之類，圜丘祠天皇大帝、北極大星是也。往代合之郊丘，先儒之巨失。今梁德告始，不宜遂因前謬。"《南史·何尚之列傳》同。

【因革】經此次議禮達成共識:"自是冬至謂之祀天，啓蟄名爲祈穀。"由此變革了長期以來正月郊天合於冬至之舊制。秦蕙田《五禮通考》緑叙其間脈絡曰:

“祈穀之祭三代以後不行久矣。西漢五時、泰時、天帝莫分,正祭尚未舉行,何有于祈祭？成帝雖作長安南北郊,旋廢旋復,卒改合祭。後漢正月祭南郊,時用孟春,却是正祭,魏氏相延。晉武帝泰始二年,并圜丘、方丘于南北郊,二至之祀合于二郊。齊王儉所云‘義在報天,事兼祈穀’,既不全以祈農,何必俟夫啓蟄,則究爲祀天之正祭,特以其用正月,故曰‘事兼祈穀’耳,實非祈穀也。梁武帝……,自是分爲二祭,遂爲後世祈穀之始。”（《吉禮二十一》“祈穀”）

【論評】梁滿倉指出:“這個做法同時收到了三種效果:它既堅持了兩晉以來在祭祀對象上郊丘合一,又使得這種做法與傳統的祭天理論吻合,同時也把祭天報功和祈福的意義區別開來。”“冬至祭天與正月祈穀,一個郊壇分爲二祭,再加上祭天時間有很強的規律性,構成了南朝祭天區別於兩晉時期的突出特點。……標志着南朝國家祭天制度的成熟。”（梁滿倉《魏晉南北朝五禮制度考論》,第185—187頁）

然秦蕙田《五禮通考》論曰:“武帝此言,乃得周禮之正;然卒未嘗至日郊祭,真所謂知之非艱者歟。”（《吉禮八》“圜丘祀天”）

【考釋】此年起屢見君臣議論儀注,當即爲撰修梁禮所遇到疑惑而無法案斷者。

吉 **有司以爲祭祀所用器席可燒埋之,何佟之議以爲如此太費,帝未采何説,故從有司議。**（隋志·禮儀一）

【理據】《隋志》録武帝曰:“薦藉輕物,陶匏賤器,方還付庫,容復穢惡。但敝則埋之,蓋謂四時祭器耳。”

吉 **何佟之啓稱宜除南北郊所設罍祼,明山賓**（博士）**議亦以爲郊不應祼,帝從之。**（隋志·禮儀一）

【理據】《隋志》録何佟之云:“案罍者盛以六彝,覆以畫冪,備其文飾,施之宗廟。”因此,“今南北二郊,儀注有祼,既乖尚質,謂宜革變”。而明山賓議引《禮記·表記》“天子親耕,粢盛秬鬯,以事上帝”,上帝乃明堂所奉祀者,故可證“蓋明堂之祼耳,郊不應祼”。

【論評】秦蕙田《五禮通考》評曰:“何議是。明山賓謂秬鬯事上帝爲明堂之祼,則謬矣。上帝即天，郊既不祼，明堂安得有祼？其病正坐以天與上帝爲二，仍注家之弊也。"(《吉禮八》"圜丘祀天")

吉 **何佟之**(尚書左丞)**議以爲禘祭不當配以功臣，帝從之。**(隋志·禮儀二，通典·吉禮九)

【因革】①《隋志》記曰："近代禘祫，並不及功臣，有乖典制，宜改。"可見天監元年(502)所定殷祭之制係上承宋齊而來，自此以後"祫祭乃及功臣"。②《舊唐志·禮儀六》錄貞觀十六年(642)韋挺等曰："梁初誤禘功臣，左丞何佟之駁議，武帝允而依行。降洎周、齊，俱遵此禮。"

吉 **王景之**(都令史)**稱郊廟祭祀進入齋日宜止百姓哭喪，何佟之等奏禁凶服宜以六門爲斷，帝詔以爲宜去廟二百步斷哭。**(隋志·禮儀二)

【因革】《隋志》記王景之"列自江左以來郊廟祭祀，帝已入齋，百姓尚哭，以爲乖禮"，故此年提出更改。

【理據】《隋志》錄帝詔曰："六門之内，士庶甚多，四時烝嘗，俱斷其哭，若有死者，棺器須來，既許其大，而不許其細也。"可見武帝既顧及吉、凶禮之沖，又考慮到百姓實情。

嘉 **何佟之議以爲公卿以下祭服中衣絳緣即可，宜除絳袴，依議除之。**(隋志·禮儀六，通典·嘉禮六)

【理據】《隋志》路何佟之議曰："案《後漢·輿服志》明帝永平二年，初詔有司采《周官》、《禮記》、《尚書》，乘輿服，從歐陽説；公卿以下服，從大、小夏侯説。祭服，絳緣領袖爲中衣，絳袴韈，示其赤心奉神。今中衣絳緣，足有所明，無俟於袴。"

【儀制】《通典》統記梁服制曰："梁因制平天冠服，衣畫而裳繡，十二章。素帶朱裏，以朱緣褌飾其側。更名赤皮韍爲韠。餘同舊法。又有通天冠服，絳紗袍，皁緣中衣，黑舄，是爲朝服，元正賀畢，還儲更衣，出所服也。其釋奠先聖，則皁紗袍，絳緣中衣，絳袴韈，黑舄。拜陵則篋布單衣。又有白帢單衣，以代古之疑縗。"

嘉 **改五輅旗同用赤而旒不異，從行運所尚。**（隋志·禮儀五,通典·嘉禮九）

【因革】《隋志》記曰:"梁初,尚遵齊制,其後武帝既議定禮儀,乃漸有變革。"而此前齊永明中伏曼容奏,在宋大明中荀萬秋曾議"金玉二輅,並建碧旒,象革木輅,並建赤旒,非時運所上,又非五方之色。今五輅五牛及五色幡旗,並請準齊所尚青色",然"時議所駁,不行"。

天監四年(505)

嘉 **正月癸卯**（初一）**，下詔開五館，建國學，置五經博士各一人，別詔為皇太子定禮。**（梁書·武帝本紀中、儒林列傳,南史·儒林列傳）

【考釋】《梁書·儒林列傳》記曰:"於是以平原明山賓、吳興沈峻、建平嚴植之、會稽賀瑒補博士,各主一館。館有數百生,給其餼廩。其射策通明者,即除為吏。十數年間,懷經負笈者雲會京師。"又《賀瑒列傳》記其事曰:"天監初,復為太常丞,有司舉治賓禮,召見説禮義,高祖異之,詔朝朔望,預華林講。……瑒悉禮舊事,時高祖方創定禮樂,瑒所建議,多見施行。"《南史·儒林列傳》、《賀瑒列傳》並同。

【理據】《資治通鑑·梁紀一》記曰:"上雅儒術,以東晉、宋、齊雖開置國學,不及十年輒廢之,其存亦文具而已,無講授之實。"

【因革】《梁書·儒林列傳》述曰:"魏正始以後,仍尚玄虛之學,為儒者蓋寡。時荀顗、摯虞之徒,雖刪定新禮,改官職,未能易俗移風。自是中原橫潰,衣冠殄盡,江左草創,日不暇給,以迄于宋、齊,國學時或開置,而勸課未博,建之不及十年,蓋取文具,廢之多歷世祀,其棄也忽諸。鄉里莫或開館,公卿罕通經術,朝廷大儒,獨學而弗肯養衆,後生孤陋,擁經而無所講習,三德六藝,其廢久矣。高祖有天下,深愍之,詔求碩學。"《南史》同。

又《通鑑·梁紀一》胡注簡述晉以來立學之大事曰:"晉元帝建武元年,戴邈請建太學,王敦、蘇峻之難,學校廢矣。成帝咸康三年復立,而儒術終不振。穆帝永和八年,殷浩以軍興罷太學生。宋文帝元嘉十五年,徵雷次宗開館教授,而儒、玄、文、史四學並立。齊高帝建元四年,置國子學生二百人,隆昌、建武之間已倚席而不講矣。”

[嘉] **分遣博士、祭酒巡州郡立學。**(梁書・儒林列傳,南史・儒林列傳)

[吉] **正月戊申**(初六)**,下詔南郊停止宫人屬車從觀。 辛亥**(初九)**,南郊。**

(梁書・武帝本紀中,南史・梁本紀上)

【儀制】《隋志・禮儀一》記梁南郊壇制曰:“梁南郊,爲圓壇,在國之南。高二丈七尺,上徑十一丈,下徑十八丈。其外再壝,四門。”又録儀注曰:“常與北郊間歲。正月上辛行事,用一特牛,祀天皇上帝之神於其上,以皇考太祖文帝配。禮以蒼璧制幣。五方上帝、五官之神、太一、天一、日、月、五星、二十八宿、太微、軒轅、文昌、北斗、三台、老人、風伯、司空、雷電、雨師,皆從祀。其二十八宿及雨師等座有坎,五帝亦如之,餘皆平地。器以陶匏,席用槀秸。太史設柴壇於丙地。皇帝齋於萬壽殿,乘玉輅,備大駕以行禮。禮畢,變服通天冠而還。”

【考釋】《隋志》所記當爲梁南郊通儀而未有争議者,此年前後就南郊儀注頗有議改,故各年所行當略有異。《通典・吉禮一》據各年議禮所定,夾敘梁代通儀,未必妥。

【因革】清朱銘盤《南朝梁會要・吉禮》記此前天監二年(503)正月辛酉曾行此禮,此係依例推得,還是别有所據,未詳。

[吉] **三月,禊飲華光殿。**(梁書・張率列傳,南史・張裕列傳)

[吉] **六月庚戌**(十一)**,初立孔子廟。**(梁書・武帝本紀中,南史・梁本紀上)

[吉] **何佟之**(尚書左丞)**以爲郊天宜欑題皇天座,祀地題后地座,南郊明堂用沉香,北郊用上和香,帝並從之。**(隋志・禮儀一)

【理據】《隋志》録何佟之云:“南郊明堂用沉香,取本天之質,陽所宜也。北郊用上和香,以地於人親,宜加雜馥。”

【考釋】《通典・吉禮四》節録此議,糅入梁制。

固 **何佟之議改宗廟儀注二事，帝均從之。**（隋志·禮儀二）

【因革】據《隋志》記何佟之與武帝間議禮之辭，其所改易者爲：① 夕牲之儀原由丹陽尹牽牲，牲經廚烹而祭，宜改爲"未祭一日之暮，太常省牲視鑊，祭日之晨，使太尉牽牲出入"，並"殺牲於廟門外"。② 祼獻之儀原由太祝在薦熟完畢後進行，宜改爲由太尉於祭日之晨先行祼獻，然後迎牲。第②項未經議定而何氏去世，復由明山賓重申，故"自是始使太尉代太祝行祼又牽牲"，由此祼獻之儀終定。

【考釋】《梁書·儒林列傳》、《南史·儒林列傳》均載何佟之去世於天監二年（503），恐係天監四年之誤。

固 **何佟之議祭服敝則毀之，於是並燒之，珠玉以付中署。**（隋志·禮儀六）

【因革】《隋志》記有司言："平天冠等一百五條，自齊以來，隨故而毀，未詳所送。"

固 **就舊制太社之省牲、牽牲、讚牲者，明山賓**（博士）**議以爲宜改，經衆議而定此制。**（隋志·禮儀二，通典·吉禮四）

【因革】《隋志》記舊有太社以"廩犧吏牽牲、司農省牲，太祝吏讚牲"，明山賓議以爲宜改作"太常省牲，廩犧令牽牲，太祝令贊牲"，武帝提出疑義，經議又改"太常丞牽牲"，於是遂定。

【儀制】《隋志》又記梁初社稷之通制曰："梁社稷在太廟西，其初蓋晉元帝建武元年所創，有太社、帝社、太稷，凡三壇。門牆並隨其方色。每以仲春、仲秋，並令郡國縣祠社稷、先農，縣又兼祀靈星、風伯、雨師之屬。及臘，又各祠社稷於壇。百姓則二十五家爲一社，其舊社及人稀者，不限其家。春秋祠，水旱禱祈，祠具隨其豐約。"又曰："其郡國有五岳者，置宰祝三人，及有四瀆若海應祠者，皆以孟春仲冬祠之。"《通典·吉禮五》采入後一句。

固 **就太尉省牲之時刻，任昉以爲宜在二更，明山賓議非之，帝定宜在三更。又有司奏議埋牲之制，司馬褧等議以爲三牲在滌死悉宜**

埋，帝從之。（隋志·禮儀二）

樂 賀瑒（掌賓禮）請議皇太子元會出入奏樂，帝命別制，明山賓、嚴植之、徐勉等以爲不可加，乃改皇太子樂爲《元貞》，賀瑒又請備皇太子奏《大壯》、《大觀》二舞，從之。（隋志·音樂上）

【理據】《隋志》録明山賓等以爲："周有九夏，梁有十二雅。此並則天數，爲一代之曲。今加一雅，便成十三。"

【因革】《隋志》記曰："是時禮樂制度，粲然有序。其後臺城淪没，簡文帝受制於侯景，……自此樂府不修，風雅咸盡矣。及王僧辯破侯景，諸樂並送荆州。經亂，工器頗闕，元帝詔有司補綴纔備。荆州陷没，周人不知采用，工人有知音者，並入關中，隨例没爲奴婢。"

凶 嚴植之定凶禮儀注，以亡月遇閏，祥在何月，帝定宜取遠日。（隋志·禮儀三，通典·凶禮二十二）

凶 安成國廟新建，當遷生母吳太妃神主入廟，蕭秀（安成王）有妃喪，欲以臣下代祭，明山賓議以爲不可，宜待王妃服畢後親奉。（隋志·禮儀三，通典·吉禮十一）

凶 楊公則（中護軍）於北征途中去世，帝即日舉哀，給鼓吹一部。（梁書·楊公則列傳，南史·楊公則列傳）

凶 江淹（金紫光禄大夫）去世，帝爲素服舉哀。（梁書·江淹列傳，南史·江淹列傳）

凶 鄧元起（平西將軍）於蜀郡獄中自殺，庾黔婁（蜀郡太守）身營殯斂，持喪柩歸鄉里。（梁書·孝行列傳、鄧元起列傳，南史·庾易列傳）

【因革】庾氏曾任鄧氏録事參軍，見疏，此時鄧氏死，部曲皆散，竟無人營喪。

天監五年(506)

嘉 五月，置集雅觀，以招遠學。（南史·梁本紀上）

凶 十二月癸卯（十二），謝朏（中書監，司徒）去世，帝出臨哭，詔給東園祕器，朝服一具，衣一襲。（梁書·謝朏列傳、武帝本紀中，南史·謝弘微列傳）

吉 明山賓（博士）請迎五帝於郊，以始祖配饗等，詔依之。（隋志·禮儀一，通典·吉禮一）

【儀制】《隋志·禮儀二》又總記梁代五時迎氣之制曰："梁制，迎氣以始祖配，牲用特牛一，其儀同南郊。"

【因革】《隋志·禮儀二》記曰："陳迎氣之法，皆因梁制。"

吉 明山賓議廟祭祼獻用器宜春夏用雞彝，秋冬用斝彝，帝從之。（隋志·禮儀二）

吉 因旱，下詔求雨於蔣帝廟，十旬不降，欲命焚蔣廟並神影，倏忽驟雨，於是帝率朝臣修謁蔣廟。（南史·曹景宗列傳）

【因革】此事未悉年月，據前後史事略推之。

凶 貴嬪母去世，明山賓以爲皇太子出貴嬪別第，一舉哀，司馬褧（祠部郎）謂宜準公子爲母麻衣之制，既葬而除，帝均從之。（隋志·禮儀三）

天監六年（507）

嘉 正月，因東宮新成，皇太子於崇正殿宴會，司馬褧（兼殿中郎）議以爲宜奏金石軒懸之樂。（通典·樂七）

【儀制】《通典》又記"舊東宮元會儀注，宮臣先入，入時無樂，至上宮客入，方奏樂"，此時經賀瑒議，乃同上宮元會，"先奏《相和》五引"，后"奏《大壯》武舞、《大觀》文舞"。

【考釋】《梁書·武帝本紀中》記錄太子宮作於去年八月。

凶 十月，柳惔（安南將軍，湘州刺史）去世，帝爲素服舉哀，給鼓吹一部。（梁書·柳惔列傳）

凶 十二月丙辰（初二），夏侯詳（尚書左僕射）去世，帝素服舉哀。（梁書·夏侯詳

列傳、武帝本紀中，南史·夏侯詳列傳）

凶 夏侯亶（始興王長史，南郡太守）之父去世，解職，居喪盡禮，廬於墓側。

（梁書·夏侯亶列傳，南史·夏侯詳列傳）

【附識】《梁書》記因父母去世解職之事不少，大多因不能繫年，略之。

凶 庾子輿（尚書郎）之父去世於巴西，哀慟將絕者再，奉喪還鄉，爲立精

舍，居墓終喪。（南史·庾域列傳）

【儀制】《南史》記曰："居墓所以終喪，服闋，手足枯攣，待人而起。仍布衣蔬食，

志守墳墓。叔該謂曰：'汝若固志，吾亦抽簪。'於是始仕。"又此前庾子輿之母去

世，"哀至輒嘔血，父戒以滅性，乃禁其哭泣"。

【考釋】此事未悉年月，在天監三年以後，暫繫於此，可與上條並觀。

凶 申明葬制，凡墓不得造石人獸碑，可作石柱記名位。（隋志·禮儀三）

吉 時以北郊嶽鎮海瀆之座與四望之座煩重而下議，朱异（儀曹郎）、徐勉

議以爲不可省，明山賓以爲宜省四望。此議久不能決，直到天監

十六年（517），下詔再議，八座奏省四望、松江、浙江、五湖等座。

（隋志·禮儀一）

【考釋】《通典·吉禮四》節錄此議，糅入梁制，然云"省除四望座。松江、浙江、

五湖、鍾山、白石山，並留之如故"，中華書局本校勘記稱其"節錄彼文，盡失原

意"，是。

嘉 下詔改元會儀注坐向。又周捨提出五等以上貢玉，可由尚書主客

曹郎受之，再付少府掌之，帝從之。又沈約（尚書僕射）議提出帝宜乘

小輿升太極殿階，制可。（隋志·禮儀四，通典·嘉禮十五）

【儀制】《隋志》又記梁元會之禮通儀曰："未明，庭燎設，文物充庭。臺門闢，禁

衛皆嚴，有司各從其事。太階東置白獸樽。群臣及諸蕃客並集，各從其班而拜。

侍中奏中嚴，王公卿尹各執珪璧入拜。侍中乃奏外辦，皇帝服袞冕，乘輿以出。

侍中扶左，常侍扶右，黃門侍郎一人執曲直華蓋從。至階，降輿，納舄升坐。有司御前施奉珪藉。王公以下，至阼階，脫舄劍，升殿，席南奉贄珪璧畢，下殿，納舄佩劍，詣本位。主客即徙珪璧於東廂。帝興，入，徙御坐於西壁下，東向。設皇太子王公已下位。又奏中嚴，皇帝服通天冠，升御坐。王公上壽禮畢，食。食畢，樂伎奏。太宮進御酒，主書賦黃甘，逮二品已上。尚書驥騎引計吏，郡國各一人，皆跪受詔。侍中讀五條詔，計吏每應諾訖，令陳便宜者，聽詣白獸樽，以次還坐。宴樂罷，皇帝乘輿以入。皇太子朝，則遠游冠服，乘金輅，鹵簿以行。預會則劍履升坐。會訖，先興。"

又《隋志》記此年所定坐向爲："御坐南向，以西方爲上。皇太子以下……悉西邊東向。尚書令以下……悉東邊西向。"另，酒壺置於南蘭下。

【因革】此前的儀注當是：御坐東向，皇太子以下在北壁坐，尚書令以下在南方坐，酒壺在東壁下。而此前帝至太極殿階前，則需納舄而升。

【論評】秦蕙田《五禮通考》論御座位向曰："古宗廟之室，以西爲上，朝覲之禮天子當依而里，當宁而立，自以南面爲尊。梁制徙御座於西壁下，非也。"（《嘉禮九》"朝禮"）

天監七年(508)

[嘉] 四月乙卯（初二），皇太子納妃。（梁書·武帝本紀中，南史·梁本紀上）

[凶] 鄭紹叔（左將軍，通直散騎常侍）去世，帝欲臨哭而止，下詔給鼓吹一部，東園祕器，朝服一具，衣一襲。（梁書·鄭紹叔列傳，南史·鄭紹叔列傳）

【考釋】《梁書》記曰："高祖將臨其殯，紹叔宅巷狹陋，不容輿駕，乃止。"《南史》同。

[凶][吉] 任昉（寧朔將軍，新安太守）去世，帝即日舉哀，哭之甚慟；因其爲政清省，百姓共立祠堂於城南，歲時祠之。（梁書·任昉列傳，南史·任昉列傳）

[吉] 帝以祭天當一獻還是三獻下詳議，陸瑋（博士）、明山賓（博士）、司馬

褧（禮官）議以爲宜一獻。（隋志・禮儀一）

【因革】經此次議禮而改制："自是天地之祭皆一獻,始省太尉亞獻,光禄終獻。"《通典・吉禮一》"郊天上"條補充曰："皇帝一獻,再拜受福。""唯皇帝受福,明上靈降祚,臣下不敢同。"

吉 **王僧崇**（太常丞）**稱五祀不宜於圜丘重設,又風師、雨師與箕、畢二星嫌重,帝駁斥其説。**（隋志・禮儀一）

【理據】《隋志》録王僧崇稱："五祀位在北郊,圜丘不宜重設。"帝曰："五行之氣,天地俱有,故宜兩從。"僧崇又曰："風伯、雨師,即箕、畢星矣。而今南郊祀箕、畢二星,復祭風師、雨師,恐乖祀典。"帝曰："箕、畢自是二十八宿之名,風師、雨師自是箕、畢星下隸。兩祭非嫌。"

嘉 **帝下詔詳議大祀並乘金輅,周捨**（舍人）**以爲金輅不關祭祀,於是改陵廟皆乘玉輅,孔休源**（左丞）**議從周説,帝從之。**（隋志・禮儀二、禮儀五,通典・嘉禮九）

【因革】《隋志・禮儀二》録孔休源議指出吉禮儀注作乘金輅,"當由宋、齊乘謬",可見此前相承用金輅,故梁初撰儀注從之,至此得改。

【理據】《隋志・禮儀二》録周捨指出依據《周禮》"玉輅以祀,金輅以賓"。

【儀制】《隋志・儀禮五》記曰："陵廟皆乘玉輅,大駕則太僕卿御,法駕則奉車郎馭。其餘四輅,則使人執彎,以朱絲爲之。執者武冠、朱衣。"

【附識】《梁書・孔休源列傳》記曰："時太子詹事周捨撰《禮疑義》,自漢魏至于齊梁,並皆搜采,休源所有奏議,咸預編録。"《南史・孔休源列傳》同。

吉 **周捨議以爲王者袞服宜畫鳳凰,制可;王僧崇以爲藻米黼黻不合古制,請改正,並去圓花,帝非之。**（隋志・禮儀六,通典・嘉禮六）

【儀制】《隋志》録帝言禮服差等曰："古文日月星辰,此以一辰攝三物也。山龍華蟲,又以一山攝三物也。藻火粉米,又以一藻攝三物也。是爲九章。今袞服畫龍,則宜應畫鳳,明矣。孔安國云:'華者,花也。'則爲花非疑。"

【因革】閻步克指出："梁武帝冕服上的圓花,在我看就是漢明帝傳下來的。直

到趙宋，冕服裳上的圓花依然保留着。"（《服周之冕》第五章，第 201 頁）

【理據】閻步克推論曰："'一物攝三物'衹能是梁武帝的發明。嚴格依據僞孔傳，是得不出'三物'、'九章'的。那麼梁武帝仍是兼用孔、鄭：把黼黻之外的服章分三組，是取法僞孔傳；合華蟲爲一，就是《周禮》鄭玄説了。"（《服周之冕》第七章，第 273 頁）

【論評】閻步克論曰："爲了'尊君'，梁武帝甚至可以雜用經説，曲解經典。比如，他想把皇帝袞服上的雉（即華蟲）改畫爲鳳凰，好跟大臣冕服上的雉區分開來。"（《服周之冕》第七章，第 270 頁）

[古] **帝云祭天、祀五帝宜貴質，服大裘，請共詳議，陸瑋**（五經博士）**等請依古更制大裘，制可。陸氏等定大裘之制。**（隋志·禮儀六，通典·嘉禮六）

【儀制】《通典·嘉禮二》記梁冕服之制："前垂四寸，後垂三寸，旒長齊肩，以組爲纓，色如其綬，旁垂黈纊，充耳珠以玉瑱。乘輿郊祀天地明堂、享宗廟、元會臨軒則服之。五等諸侯助祭，平冕九旒，青玉爲珠，有前無後，各以其綬色爲組纓，旁垂黈纊。"

又《隋志》記大裘之制曰："瑋等又尋大裘之制，唯鄭玄注《司服》云'大裘，羔裘也'，既無所出，未可爲據。案六冕之服，皆玄上纁下。今宜以玄繒爲之。其制式如裘，其裳以纁，皆無文繡。冕則無旒。"

【理據】《隋志》録帝曰："《禮》：'王者祀昊天上帝，則大裘而冕，祀五帝亦如之。'又云：'莞席之安，而蒲越稾秸之用。'斯皆至敬無文，貴誠重質。今郊用陶匏，與古不異，而大裘蒲秸，獨不復存，其於質敬，恐有未盡。"

【因革】①《隋志》録陸瑋等曰："自魏以來，皆用袞服，今請依古，更制大裘。"
② 閻步克指出："在此之前，衹有魏明帝'服襲大裘'，但他没戴無旒冕。若不考慮宋明帝五冕中的'大裘'，梁武帝就是有史以來，第一位把無旒的大裘冕戴在頭上的皇帝。"（《服周之冕》第七章，第 266 頁）

【考釋】《梁書·許懋列傳》記曰："宋、齊舊儀，郊天祀帝，皆用袞冕，至天監七年，懋始請造大裘。"按帝之提議當即采自徐懋（兼著作郎）。

[吉] 司馬筠（尚書左丞）議以爲夏初迎氣，祭不用牲，帝從之。（隋志·禮儀二）

[吉] 司馬筠（禮官）議告廟當作分別，於是議定大事遍告七廟，小事祇告一室，帝從之。（隋志·禮儀二，通典·吉禮十四）

【儀制】《隋志》記曰："封禪，南北郊，祀明堂，巡省四方，御臨戎出征，皇太子加元服，寇賊平蕩，築宮立闕，纂戎戒嚴、解嚴，合十一條，則遍告七廟。講武，修宗廟、明堂，臨軒封拜公王，四夷款化貢方物，諸公王以愆削封及詔封王紹襲，合六條，則告一室。"

[凶] 安成太妃（陳氏）去世，帝詔不許蕭秀（江州刺史，安成王）、蕭憺（荊州刺史，始興王）解職，周捨（中書舍人）議以爲二子宜成服日單衣一日爲位受弔。（梁書·儒林列傳，南史·儒林列傳，隋志·禮儀三）

【考釋】蕭秀、蕭憺均爲帝之弟，文帝與吳太妃之子，陳太妃乃其養母，正所謂"嫡妻之子，母没爲父妾所養"者。

【理據】《梁書》錄帝言曰："二則嫡妻之子無母，使妾養之，慈撫隆至，雖均乎慈愛，但嫡妻之子，妾無爲母之義，而恩深事重，故服以小功，《喪服》小功章所以不直言慈母，而云'庶母慈己'者，明異於三年之慈母也。……鄭玄不辨三慈，混爲訓釋，引彼無服，以注'慈己'，後人致謬，實此之由。"《南史》同。

[凶] 安成太妃（陳氏）去世，帝定由其嗣子主喪，周捨奏嗣子服制，敕禮官議皇子慈母之服，司馬筠（尚書祠部郎）議以爲當無服，帝疑之，司馬氏等請依制改定服之五月，以爲永制。（梁書·儒林列傳，南史·儒林列傳，隋志·禮儀三）

【儀制】《隋志》錄周捨牒言嗣子之喪制："著細布衣，絹領帶，單衣用十五升葛。凡有事及歲時節朔望，並於靈所朝夕哭。三年不聽樂。"

[嘉] 蕭秀（都督，安西將軍）出任荊州刺史，立學校，招隱逸。（梁書·太祖五王列傳，南史·梁宗室列傳下）

[吉] 將享太廟，下詔議始出宮，是否振作鼓吹，八座丞郎參議，定鼓吹

從而不作，還宮如常儀。（隋志·音樂上，通典·樂二）

【理據】《隋志》錄帝詔曰："禮云'齋日不樂'。"

【因革】《隋志》記曰："帝從之，遂以定制。"可見此年革之前出宮赴廟奏鼓吹之制。

天監八年(509)

吉 正月辛巳(初三)，南郊。（梁書·武帝本紀中，南史·梁本紀上）

【因革】① 此年起正月南郊當即用天監五年(506)所改定的儀注。② 此後天監十年(511)正月辛丑(初四)、天監十二年(513)正月辛卯(初六)、天監十四年(515)正月辛亥(初七)、天監十六年(517)正月辛未(初九)均依例行此禮。

吉 有請封會稽禪國山者，帝因集儒學之士草封禪儀，許懋(征西鄱陽王諮議，兼著作郎)建議以爲不可，帝嘉納許說，請者遂停。（梁書·許懋列傳，南史·許懋列傳，資治通鑑·梁紀三）

【理據】《梁書》錄許懋建議曰："夫封禪者，不出正經，惟《左傳》說'禹會諸侯於塗山，執玉帛者萬國'，亦不謂爲封禪。鄭玄有參、柴之風，不能推尋正經，專信緯候之書，斯爲謬矣。……是爲合郊天地有三，特郊天有九，非常祀又有三。《孝經》云'宗祀文王於明堂，以配上帝'，雩祭與明堂雖是祭天，而不在郊，是爲天祀有十六，地祭有三，惟大禘祀不在此數。……誠敬之道，盡此而備。至於封禪，非所敢聞。"

吉 當皇太子(蕭統)釋奠，周捨議以爲可參照東宮元會儀注，從之。又有司以爲太子升堂宜從西階，徐勉(吏部郎)議以爲宜由東階。（隋志·禮儀四，通典·吉禮十二）

【儀制】《隋志》錄周捨議曰："請依東宮元會，太子著絳紗襦，樂用軒懸。預升殿坐者，皆服朱衣。"

吉 九月，皇太子於壽安殿講《孝經》畢，臨釋奠於國學。（梁書·昭明太

子列傳，南史·梁武帝諸子列傳）

【儀制】《梁書·徐勉列傳》記曰："［太子］嘗於殿内講《孝經》，臨川靖惠王、尚書令沈約備二傅，勉與國子祭酒張充爲執經，王瑩、張稷、柳惔、王暕爲侍講。"《南史·徐勉列傳》同。按臨川王，蕭宏。

吉 明山賓議以爲迎氣、祀五帝均宜改服大裘，俱用一獻，帝從之。

（隋志·禮儀二）

嘉 帝改乘輿宴會，去還皆乘輦，服白紗帽。（隋志·禮儀六）

【儀制】《隋志》記此前，"乘輿宴會，服單衣，黑介幘。舊三日九日小會，初出乘金輅服之"。

凶 顧憲之（太中大夫）去世，遺制喪祭從儉，不求備物，勿用牲牢。（梁書·止足列傳，南史·顧愷之列傳）

【儀制】《梁書》記顧氏臨終爲制曰："喪易寧戚，自是親親之情；禮奢寧儉，差可得由吾意。不須常施靈筵，可止設香燈，使致哀者有憑耳。朔望祥忌，可權安小牀，暫設几席，唯下素饌，勿用牲牢。蒸嘗之祠，貴賤罔替。備物難辦，多致疏怠。祠先人自有舊典，不可有闕。自吾以下，祠止用蔬食時果，勿同於上世也。示令子孫，四時不忘其親耳。……本貴誠敬，豈求備物哉。"《南史》同。

凶 王敬胤（太中大夫）去世，遺命薄葬至極，下詔其子可有所捨取。（南史·劉懷珍列傳）

【儀制】《南史》録王氏遺命曰："不得設復魄旌旐，一蘆虆藉下，一枚覆上。吾氣絕便沐浴，籃輿載尸，還忠侯大夫遂中。"又録帝詔曰："宜兩捨兩取，以達父子之志。棺周於身，土周於槨，去其牲奠，斂以時服。一可以申情，二可以稱家。"

【理據】《南史》録帝詔曰："然子於父命，亦有所從有所不從。今崇素若信遺意，土周淺薄，屬辟不施，一朝見侵狐鼠，戮屍已甚。……禮教無違，生死無辱，此故當爲安也。"

天監九年(510)

制 正月，用祖沖之所造《甲子元曆》頒朔。（隋志·律曆中，新唐志·曆三上）

【因革】《隋志》記曰："梁初因齊，用宋《元嘉曆》，天監三年下詔定曆，員外散騎常侍祖暅奏……八年，暅又上疏論之。詔使太史令將匠道秀等，候新舊二曆氣朔、交會及七曜行度，起八年十一月，訖九年七月，新曆密，舊曆疏。"按祖暅所奏在望使用其父祖沖之於宋大明六年所定曆。

又《隋志》記其後曰："至大同十年，制詔更造新曆，以甲子爲先，六百一十九爲章歲，一千五百三十六爲日法，一百八十三年冬至差一度，月朔以遲疾定其小餘，有三大二小。未及施用而遭侯景亂，遂寢。""陳氏因梁，亦用祖沖之曆，更無所創改。"

嘉 三月己丑(十七)，國子學建成，帝親臨講肆，釋奠於先師先聖。（梁書·武帝本紀中、儒林列傳，南史·梁本紀上、儒林列傳）

【因革】鑒於南齊立學未成，武帝於天監七年(508)正月乙酉(初一)即下詔啓修庠序，至此國子學修成。

【儀制】二《儒林列傳》均記其時情形曰："高祖親輿駕，釋奠於先師先聖，申之以讌語，勞之以束帛，濟濟焉，洋洋焉，大道之行也如是。"

嘉 三月乙未(二十三)，下詔令皇太子及王侯之子入學。（梁書·武帝本紀中，南史·梁本紀上）

嘉 十二月癸未(十六)，帝至國子學，策試胄子。（梁書·武帝本紀中，南史·梁本紀上）

凶 蕭穎達(信威將軍、右衛將軍)去世，帝臨哭，給東園祕器，朝服一具，衣一襲。（梁書·蕭穎達列傳）

吉 朱异(儀曹郎)議改明堂儀注八事，帝並從之。（隋志·禮儀一，通典·吉禮三）

【因革】《隋志》記曰:"明堂在國之陽。梁初依宋、齊,其祀之法,猶依齊制。禮有不通者,武帝更與學者議之。"此年朱异議以爲齊制當改者有如下三條:① 帝服原爲袞冕,宜改服大裘。② 原初獻用樽彝,宜改用瓦樽。③ 原所薦肴膳與宗廟相同,宜改準二郊簡省,"止用梨棗橘栗四種之果,薑蒲葵韭四種之菹,粳稻黍粱四種之米;自此以外,郊所無者,請並從省除"。

又針對明山賓所制梁禮儀注,朱氏又提出當改者有如下五條:① 明堂祀五帝,自赤帝始宜改爲自青帝始。② 籩豆等器皆以彫飾宜改爲用純漆。③ 三獻之法"先酌鬱鬯,灌地求神,及初獻清酒,次酳終酳,禮畢,太祝取俎上黍肉,當御前以授"宜改成僅一獻清酒。④"停灌及授俎法"。⑤ 牲用太牢宜改爲用特牛。

又據《梁書·許懋列傳》記載,許懋(太子家令)亦曾參與,其所議者有:"至是,有事於明堂,儀注猶云'服袞冕'。懋駁云:'《禮》云"大裘而冕,祀昊天上帝亦如之",良由天神尊遠,須貴誠質。今泛祭五帝,理不容文。'改服大裘,自此始也。……凡諸禮儀,多所刊正。"可見梁時禮典儀注之更改詳情。

【理據】《隋志》錄朱异議之根本的依據,可以籩豆等器爲總原則:"尋郊祀貴質,改用陶匏,宗廟貴文,誠宜彫俎。明堂之禮,既方郊爲文,則不容陶匏,比廟爲質,又不應彫俎。斟酌二途,須存厥衷,請改用純漆。"即所謂"明堂方郊,未爲極質,……既合質文之中,又見貴誠之義"。因此,所用器物、儀注當界於二郊與宗廟之間,而往往趨於近郊。

【論評】秦蕙田《五禮通考》論曰:"朱异、許懋之言過矣。大裘祀天,猶須被袞,何乃服以祀上帝乎?……郊雖尚質,而大饗則盡文,天與帝不同也。爲壇主尊,明堂主親,改服大裘,用瓦尊,混而同之,非是。"(《吉禮二十五》"明堂")

吉 **下詔定廟祭簠簋之實,以藉田黑黍。**(隋志·禮儀二)

吉 **司馬筠等參議定尚書入廟齋祭服制。**(隋志·禮儀六,通典·嘉禮六)

【理據】《隋志》錄司馬筠等議曰:"今之尚書,上異公侯,下非卿士,止有朝衣,本無冕服。但既預齋祭,不容同在於朝。"

【儀制】《隋志》錄司馬筠等議曰:"依太常及博士諸齋官例,著皁衣,絳襈,中單,竹葉冠。若不親奉,則不須入廟。"

【附識】《通典·嘉禮二》記天監中沈宏(祠部郎)議"竹葉冠是漢祖微時所服,不可爲祭服,宜改用爵弁",未納。

天監十年(511)

吉 **正月辛酉**(二十四)**,帝祀明堂。**(梁書·武帝本紀中)

【因革】此年所行當即行用去年朱异議所改定之儀注,然行禮之所在當仍在故宋太極殿。

【儀制】《通典·吉禮三》概括之曰:"梁祀五帝於明堂,服大裘冕,樽以瓦,俎豆以純漆,牲以特牛,餚膳準二郊。若水土之品,蔬菜之屬,宜以薦。郊所無者,從省除。所配五帝,行禮自東階升,先春郊帝爲始,止一獻清酒,停三獻及灌事。"

【考釋】此年正月辛丑(初四)已行南郊,參見天監八年(509)。

凶 **五月丁丑,呂僧珍**(領軍將軍,散騎常侍)**去世,帝即日臨哭,下詔給東園祕器,朝服一具,衣一襲**。(梁書·呂僧珍列傳、武帝本紀中,南史·呂僧珍列傳)

【考釋】此年五月丙申朔,無丁丑日。

吉 **帝以爲雩祭不宜柴燎,朱异**(儀曹郎)**議以爲當從瘞埋,行之**。(隋志·禮儀二,通典·吉禮二)

【理據】《梁書·許懋列傳》詳載此事曰:"又降敕問:'凡求陰陽,應各從其類,今雩祭燔柴,以火祈水,意以爲疑。'懋答曰:'雩祭燔柴,經無其文,良由先儒不思故也。按周宣《雲漢》之詩曰:"上下奠瘞,靡神不宗。"毛注云:"上祭天,下祭地,奠其幣,瘞其物。"以此而言,爲旱而祭天地,並有瘞埋之文,不見有燔柴之説。若以祭五帝必應燔柴者,今明常之禮,又無其事。且《禮》又云"埋少牢以祭時",時之功是五帝,此又是不用柴之證矣。昔雩壇在南方正陽位,有乖求神;而已移于東,實柴之禮猶未革。請停用柴,其牲牢等物,悉從坎瘞,以符周宣《雲漢》之説。'詔並從之。"

【考釋】此事與去年所議郊天服大裘者相屬，同可見史志雖掛朱异之名，而實際從事者則爲許懋。

天監十一年(512)

吉 太祝牒稱二郊相承用七俎、壇下衆神之座均用白茅恐非宜，詔下詳議。八座奏此儀注無理據，故改用素俎，五帝以下座悉用蒲席稾薦。（隋志·禮儀一）

吉 帝以五帝座居坎非宜，八座奏請置五帝座於壇上，外壝二十八宿等神座悉停爲坎。（隋志·禮儀一，通典·吉禮一）

【因革】《隋志》録八座奏曰："良由齊代圜丘小而且峻，邊無安神之所；今丘形既大，易可取安。"因此，經此議而改制："自是南北二郊，悉無坎位矣。"

吉 帝意議復四望之祀。朱异議以爲凡有關水旱者皆宜備祭，顧協（揚州主簿）議以爲宜完備雩祀爲常制，太常博士從顧説，明嚴卿（祠部郎）以爲雩祀與郊禋不必相仿，帝從明説，故仍依舊。（隋志·禮儀二）

天監十二年(513)

凶 二月丙寅（十一），下詔收斂民間棄屍。（梁書·武帝本紀中，南史·梁本紀上）

【理據】《梁書》録帝詔曰："掩骼埋胔，義重周經，槥櫝有加，事美漢策。"

嘉 二月辛巳（二十六），新作太極殿，改爲十三間。（梁書·武帝本紀中，南史·梁本紀上）

吉 六月癸巳（初十），新作太廟，增基九尺。（梁書·武帝本紀中，南史·梁本紀上）

吉 十月，采虞瞬（太常丞）説，擬新作明堂十二間。（隋志·禮儀一，梁書·武帝本

紀中,南史·梁本紀上,通典·吉禮三)

【理據】①《武帝本紀》載帝詔曰:"明堂地勢卑濕,未稱乃心;外可量就埤起,以盡誠敬。"②《隋志》述曰:"虞嘯復引《周禮》明堂九尺之筵,以爲高下修廣之數,堂崇一筵,故階高九尺。漢家制度,猶遵此禮。"

秦蕙田《五禮通考》指出:"明堂中一室爲饗帝宗祀之,所謂太廟太室也。其外八室,天子齊則居之,《大戴禮》云'不齊不居',其室是也。又其外十二堂則居之,以聽朔布令,明堂總名也。其中未嘗無内外之分,人神之辨。"(《吉禮二十五》"明堂")

【儀制】①《隋志》記曰:"毀宋太極殿,以其材構明堂十二間,基準太廟。以中央六間安六座,悉南向。東來第一青帝,第二赤帝,第三黄帝,第四白帝,第五黑帝。配帝總配享五帝,在阼階東上,西向。大殿後爲小殿五間,以爲五佐室焉。"② 張一兵推論其制,並作"晉武帝太極殿→梁武帝明堂推測圖"(《明堂制度源流考》,第160頁),可參。

【因革】《隋志》載此前"帝欲有改作,乃下制旨,而與群臣切磋其義",帝主"明堂無室",朱异以爲"聽朔之禮,既在明堂,今若無室,則於義成闕",帝又曰"聽朔之處,自在五帝堂之外",鑒於朱氏之地位,其時"其議是非莫定,初尚未改",仍用劉宋太極殿。

楊志剛據則指出:"宋、齊、梁、陳的明堂都是大殿十二間,中央六間設六神座,五座供五帝,一座供配帝。"(《中國禮儀制度研究》,第293頁)

【論評】《魏書·儒林列傳》載此後天平四年(537),東魏李業興出使南朝梁,與朱异辯論,李氏曰:"我昨見明堂四柱方屋,都無五九之室,當是裴頠所制。明堂上圓下方,裴唯除室耳。今此上不圓何也?"朱氏曰:"圓方之説,經典無文,何怪於方?"李氏曰:"圓方之言,出處甚明,卿自不見。見卿録梁主《孝經義》亦云上圓下方,卿言豈非自相矛盾!"朱氏曰:"若然,圓方竟出何經?"李氏曰:"出《孝經援神契》。"《北史·儒林列傳上》同。

又秦蕙田《五禮通考》論曰:"五帝自在四郊之兆,四立日迎氣祭之,本與明堂無涉。又以饗祀、聽朔皆在明堂,爲人神混淆,故有堂南,又有小室,分爲三處聽朔之論,而不知古之初未嘗混也。"(《吉禮二十五》"明堂")

吉 帝詔稱廟祭盥手與洗爵同用一器未妥,於是改作帝御、三公盥手及洗爵各用一匜。(隋志·禮儀二)

【理據】《隋志》錄帝詔以爲"爵以禮神,宜窮精潔,而一器之内,雜用洗手",可見於神爲不敬。

吉 帝改藉田儀注三事。(隋志·禮儀二,通典·吉禮五)

【因革】《隋志》記曰:"梁初藉田,依宋、齊,以正月用事,不齋不祭。"武帝以爲宜改者爲:① 用二月。② 應散齋七日,致齋三日,於耕所設先農神座,陳薦羞之禮,並爲讚辭如社稷法。③ 改齊代"使御史乘馬車,載未耜於五輅後"爲"以侍中奉未耜,載於象輅,以隨木輅之後"。

嘉 齊永明玉輅之飾,皆省之。(隋志·禮儀五)

【儀制】《隋志》所省者爲:"玉輅上施重屋,樓寶鳳皇,綴金鈴,鑷珠璫、玉蚌佩。四角金龍,銜五綵毦。又畫麒麟頭加於馬首者。"

天監十三年(514)

吉 二月丁亥(初八),親藉田。(梁書·武帝本紀中,南史·梁本紀上)

【因革】此年當即用去年所改之儀。《資治通鑑·梁紀三》記曰:"宋、齊藉田皆用正月,至是始用二月,及致齋祀先農。"

天監十四年(515)

嘉 正月乙巳(初一),皇太子冠,停遠近上慶禮。(梁書·武帝本紀中、昭明太子列傳,南史·梁本紀上、梁武帝諸子列傳,通典·嘉禮一)

【儀制】《昭明太子列傳》載曰:"高祖臨軒,冠太子於太極殿。舊制,太子著遠游冠,金蟬翠緌纓;至是,詔加金博山。"《梁武帝諸子列傳》同。

【因革】《通典》記曰："冠太子於太極殿,修前代之儀。"所指乃齊永明五年(487)
王儉所定之儀。

【考釋】① 蕭統生於中興元年(501),至今 15 歲。②《通典》標此事在天監十三
年正月,恐誤。《通典》

凶 封陽侯去世,朱异(舍人)議以爲不應殤服,帝可之,於是諸王依成

人之服。(隋志·禮儀三,通典·凶禮四)

【理據】《隋志》録朱异議曰:"禮,年雖未及成人,已有爵命者,則不爲殤。"

天監十五年(516)

吉 六月丙申(初一),改作小廟完畢。(梁書·武帝本紀中)

【因革】修立小廟自天監元年(502)十一月始。

凶 陳太妃(太祖之妃)去世,蕭宏(臨川王)、蕭偉(南平王)毀頓過禮,水漿不

入口累日,帝臨視譬抑之。(梁書·太祖五王列傳,南史·梁宗室列傳下)

【儀制】《梁書》又記異母弟蕭憺(始興王)亦"水漿不入口六日,居喪過禮",《南史》
同;然標時間在天監七年,恐誤。

凶 丘仲孚(豫章內史)去世,喪將還鄉,豫章老幼號哭攀送,車不得前。

(梁書·良吏列傳,南史·文學列傳)

【考釋】此事未悉年月,依柏俊才《梁武帝蕭衍考略》繫於此年。

凶 到溉(輕車長史)之母去世,居喪盡禮。(梁書·到溉列傳,南史·到彥之列傳)

【儀制】《南史》記曰:"所處廬開方四尺,毀瘠過人。服闋,猶蔬食布衣者累載。"
《梁書》略同。

【考釋】此事未悉年月,在蕭繹爲湘東王、會稽太守時,暫繫於此。

凶 庾沙彌之嫡母(劉氏)去世,水漿不入口累日,終喪不解衰絰,不出

廬户。(梁書·孝行列傳,南史·孝義列傳上)

【儀制】《南史》記其終喪曰:"及母亡,水漿不入口累日。初進大麥薄飲,經十旬方爲薄粥。終喪不食鹽酢,冬日不衣綿纊,夏日不解衰絰。不出廬戶,晝夜號慟,隣人不忍聞。所坐薦,淚霑爲爛。"

【考釋】此事未悉年月,在梁武帝時,暫繫於此。

天監十六年(517)

吉 二月辛亥(二十),耕藉田。(南史·梁本紀中)

吉 四月,下詔擬去廟祭所用牲牢,用麪爲之,八座議以大脯代之,帝從之。十月,又下詔去宗廟薦脩,改用蔬果,司馬筠(左丞)等參議以爲可以大餅代大脯,餘悉用蔬菜,帝從之。(隋志·禮儀二,梁書·武帝本紀中,南史·梁本紀上,通典·吉禮八)

【理據】《隋志》録帝詔曰:"夫神無常饗,饗于克誠,……宗廟祭祀,猶有牲牢,無益至誠,有累冥道。"

【因革】①《通典》記曰:"梁武帝宗廟四時及臘,一歲五享。"②《隋志·五行上》則在"大同三年(537),朱雀門災"下曰:"是時帝崇尚佛道,宗廟牲牷,皆以麪代之。"可見此法一度延續。③《隋志·禮儀二》則記曰:"自是訖於臺城破,諸廟遂不血食。"

【論評】①《魏書·島夷蕭衍列傳》評曰:"[蕭]衍自以持戒,乃至祭其祖禰,不設牢牲,時人皆竊云,雖僭司王者,然其宗廟實不血食矣。"② 王夫之《讀通鑑論》(卷十七)評武帝曰:"武帝之始,崇學校,定雅樂,斥封禪,修五禮,六經之教,蔚然興焉。雖疵而未醇,華而未實,固東漢以下未有之盛也。天監十六年,乃罷宗廟牲牢,薦以蔬果,沈溺於浮屠氏之教,以迄於亡而不悟。蓋啓示帝已將老矣,疇昔之所希冀而圖謀者皆已遂矣,更無餘願,而但思以自處。"

今人陳戍國《中國禮制史·魏晉南北朝卷》則認爲:"祭祀用蔬菜代替牲牢脯脩,這是中國吉禮史上一大革新,自人類進入文明社會以來舉行文明祭祀的第一次

大規模的改革。"（第 274 頁）

吉 **四月，朱异**（舍人）**議廟祭宜加熬油莼羹一銚，而成兩羹，帝從之。**

（隋志・禮儀二，通典・吉禮八）

【因革】《隋志》記曰："於是起至敬殿、景陽臺，立七廟座。月中再設净饌。"可見自此年起宗廟之祭有較大的變更。

吉 **劉勰**（南康王記室，兼東宮通事舍人）**表言二郊宜與七廟同，去犧牲改用蔬果，帝下詔付尚書議，依劉氏所陳。**（梁書・文學列傳下）

【考釋】此事未悉年月，依《梁書》所云"時七廟饗薦已用蔬果，而二郊農社猶有犧牲"，推斷在此時。

天監十七年(518)

吉 **依帝意改郊祀儀，南郊除五帝祀，加十二辰座，與二十八宿各於其方而爲壇。**（隋志・禮儀一，通典・吉禮一）

【理據】《隋志》記曰："帝以威仰、魄寶俱是天帝，於壇則尊，於下則卑。且南郊所祭天皇，其五帝別有明堂之祀，不煩重設。"

凶 **劉歊著《革終論》，蔚裁喪葬之儀。**（梁書・處士列傳，南史・劉懷珍列傳）

【儀制】《梁書》録其辭曰："氣絶不須復魄，盥洗而斂。以一千錢市治棺、單故裙衫、衣巾枕履。此外送往之具，棺中常物，及餘閣之祭，一不得有所施。……斂訖，載以露車，歸於舊山，隨得一地，地足爲坎，坎足容棺，不須塼甓，不勞封樹，勿設祭饗，勿置几筵，無用茅君之虛座，伯夷之杅水。其蒸嘗繼嗣，言象所絶，事止余身，無傷世教。"《南史》同。

【儀制】《梁書》録劉歊論形神關係曰："及其死也，神去此而適彼也。神已去此，館何用存？速朽得理也。神已適彼，祭何所祭？祭則失理。而姬、孔之教不然者，其有以乎！蓋禮樂之興，出於澆薄，俎豆綴兆，生於俗弊。施靈筵，陳棺椁，設饋奠，建丘隴，蓋欲令孝子有追思之地耳，夫何補於已遷之神乎？"面對時俗，劉氏又曰:"然積習生常,難卒改革,一朝肆志,儻不見從。今欲翦截煩厚,務存儉易,進不裸尸,退異常俗,不傷存者之念,有合至人之道。"《南史》略同。

凶 **劉訐去世,令族兄劉歊速斂速埋,遵行之。**（梁書·處士列傳,南史·劉懷珍列傳）

【儀制】《梁書》劉訐臨終之言曰:"氣絕便斂,斂畢即埋,靈筵一不須立,勿設饗祀,無求繼嗣。"《南史》同。

天監十八年(519)

吉 **正月辛卯**(十一)**,南郊。**（梁書·武帝本紀中,南史·梁本紀上）

【因革】此年當即用去年所改之儀,且改用正月次辛日,與天監十六年(517)正月所行者有異。

凶 **正月,蕭元簡**(都督,郢州刺史)**去世,葬將引,柩有聲,議者欲開視,王妃**(柳氏)**止之。**（南史·梁宗室列傳上,梁書·衡陽嗣王元簡列傳）

【理據】《南史》錄柳氏之言曰:"晉文已有前例,不聞開棺。無益亡者之生,徒增生者之痛。"

【理據】《南史》標此事曰"〔天監〕三年,子元簡位郢州刺史,卒於官",誤。《梁書》記蕭氏生平略詳,然未載此事。

凶 **因民間喪事朝終夕殯,徐勉**(尚書右僕射)**上疏定三日大斂,詔可。**（梁書·徐勉列傳,南史·徐勉列傳）

【理據】《梁書》錄徐勉上疏曰:"《禮記·問喪》云:'三日而後斂者,以俟其生也;三日而不生,亦不生矣。'自頃以來,不遵斯制。送終之禮,殯以期日,潤屋豪家,乃或半晷,衣衾棺槨,以速爲榮,親戚徒隸,各念休反。故屬纊才畢,灰釘已具,忘狐鼠之顧步,愧燕雀之徊翔。傷情滅理,莫此爲大。"《南史》同。

【考釋】此事未悉年月,徐勉任尚書右僕射在此年正月。

普通元年(520)

吉 凶 正月，帝春祠二廟。既出宮，聞馮道根（散騎常侍、左軍將軍）去世，依朱异（中書舍人）説，帝親臨其宅，哭之甚慟，詔給鼓吹一部。（梁書·馮道根列傳，南史·馮道根列傳）

【理據】《梁書》録朱异對曰："昔柳莊寢疾，衛獻公當祭，請於尸曰：'有臣柳莊，非寡人之臣，是社稷之臣也，聞其死，請往。'不釋服而往，遂以襚之。"

凶 八月甲子（二十三），韋叡（車騎將軍）去世，遺令薄葬，斂以時服；帝即日臨哭甚慟，給東園祕器，朝服一具，衣一襲。（梁書·韋叡列傳、武帝本紀下，南史·韋叡列傳）

凶 康絢（衛尉卿）去世，帝即日臨哭，給鼓吹一部。（梁書·康絢列傳，南史·康絢列傳）

賓 北魏遣使劉善明來聘，朱异（中書舍人）迎接，於南苑設宴。（梁書·王份列傳，南史·王彧列傳）

【因革】《資治通鑑·梁紀五》記曰："始復通好。"胡注："自齊明帝建元二年盧昶北歸之後，魏不復遣使南聘，至是復通。"

普通二年(521)

吉 正月辛巳（十二），南郊；下詔於京城置孤獨園。（梁書·武帝本紀下，南史·梁本紀中）

【論評】秦蕙田《五禮通考》論曰："武帝改祈穀于孟春，而本紀親郊皆以正月上辛，觀天監十六年、普通二年詔明以'句芒首節，平秩東作'爲詞，則其爲祈穀甚明，是當時分冬至、孟春爲二，反以孟春爲重也。"（《吉禮二十一》"祈穀"）

吉 二月辛丑（初三），祀明堂。（梁書·武帝本紀下，南史·梁本紀中）

【因革】① 此年當即用天監十二年(513)新作明堂。② 此後普通四年(523)正月丙午(十九)、中大通元年(529)正月辛巳(二十九)、中大通三年(531)二月辛丑(初一)、中大通五年(533)正月辛亥(二十二)、大同元年(535)二月辛巳(初四)又行此禮。

吉 四月乙卯(十七)，改作南北郊，至明年八月辛酉(初二)成。（梁書·武帝本紀下）

吉 四月丙辰(十八)，下詔移藉田於建康北岸，並築望耕臺於壇東，至明年八月辛酉成。（隋志·禮儀二，梁書·武帝本紀下，南史·梁本紀中，通典·吉禮五）

【儀制】《隋志》記曰：“移藉田於建康北岸，築兆域大小，列種梨柏，便殿及齋官省，如南北郊。……帝親耕畢，登此臺，以觀公卿之推伐。”

【考釋】《南史》記曰：“於是徙藉田於東郊外十五里。”此與《隋志》所記位置可並參。

嘉 閏五月丁巳(二十)，下詔自今可停賀瑞。（梁書·武帝本紀下，南史·梁本紀中）

普通三年(522)

凶 十一月甲午(初六)，蕭憺(始興王，撫軍將軍，領軍將軍，武帝之弟)去世，帝臨幸七次，給班劍三十人，羽葆鼓吹一部。（梁書·太祖五王列傳、武帝本紀下，南史·梁宗室列傳下）

凶 蕭憺去世，皇太子以書翰依常儀爲疑，劉孝綽(太子僕)議以爲廢樂至卒哭，徐勉(僕射)、周捨(左率)、陸襄(家令)議並同，太子令以爲即情未安，明山賓(司農卿)、朱异(步兵校尉)議以爲宜終服月，令付遵用。（梁書·昭明太子列傳，南史·梁武帝諸子列傳）

【因革】《梁書》記曰：“舊事，以東宮禮絕傍親，書翰並依常儀。”《南史》同。

【理據】《梁書》録太子令曰：“張鏡《儀記》云‘依士禮，終服月稱慕悼’，又云‘凡三朝發哀者，踰月不舉樂’。劉僕議，云‘傍絕之義，義在去服，服雖可奪，情豈無悲,卒哭之後,依常舉樂,稱悲竟,此理例相符'。尋情悲之説,非止卒哭之後,緣情爲論,此自難一也。用張鏡之舉樂,棄張鏡之稱悲,一鏡之言,取捨有異,此自難二也。"《南史》同。按其所據者,乃劉宋張鏡所撰《宋東宮儀記》。

凶 **蕭憺**(曾任荆州刺史)**去世,荆州人皆哭於巷,嫁娶移以避哀。**(南史·梁宗室列傳下)

嘉 **皇太子議以爲大功之末,可以冠子嫁女,不得自冠自嫁,賀琛駁之,從之。**(梁書·賀琛列傳,南史·賀瑒列傳)

【理據】《梁書》録賀琛之議曰:"竊謂有服不行嘉禮,本爲吉凶不可相干。子雖小功之末,可得行冠嫁,猶應須父得爲其冠嫁。若父於大功之末可以冠子嫁子,是於吉凶禮無礙;吉凶禮無礙,豈不得自冠自嫁? 若自冠自嫁於事有礙,則冠子嫁子寧獨可通? 今許其冠子而塞其自冠,是琛之所惑也。"《南史》同。

【考釋】此事未悉年月,承上文則在"普通中",故暫繫於此。

普通四年(523)

吉 **正月辛卯**(初四)**,南郊。**(梁書·武帝本紀下,南史·梁本紀中)

【因革】① 此年當即用去年新成之郊兆,且改用正月上辛日,與普通二年(521)正月施行者有異。② 此後普通六年(525)正月辛亥(初六)、大通元年(527)正月辛未(初七)、中大通元年(529)正月辛酉(初九)、中大通三年(531)正月辛巳(初十)、中大通五年(533)正月辛卯(初二)、大同三年(537)正月辛丑(初五)依例行此禮。

吉 **二月乙亥**(十八)**,親耕藉田。**(梁書·武帝本紀下,南史·梁本紀中)

【因革】此年所用爲去年八月與二郊同時新成之田,與天監十三年(514)所施用者有異。

凶 **蕭景**(都督,郢州刺史)**於郢鎮去世,子蕭勱**(太子中舍人)**急奔赴,不進水漿者七日,廬於墓側,親友隔絶。**(南史·梁宗室列傳上,梁書·蕭景列傳)

【儀制】《南史》又記此前蕭勔母去世,"母憂去職,殆不勝喪。每一思至,必徒步之墓。或遇風雨,仆臥中路,坐地號慟,起而復前,家人不能禁。"

普通五年(524)

制 二月,五禮儀注修成,繕寫校定。(梁書·徐勉列傳,南史·徐勉列傳)

【考釋】《梁書》錄徐勉於普通六年(525)上表曰:"嘉禮儀注以天監六年五月七日上尚書,合十有二秩,一百一十六卷,五百三十六條;賓禮儀注以天監六年五月二十日上尚書,合十有七秩,一百三十三卷,五百四十五條;軍禮儀注以天監九年十月二十九日上尚書,合十有八秩,一百八十九卷,二百四十條;吉禮儀注以天監十一年十一月十日上尚書,合二十有六秩,二百二十四卷,一千五條;凶禮儀注以天監十一年十一月十七日上尚書,合四十有七秩,五百一十四卷,五千六百九十三條:大凡一百二十秩,一千一百七十六卷,八千一十九條。又列副祕閣及五經典書各一通,繕寫校定,以普通五年二月始獲洗畢。"《南史》同。由此可見梁禮先後完成之大致經過。然《資治通鑑·梁紀三》則在天監十一年(512)下云:"至是,五禮成,列上之,合八千一十九條,詔有司遵行。"其未包括此後繕錄的時間。

又關於五種禮典各家所撰之卷數,《梁書》於《明山賓列傳》記其"所著《吉禮儀注》二百二十四卷",於《司馬褧列傳》記其"所撰《嘉禮儀注》一百一十二卷",於《儒林列傳》又分別記載嚴植之"撰《凶禮儀注》四百七十九卷",賀瑒"《賓禮儀注》一百四十五卷",吉禮之外多不相合。

【因革】《通典·禮一》概述南遷以來修禮經過曰:"江左刁協、荀崧補緝舊文,蔡謨又踵修綴。宋初因循前史,並不重述。齊武帝永明二年,詔尚書令王儉制定五禮。至梁武帝,命群儒又裁成焉。……陳武帝受禪,多准梁舊式,因行事隨時筆削。"

【論評】①《梁書·武帝本紀下》論曰:"天監初,則何佟之、賀瑒、嚴植之、明山賓等覆述制旨,並撰吉凶軍賓嘉五禮,凡一千餘卷,高祖稱制斷疑。於是穆穆恂恂,家知禮節。"②清秦蕙田評曰:"五禮之書,莫備于梁天監,時經二代,撰分數賢，彙古今而爲一本，宸斷以決議，卷帙踰百，條目八千，洋洋乎禮志之盛也。"（《五禮通考》卷首第三"禮制因革上"）③ 甘懷真評曰："［梁禮］上距齊永明二年王儉開始編修五禮，花費了四十年。""梁禮的成立，是六朝禮典修纂的最重要成果，它代表士大夫之間對禮儀的問題，取得了相當的共識。"（《唐代京城社會與士大夫禮儀之研究》，第 264 頁）

軍 **帝欲親戎，到洽**（尚書左丞）**擬定郡國容禮。**（梁書‧到洽列傳，南史‧到彥之列傳）

軍 **六月，因征北魏，皇太子命節衣減膳，改常饌爲小食。**（梁書‧昭明太子列傳，南史‧梁武帝諸子列傳）

【儀制】《梁書》又記皇太子賑恤曰："每霖雨積雪，遣腹心左右，周行閭巷，視貧困家，有流離道路，密加振賜。又出主衣綿帛，多作襦袴，冬月以施貧凍。若死亡無可以斂者，爲備棺槥。"《南史》同。

凶 **周捨**（右驍騎將軍，知太子詹事）**去世，帝臨哭，哀慟左右，下詔給鼓吹一部，東園祕器，朝服一具，衣一襲。**（梁書‧周捨列傳，南史‧周朗列傳）

普通七年(526)

凶 **四月乙酉**（十七），**蕭宏**（臨川王，太尉）**去世，帝親臨視，及葬，下詔給羽葆鼓吹一部，增班劍爲六十人，給溫明祕器，斂以袞服。**（梁書‧太祖五王列傳、武帝本紀下，南史‧梁宗室列傳上）

凶 **十一月庚辰**（十五），**丁貴嬪**（昭明太子母）**去世，殯於東宮臨雲殿；後葬寧陵，神主祔於小廟。**（梁書‧高祖丁貴嬪列傳，南史‧后妃列傳下，隋志‧禮儀二）

【儀制】《梁書‧昭明太子列傳》記丁氏去世，太子"步從喪還宮，至殯，水漿不入口，每哭輒慟絕"，帝下旨權進食，太子"乃進數合，自是至葬，日進麥粥一升"，帝又勅進食，"雖屢奉勅勸逼，日止一溢，不嘗菜果之味。體素壯，腰帶十圍，至是減削過半。"《南史·梁武帝諸子列傳》同。

又關於墓地,《南史·梁武帝諸子列傳》記曰:"太子遣人求得善墓地,將斬草,有賣地者因閹人俞三副求市,若得三百萬,許以百萬與之。三副密啓武帝,言太子所得地不如今所得地於帝吉,帝末年多忌,便命市之。葬畢,有道士善圖墓,云'地不利長子,若厭伏或可申延'。乃爲蠟鵝及諸物埋墓側長子位。"

又關於祔廟,《隋志》記曰:"其儀,未祔前,先修坎室,改塗。其日,有司行掃除,開坎室,奉皇考太夫人神主於坐。奠制幣訖,衆官入自東門,位定,祝告訖,撤幣,埋於兩檻間。有司遷太夫人神主於上,又奉穆貴嬪神主於下,陳祭器,如時祭儀。禮畢,納神主,閉于坎室。"

凶 **吉士瞻**(西陽、武昌二郡太守)**去世,子吉琨時在戎役,聞之一踊而絕,良久乃蘇,不顧軍制離部**。(南史·吉士瞻列傳)

【附識】《梁書·馮道根列傳》則載此前永元中,馮氏因母喪還家,聞梁武帝起兵,即刻率鄉人悉從武帝,並謂親曰:"金革奪禮,古人不避,揚名後世,豈非孝乎? 時不可失,吾其行矣。"《南史·馮道根列傳》同。按此與吉士瞻所爲適相反。

凶 吉 **蕭昱**(晋陵太守)**去世,百姓行號巷哭,設祭奠於郡庭者四百餘人,爲立廟建碑**。(梁書·蕭景列傳,南史·梁宗室列传上)

【儀制】《梁書》記蕭昱在任功績曰:"勵名迹,除煩苛,明法憲,嚴於姦吏,優養百姓,旬日之間,郡中大化。"《南史》同。

【考釋】此事未悉年月,在普通五年(524)之後。

大通元年(527)

嘉 **三月辛未**(初八)**,帝至同泰寺捨身;甲戌**(十一)**,還宮,改元**。(梁書·武帝本紀下,南史·梁本紀中)

【儀制】《南史》記曰:"初,帝創同泰寺,至是開大通門以對寺之南門,取反語以協同泰。自是晨夕講義,多由此門。"

632

凶 明山賓（國子博士）去世，昭明太子舉哀，使王顒（舍人）護喪事。（梁書·明
山賓列傳）

中大通元年（529）

軍 六月，都下疾甚，帝於重雲殿爲百姓設救苦齋，以身爲禱。（南史·
梁本紀中）

嘉 帝擬赴同泰寺捨身，敕徐勉（僕射）撰儀注；徐氏以先無此禮，召杜
之偉草具其儀。（陳書·文學列傳，南史·文學列傳）

嘉 九月癸巳（十五），帝至同泰寺捨身，設四部無遮大會；十月己酉（初
一），又設四部無遮大會，會畢還宮，改元。（梁書·武帝本紀下，南史·梁本
紀中）

【儀制】《南史》詳記之曰：“癸巳，幸同泰寺，設四部無遮大會。上釋御服，披法
衣，行清净大捨，以便省爲房，素牀瓦器，乘小車，私人執役。甲午（十六），升講堂
法坐，爲四部大衆開《涅槃經》題。癸卯（二十五），群臣以錢一億萬奉贖皇帝菩薩
大捨，僧衆默許。乙巳（二十七），百辟詣寺東門奉表，請還臨宸極，三請乃許。帝
三答書，前後並稱頓首。冬十月己酉，又設四部無遮大會，道俗五萬餘人。會
畢，帝御金輅還宮，御太極殿。”

《隋志·音樂上》記曰：“帝既篤敬佛法，又制《善哉》、《大樂》、《大歡》、《天道》、
《仙道》、《神王》、《龍王》、《滅過惡》、《除愛水》、《斷苦輪》等十篇，名爲正樂，皆述
佛法。又有法樂童子伎、童子倚歌梵唄，設無遮大會則爲之。”《通典·樂二》同。
按由此可見梁武帝時佛樂。

【論評】①《魏書·島夷蕭衍列傳》胜述之曰：“初，衍崇信佛道，於建業起同泰
寺，又於故宅立光宅寺，於鍾山立大愛敬寺，兼營長干二寺，皆窮工極巧，殫竭財
力，百姓苦之。曾設齋會，自以身施同泰寺爲奴，其朝臣三表不許，於是内外百
官共斂珍寶而贖之。衍每禮佛，捨其法服，著乾陀袈裟。令其王侯子弟皆受佛

誠，有事佛精苦者，輒加以菩薩之號。其臣下奏表上書亦稱衍爲皇帝菩薩。……其風俗頹喪，綱維不舉若此。"②《隋志・五行上》論曰："委萬乘之重，數詣同泰寺，捨身爲奴，令王公已下贖之。初陽爲不許，後爲默許，方始還宮。天誠若曰，梁武爲國主，不遵先王之法，而淫於佛道，橫多糜費，將使其社稷不得血食也。天數見變，而帝不悟，後竟以亡。"

凶 吉 夏侯亶(豫、南豫二州刺史，北平將軍)去世，帝即日素服舉哀；州民五百人表請爲之立碑置祠，詔許之。（梁書・夏侯亶列传，南史・夏侯詳列傳）

制 朱异代周捨掌機密，軍旅謀謨，方鎮改換，朝儀國典，詔誥敕書，並兼掌之。（梁書・朱异列傳，南史・朱异列傳）

中大通二年(530)

嘉 四月癸丑(初八)，帝至同泰寺，設平等會。（南史・梁本紀中）

凶 裴子野(步兵校尉)去世，遺令務存儉約，帝即日舉哀，爲之流涕。（梁書・裴子野列傳，南史・裴松之列傳）

嘉 顧協(散騎常侍)年六十，娶少時所娉之女成婚。（梁書・顧協列傳，南史・顧協列傳）

【理據】《梁書》記曰："少時將娉舅息女，未成婚而協母亡，免喪後不復娶。至六十餘，此女猶未他適，協義而迎之。晚雖判合，卒無胤嗣。"《南史》同。

中大通三年(531)

凶 二月乙卯(十五)，蕭琛(特進，金紫光禄大夫)去世，遺令與妻同墳異藏，祭以蔬菜，葬日止車十乘，事存率素；帝臨哭甚哀，給東園祕器，朝服一具，衣一襲。（梁書・蕭琛列傳、武帝本紀下）

凶 張緬(御史中丞、侍中)去世，帝舉哀，皇太子往臨哭。（梁書·張緬列傳，南史·張弘策列傳）

凶 四月乙巳(初六)，蕭統(皇太子)去世，帝臨哭盡哀，下詔斂以袞冕；五月庚寅(二十一)，葬安寧陵。（梁書·昭明太子列傳，南史·梁武帝諸子列傳）

【儀制】《梁書》記其時，"及薨，朝野惋愕。京師男女，奔走宮門，號泣滿路。四方氓庶，及疆徼之民，聞喪皆慟哭。"《南史》同。

嘉 五月丙申(二十七)，立蕭綱(晉安王)爲皇太子，七月乙亥(初七)，臨軒策拜。（梁書·武帝本紀下、簡文帝本紀，南史·梁本紀中、下）

【附識】《梁書·孔休源列傳》記此事之決策曰："昭明太子薨，有敕夜召休源入宴居殿，與群公參定謀議，立晉安王綱爲皇太子。"《南史·孔休源列傳》同。

嘉 十月己酉(十三)至乙卯(十九)，帝至同泰寺，升法座，爲四部衆説《大般若涅槃經》。（梁書·武帝本紀下，南史·梁本紀中）

嘉 十月，皇太子納妃(王氏)。（梁書·太宗王皇后列傳，南史·后妃列傳下）

嘉 十一月乙未(二十九)至十二月辛丑(初六)，帝至同泰寺，升法座，爲四部衆説《般若波羅蜜經》。（梁書·武帝本紀下，南史·梁本紀中）

中大通四年(532)

嘉 三月庚午(初六)，蕭子顯(侍中、領國子博士)上表置《孝經》助教一人，生十人，專通帝所釋《孝經義》。（梁書·武帝本紀下，南史·梁本紀中）

凶 五月，孔休源(宣惠將軍，金紫光禄大夫)去世，遺令薄葬，節朔薦蔬菲；皇太子手令舉哀。（梁書·孔休源列傳，南史·孔休源列傳）

凶 臧盾母去世，服制未終，其父又去世，居喪五年，不出廬户，形骸枯頓，家人不復識。（梁書·臧盾列傳）

【考釋】① 服喪過禮者,此時期史籍多有記載,均在徵辟之前,不著年月。如臧盾此事,後經"鄉人王端以狀聞,高祖嘉之",臧盾於服闋即任官,並連連遷升。② 此事未悉年月,必在中大通五年之前,暫繫於此。

中大通五年(533)

嘉 二月癸未(二十五)至三月己丑(初一),帝至同泰寺,設四部大會,帝升法座,講《金字摩訶波若經》,聽眾數萬。(梁書·武帝本紀下、臧盾列傳,南史·梁本紀中)

凶 三月丙辰(二十八),蕭偉(南平王,大司馬)去世,下詔斂以袞冕,給東園祕器,羽葆鼓吹一部,班劍四十人。(梁書·太祖五王列傳、武帝本紀下)

中大通六年(534)

吉 二月癸亥(初十),親耕藉田。(梁書·武帝本紀下,南史·梁本紀中)

【因革】此後大同元年(535)二月丁亥(初十)、二年(536)二月乙亥(初四)、三年(537)二月丁亥(二十二)、四年(538)二月己亥(初十)又行此禮。

賓 三月,百濟國遣使獻方物,並請《涅槃》等經義、毛《詩》博士並工匠畫師等,均給之。(梁書·諸夷列傳,北史·夷貊列傳下)

【因革】此後大同七年(541)三月,又遣使交通。

大同元年(535)

嘉 三月丙寅(二十),帝至同泰寺,設無遮大會。(南史·梁本紀中)

凶 十一月丁未(初五),徐勉(中衛將軍,特進,右光祿大夫)去世,帝即日臨殯,

給東園祕器，朝服一具，衣一襲，皇太子舉哀朝堂。（梁書·徐勉列傳、

武帝本紀下，南史·徐勉列傳）

[吉] 社稷三壇加官社、官稷，共爲五壇。（隋志·禮儀二，通典·吉禮四）

大同二年(536)

[凶] 三月戊申(初七)，陶弘景(丹陽人)去世，遺令薄葬，弟子遵行之。（梁

書·處世列傳，資治通鑑·梁紀十三）

[嘉] 三月戊寅，帝至同泰寺，設平等法會。十月壬午(十五)，帝至同泰

寺，設無礙大會。（南史·梁本紀中）

【考釋】此年三月壬寅朔，無戊寅日。

[吉] 六月丁亥(十八)，下詔南郊、明堂、陵廟等改由散騎侍郎行事。（梁

書·武帝本紀下，南史·梁本紀中）

【理據】《梁書》録帝詔謂此等"與朝請同班，於事爲輕"。

【因革】帝自普通二年(521)以來，常行明堂、南郊之禮，又明年正月亦"親祠南郊"。

[凶] 劉杳(尚書左丞)去世，遺命斂去法服，載以露車，不得設靈筵祭醊，

還葬舊墓，葬地容棺即可，其子遵行之。（梁書·文學列傳下，南史·劉懷珍

列傳）

【附識】《梁書》載劉杳"治身清儉，無所嗜好"，自"天監十七年(518)，自居母憂，

便長斷腥羶，持齋蔬食"。《南史》略同。

大同三年(537)

[賓] 七月癸卯(初十)，東魏遣使來聘。（梁書·武帝本紀下，南史·梁本紀中）

【考釋】去年十二月壬申(初六)，與東魏通和。

【因革】此後大同四年(538)五月甲戌(十六)、大同五年(539)十一月乙亥(二十六)、六年(540)七月丁亥(十二)、七年(541)四月戊申(初七)、十二月壬寅(初五)、十一年(545)四月又遣使來聘。

【附識】參見東魏孝靜帝年間相關記載，可知《梁書》所記頗多省略，亦間有不合。

嘉 八月辛卯(二十八)，帝至阿育王寺，設無㝵法喜食。(梁書·武帝本紀下，南史·梁紀中)

【儀制】《梁書·諸夷列傳》記帝前後多次到寺曰："[大同]三年八月，高祖改造阿育王寺塔，……至其月二十七日，高祖又到寺禮拜，設無㝵大會，大赦天下。……至九月五日，又於寺設無㝵大會，遣皇太子王侯朝貴等奉迎。是日，風景明和，京師傾屬，觀者百數十萬人。所設金銀供具等物，並留寺供養，并施錢一千萬爲寺基業。至四年九月十五日，高祖又至寺設無㝵大會，竪二刹，各以金罌，次玉罌，重盛舍利及爪髮，内七寶塔中。……十一年十一月二日，寺僧又請高祖於寺發《般若經》題，爾夕二塔俱放光明，敕鎮東將軍邵陵王綸製寺大功德碑文。"《南史·夷貊列傳上》同。

大同四年(538)

賓 七月戊辰(十一)，遣使劉孝儀(兼散騎常侍)聘於東魏。(南史·梁本紀中)

軍 九月，閱武於樂游苑。(南史·梁本紀中)

【因革】《隋志·禮儀三》記曰："梁陳時，依宋元嘉二十五年(448)蒐宣武場。"可見南朝以來閱兵之禮一脈相承。

【儀制】《隋志》又錄梁陳以來略有變更者曰："其法，置行軍殿於幕府山南岡，并設王公百官幕。先獵一日，遣馬騎布圍。右領軍將軍督右，左領軍將軍督左，大司馬董正諸軍。獵日，侍中三奏，一奏搥一鼓爲嚴，三嚴訖，引仗爲小駕鹵簿。皇帝乘馬戎服，從者悉絳衫幘，黃麾警蹕，鼓吹如常儀。獵訖，宴會享勞，比校多少。戮一人以懲亂法。會畢，還宮。"《通典·軍禮一》同。

大同五年(539)

[吉] 正月丁巳(初三)，賀琛(御史中丞、參禮儀事)奏以爲南北二郊及藉田往還宜御輦，以侍中陪乘，詔付尚書博議，施行之。(梁書·武帝本紀下,南史·梁本紀中)

【因革】《梁書》錄賀琛奏曰："今南北二郊及籍田往還宜御輦，不復乘輅。二郊請用素輦，籍田往還乘常輦，皆以侍中陪乘，停大將軍及太僕。"又記曰："改素輦名大同輦。昭祀宗廟乘玉輦。"《南史》同。由此可見此年前後儀注之變革。

[吉] 正月辛未(十七)，南郊。(梁書·武帝本紀下,南史·梁本紀中)

【因革】① 此當即用月初改定之儀，且改用正月次辛日，與大同三年(537)正月所施用者有異，參見普通四年(523)。② 此後大同七年(541)正月辛巳(初九)、太清元年(547)正月辛酉(二十三)依例行此禮。③ 秦蕙田《五禮通考》概括曰："武帝上辛親祀南郊，凡十有五，皆祈穀祭。……陳代郊祀同。"(《吉禮二十一》"祈穀")

[吉] 築雩壇於藉田兆内。祈雨，行七事。(隋志·禮儀二,通典·吉禮二)

【儀制】《隋志》記祈雨七事曰："梁制不爲恒祀。四月後旱，則祈雨，行七事：一，理冤獄及失職者；二，振鰥寡孤獨者；三，省繇輕賦；四，舉進賢良；五，黜退貪邪；六，命會男女，恤怨曠；七，撤膳羞，弛樂懸而不作。"又曰："天子又降法服。七日，乃祈社稷；七日，乃祈山林川澤常興雲雨者；七日，乃祈群廟之主于太廟；七日，乃祈古來百辟卿士有益於人者；七日，乃大雩，祈上帝，徧祈所有事者。"

又記曰："若郡國縣旱請雨，則五事同時並行：一，理冤獄失職；二，存鰥寡孤獨；三，省徭役；四，進賢良；五，退貪邪。守令皆潔齋三日，乃祈社稷。七日不雨，更齋祈如初。三變仍不雨，復齋祈其界内山林川澤常興雲雨者。祈而澍，亦各有報。"

【考釋】《通典》記"大同五年……四月後旱，則祈雨行七事"，今依其時。

嘉 蕭大連(臨城公,皇太子子)納夫人(王氏)，議婦見舅姑之禮，徐摛(戎昭將軍)以爲可省，皇太子令從之。（梁書·徐摛列傳,南史·徐摛列傳,隋志·禮儀四,通典·嘉禮三）

【因革】《梁書》記曰："晉宋已來，初婚三日，婦見舅姑，衆賓皆列觀。"《南史》同。

【理據】《隋志》記王氏"於皇太子妃爲姑姪"，故《梁書》錄徐摛曰："近代婦於舅姑，本有戚屬，不相瞻看。夫人乃妃姪女，有異他姻，覿見之儀，謂應可略。"《南史》同。

【考釋】《梁書》將王氏誤成"太宗妃之姪女"，又將下文皇太子全誤成"太宗"。

大同六年(540)

吉 二月己亥(二十一)，親耕藉田。（梁書·武帝本紀下,南史·梁本紀中）

【因革】① 此當即用去年改定之儀，且改用正月次辛日，與大同四年(538)二月所施用者有異，參見普通四年(523)。② 此後大同七年(541)二月辛亥(初九)、太清元年(547)二月丁亥(二十)又行此禮。

凶 九月戊戌(二十四)，袁昂(特進,左光祿大夫,司空)去世，遺疏不受贈謚，敕諸子不得言上形狀及立誌銘，凡有所須悉皆停省；帝下詔不許，即日舉哀，給鼓吹一部，東園祕器，朝服一具，衣一襲。（梁書·袁昂列傳、武帝本紀下,南史·袁湛列傳）

凶 皇太子疑喪服大功期間及下殤之小功，能否行婚、冠、嫁三嘉禮，帝定以小功之末，通得娶婦，大功之末，可以冠、嫁，不得娶。（隋志·禮儀三）

【因革】《隋志》錄帝檢出前代故事曰："晉代蔡謨、謝沈、丁纂、馮懷等遂云：'降服大功，可以嫁女。'宋代裴松之、何承天又云：'女有大功之服，亦得出嫁。'范堅、荀伯子等，雖復率意致難，亦未能折。太始六年，虞龢立議：'大功之末，乃可娶婦。'于時博詢，咸同龢議。齊永明十一年(493)，有大司馬長子之喪，武帝子女同服大功。左丞顧杲之議云：‘大功之末，非直皇女嬪降無疑，皇子娉納，亦在非硋。’凡此諸議，皆是公背正文，務爲通耳。徐爰、王文憲並云：‘朞服降爲大功，皆不可以婚嫁。’於義乃爲不乖，而又不釋其意。天監十年，信安公主當出適，而有臨川長子大功之慘，具論此義，粗已詳悉。”

大同七年(541)

吉 **正月辛丑**(二十九)，**祀明堂。**（梁書·武帝本紀下，南史·梁本紀中）

【因革】此後太清元年(547)正月甲子(二十六)又行此禮。

【附識】此年正月祀南郊，二月耕藉田，三禮並行，太清元年(547)亦然。

嘉 **十一月丙子**(初八)，**詔停役使女丁。**（梁書·武帝本紀下，南史·梁本紀中）

嘉 **十二月丙辰**(十九)，**立士林館於宮城西，延集學者。**（梁書·武帝本紀下，陳書·周弘正列傳，南史·梁本紀中、周朗列傳）

【儀制】《陳書》記曰：“時於城西立士林館，弘正居以講授，聽者傾朝野焉。”《南史》同。

嘉 **皇太子**(蕭綱)**表其子寧國公、臨城公入學，議者以爲父子不可同列，何敬容**(侍中、尚書令)**、張纘**(尚書僕射)**、僧旻**(尚書)**、劉之遴**(尚書)**、王筠**(尚書)**以爲可行，制可。**（隋志·禮儀四，通典·吉禮十二）

【理據】《隋志》記何敬容等議指出前有“[曾]參、[曾]點並事宣尼，[顏]回、[顏]路同諮泗水”，今可爲準據。

吉 **皇太子釋奠於國學，樂府無孔子、顏子登歌詞，尚書參議令杜之偉**(太學限內博士)**制文，伶人傳習。**（陳書·文學列傳，南史·文學列傳）

【理據】《陳書》云此事“以爲故事”。《南史》同。

賓 **百濟求《涅槃》等經疏及毛《詩》博士等，並許之。**（南史·梁本紀中）

大同八年(542)

凶 顧協(散騎常侍,鴻臚卿,兼中書通事舍人)去世,帝舉哀,手詔大殮畢即送其喪柩還鄉,並營冢槨,皆資給。(梁書·顧協列傳,南史·顧協列傳)

【儀制】《南史》記顧氏"卒官無衾以斂,爲士子所嗟歎"。

大同九年(543)

凶 十二月壬戌(初六),臧盾(領軍將軍)去世,即日下詔舉哀,給東園祕器,朝服一具,衣一襲。(梁書·臧盾列傳)

凶 六月,阮太后(元帝之母)於江州正寢去世,十一月,歸葬江寧通望山。(梁書·高祖阮脩容列傳,南史·后妃列傳下)

【儀制】《南史》又記元帝即位,太后還祔小廟。

【考釋】阮太后去世的時間,二書均屬大同六年(540),王鳴盛《十七史商榷》據《金樓子》考正,《南史》校勘記采之,兹從之。

大同十年(544)

吉 正月,李賁於交阯稱越帝,置百官,改元。(梁書·武帝本紀下,南史·梁本紀中)

吉 三月甲午(初十),帝至蘭陵,庚子(十六),謁建陵;辛丑(十七),哭於脩陵;壬寅(十八),於皇基寺設法會;庚戌(二十六),至回賓亭,宴帝鄉故老及奉迎候者數千人。(梁書·武帝本紀下,南史·梁本紀中)

【儀制】《舊唐志·禮儀五》記曰:"梁主著單衣介幘,設次而拜,望陵流哭,淚之所霑,草皆變色。……奉辭諸陵,哭踴而拜。"

【考釋】① 建陵,乃帝父蕭順之之墓,建梁後追尊。脩陵,乃帝之夫人郗氏之墓,建梁後追尊郗氏爲皇后,數年後帝與皇后合葬於此。②《舊唐志》記謁陵在大同十五年,誤。

大同十一年(545)

吉 正月,震華林園光嚴殿、重雲閣,帝自貶拜謝上天。(南史·梁本紀中)

吉 蕭子雲(國子祭酒,南徐州大中正)建言宜改郊廟樂辭,敕使撰定施用。(梁書·蕭子恪列傳,南史·齊高帝諸子列傳上)

【因革】《梁書》記曰:"梁初,郊廟未革牲牷,樂辭皆沈約撰,至是承用,子雲始建言宜改。"《南史》同。

【理據】《梁書》錄敕曰:"郊廟歌辭,應須典誥大語,不得雜用子史文章淺言;而沈約所撰,亦多舛謬。"又錄蕭子雲答曰:"殷薦朝饗,樂以雅名,理應正采五經,聖人成教。而漢來此製,不全用經典;約之所撰,彌復淺雜。"

【儀制】《梁書》錄蕭子雲答曰:"謹依成旨,悉改約制。惟用五經爲本,其次《爾雅》、《周易》、《大戴禮》,即是經誥之流,愚意亦取兼用。臣又尋唐、虞諸書,殷《頌》周《雅》,稱美是一,而復各述時事。大梁革服,偃武修文,制禮作樂,義高三正;而約撰歌辭,惟浸稱聖德之美,了不序皇朝制作事。"

中大同元年(546)

嘉 三月庚戌(初八),帝至同泰寺大會,省講《金字三慧經》,施身;四月丙戌(十四),皇太子以下奉贖,帝於同泰寺解講,設法會,改元。(梁書·武帝本紀下,南史·梁本紀中、何尚之列傳)

太清元年(547)

賓 正月，遣使謝藺(兼散騎常侍)聘於東魏。(梁書·孝行列傳)

【附識】參見北魏孝靜帝武定五年(547)。

凶 謝藺(兼散騎常侍)出使期間，感母去世，急馳歸，號慟嘔血，水漿不入口，月餘日去世。(梁書·孝行列傳，南史·孝義列傳下)

嘉 三月庚子(初三)，帝至同泰寺捨身，設無遮大會；乙巳(初八)，升光嚴殿講堂，講《金字三慧經》，捨身；四月丁亥(二十一)，還宮，改元。(梁書·武帝本紀下，南史·梁本紀中)

【儀制】《南史》詳記之曰："三月庚子，幸同泰寺，設無遮大會。上釋御服，服法衣，行清净大捨，名曰'羯磨'。以五明殿爲房，設素木牀、葛帳、土瓦器，乘小輿，私人執役。乘輿法服，一皆屏除。……乙巳，帝升光嚴殿講堂，坐師子座，講《金字三慧經》，捨身。夏四月庚午，群臣以錢一億萬奉贖皇帝菩薩，僧衆默許。戊寅，百辟詣鳳莊門奉表，三請三答，頓首，並如中大通元年故事。丁亥，服袞冕，御輦還宮。幸太極殿，如即位禮，大赦，改元。"

嘉 五月丁酉(初一)，帝至德陽堂，宴群臣，設絲竹樂。(梁書·武帝本紀下)

吉 蕭繹(湘東王)爲荆州刺史，起州學宣尼廟。(南史·梁本紀下)

【儀制】《南史·賀瑒列傳》記曰："王於州置學，以[賀]革領儒林祭酒，將三禮，荊楚衣冠聽者甚衆。"《梁書·儒林列傳》略同。

太清二年(548)

賓 七月，遣使謝班(兼散騎常侍)聘於東魏，結和。(南史·梁本紀中)

【理據】《梁書·傅岐列傳》記蕭淵明兵陷東魏，"遣使還，述魏人欲更通和好，敕有司及近臣定議”，傅岐以爲不可，朱异等固執，乃從。

【考釋】謝班，《魏書》等作“謝玼”。

【附識】參見北魏孝静帝武定六年(548)。

吉 十一月戊午(初一)，設壇，刑白馬，祀蚩尤於太極殿前。(南史·梁本紀中)

吉 十一月己未(初二)，侯景立蕭正德(臨賀王，武帝之侄)爲天子於南闕前。(南史·梁本紀中)

凶 到溉(輕車長史)去世，托友張綰、劉之遴令子孫薄葬。(南史·到彦之列傳)

【儀制】《南史》記到氏臨終曰：“气絶便斂，斂以法服，先有冢窆，斂竟便葬，不須擇日。凶事必存約儉，孫姪不得違言。”又云其“屏家人請僧讀經讚唄”。

【附識】《梁書·到溉列傳》與《南史》均載到氏常年“斷腥膻，終身蔬食，別營小室，朝夕從僧徒禮頌”。

太清三年(549)

軍 二月，侯景遣使求和，皇太子固請，於西華門外設壇，與之殺牲歃血爲盟。(梁書·侯景列傳，南史·梁本紀中、賊臣列傳)

吉 三月丙辰(初一)，京城内以侯景違盟，設壇告天地神祇。(梁書·侯景列傳，南史·梁本紀中)

凶 五月丙辰(初二)，帝去世於净居殿；辛巳(二十七)，遷大行皇帝梓宫於太極前殿。十一月乙卯(初四)，葬於脩陵。(梁書·武帝本紀下，南史·梁本紀中)

【儀制】《侯景列傳》則載武帝爲侯景所迫，憂憤感疾而崩於文德殿，“景乃密不發喪，權殯于昭陽殿，自外文武咸莫知之。二十餘日，升梓宫於太極前殿，迎皇太子即皇帝位”。

簡文帝(太宗,蕭綱,武帝第三子)

吉 **五月辛巳**(二十七)，**即位；癸未**(二十八)，**追尊王氏**(妃)**爲簡皇后。**（梁書·簡文帝本紀、太宗王皇后列傳，南史·梁本紀下）

【考釋】王氏於此年三月去世。

嘉 **六月丁亥**(初三)，**立蕭大器**(宣城王)**爲皇太子。**（梁書·簡文帝本紀、哀太子列傳，南史·梁本紀下、梁簡文帝諸子列傳）

嘉 **蕭大連**(臨城公)**納夫人王氏**(帝妃之姪女)，**據舊禮婦至三日覿見，帝問徐摛**(戎昭將軍)，**徐以爲可略，從之。**（梁書·徐摛列傳，南史·徐摛列傳）

【因革】《梁書》記曰："晉宋已來，初婚三日，婦見舅姑，衆賓皆列觀，引《春秋》義云'丁丑，夫人姜氏至。戊寅，公使大夫宗婦覿用幣'。戊寅，丁丑之明日，故禮官據此，皆云宜依舊貫。"《南史》同。

【理據】《梁書》記徐摛答以蕭、王爲戚，禮儀有異，其曰："婦是外宗，未審嫻令，所以停坐三朝，觀其七德。舅延外客，姑率内賓，堂下之儀，以備盛禮。近代婦於舅姑，本有戚屬，不相瞻看。夫人乃妃姪女，有異他姻，覿見之儀，謂應可略。"

【考釋】此事未悉年月，因蕭大連此年六月由臨城公升爲南郡王，暫繫於此。

大寶元年(550)

嘉 **正月辛亥**(初一)，**改元，以國哀却朝會。**（梁書·簡文帝本紀）

嘉 **三月甲申，侯景請帝禊宴於樂游苑，帳飲三日。**（南史·賊臣列傳）

【儀制】《南史》記曰："其逆黨咸以妻子自隨，皇太子以下，並令馬射，箭中者賞以金錢。"

【考釋】此年三月庚戌朔，無甲申日。

嘉 **四月辛卯**(十二)，**侯景請帝赴西州，至，侯景逆拜。**（南史·賊臣列傳）

646

【儀制】《南史》記出行儀衛曰："簡文御素輦,侍衛四百餘人。景衆數千浴鐵翼衛。"又記侯景拜禮曰:"景等逆拜。上冠下屋白紗帽,服白布裙襦。景服紫紬褶,上加金帶,與其僞儀同陳慶、索超世等西向坐。溧陽主與其母范淑妃東向坐。上聞絲竹,悽然下泣。……上乃命景起儛,景即下席應弦而歌。上顧命淑妃,淑妃固辭乃止。景又上禮,遂逼上起儛。"《隋志・音樂上》、《通典・樂二》亦記之。

凶 九月,葬簡文皇后(王氏)於莊陵。(梁書・太宗王皇后列傳,南史・后妃列傳下)

【考釋】王皇后於去年三月去世。

大寶二年(551)

賓 二月己亥(二十五),西魏遣使來聘。(梁書・元帝本紀)

吉 四月乙丑(二十二),蕭紀(武陵王,武帝第八子)稱帝於蜀,立蕭圓照爲皇太子。(南史・梁武帝諸子列傳,梁書・武陵王紀列傳)

凶 十月壬寅(初二),帝被殺,元帝聞訊,大臨三日,百官縞素。(梁書・元帝本紀、侯景列傳,南史・梁本紀下)

【儀制】《侯景列傳》載此日夜,侯景遣衛士殺簡文帝後,"斂用法服,以薄棺密瘞於城北酒庫",《南史・梁本紀下》則記簡文帝死後,"[王]偉撤户扉爲棺,遷殯于城北酒庫中"。

吉 十一月,侯景自加冕十有二旒,建天子旌旗,出警入蹕,乘金根車,駕六馬,備五時副車,置旄頭雲罕,樂舞八佾,鍾虡宮縣之樂。(梁書・侯景列傳,南史・賊臣列傳)

【因革】《梁書》稱"一如舊儀"。《南史》同。

吉 十一月,侯景自行禪位,南郊,柴燎於天。禮畢,還升太極前殿,改元太始。(梁書・侯景列傳,南史・賊臣列傳)

【因革】《梁書》載"並依舊儀"。《南史》同。

吉 王偉(左僕射)請侯景立七廟，自制名位，敕太常具祭祀之禮。（梁書·侯景列傳，南史·賊臣列傳）

【儀制】《梁書》載王偉問侯景七世之諱，"景曰：'前世吾不復憶，惟阿爺名標。'衆聞咸竊笑之。景黨有知景祖名周者，自外悉是王偉制其名位"。《南史》同。

【附識】《南史·周朗列傳》稱"景將篡之際，使〔周弘正〕掌禮儀"，時周弘正附王偉，爲太常，以上禮儀恐出於其人。

吉 蕭綸(邵陵王)爲楊忠(西魏大將軍)等所執，汝南淪陷，遇害，百姓憐之，爲立祠廟。（梁書·高祖三王列傳）

元帝(世祖，蕭繹，武帝第七子，簡文帝弟)

承聖元年(552)

嘉 正月朔，侯景臨軒朝會。（梁書·侯景列傳）

軍 二月，王僧辯(尚書令)率軍自尋陽出發討侯景，帝馳檄告四方。（梁書·元帝本紀，南史·梁本紀下）

軍 二月，陳霸先與王僧辯(尚書令，征東大將軍)會兵於白茅灣，登岸結壇，刑牲盟約。（陳書·高祖本紀上，梁書·王僧辯列傳，南史·陳本紀上、王神念列傳）

【儀制】《梁書》錄陳霸先誓文，並記曰："升壇歃血，共讀盟文，皆淚下霑襟，辭色慷慨。"

【考釋】爲討伐侯景，此年初，陳霸先率師發自豫章，王僧辯率師發自益城。

吉 三月戊子(二十)，以平侯景之亂告明堂、太社。（梁書·元帝本紀，南史·梁本紀下）

凶 三月己丑(二十一)，王僧辯(尚書令)率前百官奉簡文帝梓宫升朝堂；四

月乙丑(二十八)，葬莊陵。（梁書·簡文帝本紀，南史·梁本紀下）

【儀制】《南史·賊臣列傳》記王僧辯"迎簡文梓宮升於朝堂，三軍縞素，踊於哀次"。

吉 四月，遣蕭泰(兼司空)、樂子雲(祠部尚書)拜謁壄陵，修復社廟。（梁書·元帝本紀，南史·梁本紀下）

【考釋】此前梁社廟爲侯景所取代，《南史·賊臣列傳》記此時"焚僞神主於宣陽門，作神主於太廟"。

吉 四月，追謚蕭大器(故太子)爲哀太子，祔太廟陰室。（南史·梁簡文帝諸子列傳）

【考釋】蕭大器於大寶二年(551)八月被殺。

賓 北齊遣使謝季卿(散騎常侍)來賀。（資治通鑑·梁紀二十）

吉 十一月丙子(十二)，帝即位於江陵，改元。（梁書·元帝本紀，南史·梁本紀下）

【考釋】此前元帝仍用武帝太清年號，此年爲太清六年。

嘉 十一月己卯(十五)，立蕭方矩(王太子)爲皇太子，改名元良。（梁書·元帝本紀、愍懷太子列傳，南史·梁本紀下）

【考釋】此前元帝仍用武帝太清年號，此年爲太清六年。

樂 下詔有司補綴樂工器。（隋志·音樂上，通典·樂二）

【因革】《隋志》記因侯景之亂，"自此樂府不修，風雅咸盡矣"，"及王僧辯破侯景，諸樂並送荊州。經亂，工器頗闕，元帝詔有司補綴繾備"；又此後，"荊州陷沒，周人不知采用，工人有知音者，並入關中，隨例沒爲奴婢"。

承聖二年(553)

吉 三月庚午(初八)，下詔藉田勸農。（梁書·元帝本紀）

賓 十一月丙寅(初八)，遣王琛(侍中)使於西魏。（資治通鑑·梁紀二十一）

凶 張種因其母去世，毀瘠過甚，因凶荒未能下葬，服制雖畢，而居處飲食仍若在喪；至侯景之亂平息，王僧辯(司徒)上奏，爲具葬禮，

張種方即吉。（陳書·張種列傳）

【論評】《陳書·孔奐列傳》又載孔奐因其母去世,哀毀過禮,並評之曰:"時天下喪亂,皆不能終三年之喪,唯奐及吳國張種,在寇亂中守持法度,竝以孝聞。"《南史·孔靖列傳》同。

承聖三年(554)

凶 王僧辯（太尉,車騎大將軍）之母（魏氏）去世,帝命侍中、謁者監護喪事;靈柩將歸建康,遣謁者至舟渚弔祭。（梁書·王僧辯列傳,南史·王神念列傳）

賓 三月己酉（二十三）,西魏遣使宇文仁恕（侍中）來聘,北齊遣使又至江陵,帝接西魏有缺。（南史·梁本紀下,資治通鑑·梁紀二十一）

賓 四月丙寅（十一）,遣使庾信（散騎常侍）等聘於西魏。（資治通鑑·梁紀二十一）

嘉 九月辛卯（初八）,帝於龍光寺述《老子》義,王褒（尚書左僕射）爲執經。（梁書·元帝本紀,南史·梁本紀下）

【論評】①《梁書·敬帝本紀》末錄魏徵（唐鄭國公）評曰:"其篤志藝文,采浮淫而棄忠信;戎昭果毅,先骨肉而後寇讎。雖口誦六經,心通百氏,有仲尼之學,有公旦之才,適足以益其驕矜,增其禍患,何補金陵之覆没,何就江陵之滅亡哉!"②《資治通鑑·唐紀八》錄唐太宗論曰:"梁武帝君臣惟談苦空,侯景之亂,百官不能乘馬。元帝爲周師所圍,猶講《老子》,百官戎服以聽。此深足爲戒。朕所好者,唯堯、舜、周、孔之道,以爲如鳥有翼,如魚有水,失之則死,不可暫無耳。"

軍 十一月甲申（初二）,帝講武於津陽門外,置南北兩城主。（南史·梁本紀下）

【考釋】①《南史》記此次閱武情形:"帝親觀閱,風雨總集,部分未交,旗幟飄亂,帝趣駕而回,無復次序。風雨隨息,衆竊驚焉。"②《隋志·五行下》則記在十一月癸未（初一）,"帝閱武於南城,北風大急,普天昏闇"。按此次出師梁軍果然大敗。

凶 十二月辛未(十九)，帝爲西魏所殺；至天嘉元年(560)六月，葬於江

寧。（梁書·元帝本紀，陳書·世祖本紀）

【因革】《陳書》録陳文帝詔曰："車旗禮章悉用梁典，依魏葬漢獻帝故事。"

【考釋】《北齊書·文宣帝紀》記曰："梁元帝爲西魏將于謹所殺。梁將王僧辯在
建康，共推晉安王蕭方智爲太宰、都督中外諸軍，承制置百官。"《北史·齊本紀
中》同。按二史將此事時間承上繫於此年十月，稍疏。

凶 殷不害(中書郎)之母去世於江陵，其於死人溝中得母屍，自是蔬食布

衣；其弟殷不佞(武康令)不得奔赴，晝夜號泣四載。（陳書·孝行列傳，南

史·孝義列傳下）

【儀制】① 時因江陵爲西魏攻破，《陳書》記殷不害覓母屍曰："于時甚寒，冰雪交
下，老弱凍死者填滿溝壍。不害行哭道路，遠近尋求，無所不至，遇見死人溝水
中，即投身而下，扶捧閱視，舉體凍濕，水漿不入口，號泣不輟聲，如是者七日，始
得母屍。不害憑屍而哭，每舉音輒氣絶，行路無不爲之流涕。即於江陵權
殯，……自是蔬食布衣，枯槁骨立，見者莫不哀之。"② 又陳代建立後，母得歸
葬，《陳書》記殷不佞"居處之節，如始聞問，若此者又三年。身自負土，手植松
栢，每歲時伏臘，必三日不食。"《南史》並同。

承聖四年(555)

古 正月，蕭詧(梁王)即皇帝位於江陵，改元大定，立王氏(妻)爲皇后，

蕭歸爲皇太子。（周書·蕭詧列傳，北史·僭僞附庸列傳，資治通鑑·梁紀二十二）

【儀制】《周書》記曰："其慶賞刑威，官方制度，竝同王者。唯上疏則稱臣，奉朝
廷正朔。至於爵命其下，亦依梁氏之舊。"《北史》同。

【考釋】去年十一月，西魏宇文泰立蕭詧爲梁王。

古 五月，王僧辯(太尉)迎貞陽侯(蕭淵明，武帝之姪)自北齊還主社稷，丙午

(二十七)，即位，改元天成。（陳書·高祖本紀上，南史·陳本紀上）

【儀制】《陳書·孔奐列傳》記曰："時侯景新平,每事草創,憲章故事,無復存者,奐博物彊識,甄明故實,問無不知,儀注體式,箋表書翰,皆出於奐。"《南史·孔靖列傳》同。

嘉 七月甲辰(二十六),貞陽侯立蕭方智(晉安王)爲皇太子。(梁書·敬帝本紀)

凶 九月甲辰(二十七),王僧辯(太尉)被殺,子王頒聞訊,號慟不絕聲,毀瘠骨立;至除服,常布衣蔬食,藉藁而臥。(隋書·孝義列傳,北史·孝行列傳,梁書·敬帝本紀)

敬帝(蕭方智,元帝第九子)

紹泰元年(555)

吉 九月丙午(二十九),貞陽侯遜位;十月己酉(初二),帝即位,己巳(二十二),改元。(梁書·敬帝本紀,陳書·高祖本紀上,南史·陳本紀上)

嘉 十月戊午(十一),立王氏(妃)爲皇后。(梁書·敬帝本紀,南史·梁本紀下)

制 沈文阿爲國子博士,領步兵校尉,兼掌儀禮。(陳書·儒林列傳,南史·儒林列傳)

【因革】《陳書》記曰："自太清之亂,臺閣故事,無有存者,文阿父峻,梁武世掌朝儀,頗有遺藁,於是斟酌裁撰,禮度皆自之出。"《南史》同。

【附識】《陳書》又記沈洙"及高祖入輔,除國子博士,與沈文阿同掌儀禮"。《南史》同。

紹泰二年(556,九月改元太平)

賓 二月,北齊遣使來聘,遣使王廓(侍中)報聘。(南史·梁本紀下)

軍 五月己亥（二十五），陳霸先（司空）率宗室王侯及朝臣將帥，於大司馬門外白獸闕下刑牲告天，斥北齊背約。（陳書·高祖本紀上，南史·陳本紀上）

【儀制】《陳書》記其時陣勢云陳霸先“發言慷慨，涕泗交流，同盟皆莫能仰視，士卒觀者益奮”。《南史》同。

軍 五月癸卯（二十九），帝親征北齊，總羽林禁兵，頓於長樂寺。（陳書·高祖本紀上）

凶 六月戊午（十五），陳霸先（司空）大破北齊軍，軍士戰死者悉遣斂祭，無家屬者即爲瘞埋。（梁書·敬帝本紀）

太平二年(557)

嘉 正月壬寅（初二），朝萬國於太極東堂。（陳書·高祖本紀上）

吉 正月壬寅（初二），下詔求魯國孔氏族爲奉聖侯，並繕修孔廟，供備祀典。（梁書·敬帝本紀，南史·梁本紀下）

嘉 九月辛丑（初五），崇陳霸先進位相國，總百揆，封十郡爲陳公，備九錫之禮，加璽紱遠游冠，位在諸王上。加相國綠綟綬，置陳國百司。（梁書·敬帝本紀，陳書·高祖本紀上，南史·陳本紀上）

吉 十月戊辰（初三），命陳王冕十有二旒，建天子旌旗，出警入蹕，乘金根車，駕六馬，備五時副車，置旄頭雲罕，樂舞八佾，設鍾虡宮縣。（梁書·敬帝本紀，陳書·高祖本紀上，南史·陳本紀上）

吉 十月辛未（初六），下詔禪位於陳。（梁書·敬帝本紀，陳書·高祖本紀上，南史·梁本紀下、陳本紀上）

【因革】《梁書》錄帝詔曰：“今便遜位別宮，敬禪于陳，一依唐虞、宋齊故事。”《陳書》同。

五、陳之部

557年,陳霸先代梁稱帝,定都建康(今江蘇南京),國號陳。589年爲隋所滅。共歷五帝(武帝、文帝、廢帝、宣帝、後主),三十三年。

武帝(高祖,陳霸先)

永定元年(557)

吉 十月乙亥(初十),即位,南郊,柴燎告天;禮畢還宮,臨太極前殿。

(陳書·高祖本紀下,隋志·禮儀一,南史·陳本紀上,通典·吉禮一)

【儀制】《隋志》記壇制曰:"修南郊,圓壇高二丈二尺五寸,上廣十丈。"

賓 十月乙亥,下詔江陰郡奉梁主爲江陰王,行梁正朔,車旗服色,一依前準。(陳書·高祖本紀下,南史·陳本紀上)

吉 十月丙子(十一),帝至鐘山,祠蔣帝廟。(陳書·高祖本紀下,南史·陳本紀上)

嘉 十月庚辰(十五),下詔出佛牙於杜姥宅,集四部設無遮大會,帝親出闕前禮拜。(陳書·高祖本紀下,南史·陳本紀上)

嘉 十月辛巳(十六),立章氏(夫人)爲皇后;十二月庚辰(十六),皇后謁太廟。(陳書·高祖本紀下,南史·陳本紀上)

吉 十月辛巳,追尊皇考曰景皇帝,戊子(二十三),遷皇考神主祔於太廟。(陳書·高祖本紀下,南史·陳本紀上)

【儀制】《隋志·禮儀二》記陳宗廟之制曰:"陳制,立七廟,一歲五祠,謂春夏秋冬臘也。每祭共以一太牢,始祖以三牲首,餘唯骨體而已。五歲再殷,殷大祫而合祭也。"《通典·吉禮八》同。

【考釋】陳之七廟當仿梁制而成,然具體無考。《通典·吉禮六》亦僅曰:"陳依梁制,七廟如禮。"

制 十月辛巳,任范泉爲尚書删定郎,治定律令。(陳書·高祖本紀下,南史·陳本紀上,隋志·刑法,通典·刑法二)

【因革】《隋志》記曰:"陳氏承梁季喪亂,刑典疎闊。及武帝即位,思革其弊,乃下詔……於是稍求得梁時明法吏,令與尚書删定郎范泉,參定律令。"

【考釋】《隋志》記又命沈欽(尚書僕射)、徐陵(吏部尚書)、宗元饒(兼尚書左丞)、賀朗(兼尚書左丞)參知其事,"制《律》三十卷,《令律》四十卷。采酌前代,條流冗雜,綱目雖多,博而非要,其制唯重清議禁錮之科"。

嘉 徐陵定乘輿、御服皆采梁舊制。(隋志·禮儀六,通典·嘉禮六、嘉禮八)

【因革】①《隋志》記曰:"至天嘉初,悉改易之,定令具依天監舊事,然亦往往改革。"② 又記曰:"皇太子舊有五時朝服,自天監之後則朱服。"

【儀制】《通典·嘉禮二》則記陳因梁制,"以爲冕旒。皇太子朝服遠游冠,侍祭則平冕九旒。五等諸侯助祭郊廟,皆平冕九旒,青玉爲珠,有前無後,各以其綬色爲組纓,旁垂黈纊"。

永定二年(558)

吉 正月辛丑(初七),南郊。乙巳(十一),祠北郊。(陳書·高祖本紀下,隋志·禮儀一,通典·吉禮一)

【儀制】《隋志》記曰:"陳制,亦以間歲。正月上辛,用特牛一,祀天地於南北二郊。"又別記此年之儀曰:"正月上辛,有事南郊,以皇考德皇帝配,除十二辰座,加五帝位,其餘準梁之舊。北郊爲壇,高一丈五尺,廣八丈,以皇妣昭后配,從祀亦準梁舊。"

【因革】由《陳書》本紀所載,可知《隋志》此處所謂"間歲"是指南北郊隔年同時舉行一次,與梁代相異。

【考釋】①《南史・陳本紀上》僅載南郊,失載北郊。②《通典・吉禮一》記此年行南郊,《吉禮四》北郊則僅録陳制,未記施行。

[吉] 正月戊午(十八),親祠明堂。(陳書・高祖本紀下,南史・陳本紀上)

【儀制】《隋志・禮儀一》記陳明堂之制曰:"明堂殿屋十二間。中央六間,依齊制,安六座。四方帝各依其方,黄帝居坤維,而配饗坐依梁法。武帝時,以德帝配。文帝時,以武帝配。廢帝以後,以文帝配。牲以太牢,粢盛六飯,鉶羹果蔬備薦焉。"《通典・吉禮三》同,且曰:"陳祀昊天上帝、五帝於明堂。"

[吉] 四月甲子(初二),親祠太廟。(陳書・高祖本紀下,南史・陳本紀上)

[凶] 四月乙丑(初三),江陵王(梁敬帝)去世,下詔遣太宰弔祭,司空監護喪事。(陳書・高祖本紀下,南史・陳本紀上)

[吉] 五月壬寅(初十),立梁王蕭綸(邵陵王)廟室,祭以太牢。(陳書・高祖本紀下,南史・陳本紀上)

[嘉] 五月辛酉(二十九),帝至大莊嚴寺捨身;壬戌(三十),群臣表請還宫。(陳書・高祖本紀下,南史・陳本紀上)

[制] 七月,下詔起太極殿,十一月甲寅(二十五),太極殿成。(陳書・高祖本紀下,南史・陳本紀上)

【考釋】① 太極殿此前因侯景之亂遭火焚,梁承聖年間議欲營之,缺一柱,今方得大樟木。② 殿成之期,《陳書》本紀承上十月,誤,《南史》又失載。

[吉] 八月壬午(二十一),追封長女爲永世公主。又欲加其夫錢蕆(陳留太守)駙馬都尉,袁樞(都官尚書)議以爲不可,采之。(陳書・袁敬列傳、高祖本紀下)

【因革】《袁敬列傳》録袁樞議舉出加封的依據是:"《齊職儀》曰,凡尚公主必拜駙馬都尉,魏、晉以來,因爲瞻準。蓋以王姬之重,庶姓之輕,若不加其等級,寧可合巹而酳,所以假駙馬之位,乃崇於皇女也。"可是,如今,公主已於梁代即去世,便無此禮數,而且有西晉、梁代故事爲據:"案杜預尚晉宣帝第二女高陵宣公主,晉武踐祚,而主已亡,泰始中追贈公主,元凱无復駙馬之號。梁文帝女新安穆公主早薨,天監初王氏無追拜之事。遠近二例,足以據明。"

嘉 十二月庚申(初一),陳蒨(安東將軍,臨川王)率百官朝前殿,拜上牛酒。
(陳書・高祖本紀下)

嘉 十二月甲子(初五),帝至大莊嚴寺,設無碍大會,捨乘輿法物,群臣備法駕奉迎,即日還宮。(陳書・高祖本紀下,南史・陳本紀上)

嘉 十二月丙寅(初七),帝於太極殿東堂宴群臣,設金石之樂,以路寢告成。(陳書・高祖本紀下)

凶 有司奏沈孝軌(寧遠將軍,建康令)在北周去世,門生迎其靈柩,久而未返,至兩年又一月是否當除服,江德藻(尚書左丞)議以爲當除,沈洙(員外散騎常侍)議以爲不可喪期無數,當按期除服,若喪柩得還,別行改葬之禮,朝廷應爲之限制,奏可。(陳書・儒林列傳,南史・儒林列傳)

【理據】《陳書》錄江德藻議曰:"孝軌既在異域,雖已迎喪,還期無指,諸弟若遂不除,永絶婚嫁,此於人情,或爲未允。"《南史》同。

【因革】《陳書》錄沈洙議曰:"魏氏東關之役,既失亡屍柩,葬禮無期,議以爲禮無終身之喪,故制使除服。晉氏喪亂,或死於虜庭,無由迎殯,江左故復申明其制。李胤之祖,王華之父,並存亡不測,其子制服依時釋縗,此並變禮之宜也。……愚謂宜依東關故事,在此國內者,並應釋除縗麻,毀靈附祭,若喪柩得還,別行改葬之禮。"《南史》同。

【考釋】此事祇知在"高祖受禪"之初,暫繫於此。

吉 行社稷之祠及老人星祠等。(隋志・禮儀二,通典・吉禮三、吉禮四)

【儀制】《隋志》記陳社稷等通制曰:"帝社以三牲首,餘以骨體。薦粢盛爲六飯:粳以敦,稻以牟,黃粱以簠,白粱以簋,黍以瑚,粱以璉。"又:"令太史署,常以二月八日,於署庭中以太牢祠老人星,兼祠天皇大帝、太一、日月、五星、鉤陳、北極、北斗、三台、二十八宿、大人星、子孫星,都四十六坐。凡應預祠享之官,亦太醫給除穢氣散藥,先齋一日服之以自潔。"

【因革】《隋志》稱"陳制皆依梁舊",又稱"其儀本之齊制",可見梁、齊、陳一脈相承。

【考釋】① 此諸禮典陳帝恐未親行,故不見有施行年月之記載,今暫繫於武帝末。②《通典・吉禮三》將老人星祠等繫作"隋"時,恐誤。

永定三年(559)

軍 三月丙申(初九),侯瑱(司空)敗北齊軍歸,衆軍獻捷。(陳書・高祖本紀上)

吉 閏四月,久不雨,丙午(十九),帝至鐘山,祠蔣帝廟。(陳書・高祖本紀下,南史・陳本紀上)

【考釋】《陳書》本紀云帝祠"是日,降雨,迄于月晦",《南史》同。

吉 五月丙辰(初一),日蝕,合朔,下詔改用袞冕之服。(陳書・高祖本紀下,南史・陳本紀上)

【因革】《陳書》本紀記有司奏舊儀:"御前殿,服硃紗袍、通天冠。"《南史》同。

凶 五月乙酉(二十九),周文育(都督)被殺,帝聞之即日舉哀。六月壬寅(十七),周文育(故司空)之柩自建昌至,帝素服哭於東堂。(陳書・高祖本紀下、周文育列傳)

吉 六月丁酉(十二),帝病重,遣王通(兼太宰、尚书左仆射)以疾告太廟,謝哲(兼太宰、中书令)告大社、南北郊。(陳書・高祖本紀下,南史・陳本紀上)

凶 六月丙午(二十一),帝去世於璿璣殿,六日成服,朝臣共議靈座俠御所服服制,沈文阿(國子博士)議以爲宜服吉服,劉師知(中書舍人)議以爲須服縗斬,蔡景歷(中書舍人)、江德藻(中書舍人)、謝岐(中書舍人)等並同劉氏,然徐陵(尚書左丞)則同沈氏,於是輪番又議,又諮八座、詹事、太常、中丞及中庶諸通,群議同劉氏,從之。(陳書・高祖本紀下、劉師知列傳,南史・劉師知列傳)

【因革】①《陳書》列傳録劉師知議曰："按梁昭明太子薨，成服俠侍之官，悉著縗斬，唯著鎧不異，此即可擬。愚謂六日成服，俠靈座須服縗絰。"之後又舉出王文憲《喪服明記》爲證。故江德藻議又云："舍人引王衛軍《喪儀》及檢梁昭明故事，此明據已審。"八座等群議亦以爲："斟酌舊儀，梁昭明太子《喪成服儀注》，明文見存，足爲準的。"《南史》略同。② 又録沈文阿議舉出《晉宋山陵儀》、《靈域梓宮進止儀》爲據，故徐陵有云："按山陵鹵簿吉部伍中，公卿以下導引者，爰及武賁、鼓吹、執蓋、奉車，竝是吉服，豈容俠御獨爲縗絰邪，斷可知矣。"

【理據】《陳書》列傳録劉師知議曰："案梁昭明太子薨，略是成例，豈容凡百士庶，悉皆服重，而侍中至於武衛，最是近官，反鳴玉紆青，與平吉不異？左丞既推以山陵事，愚意或謂與成服有殊。"

凶 六月甲寅（二十九），遷殯於太極殿西階，八月丙申（十二），葬萬安陵。

（陳書·高祖本紀下，南史·陳本紀上）

凶 七月，帝之梓宮將登輴轜車，庾持（尚書左丞）請議是否依晉宋之舊稱某諡皇帝，沈文阿（國子博士）議以爲不應猶稱大行皇帝，詔可。（隋志·禮儀三，通典·凶禮一）

【因革】《隋志》録沈文阿謂"依梁儀稱諡，以傳無窮"。

文帝（世祖，陳蒨，武帝侄子）

吉 六月甲寅（二十九），帝即位於太極前殿，即日謁廟。（陳書·世祖本紀，南史·陳本紀上）

吉 帝即位擬謁廟，庾持（尚書左丞）奉詔遣博士議其禮，沈文阿（國子博士）議以爲帝拜廟還，宜御太極殿，祇行薦璧之儀，無賀酒之禮，並撰謁廟還升正寢、群臣陪薦儀注，詔可施行。（陳書·儒林列傳，南史·儒林列傳）

【因革】《陳書》載沈文阿議曰："秦燒經典，威儀散滅，叔孫通定禮，尤失前憲，奠贊不圭,致享無帛,公王同璧,鴻臚奏賀。若此數事,未聞於古,後相沿襲,至梁行之。……今君臣吞哀,萬民抑割,豈同於惟新之禮乎? 且周康賓稱奉圭,無萬壽之獻,此則前準明矣。"《南史》同。

【考釋】庾持之官階,《陳書》作"尚書右丞",今依《南史》。

嘉 九月辛酉(初七),立陳伯宗爲皇太子; 乙亥(二十一),立沈氏(妃)爲皇后。(陳書・世祖本紀,南史・陳本紀上)

【考釋】立皇太子之時日,《陳書・廢帝本紀》作八月庚戌(二十六),《南史・陳本紀上》文帝段作"九月辛酉",廢帝段又作"八月庚戌"。

天嘉元年(560)

吉 正月辛酉(初九),南郊。 辛未(十九),祠北郊。(陳書・世祖本紀)

【因革】《隋志・禮儀一》記天嘉中改南北郊儀制曰:"南郊改以武帝配,北郊以德皇帝配天。"《通典・吉禮一》、《吉禮四》分別采之。

【考釋】《南史・陳本紀上》僅載南郊,失載北郊。

賓 三月,遣使周弘正(侍中)通好於北周。(陳書・毛喜列傳,南史・毛喜列傳,資治通鑑・陳紀二)

凶 四月庚寅(初九),陳昌(衡陽王)喪柩至京,帝親出臨哭,下詔給東園溫明祕器,九旒鑾輅,黃屋左纛,武賁班劍百人,輼輬車,前後部羽葆鼓吹,遣大司空持節迎護喪事,大鴻臚副其羽衛。(陳書・衡陽獻王昌列傳)

【因革】《衡陽獻王昌列傳》録帝詔曰:"葬送之儀,一依漢東平憲王、齊豫章文獻王故事。"

【考釋】陳昌於此年三月丙子(二十五),溺死於長江。

凶 六月壬辰(十二),下詔改葬梁元帝於江寧舊墓。(陳書・世祖本紀,南史・陳本紀上)

【因革】《陳書》本紀錄帝詔曰："車旗禮章，悉用梁典，依魏葬漢獻帝故事。"《南史》同。

凶 六月辛丑（二十一），值武帝周忌，帝臨於太極前殿，百僚陪哭。（陳書‧世祖本紀，南史‧陳本紀上）

吉 七月丙辰（初七），爲封鄱陽郡王（陳伯山），遣蕭睿（散騎常侍、度支尚書）持節兼太宰告於太廟，又遣王質（五兵尚書）持節兼太宰告於太社。（陳書‧世祖九王列傳）

【因革】《世祖九王列傳》記曰："初高祖時，天下草創，諸王受封儀注多闕，及伯山受封，世祖欲重其事。"

軍 八月丁酉（十八），帝至正陽堂閱武。（陳書‧世祖本紀，南史‧陳本紀上）

【因革】此後宣帝太建十一年（579）八月丁卯（初八），帝至大壯觀閱武；後主至德四年（586）九月甲午（十七），帝至玄武湖肆艫艦閱武。

凶 八月癸亥，尚書儀曹問今月晦皇太后爲安吉君服禫除儀注，沈洙議以爲宜以再周二十五月爲斷，無復心禫，詔可。（隋志‧禮儀三，通典‧凶禮二）

【理據】《隋志》錄沈洙議曰："宋元嘉立義，心喪以二十五月爲限。大明中，王皇后父喪，又申明其制。齊建元中，太子穆妃喪，亦同用此禮。唯王儉《古今集記》云，心制終二十七月，又爲王逡所難。何佟之《儀注》用二十五月而除。案古循今，宜以再周二十五月爲斷。"

制 十二月乙未（二十八），下詔停大辟之刑。（陳書‧世祖本紀）

嘉 沈不害（兼嘉德殿學士）上書請立國學，詔付外詳議。（陳書‧儒林列傳，南史‧儒林列傳）

【因革】《陳書》述曰："自梁季喪亂，至是國學未立。"《南史》同。

嘉 到仲舉（都官尚書，寶安侯）議造五輅及五色副車。（隋志‧禮儀五，通典‧嘉禮九）

【因革】①《通典》記曰："令到仲舉議，錯綜漢晉舊飾，造玉金象革木等五輅。"

②《隋志》記曰："陳承梁末，王琳縱火，延燒車府。……此後漸修，具依梁制。"

樂 定圜丘、明堂及宗廟樂，到仲舉（都官尚書）奏上儀注。（隋志·音樂上，通典·樂二）

【儀制】《隋志》録到仲舉奏曰："衆官出入，皆奏《肅成》。牲入出，奏《引犧》。上毛血，奏《嘉薦》。迎送神，奏《昭夏》。皇帝入壇，奏《永至》。皇帝升陛，奏《登歌》。皇帝初獻及太尉亞獻、光禄勳終獻，並奏《宣烈》。皇帝飲福酒，奏《嘉胙》；就燎位，奏《昭遠》；還便殿，奏《休成》。"

【因革】《隋志》記曰此前，"陳初，武帝詔求宋、齊故事，太常卿周弘讓奏，……是時，並用梁樂，唯改七室舞辭"。

樂 沈不害（兼嘉德殿學士）表改定樂章，詔使制三朝樂歌八首，合二十八曲，行之樂府。（陳書·儒林列傳，南史·儒林列傳）

【考釋】以上二事《儒林列傳》載記在"天嘉初"。

制 張崖（尚書儀曹郎）廣沈文阿儀注，撰五禮。（陳書·儒林列傳）

【考釋】《儒林列傳》載沈文阿"所撰《儀禮》八十餘卷"。

天嘉二年(561)

凶 三月乙卯（初九），侯瑱（太尉、車騎將軍、湘州刺史）去世，加羽葆、鼓吹、班劍二十人，給東園祕器。（陳書·侯瑱列傳、世祖本紀）

賓 六月己亥（二十五），北齊來通好。（南史·陳本紀上）

吉 九月甲寅（十一），下詔以侯瑱（故大司馬、驃騎大將軍）、周文育（故司空）、杜僧明（故平北將軍、開府儀同三司）、胡穎（故中護軍）、陳擬（故領軍將軍）配食武帝廟庭。（陳書·世祖本紀，南史·陳本紀上）

吉 十二月甲申（十三），立皇考廟於京都，用王者之禮。（陳書·世祖本紀，南史·陳本紀上）

【考釋】文帝係始興昭烈王之長子。

☒凶 **沈炯**（明威將軍）**於吳中去世，帝即日舉哀，並遣使弔祭。**（陳書·沈炯列傳）

☒凶 **虞荔**（太子中庶子）**去世，喪柩歸鄉里，帝親出臨送。**（陳書·虞荔列傳，南史·虞荔列傳）

【理據】《陳書》記虞荔之母去世曰："初，荔母隨荔入臺，卒於臺內，尋而城陷，情禮不申，由是終身蔬食布衣，不聽音樂，雖任遇隆重，而居止儉素，淡然無營。文帝深器之，常引在左右，朝夕顧訪。"《南史》同。

☒凶 **魯悉達**（安南將軍、吳州刺史）**之母去世，哀毀過禮，遘疾去世。**（陳書·魯悉達列傳，南史·魯悉達列傳）

【考釋】此事大致推定在此年，不確定。

☒凶 **張昭、張乾**（吳郡吳人）**兄弟父服未終，母親**（陸氏）**又去世，哀毀六年。**
（陳書·孝行列傳，南史·孝義列傳下）

【儀制】《陳書》記張氏兄弟父親去世，"兄弟並不衣綿帛，不食鹽醋，日唯食一升麥屑粥而已。每一感慟，必致嘔血，隣里聞其哭聲，皆爲之涕泣"，又母親去世，"兄弟遂六年哀毀，形容骨立，親友見者莫識焉。家貧，未得大葬，遂布衣蔬食，十有餘年，杜門不出，屏絕人事。……兄弟並因毀成疾，昭失一眼，乾亦中冷苦癖，年並未五十終于家，子胤俱絕。"《南史》同。

【考釋】此事未悉年月，暫繫於此。

天嘉三年(562)

☒吉 **正月庚戌**（初九），**設帷宮於南郊，幣告胡公以配天。辛亥**（初十），**南郊。辛酉**（二十），**親祠北郊。**（陳書·世祖本紀，南史·陳本紀上）

【理據】《資治通鑑·陳紀二》胡注："胡公始封於陳，故郊祀之以配天。"

【考釋】《南史》失載北郊。

吉 許亨（太中大夫、領大著作、攝太常卿）奏以爲南郊圜丘宜除五帝位和風師、雨師位，宜復三獻之儀，帝均依之。（隋志·禮儀一）

【理據】《隋志》録許亨奏除南郊五帝位曰：“臣案《周禮》‘以血祭社稷五祀’鄭玄云：‘陰祀自血起，貴氣臭也。五祀，五官之神也。’五神主五行，隸於地，故與埋沈副辜同爲陰祀。既非煙柴，無關陽祭。”又奏除風師、雨師位曰：“臣案《周禮》大宗伯之職云：‘槱燎祀司中、司令、風師、雨師。’鄭衆云：‘風師，箕也；雨師，畢也。’《詩》云：‘月離于畢，俾滂沱矣。’如此則風伯、雨師即箕、畢星矣。”又奏復三獻曰：“臣案《周禮·司樽》所言，三獻施於宗祧，而鄭注‘一獻施於群小祀’。今用小祀之禮施於天神大帝，梁武此義爲不通矣。”按許氏依《周禮》及鄭注説儀，故均得依從。

【因革】由此梁代所改此三項儀注均又逐一更革。

【考釋】① 此事《隋志》僅云在“天嘉中”，今次於上條。②《通典·吉禮一》將許亨（又作通）所奏三事，分隸入武帝永定二年與文帝天嘉中，未必妥。

賓 四月乙巳（初六），北齊遣使來聘。（陳書·世祖本紀，南史·陳本紀上）

【附識】參見北齊武成帝河清元年(562)。

嘉 七月己丑（二十一），皇太子納妃王氏。（陳書·世祖本紀，南史·陳本紀上）

【考釋】《陳書·王固列傳》載“以［王］固女爲皇太子妃”在天嘉四年，未確。

天嘉四年(563)

嘉 四月辛丑（初八），設無碍大會於太極前殿。（陳書·世祖本紀，南史·陳本紀上）

吉 遷東廟皇考神主祔於梁之小廟，改稱國廟，祭用天子儀。（隋志·禮儀二，通典·吉禮六）

【因革】《隋志》記曰：“初，文帝入嗣，而皇考始興昭烈王廟在始興國，謂之東廟。”

【論評】《資治通鑑·陳紀三》胡注："帝嗣高祖，以子伯茂奉始興昭烈王之祀。今初以天子禮祀之，非禮也。"

天嘉五年(564)

吉 正月辛巳(二十二)，祠北郊。（陳書·世祖本紀）

吉 三月壬午(二十四)，下詔以周鐵虎(故護軍將軍)配食武帝廟庭。（陳書·世祖本紀、周鐵虎列傳，南史·周鐵武列傳）

賓 四月庚子(十二)，北周遣使來聘。（陳書·世祖本紀）

賓 五月，北周、北齊並遣使來聘。（陳書·世祖本紀，南史·陳本紀上）

凶 十二月甲子(初十)，征討陳寶應之死亡將士，並給棺槥，送還本鄉。（陳書·世祖本紀，南史·陳本紀上）

賓 十二月癸未(二十九)，北齊遣使來聘。（陳書·世祖本紀，南史·陳本紀上）

制 命沈不害(國子博士)治五禮，掌策文謚議。（陳書·儒林列傳，南史·儒林列傳）

【附識】《陳書》載沈不害"著《治五禮儀》一百卷"，《南史》則作"《五禮儀》一百卷"。

天嘉六年(565)

嘉 正月甲午(十一)，皇太子加元服。（陳書·世祖本紀，南史·陳本紀上）

【考釋】陳伯宗生於梁承聖三年(554)，至今 12 歲。

賓 六月辛酉(初十)，北周遣使來聘。（陳書·世祖本紀，南史·陳本紀上）

【考釋】《陳書》本紀"辛酉"上漏"六月"二字，承上易誤作"四月"。

凶 八月丁丑(二十七)，下詔爲前代王侯、忠烈墳冢被發又絕無後者，檢

東晉南朝：禮制成熟期 卷四

行修治。（陳書·世祖本紀）

賓 十月辛亥（初二），北齊遣使來聘。（陳書·世祖本紀，南史·陳本紀上）

天康元年(566)

凶 四月癸酉（二十七），帝去世於有覺殿，遺詔大殮畢，群臣三日一臨，
公除之制悉依舊典；皇太子即位於太極前殿。六月丙寅（二十一），葬
永寧陵。（陳書·世祖本紀，南史·陳本紀上）

廢帝（陳伯宗，文帝長子）

嘉 七月丁酉（二十二），立王氏（妃）爲皇后。（陳書·廢帝本紀，南史·陳本紀上）

吉 十月庚申（十七），親祠太廟。（陳書·廢帝本紀，南史·陳本紀上）

【因革】此後光大元年（567）十月甲申（初七）、光大二年（568）七月丙午（十三）、十月
庚午（初九）又行此禮。

賓 十一月乙亥（初二），北周遣使來弔。（陳書·廢帝本紀，南史·陳本紀上）

制 周弘正任都官尚書，總知五禮事。（陳書·周弘正列傳，南史·周朗列傳）

光大元年(567)

吉 正月辛卯（十九），南郊。（陳書·廢帝本紀，南史·陳本紀上）

吉 以昭后配北郊。（隋志·禮儀一）

【考釋】此事署時在"光大中（567—568）"，因光大僅二年，故次於上條繫此。

嘉 七月戊申（初十），立陳至澤爲皇太子。（陳書·廢帝本紀，南史·陳本紀上）

吉 十二月庚寅（二十四），以孔英哲（儀同三司兼從事中郎）爲奉聖亭侯，奉孔子

祀。（陳書・廢帝本紀，南史・陳本紀上）

光大二年(568)

凶 正月庚子（初四），征討華皎之死亡將士，並給棺槥，送還本鄉。（陳

書・廢帝本紀，南史・陳本紀上）

嘉 十一月甲寅（初三），慈訓太后（章氏）集群臣於朝堂，令帝爲臨海王，

以安成王繼位。（陳書・廢帝本紀、宣帝本紀，南史・陳本紀上）

宣帝(高宗，陳頊，文帝弟)

太建元年(569)

吉 正月甲午（初四），安成王即位於太极前殿，乙未（初五），謁太廟。（陳

書・宣帝本紀，南史・陳本紀下）

嘉 正月甲午，立柳氏（妃）爲皇后，立陳叔寶（世子）爲皇太子。（陳書・宣帝

本紀、後主本紀，南史・陳本紀下）

吉 正月辛丑（十一），南郊。（陳書・宣帝本紀，南史・陳本紀下）

吉 正月戊午（二十八），親祠太廟。（陳書・宣帝本紀）

吉 二月庚午（初十），皇后謁太廟。辛未（十一），皇太子謁太廟。（陳書・宣

帝本紀）

吉 二月乙亥（十五），親耕藉田。（陳書・宣帝本紀，南史・陳本紀下）

【因革】此後太建三年（571）二月丁酉（十九）、太建六年（574）二月辛亥（二十一）、太

建九年(577)二月壬子(初九)、太建十一年(579)二月癸亥(初二)、太建十三年(581)二月乙亥(二十四)又依例行此禮。

【因革】《資治通鑑·陳紀五》胡注:"梁初,依宋、齊,以正月用事。天監十二年,武帝以爲啓蟄而耕,《書》云'以殷仲春',藉田理在建卯,於是改用二月。陳因而不改。"

賓 五月甲午(初六),北齊遣使來聘。(陳書·宣帝本紀,南史·陳本紀下)

嘉 七月辛卯(初四),皇太子納妃沈氏。(陳書·宣帝本紀,南史·陳本紀下)

【考釋】《陳書·後主沈皇后列傳》則稱沈氏於"太建三年納爲皇太子妃"。

吉 十月壬午(二十六),親祠太廟。(陳書·宣帝本紀)

樂 定三朝之樂,采梁故事。(隋志·音樂上,通典·樂二)

【因革】《隋志》記曰:"祠用宋曲,宴準梁樂,蓋取人神不雜也。"

嘉 章昭達(車騎大將軍)飲會,盛設女伎雜樂、羌胡之聲。(陳書·章昭達列傳,南史·章昭達列傳)

【考釋】此據《章昭達列傳》所記"每飲會,必盛設女伎雜樂,備盡羌胡之聲,音律姿容,竝一時之妙,雖臨對寇敵,旗鼓相望,弗之廢也",因章氏於於太建三年去世,暫隸於此。

太建二年(570)

吉 正月丙午(二十二),親祠太廟。閏四月戊申(二十五),又祠太廟。十月乙酉(初五),又祠太廟。(陳書·宣帝本紀)

【儀制】《資治通鑑·陳紀五》胡注引《五代志》記曰:"陳立七廟,一歲五祠,春、夏、秋、冬、臘也。每祭,共以一太牢,始祖以三牲首,餘惟骨體而已。"按此或可見陳時享太廟之常態,其他年份《陳書》恐多有省略。

凶 三月丙申(十三),武宣太后(章氏)去世於紫極殿,遺令喪事從儉。四

月，祔葬於萬安陵。（陳書·高祖章皇后列傳、宣帝本紀，南史·陳本紀下、后妃列傳下）

【儀制】《高祖章皇后列傳》稱遺令"諸有饋奠，不得用牲牢"。

凶 三月丁未（二十四），征討周迪、華皎以來之死亡兵士，令收斂並給棺槨，送還本鄉。（陳書·宣帝本紀，南史·陳本紀下）

賓 五月壬午（三十），北齊遣使來弔。（陳書·宣帝本紀，南史·陳本紀下）

太建三年(571)

吉 正月辛酉（十三），南郊。辛未（二十三），祠北郊。（陳書·宣帝本紀）

【因革】此後太建五年（573）正月辛巳（十四）又祠南郊；太建七年（575）正月辛未（十六）、辛巳（二十六）則分別祠南北郊；太建九年（577）正月辛卯（十七）又祠北郊。

又《資治通鑑·陳紀六》胡注："陳制已以間歲正月上辛用特牛一祀天、地於南北二郊。間歲者，一歲祀南郊，一歲祀北郊也。"按胡注不合陳時實情。

【考釋】《南史·陳本紀下》僅載南郊，失載北郊。

吉 二月辛巳（初三），親祠明堂。（陳書·宣帝本紀，南史·陳本紀下）

【因革】此當依永定二年（558）之制。

賓 四月壬辰（十五），北齊遣使來聘。（陳書·宣帝本紀，南史·陳本紀下）

【附識】參見北齊後主武平二年（571）。

吉 八月辛丑（二十六），皇太子釋奠於太學。（陳書·宣帝本紀）

【考釋】《陳書·文學列傳》又載太建十一年（579）春，"皇太子幸太學，詔新安王於辟雍發《論語》題，仍命［徐］伯陽爲《辟雍頌》"。

吉 十月甲申（初十），親祠太廟。（陳書·宣帝本紀）

賓 十月乙酉（十一），北周遣使來聘。（陳書·宣帝本紀，南史·陳本紀下）

【因革】此後太建四年（572）八月辛未（初二）、太建五年（573）六月癸亥（二十九）、太

卷四　東晉南朝：禮制成熟期

669

建六年(574)正月甲申(二十三)、太建七年(575)八月癸卯(二十一)，又遣使來聘。

凶 毛喜(太子右衛軍，右軍將軍，東昌縣侯)之母去世，官給喪事，遣杜緬(員外散騎常侍)圖其墓田，帝又親與案圖指畫。(陳書‧毛喜列傳，南史‧毛喜列傳)

太建四年(572)

吉 正月庚午(二十七)，親祠太廟。十月乙酉(十七)，又祠太廟。(陳書‧宣帝本紀)

軍 八月戊寅(初九)，下詔班兵法條制十三科。(陳書‧宣帝本紀)

【儀制】《宣帝本紀》未錄十三科條目，然錄帝詔曰："師出以律，稟策於廟，所以乂安九有，克成七德。……但不教民戰，是謂棄之，仁必有勇，無忘武備。……朕既慚暗合，良皆披覽，兼昔經督戎，備嘗行陣，齊以七步，肅之三鼓。"按出師告廟、四時練兵、閱兵等為其主要內容。

吉 九月丙寅(二十七)，以徐度(故太尉)、杜棱(儀同三司)、程靈洗(儀同三司)配食武帝廟庭，以章昭達(故車騎將軍)配食文帝廟庭。(陳書‧宣帝本紀，南史‧陳本紀下)

嘉 閏十二月甲辰(初七)，帝至樂游苑采甘露，宴群臣。(陳書‧宣帝本紀)

太建五年(573)

吉 正月甲午(二十七)，親祠太廟。(陳書‧宣帝本紀)

【因革】明年正月壬午(二十一)又行此禮。

吉 二月辛丑(初五)，祠明堂。六月，又治明堂。(陳書‧宣帝本紀)

吉 四月，吳明徹(北討大都督)統軍十餘萬，大破北齊大將尉破胡，攻破

秦郡，帝下詔令掩埋所殺齊兵，又以秦郡爲吳氏舊邑，詔具太
牢，令拜祠上冢。（陳書·宣帝本紀、吳明徹列傳，南史·吳明徹列傳）

軍 七月，帝遣蕭淳風至壽陽，策吳明徹進號爲征北大將軍，吳氏登
壇拜受。（陳書·宣帝本紀、吳明徹列傳，南史·吳明徹列傳）

【儀制】《陳書》列傳記册封禮曰：“於城南設壇，士卒二十萬，陳旗鼓戈甲，明徹
登壇拜受，成禮而退，將卒莫不踴躍焉。”

樂 詔令劉平（尚書左丞）、張崖（儀曹郎）定南北郊及明堂用樂。（隋志·音樂上，通
典·樂二）

【因革】《隋志》記曰：“改天嘉中所用齊樂，盡以‘韶’爲名。”

【儀制】《隋志》記曰：“工就位定，協律校尉舉麾，太樂令跪贊云：‘奏《懋韶》之
樂。’降神，奏《通韶》；牲入出，奏《潔韶》；帝入壇及還便殿，奏《穆韶》。帝初再
拜，舞《七德》，工執干楯，曲終復綴。出就懸東，繼舞《九序》，工執羽籥。獻爵於
天神及太祖之座，奏登歌。帝飲福酒，奏《嘉韶》；就望燎，奏《報韶》。”

太建六年(574)

凶 六月壬辰（初三），周弘正（尚書右僕射，領國子祭酒）去世，帝出臨哭。（陳書·
周弘正列傳、宣帝本紀）

嘉 十一月，徐陵（侍中，尚書左僕射，建昌侯）、沈罕（儀曹郎中）奏來年元會儀注。
（隋志·音樂上，通典·樂二）

【儀制】《隋志·禮儀四》載陳元會之制曰：“先元會十日，百官並習儀注，令僕已
下，悉公服監之。設庭燎，街闕、城上、殿前皆嚴兵，百官各設部位而朝。宮人皆
於東堂，隔綺疏而觀。宮門既無籍，外人但絳衣者，亦得入觀。是日，上事人發
白獸樽。自餘亦多依梁禮云。”《通典·嘉禮十五》同。

又《隋志·音樂上》記元會用樂曰：“舍人蔡景歷奉勅，先會一日，太樂展宮懸、高
絙、五案於殿庭。客入，奏《相和》五引。帝出，黃門侍郎舉麾於殿上，掌故應之，

舉於階下,奏《康韶》之樂。詔延王公登,奏《變韶》。奉珪璧訖,初引下殿,奏亦如之。帝興,入便殿,奏《穆韶》。更衣又出,奏亦如之。帝舉酒,奏《綏韶》。進膳,奏《侑韶》。帝御茶果,太常丞跪請進舞《七德》,繼之《九序》。”

【因革】《隋志》記曰:“其鼓吹雜伎,取晉宋之舊,微更附益。舊元會有黃龍變、文鹿、師子之類,太建初定制,皆除之。至是蔡景歷奏,悉復設焉。”

【論評】秦蕙田《五禮通考》論曰:“朝會鉅典,乃禮樂雍肅之地,陳制嚴兵,設部伍,失嘉會合禮之意矣。令宮人隔綺疏而觀,狎禮至是,宜其及也。”(《嘉禮九》“朝禮”)

太建七年(575)

吉 四月甲午(初十),親祠太廟。(陳書·宣帝本紀)

【因革】明年四月己未(十一)又行此禮。

凶 六月丙戌(初三),爲北討將士之死亡者舉哀。(陳書·宣帝本紀,南史·陳本紀下)

嘉 閏九月丁未(二十六),帝至樂游苑采甘露,宴群臣,下詔於龍舟山立甘露亭。(陳書·宣帝本紀,南史·陳本紀下)

凶 周弘直(太常卿,光祿大夫)去世,遺疏定斂服器物。(陳書·周弘正列傳,南史·周朗列傳)

【儀制】《陳書》錄周弘直遺疏曰:“氣絕已後,便買市中見材,材必須小形者,使易提挈。斂以時服,古人通制,但下見先人,必須備禮,可著單衣裙衫故履。既應侍養,宜備紛帨,或逢善友,又須香煙,棺内唯安白布手巾、贏香爐而已,其外一無所用。”

太建八年(576)

嘉 四月甲寅(初六),下詔十七日赴樂游苑大會文武,設絲竹之樂。(陳書·宣帝本紀)

太建九年(577)

嘉 十二月戊申（初十），皇太子移入新成之東宫。（陳書·宣帝本紀，南史·陳本紀下）

太建十年(578)

制 四月庚戌（十三），下詔御府堂，禮樂儀服軍器之外營造悉停。（陳書·宣帝本紀，南史·陳本紀下）

吉 九月乙巳（十一），立方明壇於婁湖；甲寅（二十），帝至此臨誓；乙卯，分遣大使以盟誓班下四方，以上下相警。（陳書·宣帝本紀，南史·陳本紀下）

太建十一年(579)

軍 八月丁卯（初八），帝閱武於大壯觀。（陳書·宣帝本紀、南康愍王曇朗列傳，南史·陳本紀下、陳宗室諸王列傳）

【儀制】《陳書》列傳記曰："命都督任忠領步騎十萬，陳於玄武湖，都督陳景領樓艦五百，出于瓜步江，高宗登玄武門觀，宴群臣以觀之。因幸樂游苑，設絲竹會。仍重幸大壯觀，集衆軍振旅而還。"《南史》同。

嘉 十二月己巳（十二），下詔減損祕戲、樂府、饗宴等。（陳書·宣帝本紀，南史·陳本紀下）

【理據】《陳書》錄帝詔曰："今可宣勒主衣、尚方諸堂署等，自非軍國資須，不得繕造衆物。後宫僚列，若有游長，掖庭啟奏，即皆量遣。大予祕戲，非會《禮經》，樂府倡優，不合雅正，竝可删改。……別觀離宫，郊間野外，非恒饗宴，勿復修治。并勒内外文武車馬宅舍,皆循儉約,勿尚奢華。"

吉 王元規(尚書祠部郎)議提出增廣南北二郊壇位之具體方案, 陸繕(尚書僕射), 宗元饒(左戶尚書)、 周確(左丞)、 蕭淳(舍人)、 沈客卿(儀曹郎)同王氏議, 詔依施用。(隋志·禮儀一,通典·吉禮一、吉禮四)

【儀制】《隋志》錄王元規議曰:"即日南郊壇廣十丈,高二丈二尺五寸,北郊壇廣九丈三尺,高一丈五尺。今議增南郊壇上徑十二丈,則天大數,下徑十八丈,取於三分益一,高二丈七尺,取三倍九尺之堂。北郊壇上方十丈,以則地義,下至十五丈,亦取二分益一,高一丈二尺,亦取二倍漢家之數。"

【理據】王氏指出"古圓方兩丘,並因見有而祭,本無高廣之數;後世隨事遷都,而建立郊禮",故其列舉西漢、梁代郊壇尺寸,提出增廣之法取"二倍漢家之數"。此法實際上亦無所準況,然得多位重臣支持,故依行。

【因革】《隋志》記曰:"後主嗣立,無意曲禮之事,加舊儒碩學,漸以凋喪,至於朝亡,竟無改作。"

【附識】《陳書·儒林列傳》載王元規"每國家議吉凶大禮,常參預焉"。《南史·儒林列傳》同。

樂 帝欲祀天地時設宮縣之樂, 付有司立議, 姚察(尚書祠部侍郎)以爲不可, 當從梁樂, 徐陵(僕射)改同其議。(陳書·姚察列傳,南史·姚察列傳,通典·樂七)

【因革】《姚察列傳》記此前郊祀用樂曰:"昔魏王肅奏祀天地,設宮縣之樂,八佾之舞,爾後因循不革。梁武帝以爲事人禮繁,事神禮簡,古無宮縣之文。陳初承用,莫有損益。"

【考釋】此事未悉年月,當在太建年間,暫次於上條。

凶 陳叔陵(始興王,都督,揚州刺史)之母(彭氏)去世, 葬於梅嶺, 發謝安(晉太傅)墓以葬其母。(陳書·始興王叔陵列傳,南史·陳宗室諸王列傳)

【因革】《陳書》記曰:"晉世王公貴人,多葬梅嶺,及彭卒,叔陵啟求於梅嶺葬之。"《南史》同。

又至太建十四年(582)帝去世,陳叔陵謀反被殺,尚書八座奏毀其母墳廟,還謝安之墓。

【儀制】《陳書》記曰:"乃發故太傅謝安舊墓,棄去安柩,以葬其母。初喪之日,偽爲哀毀,自稱刺血寫《涅槃經》。未及十日,乃令庖廚擊鮮,日進甘膳。又私召左右妻女,與之姦合,所作尤不軌,侵淫上聞。"《南史》略同。

太建十二年(580)

吉 四月己卯(二十四),大雩。壬午(二十七),下雨。(陳書·宣帝本紀,南史·陳本紀下)

【因革】①《隋志·禮儀二》記陳雩祀通制曰:"陳氏亦因梁制,祈而澍則報以少牢。""牲用黃牡牛,而以清酒四升洗其首。其壇墠配饗歌舞,皆如梁禮。天子不親奉,則太宰、太常、光禄行三獻禮。其法皆采齊建武二年(495)事也。"《通典·吉禮二》同。②《隋志》又曰:"武帝時,以德皇帝配,文帝時,以武帝配。廢帝即位,以文帝配青帝。"可見此禮陳時一度施行。

凶 陸瑜(東宮管記)去世,皇太子手令舉哀,親製祭文,遣使者弔祭。(陳書·文學列傳)

【考釋】此事未悉年月,在後主尚爲皇太子時,暫繫於此。

太建十四年(582)

凶 正月甲寅(初十),帝去世於宣福殿,遺詔隨葬儉而合禮。二月癸巳(十九),葬於顯寧陵。(陳書·宣帝本紀,南史·陳本紀下)

【儀制】《宣帝本紀》録帝詔曰:"凡厥終制,事從省約。金銀之飾,不須入壙,明器之具,皆令用瓦。唯使儉而合禮,勿得奢而乖度。以日易月,既有通規,公除之制,悉依舊准。在位百司,三日一臨,四方州鎮,五等諸侯,各守所職,並停奔赴。"

又《陳書·始興王叔陵列傳》記其時,"翌日旦,後主哀頓俯伏",陳叔陵欲斫殺之,未果。

後主(長城公,陳叔寶,宣帝長子)

| 吉 | 正月丁巳(十三),帝即位於太極前殿。(陳書·後主本紀,南史·陳本紀下)

| 嘉 | 正月己巳(二十五),立沈氏(妃)爲皇后。(陳書·後主本紀,南史·陳本紀下)

| 嘉 | 正月甲戌(三十),設無碍大會於太極前殿。(陳書·後主本紀,南史·陳本紀下)

| 吉 | 三月辛亥(初七),下詔條格勸農。(陳書·後主本紀)

【因革】《後主本紀》録帝詔曰:"躬推爲勸,義顯前經,力農見賞,事昭往誥。"陳宣帝尚多次行藉田之禮,然後主則恐並未施行親耕之儀。

| 嘉 | 四月丙申(二十三),立陳胤(皇子,永康公)爲皇太子。(陳書·後主本紀,南史·陳本紀下)

| 吉 | 四月庚子(二十七),下詔禁絕民間淫祀、妖書諸珍怪事。(陳書·後主本紀,南史·陳本紀下)

| 嘉 | 九月丙午(初五),設無碍大會於太極前殿,帝捨身及乘輿御服。(陳書·後主本紀,南史·陳本紀下)

【論評】《隋志·五行上》於太建十年(578)"震太皇寺刹、莊嚴寺露槃、重陽閣東樓、鴻臚府門"下論曰:"太皇、莊嚴二寺,陳國奉佛之所,重陽閣每所游宴,鴻臚賓客禮儀之所在,而同歲震者,天戒若曰,國威已喪,不務修德,後必有恃佛道,耽宴樂,棄禮儀而亡國者。陳之君臣竟不悟。至後主之代,災異屢起,懼而於太皇寺捨身爲奴,以祈冥助,不恤國政,耽酒色,棄禮法,不修鄰好,以取敗亡。"

| 凶 | 姚察(戎昭將軍)爲其母(韋氏)喪服適除,又聞父(姚僧垣)喪之訊,帝密遣司馬申(中書舍人)前往發哀,尋又徵辟,然姚氏志在終喪,上表陳

讓。（陳書·姚察列传，南史·姚察列傳）

【考釋】姚僧垣因梁代亡而入北周，此後姚察"蔬食布衣，不聽音樂，至是凶問因聘使到江南"。

【理據】《陳書》載帝所宣旨曰："知比哀毀過禮，甚用爲憂。卿迥然一身，宗奠是寄，毀而滅性，聖教所不许。宜微自遣割，以存禮制。"

至德元年(583)

嘉 二月，帝傷瘉，置酒於後殿以自慶，引江總以下展樂賦詩。（陳書·毛喜列傳，南史·毛喜列傳，資治通鑑·陳紀九）

【理據】《陳書》記曰："于時山陵初畢，未及踰年，喜見之不懌，欲諫而後主已醉。喜升階，陽爲心疾，仆于階下，移出省中。"《南史》同。

凶 十一月戊戌(初四)，徐陵(安右將軍，左光祿大夫，太子少傅)去世，下詔出舉哀。（陳書·徐陵列传、後主本紀）

【考釋】《後主本紀》記此事承前作"冬十月"，參照《南史·陳本紀下》則知當在十一月。

至德二年(584)

嘉 正月丁卯(初四)，分遣大使巡省風俗。（陳書·後主本紀，南史·陳本紀下）

嘉 七月壬午(二十二)，皇太子(陳胤)加元服。（陳書·後主本紀，南史·陳本紀下）

【因革】此年冠禮不用正月，與江左以來舊制殊異。

【儀制】據《陳書·世祖九王列傳》所載"伯山性寬厚，美風儀，又於諸王最長，後主深敬重之，每朝廷有冠婚饗醮之事，恒使伯山爲主"，可見此事由陳伯山(鄱陽王)爲之主事。

【考釋】《陳書·袁憲列傳》記此事在至德元年，記明年釋奠在至德二年。

嘉 於光昭殿前起臨春、結綺、望仙三閣，帝自居臨春閣，張貴妃居結綺閣，龔、孔二貴嬪居望仙閣。(陳書‧後主沈皇后列傳,南史‧后妃列傳下)

【儀制】①《陳書》記曰："後主每引賓客對貴妃等游宴，則使諸貴人及女學士與狎客共賦新詩，互相贈答，采其尤豔麗者以爲曲詞，被以新聲，選宮女有容色者以千百數，令習而哥之，分部迭進，持以相樂。其曲有《玉樹後庭花》、《臨春樂》等，大指所歸，皆美張貴妃、孔貴嬪之容色也。"《南史》同。②《南史》又曰："又工厭魅之術，假鬼道以惑後主。置淫祀於宮中，聚諸女巫使之鼓舞。"

至德三年(585)

吉 十一月己未(初六)，下詔修復孔子祠。(陳書‧後主本紀,南史‧陳本紀下)

吉 十二月辛丑(十九)，皇太子(陳胤)講《孝經》畢，釋奠於先師。(陳書‧後主本紀、後主十一子列傳)

【儀制】①《後主本紀》記曰："禮畢，設金石之樂，會宴王公卿士。"②《徐陵列傳》記曰："至德中，皇太子入之釋奠，百司陪列，[徐]孝克發《孝經》題，後主詔皇太子北面致敬。"《南史‧徐摛列傳》同。

制 蔡徵(左民尚書)與江總(尚書僕射)知撰五禮事。(陳書‧蔡徵列傳)

【附識】《顧野王列傳》載顧氏於太建年間"遷黃門侍郎、光祿卿，知五禮事"，附於此。

凶 陸瓊(吏部尚書)之母去世，哀毀過禮，及喪柩還鄉，詔加賻贈，并遣黃長貴(謁者)持册奠祭，帝又自製誌銘。(陳書‧陸瓊列傳)

【考釋】《陸瓊列傳》載陸氏因哀毀過禮，於至德四年去世，故隸此條於此。

至德四年(586)

軍 嘉 九月甲午(十七)，帝至玄武湖，陳艫艦閱武，宴群臣賦詩。(陳書‧

後主本紀,南史·陳本紀下)

【儀制】《隋志·音樂上》總述陳後主時,"後主嗣位,耽荒於酒,視朝之外,多在宴筵。尤重聲樂,遣宮女習北方簫鼓,謂之《代北》,酒酣則奏之。又於清樂中造《黃鸝留》及《玉樹後庭花》、《金釵兩臂垂》等曲,與幸臣等製其歌詞,綺豔相高,極於輕薄"。《通典·樂二》同。

凶 司馬申(散騎常侍)去世,帝嗟悼良久,下詔給朝服一具,衣一襲,克日舉哀;及葬,又自製誌銘。(陳書·司馬申列傳)

禎明元年(587)

吉 以蔡景歷(贈中領軍)配享武帝廟庭。(陳書·蔡景歷列傳,南史·蔡景歷列傳)

【考釋】帝看重蔡氏如此,明年又親至其宅,贈謚,於墓所立碑。

凶 孫瑒(五兵尚書,領右軍將軍)去世,帝臨哭盡哀,給鼓吹一部,朝服一具,衣一襲,江總(尚書令)爲其誌銘,帝又題銘後四十字。(陳書·孫瑒列傳)

禎明二年(588)

嘉 六月庚子(初二),立陳深(軍師將軍,揚州刺史,始安王)爲皇太子。(陳書·後主本紀,南史·陳本紀下)

【考釋】同日廢皇太子陳胤爲吳興王。

軍 十月己酉(十三),帝至莫府山大校獵。(陳書·後主本紀,南史·陳本紀下)

吉 帝親鼓儺,以事胡天,鄴中遂多淫祀。(隋志·禮儀二)

【因革】① 前文帝天嘉三年(562)即曾設胡公配天,可見陳時一度行此胡人之儀。②《隋志》又記北周時"又有拜胡天制,皇帝親焉。其儀並從夷俗,淫僻不可紀也",“兹風至今不絕”,可見此風一直延續到唐初。

【論評】《陳書·傅縡列傳》錄傅縡(秘書監,右衛將軍)於獄中上書曰:“陛下頃來酒色過度,不虔郊廟之神,專媚淫昏之鬼;小人在側,宦豎弄權,惡忠直若仇讎,視生民如草芥;……恐東南王氣,自斯而盡。"又附錄章華上書極諫曰:“陛下即位,于今五年,不思先帝之艱難,不知天命之可畏,溺於嬖寵,惑於酒色,祠七廟而不出,拜妃嬪而臨軒,老臣宿將,棄之草莽,諂佞讒邪,昇之朝廷。"《南史·傅縡列傳》同。按二人均被殺。

禎明三年(589)

嘉 **正月乙丑**(初一),**朝會**。(南史·陳本紀下)

【考釋】陳代元會,《陳書》、《南史》多未見記載,僅此一見。《南史》記此日曰:“大霧四塞,入人鼻皆辛酸。後主昏睡,至晡時乃罷。"

賓 **三月己巳**(初六),**帝與王公百官被送至長安,隋文帝遣使迎勞,數引見之**。(南史·陳本紀下)

【儀制】《南史》記曰:“隋文帝權分京城人宅以俟,内外修整,遣使迎勞之,陳人謳詠,忘其亡焉。……及至京師,列陳之輿服器物於庭,引後主於前,及前後二太子,諸父諸弟衆子之爲王者,凡二十八人,……自尚書郎以上二百餘人,文帝使納言宣詔勞之。次使内史令宣詔讓後主,後主伏地屏息不能對,乃見宥。隋文帝詔陳武、文、宣三帝陵,總給五户分守之。"又記此後,“隋文帝給賜甚厚,數得引見,班同三品。每預宴,恐致傷心,爲不奏吳音"。

卷五

北朝：禮制新建期(386—581)

一、北魏之部(附十六國)

　　4 世紀初,鮮卑族拓跋部在今山西北部與内蒙古等地建立代國,376 年爲前秦苻堅所滅。386 年,拓跋珪稱王,重建代國,398 年改國號爲魏,定都平城(今山西大同),此年稱帝。以與之前的曹魏相區别,史稱北魏。495 年,孝文帝遷都洛陽(今河南洛陽),改姓元。534 年分裂爲東魏和西魏。共歷十四帝(道武帝、明元帝、太武帝、南安王、文成帝、獻文帝、孝文帝、宣武帝、孝明帝、孝莊帝、長廣王、節閔帝、安定王、孝武帝),一百四十九年。

　　自 304 年李雄建立成漢、劉淵建立前趙,至 439 年北魏太武帝滅北涼爲止,其間先後出現十六個少數民族政權,史稱五胡十六國,其間禮制間録於此。

神元皇帝三十九年(258)

　　吉 四月,祭天,諸部君長皆來助祭。(魏書・序紀,北史・魏本紀一)

　　　【考釋】① 拓跋力微,道武帝追諡爲神元皇帝,廟號始祖。② 此年遷於定襄之盛樂(今内蒙古和林格爾北)。

神元皇帝四十二年(261)

　　賓 遣子(拓跋沙漠汗,文帝)至魏,留洛陽觀風土,爲魏賓之冠。(魏書・序紀,北史・魏本紀一)

　　　【附識】此年爲曹魏元帝景元二年。

昭帝二年(295)

　　凶 合葬文帝(拓跋沙漠汗)及皇后(封氏)。(魏書・序紀,北史・魏本紀一)

【理據】《魏書》記曰："初，思帝欲改葬，未果而崩。至是，述成前意焉。"《北史》同。按思帝，即拓跋弗，與昭帝拓跋禄官，均爲文帝拓跋沙漠汗之子。

【理據】《魏書》記西晉成都王（司馬穎）遣田思（從事中郎）、河間王（司馬顒）遣靳利（司馬）、并州刺史（司馬騰）遣梁天（主簿），"並來會葬，遠近赴者二十萬人"。

昭帝十年(304)

[吉] 十一月，李雄僭號成都王，改元建興，除晉法，約法七章；追尊父李特曰景帝，廟號始祖。（晉書·李雄載記、惠帝紀，魏書·李雄列傳）

【考釋】後至光熙元年(306)六月，李雄僭即皇帝位於成都，改元晏平，國號大成，史稱成漢。

[吉] 十一月，劉淵（字元海，匈奴左賢王）爲壇於左國城南郊，僭即漢王位，改元元熙，追尊劉禪爲孝懷皇帝，立漢高祖以下三祖五宗神主而祭之。（晉書·劉元海載記、惠帝紀）

昭帝十一年(305)

[吉] 秋，衛操（定襄侯）樹碑於大邗城，以頌功德。（魏書·序紀、衛操列傳，北史·魏本紀一）

【考釋】《衛操列傳》記碑文云："魏，軒轅之苗裔。"

穆帝元年(308)

[吉] 十月甲戌（初三），劉淵（漢王）僭即皇帝位，自稱大漢，改元永鳳。（晉書·劉元海載記、惠帝紀，魏書·序紀，北史·魏本紀一）

【考釋】後改國號爲趙，史稱前趙。

穆帝三年(310)

嘉 正月，劉淵立單氏（妻）爲皇后；劉和（梁王）爲皇太子。（晉書·劉元海載記，資治通鑑·晉紀九）

凶 七月己卯（十八），劉淵去世；九月辛未（十一），葬於永光陵。（晉書·劉元海載記，資治通鑑·晉紀九）

【考釋】《孝懷帝紀》記劉淵於此年六月去世。兹從《通鑑》。

吉 劉聰（劉淵四子）僭即漢皇帝位，改元；立呼延氏（妻）爲皇后。（晉書·劉聰載記）

穆帝四年(311)

凶 成主李雄之母（羅氏）去世，信巫覡之言，欲不葬，趙肅（司空）諫，乃從之；又欲申三年之禮，群臣固諫，李雄不從，後經李驤（太傅）、任回跪請，遂釋服親政。（晉書·李雄載記）

【理據】《李雄載記》錄上官惇（司空）曰："三年之喪，自天子達於庶人，故孔子曰：'何必高宗，古之人皆然。'但漢魏以來，天下多難，宗廟至重，不可久曠，故釋縗経，至哀而已。"

【考釋】此事未悉年月，僅知在成改元玉衡之後。

穆帝七年(315)

嘉 三月，漢主劉聰立靳氏（月光，皇后）爲上皇后，立劉氏（貴妃）爲左皇后，

靳氏（月華，右貴妃）爲右皇后。（晉書·劉聰載記，資治通鑑·晉紀十）

【論評】《通鑑》載陳元達（左司隸）極諫，以爲“並立三后，非禮也”。按此後劉聰又立數女爲皇后，兹不詳載。

【附識】《劉聰載記》又記其後曰：“聰立上皇后樊氏，即張氏之侍婢也。時四后之外，佩皇后璽綬者七人。朝廷内外無復綱紀，阿諛日進，貨賄公行，軍旅在外饑疫相仍，後宮賞賜動至千萬。”《魏書·匈奴劉聰列傳》略同。

穆帝八年(316)

制 帝被晉進爲代王，置官署，明刑峻法。（魏書·序紀，北史·魏本紀一）

【因革】《魏志·刑罰》記曰：“魏初，禮俗純朴，刑禁疏簡。……穆帝時，劉聰、石勒傾覆晉室。帝將平其亂，乃峻刑法，每以軍令從事。民乘寬政，多以違命得罪，死者以萬計。於是國落騷駭。平文承業，綏集離散。”《通典·刑法二》略同。

平文帝二年(318)

凶 七月癸亥（十九），漢主劉聰去世，劉粲（太子）即位；葬於宣光陵。（晉書·劉聰載記，資治通鑑·晉紀十二）

【儀制】《劉聰載記》記劉聰臨終前，“鬼哭於光極殿，又哭於建始殿。雨血平陽，廣袤十里。時聰子約已死，至是晝見，聰甚惡之”，故劉聰遺言：“今世難未夷，非諒闇之日，朝終夕殮，旬日而葬。”

吉 八月，漢將靳準（大司空）殺劉粲，發劉元海、劉聰墓，焚其宗廟；自號漢大王，置百官，遣使稱藩於晉。（晉書·劉聰載記）

凶 劉曜迎其母（胡氏）之喪於平陽，葬於粟邑，號曰陽陵。石勒焚平陽宮室，使裴憲、石曾修永光（劉元海）、宣光（劉聰）二陵，收劉粲以下百餘屍葬之。（晉書·劉聰載記、石勒載記上）

☐吉 ☐嘉 十月，劉曜即皇帝位，改元，徙都長安。立羊氏（妻）爲皇后，劉熙爲皇太子。（晉書·劉曜載記）

【儀制】《劉曜載記》記曰：“繕宗廟、社稷、南北郊。以水承晉金行，國號曰趙。牲牡尚黑，旗幟尚玄。冒頓配天，元海配上帝。”

【考釋】《資治通鑑·晉紀十三》則將劉曜立皇后、皇太子及立宗廟等，均繫於明年。

☐嘉 石勒增置宣文、宣教、崇儒、崇訓十餘小學於襄國四門。（晉書·石勒載記上）

平文帝三年(319)

☐吉 十一月，石勒自稱趙王，於襄國始建社稷，立宗廟，營東西宮。（晉書·石勒載記下、元帝紀，魏書·序紀，北史·魏本紀一）

【考釋】此年石勒與前趙劉曜決裂，其所建國史稱後趙。

☐制 十一月，後趙石勒即位，裴憲、王波爲之撰朝儀。（晉書·裴秀列傳、石勒載記下）

【儀制】①《裴秀列傳》記曰：“及勒僭號，未遑制度，［裴憲］與王波爲之撰朝儀，於是憲章文物，擬於王者。”②《石勒載記》則稱：“自是朝會常以天子禮樂饗其群下，威儀冠冕從容可觀矣。”

【儀制】《石勒載記》又記後以王波爲記室參軍，典定九流，始立秀、孝試經之制。

☐制 石勒命貫志（法曹令）造《辛亥制度》五千文，施行十餘年，乃用律令。（晉書·石勒載記上，資治通鑑·晉紀十三）

【理據】《石勒載記》錄石勒下書曰：“今大亂之後，律令滋煩，其采集律令之要，爲施行條制。”

☐嘉 石勒制軒懸之樂，八佾之舞，爲金根大輅，黃屋左纛，天子車旗，

禮樂備矣。（晉書·石勒載記下）

嘉 石勒遣使巡行州郡，勸課農桑。（晉書·石勒載記上、下）

制 石勒署裴憲（從事中郎）、傅暢（參軍）、杜嘏（參軍）並領經學祭酒，續咸（理曹參軍）、庾景（參軍）爲律學祭酒，任播、崔濬爲史學祭酒，支雄（中壘）、王陽（游擊）爲門臣祭酒。（晉書·石勒載記下）

嘉 凶 石勒下書禁止胡人不得報嫂及在喪婚娶，其燒葬令如本俗。（晉書·石勒載記下）

平文帝四年(320)

嘉 前趙劉曜立太學於長安長樂宮東，小學於未央宮西，選朝賢宿儒明經篤學以教之。（晉書·劉曜載記,資治通鑑·晉紀十三）

【考釋】《晉書》記選千五百人入學,劉均（中書監）任國子祭酒,董景道（散騎侍郎）任崇文祭酒。

凶 劉曜於霸陵西南營壽陵，喬豫（侍中）、和苞（侍中）上疏諫，未納。（晉書·劉曜載記,資治通鑑·晉紀十三）

【因革】《晉書》録劉曜詔曰:"壽陵制度,一遵霸陵之法。"

【考釋】據《通鑑》,劉曜僅采納二侍中之説,"悉罷宮室諸役",即省酆明觀,罷西宮、陵霄臺。

平文帝五年(321)

賓 東晉元帝遣使韓暢來請通和，帝絶之。（魏書·序紀、司馬叡列傳）

軍 治兵講武，有平南夏之意。（魏書·序紀,北史·魏本紀一）

【考釋】① 拓跋鬱律,道武帝追謚爲平文皇帝,廟號太祖。② 此前石勒遣使求和，晉元帝遣使加爵，帝均絕之。

制 後趙石勒以資儲未豐，重制禁釀，郊祀宗廟皆用醴酒。（晉書·石勒載記下，資治通鑑·晉紀十三）

【因革】《晉書》記曰："行之數年，無復釀者。"

制 前趙劉曜禁無官者不得乘馬，禄八百石以上婦女乃得衣錦繡，季秋農功畢乃得飲酒，非宗廟社稷之祭不得殺牛。（晉書·劉曜載記）

惠帝二年(322)

凶 十二月，前趙劉曜親至粟邑軌度之，遷葬其父於永垣陵，葬皇后（羊氏）於顯平陵。（晉書·劉曜載記，資治通鑑·晉紀十三）

【儀制】《晉書》記曰："使其將劉岳等帥騎一萬，迎父及弟暉喪於太原。疫氣大行，死者十三四。"

【考釋】皇后羊氏於此年三月去世。

惠帝三年(323)

吉 前涼張駿親耕藉田。（晉書·張軌列傳，資治通鑑·晉紀十五）

惠帝四年(324)

嘉 成主李雄立李班（其兄之子）爲太子，群臣上諫，不從。（晉書·李雄載記，資治通鑑·晉紀十五）

【理據】李雄皇后任氏無子，妾有子十餘人，然李雄以爲李班"爲人謙恭下士，動遵禮法"（《通鑑》）。

【論評】《晉書》録李驤(太傅)之言曰："亂自此始也。"

燭帝元年(325)

凶 二月，前涼張駿悉晉元帝去世，大臨三日。（晉書·張軌列傳,資治通鑑·晉

紀十五）

【考釋】晉元帝去世於永昌元年(322)閏十一月。

燭帝二年(326)

嘉 後趙石勒始立秀、孝試經之制。（晉書·石勒載記下,資治通鑑·晉紀十五）

【因革】①《石勒載記》記此前，"勒親臨大小學，考諸學生經義。"②《通鑑》胡

注："秀、孝試經，晉制也。後趙至此始行之。"

又《石季龍載記上》記至石虎即位後，"下書令諸郡國立五經博士。初，勒置大小

學博士，至是復置國子博士、助教。"

烈帝二年(330)

吉 嘉 九月，後趙石勒稱大趙天王，行皇帝事，改元。立劉氏(妃)爲皇

后，石弘爲皇太子。（晉書·石勒載記下,資治通鑑·晉紀十五）

烈帝三年(331)

制 夏，後趙石勒起明堂、辟雍、靈臺於襄國城西。九月，復營鄴宮，

命洛陽爲南都，置行臺。（晉書·石勒載記下,資治通鑑·晉紀十五）

【理據】《晉書》記曰:"勒以成周土中,漢晉舊都,復欲有移都之意。"

【論評】王夫之《讀通鑑論》(卷十三)曰:"嗚呼!至於竊聖人之教以寵匪類,而禍亂極矣!論者不察,猶侈言之,謂盜賊爲君子之事,君子不得不予之。……石勒起明堂、辟雍、靈臺,拓跋宏修禮樂、立明堂,皆是也。敗類之儒,鬻道統以教之竊,而君臣皆自絶於天。故勒之子姓,駢戮於冉閔,元氏之苗裔,至高齊而無噍類;天之不可欺也,如是其赫赫哉。"

烈帝五年(333)

凶 七月戊辰(二十一),後趙石勒去世,遺令三日而葬,内外百僚既葬除服,無禁婚娶、祭祀、飲酒、食肉;八月己卯(初二),虛葬於高平陵。(晉書·石勒載記下、成帝紀,資治通鑑·晉紀十七)

【儀制】《晉書》記曰:"夜瘞山谷,莫知其所,備文物虛葬。"

【考釋】《晉書》載其死年在咸和七年(332),中華書局本校勘記已明斥其誤。

吉 七月,後趙石弘(太子)讓位於石虎(字季龍,石勒從子),被拒,遂即位,改元。(晉書·石勒載記下)

【理據】《資治通鑑·晉紀十七》録石虎曰:"君終,太子立,禮之常也。"

烈帝六年(334)

凶 六月丁卯(二十五),成主李雄去世,李班(太子)即位,居中行喪禮,政事委於李壽(尚書,建寧王)等;十月丙寅(二十六),葬於安都陵。(晉書·李雄載記、成帝紀,資治通鑑·晉紀十七)

【考釋】①《載記》載其死年在咸和八年(333),中華書局本校勘記已斥其誤。②《通鑑》記李班於此年十月辛亥(初一),即被殺,甲子(十四),由李期即位。

烈帝七年(335)

吉 嘉 後趙石弘被廢，石虎自稱天王，改元。立石邃爲太子。（晉書・石
勒載記下、石季龍載記上）

【儀制】《石勒載記》記石弘被廢曰："弘齎璽綬親詣季龍，諭禪位意。季龍曰：
'天下人自當有議，何爲自論此也！'弘還宮，……俄而季龍遣丞相郭殷持節入，
廢弘爲海陽王。弘安步就車，容色自若，……百官莫不流涕，宮人慟哭。"

又《魏書・羯胡石勒列傳》記石虎即位曰："初，[石]虎衣袞冕，將祀南郊，照鏡無
首，大恐怖，不敢稱皇帝，乃自貶爲王。使其太子邃省可尚書奏事，唯選牧守、祀
郊廟、征伐、刑斷，乃親覽之。"

【考釋】《資治通鑑・晉紀十七》載此事在咸和九年(334)底，恐廢石弘在其時，即
位在此年初。

吉 九月，後趙石虎遷都於鄴，太常告襄國宗廟、社稷。（晉書・石季龍載記
上，資治通鑑・晉紀十七）

【儀制】《晉書》記石虎"徙洛陽鍾虡、九龍、翁仲、銅駝、飛廉于鄴"，又"於襄國起
太武殿，於鄴造東西宮"，又"起靈風臺九殿于顯陽殿後，選士庶之女以充之"，又
"置女太史于靈臺，仰觀災祥，以考外太史之虛實"，又"置女鼓吹羽儀，雜伎工
巧，皆與外侔"。

【因革】《資治通鑑・晉紀二十六》又記太元七年(382)後秦苻堅"徙鄴銅駝、銅
馬、飛廉、翁仲於長安"。

制 前涼張駿於姑臧(屬武威郡)城南起謙光殿，四面各起一殿，分四季而
居之。（晉書・張軌列傳，魏書・張寔列傳，資治通鑑・晉紀十七）

【理據】《晉書》記曰："時駿盡有隴西之地，士馬強盛，雖稱臣於晉，而不行中興
正朔。舞六佾，建豹尾，所置官僚府寺擬於王者，而微異其名。"

【儀制】《晉書》記曰："於姑臧城南築城，起謙光殿，畫以五色，飾以金玉，窮盡珍

巧。殿之四面各起一殿，東曰宜陽青殿，以春三月居之，章服器物皆依方色；南曰朱陽赤殿，夏三月居之；西曰政刑白殿，秋三月居之；北曰玄武黑殿，冬三月居之。其傍皆有直省内官寺署，一同方色。"

烈帝後元年(337)

吉 嘉 正月辛巳，後趙石虎即位於鄴之南郊，稱大趙天王。立鄭氏爲天王皇后，立石邃爲天王皇太子。(晉書·石季龍載記上，資治通鑑·晉紀十七)

【因革】①《晉書》記此"依殷、周之制"。② 後至永和五年(349)正月，石虎正式即皇帝位於鄴。

【考釋】《通鑑》標此事在辛巳日，然此年正月戊子朔，無辛巳日。

凶 七月，後趙石虎廢石邃爲庶人，其夜，殺之，及其妃(張氏)並男女二十六人，同埋於一棺之中。(晉書·石季龍載記上，資治通鑑·晉紀十七)

吉 嘉 十月丁卯(十四)，慕容皝即燕王位，起文昌殿。立段氏(夫人)爲王后，立慕容儁爲太子。(晉書·慕容皝載記，資治通鑑·晉紀十七)

【儀制】《晉書》記慕容皝此前，"立藉田於朝陽門東，置官司以主之"。

【考釋】此後至慕容皝之子慕容儁正式即皇帝位，史稱前燕。

昭成帝(高祖,拓跋什翼犍)

建國元年(338)

吉 四月，成主李期被廢爲邛都縣公，李壽即位，改國號曰漢，改元，改立宗廟。(晉書·李壽載記，資治通鑑·晉紀十八)

【儀制】《通鑑》記曰："壽改立宗廟，追尊父驤曰獻皇帝。……更立舊廟爲大成廟，凡諸制度，多所更易。”胡注：“舊廟，祀李特、李雄者也。雄建國號曰成。”按李驤，李特之弟。

凶 五月，成主李期自殺，賜鸞輅九旒，餘如王禮。（晉書·李期載記，資治通鑑·晉紀十八）

吉 十一月，即位於繁畤之北。（魏書·序紀，北史·魏本紀一）

【儀制】《魏書》記明年“始置百官，分掌衆職”。《北史》同。

【考釋】繁畤，今山西渾源縣西南。

建國二年（339）

嘉 五月，求婚於前燕，娉慕容氏（前燕慕容皝之妹）爲皇后。（魏書·序紀，北史·魏本紀一，資治通鑑·晉紀十八）

吉 前涼張駿立辟雍、明堂以行禮。（太平御覽·偏霸部八，資治通鑑·晉紀十八）

建國三年（340）

吉 春，遷都於雲中之盛樂宮。（魏書·序紀，北史·魏本紀一）

吉 後趙石虎大閱於宛陽曜武場，欲以擊燕。（晉書·石季龍載記上，資治通鑑·晉紀十八）

【考釋】《通鑑》記曰：“自幽州以東至白狼，大興屯田。悉括取民馬，有敢私匿者腰斬，凡得四萬餘匹。”

建國五年（342）

軍 七月七日，諸部畢集，設壇埒，講武馳射。（魏書·序紀）

【因革】《魏書》記曰："因以爲常。"

[古] 十月，前燕慕容皝遷都龍城（柳城之北、龍山之西），立宗廟、宮闕。（晉書·慕容皝載記，資治通鑑·晉紀十八）

【考釋】《通鑑》記去年正月，慕容皝始築龍城，此年十月遷都。《晉書》則記遷都在去年，未確。

[嘉] 前燕立東庠於舊宮，行鄉射禮，慕容皝每月臨觀。（魏書·慕容皝載記）

【考釋】《魏書》記曰："皝雅好文籍，勤於講授，學徒甚衆，至千餘人。……皝親臨東庠考試學生，其經通秀異者，擢充近侍。"

【考釋】此事在遷都龍城之後，未詳年月，暫繫於此。

建國七年（344）

[嘉] 正月，後趙石虎享群臣於太武殿，有白鴈百餘集馬道之南，臨宣武殿大閱而罷。（魏書·石季龍載記上，資治通鑑·晉紀十九）

【理據】《晉書》記石虎將征，"諸州兵至者百餘萬"，趙攬（太史令）以爲"白鴈集庭，宮室將空之象，不宜南行"。

[嘉] 二月，遣長孫秩（大人）至和龍，迎慕容氏（前燕慕容皝之女）爲皇后，六月，至。（魏書·序紀，北史·魏本紀一）

【儀制】《北史》記長孫秩迎娶，"皝送女於境"。

又《資治通鑑·晉紀十九》記去年，求婚於燕，"燕王皝使納馬千匹爲禮；什翼犍不與，又倨慢無子壻禮。八月，皝遣世子儁帥前軍師評等擊代。"

【考釋】此前聘皇后慕容皝之妹，於建國四年（341）去世。

[賓] 七月，前燕遣使來聘，求交婚，九月，以烈帝之女妻之。（魏書·序紀，北史·魏本紀一）

[古] 漢主李勢更命祀成始祖（李特）、太宗（李雄），同號曰漢王。（晉書·李勢載

記,資治通鑑·晉紀十九)

【理據】《晉書》記韓皓(漢太史令)奏"熒惑守心,以宗廟禮廢",董皎(相國)、王垠(侍中)當合成與漢祖並祀。

吉 後趙石虎立二時於鄴之靈昌津,祠天及五郊。(晉書·石季龍載記上)

【考釋】此事未悉年月,暫繫於此。

建國九年(346)

制 前涼張重華置宋炬爲宛戍都尉,後趙石虎軍攻破大夏,宋炬先殺妻子,又自殺,麻秋(後趙將)以爲義士,命收葬之。(晉書·忠義列傳,資治通鑑·晉紀十九)

建國十年(347)

賓 遣使至鄴,觀釁。(魏書·序紀)

吉 後趙石虎親耕藉田於鄴之桑梓苑,其妻杜氏祠先蠶於近郊。之後,赴襄國謁石勒之墓。(晉書·石季龍載記下)

建國十一年(348)

凶 九月丙申(十七),前燕慕容皝去世;十一月甲辰(二十六),下葬,慕容儁(世子)即位,遣使赴晉告喪。(晉書·慕容皝載記、慕容儁載記,資治通鑑·晉紀二十)

【因革】《慕容儁載記》記明年慕容儁即位,"依春秋列國故事稱元年"。

建國十二年(349)

凶 四月己巳(二十三)，後趙石虎去世，石世(太子)即位，五月庚寅(初五)，石遵(石世兄)即位，殺石世；六月，葬石虎於顯原陵。(晉書·石季龍載記下,資治通鑑·晉紀二十)

建國十三年(350)

吉 正月，冉閔(後趙大將軍)滅去後趙石氏之跡，更國號曰衛；閏正月，即皇帝位於鄴之南郊，改元，國號大魏。(晉書·石季龍載記下,資治通鑑·晉紀二十)

軍 冉閔大敗後趙軍於蒼亭，行飲至之禮，清定九流，起用儒學之才。(晉書·石季龍載記下)

【論評】《石季龍載記》記曰："戎卒三十餘萬,旌旗鍾鼓縣亘百餘里,雖石氏之盛無以過之。……儒學後門多蒙顯進,于時翕然,方之爲魏晉之初。"

建國十四年(351)

吉 正月丙辰(二十)，苻健於長安即天王、大單于位，國號大秦，改元，繕宗廟、社稷。(晉書·苻健載記、穆帝紀,魏書·臨渭氐苻健列傳,資治通鑑·晉紀二十一)

【考釋】明年正月,苻健即皇帝位,史稱前秦。

建國十五年(352)

吉 五月辛卯(初三)，前燕慕容儁殺冉閔，送於龍城，告慕容廆、慕容

696

皝廟；其時蝗災，大旱至十一月，慕容儁以爲冉閔爲崇，遣使祀

之。（晉書·石季龍載記下，資治通鑑·晉紀二十一）

[吉] 十一月戊辰(十三)，前燕慕容儁即皇帝位於薊城，改元，置百官，

郊祀天地。（晉書·慕容儁載記，魏書·徒何慕容廆列傳，資治通鑑·晉紀二十一）

【儀制】《晉書》記群下言前燕"宜行夏之時，服周之冕，旗幟尚黑，牲牡尚玄"，

從之。

【考釋】明年慕容儁遷都於鄴。

[制] 前燕申胤(給事黃門侍郎)上言議皇太子朝服袞冕，冠九旒，慕容儁請

下太常參議。（晉書·慕容儁載記）

【理據】《晉書》載申胤議以爲"太子有統天之重，而與諸王齊冠遠游，非所以辨

章貴賤也"，而慕容儁則認爲"太子服袞冕，冠九旒，超級逼上，未可行也"。

【論評】閻步克推論曰："前燕對袞冕十二旒、袞冕九旒、遠游冠之等級意義，已

覺茲事體大、不容含糊了，那不僅説明其禮制的漢化已達到相當程度，還顯示其

禮制背後的權力結構的漢化，也達到相當程度了。"（《服周之冕》第八章，第 280 頁）

建國十七年(354)

[吉] 正月，張祚自稱涼王，改元，置百官，郊祀天地，立宗廟，用天子

禮樂。（晉書·張軌列傳，魏書·張寔列傳，資治通鑑·晉紀二十一）

[凶] 六月丙申(二十)，前秦苻雄(苻健弟)去世，苻健哭之嘔血；葬禮依晉安

平獻王故事。（晉書·苻生載記，資治通鑑·晉紀二十一）

[吉] 前燕慕容儁使昌黎、遼東二郡營慕容廆(高祖)廟，范陽、燕郡二郡

營慕容皝(太祖)廟。（晉書·慕容儁載記）

【考釋】此事在前燕遷鄴之後，未悉年月，暫繫於此。

建國十八年(355)

凶 六月乙酉(十五)，前秦苻健去世，丙戌(十六)，苻生(太子)即位，改元，群臣奏請明年改元，不從。(晉書·苻生載記，魏書·臨渭氐苻健列傳，資治通鑑·晉紀二十二)

【理據】《通鑑》録群臣奏曰："未踰年而改元，非禮也。"按苻生因此殺倡議者段純(右僕射)。

【考釋】《苻生載記》記改元在永和十二年(356)，中華書局本校勘記已斥其誤。

【附識】《通鑑》脞述苻生之政曰："生雖諒陰，游飲自若，彎弓露刃，以見朝臣，錘鉗鋸鑿，可以害人之具，備置左右。即位未幾，后妃、公卿已下至于僕隸，凡殺五百餘人，截脛、拉脅、鋸項、剖胎者，比比有之。"

建國十九年(356)

賓 冬，前燕慕容儁來請婚，許之。(魏書·序紀)

建國二十年(357)

吉 七月，苻堅稱大秦天王，去皇帝之號，即位於太極殿，改元。(晉書·苻堅載記上、穆帝紀，魏書·臨渭氐苻健列傳)

【考釋】此年六月，苻生爲苻堅兵所殺。

【儀制】《苻堅載記》記曰："於是修廢職，繼絕世，禮神祇，課農桑，立學校。"

建國二十一年(358)

吉 四月，前秦苻堅至雍，祠五畤；六月，至河東，祠后土。(資治通鑑·

晉紀二十二）

吉 九月，前秦大旱，苻堅減膳徹樂，金玉綺繡皆散之戎士，後宮悉去
羅紈。（晉書·苻堅載記上，資治通鑑·晉紀二十二）

吉 前秦苻堅於長安起明堂，繕南北郊。（晉書·苻堅載記上）

【儀制】《苻堅載記》記曰："郊祀其祖［苻］洪以配天，宗祀其伯［苻］健于明堂以
配上帝。"

【考釋】張一兵《明堂制度源流考》指出："西漢南郊的明堂被赤眉、綠林軍焚燬，
苻堅在原址按照原樣將其重建；南北郊壇的主體部分還有一些存留，所以苻堅
在恢復禮制的過程中，對於這幾座建築都祇是進行了修繕，即所謂'繕南北
郊'。"（第四章，第 147 頁）

吉 前秦苻堅親耕藉田，其妻苟氏親蠶於近郊。（晉書·苻堅載記上）

【考釋】以上二條未悉年月，暫繫於此。

建國二十二年(359)

制 八月，前秦王猛（中書令）、鄧羌（御史中丞）嚴肅法紀，糾治強德（光祿大夫，
強太后弟）。（晉書·苻堅載記上，資治通鑑·晉紀二十二）

【論評】《苻堅載記》記曰："數旬之間，貴戚強豪誅死者二十有餘人。於是百僚
震肅，豪右屏氣，路不拾遺，風化大行。堅歎曰：'吾今始知天下之有法也，天子
之爲尊也！'"

【儀制】《苻堅載記》記同時，又："遣使巡察四方及戎夷種落，州郡有高年孤寡，
不能自存，長吏刑罰失中、爲百姓所苦，清修疾惡，勸課農桑，有便於俗。"

建國二十三年(360)

軍 凶 正月癸巳（二十），前燕慕容儁大閱於鄴；甲午（二十一），去世，慕容

暐(太子)即位；三月己卯(初六)，葬於龍陵。(晉書·慕容儁載記、慕容暐載記，資治通鑑·晉紀二十三)

⬚賓 六月，皇后(慕容氏)去世，七月，匈奴劉衛辰來會葬，並求婚，以女許之。(魏書·序紀，北史·魏本紀一)

【考釋】① 劉衛辰，南匈奴鐵弗部首領，胡夏皇帝赫連勃勃之父。② 明年春，劉衛辰又遣使朝聘。

建國二十四年(361)

⬚嘉 前秦苻堅廣修學官，親臨太學，考學生經義優劣，問難五經。(晉書·苻堅載記上)

【因革】《苻堅載記》記曰："堅自是每月一臨太學，諸生競勸焉。"又曰："自永嘉之亂，庠序無聞，及堅之僭，頗留心儒學，王猛整齊風俗，政理稱舉，學校漸興。關隴清晏，百姓豐樂。"

【論評】《苻堅載記》記曰："其有學爲通儒、才堪幹事、清修廉直、孝悌力田者，皆旌表之。于是人思勤勵，號稱多士，……典章法物靡不悉備。"

建國三十三年(370)

⬚吉 十月，前秦王猛(司徒)攻破鄴城，號令嚴明，法簡政寬，燕人安之，以爲慕容恪(前燕太原王)復生，王猛以太牢祭之。(晉書·苻堅載記下，資治通鑑·晉紀二十四)

【理據】《通鑑》錄王猛曰："慕容玄恭信奇士也，可謂古之遺愛矣。"可見前燕治鄴之成效。

建國三十八年(375)

⬚吉 六月，前秦王猛(清河郡侯)病重，苻堅親爲之祈南北郊、宗廟、社

稷，分遣侍臣徧禱河嶽諸神。（晉書·苻堅載記下,資治通鑑·晉紀二十五）

凶 六月，前秦王猛（清河武侯）去世，苻堅三臨哭，謁者僕射監護喪事，葬禮依漢霍光故事。（晉書·苻堅載記下,資治通鑑·晉紀二十五）

嘉 十月，前秦苻堅下詔增崇儒教，禁老莊、圖讖之學。（晉書·苻堅載記上,資治通鑑·晉紀二十五）

【考釋】《通鑑》記曰："太子及公侯百僚之子皆就學受業,中外四禁、二衛、四軍長上將士,皆令受學。二十人給一經生,教讀音句。……尚書郎王佩讀讖,堅殺之,學讖者遂絕。"

建國三十九年(376)

凶 十二月，帝去世於雲中；明年，葬於盛樂金陵。（魏書·序紀、太祖紀,北史·魏本紀一）

道武帝(太祖,拓跋珪)

二年(378)

嘉 九月，前秦苻堅與群臣飲酒，以極醉爲限，趙整（秘書侍郎）作《酒德之歌》，苻堅以之爲酒戒。（資治通鑑·晉紀二十六）

【因革】《通鑑》記曰："自是宴群臣,禮飲而已。"

四年(380)

軍 二月，前秦作教武堂於渭城，命太學生明陰陽兵法者教授諸將，

朱肜（秘書監）諫偃武修文，遂止。（資治通鑑·晉紀二十六）

【因革】《通鑑》録朱肜諫曰："陛下東征西伐，所向無敵，四海之地，什得其八，雖江南未服，蓋不足言。……乃更始立學舍，教人戰鬪之術，殆非所以馴致升平也。"

六年(382)

賓 九月，車師前部王彌寘、鄯善王休密馱入朝前秦，苻堅賜以朝服，引見西堂。（晉書·苻堅載記下，資治通鑑·晉紀二十六）

【儀制】《晉書》記彌寘等"請年年貢獻"，苻堅"以西域路遥，不許，令三年一貢，九年一朝，以爲永制。"

嘉 吉 十月，前秦苻堅會群臣於太極殿，議南征東晉，朱肜（秘書監）進而請回巡泰山，告成封禪。（晉書·苻堅載記下，資治通鑑·晉紀二十六）

八年(384)

凶 十二月，前燕慕容暐及其宗族被苻堅所殺，慕容垂並招魂葬之。
（晉書·慕容垂載記，資治通鑑·晉紀二十七）

吉 十二月，慕容沖即皇帝位於阿房，改元。（晉書·孝武帝紀、苻堅載記下）

【考釋】① 慕容沖乃前燕慕容儁之子，其所建國史稱西燕。②《資治通鑑·晉紀二十八》繫此事在明年正月。

九年(385)

嘉 正月，前秦苻堅朝饗群臣。（資治通鑑·晉紀二十八）

【附識】《通鑑》記曰："時長安饑，人相食，諸將歸，吐肉以飼妻子。"

凶 六月，前秦苻堅決不禪讓於姚萇，被殺，苻丕(苻堅長庶子)即位於晉陽南，改元；立苻堅行廟。(魏書・孝武帝紀、苻堅載記下、苻丕載記)

【儀制】《苻丕載記》記曰："知堅死問，[苻丕]舉哀于晉陽，三軍縞素。"

登國元年(386)

吉 正月戊申(初六)，大會於牛川，帝即代王位，建元，西向設壇，郊天。(魏志・禮一，魏書・太祖紀，北史・魏本紀一)

【考釋】① 牛川，今内蒙古烏蘭察布市。② 此年四月，改稱魏王，至此始用國號魏。

【理據】樓勁推測曰："'西向設祭'，乃取自拓跋部四月祭天的舊習，那也是神元帝以來拓跋首領成爲聯盟共主的傳統儀式；而'告天成禮'，又説明這個改在正月舉行的'郊天'活動，核心是要比附漢人公認的帝王登位程式，把拓跋珪即代王位一事昭告於天。"(《〈周禮〉與北魏開國建制》，《唐研究》第 13 輯，第 90 頁)

吉 正月，慕容垂稱帝於中山，改元，修郊燎之禮，繕宗廟、社稷。(晉書・慕容垂載記、孝武帝紀，北史・魏本紀一)

【考釋】慕容垂乃前燕慕容皝第五子，其所建國史稱後燕。

吉 後燕慕容垂追尊母蘭氏爲文昭皇后，配饗太祖(慕容皝)，遷文明段后，劉詳、董謐以爲文昭后宜別立廟，不從。(晉書・慕容垂載記，資治通鑑・晉紀二十八)

【論評】《通鑑》録崔鴻評之曰"違禮而縱私者"，其後"[慕容]寶之逼殺其母，由垂爲之漸也"。

吉 五月，姚萇即皇帝位於長安，立社稷，改元。(晉書・姚萇載記、孝武帝紀，魏書・羌姚萇列傳，北史・魏本紀一)

【儀制】《姚萇載記》記曰："自謂以火德承苻氏木行，服色如漢氏承周故事。"

【考釋】① 姚萇建秦承苻氏而來,史稱後秦。②《孝武帝紀》置此事於太元十年 (385),不確。

嘉 後秦姚萇立太學於長安,禮先賢之後。(晉書·姚萇載記)

吉 前秦苻丕去世,苻登(苻丕族子)即位,改元,置百官,立苻堅神主於 軍中,每戰必告。(晉書·苻登載記,魏書·臨渭氐苻健列傳)

【儀制】《晉書》記曰:"立堅神主于軍中,載以輜軿,羽葆青蓋,車建黃旗,武賁之 士三百人以衞之,將戰必告,凡欲所爲,啓主而後行。繕甲纂兵,將引師而東,乃 告堅神主,……因歔欷流涕。將士莫不悲慟,皆刻鍪鎧爲'死休'字,示以戰死爲 志。"《魏書》略同。

登國四年(389)

吉 嘉 二月,呂光自稱三河王,太廟新成,追尊呂望爲始祖,改元, 置百官。立呂紹爲太子。(晉書·呂光載記、孝武帝紀,魏書·略陽氐呂光列傳,北 史·魏本紀一)

【考釋】後至皇始元年(396),呂光即天王位,國號大涼,史稱後涼。

登國六年(391)

吉 四月,祠天。(魏書·太祖紀,北史·魏本紀一)

軍 七月壬申(初二),講武於牛川。(魏書·太祖紀,北史·魏本紀一)

【因革】自建國五年(342)以來,七月講武之禮即成爲拓跋族之傳統。

凶 後燕婁會(尚書郎)上疏請終三年之喪,慕容垂不從。(晉書·慕容垂載記)

【理據】《慕容垂載記》記曰:"三年之喪,天下之達制,兵荒殺禮,遂以一切取士。人 心奔競,苟求榮進,至乃身冒縗絰,以赴時役,豈必殉忠於國家,亦昧利于其間也。"

【考釋】此事未悉年月，據前後事略推，暫繫於此。

登國七年(392)

嘉 正月，帝至黑鹽池，饗宴群臣，觀諸國貢使。(魏書·太祖紀，北史·魏本紀一)

嘉 三月甲子，宴群臣於美水之濱。(魏書·太祖紀)

【考釋】此年三月戊辰朔，無甲子日。

登國八年(393)

軍 閏七月庚寅(初一)，宴群臣，講武於新壇。(魏書·太祖紀)

凶 十一月庚子(十三)，後秦姚萇去世，明年五月，姚興(太子)始發喪，即位於槐里，改元。(晉書·姚萇載記、姚興載記上，魏書·羌姚萇列傳，資治通鑑·晉紀三十)

登國九年(394)

軍 五月，田獵於河東。(魏書·太祖紀，北史·魏本紀一)

登國十年(395)

軍 八月，帝親治兵於河南；九月，進軍征後燕，臨河築臺告津。(魏書·太祖紀，北史·魏本紀一)

【儀制】《魏書》記曰："連旌沿河東西千里有餘。"

皇始元年(396)

軍 **正月，大蒐於定襄之虎山。**（魏書·太祖紀，北史·魏本紀一）

【理據】樓勁推測曰："既不符拓跋部昭成帝以來七月的聚衆講武的傳統，亦不合魏晉以來每於秋冬'大閲'講武的故事；五胡時期的石趙、慕容燕和苻秦亦無此例。……特別名之爲'大蒐'，明顯受到了《左傳·隱公五年》'春蒐、夏苗、秋獮、冬狩'之説以及《周禮·夏官司馬》四時講武之制的影響。"（《〈周禮〉與北魏開國建制》,《唐研究》第13輯，第90—91頁）

吉 **三月，後燕慕容垂過參合陂，見積骸如山，設弔祭之禮。**（晉書·慕容垂載記,資治通鑑·晉紀三十）

凶 **四月癸未**（初十）**，後燕慕容垂去世於上谷，遺令喪禮從簡，秘不發喪；至中山，戊戌**（二十五）**，發喪，壬寅**（二十九）**，慕容寶**（太子）**即位，改元。**（晉書·慕容垂載記,資治通鑑·晉紀三十）

凶 **六月丁亥**（十五）**，皇太后**（賀氏）**去世；本月即下葬。**（魏書·太祖紀,北史·魏本紀一）

制 **七月，始建天子旌旗，出入警蹕，改元，建臺省，置百官，封拜五等。**（魏書·太祖紀,魏志·官氏,北史·魏本紀一）

【考釋】《魏書》記曰："封拜公侯、將軍、刺史、太守,尚書郎已下悉用文人。"按《資治通鑑·晉紀三十》則改曰"悉用儒生爲之"。

軍 **八月庚寅**（十九）**，治兵於東郊。**（魏書·太祖紀）

【考釋】此年八月己亥（二十八）,帝親率兵六軍四十餘萬征後燕。

皇始二年(397)

嘉 **正月己亥**（初一）**，大饗群臣於魯口。**（魏書·太祖紀）

| 軍 | 五月甲辰(初七)，曜兵於中山城內。(魏書·太祖紀,北史·魏本紀一)

| 凶 | 九月，後秦太后(虵氏)去世，姚興哀毀過禮，群臣請依漢魏故事，既葬即吉，李嵩(尚書郎)上疏以爲既葬之後，素服臨朝，從之。(魏書·姚興載記上,資治通鑑·晉紀三十一)

| 吉 | 嘉 | 後秦姚興下書禁百姓造錦繡及淫祀，於長安立律學。(晉書·姚興載記上)

【考釋】此二事未悉年月，暫繫於此。

天興元年(398)

| 軍 | 正月庚子(初七)，帝至鄴，百姓有老病不能自存者，下詔郡縣賑恤之。(魏書·太祖紀,北史·魏本紀一)

【附識】《魏書》記曰："帝至鄴，巡登臺榭，遍覽宮城，將有定都之意。乃置行臺。"《北史》同。

| 吉 | 四月，祭天於西郊。(魏書·太祖紀,北史·魏本紀一)

【儀制】①《南齊書·索虜列傳》述曰："[平]城西有祠天壇，……常以四月四日殺牛馬祭祀。"②《魏志·禮四》記曰："二至郊天地，四節祠五帝，或公卿行事，唯四月郊天，帝常親行，樂加鍾懸，以爲迎送之節焉。"③《魏志·樂》記曰："舊禮：孟秋祀天西郊，兆內壇西，備列金石，樂具，皇帝入兆內行禮，咸奏舞八佾之舞；孟夏有事于東廟，用樂略與西郊同。"

【因革】江上波夫指出："匈奴的祭禮有春秋二回，此乃遵循北亞狩獵游牧民祭祀的通例。"(《匈奴的祭祀》,《日本學者研究中國史論著選譯》,第10頁)

| 吉 | 五月，後燕蘭汗(尚書)殺慕容寶，自稱昌黎王，因龍城自夏至七月不雨，蘭汗日詣燕諸廟及慕容寶神座，頓首禱請；七月辛亥(二十一)，告於燕太廟，改元。(晉書·慕容寶載記,資治通鑑·晉紀三十二)

北朝：禮制新建期 卷五

【儀制】《通鑑》記燕太廟設五祖，胡注：“五祖，謂慕容涉歸、廆、皝、儁、垂五廟。”

吉 **六月丙子**(十六)，**命群臣議國號，采崔宏**(黃門侍郎)**説，定國號爲魏。**
（魏書·太祖紀，北史·魏本紀一）

【理據】《魏書·崔玄伯列傳》記帝曾下詔博議國號，崔宏議曰：“三皇五帝之立號也，或因所生之土，或即封國之名。……國家雖統北方廣漠之土，逮于陛下，應運龍飛，雖曰舊邦，受命惟新，是以登國之初，改代曰魏。”

吉 **七月，遷都平城，始營宮室，建宗廟，立社稷。**（魏書·太祖紀，北史·魏本紀一）

【儀制】《資治通鑑·晉紀三十二》記曰：“宗廟歲五祭，用分、至及臘。”

吉 **十月，後燕慕容盛**(慕容寶庶長子)**即皇帝位，改元。聽詩歌及周公之事，命中書作《燕頌》。**（晉書·慕容盛載記，資治通鑑·晉紀三十二）

制 **十一月辛亥**(二十三)，**下詔鄧淵**(尚書吏部郎中)**典官制，立爵品，定律呂，協音樂，董謐**(儀曹郎中)**撰郊廟、社稷、朝覲、饗宴之儀，王德**(三公郎中)**定律令，申科禁，晁崇**(太史令)**造渾儀，考天象，崔宏**(吏部尚書)**總而裁之。**（魏書·太祖紀、崔玄伯列傳，魏志·禮四，北史·魏本紀一）

【因革】① 此前八月，《魏書》本紀又記：“詔有司正封畿，制郊甸，端徑術，標道里，平五權，較五量，定五度。”《北史》同。②《崔玄伯列傳》稱“玄伯總而裁之，以爲永式”。因此，陳寅恪《隋唐制度淵源略論稿》論曰：“議定刑律諸人之家世、學術、鄉里環境可以注意而略論之者，首爲崔宏、浩父子，此二人乃北魏漢人士族代表及中原學術中心也。其家世所傳留者實漢及魏晉之舊物。”又曰：“拓跋部落入主中原，初期議定刑律諸人多爲中原士族，其家世所傳之律學乃没代之舊，與南朝之顓守《晉律》者大異也。”（《刑律》，第115、119頁）

《魏志·刑罰》則記曰：“既定中原，患前代刑網峻密，乃命三公郎王德除其法之酷切於民者，約定科令，大崇簡易。是時，天下民久苦兵亂，畏法樂安。帝知其若此，乃鎮之以玄默，罰必從輕，兆庶欣戴焉。”

【考釋】《崔玄伯列傳》記崔宏於北魏禮制之作用，曰：“太祖幸鄴，歷問故事於玄伯,應對若流,太祖善之。……太祖常引問古今舊事,王者制度,治世之則。玄伯陳古人制作之體,及明君賢臣,往代廢興之由,甚合上意。"

【論評】《隋志・禮儀五》則評曰:"後魏天興初,詔儀曹郎董謐撰朝饗儀,始制軒冕,未知古式,多違舊章。"《通典・嘉禮九》、《嘉禮十一》均記之。

然康樂認爲:"由於此套祭典在中原行之已有數百年歷史,對於崔宏、董謐這樣出身漢族世家、熟悉掌故文獻的人而言,這件工作並不如何困難。因此拓跋王朝從一建立國家開始,伴隨着皇帝制度的建立,即已輸入一套相當完整的中原系統國家祭典,其形式與過去或當時南方漢族王朝所行者,基本上並無太大差異。"(《從西郊到南郊:拓跋魏的"國家祭典"與孝文帝的"禮制改革"》,《臺灣學者中國史研究論叢・政治與權力》,第 209 頁)

樓勁更進而論曰:"天興元年七月遷都平城到十一月以來眾建諸制的次序和内容,貫徹了《周禮》'惟王建國,辨方正位,體國經野,設官分職,以爲民極'這個聖王開國建制的總綱。……當時各項制度在枝節上容有未備或多雜糅,但在通盤取仿《周禮》的完整和系統性上,却明顯超越了同期南北政權建制過程達到的程度。其可以説是《周禮》成書以來的又一次大幅度貫徹。"(《〈周禮〉與北魏開國建制》,《唐研究》第 13 輯,第 103 頁)

樂 十一月,下詔鄧淵(尚書吏部郎)定律吕,協音樂。(魏志・樂,隋志・音樂中"祖珽上書",通典・樂二)

【儀制】《魏志》記曰:"追尊皇曾祖、皇祖、皇考諸帝,樂用八佾,舞《皇始》之舞。《皇始》舞,太祖所作也,以明開大始祖之業。後更制宗廟。皇帝入廟門,奏王夏,太祝迎神于廟門,奏迎神曲,猶古降神之樂;乾豆上,奏登歌,猶古清廟之樂;曲終,下奏《神祚》,嘉神明之饗也;皇帝行禮七廟,奏《陛步》,以爲行止之節;皇帝出門,奏《總章》,次奏《八佾》舞,次奏送神曲。"又總述曰:"凡樂者樂其所自生,禮不忘其本,掖庭中歌真人代歌,上叙祖宗開基所由,下及君臣廢興之跡,凡一百五十章,昏晨歌之,時與絲竹合奏。郊廟宴饗亦用之。"

【因革】《隋志》録北齊祖珽上書曰:"魏氏來自雲、朔,肇有諸華,樂操土風,未移其俗。至道武帝皇始元年,破慕容寶于中山,獲晉樂器,不知采用,皆委棄之。

天興初，吏部郎鄧彦海，奏上廟樂，創制宮懸，而鍾管不備。樂章既闕，雜以簸邏迴歌。初用八佾，作《皇始》之舞。"

吉 十二月己丑（初七），**帝即皇帝位於天文殿，改元。**（魏書·太祖紀，北史·魏本紀一）

【考釋】天文殿於今年十月新起。

【儀制】《魏書》記曰："帝臨天文殿，太尉、司徒進璽綬，百官咸稱萬歲。……追尊成帝已下及后號諡。樂用《皇始》之舞。"《北史》同。

又《資治通鑑·晉紀三十二》記曰："命朝野皆束髮加帽。"

吉 十二月己丑，**立壇兆，告祭天地。**（魏志·禮一）

【儀制】《魏志》錄帝祝文曰："皇帝臣珪敢用玄牡，昭告于皇天后土之靈。"然後群臣議定："祀天之禮用周典，以夏四月親祀于西郊，徽幟有加焉。"

【因革】《資治通鑑·晉紀三十二》記曰："魏之舊俗，孟夏祀天及東廟，孟夏帥眾却霜於陰山，孟秋祀天於西郊。至是，始依仿古制，定郊廟朝饗禮樂，然惟孟夏祀天親行，其餘多有司攝事。"

【理據】樓勁指出所謂"祀天之禮用周典"，"'周典'、'周經'之類的名目，常指《周禮》及其所載制度。就是說，董謐所撰南郊祀天禮，並未現成地襲取漢魏以來的郊祀故事，而是遠據《周禮》對之作了相當的改造。"（《〈周禮〉與北魏開國建制》，《唐研究》第13輯，第100—101頁）

【考釋】金子修一則認爲："這一年是從孝文帝導入中國禮制的太和年間（477—499）實際上追溯到約一個世紀的時候，說當時道武帝舉行了中國式的'告代祭天'之禮儀是難以想象的，因此，這個記事可能是魏收寫的或者是進行了潤色的東西。"（《關於魏晉到隋唐的郊祀、宗廟制度》，《日本中青年學者論中國史·六朝隋唐卷》，第378頁）

吉 十二月，**下詔議定行次，崔宏**（尚書）**等奏定制從土德，神獸如牛，數用五，服色尚黃，犧牲用白，祖以未，臘以辰。五郊立氣，宣贊時令，敬授民時，行夏之正。**（魏書·太祖紀，魏志·禮一，北史·魏本紀一，通

典・吉禮十四）

【理據】《魏志》記曰：“群臣奏以國家繼黄帝之後，宜爲土德。”

【論評】逯耀東指出：“從皇始二年（397）十月攻破中山，到第二年十二月拓跋珪即皇帝位，其間不過一年的時間，一個國家所需要的一切制度，都匆匆地樹立起來。”（《從平城到洛陽》，第 52 頁）

天興二年（399）

吉 正月甲子（初七），祀上帝於南郊，以始祖神元皇帝配，帝降壇視燎。（魏書・太祖紀，魏志・禮一，北史・魏本紀一，通典・吉禮一）

【儀制】《魏志》記郊壇及用牲之制曰：“爲壇通四陛，爲壝埒三重。天位在其上，南面，神元西面。五精帝在壇内，壝内四帝，各于其方，一帝在未。日月五星、二十八宿、天一、太一、北斗、司中、司命、司禄、司民在中壝内，各因其方。其餘從食者合一千餘神，餟在外壝内。藉用藁秸，玉用四珪，幣用束帛，牲用黝犢，器用陶匏。上帝、神元用犢各一，五方帝共用犢一，日月等共用牛一。祭畢，燎牲體左于壇南巳地，從陽之義。”

【理據】樓勁則通過比較指出：“從其與後漢光武帝所定南北郊祀制相爲出入，與曹魏景初元年所定之制明顯有異，大不同於西晉武帝泰始二年及東晉元帝太興元年依王肅説所定的郊祀之式，而約略近於西晉太康十年及東晉咸和八年分別歸復《周禮》鄭注的南、北郊分祀之況；又足見董謐和崔玄伯撰定郊祀儀時，亦據《周禮》等經典及鄭玄諸人的禮説，本着當時的内外政治需要，對前朝故事作了大膽的突破和審慎的取捨。”（《〈周禮〉與北魏開國建制》，《唐研究》第 13 輯，第 101—102 頁）

【論評】《魏志・天象三》評曰：“由是魏爲北帝，而晉氏爲南帝。”

【考釋】《通典》記此事在“道武帝即位，二年正月”，欠妥。

嘉 正月乙丑（初八），始制三駕鹵簿。（魏書・太祖紀，魏志・禮四，北史・魏本紀一，通

典‧嘉禮十一)

【儀制】《魏志》記曰:"一曰大駕,設五輅,建太常,屬車八十一乘。平城令、代尹、司隸校尉、丞相奉引,太尉陪乘,太僕御從。輕車介士,千乘萬騎,魚麗雁行。前驅,皮軒、闒戟、芝蓋、雲罕、指南;後殿,豹尾。鳴笳唱,上下作鼓吹。軍戎、大祠則設之。二曰法駕,屬車三十六乘。平城令、代尹、太尉奉引,侍中陪乘,奉車都尉御。巡狩、小祠則設之。三曰小駕,屬車十二乘。平城令、太僕奉引,常侍陪乘,奉車郎御。游宴離宮則設之。二至郊天地,四節祠五帝,或公卿行事,唯四月郊天,帝常親行,樂加鍾懸,以爲迎送之節焉。"

嘉 **三月甲子**(初八)**,置五經博士,增國子太學生員三千人。**(魏書‧太祖紀,魏志‧官氏,北史‧魏本紀一,通典‧吉禮十二)

【理據】《魏書‧儒林列傳》記曰:"太祖初定中原,雖日不暇給,始建都邑,便以經術爲先,立太學,置五經博士生員千有餘人。天興二年春,增國子太學生員至三千。豈不以天下可馬上取之,不可以馬上治之,爲國之道,文武兼用,毓才成務,意在茲乎。"

【因革】據上,可見此年之前即已立太學。《通典》則記"道武帝初定中原,始於平城立大學"。

制 **三月,采李先**(博士,定州大中正)**説,命郡縣大索經籍,悉送京城。**(魏書‧李先列傳,北史‧李先列傳,資治通鑑‧晉紀三十三)

【理據】《魏書》録帝問李先曰:"天下何書最善,可以益人神智?"李先對曰:"唯有經書,三皇五帝治化之典,可以補王者神智。"《北史》同。按《通鑑》改帝問曰"天下何物最善",改李先對曰"莫若書籍"。

吉 **六月,慕容德即皇帝位於廣固南郊,設行廟於宮南,遣使奉策告成。**(晉書‧慕容德載記、安帝紀)

【考釋】① 慕容德乃慕容皝少子,其所建國史稱南燕。②《慕容德載記》記此事在隆安四年,《資治通鑑‧晉紀三十三》因之,中華書局本校勘記已辨其誤。

嘉 **南燕慕容德於廣固建立學官,選公卿以下子弟及二品士門二百人**

爲太學生。（晉書・慕容德載記）

【考釋】此條未悉年月，暫次於上條。

軍　七月辛酉（初七），大閱於鹿苑。（魏書・太祖紀，北史・魏本紀一）

制　八月，增啓京城十二門，作西武庫；辛亥（二十八），下詔禮官備撰衆
儀，著於新令。（魏書・太祖紀，北史・魏本紀一）

吉　十月，太廟建成，遷神元、平文、昭成、獻明皇帝神主於太廟。（魏
志・禮一，魏書・太祖紀，北史・魏本紀一）

【儀制】《魏志》記北魏祠宗廟之制曰："歲五祭，用二至、二分、臘，牲用太牢，常
遣宗正兼太尉率祀官侍祀。"又曰："又立神元、思帝、平文、昭成、獻明五帝廟于
宮中，歲四祭，用正、冬、臘、九月，牲用馬、牛各一，太祖親祀。"

吉　十月，置太社、太稷、帝社於宗廟之右。（魏志・禮一，通典・吉禮四）

【儀制】《魏志》記曰："爲方壇四陛。祀以二月、八月，用戊，皆太牢。句龍配社，
周棄配稷，皆有司侍祀。"

吉　十月，立祖神、星神。（魏志・禮一）

【儀制】《魏志》記曰："立祖神，常以正月上未，設藉於端門內，祭牲用羊、豕、犬
各一。"又曰："宮中立星神，一歲一祭，常以十二月，用馬薦各一，牛豕各二，雞
一。"按此制新見於北魏。

吉　立彗星祀及其他諸神祀。（魏志・禮一，通典・吉禮十四）

【儀制】《魏志》記所立諸神祀曰："又立□□神十二，歲一祭，常以十一月，各用
牛一、雞三。又立王神四，歲二祭，常以八月、十月，各用羊一。又置獻明以上所
立天神四十所，歲二祭，亦以八月、十月。神尊者以馬，次以牛，小以羊，皆女巫
行事。又于雲中及盛樂神元舊都祀神元以下七帝，歲三祭，正、冬、臘，用馬牛各
一，祀官侍祀。"按□□神，《通典》作"歲神"；以十一月，《通典》作"十月"；王神，
《通典》作"土神"。

天興三年(400)

[吉] 正月辛酉(初十)，郊天；癸亥(十二)，瘞地於北郊，以神元竇皇后

配。(魏志‧禮一,魏書‧太祖紀,北史‧魏本紀一,通典‧吉禮四)

【儀制】據《魏志》,此年郊天之制同於去年祀南郊。又"其瘞地壇兆,制同南郊",

其相異者在:"五嶽名山在中壝内,四瀆大川於外壝内。后土、神元後,牲共用玄牲

一,玉用兩珪,幣用束帛,五嶽等用牛一。祭畢,瘞牲體右於壇之北亥地,從陰也。"

又《魏志‧樂》記樂制曰:"太祖初,冬至祭天于南郊圓丘,樂用《皇矣》,奏《雲和》

之舞,事訖,奏《維皇》,將燎;夏至祭地祇於北郊方澤,樂用《天祚》,奏《大武》之

舞。正月上日,饗群臣,宣布政教,備列宮懸正樂,兼奏燕、趙、秦、吳之音,五方

殊俗之曲。四時饗會亦用焉。"《通典‧樂二》同。

【因革】《魏志》述曰:"其後,冬至祭上帝於圓丘,夏至祭地于方澤,用牲帛之屬,

與二郊同。"可見從此年起南郊、北郊與圓丘、方澤分爲兩系。

【考釋】《魏書》、《北史》本紀及《通典》均未載此年郊天。

[吉] 二月丁亥(初六)，下詔有司祀日於東郊。春分，朝日；秋分，夕

月。(魏書‧太祖紀,魏志‧禮一,北史‧魏本紀一)

【儀制】《魏志》記曰:"祀日於東郊,用騂牛一。秋分祭月於西郊,用白羊一。"

[吉] 二月，始耕藉田。(魏志‧禮一,魏書‧太祖紀,北史‧魏本紀一,通典‧吉禮五)

【儀制】《魏志》記曰:"祭先農,用羊一。"

[嘉] 三月戊午(初八)，立皇后慕容氏。(魏書‧太祖紀,北史‧魏本紀一)

【儀制】《魏書‧皇后列傳》記曰:"帝從群臣議,令后鑄金人,成,乃立之,告於

郊廟。"

【因革】《皇后列傳》記曰:"魏故事,將立皇后必令手鑄金人,以成者爲吉,不成

則不得立也。"

吉 五月己巳（二十），帝至涿鹿，遣使以太牢祠堯、舜廟。（魏書・太祖紀，北史・魏本紀一）

制 十二月乙未（十九）、丙申（二十），二度下詔申殷周之失、秦漢之弊。（魏書・太祖紀，北史・魏本紀一）

【考釋】《太祖紀》記其時下詔之原委曰："時太史屢奏天文錯亂，帝親覽經占，多云改王易政，故數革官號，一欲防塞凶狡，二欲消災應變。已而慮群下疑惑，心謗腹非，丙申復詔。"

天興四年（401）

吉 樂 二月丁亥（十二），命樂師入學習舞，釋菜於先聖、先師。（魏書・太祖紀、儒林列傳，北史・魏本紀一）

軍 三月，帝親漁，薦於寢廟。（魏書・太祖紀，北史・魏本紀一）

凶 八月，後燕慕容盛被殺，太后丁氏廢太子（慕容定），癸巳（二十一），慕容熙（慕容盛之叔）即位；閏八月辛酉（十九），葬於興平陵，丙寅（二十四），改元。（晉書・慕容盛、慕容熙載記，資治通鑑・晉紀三十四）

嘉 十二月，集博士儒生，比衆經文字，義類相從，成《衆文經》四萬餘字。（魏書・太祖紀，北史・魏本紀一）

天興五年（402）

軍 六月，治兵於東郊，部分衆兵。（魏書・太祖紀）

【考釋】此年五月，後秦姚興遣兵四萬來戰，七月戊辰（初一），親征後秦。

天興六年（403）

軍 七月，帝北巡至犾山，縱士校獵。（魏書・太祖紀，北史・魏本紀一）

卷五　北朝：禮制新建期

715

【因革】此後天賜三年(406)正月，又北巡至此校獵。

賓 十月丁巳(二十七)，晉使來聘。（北史·魏本紀一）

樂 冬，下詔太樂、總章、鼓吹增修雜伎，造百戲，大饗設之於殿庭。
（魏志·樂，通典·樂二、樂六）

【因革】①《魏志》記曰：“如漢、晉之舊也。”②《魏志》記曰：“太宗初，又增修之，撰合大曲，更爲鍾鼓之節。”

嘉 下詔有司制冠服，以品秩爲差。（魏志·禮四，隋志·禮儀六，通典·嘉禮七）

【論評】《魏志》評曰：“時事未暇，多失古禮。”《資治通鑑·晉紀三十五》評曰：“法度草創，多不稽古。”

天賜元年(404)

賓 四月，遣使公孫表(尚書郎中)至江南，觀桓玄被梟首。（魏書·太祖紀）

制 九月，帝臨昭陽殿，會朝臣文武，分置衆職，制爵四等。（魏書·太祖紀，魏志·官氏，北史·魏本紀一）

【考釋】四等爵爲王、公、侯、子，除伯、男之號。

【因革】《魏志》記曰：“初，帝欲法古純質，每於制定官號，多不依周、漢舊名，或取諸身，或取諸物，或以民事，皆擬遠古雲鳥之義。諸曹走使謂之鳧鴨，取飛之迅疾；以伺察者爲候官，謂之白鷺，取其延頸遠望。自餘之官，義皆類此，咸有比況。”

制 十一月，帝至西宮，大選朝臣，命宗室置大師、小師，州郡各置師，以辨宗黨，保舉人才。（魏書·太祖紀，魏志·官氏，北史·魏本紀一）

【因革】《資治通鑑·晉紀三十五》記曰：“如魏晉中正之職。”

天賜二年(405)

嘉 年初，改大駕魚麗雁行，更爲方陳鹵簿。（魏志·禮四，通典·嘉禮十一）

吉 **四月，復祀天於西郊。**（魏志·禮一，魏書·太祖紀，北史·魏本紀一，通典·吉禮一）

【儀制】①《魏書》本紀記曰："車旗盡黑。"《北史》同。②《魏志》記曰："爲方壇一，置木主七於上。東爲二陛，無等；周垣四門，門各依其方色爲名。牲用白犢、黃駒、白羊各一。祭之日，帝御大駕，百官及賓國諸部大人畢從至郊所。帝立青門內近南壇西，內朝臣皆位於帝北，外朝臣及大人咸位於青門之外，後率六宮從黑門入，列於青門內近北，並西面。廩犧令掌牲，陳於壇前。女巫執鼓，立於陛之東，西面。選帝之十族子弟七人執酒，在巫南，西面北上。女巫升壇，搖鼓。帝拜，若肅拜，百官內外盡拜。祀訖，復拜。拜訖，乃殺牲。執酒七人西向，以酒灑天神主，復拜，如此者七。禮畢而返。"③《南齊書·魏虜傳》記曰："城西有祠天壇，立四十九木人，長丈許，白幘、練裙、馬尾被立壇上，常以四月四日殺牛馬祭祀，盛陳鹵簿，邊壇馳奏伎爲樂。

【因革】《魏志》記曰："自是之後，歲一祭。"

【論評】①《通典·吉禮一》自注："其時用事大臣崔浩、李順、李孝伯等，誠皆有才，多是謀猷之士，全少通儒碩學。所以郊祀，帝后六宮及女巫預焉；餘制復多參夷禮，而違舊章。"② 秦蕙田《五禮通考》論曰："歷代郊祀，雖變更非一，而帝、后同拜則未之聞也。然非禮之禮，其來有自。既可神祇共席，夫婦同牢，則內外躬親，奚而不可！"（《吉禮八》"圜丘祀天"）

又逯耀東指出此儀制值得注意的有兩點："一是參祭典的'女巫'，一是參與陪祭的'十族子弟七人'，前者是拓跋氏原始宗教的餘緒，後者是拓跋氏族社會的遺痕。"而且，女巫"可能與拓跋氏初期宗教的'淫祀'有關"，帝裔十室"與拓跋氏血緣組織的氏族社會有密切的關係"；此外，祭天用黑、青二色裝飾"是草原民族宗教信仰的特色，由於對'天'的敬畏，因而尊敬與'天'顏色接近的'黑'與'青'色"，這些都說明北魏"雖然采取中國的禮儀形式"，但"仍然保存他們原始宗教與初期社會組織的痕跡"（《從平城到洛陽》，第61—65頁）。

嘉 凶 **八月戊午**（初九），**南燕慕容德引見群臣於東陽殿，議立太子，地震，段皇后當夜立慕容超爲太子，慕容德去世；己未**（初十），**慕容**

超（兄之子）**即位，改元。**（晉書·慕容德載記，資治通鑑·晉紀三十六）

【儀制】《晉書》記慕容德之葬曰："乃夜爲十餘棺，分出四門，潛葬山谷，竟不知其尸之所在。"

嘉 **後秦姚興大營塔寺，以鳩摩羅什爲國師，親帥群臣及沙門至逍遥園聽其演説佛經。**（魏書·姚興載記上，資治通鑑·晉紀三十六）

【論評】《魏書》記曰："興既託意於佛道，公卿已下莫不欽附，沙門自遠而至者五千餘人。……州郡化之，事佛者十室而九矣。"

賓 **劉宋遣使求和於後秦，且請歸南鄉、順陽、新野、舞陰等十二郡，許之。**（晉書·姚興載記下，資治通鑑·晉紀三十六）

天賜三年(406)

軍 **四月，王宜弟**（占授著作郎）**造《兵法孤虚立成圖》三百六十時。**（魏書·太祖紀，魏志·禮四，北史·魏本紀一）

【考釋】此事《魏志》作"十月"。

制 **六月，築灅南宮，規立外城，方二十里，分置市里。**（魏書·太祖紀，北史·魏本紀一）

【因革】《魏書·莫含列傳》記曰："太祖欲廣宮室，規度平城，四方數十里，將模鄴、洛、長安之制。"《北史·莫含列傳》同。

天賜四年(407)

凶 **四月癸丑，後燕慕容熙皇后**（苻氏）**去世，慕容熙悲慟辟踊，如喪父母，服斬衰，食粥；七月癸亥**（二十六），**葬於徽平陵。**（晉書·慕容熙載記，資治通鑑·晉紀三十六）

【儀制】《晉書》記曰："制百僚於宮內哭臨,令沙門素服。使有司案檢哭者,有淚以爲忠孝,無則罪之,於是群臣震懼,莫不含辛以爲淚焉。"又:"熙被髮徒跣,步從苻氏喪。轀車高大,毀北門而出。"

【考釋】此年四月庚午朔,無癸丑日。

【附識】《通鑑》記因慕容熙送葬起政變,不久即被殺,明年三月庚申(二十六),合葬慕容熙與苻氏於徽平陵。

[吉] 六月,赫連勃勃自稱大夏天王、大單于,置百官,改元。(晉書·赫連勃勃載記,資治通鑑·晉紀三十六)

【考釋】赫連勃勃,《魏書·鐵弗劉虎列傳》作鐵弗屈孑。

[吉] 七月,後燕慕容熙被殺;乙丑(二十八),慕容雲即天王位,改姓高,國號大燕。(晉書·慕容雲載記,資治通鑑·晉紀三十六)

【考釋】高雲所建燕,史稱北燕,其後由馮跋即其位。

[賓] 八月,後秦遣使韋宗於南燕,慕容超與群臣議朝見之禮,張華(尚書)以爲宜北面受詔,從之。(魏書·慕容超載記,資治通鑑·晉紀三十六)

【理據】因慕容超之母妻俱被拘於後秦,姚興望南燕稱藩,獻太樂諸伎。

【考釋】《晉書》記慕容超果然遣使張華等"送太樂伎一百二十人于姚興"。

天賜五年(408)

[軍] 正月,帝至犲山,赴參合陂,觀漁於于延水。(魏書·太祖紀,北史·魏本紀一)

【考釋】《魏書》中華書局本校勘記曰:"按'于延'是水名,見《漢書》卷二八《地理志下》代郡且如縣,字當作'于',但《水經注》卷一三《瀔水》篇亦'于延'、'於延'雜見。"

[嘉][吉] 正月,南燕慕容超立呼延氏(妻)爲皇后,祀南郊。(晉書·慕容超載記,資治通鑑·晉紀三十六)

【考釋】《晉書》記此事在義熙三年（407），中華書局本校勘記已辨其誤，兹從《通鑑》。

吉嘉 十一月，秃髮傉檀自稱涼王，置百官，改元，立折掘氏（夫人）爲王后，武臺爲太子。（晉書·秃髮傉檀載記、安帝紀，資治通鑑·晉紀三十六）

【考釋】秃髮傉檀曾於元興元年（398）自稱涼王，遷都樂都，後臣服於後秦，"然車服禮章一如王者"，至此正式即位。其所建國史稱南涼。

天賜六年（409）

嘉 正月庚寅（初一），南燕慕容超朝會群臣，歎太樂不備，悔送伎於後秦，議掠晉人以補伎。（魏書·慕容超載記，資治通鑑·晉紀三十七）

【考釋】不久南燕將寇晉宿豫，大掠男女二千五百人，付太樂教之。

吉 七月，乞伏乾歸即秦王位於苑川，置百官，改元。（晉書·乞伏乾歸載記、安帝紀，資治通鑑·晉紀三十七）

【考釋】① 乞伏乾歸原爲後秦將，其所建國史稱西秦。② 此事《乞伏乾歸載記》記在義熙三年（407），誤。

凶 九月戊辰，北燕高雲被殺，馮跋遷屍於東堂；以禮葬之；立高雲廟於韮町。（晉書·慕容雲載記、馮跋載記、安帝紀）

【儀制】《馮跋載記》録馮跋下書曰："立雲廟於韮町，置園邑二十家，四時供薦。"

【考釋】此年九月丙戌朔，無戊辰日，《資治通鑑·晉紀三十七》繫此事及馮跋即位均在此年十月。

吉 九月，北燕馮跋即天王位於昌黎，改元，分遣使者巡行郡國，觀察風俗。（晉書·馮跋載記、安帝紀）

【考釋】《馮跋載記》記此事在太元二十年（395），校勘記已辨其誤。

凶 十月戊辰（十三），帝被殺於天安殿，明年九月甲寅（初五），葬於盛樂

金陵。（魏書·太祖紀、太宗紀，北史·魏本紀一）

明元帝（太宗，拓跋嗣，道武帝長子）

永興元年（409）

[吉] 十月壬申（十七），即位，改元；十二月己亥（十六），居西宫，御天文
殿。（魏書·太宗紀，北史·魏本紀一）

[吉] 追尊生母劉氏，配饗太廟。（魏書·皇后列傳）

【儀制】《魏書》記魏制曰："魏故事，後宫産子將爲儲貳，其母皆賜死。太祖末
年，后以舊法薨。"

【因革】《魏書》記曰："自此後宫人爲帝母，皆正位配饗焉。"

永興二年（410）

[嘉] 正月甲寅（初一），南燕慕容超登天門，朝群臣於城上，殺馬以饗將
士；乙卯（初二），又與魏夫人登城，見晉兵之盛，相對而泣。（晉書·
慕容超載記，資治通鑑·晉紀三十七）

【考釋】不久，慕容超即爲晉軍所殺。

[軍] 七月丁巳（初七），帝北征至參合陂，立馬射臺於陂西，講武教戰。

（魏書·太宗紀，北史·魏本紀一）

永興三年（411）

[嘉] 二月戊戌（二十一），下詔有餘之宫女悉出配鰥民。（魏書·太宗紀，北史·魏

本紀一）

【理據】《魏書》録帝詔曰：“衣食足，知榮辱。夫人飢寒切己，唯恐朝夕不濟，所急者温飽而已，何暇及於仁義之事乎？王教之多違，蓋由於此也。非夫耕婦織，內外相成，何以家給人足矣。其簡宮人非所當御及執作伎巧，自餘悉出以配鰥民。”

吉 三月，帝禱於武周、車輪二山。（魏志·禮一）

【儀制】《魏志》記曰：“〔帝〕乃於山上祈福於天地神祇，及即位壇兆，後因以爲常祀，歲一祭，牲用牛，帝皆親之，無常日。”

吉 五月丁卯（二十二），帝至盛樂謁金陵。（魏書·太宗紀，北史·魏本紀一）

賓 六月，後秦姚興遣使來聘。（魏書·太宗紀，北史·魏本紀一）

軍 十一月丁未（初四），大閱於東郊。（北史·魏本紀一，北史·魏本紀一）

【因革】此後明年閏六月丙辰（十七），又行此禮。

永興四年（412）

軍 二月癸未（十二），登獸圈射虎。（魏書·太宗紀，北史·魏本紀一）

嘉 四月乙未（二十五），宴群臣於西宮。（魏書·太宗紀，北史·魏本紀一）

軍 七月己卯（十一），大獮於石會山，戊子（二十），至去幾陂觀漁；八月還宮，壬子（十四），臨板殿，大饗群臣將吏，以田獵所獲賜之。（魏書·太宗紀，北史·魏本紀一）

吉 立道武帝廟於白登山。（魏志·禮一，通典·吉禮六）

【儀制】《魏志》記曰：“歲一祭，具太牢，帝親之，亦無常月。兼祀皇天上帝，以山神配，旱則禱之，多有效。”

吉 下詔郡國於道武帝巡行行宮各立廟，又於宮中立道武帝別廟。（魏志·禮一）

【儀制】《魏志》記曰："詔郡國於太祖巡幸行宮之所,各立壇,祭以太牢,歲一祭,皆牧守侍祀。"又:"立太祖別廟於宮中,歲四祭,用牛馬羊各一。又加置天日月之神及諸小神二十八所於宮內,歲二祭,各用羊一。"

【因革】秦蕙田《五禮通考》指出:"此與漢郡國廟同意。"(《吉禮七十九》"宗廟制度")

【論評】江上波夫指出:"在拓跋魏的祭祀裏,不管是在白登山或在宮中,太祖均爲最重要的祭祀對象,天、日月、山神之類,祇不過是作爲陪神與之合祀罷了。"

(《匈奴的祭祀》,《日本學者研究中國史論著選譯》,第21頁)

賓 **沮渠蒙遜遷於姑臧,即河西王位,置官僚,如呂光稱三河王故事,改元。**(晉書·沮渠蒙遜載記,魏書·沮渠蒙遜列傳)

【考釋】沮渠蒙遜此後滅西涼,其所建國史稱北涼。

永興五年(413)

軍 **正月己巳**(初三)**,大閱,畿內男子十二以上悉集。庚寅**(二十四)**,大閱於東郊,部署將帥。**(魏書·太宗紀,北史·魏本紀一)

【儀制】《魏書》記庚寅部署曰:"以山陽侯奚斤爲前軍,衆三萬;陽平王熙等十二將,各一萬騎;帝臨白登,躬自校覽焉。"

賓 **三月庚午**(初五)**,後秦姚興遣使來聘。**(魏書·太宗紀,北史·魏本紀一)

【考釋】此事二紀"庚午"前均無"三月",承上似作二月,然二月丙申朔,無庚午日。

凶 **三月,王洛兒**(散騎常侍,新息公)**去世,帝親臨哀慟四次;令其妻死,與合葬。**(魏書·王洛兒列傳,魏志·天象二,北史·王洛兒列傳)

【儀制】《魏書》記曰:"賜溫明祕器,載以輬輼車,使殿中衛士爲之導從。"《北史》同。

軍 **六月,帝西至五原,校獵於骨羅山,獲獸十萬。七月,帝至定襄大**

洛城，東踰七嶺山，田獵於善無川。（魏書・太宗紀，北史・魏本紀一）

吉 七月己巳（初六），帝至薄山，登道武帝刻石頌德之處，於其旁起石壇薦饗。（魏書・太宗紀，北史・魏本紀一）

【考釋】天興二年(399)二月，道武帝至牛川及薄山，並刻石記軍功。

嘉 十一月癸酉（十二），大饗於西宮。（魏書・太宗紀，北史・魏本紀一）

賓 十一月，後秦姚興遣使朝貢，請進女，許之。（魏書・太宗紀，北史・魏本紀一）

【考釋】《資治通鑑・晉紀三十八》記此事則曰："魏主嗣遣使請昏於秦，秦王興許之。"

神瑞元年(414)

賓 八月戊子（初一），下詔遣元陋孫（馬邑侯）使於後秦姚興。後秦遣使來聘。（魏書・太宗紀，北史・魏本紀一）

賓 八月辛丑（十四），遣于什門（謁者）使於北燕馮跋，悦力延（謁者）使於柔然。（魏書・太宗紀，北史・魏本紀一）

神瑞二年(415)

嘉 二月丁亥（初三），大饗於西宮，賜附國首領朝歲首者。（魏書・太宗紀，北史・魏本紀一）

吉 二月，立昭成、獻明、道武帝廟於白登之西。（魏志・禮一，魏書・太宗紀，北史・魏本紀一，通典・吉禮六）

【因革】此儀制與永興四年(412)太祖廟祀相應，可見"匈奴也有可能將'其先'——祖宗——視爲比'天地鬼神'更重要的神靈，加以特別祭祀"（江上波夫《匈奴的祭祀》,《日本學者研究中國史論著選譯》,第 21 頁)。

【附識】《魏志》記曰:"常以九月、十月之交,帝親祭,牲用馬、牛、羊,及親行貙劉之禮。別置天神等二十三於廟左右,其神大者以馬,小者以羊。華陰公主,帝姊也,元紹之爲逆,有保護功,故別立其廟於太祖廟垣後,因祭薦焉。"

【考釋】《魏書》、《北史》本紀均未云昭成、獻明之廟,而《魏志》所載,此事在立太祖別廟於宮中後二年,即神瑞元年,二者當爲一事。

吉 於雲中、盛樂、金陵三所各立太廟。(魏志·禮一)

賓 四月,晉使來聘。(北史·魏本紀一)

軍 五月丁未(二十五),田獵於四岬山;六月戊午(初七),觀漁於去畿陂;辛酉(初十),射獲白熊於頹牛山。(魏書·太宗紀,北史·魏本紀一)

嘉 六月丁卯(十六),帝至赤城,親見長老,問民疾苦;又至上谷,問百年,訪賢俊。(魏書·太宗紀,北史·魏本紀一)

吉 六月壬申(二十一),帝至涿鹿,登橋山,遣使以太牢祠黃帝廟。(魏書·太宗紀,北史·魏本紀一,通典·吉禮十二)

吉 六月己卯(二十八),帝至廣寧,登歷山,帝親祭舜廟以太牢。(魏書·太宗紀,北史·魏本紀一)

賓 十月壬子(初二),後秦姚興遣使送西平公主來,帝以后禮納之。(魏書·太宗紀,北史·魏本紀一)

吉 十月,因連年霜旱,王亮(太史令)、蘇垣勸帝遷都於鄴,崔浩(博士,祭酒)、周澹(特進)言不可遷都,救濟窮戶,帝從之;丙寅(十六),下詔出布帛倉穀賑貧窮。(魏書·崔浩列傳、太宗紀,北史·崔宏列傳)

【理據】《崔浩列傳》記王亮等"因華陰公主等言讖書國家當治鄴,應大樂五十年,勸太宗遷都";又錄崔浩等論證定都平城"是國家威制諸夏之長策也"。《北史》同。

吉 十月,帝親耕藉田,命有司勸課農桑。(資治通鑑·晉紀三十九)

【考釋】《通鑑》記此事與上條並在此年九月，恐不確。

泰常元年(416)

凶 正月，後秦姚興去世，姚泓(太子)平姚愔(南陽公)之亂，乃即位，改元；葬於偶陵。(晉書·姚興載記下、姚泓載記，資治通鑑·晉紀三十九)

【儀制】《姚泓載記》記曰："[泓]廬于諮議堂。既葬，乃親庶政。"

軍 七月甲申(初九)，帝大獮於牛川，臨殷繁水。(魏書·太宗紀，北史·魏本紀一)

凶 三月己丑(十二)，拓跋處文(長樂王，帝之弟)去世，自小斂至葬，帝常親臨哀慟；陪葬金陵。(魏書·道武七王列傳、太宗紀)

凶 叔孫俊(遷衛將軍，安城公)去世，帝親臨哀慟，賜溫明祕器，載以輼輬車；陪葬金陵。(魏書·叔孫建列傳、太宗紀，北史·叔孫建列傳)

【儀制】《叔孫建列傳》記帝命其妻(桓氏)曰："夫生既共榮，沒宜同穴。能殉葬者可任意。"桓氏遂自殺，合葬。《北史》同。

【因革】《叔孫建列傳》記曰："後有大功及寵幸貴臣薨，賵送終禮，皆依俊故事，無得踰之者。"《北史》同。

泰常二年(417)

軍 五月，帝西巡至雲中，濟河，田獵於大漠。(魏書·太宗紀，北史·魏本紀一)

制 夏，置天部、地部及東、西、南、北六部大人官，以諸公爲之。(魏志·官氏)

軍 十二月庚申(二十三)，田獵於西山。(魏書·太宗紀)

吉 北涼沮渠蒙遜祀金山，擊烏啼部大捷，又卑和部來降，遂至鹽池，

祀西王母寺。（晉書·沮渠蒙遜載記）

【考釋】此事未悉年月，據前後史事略推，暫繫於此。

泰常三年(418)

賓 三月，晉遣使來聘。（魏書·太宗紀，北史·魏本紀一）

凶 六月，崔宏（天部大人，白馬公）去世，子崔浩居喪盡禮，帝下詔群臣及附

國渠帥皆會葬，自親王以下盡令拜送。（魏書·崔玄伯列傳，北史·崔宏列傳，

資治通鑑·晉紀四十）

【因革】《魏書》記曰："喪禮一依安城王叔孫俊故事。"

吉 十二月，夏王赫連勃勃築壇於灞上，即皇帝位，改元。（晉書·赫連勃

勃載記，資治通鑑·晉紀四十）

吉 立五精帝兆於四郊。（魏志·禮一，通典·吉禮一）

【儀制】《魏志》記曰："遠近依五行數。各爲方壇四陛，壝壇三重，通四門。以太

皞等及諸佐隨配。侑祭黃帝，常以立秋前十八日。餘四帝，各以四立之日。牲

各用牛一，有司主之。"又曰："立春之日，遣有司迎春於東郊，祭用酒、脯、棗、栗，

無牲幣。"

【考釋】秦蕙田《五禮通考》指出："蓋正祭則以少牢，立春非諸壇之正祭，故

殺用酒脯也。《通典》節取此文，直於'牛一'之下接云'又立春日遣有司'云

云，則似一日之中兩祀青帝，一以牛，一以酒脯，知其不然矣。"（《吉禮三十一》

"五帝"）

吉 立六宗、靈星、風伯、雨師、司民、司禄、先農之壇。（魏志·禮一，通

典·吉禮三）

【儀制】《魏志》記曰："祭有常日，牲用少牢。"

吉 立五嶽四瀆廟於桑乾水之陰。（魏志·禮一，通典·吉禮五）

【儀制】《魏志》記曰："春秋遣有司祭，有牲及幣。四瀆唯以牲牢，准古望秩云。"又記其他山川之祀曰："其餘山川及海若諸神在州郡者，合三百二十四所，每歲十月，遣祀官詣州鎮遍祀。有水旱災厲，則牧守各隨其界內祈謁，其祭皆用牲。王畿內諸山川，皆列祀次祭，各有水旱則禱之。"

泰常四年(419)

軍 正月壬辰（初一），大蒐於犢渚。（魏書·太宗紀，北史·魏本紀一）

吉 春，夏王赫連勃勃建統萬城宮殿成，改元。（晉書·赫連勃勃載記，資治通鑑·晉紀四十）

【儀制】《晉書》錄其時刻石於都南，頌其功德曰："若迺廣五郊之義，尊七廟之制，崇左社之規，建右稷之禮，御太一以繕明堂，模帝坐而營路寢，閶闔披霄而山亭，象魏排虛而嶽峙，華林靈沼，崇臺祕室，通房連閣，馳道苑園，可以蔭映萬邦，光覆四海，莫不鬱然並建，森然畢備，若紫微之帶皇穹，閬風之跨后土。"

【考釋】張一兵《明堂制度源流考》指出："統萬城的建設基本上按照周禮的標準，左祖右社、前朝後寢，模仿長安和洛陽都城的建制，也修建了所謂的明堂、辟雍，但是歷史上並沒有見到其舉行明堂禮及辟雍、釋奠等禮的記載。"（第四章，第147頁）

吉 四月庚辰（二十一），帝祠東廟，遠藩助祭者數百國。（魏書·太宗紀，北史·魏本紀一）

【考釋】《資治通鑑·晉紀四十》胡注："魏建宗廟於平城宮之東，因曰東廟。"又云即永興四年(412)所立白登山道武帝廟。

軍 五月庚寅（初一），觀漁於灅水。（魏書·太宗紀，北史·魏本紀一）

吉 八月辛未（十三），帝東巡至雁門關，遣使祭恒嶽。（魏志·禮一，魏書·太宗

紀,北史・魏本紀一)

【因革】此後泰常七年(422)正月,又行此禮,祀以太牢。

軍 十二月,帝西巡至雲中,北獵野馬於辱孤山,渡黃河,大狩於薛林

山。(魏書・太宗紀,北史・魏本紀一)

泰常五年(420)

軍 正月丙戌(初一),帝至屋竇城,饗勞將士,大酺二日。(魏書・太宗紀,北

史・魏本紀一)

吉 五月乙酉(初二),下詔將太祖諡號由宣武改作道武,告祀郊廟。(魏

書・太宗紀,北史・魏本紀一)

泰常六年(421)

軍 七月,帝西巡,獵於柞山,親射獲虎;八月庚子(二十四),大獮於犢

渚。(魏書・太宗紀,北史・魏本紀一)

賓 九月壬申(二十七),劉宋遣使沈範(殿中將軍)、索季孫來聘。(北史・魏本紀

一,魏書・島夷劉裕列傳)

凶 車路頭(散騎常侍,金鄉公)去世,帝親臨哀慟,喪禮依安城王(叔孫俊)故

事;陪葬金陵。(魏書・車路頭列傳,北史・車路頭列傳)

泰常七年(422)

嘉 二月丙戌(十三),西行還宮,大饗於西宮。(魏書・太宗紀)

嘉 **四月，封拓跋燾爲泰平王；五月，立爲皇太子，詔使臨朝聽政。**

（魏書·太宗紀、世祖紀，北史·魏本紀一、二）

【儀制】《魏書·崔浩列傳》記曰："使浩奉策告宗廟，命世祖爲國副主，居正殿福朝。"《北史·崔宏列傳》同。

【理據】《魏書·崔浩列傳》記帝因諸子均年幼，問計於崔浩，崔氏曰："立子以長，禮之大經，若須並大，成人而擇，倒錯天倫，則生履霜堅冰之禍。自古以來，載籍所記，興衰存亡，尟不由此。"《北史·崔宏列傳》同。

【考釋】拓跋燾於兩月內先封王，又立爲太子，《北史》所記至爲明確。《魏書·太宗紀》記此事曰："五月，詔皇太子臨朝聽政；是月，泰平王攝政。"按似分皇太子與泰平王爲兩人，不確。

賓 **七月，帝聞劉宋武帝去世，議發兵，崔浩諫云宜遣人弔祭，帝不從。** （魏書·崔浩列傳，北史·崔宏列傳，資治通鑑·宋紀一）

【因革】《通鑑》記曰："初，魏主聞高祖克長安，大懼，遣使請和，自是每歲交聘不絕。及高祖殂，殿中將軍沈範等奉使在魏，還，及河，魏主遣人追執之，議發兵取洛陽、虎牢、滑臺。"

【理據】《魏書》錄崔浩曰："陛下不以劉裕歘起，納其使貢，裕亦敬事陛下。不幸今死，乘喪伐之，雖得之不令。……今國家亦未能一舉而定江南，宜遣人弔祭，存其孤弱，恤其凶災，布義風於天下，令德之事也。"

軍 **九月己酉**（初九），**下詔皇太子率百國田獵於東苑。** （魏書·太宗紀，北史·魏本紀一）

【儀制】《魏書》記曰："車乘服物皆以乘輿之副。"

【考釋】茲據《北史》爲皇太子，《魏書》則記作"泰平王"。

吉 **九月辛酉**（二十一），**帝至橋山，遣有司祀黄帝、唐堯廟。** （魏書·太宗紀，魏志·禮一，北史·魏本紀一）

【考釋】此事《魏志》則載於泰常四年(419)八月望祀恒嶽後二年。

泰常八年（423）

嘉 正月丙辰（十八），帝至鄴，存恤風俗。（魏書·太宗紀，北史·魏本紀一）

吉 正月，遣使祀嵩嶽、華嶽，以太牢。（魏志·禮一）

軍 三月乙巳（初八），帝田獵於鄴南韓陵山。（魏書·太宗紀）

嘉 四月丁丑（十一），帝至洛陽，觀石經。（魏書·太宗紀，北史·魏本紀一）

【儀制】《資治通鑑·宋紀一》則在觀石經後尚記有："遣使祀嵩高。"

吉 五月，帝至洛陽，諸所過山川群祀之。（魏志·禮一）

凶 六月己亥（初四），穆觀（太尉，宣都公）去世，帝親臨，賜以通身隱起金飾棺，喪禮依安城王（叔孫俊）故事。（魏書·穆崇列傳、太宗紀，北史·穆崇列傳）

軍 此年飢，十月，下詔所在開倉賑濟。（北史·魏本紀一）

凶 十一月己巳（初六），帝去世於西宮，十二月庚子（初八），葬於雲中金陵。（魏書·太宗紀，北史·魏本紀一）

太武帝（世祖，拓跋燾，明元帝長子）

吉 十一月壬申（初九），即位，開倉庫，賑窮乏。（魏書·世祖紀上，北史·魏本紀二）

始光元年（424）

軍 九月，將北征，大簡輿徒，治兵於東郊，部分諸軍五萬騎。（魏書·世祖紀上，北史·魏本紀二）

賓 劉宋遣使趙道生來聘。（魏書·島夷劉裕列傳）

【附識】此年八月，宋文帝即位，改元元嘉。

始光二年(425)

制 三月，初造新字千餘。（魏書·世祖紀上，北史·魏本紀二）

【理據】《魏書》録帝詔曰：“然經歷久遠，傳習多失其真，故令文體錯謬，會義不愜，非所以示軌則於來世也。……今制定文字，世所用者，頒下遠近，永爲楷式。”

賓 四月，下詔遣使步堆（龍驤將軍）、胡覲（謁者僕射）聘於劉宋。（魏書·世祖紀上，北史·魏本紀二）

嘉 九月，永安殿、安樂殿成，丁卯（十五），大饗落成。（魏書·世祖紀上，北史·魏本紀二）

凶 八月，夏王赫連勃勃去世，赫連昌（太子）即位；葬於嘉平陵。（資治通鑑·宋紀二）

【論評】王夫之《讀通鑑論》（卷十五）評曰：“赫連勃勃權謀勇力皆萬人敵也，立國於險要之地，大修城池，宜足鞏固以居而末如之何，乃至其子而遂亡。故夷狄惡其起而若未足憂也，不患其盛而若不可拔也。赫連氏亡而五胡雜糅之中原皆爲拓跋氏所有，並劉、石、慕容、苻、姚、乞伏、赫連、沮渠、馮、高、呂、段、禿髮之宇而合於一。”

軍 十月，治兵於西郊。（魏書·世祖紀上）

【考釋】十月癸卯（二十一），帝北征柔然。

始光三年(426)

嘉 二月，起太學於城東，祀孔子，以顔淵配。（魏書·世祖紀上、儒林列傳，魏

志·禮一,北史·魏本紀二,通典·吉禮十二)

【因革】《儒林列傳》記曰:"後徵盧玄、高允等,而令州郡各舉才學。於是人多砥尚,儒林轉興。"

[吉] 六月,帝至雲中舊宮,謁陵廟。(魏書·世祖紀上,北史·魏本紀二)

[軍] 六月,帝至五原,田於陰山。(魏書·世祖紀上,北史·魏本紀二)

【儀制】《魏書·和跋列傳》記帝西巡五原,"回幸犲山校獵,忽遇暴風,雲霧四塞",帝遣古弼(建興公)祭和跋祠冢以三牲,霧即除散,"後世祖蒐狩之日,每先祭之"。《北史·和跋列傳》同。按和跋,在道武帝時曾封爲定陵公,後因奢淫被殺,諸弟亡奔長安,遂被誅全家。太武帝祭和跋事,恐即在此年。

[軍] 七月,帝登長川馬射臺,行射禮。(魏書·世祖紀上,北史·魏本紀二)

【儀制】《魏書》載曰:"築馬射臺於長川,帝親登臺觀走馬。王公諸國君長馳射,中者賜金錦繒絮各有差。"《北史》同。

[賓] 八月,劉宋遣使吉恒(殿中將軍)來聘。(魏書·世祖紀上、島夷劉裕列傳,北史·魏本紀二)

始光四年(427)

[賓] 四月丁未(初四),下詔遣使步堆(員外散騎常侍)、胡覲(謁者僕射)聘於劉宋。(魏書·世祖紀上)

[軍] 四月,治兵講武。(魏書·世祖紀上)

【儀制】《世祖紀》載曰:"分諸軍,司徒長孫翰、廷尉長孫道生、宗正娥清三萬騎爲前驅,常山王素、太僕丘堆、將軍元太毗步兵三萬爲後繼,南陽王伏真、執金吾桓貸、將軍姚黃眉步兵三萬部攻城器械,將軍賀多羅精騎三千爲前候。"

[軍] 五月戊戌(二十六),帝西征胡夏赫連昌至黑水,親祈天告祖宗之靈而誓衆。(魏書·世祖紀上,北史·魏本紀二)

軍 七月己卯(初七)，築壇於祚嶺，戲馬馳射。(魏書·世祖紀上,北史·魏本紀二)

軍 八月壬子(十一)，西征歸，飲至策勳，告於宗廟。(魏書·世祖紀上,北史·魏本紀二)

神麔元年(428)

軍 四月壬子(十五)，西巡，戊午(二十一)，田獵於河西。(魏書·世祖紀上,北史·魏本紀二)

凶 五月，西秦乞伏熾磐去世，乞伏暮末(太子)即位；六月，葬於武平陵。(資治通鑑·宋紀三)

吉 八月，帝至廣寧，祭黄帝、堯、舜廟以太牢。(魏書·世祖紀上,北史·魏本紀二)

軍 十一月，帝至河西，大校獵。(魏書·世祖紀上,北史·魏本紀二)

神麔二年(429)

賓 四月，劉宋遣使孫橫之(殿中將軍)來聘。(魏書·世祖紀上、島夷劉裕列傳,北史·魏本紀二)

【附識】《島夷劉裕列傳》載明年，"又遣殿中將軍田奇朝貢"，然實際明年二軍已開戰。

軍 四月，帝將北征柔然，治兵於南郊。十月，大捷而還，告於宗廟，遍告群神。(魏志·禮一,魏書·世祖紀上、蠕蠕列傳,北史·魏本紀二)

【儀制】《資治通鑑·宋紀三》記曰："先祭天，然後部勒行陣。"

軍 十一月，西巡狩，田獵於河西，至祚山。(魏書·世祖紀上,北史·魏本紀二)

神麚三年(430)

凶　二月丁卯(初十)，長孫翰(司徒，平陽王)去世，帝親臨；葬禮依安城王(叔孫俊)故事，陪葬金陵。(魏書·長孫肥列傳、世祖紀上，北史·長孫肥列傳)

軍　八月，將西討，治兵；甲戌(二十)，至南宮，獵於南山。(魏書·世祖紀上)

吉　九月癸卯(二十)，立密太后(杜氏)廟於鄴，刺史四時薦祀。(魏書·世祖紀上、皇后列傳，魏志·禮一，北史·魏本紀二)

【儀制】《魏志》記曰："置祀官太常博士、齊郎三十餘人，侍祀，歲五祭。"

【論評】《皇后列傳》載其後孝文帝下詔曰："此乃先皇所立，一時之至感，非經世之遠制。"至此方罷祀。

【考釋】① 密皇后，係明元帝貴嬪，帝之母，泰常五年(420)去世。② 此事《魏志》承上北征柔然事，則在神麚二年，疏誤。

神麚四年(431)

嘉　正月壬午(初一)，帝至木根山，大饗群臣。(魏書·世祖紀上，北史·魏本紀二)

軍　二月癸酉(二十二)，帝還平城，飲至策勳，告於宗廟。(魏書·世祖紀上，北史·魏本紀二)

【理據】《資治通鑑·宋紀四》胡注："賞北伐柔然、西伐夏、南禦宋之功也。"

軍　二月，定州民飢，下詔開倉賑濟。(魏書·世祖紀上，北史·魏本紀二)

賓　閏六月乙未(十六)，下詔遣使周紹(散騎常侍)聘於劉宋。(魏書·世祖紀上，北史·魏本紀二)

【考釋】《資治通鑑·宋紀四》記曰："且求昏，帝依違答之。"按此帝，指宋文帝。

賓 八月乙酉(初七)，北涼沮渠蒙遜遣子安周來魏；九月癸亥(初四)，下

詔李順(兼太常)持節册拜沮渠蒙遜爲涼州牧、涼王，建天子旌旗。

（魏書‧世祖紀上、沮渠蒙遜列傳，北史‧魏本紀二）

【因革】《沮渠蒙遜列傳》録册文曰："如漢初諸侯王故事。"

制 十月戊寅(初一)，下詔令崔浩(司徒)改定律令。（魏書‧世祖紀上，北史‧魏本

紀二，通典‧刑法二）

【理據】《魏志‧刑罰》記曰："世祖即位，以刑禁重，……詔司徒崔浩定律令。"

【因革】《唐六典》(卷六)自注："後魏初，置四部大人，坐庭決辭訟，以言語約束，

刻契記事，無刑名之制。至太武帝始命崔浩定刑名，於漢魏以來律除髠鉗五歲、

四歲刑，增二歲刑，……五刑二百三十一條，始置枷拘罪人。"

【考釋】《魏書‧崔浩列傳》記曰："朝廷禮儀、優文策詔、軍國書記，盡關於浩。

浩能爲雜説，不長屬文，而留心於制度、科律及經術之言。"《北史‧崔宏列

傳》同。

制 毛脩之爲太官尚書，教以南朝禮制。（南史‧毛脩之列傳，魏書‧毛脩之列傳）

【附識】毛脩之曾任劉宋安西司馬，後爲赫連勃勃所擒，至赫連昌爲帝所滅，入

北魏。

【考釋】毛脩之進太官尚書，在帝去歲十二月平平涼之後，暫繫於此。

延和元年(432)

吉 正月丙午(初一)，尊保太后(竇氏)爲皇太后，立赫連氏(貴人)爲皇后，

立拓跋晃爲皇太子，告謁太廟。（魏書‧世祖紀上，北史‧魏本紀二）

嘉 三月丁未(初三)，追贈賀氏(夫人)爲皇后。（魏書‧世祖紀上，北史‧魏本紀二）

【附識】據《魏書‧皇后列傳》，敬哀皇后賀氏去世於神䴥元年(428)。

軍 五月，將討北燕馮弘，治兵於南郊。（魏書‧世祖紀上）

[賓] 五月，劉宋遣使趙道生來聘。六月辛卯(十八)，下詔遣使鄧穎(兼散騎常侍)聘於劉宋。（魏書·世祖紀上、島夷劉裕列傳，北史·魏本紀二）

【考釋】《資治通鑑·宋紀四》記劉宋此年所遣使者爲趙道生。

[軍] 九月，徙營丘、成周、遼東、樂浪、帶方、玄菟六郡人三萬家於幽州，開倉賑濟。（魏書·世祖紀上，北史·魏本紀二）

延和二年(433)

[賓] 二月壬午(十三)，下詔遣使宋宣(兼散騎常侍)聘於劉宋。九月，劉宋遣使趙道生來聘，獻馴象一。十二月，又下詔遣使盧玄(兼散騎常侍)聘於劉宋。（魏書·世祖紀上、島夷劉裕列傳，北史·魏本紀二）

【考釋】《資治通鑑·宋紀四》記宋宣之聘，"且爲太子晃求婚，帝依違答之。"按此帝，指宋文帝。

[賓] 二月丙申(二十七)，北燕馮朗(馮崇同母弟)來朝。（魏書·世祖紀上）

[凶] 四月，西涼乞伏蒙遜去世，遣使請命於魏，魏遣使監護喪事，乞伏牧犍(新立世子)即位。（魏書·乞伏蒙遜列傳，資治通鑑·宋紀四）

延和三年(434)

[嘉] 正月乙未(初一)，帝至女水，大饗群臣。（魏書·世祖紀上，北史·魏本紀二）

[賓] 二月，帝以西海公主嫁於柔然敕連可汗，丁卯(初四)，敕連可汗遣禿鹿傀(可汗兄)及數百人送妹來，並朝貢，帝以其妹爲左昭儀。（魏書·世祖紀上、蠕蠕列傳）

太延元年(435)

嘉 正月癸未(二十五)，出道武帝、明元帝宫人，令婚嫁。(魏書·世祖紀上，北史·魏本紀二)

賓 五月，西域龜兹、疏勒、烏孫、悦般、渴槃陁、鄯善、焉耆、車師、粟特九國遣使來獻；帝欲不回聘，有司固請，乃遣使者王恩生、許綱等二十輩出西域。(魏書·世祖紀上、西域列傳，北史·魏本紀二)

【因革】《西域列傳》記曰："恩生出流沙，爲蠕蠕所執，竟不果達。"

吉 自三月至六月，不雨，甲午(初八)，下詔令天下大酺五日，禮報百神，守宰祭界内名山大川，數日，大雨。(魏書·世祖紀上，魏志·靈徵下，北史·魏本紀二)

軍 十一月己巳(十六)，校獵於廣川。(魏書·世祖紀上，北史·魏本紀二)

吉 十一月丙子(二十三)，帝至鄴，祀密太后廟。(魏書·世祖紀上，北史·魏本紀二)

嘉 十一月，帝行過諸所，對問高年，褒禮賢俊。(魏書·世祖紀上，北史·魏本紀二)

【因革】此後太延三年(437)二月，帝至幽州，存恤孤老，問民疾苦。

吉 十二月，於恒嶽、華嶽、嵩嶽立廟。癸卯(二十)，遣使以太牢祀恒嶽。(魏志·禮一，魏書·世祖紀上，北史·魏本紀二)

【儀制】《魏志》記曰："各置待祀九十人，歲時祈禱水旱。其春秋泮涸，遣官率刺史祭以牲牢，有玉幣。"

凶 杜豹(密太后之父)去世於濮陽，帝命其孫杜道生迎葬於鄴，以杜銓(中書博士)爲宗正，營護喪事。(魏書·杜銓列傳，北史·杜銓列傳)

【理據】《魏書》錄帝曰："朕今方改葬外祖，意欲取京兆中長老一人，以爲宗正，命營護凶事。"《北史》同。

【考釋】此事未悉年月，今略推暫繫於此。

太延二年(436)

[賓] 二月壬辰(初十)，遣使者十餘輩詣高麗、東夷諸國。（魏書‧世祖紀上，北史‧魏本紀二）

[賓] 三月丙辰(初五)，劉宋遣使元紹來聘。七月庚戌(初一)，下詔遣使游雅(散騎常侍，廣平子)聘於劉宋。（魏書‧世祖紀上、島夷劉裕列傳，北史‧魏本紀二）

[制] 三月，楊難當(氐王)自立爲大秦王，置百官如天子之制，具擬劉宋。（宋書‧氐胡列傳）

[賓] 八月丁亥(初八)，遣使六輩出西域。（魏書‧世祖紀上，北史‧魏本紀二）

【因革】據《魏書‧西域列傳》，此年遣使乃董琬、高明等，"已而琬、明東還，烏孫、破洛那之屬遣使與琬俱來貢獻者十有八國。自後相繼而來，不間于歲，國使亦數十輩矣"。

[軍] 八月丁亥，帝校獵於河西。（魏書‧世祖紀上，北史‧魏本紀二）

太延三年(437)

[賓] 三月丁酉(二十二)，劉宋遣使劉熙伯(散騎常侍)來聘。（魏書‧世祖紀上、島夷劉裕列傳，北史‧魏本紀二）

【考釋】《島夷劉裕列傳》記此月遣使來議納幣，"六月，義隆女死，不果爲婚"。按納幣事，上承延和二年(433)北魏求婚。

[賓] 北涼封壇(河西王沮渠牧犍世子)來朝。（魏書‧世祖紀上，北史‧魏本紀二）

太延四年(438)

賓 三月庚辰(初十)，鄯善素延耆(王弟)來朝。(魏書·世組紀上，北史·魏本紀二)

軍 十月乙丑(二十九)，大饗六軍。(魏書·世祖紀上)

賓 十二月，下詔遣使高雅(兼散騎常侍)聘於劉宋。(魏書·世祖紀上，北史·魏本紀二)

太延五年(439)

軍 五月丁丑(十四)，治兵於西郊。(魏書·世祖紀上)

【考釋】此年六月甲辰(十一)，帝西討北涼沮渠牧犍。

軍 七月己巳(初七)，帝至上郡屬國城，將征北涼，大饗群臣，講武馬射。(魏書·世祖紀上，北史·魏本紀二)

賓 十一月乙巳(十五)，劉宋遣使黃延年來聘，獻馴象一。(魏書·世祖紀上、島夷劉裕列傳，北史·魏本紀二)

軍 十二月壬午(二十三)，西征還京，飲至策勳，告於宗廟。(魏書·世祖紀上，北史·魏本紀二)

嘉 索敞出任中書博士，十餘年篤勤訓授；常爽置館於溫水之右，教授門徒七百餘人。(魏書·索敞列傳、儒林列傳，北史·索敞列傳、儒林列傳，資治通鑑·宋紀五)

【論評】①《通鑑》記曰：“時魏朝方尚武功，貴游子弟不以講學爲意。……由是魏之儒風始振。”②《魏書·儒林列傳》記曰：“爽不事王侯，獨守閑静，講肄經典二十餘年，時人號爲‘儒林先生’。”《北史·儒林列傳》同。

【論評】陳寅恪《隋唐制度淵源略論稿》論曰："常爽出自涼州世族,而爲北魏初大師,代京學業之興,實由其力,其見重於崔浩、高允諸人,固其宜矣。"(《禮儀》,第46頁)

【考釋】此二事未悉年月,暫依《通鑑》置於此年末。

凶 胡叟(始復男,虎威將軍)去世,妻子俱已亡,宗人胡始昌迎而殯之於家,葬於墓次。(魏書·胡叟列傳,北史·胡叟列傳)

【考釋】①《魏書》記曰:"[胡始昌]即令一弟繼之,襲其爵始復男、虎威將軍。"《北史》同。② 此事未悉年月,茲因胡叟入魏,賜爵當在此時,暫繫於此,其卒應在此後數年。

太平真君元年(440)

嘉 正月辛亥(二十二),分遣侍臣巡行州郡,觀察風俗,問民疾苦。(魏書·世祖紀下,北史·魏本紀二)

賓 二月己巳(十一),下詔遣使邢穎(通直常侍)聘於劉宋。(魏書·世祖紀下,北史·魏本紀二)

凶 七月丙申(初十),皇太后(竇氏)去世於行宮,下詔天下大臨三日;明年三月辛卯(初三),葬於崞山。(魏書·世祖紀下、皇后列傳,北史·魏本紀二)

【儀制】《皇后列傳》記曰:"別立后寢廟於崞山,建碑頌德。"

【考釋】竇氏,係帝之保母,其生前登崞山,有意葬此。

【論評】秦蕙田《五禮通考》論曰:"華陰公主以保護太宗之功,因立別廟於太祖廟垣後,視晉之竟以公主祔廟者,此差近禮;若夫竇、常二氏,尊之未免已甚。……今北魏竇、常二保母,正與梁武所言第三條慈母相同,服且不制,況於稱太后、置園陵、立寢廟哉?"(《吉禮一百二》"后妃廟")

軍 州鎮十五民飢,開倉賑恤。(魏書·世祖紀下,北史·魏本紀二)

太平真君二年(441)

賓 四月丁巳(初五)，劉宋遣使黃延年來聘。八月辛亥(初一)，下詔遣使張偉(散騎常侍)聘於劉宋。(魏書·世祖紀下、島夷劉裕列傳，北史·魏本紀二)

賓 十二月丙子(二十八)，劉宋遣使黃延年來聘。(魏書·世祖紀下、島夷劉裕列傳，北史·魏本紀二)

太平真君三年(442)

嘉 正月甲申(初七)，帝至道壇，親受符籙。(魏書·世祖紀下，魏志·釋老，北史·魏本紀二)

【儀制】《魏志》記曰："備法駕，旗幟盡青，以從道家之色也。"二本紀略同。

又《隋志·經籍四》記曰："其受道之法，初受五千文籙，次受三洞籙，次受洞玄籙，次受上清籙。籙皆素書，紀諸天曹官屬佐吏之名有多少，又有諸符，錯在其間，文章詭怪，世所不識。受者必先潔齋，然後齎金環一，并諸贄幣，以見於師。師受其贄，以籙授之，仍剖金環，各持其半，云以為約。弟子得籙，緘而佩之。"

【因革】《魏志》記曰："自後諸帝，每即位皆如之。"按此後文成帝興光元年(454)、獻文帝天安元年(466)又行此事。

【論評】康樂指出："雖然太武帝卒後(452)，道教即已失勢，然而拓跋魏的國家祭典卻從此增加一項：此即每一新君即位，必親至道壇受符籙，以示得天命之始。大概一直要到孝文帝下令道壇南移遠離都城，此一典禮纔告停止。"(《從西郊到南郊：拓跋魏的"國家祭典"與孝文帝的"禮制改革"》，《臺灣學者中國史研究論叢·政治與權力》，第212頁)

凶 十二月辛巳(初九)，盧魯元(太保，襄城公)去世，帝臨喪，哭之哀慟，喪禮依安城王(叔孫俊)故事；葬於崞山，為建碑闕。(魏書·盧魯元列傳、世祖

紀下，北史·盧魯元列傳）

【儀制】《魏書》記曰：“東西二宮命太官日送奠，晨昏哭臨，訖則備奏鐘鼓伎樂。
輿駕比葬三臨之。”《北史》同。

【論評】《魏書》記曰：“自魏興，貴臣恩寵，無與爲比。”《北史》同。

太平真君四年（443）

軍 六月癸巳（二十四），大閱於西郊。（魏書·世祖紀下，北史·魏本紀二）

嘉 十一月甲子（二十七），帝至朔方，下詔令皇太子（拓跋晃）副理萬機，總
統百揆。（魏書·世祖紀下，北史·魏本紀二）

吉 遣李敞（中書侍郎）往烏洛侯國，祭舊祖宗石廟。（魏志·禮一）

【因革】《魏志》記曰：“魏先之居幽都也，鑿石爲祖宗之廟於烏洛侯國西北。自
後南遷，其地隔遠。真君中，烏洛侯國遣使朝獻，云石廟如故，民常祈請，有神驗
焉。”又曰：“石室南距代京可四千餘里。”按此爲北魏先祖原宗廟，在漠北，定都
平城之後曾重建宗廟，於天興二年（399）十月成；後於孝文帝太和十五年（491）又
改建宗廟。

【考釋】此事《魏志》僅云在太平真君中，據《魏書·烏洛侯列傳》可知在此年。

太平真君五年（444）

嘉 正月壬寅（初六），皇太子始總百揆。（魏書·世祖紀下，北史·魏本紀二）

【儀制】《世祖紀》末附皇太子監國時曾下令“禁飲酒、雜戲、棄本沽販者”。

嘉 正月庚戌（十四），下詔令自王公以下至於卿士之子皆入太學，不準
私立學校。（魏書·世祖紀下，北史·魏本紀二）

嘉 三月戊戌（初三），大會於那南池。（魏書·世祖紀下，北史·魏本紀二）

賓 三月戊戌，遣使四輩出西域。（魏書·世祖紀下，北史·魏本紀二）

吉 六月，崔浩（司徒）奏議請存合於祀典者五十七所，其餘重復及小神皆罷之，奏可。（魏志·禮一）

【因革】《資治通鑑·宋紀六》記曰："魏入中國以來，雖頻用古禮祀天地、宗廟、百神，而猶循其舊俗，所祀胡神甚眾。"

軍 八月乙丑（初三），田獵於河西。（魏書·世祖紀下，北史·魏本紀二）

賓 八月壬午（二十），下詔遣使高濟（員外散騎常侍）聘於劉宋。（魏書·世祖紀下，北史·魏本紀二）

【考釋】《魏書·島夷劉裕列傳》記此年，劉宋亦曾遣使朝貢。

太平真君六年(445)

嘉 正月辛亥（二十一），帝至定州，引見父老，存問之。（魏書·世祖紀下，北史·魏本紀二）

賓 正月辛亥，下詔遣使宋愔（兼員外散騎常侍）聘於劉宋。（魏書·世祖紀下，北史·魏本紀二）

軍 十一月，拓跋那（高涼王）振旅於京師。（魏書·世祖紀下，北史·魏本紀二）

太平真君七年(446)

嘉 二月丙戌（初二），帝至長安，存問父老。（魏書·世祖紀下，北史·魏本紀二）

軍 二月，帝至雍城，田獵於岐山之陽。（魏書·世祖紀下，北史·魏本紀二）

嘉 三月，下詔諸州坑沙門，毀諸佛像。（魏書·世祖紀下，北史·魏本紀二）

太平真君九年（448）

賓 正月，劉宋遣使來聘，獻孔雀。（魏書·世祖紀下、島夷劉裕列傳，北史·魏本紀二）

軍 二月，山東民飢，開倉賑濟。（魏書·世祖紀下，北史·魏本紀二）

軍 八月，下詔中外諸軍戒嚴；九月乙酉（十六），治兵於西郊。（魏書·世祖紀下，北史·魏本紀二）

【考釋】此年六月，悦般國遣使求與王師俱討柔然，帝許之。

制 十月癸卯（初五），因婚姻奢靡，喪葬過度，下詔有司更爲科限。（魏書·世祖紀下，北史·魏本紀二）

太平真君十年（449）

嘉 正月戊辰（初一），帝大饗群臣於漠南。（魏書·世祖紀下，北史·魏本紀二）

軍 三月，蒐於河西。（魏書·世祖紀下，北史·魏本紀二）

軍 九月，閲武於磧上，預備北征柔然。（魏書·世祖紀下，北史·魏本紀二）

嘉 十月庚子（初八），皇太子及群官奉迎於行宮；壬午，大饗。（魏書·世祖紀下，北史·魏本紀二）

【考釋】此年十月癸巳朔，無壬午日。

吉 崔浩（司徒）用閔堪（著作令史）、郄標（著作令史）議，刊石於天郊壇東三里，方百步，載崔浩所修魏國史，及所注五經。（北史·崔宏列傳，資治通鑑·宋紀七）

【考釋】①《北史》記曰："浩書國事備而不典，而石銘顯在衢路，北人咸悉忿毒，相與構浩於帝。帝大怒,使有司案浩,取祕書郎及長歷生數百人意狀。浩服受賕。"② 崔浩於明年六月被殺,此事當在其前。

又《通鑑》胡注:"據《水經注》,平城西郭外有郊天壇。"

【論評】王夫之《讀通鑑論》(卷十五)評曰:"於崔浩以史被殺,而重有感焉。浩以不周身之智,爲索虜用,乃欲伸直筆於狼子野心之廷,以速其死,其愚固矣。然浩死而後世之史益蔑,則浩存直筆於天壤,亦未可没也。"

太平真君十一年(450)

囯嘉 正月,帝至洛陽,所過諸郡,皆親對高年,存恤孤寡。(魏書·世祖紀上,北史·魏本紀二)

囯軍 二月甲午(初三),大蒐於梁川。(魏書·世祖紀下,北史·魏本紀二)

囯軍 八月癸亥(初六),田獵於河西;癸未(二十六),治兵於西郊。(魏書·世祖紀下,北史·魏本紀二)

【考釋】此年九月,帝南征,皇太子北征。

囯吉 九月辛卯(初四),帝南征;經恒山,祀以太牢;渡河、濟,祀以少牢;過岱宗,祀以太牢。(魏志·禮一,魏書·世祖紀下,北史·魏本紀二,通典·吉禮五)

囯吉 十一月辛卯(二十五),至鄒山,使者以太牢祭孔子。(魏志·禮一,魏書·世祖紀下,北史·魏本紀二)

【附識】《資治通鑑·宋紀七》記在祀孔之前,"魏主見秦始皇石刻,使人排而仆之"。

囯賓 十二月甲申(二十九),劉宋遣使黃延年獻百牢,請進女於皇孫以求和好,帝以出師行婚非禮,許和不許婚。(魏書·世祖紀下、島夷劉裕列傳,北史·魏本紀二)

正平元年(451)

嘉 正月丙戌（初一），大會群臣於長江瓜步山。（魏書‧世祖紀下、島夷劉裕列傳，北史‧魏本紀二，資治通鑑‧宋紀八）

軍 三月己亥（十五），帝返平城，飲至策勳，告於宗廟。（魏書‧世祖紀下，北史‧魏本紀二）

制 六月，下詔游雅（太子少傅）、胡方回（中書侍郎）等改定律制。（魏書‧世祖紀下、游雅列傳，魏志‧刑罰，北史‧魏本紀二、游雅列傳，通典‧刑法二）

【理據】《世祖紀》録帝詔曰："夫刑網太密，犯者更衆，朕甚愍之。有司其案律令，務求厥中。自餘有不便於民者，依比增損。"《魏志》、《北史》同。

【儀制】《魏志》記曰："盜律復舊，加故縱、通情、止舍之法及他罪，凡三百九十一條。門誅四，大辟一百四十五，刑二百二十一條。"然而，"有司雖增損條章，猶未能闡明刑典"。

凶 六月戊辰（十五），皇太子（拓跋晃）去世；壬申（十九），葬於雲中金陵。（魏書‧世祖紀下，北史‧魏本紀二）

賓 十月庚申（初九），劉宋遣使孫蓋（將軍）來聘。下詔遣使郎法祐（殿中將軍）聘於劉宋。（魏書‧世祖紀下、島夷劉裕列傳，北史‧魏本紀二）

凶 十月己巳（十八），長孫道生（司空）去世；葬禮依其祖靖王故事，陪葬雲中金陵。（魏書‧長孫道生列傳、世祖紀下，北史‧長孫道生列傳）

賓 唐和（鎮守焉耆）來朝，厚禮之。（魏書‧唐和列傳，北史‧唐和列傳）

【理據】唐和爲平定西域，出過重力。

承平元年(452)

凶 二月甲寅（初五），帝被殺於永安宮，南安王（拓跋余）即位；三月辛卯（十

三),葬於雲中金陵。(魏書‧世祖紀下,北史‧魏本紀二)

【考釋】《魏書》記帝去世於"三月甲寅",本年三月己卯朔,無甲寅日,下文署入

葬時日又曰"三月辛卯",其間又云"祕不發喪",故此可知帝去世當在二月甲寅。

文成帝(高宗,拓跋濬,太武帝長孫)

興安元年(452)

吉凶 十月丙午(初一),南安王(拓跋余)夜祭東廟,被殺;葬以王禮。(魏
書‧太武五王列傳,北史‧太武五王列傳,資治通鑑‧宋紀八)

吉 十月戊申(初三),帝即位於永安前殿,改元。(魏書‧高宗紀,北史‧魏本
紀二)

凶 十一月甲申(初九),帝母(閭氏)去世;十二月戊申(初四),祔葬於雲中

金陵。(魏書‧高宗紀,北史‧魏本紀二)

【考釋】十一月壬寅(二十七),追尊皇考(拓跋晃)爲景穆皇帝,皇妣爲恭皇后。

制 十二月乙卯(十一),初復佛法。(魏書‧世祖紀下,北史‧魏本紀二)

軍 十二月癸亥(十九),因營州蝗,下詔開倉賑恤。(魏書‧高宗紀,北史‧魏本紀二)

興安二年(453)

軍 七月,築馬射臺於南郊。九月壬子(十三),閱武於南郊。(魏書‧高宗
紀,北史‧魏本紀二)

嘉 十一月辛酉(二十三),帝至信都、中山,觀察風俗。(魏書‧高宗紀,北史‧
魏本紀二)

吉 遣有司至華嶽修廟立碑。(魏志‧禮一)

748

興光元年(454)

嘉 二月甲午(二十七)，帝至道壇，登受圖錄。（魏書・高宗紀，北史・魏本紀二）

太安元年(455)

吉 正月辛酉(二十九)，奉太武帝、景穆帝神主於太廟。（魏書・高宗紀，北史・魏本紀二）

【考釋】景穆帝，即恭宗，拓跋晃，太武帝長子，文成帝係其長子。

嘉 三月，於西苑遍秩群神。（魏書・高宗紀）

嘉 六月癸酉(十三)，下詔遣穆伏真(尚書)等三十人巡行州郡，觀察風俗，視民疾苦。（魏書・高宗紀，魏志・食貨，北史・魏本紀二）

【考釋】《魏志》記曰："詔使者察諸州郡墾殖田畝、飲食衣服、閭里虛實、盜賊劫掠、貧富強劣而罰之，自此牧守頗改前弊，民以安樂。"

太安二年(456)

嘉 正月乙卯(二十九)，立馮氏(貴人)爲皇后。 二月丁巳(初一)，立拓跋弘爲皇太子。（魏書・高宗紀、顯祖紀，北史・魏本紀二）

軍 八月甲申(初一)，敗於河西。（魏書・高宗紀，北史・魏本紀二）

太安三年(457)

軍 正月壬戌(十七)，敗於崞山。五月庚申(十七)，敗於松山。（魏書・高宗紀）

軍 八月，敗於陰山之北。（魏書‧高宗紀，北史‧魏本紀二）

軍 十二月，以州鎮五蝗災，民飢，開倉賑濟。（魏書‧高宗紀，北史‧魏本紀二）

太安四年(458)

制 正月丙午（初一），初設酒禁，釀、酤、飲者皆斬之。（魏書‧高宗紀，魏志‧刑罰，北史‧魏本紀二，通典‧刑法二、刑法八，資治通鑑‧宋紀十）

【儀制】《魏志》記曰："吉凶賓親，則開禁，有日程。"

【理據】《魏志》記曰："是時年穀屢登，士民多因酒致酗訟，或議主政，帝惡其若此，故一切禁之。"

【因革】① 此前太平真君年間皇太子建國，曾下令禁酒。②《魏志》記"顯祖即位，……開酒禁"。

嘉 正月庚午（二十五），帝至遼西黃山宮，游宴數日，親對高年，勞問疾苦。（魏書‧高宗紀，北史‧魏本紀二）

嘉 二月丙子（初二），帝登碣石山，觀滄海，大饗群臣於山下；並築壇記行於海濱。（魏書‧高宗紀，北史‧魏本紀二）

軍 二月戊寅（初四），帝至信都，畋游於廣川；三月丁未（初三），觀馬射於中山。（魏書‧高宗紀，北史‧魏本紀二）

軍 六月丙申（十八），畋於松山。（魏書‧高宗紀，北史‧魏本紀二）

嘉 七月辛亥（初九），太華殿成，丙寅（二十四），饗群臣。（魏書‧高宗紀，北史‧魏本紀二）

凶 十月，北巡至陰山，見故冢毀廢，下詔有穿毀墳隴者斬之。（魏書‧高宗紀，北史‧魏本紀二）

【理據】《高宗紀》録帝詔曰："昔姬文葬枯骨,天下歸仁。"

制 因婚娶喪葬不依古式,高允(中書侍郎)上諫。 (魏書·高允列傳,北史·高允列傳)

【因革】《魏書》録高允言婚禮曰："禮云:嫁女之家,三日不息燭;娶婦之家,三日不舉樂。今諸王納室,皆樂部給伎以爲嬉戲,而獨禁細民,不得作樂。"又:"古之婚者,皆揀擇德義之門,妙選貞閑之女,先之以媒娉,繼之以禮物,集僚友以重其別,親御輪以崇其敬,婚姻之際,如此之難。今諸王十五,便賜妻別居。然所配者,或長少差舛,或罪入掖庭,而作合宗王,妃嬪藩懿。失禮之甚,無復此過。"

又《魏書》録高允言葬禮曰："今國家營葬,費損巨億,一旦焚之,以爲灰燼。苟靡費有益於亡者,古之臣奚獨不然。"

又《魏書》録高允言祭禮曰："古者祭必立尸,序其昭穆,使亡者有憑,致食饗之禮。今已葬之魂,人直求貌類者事之如父母,燕好如夫妻,損敗風化,瀆亂情禮,莫此之甚。"

又《魏書》録高允言饗禮曰："夫饗者,所以定禮儀,訓萬國,故聖王重之。至乃爵盈而不飲,肴乾而不食,樂非雅聲則不奏,物非正色則不列。今之大會,内外相混,酒醉喧譊,罔有儀式。又俳優鄙藝,污辱視聽。"

太安五年(459)

軍 十二月戊申(十五),因六鎮、雲中、高平、二雍、秦州遍遇災旱,年穀不收,下詔開倉廩賑濟。 (魏書·高宗紀,北史·魏本紀二)

和平元年(460)

賓 正月庚午(初七),下詔遣使馮闡(散騎常侍)聘於劉宋。七月乙丑(初五),劉宋遣使明僧暠(散騎常侍)來朝。十一月,下詔遣使盧度世(散騎侍

郎)、**朱安興**(員外郎)**聘於劉宋。**（魏書‧高宗紀、島夷劉裕列傳，北史‧魏本紀二）

【附識】《南史‧宋本紀中》記大明四年(460)十二月，"魏遣使通和"。

[吉] **正月，帝東巡，經橋山，祀黄帝；至遼西，望祀醫無閭山；過恒嶽，禮其神。**（魏志‧禮一，通典‧吉禮十三）

[凶] **四月戊戌**(初七)**，皇太后**(常氏)**去世於壽安宮，下詔天下大臨三日；五月癸酉**(十二)**，葬於廣寧鳴雞山。**（魏書‧高宗紀、皇后列傳，北史‧魏本紀二）

【儀制】《皇后列傳》記曰："依惠太后故事，別立寢廟，置守陵二百家，樹碑頌德。"

【考釋】常氏，係帝之乳母，遺志葬此。

[吉] **四月，因旱，下詔州郡於其界內神無大小，悉灑掃薦以酒脯。秋後，各隨本秩祭以牲牢。**（魏志‧禮一，通典‧吉禮二）

【因革】《魏志》述曰："至是，群祀先廢者皆復之。"按此係就太平真君中廢淫祠而言。

和平二年(461)

[吉] **正月，帝南巡，過石門，遣使者禮恒嶽，以玉璧牲牢。**（魏志‧禮一，通典‧吉禮十三）

[嘉] **正月至三月，帝南巡所過，皆親對高年，問民疾苦。**（魏書‧高宗紀，北史‧魏本紀二）

【儀制】《魏書》記曰："詔民年八十以上，一子不從役。"《北史》同。

[賓] **三月，劉宋遣使尹顯**(散騎常侍)**來聘。十月，下詔遣使游明根**(員外散騎常侍)**、和天德**(員外郎，昌邑侯)**聘於劉宋。**（魏書‧高宗紀、島夷劉裕列傳，北史‧魏本紀二）

和平三年(462)

軍 二月癸酉(二十二)，畋於崞山，觀漁於旋鴻池。(魏書·高宗紀,北史·魏本紀二)

賓 三月甲申(初四)，劉宋遣使嚴靈護(散騎常侍)來聘。十月，下詔遣使游明根(員外散騎常侍)、和天德(員外郎,昌邑侯)聘於劉宋。(魏書·高宗紀、島夷劉裕列傳,北史·魏本紀二)

軍 十二月乙卯(初九)，制戰陳之法十餘條，行大儺之禮，耀兵示武。

(魏書·高宗紀,魏志·禮四,北史·魏本紀二,通典·軍禮一)

【儀制】《魏志》記曰："更爲制,令步兵陳於南,騎士陳於北,各擊鍾鼓,以爲節度。其步兵所衣,青赤黃黑別爲部隊。盾稍矛戟相次周回轉易,以相赴就。有飛龍、騰蛇之變,爲函箱魚鱗四門之陳,凡十餘法。踞起前却,莫不應節。陳畢,南北二軍皆鳴鼓角,衆盡大噪。各令騎將六人去來挑戰,步兵更進退以相拒擊,南敗北捷,以爲盛觀。"

【因革】《魏志》述曰："因歲除大儺之禮,遂耀兵示武,……自後踵以爲常。"可見大儺在北魏每年均行,此年則定制,此後沿用。

和平四年(463)

嘉 三月乙未(二十一)，賜京師民年七十以上太官廚食，以終其年。(魏書·高宗紀,北史·魏本紀二)

軍 四月癸亥(十九)，帝至西苑，親射虎三頭。(魏書·高宗紀,北史·魏本紀二)

軍 七月壬午(初九)，下詔講武宜仍舊貫，不必改作。(魏書·高宗紀,北史·魏本紀二)

【因革】《魏書》錄帝詔曰："朕每歲以秋日閑月,命群官講武平壤,所幸之處,必立宮壇。"《北史》同。可見高帝講武之頻繁。

軍 八月丙寅(二十四)，畋獵於河西。(魏書·高宗紀，北史·魏本紀二)

【考釋】《魏志·天象三》記在前年三月，"發卒五千餘，通河西獵道"。

賓 十月，下詔遣使游明根(員外散騎常侍)、婁内近(驃騎將軍，昌邑子)、李五麟(寧朔將軍，襄平子)聘於劉宋。(魏書·高宗紀，北史·魏本紀二)

【儀制】《魏書·游明根列傳》記游氏出使劉宋，"前後三返，駿稱其長者，迎送之禮有加常使"。《北史·游雅列傳》同。

制 十二月辛丑(初一)，下詔令有司條格喪葬婚禮等級。(魏書·高宗紀，北史·魏本紀二)

【理據】《魏書》録帝詔曰："名位不同，禮亦異數，所以殊等級，示軌儀。今喪葬嫁娶，大禮未備，貴勢豪富，越度奢靡，非所謂式昭典憲者也。"因此，必須使有司為之定制，"使貴賤有章，上下咸序"。

嘉 十二月壬寅(初二)，下詔貴庶不得通婚。(魏書·高宗紀，北史·魏本紀二)

【儀制】《魏書》録帝詔曰："今制皇族、師傅、王公侯伯及士民之家，不得與百工、伎巧、卑姓為婚，犯者加罪。"《北史》同。

【理據】帝詔又曰："中代以來，貴族之門多不率法，或貪利財賄，或因緣私好，在於苟合，無所選擇，令貴賤不分，巨細同貫，塵穢清化，虧損人倫。"逯耀東認為："在這個時期拓跋氏……和漢人通婚，所娶的不是'罪人掖庭'，便是'舅氏輕微''族非百兩'人家的女兒，很少是中原顯族"，"這種'巨細同貫'的婚姻，引起中原士族的卑視。"(《從平城到洛陽》，第196頁)按此正為北魏漢化之重要舉措。

【因革】太和二年(478)五月，孝文帝又下詔重申此二制，謂"先帝親發明詔，為之科禁，而百姓習常，仍不肅改"。

和平五年(464)

軍 二月，州鎮十四去歲蟲水災，開倉賑恤。(魏書·高宗紀，北史·魏本紀二)

吉 七月，帝至河西，高車五部相聚祭天，衆至數萬，帝往觀之。（魏

書·高車列傳，資治通鑑·宋紀十一）

【儀制】《魏書》記曰："大會，走馬殺牲，游遶歌吟忻忻，其俗稱自前世以來無盛

於此。"

和平六年(465)

制 刁雍(特進)上表請修禮正樂，詔令公卿集議。（魏書·刁雍列傳）

【附識】《魏書》記曰："會高宗崩，遂寢。"

凶 五月癸卯(十一)，帝去世於太華殿；甲辰(十二)，皇太子即位；八月，

葬於雲中金陵。（魏書·高宗紀、顯祖紀，北史·魏本紀二）

【儀制】《魏書·皇后列傳》記曰："故事：國有大喪，三日之後，御服器物一以燒

焚，百官及中宮皆號泣而臨之。"

獻文帝(顯祖，拓跋弘，文成帝長子)

制 六月乙丑(初二)，下詔定十一而稅制。（魏書·顯祖紀）

【考釋】《魏書》"乙丑"上脫"六月"二字，五月至癸亥(二十九)而畢。

天安元年(466)

吉 三月辛丑(十四)，文成帝神主祔於太廟。（魏書·顯祖紀，北史·魏本紀二）

嘉 三月辛亥(二十四)，帝至道壇，親受圖籙。（魏書·顯祖紀，北史·魏本紀二）

吉 九月己酉(二十五)，初立鄉學。（魏書·顯祖紀、高允列傳、李欣列傳，北史·魏本紀

二、高允列傳，通典·吉禮十二）

【儀制】《高允列傳》記高允上表曰:"請制大郡立博士二人、助教四人、學生一百人,次郡立博士二人、助教二人、學生八十人,中郡立博士一人、助教二人、學生六十人,下郡立博士一人、助教一人、學生四十人。其博士取博關經典、世履忠清、堪爲人師者,年限四十以上。助教亦與博士同,年限三十以上。若道業夙成,才任教授,不拘年齒。"

【因革】《高允列傳》記曰:"郡國立學,自此始也。"

【考釋】《資治通鑑·宋紀十三》:"魏初立郡學,置博士、助教、生員,從中書令高允、相州刺史李訢之請也。"

軍 州鎮十一旱災,民飢,開倉賑恤。(魏書·顯祖紀,北史·魏本紀二)

皇興元年(467)

軍 十月癸卯(二十五),田獵於那男池。(魏書·顯祖紀)

皇興二年(468)

軍 二月癸未(初七),田獵於西山,帝親射虎豹。五月乙卯(十一),田獵於嶂山,至繁時。十月辛丑(二十九),田獵於冷泉。(魏書·顯祖紀,北史·魏本紀二)

吉 二月,因平定青徐,遣高允(中書令兼太常)奉玉幣祀於東嶽,以太牢祀孔子。(魏志·禮一,魏書·高允列傳,北史·高允列傳)

賓 三月戊午(十三),劉宋遣使來聘。(魏書·高宗紀,北史·魏本紀二)

【因革】明年四月壬辰(二十三),皇興四年(470)六月,又來聘。

【考釋】《魏書·劉昶列傳》記曰:"皇興中,劉彧遣其員外郎李豐來朝,顯祖詔[劉]昶與彧書,爲兄弟之戒。"按此事當即在此年。

軍 十一月，州鎮二十七水旱，開倉賑恤。（魏書·顯祖紀，北史·魏本紀二）

皇興三年(469)

軍 四月丁酉(二十八)，田獵於崞山。（魏書·顯祖紀，北史·魏本紀二）

嘉 六月辛未(初三)，立拓跋宏爲皇太子。（魏書·顯祖紀、高祖紀上，北史·魏本紀二）

皇興四年(470)

軍 正月，州鎮十一民飢，開倉賑恤。（魏書·顯祖紀，北史·魏本紀二）

軍 九月丙寅(初五)，帝北征柔然，諸將俱會於女水。（魏書·顯祖紀，北史·魏本紀二）

軍 九月壬申(十一)，北征返，飲至策勳，告於宗廟。（魏書·顯祖紀，北史·魏本紀二）

皇興五年(471)

賓 二月乙亥，遣使刑祐(員外散騎常侍)聘於劉宋。（魏書·顯宗紀，北史·魏本紀二）

【考釋】此據《南史》，然此年二月己丑朔，無乙亥日；《魏書》則將此事隸於三月下。

吉 八月丙午(二十)，傳位於皇太子；己酉(二十三)，帝爲太上皇帝，徙居崇光宮。（魏書·顯祖紀，北史·魏本紀二）

【儀制】《魏書》録帝册命曰："今使太保、建安王陸馛,太尉源賀奉皇帝璽綬,致位於爾躬。"

【因革】帝采群公奏漢高祖尊其父爲太上皇,故取此稱,《資治通鑑·宋紀十五》胡注:"太上皇帝之號始此。"

孝文帝（高祖，元宏，獻文帝長子）

延興元年(471)

吉 八月丙午（二十），孝文帝即位於太華前殿，改元。（魏書·高祖紀上,北史·魏本紀三）

賓 八月丁未（二十一），劉宋遣使來聘。明年正月，遣使刑祐（員外散騎常侍）聘於劉宋。（魏書·顯宗紀,北史·魏本紀三）

凶 宿石（北征中道都大將）去世，葬禮依盧魯元故事。（魏書·宿石列傳、北史·宿石列傳）

延興二年(472)

吉 二月乙巳（二十二），下詔祭孔子廟不得雜以女巫，制用酒脯。（魏書·高祖紀上,北史·魏本紀三）

吉 獻文帝下詔除郊天地、宗廟、社稷之外，皆不得用牲，於是群祀悉用酒脯。（魏志·禮一,通典·吉禮十四）

【因革】《魏志》記有司奏當時"天地五郊、社稷已下及諸神,合一千七十五所,歲用牲七萬五千五百",故此年有此變革。

【理據】《魏志》録帝詔曰:"夫神聰明正直,享德與信,何必在牲。……苟誠感有著,雖行潦菜羹,可以致大眼,何必多殺,然後獲祉福哉!"

軍 二月,獻文帝次於北郊,下詔諸將出征柔然。(魏書·高祖紀上,北史·魏本紀三)

吉 三月庚午(十八),帝耕於藉田。 (魏書·高祖紀上,北史·魏本紀三)

軍 六月,安州民遇水雹,施租賑恤。九月,州鎮十一水災,施民田租,開倉賑恤。 (魏書·高祖紀上,北史·魏本紀三)

【因革】明年州鎮十一水旱,後年州鎮十三大飢,亦如之。

軍 七月壬寅(二十二),下詔州郡縣各遣二人才堪專對者,赴九月講武,擬親問風俗。 (魏書·高祖紀上,北史·魏本紀三)

嘉 十一月壬辰(十四),遣使者巡省風俗,問民疾苦。帝每月一朝崇光宮。 (魏書·高祖紀上,北史·魏本紀三)

制 十二月庚戌(初二),下詔定牧守升黜考績制。 (魏書·高祖紀上,北史·魏本紀三)

【理據】《魏書》録帝詔曰:"《書》云:'三載一考,三考黜陟幽明。'頃者已來,官以勞升,未久而代,牧守無恤民之心,競爲聚斂,送故迎新,相屬於路,非所以固民志,隆治道也。"

【儀制】《魏書》録帝詔曰:"自今牧守溫仁清儉、克己奉公者,可久於其任。歲積有成,遷位一級。其有貪殘非道、侵削黎庶者,雖在官甫爾,必加黜罰。"《北史》同。
又明年二月,又下詔"縣令能靜一縣劫盜者,兼治二縣,即食其禄,能靜二縣者,兼治三縣,三年遷爲郡守。二千石能靜二郡,上至三郡,亦如之,三年遷爲刺史"。

凶 崔寬(武陵公,鎮西將軍,陝城鎮將)去世,遺命薄葬,斂以時服。 (魏書·崔玄伯列傳)

延興三年(473)

賓 正月庚辰(初三),下詔遣使崔演(員外散騎常侍)聘於劉宋。九月乙亥,

劉宋遣使田惠紹(員外散騎常侍)、劉惠秀(員外散騎侍郎)來聘。(魏書‧高祖紀上、島夷劉裕列傳,北史‧魏本紀三)

【考釋】此年九月甲戌朔,乙亥爲初二,然承上已有辛巳日爲初八,恐誤;殿本《北史》改作丁亥,尚難確定。

【附識】參見南朝宋後廢帝元徽元年(473)。

嘉 二月癸丑,下詔牧守令長勤率百姓,無令失史。(魏書‧高祖紀上)

軍 二月戊午(十一),獻文帝北征回京,飲至策勳。(魏書‧高祖紀上,北史‧魏本紀三)

凶 二月戊午,下詔畿内民從役死事者,郡縣爲迎喪,給以葬費。(魏書‧高祖紀上)

吉 四月壬子(初六),下詔以孔乘(二十八世孫)爲崇聖大夫,給十户以供灑掃。(魏書‧高祖紀上,北史‧魏本紀三,通典‧吉禮十二)

凶 九月己亥(二十六),下詔罪未分判的囚徒,在御致死無近親者,公給衣衾棺櫝埋葬之。(魏書‧高祖紀上,北史‧魏本紀三)

嘉 十一月,獻文帝南巡,所過問民疾苦,賜高年、孝悌、力田者。(魏書‧高祖紀上,北史‧魏本紀三)

延興四年(474)

吉 二月辛未(三十),禁斷寒食。(魏書‧高祖紀上,北史‧魏本紀三)

賓 三月丁亥(十六),下詔遣使許赤虎(員外散騎常侍)聘於劉宋。十月庚子(初三),劉宋遣使來聘。(魏書‧高祖紀上,北史‧魏本紀三)

吉 四月,下詔拓跋丕(東陽王)祭長安周文、武廟。(魏志‧禮一)

【因革】《魏志》記"先是,長安牧守常有事于周文、武廟",而此年係因"坎地埋牲,廟玉發見",故有此舉。

吉 四月,獻文帝更革西郊之儀,定置七主,立碑於郊所。(魏志·禮一,通

典·吉禮一)

【因革】《魏志》記"西郊舊事,歲增木主七,易世則更兆",至此方改。

軍 八月戊申(初十),大閱於北郊。(魏書·高祖紀上,北史·魏本紀三)

嘉 十一月,分遣侍臣循河南七州,觀察風俗,撫慰初附。(魏書·高祖紀

上,北史·魏本紀三)

軍 州鎮十三大飢,開倉賑濟。(魏書·高祖紀上,北史·魏本紀三)

延興五年(475)

制 二月癸丑(十八),下詔定考課,明黜陟。(魏書·高祖紀上,北史·魏本紀三)

賓 五月丙午(十二),下詔遣使許赤虎(員外散騎常侍)聘於劉宋。十月庚寅

(二十九),劉宋遣使來聘。(魏書·高祖紀上,北史·魏本紀三)

吉 六月庚午(初七),禁殺牛馬。(魏書·高祖紀上,北史·魏本紀三)

軍 十月,獻文帝大閱於北郊。(魏書·高祖紀上,北史·魏本紀三)

承明元年(476)

凶 六月辛未(十三),獻文帝去世於永安殿,改元;後葬於雲中金陵。

(魏書·顯祖紀、高祖紀上,北史·魏本紀二、三)

吉 獻文帝神主祔太廟,有司奏廟中執事依故事皆賜爵,程駿(秘書令)上

表以爲不可,從之。(魏書·程駿列傳,北史·程駿列傳)

【論評】《魏書》錄文明太后贊程駿曰:"言事固當正直而準古典,安可依附暫時

舊事乎?"《北史》同。

吉 秋，高允出任散騎常侍、征西將軍、懷州刺史，至邵縣，上表修葺

邵公廟。（魏書·高允列傳，北史·高允列傳）

【論評】《魏書》記曰："允於時年將九十矣，勸民學業，風化頗行。然儒者優游，

不以斷決爲事。"《北史》同。

【考釋】此事未悉年月，據高允年歲略推，暫繫於此。

吉 李安世出任安平將軍、相州刺史，敦勸農桑，禁斷淫祀，爲西門

豹、史起修飾廟堂。（魏書·李孝伯列傳，北史·李孝伯列傳）

【考釋】此事未悉年月，據李安世年歲略推，暫繫於此。

太和元年(477)

嘉 正月辛亥(二十七)，下詔令牧民勤於農桑。（魏書·高祖紀上）

軍 正月，雲中飢，開倉賑恤。（魏書·高祖紀上，魏志·天象二，北史·魏本紀三）

嘉 三月丙午(二十三)，下詔定一夫治田四十畝，中男二十畝。（魏書·高祖

紀上，北史·魏本紀三）

吉 五月乙酉(初三)，帝祈雨於武州山，澍雨。（魏書·高祖紀上，北史·魏本紀三）

賓 八月戊寅(二十七)，劉宋遣使來聘。閏十一月庚午(二十一)，下詔遣使

李長仁(員外散騎常侍)聘於劉宋。（魏書·高祖紀上，北史·魏本紀三）

制 九月乙酉(初五)，下詔群臣定律令於太華殿。（魏書·高祖紀上，北史·魏本

紀三）

嘉 十月癸酉(二十三)，宴會京城耆老年七十以上於太華殿，賜以衣服。

（魏書·高祖紀上，北史·魏本紀三）

【因革】此後太和四年(480)七月，又詔會京城耆老，賜以錦綵、衣服、几杖、稻米、

蜜、麵等。

軍 十二月丁未(二十八)，州郡八水旱蝗災，民飢，開倉賑恤。(魏書·高祖

紀上,北史·魏本紀三)

【因革】明年州鎮二十餘水旱,民飢,太和三年(479)六月雍州民飢,太和四年

(480)州鎮十八水旱,民飢,太和五年(481)十二月州鎮十二民飢,太和七年(483)十

二月州鎮十三民飢,亦如之。

太和二年(478)

賓 四月己丑(十二)，劉宋遣使來聘。十月壬辰(十八)，下詔遣使鄭羲(員外

散騎常侍)聘於劉宋。(魏書·高祖紀上,北史·魏本紀三)

吉 四月，因京城旱，甲辰(二十七)，帝親祀皇天、日月、五星於北苑；

丙午(二十九)，澍雨。(魏志·禮一,魏書·高祖紀上,北史·魏本紀三)

【儀制】《魏書》記帝"親自禮焉",且"減膳,避正殿",《北史》同。可見行禮自甲

辰延續至丙午,故《魏志》則記曰:"當日夕,即大雨。"

【論評】江上波夫指出,由拓跋魏所祀神"可知幾與烏桓相同,將天地日月星辰

祖宗之神靈包含於其神統之中"(《匈奴的祭祀》,《日本學者研究中國史論著選譯》,第18—

19頁),是北亞諸民族的共有特徵。

制 五月，下詔禁止婚嫁、喪葬之靡費，又禁皇族、貴戚及士民不顧氏

族、高下與非類婚偶。(魏書·高祖紀上,北史·魏本紀三)

【理據】《魏書》錄帝詔曰:"婚娉過禮,則嫁娶有失時之弊;厚葬送終,則生者有

糜費之苦。聖王知其如此,故申之以禮數,約之以法禁。迺者,民漸奢尚,婚葬

越軌,致貧富相高,貴賤無別。"

制 高允(中書監)上《酒訓》。明年，下詔高允議定律令。(魏書·高允列傳,北

史·高允列傳)

【附識】《魏書·陽尼列傳》記陽固(太尉西閣祭酒)亦曾"上改定律令議"。

太和三年(479)

<table><tr><td>賓</td><td>四曰壬申(初一)，劉宋遣使來聘。（魏書·高祖紀上，北史·魏本紀三）</td></tr></table>

賓 四曰壬申(初一)，劉宋遣使來聘。（魏書·高祖紀上，北史·魏本紀三）

【附識】此年四月，劉宋禪位於齊。

吉 五月丁巳(十六)，帝祈雨於北苑，又禱星於苑中，閉陽門；是日淑雨。（魏志·禮一，魏書·高祖紀上，北史·魏本紀三）

嘉 五月辛酉(二十)，下詔賜國老衣一襲、綿五斤、絹布各五匹。（魏書·高祖紀上）

【因革】《魏書》記曰："昔四代養老，問道乞言。"

凶 九月庚申(二十一)，源賀(隴西王)去世，遺令所葬時服單櫬，不用芻靈明器，陪葬於金陵。（魏書·源賀列傳，北史·源賀列傳）

【儀制】《魏書》記曰："賻雜綵五百匹，賜輼輬車及命服、溫明祕器。"

太和四年(480)

吉 二月癸巳(二十七)，因旱，下詔祀山川群神及能興雲雨者，修飾祠堂，薦以牲璧。六月丁卯(初二)，澍雨。（魏書·高祖紀上，北史·魏本紀三）

嘉 七月壬子(十八)，下詔會京城耆老，賜錦綵、衣服、几杖、稻米、蜜、麵，家人不徭役。（魏書·高祖紀上，北史·魏本紀三）

太和五年(481)

嘉 正月丁亥(二十六)，帝南巡至中山，親見高年，問民疾苦。（魏書·高祖紀上，北史·魏本紀三）

軍 二月己酉(十九)，講武於唐水之陽。三月癸亥(初三)，講武於雲水之陽。(魏書·高祖紀上，北史·魏本紀三)

吉 四月己亥(初十)，爲太皇太后(馮氏)建壽陵、永固石室於方山，立碑於石室之庭，銘其終制於金册。(魏書·高祖紀上，北史·魏本紀三)

吉 四月甲寅(二十五)，因旱，下詔掩埋骸骨，有神祇處悉可祈禱。(魏書·高祖紀上，北史·魏本紀三)

凶 四月甲寅，拓跋雲(任城王，都督，征南大將軍，長安鎮都大將，雍州刺史)去世，遺令薄葬，勿受贈襚，諸子遵奉；喪至京城，帝親臨，哭之哀慟，陪葬雲中之金陵。(魏書·景穆十二王列傳中，北史·景穆十二王列傳下)

【考釋】拓跋雲之卒年，《魏志·天象二》記在"六年正月"。

凶 六月甲辰(十六)，王叡(中山王)去世，帝與文明太后親臨哀慟，賜温明祕器，使王遇(宕昌公)監護喪事；葬於城東，帝登城以望之。又詔爲立廟祭薦。(魏書·恩倖列傳、高祖紀上，北史·恩幸列傳，資治通鑑·齊紀一)

【儀制】①《魏書》記曰："京都文士爲作哀詩及誄者百餘人。乃詔爲叡立祀於都南二十里大道右，起廟以時祭薦，并立碑銘，置守祀五家。又詔褒叡，圖其捍虎狀於諸殿，命高允爲之讚。京都士女謠稱叡美，造新聲而絃歌之，名曰中山王樂。詔班樂府，合樂奏之。"《北史》同。②《通鑑》記曰："及葬，自稱婚姻、義舊、縗絰哭送者千餘人。"

賓 七月甲子(初六)，南齊遣使來聘。(魏書·高祖紀上，北史·魏本紀三)

軍 九月庚午(十三)，閱武於南郊，並大饗群臣。(魏書·高祖紀上，北史·魏本紀三)

【考釋】《魏書》標作"九月庚子"，不合曆，當依《北史》作"庚午"。

制 冬，高閭(中書令)等更定新律成，凡八百三十二章。(魏志·刑罰，通典·刑法二，資治通鑑·齊紀一)

【因革】《魏志》記曰："先是以律令不具，姦吏用法，致有輕重。詔中書令高閭集中祕官等修改舊文,隨例增減。又敕群官,參議厥衷,經御刊定。五年冬訖。"按此事當起於太和元年九月。

【考釋】《魏志》記曰:"門房之誅十有六,大辟之罪二百三十五,刑三百七十七;除群行剽劫首謀門誅,律重者止梟首。"

太和六年(482)

軍 八月癸未(初一),分遣大使巡行天下,遭洪水處施民租賦,貧儉不自存者賜以粟帛。(魏書·高祖紀上,北史·魏本紀三)

吉 十一月,下詔有司擬定親祀七廟之儀,隨即施行。(魏志·禮一,通典·吉禮八)

【因革】《魏志》錄群官議曰:"大魏七廟之祭,依先朝舊事,多不親謁。"至此,宗廟之禮發生明顯轉變,《魏志》又曰:"其後四時常祀,皆親之。"

【儀制】《魏志》錄群官議曰:"案舊章,並采漢魏故事,撰祭服冠屨牲牢之具,罍洗籩簋俎豆之器,百官助祭位次,樂官節奏之引,升降進退之法,別集爲親拜之儀。"

【考釋】《通典·吉禮六》記在"太和三年六月,親謁七廟"。

太和七年(483)

軍 三月甲戌(二十五),因冀州、定州民飢,下詔郡縣爲粥於路以食之。

(魏書·高祖紀上,北史·魏本紀三)

【附識】《魏書》載此年六月,"定州上言,爲粥給飢人,所活九十四萬七千餘口",九月,"冀州上言,爲粥給飢民,所活七十五萬一千七百餘口"。

賓 七月甲申(初八),遣使李彪(員外散騎常侍)、蘭英(員外郎)聘於南齊。十一月辛丑(二十七),南齊遣使來聘。(魏書·高祖紀上,北史·魏本紀三)

【附識】參見南朝齊武帝永明元年(483)。

【因革】《魏志·天象三》記曰:"李彪使齊,始通二國之好焉。"

嘉 十二月癸丑(初九),下詔禁絶同姓嫁娶。(魏書·高祖紀上)

【因革】《魏書》錄帝詔曰:"夏殷不嫌一族之婚,周世始絶同姓之娶。……皇運初基,中原未混,撥亂經綸,日不暇給,古風遺樸,未遑釐改,後遂因循,迄兹莫變。"《北史》同。

【論評】梁滿倉指出:"魏孝文帝的文化習俗改革首先從婚姻習俗開始,而婚姻習俗的改革又首先從禁止同姓婚開始。"(《魏晉南北朝五禮制度考論》第五章,第292頁)

太和八年(484)

賓 五月甲申(二十二),下詔遣使李彪(員外散騎常侍)、蘭英(員外郎)聘於南齊。十一月乙未(二十六),又遣二人聘於南齊。(魏書·高祖紀上,北史·魏本紀三)

制 六月丁卯(二十六),下詔置官班禄。(魏書·高祖紀上,魏志·食貨,北史·魏本紀三)

【因革】《魏书》錄帝詔曰:"置官班禄,行之尚矣。《周禮》有食禄之典,二漢著受俸之秩。逮于魏晉,莫不聿稽往憲,以經綸治道。自中原喪亂,兹制中絶,先朝因循,未遑釐改。……故憲章舊典,始班俸禄。……變革法度,宜爲更始。"按此前北魏百官皆無禄。

軍 十二月,因州鎮十五水旱災,民飢,下詔遣使巡行,問所疾苦,開倉賑恤。(魏書·高祖紀上,魏志·天象二,北史·魏本紀三)

太和九年(485)

吉 正月戊寅(初十),下詔禁斷巫覡,焚毀圖讖、秘緯及《孔子閉房記》等。(魏書·高祖紀上,北史·魏本紀三)

【論評】王夫之《讀通鑑論》(卷十六)評曰:"拓跋氏之禁讖緯凡再矣,至太和九年詔焚之,留者以大辟論。蓋邪説乘一時之淫氣,氾濫既極,必且消亡,此其時也。於是並委巷卜筮非經典所載而禁之,卓哉!"

嘉 正月癸未(十五),大饗群臣於太華殿,班賜《皇誥》。(魏書·高祖紀上,北史·魏本紀三)

【考釋】《魏書·皇后列傳》記曰:"太后以高祖富於春秋,乃作《勸戒歌》三百餘章,又作《皇誥》十八篇。"

凶 正月,程駿(秘書令)去世,遺令斂以時服,器皿從古。(魏書·程駿列傳,北史·程鈞列傳)

【儀制】《魏書》記曰:"賜東園祕器、朝服一稱、帛三百匹。"

賓 五月,南齊遣使來聘。十月,遣使李彪(員外散騎常侍)、公孫阿六頭(尚書郎)聘於南齊。(魏書·高祖紀上,北史·魏本紀三)

【附識】參見南朝齊武帝永明元年(483)。

嘉 十月丁未(十三),下詔遣使循行州郡,勸課農桑。(魏書·高祖紀上,北史·魏本紀三)

太和十年(486)

嘉 正月癸亥(初一),帝朝饗萬國,始服袞冕。(魏書·高祖紀下,北史·魏本紀三)

【因革】梁滿倉指出"在此以前没有類似的禮儀","從此以後,北朝的元正之會也逐漸形成制度"(《魏晉南北朝五禮制度考論》第五章,第339頁)。

【論評】《資治通鑑·齊紀二》胡注:"史言魏孝文用夏變夷。"

制 二月甲戌(十三),采李沖(給事中)之言,初立黨、里、鄰三長,定民戶籍。(魏書·高祖紀下、李沖列傳,魏志·食貨,北史·魏本紀三、涼武昭王李暠列傳)

【因革】①《魏書》列傳記曰:"舊無三長,惟立宗主監護,所以民多隱冒,五十、三十家方爲一户。沖以三正治民，所由來遠，於是創三長之制而上之。文明太后覽而稱善，引見公卿議之，……群議雖有乖異，然惟以變法爲難，更無異議。"《北史》列傳略同。②《魏志》則詳記之曰："魏初不立三長，故民多蔭附。蔭附者皆無官役，豪强徵斂，倍於公賦。十年，給事中李沖上言：'宜準古，五家立一隣長，五隣立一里長，五里立一黨長，長取鄉人强謹者。……'書奏，諸官通議，稱善者衆。高祖從之，於是遣使者行其事。……初，百姓咸以爲不若循常，豪富并兼者尤弗願也。事施行後，計省昔十有餘倍。於是海內安之。"

【理據】王夫之《讀通鑑論》（卷十六）論曰："［李］沖蓋師《周禮》之遺制而設焉。……故《周禮》之制，行之一邑而效，行之天下而未必效者多矣。"

【論評】王夫之《讀通鑑論》（卷十六）論曰："三長之立，李沖非求以靖民，以覈民之隱冒爾。拓跋氏之初制，三五十家而制一宗主，始爲一户，略矣，於是而多隱冒。沖立繁密之法，使民無所藏隱，是數罟以盡魚之術，商鞅之所以彊秦而塗炭其民者也。"

又陳寅恪《隋唐制度淵源略論稿》則指出："李沖請改宗主監護制爲三長制，亦用夏變夷之政策，爲北魏漢化歷程之一重要階段。"（《禮儀》，第 45 頁）

賓 **三月丙申**（初五），**柔然遣使牟提來朝貢，厚禮之而歸。**（魏書·高祖紀下、高閭列傳，北史·魏本紀三）

賓 **三月庚戌**（十九），**南齊遣使來聘。**（魏書·高祖紀下，北史·魏本紀三）

制 **四月辛酉**（初一），**始制五等公服。**（魏書·高祖紀下，北史·魏本紀三）

【考釋】①《魏書·劉昶列傳》記曰："於時改革朝儀，詔［劉］昶與蔣少游專主其事。昶條上舊式，略不遺忘。"《北史·劉昶列傳》同。②《魏書·術藝列傳》記曰："及詔尚書李沖與馮誕、游明根、高閭等議定衣冠於禁中，少游巧思，令主其事，亦訪於劉昶。二意相乖，時致諍競，積六載乃成，始班賜百官。冠服之成，少游有效焉。"《北史·術藝列傳》同。按可見議制公服當起於太和四年（480）。

【論評】陳寅恪《隋唐制度淵源略論稿》論曰："劉昶、蔣少游俱非深習當日南朝典制最近發展之人，故致互相乖諍。其事在太和十年以前，即《北史》肆貳《王肅

傳》所謂'其間朴略,未能淳'者。"(《禮儀》,第 10 頁)

吉 **四月甲子**(初四)**,親祀西郊,以法服御輦。**(魏志·禮一,魏書·高祖紀下,北史·魏本紀三)

【因革】據《魏志》,帝親行此禮始於此年,法服御輦亦爲新制。

【儀制】《南齊書·魏虜列傳》記曰:"[拓跋]宏西郊,即前祠天壇處也。宏與僞公卿從二十餘騎戎服繞壇,宏一周,公卿七匝,謂之蹋壇。明日,復戎服登壇祠天,宏又繞三匝,公卿七匝,謂之繞天。以繩相交絡,紐木枝根,覆以青繒,形制平圓,下容百人坐,謂之爲繖,一云百子帳也。"

【考釋】①《資治通鑑·齊紀二》記作"祀南郊",恐誤。② 胡注:"法服,袞冕以見郊廟之服。"

制 **八月乙亥**(十七)**,給尚書五等品爵以上朱衣、玉珮、大小組綬。**(魏書·高祖紀下,北史·魏本紀三)

吉 **九月辛卯**(初三)**,下詔起明堂、辟雍。**(魏書·高祖紀下,北史·魏本紀三)

吉 **十月癸酉**(十六)**,有司議配始祖於南郊。**(魏書·高祖紀下,北史·魏本紀三)

【因革】《魏書》記曰"有司議依故事"。《北史》同。

嘉 **十一月冬至,帝與文明太后大饗群臣。**(魏書·高閭列傳,北史·高閭列傳)

【儀制】《魏書》記曰:"高祖親舞於[文明]太后前,群臣皆舞。高祖乃歌,仍率群臣再拜上壽。……高祖大悦,賜群臣帛,人三十匹。"《北史》同。

軍 **十二月乙酉**(初九)**,因汝南、潁川大飢,施民田租,開倉賑恤。**(魏書·高祖紀下,北史·魏本紀三)

【因革】明年二月肆州之雁門及代郡人飢,六月秦州民飢,太和十二年(488)十一月二雍州、豫州民飢,太和十三年(489)四月州鎮十五大飢,又開倉賑恤。

嘉 **改中書學爲國子學。**(魏書·儒林列傳,北史·儒林列傳上,通典·吉禮十二,資治通鑑·齊紀二)

【因革】①《魏書》記曰:"太宗世,改國子爲中書學,立教授博士。"至此年方改回。《北史》同。②《通鑑》胡注："魏先置中書博士及中書學生，今改曰國子學，從晉制也。"

【考釋】《魏書·陽尼列傳》記此時，以陽尼"碩學博識，舉爲國子祭酒"。《北史·陽尼列傳》同。

太和十一年(487)

樂 正月丁亥(初一)，下詔定樂章，非雅者除之。(魏書·高祖紀下，北史·魏本紀三)

凶 正月，高允(光禄大夫，咸陽公)去世，詔給豐厚；將葬，賜命服一襲。(魏書·高允列傳，北史·高允列傳)

【儀制】《魏書》記曰："詔給絹一千匹、布二千匹、綿五百斤、錦五十匹、雜綵百匹、穀千斛以周喪用。魏初以來，存亡蒙賚者莫及焉，朝庭榮之。"《北史》同。

【理據】《資治通鑑·齊紀二》概括高允生平曰："魏光禄大夫咸陽文公高允，歷事五帝，出入三省，五十餘年，未嘗有譴；……數日而卒，年九十八。"

制 五月甲午(初十)，下詔復七廟子孫及外戚緦服以上，免除賦役。(魏書·高祖紀下，北史·魏本紀三)

制 十月辛未(十九)，下詔罷起部(掌百工)無益之作，出宮人不執機杼者。

十一月丁未(二十六)，下詔罷御府尚方錦繡綾羅之工，民間無禁。(魏書·高祖紀下，北史·魏本紀三)

【儀制】《魏書》記處理現有器物曰："其御府衣服、金銀、珠玉、綾羅、錦繡，太官雜器，太僕乘具，內庫弓矢，出其太半，班賚百官及京師士庶，下至工商皂隸，逮於六鎮戍士，各有差。"《北史》同。

嘉 十月甲戌(二十二)，下詔復行鄉飲酒禮。(魏書·高祖紀下，北史·魏本紀三)

【理據】《魏書》錄帝詔曰："鄉飲禮廢，則長幼之叙亂。孟冬十月，民閑歲隙，宜於此時導以德義。可下諸州，黨里之內推賢而長者，教其里人父慈、子孝、兄友、

卷五
北朝：禮制新建期

弟順、夫和、妻柔。"《北史》同。

嘉 高祐出任西兖州刺史，鎮滑臺，命縣立講學，黨立小學。(魏書‧高祐
列傳，資治通鑑‧齊紀二)

太和十二年(488)

嘉 正月辛巳(初一)，初建五牛旌旗。(魏書‧高祖紀下，北史‧魏本紀三)

【考釋】《隋志‧禮儀五》記曰："五牛旗，左青赤，右白黑，黃居其中，蓋古之五時副
車也。舊有五色立車，五色安車，合十乘，名爲五時車。建旗十二，各如車色。"

【因革】《隋志》又記："晉過江，不恒有事，則權以馬車代之，建旗其上。後但以
五色木牛象車，豎旗於牛背，使人輿之。……周遷以爲晉武帝平吳後造五牛之
旗，非過江始爲也。"

凶 春，韓麒麟(冠軍將軍，齊州刺史，魏昌侯)去世，令其子斂以素棺，事從儉
約。(魏書‧韓麒麟列傳，北史‧韓麒麟列傳)

吉 五月壬寅(二十三)，增置彝器於太廟。(魏書‧高祖紀下，北史‧魏本紀三)

吉 閏九月甲子(十八)，帝親築圜丘於南郊。(魏志‧禮一，魏書‧高祖紀下，北史‧
魏本紀三，通典‧吉禮一)

【考釋】《北史》記此事在"冬閏十月甲子"，不合曆日。

制 李彪(秘書丞)上封事七條，其一以爲百官以下至於庶人，第宅車服宜
爲等制，其七以爲有遭父母喪者，皆聽終服，後皆施行。(魏書‧李彪
列傳，北史‧李彪列傳，資治通鑑‧齊紀二)

太和十三年(489)

吉 正月辛亥(初七)，帝祀圜丘。(魏志‧禮一，魏書‧高祖紀下，北史‧魏本紀三)

【因革】《魏書》記曰："於是初備大駕。"《北史》同。可見北魏初行此禮。

【儀制】《高帝紀》末述曰："天地、五郊、宗廟、二分之禮，常必躬親，不以寒暑爲倦。"《北史》同。

吉 **五月庚戌**(初八)，**帝祀方澤**。(魏志·禮一，魏書·高祖紀下，北史·魏本紀三)

嘉 **七月丙寅**(二十五)，**帝至靈泉池，與群臣御龍舟，賦詩**。(魏書·高祖紀下)

【儀制】《魏書·皇后列傳》記曰："燕群臣及藩國使人、諸方渠帥，各令爲其方舞。高祖帥群臣上壽，太后忻然作歌，帝亦和歌，遂命群臣各言其志，於是和歌者九十人。"按太后，即文明太后馮氏。

吉 **七月，立孔子廟於京城**。(魏書·高祖紀下，北史·魏本紀三)

【因革】秦蕙田《五禮通考》論曰："此京師立孔廟之始。"(《吉禮一百二十一》"祀孔子")

賓 **八月乙亥**(初四)，**下詔遣使邢產**(兼員外散騎常侍)、**侯靈紹**(兼員外散騎侍郎) **聘於南齊。十二月甲午**(二十五)，**南齊遣使來聘**。(魏書·高祖紀上，北史·魏本紀三)

【因革】《魏書·游明根列傳》記曰："詔以與蕭賾絕使多年，今宜通否，群臣會議"，後采陸叡(尚書)、游明根(尚書)之言，遣使出聘。按兹依《資治通鑑·齊紀二》，將此議置於此次遣使之前。

【附識】參見南朝齊武帝永明元年(483)。

凶 **拓跋天賜**(故汝陰王，懷朔鎮大將)**去世，帝哭於思政觀，贈本爵，葬從王禮**。(魏書·景穆十二王列傳上，北史·景穆十二王列傳上)

【考釋】拓跋天賜於此年六月免爲庶人，去世年月不詳，暫繫於此。

太和十四年(490)

制 **二月戊寅**(初十)，**下詔定起居注制**。(魏書·高祖紀下，北史·魏本紀三)

【考釋】此事《北史》記作三月戊寅,恐誤。

賓 四月甲午(初四),下詔遣使邢產(兼員外散騎常侍)、蘇季連(兼員外散騎侍郎)聘於南齊。十一月丁巳(二十三),南齊遣使來聘。(魏書·高祖紀上,北史·魏本紀三)

【附識】參見南朝齊武帝永明元年(483)。

制 七月甲辰(初八),下詔罷都牧雜制。(魏書·高祖紀下,北史·魏本紀三)

吉 八月辛卯(二十六),下詔令議北魏行次,高閭(中書監)議以爲宜上承十六國之秦爲土德,李彪(秘書丞)、崔光(著作郎)等議以爲宜上承晉爲水德,一時難決。(魏志·禮一,魏書·高祖紀下,北史·魏本紀三)

凶 九月癸丑(十八),太皇太后(馮氏,文明太后)去世,帝酌飲不入口五日,蕃鎮曾經内侍者前後奔赴。(魏書·高祖紀下、皇后列傳,北史·魏本紀三)

【儀制】《魏書·楊播列傳》記當帝五日不食,楊椿(中部曹)進諫,帝"感其言,乃一進粥"。

凶 文明太后去世,兄馮熙(太師),散髮徒跣,水漿不入口三日,服齊衰期。(魏書·外戚列傳上)

凶 九月,拓跋休(安定王)、拓跋簡(齊郡王)、拓跋禧(咸陽王)、拓跋幹(河南王)、拓跋羽(廣陵王)、拓跋雍(潁川王)、拓跋勰(始平王)、拓跋詳(北海王)、拓跋丕(侍中、太尉、録尚書事、東陽王)、尉元(侍中、司徒、淮陽王)、穆亮(侍中、司空、長樂王)、陸叡(侍中、尚書左僕射、平原王)等率百官詣闕表請葬畢即吉,帝不許。(魏志·禮志三,通典·凶禮二)

【理據】《魏志》録拓跋休等表曰:"陛下至孝發衷,哀毀過禮,欲依上古,喪終三年。誠協大舜孝慕之德,實非俯遵濟世之道。今雖中夏穆清,庶邦康靜,然萬機事殷,不可暫曠,春秋烝嘗,事難廢闕。"

凶 十月癸酉(初九),葬文明太后於永固陵,帝親奉靈柩,日中而反,

虞於鑒玄殿。（魏書·高祖紀下、皇后列傳，北史·魏本紀三）

【儀制】《皇后列傳》記前後服制曰：“及卒哭，孝文服衰，近臣從服，三司已下外臣衰服者，變服就練，七品已下盡除即吉。設祔祭於太和殿，公卿已下始親公事。高祖毀瘠，絕酒肉，不内御者三年。”

【考釋】永固陵即太和五年（481）所建者，今被發掘，參見《大同方山北魏永固陵》（《文物》1978 年第 7 期），亦可參見楊寬《中國古代陵寢制度史》（第 47—49 頁）之轉述。

凶 **十月甲戌**(初十)，**謁永固陵，群臣固請公除，帝不許。**（魏書·高祖紀下，北史·魏本紀三）

【因革】《魏志·禮三》記曰：“魏自太祖至於武泰帝，及太皇太后、皇太后、皇后崩，悉依漢魏既葬公除。”又録拓跋休等又表：“二漢已降，逮于魏晉，葬不過踰月，服不淹三旬。良以叔世事廣，禮隨時變，不可以無爲之法，行之於有爲之辰。文質不同，古今異制，其來久矣。自皇代革命，多歷年祀，四祖三宗，相繼纂業。”《通典·凶禮二》同。按至此元休等已四度上表。

凶 **十月己卯**(十五)，**謁永固陵；庚辰**(十六)，**帝居廬，引見群臣於太極殿，拓跋丕**(太尉，東陽王)**等固請公除，帝不許。**（魏書·高祖紀下，魏志·禮三，北史·魏本紀三，通典·凶禮二）

【理據】《魏書》載曰：“丕等據權制固請，帝引古禮往復，群臣乃止。”又録帝詔曰：“公卿屢依金册遺旨，中代權式，請過葬即吉。朕思遵遠古，終三年之制。”所謂“權式”，即北魏“先朝之制”。

【儀制】《魏書》録帝詔曰：“依禮，既虞卒哭。此月二十一日授服，以葛易麻。既衰服在上，公卿不得獨釋於下，故於朕之授服，變從練禮，已下復爲節降。”《北史》同。

【考釋】《魏志》詳載此年群臣上表及與帝議喪制，參與議禮者有拓跋丕、李沖(尚書)、游明根(尚書)、高閭(尚書)、李彪(秘書丞)等。

凶 **十月癸未**(十九)，**下詔州鎮、長至、三元絕告慶之禮。**（魏書·高祖紀下，北史·魏本紀三）

【理據】《魏書》錄帝詔曰："朕遠遵古式,欲終三年之禮。百辟群官,據金冊顧命,將奪朕心,從先朝之制。"《北史》同。

凶 **十月甲申**(二十)**,謁永固陵;辛卯**(二十七)**,下詔未堪親政。**(魏書·高祖紀下,北史·魏本紀三)

【因革】楊寬指出:"馮太后的永固陵的建築,標志着北魏開始恢復陵寢制度和舉行上陵的禮儀。"又曰:"孝文帝每臨大事頻繁地'謁永固陵',宣武帝沿襲這種禮制,於改元、親政時都曾'謁長陵'。"(《中國古代陵寢制度史》,第49、51頁)

凶 **十一月甲寅**(二十)**,下詔制服内冬至臨會。**(魏書·高祖紀下,北史·魏本紀三)

【儀制】《魏書》錄帝詔曰:"内外職人先朝班次及諸方雜客,冬至之日,盡聽入臨。三品已上衰服者至夕復臨。其餘,唯旦臨而已。其拜哭之節,一依別儀。"《北史》同。

太和十五年(491)

凶 **正月丁巳**(二十四)**,帝始聽政於皇信東室。**(魏書·高祖紀下,北史·魏本紀三)

【儀制】《通鑑》胡注:"自居馮太后之喪,至是始聽政。"

【考釋】丁巳,《魏書》、《通鑑》均作丁卯,恐誤。

賓 **二月己丑**(二十六)**,南齊遣使裴昭明**(散騎常侍)**、謝竣**(散騎侍郎)**來弔。**

四月甲戌(十二)**,下詔遣使李彪**(員外散騎常侍)**、公孫阿六頭**(尚書郎)**聘於南齊。**(魏書·高祖紀下、成淹列傳,北史·魏本紀三、成淹列傳)

【儀制】《魏書·成淹列傳》記裴昭明等欲以朝服行事,爲此雙方論執不下,李沖(尚書)遣成淹(兼著作郎)與之對論,裴氏等方同意,乃"敕送衣、帢給昭明等,……明旦引昭明等入,皆令文武盡哀"。《北史·成淹列傳》同。

又《魏書·李彪列傳》記南齊武帝遣劉繪(主客郎)接待李彪一行,"并設讌樂,彪辭樂。及坐,彪曰:'齊主既賜讌樂,以勞行人,向辭樂者,卿或未相體。自喪禮廢替,於茲以久,我皇孝性自天,追慕罔極,故有今者喪除之議。去三月晦,朝臣始除衰裳,猶以素服從事。裴、謝在此,固應具此,我今辭樂,想卿無怪。'……黷遂親至琅邪城,登山臨水,命群臣賦詩以送別,其見重如此"。《北史‧李彪列傳》同。

凶 **三月甲辰**(十二),**謁永固陵。四月癸亥**(初一),**設薦於太和廟,帝及從服者仍朝夕臨,始進蔬食;甲子**(初二),**罷朝,夕哭;乙丑**(初三),**謁永固陵。**(魏書‧高祖紀下,魏志‧禮三,北史‧魏本紀三)

吉 **正月以來不雨,至四月癸酉**(十一),**有司奏祈百神,帝詔不必行祀,當考躬責己。**(魏書‧高祖紀下,北史‧魏本紀三)

【理據】《高祖紀》録帝詔曰:"昔成湯遇旱,齊景逢災,並不由祈山川而致雨,皆至誠發中,澍潤千里。萬方有罪,在予一人……何宜四氣未周,便欲祀事。"

吉 **四月己卯**(十七),**經始明堂,改營太廟。**(魏書‧高祖紀下,魏志‧禮一,北史‧魏本紀三,通典‧吉禮三)

【考釋】① 據《魏書‧李沖列傳》所載帝詔,由李沖(尚書)領將作大匠、穆亮(司空)共監興繕。②《南齊書‧魏虜列傳》記帝見李沖"勅造明堂之樣",乃下詔"即於今歲停宮城之作,營建此構"。③《魏書‧術藝列傳》則記曰:"於平城將營太廟、太極殿,遣[蔣]少游乘傳詣洛,量準魏晉基趾。"《北史‧藝術列傳》同。

制 **五月己亥**(初八),**議改律令於東明觀。八月丁巳**(二十八),**議律令事。**

(魏書‧高祖紀下,北史‧魏本紀三,資治通鑑‧齊紀三)

【考釋】①《魏書‧李沖列傳》記曰:"及議禮儀律令,潤飾辭旨,刊定輕重,高祖雖自下筆,無不訪決焉。"《北史‧涼武昭王李暠列傳》同。按可見李沖在此事中所起的作用。②《魏書‧源賀列傳》記源思禮"遷尚書令,參議論律令"。《北史‧源賀列傳》同。

【因革】陳寅恪《隋唐制度淵源略論稿》指出:"河西一隅之地尚能保存典午中朝遺説,……孝文既非庸闇之主,且爲酷慕漢化之君,其付沖以端揆重任,凡製定禮儀律令,及營建都邑宮廟諸役,以及其他有關變革夷風摹擬漢化之事,無不使沖參決監令者,蓋幾以待王肅者待沖,則沖之爲人必非庸碌凡流,實能保持其河西家世遺傳之舊學無疑也。"(《禮儀》,第45頁)又曰:"源氏雖非漢族,亦出河西,其家子孫漢化特深,至使人詈爲漢兒。然則源懷之學亦猶李沖之學,皆河西文化之遺風。太和第二次定律河西因子居顯著地位,觀此可知矣。"(《刑律》,第120—121頁)

制 **五月丙辰**(二十五)**,下詔造五輅。**(魏書·高祖紀下,魏志·輿服,北史·魏本紀三)

【因革】《魏志》記曰:"太祖世所制車輦,雖參采古式,多違舊章。"故此時命李韶(儀曹令)"監造車輅,一遵古式焉"。

【論評】《隋志·禮儀五》評曰:"孝文帝時,儀曹令李韶更奏詳定,討論經籍,議改正之,唯備五輅,各依方色。其餘車輦,猶未能具。"《通典·嘉禮九》同。

吉 **七月乙丑**(初五)**,謁永固陵,規建壽陵。**(魏書·高祖紀下,北史·魏本紀三)

吉 **七月己卯**(十九)**,下詔尊道武帝爲太祖,與世祖太武帝、顯祖獻文帝爲二祧。帝又提出是否可遷平文之主,爲己預留廟位,穆亮**(司空公、長樂王)**等奏以爲七廟不宜闕待,帝從之。**(魏志·禮一,魏書·高祖紀下,北史·魏本紀三,通典·吉禮六)

【因革】《魏書·儒林列傳》記曰:"先是七廟以平文爲太祖,高祖議定祖宗,以道武爲太祖。祖宗雖定,然昭穆未改。"此年雖改定道武帝爲太祖,然未改易昭穆次第。

【理據】《魏志》錄帝詔曰:"烈祖有創基之功,世祖有開拓之德,宜爲祖宗,百世不遷。而遠祖平文功未多於昭成,然廟號爲太祖;道武建業之勳,高於平文,廟號爲烈祖。比功校德,以爲未允。朕今奉尊道武爲太祖,與顯祖爲二祧,餘者以次而遷。"

【考釋】帝詔於"尊道武爲太祖,與顯祖爲二祧"句"顯祖"前當脱"世祖"二字,當據《資治通鑑·齊紀三》補。

吉 **八月壬辰**(初三)**,下詔令郡國有時果可薦者,並送京師以供廟饗。**

(魏志·禮一,魏書·高祖紀下,北史·魏本紀三,通典·吉禮六)

【儀制】《魏志》録帝詔曰："明堂、太廟,並祀祖宗,配祭配享,於斯備矣。白登、崞山、雞鳴山廟唯遣有司行事。馮宣王誕生先后,復因在官長安,立廟宜異常等。可敕雍州,以時供祭。"

吉 **八月壬辰,議肆類上帝、禋六宗,帝親臨决。**（魏書·高祖紀下,北史·魏本紀三,通典·吉禮三）

【儀制】《魏志·禮一》載高閭提出宜別立六宗之兆,總爲一位而祭之,帝非高説,認爲圜丘祀天皇大帝與五帝,已包函六宗,無煩別立,以此爲定制。

【理據】《魏志》載高閭列出前人關於六宗之説凡十一家,認爲"披究往説,各有其理,較而論之,長短互有,若偏用一家,事或差舛,衆疑則從多,今惑則仍古"。對此,孝文帝大斥之:"詳定朝令,祀爲事首,以疑從疑,何所取正? 昔石渠、虎閣之議,皆准類以引義,原事以證情,故能通百家之要,定累世之疑。"孝文帝所據在:"覽《尚書》之文稱'肆類上帝,禋於六宗',文相連屬,理似一事。上帝稱肆而無禋,六宗言禋而不別其名。以此推之,上帝、六宗當是一時之祀,非別祭之名,肆類非獨祭之目,焚煙非他祀之用。六宗者,必是天皇大帝及五帝之神明矣。……今祭圜丘,五帝在焉,其牲幣俱禋,故稱'肆類上帝,禋于六宗',一祭而六祀備焉。六祭既備,無煩復別立六宗之位。"

【論評】《通典》評曰:"後魏孝文帝以天皇大帝、五帝爲六宗,於義爲當。"

【因革】禋六宗之禮至此隱滅。

【考釋】《魏志》所載此事雜於太和十三年與十四年間,且以"高閭曰"劈頭,不知所以,《通典》鈔録此事,前冠"時大議禋祀之禮"一句,可見其時議論之盛;然其徑定此事曰:"至孝文太和十三年,詔祀天皇大帝及五帝之神於郊天壇。"繫年恐係沿《魏志》之誤。

吉 **八月壬辰,下詔廢正月朝廷五帝之祀,又廢探策之祭。**（魏志·禮一）

【因革】《魏志》録帝詔曰:"先朝以來,以正月吉日,於朝廷設幕,中置松柏樹,設五帝坐。此既無可祖配,揆之古典,實無所取,可去此祀。"

嘉 **八月壬辰,議養老禮,帝親臨决。**（魏書·高祖紀下,北史·魏本紀三）

嘉 八月戊戌（初九），移道壇於桑乾之陰，改曰崇虛寺。（魏書·高祖紀下，北史·魏本紀三，魏志·釋老）

【儀制】《魏志》記曰："遷洛移鄴，蹕如故事。其道壇在南郊，方二百步，以正月七日、七月七日、十月十五日，壇主、道士、哥人一百六人，以行拜祠之禮。"

吉 八月乙巳（十六），帝引見群臣，下詔論禘、祫實爲一名，圜丘、宗廟大祭俱稱禘，游明根（尚書）、郭祚（左丞）、封琳（中書侍郎）、崔光（著作郎）等對以爲禘、祫行於宗廟，圜丘衹一禘，高閭（中書監）、李韶（儀曹郎）、高遵（中書侍郎）等十三人對持論帝詔，帝決議定五年一禘，同用於圜丘、宗廟，先禘而後時祭。隨即施行，以爲定制。（魏書·高祖紀下，北史·魏本紀三，魏志·禮一，通典·吉禮九）

【理據】《魏志》載帝詔論禘祫名義曰："鄭玄解禘，天子祭圜丘曰禘，祭宗廟大祭亦曰禘。三年一祫，五年一禘。祫則合群毀廟之主於太廟，合而祭之；禘則增及百官配食者，審諦而祭之。……王肅解禘祫，稱天子諸侯皆禘於宗廟，非祭天之祭。郊祀后稷，不稱禘，宗廟稱禘。禘、祫一名也，合而祭之故稱祫，審諦之故稱禘，非兩祭之名。三年一祫，五年一禘，總而互舉之，故稱五年再殷祭，不言一禘一祫，斷可知矣。"可見孝文帝主禘祫一名采王肅説，主圜丘、宗廟俱稱禘采鄭玄説，即其所謂"今互取鄭、王二義：禘祫並爲一名，從王；禘祫是祭圜丘大祭之名，上下同用，從鄭"。

又高閭等就禘祭周期問題對曰："其禘祫止于一時，止于一時者，祭不欲數，數則黷。一歲而三禘，愚以爲過數。"據此，孝文帝進一步指出"毀廟三年一祫，又有不盡四時，于禮爲闕；七廟四時常祭，祫則三年一祭，而又不究四時，于情爲簡"，因此，"若以數則黷，五年一禘，改祫從禘，五年一禘，則四時盡禘，以稱今情"。

此外，孝文帝又提出制禮之原則："夫先王制禮，內緣人子之情，外協尊卑之序。故天子七廟，諸侯五廟，大夫三廟，數盡則毀，藏主于太祖之廟，三年而祫祭之。世盡則毀，以示有終之義；三年而祫，以申追遠之情。"

【儀制】梁滿倉推測北魏時，"圜丘既然是等同於禘的大祭，始祖自然也就成爲配饗的對象”；至此，“南郊以太祖配，圜丘以遠祖配”之制確定（《魏晉南北朝五禮制度考論》第四章，第190頁）。

【論評】《高祖紀》末評之曰：“天地、五郊、宗廟、二分之禮，常必躬親，不以寒暑爲倦。”

然秦蕙田《五禮通考》則論曰：“以圜丘爲禘，鄭氏之臆説也，明根等以審諦五精星辰釋之，誣矣。始祖所自出，竝不立廟，禘之於始祖廟而已，高閭乃云不在廟，非圜丘而何，益又誣矣。從鄭固非，從王亦未爲是。詔言禘、祫既是一祭，分而兩之，事無所據，夫禘、祫之爲兩祭，有經傳明文可據，指爲一祭，皆諸妄議淆之耳。”（《吉禮九十八》“禘祫”）

【考釋】《魏志》載此事在太和十三年（489）五月壬戌（二十），《通典》從之，此與本紀所載必爲一事，兹依《資治通鑑·齊紀三》合爲一。

吉 **八月甲寅**（二十五），**下詔提議朝日夕月是否宜改在朔、朏二日，游明根**（尚書）**對曰宜從朏月。**（魏志·禮一，通典·吉禮三）

【因革】此前朝日、夕月均在春分、秋分之日，《魏志》録帝詔指出“昔秘書監薛謂等嘗論此事，以爲朝日以朔，夕月以朏”，曹魏時薛氏説至此重提而得采納。

【理據】《魏志》録帝詔曰：“近論朝日夕月，皆欲以二分之日，於東西郊行禮。然月有餘閏，行無常准。若一依分日，或值月出於東，而行禮於西，尋情即理，不可施行。”

【考釋】薛謂，《通典》作“薛靖”，《南齊書·禮上》轉述作“薛循”，事在魏黃初二年（221）。

吉 **八月戊午**（二十九），**下詔擬減省祀典。又詔廢圜丘以下水火之神四十餘名，及城北星神。**（魏志·禮一，魏書·高祖紀下，北史·魏本紀三，通典·吉禮十四）

【理據】《魏志》録帝詔曰：“國家自先朝以來，饗祀諸神，凡有一千二百餘處，今欲減省群祀，務從簡約。……凡祭不欲數，數則黷，黷則不敬。神聰明正直，不待煩祀也。”《高祖紀》末又總述之曰：“諸有禁忌禳厭之方，非典籍所載者，一皆除罷。”

賓 九月辛巳(二十二)，**南齊遣使來聘。十一月戊寅(二十)，下詔遣使李彪**

(通直散騎常侍)、**蔣少游**(散騎常侍)**聘於南齊。** (魏書·高祖紀下，北史·魏本紀三)

【附識】《南齊書·魏虜列傳》記蔣少游此行，因"少游有機巧，密令觀京師宮殿楷式。……虜宮室制度，皆從其出"。

凶 九月丁亥(二十八)，**文明太后大祥，帝宿於廟，易服。** (魏志·禮三)

【儀制】《魏志》記曰："至夜一刻，引諸王、三都大官、駙馬、三公、令僕已下，奏事中散已上，及刺史、鎮將，立哭於廟庭，三公、令僕升廟。既出，監御令陳服笥於廟陛南，近侍者奉而升列於堊室前席。侍中、南平王馮誕跽奏請易服，進縞冠、皂朝服、革帶、黑屨，侍臣各易以黑介幘、白絹單衣、革帶、烏履，遂哀哭至乙夜，盡戊子。質明薦羞，奏事中散已上，冠服如侍臣，刺史已下無變。高祖薦酌，神部尚書王諶讚祝訖，哭拜遂出。有司陽祥服如前。侍中跽奏，請易祭服，進縞冠素紕、白布深衣、麻繩履。侍臣去幘易幍，群官易服如侍臣，又引入如前。儀曹尚書游明根升廟跽慰，復位哭，遂出。引太守外臣及諸部渠帥入哭，次引蕭賾使并雜客入。至甲夜四刻，侍御、散騎常侍、司衛監以上升廟哭，既而出。帝出廟，停立哀哭，久而乃還。"

凶 十月庚寅(初二)，**謁永固陵，毀瘠猶甚，穆亮**(司空)**上表請襲輕服，御常膳，未納。** (魏書·高祖紀下、穆崇列傳，北史·魏本紀三，資治通鑑·齊紀三)

吉 十月，**明堂、太廟成。** (魏書·高祖紀下，北史·魏本紀三)

【儀制】①《隋書·宇文愷列傳》載宇文愷評述北魏明堂所建曰："後魏於北臺城南造圓牆，在璧水外，門在水內迥立，不與牆相連。其堂上九室，三三相重，不依古制，室間通巷，違舛處多。其室皆用壍累，極成褊陋。"② 楊志剛據《水經注》所載指出："此明堂是外圍一周圓牆，牆內有環水，環水之內爲主體建築，係一個大的方形房子置於臺基(堂)之上。大房子依'井'字形分割出九室，每向一門三戶，共四門十二戶。由於不見於漢代的那種高臺重隔，所以受到後人批評，以爲與古不相合。"(《中國禮儀制度研究》，第 293 頁)

【考釋】1995 年於陝西大同柳航里發現北魏平城時代的明堂遺址，當即此年所建成者,參見王銀田等《山西大同市北魏平城明堂辟雍遺址 1995 年的發掘》。

吉 **十一月,遷太和廟神主入新建太廟。**(魏志・禮一,魏書・高祖紀下,北史・魏
本紀三,通典・吉禮六)

【儀制】《魏志》錄其儀節依次爲:① "己未朔,帝釋禫祭於太和廟。帝袞冕,與
祭者朝服。既而帝冠黑介幘,素紗深衣,拜山陵而還宮。" ② "庚申(初二),帝親省
齊宮冠服及郊祀俎豆。" ③ "癸亥(初五)冬至,將祭圓丘,帝袞冕劍舄,侍臣朝服。
辭太和廟,之圓丘,升祭柴燎,遂祀明堂,大合。既而還之太和廟,乃入。" ④ "甲
子(初六),帝袞冕辭太和廟,臨太華殿,朝群官。既而帝冠通天,絳紗袍,臨饗禮。
帝感慕,樂懸而不作。" ⑤ "丁卯(初九),遷廟,陳列冕服,帝躬省之。既而帝兗冕,
辭太和廟,之太廟,百官陪從。奉神主於齊車,至新廟。有司升神主於太廟,諸
王侯牧守、四海蕃附,各以其職來祭。"

又《魏志・禮三》錄拓跋丕(太尉)奏移廟之日,王諶(神部尚書)"既是庶姓,不宜參
豫",帝詔曰:"移廟之日,遷奉神主,皆太尉之事,朕亦親自行事,不得越局,專委
大姓。王諶所司,惟贊板而已。時運流速,奄及縞制,復不得哀哭於明堂,後當
親拜山陵,寫泄哀慕。"

嘉 **十一月丙戌**(二十八),**初罷小歲賀。**(魏書・高祖紀下,北史・魏本紀三)

【理據】《南齊書・魏虜傳》錄帝詔曰:"季冬朝賀,典無成文,以袴褶事非禮敬之
謂,若置寒朝服,徒成煩濁,自今罷小歲賀,歲初一賀。"

吉 **十二月壬辰**(初五),**遷社於内城之西。**(魏書・高祖紀下,北史・魏本紀三)

吉 **十二月己酉**(二十二),**帝迎春於東郊。**(魏書・高祖紀下,北史・魏本紀三)

樂 **十二月辛亥**(二十三),**下詔選拔樂官。**(魏書・高祖紀下,魏志・樂,北史・魏本
紀三)

【因革】《魏志》記曰:"世祖破赫連昌,獲古雅樂,及平涼州,得其伶人、器服,並
擇而存之。後通西域,又以悦般國鼓舞設於樂署。"此後,"高宗、顯祖無所改作。
諸帝意在經營,不以聲律爲務,古樂音制,罕復傳習,舊工更盡,聲曲多亡。"到了
孝文帝太和初,帝"垂心雅古,務正音聲",然"訪吏民,有能體解古樂者,與之修

廣器數,甄立名品,……於時卒無洞曉聲律者,樂部不能立,其事彌缺。然方樂之制及四夷歌舞,稍增列于太樂。金石羽旄之飾,爲壯麗於往時矣"。《通典・樂二》同。

凶 十二月,高麗王高璉去世,下詔爲之制素委貌,布深衣,舉哀於東郊。(魏書・高句麗列傳,魏志・禮三)

太和十六年(492)

嘉 正月戊午(初一),饗群臣於太華殿,懸而不樂。(魏書・高祖紀下,北史・魏本紀三)

吉 正月戊午,下詔定四時祭在孟月。丙子(十九),始以孟月祭廟。(魏志・禮一,魏書・高祖紀下,北史・魏本紀三,通典・吉禮八)

【因革】①《魏志》録帝詔曰:"祭薦之禮,貴賤不同,故有邑之君,祭以首時,無田之士,薦以仲月,況七廟之重而用中節者哉! 自頃蒸嘗之禮,頗違舊義。"②《資治通鑑・齊紀三》記曰:"魏舊制,四時祭廟皆用中節。"胡注:"魏初用中節,夷禮也。"

吉 正月己未(初二),宗祀獻文帝於明堂,以配上帝。(魏書・高祖紀下,北史・魏本紀三)

【儀制】《魏書》記曰:"遂升靈臺,以觀雲物;降居青陽左个,布政事。"《北史》同。
【因革】《魏書》記曰:"每朔,依以爲常。"《北史》同。

賓 南朝齊遣使庾蓽(散騎常侍)、何憲(散騎侍郎)、邢宗慶(主書)來聘,成淹(侍郎)引之於館南,瞻望行禮。(魏書・成淹列傳)

吉 正月辛酉(初四),祀南郊,始以太祖道武帝配。(魏書・高祖紀下,北史・魏本紀三)

吉 正月壬戌(初五),穆亮(侍中、司空)等十二人上奏北魏行次,當從李彪

（秘書丞）説，以水承金，帝詔從之，承晉爲水德，祖申臘辰。（魏志·禮一，魏書·高祖紀下，北史·魏本紀三，通典·吉禮十四）

【理據】《魏志》録穆亮等概括高閭（中書監）説爲："以石承晉爲水德，以燕承石爲木德，以秦承燕爲火德，大魏次秦爲土德，皆以地據中夏，以爲得統之徵。"概括李彪等説爲："神元皇帝與晉武並時，桓、穆二帝，仍修舊好。始自平文，逮于太祖，抗衡秦、趙，終平慕容。晉祚終於秦方，大魏興於雲朔。據漢棄秦承周之義，以皇魏承晉爲水德。"相較而言，"魏、晉、趙、秦、二燕雖地據中華，德祚微淺，並獲推叙，於理未愜"，因此帝詔曰雖"越近承遠，情所未安，然考次推時，頗亦難繼"，故從衆議。

【因革】《通典》記曰："北齊木德，正朔服色，皆如後魏。"

【考釋】① 此事自太和十四年（490）八月起議，《魏志》載穆亮等奏及帝詔定行次在去年正月，與《魏書》、《北史》二本紀不合，今從後者。②《通典》則云太和十四年即定議，欠妥，又誤作"祖辰臘申"。

吉 正月甲子（初七），下詔罷祖祼。（魏書·高祖紀下，北史·魏本紀三）

【考釋】祖祼，《北史》作"祖祼"，中華書局本校勘記曰："祖是祭名，祼是祭時酌酒灌地，疑作'祖祼'是。"

嘉 二月辛卯（初五），罷寒食饗。（魏書·高祖紀下，北史·魏本紀三）

【因革】《資治通鑑·齊紀三》胡注："魏先以寒食饗祖宗，今以其非禮，罷之。"

吉 二月甲午（初八），朝日於東郊。（魏書·高祖紀下，北史·魏本紀三）

【因革】《魏書》云初行此禮，又記曰："遂以爲常。"《北史》同。

吉 二月丁酉（十一），下詔祀唐堯於平陽，虞舜於廣寧，夏禹於安邑，周公於洛陽，由有司、牧守分別奉祀。（魏志·禮一，魏書·高祖紀下，北史·魏本紀三，通典·吉禮十二）

【儀制】《魏志》録帝詔曰："可令仍以仲月而饗祀焉。凡在祀令，其數有五。……饗薦之禮，自文公已上，可令當界牧守，各隨所近，攝行祀事，皆用清酌尹祭也。"

【因革】帝詔又曰："法施於民，祀有明典，立功垂惠，祭有恒式，斯乃異代同途，奕世共軌。今遠遵明令，憲章舊則，比於祀令，已爲決之。"按此所謂"明典"、"恒式"、"明令"、"舊則"均意在漢化。

【考釋】《高祖紀》原作"詔祀……周文於洛陽"，校勘記引錢大昕曰"周文，當爲周公之訛"，從之。

吉 二月丙午(二十)，下詔有司擇亥日以藉田。（魏志·禮一）

吉 二月丁未(二十一)，改諡宣尼曰文聖尼父，告諡孔廟；癸丑(二十七)，帝令劉昶(儀曹尚書)、游明根(鴻臚卿)、李韶(行儀曹事)授策孔子。之後，帝齋中書省，親拜祭孔子廟。（魏志·禮一，魏書·高祖紀下，北史·魏本紀三）

吉 三月癸酉(十七)，廢西郊郊天雜事。（魏書·高祖紀下，北史·魏本紀三）

【附識】西郊祀天，參見道武帝天賜二年(405)。

吉 三月乙亥(十九)，迎氣南郊。（魏書·高祖紀下，北史·魏本紀三）

【因革】《魏書》云初行此禮，又記曰："自此爲常。"《北史》同。

樂 春，下詔令高閭(中書監)與太樂治樂。（魏志·樂、律禮上，通典·樂二）

【因革】①《資治通鑑·齊紀五》概述曰："先是，魏主遣中書監高閭治古樂，會閭出爲相州刺史，是歲(太和十八年)，表薦著作郎韓顯宗、大樂祭酒公孫崇參知鍾律，帝從之。"②《魏志》記其後之變動曰："閭歷年考度，粗以成立，遇遷洛不及精盡，未得施行。尋屬高祖崩，未幾，閭卒。"

制 四月丁亥(初一)，班新律令。（魏書·高祖紀下，北史·魏本紀三）

【因革】① 此律在去年五月己亥(初八)即開始議改，至此修成。② 此年五月癸未(二十八)，又下詔群臣於皇信堂更定律條，帝親臨決。

嘉 四月甲寅(二十八)，帝至皇宗學，問博士經義。（魏書·高祖紀下，北史·魏本紀三）

嘉 六月甲辰(十九)，下詔遣使督勸京師之民務農。（魏書·高祖紀下）

賓 七月庚申(初六)，吐谷渾遣賀虜頭(慕容伏連籌世子)來朝。遣使張禮(兼員

外散騎常侍）**於吐谷渾**。（魏書·高祖紀下、吐谷渾列傳）

【儀制】《吐谷渾列傳》記賀虜頭來朝，"禮錫有加"，至明年正月丙子（二十五），拜伏連籌爲西海郡開國公、吐谷渾國王，"麾旗章綬之飾皆備給之"。

賓 **三月辛巳**（二十五），**南齊遣使來聘。七月甲戌**（二十），**下詔遣使宋弁**（兼員外散騎常侍）、**房亮**（兼員外散騎侍郎）**聘於南齊**。（魏書·高祖紀下，北史·魏本紀三）

吉 **八月庚寅**（初六），**夕月於西郊**。（魏書·高祖紀下，北史·魏本紀三）

【因革】《魏書》云初行此禮，又記曰："遂以爲常。"《北史》同。

【論評】秦蕙田《五禮通考》論曰："自漢以後，朝日夕月之禮至魏高祖始合于經義。"（《吉禮三十二》"日月"）

賓 **八月丙午**（二十二），**宕昌王梁彌承**（羌族）**來朝**。（魏書·高祖紀下，北史·魏本紀三）

嘉 **八月己酉**（二十五），**以尉元**（前司徒）**爲三老，游明根**（前大鴻臚卿）**爲五更。又養國老、庶老**。（魏書·高祖紀下、尉元列傳、游明根列傳，北史·魏本紀三、尉元列傳、游雅列傳，通典·嘉禮十二）

【儀制】①《魏書·尉元列傳》記曰："養三老、五更於明堂、國老庶老於階下。高祖再拜三老，親袒割牲，執爵而饋；於五更行肅拜之禮，賜國老、庶老衣服有差。……禮畢，乃賜步挽一乘。"《北史·尉元列傳》同。②《高祖紀》記曰："將行大射之禮，雨，不克成。"

【論評】王夫之《讀通鑑論》（卷十六）評曰："尉元爲三老，游明根爲五更，豈不辱名教而羞當世之士哉？故曰儒者之恥也。"

軍 **八月癸丑**（二十九），**下詔修講武之式**。（魏書·高祖紀下，北史·魏本紀三）

【理據】《魏書》録帝詔曰："天下雖平，忘戰者殆，不教民戰，可謂棄之。是以周立司馬之官，漢置將軍之職，皆所以輔文强武，威肅四方者矣。"

【儀制】《魏書》録帝詔曰："今則訓文有典，教武闕然。將於馬射之前，先行講武之式，可敕有司豫修場埒。其列陣之儀，五戎之數，別俟後敕。"《北史》略同。

吉 九月甲寅(初一)，大序昭穆於明堂；親祀文明太后於玄室。(魏志·禮一,魏書·高祖紀下,北史·魏本紀三)

凶 九月辛未(十八)，文明太后兩期，帝哭於永固陵左，絕膳二日。(魏書·高祖紀下,魏志·禮三,北史·魏本紀三,通典·吉禮十一)

【儀制】《魏志》記帝前後四日之儀曰："辛未,高祖哭於文明太后陵左,終日不絕聲,幕越席爲次,侍臣侍哭。壬申(十九),高祖以忌日哭於陵左,哀至則哭,侍哭如昨。帝二日不御膳。癸酉(二十),朝中夕三時,哭拜於陵前。夜宿監玄殿,是夜徹次。甲戌(二十一),帝拜哭辭陵,還永樂宮。"

賓 九月辛巳(二十八)，武興王楊集始(氏族)來朝。(魏書·高祖紀下,北史·魏本紀三)

吉 十月己亥(十六)，下詔令白登道武帝諸廟，有司攝祭，明元帝等停祀。(魏志·禮一,通典·吉禮六)

【理據】《魏志》錄帝詔曰："白登廟者,有爲而興,昭穆不次。……又常用季秋,躬駕展虔,祀禮或有褻慢之失,嘉樂頗涉野合之譏。今授衣之旦,享祭明堂;玄冬之始,奉烝太廟。若復致齊白登,便爲一月再駕,事成褻瀆。回詳二理,謂宜省一。"

吉 十月甲辰(二十一)，下詔以功臣配饗太廟。(魏書·高祖紀下,北史·魏本紀三)

【考釋】《魏書·崔玄伯列傳》、《長孫嵩列換》、《穆崇列傳》、《陸俟列傳》分別記崔宏、長孫嵩、穆崇、陸麗曾配饗。

【因革】《魏書·景穆十二王列傳下》記此後宣武帝時,又以元休配饗廟庭。

嘉 十月庚戌(二十七)，太極殿成，大饗群臣。(魏書·高祖紀下,北史·魏本紀三)

制 十一月乙卯(初三)，依古六寢，權制三寢。(魏書·高祖紀下,北史·魏本紀三)

嘉 十二月，賜京城老人鳩杖。(魏書·高祖紀下,北史·魏本紀三)

賓 十二月，南齊遣使來聘。(魏書·高祖紀下,北史·魏本紀三)

【附識】參見南朝齊武帝永明十年(492)。

太和十七年(493)

嘉　正月壬子(初一)，饗百官於太極殿。(魏書‧高祖紀下，北史‧魏本紀三)

賓　正月乙丑(十四)，下詔遣使邢巒(兼員外散騎常侍)、劉承叔(兼員外散騎侍郎)
聘於南齊。(魏書‧高祖紀下，北史‧魏本紀三)

【考釋】此條《北史》依例僅載邢巒，《魏書》則僅載劉承叔，與例不合。清趙翼
云："按遣使必兩人，《魏書》遣使皆兩人並書，《北史》止書正使一人。此次《魏
書》祇書劉承叔，蓋脫落正使邢巒也。"(《陔餘叢考》卷八)

【附識】參見南朝齊武帝永明元年(483)。

嘉　正月庚辰(二十九)，免拓跋休(大司馬，安定王)、拓跋簡(太保，齊郡王)朔望之
朝。(魏書‧高祖紀下，北史‧魏本紀三)

吉　二月己丑(初八)，帝藉田於平城南。(魏書‧高祖紀下，北史‧魏本紀三)

嘉　四月戊戌(十八)，立皇后馮氏。(魏書‧高祖紀下，北史‧魏本紀三)

【附識】《魏書‧李沖列傳》記曰："高祖初依《周禮》，置夫、嬪之列，以[李]沖女
爲夫人。"《北史‧涼武昭王李暠列傳》同。

嘉　五月壬戌(十三)，宴四廟子孫於宣文殿堂，帝親與之齒，行家人之
禮。(魏書‧高祖紀下，北史‧魏本紀三)

嘉　五月甲子(十五)，帝臨朝堂，日中以後與公卿共議決政事。(魏書‧穆
崇列傳，北史‧穆崇列傳，資治通鑑‧齊紀四)

【因革】《魏書》載帝謂穆亮(司空)曰："三代之禮，日出視朝，自漢魏已將，禮儀漸
殺。晉令有朔望集公卿於朝堂論政事，亦無天子親臨之文。"

【儀制】《魏書》載帝曰："今因卿等日中之集，中前則卿等自論政事，中後與卿等
共議可否。"

【論評】黎虎評曰："孝文帝規定上午由公卿議政，下午則召開御前會議，由公卿

'讀奏案',對於公卿所議之政事進行討論,並由皇帝作出最後決斷。從這時開始實行的御前會議已與漢族封建政治體制融爲一體,成爲此魏政權決策體系中的最高層次。"(《漢唐外交制度史》,第 152 頁)

[嘉] 五月丁丑(二十八),因旱,徹膳。(魏書·高祖紀下,北史·魏本紀三)

[吉] 六月,帝欲南征,齋於明堂左个,詔令王諶(太常卿)龜卜,遇革卦。
(魏書·景穆十二王列傳中,北史·景穆十二王列傳下)

[軍] 六月乙未(十六),將南征,講武。(魏書·高祖紀下,北史·魏本紀三)

【考釋】《魏書》載此事在丁未(二十八),然排列又在下乙巳二事之前,恐誤。

[制] 六月乙巳(二十六),下詔作百官事典《職員令》二十一卷。(魏書·高祖紀下,北史·魏本紀三)

[嘉] 七月癸丑(初五),立拓跋恂爲皇太子。(魏書·高祖紀下、孝文五王列傳,北史·魏本紀三)

[凶] 八月乙酉(初七),尉元(三老,山陽郡公)去世,丙戌(初八),帝臨喪。(魏書·高祖紀下、尉元列傳,北史·魏本紀三、尉元列傳)

【考釋】《魏書·尉元列傳》記曰:"葬以殊禮,給羽葆鼓吹、假黃鉞、班劍四十人,賜帛一千匹。"《北史·尉元列傳》同。

[吉] 八月丙戌(初八),帝類於上帝。(魏書·高祖紀下,北史·魏本紀三)

[軍] 八月丁亥(初九),辭永固陵;己丑(十一),出師南征。(魏書·高祖紀下,北史·魏本紀三)

[嘉] 八月戊申(三十),帝至并州,親見高年,問所疾苦。(魏書·高祖紀下,北史·魏本紀三)

[賓] 九月壬子(初四),下詔遣使高聰(兼員外散騎常侍)、賈禎(兼員外散騎侍郎)聘於南齊。(魏書·高祖紀下、高聰列傳,北史·魏本紀三)

[嘉] 九月戊辰(二十),下詔賜爵高年。(魏書·高祖紀下,北史·魏本紀三)

【儀制】《魏書》錄帝詔所過洛、懷、並、肆四州:百年以上假縣令,九十以上賜爵三級，八十以上賜爵二級，七十以上賜爵一級。

【因革】此後明年正月又詔相、兗、豫三州，百年以上假縣令，九十以上賜爵二級，七十以上賜爵一級；十一月又詔冀、定二州民同此年；十二月又詔鄴、豫二州之民同此年；太和十九年(495)四月又詔徐、豫二州同此年；六月又詔詔濟州、東郡、滎陽及河南諸縣車駕所經者同此年；十月又詔相州，民百年以上假郡守，九十以上假縣令，八十以上賜爵三級，七十以上賜爵二級；太和二十一年(497)三月又詔汾州民同此年；五月又詔雍州士人百年以上假華郡太守，九十以上假荒郡，八十以上假華縣令，七十以上假荒縣；庶老以年各減一等，七十以上賜爵三級。

嘉 **九月戊辰，下詔廝養户不得與庶士婚，有文武之才、積勞應進者同庶族例，可例外。**（魏書·高祖紀下，北史·魏本紀三）

嘉 **九月庚午**(二十二)**，帝至洛陽，周巡晉故宫基址；壬申**(二十四)**，帝至洛陽太學，觀石經。**（魏書·高祖紀下，北史·魏本紀三）

軍 **九月丁丑**(二十九)**，帝戎服執鞭，御馬而出，群臣稽首於馬前，諫止南征，於是定遷都之計。**（魏書·高祖紀下、李沖列傳，北史·魏本紀三、涼武昭王李暠列傳）

【理據】《李沖列傳》記曰："高祖初謀南遷，恐衆心戀舊，乃示爲大舉，因以脅定群情，外名南伐，其實遷也。舊人懷土，多所不願，内憚南征，無敢言者，於是定都洛陽。"《涼武昭王李暠列傳》同。

又《魏書·李寶列傳》記帝曾引侍臣謀遷都之計，李韶(給事黄門侍郎)對曰："洛陽九鼎舊所，七百攸基，地則土中，實均朝貢，惟王建國，莫尚於此。"又《李沖列傳》記李沖(尚書)言於帝曰："陛下方修周公之制，定鼎成周。然營建六寝，不可游駕待就；興築城郭，難以馬上營訖。願暫還北都，令臣下經造，功成事訖，然後備文物之章，和玉鑾之響，巡時南徙，軌儀土中。"按二人之言對帝影響頗深。

制 **十月戊寅**(初一)**，帝至金墉，下詔穆亮**(司空)**與李沖**(尚書)**、董爵**(將作大匠)**經始洛陽。**（魏書·高祖紀下，北史·魏本紀三）

【考釋】《魏書·李沖列傳》記曰："沖機敏有巧思，北京明堂、圓丘、太廟，及洛都初基,安處郊兆,新起堂寢,皆資於沖。勤志強力,孜孜無怠,旦理文簿,兼營匠制,几案盈積,剖劂在手,終不勞厭也。"《涼武昭王李暠列傳》同。故陳寅恪《隋唐制度淵源略論稿》認爲:"其實洛陽新都之規制悉出自李沖一人。"(《禮儀》,第73頁)

又董爵,《魏志·天象四》作"董邁",《資治通鑑·齊紀四》作"董爾"。

【因革】陳寅恪《隋唐制度淵源略論稿》指出:"經濟政策其最高主動者雖爲孝文帝本身,然洛都營建,李沖實司其事,故一反傳統面朝背市之制,而置市場於城南者,……李沖受命規畫洛陽新制,亦不能不就西晉故都址加以改善,殆有似張氏之增築姑臧城者,豈其爲河西家世遺傳所薰習,無意之中受涼州都會姑臧名城之影響,遂致北魏洛都一反漢制之因襲,而開隋代之規模歟? 此前所謂姑作假想,姑備一説。"(《禮儀》,第75、78頁)

吉 十月乙未(十八),設壇於滑臺城東,告行廟以遷都之意。(魏書·高祖紀下,北史·魏本紀三)

制 三月,王肅(南朝齊秘書丞)自建業來奔,十月癸卯(二十六),帝至鄴,引見王肅,語及爲國之道,王肅陳説治亂。(魏書·王肅列傳,北史·王肅列傳,資治通鑑·齊紀四)

【論評】①《北史》論曰:"自晉氏喪亂,禮樂崩亡,孝文雖釐革制度,變更風俗,其間朴略,未能淳也。肅明練舊事,虛心受委,朝儀國典,咸自肅出。"②《資治通鑑·齊紀四》評曰:"魏主或屏左右與肅語,至夜分不罷,自謂君臣相得之晚。……時魏主方議興禮樂,變華風,凡威儀文物,多肅所定。"

然《魏書》則曰:"肅自謂《禮》、《易》爲長,亦未能通其大義也。"陳寅恪《隋唐制度淵源略論稿》論曰:"魏孝文帝所以優禮王肅固別有政治上之策略,但肅之能供給孝文帝當日所渴盼之需求,要爲其最大原因。夫肅在當日南朝雖爲膏腴士族,論其才學,不獨與江左同時倫輩相較,斷非江左第一流,且亦出北朝當日青齊俘虜之下。"(《禮儀》,第15頁)

嘉 十月,帝宴群臣於華林苑,劉芳與王肅(輔國將軍)討論男子有笄。(魏

書·劉芳列傳,北史·劉芳列傳）

【理據】《魏書》録劉芳曰："《禮》：初遭喪,男子免,時則婦人髽；男子冠,時則婦人笄。言俱時變,而男子婦人免髽、冠笄之不同也。又冠尊,故奪其笄稱。且互言也,非謂男子無笄。又《禮·内則》稱：'子事父母,雞初鳴,櫛纚笄總。'以茲而言,男子有笄明矣。"《北史》同。

軍 十二月戊寅(初二)，巡省六軍；乙未(十九)，下詔隱恤軍士，死亡疾病務令優給。（魏書·高祖紀下,北史·魏本紀三）

凶 拓跋霄(左光禄大夫,道武帝之孫)去世，賜朝服一具、衣一襲、東園第一秘器、絹千匹，帝總衰臨喪，醼不舉樂。（魏書·道武七王列傳）

賓 勿吉國遣使婆非等五百餘人來朝獻。（魏書·勿吉列傳）

【因革】《魏書》記此年前後勿吉均有遣使,而以此年爲最盛。

太和十八年(494)

嘉 正月丁未(初一)，朝群臣於鄴宮澄鸞殿。（魏書·高祖紀下,北史·魏本紀三）

吉 正月戊辰(二十二)，南巡經殷比干墓，祭以太牢。（魏志·禮一,魏書·高祖紀下,北史·魏本紀三）

【理據】《魏書·景穆十二王列傳中》記拓跋澄(任城王)曾與帝討論弔祭比干、嵇紹事,拓跋澄曰："晉世之亂,嵇紹以身衞主,殞命御側,亦是晉之忠臣；比干遭紂兇虐,忠諫剖心,可謂殷之良士。二人俱死於王事,墳塋並在於道周。"

吉 二月己丑(十四)，帝至河陰，規建方澤之所。（魏書·高祖紀下,北史·魏本紀三）

【考釋】《魏書》記此事作二月乙丑,不合曆,恐誤。

吉 閏二月甲戌(二十九)，謁永固陵。八月庚午(二十八)，又謁永固陵。（魏書·高祖紀下,北史·魏本紀三）

⊞ 三月庚辰(初六)，下詔廢西郊祭天。（魏志・禮一，魏書・高祖紀下，北史・魏本紀三）

【考釋】此年北魏閏二月，三月當爲乙亥朔。

嘉 三月壬辰(十八)，帝臨太極殿，諭在代群臣以遷都之略。（魏書・高祖紀下，北史・魏本紀三）

嘉 五月乙亥(初二)，下詔罷五月五日饗、七月七日饗。（魏書・高祖紀下，北史・魏本紀三）

【因革】據《魏書・序紀》所記，在什翼犍三年(340)有"秋七月七日，諸部畢集，設壇埒，講武馳射，因以爲常"。

【考釋】《資治通鑑・齊紀五》胡注："魏端午、七夕之饗，猶寒食之饗，皆夷禮也。"

【論評】康樂指出："494年他(孝文帝)一口氣廢除了西郊郊天、五月五日饗和七月七日饗等等最重要的一些北亞祭典，禮制—祭典的改革至此大體告一段落。"
（《從西郊到南郊：拓跋魏的"國家祭典"與孝文帝的"禮制改革"》，《臺灣學者中國史研究論叢・政治與權力》，第221頁）

賓 六月己巳(二十六)，下詔遣使盧昶(兼員外散騎常侍)、王清石(兼員外散騎侍郎)聘於南齊。（魏書・高祖紀下，北史・魏本紀三）

凶 七月壬午(初十)，拓跋休(大司馬，安定王)去世，帝三臨其第，皇太子、百官皆從行弔禮，下詔假黃鉞，加羽葆、鼓吹、虎賁、班劍六十三人；葬日，帝親送出郊，慟哭而返。（魏書・景穆十二王列傳下、高祖紀下）

【儀制】《魏書》列傳記曰："高祖至其門，改服錫衰，素弁加絰。皇太子、百官皆從行弔禮。"

又所謂三臨，即始喪之臨、大殮之臨及東堂之哭，《魏書・文成五王列傳》記明年拓跋諧去世時，帝詔有曰："頃大司馬、安定王薨，朕既臨之後，復更受慰於東堂。"

【因革】《魏書》列傳記曰："悉準三老尉元之儀。……諸王恩禮莫比焉。"

⊞ 七月戊戌(二十六)，謁金陵。（魏書・高祖紀下，北史・魏本紀三）

軍 八月丁未（初五），帝至閱武臺，臨觀講武。（魏書·高祖紀下，北史·魏本紀三）

嘉 八月，帝北巡所過，親見高年，問民疾苦。（魏書·高祖紀下，北史·魏本紀三）

嘉 九月壬午（十一），帝臨朝堂，親加黜陟五品以上官員。（魏書·高祖紀下，北史·魏本紀三）

吉 十月戊申（初七），親告太廟，奉遷神主於洛陽。（魏書·高祖紀下，北史·魏本紀三）

【考釋】① 據《魏書·于栗磾列傳》，帝以拓跋雍（高陽王）、于烈（衛尉卿）奉遷神主。② 三日後，至辛亥（初十），發平城。

吉 十一月甲申（十四），遷都經比干墓，親爲弔文，樹碑而刊之。（魏書·高祖紀下，北史·魏本紀三）

【儀制】《魏書·劉芳列傳》記曰："高祖遷洛，路由朝歌，見殷比干墓，愴然悼懷，爲文以弔之。"《北史·劉芳列傳》同。

【考釋】《金石萃編》卷二十七入收《弔比干碑》，係宋元祐五年（1090）九月仿原碑重刻，原刻已亡。此碑碑陰分四列，刻有隨祭官員共八十一人，參見逯耀東《從平城到洛陽》（第138頁）。

制 十二月壬寅（初二），革衣服之制。（魏書·高祖紀下，北史·魏本紀三）

【理據】《資治通鑑·齊紀五》記曰："魏主欲變易舊風，……詔禁士民胡服，國人多不悅。"

【儀制】《魏書·獻文六王列傳上》録明年帝引見群臣之言："昨望見婦女之服，仍爲夾領小袖。我祖東山，雖不三年，既離寒暑，卿等何爲而違前詔？"可見帝欲去除此服制。

太和十九年（495）

嘉 正月辛未（初一），朝饗群臣於懸瓠。（魏書·高祖紀下，北史·魏本紀三）

【考釋】此時遷都途中至此。

軍 正月壬午(十二)，講武於汝水之西，大蒐六軍。(魏書·高祖紀下，北史·魏本紀三)

吉 正月，遷都渡淮水，命太常致祭。(魏志·禮一)

凶 二月辛酉(二十二)，馮誕(司徒)去世於鍾離，帝奔赴夜至，撫屍哀慟；詔侍臣一人兼大鴻臚，送柩至洛陽。(魏書·外戚列傳上、高祖紀下，北史·外戚列傳)

【儀制】《魏書》列傳詳記喪事曰："是日，去鍾離五十里許。昏時，告誕薨問，高祖哀不自勝。時崔慧景、裴叔業軍在中淮，去所次不過百里。高祖乃輕駕西還，從者數千人。夜至誕薨所，撫屍哀慟，若喪至戚，達旦聲淚不絕。從者亦迭舉音。……詔求棺於城中。及斂送舉，高祖以所服衣帕充襚，親自臨視，撤樂去膳。宣敕六軍，止臨江之駕。高祖親北度，慟哭極哀。詔侍臣一人兼大鴻臚，送柩至京。禮物輀儀，徐州備造；陵兆葬事，下洛候設。喪至洛陽，車駕猶在鍾離。詔留守賜賻物布帛五千匹、穀五千斛，以供葬事。"及至此後帝還至洛陽，"遂親臨誕墓，停車而哭。使彭城王勰詔群官脫朱衣，服單衣介幘，陪哭司徒，貴者示以朋友，微者示如僚佐"。《北史》同。

【因革】《魏書》列傳記曰："依晉大司馬、齊王攸故事。"《北史》同。

凶 馮誕(司徒)去世，數子尚幼，議者以爲可衰而不裳，免而不絰，孫惠蔚(博士)上書不可去其裳絰。(魏志·禮三)

【理據】《魏志》記議者以爲"童子之節，事降成人"，然孫惠蔚以爲"童子不杖不廬之節，理儉於責；不裳不絰之制，未覩其說。……童子雖不當室，苟以成人之心，則許其人服緦之絰。輕猶有絰，斬重無麻，是爲與輕而奪重，非禮之意，此臣之所以深疑也"。

吉 二月癸亥(二十四)，下詔遷宗廟神主於太和廟。(魏志·禮一，通典·吉禮六)

【儀制】《魏志》錄帝詔曰："可剋三月三日己巳，內奉遷於正廟。其出金墉之儀，一準出代都太和之式。入新廟之典，可依近至金墉之軌。共威儀鹵簿，如出代廟。百官奉遷,宜可省之。但令朝官四品已上,侍官五品已上及宗室奉迎。”

【考釋】太和廟係新都洛陽所建宗廟,此年四月戊辰(三十)建成。

凶 三月戊子(十九),馮熙(太師,文明太后兄)去世於代,四月,帝至彭城,辛丑(初三),爲之舉哀,皇后、皇太子赴代哭弔;詔迎其柩及博陵長公主之柩,南葬洛陽。(魏書·外戚列傳上、高祖紀下,北史·外戚列傳)

【儀制】《魏書》列傳記曰:“爲制緦服,詔有司豫辦凶儀,并開魏京之墓,令公主之柩俱向伊洛。凡所營送,皆公家爲備。又敕代給綵帛前後六千匹,以供凶用。……柩至洛七里澗,高祖服衰往迎,叩靈悲慟而拜焉。葬日,送臨墓所,親作誌銘。”《北史》同。

又《魏書·儒林列傳》記其時孫惠蔚(中書博士)“監其喪禮,上書令熙未冠之子皆服成人之服”。

【因革】《魏書》列傳記曰:“皆依晉太宰、安平獻王故事。”《北史》同。

吉 四月癸丑(十五),帝至小沛,遣使以太牢祭漢高祖廟。(魏書·高祖紀下,北史·魏本紀三)

吉 四月己未(二十一),帝至瑕丘,遣使以太牢祠岱宗。(魏書·高祖紀下,魏志·禮一,北史·魏本紀三)

吉 四月庚申(二十二),帝至魯城,親祠孔子廟。 又選孔珍(二十八代孫)封崇聖侯,以奉孔子之祀。(魏書·高祖紀下,北史·魏本紀三,通典·吉禮十二)

【儀制】《魏書》錄帝又詔“兗州爲孔子起園栢,修飾墳壠,更建碑銘,褒揚聖德。”

【因革】此年所封孔乘亦爲二十八代孫,參見延興三年(473)。

凶 五月己巳(初一),拓跋諧(廣川王,帝之從弟)去世,帝再臨,並與崔光(黃門侍郎)、宋弁(黃門侍郎)、劉芳(通直常侍)、李元凱(典命下大夫)、高聰(中書侍郎)等議三臨之禮;葬日,帝親臨送之。(魏書·文成五王列傳下、高祖紀下)

【儀制】《魏書》列傳記曰:“諧將大殮,高祖素服深衣哭之,入室,哀慟,撫尸而出。”

卷五
北朝:禮制新建期

【因革】《魏書》列傳録帝詔曰："古者,大臣之喪,有三臨之禮,此蓋三公已上。……自漢已降,多無此禮。朕欲遵古典,哀感從情,雖以尊降伏,私痛寧爽。欲令諸王有期親者爲之三臨,大功之親者爲之再臨,小功緦麻爲之一臨。"

【理據】《魏書》列傳録帝詔曰："廣川王於朕大功,必欲再臨。再臨者,欲於大殮之日,親臨盡哀,成服之後,緦衰而弔。"又録崔光議云東堂之哭曰:"東堂之哭,蓋以不臨之故。今陛下躬親撫視,群臣從駕,臣等參議,以爲不宜復哭。"

凶 **拓跋諧將葬,有司奏其妃去世於代京,是否遷還代葬,帝拒之,並定兩地移葬之制。**（魏書·文成五王列傳下）

【儀制】《魏書》録帝詔曰："遷洛之人,自兹厥後,悉可歸骸邙嶺,皆不得就塋恒代。其有夫先葬在北,婦今喪在南,婦人從夫,宜還代葬;若欲移父就母,亦得任之。其有妻墳於恒代,夫死於洛,不得以尊就卑;欲移母就父,宜亦從之;若異葬亦從之。"

吉 **五月庚午**（初二）**,遷文成皇后**（馮氏）**神主於太和廟。**（魏書·高祖紀下,北史·魏本紀三）

軍 **五月癸未**（十五）**,帝南征還,告於太廟;乙酉**（十七）**,行飲至之禮。**
（魏書·高祖紀下,北史·魏本紀三）

嘉 **五月甲午**（二十六）**,皇太子**（拓跋恂）**加冠於廟,帝臨光極東堂,誡之以冠義。**（魏書·高祖紀下、孝文五王列傳,魏志·禮四,北史·魏本紀三,通典·嘉禮一）

【儀制】《孝文五王列傳》録帝誡曰："夫冠禮表之百代,所以正容體,齊顏色,順辭令。容體正,顏色齊,辭令順;故能正君臣,親父子,和長幼。然母見必拜,兄弟必敬,責以成人之禮。字汝元道,所寄不輕。汝當尋名求義,以順吾旨。"

【考釋】拓跋恂生於太和七年（483）,至今13歲。

嘉 **六月,帝至光極堂引見群官,論皇太子冠禮儀注之失。**（魏志·禮四,通典·嘉禮一）

【儀制】《魏志》録孝文帝所揭"近冠恂之禮有三失"曰:"古者皆灌地降神,或有作樂以迎神,昨失作樂。""司馬彪云漢帝有四冠:一緇布,二進賢,三武弁,四通天冠。朕見《家語·冠頌》篇，四加冠，公也。……諸儒忽司馬彪《志》，致使天子之子，而行士冠禮，此朝廷之失。""冠禮朕以爲有賓，諸儒皆以爲無賓，朕既從之，復令有失。"

【論評】① 秦蕙田《五禮通考》論曰："此用冠於廟之禮，從古也。所謂三失：不作樂，一也；不用四加，二也；不用賓，三也。親臨告誡不傳制，尤爲重禮。"(《吉禮一百四十九》"冠禮")② 陳戍國分析孝文帝所揭三失，認爲"他之所以説'冠恓之禮有三失'，大約是出於門閥觀念"(《中國禮制史·魏晉南北朝卷》，第462—463頁)。

制 **六月己亥**（初二），**下詔不得以北俗之語，言於朝廷。**（魏書·高祖紀下，北史·魏本紀三）

制 **帝引見朝臣，論當改舊俗從斷北語始，拓跋禧**（咸陽王）**從之。**（魏書·獻文六王列傳上）

【儀制】《魏書》錄帝曰："今欲斷諸北語，一從正音。年三十以上，習性已久，容或不可卒革；三十以下，見在朝廷之人，語音不聽仍舊。若有故爲，當降爵黜官。各宜深戒。"

【理據】《魏書》錄帝曰："如此漸習，風化可新。若仍舊俗，恐數世之後，伊洛之下復成被髮之人。"

凶 **六月丙辰**（十九），**下詔遷洛陽之民，死葬河南，不得還葬黃河北。**（魏書·高祖紀下，北史·魏本紀三）

【論評】《魏書》評之曰："於是代人南遷者，悉爲河南洛陽人。"《北史》同。

制 **六月戊午**（二十一），**下詔改長尺大斗，依周禮制度。**（魏書·高祖紀下，北史·魏本紀三）

【考釋】《資治通鑑·齊紀六》則記改制"其法依《漢志》爲之"。

吉 **六月，高閭**（相州刺史）**表稱密皇后廟傾敗，或當修新若已配饗太廟則當輟祭，下詔罷祭。**（魏志·禮一）

凶 **八月甲辰**（初八），**帝赴西宮，路見壞冢露棺，停車掩埋。**（魏書·高祖紀下，北史·魏本紀三）

嘉 八月甲子(二十八)，金墉宫成，宴群臣於殿堂。(魏書·高祖紀下,北史·魏本紀三)

制 九月庚午(初四)，六宫及文武官員盡遷洛陽。(魏書·高祖紀下,北史·魏本紀三)

吉 九月丁亥(二十一)，下詔官員拜祭舊墓之制。(魏書·高祖紀下,北史·魏本紀三)

【儀制】《魏書》録帝詔曰："諸有舊墓，銘記見存，昭然爲時人所知者，三公及位從三公者去墓三十步，尚書令僕、九列十五步，黄門五校十步，各不聽墾殖。"《北史》同。

吉 九月壬辰(二十六)，遣黄門郎以太牢祭比干墓。(魏書·高祖紀下,北史·魏本紀三)

吉 十一月庚午(初五)，帝至委粟山，議定圜丘。己卯(十四)，帝與拓跋禧(咸陽王)、穆亮(司空公)、拓跋澄(任城王)及議禮之官李彪(秘書令)等集議圜丘儀注。癸未(十八)，下詔定陪薦之儀。(魏志·禮一,魏書·高祖紀下,北史·魏本紀三)

【儀制】據《魏志》所載君臣議禮，所論定之儀注有：① 不行夕而殺牲；② 祀圜丘之前應先告廟；③ 用牲之色宜從玄；④ 仍舊鳴鼓以集衆。又下詔定陪薦之服爲"三公袞冕八章，太常鷩冕六章。"

【理據】《魏書·儒林列傳》載此後天平四年(537)，東魏李業興出使梁，與朱异辯論，朱氏曰："魏洛中委粟山是南郊邪?"李氏曰："委粟是圜丘，非南郊。"朱氏曰："北間郊、丘異所，是用鄭義。我此中用王義。"李氏曰："然，洛京郊、丘之處專用鄭解。"《北史·儒林列傳上》同。

閻步克則推論曰："在魏孝文帝時，僞孔傳已被用於服章規劃了。但魏孝文帝對僞孔傳又没原樣照搬，而是把它跟《周禮》糅在一塊了。"又曰："孝文帝的冕服頗有'理論創新'，以獨特方式糅合了《周禮》和僞孔傳，自成一系，並不是對魏晋南朝的簡單模仿。"(《服周之冕》第八章,第289頁)

【論評】秦蕙田《五禮通考》論曰："郊丘分合，南北不同，故業興、朱异各是其是，斯乃使命之體，非關議禮之準也。然南宗王肅，因仍晉代，中原之士，堅守鄭學。"（《吉禮八》"圜丘祀天"）

吉 十一月甲申（十九），**祀昊天於委粟山圜丘。**（魏志·禮一，魏書·高祖紀下，北史·魏本紀三）

嘉 十二月乙未（初一），**引見群臣於光極殿，宣示品令，爲大選之始。**（魏書·高祖紀下，北史·魏本紀三）

【因革】①《資治通鑑·齊紀八》記曰："王肅爲魏官品百司，皆如江南之制，凡九品，品各有二。"② 陳寅恪《隋唐制度淵源略論稿》指出："北魏在孝文帝太和制定官制以前，其官職名號華夷雜糅，不易詳考，自太和改制以後，始得較詳之記載，今見於魏收書《官氏志》所敘列者是也。"（《職官》，第 92 頁）

【論評】《資治通鑑·齊紀六》評孝文帝改制曰："自太和十年以後，詔策皆自爲之。好賢樂善，情如飢渴，所與游接，常寄以布素之意，如李沖、李彪、高閭、王肅、郭祚、宋弁、劉芳、崔光、邢巒之徒，皆以文雅見親，貴顯用事。制禮作樂，鬱然可觀，有太平之風焉。"

又陳寅恪《隋唐制度淵源略論稿》評曰："魏孝文帝之欲用夏變夷久矣，在王肅未北奔之前亦已有所興革。然當日北朝除其所保存魏晉殘餘之文物外，尚有文成帝略取青齊時所俘南朝人士如崔光、劉芳、蔣少游等及宋氏逋臣如劉昶之倫，可以略窺自典午南遷以後江左文物制度。"（《禮儀》，第 15 頁）

嘉 十二月甲子（三十），**引見群臣於光極殿，班賜冠服。**（魏書·高祖紀下，北史·魏本紀三）

【因革】①《資治通鑑·齊紀六》胡注："賜冠服以易胡服。"②《魏志·禮四》稱曰："世祖經營四方，未能留意，仍世以武力爲事，取於便習而已。至高祖太和中，始考舊典，以制冠服，百僚六宮，各有差次。早世升遐，猶未周洽。肅宗時，又詔侍中崔光、安豐王延明及在朝名學更議之，條章粗備焉。"按肅宗時事，見熙平元年（516）。

【附識】《魏書·神元平文諸帝子孫列傳》記遷洛後朝臣朱衣,然拓跋丕(并州刺史,新興公)例外,"丕雅愛本風,不達新式,至於變俗遷洛,改官制服,禁絕舊言,皆所不願。高祖知其如此,亦不逼之,但誘示大理,令其不生同異。至於衣冕已行,朱服列位,而丕猶常服列在坐隅。晚乃稍加弁帶,而不能修飾容儀。高祖以丕年衰體重,亦不強責"。《北史·魏諸宗室列傳》同。

嘉 **十二月,拓跋楨(南安王)出爲鎮北大將軍、相州刺史,帝餞之於華林都亭,使文人賦詩,武士弓射。**(魏書·景穆十二王列傳下)

【理據】《魏書》録帝詔曰:"今者之集,雖曰分歧,實爲曲宴,並可賦詩申意。射者可以觀德,不能賦詩者,可聽射也。當使武士彎弓,文人下筆。"

凶 **公孫邃(鎮東將軍,東夷校尉,青州刺史)去世,帝在鄴共爲之舉哀。青州佐史疑爲所服,帝詔以爲主簿服斬,過葬即除,境内之民齊衰三月。**
(魏書·公孫表列傳,北史·公孫表列傳)

【理據】《魏書》録帝詔曰:"古今時殊,禮或隆殺。專古也,理與今違;專今也,大乖曩義。當斟酌兩途,商量得失,吏民之情亦不可苟順也。"

嘉 **下詔立國子學、太學、四門小學於洛陽。**(魏書·儒林列傳,北史·儒林列傳上,通典·吉禮十二)

【因革】《資治通鑑·齊紀六》胡注:"四門學始此。"

太和二十年(496)

制 **正月丁卯(初三),下詔改姓爲元氏。**(魏書·高祖紀下,北史·魏本紀三)

【儀制】《資治通鑑·齊紀六》録帝詔曰:"諸功臣舊族自代來者,姓或重複,皆改之。"

嘉 **元禧(咸陽王,帝之長弟)娶任城王隸户,帝深責之,下詔爲六弟婚娉。**
(魏書·獻文六王列傳上,資治通鑑·齊紀六)

【儀制】《魏書》記帝爲六人娉室:元禧娉李輔(故潁川太守)女,元幹(河南王,次弟)

娉穆明樂（故中散）女，元羽（廣陵王，次弟）娉鄭平城（驃騎諮議參軍）女，元雍（潁川王，次弟）娉盧神寶（故中書博士）女，元勰（始平王，次弟）娉李沖（廷尉卿）女，元詳（北海王，季弟）娉鄭懿（吏部郎中）女。

【理據】《魏書》錄帝詔述婚姻之義曰："婚者，合二姓之好，結他族之親，上以事宗廟，下以繼後世，必敬慎重正而後親之。夫婦既親，然後父子君臣、禮義忠孝，於斯備矣。"

【因革】《魏書》記曰："於時，王國舍人應取八族及清修之門。"然而，自道武帝以來，"諸王娉合之儀，宗室婚姻之戒，或得賢淑，或乖好述"。

凶 二月壬寅（初九），下詔自非金革，可終三年喪。（魏書·高祖紀下，北史·魏本紀三）

【論評】王夫之《讀通鑑論》（卷十六）論孝文之漢化曰："自馮后死，〔拓跋〕宏始親政，以後五年之間，作明堂，正祀典，定祧廟，祀圜丘，迎春東郊，定次五德，朝日養老，修舜、禹、周、孔之祀，耕藉田，行三載考績之典，禁胡服胡語，親祠闕里，求遺書，立國子大學四門小學，定族姓，宴國老庶老，聽群臣終三年之喪，小儒爭艷稱之以爲榮。凡此者，典謨之所不道，孔孟之所不言，立學終喪之外，皆漢儒依託附會、逐末舍本、雜讖緯巫覡之言，塗飾耳目，是爲拓跋宏所行之王道而已。"

嘉 二月丙午（十三），下詔畿內七十以上者暮春赴京城，將行養老之禮。三月丙寅（初三），宴群臣及國老、庶老於華林園，賜爵及鳩杖、衣裳。（魏書·高祖紀下，北史·魏本紀三）

【儀制】《魏書》錄帝詔云賜爵："國老黃耇以上，假中散大夫、郡守；耆年以上，假給事中、縣令；庶老，直假郡縣。"《北史》同。

吉 二月癸丑（二十），下詔介山之邑可行寒食，其餘禁斷。（魏書·高祖紀下，北史·魏本紀三）

吉 五月丙戌（二十四），立方澤於河陰；丁亥（二十五），帝祀方澤。（魏書·高祖紀下，魏志·禮一，北史·魏本紀三）

吉 五月丙戌，遣使者以太牢祭漢光武及明、章三帝陵。又詔漢、魏、

晉諸帝陵，各禁方百步不得樵蘇踐踏。（魏書·高祖紀下，魏志·禮一，北史·魏本紀三）

吉 七月戊寅（十七），因久旱，咸秩群神，自癸未（二十二）不食至於乙酉（二十四），夜澍雨；元楨（南安王）至鄴，亦祈雨於群神。（魏書·高祖紀下、景穆十二王列傳下、王肅列傳，北史·魏本紀三）

【儀制】《景穆十二王列傳》記曰："鄴城有石虎廟，人奉祀之。[元]楨告虎神像云：'三日不雨，當加鞭罰。'請雨不驗，遂鞭像一百。"

【論評】王夫之《讀通鑑論》（卷十六）論曰："拓跋宏之僞也，儒者之恥也。……至於天不雨而三日不食，將誰欺，欺天乎？人未有三日而可不食者，況其在豢養之子乎！高處深宮，其食也，孰知之？其不食也，孰信之？大官不進，品物不具，宦官宮妾之側孰禁之？果不食也歟哉！"

凶 八月丁巳（二十六），元楨（南安王）去世，遣黃門郎監護喪事。（魏書·景穆十二王列傳下、高祖紀下）

凶 秋，高道悅（太子中庶子）被皇太子所殺，帝遣王人慰其妻子，詔使者監護喪事，葬於舊墓。（魏書·高道悅列傳，北史·高道悅列傳）

軍 九月戊辰（初八），閱武於小平津。（魏書·高祖紀下，北史·魏本紀三）

軍 十二月甲子（初六），因西北州郡旱，遣侍臣循察，開倉賑恤。（魏書·高祖紀下，北史·魏本紀三）

【考釋】西北，《魏書》校勘記云當作"西南"。

吉 十二月丙寅（初八），廢皇太子（元恂）爲庶人，丁卯（初九），告太廟。（魏書·高祖紀下）

【理據】《魏書·孝文五王列傳》記曰："恂不好書學，體貌肥大，深忌河洛暑熱，意每追樂北方。"《北史·孝文六王列傳》同。

【儀制】《魏書·孝文五王列傳》記元恂被廢之後曰："乃廢爲庶人，置之河陽，以兵守之。服食所供，粗免飢寒而已。恂在困躓，頗知咎悔，恒讀佛經，禮拜歸心於善。"

太和二十一年（497）

嘉 正月丙申（初八），立元恪爲皇太子。（魏書·高祖紀下，北史·魏本紀三）

【考釋】《魏書·世宗紀》、《北史·魏本紀四》則云立皇太子時在正月甲午
（初六）。

嘉 正月己亥（十一），遣張彝（兼侍中）、崔光（兼侍中）、劉藻（兼散騎常侍）巡方省
察，問民疾苦，黜陟守宰，宣揚風化。（魏書·高祖紀下，北史·魏本紀三）

嘉 二月壬戌（初五），帝至太原，親見高年，問所不便。四月乙亥（十
九），帝至長安，親見高年，問所疾苦。（魏書·高祖紀下，北史·魏本紀三）

吉 二月甲戌（十七），帝至平城，謁永固陵。三月辛卯（初四），至雲中，
謁金陵。（魏書·高祖紀下，北史·魏本紀三）

吉 三月丙辰（二十九），帝至平陽，遣使以太牢祭唐堯；四月庚申（初四），
至龍門，遣使以太牢祭夏禹；癸亥（初七），至蒲坂，遣使以太牢祭
虞舜；戊辰（十二），下詔修堯、舜、禹廟。（魏書·高祖紀下，北史·魏本紀三）

賓 四月壬申（十六），帝至長安，武興王楊集始（氏族）來朝。（魏書·高祖紀下，
北史·魏本紀三）

吉 四月丙戌（三十），帝在長安，遣使以太牢祀漢帝諸陵。（魏書·高祖紀下，
北史·魏本紀三）

凶 四月，元恂（廢太子）被賜死，斂以粗棺、常服，瘞於河陽城。（魏書·孝
文五王列傳，北史·孝文六王列傳，資治通鑑·齊紀七）

吉 五月壬辰（初六），遣使以太牢祭周文王於酆，祭武王於鎬。（魏書·高
祖紀下，北史·魏本紀三）

吉 五月癸卯(十七)，遣使祭華嶽。（魏書·高祖紀下，北史·魏本紀三）

吉 帝行經渭橋，過郭淮(郭祚七世伯祖)廟，敕以太牢祭之，令郭祚(尚書左丞)自撰祭文。（魏書·郭祚列傳，北史·郭祚列傳）

制 帝在長安，李同(光祿大夫)以咸陽爲漢魏舊都，勸遷都於此。（魏書·李順列傳，北史·李順列傳）

嘉 七月甲午(初九)，立馮氏(昭儀)爲皇后。（魏書·高祖紀下，北史·魏本紀三）

【附識】前任皇后馮氏於去年七月被廢。

凶 七月甲寅(二十九)，帝親爲群臣講喪服於清徽堂。（魏書·高祖紀下，北史·魏本紀三）

軍 八月甲戌(十九)，講武於華林園。（魏書·高祖紀下，北史·魏本紀三）

【附識】後數日庚辰(二十五)，即啓南征。

嘉 九月丙申(十二)，下詔哀貧恤老。（魏書·高祖紀下，北史·魏本紀三）

軍 十二月己卯(二十六)，親行營壘，恤六軍。（魏書·高祖紀下，北史·魏本紀三）

凶 張彝(黃門)母去世，居喪過禮，送葬至平城，千里徒步，不乘車馬，顏貌毀瘠。（魏書·張彝列傳，北史·張彝列傳）

【考釋】此事未悉年月，在張彝從帝南征途中，暫繫於此。

太和二十二年(498)

嘉 正月癸未(初一)，朝饗群臣於新野行宮。（魏書·高祖紀下，北史·魏本紀三）

軍 三月庚寅(初九)，帝至樊城，觀兵襄沔，耀武。（魏書·高祖紀下，北史·魏本紀三）

凶 三月，李沖(侍中，吏部尚書)去世，帝舉哀於懸瓠；葬於覆舟山，近杜預冢。（魏書·李沖列傳，北史·涼武昭王李暠列傳）

【儀制】《魏書》記曰："後車駕自鄴還洛,路經沖墓,左右以聞。高祖臥疾,望墳掩涕久之,詔曰:'……可遣太牢之祭,以申吾懷。'"《北史》同。按據《資治通鑑·齊紀八》,此事在明年正月戊戌(二十一)。

凶 四月,元幹(趙郡王,帝之弟)去世,給東園秘器,斂服十五稱,賵帛三千匹,陪葬長陵。(魏書·獻文六王列傳、高祖紀下)

【考釋】《獻文六王列傳》記元幹"二十三年薨",恐誤成其陪葬之年。

軍 九月己亥(二十一),帝以南朝齊明帝去世,禮不伐喪,下詔反師。(魏書·高祖紀下,北史·魏本紀三)

吉 九月,帝病重,元勰(彭城王,中軍大將軍)密爲壇於汝水之濱,告天地、獻文帝請命,乞以身代。(魏書·獻文六王列傳下)

【理據】元勰,爲帝之弟,《獻文六王列傳》記其"依周公故事",行此事。

太和二十三年(499)

嘉 正月戊寅(初一),朝饗群臣於鄴,庚辰(初三),群臣以帝疾瘳上壽,大饗於澄鸞殿。(魏書·高祖紀下,北史·魏本紀三)

吉 正月壬午(初五),帝至西門豹祠。(魏書·高祖紀下,北史·魏本紀三)

吉 正月戊戌(二十一),帝至鄴,告於廟社。(魏書·高祖紀下)

軍 正月癸卯(二十六),行飲至策勳之禮。(魏書·高祖紀下,北史·魏本紀三)

【儀制】《魏書·獻文六王列傳下》記曰:"會百僚於宣極堂,行飲至策勳之禮。"

吉 三月甲辰(二十八),帝疾甚,下詔元勰(司徒,彭城王)徵元恪(太子)於魯陽即位。(魏書·高祖紀下,北史·魏本紀三)

凶 四月丙午(初一),帝去世於穀塘原之行宮,至魯陽發喪,還京城;五月丙申(二十一),葬長陵。(魏書·高祖紀下,北史·魏本紀三)

【儀制】《魏書·劉芳列傳》記曰："高祖自襲、斂暨于啓祖、山陵、練除，始末喪事，皆芳撰定。"《北史·劉芳列傳》同。

又《魏書·皇后列傳》記皇后(馮氏)賜死，"殯以后禮，……葬長陵塋內"。

吉 祔高祖神主於太廟，崔光(侍中，兼太常卿)以帝生前改定道武帝爲太祖，昭穆以次而易，邢巒(兼御史中尉，黃門侍郎)以爲不應易，孫惠蔚(太廟令)力挺崔議。(魏書·儒林列傳)

【因革】《魏書》記曰："先是七廟以平文爲太祖，高祖議定祖宗，以道武爲太祖。祖宗雖定，然昭穆未改。"參見此前太和十五年(491)。

宣武帝(世宗，元恪，孝文帝第二子)

吉 四月丁巳(十二)，即位於魯陽，居諒闇，委政宰輔。(魏書·世宗紀，北史·魏本紀四)

【儀制】《魏書·劉芳列傳》記曰："芳手加衮冕。"《北史·劉芳列傳》同。

【因革】《魏志·天象四》記帝即位前後曰："時[孝文]帝方修禮儀，正喪服，以經人倫之化，竟未就而崩。少君嗣立，其事復寢，縉紳先生咸哀慟焉。"

嘉 六月乙卯(十一)，分遣侍臣巡行郡國，問民疾苦，考察黜陟，褒禮名賢。(魏書·世宗紀，北史·魏本紀四)

吉 十月丙戌(二十四)，謁長陵；丁酉(二十五)，祠太廟。(魏書·世宗紀，北史·魏本紀四)

軍 州鎮十八水災，民飢，分遣使者開倉賑恤。(魏書·世宗紀，北史·魏本紀四)

【因革】明年十七州大飢，又分遣使者開倉賑恤。

凶 游明根(五更)去世，帝遣使弔祭，賻錢一十萬、絹三百匹、布二百匹。(魏書·游明根列傳)

景明元年(500)

吉 正月壬寅(初二)，謁長陵。十月丁卯(初一)，又謁長陵。(魏書·世宗紀,北史·魏本紀四)

軍 五月甲寅(十五)，北鎮大飢，遣楊播(兼侍中)巡撫賑恤。(魏書·世宗紀)

凶 裴宣(太尉長史)上言請爲遷都以來死於兵戎，無人覆藏者埋葬骸骨，使其家招魂復魄，祔祭先靈，帝從之。(魏書·裴駿列傳,北史·裴駿列傳)

【考釋】此事未悉年月,今略推暫繫於此。

賓 吐谷渾伏連籌事魏盡禮，而樹置百官，如天子之制，稱制於鄰國，帝遣使責之。(魏書·吐谷渾列傳,資治通鑑·齊紀九)

軍 元澄(雍州刺史)服小功，擬於七月七日集會文武，北園馬射，張普惠(錄事參軍)上奏不可。(魏書·張普惠列傳、景穆十二王列傳中,北史·張普惠列傳)

【理據】《魏書·張普惠列傳》錄張氏奏曰:"愚謂除喪之始,不與饋奠,小功之內,其可觀射乎？……時非大閱之秋,景涉妨農之節,國家縞禫甫除,殿下功衰仍襲,釋而爲樂,以訓百姓,便是易先王之典教,忘哀戚之情,恐非所以昭令德、視子孫者也。按射儀,射者以禮樂爲本,忘而從事,不可謂禮,鍾鼓弗設,不可謂樂。捨此二者,何用射爲？"《北史》同。

【考釋】此事未悉年月,今據元澄任職略推,暫繫於此。

景明二年(501)

吉 正月丙申(初一)，謁長陵。(魏書·世宗紀,北史·魏本紀四)

吉 正月，祔祭，三公並致齋於廟東坊。(魏書·獻文六王列傳、于栗磾列傳,北史·獻文六王列傳、于栗磾列傳)

嘉 正月庚戌（十五），帝始親政；丁巳（二十二），引見群臣於太極前殿。（魏書·世宗紀，北史·魏本紀四）

凶 五月壬子（十三），元羽（廣陵王,司徒）去世，帝親臨哀慟，下詔給東園温明秘器、朝服一具、衣一襲等，大鴻臚護喪事；大殮，帝親臨，舉哀都亭；葬日，帝親臨送。（魏書·獻文六王列傳上、世宗紀）

吉 六月，孫惠蔚（秘書丞）上奏以爲宜重建禘祫之禮，請付禮官集定儀注，帝詔以爲不必更革，並付八座等詳參。七月，元詳（侍中、録尚書事、北海王）奏言孫説可采，制可。（魏志·禮二,通典·吉禮九）

【儀制】《魏志》録孫惠蔚所定爲：“來月中旬，禮應大祫，六室神祐，升食太祖；明年春享，咸禘群廟；自兹以後，五年爲常。”

【理據】①《魏志》録蔚指出禘祫之祭乃“國之大體”，“祀之大者”，其意義在於：“心制既終，二殷惟始，祫禘之正，實在於斯。若停而闕之，唯行時祭，七聖不聞合享，百辟不睹盛事，何以宣昭令問，垂式後昆乎？”因此“此禮所不行，情所未許”。② 就典籍依據來看，有關禘祫者，“今之取證，唯有《王制》一簡，《公羊》一册，考此二書，以求厥旨。自餘經傳，雖時有片記，至於取正，無可依攬”。經孫氏條理分析經籍所記，得出結論：“三年喪畢，祫祭太祖，明年春祀，遍禘群廟。此禮之正也，古之道也。”

《魏志》又記帝詔先以不采的原因在於：“禮貴循古，何必改作。且先聖久遵，綿代恒典，豈朕沖暗，所宜革之。且禮祭之議，國之至重，先代碩儒，論或不一。”

凶 七月壬戌（三十），王肅（散騎常侍,揚州刺史）去世，帝爲舉哀，遣賈思伯（中書侍郎）臨喪撫慰，遣侍御史一人監護喪事，令葬於李沖、杜預兩墳之間。（魏書·王肅列傳、世宗紀，北史·王肅列傳）

【儀制】《魏書》本傳録帝詔曰：“給東園祕器、朝服一襲、錢三十萬、帛一千匹、布五百匹、蠟三百斤。”《北史》同。

【附識】《資治通鑑·齊紀十》記王肅服父喪曰：“初，肅以父死非命，四年不除

喪。高祖曰：‘三年之喪，賢者不敢過。’命肅以祥禫之禮除喪。然肅猶素服，不
聽樂終身。”按王肅之父王奐被殺於南朝齊永明十一年(493)。

吉 七月，祫祭太廟。明年春，禘於群廟。(魏志·禮二“延昌四年”元澄等奏)

【附識】《魏書·恩倖列傳》記曰：“世宗每出入郊廟，脩恒以常侍、侍中陪乘，而
邕兼奉車都尉，執轡同載。時人竊論，號爲‘二趙’。”《北史·恩倖列傳》同。

凶 八月，于烈(散騎常侍，車騎大將軍)去世，帝舉哀於朝堂，給東園第一祕
器、朝服一具、衣一襲。(魏書·于栗磾列傳，北史·于栗磾列傳)

嘉 九月己亥(初八)，立于氏爲皇后。(魏書·世宗紀，北史·魏本紀四)

吉 十一月壬寅(十二)，改築圜丘於伊水之北。乙卯(二十五)，祀圜丘。(魏
志·禮二，魏書·世宗紀，北史·魏本紀四)

【因革】《資治通鑑·齊紀十》胡注：“齊明帝建武二年，魏孝文帝定圜丘於委粟
山，今改之。”按建武二年，即魏孝文帝太和十九年(495)。

【儀制】《魏書·恩倖列傳》記曰：“每適郊廟，[趙]脩常驂陪。”《北史》同。

【論評】秦蕙田《五禮通考》論曰：“郊廟車駕乃以嬖人驂陪，志亦荒矣。”(《吉禮八》
“圜丘祀天”)

樂 因平定壽春，收其樂伎，組成《清商》之曲。(魏志·樂，通典·樂二)

【儀制】《魏志》記曰：“江左所傳中原舊曲，明君、聖主、公莫、白鳩之屬，及江南
吳歌、荊楚四聲，總謂清商。至於殿庭饗宴兼奏之。”

【因革】《通典》記曰：“自宣武已後，始愛胡聲，洎於遷都。屈茨，琵琶，五絃，箜
篌，胡笛，胡鼓，銅鈸，打沙羅，胡舞鏗鏘鏜鎝，洪心駭耳，撫箏新靡絕麗，歌響全
似吟哭，聽之者無不悽愴。”

【論評】《通典》論胡聲曰：“論樂豈須鐘鼓，但問風化淺深，雖此胡聲，足敗華俗。
非唯人情感動，衣服亦隨之以變，長衫戀帽，闊帶小鞾，自號驚緊，爭入時代；婦
女衣髻，亦尚危側，不重從容，俱笑寬緩。蓋驚危者，勢不久安，此兆先見，何以
能立！形貌如此，心亦隨之。亡國之音，亦由浮競，豈唯哀細，獨表衰微。”

凶 趙脩(光祿卿)之父去世，百官弔祭，酒犢祭奠之具填塞門街。(魏書·

恩倖列傳,北史·恩幸列傳)

【儀制】《魏書》記曰:"於京師爲制碑銘,石獸、石柱皆發民車牛,傳致本縣。財用之費,悉自公家。凶吉車乘將百兩,道路供給,亦皆出官。"《北史》同。

【考釋】此事未悉年月,今略推暫繫於此。

景明三年(502)

凶 二月戊寅(十九),因旱,下詔州郡有骸骨暴露者,悉爲掩埋。(魏書·世宗紀,北史·魏本紀四)

凶 閏四月丁巳(三十),穆亮(司空)去世,帝親臨小斂,給東園溫明祕器、朝服一具、衣一襲等。(魏書·穆崇列傳、世宗紀,北史·穆崇列傳)

嘉 八月乙卯(三十),以元丕(前太傅,平陽公)爲三老。(魏書·高祖紀下、神元平文諸帝子孫列傳,北史·魏本紀四)

吉 九月丁卯(十二),帝至鄴,下詔使者弔比干墓。(魏書·世宗紀,北史·魏本紀四)

軍 九月戊寅(二十三),閱武於鄴南。(魏書·世宗紀,北史·魏本紀四)

軍 十月庚子(十六),帝親射,遠及一里五十步,群臣刻銘於射所。(魏書·世宗紀,北史·魏本紀四)

吉 十二月戊子(初四),下詔修營千畝,設蠶宮壇。(魏書·世宗紀)

嘉 十二月壬寅(十八),太極前殿初成,饗群臣。(魏書·世宗紀,北史·魏本紀四)

【考釋】洛陽宮室始建於孝文帝太和十七年(493),至此時乃成。

嘉 元英(吏部尚書,常山侯)上奏求遣四門博士通五經者,至州郡學校練考。(魏書·景穆十二王列傳下)

【理據】《魏書》錄元英上奏曰:"頃以皇都遷構,江揚未一,故鄉校之訓,弗遑正試。致使薰蕕之質，均誨學庭；蘭蕭之體，等教文肆。"

【考釋】此事未悉年月，在景明四年元英出任鎮南將軍前。

景明四年(503)

吉 正月乙亥(十二)，藉田於千畝。三月己巳(十七)，皇后蠶於北郊。(魏書·世宗紀，北史·魏本紀四)

嘉 四月己亥(十七)，因旱，減膳撤樂；辛丑(十九)，澍雨。(魏書·世宗紀，北史·魏本紀四)

正始元年(504)

嘉吉 六月，因旱，撤樂減膳；甲午(十九)，親薦享於太廟；庚子(二十四)，見公卿以下，引咎責躬。(魏書·世宗紀，北史·魏本紀四)

吉 六月戊戌(二十三)，下詔立周公旦、伯夷、叔齊廟於首陽山。(魏書·世宗紀，北史·魏本紀四)

樂 秋，下詔八座以下、四門博士以上集太樂署考論公孫崇(太樂令)所上樂事，博采古今，以成一代之典。八月初，詣署集議。十月，李崇(尚書)奏請集博聞通學之士更考研音律。(魏志·樂)

【因革】《魏志》記曰："先是，[高]閭引給事中公孫崇共考音律，景明中，崇乃上言樂事。"按事在孝文帝太和十六年(492)。

嘉 十一月戊午(十五)，下詔依漢魏舊章，營繕國學。(魏書·世宗紀，北史·魏本紀四)

【考釋】《資治通鑑·梁紀一》記北魏學風曰："時魏平寧日久，學業大盛，燕、齊、趙、魏之間，教授者不可勝數，弟子著錄多者千餘人，少者猶數百，州舉茂異，郡貢孝廉,每年逾衆。"

制 十二月己卯(初七),下詔群臣議定律令。(魏書·世宗紀,北史·魏本紀四)

【考釋】《魏書·獻文六王列傳下》記其經過曰:"議定律令,[元]勰與高陽王雍、八座、朝士有才學者五日一集,參論軌制應否之宜。而勰夙侍高祖,兼聰達博聞,凡所裁決,時彥歸仰。"《北史·獻文六王列傳》同。

又《魏書·袁翻列傳》記參與考論律令者有:袁翻(著作佐郎),常景(門下録事),孫紹(門下録事),張虎(廷尉監),侯堅固(律博士),高綽(治書侍御史),邢苗(前軍將軍),程靈虬(奉車都尉),王元龜(羽林監),祖瑩(尚書郎),宋世景(尚書郎),李琰之(員外郎),公孫崇(太樂令);此外尚有:元勰(太師、彭城王),元雍(司州牧、高陽王),元愉(中書監、京兆王),劉芳(前青州刺史),元麗(左衛將軍),李韶(兼將作大匠),鄭道昭(國子祭酒),王顯(廷尉少卿)。《北史·袁翻列傳》同。

又《魏書·劉芳列傳》記曰:"還朝,議定律令。芳斟酌古今,爲大議之主,其中損益,多芳意也。世宗以朝儀多闕,其一切諸議,悉委芳修正。於是朝廷吉凶大事皆就諮訪焉。"《北史·劉芳列傳》同。

【因革】陳寅恪《隋唐制度淵源略論稿》指出:"北魏正始制定律令,南士劉芳爲主議之人,芳之入北在劉宋之世,則其所采自南朝者雖應在梁以前,但實與梁以後者無大差異可知。北魏、北齊之律輾轉傳授經隋至唐,是南支之律並不與陳亡而俱斬也。"(《刑律》,第114頁,並參122頁)

【論評】陳寅恪《隋唐制度淵源略論稿》論曰:"元魏之律遂匯集中原、河西、江左三大文化因子於一爐而冶之,取精用宏,宜其經由北齊,至於隋唐,成爲二千年來東亞刑律之準則也。"(《刑律》,第119頁)

吉 欲修明堂、辟雍,袁翻(豫州中正)議以爲明堂五室,辟雍即用故地。

(魏書·袁翻列傳,北史·袁翻列傳)

【因革】《魏書》録袁翻議曰:"觀夫今之基址,猶或髣髴,高卑廣狹,頗與戴禮不同,何得以意抑必,便謂九室可明?且三雍異所,復乖盧、蔡之義,進退亡據,何用經通?晉朝亦以穿鑿難明,故有一屋之論,並非經典正義,皆以意妄作,兹爲曲學家常談,不足以範時軌世。"又曰:"遷都之始,日不遑給,先朝規度,每事循古,是以數年之中,悛换非一,良以永法爲難,數改爲易。何爲宫室府庫多因故迹,而明堂辟雍獨遵此制,建立之辰,復未可知矣。……明堂五室,請同周制;郊建三雍,求依故所。"《北史》同。

正始二年(505)

嘉　七月甲戌(初五),下詔分遣大使省方巡檢,觀風辨俗,采訪功過。

(魏書・世宗紀)

正始三年(506)

凶　五月丙寅(初二),下詔孤老餒疾致死者,洛陽部尉依法棺埋。(魏書・世宗紀,北史・魏本紀四)

吉　十一月甲子(初三),帝於式乾殿爲元愉(京兆王)、元懌(清河王)、元懷(廣平王)、元悦(汝南王)講《孝經》。(魏書・世宗紀,北史・魏本紀四)

吉　劉芳(太常卿)上疏議五郊及日月之位,去城三十里數欠妥,靈星、周公之祀不應隷太常,未從。(魏書・劉芳列傳,北史・劉芳列傳)

【因革】《魏書》録劉芳上疏詳論"三十里之郊,進乖鄭玄所引殷周二代之據,退違漢魏所行故事",然帝詔曰:"所上乃有明據,但先朝置立已久,且可從舊。"《北史》同。

吉　劉芳(太常卿)上疏議社稷無樹欠妥,宜植松,帝從之。(魏書・劉芳列傳,北史・劉芳列傳)

【理據】《魏書》録劉芳上疏曰:"案《論語》稱'夏后氏以松,殷人以柏,周人以栗',便是世代不同。而《尚書・逸篇》則云'太社惟松,東社惟柏,南社惟梓,西社惟栗,北社惟槐',如此,便以一代之中,而五社各異也。愚以爲宜植以松。何以言之?《逸書》云'太社惟松',今者植松,不慮失禮。"《北史》同。

【考釋】以上二事未悉年月,暫繫於此。

正始四年(507)

⬛樂 議樂,久不決。正月,公孫崇(太樂令)表請委高肇(尚書僕射)共營修樂,帝詔劉芳(太常卿)佐之。(魏書·劉芳列傳,魏志·樂,北史·劉芳列傳,資治通鑑·梁紀二)

【因革】《魏書》則記曰:"先是,高祖於代都詔中書監高閭、太常少卿陸琇并公孫崇等十餘人修理金石及八音之器。後崇爲太樂令,乃上請尚書僕射高肇,更共營理。世宗詔[劉]芳共主之。芳表以禮樂事大,不容輒決,自非博延公卿,廣集儒彥,討論得失,研窮是非,則無以垂之萬葉,爲不朽之式。……芳乃探引經誥,搜括舊文,共相難質,皆有明據,以爲盈縮有差,不合典式。"《北史》同。

【儀制】《魏志》錄公孫崇上表云此前北魏之樂曰:"樂府先正聲有《王夏》、《肆夏》、《登歌》、《鹿鳴》之屬六十餘韻,又有《文始》、《五行》、《勺》舞。太祖初興,置《皇始》之舞,復有吳夷、東夷、西戎之舞。樂府之內,有此七舞。太和初,郊廟但用《文始》、《五行》、《皇始》三舞而已。"

⬛嘉 六月己丑(初一),下詔置國子學,立太學,樹小學於四門。(魏書·世宗紀,北史·魏本紀四)

【理據】《魏書》錄帝詔曰:"高祖德格兩儀,明並日月,播文教以懷遠人,調禮學以旌僞造;徙縣中區,光宅天邑,總霜露之所均,一姬卜於洛涘。戎繕兼興,未遑儒教。……今天平地寧,方隅無事,可敕有司準訪前式。"

【因革】《魏書·劉芳列傳》錄此前劉芳(國子祭酒)曾上表曰:"……至於國學,豈可舛替?校量舊事,應在宮門之左。至如太學,基所炳在,仍舊營構。又去太和二十年,發敕立四門博士,于四門置學。臣案自周已上,學惟以二,或尚西,或尚東，或貴在國，或貴在郊。爰暨周室，學蓋有六。師氏居內，太學在國，四小在郊。……漢魏已降，無複四郊。謹尋先旨，宜在四門。案王肅注云‘天子四郊有學，去王都五十里’，考之鄭氏，不云遠近。今太學故坊，基趾寬曠，四郊別置，相去遼闊，檢督難周。計太學坊並作四門，猶爲太廣。以臣愚量，同處無嫌，且今時制置，多循中代，未審四學應從古不？求集名儒禮官，議其定所。”《北史·劉芳列傳》同。

【考釋】《魏書·景穆十二王列傳中》又載元澄(任城王)上表請立四門之學，當在正始元年(504)至此年之間，本紀此詔當即在此二表之後所下。

【論評】王夫之《讀通鑑論》(卷十七)則論曰：“《詩》《書》禮樂之化，所以造士而養其忠孝，爲國之楨幹者也。拓跋氏自以爲能用此矣，乃不數十年之間，而君浮寄於無人之國，明堂辟雍，養老興學，所爲德成人、造小子者安在哉？”

軍 八月辛丑(十四)，敦煌民飢，開倉賑恤。九月丙戌(三十)，司州民飢，開倉賑恤。(魏書·世宗紀，魏志·天象二，北史·魏本紀四)

凶 十月丁卯(十二)，皇后(于氏)去世；乙酉(三十)，葬於永泰陵。(魏書·世宗紀，北史·魏本紀四)

賓 西域、東夷四十餘國並遣使朝貢。(北史·魏本紀四)

【因革】明年，北狄、東夷、西域十八國並遣使朝貢；永平二年(508)，西域、東夷二十國並遣使朝貢；永平三年(509)，西域、東夷、北狄十六國並遣使朝貢；延昌元年(512)，西域、東夷十國並遣使朝貢；延昌二年(513)，東夷、西域十餘國並遣使朝貢；延昌三年(514)，東夷、西域八國並遣使朝貢。

【考釋】此條可見北魏時周邊各族朝貢之盛況，前後各年其他零星朝貢之記載多未收錄。

嘉 元幹(趙郡王)之妃穆氏上表，言妾趙氏及其子元謐悖禮，下詔依妻妾之禮治罪。(魏書·獻文六王列傳上)

【理據】《魏書》錄帝詔曰：“妾之於女君，猶婦人事舅姑，君臣之禮，義無乖二。妾子之於君母，禮加如子之恭，何得黷我風政！可付宗正，依禮治罪。”

凶 元諡(趙郡王)之母去世，仍聽音聲飲戲，爲李平(御史中尉)所彈劾。（魏書·獻文六王列傳上）

【考釋】以上二事未悉年月，暫繫於此。

永平元年(508)

軍 三月丙午(二十三)，因去年旱歉收，遣使者所在賙恤。（魏書·世宗紀，北史·魏本紀四）

嘉 五月辛卯(初九)，因旱，減膳撤樂。（魏書·世宗紀，北史·魏本紀四）

制 六月壬申(二十)，下詔修聽訟觀。（魏書·世宗紀，北史·魏本紀四）

【因革】《魏書》錄帝詔曰："可依洛陽舊圖，修聽訟觀。"《北史》略同。

嘉 七月甲午(十三)，立高氏(夫人)爲皇后。（魏書·世宗紀，北史·魏本紀四）

吉 七月，元愉(冀州刺史、京兆王)於冀州即皇帝位，立壇於信都之南，柴燎告天。（魏書·孝文五王列傳、世宗紀）

【考釋】元愉得元懌(清河王)密疏，稱帝已被殺。

凶 九月戊戌(十八)，元勰(侍中，太師，彭城王)被殺，帝爲舉哀於東堂，給東園第一秘器、朝服一襲等，又給鑾輅九旒，虎賁班劍百人，前後部羽葆鼓吹、輼輬車，大鴻臚護喪事。（魏書·獻文六王列傳下、世宗紀）

凶 九月，元愉被俘，於執送京城途中去世，斂以小棺，瘞之。（魏書·孝文五王列傳、世宗紀）

【儀制】後至正光四年(523)，元愉被追封，乃得改葬，四子追服三年。

嘉 十二月，高肇(尚書令)、元懌(尚書僕射，清河王)等奏置小學博士員三千人。（魏志·官氏）

【論評】《魏書·儒林列傳》評曰："世宗時，復詔營國學，樹小學於四門，大選儒生，以爲小學博士，員四十人。雖黌宇未立，而經術彌顯。時天下承平，學業大盛。故燕齊趙魏之間，橫經著録，不可勝數。大者千餘人，小者猶數百。州舉茂異，郡貢孝廉，對揚王庭，每年逾衆。”

賓 高昌國遣使孝亮（國王麴嘉兄子私署左將軍）來朝，遣使迎接。（魏書·世宗紀，北史·魏本紀四）

凶 高顯（護軍將軍）去世，其兄高肇（右僕射）託常景（太常博士）、邢巒（尚書）、高聰（并州刺史）、徐紇（通直郎）各作碑銘，崔光（侍中）以常景所作刊石。（魏書·常景列傳，北史·常景列傳）

【考釋】此事未悉年月，僅知在世宗時，據史事略推，暫繫於此。

永平二年（509）

軍 四月己酉（初二），武川鎮民飢，開倉賑恤。（魏書·世宗紀，北史·魏本紀四）

嘉 五月辛丑（二十五），因旱，減膳撤樂，禁斷屠殺。（魏書·世宗紀，北史·魏本紀四）

樂 秋，高肇（尚書令）、元懌（尚書僕射、清河王）等奏請劉芳（國子祭酒）準依周禮更造樂器，高肇、邢巒（尚書）等奏請更集朝臣辨正，詔可，使劉芳主修營。（魏志·樂，通典·樂二）

【理據】《魏志》録高肇等奏曰：“案太樂令公孫崇所造八音之器并五度五量，太常卿劉芳及朝之儒學，執諸經傳，考辨合否，尺寸度數悉與周禮不同。問其所以，稱必依經文，聲則不協，以情增減，殊無準據。”

【考釋】①《魏志》記其時參與者有：“時揚州民張陽子、義陽民兒鳳鳴、陳孝孫、戴當千、吳殿、陳文顯、陳成等七人頗解雅樂正聲，八佾、文武二舞、鐘聲、管絃、登歌聲調，芳皆請令教習，參取是非。”②《通典》記劉芳主修營樂器，在正始中，與兩年前事相混。

制 十一月甲申（初十），下詔禁屠殺含孕，以爲永制。（魏書‧世宗紀，北史‧魏本紀四）

嘉 十一月己丑（十五），帝於式乾殿爲諸僧、朝臣講《維摩詰經》。（魏書‧世宗紀，北史‧魏本紀四）

【考釋】《資治通鑑‧梁紀三》記帝之崇佛曰："時魏主專尚釋氏，不事經籍。……時佛教盛於洛陽，沙門之外，自西域來者三千餘人，魏主別爲之立永明寺千餘間以處之。……由是遠近承風，無不事佛，比及延昌，州郡共有一萬三千餘寺。"

【論評】王夫之《讀通鑑論》（卷十七）評曰："自遷洛以來，塗飾虛僞，始於儒，濫於釋，皆所謂沐猴而冠者也。"

永平三年(510)

樂 春，下詔劉芳（國子祭酒）與崔光（侍中）、郭祚（侍中）、游肇（黃門）、孫惠蔚（黃門）等參定舞名並鼓吹諸曲；冬，劉芳等校就文武二舞及登歌、鼓吹諸曲，詔舞可用新，餘且仍舊。（魏志‧樂）

【因革】《魏志》記曰："鼓吹雜曲遂寢焉。"

【考釋】《魏志》記前事在"永平三年冬"，後者又爲"其年冬"，中華書局校勘記已言必有誤，今據劉芳上言推前事在此年春。

軍 五月丁亥（十六），冀州、定州旱歉收，下詔開倉賑恤。（魏書‧世宗紀，北史‧魏本紀四）

吉 十二月甲申（十七），下詔立孝文帝廟於青州。（魏書‧世宗紀，北史‧魏本紀四）

永平四年(511)

軍 二月壬午（十六），青、齊、徐、兗四州民大饑，遣使賑恤。（魏書‧世宗

紀,北史·魏本紀四)

凶 三月壬戌(二十六)，元嘉(司徒,廣陽王)去世，遺命薄葬。(魏書·太武五王列

傳、世宗紀,北史·太武五王列傳)

制 五月丙辰(二十一)，下詔禁天文之學。(魏書·世宗紀,北史·魏本紀四)

凶 十二月，陳終德(員外將軍,兼尚書都令史)祖母去世，欲服齊衰三年，孫
景邕(國子博士)、劉懷德(國子博士)、封軌(國子博士)、高綽(國子博士)、袁昇
(太學博士)、陽寧居(四門博士)等議以爲陳氏爲嫡孫後祖，宜重於諸
父，劉芳(太常卿)議以爲宜依諸孫服期，雙方來回復議，邢巒(尚書)同
劉芳議，詔依孫景邕等所議。(魏志·禮四,通典·凶禮十一)

【理據】①《魏志》錄劉芳議曰："案《喪服經》無嫡孫爲祖持重三年正文,唯有爲
長子三年,嫡孫期。《傳》及注因説嫡孫傳重之義。今世既不復爲嫡子服斬,卑
位之嫡孫不陵諸叔而持重,則可知也。"② 有錄孫景邕等議曰："《喪服經》雖無
嫡孫爲祖三年正文,而有祖爲嫡孫期,豈祖以嫡服己,己與庶孫同爲祖服期,於
義可乎? 服祖三年,此則近世未嘗變也。"又曰："晉太康中,令史殷遂以父祥不
及所繼,求還爲祖母三年。時政以禮無代父追服之文,亦無不許三年之制,此即
晉世之成規也。"

嘉 鄭道昭(國子祭酒)上表請修復城南太學、漢魏石經，未從。(魏書·鄭義列傳)

【考釋】此事未悉年月,當在明年四月下詔修學之前,暫繫於此。

凶 高肇(尚書令)之妻高平公主(帝之姑)去世，語使家令居廬制服，裴道廣
(四門博士)、孫榮乂等以爲可知府以斬，常景(太常博士)執議不應服，
從之。(魏書·常景列傳,北史·常景列傳)

【因革】《魏書》錄常景議曰："家令不得爲純臣,公主不可爲正君明矣。且女人
之爲君,男子之爲臣,古禮所不載,先朝所未議。……竊謂公主之爵,既非食菜
之君;家令之官,又無純臣之式。若附如母,則情義罔施;若準小君,則從服無
據。案如經禮,事無成文。"《北史》同。

【考釋】① 二列傳均載高肇之妻爲平陽公主,誤,據《魏書·外戚列傳下》可得正。② 此事未悉年月,僅知在高肇任尚書令期間,暫繫於此。

延昌元年(512)

軍 正月乙巳(十四),因頻水旱,百姓飢弊,分遣使者開倉賑恤。三月甲午(初四),州郡十一大水,下詔開倉賑恤。(魏書·世宗紀)

嘉 四月丁卯(初七),下詔嚴敕有司,使國子學孟冬便成,太學、四門明年暮春令就。(魏書·世宗紀,北史·魏本紀四)

【因革】《魏書·鄭羲列傳》錄鄭道昭(國子祭酒)表曰:"[元]澄等依旨,置四門博士四十人,其國子博士、太學博士及國子助教,宿已簡置。伏尋先旨,意在速就,但軍國多事,未遑營立。自爾迄今,垂將一紀,學官凋落,四術寢廢。遂使碩儒耆德,卷經而不談;俗學後生,遺本而逐末。進競之風,實由於此矣。"《北史·鄭羲列傳》同。可見正始四年(507)詔建,至今未成。

軍 嘉 自二月以來不雨,四月,下詔食粟之畜皆斷之;戊辰(初八),下詔尚書與群司鞫理獄訟,下詔河北民給穀燕、恒二州;丁丑(十七),減膳撤樂;乙酉(二十五),大赦,改年,下詔立理訴殿、申訟車;五月丙午(十七),下詔天下有粟之家,貸飢民;六月壬申(十三),澍雨;己卯(二十),下詔秋輸減租;庚辰(二十一),下詔出太倉粟五十萬石,以賑京城及州郡飢民。(魏書·世宗紀,北史·魏本紀四)

嘉 十月乙亥(十八),立元詡爲皇太子。(魏書·世宗紀、肅宗紀,北史·魏本紀四)

【因革】《資治通鑑·梁紀三》記此年立太子,"始不殺其母",而《晉紀三十七》曾明確交待:"魏故事,凡立嗣子輒先殺其母。"

嘉 十一月丙申(初十),下詔孝子、順孫、廉夫、節婦旌表門閭。(魏書·世宗紀,北史·魏本紀四)

延昌二年(513)

軍 二月丙辰(初一)，賑恤京城貧民；甲戌(十九)，六鎮大飢，開倉賑贍。四月庚子(十七)，以絹十五萬匹賑恤河南郡飢民。 六月乙酉(初二)，青州民飢，下詔使者開倉賑恤。(魏書·世宗紀,北史·魏本紀四)

凶 春，乙龍虎(偏將軍)父親去世，給假二十七月，乙氏並數閏月，元珍(領軍)上言以爲三年沒閏，冒哀求仕，依律當刑五歲，崔鴻(三公郎中)駁之，以爲遣還終月即可。(魏志·禮四,通典·凶禮二十二)

【理據】①《魏志》錄元珍之依據爲："案《違制律》，居三年之喪而冒哀求仕，五歲刑。""檢龍虎居喪二十六月，始是素縞麻衣，大祥之中，何謂禫乎？三年沒閏，理無可疑。"② 又錄崔鴻之言曰："三年之喪，二十五月大祥。諸儒或言祥月下旬而禫，或言二十七月，各有其義，未知何者會聖人之旨。龍虎居喪已二十六月，若依王、杜之義，便是過禫即吉之月。如其依鄭玄二十七月，禫中復可以從御職事。""詳之律意，冒喪求仕，謂在斬焉草土之中，不謂除哀杖之後也。又龍虎具列居喪日月，無所隱冒，府應告之以禮，遣還終月。"

制 九月丙辰(初五)，因貴族豪門崇習奢侈，下詔尚書嚴立限級。(魏書·世宗紀,北史·魏本紀四)

軍 十二月乙巳(二十五)，因恒、肆地震，民多離災，下詔有課丁沒盡、老幼單辛、家無受復者，各賜廩粟。(魏書·世宗紀,北史·魏本紀四)

延昌三年(514)

軍 四月辛巳(初三)，青州民饑，開倉賑恤。(魏書·世宗紀,北史·魏本紀四)

凶 七月，元懌(司空,清河王)第七叔母(北海王妃,劉氏)去世，高肇(平原郡開國公)

兄子(太子洗馬)去世，未知出入是否作鼓吹，下禮官詳議，封祖胄(太學博士)議以爲功緦之服，鼓吹不作，蔣雅哲(四門博士)議以爲既殯之後，義不闕樂，韓神固(國子助教)議以爲威儀鼓吹依舊，房景先(兼議曹郎中)駁之以爲均欠妥，孫惠蔚(秘書監、國子祭酒)、封祖胄重議以爲宜懸而不樂，詔從之。(魏志·禮四,通典·凶禮四)

【理據】《魏志》録孫惠蔚等議曰："今既有喪,心不在樂,箛鼓之事,明非欲聞,其從寧戚之義,廢而勿作。但禮崇公卿出入之儀,至有趨以《采齊》,行以《肆夏》,和鑾之聲,佩玉之飾者,所以顯槐鼎之至貴,彰宰輔之爲重。今二公地處尊親,儀殊百辟,鼓吹之用,無容全去。禮有懸而不樂,今陳之以備威儀,不作以示哀痛。"

[嘉] 八月甲申(初八)，帝臨朝堂，考百司，加黜陟。(魏書·世宗紀,北史·魏本紀四)

[吉] 十二月庚寅(十六)，下詔立明堂。(魏書·世宗紀,北史·魏本紀四)

[吉] 元懌(司空、清河王)表修明堂、辟雍，下詔百官集議，封軌(國子博士)議以爲明堂用五室。(魏書·封懿列傳,北史·封懿列傳)

【理據】《魏書》録封軌議論五室曰："《周官·匠人》職云:'夏后氏世室,殷人重屋,周人明堂,五室、九階、四户、八窗。'鄭玄曰:'或舉宗廟,或舉王寢,或舉明堂,互之以見同制。'然則三代明堂,其制一也。案周與夏殷,損益不同,至於明堂,因而弗革,明五室之義,得天數矣。是以鄭玄又曰:'五室者,象五行也。'"又論九室曰:"吕氏《月令》見九室之義,大戴之《禮》著十二堂之論。漢承秦法,亦未能改,東西二京,俱爲九室。是以黃圖、《白虎通》,蔡邕、應劭等咸稱九室以象九州,十二堂以象十二辰。"因此,"夫室以祭天,堂以布政。依天而祭,故室不過五;依時布政,故堂不踰四"。《北史》同。

【因革】《通典·吉禮三》述曰："遷洛之後,宣武永平、延昌中,欲建明堂,而議者或云五室,或云九室。"

【考釋】此事二史未標年月,然時在世宗時,據情推理當在前下詔立明堂前後。

凶 高肇（司徒）父兄遷葬於鄉，自不臨赴，遣高猛（兄之子）改服詣代。（魏
書‧外戚列傳下，北史‧外戚列傳）

【論評】《魏書》記曰："時人以肇無識，哂而不責也。"《北史》同。

凶 元懌（司空，清河王）生母（羅太妃）去世，表求服齊衰三年，詔禮官博議，
崔光（中書監，太子少傅）議以爲服功衰三年，時議不同，詔服大功；又
議清河國官從服之制，李景林（太學博士）等二十一人議以爲服大功
期，封偉伯（太學博士）等十人議以爲服小功期，韓子熙（清河國郎中令）議
以爲宜服麻布，除限同小功，李平（尚書）奏君服三年，臣服一年，
詔從李平、李景林等議，尋又詔臣服既葬除之。（魏志‧禮四）

【理據】①《魏志》録崔光議曰："魏氏已來，雖群臣稱微，然嘗得出臨民土，恐亦
未必捨近行遠，服功衰。與練麻也。羅太妃居王母之尊二十許載，兩裔藩后，並
建大邦，子孫盈第，臣吏滿國，堂堂列辟，禮樂備陳，吉慶凶哀宜稱情典。"② 又
詳録韓子熙議曰："詳諸二途，以取折衷，謂宜麻布，可如齊衰，除限則同小功。
所以然者，重其衰麻，尊君母；感其日月，隨君降。如此，衰麻猶重，不奪君母之
嚴；日月隨降，可塞從輕之責矣。"③ 又録帝詔曰："但君服既促，而臣服仍遠。
禮緣人情，遇厭須變服。"

【考釋】此事未悉年月，暫繫於此。

延昌四年（515）

凶 正月丁巳（十三），帝去世於式乾殿，當夜，皇太子即位；二月甲午
（二十一），葬於景陵。（魏書‧世宗紀，魏志‧禮四，北史‧魏本紀四，通典‧凶禮二）

【儀制】《魏志》記其日夜，崔光（侍中、中書監、太子少傅），于忠（侍中、領軍將軍）、王顯
（詹事），侯剛（中庶子）奉迎皇太子於東宮，"入自萬歲門，至顯陽殿，哭踊久之，乃
復。王顯欲須明乃行即位之禮"，經崔光等堅持，"光等請肅宗止哭，立於東序。
于忠、元昭扶肅宗西面哭十數聲，止，服太子之服。太尉光奉策進璽綬，肅宗跪

受,服皇帝衮冕服,御太極前殿。太尉光等降自西階,夜直群官於庭中,北面稽首稱萬歲"。

孝明帝(肅宗,元詡,宣武帝第二子)

嘉 三月甲辰(初一),皇太后(高氏)出俗爲尼,遷居金墉。(魏書·肅宗紀,北史·魏本紀四)

【考釋】高氏,宣武皇后,於此年二月庚辰(初七),尊爲皇太后。

吉 三月甲子(二十一),元澄(尚書令、任城王)、崔亮(太常卿)上奏以爲宜停明年七月祫祭,待三年制終乃後祫禘,詔可。(魏志·禮二,通典·吉禮九)

【理據】《魏志》錄崔亮等奏曰:"案《禮》,三年喪畢,祫於太祖,明年春禘於群廟。又案杜預亦云,卒哭而除,三年喪畢而禘。……仰尋太和二十三年四月一日,高祖孝文皇帝崩,其年十月祭廟,景明二年秋七月祫於太祖,三年春禘於群廟。亦三年乃祫。"因此,其説"準古禮及晉魏之議,並景明故事",故帝詔謂"太常援引古今,並有證據,可依請"。

凶 八月乙亥(初五),裴植(金紫光禄大夫,尚書)被害,遺令去世後,翦落鬚髮,被以法服,以沙門禮葬於嵩高之北。(魏書·裴叔業列傳、肅宗紀,北史·裴叔業列傳)

嘉 八月丙子(初六),尊皇太妃(胡充華)爲皇太后,戊子(十八),帝朝皇太后於宣光殿。(魏書·肅宗紀、皇后列傳,北史·魏本紀四)

【考釋】此年帝6歲,本月壬辰(二十二),群臣又奏請皇太后臨朝稱制。

【儀制】《皇后列傳》記曰:"臨朝聽政,猶稱殿下,下令行事。後改令稱詔,群臣上書曰陛下,自稱曰朕。"

吉 十二月丁卯(二十九),帝與皇太后謁景陵。(魏書·肅宗紀,北史·魏本紀四)

【儀制】《魏書·皇后列傳》記靈太后以帝年幼,欲代行祭禮曰:"欲傍《周禮》夫人與君交獻之義,代行祭禮,訪尋故式。門下召禮官、博士議,以爲不可。而太后欲以幃幔自鄣,觀三公行事,重問侍中崔光。光便據漢和熹鄧后薦祭故事,太后大悅,遂攝行初祀。"《北史·后妃列傳上》同。

熙平元年(516)

軍 四月戊戌(初二),瀛洲民飢,開倉賑恤。 (魏書·肅宗紀,北史·魏本紀四紀)

嘉 六月,劉騰(中侍中)等奏請制皇后車輿,穆紹(太常卿)、元端(少卿)、鄭六(博士)、劉臺龍(博士)等議以爲宜準《周禮》王后五輅之制,王延業(太學博士)議以爲宜依漢晉之制,元澄(司空,領尚書令,任城王)、元暉(尚書左僕射)、李平(尚書右僕射)等五十人議以爲皇太后車制宜同於帝,不應更有製造,靈太后詔從之。 (魏志·禮四)

【儀制】《魏志》録王延業議曰:"今輒竭管見,稽之《周禮》,考之漢晉,采諸圖史,驗之時事,以爲宜依漢晉:法駕,則御金根車,駕四馬,加交絡帷裳;御雲母車,駕四馬,以親桑;其非法駕則御紫罽軿車,駕三馬;小駕則御安車,駕三馬,以助祭;小行則御紺罽軿車,駕三馬,以哭公主、王妃、公侯夫人;宮中出入,則御畫扇輦車。案舊事,比之《周禮》,唯闕從王饗賓客及朝見於王之乘。竊以爲古者諸侯有朝會之禮,故有從饗之儀,今無其事,宜從省略。……又金根及雲母,駕馬或三或六,訪之經禮,無駕六之文。今之乘輿,又皆駕四,義符古典,宜仍駕四。其餘小駕,宜從駕三。其制用形飾,備見圖志。"

【考釋】《隋志·禮儀五》簡引之,將王延業所議歸之於穆紹。《通典·嘉禮十》亦然。

嘉 六月,崔光(侍中,儀同三司)上表請禮官議五時朝服之制,崔瓚(太學博士)議以爲如漢晉用幘,後經元懌(太傅,清河王)、韋延(給事黃門侍郎)集禮官詳議,認爲崔說可行,明年九月,靈太后詔從之。 (魏志·禮四,隋志·禮儀六)

北朝:禮制新建期 卷五

827

【理據】《魏志》錄崔瓚議曰:"五時之冠,禮既無文,若求諸正典,難以經證。案司馬彪《續漢書·興服》及《祭祀志》云:迎氣五郊,自永平中以禮讖并《月令》迎氣服色,因采元始故事,兆五郊於洛陽。又云:五郊衣幘,各如方色。又《續漢·禮儀志》:立春,京都百官,皆著青衣,幗服青幘。秋夏悉如其色。自漢逮于魏晉,迎氣五郊,用幘從服,改色隨氣。"

【因革】《隋志》記曰:"自晉左遷,中原禮儀多缺。後魏天興六年,詔有司始制冠冕,各依品秩,以示等差,然未能皆得舊制。至太和中,方考故實,正定前謬,更造衣冠,尚不能周洽。及至熙平二年,……奏定五時朝服,準漢故事,五郊衣幘,各如方色焉。及後齊因之。"

【考釋】《魏志》"給事黃門侍郎韋延詳奏",《隋志》作"黃門侍郎韋廷祥等奏",可見韋延,作韋廷祥。

嘉 **下詔崔光**(侍中)**與元延明**(安豐王)、**崔瓚**(太學博士)**大造車服,定制。**(隋志·禮儀五,通典·嘉禮九)

【儀制】《隋志》記此年定制曰:"五輅並駕五馬。皇太子乘金輅,朱蓋赤質,四馬。三公及王,朱屋青表,制同於輅,名曰高車,駕三馬。庶姓王、侯及尚書令、僕已下,列卿已上,並給軺車,駕用一馬。或乘四望通幰車,駕一牛。"

【因革】①《隋志》記此前孝文帝時,有李韶議造"唯備五輅,各依方色,其餘車輦,猶未能具",此年定制,"自斯以後,條章粗備,北齊咸取用焉。其後因而著令,並無增損"。② 陳寅恪《隋唐制度淵源略論稿》進而論曰:"[李]韶之家世代表河西文化,[崔]光之家世代表南朝前期文化,據此可知魏初之制多違舊章,得河西南朝前期之文化代表人物,始能制定一代新禮,足資後來師法。故北齊咸取用焉,其後因而著令,並無增損,是北齊文物即河西及南朝前期之遺產,得此爲證,其事益明顯矣。"(《禮儀》,第59—60頁)按李韶乃係針對天興元年(398)董謐之儀,崔光乃係針對李韶之儀。

【考釋】《隋志》記此事在熙平九年,誤。茲與上條並列。

【論評】《通典》指出:"五輅並駕五馬,亦無經據。"

吉 七月庚午（初五），重申殺牛之禁。（魏書·肅宗紀，北史·魏本紀四）

【理據】牛被北魏定爲神獸，參見天興元年（398）十二月所定制，此與“拓跋氏圖騰的關係”（逯耀東《從平城到洛陽》，第65—67頁）不容忽視。

凶 七月，刁遵（龍驤將軍，洛州刺史）去世，敕子孫遵其父刁雍遺戒行喪。（魏書·儒林列傳、刁雍列傳，北史·刁雍列傳）

【儀制】《魏書·儒林列傳》録刁雍所作《行孝論》以誡子孫曰：“古之葬者衣之以薪，不封不樹，後世聖人易之棺槨。其有生則不能致養，死則厚葬過度。及於末世，至蓬蓆裹尸，倮而葬者。確而爲論，並非折衷。既知二者之失豈宜同之。當令所存者棺厚不過三寸，高不過三尺，弗用繒綵，斂以時服。輀車止用白布爲幔，不加畫飾，名爲清素車。又去挽歌、方相，并盟器雜物。”

凶 八月丙午（十二），下詔古帝王墳陵四面各五十步内勿耕稼。（魏書·肅宗紀，北史·魏本紀四）

凶 冬，李平（尚書右僕射，散騎常侍）去世，遺令薄葬，靈太后爲舉哀於東堂，詔給東園祕器、朝服一具、衣一襲、帛七百匹。（魏書·李平列傳，北史·李崇列傳）

吉 李崇（驃騎大將軍）上表請修立明堂、辟雍，靈太后令敕有司别議。（魏書·李崇列傳，資治通鑑·梁紀四）

【理據】《李崇列傳》録李崇引劉向之言：“王者宜興辟雍，陳禮樂，以風化天下。夫禮樂所以養人，刑法所以殺人，而有司勤勤請定刑法，至於禮樂，則曰未敢，是則敢於殺人，不敢於養人也。”

又《魏書·景穆十二王列傳中》記其時背景曰：“靈太后銳於繕興，在京師則起永寧、太上公等佛寺，功費不少，外州各造五級佛圖，又數爲一切齋會，施物動至萬計。”《通鑑》則括之曰：“初，魏世宗作瑶光寺，未就，是歲，胡太后又作永寧寺，皆宮側；又作石窟寺於伊闕口，皆極土木之美。而永寧尤盛，……佛殿如太極殿，南門如端門，僧房千間，珠玉錦繡，駭人心目。自佛法入中國，塔廟之盛，未之有也。”按此乃李崇上表之導因，然靈太后“優令答之，而不用其言”。

【考釋】《北齊書·邢邵列傳》則載此段表文爲楊愔、魏收、邢邵所奏,錢大昕已有所辨正,中華書局本校勘記詳析其間致誤之由曰:"明是楊愔等請置學之奏文已缺,《北史》誤本將同卷《李崇傳》文羼入《邢邵傳》,以《北史》補《北齊書》此傳者又沿其誤。"

熙平二年(517)

嘉 正月庚寅(二十八),下詔遣大使巡行四方,問疾苦,恤孤寡,黜陟幽明。(魏書·肅宗紀,北史·魏本紀四)

吉 三月癸未(二十二),元端(太常少卿)上奏請議以明元帝配上帝是否合宜,元雍(太師、高陽王)、元懌(太傅、領太尉公、清河王)、元懷(太保、領司徒公、廣平王)、元澄(司空公、領尚書令、任城王)、胡國珍(侍中、中書監)、崔光(侍中、領著作郎)等議以爲南郊宜以太武帝配上帝,祀明堂宜以孝文帝配,靈太后令依行。(魏志·禮二)

【因革】《魏志》録元端上言曰:"謹詳聖朝以太祖道武皇帝配圓丘,道穆皇后劉氏配方澤;太宗明元皇帝配上帝,明密皇后杜氏配地祇;又以顯祖獻文皇帝配雩祀。"由此可見北魏之前所行配祭之儀。然元端又言"太宗明元皇帝之廟既毀",此事在太和十六年(492),由此召議以其配祭南郊之儀。此後則改以世祖太武帝配。

【考釋】據元端所言,金子修一推測:"從以前的探討來看,沒有在圓丘、方丘以外建立南北郊的記録,但這裏與圓丘、方丘相對比的上帝和地祇便是南郊、北郊的祭神,這大概是沒錯的。或者也許南北郊的設置祇是紙上談兵,現實中沒有實行。"(《關於魏晉到隋唐的郊祀、宗廟制度》,《日本中青年學者論中國史·六朝隋唐卷》,第353頁)

制 五月庚辰(二十),重申天文之禁,犯者以大辟論。(魏書·肅宗紀,北史·魏本紀四)

【因革】承此前永平四年(511)之詔。

吉 七月戊辰(初九)，元繼(侍中、領軍將軍、江陽王)上表請議已於道武帝屬曾孫，是否當預祭，靈太后令付八座集禮官議定。王僧奇(四門小學博士)等議以爲宜以四廟爲斷，李琰之(國子博士)議以爲助祭宜至其玄孫，元澄(侍中、司空公、領尚書令、任城王)、元暉(侍中、尚書左僕射)奏同王說，元端(太常少卿)議亦同王說，靈太后令則采李說。(魏志·禮二,通典·吉禮十)

【考釋】元繼爲南平王元霄之次子，元霄之父拓跋渾，渾之父廣平王拓跋連，連父爲道武帝拓跋珪，故元繼爲道武帝玄孫，與獻文帝同世。

【理據】《魏志》録元澄等奏指出"高祖孝文皇帝聖德玄覽，師古立政，陪拜止於四廟，哀恤斷自緦宗"，以此爲準則，那麼"江陽之於今帝也，計親而枝宗三易，數世則廟應四遷，吉凶尚不告聞，拜薦甯容輒預"。然而李琰之則以爲對此當"因宜變法"，其謂"今因太祖之廟在，仍通其曾玄侍祠，與彼古記，甚相符會"。對此，元端議駁之，以爲"如依其議，匪直太祖曾玄，諸廟子孫，悉應預列，既無正據，竊謂太廣"。靈太后又斥元端說，其云："尚書以遠及諸孫，太廣致疑，百僚助祭，可得言狹也！祖廟未毀，曾玄不預壇堂之敬，便是宗人之昵，反對於附庸，王族之近，更疏於群辟。"

【論評】秦蕙田《五禮通考》論曰："三議以琰之爲得情理，與宗廟叙昭穆之禮合，靈太后從之，是也。"(《吉禮七十九》"宗廟制度")

吉 七月己巳(初十)，享太廟。(魏書·肅宗紀,北史·魏本紀四)

嘉 八月戊戌(初九)，宴道武帝以來宗室年十五以上於顯陽殿，申家人之禮。(魏書·肅宗紀,北史·魏本紀四)

軍 十月庚寅(初二)，因幽、冀、滄、瀛四州大飢，遣長孫稚(尚書)、鄧羨(兼尚書)、元纂(兼尚書)等巡撫百姓，開倉賑恤；戊戌(初十)，因光州飢弊，遣使賑恤。(魏書·肅宗紀,北史·魏本紀四)

制 十月乙卯(二十七)，下詔留住平城者，停止南遷。(魏書·肅宗紀)

北朝二：禮制新建期 卷五

【因革】自孝文帝太和十七年(493)至今，已二十四年。

☒ 獻文帝妃去世，其孫元恭(廣陵王)、元顥(北海王)疑服期或三年，博士執議不同，詔百官會議，張普惠(寧遠將軍,司空倉曹參軍)議以爲三年，李郁(國子博士)致書難之，張氏據禮還答。(魏書·張普惠列傳,北史·張普惠列傳)

【理據】《魏書》録張普惠議曰："謹按二王祖母，皆受命先朝，爲二國太妃，可謂受命於天子，爲始封之母矣。《喪服》'慈母如母'，在三年章。……敢據周禮，輒同三年。"《北史》同。

【儀制】據《魏志·禮四》元懌上表，可知爲祖母服喪，元恭"治重居廬"，元顥則"齊期堊室"。

☒ 十一月乙丑(初八)，因元恭、元顥爲祖母服喪異制，元懌(太尉,清河王)上表請詳定喪禮之制，靈太后詔從之。(魏志·禮四)

【理據】《魏志》録元懌上表曰："臣聞百王所尚，莫尚於禮，於禮之重，喪紀斯極。世代沿革，損益不同，遺風餘烈，景行終在。……歷觀漢魏，喪禮諸儀，卷盈數百。或當時名士，往復成規；或一代詞宗，較然爲則。況堂堂四海，藹藹如林，而令喪禮參差，始於帝族，非所以儀刑萬國，綴旒四海。……謹略舉恭、顥二國不同之狀，以明喪紀乖異之失。乞集公卿樞納，内外儒學，博議定制，班行天下。"

賓 十二月丁未(二十)，柔然遣使尉比建(俟斤)、紇奚勿六跋、鞏顧禮等來請和，用敵國之禮。(魏書·蠕蠕列傳、蕭宗紀,北史·蠕蠕列傳,資治通鑑·梁紀四)

【儀制】《蠕蠕列傳》又記明年二月，帝"臨顯陽殿，引顧禮等二十人於殿下，遣中書舍人徐紇宣詔，讓以蠕蠕藩禮不備之意"。按蠕蠕，即柔然。

嘉 十二月丁未，元澄(司空公,任城王)、崔亮(度支尚書)奏明年正月擬行禘祀，然不必廢元日朝會，靈太后令可。(魏志·禮二)

【儀制】《魏志》録元澄等奏擬定："請移禘祀在中旬十四日，時祭移二十六日。"

【理據】《魏志》録元澄等奏曰："謹案《禮記·曾子問》曰：諸侯旅見天子，不得成禮者幾？孔子曰：四，太廟火、日蝕、后之喪、雨沾服失容則廢。臣等謂元日萬國賀，應是諸侯旅見之義。若禘廢朝會，孔子應云五而獨言四，明不廢朝賀也。……詳考古禮，未有以祭事廢元會者。”

吉 **十二月，議明堂之制，下詔從五室。**（魏志·禮二）

【儀制】《魏書·賈思伯列傳》錄賈氏上議辨蔡邕“九室十二堂”之論“非爲通典，九室之言或未可從”，而主張明堂“室猶是五，而布政十二”，其理據是：“《孝經援神契》、《五經要義》、舊禮圖，皆作五室，及徐劉之論，同《考工》者多矣”。

【理據】《魏書·逸士列傳》錄李謐《明堂制度論》曰：“凡論明堂之制者雖衆，然校其大略，則二途而已。言五室者，則據《周禮·考工》之記以爲本，是康成之徒所執；言九室者，則案《大戴·盛德》之篇以爲源，是伯喈之倫所持。……《考工記》曰：‘周人明堂，度以九尺之筵，東西九筵，南北七筵，堂崇一筵。五室，凡室二筵。室中度以几，堂上度以筵。’余謂《記》得之於五室，而謬於堂之修廣。何者？當以理推之，令愜古今之情也。夫明堂者，蓋所以告月朔、布時令、宗文王、祀五帝者也。然營構之範，自當因宜創制耳。故五室者合於五帝各居一室之義。且四時之祀，皆據其方之正。又聽朔布令，咸得其月之辰。可謂施政及祀，二三俱允，求之古義，竊爲當矣。……《盛德》篇云：‘明堂凡九室，三十六戶，七十二牖，上員下方，東西九仞，南北七筵，堂高三尺也。’余謂《盛德》篇得之於戶牖，失之於九室。何者？五室之制，傍有夾房，面各有戶，戶有兩牖。此乃因事立則，非拘異術，戶牖之數，固自然矣。九室者，論之五帝，事既不合，施之時令，又失其辰。左右之个，重置一隅，兩辰同處，參差出入，斯乃義無所據，未足稱也。”《北史·李孝伯列傳》略同。

【因革】《魏志》述北魏南遷後修建明堂之過程曰：“初，世宗永平、延昌中，欲建明堂，而議者或云五室，或云九室，頻屬年饑，遂寢。至是復議之，詔從五室。”梁滿倉據《魏書》檢出：“北魏的關於明堂問題一討論就是二十多年。宣武帝正始中袁翻有明堂五室之議，延昌元年議論明堂，封軌也主張明堂五室，李謐專門寫了《明堂制度論》批判九室之非，肯定五室之制，孝明帝時議立明堂，賈思伯也主張五室。……而明堂却始終没有按此意見建成，這個事實本身就説明不同主張

僵持不下。"(《魏晉南北朝五禮制度考論》第四章,第203頁)

【考釋】①《魏志》依時間爲序屬事,此事明確在"神龜初,靈太后父司徒胡國珍薨"前,所謂"至是"可依上定爲此年十二月。②《魏書·封懿列傳》又記曰:"尋將經始明堂,廣集儒學,議其制度。九五之論,久而不定。[封]偉伯乃搜檢經緯,上《明堂圖說》六卷。"《北史·封懿列傳》同。③《通典·吉禮三》記"至明帝神龜中,復議之",恐當作"熙平中"。

【論評】秦蕙田《五禮通考》論曰:"後世議明堂制度,莫盛于魏,而當時之議莫過于李謐、賈思伯二人。……當時主五室者多而九室又不見于經,故爲是調停之見耶? 豈知五室各有夾房,即左右个,而右个即左个已爲九矣,乃曲避九室之名,偏主五室,至使紛爭不定,斯亦泥矣! 其辨康成之注,却極明透。"(《吉禮二十六》"明堂")

樂 冬,元匡(御史中丞)上言其所論鍾律,元雍(太師,高陽王)等奏停之。(魏志·樂,通典·樂二)

凶 陽固(洛陽令)之母去世,哀毀過禮,鄉黨親族爲之歎服。(魏書·陽尼列傳,北史·陽尼列傳)

【儀制】《魏書》記曰:"丁母憂,號慕毀病,杖而能起,練禫之後,猶酒肉不進,時固年踰五十,而喪過於哀。"《北史》同。

制 常景(步兵校尉)撰成太和之後朝儀已施行者,凡五十六卷。(魏書·常景列傳,北史·常景列傳)

【因革】《魏書》記曰:"先是,太常劉芳與景等撰朝令,未及班行。別典儀注,多所草創,未成,芳卒,景纂成其事。……時靈太后詔依漢世陰、鄧二后故事,親奉廟祀,與帝交獻。景乃據正,以定儀注,朝廷是之。"《北史》同。

【論評】陳寅恪《隋唐制度淵源略論稿》論曰:"常景爲太和以後禮樂典章之宗主。"(《禮儀》,第46頁)

【考釋】此事未悉年月,在靈太后主政時,暫繫於此。

嘉 凶 胡國珍(靈太后之父)遷任司徒公,靈太后與帝就其宅拜之,宴會極

歡；追尊其父（京兆郡君）爲太上君，增廣墳塋，起塋域門闕碑表。（魏書·外戚列傳下，北史·外戚列傳）

【考釋】太上君去世於景明三年（502）。

神龜元年(518)

嘉 正月壬申（十六），下詔板贈高年。（魏書·肅宗紀，北史·魏本紀四）

【儀制】《魏書》録帝詔曰："京畿百年以上給大郡板，九十以上給小郡板，八十以上給大縣板，七十以上給小縣板；諸州百姓，百岁以上給小郡板，九十以上給小縣板，八十以上給中縣板。"

軍 正月乙酉（二十九），幽州大飢，下詔趙邕（刺史）開倉賑恤。（魏書·肅宗紀，魏志·天象二，北史·魏本紀四）

凶 四月十二日，胡國珍（司徒公）去世，靈太后成服於九龍殿，帝服小功，舉哀於太極東堂，詔大鴻臚持節監護喪事；營墓於洛陽，葬以殊禮，給九旒鑾輅、虎賁、班劍百人，前後部羽保鼓吹，輼輬車。（魏書·外戚列傳下，北史·外戚列傳）

【儀制】《魏書》記曰："給東園温明祕器、五時朝服各一具、衣一襲，贈布五千匹、錢一百萬、蠟千斤。……又詔自始薨至七七，皆爲設千僧齋，令七人出家；百日設萬人齋，二七人出家。"又云："持節就安定監護喪事，靈太后迎太上君神柩還第，與國珍俱葬，贈襚一與國珍同。"《北史》同。

又《魏書》記其後胡氏之妻喪事曰："趙平君薨，給東園祕器，肅宗服小功服，舉哀于東堂，靈太后服齊衰，期。葬於太上君墓左，不得祔合。"《北史》同。

吉 四月，因時疑胡國珍廟制，王延業（太學博士）議以爲宜定立四廟，親止高曾，且虛太祖之位，盧觀（博士）議以爲宜立五廟，不可虛位，元懌（侍中、太傅、清河王）議采王説，且以爲天子至士大夫之廟宜通作神

主，諸侯廟宜同祭於一室，詔從之。（魏志·禮二，通典·吉禮七）

【理據】《魏志》録王延業議列出《禮記》及《喪服傳》之鄭注、《禮緯》注等，由此"明始封之君，在四世之外，正位太祖，乃得稱五廟之孫。若未有太祖，已祀五世，則鄭無爲釋高祖爲始封君之子也。此先儒精義，當今顯證也"。又舉出"晉初以宣帝是始封之君，應爲太祖，而以猶在祖位，故唯祀征西已下六世，待世世相推，宣帝出居太祖之位，然後七廟乃備"，因此王氏認爲："親在四世之内，名班昭穆之序，雖應爲太祖，而尚在禰位，不可遠探高祖之父，以合五者之數。太祖之室，當須世世相推，親盡之後，乃出居正位，以備五廟之典。"元懌議又分析當下情勢："秦公身是始封之君，將爲不遷之祖，若以功業隆重，越居正室，恐以卑臨尊，亂昭穆也；如其權立始祖，以備五廟，恐數滿便毀，非禮意也。"是故"遠稽《禮緯》諸儒所説，近循晉公之廟故事，宜依博士王延業議"。

【儀制】《魏書·外戚列傳下》記曰："及國珍神主入廟，詔太常權給以軒懸之樂，六佾之舞。"《北史·外戚列傳》同。

又《資治通鑑·梁紀四》記曰："太后爲太上君造寺，壯麗埒於永寧。"

【論評】秦蕙田《五禮通考》評曰："王延業謂高祖之父不當立廟，義本注疏，其理爲長。盧觀欲以高祖之父權升太祖廟，遞遷而遞毀之，義無稽據。懌左盧右王，所見最的。"（《吉禮一百八》"諸侯廟祭"）

嘉 夏，崔光（國子祭酒）上表請遣國子博士周視石經，補綴殘缺，詔可，崔光乃令李郁（國子博士）與韓神固（助教）、劉燮（助教）等勘校石經。（魏書·崔光列傳，北史·崔光列傳）

【考釋】《魏書》記曰："於後，靈太后廢，遂寢。"

凶 八月丁巳（初五），下詔不得以戎事廢居喪。（魏書·肅宗紀）

【理據】《魏志》録帝詔曰："頃年以來，戎車頻動，服制未終，奪哀從役。罔極之痛弗申，鞠育之恩靡報，非所謂敦崇至道者也。"

凶 九月戊申（二十六），皇太后（高氏）去世於瑶光寺，下詔服齊衰三月；十月丁卯（十五），以尼禮葬於北邙；明年正月，又改葬。（魏書·肅宗紀、皇

后列傳,魏志·禮四,北史·魏本紀四、后妃列傳上,通典·凶禮二)

【考釋】① 高氏,宣武皇后,於延昌四年(515)出家爲尼。②《皇后列傳》記其導因曰:"時天文有變,靈太后欲以后當禍,是夜暴崩,天下冤之。"

【儀制】《魏志》録有司奏百官送葬之制曰:"内外群官,權改常服,單衣邪巾,奉送至墓,列位哭拜,事訖而除。"

又《皇后列傳》記靈太后主改葬曰:"太后不欲令肅宗主事,乃自爲喪主,出至終寧陵,親奠遣事,還哭於太極殿,至於訖事,皆自主焉。"《魏志》則録崔光(國子祭酒)上言改葬之服:"請依康成之服緦,既葬而除。"《通典·凶禮二十四》同。

凶 十二月辛未(二十),下詔定乾脯山以西,爲京城墓地。(魏書·肅宗紀,北史·魏本紀四)

凶 元暉(尚書左僕射)去世,賜東園秘器,將葬,給羽葆、班劍、鼓吹二十人,羽林百二十人。(魏書·昭成子孫列傳)

神龜二年(519)

嘉 正月二日,元會,靈太后臨朝,因其父喪制未畢,元雍(高陽王)請罷百戲絲竹之樂,元懌以爲天子臨享,宜備設樂,崔光(侍中)從元雍説,並證之以經典,從之。(魏志·禮四,通典·凶禮二)

【理據】《魏志》録崔光奏曰:"安定公親爲外祖,又有師恩,太后不許公除,衰麻在體。正月朔日,還家哭臨,至尊輿駕奉慰。"

吉 二月壬寅,因旱,下詔依舊雩祈。三月甲辰(二十五),澍雨。(魏書·肅宗紀,北史·魏本紀四)

【考釋】此年二月辛亥朔,無壬寅日。

凶 二月,羽林虎賁焚張彝(征西將軍,冀州大中正)宅,張彝及其子張始均俱被害,分斂於所焚宅東西小屋;五月,子張仲瑀奔父喪。(魏書·張彝

列傳，北史·張彝列傳）

樂 夏，陳仲儒（來自江南）上言請依漢京房，立準以調八音，蕭寶夤（尚書）

奏不應許，詔如之。（魏志·樂，通典·樂二、樂三）

【理據】《魏志》録蕭寶夤奏曰："金石律吕，制度調均，中古已來尠或通曉。仲儒

雖粗述書文，頗有所説，而學不師授，云出己心；又言舊器不任，必須更造，然後

克諧。上違成敕用舊之旨，輒持己心，輕欲制作。"

嘉 八月，靈太后至永寧寺，親登九層佛圖，九月，又至嵩山佛寺。

（魏書·崔光列傳，北史·崔光列傳）

吉 張普惠（諫議大夫）以帝不親事朝，過崇佛法，郊廟之事多委有司，上

疏爲諫。（魏書·張普惠列傳，北史·張普惠列傳）

【理據】《魏書》記張普惠上疏曰："……而告朔朝廟，不親於明堂；嘗禘郊社，多

委於有司。觀射游苑，躍馬騁中，危而非典，豈清蹕之意。殖不思之冥業，損巨

費於生民。減禄削力，近供無事之僧；崇飾雲殿，遠邀未然之報。……伏願淑慎

威儀，萬邦作式，躬致郊廟之虔，親紆朔望之禮，釋奠成均，竭心千畝，明發不寐，

潔誠禋祼。孝悌可以通神明，德教可以光四海，則一人有喜，兆民賴之。"

【考釋】《魏書》於疏末記曰："尋別敕付外，議釋奠之禮。"可見明年下詔釋奠當

即因張氏之疏，而張氏所云其他諸項恐未必見納。

吉 十二月庚申（十五），下詔除淫祀，焚諸雜神。（魏書·肅宗紀，北史·魏本

紀四）

凶 十二月癸丑（初八），元澄（任城王，司徒公，侍中，尚書令）去世，喪禮殊榮，靈

太后親送郊外。（魏書·景穆十二王列傳、肅宗紀）

【儀制】《魏書》列傳記曰："賵布一千二百匹、錢六十萬、蠟四百斤，給東園温明

祕器、朝服一具、衣一襲；大鴻臚監護喪事，詔百僚會喪；……加以殊禮，備九錫，

依晉大司馬、齊王攸故事。……澄之葬也，凶飾甚盛。靈太后親送郊外，停輿悲

哭，哀動左右。百官會赴千餘人，莫不歔欷。當時以爲哀榮之極。"

凶 元澄去世，其子元順(太常少卿)哭泣嘔血，身自負土。(魏書·景穆十二王列傳)

凶 高麗王高雲去世，靈太后爲舉哀於東堂。(魏書·高句麗列傳、肅宗紀)

【因革】此前太和十五年(491)，高麗王高璉去世，孝文帝亦行此禮。

正光元年(520)

吉 正月乙酉(十一)，下詔釋奠孔子、顏淵。(魏書·肅宗紀)

嘉 五月癸未(初十)，因災旱，下詔撫恤百姓。(魏書·肅宗紀，北史·魏本紀四)

【理據】《魏書》録帝詔曰："攘災招應，修政爲本，民乃神主，實宜率先。刺史守令與朕共治天下，宜哀矜勿喜，視民如傷。"按旱而不雩，落腳到"修政爲本"，殊可留意。

【因革】明年七月癸丑(十七)，因旱，下詔"有司可修案舊典，祗行六事"，已指此。

凶 七月丙子(初四)，元懌(太傅，領太尉，清河王)被殺，朝野含悲喪氣，夷人爲之劖面者數百人。(魏書·孝文五王列傳、肅宗紀)

【考釋】此日元叉(侍中)、劉騰(中侍中)逼帝於顯陽殿，幽靈太后於北宮。

凶 八月，游肇(尚書右僕射)去世，帝舉哀於朝堂，下詔給東園祕器、朝服一襲、帛七百匹。(魏書·游明根列傳)

嘉 七月辛卯(十九)，帝加元服，拜太廟，改元。(魏書·肅宗紀，魏志·禮四，北史·魏本紀四，通典·嘉禮一)

【考釋】帝生於永平三年(510)，至今11歲。

賓 十一月己亥(二十九)，下詔立阿那瓌爲朔方公、柔然王，賜以衣冕、輻車，禄恤儀衛一如親王。(魏書·肅宗紀、蠕蠕列傳，北史·魏本紀四、蠕蠕列傳)

【考釋】此年九月，柔然王阿那瓌來奔，十二月，詔送其回。

賓 於洛水橋南御道作四館，道西立四里，安置四夷來者。(資治通鑑·梁紀五)

【儀制】《通鑑》記曰："有自江南來降者,處之金陵館,三年之後賜宅於歸正里;自北夷降者處燕然館,賜宅於歸德里;自東夷降者処處桑館,賜宅於慕化里;自西夷降者處崦嵫館,賜宅於慕義里。"

[吉] 源子恭(起部郎)**上書請修成明堂、辟雍。**（魏書·源賀列傳,資治通鑑·梁紀五）

【因革】①《源賀列傳》載源子恭上書曰："……永平之中,始創雉構,基趾草昧,迄無成功。故尚書令、任城王臣澄按故司空臣沖所造明堂樣,並連表詔答、兩京模式,奏求營起。緣期發旨,即加葺繕。侍中、領軍臣叉物動作官,宜贊授令。自茲厥後,方配兵人,或給一千,或與數百,時退節縮,曾無定准,欲望速了,理在難克。若使專役此功,長得營造,委成責辦,容有就期。"②《通鑑》記曰："魏自永平以來,營明堂、辟雍,役者多不過千人,有司復借以脩寺及供他役,十餘年竟不能成。起部郎源子恭上書,……詔從之,然亦不能成也。"③《魏志·禮二》述曰："及元叉執政,遂改營九室。值世亂不成,宗配之禮,迄無所設。"《通典·吉禮三》同。可見明堂似最終未能建成。

【考釋】① 元叉執政在此年軟禁靈太后胡氏以後,而《源賀列傳》記源子恭於此年"爲行台左丞,巡行北邊,轉爲起部郎",可見此年"改營九室"之議即承源氏上書而起。②《通鑑》將此事繫於去年,未確。

【附識】《魏書·文苑列傳》記有"正光中,議立明堂,[邢]臧爲裴頠一室之議,事雖不行,當時稱其理博"。

正光二年(521)

[嘉] 二月癸亥(二十五),**帝至國子學,講《孝經》。**（魏書·肅宗紀,北史·魏本紀四）

【儀制】《魏書·崔光列傳》記曰："春,肅宗親釋奠國學,光執經南面,百僚陪位。"《北史·崔光列傳》同。

[吉] 三月庚午(初二),**帝至國子學祠孔子,以顏淵配。**（魏書·肅宗紀,北史·魏

本紀四)

【儀制】《魏書·常景列傳》記曰:"行釋奠之禮,並詔百官作釋奠詩,時以[常]景作爲美。"《北史·常景列傳》同。

制 十二月甲戌(十一),下詔崔光(司徒)、元延明(安豐王)等議定服章。 (魏書·肅宗紀、崔光列傳,北史·魏本紀四、崔光列傳)

正光三年(522)

古 正月辛亥(十八),親藉田。 (魏書·肅宗紀,北史·魏本紀四)

古 六月己巳(初三),因旱,減膳徹懸,下詔分遣有司祈雨。 (魏書·肅宗紀,魏志·天象二,北史·魏本紀四)

【儀制】《魏書》錄帝詔曰:"今可依舊分遣有司,馳祈嶽瀆及諸山川百神能興雲雨者,盡其虔肅,必令感降,玉帛牲牢,隨應薦享。上下群官,側躬自厲,理冤獄,止土功,減膳撤懸,禁止屠殺。"

古 十一月乙巳(十七),帝祀圜丘。 (魏書·肅宗紀,北史·魏本紀四)

制 十一月丙午(十八),下詔班下《正光曆》。 (魏書·肅宗紀,北史·魏本紀四)

【考釋】《魏書·儒林列傳》記其經歷,在延昌中,李業興(校書郎)爲《戊子元曆》,又有張洪(屯騎校尉)、張龍祥(盪寇將軍)"等九家各獻新曆,世宗詔令共爲一曆。洪等後遂共推業興爲主,成《戊子曆》。"《北史·儒林列傳上》同。

【因革】《魏志·律曆上》脞述魏世修曆曰:"太祖天興初,命太史令晁崇修渾儀以觀星象,仍用《景初曆》。歲年積久,頗以爲疏。世祖平涼土,得趙㪢所修《玄始曆》,後謂爲密,以代《景初》。真君中,司徒崔浩爲《五寅元曆》,未及施行,浩誅,遂寢。高祖太和中,詔祕書鍾律郎上谷張明豫爲太史令,修綜曆事,未成,明豫物故。遷洛,仍歲南討,而宮車晏駕。世宗景明中,詔太樂令公孫崇、太樂令趙樊生等同共考驗。"此後綿延其事,至此是方告成。

制 十二月丁亥(二十九)，下詔中尉糾劾牧守妄立碑頌、興寺塔，第宅豐侈。(魏書·蕭宗紀)

正光四年(523)

凶 二月壬申(十五)，追封元禧(咸陽王爲敷城王)、元愉(京兆王爲臨洮王)、元懌(清河王爲范陽王)，以禮加葬。(魏書·蕭宗紀，北史·魏本紀四)

【考釋】元禧，景明二年(501)欲廢宣武帝自立，未果，賜死。元愉，永平元年(508)謀反稱帝，被俘去世。元懌，正光元年(520)被殺，然此年八月又追復爲清河王。

凶 三月，劉騰(司空)去世，鴻臚少卿護喪事，宦官爲義息衰絰者四十餘人。(魏書·閹官列傳，北史·恩幸列傳)

【儀制】《魏書》記曰："騰之葬日，閹官爲義服，杖絰衰縞者以百數，朝貴皆從，軒蓋填塞，相屬郊野。魏初以來，權閹存亡之盛莫及焉。"

軍 八月己巳(十五)，下詔遣使巡檢，遭寇之處飢餒不粒者，厚加賑恤。(魏書·蕭宗紀)

凶 九月，陽固(前軍將軍)去世，著《終制》一篇，務從儉約，臨終敕諸子一遵先制。(魏書·陽尼列傳，北史·陽尼列傳)

【儀制】《魏書》記曰："終歿之日，家徒四壁，無以供喪，親故爲其棺斂焉。"《北史》同。

凶 十一月丁酉(十五)，崔光(太保)去世，帝親臨，撫屍慟哭，爲之減膳，詔大鴻臚監護喪事；葬日，帝至建春門外，望輀哀感。(魏書·崔光列傳、蕭宗紀，北史·崔光列傳)

【儀制】《魏書》記曰："詔給東園溫明祕器、朝服一具、衣一襲、錢六十萬、布一千匹、蠟四百斤。"《北史》同。

凶 劉道斌（岐州刺史，曾任恒農太守）去世，恒農人於孔子廟堂畫其形於孔子像西，拜謁之。（魏書·劉道斌列傳，北史·劉道斌列傳）

【理據】《魏書》記曰："道斌在恒農，修立學館，建孔子廟堂，圖畫形像。去郡之後，民故追思之。"《北史》同。

正光五年(524)

吉 正月辛丑（二十），帝祀南郊。（魏書·肅宗紀，北史·魏本紀四）

吉 六月，莫折念生（秦州城人）稱秦天子，置百官，改元。（魏書·肅宗紀，北史·魏本紀四）

軍 九月乙亥（二十八），蕭寶夤（尚書左僕射，齊王，西道行臺大都督）、元顥（撫軍將軍，北海王）將率諸將西征，帝至明堂，餞之。（魏書·肅宗紀，北史·魏本紀四）

【考釋】秦蕙田《五禮通考》指出："據此，則魏氏明堂當已復建。"（《吉禮二十六》"明堂"）

吉 常景（中散大夫，中書舍人）爲高允立祠於野王之南，樹碑紀德。（魏書·高允列傳，北史·高允列傳）

【考釋】① 高允爵至咸陽公，事魏太武帝以下五朝，太和十一年(487)去世，享年98歲。② 此事二傳僅標在"正光中"。

凶 冬，甄琛（車騎將軍，侍中）去世，袁翻（吏部郎）奏諡曰孝穆公，從之；葬日，帝親送，降車就輿，弔服哭之。（魏書·甄辰列傳，北史·甄琛列傳）

【儀制】《魏書》記曰："詔給東園溫明祕器、朝服一具、衣一襲、錢十萬、物七百段、蠟三百斤。"《北史》同。

孝昌元年(525)

賓 八月癸酉（初一），下詔斷遠近貢獻珍麗。（魏書·肅宗紀，北史·魏本紀四）

嘉 十一月辛亥(初十)，下詔有父母八十以上者，皆居官禄養。(魏書·肅宗紀，北史·魏本紀四)

【理據】《魏書》録帝詔曰："大孝榮親，著之昔典，故安平耄耋，諸子滿朝。"

吉 十二月壬午(十二)，劉蠡升(山胡)稱天子，置百官，改元。(魏書·肅宗紀，北齊書·神武帝紀下，北史·魏本紀四、齊本紀上)

【考釋】《北齊書》記曰："居雲陽谷，西土歲被其寇，謂之胡荒。"

凶 蕭綜(改名爲贊)至洛陽，就館，爲南齊東昏侯舉哀，追服斬衰三年，太后及群臣並就館弔之。(魏書·蕭寶夤傳，南史·梁武帝諸子列傳)

【考釋】東昏侯去世於永元三年(501)，蕭綜曾發東昏侯墓，殺己子瀝血驗之，認爲自己乃東昏侯子。

孝昌二年(526)

軍 六月戊子(二十一)，下詔避居正殿，蔬餐素服，招募忠勇義士。(魏書·肅宗紀，北史·魏本紀四)

吉 九月，葛榮(鮮卑族)於博野自稱天子，號齊國。(魏書·肅宗紀，北史·魏本紀四)

孝昌三年(527)

吉 十月甲寅(二十五)，蕭寶夤(雍州刺史，南齊明帝第六子)據州稱帝，自號齊。(魏書·肅宗紀，北史·魏本紀四)

【儀制】《北史·毛遐列傳》記曰："寶夤以是日拜南郊，竊號，禮未畢而告敗，寶夤懼，口乾色變，不遑部伍，人皆亂還。"按告敗，指蕭寶夤聽聞所遣盧祖遷(大將軍)兵敗。

【考釋】蕭氏於景明三年(502)逃奔北魏，自正光五年(524)九月出征莫折念生，勝敗相繼，至今未下。

武泰元年(528)

凶 二月癸丑(二十五)，帝去世於顯陽殿；乙卯(二十七)，元釗(孝文帝曾孫，元暉世子)即位；三月乙酉(二十八)，葬定陵。(魏書·肅宗紀，北史·魏本紀四)
【考釋】皇太后、幼主在四月庚子(十三)，爲尒朱榮所殺。

孝莊帝(敬宗，元子攸，獻文帝孫)

建義元年(528，九月改元永安)

吉 四月戊戌(十一)，帝南渡黃河，即位；辛丑(十四)，帝入宮，御太極殿，下詔改元。(魏書·孝莊紀，北史·魏本紀五)

軍 六月，帝避正殿，責躬撤膳，招募忠勇義士。(魏書·孝莊紀，北史·魏本紀五)

制 七月辛巳(二十六)，尚書奏斷百官公給衣冠、劍佩、綬鳥。(魏書·孝莊紀)

吉 七月，万俟醜奴(高平鎮人)稱天子，署置百官，改元。(魏書·孝莊紀，北史·魏本紀五)

永安二年(529)

吉 四月癸未(初二)，遷文穆帝及文穆皇后神主於太廟。(魏書·孝莊紀，北

史·魏本紀五)

【考釋】此年二月,追尊皇考元勰(彭城王)爲文穆皇帝,廟號肅祖,皇妣爲文穆皇后,以孝文帝爲伯考。

【儀制】《魏書·太武五王列傳》録元彧(尚書令,大司馬)表諫曰:"高祖之於聖躬,親實猶子。陛下既纂洪緒,豈宜加伯考之名? ……又臣子一例,義彰舊典,禘祫失序,著譏前經。高祖德溢寰中,道超無外。肅祖雖勳格宇宙,猶曾奉贄稱臣。穆皇后稟德坤元,復將配享乾位,此乃君臣並筵,嫂叔同室,歷觀墳籍,未有其事。"然未見納。

【因革】《魏書·獻文五王列傳下》記曰:"前廢帝時,去其神主。"

又秦蕙田《五禮通考》論曰:"以藩王入繼大統,而追尊所生祔主太廟,并黜廟中已祔之主降稱伯考,實自北魏孝莊始。"(《吉禮一百五》"私親廟")

【論評】秦蕙田《五禮通考》論曰:"彧之言甚正,惜莊帝不納也。"(《吉禮七十九》"宗廟制度")

吉 四月,元顥(北海王)稱帝於梁國,於睢陽城南登壇燔燎;六月,攻克洛陽,元彧(臨淮王)、元延明(安豐王)率百僚備法駕迎入宮,御前殿,改元建武。(魏書·獻文六王列傳上,南史·陳慶之列傳)

【考釋】元顥於此年六月被殺。

嘉 五月,下詔板贈上黨高年。(魏書·孝莊紀)

【儀制】《魏書》録帝詔曰:"百年以下九十以上板三品郡,八十以上四品郡,七十以上五品郡。"

永安三年(530,十月改元建明)

吉 六月,王慶雲(白馬龍涸胡)於水洛城稱天子,署置百官。(魏書·孝莊紀,北史·魏本紀五)

【考釋】此年七月,王氏即爲尒朱天光所破。

樂 帝命元孚（冀州刺史）監修樂器儀注，元孚上表請定鍾磬十二架，奏可，長孫承業（太傅，錄尚書）稱善。（魏書·太武五王列傳，北史·太武五王列傳）

【儀制】《魏書》錄元孚上表曰："臣今據《周禮·臬氏》修廣之規，磬氏倨句之法，吹律求聲，叩鍾求音，損除繁雜，討論實錄。依十二月爲十二宮，各準辰次，當位懸設。月聲既備，隨用擊奏。"《北史》同。

【因革】《魏書》錄元孚上表曰："昔太和中，中書監高閭、太樂令公孫崇修造金石，數十年間，乃奏成功。時大集儒生，考其得失。太常卿劉芳請別營造，久而方就。復召公卿量校合否，論者沸騰，莫有適從。"《北史》同。

【考釋】此事二史均僅標在"永安末"。

凶 十月壬申（三十），元曄（太原太守，行并州刺史，長廣王）被推爲主；十二月甲寅（十三），尒朱兆遷帝於晉陽，甲子（二十三），帝被殺於晉陽城內三級佛寺；太昌元年（532）十一月，葬静陵。（魏書·孝莊紀，北史·魏本紀五）

前廢帝（節閔帝，元恭，獻文帝孫）

普泰元年（531）

吉 二月己巳（二十九），尒朱世隆等奉帝行禪讓之禮，即位，改元。（魏書·廢出三帝紀，北史·魏本紀五）

【儀制】《魏書》記曰：尒朱度律（太尉）於東郭外，"奉進璽綬袞冕之服"，帝"乃就輅車，百官侍衛，入自建春、雲龍門，昇太極前殿，群臣拜賀。禮畢，登閶闔門，"乃下詔。《北史》略同。

吉 下詔追號尒朱榮爲晉王，加九錫，給九旒鑾輅、虎賁、班劍三百人、輼輬車。（魏書·尒朱榮列傳，北史·尒朱榮列傳）

【因革】《魏書》錄帝詔曰："準晉太宰、安平獻王故事。"《北史》同。

【儀制】《魏書》録帝詔曰："宜遵舊典，配享高祖廟庭。"

又《資治通鑑·梁紀十一》記曰："有爲榮立廟於首陽山，因周公舊廟而爲之，以爲榮功可比周公。廟成，尋爲火所焚。"

【考釋】尒朱榮，尒朱世隆之兄，去年九月，來朝孝莊帝，被殺。

軍 四月癸卯（初四），帝至華林都亭燕射。（魏書·廢出三帝紀）

吉 四月壬子（十三），享太廟。（魏書·廢出三帝紀，北史·魏本紀五）

嘉 四月丙寅（二十七），下詔七品以上，朔望入朝，若正員有闕，隨才進補。（魏書·廢出三帝紀）

普泰二年(532)

吉 四月辛巳（十八），高歡（齊獻武王）廢帝於崇訓佛寺。（魏書·廢出三帝紀，北史·魏本紀五）

安定王(後廢帝，元朗，太武帝五世孫)

中興元年(531)

吉 十月壬寅（初六），高歡推元朗（勃海太守）即位於信都城西，升壇焚燎。

（魏書·廢出三帝紀，北史·魏本紀五）

嘉 羊深（散騎常侍，侍中）上疏請重修國學。（魏書·羊深列傳）

【因革】《魏書》記曰："是時膠序廢替，名教陵遲。"録羊深上疏曰："并詔天下郡國，興立儒教。考課之程，獻依舊典。"

【考釋】此事僅知在後廢帝時，暫繫於此。

中興二年(532)

吉 四月辛巳(十八),帝至河陽,遜位;五月,封爲安定郡王。(魏書·廢出

三帝紀,北史·魏本紀五)

孝武帝(出帝,元脩,孝文帝孫)

太昌元年(532,十二月改元永熙)

吉 四月戊子(二十五),即位於東郭之外,改元。(魏書·廢出三帝紀,北史·魏本

紀五)

【儀制】①《魏書》記曰:"入自東陽、雲龍門,御太極前殿,群臣朝賀;禮畢,昇閶

闔門",下詔。②《資治通鑑·梁紀十一》記曰:"孝武帝即位於東郭之外,用代

都舊制,以黑氈蒙七人,[高]歡居其一,帝於氈上西向拜天畢,入御太极殿,群臣

朝賀,升閶闔門,大赦。"

【因革】①《資治通鑑·梁紀十三》胡注:"古者天子即位御前殿,魏自高歡立孝

武帝復用夷禮,於郊拜天而後即位。"此後西魏文帝即位亦然。② 逯耀東指出

此所用"舊制",既用黑色,又保持着帝裔十姓陪祭的傳統,與天賜二年(405)西郊

之儀相承,均爲拓跋氏舊俗(《從平城到洛陽》,第65頁)。

凶 五月丙申(初三),前廢帝被殺於門下外省,帝詔白司赴會,大鴻臚

監護喪事,葬用王禮,加以九旒、鸞輅、黃屋、左纛,班劍百二十

人,二衛、羽林備儀衛。(魏書·廢出三帝紀,北史·魏本紀五)

嘉 五月乙巳(十二),帝至華林都亭,宴群臣。(魏書·廢出三帝紀)

軍 凶 五月丁未(十四),下詔依格賑贍孤老、疾病、無所依歸者;庚戌

（十七），下詔埋覆道路露屍。（魏書·廢出三帝紀）

軍 八月壬戌（初一），齊文襄王（高澄）來朝，燕射。九月庚子（初九），帝至華林都亭，引見元樹（蕭梁鄴王）及公卿百官蕃使督將等，宴射。（魏書·廢出三帝紀）

吉 九月乙卯（二十四），謁山陵。（魏書·廢出三帝紀）

吉 十一月丁酉（初七），日南至，祀於圜丘。（魏書·廢出三帝紀，北史·魏本紀五）

嘉 十一月戊戌（初八），朝會百官於太極前殿。（魏書·廢出三帝紀）

凶 十一月甲辰（十四），安定王（後廢帝）被殺於門下外省；明年，葬於鄴西南野馬岡。（魏書·廢出三帝紀，北史·魏本紀五）

永熙二年(533)

嘉 正月庚寅（初一），朝饗群臣於太極前殿。（魏書·廢出三帝紀，北史·魏本紀五）

樂 春，長孫稚（尚書）、祖瑩（太常卿）上表瞥理樂舞大成，下詔樂名付尚書博議；夏，集群官議之，祖瑩議請以《韶舞》爲《崇德》，《武舞》爲《章烈》，總名曰《嘉成》，長孫稚以下六十人同其議，詔定名爲《大成》。（魏志·樂，隋志·音樂中"祖珽上書"，通典·樂二）

【儀制】《魏志》錄帝詔曰："凡音樂以舞爲主，故干戈羽籥，禮亦無別，但依舊爲文舞、武舞而已。"

【因革】《魏志》錄祖瑩議曰："黃帝作《咸池》之樂，顓頊有《承雲》之舞，堯爲《大章》，舜則《大韶》，禹爲《大夏》，湯爲《大濩》，周曰《大武》，秦曰《壽人》，漢爲《大予》，魏名《大鈞》，晉曰《正德》。雖三統互變，五運代降，莫不述作相因，徽號殊別者也。"

又《魏志》錄長孫稚、祖瑩上表概述北魏修樂大致經過："太和中命故中書監高閭草創古樂，閬尋去世，未就其功。閬亡之後，故太樂令公孫崇續修遺事，十有餘載，崇敷奏其功。時太常卿劉芳以崇所作，體制差舛，不合古義，請更修營，被旨聽許。芳又蠡綜，久而申呈。時故東平王元匡共相論駁，各樹朋黨，爭競紛綸，竟無底定。及孝昌已後，世屬艱虞，內難孔殷，外敵滋甚。永安之季，胡賊入京，燔燒樂庫，所有之鍾悉畢賊手，其餘磬石，咸爲灰燼。普泰元年，臣等奉敕營造樂器，責問太樂前來郊丘懸設之方，宗廟施安之分。"按永安之季，《魏書·祖瑩列傳》釋之曰："莊帝末，尒朱兆入洛，軍人焚燒樂署，略無存者。"

又《隋志》錄祖珽上書言及此前太武帝時，"太武帝平河西，得沮渠蒙遜之伎，賓嘉大禮，皆雜用焉。此聲所興，蓋苻堅之末，呂光出平西域，得胡戎之樂，因又改變，雜以秦聲，所謂秦漢樂也"。

【附識】《魏志》又記此後崔九龍（太樂令）言於祖瑩"今古雜曲，隨調舉之，將五百曲"，又云："九龍所錄，或雅或鄭，……又名多謬舛，莫識其由，隨其淫正而取之"，故其時，"至於古雅，尤多亡矣"。

【考釋】《魏書·祖瑩列傳》略記此事，則知此年負責治樂的有長孫稚、祖瑩、元孚（侍中）三人。

嘉 **八月乙丑**（初九），**齊文襄王來朝，帝燕於華林都亭。**（魏書·廢出三帝紀）

軍 **十二月丁巳**（初三），**帝狩於嵩陽。**（魏書·廢出三帝紀，北史·魏本紀五，北史·魏本紀五）

制 **帝令常景**（西河王，秘書監）**選儒學十人緝撰五禮，李繪**（從事中郎）、**王乂同掌軍禮。**（北齊書·李渾列傳，北史·李靈列傳）

【考釋】《舊唐志·經籍上》載有"《後魏儀注》三十二卷，常景撰"，《新唐志·藝文二》載有"常景《後魏儀注》五十卷"。

【因革】陳寅恪《隋唐制度淵源略論稿》論曰："常景之書撰於元魏都洛之末年，可謂王肅之所遺傳，魏收之所祖述，在二者之間承上啓下之産物也。"（《禮儀》，第10頁）

永熙三年(534)

吉 二月丙子(二十三)，帝親釋奠於國學。(魏書·廢出三帝紀、儒林列傳，北史·儒林列傳上)

【儀制】《儒林列傳》記釋奠之後，又於顯陽殿詔劉廞(祭酒)講《孝經》，李郁(黃門)説《禮記》，盧景宣(中書舍人)講《大戴禮·夏小正》篇。

【考釋】《儒林列傳》李同軌段則記曰："三年春，釋菜。"

軍 二月，將征侯莫陳悦，宇文泰(武衛將軍)、元毗(將軍)與諸將刑牲盟誓，同獎王室。(周書·文帝紀上，北史·周本紀上)

軍 五月丁酉(十六)，帝至華林都亭，慰勉京畿都督及軍士三千餘人。(魏書·廢出三帝紀)

【儀制】《魏書·斛斯椿列傳》記曰："遂陳兵城西，北接邙山，南至洛水，帝詰旦戎服與[斛斯]椿臨閲焉。"

軍 七月己丑(初九)，帝親總六軍十餘萬衆，次於河橋。(魏書·廢出三帝紀，北史·魏本紀五)

吉 九月庚寅(初十)，高歡(齊獻武王)集百官沙門耆老，議立元善見(清河王世子)爲帝。(北齊書·神武帝紀下，北史·齊本紀上)

【理據】《北齊書》記曰："以爲自孝昌喪亂，國統中絶，神主靡依，昭穆失序，永安以孝文爲伯考，永熙遷孝明於夾室，業喪祚短，職此之由。"《北史》同。

【論評】《北齊書》記曰："位於是始分爲二。"《北史》同。

凶 閏十二月癸巳(十五)，帝爲宇文泰所殺；立元寶炬(南陽王)爲帝。(魏書·廢出三帝紀、孝静紀，北史·魏本紀五)

【儀制】①《北史》記曰："殯於草堂佛寺，十餘年乃葬雲陵。"②《資治通鑑·梁紀十二》載宋球(諫議大夫)"慟哭嘔血，漿粒不入口者數日，[宇文]泰以其名儒，不之罪也。"

二、東西魏之部

534年，北魏將領高歡另立元善見爲帝，遷都鄴（今河北臨漳西南），史稱東魏。550年爲高歡之子高洋所代。共歷一帝（孝静帝），十七年。

535年，北魏大臣宇文泰擁立元寶炬爲帝，定都長安，史稱西魏。557年爲宇文泰之子宇文覺所代。共歷三帝（文帝、廢帝、恭帝），二十四年。

東魏孝静帝（元善見，北魏孝文帝曾孫）

天平元年（534）

吉 十月丙寅（十七），帝即位於城東北，改元；壬申（二十三），享太廟。（魏書·孝静紀，北史·魏本紀五）

吉 十月丙子（二十七），遷都於鄴。（魏書·孝静紀，北史·魏本紀五）

【理據】《北齊書·神武帝紀下》載此前高歡與北魏孝武帝謀遷都於鄴曰："洛陽久經喪亂，王氣衰盡，雖有山河之固，土地褊狹，不如鄴，請遷都。"而孝武帝則曰："高祖定鼎河洛，爲永永之基，經營制度，至世宗乃畢。王既功在社稷，宜遵太和舊事。"《北史·齊本紀上》同。按遂彼時未遷。

制 十二月庚午（二十二），下詔百司悉依舊章，從容雅服，不得以戎服從事。（魏書·孝静紀，北史·魏本紀五）

凶 楊愔（大行臺右丞）因全家於洛陽罹難，以喪禮之居，所食唯鹽米。（北齊書·楊愔列傳，北史·楊播列傳）

【儀制】《北齊書》記曰："頃之，表請解職還葬。……及喪柩進發，吉凶儀衛亘二十餘里，會葬者將萬人。是日隆冬盛寒，風雪嚴厚，愔跣步號哭，見者無不哀之。"《北史》同。

【考釋】此事未悉年月,據前後事略推,暫繫於此。

天平二年(535)

凶 正月,高歡(丞相)聞孝武帝之喪,啓請舉哀制服,帝使群臣議之,潘崇和(太學博士)以爲不可服,衞既隆(國子博士)、李同軌議以爲宜服,從之。(資治通鑑·梁紀十三)

【理據】《通鑑》録衞、李二人議曰:"高后於永熙離絶未彰,宜爲之服。"胡注:"[高]歡初立孝武,納其長女爲皇后,帝之西奔,后留不從。"按此年三月,高歡又將高后嫁於元韶(彭城王)。

凶 三月辛未(二十五),因旱,下詔京城及諸州郡收瘞骸骨。(魏書·孝靜紀,北史·魏本紀五)

吉 十一月癸丑(初十),祀圜丘。(魏書·孝靜紀,北史·魏本紀五)

軍 十二月壬午(初十),帝狩於鄴東。(魏書·孝靜紀,北史·魏本紀五)

制 下詔令高隆之(尚書右僕射,營構大將)繕治三署樂器、衣服及百戲之屬,請李業興(侍讀)共參其事。(魏書·儒林列傳,北史·儒林列傳上)

天平三年(536)

嘉 正月癸卯(初一),饗群臣於前殿。(魏書·孝靜紀,北史·魏本紀五)

凶 十一月戊申(二十九),下詔尚書遣使巡檢河北,藏掩死屍。(魏書·孝靜紀)

【理據】《魏書》記曰:"勿使靈臺枯骨,有感於通夢;廣漢露骸,時聞於夜哭。"

嘉 十二月辛未(初五),遣使板假老人官。(魏書·孝靜紀,北史·魏本紀五)

天平四年(537)

$\boxed{軍}$ 二月乙酉(二十)，高歡以并、肆、汾、建、晉、東雍、南汾、泰、陝九州霜旱，人飢流散，請開倉賑濟。（北齊書·神武帝紀下，北史·齊本紀上）

$\boxed{吉}$ 四月辛未(初六)，遷七帝神主入新廟。（魏書·孝靜紀，北史·魏本紀五）

$\boxed{吉}$ 四月，將遷太社石主入社宮，禮官以爲應用幣，裴伯茂(中書侍郎)認爲宜用牲，詔從裴説。（魏志·禮二）

【理據】《魏志》記裴伯茂"據故事，太和中遷社宮，高祖用牲不用幣"，又"據《尚書·召誥》，應用牲"。

$\boxed{凶}$ 六月辛未(初七)，下詔尚書掩埋骨骸。（魏書·孝靜紀，北史·魏本紀五）

$\boxed{賓}$ 七月甲辰(十一)，遣李諧(兼散騎常侍)、盧元明(兼吏部郎中)、李鄴(兼通直散騎常侍)使於梁。（魏書·孝靜紀，北史·魏本紀五）

【考釋】① 去年十二月，梁遣使傅和(益州刺史)來請通好。② 李鄴，《魏書·儒林列傳》、《北史·儒林列傳上》均作李業興。

【儀制】《魏書·李平列傳》記李諧等至石頭，梁遣"主客郎范胥當接"。

【附識】參見梁武帝大同三年(537)，然似難與此處所記相應。

$\boxed{賓}$ 十二月甲寅(二十四)，梁遣使張皋(散騎常侍)、劉孝儀(通直常侍)、崔曉(通直常侍)來聘。明年二月丙辰(二十七)，遣鄭伯猷(兼散騎常侍)使於梁。（魏書·孝靜紀、島夷蕭衍列傳，北史·魏本紀五）

【考釋】《資治通鑑·梁紀十三》記張樂皋(司農)等聘於東魏，恐即指此事。

元象元年(538)

$\boxed{制}$ 四月壬辰(初四)，高歡(齊獻武王)還晉陽，請開酒禁，賑恤宿衛武官。

(魏書·孝静紀,北齊書·神武帝紀下,北史·魏本紀五、齊本紀上)

[賓] 十月，梁遣使劉孝儀(散騎常侍)來聘。十一月庚寅，遣使陸操聘於

梁。(魏書·孝静紀,北史·魏本紀五,資治通鑑·梁紀十四)

【儀制】《魏書·文苑列傳》記"劉孝儀等來朝貢,詔[邢]昕兼正員郎迎於境上"。

【考釋】此年十一月丙辰朔,無庚寅日,《北史》則作"十二月庚寅"。

【附識】參見梁武帝大同三年(537),然似難與此處所記相應。

興和元年(539)

[嘉] 五月甲戌(二十二)，立高氏爲皇后。(魏書·孝静紀、皇后列傳,北史·魏本紀五)

[賓] 六月丁酉(十五)，梁遣使沈山卿(散騎常侍)、劉研(通直常侍)來聘。八月

壬辰(十一)，遣王元景(兼散騎常侍)、魏收(兼通直散騎常侍)使於梁。(魏書·

孝静紀、島夷蕭衍列傳,北史·魏本紀五)

[制] 十月，李業興(散騎常侍)爲《甲子元曆》，施用之。(魏志·律曆下,魏書·儒

林列傳)

[嘉] 十一月癸亥(十四)，鄴都新宮修成，改元，八十以上賜綾帽及杖，

七十以上賜帛，有疾廢者賜粟帛。(魏書·孝静紀,北史·魏本紀五)

【考釋】新宮自天平二年(535)八月始建,時發衆七萬六千人。

[嘉] 十一月乙丑(十六)，高歡來朝，帝與之讌射。(北齊書·神武帝紀下,北史·齊

本紀上)

【儀制】《北齊書》記曰:"神武降階稱賀。"

興和二年(540)

[賓] 三月乙卯(初七)，梁遣使柳豹(散騎常侍)、劉景彥(通直常侍)來聘。五月

壬子（初五），遣李象（兼散騎常侍）、邢昕（通直常侍）使於梁。十月丁未（初

三），梁遣使陸晏子（散騎常侍）、沈景徽（通直常侍）來聘。十二月乙卯（十

二），遣使崔長謙（兼散騎常侍）、陽休之（兼通直散騎常侍）聘於梁。（魏書·孝靜

紀、島夷蕭衍列傳、文苑列傳，北齊書·陽休之列傳，北史·魏本紀五）

【考釋】三月乙卯，《魏書》作"己卯"，誤，茲從《北史》。

賓 吐谷渾王夸吕遣使趙吐骨真，假道柔然來聘，帝納其妹爲嬪，遣

使傅靈檦（員外散騎常侍）聘於吐谷渾。（魏書·吐谷渾列傳，資治通鑑·梁紀十四）

【儀制】《魏書》記曰："夸吕又請婚，乃以濟南王匡孫女爲廣樂公主以妻之。此

後朝貢不絕。"

【因革】《通鑑》記曰："吐谷渾自莫折念生之亂，不通于魏。伏連籌卒，子夸吕

立，始稱可汗，居伏俟城。……是歲，始遣使假道柔然，聘於東魏。"

興和三年(541)

賓 六月乙丑（二十五），梁遣使明少遐（散騎常侍）、謝藻（通直常侍）來聘。 八

月甲子（二十五），遣李騫（兼散騎常侍）、崔劼（通直散騎常侍）使於梁。（魏書·

孝靜紀、島夷蕭衍列傳，北齊書·崔劼列傳，北史·魏本紀五）

制 十月，下詔群臣於麟趾閣議定法制；甲寅（十六），頒行。（魏書·孝靜紀，

北史·魏本紀五）

【考釋】①《隋志·經籍二》記曰："後齊武成帝時，又於麟趾殿刪正刑典，謂之

《麟趾格》。"②《北齊書·崔暹列傳》記其時崔暹"遷左丞，吏部郎，主議《麟趾

格》"。③《北齊書·封述列傳》記此前"天平中，增損舊事爲《麟趾新格》，其名

法科條，皆［封］述刪定"。

軍 十月癸亥（二十五），帝狩於西山。（魏書·孝靜紀，北史·魏本紀五）

興和四年(542)

賓 正月丙辰，梁遣使袁狎(散騎常侍)、賀文發(通直常侍)來聘。四月丙寅，遣使李繪(兼散騎常侍)使於梁。十月甲寅(二十一)，梁遣使劉孝勝(散騎常侍)、謝景(通直常侍)來聘。十二月辛亥(十九)，遣陽斐(兼散騎常侍)使於梁。(魏書‧孝靜紀、島夷蕭衍列傳，北史‧魏本紀五)

【考釋】此年正月戊辰朔，無丙辰日，四月丙申朔，無丙寅日。

武定元年(543)

軍 正月己巳(初八)，帝蒐於邯鄲之西山。十一月甲午(初八)，帝狩於西山。(魏書‧孝靜紀，北史‧魏本紀五)

賓 六月乙亥(十七)，梁遣使沈衆(散騎常侍)、殷德卿(通直常侍)來聘。八月壬午(二十五)，遣李渾(兼散騎常侍)使於梁。(魏書‧孝靜紀、島夷蕭衍列傳，北史‧魏本紀五)

凶 高叡(齊文襄王之任)之母去世，高澄(北齊高祖)送其至領軍府，爲其發哀，三日水漿不入口。(北齊書‧趙郡王琛列傳，北史‧齊宗室諸王列傳上)

【儀制】《北齊書》記曰："高祖與武明婁皇后慇懃敦譬，方漸順旨。居喪盡禮，持佛像長齋，至于骨立，杖而後起。高祖令常山王共臥起，日夜說喻之。並勑左右不聽進水，雖絕清漱，午後輒不肯食。"《北史》同。

又《北齊書》記此後至北齊天統中，追贈其母，"有司備禮儀就墓拜授。時隆冬盛寒，叡跣步號哭，面皆破裂，嘔血數升"。《北史》同。

武定二年(544)

[賓] 三月，梁遣使來聘。 五月甲午(十一)，遣使魏季景(散騎常侍)使於梁。 十一月辛丑(二十一)，梁遣使來聘。明年正月丙申(十七)，遣李獎(兼散騎常侍)使於梁。 (魏書‧孝靜紀，北史‧魏本紀五)

【考釋】《魏書‧島夷蕭衍列傳》承去年夏，載"其年冬，又遣使蕭確(散騎常侍)、陸緬(通直常侍)朝貢"，然去年冬，本紀未載遣使來聘。恐其所載爲此年冬，上又脫此年春遣使之事。

[吉] 十一月庚子(二十)，祀圜丘。 (魏書‧孝靜紀，北史‧魏本紀五)

武定三年(545)

[嘉] 二月庚申(十一)，納吐谷渾可汗之從妹爲容華嬪。 (魏書‧孝靜紀，北史‧魏本紀五)

[賓] 七月庚子(二十三)，梁遣使徐君房(散騎常侍)、庾信(通直常侍)來聘。十月，遣尉瑾(中書舍人)使於梁。 (魏書‧孝靜紀、島夷蕭衍列傳，北史‧魏本紀五)

【附識】參見梁武帝大同三年(537)。

[嘉] 閏十月乙未(二十)，高歡(齊獻武王)請釋邙山之俘，配以民間寡婦。 (魏書‧孝靜紀，北齊書‧神武帝紀下，北史‧齊本紀上)

武定四年(546)

[賓] 五月壬寅(初一)，梁遣使蕭瑳(散騎常侍)、賀德瑒(通直常侍)來聘。七月壬寅(初一)，遣元廓(兼散騎常侍)使於梁。 (魏書‧孝靜紀、島夷蕭衍列傳，北史‧魏

本紀五)

嘉 八月，遷洛陽漢魏石經於鄴。（魏書·孝靜紀，北史·魏本紀五）

【考釋】《隋志·經籍一》記曰："後魏之末，齊神武執政，自洛陽徙于鄴都，行至河陽，值岸崩，遂沒于水。其得至鄴者，不盈太半。"

武定五年(547)

凶 正月丙午（初八），高歡（齊獻武王，北齊神武帝）去世於晉陽，秘不發喪；六月壬午（十七），帝舉哀於東堂，下詔元斌（尚書右僕射，高陽王，兼大鴻臚卿）赴晉陽監護喪事，元旭（太尉，襄城王，兼尚書令）奉詔宣慰；八月甲申（二十），葬於鄴西北漳水之西，帝祭送於漳濱。（魏書·孝靜紀，魏志·禮四，北齊書·神武帝紀下，北史·魏本紀五、齊本紀上）

【儀制】①《北齊書》記帝舉哀之制曰："於東堂舉哀三日，制緦衰。"又記喪禮曰："贈假黃鉞、使持節、相國、都督中外諸軍事、齊王璽綬、輼輬車、黃屋、左纛、前後羽葆、鼓吹、輕車、介士，兼備九錫殊禮，謚獻武王。"《北史·齊本紀》同。②《魏志》所記略有不同："孝靜皇帝舉哀於太極東堂，服齊衰三月。及將窆，中綷。"又《北齊書·文襄帝紀》記曰："［六月］丁丑（十二），文襄（高澄）還晉陽，乃發喪，告喻文武，陳神武遺志。"

【儀制】《北齊書》記曰："詔凶禮依漢大將軍霍光、東平王蒼故事。"《北史·齊本紀》同。

【考釋】帝舉哀之日，《魏書》標爲六月乙酉（二十），茲不從；又《魏志》標在"六日"，誤。

賓 正月乙丑（二十七），梁遣使謝藺（散騎常侍）、鮑至（通直常侍）來聘。四月甲午（二十八），遣李緯（兼散騎常侍）使於梁。（魏書·孝靜紀、島夷蕭衍列傳，北史·魏本紀五）

【考釋】李緯，《魏書·李靈列傳》作"李系"。

[賓] 十二月乙亥(十二)，蕭淵明(梁貞陽侯)被擒，帝於閶闔門御見。（魏書·孝

靜紀，北史·魏本紀五）

[凶] 李德林父去世，自駕靈輿，反葬故里，崔諶(博陵豪族)至其宅赴弔。

（隋書·李德林列傳，北史·李德林列傳）

【儀制】《隋書》記曰："時正嚴冬，單衰跣足，州里人物由是敬慕之。"又曰："博陵豪
族有崔諶者，僕射之兄，因休假還鄉，車服甚盛。將從其宅詣德林赴弔，相去十餘
里，從者數十騎，稍稍減留。比至德林門，纔餘五騎，云不得令李生怪人燻灼。"

【考釋】此事未悉年月，今略推暫繫於此。

武定六年(548)

[吉] 二月，將營高歡(齊獻武王)廟，參議室數、形制，崔昂(兼度支尚書)等十

五人議定其制，詔從之。（魏志·禮二，通典·吉禮七）

【儀制】《魏志》錄崔昂等議所定廟制曰："今宜四室二間，兩頭各一頰室，夏頭徘
徊鴟尾。……准據今廟，宜開四門。內院南面開三門，餘面及外院，四面皆一
門。其內院牆，四面皆架爲步廊。南出夾門，各置一屋，以置禮器及祭服。內外
門牆，並用赭堊。廟東門道南置齊坊；道北置二坊，西爲典祠廟並廚宰，東爲廟
長廨並置車輅；其北爲養犧牲之所。"

[嘉] 四月八日，帝集名僧於顯陽殿講說佛禮。（北齊書·杜弼列傳，北史·杜弼列傳）

【附識】《魏書·李渾列傳》記"魏靜帝於顯陽殿講《孝經》、《禮記》，[李]繪與從
弟[李]騫、裴伯茂、魏收、盧元明等俱爲錄儀"，《北史·李靈列傳》同。按此事未
悉年月，暫附於此。

[吉] 七月，高澄(大將軍)罷南郊道壇。（魏志·釋老，資治通鑑·梁紀十七）

[賓] 九月乙酉(二十七)，梁遣使謝珽(散騎常侍)、徐陵(通直常侍)來聘。（魏書·孝

靜紀、島夷蕭衍列傳，北史·魏本紀五）

【附識】① 此年二月,梁曾遣使羊珍孫求和。② 參見梁武帝太清二年(548)。

嘉 **元孝友**(京兆尹)**奏表請定娶妾之制,有司奏議不同。**（魏書·太武五王列傳,

北齊書·元孝友列傳,北史·太武五王列傳）

【儀制】《魏書》録元孝友奏表曰:"請以王公第一品娶八,通妻以備九女;稱事二品備七;三品、四品備五;五品、六品則一妻、二妾。限以一周,悉令充數,若不充數及待妾非禮,使妻妒加捶撻,免所居官。其妻無子而不娶妾,斯則自絶,無以血食祖父,請科不孝之罪,離遣其妻。"《北齊書》、《北史》同。

【理據】《魏書》録元孝友奏表曰:"凡今之人,通無準節。父母嫁女,則教之以妒;姑姊逢迎,必相勸以忌。持制夫爲婦德,以能妒爲女工。……夫妒忌之心生,則妻妾之禮廢;妻妾之禮廢,則姦淫之兆興。斯臣之所以毒恨者也。"《北齊書》、《北史》同。

制 **元孝友**(京兆尹)**奏請婚喪過禮者,以違旨論,官司糾劾。**（魏書·太武五王列傳,北齊書·元孝友列傳,北史·太武五王列傳）

【理據】《魏書》録元孝友曰:"夫婦之始,王化所先,共食合瓢,足以成禮。而今之富者彌奢,同牢之設,甚於祭槃。累魚成山,山有林木,林木之上,鸞鳳斯存。徒有煩勞,終成委棄。"《北齊書》、《北史》同。

【考釋】以上二事未悉年月,僅知在孝静帝時,暫繫於此。

制 **蘇瓊**(南清河太守)**每年春總集大儒衛覬隆、田元鳳等講於郡學,禁斷淫祠,婚姻喪葬皆教令儉而中禮。**（北齊書·循吏列傳,北史·循吏列傳）

【考釋】此事未悉年月,暫繫於此。

武定七年(549)

軍 **正月壬申**(十六),**帝與高澄**(渤海王)**獵於鄴東,馳逐如飛。**（北齊書·文襄帝紀）

嘉 **八月辛卯**(初八),**立元長仁爲皇太子。**（魏書·孝静紀,北史·魏本紀五）

凶 **八月辛卯**(初八),**高澄**(齊文襄王)**被殺,秘不發喪;明年正月辛酉**(十

一），帝舉哀於東堂，丁卯<small>(十七)</small>，下詔贈齊王璽綬，輼輬車，黃屋左纛，前後部羽葆，鼓吹輕車介士，備九錫之禮；二月甲申<small>(初四)</small>，葬於峻成陵，帝祭送於漳濱。<small>(魏書·孝靜紀，北齊書·文襄帝紀、文宣帝紀，北史·魏本紀五、齊本紀上、下)</small>

凶 八月辛卯<small>(初八)</small>，陳元康<small>(散騎常侍，中軍將軍)</small>爲護高澄，被殺，殯於宮中，明年乃發喪。<small>(北齊書·陳元康列傳，北史·陳元康列傳)</small>

【儀制】《北齊書》記曰：“元康母李氏，元康卒後，哀戚發病而終。”《北史》同。

武定八年(550)

凶 三月，陸子彰<small>(中書監)</small>去世，長子陸卬<small>(中書侍郎)</small>去職，居喪盡禮，兄弟六人相率廬於墓側，負土成墳。<small>(北齊書·陸卬列傳，北史·陸俟列傳，魏書·陸俟列傳)</small>

【考釋】《北齊書》記陸子彰妻乃魏上庸公主，“初封藍田，高明婦人也，甚有志操。……主教訓諸子，皆稟義方，雖創巨痛深，出於天性，然動依禮度，亦母氏之訓焉”，因陸家喪禮，朝廷“改其所居里爲孝終里”。《北史》同。

【儀制】《北齊書》其後至天保初，陸卬母去世，“哀慕毀瘁，殆不勝喪，至沈篤，頓眛伏枕，又感風疾”，恰好又遇第五弟陸搏去世，“家人至於祖載，方始告之，卬聞而悲痛，一慟便絕”。《北史》同。

吉 五月甲寅<small>(初六)</small>，下詔高洋<small>(齊王)</small>爲相國，總百揆，備九錫之禮。<small>(魏書·孝靜紀，北齊書·文宣帝紀，北史·魏本紀五、齊本紀中)</small>

吉 五月丙辰<small>(初八)</small>，禪位於齊；己未<small>(十一)</small>，受封爲中山王，載天子旌旗，行魏正朔，乘五時副車，於中山國立魏宗廟。<small>(魏書·孝靜紀，北齊書·文宣帝紀，北史·魏本紀五、齊本紀中)</small>

【因革】《北齊書》記遣元韶<small>(兼太保，彭城王)</small>、敬顯儁<small>(兼司空)</small>“奉皇帝璽綬，禪代之禮一依唐虞、漢魏故事”。《北史》同。

西魏文帝(元寶炬,北魏孝文帝孫)

大統元年(535)

吉 正月戊申(初一),帝即位於城西,改元。(北史·魏本紀五)

嘉 正月乙卯(初八),立乙氏(妃)爲皇后;立元欽爲皇太子。(魏書·孝靜紀)

制 三月,宇文泰(丞相,安定郡公)命所司爲二十四條新制,奏上行之。(周
書·文帝紀下,隋志·刑法,北史·周本紀上)

【理據】《周書》記曰:"乃命所司斟酌今古,參考變通,可以益國利民便時適治
者,爲二十四條新制。"

大統二年(536)

吉 正月辛亥(初九),祀南郊,改以神元皇帝配。(北史·魏本紀五)

大統三年(537)

凶 四月,斛斯椿(太傅)被殺,帝親臨弔,百官赴哭,詔賜東園祕器,元
景略(尚書,梁郡王)監護喪事;及葬,帝至渭陽,止綍慟哭。(北史·斛斯
椿列傳、魏本紀五)

軍 八月丁丑(十四),宇文泰(安定郡公)率十二將東征,至潼關,誓師。(周
書·文帝紀下,北史·周本紀上)

賓 十二月,李叔仁(司徒)自涼州通使於東魏,爲賀蘭植(建昌太守)所殺。
(北史·魏本紀五)

大統四年(538)

吉 正月辛酉(初一)，拜天於清暉堂。(北史·魏本紀五)

【因革】《北史》記曰："終帝世遂爲常。"

嘉 三月丙子(十七)，立郁久閭氏(柔然王阿那瓌之長女)爲皇后。(北史·魏本紀五、后妃列傳上,資治通鑑·梁紀十四)

【儀制】《后妃列傳》記迎娶皇后曰："后之來，營幕户席，一皆東向。車七百乘，馬萬疋，駝千頭。到黑鹽池，魏朝鹵簿文物始至。〔王〕孚奏請正南面，后曰：'我未見魏主，故蠕蠕女也。魏仗向南，我自東面。'孚無以辭。四月正月，至京師。"

【考釋】此年二月，皇后乙氏被廢。

大統五年(539)

嘉 五月，免妓樂、雜役之徒，皆爲編户。(北史·魏本紀五)

軍 冬，宇文泰(柱國大將軍)大閱於華陰。(周書·文帝紀下,北史·周本紀上)

吉 太廟初成。(周書·崔猷列傳,北史·崔挺列傳)

【儀制】《周書》記曰："時太廟初成，四時祭祀，猶設俳優角抵之戲；其郊廟祭官，多有假兼。〔崔〕猷屢上疏諫，書奏，並納焉。"《北史》同。

大統六年(540)

嘉 正月庚戌(初一)，朝群臣。(北史·魏本紀五)

【論評】《北史》評曰："自西遷至此，禮樂始備。"

制 獨孤信出任隴右十州大都督、秦州刺史，示以禮教，勸以耕桑。

（周書・獨孤信列傳）

大統七年(541)

制 九月，下詔班政事之法六條。十一月，宇文泰(尚書)奏班行十二條制。（北史・魏本紀五、周本紀上，隋志・刑法，周書・文帝紀下）

【因革】此前大統元年(535)已行二十四條，今又增十二條。

嘉 十二月，帝御憑雲觀，引見諸王，叙家人之禮，爲宗誡十條。（北史・魏本紀五）

嘉 崔猷(京兆尹)請禁斷婚禮用樂，衣服文繡，施行之。（周書・崔猷列傳，北史・崔挺列傳）

【儀制】《周書》記曰：“時婚姻禮嫁聚會之辰，多舉音樂；又廛里富室，衣服奢淫，乃有織成文繡者。”《北史》同。

【考釋】崔猷遷京兆尹，年月不甚明晰，在去歲任司徒左長史之後，暫繫於此。

大統八年(542)

軍 十二月，帝狩於華陰，大饗將士，宇文泰率諸將來朝。（周書・文帝紀下，北史・周本紀上）

大統九年(543)

嘉 正月，禁中外及從母兄弟姊妹爲婚。（北史・魏本紀五）

軍 四月，宇文泰大會諸軍於馬牧。（周書・文帝紀下）

軍 十月，宇文泰大閱於櫟陽。（周書・文帝紀下，北史・周本紀上）

大統十年(544)

制 七月，更權衡度量。（北史·魏本紀五）

制 七月，帝以宇文泰（尚書）所奏二十四條及十二條新制，爲中興永式，命蘇綽（尚書）損益之，總爲五卷，班行天下。（周書·文帝紀下，隋志·刑法，北史·周本紀上）

【考釋】《周書·蘇綽列傳》記此年蘇綽"爲六條詔書，奏施行之"，所謂六條，"其一，先治心；其二，敦教化；其三，盡地利；其四，擢賢良；其五，卹獄訟；其六，均賦役"。對此，帝"甚重之，常置諸座右，又令百司習誦之"。《北史·蘇綽列傳》同。

【理據】《周書·蘇綽列傳》記曰："太祖方欲革易時政，務弘彊國富民之道，故綽得盡其智能，贊成其事。"《北史·蘇綽列傳》同。

【論評】陳寅恪《隋唐制度淵源略論稿》論曰："綽所以依託關中之地域，以繼述成周爲號召，竊取六國陰謀之舊文緣飾塞表鮮卑之胡制，非驢非馬，取給一時，雖能輔成宇文氏之霸業，而其創制終爲後王所捐棄，或僅名存而實亡，豈無故哉！質言之，蘇氏之專業乃以關中地域觀念及魏晉家世學術附合鮮卑六鎮之武力而得成就者也。"（《禮儀》，第20頁，並參49頁）

軍 十月，宇文泰大閱於白水。（周書·文帝紀下，北史·周本紀上）

大統十一年(545)

吉 六月丁巳（初十），帝祭於太廟，群臣畢至於王庭，蘇綽（大行臺度支尚書，領著作）擬定告辭。（周書·蘇綽列傳，北史·蘇綽列傳）

【因革】《周書》記曰："自有晉之季，文章競爲浮華，遂成風俗。太祖欲革其弊，因魏帝祭廟，群臣畢至，乃命綽爲大誥，奏行之。……自是之後，文筆皆依此體。"

又陳寅恪《隋唐制度淵源略論稿》指出："一檢《周書》肆《明帝紀》所載武成元年後之詔書,其體已漸同晉後之文,無復蘇綽所做周誥之形似,可知此種矯枉過正之偽體,一傳之後,周室君臣即已不復遵用也。"(《職官》,第104頁)

吉 冬,築圜丘於城南。(北史·魏本紀五)

軍 十月,宇文泰大閲於白水,西狩岐陽。(周書·文帝紀下,北史·周本紀上)

賓 遣安諾槃陁(酒泉胡)通使於突厥,明年,突厥可汗(土門)遣使來獻。

(北史·突厥列傳)

大統十二年(546)

嘉 五月,下詔女年不滿十三,勿得出嫁。(北史·魏本紀五)

軍 七月,宇文泰大會諸軍於咸陽。(周書·文帝紀下,北史·周本紀上)

凶 蘇綽(大行臺度支尚書,領著作,兼司農卿)去世,宇文泰問公卿葬禮當從儉約還是厚加贈謚,麻瑶(尚書令史)進曰從儉約,從之。(周書·蘇綽列傳,北史·蘇綽列傳)

【理據】《周書》錄宇文泰曰："蘇尚書平生謙退,敦尚儉約。吾欲全其素志,便恐悠悠之徒,有所未達;如其厚加贈謚,又乖宿昔相知之道。"麻瑶進而舉證:"昔晏子,齊之賢大夫,一狐裘三十年。及其死也,遣車一乘。齊侯不奪其志。"《北史》同。

【儀制】《周書》記曰:"及綽歸葬武功,唯載以布車一乘。太祖與群公,皆步送出同州郭外。太祖親於車後酹酒而言,……因舉聲慟哭,不覺失巵於手。至葬日,又遣使祭以太牢,太祖自爲其文。"《北史》同。

大統十三年(547)

軍 冬,帝與宇文泰西狩於岐陽。(周書·文帝紀下,北史·周本紀上)

凶 若干惠(司空)去世，宇文泰爲之流涕，喪至，臨撫。(周書·若干惠列傳，

北史·若干惠列傳)

凶 劉亮(東雍州刺史)去世於任上，喪還京城，宇文泰親臨，令鴻臚卿監

護喪事。(周書·若干惠列傳，北史·若干惠列傳)

【儀制】《周書》記曰："太祖親臨之，泣而謂人曰：'股肱喪矣，腹心何寄！'"《北史》同。

大統十四年(548)

軍 五月，宇文泰(太師)奉太子西巡，至北長城，大狩。(周書·文帝紀下，北

史·周本紀上)

凶 賀蘭祥(荊州刺史)親巡境内，見有發掘古冢、暴露骸骨者，命所在收

葬。(周書·賀蘭祥列傳，北史·賀蘭祥列傳)

【論評】《周書》記曰："即日淑雨。是歲，大有年。州境先多古墓，其俗好行發

掘，至是遂息。"《北史》同。

大統十五年(549)

制 五月，下詔代人太和年間改姓者，復舊姓拓跋。(北史·魏本紀五)

大統十六年(550)

嘉 宇文泰奉太子西巡，至原州，至李賢(驃騎大將軍、開府儀同三司)之宅，行

鄉飲酒禮。(周書·李賢列傳，北史·周本紀上)

【儀制】《周書》記曰："讓齒而坐。"《北史》同。

又《周書》記曰："其後，太祖又至原州，令賢乘輅，備儀服，以諸侯會遇禮相見，然

後幸賢第,歡宴終日。"《北史》同。

【考釋】《北史》記此事承上"八年,授原州刺史",恐爲删削而致誤。

大統十七年(551)

凶 三月庚戌(初六),帝去世於乾安殿,皇太子即位;四月庚辰(初七),葬於永陵。(北史·魏本紀五)

凶 令狐虬(郢州刺史,長城縣子)去世,宇文泰遣使者監護喪事,令鄉人爲營墳壟。(周書·令狐整列傳,北史·令狐整列傳)

【考釋】此事《周書》《北史》均僅署在"大統末"。

西魏廢帝(元欽,文帝之長子)

二年(553)

吉 三月,尉遲迥(大將軍,魏國公)兵圍成都,蕭撝(成都守)率文武於益州城北,與之升壇,歃血立盟,歸於西魏。(周書·蕭撝列傳、文帝紀下,北史·蕭撝列傳)

【考釋】梁大寶二年(551),蕭紀(梁武陵王)於蜀稱帝,置百官,以蕭撝爲尚書令、征西大將軍、都督十八州諸軍事、益州刺史,守成都。

軍 四月,宇文泰率鋭騎三萬西逾隴,度金城河,至姑臧,吐谷渾震懼。(周書·文帝紀下,北史·周本紀上)

三年(554)

制 正月,始作九命之典,叙内外官爵;改置州郡及縣。(周書·文帝紀下,

870

北史·周本紀上)

【因革】《隋志·百官中》記曰："周太祖初據關内,官名未改魏號。及方隅粗定,改創章程,命尚書令盧辯遠師周之建職,置三公、三孤,以爲論道之官;次置六卿,以分司庶務。"

吉 正月,宇文泰(左丞相,安定公)廢帝,立元廓(齊王)爲帝。(北史·魏本紀五、周本紀上,周書·文帝紀下)

【考釋】此年四月,帝被殺。

西魏恭帝(元廓,文帝第四子)

元年(554)

嘉 四月,宇文泰大饗群臣。(周書·文帝紀下,北史·周本紀上)

軍 七月,宇文泰西狩至於原州。(周書·文帝紀下,北史·周本紀上)

凶 十二月,宇文導(秦州刺史,章武公)去世於上邽,帝遣元綱(侍中,漁陽王)監護喪事;葬於上邽城西無疆原,華戎會葬萬餘人,奠祭於路。(周書·邵惠公顥傳,北史·周宗室列傳)

【考釋】元綱,《周書》綱作"繩"。

三年(556)

制 正月丁丑(初一),初行《周禮》,建六官之法。(周書·文帝紀下、盧辯列傳,北史·魏本紀五、周本紀上、盧同列傳)

【儀制】六官分別爲:宇文泰(安定公)爲太師、冢宰,李弼(柱國)爲大司徒,趙貴爲太保、大宗伯,孤獨信(尚書令)爲大司馬,于謹爲大司寇,侯莫陳崇爲大司空。按《周書·盧辯列傳》、《北史·盧同列傳》載其官制大要。

【因革】《周書·文帝紀》記曰：“初，太祖以漢魏官繁，思革前弊。大統中，乃命蘇綽、盧辯依周制改創其事，尋亦置六卿官，然爲撰次未成，衆務猶歸臺閣。至是始畢，乃命行之。”《北史·周本紀上》同。

又《周書·盧辯列傳》詳記曰：“初，太祖欲行《周官》，命蘇綽專掌其事。未幾而綽卒，乃令辯成之。於是依周禮建六官，置公、卿、大夫、士，並撰次朝儀，車服器用，多依古禮，革漢、魏之法。”“自兹厥後，世有損益。宣帝嗣位，事不師古，官員班品，隨意變革。至如初置四輔官，及六府諸司復置中大夫，并御正、内史增置上大夫等，則載於外史。餘則朝出夕改，莫能詳録。于時雖行周禮，其内外衆職，又兼用秦漢等官。”《北史·盧同列傳》略同。

【考釋】《隋書·裴政列傳》記同時命裴政（員外散騎常侍）“與盧辯依周禮建六卿，設公卿大夫士，并撰次朝儀，車服器用，多遵古禮，革漢、魏之法，事並施行”。《北史·裴政列傳》同。

【理據】陳寅恪《隋唐制度淵源略論稿》指出：“宇文苟欲抗衡高氏及蕭梁，除整軍務農、力圖富强等充實物質之政策外，必應別有精神上獨立有自成一系統之文化政策，其作用既能文飾輔助其物質即整軍務農政策之進行，更可以維繫其關隴轄境以内之胡漢諸族之人心，使其融合成爲一家，以關隴地域爲本位之堅强團體。此種關隴文化本位之政策，範圍頗廣，包括甚衆，要言之，即陽傳《周禮》經典制度之文，陰適關隴胡漢現狀之實而已。”(《職官》，第101頁)

【論評】《周書·文帝紀》末史臣評宇文泰曰：“擯落魏晉，憲章古昔，修六官之廢典，成一代之鴻規。德刑並用，勳賢兼叙，遠安邇悦，俗阜民和。”

王夫之《讀通鑑論》(卷十七)論曰：“法先王而法其名，唯王莽、宇文泰爲然。莽之愚，劉歆導之；泰之僞，蘇綽導之。自以爲《周官》，而《周官》矣，則將使天下後世譏《周官》之無當於道，而謂先王不足法者，非無辭也，名固道法之所不存者也。泰自以爲周公，逆者喪心肆志之恒也；綽以泰爲周公，諂者喪心失志之恒也。李弼、趙貴、獨孤信、于謹、侯莫陳崇，何人斯而與天地四時同其化理，悲夫！先王之道，陵夷亦至此哉！”

陳寅恪《隋唐制度淵源略論稿》則論曰：“裴政爲南朝將門及刑律世家，其與盧辯之摹倣《周禮》，爲宇文泰文飾胡制，童牛角馬，貽譏通識，殆由亡國俘囚受命爲此，諒非其所長及本心也。"（《禮儀》，第 55 頁）又曰："蘇綽既以地方性之特長創其始，盧辯復以習於複制竟其業。"（《職官》，第 102 頁）

樂 下詔定祀五帝日月星辰之樂，於是有司定制。（隋志·音樂中）

【因革】《隋志》記曰："周太祖迎魏武入關，樂聲皆闕。恭帝元年，平荆州，大獲梁氏樂器，以屬有司。及建六官，乃詔。"《通典·樂二》同。

【儀制】《隋志》記曰："郊廟祀五帝日月星辰，用黄帝樂，歌大呂，舞《雲門》。祭九州、社稷、水旱雩祭，用唐堯樂，歌應鍾，舞《大咸》。祀四望，饗諸侯，用虞舜樂，歌南呂，舞《大韶》。祀四類，幸辟雍，用夏禹樂，歌函鍾，舞《大夏》。祭山川，用殷湯樂，歌小呂，舞《大護》。享宗廟，用周武王樂，歌夾鍾，舞《大武》。皇帝出入，奏《皇夏》。賓出入，奏《肆夏》。牲出入，奏《昭夏》。蕃國客出入，奏《納夏》。有功臣出入，奏《章夏》。皇后進羞，奏《深夏》。宗室會聚，奏《族夏》。上酒宴樂，奏《陔夏》。諸侯相見，奏《騺夏》。皇帝大射，歌《騶虞》，諸侯歌《狸首》，大夫歌《采蘋》，士歌《采蘩》。"

【考釋】《隋志》記曰："雖著其文，竟未行也。"

凶 李彦（軍司馬）去世，遺誡斂以時服，葬於磽埆之地，勿用明器、匎塗及儀衛等。（周書·李彦列傳，北史·李彦列傳）

【理據】《周書》錄李彦遺誡曰："昔人以槥木爲櫝，葛纍爲緘，下不亂泉，上不泄臭，實吾平生之志也。但事既矯枉，恐爲世士所譏。"《北史》同。

【考釋】此事未悉年月，當在六官建後不久。

軍 四月，宇文泰北巡狩。（周書·文帝紀下，北史·周本紀上）

凶 十月乙亥（初四），宇文泰（安定公）去世於雲陽宮，還長安發喪；十二月甲申（十四），葬於成陵。（周書·文帝紀下，北史·周本紀上）

【儀制】《周書·皇后列傳》記宇文泰（周文帝）與夫人合葬成陵。按夫人元氏於大統七年（541）即去世。

吉 十二月丁亥（十七），下詔以岐陽之地封宇文覺（宇文泰之子）爲周公；庚子（三十），禪位於北周；明年正月，封帝爲宋公。（北史·魏本紀五、周本紀上，周書·孝閔帝紀）

【考釋】明年二月，帝被殺。

三、北齊之部

550 年，高洋代東魏稱帝，定都鄴（今河北臨漳西南），國號齊。以與南齊相區別，史稱北齊。577 年爲北周所滅。共歷六帝（文宣帝、廢帝、孝昭帝、武成帝、後主、幼主），二十八年。

文宣帝（顯祖，高洋）

天保元年（550）

吉　五月戊午（初十），即位於南郊，柴燎告天，事畢還宮，御太極前殿。（北齊書·文宣帝紀，北史·齊本紀中）

【儀制】《北齊書》録告天文曰："皇帝臣洋敢用玄牡，昭告於皇皇后帝。"又記曰："是日，京師獲赤雀，獻於南郊。"

【因革】《隋志·禮儀七》記曰："齊文宣受禪之後，警衛多循後魏之儀。及河清中定令，宮衛之制，左右各有羽林郎十二隊。"

嘉　五月辛未（二十三），遣大使於四方，觀察風俗，問民疾苦。（北齊書·文宣帝紀，北史·齊本紀中）

吉　五月甲戌（二十六），遷神主於太廟，置六室。（北齊書·文宣帝紀，北史·齊本紀中，隋志·禮儀二，通典·吉禮六）

【考釋】《隋志》記稱六廟爲：皇祖司空公廟、皇祖吏部尚書廟、皇祖秦州使君廟、皇祖文穆皇帝廟、太祖獻武皇帝廟、世宗文襄皇帝廟。然文襄帝與文宣帝爲兄弟，故初擬別立廟，然"衆議不同，至二年秋，始祔太廟"。

【因革】《通典》記曰："五祭同梁制。"

制　六月辛巳（初三），下詔爲婚姻、喪葬具立條式。（北齊書·文宣帝紀，北史·

齊本紀中）

【儀制】《文宣帝紀》録帝詔曰："頃者風俗流宕，浮競日滋，家有吉凶，務求勝異。婚姻喪葬之費，車服飲食之華，動竭歲資，以營日富。又奴僕帶金玉，婢妾衣羅綺，始以創出爲奇，後以過前爲麗，上下貴賤，無復等差。"爲革此前弊，故下詔"可量事具立條式，使儉而獲中"。

【因革】《北史·齊本紀上》載此前武定五年(547)九月，高澄(文襄帝)即曾令第宇車服婚姻送葬奢僭無限者，並禁斷。

吉 六月辛巳，改封孔長(崇聖侯，三十一代孫)爲恭聖侯，奉祀孔子。（北齊書·文宣帝紀，北史·齊本紀中，通典·吉禮十二）

【因革】《通典》記曰："後周武帝平齊，改封鄒國公。隋文帝仍舊封鄒國公。煬帝改爲紹聖侯。"

吉 六月辛巳，使人致祭五嶽四瀆及堯、舜廟、老君廟等載於祀典者。（北齊書·文宣帝紀，北史·齊本紀中）

嘉 六月壬午(初四)，下詔封宗室、功臣諸王。（北齊書·文宣帝紀，北史·齊本紀中）

【儀制】《隋志·禮儀四》記策諸王等之通制曰："册諸王，以臨軒日上水一刻，吏部令史乘馬，齎召版，詣王第。王乘高車，鹵簿至東掖門止，乘輅車。既入，至席。尚書讀册訖，以授王，又授章綬。事畢，乘輅車，入鹵簿，乘高車，詣閶闔門，伏闕表謝。報訖，拜廟還第。就第，則鴻臚卿持節，吏部尚書授册，侍御史授節。使者受而出，乘輅車，持節，詣王第。入就西階，東面。王入，立於東階，西面。使者讀册，博士讀版，王俯伏。興，進受册章綬茅土，俛伏三稽首，還本位，謝如上儀。在州鎮，則使者受節册，乘輅車至州，如王第。""諸王、五等開國及鄉男恭拜，以其封國所在方，取社壇方面土，包以白茅，內青箱中。函方五寸，以青塗飾，封授之，以爲社。"《通典·嘉禮十六》同。

嘉 六月丁亥(初九)，立高殷爲皇太子，立李氏爲皇后。（北齊書·文宣帝紀、廢帝紀，北史·齊本紀中）

【儀制】《隋志·禮儀四》記北齊立皇太后、皇后之通制曰：“後齊將崇皇太后，則太尉以玉帛告圓丘方澤，以幣告廟。皇帝乃臨軒，命太保持節，太尉副之。設九儐，命使者受璽綬册及節，詣西上閣。其日，昭陽殿文物具陳，臨軒訖，使者就位，持節及璽綬稱詔。二侍中拜進，受節及册璽綬，以付小黄門。黄門以詣閣。皇太后服褘衣，處昭陽殿，公主及命婦陪列於殿，皆拜。小黄門以節綬入，女侍中受，以進皇太后。皇太后興，受，以授左右。復坐，反節于使者。使者受節出。”“册皇后，如太后之禮。”

又記立皇太子之通制曰：“皇帝臨軒，司待爲使，司空副之。太子服遠游冠，入至位。使者入，奉册讀訖，皇太子跪受册於使，以授中庶子。又受璽綬于尚書，以授庶子。稽首以出。就册，則使者持節至東宮，宮臣内外官定列。皇太子階東，西面。若幼，則太師抱之，主衣二人奉空頂幘服從，以受册。明日，拜章表於東宮殿庭，中庶子、中舍人乘軺車，奉章詣朝堂謝。擇日齋於崇正殿，服冕，乘石山安車謁廟。擇日群臣上禮，又擇日會。明日，三品以上牋賀。”《通典·嘉禮十五》同。

【考釋】此年五月辛酉（十三），尊王太后爲皇太后。

嘉 **七月辛亥**（初三），**立高澄妃**（元氏）**爲文襄皇后。**（北齊書·文宣帝紀，北史·齊本紀中）

嘉 **八月，下詔郡國修立學校，研習《禮經》。**（北齊書·文宣帝紀，北史·齊本紀中）

【儀制】《北齊書·儒林列傳》記曰：“齊制：諸郡並立學，置博士助教授經，學生俱差逼充員，士流及豪富之家不從調。”《北史·儒林列傳上》同。

又《隋志·禮儀四》記北齊立學通制曰：“後齊制，新立學，必釋奠禮先聖先師，每歲春秋二仲，常行其禮。每月旦，祭酒領博士已下及國子諸學生已上，太學、四門博士升堂，助教已下、太學諸生階下，拜孔揖顏。日出行事而不至者，記之爲一負。雨霑服則止。學生每十日給假，皆以丙日放之。郡學則於坊内立孔、顏廟，博士已下亦每月朝云。”《通典·吉禮十二》略同。

【論評】朱溢指出北齊"最重要的變化是釋奠禮儀有了常祀制度,……儘管它對《禮記》的四時釋奠做了簡化"(《唐代孔廟釋奠禮儀新探》)。

【附識】《北齊書》記曰:"往者文襄皇帝(高澄)所運蔡邕石經五十二枚,即宜移置學館,依次修立。"《北史》同。據《魏書·孝靜紀》,東魏武定四年(546)八月,曾移洛陽漢魏石經於鄴。

制 八月甲午(十七),下詔令薛琡(尚書右僕射)等取魏《麟趾格》,討論損益之。(北齊書·文宣帝紀,北史·齊本紀中,通典·刑法二,資治通鑑·梁紀十九)

嘉 九月庚午(二十三),皇太子監國,在西林園冬會,群議皆東面。(北齊書·文宣帝紀,隋志·禮儀四,通典·嘉禮十六)

【因革】《隋志》記明年,又"於北城第內冬會,又議東面",陸卬(吏部郎)疑非禮,魏收改爲西面,邢子才議仍東面,其後從魏説。

軍 十一月丙寅(二十),因北周軍至陝城,帝親戎出次城東。(北齊書·文宣帝紀,北史·齊本紀中)

【評論】《北齊書》記曰:"周文帝聞帝軍容嚴盛,歎曰:'高歡不死矣。'遂退師。"按《北史》亦記之,然"遂退師"作"遂班師",誤。

制 下詔删定律令,損益禮樂,令薛琡(尚書右僕射)等四十三人在軍府議定。(北齊書·崔昂列傳,北史·崔挺列傳)

【考釋】《北齊書》記崔昂(散騎常侍)參與其中,"校正今古,所增損十有七八"。《北史》同。

制 命宋景業(散騎常侍)協圖讖,造《天保曆》,施用之。(隋志·律曆中,資治通鑑·梁紀十九)

【因革】《隋志》記此後至武平七年(576),又有董峻、鄭元偉上《甲寅元曆》,劉孝孫、張孟賓、趙道嚴議論曆事,"爭論未定,遂屬國亡"。

凶 薛琡(尚書右僕射)去世,敕其子斂以時服,踰月便葬,不可求贈官。

(北齊書·薛琡列傳,北史·薛彪列傳)

【儀制】《北齊書》記曰："自制喪車,不加彫飾,但用麻爲流蘇,繩用網絡而已。明器等物並不令置。"《北史》同。

天保二年(551)

吉 **正月辛亥**(初六),**祀圜丘,以神武皇帝配**。(北齊書·文宣帝紀,北史·齊本紀中)

【儀制】《隋志·禮儀一》記北齊丘壇之制曰："圜丘方澤,並三年一祭,謂之禘祫。圜丘在國南郊。丘下廣輪二百七十尺,上廣輪四十六尺,高四十五尺。三成,成高十五尺,上中二級,四面各一陛,下級方維八陛。周以三壝,去丘五十步。中壝去內壝,外壝去中壝,各二十五步。皆通八門。又爲大營於外壝之外,輪廣三百七十步。其營塹廣一十二尺,深一丈,四面各通一門。又爲燎壇於中壝之外,當丘之丙地。廣輪三十六尺,高三尺,四面各有陛。"《通典·吉禮一》注同。

又記北齊圜丘通行儀注曰："圜丘則以蒼璧束帛,正月上辛,祀昊天上帝於其上,以高祖神武皇帝配。五精之帝,從祀於其中丘。面皆內向。日月、五星、北斗、二十八宿、司中、司命、司人、司祿、風師、雨師、靈星於下丘,爲衆星之位,遷於內壝之中。合用蒼牲九。夕牲之旦,太尉告廟,陳幣於神武廟訖,埋於兩楹間焉。皇帝初獻,太尉亞獻,光祿終獻。司徒獻五帝,司空獻日月、五星、二十八宿,太常丞以下薦衆星。"《通典·吉禮一》同。

吉 **立方澤**。(隋志·禮儀一,通典·吉禮四)

【儀制】《隋志》記壇制曰："方澤爲壇在國北郊。廣輪四十尺,高四尺,面各一陛。其外爲三壝,相去廣狹同圜丘。壝外大營,輪廣三百二十步。營塹廣一十二尺,深一丈,四面各通一門。又爲瘞坎於壇之壬地,中壝之外,廣深一丈二尺。"

又記北齊方澤通行儀注曰："方澤則以黃琮束帛,夏至之日,禘崑崙皇地祇於其上，以武明皇后配。其神州之神、社稷、岱岳、沂鎮、會稽鎮、云云山、亭亭山、蒙山、羽山、嶧山、崧岳、霍岳、衡鎮、荆山、内方山、大別山、敷淺原山、桐柏山、陪尾山、華岳、太岳鎮、積石山、龍門山、江山、岐山、荆山、嶓冢山、壺口山、雷首山、底柱山、析城山、王屋山、西傾朱圉山、鳥鼠同穴山、熊耳山、敦物山、蔡蒙山、梁山、岷山、武功山、太白山、恒岳、醫無閭山鎮、陰山、白登山、碣石山、太行山、狼山、封龍山、漳山、宣務山、闕山、方山、苟山、狹龍山、淮水、東海、泗水、沂水、淄水、濰水、江水、南海、漢水、谷水、洛水、伊水、漾水、沔水、河水、西海、黑水、澇水、渭水、涇水、酆水、濟水、北海、松水、京水、桑乾水、漳水、呼沱水、衛水、洹水、延水，並從祀。其神州位在青陛之北甲寅地，社位赤陛之西未地，稷位白陛之南庚地；自餘並内壝之内，内向，各如其方。合用牲十二，儀同圓丘。"

【考釋】北齊祀方澤之事無考，今暫將儀制繫此。

吉 **正月癸亥**(十八)，**帝親藉田於東郊。**（北齊書·文宣帝紀，北史·齊本紀中）

【儀制】《隋志·禮儀二》記北齊藉田通行儀注曰："北齊藉於帝城東南千畝内，種赤粱、白穀、大豆、赤黍、小豆、黑穄、麻子、小麥，色別一頃。自餘一頃，地中通阡陌，作祠壇於陌南阡西，廣輪三十六尺，高九尺，四陛三壝四門。又為大營於外，又設御耕壇於阡東陌北。每歲正月上辛後吉亥，使公卿以一太牢祠先農神農氏於壇上，無配饗。祭訖，親耕。"《通典·吉禮五》同。又曰："先祠，司農進穜稑之種，六宫主之。行事之官并齋，設齋省。於壇所列宫懸。又置先農坐於壇上。衆官朝服，司空一獻，不燎。祠訖，皇帝乃服通天冠、青紗袍、黑介幘，佩蒼玉，黄綬，青帶、襪、舄，備法駕，乘木輅。耕官具朝服從。殿中監進御耒於壇南，百官定列。帝出便殿，升耕壇南陛，即御座。應耕者各進於列。帝降自南陛，至耕位，釋劍執耒，三推三反，升壇即坐。耕，官一品五推五反，二品七推七反，三品九推九反。藉田令帥其屬以牛耕，終千畝。以青箱奉穜稑種，跪呈司農，詣耕所灑之。穫訖，司農省功，奏事畢。皇帝降之便殿，更衣饗宴。禮畢，班賚而還。"

吉 **享先蠶。**（隋志·禮儀二，通典·吉禮五）

【儀制】《隋志》記北齊先蠶通行儀制曰："後齊爲蠶坊於京城北之西，去皇宮十八里之外，方千步。蠶宮方九十步，牆高一丈五尺，被以棘。其中起蠶室二十七口，別殿一區。置蠶宮，令丞佐史，皆宦者爲之。路西置皇后蠶壇，高四尺，方二丈，四出，階廣八尺。置先蠶壇於桑壇東南，大路東，橫路之南。壇高五尺，方二丈，四出，階廣五尺。外兆方四十步，面開一門。有綠襜襦、褠衣、黃履，以供蠶母。"又曰："每歲季春，穀雨後吉日，使公卿以一太牢祀先蠶黃帝軒轅氏於壇上，無配，如祀先農。禮訖，皇后因親桑於桑壇。備法駕，服鞠衣，乘重翟，帥六宮升桑壇東陛，即御座。女尚書執筐，女主衣執鉤，立壇下。皇后降自東陛，執筐者處右，執鉤者居左，蠶母在後。乃躬桑三條訖，升壇，即御座。內命婦以次就桑，鞠衣五條，展衣七條，褖衣九條，以授蠶母。還蠶室，切之授世婦，灑一簿。預桑者並復本位。后乃降壇，還便殿，改服，設勞酒，班賚而還。"

【考釋】北齊祀先蠶未見施行之記載，今暫將儀制與上條藉田同列。

吉 正月乙丑(二十)，帝祠太廟。(北齊書·文宣帝紀，北史·齊本紀中)

【儀制】《隋志·儀禮二》記北齊宗廟之制曰："春祠、夏礿、秋嘗、冬烝，皆以孟月，並臘，凡五祭。禘祫如梁之制。每祭，室一太牢。始以皇后預祭。"《通典·吉禮八》略同。按最後一句《通典》作"武成帝始以皇后亞獻"，當是。

又記王公以下廟制曰："王及五等開國，執事官、散官從三品已上，皆祀五世。五等散品及執事官、散官正三品已下從五品已上，祭三世。三品已上，牲用一太牢，五品已下，少牢。執事官正六品已下，從七品已上，祭二世，用特牲。正八品已下，達于庶人，祭於寢，牲用特肫，或亦祭祖禰。諸廟悉依其宅堂之制，其間數各依廟多少爲限。其牲皆子孫見官之牲。"《通典·吉禮七》同。

【考釋】《北齊書》記此事在正月乙酉，不合曆日，此從《北史》。

賓 二月，遣使曹文皎(散騎常侍)聘於梁，梁遣使王子敏(兼散騎常侍)報聘。

(資治通鑑·梁紀二十)

吉 十月丁卯(二十七)，升文襄帝(高澄)神主入太廟。(北齊書·文宣帝紀，北史·齊本紀中)

卷五 北朝：禮制新建期

881

【因革】去年五月所置太廟六室,原當虛一室,至此時方完備。

吉 **立太社、帝社、太稷三壇於國右。**（隋志·禮儀二,通典·吉禮四）

【儀制】《隋志》記曰:"每仲春仲秋月之元辰及臘,各以一太牢祭焉。皇帝親祭,則司農卿省牲進熟,司空亞獻,司農終獻。"

【考釋】北齊立社稷之事未見施行,今暫將儀制繫此。

凶 **十二月己酉**（初十）**,東魏孝静帝**（中山王）**被殺;明年二月,葬於漳西山崗。**（魏書·孝静紀,北史·魏本紀五）

【儀制】《資治通鑑·梁紀二十》記曰:"其後齊主忽掘其陵,投梓宮於漳水。齊主初受禪,魏神主悉寄於七帝寺,至是,亦取焚之。"

天保三年(552)

軍 **正月丙申**（二十七）**,帝親征庫莫奚。**（北齊書·文宣帝紀,北史·齊本紀中）

【儀制】《隋志·禮儀三》記北齊天子出征通制曰:"後齊天子親征纂嚴,則服通天冠,文物充庭。有司奏更衣,乃入,冠武弁,弁左貂附蟬以出。誓訖,擇日備法駕,乘木輅,以造于廟。載遷廟主於齋車,以俟行。次宜于社,有司以毛血釁軍鼓,載帝社石主於車,以俟行。次擇日陳六軍,備大駕,類于上帝。次擇日祈后土、神州、岳鎮、海瀆、源川等。乃爲坎盟,督將列牲於坎南,北首。有司坎前讀盟文,割牲耳,承血。皇帝受牲耳,徧授大將,乃置于坎。又歃血,歃徧,又以置坎。禮畢,埋牲及盟書。又卜日,建牙旗於壝,祭以太牢,及所過名山大川,使有司致祭。將屆戰所,卜剛日,備玄牲,列軍容,設柴於辰地,爲壝而禡祭。大司馬奠矢,有司奠毛血,樂奏《大護》之音。禮畢,徹牲,柴燎。戰前一日,皇帝禡祖,司空禡社。戰勝則各報以太牢。又以太牢賞用命戰士于祖,引功臣入旌門,即神庭而授版焉。又罰不用命于社,即神庭行戮訖,振旅而還。格廟詣社訖,擇日行飲至禮,文物充庭。有司執簡,紀年號月朔,陳六師凱入格廟之事,飲至策勳之美,因述其功,不替賞典焉。"《通典·軍禮一》同。

【因革】據《北齊書》本紀，之後屢有天子親征北方諸族，當例行此禮。

【論評】楊志剛論曰："北齊軍禮進一步趨於完備、規整，從出征前的告廟、宜社、釁鼓、遷廟主社主於齋車、類祭上帝、祈后土山川諸神，到卜選將帥、授鉞、坎牲血盟，再到軍隊凱旋廟社之祭、飲至策勳，除了未在宗廟獻俘，整個過程幾乎全然復古。"（《中國禮儀制度研究》，第 425 頁）

賓 十一月辛巳(十七)，梁遣使來聘。（北齊書·文宣帝紀，北史·齊本紀中）

天保四年(553)

軍 正月戊寅(十五)，帝征山胡，因巡三堆戍，大狩而歸。（北齊書·文宣帝紀，北史·齊本紀中）

【考釋】《北齊書》此事前明確標有戊寅日，然此事後又標曰"戊寅，庫莫奚遣使朝貢"，不合體例；《北史》此事前未標時日，承上"丙子(十三)，山胡圍離石戍"。

軍 五月庚午(初九)，帝校獵於林慮山。（北齊書·文宣帝紀，北史·齊本紀中）

賓 閏十一月壬寅(十四)，梁遣使來聘。（北齊書·文宣帝紀，北史·齊本紀中）

天保五年(554)

軍 正月癸丑(二十六)，帝平定山胡，至石樓。（北齊書·文宣帝紀，北史·齊本紀中）

【論評】《北齊書》記曰："石樓絕險，自魏代所不能至。於是遠近山胡莫不懾服。"《北史》同。

又《北史》記曰："男子十二已上皆斬，女子及幼弱以賞軍士，遂平石樓。……自是始行威虐。"

天保六年(555)

嘉 三月，發寡婦以配軍士築長城。（北史・齊本紀中）

【考釋】① 據《北齊書・文宣帝紀》，去年十二月，帝至達速嶺，覽山川險要，欲起長城。② 又記築城之人數曰："是年，發夫一百八十萬人築長城，自幽州北夏口至恒州九百餘里。"③ 又記長城之範圍曰："自西河總秦戍築長城東至於海，前後所築東西凡三千餘里，率十里一戍，其要害置州鎮，凡二十五所。"

吉 慕容儼（開府儀同三司）鎮守郢城，爲拒梁軍，祈請於城隍神。（北齊書・慕容儼列傳，北史・慕容儼列傳）

【儀制】《北齊書》記曰："城中先有神祠一所，俗號城隍神，公私每有祈禱。"

【因革】秦蕙田《五禮通考》指出："城隍之神，見于正史自此始。"（《吉禮四十五》"社稷"）

天保七年(556)

軍 正月，帝於鄴城西馬射，大集衆庶以觀。（北齊書・文宣帝紀，北史・齊本紀中）

【儀制】《隋志・禮儀三》載北齊射禮通制曰："後齊三月三日，皇帝常服乘輿，詣射所，升堂即坐，皇太子及群官坐定，登歌，進酒行爵。皇帝入便殿，更衣以出，驊騮令進御馬，有司進弓矢。帝射訖，還御坐，射懸侯，又畢，群官乃射五埒。一品三十發，二品三十發，三品二十五發，四品二十發，五品十五發，侍官御仗已上十發。"又曰："季秋大射，皇帝備大駕，常服，御七寶輦，射七埒。正三品已上，第一埒，一品五十發，二品四十六發，從三品四品第二埒，三品四十二發，四品三十七發，五品第三埒，三十二發，六品第四埒，二十七發，七品第五埒，二十一發，八品第六埒，十六發，九品第七埒，十發。"又曰："大射置大將（太尉公爲之）、射司馬各一人，録事二人。七埒各置埒將、射正參軍各一人，埒士四人，威儀一人，乘白馬以導，的別參軍一人，懸侯下府參軍一人。又各置令史埒士等員，以司其事。"《通典·軍禮二》同。

嘉 **五月，帝不復食肉。**（北齊書·文宣帝紀，北史·齊本紀中）

【理據】《北齊書》記曰："帝以肉爲斷慈。"《北史》同。

嘉 **十月，發山東寡婦二千六百人以配軍士。**（北齊書·文宣帝紀，北史·齊本紀中）

【考釋】①《北史》此事承上文則成七月，誤。②《北齊書》記其弊曰："有夫而濫奪者五分之一。"《北史》記曰："有夫而濫奪者十二三。"

嘉 **冬，帝召朝臣文學者及禮學官於宮宴會，令以經義相質，親自臨聽，皇太子手筆措問。**（北齊書·廢帝紀，北史·齊本紀中）

天保八年(557)

制 **四月庚午**（初二），**下詔蝦蟹蜆蛤之類悉令停斷，唯可捕魚；乙酉**（十七），**下詔公私禁取鷹鷂。**（北齊書·文宣帝紀，北史·齊本紀中）

軍 **四月，帝於城東馬射，敕京城婦女悉赴觀，七日乃止。**（北齊書·文宣帝紀，北史·齊本紀中）

【論評】帝之惡行，《北齊書》本紀多未載，唯在《文宣帝紀》末總述之曰："既征伐四克，威振戎夏，六七年後，以功業自矜，遂留連耽湎，肆行淫暴。或躬自鼓舞，歌謳不息，從旦通宵，以夜繼晝。或袒露形體，塗傅粉黛，散髮胡服，雜衣錦綵。拔刀張弓，游於市肆，勳戚之第，朝夕臨幸。……徵集淫嫗，分付從官，朝夕臨視，以爲娛樂。……自餘酷濫，不可勝紀。"《北史·齊本紀中》同。與此可並觀。

吉 **八月庚辰**（十四），**下詔大小祭祀有司行事，義同帝親奉。**（北齊書·文宣帝紀，北史·齊本紀中）

【儀制】因文宣帝常年征戰在外，故下此詔，《北齊書》記曰：“詔丘、郊、禘、祫、時祀，皆仰市取，少牢不得剖割，有司監視，必令豐備；農社先嘗，酒肉而已；雩、禖、風、雨、司民、司禄、靈星雜祀，果餅酒脯。唯當務盡誠敬，義同如在。”《北史》同。

賓　十月，南朝陳建國，遣使稱藩朝貢。（北齊書·文宣帝紀，北史·齊本紀中）

天保九年(558)

吉　四月，因大旱，雩祀。（北齊書·文宣帝紀，北史·齊本紀中）

【儀制】《隋志·禮儀二》記北齊雩禮通制曰：“後齊以孟夏龍見而雩，祭太微五精帝於夏郊之東。爲圓壇，廣四十五尺，高九尺，四面各一陛。爲三壇外營，相去深淺，并燎壇，一如南郊。於其上祈穀實，以顯宗文宣帝配。青帝在甲寅之地，赤帝在丙巳之地，黃帝在己未之地，白帝在庚申之地，黑帝在壬亥之地。面皆内向，藉以藁秸。配帝在青帝之南，小退，藉以莞席，牲以騂。其儀同南郊。又祈禱者有九焉：一曰雩，二曰南郊，三曰堯廟，四曰孔顏廟，五曰社稷，六曰五岳，七曰四瀆，八曰滏口，九曰豹祠。水旱癘疫，皆有事焉。無牲，皆以酒脯棗栗之饌。若建午、建未、建申之月不雨，則使三公祈五帝於雩壇。禮用玉幣，有燎，不設金石之樂，選伎工端潔善謳詠者，使歌《雲漢》詩於壇南。自餘同正雩。南郊則使三公祈五天帝於郊壇，有燎，座位如雩。五人帝各在天帝之左。其儀如郊禮。堯廟，則遣使祈於平陽。孔顏廟，則遣使祈於國學，如堯廟。社稷如正祭。五岳，遣使祈於岳所。四瀆如祈五岳，滏口如祈堯廟，豹祠如祈滏口。”《通典·吉禮二》略同。

【考釋】《北齊書》記此年“帝以祈雨，不應，毀西門豹祠，掘其冢”，《北史》同。按由此可見確曾行上述九項祈禮。

【因革】金子修一條理曰：“在漢代，雩祀是地方郡縣舉行的祭祀，這在晉代變成了皇帝親自主持的祭祀，經過南朝，作爲五精帝的祭祀固定下來。但是，其祭祀是不定期的，從北齊到隋確定四月爲祭月，而且成爲每年舉行的定期祭祀。”（《關

於魏晉到隋唐的郊祀、宗廟制度》,《日本中青年學者論中國史·六朝隋唐卷》,第 374 頁)

嘉 夏，皇太子監國，集諸儒講《孝經》。（北齊書·廢帝紀,北史·齊本紀中）

【儀制】《隋志·禮儀四》記北齊講經、釋奠之通制曰："後齊將講於天子,先定經
於孔父廟,置執經一人,侍講二人,執讀一人,摘句二人,録義六人,奉經二人。
講之旦,皇帝服通天冠、玄紗袍,乘象輅,至學,坐廟堂上。講訖,還便殿,改服絳
紗袍,乘象輅,還宮。講畢,以一太牢釋奠孔父,配以顏回,列軒懸樂,六佾舞。
行三獻禮畢,皇帝服通天冠、絳紗袍,升阼,即坐。宴畢,還宮。皇太子每通一
經,亦釋奠,乘石山安車,三師乘車在前,三少從後而至學焉。"

制 八月，三臺成，因鄴都之舊而高博之。（北齊書·文宣帝紀,北史·齊本紀中）

【因革】三臺改名銅爵曰金鳳,金武曰聖德,冰井曰崇光。

嘉 十一月甲午(初五)，帝登三臺，朝宴群臣，命賦詩。（北齊書·文宣帝紀,
北史·齊本紀中）

【儀制】《隋志·禮儀四》記北齊宴會禮通制曰："後齊宴宗室禮,皇帝常服,別殿
西廂東向。七廟子孫皆公服,無官者,單衣介幘,集神武門。宗室尊卑,次於殿
庭。七十者二人扶拜,八十者扶而不拜。升殿就位,皇帝興,宗室伏。皇帝坐,
乃興拜而坐。尊者南面,卑者北面,皆以西爲上。八十者一坐。再至,進絲竹之
樂。三爵畢,宗室避席,待詔而後復位。乃行無算爵。"

【附識】《文宣帝紀》末記曰："在三臺大光殿上,以鏙鏷都督穆嵩,遂至於死。"
《北史·齊本紀中》同。

凶 李鉉(國子博士)去世，還葬故郡，皇太子致祭奠之禮，並使王人護
送。（北齊書·儒林列傳,北史·儒林列傳上）

【考釋】此事年月不確定,兹略推暫繫於此。

凶 王則(字元軌)之子欲改葬其祖、祖母，其時未知所服，邢子才議以爲
改葬服緦。（隋志·禮儀三）

【考釋】此事未悉年月,暫與上條同列。

天保十年(559)

嘉 二月丙戌(二十八)，帝於甘露寺(遼陽)禪居深觀。(北齊書·文宣帝紀，北史·齊本紀中)

【附識】《北齊書·上洛王思宗列傳》記曰："文宣天保末年敬信內法，乃至宗廟不血食，皆元海所謀。"《北史·齊宗室諸王列傳上》同。

凶 十月甲午(初十)，帝去世於晉陽宮，遺詔喪事儉約；癸卯(十九)，發喪，斂於宣德殿。十一月辛未(十八)，梓宮還鄴，十二月乙酉(初二)，殯於太極前殿。明年二月丙申(十四)，葬於武寧陵。(北齊書·文宣帝紀，北史·齊本紀中)

【儀制】《北齊書》錄遺詔曰："凡諸凶事一依儉約。三年之喪，雖曰達禮，漢文革創，通行自昔，義有存焉，同之可也，喪月之斷限以三十六日。嗣主、百僚、內外遐邇奉制割情，悉從公除。"《北史》略同。

廢帝(高殷，文宣帝長子)

吉 十月癸卯(十九)，太子即位於晉陽宣德殿；庚戌(二十六)，下詔土木營造金銅鐵諸雜作工，一切停罷。(北齊書·廢帝紀，北史·齊本紀中)

嘉 十一月戊午(初五)，分命使者巡省四方，求政得失，省察風俗，問民疾苦。(北齊書·廢帝紀，北史·齊本紀中)

乾明元年(560)

嘉 正月癸丑(初一)，改元。(北齊書·廢帝紀，北史·齊本紀中)

【儀制】《隋志·禮儀四》記北齊元會儀制："元正大饗，百官一品已下，流外九品已上預會。一品已下、正三品已上、開國公侯伯、散品公侯及特命之官、下代刺史，並升殿。從三品已下、從九品以上及奉正使人比流官者，在階下。勳品已下端門外。"又曰："後齊正日，侍中宣詔慰勞州郡國使。……計會日，侍中依儀勞郡國計吏，問刺史太守安不，及穀價麥苗善惡，人間疾苦。又班五條詔書於諸州郡國使人，寫以詔牘一枚，……上寫詔書。正會日，依儀宣示使人，歸以告刺史二千石。……正會日，侍中黃門宣詔勞諸郡上計。勞訖付紙，遣陳土宜。"《通典·嘉禮十五》同。

【附識】《隋志》又記皇后朝會儀制曰："後齊元日，中宮朝會，陳樂，皇后褘衣乘輿，以出於昭陽殿。坐定，內外命婦拜，皇后興，妃主皆跪。皇后坐，妃主皆起，長公主一人，前跪拜賀。禮畢，皇后入室，乃移幄坐於西廂。皇后改服褕狄以出。坐定，公主一人上壽訖，就坐。御酒食，賜爵，並如外朝會。"

【考釋】《隋志》所載北齊元會儀制，然《北齊書》未曾記載其施行情況，故暫繫於此。

【論評】秦蕙田《五禮通考》論曰："北齊於朝會日宣詔慰郡國，使問穀價、麥苗，人間疾苦，又頒五條誥誡以示訓行，又付紙遣陳便宜以寓賞罰，與古述職之義為近。較之叔孫通所起朝儀，僅以拜賀、行酒畢事，誠不免諧世取寵之誚也。"（《嘉禮九》"朝禮"）

軍 **四月癸亥，河南、定、冀、趙、瀛、滄、南膠、光、青九州因蟲水傷時稼，下詔遣使分途賑恤。**（北齊書·廢帝紀，北史·齊本紀中）

【考釋】① 此年四月壬午朔，無癸亥日。② 此九州之名，依《北齊書》，《北史》青作南青。依《北史校勘記》所云，此九州可能是河北之定、冀、趙、瀛、滄，河南之南青、膠、光、青。

吉 **八月壬午**（初三），**太皇太后廢帝為濟南王。**（北齊書·廢帝紀，北史·齊本紀中）

孝昭帝(高演,文宣帝弟)

皇建元年(560)

吉 八月壬午(初三),常山王即位於晉陽宣德殿,改元。(北齊書·孝昭帝紀,

北史·齊本紀中)

嘉 八月乙酉(初六),下詔諸郡國老人各授版職,賜黃帽鳩杖。(北齊書·

孝昭帝紀,北史·齊本紀中)

【儀制】《隋志·禮儀四》記北齊養老之禮儀制曰:"仲春令辰,陳養老禮。先一

日,三老五更齋於國學。皇帝進賢冠、玄紗袍,至璧雍,入總章堂。列宮懸。王

公已下及國老庶老各定位。司徒以羽儀武賁安車,迎三老五更于國學。並進賢

冠、玄服、黑舄、素帶。國子生黑介幘、青衿、單衣,乘馬從以至。皇帝釋劍,執

珽,迎於門內。三老至門,五更去門十步,則降車以入。皇帝拜,三老五更攝齊

答拜。皇帝揖進,三老在前,五更在後,升自右階,就筵。三老坐,五更立。皇帝

升堂,北面。公卿升自左階,北面。三公授几杖,卿正履,國老庶老各就位。皇

帝拜三老,群臣皆拜。不拜五更。乃坐,皇帝西向,肅拜五更。進珍羞酒食,親

袒割,執醬以饋,執爵以酳。以次進五更。又設酒酺於國老庶老。皇帝升御坐,

三老乃論五孝六順,典訓大綱。皇帝虛躬請受,禮畢而還。"又曰:"都下及外州

人年七十已上,賜鳩杖黃帽。"《通典·嘉禮十二》同。

【考釋】北齊養三老五更之事無考,今暫將儀制繫此。

嘉 八月壬辰(十三),下詔分遣大使巡省四方,觀察風俗,問民疾苦。

(北齊書·孝昭帝紀,北史·齊本紀中)

嘉 八月甲午(十五),下詔國子寺依舊置生,講習經典,歲時考試,石

經施列於學館。(北齊書·孝昭帝紀,北史·齊本紀中)

【因革】《北齊書》、《北史》所謂"文襄所運石經",即東魏武定四年(546)移於

鄴者。

制 八月，下詔令王晞與陽休之（尚書）、崔劼（鴻臚卿）等三人共舉録歷代廢禮墜樂、職司廢置、朝饗異同、輿服增損等。（北齊書·王晞列傳）

【考釋】《王晞列傳》記曰："爰及田市舟車、徵税通塞、婚葬儀軌、貴賤齊衰，有不便於時而古今行用不已者，或自古利用而當今毀棄者，悉令詳思，以漸條奏，未待頓備，遇憶續聞。"

樂 九月壬申（二十四），下詔議定三祖樂。十一月癸丑（初六），有司奏太祖獻武皇帝廟宜奏《武德》之樂，舞《昭烈》之舞；世宗文襄皇帝廟宜奏《文德》之樂，舞《宣政》之舞；顯祖文宣皇帝廟宜奏《文正》之樂，舞《光大》之舞，詔可。（北齊書·孝昭帝紀，北史·齊本紀中）

嘉 十一月辛亥（初四），立元氏（妃）爲皇后，高百年（世子）爲皇太子。（北齊書·孝昭帝紀，北史·齊本紀中）

吉 十一月庚申（十三），下詔功臣十三人配饗太祖（神武帝）廟庭，七人配饗世宗（文襄帝）廟庭，三人配饗顯祖（文宣帝）廟庭。（北齊書·孝昭帝紀，北史·齊本紀中）

【考釋】據《北齊書》，配饗太祖廟庭有尉景（故太師）、竇泰（故太師）、婁昭（故太師，太平王）、庫狄干（故太宰，章武王）、段榮（故太尉）、万俟普（故太師）、蔡儁（故司徒）、高乾（故太師）、莫多婁貸文（故司徒）、劉貴（故太保）、封祖裔（故太保）、王懷（故廣州刺史），另據《孫騰列傳》可知此處脱孫騰（故太保）一人。配饗世宗廟庭有高岳（故太師，清河王）、韓軌（故太宰，安德王）、可朱渾道元（故太宰，扶風王）、高昂（故太師）、劉豐（故大司馬）、万俟受洛干（故太師）、慕容紹宗（故太尉）。配饗顯祖廟庭有潘相樂（故太尉，河東王）、薛脩義（故司空）、破六韓常（故太傅）。

【儀制】《北齊書·竇泰列傳》、《尉景列傳》、《婁昭列傳》、《孫騰列傳》、《蔡儁列傳》、《劉貴列傳》分別記載"齊受禪，詔祭告其墓"。

【論評】《北齊書》紀末論曰："孝昭早居臺閣，故事通明，人吏之間，無所不委。文宣崩後，大革前弊。及臨尊極，留心更深，時人服其明而譏其細也。情好稽古,率由禮度,將封先代之胤,且敦學校之風,徵召英賢,文武畢集。"《北史》同。

軍 **帝與功臣於西圉宴射,文武與會二百餘人。**（北齊書‧元景安列傳,北史‧元景安列傳）

【儀制】《北齊書》記曰:"設侯去堂百四十餘步,中的者賜與良馬及金玉錦綵等。有一人射中獸頭,去鼻寸餘。唯[元]景安最後有一矢未發,帝令景安解之,景安徐整容儀,操弓引滿,正中獸鼻。帝嗟賞稱善,特賚馬兩疋,玉帛雜物又加常等。"

嘉 **定冕服之制。**（通典‧嘉禮二）

【儀制】《通典》記曰:"旒玉用五采,以組爲纓,色如其綬。其四時郊祀封禪大事,皆服袞冕。皇太子平冕,黑介幘,白珠九旒,飾以三采玉,以組爲纓,色如其綬;未加元服,則空頂黑介幘,雙童髻,雙玉導。"

【因革】《通典》記曰:"北齊采陳之制。"

【考釋】此乃北齊通制,暫繫於此。

樂 **祖珽**（尚藥典御）**采元延明**（魏安豐王）**、信都芳所著《樂説》,定正聲。**（隋志‧音樂中,通典‧樂二、樂三）

【因革】《隋志》記此前正光中,元延明"受詔監修金石,博探古今樂事,令其門生河間信都芳考算之,……芳後乃撰延明所集《樂説》并《諸器物準圖》二十餘事而注之"。

又《隋志》記北齊之樂曰:"齊神武霸跡肇創,遷都于鄴,猶曰人臣,故咸遵魏典。及文宣初禪,尚未改舊章。宮懸各設十二鑄鍾,於其辰位,四面並設編鍾磬各一簨簴,合二十架。設建鼓於四隅。郊廟朝會同用之。"而祖珽上書,則請以北魏永熙中長孫稚、祖瑩所定樂爲準。

【論評】《隋志》評曰:"始具宮懸之器,仍雜西涼之曲,樂名廣成,而舞不立號,所謂'洛陽舊樂'者也。"

【考釋】此事未悉年月,暫繫於此,與九月定樂同觀。

皇建二年(561)

吉 正月辛亥(初四)，祀圜丘。壬子(初五)，禘於太廟。（北齊書·孝昭帝紀，北史·齊本紀中）

凶 九月，廢帝去世於晉陽；明年春，葬於武寧之西北。（北齊書·廢帝紀，北史·齊本紀中）

凶 十一月，帝去世於晉陽宮；閏十二月癸卯(初二)，梓宮還鄴；庚午(二十九)，葬於文靖陵。（北齊書·孝昭帝紀，北史·齊本紀中）

【考釋】《北史》記帝去世，承上曰"是日，崩於晉陽宮"，則在十一月甲辰(初二)；又文靖陵作文靜陵。

武成帝(世祖，高湛，文宣、孝昭帝弟)

大寧元年(561)

吉 十一月癸丑(十一)，長廣王即位於南宮，改元。（北齊書·武成帝紀，北史·齊本紀下）

嘉 十一月庚申(十八)，下詔大使巡行天下，求政善惡，問民疾苦。（北齊書·武成帝紀，北史·齊本紀下）

河清元年(562)

吉 正月辛巳(十一)，南郊。（北齊書·武成帝紀，北史·齊本紀下）

【儀制】《隋志·禮儀一》記壇制曰："南郊爲壇於國南，廣輪三十六尺，高九尺，四面各一陛。爲三壝,内壝去壇二十五步,中壝、外壝相去如内壝。四面各通一門。又爲大營於外壝之外,廣輪二百七十步。營塹廣一丈,深八尺,四面各一門。又爲燎壇於中壝之外丙地,廣輪二十七尺,高一尺八寸,四面各一陛。"《通典·吉禮一》注同。

又《隋志》記南郊儀注曰:"其南北郊則歲一祀,皆以正月上辛。""祀所感帝靈威仰於壇,以高祖神武皇帝配。禮用四圭有邸,幣各如方色。其上帝及配帝,各用騂特牲一,儀燎同圓丘。"《通典·吉禮一》同。

【因革】文宣帝時乃以正月祀圓丘,《隋志》記曰:"其後諸儒定禮,圓丘改以冬至云。"然未見冬至施行此禮。既然擬於冬至祀圓丘,正月南郊便新立壇兆。

【論評】秦蕙田《五禮通考》論曰:"齊承魏制,分立郊丘。圓丘三年一祭,謂之禘祀。初以正月上辛祀昊天上帝,後改以冬至南郊,則歲一祀,以正月上辛祀所感帝。大抵從鄭康成《禮注》之謬,而圓丘祀昊天以上辛,則并與鄭氏不同矣。考終齊之世,祀圓丘者三,祀南郊者一,皆以春正月,而冬至之祭,卒未嘗行,則失禮之中又失禮焉。"(《吉禮八》"圓丘祀天")

吉 正月壬午(十二),祠太廟。(北齊書·武成帝紀,北史·齊本紀下)

嘉 正月丙戌(十六),立胡氏(妃)爲皇后,立高緯爲皇太子。(北齊書·武成帝紀、後主紀,北史·齊本紀下)

嘉 皇太子納妃(斛律氏),令崔瞻(太子中庶子)、崔劼(鴻臚)撰定婚禮儀注。

(北齊書·崔㥄列傳,北史·崔逞列傳)

【因革】《北史》記曰:"主司以爲後式。"

【儀制】《隋志·禮儀四》記北齊皇太子納妃儀注:"皇帝遣使納采,有司備禮物。會畢,使者受詔而行。主人迎于大門外。禮畢,會於聽事。其次問名、納吉,並如納采。納徵,則使司徒及尚書令爲使,備禮物而行。請期,則以太常宗正卿爲使,如納采。親迎,則太尉爲使。三日,妃朝皇帝於昭陽殿,又朝皇后於宣光殿。擇日,群官上禮。他日,妃還。又他日,皇太子拜閤。"《通典·嘉禮三》同。

又記北齊娉禮通制曰:"一曰納采,二曰問名,三曰納吉,四曰納徵,五曰請期,六曰親迎。皆用羔羊一口，雁一隻，酒黍稷稻米麪各一斛。自皇子王已下至於九品皆同，流外及庶人則減其半。納徵，皇子王用玄三匹，纁二匹，束帛十匹，大璋一，獸皮二，錦彩六十匹，絹二百匹，羔羊一口，羊四口，犢二頭，酒黍稷稻米麪各十斛。諸王之子，已封未封，禮皆同第一品。新婚從車，皇子百乘，一品五十乘，第二、第三品三十乘，第四、第五品二十乘，第六、第七品十乘，八品達於庶人五乘。各依其秩之飾。"《通典·嘉禮三》略之，且散於前後。

【考釋】此事未詳年月，暫次於上條。

吉 正月，下詔普斷屠殺，以順春令。（北齊書·武成帝紀，北史·齊本紀下）

賓 二月乙卯（十五），下詔遣使崔瞻（散騎常侍）聘於陳。七月，陳遣使來聘。（北齊書·武成帝紀，北史·齊本紀下）

凶 四月辛丑（初二），皇太后（婁氏）去世；五月甲申（十五），祔葬於義平陵。（北齊書·武成帝紀、神武婁后列傳，北史·齊本紀下）

【儀制】《神武婁后列傳》記曰："及后崩，武成不改服，緋袍如故。未幾，登三臺，置酒作樂。帝女進白袍，帝怒，投諸臺下。和士開請止樂，帝大怒，撻之。"

【附識】《北齊書·文襄元后列傳》又記"武平中，后崩，祔葬義平陵"。

吉 四月，青州刺史上言河水、濟水清，遣使祭之，改元。（資治通鑑·陳紀二）

軍 七月，高歸彥（太宰、冀州刺史、平秦王）據州反，帝命段韶（大司馬）、婁睿（司空）討擒之。（北齊書·武成帝紀，北史·齊本紀下）

【儀制】《隋志·禮儀三》記北齊命將出征通制曰："後齊命將出征，則太卜詣太廟，灼靈龜，授鼓旗於廟。皇帝陳法駕，服袞冕，至廟，拜於太祖。徧告訖，降就中階，引上將，操鉞授柯，曰：'從此上至天，將軍制之。'又操斧授柯，曰：'從此下至泉，將軍制之。'將軍既受斧鉞，對曰：'國不可從外理，軍不可從中制。臣既受命，有鼓旗斧鉞之威，願假一言之命於臣。'帝曰：'苟利社稷，將軍裁之。'將軍就車，載斧鉞而出。皇帝推轂度閫，曰：'從此以外，將軍制之。'"《通典·軍禮一》同。

賓 十一月丁丑(十一)，下詔遣使封孝琰(兼散騎常侍)聘於陳。(北齊書·武成帝紀，北史·齊本紀下)

凶 和士開(侍中,開府)之母(劉氏)去世，帝遣呂芬(武衛將軍)晝夜扶持，成服後方還。(北齊書·恩倖列傳、封隆之列傳，北史·恩幸列傳、封懿列傳)

【儀制】①《北齊書·恩倖列傳》記成服日,“帝又遣以犢車迎士開入内,帝見,親自握手,愴惻下泣,曉喻良久,然後遣還”。《北史·恩幸列傳》同。②《封隆之列傳》記曰:“和士開母喪,託附者咸往奔哭。鄴中富商丁鄒、嚴興等並爲義孝,有一士人,亦哭在限。［封］孝琰入弔,出謂人曰:‘嚴興之南,丁鄒之北,有一朝士,號叫甚哀。’聞者傳之。”《封懿列傳》同。

【考釋】此事未悉年月,在武成帝即位後不久,暫繫於此。

河清二年(563)

吉 正月丁丑(十二)，祀北郊，以武明皇后配。(北齊書·武成帝紀，北史·齊本紀下)

【儀制】《隋志·禮儀一》記壇制曰:“其北郊則爲壇如南郊壇,爲瘞坎如方澤坎。”又記北郊儀注曰:“祀神州神於其上,以武明皇后配。禮用兩圭有邸,各用黃牲一,儀瘞如北郊。”

軍 四月，并、汾、晉、東雍、南汾五州蟲旱傷稼，遣使賑恤。(北齊書·武成帝紀，北史·齊本紀下)

賓 四月戊午(二十五)，陳遣使來聘。六月乙卯(二十三)，下詔遣使崔子武(兼散騎常侍)聘於陳。(北齊書·武成帝紀，北史·齊本紀下)

賓 十二月癸巳(初三)，陳遣使來聘。(北齊書·武成帝紀，北史·齊本紀下)

河清三年(564)

制 二月，高叡(尚書令,趙郡王)等奏上《齊律》十二篇,《新令》四十卷;

三月辛酉(初三)，頒行。(隋志·刑法,通典·刑法二,資治通鑑·陳紀三)

【因革】①《隋志》記曰:"齊神武、文襄,並由魏相,尚用舊法。及文宣天保元年,
始命群官刊定魏朝《麟趾格》。是時軍國多事,政刑不一,決獄定罪,罕依律文,
相承謂之'變法從事'。"至帝即位,下詔修律,又頻加催督,至此年方成。②《隋
志》又記曰:"又上《新令》四十卷,大抵采魏、晉故事。……是後法令明審,科條
簡要,又勅仕門之子弟,常講習之。齊人多曉法律,蓋由此也。其不可爲定法
者,別制《權令》二卷,與之並行。"

又陳寅恪《隋唐制度淵源略論稿》指出:"北齊之典章制度既全部因襲北魏,刑律
亦不能獨異,故此乃全體文化之承繼及其自然演進之結果。"(《刑律》,第124頁)

賓 四月辛卯(初三)，下詔遣使皇甫亮(兼散騎常侍)聘於陳。(北齊書·武成帝紀,
北史·齊本紀下)

賓 九月,陳遣使來聘。十一月戊戌(十四),下詔遣使劉逖(兼散騎常侍)聘
於陳。(北齊書·武成帝紀,北史·齊本紀下)

軍 因山東大水,飢死者不可勝計,下詔賑給。(北齊書·武成帝紀,北史·齊本
紀下)

【考釋】《北齊書》記曰:"事竟不行。"《北史》同。

制 敕封述(大理卿)與趙彥深(錄尚書)、魏收(僕射)、陽休之(尚書)、馬敬德(國
子祭酒)等議定律令。(北齊書·封述列傳)

吉 定令四時廟祭、禘祭及元日廟庭，並設庭燎二所。(隋志·禮儀二,通
典·吉禮八)

軍 定令每歲十二月半後講武,至晦遂除。(隋志·禮儀三,通典·軍禮三)

【儀制】《隋志》記曰:"二軍兵馬,右入千秋門,左入萬歲門,並至永巷南下,至昭陽殿北,二軍交。一軍從西上閤,一軍從東上閤,並從端門南,出閶闔門前橋南,戲射並訖,送至城南郭外罷。"

又記北齊講武通制曰:"後齊常以季秋,皇帝講武於都外。有司先萊野爲場,爲二軍進止之節。又別壇於北場,輿駕停觀。遂命將簡士,教衆爲戰陣之法。凡爲陣,少者在前,長者在後。其還,則長者在前,少者在後。長者持弓矢,短者持旌旗。勇者持鉦鼓刀楯,爲前行,戰士次之,槊者次之,弓箭爲後行。將帥先教士目,使習見旌旗指麾之蹤,發起之意,旗臥則跪。教士耳,使習金鼓動止之節,聲鼓則進,鳴金則止。教士心,使知刑罰之苦,賞賜之利。教士手,使習持五兵之便,戰鬥之備。教士足,使習跪及行列嶮泥之塗。前五日,皆請兵嚴於場所,依方色建旗爲和門。都壇之中及四角,皆建五采牙旗。應講武者,各集於其軍。戒鼓一通,軍士皆嚴備。二通,將士貫甲。三通,步軍各爲直陣以相俟。大將各處軍中,立旗鼓下。有司陳小駕鹵簿,皇帝武弁,乘革輅,大司馬介胄乘,奉引入行殿。百司陪列。位定,二軍迭爲客主。先舉爲客,後舉爲主。從五行相勝法,爲陣以應之。"《通典·軍禮一》同。

【附識】《隋志》記北齊時儺儀注曰:"日蝕,則太極殿西廂東向,東堂東廂西向,各設御座。群官公服。晝漏上水一刻,內外皆嚴。三門者閉中門,單門者掩之。蝕前三刻,皇帝服通天冠,即御座,直衛如常,不省事。有變,聞鼓音,則避正殿,就東堂,服白袷單衣。侍臣皆赤幘,帶劍,升殿侍。諸司各於其所,赤幘,持劍,出戶向日立。有司各率官屬,並行宮內諸門、掖門,屯衛太社。鄴令以官屬圍社,守四門,以朱絲繩繞繫社壇三匝。太祝令陳辭責社。太史令二人,走馬露版上尚書,門司疾上之。又告清都尹鳴鼓,如嚴鼓法。日光復,乃止,奏解嚴。"《通典·軍禮三》同。

【考釋】以上二條,《隋志》僅標在"河清中定令"。

嘉 **改易舊制,定輿服之制。**(隋志·禮儀六)

【因革】此乃上承北魏熙平二年(517)多定服制而來。

【考釋】此事《隋志》僅標在"河清中"。

樂 始定四郊、宗廟、三朝之樂。（隋志·音樂中,通典·樂二）

【儀制】《隋志》記曰："群臣入出,奏《肆夏》。牲入出,薦毛血,並奏《昭夏》。迎送神及皇帝初獻、禮五方上帝,並奏《高明》之樂,爲《覆燾》之舞。皇帝入壇門及升壇飲福酒,就燎位,還便殿,並奏《皇夏》。以高祖配饗,奏《武德》之樂,爲《昭烈》之舞。裸地,奏登歌。其四時祭廟及祫祫皇六世祖司空、五世祖吏部尚書、高祖秦州刺史、曾祖太尉武貞公、祖文穆皇帝諸神室,並奏《始基》之樂,爲《恢祚》之舞。高祖神武皇帝神室,奏《武德》之樂,爲《昭烈》之舞。文襄皇帝神室,奏《文德》之樂,爲《宣政》之舞。顯祖文宣皇帝神室,奏《文正》之樂,爲《光大》之舞。肅宗孝昭皇帝神室,奏《文明》之樂,爲《休德》之舞。其入出之儀,同四郊之禮。"

《隋志》又記北齊時雜樂曰："雜樂有西涼鼙舞、清樂、龜兹等。然吹笛、彈琵琶、五絃及歌舞之伎,自文襄以來,皆所愛好。至河清以後,傳習尤盛。後主唯賞胡戎樂,耽愛無已。於是繁手淫聲,爭新哀怨。"

【因革】《通典》論曰："其時郊廟宴享之樂,皆魏代故西涼伎,即是晉初舊聲,魏太武平涼所得也。秦漢二代,是魏晉相承之樂;其吳聲者,是江南宋、齊之伎。"

【考釋】此事僅知在武成帝之時,暫繫於此。

河清四年(565)

嘉 二月壬申（十九）,因年穀不登,禁酤酒。（北齊書·武成帝紀,北史·齊本紀下）

賓 四月乙亥（二十三）,陳遣使來聘。（北齊書·武成帝紀,北史·齊本紀下）

吉 嘉 四月丙子（二十四）,帝使段韶（太宰,兼太尉）持節奉皇帝璽,傳位於皇太子,自爲太上皇帝；又下詔斛律氏（皇太子妃）爲皇后。（北齊書·武成帝紀,北史·齊本紀下）

【理據】《北齊書》記此事之觸機曰："太史奏天文有變,其占當有易王。"《北史》同。

後主(高緯,武成帝長子)

天統元年(565)

吉 四月丙子(二十四)，太子即位於晉陽宮，改元。（北齊書·後主紀，北史·齊本紀下）

賓 六月己巳(十八)，武成帝下詔遣使王季高(兼散騎常侍)聘於陳。（北齊書·後主紀，北史·齊本紀下）

軍 十二月庚戌(初二)，武成帝狩於北郊，壬子(初四)，狩於南郊，乙卯(初七)，狩於西郊。（北齊書·後主紀，北史·齊本紀下）

【儀制】《隋志·禮儀三》記北齊春蒐儀注："有司規大防，建獲旗，以表獲車。蒐前一日，命布圍。領軍將軍一人，督左甄，獲軍將軍一人，督右甄。大司馬一人，居中，節制諸軍。天子陳小駕，服通天冠，乘木輅，詣行宮。將親禽，服戎服，鈒戟者皆嚴。武衛張甄圍，旗鼓相望，銜枚而進。甄常開一方，以令三驅。圍合，吏奔騎令曰：'鳥獸之肉，不登於俎者不射。皮革齒牙，骨角毛羽，不登於器者不射。'甄合，大司馬鳴鼓促圍，眾軍鼓譟鳴角，至期處而止。大司馬屯北旌門，二甄帥屯左右旌門。天子乘馬，從南旌門入，親射禽。謁者以護車收禽，載還，陳於護旗之北。王公已下以次射禽，皆送旗下。事畢，大司馬鳴鼓解圍，復屯。殿中郎中率其屬收禽，以實獲車。天子還行宮。命有司每禽擇取三十，一曰乾豆，二曰賓客，三曰充君之庖。其餘即於圍下量犒將士。禮畢，改服，鈒者韜刃而還。"又曰："夏苗、秋獮、冬狩，禮皆同。"《通典·軍禮一》同。

【考釋】據《隋志》可知北齊例行春蒐、夏苗、秋獮、冬狩之禮，然均未見明確記載，故均暫繫於此。

天統二年(566)

吉 正月辛卯(十四)，祀圜丘。（北齊書·後主紀，北史·齊本紀下）

吉 正月癸巳(十六)，祫祭太廟。（北齊書·後主紀，北史·齊本紀下）

賓 二月壬子(初五)，陳遣使來聘。（北齊書·後主紀，北史·齊本紀下）

賓 六月，武成帝下詔韋道儒(兼散騎常侍)聘於陳。十二月乙丑(二十三)，陳遣使來聘。（北齊書·後主紀，北史·齊本紀下）

嘉 元文遙(尚書左僕射)敕貴游子弟用為縣令，召集於神武門，令高叡(趙郡王)宣旨唱名，厚加慰喻。（北齊書·元文遙列傳，北史·元文遙列傳，資治通鑑·陳紀三）

【因革】《北齊書》記曰："齊因魏朝，宰縣多用厮濫，至於士流恥居百里。文遙以縣令為字人之切，遂請革選。……士人為縣，自此始也。"

天統三年(567)

嘉 二月壬寅(初一)，帝加元服。（北齊書·後主紀，北史·齊本紀下）

【儀制】《隋志·禮儀四》記其儀注曰："後齊皇帝加元服，以玉帛告圜丘方澤，以幣告廟，擇日臨軒。中嚴，群官位定，皇帝著空頂介幘以出。太尉盥訖，升，脫空頂幘，以黑介幘奉加訖，太尉進太保之右，北面讀祝訖，太保加冕，侍中繫玄紘，脫絳紗袍，加袞服，事畢，太保上壽，群官三稱萬歲。皇帝入溫室，移御坐，會而不上壽。後日，文武群官朝服，上禮酒十二鍾，米十二囊，牛十二頭。又擇日親拜圜丘方澤，謁廟。"《通典·嘉禮一》同。

【附識】《隋志·禮儀四》又記北齊皇太子冠禮儀注曰："皇太子冠，則太尉以制幣告七廟，擇日臨軒。有司供帳於崇正殿。中嚴，皇太子空頂幘公服出，立東階之南,西面,使者入,立西階之南,東面。皇太子受詔訖,入室盥櫛,出,南面。使者進揖,詣冠席,西面坐。光祿卿盥訖,詣太子前疏櫛。使者又盥,奉進賢三梁冠,至太子前,東面祝,脫空頂幘,加冠。太子興,入室更衣,出,又南面就席。光祿卿盥櫛。使者又盥祝,脫三梁冠,加遠游冠。太子又入室更衣。設席中楹之西,使者揖就席,南面。光祿卿洗爵酌醴,使者詣席前,北面祝。太子拜受醴,即席坐,祭之,啐之,奠爵,降階,復本位,西面。三師、三少及在位群官拜事訖。又擇日會宮臣,又擇日謁廟。"《通典·嘉禮一》同。

【考釋】帝生於天保七年(556),至今12歲。

【論評】秦蕙田《五禮通考》論曰:"齊制太子(按當作皇帝)初加黑介幘,次加冕,皇太子初加進賢,次加遠游冠,止似二加,未詳其義。"(《吉禮一百四十九》"冠禮")

賓 四月癸丑(十三),武成帝下詔遣司馬幼之(兼散騎常侍)使於陳。(北齊書·後主紀,北史·齊本紀下)

凶 閏六月辛巳(十二),斛律金(左丞相)去世,武成帝舉哀於西堂,帝舉哀於晉陽宮。(北齊書·斛律金列傳、後主紀)

吉 十二月己巳(初三),武成帝詔以高琛(故左丞相、趙郡王)配饗神武廟庭。

(北齊書·後主紀、趙郡王琛列傳,北史·齊本紀下、齊宗室諸王列傳上)

天統四年(568)

吉 正月壬子(十六),下詔以高岳(故清河王)、潘相樂(故河東王)等十人並配饗神武廟庭。(北齊書·後主紀,北史·齊本紀下)

賓 正月癸亥(二十七),武成帝下詔遣鄭大護(兼散騎常侍)使於陳。十一月壬辰(初一),又遣李壽(兼散騎常侍)使於陳。(北齊書·後主紀,北史·齊本紀下)

【考釋】李壽,《資治通鑑·陳紀四》作"李諧"。

賓 九月丙申(初四),北周遣使來通和,武成帝下詔遣斛斯文略(侍中)報

聘於北周。（北齊書·後主紀，北史·齊本紀下）

【附識】參見北周武帝天和三年(568)。

凶 十二月辛未(初十)，武成帝去世於鄴宮；明年二月甲申(二十四)，葬於永平陵。（北齊書·武成帝紀、後主紀，北史·齊本紀下）

【儀制】《北齊書·馮子琮列傳》記其時和士開(僕射)"秘喪三日不發"，馮子琮(給事黃門侍郎)問"士開不發喪之意，士開引神武、文襄初崩並秘喪不舉，至尊年少，恐王公有貳心，意欲普追集涼風堂，然後與公詳議"，後因馮子琮堅持，乃發喪。《北史·馮子琮列傳》同。

又《周書·武帝紀上》、《北史·周本紀下》記北周於明年正月，遣使李綸(司會，河陽公)等來弔賵，並會葬。

天統五年(569)

賓 二月己丑(二十九)，下詔遣叱列長叉(侍中)使於北周。（北齊書·後主紀，北史·齊本紀下）

嘉 十月壬戌(初六)，下詔禁造酒。（北齊書·後主紀，北史·齊本紀下）

【理據】《北齊書·上洛王思宗列傳》記前後原委曰："元海好亂樂禍，然詐仁慈，不飲酒噉肉。……及爲右僕射，又説後主禁屠宰，斷酤酒。然本心非靖，故終致覆敗。"《北史·齊宗室諸王列傳上》。

武平元年(570)

賓 正月戊申(二十四)，下詔遣裴獻之(兼散騎常侍)聘於陳。（北齊書·後主紀，北史·齊本紀下）

嘉 十月，立高恒爲皇太子。（北齊書·後主紀、幼主紀，北史·齊本紀下）

【考釋】此事《後主記》標在九月乙巳，然此年九月辛亥朔，無乙巳日，此從《幼主紀》。

[制] **命魏收**(尚書右僕射)**爲總監，修撰五禮。**（北齊書・魏收列傳，北史・魏收列傳）

【考釋】①《北齊書》記曰："[魏]收奏請趙彥深、和士開、徐之才共監，先以告士開，……士開謝而許之。多引文士令執筆，儒者馬敬德、熊安生、權會實主之。"《北史》同。②《隋書・薛道衡列傳》記薛道衡(尚書左外兵郎)"武平初，詔與諸儒修定五禮"。③《隋書・魏澹列傳》記魏澹(殿中侍御史)與魏收(尚書左僕射)、陽休之(吏部尚書)、熊安生(國子博士)"同修五禮"。④《隋書・儒林列傳》記崔儦(殿中侍御史)"與熊安生、馬敬德等議五禮，兼修律令"。⑤張文昌概括之曰："因魏收漸獨攬大權，禮儀之事亦多由魏收主持，約在齊後主武平元年時，有議請修撰五禮之事，編修時是以魏收爲總監，實際主事者則爲儒者馬敬德、熊安生、權會、元修伯等人。"（《唐代禮典的編纂與傳承》，第67—68頁）

【因革】陳寅恪《隋唐制度淵源略論稿》指出："鄴都典章悉出洛陽，故武平所修亦不過太和遺緒而已。"（《禮儀》，第13頁）

【附識】《隋志・經籍二》所載"《後齊儀注》二百九十卷"，蓋即指此。

[吉] **五郊迎氣。**（隋志・禮儀二）

【儀制】《隋志》記曰："爲壇各於四郊，又爲黃壇於未地。所祀天帝及配帝五官之神同梁。其玉帛牲各以其方色。其儀與南郊同。帝及后各以夕牲日之旦，太尉陳幣，告請其廟，以就配焉。其從祀之官，位皆南陛之東，西向。壇上設饌畢，太宰丞設饌於其座。亞獻畢，太常少卿乃於其所獻。事畢，皆撤。又云，立春前五日，於州大門外之東，造青土牛兩頭，耕夫犁具。立春，有司迎春於東郊，豎青幡於青牛之傍焉。"

【考釋】以下四條無法考實具體施行年月，今暫將儀制繫於北齊禮制定之時。

[嘉] **讀時令。**（隋志・禮儀四，通典・嘉禮十五）

【儀制】《隋志》記曰："立春日，皇帝服通天冠、青介幘、青紗袍，佩蒼玉，青帶、青袴、青襪舄，而受朝於太極殿。尚書令等坐定，三公郎中詣席，跪讀時令訖，典御酌酒卮，置郎中前，郎中拜，還席伏飲，禮成而出。立夏、季夏、立秋讀令，則施御座於中楹，南向。立冬如立春，於西廂東向。各以其時之色服，儀並如春禮。"又曰："正晦汎舟，則皇帝乘輿，鼓吹至行殿。升御坐，乘版輿，以與王公登舟，置酒。非預汎者，坐於便幕。"

吉 **置高禖壇於南郊旁。**（隋志·禮儀二，通典·吉禮十四）

【儀制】《隋志》記曰："爲壇於南郊傍，廣輪二十六尺，高九尺，四陛三壝。每歲春分玄鳥至之日，皇帝親帥六宮，祀青帝於壇，以太昊配，而祀高禖之神以祈子。其儀，青帝北方南向，配帝東方西向，禖神壇下東陛之南，西向。禮用青珪束帛，牲共以一太牢。祀日，皇帝服袞冕，乘玉輅。皇后服褘衣，乘重翟。皇帝初獻，降自東陛，皇后亞獻，降自西陛，並詣便坐。夫人終獻，上嬪獻于禖神訖。帝及后並詣欑位，乃送神。皇帝皇后及群官皆拜。乃撤就燎，禮畢而還。"

【因革】秦蕙田《五禮通考》論曰："齊以前祀高禖之禮不詳，至是乃祀青帝，似爲得之。"（《吉禮五十五》"高禖"）

軍 **時儺。**（隋志·禮儀三，通典·軍禮三）

【儀制】《隋志》記曰："齊制，季冬晦，選樂人子弟十歲以上、十二以下爲侲子，合二百四十人。一百二十人，赤幘、皂褠衣，執鞉。一百二十人，赤布袴褶，執鞞角。方相氏黃金四目，熊皮蒙首，玄衣朱裳，執戈揚楯。又作窮奇、祖明之類，凡十二獸，皆有毛角。鼓吹令率之，中黃門行之，冗從僕射將之，以逐惡鬼于禁中。其日戊夜三唱，開諸里門，儺者各集，被服器仗以待事。戊夜四唱，開諸城門，二衛皆嚴。上水一刻，皇帝常服，即御座。王公執事官第一品已下、從六品已上，陪列預觀。儺者鼓譟，入殿西門，徧於禁內。分出二上閤，作方相與十二獸儺戲，喧呼周徧，前後鼓譟。出殿南門，分爲六道，出於郭外。"

武平二年（571）

賓 **正月丁巳**（初九），**下詔遣劉環儁**（兼散騎常侍）**使於陳。**（北齊書·後主紀，北史·齊本紀下）

賓 四月甲午(十七)，陳遣使連和。九月壬申(二十七)，陳遣使來聘。(北齊書·後主紀,北史·齊本紀下)

賓 十一月庚戌(初六)，下詔遣赫連子悅(侍中)使於北周。(北齊書·後主紀,北史·齊本紀下)

武平三年(572)

吉 正月己巳(二十六)，南郊。(北齊書·後主紀,北史·齊本紀下)

賓 四月，北周遣使來聘。(北齊書·後主紀,北史·齊本紀下)

【附識】參見北周武帝建德元年(572)。

嘉 八月戊子(十九)，拜胡氏(右昭儀)爲皇后。十月甲午(二十六)，拜穆氏(弘德夫人)爲左皇后。(北齊書·後主紀)

【儀制】《隋志·禮儀四》記北齊納后通制曰：“後齊皇帝納后之禮，納采、問名、納徵訖，告圓丘方澤及廟，如加元服。是日，皇帝臨軒，命太尉爲使，司徒副之。持節詣皇后行宮，東向，奉璽綏册，以授中常侍。皇后受册於行殿。使者出，與公卿以下皆拜。有司備迎禮。太保太尉，受詔而行。主人公服，迎拜於門。使者入，升自賓階，東面。主人升自阼階，西面。禮物陳於庭。設席於兩楹間，童子以璽書版升，主人跪受。送使者，拜于大門之外。有司先於昭陽殿兩楹間供帳，爲同牢之具。皇后服大嚴繡衣，帶綏珮，加幜。女長御引出，升畫輪四望車。女侍中負璽陪乘。鹵簿如大駕。皇帝服袞冕出，升御坐。皇后入門，大鹵簿住門外，小鹵簿入。到東上閣，施步鄣，降車，席道以入昭陽殿。前至席位，姆去幜，皇后先拜後起，皇帝後拜先起。帝升自西階，詣同牢坐，與皇后俱坐。各三飯訖，又各酳二爵一卺。奏禮畢，皇后興，南面立。皇帝御太極殿，王公已下拜，皇帝興，入。明日，后展衣，於昭陽殿拜表謝。又明日，以榛栗棗脩，見皇太后於昭陽殿。擇日，群官上禮。又擇日，謁廟。皇帝使太尉先以太牢告，而後徧見群廟。"《通典·嘉禮三》、《嘉禮四》同。

【考釋】① 此年八月庚寅(二十一)，廢皇后斛律氏爲庶人。②《資治通鑑·陳紀五》則記十月甲午，立穆氏爲右皇后，以胡氏爲左皇后。

賓 八月，遣使封輔相(領軍)聘於北周。(北齊書·後主紀，北史·齊本紀下)

賓 九月，陳遣使來聘。(北齊書·後主紀，北史·齊本紀下)

武平四年(573)

賓 正月庚辰(十三)，下詔遣崔象(兼散騎常侍)使於陳。(北齊書·後主紀，北史·齊本紀下)

嘉 二月乙巳(初九)，拜穆氏(左皇后)爲皇后。(北齊書·後主紀，北史·齊本紀下)

【考釋】去年十二月，廢皇后胡氏爲庶人。

吉 四月癸丑(十八)，祈皇祠壇壝蕰内見車軌之轍，乙卯(二十)，下詔以爲大慶。(北齊書·後主紀，北史·齊本紀下)

賓 四月己未(二十四)，北周遣使來聘。六月丙辰(二十二)，下詔遣王師羅(開府)使於北周。(北齊書·後主紀，北史·齊本紀下)

【考釋】參見北周武帝建德二年(573)。

吉 夏，源師(尚書郎中)以龍見請雩，諮高阿那肱(録尚書事)，高阿氏斥之爲"强知星宿"，不從。(北齊書·恩幸列傳，北史·源賀列傳，通典·吉禮二注)

【理據】《北史》録源師之言曰："此是龍星初見，依禮當雩祭郊壇，非謂真龍別有所降。"又曰："國家大事，在祀與戎，禮既廢也，其能久乎？齊亡無日矣！"

軍 九月，校獵於鄴東。(北齊書·後主紀，北史·齊本紀下)

凶 十月，王琳(巴陵郡王)軍敗，被殺，傳首建康，吳明徹(陳將)與劉韶慧(開府儀同主簿)持其首還於淮南，瘞八公山側，後葬於鄴。(北齊書·王琳

列傳,南史·王琳列傳)

【儀制】《北齊書》詳記前後之事曰："從七月至十月,城陷被執,百姓泣而從之。吳明徹恐其爲變,殺之城東北二十里,時年四十八,哭者聲如雷。有一叟以酒脯來酹,盡哀,收其血,懷之而去。傳首建康,懸之於市。"後因其故吏朱瑒(梁驃騎將軍)之請,還首瘞於八公山側,"義故會葬者數千人。瑒等乃間道北歸,別議迎接。尋有揚州人茅知勝等五人密送葬柩達於鄴"。《北史》同。

樂 十月,壽陽陷於陳軍,韓鳳(侍中)、穆提婆(侍中)聞之,握槊奏樂不輟。(北齊書·恩倖列傳、後主紀)

【因革】陳寅恪《隋唐制度淵源略論稿》論曰："夫握槊西胡戲也,龜茲西域國也,齊室君臣於存亡危急之秋猶應和若此,則其西胡化之程度可知,何怪西胡音樂之大盛於當時,而傳流於隋代也。鄙意北齊鄴都所以如此之西胡化者,其故實爲承襲北魏洛陽之遺風。"(《音樂》,第135頁)

賓 突厥遣使來求婚。(北齊書·後主紀,北史·齊本紀下)

武平五年(574)

吉 五月,大旱,晉陽得死魃,帝令刻木爲其形以獻。(北齊書·後主紀,北史·齊本紀下)

武平六年(575)

賓 正月,北周遣使來聘。(北齊書·後主紀,北史·齊本紀下)

制 閏九月辛巳,開酒禁。(北齊書·後主紀,北史·齊本紀下)

【考釋】《北齊書》曰："以軍國資用不足。"《北史》同。

【考釋】此年閏九月壬午朔,無辛巳日。

908

武平七年(576,十二月改元隆化)

嘉 二月辛酉(十二)，集省雜户女年二十以下、十四以上未嫁者。(北齊書·後主紀,北史·齊本紀下)

【考釋】《北齊書》曰:"隱匿者,家長處死刑。"《北史》同。由此強化婚嫁之年齡限制。

軍 七月，大雨霖，遣使巡撫流亡人户。(北齊書·後主紀,北史·齊本紀下)

軍 十月丙辰(十一)，大狩於祁連池。(北齊書·後主紀,北史·齊本紀下)

軍 十月壬申(二十七)，帝與馮淑妃校獵於天池。(北齊書·恩倖列傳,資治通鑑·陳紀六)

【儀制】《通鑑》概括其時之事曰"晉州告急者,自旦至午,驛馬三至",爲高阿那肱所阻,"至暮,使更至,云'平陽已陷',乃奏之。齊主將還,淑妃請更殺一圍,齊主從之"。

【考釋】①《通鑑》胡注辨析曰:"竊謂獵祁連池與獵天池,共是一事,北人謂天爲祁連,故天池謂之祁連池。"②《北史·后妃列傳下》則記"帝獵於三堆"。

吉 十二月戊午(十四)，安德王(高延宗)即皇帝位於晉陽，改元德昌。(北齊書·後主紀,周書·武帝紀下,北史·齊本紀下)

【考釋】晉陽爲北周軍所逼,後主欲向北朔州,而奔突厥。

幼主(高恒,後主長子)

承光元年(577)

吉 正月乙亥(初一)，太子即位，改元。(北齊書·幼主紀,北史·齊本紀下)

【因革】去年十二月,高延宗與北周師戰於晉陽,爲北周所虜;後即采高元海(尚書令)等議,確定依天統故事,禪位於皇太子。

☐賓 正月,後主、幼主、太后、諸王爲北周所俘,二月,送至鄴,周武帝與抗賓主禮,封後主爲溫國公,俱送長安。(北齊書·幼主紀,北史·齊本紀下)

【附識】參見北周建德六年(577)二月。

四、北周之部

557年，鮮卑族宇文覺代西魏稱帝，定都長安(今陝西西安)，國號周。以與之前的姬周相區別，史稱北周。581年爲隋所代。共歷五帝(孝閔帝、明帝、武帝、宣帝、静帝)，二十五年。

孝閔帝(宇文覺，文帝第三子)

元年(557)

吉 **正月辛丑(初一)，帝即天王位，柴燎告天，朝百官於路門；追尊宇文泰(父)爲文王。**(周書·孝閔帝紀，北史·周本紀上)

【考釋】宇文泰，至武成元年(559)又追尊爲文帝。由此可見北周禮制與西魏一脈相承。

吉 **正月辛丑，百官奏議改正朔，用水德，行夏之時，服色用黑。**(周書·孝閔帝紀，北史·周本紀上，通典·吉禮十四)

【理據】《周書》録百官奏曰：“文王誕玄氣之祥，有黑水之讖，服色宜烏。”《北史》同。

吉 **正月壬寅(初二)，祠圜丘。癸卯(初三)，祠方澤。**(周書·孝閔帝紀，北史·周本紀上)

【儀制】《隋志·禮儀一》記圜丘壇制曰：“圜丘三成，成崇一丈二尺，深二丈。上徑六丈，十有二階，每等十有二節。在國陽七里之郊。圓壇徑三百步，内壇半之。方一成，下崇一丈，徑六丈八尺，上崇五尺，方四丈，八方，方一階，階十級，級一尺。”記方澤壇制曰：“方丘在國陰六里之郊。丘一成，八方，下崇一丈，方六丈八尺，上崇五尺，方四丈。方一階，尺一級。其壇八面，徑百二十步，内壇半之。南郊爲方壇於國南五里。其崇一丈二尺，其廣四丈。其壝方百二十步，內壝半之。”

《隋志》記其儀注曰：“其祭圓丘及南郊，並正月上辛。圓丘則以其先炎帝神農氏配昊天上帝於其上。五方上帝、日月、內官、中官、外官、衆星，並從祀。皇帝乘蒼輅，載玄冕，備大駕而行。預祭者皆蒼服。南郊，以始祖獻侯莫那配所感帝靈威仰於其上。”《通典·吉禮一》同。又曰：“北郊方丘，則以神農配后地之祇。”《通典·吉禮四》同，且曰：“神州壇在其右，以獻侯莫那配焉”，自注：“壇崇一丈，方四丈，其壇如方丘”。

又記祭祀用牲之制曰：“其用牲之制，祀昊天上帝，祭皇地祇及五帝、日月、五星、十二辰、四望、五官，各以其方色毛。宗廟以黃，社稷以黝，散祭祀用純，表貉磔禳用厖。”

《隋志·禮儀六》記服制曰：“祀昊天上帝，則蒼衣蒼冕；祀東方上帝及朝日，則青衣青冕；祀南方上帝，則朱衣朱冕；祭皇地祇、祀中央上帝，則黃衣黃冕；祀西方上帝及夕月，則素衣素冕；祀北方上帝，祭神州、社稷，則玄衣玄冕。”

【理據】《隋志》述曰：“後周憲章姬周，祭祀之式，多依《儀禮》。”

吉 **置右宗廟而左社稷。**（隋志·禮儀二，通典·吉禮四）

【儀制】《隋志》記社稷之制曰：“皇帝親祀，則冢宰亞獻，宗伯終獻。”

吉 **立宗廟五室，太祖不毀，其下相承置二昭二穆。**（隋志·禮儀二，通典·吉禮六）

【考釋】據《隋志》所記，此時立高祖至皇祖（德皇帝）、皇考（太祖）爲五廟。

【理據】《資治通鑑·陳紀一》記曰：“仍用鄭玄義，立太祖與二昭、二穆爲五廟，其有德者別爲祧廟，不毀。”

【儀制】《隋志》記北周廟祭之制曰：“其時祭，各於其廟，祫禘則於太祖廟，亦以皇后預祭。其儀與後齊同。所異者，皇后亞獻訖，后又薦加豆之籩，其實菱芡芹菹兔醢。冢宰終獻訖，皇后親撤豆，降還板位。然後太祝撤焉。”《通典·吉禮八》同。

吉 正月甲辰(初四)，祠太社。二月戊寅(初九)，又祠太社。八月戊辰(初二)，又祠太社。(周書·孝閔帝紀，北史·周本紀上)

吉 正月乙巳(初五)，享太廟。辛酉(二十一)，又享太廟。四月丁亥(十九)，又享太廟。七月辛亥(十四)，又享太廟。(周書·孝閔帝紀，北史·周本紀上)

嘉 正月丁未(初七)，會百官於乾安殿。(周書·孝閔帝紀，北史·周本紀上)

【因革】此年三月庚子(初一)，又會百官。

嘉 正月戊申(初八)，下詔有司分命使者巡察風俗，有年八十以上者，所在加禮餼。(周書·孝閔帝紀，北史·周本紀上)

吉 正月辛亥(十一)，南郊。(周書·孝閔帝紀，北史·周本紀上)

嘉 正月壬子(十二)，立皇后元氏。(周書·孝閔帝紀、皇后列傳，北史·周本紀上)

吉 正月癸亥(二十三)，帝親藉田。(周書·孝閔帝紀，北史·周本紀上)

吉 皇后祀先蠶。(隋志·禮儀二，通典·吉禮五)

【儀制】《隋志》記北周之制："皇后乘翠輅，率三妃、三㛩、御媛、御婉、三公夫人、三孤内子至蠶所，以一太牢親祭，進奠先蠶西陵氏神。禮畢，降壇，昭化嬪亞獻，淑嬪終獻，因以公桑焉。"

【考釋】北周祀先蠶未見施行之記載，今暫將儀制與上條藉田同列。

吉 二月癸酉(初四)，朝日於東郊。(周書·孝閔帝紀，北史·周本紀上)

【儀制】《隋志·禮儀二》記北周朝日夕月之制曰："後周以春分朝日於國東門外，爲壇，如其郊。用特牲青幣，青圭有邸。皇帝乘青輅，及祀官俱青冕，執事者青弁。司徒亞獻，宗伯終獻。燔燎如圓丘。秋分夕月於國西門外，爲壇於坎中，方四丈，深四尺，燔燎，禮如朝日。"《通典·吉禮三》同。

吉 四月壬午(十四)，謁成陵。(周書·孝閔帝紀，北史·周本紀上)

軍 五月己酉(十一)，帝觀漁於昆明池，姜須(博士)諫止。(周書·孝閔帝紀，北史·周本紀上)

吉 九月，帝被迫遜位，宇文護(晉公)遣使迎宇文毓於岐州。(周書·孝閔帝

紀、明帝紀，北史·周本紀上)

【考釋】此年十月，帝被宇文護所殺。直至宇文護於建德元年(572)爲武帝所殺，
方遣尉遲迥(太師，蜀國公)於南郊上諡號，陵名曰靜陵。

明帝(世宗，宇文毓，文帝長子，孝閔帝兄)

元年(557)

嘉 九月甲子(二十八)，即天王位；乙丑(二十九)，朝會群臣於延壽殿。(周

書·明帝紀，北史·周本紀上)

凶 十月癸酉(初八)，李弼(太師，趙國公)去世，帝即日舉哀，三臨其喪；至

葬，發卒穿冢，給大輅、龍旂，陳軍於墓所。(周書·李弼列傳、明帝紀)

吉 十月乙酉(二十)，祠圜丘。 丙戌(二十一)，祠方澤。 十一月丁未(十

二)，又祠圜丘。(周書·明帝紀，北史·周本紀上)

【考釋】秦蕙田《五禮通考》釋之曰："孟冬、仲冬連舉二祭，史家亦不言其故，或
十月爲即位告祭，十一月爲正祭歟。"(《吉禮八》"圜丘祀天")

吉 十月甲午(二十九)，祠太社。(周書·明帝紀，北史·周本紀上)

吉 十一月庚子(初五)，享太廟。(周書·明帝紀，北史·周本紀上)

吉 十二月庚午(初七)，謁成陵。(周書·明帝紀，北史·周本紀上，舊唐志·禮儀五)

賓 梁王(蕭詧)來朝。(隋志·禮儀三，通典·賓禮一)

【儀制】《隋志》記曰："梁王之朝周，入畿，大冢宰命有司致積。其餼五牢，米九
十筥，醯醢各三十五甕，酒十八壺，米禾各五十車，薪蒭各百車。既至，大司空設
九儐以致館。梁王束帛乘馬，設九介以待之。禮成而出。明日，王朝，受享於
廟。既致享，大冢宰又命公一人，玄冕乘車，陳九儐，以束帛乘馬，致食于賓及賓

之從各有差。致食訖，又命公一人，弁服乘車，執贄，設九儐以勞賓。王設九介，迎於門外。明日，朝服乘車，還贄于公。公皮弁迎於大門，授贄受贄，並於堂之中楹。又明日，王朝服，設九介，乘車，備儀衛，以見于公。事畢，公致享。明日，三孤一人，又執贄勞于梁王。明日，王還贄。又明日，王見三孤，如見三公。明日，卿一人，又執贄勞王。王見卿，又如三孤。於是三公、三孤、六卿，又各饋賓，並屬官之長爲使。牢米束帛同三公。"

【因革】《隋志》記曰："自秦兼天下，朝覲之禮遂廢。及周封蕭詧爲梁王，訖於隋，恒稱藩國，始有朝見之儀。"按據《晉志·禮下》所記，東晉以後此禮方廢，參見西晉永平元年(291)。

【考釋】此事未悉年月，蕭詧被立爲梁王在西魏恭帝元年(554)，朝周當在此年或之後。

二年(558)

| 吉 | **正月辛亥**(十七)，**親耕藉田**。(周書·明帝紀，北史·周本紀上) |

| 嘉 | **正月癸丑**(十九)，**立王后獨孤氏**。(周書·明帝紀、皇后列傳，北史·周本紀上) |

| 凶 | **四月甲戌**(十二)，**王后獨孤氏去世**；**甲申**(二十二)，**葬於昭陵**。(周書·明帝紀、皇后列傳，北史·周本紀上) |

| 嘉 | **六月己巳**(初七)，**下詔板授高年刺史、守、令**。(周書·明帝紀，北史·周本紀上) |

| 嘉 凶 | **六月壬申**(初十)，**遣使分行州郡，察風俗，掩埋骼胔**。(周書·明帝紀，北史·周本紀上) |

【考釋】《周書·藝術列傳》記此年冀儁曾以車騎大將軍、儀同三司之位"爲大使，巡歷州郡，察風俗，理冤滯"。

| 吉 | **十二月癸亥**(初四)，**太廟成**。(周書·明帝紀，北史·周本紀上) |

【考釋】去年正月擬定修立太廟，至此修成。

吉 十二月辛巳(二十二)，以功臣賀拔勝(琅邪貞獻公)等十三人配饗太祖廟庭。(周書·明帝紀,北史·周本紀上)

凶 長孫澄(玉璧總管)去世，自喪初至葬，帝三臨之，宇文容(典祀中大夫)諫太頻，帝不從。(周書·長孫紹遠列傳,北史·長孫道生列傳)

【考釋】長孫澄去世在帝即位不久,未悉年月,暫繫於此。

凶 薛端(基州刺史)去世，遺誡薄葬，府州贈遺勿有所受。(周書·薛端列傳,北史·薛辯列傳)

【考釋】薛端在明帝即位後,出爲蔡州刺史,尋轉基州刺史,未幾卒。卒年不確,暫繫於此。

武成元年(559)

軍 三月癸巳(初六)，陳六軍，帝親迎太白於東方。(周書·明帝紀,北史·周本紀上)

【儀制】《隋志·禮儀三》統記北周迎太白禮曰:"孟秋迎太白,候太白夕見於西方。先見三日,大司馬戒期,遂建旗於陽武門外。司空除壇兆,有司薦毛血,登歌奏《昭夏》。在位者拜,事畢出。其日中後十刻,六軍士馬,俱介胄集旗下。左右武伯督十二帥嚴街,侍臣文武,俱介胄奉迎。樂師撞黃鍾,右五鍾皆應。皇帝介胄,警蹕以出,如常儀而無鼓角,出國門而軷祭。至則舍於次。太白未見五刻,中外皆嚴,皇帝就位,六軍鼓噪,行三獻之禮。每獻,鼓譟如初獻。事訖,燔燎賜胙,畢,鼓譟而還。"《通典·軍禮一》僅錄"出國門而軷祭"一句。

軍 三月庚戌(二十三)，遣賀蘭祥(大司馬、博陵公)出征吐谷渾，於太廟授將。(周書·明帝紀,隋志·禮儀三,通典·軍禮一)

【儀制】①《隋志》記曰:"帝常服乘馬,遣大司馬賀蘭祥於太祖之廟,司憲奉鉞,進授大將。大將拜受,以授從者。禮畢,出受甲兵。"② 又記北周出征通制:"周大將出征,遣太祝,以羊一,祭所過名山大川。"《通典·吉禮五》同。

[制] **五月戊子**(初二),**下詔新造周曆。**(周書·明帝紀,隋志·律曆中,北史·周本紀上)

【考釋】《隋志》記其時,明克讓(露門學士)、庾季才(麟趾學士),"及諸日者,采祖暅舊議,通簡南北之術。自斯已後,頗覩其謬,故周、齊並時,而曆差一日"。

[吉] **八月己亥**(十四),**改天王稱皇帝,改元。**(周書·明帝紀,北史·周本紀上)

【理據】《周書·崔猷列傳》記"時依《周禮》稱天王,又不建年號",崔猷(御正中大夫)諫"請遵秦漢稱皇帝,建年號","朝議從之"。《北史·崔挺列傳》同。

【論評】陳寅恪《隋唐制度淵源略論稿》論曰:"周明帝世距始依《周禮》創建制度之時至近,即已改天王之號,遵秦漢稱皇帝,蓋民間習於皇帝之尊稱已久,忽聞天王之名,誠如崔猷所言'不足以威天下',即不足以維持尊嚴之意,故不得不先改革之也。又宇文護不依《周禮》立子,而依殷禮立弟,亦不效周公輔成王者,所以適合當時現實之利害也。夫《周禮》原是文飾之具,故可不拘,宇文泰已如是,更何論宇文護乎?"(《職官》,第103頁)

[制] **寇儁**(驃騎大將軍、開府儀同三司)**教授子孫,必先禮典。**(周書·寇儁列傳,北史·寇讚列傳)

【考釋】禮典,《北史》作"典禮"。

[樂] **長孫紹遠**(禮部中大夫)**上疏陳雅樂,用八音,詔行之。**(北史·長孫道生列傳,周書·長孫紹遠列傳)

【因革】《周書》記曰:"初,紹遠爲太常,廣召工人,創造樂器,土木絲竹,各得其宜。爲黃鍾不調,紹遠每以爲意。嘗因退朝,經韓使君佛寺前過,浮圖三層之上,有鳴鐸焉。忽聞其音,雅合宮調,取而配奏,方始克諧。紹遠乃啓世宗行之。"《北史》亦記之,又曰:"時猶因魏氏舊樂,未遑更造,但去小呂,加大呂而已。紹遠上疏陳雅樂,詔並行之。"

【儀制】《周書》記曰:"紹遠所奏樂,以八爲數。"《北史》則詳載長孫紹遠與裴正(故梁黃門侍郎)詳論八音與期音之別。

又《北史》記此後武帝"見武王克殷而作七始,又欲廢八而懸七,并除黃鍾之正

卷五
北朝:禮制新建期

宮,用林鍾爲調音",長孫氏上奏,又與樂部齊樹書,臨終又上表論不可改八爲七。

【論評】《周書·儒林列傳》評曰:"盧景宣學通羣藝,修五禮之缺;長孫紹遠才稱洽聞,正六樂之壞。由是朝章漸備,學者向風。世宗纂曆,敦尚學藝。內有崇文之觀,外重成均之職。握素懷鈆重席解頤之士,間出於朝廷;圓冠方領執經負笈之生,著錄於京邑。濟濟焉足以踰於向時矣。"《北史·儒林列傳上》同。

【考釋】① 此事未悉年月,僅知在明帝時,暫繫於此。②《周書》記此事較爲減省,又有缺訛。

武成二年(560)

嘉 **正月癸丑**(初一)**,大會羣臣於紫極殿,始用百戲。** (周書·明帝紀,隋志·音樂中,北史·周本紀上)

嘉 **三月辛酉**(初十)**,重陽閣成,會羣公列將卿大夫及突厥使者於芳林園。** (周書·明帝紀,北史·周本紀上)

凶 **四月辛丑**(二十)**,帝去世於延壽殿,遺詔傳位於宇文邕**(魯國公)**,喪事儉約;五月辛未**(二十一)**,合葬昭陵。** (周書·明帝紀,北史·周本紀上)

【理據】《周書》錄帝口授之詔曰:"朕稟生儉素,非能力行菲薄,每寢大布之被,服大帛之衣,凡是器用,皆無雕刻。身終之日,豈容違棄此好。喪事所須,務從儉約。"《北史》同。

【儀制】《周書》錄帝口授之詔曰:"斂以時服,勿使有金玉之飾。若以禮不可闕,皆令用瓦。小斂訖,七日哭。文武百官各權辟衰麻,且以素服從事。葬日,選擇不毛之地,因地勢爲墳,勿封勿樹。且厚葬傷生,聖人所誡,朕既服膺聖人之教,安敢違之。凡百官司,勿異朕此意。四方州鎮使到,各令三日哭,哭訖,悉權辟凶服,還以素服從事,待大例除。非有呼召,各按部自守,不得輒奔赴闕庭。禮有通塞隨時之義,葬訖,內外悉除服從吉。三年之內,勿禁婚娶,飲食一令如平常也。"《北史》同。

武帝（高祖，宇文邕，文帝第四子，明帝、孝閔帝弟）

吉 四月壬寅（二十一），魯國公即位。（周書·武帝紀上，北史·周本紀下）

保定元年（561）

制 正月戊申（初一），改元，下詔宇文護（大冢宰）都督中外諸軍事，令五府總於天官。（周書·明帝紀，北史·周本紀上）

吉 正月庚戌（初三），祠圜丘。壬子（初五），祠方澤。（周書·武帝紀上，北史·周本紀下）

【因革】秦蕙田《五禮通考》論曰："北周郊丘之祭大率與齊同，而郊壇之制各異。史載祀圜丘者四，明帝元年十月、宣帝元年七月，告祭也，明帝元年十一月、武帝元年春正月，似乎正祭，然一以冬至，一以孟春，其典禮之無定可知矣。"（《吉禮八》"圜丘祀天"）

吉 正月甲寅（初七），祠感生帝於南郊。（周書·武帝紀上，北史·周本紀下）

吉 正月乙卯（初八），祠太社。（周書·武帝紀上，北史·周本紀下）

吉 正月己巳（二十二），享太廟，於廟庭班太祖（文帝，宇文泰）所述六官。（周書·武帝紀上）

【因革】宇文泰曾於西魏恭帝三年（556）依《周禮》建六官之法。

【理據】《周書》録帝詔評宇文泰所定制曰："周文公以上聖之智，翼彼姬周，爰作六典，用光七百。自兹厥後，代失其緒，俾巍巍之化，歷千祀而莫傳；郁郁之風，終百王而永墜。我太祖文皇帝稟純和之氣，挺天縱之英，德配乾元，功侔造化，故能捨末世之弊風，蹈隆周之叡典，誕述百官，厥用允集。"

【論評】陳寅恪《隋唐制度淵源略論稿》論曰："汉魏以來中央政府職官重複,識者雖心知其非,秖以世之所習而不敢言,宇文之改革摹倣周禮託體甚高,實則僅實行其近代識者改革中央政府官制之議,而加以擴大,並改易其名,以符周制耳。宇文創建周官之實質及其限度如此。"(《職官》,第 107 頁)

嘉 正月甲戌(二十七)，下詔經兵戎年六十以上及民七十以上，節級板授官。(周書‧武帝紀上,北史‧周本紀下)

吉 正月乙亥(二十八)，帝親藉田。(周書‧武帝紀上,北史‧周本紀下)

軍 正月丙子(二十九)，大射於正武殿。(周書‧武帝紀上,北史‧周本紀下)

嘉 二月己卯(初三)，遣大使巡察風俗。(周書‧武帝紀上,北史‧周本紀下)

【因革】此後保定五年(565)七月、天和五年(570)四月,又遣大使巡察天下。

吉 二月甲午(十八)，朝日於東郊。(周書‧武帝紀上,北史‧周本紀下)

嘉 二月丙午(三十)，省犛輦，去百戲。(周書‧武帝紀上,隋志‧音樂中,北史‧周本紀下)

賓 六月乙酉(十一)，遣殷不害(治御正)等使於陳。十一月乙巳(初三)，陳遣使來聘。(周書‧武帝紀上,北史‧周本紀下)

軍 十一月丁巳(十五)，狩於岐陽。(周書‧武帝紀上,北史‧周本紀下)

嘉 定十二章冠服之制。(隋志‧禮儀六,通典‧嘉禮二、嘉禮六)

【儀制】《隋志》記曰："十有二章,日月星辰山龍華蟲六章在衣,火宗彝藻粉米黼黻六章在裳,凡十二等。享諸先帝、大貞於龜、食三老五更、享諸侯、耕籍,則服袞冕,自龍已下,凡九章十二等。宗彝已下五章在衣,藻、火已下四章在裳,衣重宗彝。祀星辰、祭四望、視朔、大射、饗群臣、巡犧牲、養國老,則服山冕,八章十二等。衣裳各四章,衣重火與宗彝。群祀、視朝、臨太學、入道法門、宴諸侯與群臣及燕射、養庶老、適諸侯家,則服鷩冕,七章十二等。衣三章,裳四章,衣重三章。袞、山、鷩三冕,皆裳重黼黻,俱十有二等。通以升龍爲領褾。冕通十有二旒。"

【考釋】《通典·嘉禮二》記録"後周設司服之官,掌皇帝十二冕",《嘉禮六》同,二處所記略同,以《嘉禮六》爲詳,與上又略有差異。

【論評】①《隋志·禮儀七》録裴政奏曰:"竊見後周制冕,加爲十二,既與前禮數乃不同,而色應五行,又非典故。……五時冕色,禮既無文,稽於正典,難以經證。且後魏已來,制度咸闕。天興之歲,草創繕修,所造車服,多參胡制。故魏收論之,稱爲違古,是也。周氏因襲,將爲故事,大象承統,咸取用之,輿輦衣冠,甚多迂怪。今皇隋革命,憲章前代,其魏、周輦輅不合制者,已勅有司盡令除廢,然衣冠禮器,尚且兼行。乃有立夏袞衣,以赤爲質,迎秋平冕,用白成形,既越典章,須革其謬。"
② 閻步克釋之曰:"其繁縟複雜,是爲一'怪';引入了'五行'因素,又是一'怪'。"又曰:"北周冕制的依據是《周禮》及鄭玄經注,即令有所損益,也是在《周禮》和鄭注基礎上變本加厲的。"又曰:"古禮所造成的諸臣章數扭曲程度,由此大爲緩解,降低到原先的 1/4。"(《服周之冕》第八章,第 293、294、305 頁)

嘉 **置司輅之職,掌公車之政,皇帝之輅十二等。**(隋志·禮儀五,通典·嘉禮九)

【儀制】《隋志》載皇帝之輅十二等:"一曰蒼輅,以祀昊天上帝。二曰青輅,以祀東方上帝。三曰朱輅,以祀南方上帝及朝日。四曰黃輅,以祭地祇中央上帝。五曰白輅,以祀西方上帝及夕月。六曰玄輅,以祀北方上帝及感帝,祭神州。……七曰玉輅,以享先皇,加元服,納后。八曰碧輅,以祭社稷,享諸先帝,大貞於龜,食三老五更,享食諸侯及耕籍。九曰金輅,以祀星辰,祭四望,視朔,大射,賓射,饗群臣,巡犧牲,養國老。十曰象輅,以望秩群祀,視朝,燕諸侯及群臣,燕射,養庶老,適諸侯家,巡省,臨太學,幸道法門。十一曰革輅,以巡兵即戎。十二曰木輅,以田獵,行鄉畿。"此外又有皇后之車亦十二等,諸公之輅九,諸公夫人之輅車九,三公之輅車九,三妃、三夫人之輅九等。

【考釋】此事未悉年月,與上條同列。

吉 **立神州壇。**(隋志·禮儀一)

【儀制】《隋志》記壇制曰:"神州之壇,崇一丈,方四丈,在北郊方丘之右。其壇如方丘。"又記儀注曰:"神州則以獻侯莫那配焉。"

吉 **五郊迎氣。**（隋志·禮儀二）

【儀制】《隋志》記曰："後周五郊壇，其崇及去國，如其行之數。其廣皆四丈，其方俱百二十步。内壝皆半之。祭配皆同後齊。星辰、七宿、岳鎮、海瀆、山林、川澤、丘陵、墳衍，亦各於其方配郊而祀之。其星辰爲壇，崇五尺，方二丈。岳鎮爲坎，方二丈，深二尺。山林已下，亦爲坎。壇，崇三尺，坎深一尺，俱方一丈。其儀頗同南郊。冢宰亞獻，宗伯終獻，禮畢。"

【考釋】以上二條均未見具體施行之記載，暫列於保定初。

吉 **下詔於同州晉國第，立德皇帝**（帝之祖）**別廟，使宇文護**（太師）**祭之。**

（周書·晉蕩公護列傳）

【理據】《晉蕩公護列傳》記曰："或有希護旨，云周公德重，魯立文王之廟，以護功比周公，宜用此禮。"

嘉 **長孫紹遠出任河州刺史，革同姓婚姻之戎俗。**（北史·長孫道生列傳）

【考釋】此事未悉年月，在明帝與武帝之間，暫繫於此。

賓 **遣使崔睦**（千乘公）、**元暉**（長史）**使於北齊。**（隋書·元暉列傳）

【考釋】《元暉列傳》記此事在"保定初"。

保定二年(562)

制 **二月癸丑**（十三），**因久不雨，京城三十里内禁酒；四月甲辰**（初五），**又禁屠宰。**（周書·武帝紀上，北史·周本紀下）

賓 **九月戊辰**（初一），**陳遣使來聘。**（周書·武帝紀上，北史·周本紀下）

嘉 **十月戊戌**（初二），**下詔減省衣服飲食。**（周書·武帝紀上）

軍 **十月辛亥**（十五），**大射於大武殿，公卿列將皆會。**（周書·武帝紀上，北史·周本紀下）

軍 **十月戊午**（二十二），**講武於少陵原。**（周書·武帝紀上，北史·周本紀下）

保定三年(563)

制 二月庚子(初六)，初頒新律。(周書·武帝紀上，北史·周本紀下，通典·刑法二)

【考釋】①《隋志·刑法》記其來源："以河南趙肅爲廷尉卿，撰定法律。肅積思累年，遂感心疾而死。乃命司憲大夫託拔迪掌之。至保定三年三月庚子乃就，謂之《大律》，凡二十五篇。"按此處云在三月庚子，誤。②《隋書·裴政列傳》記裴政(少司憲)"明習故事，又參定周律"。《北史·裴政列傳》同。

【因革】《通典》記曰："後周文帝秉西魏政令，有司斟酌今古通變，修撰新律。"

制 二月辛酉(二十七)，下詔今後舉大事、行大政，皆宜依月令。(周書·武帝紀上，北史·周本紀下)

【理據】《周書》錄帝詔曰："伏惟太祖文皇帝，敬順昊天，憂勞庶政，曆序六家，以陰陽爲首。洎予小子，弗克遵行，惟斯不安，夕惕若厲。自頃朝廷權輿，事多倉卒，乖和爽序，違失先志。……自今舉大事、行大政，非軍機急速，皆宜依月令，以順天心。"

吉 四月癸卯(初十)，大雪。(周書·武帝紀上，北史·周本紀下)

嘉 四月戊午(十九)，帝至太學陳養老禮，以于謹(太傅、燕國公)爲三老。(隋志·禮儀四，周書·武帝紀上、于謹列傳，北史·周本紀下、于栗磾列傳，通典·嘉禮十二)

【儀制】《周書·儒林列傳》記曰："帝於是服袞冕，乘碧輅，陳文物，備禮容，清蹕而臨太學。祖割以食之，奉觴以酳之。斯固一世之盛事也。"《北史·儒林列傳上》同。

又《周書·于謹列傳》詳載此年儀注曰："高祖幸太學以食之。三老入門，皇帝迎拜門屏之間，三老答拜。有司設三老席於中楹，南向。太師、晉國公[宇文]護升階，設几於席。三老升席，南面憑几而坐，以師道自居。大司寇、楚國公[宇文]寧升階，正舄。皇帝升階，立於斧扆之前，西面。有司進饌，皇帝跪設醬豆，親自祖割。三老食訖，皇帝又親跪授爵以酳。有司撤訖。皇帝北面立而訪道。三老乃起立於席後。皇帝曰：'猥當天下重任，自惟不才，不知政治之要，公其誨之。'

三老答曰：'木受繩則正，后從諫則聖。自古明王聖主，皆虛心納諫，以知得失，天下乃安。唯陛下念之。'又曰：'爲國之本，在乎忠信。是以古人云去食去兵，信不可失。國家興廢，莫不由之。願陛下守而勿失。'又曰：'治國之道，必須有法。法者，國之綱紀。綱紀不可不正，所正在於賞罰。若有功必賞，有罪必罰，則有善者日益，爲惡者日止。若有功不賞，有罪不罰，則天下善惡不分，下民無所措其手足矣。'又曰：'言行者立身之基，言出行隨，誠宜相顧。願陛下三思而言，九慮而行。若不思不慮，必有過失。天子之過，事無大小，如日月之蝕，莫不知者。願陛下慎之。'三老言畢，皇帝再拜受之，三老答拜焉。禮成而出。"《北史·于栗磾列傳》略同。

制 **四月戊午**（十九），**初禁天下報仇，犯者以殺人論。**（周書·武帝紀上，北史·周本紀下）

嘉 **五月甲子**（初一），**因旱，避正殿，不受朝。**（周書·武帝紀上，北史·周本紀下）

【考釋】至五月甲戌（十一），雨。

賓 **七月庚午**（初八），**陳遣使來聘。十月庚戌**（十九），**又遣使來聘。**（周書·武帝紀上，北史·周本紀下）

嘉 **七月丁丑**（十五），**帝至津門，問百年，賜以錢帛，又賜高年板職各有差。**（周書·武帝紀上，北史·周本紀下）

制 **九月己丑**（二十八），**初令世襲州郡縣者，改爲五等爵。**（周書·武帝紀上，北史·周本紀下）

保定四年(564)

嘉 **三月庚辰**（二十二），**初令百官執笏，常服上朝。**（周書·武帝紀上，北史·周本紀下，隋志·儀禮六，通典·嘉禮八）

【因革】《隋志》記曰："宇文護始命袍加下襴。"

賓 九月丁巳（初二），陳遣使來聘。（周書·武帝紀上，北史·周本紀下）

嘉 九月，宇文護母（閻氏）從北齊入周，每四時伏臘，帝率諸親戚，行
家人禮。（北史·周宗室列傳，周書·武帝紀上）

軍 十月甲子（初十），下詔宇文護（大將軍、大冢宰、晉國公）率軍征北齊，齋於太
廟，庭授以斧鉞。（周書·武帝紀上，北史·周本紀下）

保定五年(565)

嘉 正月甲申（初一），因王雄（庸國公）死於軍陣，廢朝會。（周書·武帝紀上，北
史·周本紀下）

賓 十一月丁未（二十九），陳遣使來聘。明年正月丁未（二十九），遣杜杲（小
載師）使於陳。（周書·武帝紀上、杜杲列傳）

【附識】《周書·杜杲列傳》又記此前宇文泰時，杜杲使於陳，此後武帝又遣杜杲
使於陳。《北史·杜杲列傳》同。

制 沈重（梁五經博士）至京城，下詔令討論五經，校定鐘律。（周書·儒林列傳，
北史·儒林列傳下）

凶 皇甫遐（河東汾陰人）之母去世，盧於墓側，負土爲墳。（周書·孝義仲傳，北
史·孝行列傳）

【儀制】《周書》記曰："復於墓南作一禪窟，陰雨則穿窟，晴霽則營墓。曉夕勤
力，未嘗暫停。積以歲年，墳高數丈，周回五十餘步，禪窟重臺兩匝，總成十有
二室，中間行道，可容百人。遐食粥枕塊，櫛風沐雨，形容枯悴，家人不
識。……遠近聞其至孝，競以米麵遺之，遐皆受而不食，悉以營佛齋焉。"《北
史》同。

【考釋】此事《周書》僅記在"保定末"。

天和元年(566)

嘉 **正月辛巳**(初三)**，露寢成，帝臨之，令羣臣賦古詩。**(周書·武帝紀上，北史·周本紀下)

【儀制】《周書》記曰："京邑耆老並預會焉。"《北史》同。

【考釋】自保定三年(563)八月起，改作露寢，至此成。

吉 **正月己亥**(二十一)**，帝親藉田。**(周書·武帝紀上，北史·周本紀下)

【因革】明年正月己亥(二十七)，又行此禮。

吉 **三月丙午**(三十)**，祠南郊。**(周書·武帝紀上，北史·周本紀下)

吉 **四月辛亥**(初五)**，大雩。**(周書·武帝紀上，北史·周本紀下)

嘉 **五月庚辰**(初四)**，帝集羣臣於正武殿，親講《禮記》。**(周書·武帝紀上，北史·周本紀下)

【因革】此後天和三年(568)八月癸酉(初十)，帝又於大德殿集百官及沙門、道士等，親講《禮記》。

樂 **五月甲午**(十八)**，下詔是日省事停樂。**(周書·武帝紀上，北史·周本紀下)

【理據】《周書》錄帝詔曰："朕雖庸昧，有志前古。甲子乙卯，禮云不樂。萇弘表昆吾之稔，杜蕢有揚觶之文。自世道喪亂，禮儀紊毀，此典茫然，已墜於地。昔周王受命，請聞顓頊。廟有戒盈之器，室爲復禮之銘。矧伊末學，而能忘此。宜依是日，省事停樂，庶知爲君之難，爲臣不易。貽之後昆，殷鑒斯在。"《北史》略同。

吉 **七月壬午**(初七)**，下詔定釋奠之儀。**(周書·武帝紀上，北史·周本紀下)

【理據】《周書》錄帝詔曰："諸胄子入學，但束脩於師，不勞釋奠。釋奠者，學成之祭，自今即爲恒式。"《北史》同。

【因革】《隋書·楊尚希列傳》記有此前"周太祖(宇文泰)嘗親臨釋奠，[楊]尚希時年十八,令講《孝經》,詞旨可觀,太祖奇之。"按此事未悉具體年月。

【儀制】史睿推測北周"是以周公爲先聖",而"先聖絕非孔子"(《北周後期至唐初禮制的變遷與學術文化的統一》,《唐研究》第 3 卷,第 168 頁)。

又《通典·嘉禮二》記北齊依梁陳,服通天冠,"乘輿釋奠所服"。

凶 **八月己未**(十五),**下詔稱揚志行三年之喪充分者,以屬薄俗**。(周書·武帝紀上,北史·周本紀下)

【儀制】《周書》錄帝詔曰:"諸有三年之喪,或負土成墳,或寢苫骨立,一志一行,可稱揚者。"《北史》同。

樂 **十月甲子**(十五),**初造《山雲》舞,以備六代之樂**。(周書·武帝紀上,隋志·音樂中,北史·周本紀下,通典·樂二)

【儀制】《隋書》記曰:"南北郊、雩壇、太廟、祫祫,俱用六舞。南郊則《大夏》降神,《大護》獻熟,次作《大武》、《正德》、《武德》、《山雲》之舞。北郊則《大護》降神,《大夏》獻熟,次作《大武》、《正德》、《武德》、《山雲》之舞。雩壇以《大武》降神,《正德》獻熟,次作《大夏》、《大護》、《武德》、《山雲》之舞。太廟祫祫,則《大武》降神,《山雲》獻熟,次作《正德》、《大夏》、《大護》、《武德》之舞。時享太廟,以《山雲》降神,《大夏》獻熟,次作《武德》之舞。拜社,以《大護》降神,《大武》獻熟,次作《正德》之舞。五郊朝日,以《大夏》降神,《大護》獻熟。神州、夕月、籍田,以《正德》降神,《大護》獻熟。"

天和二年(567)

吉 **三月丁亥**(十六),**初立郊丘壇壝制度**。(周書·武帝紀上,北史·周本紀下)

吉 **七月甲辰**(初六),**立露門學,置生七十二人**。(周書·武帝紀上,北史·周本紀下)

【考釋】露門學,相當於國子學,《北史》作"路門學",此名取義於《周禮·地官·師氏》"居虎門之左",鄭注:"虎門,路寢門也。"

凶 宇文興(大將軍,虞國公)去世，帝親臨哭慟，下詔李穆(大司空,申國公)監護喪事。(周書‧虞國公仲傳,北史‧周宗室列傳)

天和三年(568)

吉 正月辛丑(初五)，祠南郊。(周書‧武帝紀上,北史‧周本紀下)

【考釋】此年南郊當即用去年所立新制。

嘉 三月癸卯(初八)，皇后(阿史那氏)自突厥至，帝行親迎之禮。(周書‧武帝紀上、皇后列傳、于翼列傳,北史‧周本紀下、于栗磾列傳)

【儀制】①《周書‧于翼列傳》記此禮由于翼(司會中大夫)司儀制，"狄人雖蹲踞無節，然咸憚翼之禮法，莫敢違犯"。《北史‧于栗磾列傳》同。②《隋書‧元暉列傳》記此前，"突厥屢爲寇患，朝廷將結和親，令暉齎錦綵十萬，使于突厥。暉説以利害，申國厚禮，可汗大悦，遣其名王隨獻方物"。又曰："武帝之娉突厥后也，令暉致禮焉。"《北史‧魏諸宗室列傳》同。按元暉時任振威中大夫。

嘉 三月丁未(十二)，大會百官及四方賓客於露寢。(周書‧武帝紀上,北史‧周本紀下)

凶 三月戊午(二十三)，于謹(太傅,柱國,燕國公)去世，帝親臨，下詔宇文儉(譙王)監護喪事，賜繒綵千段、粟麥五千斛。(周書‧于謹列傳、武帝紀上,北史‧于栗磾列傳)

吉 五月庚戌(十六)，享太廟。十月癸亥(初一)，又享太廟。(周書‧武帝紀上,北史‧周本紀下)

賓 八月，北齊請和親，遣使來聘；下詔陸逞(軍司馬)、尹公正(兵部)報聘。(周書‧武帝紀上,北史‧周本紀下)

軍 十月丁亥(二十五)，帝親率六軍，講武於城南。(周書‧武帝紀上,北史‧周本紀下)

【因革】此後天和六年(571)十月壬寅(二十八)、建德元年(572)十一月丙午(初八)又行此禮。

【儀制】《隋志‧禮儀三》録北周四時蒐苗獮狩儀注：“後周仲春教振旅，大司馬建大麾於萊田之所。鄉稍之官，以旂物鼓鐸鉦鐃，各帥其人而致。誅其後至者。建麾於後表之中，以集衆庶。質明，偃麾，誅其不及者。乃陳徒騎，如戰之陣。大司馬北面誓之。軍中皆聽鼓角，以爲進止之節。田之日，於所萊之北，建旗爲和門。諸將帥徒騎序入其門。有司居門，以平其人。既入而分其地，險野則徒前而騎後，易野則騎前而徒後。既陣，皆坐，乃設驅逆騎，有司表貉於陣前。以太牢祭黃帝軒轅氏，於狩地爲墠，建二旗，列五兵於坐側，行三獻禮。遂蒐田致禽以祭社。”“仲夏教茇舍，如振旅之陣，遂以苗田如蒐法，致禽以享礿。”“仲秋教練兵，如振旅之陣，遂以獮田如蒐法，致禽以祀方。”“仲冬教大閱，如振旅之陣，遂以狩田如蒐法，致禽以享烝。”《通典‧軍禮一》同。今姑隸此，可類推其餘。

又《周書》記此次盛況曰：“京邑觀者，輿馬彌漫數十里，諸蕃使咸在焉。”《北史》同。

【論評】秦蕙田《五禮通考》論曰：“北周田獵儀式，規仿《周官》，頗爲近古，蓋盧辯輩所潤色也。”(《軍禮十一》“田獵”)

[賓] **十一月壬子**(二十一)，**遣使崔彥穆**(開府儀同三司)、**元暉**(小賓部)**於北齊。**
(周書‧武帝紀上，北史‧周本紀下)

天和四年(569)

[嘉] **正月辛卯**(初一)，**因北齊武成帝去世，廢朝會。** (周書‧武帝紀上，北史‧周本紀下)

[嘉] **二月戊辰**(初八)，**帝至大德殿，集百官、道士、沙門等討論釋老義。** (周書‧武帝紀上，北史‧周本紀下)

[凶] **三月，李賢**(大將軍)**去世，帝親臨，哀動左右。** (周書‧李賢列傳，北史‧李賢

列傳)

賓 四月己巳(初十)，北齊遣使來聘。（周書·武帝紀上，北史·周本紀下）

【附識】參見北齊後主天統五年(569)。

嘉 五月己丑(初一)，帝制《象經》成，集百官講説。（周書·武帝紀上，北史·周本紀下）

【考釋】《周書·王褒列傳》記"高祖作《象經》，令褒注之。引據該洽，甚見稱賞"。按王褒，時任内史中大夫。

嘉 下詔賜宇文護(大冢宰，晉國公)軒懸之樂，六佾之舞。（周書·晉蕩公護列傳）

賓 遣使杜杲(御正中大夫)聘於陳，請服修好。陳亦遣使來聘。（周書·杜杲列傳，北史·杜杲列傳，資治通鑑·陳紀四）

凶 崔謙(荊州刺史)去世，境内民衆爲之立祠堂，四時祭饗。（周書·崔謙列傳，北史·崔辯列傳）

【考釋】崔謙，《北史》作崔士謙。

軍 凶 段永(右二軍總管)率兵北道講武，病逝於賀葛城，喪還，帝親臨。

（周書·段永列傳，北史·段永列傳）

天和五年(570)

嘉 四月，遣裴漢(司車路)、孫恕(司宗)、薛慎(典祀)等八使巡察風俗。（周書·武帝紀上、裴寬列傳，北史·周本紀下）

天和六年(571)

嘉 正月己酉(初一)，因露門未成，廢朝會。（周書·武帝紀上，北史·周本紀下）

【考釋】自武成二年(560)十二月起，改作露門，至今未成。

賓 五月癸亥(十六)，遣使鄭翊(納言)於陳。(周書·武帝紀上,北史·周本紀下)

【考釋】《周書》標作"五月癸卯",此年五月戊申朔,無癸卯日,此從《北史》。

樂 九月癸酉(二十八)，去掖庭四夷樂、後宮羅綺工五百餘人。(周書·武帝
紀上,隋志·音樂中,北史·周本紀下,通典·樂二)

【因革】《隋志》記北周用夷樂之經過曰:"太祖輔魏之時,高昌款附,乃得其伎,
教習以備饗宴之禮。""其後帝娉皇后於北狄,得其所獲康國、龜兹等樂,更雜以
高昌之舊,並於大司樂習焉。采用其聲,被於鍾石,取《周官》制以陳之。"據此,
陳寅恪《隋唐制度淵源略論稿》指出:"蓋周之樂官采用中央亞細亞之新樂也。"
(《音樂》,第129頁)

【考釋】《北史》在"癸酉"前有脫文,致使此事承上爲八月,誤。

賓 十月乙未(二十一)，遣谷會琨(右武伯)、蔡斌(御正)使於北齊。(周書·武帝
紀上,北史·周本紀下)

凶 柳霞(驃騎大將軍,霍州刺史)去世，遺誡薄葬，其子等奉行之。(周書·柳霞列
傳,北史·柳遐列傳)

【附識】《周書》又記此前柳霞之父去世時,"其父卒於揚州,霞自襄陽奔赴,六日
而至。哀感行路,毀瘁殆不可識。後奉喪泝江西歸,中流風起,舟中之人,相顧
失色。霞抱棺號慟,愬天求哀,俄頃之間,風浪止息"。《北史》同。

【考釋】① 柳霞,《北史》作柳遐。② 柳霞之卒年,《周書》僅標在"天和中"。

凶 裴寬(溫州刺史)去世於建鄴，後其子裴義宣從杜杲(御正)出使於陳，載
父柩還。其弟杜漢(車騎大將軍)斷絕游從，不聽琴瑟，歲時伏臘哀慟
不已。(周書·裴寬列傳,北史·裴寬列傳)

【考釋】裴寬之卒年,未有確載,今大致推斷,暫繫於此。

建德元年(572)

嘉 正月戊午(十五)，帝至玄都觀，親御法座講説，公卿道俗論難。(周

書·武帝紀上，北史·周本紀下）

賓 二月癸酉(初一)，遣使孫深(大將軍,昌城公)聘於突厥；遣使李際(司宗)、

賀遂禮(小賓部)聘於北齊。（周書·武帝紀上，北史·周本紀下）

賓 三月癸卯(初一)，北齊遣使來聘。四月己卯(初七)，遣宇文達(工部,代國

公)、辛彥之(小禮部)使於北齊。（周書·武帝紀上，北史·周本紀下）

嘉 四月丁亥(十五)，下詔斷四方非常貢獻。（周書·武帝紀上，北史·周本紀下）

嘉 四月癸巳(二十一)，帝親高廟，宇文贇(魯國公)冠於阼階，立爲皇太

子。（周書·武帝紀上、宣帝紀，北史·周本紀下）

【考釋】宇文贇生於武成元年(559)，至今 13 歲。

嘉 五月壬戌(二十一)，因大旱，帝集百官於庭，問政之失，公卿各引咎

自責。（周書·武帝紀上，北史·周本紀下）

【考釋】《周書》記曰："其夜澍雨。"《北史》同。

賓 七月辛丑(初一)，陳遣使來聘。（周書·杜杲列傳,北史·杜杲列傳,資治通鑑·陳

紀五）

賓 八月辛未(初一)，遣使杜杲(司城中大夫)聘於陳。（周書·武帝紀上，北史·周本

紀下）

賓 十月辛未(初二)，遣使楊勰(小匠師)、唐則(齊馭)聘於陳。（周書·武帝紀上，

北史·周本紀下）

建德二年(573)

吉 正月辛丑(初四)，祠南郊。（周書·武帝紀上，北史·周本紀下）

【儀制】《資治通鑑·陳紀五》胡注引《五代志》記曰："後周憲章姬周，祭祀之式，

多依《儀禮》。南郊，爲壇於國国南五里，其崇一丈二尺，其廣四丈，其壝方百二

十步，内壝半之。祭以正月上辛，以始祖獻侯莫那配所感帝靈威仰於其上。"

【考釋】《通鑑》記去年十二月辛巳(十三)，祀南郊，據《五代志》所云，恐即爲此事。

吉 正月乙卯(十八)，享太廟。四月己亥(初四)，又享太廟。七月己巳(初五)，又祠太廟。(周書·武帝紀上，北史·周本紀下)

【考釋】《資治通鑑·陳紀五》記去年十二月乙卯，享太廟，當即爲此年正月事。

賓 閏正月己巳(初二)，陳遣使來聘。九月乙丑(初二)，又遣使來聘。(周書·武帝紀上，北史·周本紀下)

嘉 二月甲寅(十八)，下詔皇太子(宇文贇)巡撫西土。(周書·武帝紀上，北史·周本紀下)

賓 二月壬戌(二十六)，遣使侯莫陳凱(司會)、鄭譯(太子宮尹)於北齊。(周書·武帝紀上，北史·周本紀下)

吉 三月己卯(十三)，皇太子於岐州獲二白鹿以獻，詔答曰"在德不在瑞"。(周書·武帝紀上，北史·周本紀下)

軍 六月丙辰(二十二)，帝至露寢，集諸軍將，勗以戎事；庚申(二十六)，下詔諸軍旌旗皆畫以猛獸、鷙鳥之象。(周書·武帝紀上，北史·周本紀下)

嘉 七月壬申(初八)，因大旱，集百官於大德殿，帝責躬罪己，問治政得失。(周書·武帝紀上)

【考釋】《周書》記曰："戊子(二十四)，雨。"《北史》同。

嘉 八月丙午(十二)，改三夫人爲三妃。(周書·武帝紀上，北史·周本紀下)

嘉 九月戊寅(十五)，下詔婚嫁遵禮制，禁奢靡之風，使有司宣勒。(周書·武帝紀上，北史·周本紀下)

嘉 九月壬午(十九)，納皇太子妃楊氏。(周書·武帝紀上)

賓 十月癸卯(初十)，北齊遣使來聘。(周書·武帝紀上，北史·周本紀下)

樂 十月甲辰(十一)，六代樂成，帝至崇信殿，集百官觀樂。(周書·武帝紀上，隋志·音樂中，北史·周本紀下，通典·樂二)

【儀制】《隋志》記曰："其宮懸，依梁三十六架。朝會則皇帝出入，奏《皇夏》。皇太子出入，奏《肆夏》。王公出入，奏《騺夏》。五等諸侯正日獻玉帛，奏《納夏》。宴族人，奏《族夏》。大會至尊執爵，奏登歌十八曲。食舉，奏《深夏》，舞六代《大夏》、《大護》、《大武》、《正德》、《武德》、《山雲》之舞。於是正定雅音，爲郊廟樂。創造鍾律，頗得其宜。"

【因革】《隋書》記曰："宣帝嗣位，郊廟皆循用之，無所改作。"

【考釋】秦蕙田《五禮通考》指出："《隋·禮儀志》不載周朝會之儀，蓋偶脫之，其儀節之大者於《音樂志》可得其一二焉。"(《嘉禮九》"朝禮")

軍 十一月辛巳(十九)，帝親率六軍講武於城東。癸未(二十一)，集諸軍都督以上五十人於道會苑大射。(周書·武帝紀上，北史·周本紀下)

【儀制】《周書》記曰："帝親臨射宮，大備軍容。"按射宮，《北史》作射堂。

【因革】去年十一月，曾講武於城南，參見天和三年(568)十月。

又《周書·若干惠列傳》記"太祖(宇文泰)嘗造射堂新成，與諸將宴射"。《北史·若干惠列傳》同。

嘉 十二月癸巳(初一)，集群臣及沙門、道士等，帝升高座，辨釋三教先後。(周書·武帝紀上，北史·周本紀下)

【考釋】《周書》記曰："以儒教爲先，道教爲次，佛教爲後。"

嘉 十二月癸巳，下詔尊老，頒授老職，使榮霑邑里。(周書·武帝紀上，北史·周本紀下)

建德三年(574)

嘉 正月壬戌(初一)，朝群臣於露門。(周書·武帝紀上，北史·周本紀下)

| 吉 | 正月己巳(初八)，享太廟。（周書·武帝紀上，北史·周本紀下）

| 嘉 | 正月癸酉(十二)，下詔自今以後，男年十五，女年十三以上以時嫁娶，務從節儉。（周書·武帝紀上，北史·周本紀下）

| 吉 | 正月乙亥(十四)，帝親藉田。（周書·武帝紀上，北史·周本紀下）

| 嘉 | 正月丙子(十五)，帝初服短衣，饗二十四軍督將以下，試以軍旅之法。（周書·武帝紀上，北史·周本紀下）

| 凶 | 三月癸酉(十三)，皇太后(叱奴氏)去世，帝居倚廬，下詔皇太子總朝政；四月乙卯(二十五)，北齊遣使弔贈會葬；五月庚申(初一)，葬於永固陵。（周書·武帝紀上、皇后列傳，北史·周本紀下）

【儀制】《周書》記帝服喪曰："帝居倚廬，朝夕供一溢米，群臣表請，累旬乃止。"又記下葬時，"帝徒跣至陵所"。《北史》、《通典·凶禮二》同。

又《周書·宣帝紀》記曰："高祖諒闇，詔太子總朝政，五旬而罷。"

【考釋】① 叱奴氏，乃帝之所生母，於天和二年(567)六月，尊爲皇太后。②《周書·皇后列傳》記葬日在四月丁巳(二十七)。

| 凶 | 五月辛酉(初二)，下詔天子行三年之喪，百官可依皇太后遺令，既葬即吉，公卿上表固請依遺令，帝引古禮答之，群臣乃止。（周書·武帝紀上，北史·周本紀下）

【儀制】《周書》錄帝詔曰："軍國務重，庶自聽朝。縗麻之節，苫廬之禮，率遵前典，以申罔極。百寮以下，宜依遺令。"又記曰："於是[帝]遂申三年之制，五服之內，亦令依禮。"《北史》、《通典·凶禮二》同。

【論評】①《通典》記曰："斯近古無儔。"② 王夫之《讀通鑑論》（卷十八）論曰："孟子詔滕文公行三年之喪，而未有命戒者五月爾，於此見周禮之既葬而親政也。宇文邕之令，……庶乎其情理之兩得與！五服之內依禮，百僚既葬而除，亦稱其情也。"

| 吉 | 五月丙子(十七)，初斷佛、道二教，並禁諸淫祀。（周書·武帝紀上，北史·

周本紀下)

【儀制】《周書》記曰："經像悉毀，罷沙門、道士，並令還民。並禁諸淫祀，禮典所不載者，盡除之。"《北史》同。

軍 六月丁未(十八)，集諸軍將，教以戰陳之法。(周書·武帝紀上，北史·周本紀下)

賓 十月丙申(初九)，遣使楊尚希(御正)、盧愷(禮部)聘於陳。(周書·武帝紀上，北史·周本紀下)

軍 十一月己巳(十二)，大閱於城東。十二月戊子(初二)，大會衛官及軍人以上。 癸卯(十七)，集諸軍講武於臨皋澤。(周書·武帝紀上，北史·周本紀下)

建德四年(575)

賓 三月丙辰(初一)，遣使元偉(小司寇，淮南公)、伊婁謙(開府)重幣聘於北齊。(周書·武帝紀下、韋孝寬列傳，北史·周本紀下、韋孝寬列傳)

賓 七月甲戌(二十一)，陳遣使來聘。十二月丙子(二十六)，又遣使來聘。(周書·武帝紀下，北史·周本紀下)

軍 岐、寧二州民飢，開倉賑恤。(周書·武帝紀下，北史·周本紀下)

建德五年(576)

軍 正月辛卯(十二)，帝至河東涑川，集關中、河東諸軍校獵。(周書·武帝紀下，北史·周本紀下)

嘉 正月丁酉(十八)，下詔分遣大使周省四方。(周書·武帝紀下，北史·周本紀下)

軍 二月辛酉（十二），因征吐谷渾，遣皇太子巡撫西土。（周書·武帝紀下、宣帝紀，北史·周本紀下）

凶 三月壬寅（二十三），文宣皇后（叱奴氏）服再期；戊申（二十九），祥。（周書·武帝紀下，北史·周本紀下）

吉 六月辛亥（初四），享太廟。（周書·武帝紀下，北史·周本紀下）

賓 八月乙丑（十九），陳遣使來聘。（周書·武帝紀下，北史·周本紀下）

軍 九月丁丑（初一），大醮於正武殿，以祈東征。（周書·武帝紀下，北史·周本紀下）

【考釋】此年十月己酉（初四），帝親征北齊。

軍 十一月癸巳（十八），東征歸，獻俘於太廟。（周書·武帝紀下，北史·周本紀下）

制 十二月壬戌（十八），下詔削除北齊制度令，銓錄文武之士。（周書·武帝紀下，北史·周本紀下）

嘉 十二月丙寅（二十二），出北齊宮中金銀寶器、珠翠麗服及宮女二千人，班賜將士。（周書·武帝紀下，北史·周本紀下）

建德六年（577）

制 正月，帝入北齊都城鄴，探訪熊安生（北齊國子博士），勑其至京城大乘佛寺參議五禮。（周書·儒林列傳、武帝紀下，北史·儒林列傳下）

【儀制】《儒林列傳》記曰："及高祖入鄴，安生遽令掃門。家人怪而問之，安生曰：'周帝重道尊儒，必將見我矣。'俄而高祖幸其第，詔不聽拜，親執其手，引與同坐。"

【附識】《隋書·宇文弢列傳》載宇文弢曾在北周時"奉詔修定五禮"，當與此爲一事。

凶 正月庚子(二十六)，下詔追加贈謚北齊故臣斛律光(右丞相，咸陽王)、崔季舒(侍中，特進，開府)等七人，並爲改葬。(周書·武帝紀下，北史·周本紀下)

制 正月辛丑(二十七)，下詔撤毀北齊東山、南園及三臺，瓦木諸物盡賜百姓。(周書·武帝紀下，北史·周本紀下)

【理據】《周書》錄帝詔曰："僞齊叛渙，竊有漳濱，世縱淫風，事窮彫飾。或穿池運石，爲山學海；或層臺累構，槩日凌雲。以暴亂之心，極奢侈之事，有一於此，未或弗亡。朕菲食薄衣，以弘風教，追念生民之費，尚想力役之勞。方當易茲弊俗，率歸節儉。"

軍 二月丙午(初三)，論定諸軍功勳，置酒於北齊太極殿，班賜軍士以上。(周書·武帝紀下，北史·周本紀下)

賓 二月丁未(初四)，北齊後主、幼主送至，帝降自阼階，以賓主之禮相見。(周書·武帝紀下，北史·周本紀下)

賓 二月，西梁帝蕭巋來朝於鄴，帝宴之，自彈琵琶，蕭巋起舞。(周書·蕭詧列傳，隋書·外戚列傳，北史·蕭詧列傳，資治通鑑·陳紀七)

【因革】《通鑑》記曰："自秦兼天下，無朝覲之禮，至是始命有司草具其事：致積，致餼，設九儐、九介，受享於廟，三公、三孤、六卿致食，勞賓，還贄，致享，皆如古禮。"

【儀制】《通鑑》胡注引《五代志》曰："梁王之朝周，入畿，大冢宰命有司致積，其餼五牢，米九十筥，醴醢各三十五甕，酒十八壺，米禾各五十車，薪芻各百車。既至，大司空設九儐以致館。梁王束帛乘馬，設九介以待之。禮成而出。明日，王朝，受享於廟。既致享，大冢宰又命公一人玄冕乘車，陳九儐，以束帛乘馬致食于賓及賓之從，各有差。致食訖，又命公一人弁服乘車執贄，設九儐以勞賓。王設九介，迎於門外。明日，朝服乘車，還贄于公，公皮弁迎於大門。授贄受贄，並於堂之中楹。又明日，王朝服，設九介，乘車以見于公。事畢，公致享。明日，三孤一人又執贄勞于梁王。明日，王還贄。又明日，王見三孤如三公。明日，卿一人又執贄勞王,王見卿又如三孤。於是三公、三孤、六卿又各餼賓,並屬官之長爲使,牢米束帛同三公。"

《隋書》記曰:"巋來朝,上甚敬焉,詔巋位在王公之上。巋被服端麗,進退閑雅,天子矚目,百僚傾慕。賞賜以億計。月餘歸藩,帝親餞於渭水之上。"

【附識】此前明帝元年(557),蕭詧即曾來朝北周。

軍 **四月乙巳**(初三),**東征歸,獻俘於太廟。** (周書·武帝紀下,北史·周本紀下)

【儀制】《周書》記曰:"列齊主於前,其王公等並從,車輿旗幟及器物以次陳於其後。大駕布六軍,備凱樂,獻俘於太廟。京邑觀者皆稱萬歲。"《北史》同。

【因革】楊志剛指北齊軍禮"除了未在宗廟獻俘,整個過程幾乎全然復古",而北周"又恢復了'獻俘於太廟'的制度,至此,與征伐有關的古代軍禮在形式上基本得到復原,並載入國家禮典,爲後世遵用,直至清朝覆亡"(《中國禮儀制度研究》,第425—426頁)。

嘉 **四月庚戌**(初八),**大會群臣及諸蕃客於露寢。** (周書·武帝紀下,北史·周本紀下)

吉 **四月己巳**(二十七),**享太廟。** (周書·武帝紀下,北史·周本紀下)

嘉 **四月己巳,下詔分遣使者,巡方撫慰,觀省風俗。** (周書·武帝紀下,北史·周本紀下)

軍 **五月辛巳**(初九),**大醮於正武殿,以報功。** (周書·武帝紀下,北史·周本紀下)

吉 **五月己丑**(十七),**祠方丘。** (周書·武帝紀下,北史·周本紀下)

【儀制】《資治通鑑·陳紀七》胡注:"方丘在國陰六里之郊,以其先炎帝神農氏配。"

制 **五月己丑,下詔露寢、含義、崇信、含仁、雲和、思齊諸殿等,悉可徹毀。** (周書·武帝紀下,北史·周本紀下)

【理據】《周書》錄帝詔曰:"雕斲之物,並賜貧民。繕造之宜,務從卑朴。"《北史》同。

制 五月戊戌(二十六)，下詔并、鄴諸堂殿，並宜除蕩。(周書·武帝紀下，北史·周本紀下)

【理據】《周書》録帝詔曰："并、鄴二所，華侈過度，誠復作之非我，豈容因而弗革。諸堂殿壯麗，並宜除蕩，甍宇雜物，分賜窮民。三農之隙，別漸營構，止蔽風雨，務在卑狹。"《北史》同。

【論評】《資治通鑑·陳紀七》評曰："周高祖可謂善處勝矣！他人勝則益奢，高祖勝則愈儉。"

賓 五月庚子(二十八)，陳遣使來聘。(周書·武帝紀下，北史·周本紀下)

嘉 五月，帝至雲陽，宴齊君臣，自彈琵琶，命高孝珩(北齊太宰)吹笛。

(周書·文襄六王列傳，北史·齊宗室諸王列傳下)

【考釋】帝於此年五月癸巳(二十一)，至雲陽宮，宴會當在此後數日。

嘉 六月丁卯(二十六)，下詔同姓不婚，已定聘而未成婚者，即令改聘。

(周書·武帝紀下，北史·周本紀下)

【理據】《周書》録帝詔曰："同姓百世，婚姻不通，蓋惟重別，周道然也。"

【因革】明年宣帝即位後，八月壬申(初八)，下詔制九條，其中有"二曰母族絶服外者，聽婚"。

制 八月壬寅(初一)，議定權衡度量，頒於天下。(周書·武帝紀下，北史·周本紀下)

吉 八月甲子(二十三)，鄭州獻九尾狐，帝命焚之。(周書·武帝紀下，北史·周本紀下)

【理據】《周書》録帝詔曰："瑞應之來，必昭有德。若使五品時叙，四海和平，家識孝慈，人知禮讓，乃能致此。今無其時，恐非實録。"《北史》同。

嘉 九月戊寅(初八)，初令民庶以上，常衣除綢、綿綢、絲布、圓綾、紗、絹、綃、葛、布等九種，餘悉停斷。朝祭之服，不拘此例。(周書·武帝紀下，北史·周本紀下)

凶 十月戊午(十八)，改葬德皇帝(宇文肱,帝之祖父)於冀州。(周書·武帝紀下,北

史·周本紀下)

【儀制】《周書》記曰："帝服緦,哭於太極殿,百官素服哭。"《北史》同。

【考釋】宇文肱此前戰亡於唐河,待平齊之後,乃得改葬。

嘉 十一月，下詔後宮唯置妃二人，世婦三人，御妻三人，此外皆減

省。(周書·武帝紀下,北史·周本紀下)

【因革】《周書》錄帝詔曰："劉、曹已降,等列彌繁,選擇遍於生民,命秩方於庶

職。椒房丹地,有眾如雲。本由嗜欲之情,非關風化之義。朕運當澆季,思復古

始,無容廣集子女,屯聚宮掖。弘贊後庭,事從約簡。"《北史》同。

【論評】《資治通鑑·陳紀七》概括曰："周主性節儉,常服布袍,寢布被,後宮不

過十餘人;每行兵,親在行陳,步涉山谷,人所不堪;撫將士有恩,而明察果斷,用

法嚴峻。由是將士畏威而樂爲之死。"

制 十一月，初行《刑書要制》。(周書·武帝紀下,北史·周本紀下)

宣政元年(578)

凶 二月，韋夐(居士)去世，喪制葬禮諸子遵其遺誡，帝遣使祭，賻贈

之。(周書·韋夐列傳,北史·韋孝寬列傳)

【儀制】《周書》錄韋夐於建德中即預戒其子曰："吾死之日,可斂舊衣,勿更新

造。使棺足周尸,牛車載柩,墳高四尺,壙深一丈。其餘煩雜,悉無用也。朝晡

奠食,於事彌煩,吾不能頓絕汝輩之情,可朔望一奠而已。仍薦蔬素,勿設牲牢。

親友欲以物弔祭者,並不得爲受。"

嘉 三月甲戌(初七)，初服常冠。(周書·武帝紀下,北史·周本紀下,資治通鑑·陳紀七)

【儀制】①《周書》記曰："以皂紗爲之,加簪而不施纓導,其制若今之折角巾也。"

②《通鑑》記曰："以皂紗全幅向後襆髮,仍裁爲四腳。"

凶 **四月壬子**(十五)，**初令父母去世，允以終制。**（周書·武帝紀下，北史·周本紀下，通典·凶禮二）

凶 **六月丁酉**(初一)，**帝去世於乘輿，遺詔喪事儉而合禮；己未**(二十四)，**葬於孝陵。**（周書·武帝紀下，北史·周本紀下）

【儀制】《武帝紀》錄帝遺詔曰："喪事資用，須使儉而合禮，墓而不墳，自古通典。隨吉即葬，葬訖公除。四方士庶，各三日哭。妃嬪以下無子者，悉放還家。"

宣帝(宇文贇，武帝長子)

吉 **六月戊戌**(初二)，**皇太子即位，受朝於路門。**（周書·宣帝紀，北史·周本紀下，隋志·禮儀六）

【儀制】《隋志》記曰："初服通天冠，絳紗袍。群臣皆服漢、魏衣冠。"陳寅恪《隋唐制度淵源略論稿》釋曰："所謂漢、魏衣冠，即自北魏太和迄北齊河清時期北朝所輸入之晉南遷以後江左之文物也。周滅齊不久，即已采用齊之制度。"（《禮儀》，第63頁）

凶 **六月，葬武帝訖，下詔天下公除，帝及六宮即吉，樂運**(京兆郡丞)**上疏以爲太促，帝不納。**（周書·顏之儀列傳，北史·樂運列傳）

【理據】《周書》錄樂運上疏曰："禮，天子七月而葬，以候天下畢至。今葬期既促，事訖便除，文軌之內，奔赴未盡；隣境遠聞，使猶未至。若以喪服受弔，不可既吉更凶；如以玄冠對使，未知此出何禮。進退無據，愚臣竊所未安。"

【儀制】《宣帝紀》末記帝服喪曰："嗣位之初，方逞其欲。大行在殯，曾無戚容，即閱視先帝宮人，逼爲淫亂。纔及踰年，便恣聲樂，采擇天下子女，以充後宮。"

嘉 **閏六月乙亥**(初十)，**立楊氏**(妃)**爲皇后。**（周書·宣帝紀、皇后列傳，北史·周本紀下）

吉 **宗廟登武帝神主，定爲五室。**（隋志·禮儀二，通典·吉禮六）

【考釋】① 至此，北周由德皇帝(追尊)、太祖、孝閔帝、明帝(世宗)、武帝(高祖)五廟之制始定，《隋志》又記明帝、武帝"並爲祧廟而不毀"。② 武帝神主入太廟，當在七月享太廟之前。

吉 七月乙巳（初十），享太廟。丙午（十一），祠圜丘。戊申（十三），祠方澤。（周書·宣帝紀，北史·周本紀下）

吉 八月丙寅（初二），夕月於西郊。（周書·宣帝紀，北史·周本紀下）

嘉 八月壬申（初八），遣大使巡察諸州。（周書·宣帝紀，北史·周本紀下）

制 八月，下詔制九條，宣下州郡。（周書·宣帝紀，隋志·刑法，北史·周本紀下）

【儀制】據《周書》所記，"二曰，母族絕服外者，聽婚"，"五曰，孝子順孫義夫節婦，表其門閭，才堪任用者，即宜申薦"，"九曰，年七十以上，依式授官，鰥寡困乏不能自存者，竝加稟恤"。

【論評】秦蕙田《五禮通考》評曰："此詔是。"（《嘉禮二十七》"昏禮"）

制 九月庚戌（十六），下詔諸應拜者，皆以三拜成禮。（周書·宣帝紀，北史·周本紀下）

軍 十一月己亥（初六），講武於道會苑，帝親擐甲冑。（周書·宣帝紀，北史·周本紀下）

大成元年(579)

嘉 正月癸巳（初一），帝受朝於露門，改元。（周書·宣帝紀，北史·周本紀下）

【儀制】《宣帝紀》記曰："帝服通天冠、絳紗袍，群臣皆服漢、魏衣冠。"《北史》同。

【因革】①《資治通鑑·陳紀七》胡注："以此知後周之君臣，前此蓋胡服也。"

② 陳寅恪《隋唐制度淵源略論稿》非之曰："後周之君臣平時常服或雜胡制，而元旦朝賀，即服有摹擬《禮經》古制之衣冠。……史載宣帝君臣服用漢魏衣冠者，乃不依後周先例服用摹做《禮經》古制之衣冠，而改用東齊所承襲南朝北魏制度之意。"（《禮儀》，第 63 頁）

【附識】《隋志·音樂中》記武帝、宣帝時元會用樂曰："武帝以梁鼓吹熊羆十二案，每元正大會，列於懸間，與正樂合奏。宣帝時，革前代鼓吹，制爲十五曲。”

嘉 **正月甲辰**(十二)，**東巡狩。**（周書・宣帝紀，北史・周本紀下）

嘉 **正月戊午**(二十六)，**立宇文衍**(魯王)**爲皇太子。**（周書・宣帝紀、静帝紀，北史・周本紀下）

賓 **二月，以宇文招**(趙王)**女爲千金公主，嫁於突厥。**（周書・宣帝紀，北史・周本紀下）

静帝（宇文衍，後改名闡，宣帝長子）

大象元年(579)

吉 **二月辛巳**(十九)，**宣帝於鄴宮傳位於皇太子，自稱天元皇帝，改元。**（周書・宣帝紀、静帝紀，北史・周本紀下）

【儀制】《周書・宣帝紀》記曰：“帝於是自稱天元皇帝，所居稱天臺，冕有二十四旒，車服旗鼓皆以二十四爲節。”又《静帝紀》記静帝“居正陽宮”。《北史》同。
又《宣帝紀》末記曰：“唯自尊崇，無所顧憚。國典朝儀，率情變改。後宮位號，莫能詳録。每對臣下，自稱爲天。以五色土塗所御天德殿，各隨方色。又於後宮與皇后等列坐，用宗廟禮器罇、彝、珪、瓚之屬以飲食焉。”又：“令群臣朝天臺者，皆致齋三日，清身一日。車旗章服，倍於前王之數。既自比上帝，不欲令人同己。嘗自帶綬及冠通天冠，加金附蟬，顧見侍臣武弁上有金蟬，及王公有綬者，並令去之。”《北史》同。

嘉 **制冕服二十四旒，衣服以二十四章爲準。**（隋志・禮儀六）

【考釋】《舊唐志・輿服》記曰：“北朝則雜以戎夷之制。爰至北齊，有長帽短靴，合袴襖子，朱紫玄黃，各任所好。雖謁見君上，出入省寺，若非元正大會，一切通用。”據此，閻步克推論曰：“北朝君臣的實際穿着，在多數時候是散漫而率易的。

例如北齊，儘管制成五禮，紙面上的冠服井然有序了，但若非大禮，往往'任其所好'、'一切通用'。北周冕制在多大程度上實行了、實行了多久，也有很大疑問。不過就算一紙空文，畢竟也是法令。"(《服周之冕》第八章，第306頁)

【論評】閻步克評曰："這二十四旒、二十四章之冕，堪稱中國上下五千年最崇高的冕服。"(《服周之冕》第八章，第298頁)

嘉 二月辛卯(二十九)，下詔徙鄴城石經於洛陽。(周書·宣帝紀，北史·周本紀下)

軍 三月庚申(二十九)，宣帝東巡歸，大陳軍容。(周書·宣帝紀，北史·周本紀下)

【儀制】《周書》記曰："帝親擐甲冑，入自青門。皇帝衍備法駕從入。百官迎於青門外。"又曰："其時驟雨，儀衛失容。"《北史》同。

嘉 四月壬戌(初一)，宣帝立朱氏(妃)爲天元帝后。(周書·宣帝紀，北史·周本紀下)

吉 四月己巳(初八)，宣帝享太廟。(周書·宣帝紀，北史·周本紀下)

吉 四月壬午(二十一)，宣帝大醮於正武殿。(周書·宣帝紀，北史·周本紀下)

嘉 七月丙申(初七)，納司馬氏爲皇后。(周書·宣帝紀、皇后列傳)

嘉 七月壬子(二十三)，宣帝改天元帝后(朱氏)爲天皇后，立元氏(妃)爲天右皇后，立陳氏(妃)爲天左皇后。(周書·宣帝紀、皇后列傳，北史·周本紀下)

【論評】《隋書·高祖紀上》記曰："帝有四幸姬，並爲皇后，諸家爭寵，數相毀譖。帝每忿怒謂后曰：'必族滅爾家。'"《北史·隋本紀上》同。

吉 制 八月甲戌(十五)，大醮於正武殿，告天而行《刑經聖制》。(周書·宣帝紀，隋志·刑法，北史·周本紀下，通典·刑法二)

【因革】《隋志》記曰："下詔曰：'高祖所立《刑書要制》，用法深重，其一切除之。'然帝荒淫日甚，惡聞其過，誅殺無度，疎斥大臣。又數行肆赦，爲姦者皆輕犯刑法，政令不一，下無適從。於是又廣《刑書要制》，而更峻其法，謂之《刑經聖制》。"

又《北史·隋本紀上》宣帝去世後曰："周宣時刑政峻酷者，悉更以寬大之制，天下歸心矣。"

【考釋】《隋書·高祖紀上》記曰:"時帝爲《刑經聖制》,其法深刻。高祖以法令滋章,非興化之道,切諫,不納。"《北史·隋本紀上》同。

賓 九月,遣杜杲(御正中大夫)、薛舒(禮部)使於陳。(周書·宣帝紀、杜杲列傳,北史·周本紀下、杜杲列傳)

吉 十月壬戌(初四),宣帝大醮於道會苑,以武帝配。(周書·宣帝紀,北史·周本紀下)

【儀制】《周書》記曰:"醮訖,論議於行殿。是歲,初復佛像及天尊像。至是,帝與二像俱南面而坐,大陳雜戲,令京城士民縱觀。"《北史》同。

嘉 十二月戊午(初一),因災異屢見,宣帝至路寢,見百官;捨仗衛,往天興宮。(周書·宣帝紀,北史·周本紀下)

【理據】《周書》記此年九月己酉(二十一),"太白入南斗",十月壬戌(初四),"歲星犯軒轅大星",乙酉(二十七),"熒惑、鎮星合於虛",十一月己酉(二十二),"有星大如斗,出張,東南流,光明燭地"。

嘉 十二月甲子(初七),宣帝還宮,御正武殿,爲戲樂。(周書·宣帝紀,北史·周本紀下)

【儀制】《周書》記曰:"集百官及宮人內外命婦,大列妓樂,又縱胡人乞寒,用水澆沃爲戲樂。"《北史》同。

【因革】此前曾在保定元年(561)罷百戲,而至宣帝即位,《隋志·音樂中》記曰:"廣召雜伎,增修百戲。魚龍漫衍之伎,常陳殿前,累日繼夜,不知休息。……戲樂過度,游幸無節焉"。

【考釋】《隋志·音樂下》記曰:"始齊武平中,有魚龍爛漫、俳優、朱儒、山車、巨象、拔井、種瓜、殺馬、剝驢等,奇怪異端,百有餘物,名爲百戲。周時,鄭譯有寵於宣帝,奏徵齊散樂人,並會京師爲之。蓋秦角抵之流者也。"《通典·樂六》同。

嘉 十二月乙丑(初八),宣帝至洛陽,親御驛馬,日行三百里;己卯(二十二),還宮。(周書·宣帝紀,北史·周本紀下)

【儀制】《周書》記曰："四皇后及文武侍衛數百人，竝乘驛以從。仍令四后方駕齊驅，或有先後，便加譴責，人馬頓仆相屬。"《北史》同。

制 遣鄭譯(沛国公)閱視武庫，得北魏舊輿服，並加雕飾，分給六宮。(隋志·禮儀五)

【儀制】《隋志》記曰："有乾象輦，羽葆圓蓋，畫日月五星、二十八宿、天街雲罕、山林奇怪及游麟飛鳳、朱雀玄武、騶虞青龍，駕二十四馬，以給天中皇后，助祭則乘。又有大樓輦車，龍輈十二，加以玉飾，四轙六衡，方輿圓蓋，金雞樹羽，寶鐸旒蘇，鸞雀立衡，六螭龍銜軛，建太常，畫升龍日月，駕二十牛。又有象輦，左右金鳳，白鹿仙人，羽葆旒蘇，金鈴玉佩，初駕二象，後以六駝代之。並有游觀小樓等輦，駕十五馬車等，合十餘乘，皆魏天興中之所制也。"

【考釋】此事署在"大象中"，可與上鄭譯徵北齊樂人同觀。

【論評】陳寅恪《隋唐制度淵源略論稿》論曰："周襲魏天興舊制，雖加雕飾，仍不合華夏文化正式系統也。"(《禮儀》，第60頁)

制 馬顯(太史上士)上《丙寅元曆》，施行。(隋志·律曆中)

大象二年(580)

嘉 正月丁亥(初一)，宣帝受朝於道會苑。(周書·宣帝紀，北史·周本紀下)

吉 正月癸巳(初七)，享太廟。四月己巳(十四)，又享太廟。(周書·宣帝紀，北史·周本紀下)

吉 二月丁巳(初一)，宣帝至露門學，釋奠。(周書·宣帝紀，北史·周本紀下)

賓 二月戊午(初二)，突厥遣使獻方物，迎娶千金公主。(周書·宣帝紀，北史·周本紀下)

吉 三月丁亥(初一)，下詔置孔子廟於京都，以時祭享。(周書·宣帝紀，北史·周本紀下)

⬛制 三月庚子（十四），下詔天臺侍衛之官，皆著五色及紅紫綠衣，以雜色爲緣，名曰品色衣。（周書·宣帝紀，北史·周本紀下）

【儀制】《隋志·五行上》尚別記曰："侍衛之官，服五色，雜以紅紫。令天下車以大木爲輪，不施輻。朝士不得佩綬，婦人墨粧黃眉。"

⬛制 三月壬寅（十六），下詔内外命婦皆執笏，拜宗廟及天臺皆俛伏。（周書·宣帝紀，北史·周本紀下）

【儀制】《隋志·禮儀六》尚別記曰："天臺近侍及宿衛之官，皆著五色衣，以錦綺績繡爲緣，名曰品色衣。有大禮則服冕。内外命婦皆執笏，其拜俛伏方興。"

⬛嘉 三月甲辰（十九），宣帝立天左大皇后（陳氏）爲天中大皇后，立尉遲氏（妃）爲天左大皇后。（周書·宣帝紀、皇后列傳，北史·周本紀下）

【儀制】《周書·皇后列傳》記曰："帝後自稱天元皇帝，號后爲天元皇后。尋又立天皇后及左右皇后，與后爲四皇后焉。……二年，后與三皇后並加大焉。帝遣使持節册后爲天元大皇后。……尋又立天中大皇后，與后爲五皇后。"

又《隋志·五行上》記曰："造下帳，如送終之具，令五皇后各居其一，實宗廟祭器於前，帝親讀版而祭之。又將五輅載婦人，身率左右步從。又倒懸雞及碎瓦於車上，觀其作聲，以爲笑樂。皆服妖也。"

【論評】《宣帝紀》末歷數宣帝昏亂之事曰："嗣位之初，方逞其欲。大行在殯，曾無戚容，即閱視先帝宮人，逼爲淫亂。纔及踰年，便恣聲樂，采擇天下子女，以充後宮。好自矜誇，飾非拒諫。禪位之後，彌復驕奢，耽酗於後宮，或旬日不出。公卿近臣請事者，皆附奄官奏之。所居宮殿，帷帳皆飾以金玉珠寶，光華炫耀，極麗窮奢。及營洛陽宮，雖未成畢，其規模壯麗，踰於漢魏遠矣。"《北史》同。

⬛吉 四月壬午（二十七），宣帝至仲山祈雨。（周書·宣帝紀，北史·周本紀下）

⬛嘉 四月甲申（二十九），宣帝還宮，令京城士女於衢巷作音樂以迎候。（周書·宣帝紀，隋志·音樂中，北史·周本紀下，通典·樂二）

【附識】《隋志》尚記此前，"宣帝晨出夜還，恒陳鼓吹。嘗幸同州，自應門至赤岸，數十里間，鼓樂俱作"。

凶 五月己酉(二十四)，宣帝去世於天德殿；七月丙申(十二)，葬定陵。(周

書·宣帝紀、靜帝紀，北史·周本紀下)

【儀制】《靜帝紀》記曰："己酉，宣帝崩，帝入居天臺，廢正陽宫。……帝居諒闇，百官總己以聽於左大丞相。"《北史》同。

【考釋】《隋書·高祖紀上》記此事曰："乙未(初十)，帝崩。……丁未(二十二)，發喪。"《資治通鑑·陳紀八》從之。

【因革】《隋志·五行上》記曰："帝尋暴崩，而政由於隋，周之法度，皆悉改易。"

嘉 十二月甲子(十三)，楊堅(大丞相,隨王)進位相國，總百揆，備九錫之禮，加璽鈇遠游冠，相國印綠綟綬，位在諸王上。(隋書·高祖紀上,周

書·靜帝紀,北史·隋本紀上)

【因革】《隋書》記曰："隋國置丞相已下，一依舊式。"《北史》同。

【考釋】《周書》標此事在明年二月庚申(初九)。

凶 陽休之、陳德信等啓隋公，請收葬北齊後主、幼主，葬於長安北原洪瀆山。(北齊書·幼主紀,北史·齊本紀下)

【考釋】① 北齊後主、幼主於承光元年(577)被俘，建德七年(578)賜死。②《北齊書》、《北史》均標此事在"大象末"。

大定元年(581)

嘉 二月丙辰(初五)，楊堅(隋王)加冕十有二旒，建天子旌旗，出警入蹕，乘金根車，駕六馬，備五時副車，置旄頭雲罕，樂舞八佾，設鍾虡宫懸。(隋書·高祖紀上,周書·靜帝紀,北史·隋本紀上)

【因革】《周書》記曰："王后、王子爵命之號，並依魏晉故事。"

【考釋】《周書》標此事與上條同在二月庚申(初九)。

吉 二月甲子(十三)，楊堅稱帝，帝遜位於別宫。(周書·宣帝紀,隋書·高祖紀

上,北史·周本紀下)

【儀制】《隋書》記曰:"己巳(十八),以周帝爲介國公,邑五千户,爲隋室賓。旌旗車服禮樂一如其舊,上書不爲表,答表不稱詔。"《北史·隋本紀上》同。《周書》略同,然又曰:"有其文,事竟不行。"

【因革】《周書》録帝詔曰:"今便祗順天命,出遜別宮,禪位於隋,一依唐虞、漢魏故事。"

賓 四月辛丑(二十二),陳遣使韋鼎(散騎常侍)、王瑳(兼通直散騎常侍)來聘,致之介國公。(隋書·高祖紀上,北史·隋本紀上)

凶 五月壬申(二十三),帝被殺,隋文帝舉哀於朝堂;後葬於恭陵。(周書·靜帝紀,隋書·高祖紀上,北史·周本紀下、隋本紀上)

【考釋】《隋書》標此事在五月辛未(二十二),《北史·隋本紀上》同。

卷六
隋至唐開元：禮制極盛期
(581—741)

一、隋之部

581年，楊堅代北周稱帝，定都大興(今陝西西安)，國號隋。618年煬帝在江都(今江蘇揚州)被殺，隋亡。共歷三帝(文帝、煬帝、恭帝)，三十八年。

文帝(高祖，楊堅)

開皇元年(581)

吉 二月甲子(十三)，帝即位於臨光殿，設壇於南郊，遣使柴燎告天；帝告廟，改元。(隋書‧高祖紀上，隋志‧禮儀四，北史‧隋本紀上)

【因革】即位南郊之儀上承晉宋而來，於北朝之制相異。《隋志》録此前虞慶則(司録)提出可"設壇於東第"，遭到何妥(博士)反駁，何氏指出："自晉宋揖讓，皆在都下，莫不並就南郊，更無別築之義。"然而，"後魏即位，登朱雀觀，周帝初立，受朝於路門，雖自我作古，皆非禮也"，因此"今即府爲壇，恐招後誚"。何説得從。又《隋志‧禮儀七》記曰："高祖受命，因周、齊宮衛，微有變革。"

【儀制】《隋志‧禮儀七》記其時儀衛曰："戎服臨朝大仗，則領左右大將軍二人，分在左右廂。左右直寢、左右直齋、左右直後、千牛備身、左右備身等，夾侍供奉於左右及坐後。左右衛大將軍、左右直閤將軍、以次左右衛將軍，各領儀刀，爲十二行。内四行親衛，行別以大都督領。次外四行勳衛，以帥都督領。次外四行翊衛，以都督領。行各二人執金花師子楯、猥刀。一百四十人，分左右，帶横刀。後監門直長十二人，左青龍旗，右白獸旗。左右武衛開府，各領三仗六行，在大仗内，行別六十人，大都督一人領之，帥都督一人後之。大駕則執黄麾仗。其次戟二十四，左青龍幢，右白獸幢，罕、畢各一，鈒金二十四，金節十二道，蓋獸，又絳引幡，朱幢，爲持鈒前隊，應蹕，大都督二人領之，在御前横街南。左右武衞大將軍,領大仗左右廂,各六行,行別三百六十人,大都督一人領之。"

制 二月甲子,改北周六官,依漢魏之舊。(隋書‧高祖紀上,北史‧隋本紀上,隋志‧百官下)

【考釋】《隋書‧崔仲方列傳》記崔仲方(少內史)勸帝除周六官,帝從之。

【因革】①《隋志‧百官上》記曰:"高祖踐極,百度伊始,復廢《周官》,還依漢、魏。唯以中書爲內史,侍中爲納言,自餘庶僚,頗有損益。煬帝嗣位,意存稽古,建官分職,率由舊章。"②《隋志‧百官下》則錄此時改制,又記此後"煬帝即位,多所改革"。

【理據】《通典‧職官七》自注:"後周依《周禮》置六官,而年代短促,人情相習已久,不能革其視聽。故隋氏復廢六官,多依北齊之制。官職重設,庶務煩滯,加六尚書似周之六卿,又更別立寺、監,則戶部與太府分地官司徒職事,禮部與太常分春官宗伯職事,刑部與大理分秋官司寇職事,工部與將作分冬官司空職事。自餘百司之任,多類於斯,欲求理要,實在簡省。"

【論評】甘懷真分析指出:"北魏孝文帝實行漢化政策以來,所形成的胡漢統治集團,現在集結在楊堅的陣營下。……當楊堅通過北魏孝武帝軍系的人脈,結合了關隴豪族,終至取代了宇文泰集團,這種權力的轉移清楚地表現在隋代的文化政策上。……廢除西魏時代所建立六官制度,依漢魏之舊,重新回到北魏孝文帝時要走的文化方向。"(《皇權、禮儀與經典詮釋》,第 327 頁)

吉 二月甲子,帝召崔仲方(少內史)、高熲(尚書左僕射)議正朔服色,崔氏定隋爲火行,車服旗牲並宜用赤。(隋書‧崔仲方列傳,通典‧吉禮十四)

嘉 二月乙丑(十四),遣八使巡省風俗。(隋書‧高祖紀上,北史‧隋本紀上)

吉 遣宇文善(兼太保)、李詢(兼太尉)奉策至同州,告皇考桓王廟。(隋志‧禮儀二,通典‧吉禮六)

【儀制】《隋志》記曰:"兼用女巫,同家人之禮。"

吉 二月丙寅(十五),修宗廟、社稷。宗廟四室。迎皇考桓王神主入宗廟。(隋書‧高祖紀上,隋志‧禮儀二,北史‧隋本紀上,通典‧吉禮四、禮七)

【因革】《隋志》記曰:"是時帝崇建社廟,改周制,左宗廟而右社稷。"《北史》記曰:"改周氏左社右廟制爲右社左廟。"

【考釋】《隋志》記此時四廟爲:"宗廟未言始祖,又無受命之祧。自高祖已下,置四親廟,同殿異室而已。一曰皇高祖太原府君廟,二曰皇曾祖康王廟,三曰皇祖獻王廟,四曰皇考太祖武元皇帝廟。擬祖遷於上,而太祖之廟不毀。"

【儀制】《隋志》記隋初社稷之通制曰:"開皇初,社稷並列於含光門内之右,仲春仲秋吉戊,各以一太牢祭焉。牲色用黑。孟冬下亥,又臘祭之。州郡縣二仲月,並以少牢祭,百姓亦各爲社。""又於國城東南七里延興門外,爲靈星壇,立秋後辰,令有司祠以一少牢。"

嘉 **二月丙寅,立獨孤氏**(王后)**爲皇后;立楊勇**(王太子)**爲皇太子。**(隋書·高祖紀上,北史·隋本紀上)

嘉 **二月,策命諸王公。**(隋書·高祖紀上,北史·隋本紀上)

【儀制】《隋志·禮儀四》記曰:"隋臨軒册命三師、諸王、三公,並陳車輅。餘則否。百司定列,内史令讀册訖,受册者拜受出。又引次受册者,如上儀。"又曰:"若册開國,郊社令奉茅土,立於仗南,西面。每受册訖,授茅土焉。"《通典·嘉禮十六》同。

賓 **三月丁未**(二十七),**西梁帝蕭巋遣使蕭巖**(太宰)、**劉義**(司空)**來賀。**(隋書·高祖紀上,北史·隋本紀上)

嘉 **四月戊戌**(十九),**太常散樂並放爲百姓;禁雜樂百戲。**(隋書·高祖紀上,北史·隋本紀上)

制 **六月癸未**(初五),**采裴政**(太子庶子,攝太常少卿)**之奏,下詔定郊及社廟,依服冕之儀,朝會之服、旗幟犧牲尚赤,戎服尚黄。**(隋書·高祖紀上,隋志·禮儀七,北史·隋本紀上)

【理據】《資治通鑑·陳紀九》概括曰:"隋詔郊廟冕服必依《禮經》。"

【因革】①《隋志》録裴政奏曰:"今皇隋革命,憲章前代,其魏、周輦輅不合制者,已勅有司盡令除廢,然衣冠禮器,尚且兼行。乃有立夏袞衣,以赤爲質,迎秋平冕,用白成形,既越典章,須革其謬。"② 裴政又曰:"今請冠及冕,色並用玄,唯應著幘者,任依漢、晉。"又記曰:"於是定令,采用東齊之法。"《通典·嘉禮二》同。③ 陳寅恪《隋唐制度淵源略論稿》釋曰:"此隋制禮服不襲周而因齊之例證也。齊又襲魏太和以來所采用南朝前期之制,而江左之制源出自晉,上溯於漢,故曰漢、晉。"(《禮儀》,第 64—65 頁)

【儀制】①《隋志》錄帝詔曰:"今之戎服,皆可尚黃,在外常所著者,通用雜色。"② 又記隋服制等級:"乘輿袞冕,垂白珠十有二旒,以組爲纓,色如其綬,黈纊充耳,玉笄。玄衣,纁裳。衣,山、龍、華蟲、火、宗彝五章;裳,藻、粉、米。黼、黻四章。衣重宗彝,裳重黼黻,爲十二等。"③《通典·嘉禮二》概括其制曰:"皇太子袞冕,垂白珠九旒,青纊充耳,犀笄。國公冕,青珠九旒,初受冊命、執贄、入朝、祭祀、親迎、三公助祭,並服之。侯伯則鷩冕,子男則毳冕。五品以上繡冕,九品以上爵弁。"《嘉禮六》則詳載各等服制。

嘉 **七月乙卯**(初七),**帝始服黃,百僚畢賀**。(隋書·高祖紀上,北史·隋本紀上)

軍 **九月戊申**(初一),**遣使賑恤戰亡之家**。(隋書·高祖紀上,北史·隋本紀上)

制 **十月,高熲**(尚書左僕射,勃海公)、**鄭譯**(上柱國,沛公)、**楊素**(上柱國,清河郡公)、**常明**(大理前少卿,平源縣公)、**韓濬**(刑部侍郎,保城縣公)、**李諤**(比部侍郎)、**柳雄亮**(兼考功侍郎)**等更定新律奏上;戊子**(十二),**頒行新律**。(隋書·高祖紀上,隋志·刑法,北史·隋本紀上,通典·刑法二)

【考釋】①《隋書·裴政列傳》則記其時裴政任率更令,"詔與蘇威等修定律令,政采魏、晉刑典,下至齊、梁,沿革輕重,取其折衷;同撰著者十有餘人,凡疑滯不通,皆取決於政"。《北史·裴政列傳》同。②《隋書·李德林列傳》又記其時李德林爲內史令,"勅令與太尉任國公于翼、高熲等同修律令。事訖奏聞,別賜九環金帶一腰,駿馬一匹,賞損益之多也"。又曰:"格令班後,蘇威每欲改易事條。德林以爲格式已頒,義須畫一,縱令小有踦駁,非過蠹政害民者,不可數有改張。"

【因革】《舊唐志·刑法》述曰:"隋文帝參用周、齊舊政,以定律令,除苛慘之法,務在寬平。"

又《隋志》記此後開皇三年(583)，"因覽刑部奏，斷獄數猶至萬條。以爲律尚嚴密，故人多陷罪。又勑蘇威、牛弘等，更定新律。除死罪八十一條，流罪一百五十四條，徒杖等千餘條，定留唯五百條。凡十二卷。……自是刑網簡要，疎而不失。於是置律博士弟子員。斷決大獄，皆先牒明法，定其罪名，然後依斷。"

又王夫之《讀通鑑論》(卷十九)評曰："今之律，其大略皆隋裴政之所定也。政之澤遠矣，千餘年間，非無暴君酷吏，而不能逞其淫虐，法定故也。古肉刑之不復用，漢文之仁也。然漢之刑，多爲之制，故五胡以來，獸之食人也得恣其忿慘。至於拓跋、宇文、高氏之世，定死刑以五，曰磬、絞、斬、梟、磔，又有門房之誅焉，皆漢法之不定啓之也。政爲隋律，制死刑以二，曰絞、曰斬，改鞭爲杖，改杖爲笞，非謀反大逆無族刑，垂至於今，所承用者，皆政之制也。"陳寅恪《隋唐制度淵源略論稿》進而論曰："〔裴政〕一入隋代，乃能與蘇威等爲新朝創制律令，上采魏晉，下迄齊梁，是乃真能用南朝之文化及己身之學業，以佐成北朝完善之制度者，與其在西魏北周時迥不相同。"(《禮儀》，第55頁)

【論評】《資治通鑑·陳紀九》稱曰："自是法律遂定，後世多遵用之。"胡注："宋朝行之《刑統》，舊所傳者也。"

又《隋書·蘇威列傳》評曰："隋承戰爭之後，憲章蹐駁，上令朝臣釐改舊法，爲一代通典，律令格式，多威所定，世以爲能。"《北史·蘇綽列傳》同。

賓 十一月丁卯(二十一)，遣鄭撝(兼散騎侍郎)、許惇(兼通直散騎常侍)使於陳。

(隋書·高祖紀上，北齊書·許惇列傳，北史·隋本紀上)

【考釋】《北史》此事前缺標丁卯。

嘉 冬至，皇太子(楊勇)北面受朝賀，帝斥之爲不合禮，遂改定儀注。

(隋書·文四子列傳，隋志·禮儀四，北史·隋宗室諸王列傳，通典·嘉禮十六)

【因革】《隋志》記曰："後周制，正之二日，皇太子南面，列軒懸，宮官朝賀。"此年楊勇原"準故事，張樂受朝，宮臣及京官北面稱慶"，此所謂故事，即上承北周之制。

【理據】《隋書》錄辛亹(太常少卿)曰："於東宮是賀，不得言朝。"又錄帝曰："改節稱賀，正可三數十人，逐情各去。何因有司徵召，一時普集，太子法服設樂以待之？東宮如此，殊乖禮制。"

【儀制】《隋志》記此後所定儀注爲："［皇太子］西面而坐，唯宮臣稱慶，臺官不復總集。"

【考釋】此事標時間在開皇初，然《資治通鑑・隋紀三》繫於開皇二十年（600），欠妥。

嘉 **李德林**（內史令）**奏請廢毀北周、北魏輿輦乖制，帝從之。**（隋志・禮儀五，通典・嘉禮九、嘉禮十）

【因革】①《隋志》記曰："唯留魏太和時儀曹令李韶所製五輅，齊天保所遵用者。又留魏熙平中，太常卿穆紹議皇后之輅，其從祭則御金根車，親桑則御雲母車，並駕四馬。"② 陳寅恪《隋唐制度淵源略論稿》指出："李德林本北齊舊臣，當時禮制典章，尤所諳練，故請毀廢而用魏太和熙平齊天保之制度，而此制度即魏孝文及其後嗣所采用南朝前期之文物，經北齊遂成爲一系統結集者。此隋在文物上不繼周而因齊之例證也。"（《禮儀》，第 60 頁）

嘉 **梁彥光復任相州刺史，招致名儒，每鄉立學，親臨策試，風俗大改。**（隋書・循吏列傳，北史・循吏列傳，資治通鑑・陳紀九）

【儀制】《隋書》記曰："彥光欲革其弊，乃用秩俸之物，招致山東大儒，每鄉立學，非聖哲之書不得教授。常以季月召集之，親臨策試。有勤學異等，聰令有聞者，升堂設饌；其餘並坐廊下；有好諍訟、惰業無成者，坐之庭中，設以草具。及大成，當舉行賓貢之禮，又於郊外祖道，并以財物資之。於是人皆剋勵，風俗大改。"《北史》同。

凶 **柳敏**（上大將軍，太子太保）**去世，遺誡喪事務從儉約，子柳昂涕泣奉行。**

（周書・柳敏列傳，北史・柳敏列傳）

吉 **追贈李淵**（後之唐高祖）**外祖呂雙周、外祖母**（姚氏），**並詔改葬，於齊州立廟，置守冢十家。**（隋書・外戚列傳，北史・外戚列傳）

【考釋】此事《隋書》、《北史》均僅署在"開皇初"。

開皇二年(582)

[賓] 正月戊辰(二十四)，陳遣使來請和。六月甲申(十一)，遣使弔於陳。(隋書·高祖紀上,北史·隋本紀上)

【附識】陳宣帝於此年正月去世,後主即位,參見陳太建十四年(582)。

【儀制】①《隋書·長孫覽列傳》記曰:"師臨江,陳人大駭。會陳宣帝卒,[長孫]覽欲乘釁遂滅之,監軍高熲以禮不伐喪而還。"《北史·長孫道生列傳》同。②《南史·陳本紀下》記曰:"聞宣帝崩,[隋]乃命班師,遣使赴弔,修敵國之禮,書稱姓名頓首。"

【論評】王夫之《讀通鑑論》(卷十八)論曰:"陳之愚而必亡,隋之智而克陳,皆於此徵之矣。""熲不伐喪,義也,而何但言智也?⋯⋯陳雖弱,江東之立國久矣,非其可以必得,未易傾也。⋯⋯幸而請和之使至矣,假不伐喪之美名以市陳,實收全師不敗之功,以養威而俟時,故隋智甚也。"

[凶] 七月癸巳,下詔新置都處墳墓,令遷葬設祭。(北史·隋本紀上)

【儀制】《北史》記曰:"無主者,命官爲殯葬。"

【考釋】此年七月癸卯朔,無癸巳日。

[嘉] 十月庚寅(十九)，帝病愈，享百官於觀德殿。(隋書·高祖紀上,北史·隋本紀上)

[軍] 十二月辛未(初一)，講武於後園。(隋書·高祖紀上,北史·隋本紀上)

【儀制】《北史》記此年十一月,"命爲方陣戰法,及制軍營圖樣。"

【考釋】此年十一月,擬征突厥。

[嘉] 革北周中宮之弊，唯皇后正位，著內官之式。(隋書·后妃列傳)

【因革】《隋書》記曰:"周宣嗣位,不率典章,衣褕翟、稱中宮者,凡有五。夫人以下,略無定數。高祖思革前弊,大矯其違,⋯⋯著內官之式,略依《周禮》,省減其數。⋯⋯又采漢、晉舊儀,置六尚、六司、六典,遞相統攝,以掌宮掖之政。"《北史》同。

樂 顏之推（北齊黃門侍郎）上言依梁樂，正胡聲，鄭譯（柱國，沛公）又上奏請修正雅樂，下詔牛弘（太常卿）、辛彥之（國子祭酒）、何妥（國子博士）等議之。（隋志‧音樂中，舊唐志‧音樂一，通典‧樂二、樂三）

【儀制】《隋志》記曰："是時尚因周樂，命工人齊樹提檢校樂府，改換聲律，益不能通。"

又《隋志‧音樂下》記曰："始開皇初定令，置七部樂：一曰國伎，二曰清商伎，三曰高麗伎，四曰天竺伎，五曰安國伎，六曰龜茲伎，七曰文康伎。又雜有疎勒、扶南、康國、百濟、突厥、新羅、倭國等伎。其後牛弘請存《鞞》、《鐸》、《巾》、《拂》等四舞，與新伎並陳。"

【因革】①《隋志》録帝曰："梁樂，亡國之音，奈何遺我用邪？"②《舊唐志》則縷叙此前樂事曰："自永嘉之後，咸、洛爲墟，禮壞樂崩，典章殆盡。江左掇其遺散，尚有治世之音。而元魏、宇文，代雄朔漠，地不傳於清樂，人各習其舊風。雖得兩京工胥，亦置四廂金奏，殊非入耳之玩，空有作樂之名。"

【考釋】①《隋書‧鄭譯列傳》記曰："［鄭］譯以周代七聲廢缺，自大隋受命，禮樂宜新，更修七始之義，名曰《樂府聲調》，凡八篇。奏之，上嘉美焉。……復奉詔定樂於太常。"《北史‧鄭羲列傳》同。②《隋書‧儒林列傳》記曰："上令［何］妥考定鍾律，妥又上表，……書奏，別勅太常取妥節度。於是作清、平、瑟三調聲，又作八佾、《鞞》、《鐸》、《巾》、《拂》四舞。先是，太常所傳宗廟雅樂，數十年唯作大呂，廢黃鍾。妥又以深乖古意，乃奏請用黃鍾。詔下公卿議，從之。"《北史‧儒林列傳下》同。③《隋志》記"又詔求知音之士，集尚書，參定音樂"，其時"牛弘總知樂事，弘不能精知音律"，有蘇夔（邳國公世子，太子洗馬）、萬寶常（伶人）與鄭譯辯難，最終，"譯等議寢"。

【理據】《隋書‧藝術列傳》録萬寶常斥鄭譯所定音樂："此亡國之音，豈陛下之所宜聞！"又"極言樂聲哀怨淫放，非雅正之音，請以水尺爲律，以調樂器"，然萬氏所創，"時人以《周禮》有旋宮之義，自漢、魏已來，知音者皆不能通，見寶常特創其事，皆哂之。……其聲雅淡，不爲時人所好，太常善聲者多排毀之"。

【論評】《隋書・藝術列傳》評曰：“開皇之世，有鄭譯、何妥、盧賁、蘇夔、蕭吉，並討論墳籍，撰著樂書，皆爲當世所用。至於天然識樂，不及寶常遠矣。安馬駒、曹妙達、王長通、郭令樂等，能造曲，爲一時之妙，又習鄭聲，而寶常所爲，皆歸於雅。此輩雖公議不附寶常，然皆心服，謂以爲神。”

樂 盧賁(太常卿)上表改宮懸爲八，以黃鍾爲宮，從之，詔與楊慶和(儀同)删定周、齊音律。 (隋書・盧賁列傳)

【因革】《隋志》録盧賁上表：“周武克殷，得鶉火、天駟之應，其音用七。漢興，加應鍾，故十六枚而在一簴。鄭玄注《周禮》，二八十六爲簴。此則七八之義，其來遠矣。然世有沿革，用捨不同，至周武帝，復改懸七，以林鍾爲宮。”

【理據】《隋志・音樂下》記曰：“〔隋〕參用《儀禮》及《尚書大傳》，爲宮懸陳布之法。……又準《儀禮》，宮懸四面設鎛鍾十二虡，各依辰位。……樂器並采《周官》，參之梁代，擇用其尤善者。……晉宋故事，簨別各有柷、敔，既同時憂之，今則不用。”

【考釋】此事未悉年月，當在建隋後不久，暫次於上條。

凶 周武帝皇后(阿史那氏)去世，帝下詔有司備禮册，祔葬於孝陵。 (周書・皇后列傳)

凶 田仁恭(左武衛大將軍)去世，子田德懋(太子千牛備身)哀毀骨立，廬於墓側，負土成墳，帝遣元志(員外散騎侍郎)就弔，復下詔表其門閭。 (周書・孝義列傳，北史・田弘列傳)

【附識】《孝義列傳》尚載有其他數人守孝過禮者，兹從略。

開皇三年(583)

賓 正月癸亥(二十四)，高麗遣使來朝。 (隋書・高祖紀上)

【因革】① 此年四月辛未(初三)、五月甲辰(初七)，又遣使來朝。②《隋書・東夷列傳》記曰：“開皇初，頻有使入朝。”

嘉 正月，廢遠近酒坊，罷鹽井禁。（北史·隋本紀上）

賓 二月癸酉（初四），陳遣使賀徹（兼散騎常侍）、蕭褒（兼通直散騎常侍）來朝。

四月辛卯（二十三），遣使薛舒（兼散騎常侍）、王劭（兼通直散騎常侍）朝於陳。
（隋書·高祖紀上，北史·隋本紀上）

嘉 三月丙辰（十八），遷入新都洛陽；庚申（二十二），宴百官。（隋書·高祖紀上，北史·隋本紀上）

【儀制】《隋書》記丙辰日，"雨，常服入新都"。《北史》同。

吉 四月甲申（十六），因旱，帝親祀雨師於國城之西南。癸巳（二十五），親雩。（隋書·高祖紀上，北史·隋本紀上）

【儀制】《隋志·禮儀二》記隋通制曰："隋雩壇，國南十三里啓夏門外道左。高一丈，周百二十尺。孟夏之月，龍星見，則雩五方上帝，配以五人帝於上，以太祖武元帝配饗，五官從配於下。牲用犢十，各依方色。京師孟夏後旱，則祈雨，理冤獄失職，存鰥寡孤獨，振困乏，掩骼埋胔，省徭役，進賢良，舉直言，退佞諂，黜貪殘，命有司會男女，恤怨曠。七日，乃祈岳鎮海瀆及諸山川能興雲雨者；又七日，乃祈社稷及古來百辟卿士有益於人者；又七日，乃祈宗廟及古帝王有神祠者；又七日，乃修雩，祈神州；又七日，仍不雨，復從岳瀆已下，祈如初典。秋分已後不雩，但禱而已。皆用酒脯。初請後二旬不雨者，即徙市禁屠。皇帝御素服，避正殿，減膳撤樂，或露坐聽政。百官斷傘扇。令人家造土龍。雨澍，則命有司報。"又曰："州郡尉祈雨，則理冤獄，存鰥寡孤獨，掩骼埋胔，潔齋祈于社。七日，乃祈界內山川能興雨者，徙市斷屠如京師。祈而澍，亦各有報。"又曰："霖雨則禜京城諸門，三珥不止，則祈山川岳鎮海瀆社稷。又不止，則祈宗廟神州。報以太牢。州郡縣苦雨，亦各珥其城門，不止則祈界內山川。及祈報，用羊豕。"《通典·吉禮二》《吉禮十四》略同。

又《隋志·禮儀二》記壇制曰："隋制，於國城西北十里亥地，爲司中、司命、司禄三壇，同壝。祀以立冬後亥。國城東北七里通化門外爲風師壇，祀以立春後丑。國城西南八里金光門外爲雨師壇，祀以立夏後申。壇皆三尺，牲以一少牢。"

【因革】隋代雩祀行七事,上承梁大同五年(539)而來,故《通典·吉禮二》謂隋代祈雨"如梁之七事"。

嘉 **四月丙戌**(十八),**下詔天下勸學行禮。**(隋書·高祖紀上,北史·隋本紀上)

【考釋】《隋書·柳機列傳》記啓示柳昂(潞州刺史)"見天下無事,可以勸學行禮,因上表……上覽而善之,……自是天下州縣皆置博士習禮焉。"《北史·柳敏列傳》同。

【理據】《隋書·柳機列傳》錄帝詔曰:"建國重道,莫先於學,尊主庇民,莫先於禮。……王者承天,休咎隨化,有禮則祥瑞必降,無禮則妖孽興起。人禀五常,性靈不一,有禮則陰陽合德,無禮則禽獸其心。治國立身,非禮不可。"又曰:"古人之學,且耕且養。今者民丁非役之日,農畝時候之餘,若敦以學業,勸以經禮,自可家慕大道,人希至德。豈止知禮節,識廉恥,父慈子孝,兄恭弟順者乎?始自京師,爰及州郡,宜祗朕意,勸學行禮。"

賓 **四月甲午**(二十六),**突厥遣使來朝。**(隋書·高祖紀上)

【因革】此年六月戊寅(十一),突厥又遣使請和。

賓 **五月乙巳**(初八),**西梁蕭琮**(太子)**來賀遷都。**(隋書·高祖紀上,北史·隋本紀上)

吉 **五月辛酉**(二十四),**祀方澤。**(隋書·高祖紀上,北史·隋本紀上)

吉 **八月戊子**(二十二),**祀太社。**(隋書·高祖紀上,北史·隋本紀上)

嘉 **九月壬子**(十七),**帝至城東,觀稼穀。**(隋書·高祖紀上,北史·隋本紀上)

嘉 **十一月己酉**(十四),**遣使巡省風俗。**(隋書·高祖紀上,北史·隋本紀上)

賓 **十二月庚辰**(十六),**陳遣使周墳**(散騎常侍)、**袁彦**(通直散騎常侍)**來朝。閏十二月乙卯**(二十一),**遣使曹令則**(兼散騎常侍)、**魏澹**(通直散騎常侍)**朝於陳。**(隋書·高祖紀上,北史·隋本紀上)

【考釋】①《隋書》標庚辰前恐脱"十二月"三字,《北史》同;若承上作十一月,則不合曆日。② 曹令則,《北史》作唐令則。

柳彧（治書侍御史）奏請禁正月十五作角抵之戲、燃燈游戲，詔可。（隋書·柳彧列傳，北史·柳彧列傳，資治通鑑·陳紀九）

【儀制】《隋書》録柳彧奏曰："竊見京邑，爰及外州，每以正月望夜，充街塞陌，聚戲朋游。鳴鼓聒天，燎炬照地，人戴獸面，男爲女服，倡優雜技，詭狀異形。以穢嫚爲歡娛，用鄙褻爲笑樂，内外共觀，曾不相避。高棚跨路，廣幕陵雲，袨服靚粧，車馬填噎。肴醑肆陳，絲竹繁會，竭貲破産，競此一時。盡室并孥，無問貴賤，男女混雜，緇素不分。"《北史》略同。

【因革】《資治通鑑·陳紀九》胡注："上元燃燈，或云以漢祠太一自昏至晝故事，此説非也。梁簡文帝有《列燈詩》，陳後主有《光璧殿遥詠山燈詩》，則柳彧所謂近世風俗是也。"

沈重（北周驃騎大將軍、露門博士，梁散騎常侍、太常卿）去世，帝遣蕭子寶（舍人）祭以少牢。（周書·儒林列傳，北史·儒林列傳下）

姚僧垣（北絳郡公）去世，遺誡衣白帢入棺，勿斂朝服，靈上唯置香奩，每日僅設清水。（周書·藝術列傳，北史·藝術列傳下）

王誼（郢國公）子王奉孝去世，踰年，上表請爲兒媳（蘭陵公主）除服，楊素（御史大夫）認爲應服三年，並請付法科，詔勿治。（隋書·王誼列傳，北史·王盟列傳）

【理據】《隋書》録楊素劾曰："臣聞喪服有五，親疏異節，喪制有四，降殺殊文。王者之所常行，故曰不易之道也。……況復三年之喪，自上達下，及替釋服，在禮未詳。然夫婦則人倫攸始，喪紀則人道至大，苟不重之，取笑君子。"

【考釋】據《隋書》可知王奉孝去世於去年五月，然究竟是哪一年，不確。

楊廣（晉王）納妃於梁，楊綸（邵國公，邵州刺史）致禮。（隋書·后妃列傳、滕穆王瓚列傳、柳莊列傳，北史·后妃列傳下、隋宗室諸王列傳、柳遐列傳）

【儀制】①《后妃列傳》記曰："高祖將爲王選妃於梁，遍占諸女，諸女皆不吉。歸迎后於舅氏，令使者占之，曰：'吉。'於是遂策爲王妃。"②《柳莊列傳》記曰："及爲晉王廣納妃于梁，〔柳〕莊因是往來四五反。"《北史》列傳同。

【考釋】此事未悉年月,當在其弟楊俊納妃之前,暫繫於此。

開皇四年(584)

吉 **正月己巳**(初六),**奉祀太廟。**(隋書·高祖紀上,北史·隋本紀上)

【儀制】《隋志·禮儀二》記隋廟祭之制曰:"〔四親廟〕各以孟月,饗以太牢。四時薦新於太廟,有司行事,而不出神主。祔祭之禮,並準時饗。"《通典·吉禮八》同。

又記宗廟禘祫之制曰:"三年一祫,以孟冬,遷主、未遷主合食於太祖之廟。五年一禘,以孟夏,其遷主各食於所遷之廟,未遷之主各於其廟。禘祫之月,則停時饗,而陳諸瑞物及伐國所獲珍奇於廟庭,及以功臣配饗。"

又記祭先代王公之制曰:"並以其日,使祀先代王公:帝堯於平陽,以契配;帝舜於河東,咎繇配;夏禹于安邑,伯益配;殷湯于汾陰,伊尹配;文王、武王於酆渭之郊,周公、召公配;漢高帝於長陵,蕭何配。各以一太牢而無樂,配者饗於廟庭。"《通典·吉禮十二》同。可見祀先代王公與帝祀宗廟爲同日。

【因革】陳戍國指出:"唯'三年一祫'、'五年一禘'之說雖然早見於《禮記·王制》疏引《禮緯》鄭君注及鄭君《禘祫志》,隋之前恐怕沒有哪個朝代真正實行過。""此種祭祀先祖的制度,理論上前有所承,實踐上殆爲首創。"(《中國禮制史·隋唐五代卷》,第9、48—49頁)

【考釋】《北史》此事前缺標己巳。

吉 **於享廟日祭六祀。**(隋志·禮儀二,通典·吉禮十)

【儀制】《隋志》記曰:"其司命,户以春,竈以夏,門以秋,行以冬,各於享廟日,中霤則以季夏祀黃郊日,各命有司,祭於廟西門道南。牲以少牢。"

【因革】《通典》記西晉"以後諸祀無聞,唯司命配享於南郊壇"。

【考釋】此禮未見北齊施行之記載,暫於上條同列。

吉 **正月辛未**(初八),**南郊。**(隋書·高祖紀上,北史·隋本紀上)

【儀制】《隋志·禮儀一》記南郊之制曰："爲壇於國之南,太陽門外道西一里,去宮十里。壇高七尺,廣四丈。孟春上辛,祠所感帝赤熛怒於其上,以太祖武元皇帝配。其禮四圭有邸,牲用騂犢二。"《通典·吉禮一》略同。

《隋志》又記圜丘之制曰："爲圓丘於國之南,太陽門外道東二里。其丘四成,各高八尺一寸。下成廣二十丈,再成廣十五丈,又三成廣十丈,四成廣五丈。再歲冬至之日,祀昊天上帝於其上,以太祖武元皇帝配。五方上帝、日月、五星、內官四十二座、次官一百三十六座、外官一百一十一座、衆星三百六十座,並皆從祀。上帝、日月在丘之第二等,北斗五星、十二辰、河漢、內官在丘第三等,二十八宿、中官在丘第四等,外官在內壝之內,衆星在內壝之外。其牲,上帝、配帝用蒼犢二,五帝、日月用方色犢各一,五星已下用羊豕各九。"《通典·吉禮一》略同。

【因革】陳戍國指出:"隋朝祭祀之分大中小三類,與南齊建武年間依何佟之之議所行大祀、次祀、小祀相似,但亦有不同(如三類範圍不盡相同)。隋與南齊之分祭祀三類,追本溯源,無非將《周官·肆師》之説付諸實施。"(《中國禮制史·隋唐卷》,第48頁)

又高明士指出:"開皇禮祖述《周官》,近取梁禮,北齊禮,實爲積極施行'文化認同'的表現。例如郊祀禮的規定,包括圓丘、方丘、南郊、北郊,實爲北朝以來之傳統,顯然是就北齊禮而制定,即取鄭玄説。但隋祀圓丘,以'再歲(即二年一祀)冬至之日,當源自梁天監三年以後之制。而隋之配神,祇規定太祖武元皇帝(楊堅父忠),無列后妃,則又異於南北朝,是爲變禮。'"(《隋代的制禮作樂》,《隋唐史論集》,第19頁)

吉 **北郊。**（隋志·禮儀一,通典·吉禮四）

【儀制】《隋志》記北郊之制曰："爲方丘於宮城之北十四里。其丘再成,成高五尺,下成方十丈,上成方五丈。夏至之日,祭皇地祇於其上,以太祖配。神州、迎州、冀州、戎州、拾州、柱州、營州、咸州、陽州九州山、海、川、林、澤、丘陵、墳衍、原隰,並皆從祀。地祇及配帝在壇上,用黃犢二。神州九州神座於第二等八陛之間:神州東南方,迎州南方,冀州、戎州西南方,拾州西方,柱州西北方,營州北方,咸州東北方,陽州東方,各用方色犢一。九州山海已下,各依方面八陛之間。其冀州山林川澤，丘陵墳衍，於壇之南少西，加羊豕各九。”又曰：“北郊孟冬祭神州之神，以太祖武元皇帝配。牲用犢二。”

又記分大祀三等曰：“凡大祀，齋官皆於其晨集尚書省，受誓戒。散齋四日，致齋三日。祭前一日，晝漏上水五刻，到祀所，沐浴，著明衣，咸不得聞見衰経哭泣。昊天上帝、五方上帝、日月、皇地祇、神州社稷、宗廟等爲大祀，星辰、五祀、四望等爲中祀，司中、司命、風師、雨師及諸星、諸山川等爲小祀。大祀養牲，在滌九旬，中祀三旬，小祀一旬。其牲方色難備者，聽以純色代。告祈之牲者不養。祭祀犧牲，不得捶扑。其死則埋之。”

【因革】《隋志》記曰：“隋因周制。”

【考釋】《隋志》記曰：“高祖受命，欲新制度，乃命國子祭酒辛彦之議定祀典。”據高明士考證，“制禮，是由文帝主動提出，最初任命辛彦之先議定《祀典》（如《隋志》所見的郊天之禮，後來當收入‘開皇禮’），此時彦之爲國子祭酒，約當開皇元年到二年之間。”（《隋代的制禮作樂》，《隋唐史論集》，第 18 頁）因此，《隋志》所載南郊儀制此年當即已施行，然北郊起用於何時未見記載，今姑隷此。

賓 **正月壬申**（初九），**西梁帝蕭歸來朝。二月乙巳**（十三），**帝餞蕭歸於霸上。**（隋志·儀禮三，隋書·高祖紀上，北史·隋本紀上，通典·賓禮一）

【儀制】《隋志》記此年儀注曰：“梁主蕭歸朝于京師，次於郊外。詔廣平王楊雄、吏部尚書韋世康持節以迎。衛尉設次於驛館。雄等降就便幕。歸服通天冠、絳紗袍、端珽，立於東階下，西面。文武陪侍，如其國。雄等立於門右，東面。歸攝內史令柳顧言出門請事。世康曰：‘奉詔勞于梁帝。’顧言入告。歸出，迎於館門之外，西面再拜。持節者導雄與歸俱入，至于庭下。歸北面再拜受詔訖。雄等乃出，立於館門外道右東向。歸送於門外，西面再拜。及奉見，高祖冠通天冠，服絳紗袍，御大興殿，如朝儀。歸服遠游冠，朝服以入，君臣並拜，禮畢而出。”

【因革】此制上承北周而來。

軍 **正月甲戌**（十一），**大射於北苑。**（隋書·高祖紀上，北史·隋本紀上）

【儀制】《隋志·禮儀三》記隋通制曰：“大射祭射侯於射所，用少牢。軍人每年孟秋閱戎具，仲冬教戰法。”

又《隋書》記此次大射“十日而罷”。

制 **正月壬辰**(二十九)，**詔頒新曆。** (隋書·高祖紀上，北史·隋本紀上)

【考釋】《隋志·律曆中》記前後之事曰：“時高祖作輔，方行禪代之事，欲以符命曜于天下。道士張賓，揣知上意，自云玄相，洞曉星曆，因盛言有代謝之徵，又稱上儀表非人臣相。由是大被知遇，恒在幕府。及受禪之初，擢賓爲華州刺史，……議造新曆，仍令太常卿盧賁監之。賓等依何承天法，微加增損。四年二月撰成，奏上。”按此云二月撰成，略後。

【論評】《隋志·律曆中》評曰：“于時新曆初頒，[張]賓有寵於高祖，劉暉附會之，被升爲太史令。二人協議，共短[劉]孝孫，言其非毀天曆，率意迂怪，[劉]焯又妄相扶證，惑亂時人。”

賓 **四月丁未**(十五)，**宴突厥、高麗、吐谷渾使者於大興殿。** (隋書·高祖紀上)

賓 **七月丙寅**(初六)，**陳遣使謝泉**(兼散騎常侍)、**賀德基**(兼通直散騎常侍)**來聘。**

八月壬子(二十二)，**享陳使。十一月壬戌**(初四)，**遣薛道衡**(兼散騎常侍)、**豆盧寔**(通直散騎常侍)**使於陳。** (隋書·高祖紀上，北史·隋本紀上)

嘉 **八月甲午**(初四)，**遣十使巡省天下。** (隋書·高祖紀上，北史·隋本紀上)

嘉 **八月戊戌**(初八)，**楊俊**(秦王)**納妃，宴百官。** (隋書·高祖紀上)

賓 **十月，突厥沙鉢略可汗爲隋所敗，請和親，帝遣使徐平和**(開府)**於突厥，封千金公主**(宇文氏)**爲大義公主，又遣虞慶則**(尚書右僕射)、**長孫晟**(車騎將軍)**使於突厥。** (隋書·北狄列傳、長孫覽列傳，資治通鑑·陳紀十)

【儀制】《北狄列傳》記曰：“沙鉢略陳兵，列其寶物，坐見慶則，稱病不能起，且曰：‘我父伯以來，不向人拜。’慶則責而喻之。……長孫晟説諭之，攝圖辭屈，乃頓顙跪受璽書，以戴於首。既而大慚，其群下因相聚慟哭。慶則又遣稱臣，沙鉢略謂其屬曰：‘何名爲臣？’報曰：‘隋國稱臣，猶此稱奴耳。’沙鉢略曰：‘得作大隋天子奴,虞僕射之力也。'贈慶則馬千匹,并以從妹妻之。"按沙鉢略可汗,名攝圖。

[吉] 十一月甲戌(十六),下詔停原十月行蜡,以十二月爲臘。(隋志·儀禮二,北史·隋本紀上,通典·吉禮三)

【因革】①《隋志》記曰:"隋初因周制,定令亦以孟冬下亥蜡百神,臘宗廟,祭社稷。其方不熟,則闕其方之蜡焉。"②又錄帝詔曰"古稱臘者,接也,取新故交接。前周歲首,今之仲冬,建冬之月,稱蜡可也。後周用夏后之時,行姬氏之蜡。考諸先代,於義有違。"至此"於是始革前制"。故陳寅恪《隋唐制度淵源略論稿》指出:"此隋祀典不襲北周制之例證也。"(《禮儀》,第58頁)

[嘉] 李諤(治書侍御史)上書請禁公卿去世,嫁賣其妾,於是定五品以上妻妾不得改醮。(隋書·李諤列傳,北史·李諤列傳)

【因革】《隋書》記曰:"諤見禮教彫弊,公卿薨亡,其愛妾侍婢,子孫輒嫁賣之,遂成風俗。諤上書,⋯⋯上覽而嘉之。五品已上妻妾不得改醮,始於此也。"

【考釋】此事未悉年月,據前後史事略推,暫繫於此。

開皇五年(585)

[制] 正月,辛彥之、牛弘(禮部尚書)撰成新禮;戊辰(十一),詔行新禮。(隋志·禮儀一、隋書·高祖紀上,北史·隋本紀上)

【考釋】《隋書·儒林列傳》記曰:"高祖受禪,除太常少卿,⋯⋯尋轉國子祭酒。歲餘,拜禮部尚書,與秘書監牛弘撰新禮。"《牛弘列傳》記曰:"三年,[弘]拜禮部尚書,奉勅修撰五禮,勒成百卷,行於當世。"可知隋初編撰新禮先由辛彥之負責,自開皇三年(583)起轉由牛弘主持,至此年基本完成。

又《隋書·儒林列傳》載辛彥之之經歷曰:"[宇文泰]時國家草創,百度伊始,朝貴多出武人,修定儀注,唯彥之而已。尋拜中書侍郎。及周閔帝受禪,彥之與少宗伯盧辯專掌儀制。明、武時,歷職典祀、太祝、樂部、御正四曹大夫,開府儀同三司。”《隋書·儒林列傳下》同。

【因革】《通典·禮一》概述北魏以來修禮經過曰:“後魏道武帝舉其大體,事多闕遺;孝文帝率由舊章,擇其令典,朝儀國範,焕乎復振。北齊則陽休之、元循伯、熊安生,後周則蘇綽、盧辯、宇文弼,並習於儀禮,以通時用。隋文帝命牛弘、辛彦之等采梁及北齊儀注,以爲五禮。國初草昧,未暇詳定。”

《隋志·禮儀一》記隋禮來源曰:“高祖命牛弘、辛彦之等采梁及北齊儀注,以爲五禮云。”《禮儀三》又記曰:“開皇初,高祖思定典禮。太常卿牛弘奏曰:‘聖教陵替,國章殘缺,漢晉爲法,隨俗因時,未足經國庇人,弘風施化。且制禮作樂,事歸元首,江南王儉,偏隅一臣,私撰儀注,多違古法。……兩蕭累代,舉國遵行。後魏及齊,風牛本隔,殊不尋究,遥相師祖,故山東之人,浸以成俗。西魏已降,師旅弗遑,賓嘉之禮,盡未詳定。今休明啓運,憲章伊始,請據前經,革兹俗弊。’詔曰‘可’。弘因奏徵學者,撰《儀禮》百卷,悉用東齊儀注以爲準,亦微采王儉禮。修畢,上之,詔遂班天下,咸使遵用焉。”

又陳寅恪《隋唐制度淵源略論稿》論曰:“牛弘詆斥王儉,而其所修隋朝儀禮,仍不能不采儉書,蓋儉之所撰集乃南朝前期制度之總和,既經王肅輸入北朝,蔚成太和文治之盛,所以弘雖由政治及地域觀點立論,謂‘後魏及齊,風牛本隔’,然終於‘遥相師祖,故山東之人,浸以成俗’也。”(《禮儀》,第16—17頁)按王儉於南朝齊永明二年(484)主持治禮。又曰:“隋文帝雖受周禪,其禮制多不上襲北周,而轉傲北齊或更采江左蕭梁之舊典,與其政權之授受,王業之繼承,迥然別爲一事。”(《禮儀》,第57頁)

閻步克則認爲:“‘北周因子’對隋初冕服的影響,依然大於南朝。至於北齊冕服,即便開皇冕服對之有所取裁,最多也就是外觀方面。所以開皇禮‘悉用東齊儀注以爲準’的論斷,至少不適合冕服之禮。”(《服周之冕》第九章,第314頁)

[凶] **牛弘**(太常卿)**奏著《喪紀令》。**(通典·凶禮六)

【儀制】《通典》錄牛弘《喪紀令》内容:“正一品薨,則鴻臚卿監護喪事,司儀令示禮制。二品以上則鴻臚丞監護,司儀丞示禮制。五品以上薨卒,及三品以上有周親以上喪,並掌儀一人示禮制。官人在職喪,聽斂以朝服;有封者斂以冕服;

未有官者白帢單衣。婦人有官品者,亦以其服斂。巾不得置金銀珠玉。"

【考釋】此事未悉年月,暫與上條同列。

嘉 四月乙巳(十九),下詔徵山東大儒馬榮伯等六人。(隋書·高祖紀上,北史·隋本紀上)

賓 五月甲申(二十九),遣元契(上大將軍)使於突厥阿波可汗。(隋書·高祖紀上,北史·隋本紀上)

賓 七月庚申(初五),陳遣使王話(兼散騎常侍)、阮卓(兼通直散騎常侍)來聘。

九月丙子(二十二),遣使李若(兼散騎常侍)、崔君瞻(兼通直散騎常侍)於陳。(隋書·高祖紀上,北史·隋本紀上)

賓 八月丙戌(初二),突厥沙鉢略可汗遣子(窟含真)來朝,帝詔有司肅告郊廟。(隋書·高祖紀上)

【儀制】《北狄列傳》記曰:"策拜窟含真爲柱國,封安國公,宴於内殿,引見皇后,賞勞甚厚。沙鉢略大悦,於是歲時貢獻不絶。"

【理據】《資治通鑑·陳紀十》胡注:"今沙鉢略奉表稱臣,遣子入覲,隋主告之郊廟,布之臣庶,大其事也;宴之於内殿,親之也。"

開皇六年(586)

制 正月庚午(十八),頒曆於突厥。(隋書·高祖紀上,北史·隋本紀上)

【儀制】《資治通鑑·陳紀十》胡注:"班曆則稟受正朔矣。"

軍 二月乙酉(初四),山南荆、浙七州水,遣長孫毗(前工部尚書)賑恤。(隋書·高祖紀上,北史·隋本紀上)

制 二月丙戌(初五),令刺史上佐每年歲末入朝,帝作考課。(隋書·高祖紀上,北史·隋本紀上)

吉 三月己未(初八),高德(洛陽人)上書請帝爲太上皇,傳位皇太子,帝拒

之。（隋書·高祖紀上，北史·隋本紀上）

【理據】《隋書》録帝曰：“朕承天命，撫育蒼生，日旰孜孜，猶恐不逮。豈學近代帝王，事不師古，傳位於子，自求逸樂者哉！”《北史》同。

賓 四月己亥（十九），陳遣使周磻（兼散騎常侍）、江椿（兼通直散騎常侍）來朝。

八月辛卯（十三），遣使裴豪（散騎常侍）、劉顗（兼通直散騎常侍）聘於陳。（隋書·高祖紀上，北史·隋本紀上）

【考釋】裴豪，《北史》作裴世豪。

凶 八月戊申（三十），李穆（上柱國，太師，申國公）去世，詔遣黃門侍郎監護喪事，賵馬四匹，粟麥二千斛，布絹一千匹；賜以石椁、前後部羽葆鼓吹、輼輬車，百官送於郭外。（隋書·李穆列傳、高祖紀上，北史·李賢列傳）

【儀制】《隋書》列傳記曰：“詔遣太常卿牛弘齎璽冊，祭以太牢。”《北史》同。

軍 九月辛巳（初四），帝素服至射殿，下詔百官行射。（隋書·高祖紀上，北史·隋本紀上）

【儀制】①《隋書》記曰：“賜梁士彥三家資物。”按三家另有李昉、宇文忻。②《資治通鑑·陳紀十》記曰：“命百官射三家資物以爲誡。”胡注：“三人者與隋主有舊，又有翼戴之功，而謀爲不軌，故爲之素服而又以誡百官。”

凶 九月辛丑（二十四），下詔大象以來死事之家，咸令賑恤。（隋書·高祖紀上，北史·隋本紀上）

嘉 徙鄴城石經於長安，置於秘書內省，立於國學。（隋志·經籍一）

【考釋】①《隋志·經籍一》記曰：“議欲補緝，……尋屬隋亂，事遂寢廢，營造之司，因用爲柱礎。貞觀初，祕書監臣魏徵，始收聚之，十不存一。”② 北周靜帝大象元年（579）則記鄴城石經徙於洛陽。③《隋書·儒林列傳》則記此年“運洛陽石經至京師，文字磨滅，莫能知者，[劉焯]奉敕與劉炫等考定”。

樂 高昌獻《聖明樂曲》，帝令肄習。（隋志·音樂下，通典·樂六）

【因革】《通典》記曰：“大唐平高昌，盡收其樂。”

凶 竇榮定(左武衛大將軍)去世，帝爲之廢朝，令元旻(左衛大將軍)監護喪事，賻縑三千匹。(隋書·竇榮定列傳,北史·竇熾列傳)

開皇七年(587)

吉 正月癸巳(十七)，祀太廟。(隋書·高祖紀上,北史·隋本紀上)

賓 正月，突厥沙鉢略可汗遣子入貢，請獵於恒代之間，帝許之，遣人賜以酒食。(隋書·北狄列傳)

吉 二月丁巳(十二)，朝日於東郊。(隋書·高祖紀上,隋志·禮儀二,北史·隋本紀上)

【儀制】《隋志》記朝日夕月之制曰:"開皇初,於國東春明門外爲壇,如其郊。每以春分朝日。又于國西開遠門外爲坎,深三尺,廣四丈,爲壇於坎中,高一尺,廣四尺。每以秋分夕月。牲幣與周同。"《通典·吉禮三》同。

【因革】《隋志》明言"牲幣與周同",上較北周朝日之制可知其實,故《通典》於北周之後明言"隋因之"。

賓 二月己巳(二十四)，陳遣使王亨(兼散騎常侍)、王脊(兼通直散騎常侍)來朝。

四月甲戌(三十)，遣使楊同(兼散騎常侍)、崔儦(兼通直散騎常侍)聘於陳。(隋書·高祖紀上,北史·隋本紀上)

【考釋】楊同,《北史》作楊周。

凶 四月庚戌(初六)，突厥沙鉢略可汗去世，子雍虞閭即位，帝爲之廢朝三日，遣太常弔祭。(隋書·高祖紀上、北狄列傳,北史·隋本紀上)

制 四月癸亥(十九)，分別頒青龍、騶虞、朱雀、玄武符，於東方、西方、南方、北方總管、刺史。(隋書·高祖紀上,北史·隋本紀上)

【考釋】騶虞,《北史》作白武。

賓 八月庚申(十八)，西梁帝蕭琮來朝。(隋書·高祖紀上,北史·隋本紀上)

【考釋】此年九月,廢西梁國,封蕭琮爲莒國公。

嘉 十月癸亥(二十二),**帝至蒲州,宴父老。** (隋書·高祖紀上,北史·隋本紀上)

【論評】《隋書》録帝曰:"此間人物,衣服鮮麗,容止閑雅,良由仕宦之鄉,陶染成俗也。"《北史》同。

吉 十一月甲午(二十三),**帝至馮翊,親祠故社。** (隋書·高祖紀上,北史·隋本紀上)

開皇八年(588)

賓 正月乙亥(初五),**陳遣使袁雅**(散騎常侍)、**周止水**(兼通直散騎常侍)**來朝。**

三月甲戌(初五),**遣使程尚賢**(兼散騎常侍)、**韋惲**(兼通直散騎常侍)**聘於陳。** (隋書·高祖紀下,北史·隋本紀上)

軍 八月丁未(初十),**河北諸州飢,遣蘇威**(吏部尚書)**賑恤。** (隋書·高祖紀下,北史·隋本紀上)

【考釋】《隋志·五行上》記曰:"八年,天下旱,百姓流亡。"

【附識】《隋志·禮儀三》總記隋制:"諸岳崩瀆竭,天子素服,避正殿,撤膳三日。遣使祭崩竭之山川,牲用太牢。"

軍 十月甲子(二十八),**楊廣**(晉王)**等將征陳,告廟。** (隋書·高祖紀下,隋志·禮儀三,北史·隋本紀上,通典·軍禮一)

【儀制】①《隋志》記隋出征之禮曰:"隋制,皇太子親戎,及大將出師,則以豭肫一釁鼓,皆告社廟。受斧鉞訖,不得反宿於家。"② 又記此年之儀曰:"内史令李德林攝太尉,告于太祖廟。禮畢,又命有司宜于太社。"

【考釋】陳戍國指出:"隋朝並無皇太子親戎之事。……開皇八年楊廣不是皇太子,亦不聞楊廣所立元德太子楊昭上過前綫打仗。'隋制皇太子親戎'云云,並無事實根據。"(《中國禮制史·隋唐卷》,第25頁)按《隋志》或乃以後之位號述其事。

軍 十一月丁卯(初二)，帝餞師；乙亥(初十)，帝至定城，誓師。(隋書‧高祖紀下,北史‧隋本紀上)

開皇九年(589)

軍 四月己亥(初六)，平陳之軍凱旋，帝至驪山，親勞旋師；乙巳(十二)，三軍凱旋，獻俘於太廟。(隋書‧高祖紀下,北史‧隋本紀上)

軍 四月，因平陳，行宣露布禮，兵部奏依新禮施行。(隋志‧禮儀三,通典‧軍禮一)

【儀制】《隋志》記曰："承詔集百官、四方客使等，並赴廣陽門外，服朝衣，各依其列。內史令稱有詔，在位者皆拜。宣訖，拜，蹈舞者三，又拜。郡縣亦同。"

【因革】①《隋志》記曰："後魏每攻戰剋捷，欲天下知聞，乃書帛，建於竿上，名爲露布。其後相因施行。"又曰："開皇中，迺詔太常卿牛弘、太子庶子裴政撰宣露布禮。及九年平陳，元帥晉王以驛上露布。兵部奏，請依新禮宣行。"② 陳寅恪《隋唐制度淵源略論稿》指出："此爲隋代修禮，承襲北魏遺產，而更與南朝專家考定之一例證。裴政本江陵陷後朝士被俘之一人，而以律學顯名者也。"(《禮儀》,第59頁)

軍 四月壬戌(二十九)，下詔停罷戎旅軍器，除毀甲仗。(隋書‧高祖紀下,北史‧隋本紀上)

凶 四月，帝遣使告許善心(陳通直散騎常侍)陳亡，許氏衰服號哭於西階下，藉草東西，經三日。(隋書‧許善心列傳,北史‧文苑列傳)

【儀制】《隋書》記曰："明日，有詔就館，拜通直散騎常侍，賜衣一襲。善心哭盡哀，入房改服，復出北面立，垂涕再拜受詔。明日乃朝，伏泣於殿下，悲不能興。"《北史》同。

吉 六月，群臣請封禪，七月丙午(十五)，下詔拒之。十一月壬辰(初

三），**豆盧通**(定州刺史)**等上表請封禪，帝未許。**（隋書·高祖紀下，北史·隋本紀上）

【理據】《隋書》録帝詔曰："豈可命一將軍，除一小國，遐邇注意，便謂太平。以薄德而封名山，用虛言而干上帝，非朕攸聞。"

樂 **因平陳，獲南朝宋、齊樂器，下詔太常置清商署以掌之，求蔡子元**(陳太常令)、**于普明**(陳太常令)**等復居其職。**（隋志·音樂下，舊唐志·音樂一，通典·樂一注、樂二、樂六）

【儀制】《舊唐志》記曰："獲江左舊工及四懸樂器，帝令廷奏之，歎曰：'此華夏正聲也，非吾此舉，世何得聞。'乃調五音爲五夏、二舞、登歌、房中等十四調，賓、祭用之。"又曰："隋世雅音，惟《清樂》十四調而已。"

【因革】《隋志》記曰："《清樂》，其始即《清商三調》是也，並漢來舊曲。樂器形制，并歌章古辭，與魏三祖所作者，皆被於史籍。屬晉朝遷播，夷羯竊據，其音分散。苻永固平張氏，始於涼州得之。宋武平關中，因而入南，不復存於内地。及平陳後獲之。高祖聽之，善其節奏，曰：'此華夏正聲也。……'其歌曲有陽伴，舞曲有《明君》、《并契》。其樂器有鍾、磬、琴、瑟、擊琴、琵琶、箜篌、筑、箏、節鼓、笙、笛、簫、篪、塤等十五種，爲一部。工二十五人。"陳寅恪《隋唐制度淵源略論稿》指出："此部樂器中既有琵琶、箜篌，是亦有胡中樂器，然則亦不得謂之純粹華夏正聲，蓋不過胡樂之混雜輸入較先者，往往使人不能覺知其爲輸入品耳。"（《音樂》，第132頁）

又《通典·樂六》則記曰："先遭梁陳亡亂，而所存蓋尠。隋室以來，日益淪缺。大唐武太后之時，猶六十三曲。"

樂 **十二月甲子**(初五)，**下詔牛弘**(太常)、**許善心**(通直散騎常侍)、**姚察**(秘書丞)、**虞世基**(通直郎)**等議定作樂。**（隋書·高祖紀下，隋志·音樂中、下，北史·隋本紀上，通典·樂二）

【儀制】《隋志》記曰："牛弘遂因鄭譯之舊，又請依古五聲六律，旋相爲宮。雅樂每宮但一調，唯迎氣奏五調，謂之五音。緩樂用七調，祭祀施用。各依聲律尊卑爲次。高祖猶憶［何］妥言，注弘奏下，不許作旋宮之樂，但作黃鍾一宮而已。"又曰:"隋代雅樂,唯奏黄鍾一宫,郊廟饗用一調,迎氣用五調。舊工更盡,其餘聲律,皆不復通。或有能爲蕤賓之宫者,享祀之際肆之,竟無覺者。"

又《隋書·牛弘列傳》則記其時"作樂府歌詞,撰定圓丘五帝凱樂,并議樂事",牛弘議請"依禮作還相爲宫之法",帝以爲"作黄鍾一均",牛弘又議六十律不可行,黄鍾之宫不可以林鍾爲調。《北史·牛弘列傳》同。按此可與《隋志》共參。

【因革】①《隋志》記自開皇二年(582),下詔使牛弘等修樂,"然淪謬既久,音律多乖,積年議不定","又詔求知音之士,集尚書,參定音樂",然積年不決,至今始重啓。②《舊唐志》則記"弘集伶官,措思歷載無成,而郊廟侑神,黄鍾一調而已"。

又《資治通鑑·隋紀一》簡括牛弘上奏曰:"中國舊音多在江左,前克荆州,得梁樂,今平蔣州,又得陳樂,史傳相承,以爲合古,請加脩輯,以備雅樂。其後魏之樂及後周所用,雜有邊裔之聲,皆不可用,請悉停之。"

又《新唐志·禮樂十一》綜述曰:"自漢、魏之亂,晉遷江南,中國遂没於夷狄。至隋滅陳,始得其樂器,稍欲因而有作,而時君褊迫,不足以堪其事也。是時鄭譯、牛弘、辛彦之、何妥、蔡子元、于普明之徒,皆名知樂,相與譔定。依京房六十律,因而六之,爲三百六十律,以當一歲之日,又以一律爲七音,音爲一調,凡十二律爲八十四調,其説甚詳。而終隋之世,所用者黄鍾一宫,五夏、二舞、登歌、房中等十四調而已。"

樂 **牛弘**(太常)**修皇后房内之樂,不用鐘聲,詔可。**(隋志·音樂下,通典·樂七)

【因革】《隋志》記曰:"據毛萇、侯苞、孫毓故事,皆有鍾聲,而王肅之意,乃言不可。又陳統云:'婦人無外事,而陰教尚柔,柔以静爲體,不宜用於鍾。'弘等采肅、統以取正焉。"

【儀制】《隋志》記曰:"高祖龍潛時,頗好音樂,常倚琵琶,作歌二首,名曰《地厚》、《天高》,託言夫妻之義。因即取之爲房内曲。命婦人并登歌上壽並用之。"

凶 **王猛**(陳鎮南大將軍)**去世於廣州,帝遣使弔祭。**(南史·王淮之列傳)

【考釋】此事未悉年月,在帝至河東不久,故暫繫於此。

開皇十年(590)

[吉] 七月壬子(二十七)，吐谷渾遣使來朝。(隋書·高祖紀下)

[嘉] 八月壬申(十七)，遣韋洸(柱國，襄陽郡公)、王景(上開府，東萊郡公)持節巡撫嶺南，百越皆服。(隋書·高祖紀上，北史·隋本紀上)

[嘉] 十一月辛卯(初七)，帝至國學，頒賜。(隋書·高祖紀下，北史·隋本紀上)

【附識】《隋志·禮儀四》記隋通行學禮曰："隋制，國子寺，每歲以四仲月上丁，釋奠於先聖先師。年別一行鄉飲酒禮。州郡學則以春秋仲月釋奠。州郡縣亦每年於學一行鄉飲酒禮。學生皆乙日試書，丙日給假焉。"《通典·吉禮十二》略同。史睿推測隋代釋奠與北周"都是以周公爲先聖，孔子爲先師的"(《北周後期至唐初禮制的變遷與學術文化的統一》，《唐研究》第3卷，第169頁)，若此則與北齊不同。

【因革】朱溢指出："國子學的釋奠常祀在北齊春秋二仲的基礎上擴展爲四仲行禮，從而與《禮記》中的記載相合。"又："釋奠常祀的舉行範圍由國子學擴展到了州郡學。"(《唐代孔廟釋奠禮儀新探》，《史學月刊》2011年第1期)

【儀制】《隋書·儒林列傳》記曰："上嘗親臨釋奠，命[元]善講《孝經》。"《文學列傳》又記曰："會高祖親臨釋奠，國子祭酒元善講孝經，[王]頍與相論難，詞義鋒起，善往往見屈。"《宇文㢸列傳》記曰："上嘗親臨釋奠，㢸與博士論議，詞致清遠，觀者屬目。上大悦，顧謂侍臣曰：'朕今觀周公之制禮，見宣尼之論孝，實慰朕心。'於是頒賜各有差。"按王頍，其時任著作佐郎，宇文㢸，其時任刑部尚書，領太子虞候率。此禮恐即行於此年。

【論評】《隋書·儒林列傳》評曰："天子乃整萬乘，率百僚，遵問道之儀，觀釋奠之禮。博士罄懸河之辯，侍中竭重席之奧，考正亡逸，研覈異同，積滯群疑，渙然冰釋。於是超擢奇雋，厚賞諸儒，京邑達乎四方，皆啓黌校。齊、魯、趙、魏，學者尤多，負笈追師，不遠千里，講誦之聲，道路不絕。中州儒雅之盛，自漢、魏以來，一時而已。"

吉 十一月辛丑(十七)，南郊。（隋書·高祖紀下，北史·隋本紀上）

開皇十一年(591)

制 正月丁酉(十四)，命悉毀平陳所得古器。（隋書·高祖紀下，北史·隋本紀上）

凶 正月丙午(二十三)，皇太子妃(元氏)去世，帝舉哀於文思殿。（隋書·高祖紀下，北史·隋本紀上）

【附識】《隋志·禮儀三》記曰："皇帝本服大功已上親及外祖父母、皇后父母、諸官正一品喪，皇帝不視事三日。皇帝本服五服内親及嬪、百官正二品已上喪，並一舉哀。太陽虧、國忌日，皇帝本服小功緦麻親、百官三品已上喪，皇帝皆不視事一日。"又曰："皇太后、皇后爲本服五服内諸親及嬪，一舉哀。皇太子爲本服五服之内親及東宮三師、三少、宮臣三品已上，一舉哀。"

賓 三月壬午，遣若干洽(通事舍人)使於吐谷渾。（隋書·高祖紀下）

【考釋】此年三月癸未朔，壬午當爲二月晦日(三十)。

賓 四月戊午(初七)，突厥可汗(雍虞閭)遣其特勤來朝。（隋書·高祖紀下）

開皇十二年(592)

吉 七月己巳(二十五)，祀太廟。（隋書·高祖紀下）

【儀制】《資治通鑑·隋紀二》胡注："隋立四親廟，各以孟月享以太牢。"

吉 十月壬午(初十)，祀太廟。（隋書·高祖紀下，北史·隋本紀上）

【儀制】《隋書》記曰："至太祖神主前，上流涕嗚咽，悲不自勝。"

吉 十一月辛亥(初九)，南郊。壬子(初十)，宴百官。（隋書·高祖紀下，北史·隋本紀上）

軍 十一月甲子(二十二)，百官大射於武德殿。(隋書・高祖紀上，北史・隋本紀上)

【因革】此後開皇十九年(599)正月戊寅(十二)，又大射於武德殿。

賓 十二月癸酉(初二)，突厥遣使來朝。(隋書・高祖紀下)

開皇十三年(593)

吉 正月壬子(十一)，親祀感生帝。(隋書・高祖紀下，北史・隋本紀上)

【考釋】①《資治通鑑・隋紀二》胡注："隋以火德王，以赤帝赤熛怒爲感生帝。"
② 秦蕙田《五禮通考》辨之曰："隋《高祖本紀》書'有事于南郊'者四，書'親祀感生帝'者一。感生帝自係南郊，則所云'南郊'者其爲圜丘。"(《吉禮八》"圜丘祀天")據此，此年所祀乃南郊，開皇十年、十二年、十八年、仁壽元年此四年十一月所祀實乃圜丘。

吉 二月丁酉(二十七)，令私家不得隱藏緯候圖讖。(隋書・高祖紀下，北史・隋本紀上)

嘉 五月癸亥(二十四)，下詔禁民間撰集國史，臧否人物。(隋書・高祖紀下，北史・隋本紀上)

吉 下詔議明堂之制，牛弘(禮部尚書)、辛彦之(國子祭酒)等議請依古制修立明堂，宇文愷(檢校將作大匠)造明堂木樣以獻，因爭論未定，未見施行。(隋志・禮儀一，隋書・牛弘列傳，北史・牛弘列傳，舊唐志・禮儀二，通典・吉禮三)

【因革】《隋志》記曰："後齊采《周官・考工記》爲五室，周采漢《三輔黃圖》爲九室，各存其制，而竟不立。"按明堂自北魏遷洛以後一度未能修成，直至此時重議修建。

【儀制】《隋書》錄牛弘議定明堂之理想模型曰："今造明堂，須以禮經爲本。形制依於周法，度數取於《月令》，遺闕之處，參以餘書，庶使該詳沿革之理。其五室九階，上圓下方，四阿重屋，四旁兩門，依《考工記》、《孝經》說。堂方一百四十四尺,屋圓楣徑二百一十六尺,太室方六丈,通天屋徑九丈,八闥二十八柱,堂高三尺,四向五色,依《周書·月令》論。殿垣方在内,水周如外,水内徑三百步,依《太山盛德記》、《覲禮經》。仰觀俯察,皆有則象,足以盡誠上帝,祇配祖宗,弘風布教,作範於後矣。"《北史》同。

又《隋志》記隋代所行祀五帝之禮曰:"終隋代,祀五方上帝,止於明堂,恒以季秋在雩壇上而祀。其用幣各於其方。人帝各在天帝之左。太祖武元皇帝在太昊南,西向。五官在庭,亦各依其方。牲用犢十二。皇帝、太尉、司農行三獻禮于青帝及太祖。自餘有司助奠。祀五官於堂下,行一獻禮。有燎。其省牲進熟,如南郊儀。"

【考釋】① 秦蕙田《五禮通考》則檢出《隋志·音樂》録有北周祠明堂樂歌,故提出疑問"豈製其樂而實未行歟"(卷二十六《吉禮二十六》"明堂")。②《舊唐志》記曰:"帝令有司於京城安業里内規兆其地,方欲崇建,而諸儒爭論不定,竟議罷之。"

【論評】秦蕙田《五禮通考》論曰:"弘議稽考古制,最爲詳備,所取五室圓方重屋,皆是。蓋以左右个爲堂,故不復言九室,其實未有有堂而無室者,言五則九在其中矣。至惑于讖緯及公玉帶、蔡邕之説,謂必須辟廱,則謬矣。"(《吉禮二十六》"明堂")

開皇十四年(594)

樂 三月,樂成,牛弘(秘書監,奇章縣公)、姚察(秘書丞,北絳郡公)、許善心(通直散騎常侍,虞部侍郎)、虞世基(兼内史舍人)、劉臻(儀同三司,東宮學士)奏上歌辭三十首。 四月乙丑(初一),下詔行正聲雅樂,禁浮宕繁聲。(隋書·高祖紀下,隋志·音樂下,北史·隋本紀上)

【儀制】《隋志》記曰:"隋代雅樂,唯奏黃鍾一宮,郊廟饗用一調,迎氣用五調。舊工更盡,其餘聲律,皆不復通。或有能爲蕤賓之宮者,享祀之際肆之,竟無覺者。"

【因革】《隋志》録牛弘等奏曰:"金陵建社,朝士南奔,帝則皇規,粲然更備,與内原隔絶，三百年於玆矣。……今南征所獲梁陳樂人，及晉宋旗章，宛然俱至。曩代所不服者，今悉服之，前朝所未得者，今悉得之。化洽功成，於是乎在。”陳寅恪《隋唐制度淵源略論稿》進而認爲：“隋制雅樂，實采江東之舊，蓋雅樂系統實由梁陳而傳之於隋也。其中議樂諸臣多是南朝舊人。”(《音樂》，第130頁)

【理據】《隋書》録帝詔曰：“人間音樂，流僻日久，棄其舊體，競造繁聲，浮宕不歸，遂以成俗。宜加禁約，務存其本。”《北史》同。

【論評】《隋書·藝術列傳》記曰：“[萬]寶常嘗聽太常所奏樂，泫然而泣。人問其故，寶常曰：‘樂聲淫厲而哀，天下不久相殺將盡。’時四海全盛，聞其言者皆謂爲不然。大業之末，其言卒驗。”《北史·藝術列傳下》同。

吉 閏十月甲寅(二十三)，下詔令蕭琮(莒國公)及高仁英、陳叔寶等以時修齊、梁、陳之祭祀。(隋書·高祖紀下，北史·隋本紀上)

吉 十二月乙未(初五)，東巡狩。(隋書·高祖紀下，北史·隋本紀上)

吉 楊廣(晉王)率群臣固請封禪，帝命有司草儀注，牛弘、辛彦之、許善心、姚察、虞世基等創定其禮，帝却之。(隋志·禮儀二，舊唐志·禮儀三，通典·吉禮十三)

【因革】《隋志》記封禪之禮自漢武帝、東漢光武帝之後，“晉、宋、齊、梁及陳，皆未遑其議。後齊有巡狩之禮，並登封之儀，竟不之行也。”至此年又一次確定儀注。

【考釋】《隋書·薛胄列傳》記其時薛胄(兗州刺史)“以天下太平，登封告禪，帝王盛烈，遂遣博士登太山，觀古跡，撰《封禪圖》及儀上之”。《北史·薛辯列傳》同。

嘉 因所乘車輅因循近代，不合經典，令更詳議，命有司改造五輅及副。(隋志·禮儀五，通典·嘉禮九)

【儀制】《隋志》記所改制曰：“玉輅青質，祭祀乘之。金輅赤質，朝會禮還乘之。象輅黃質，臨幸乘之。革輅白質，戎事乘之。木輅玄質，耕藉乘之。五輅皆朱斑輪、龍輈、重輿，建十二旒，並畫升龍。左建闒戟。旂旒與輅同色。樊纓十有二就。王、五等開國、第一第二品及刺史輅，朱質，朱蓋，斑輪。左建旗，旗畫龍，一升一降。右建闒戟。第三第四品輅，朱質，朱蓋，左建旜，通帛爲之，旂旜皆赤。

其旒及樊纓就數,各依其品。"

【因革】①《隋志》記此前在開皇元年,曾著令,制五輅,三年閏十二月,"並詔停造,而盡用舊物",至九年平陳,"又得輿輦。舊著令者,以付有司,所不載者,並皆毀棄。雖從儉省,而於禮多闕"。②《通典》自注:"隋氏五輅,遠酌周禮,旗斿藻飾,近約漢制,文質相半。"③陳寅恪《隋唐制度淵源略論稿》釋曰:"輿輦之制,隋文帝受禪不襲周而因齊,即因襲南朝前期之文物,經過魏太和、齊天保之結集者,而制度尚有所未備者,則南朝後期梁陳之文物未能采用故也。開皇九年平陳,初持保守主義,其乘用以限於舊令所著,是以於禮多闕,蓋欲求備禮,非更以南朝後期即梁陳二代之發展者增補之不可,此開皇十四年所以有更議之詔也。"(《禮儀》,第 61 頁)

吉 王劭(員外散騎常侍)撰《皇隋靈感誌》三十卷奏上,帝令宣示天下。(隋書·王劭列傳,北史·王慧龍列傳,資治通鑑·隋紀二)

【理據】①《隋書》記曰:"[王]劭於是采民間歌謠,引圖書讖緯,依約符命,捃摭佛經,撰爲《皇隋靈感誌》。"②《資治通鑑·隋紀二》則明確指出"上好機祥小數"。

【考釋】《隋書》又記此前王劭前後兩次上表言符命,帝均"大悦"。

開皇十五年(595)

吉 正月庚午(十一),因歲旱,帝至泰山,奉祀之。(隋志·禮儀二,隋書·高祖紀下,北史·隋本紀上,舊唐志·禮儀三)

【儀制】①《隋志》記曰:"爲壇,如南郊,又壝外爲柴壇,飾神廟,展宮縣於庭。爲埋坎二,于南門外。又陳樂設位於青帝壇,如南郊。帝服袞冕,乘金輅,備法駕而行。禮畢,遂詣青帝壇而祭焉。"②《隋志·五行上》則記曰:"將祠泰山,令使者致石像神祠之所。"③《舊唐志》記曰:"遂於太山之下,爲壇設祭,如南郊之禮,竟不升山而還。"

吉 三月己未（初一），望祭五嶽海瀆。（隋書·高祖紀下，北史·隋本紀上）

【儀制】《隋志·禮儀三》記曰："隋制，行幸所過名山大川，則有司致祭。岳瀆以太牢，山川以少牢。"《通典·軍禮一》同。

吉 六月辛丑（十四），下詔名山大川未在祀典者，悉令祠之。（隋書·高祖紀下，北史·隋本紀上）

【儀制】《隋志·禮儀二》記其詳曰："詔東鎮沂山，南鎮會稽山，北鎮醫無閭山，冀州鎮霍山，並就山立祠；東海於會稽縣界，南海於南海鎮南，並近海立祠。及四瀆、吳山，並取側近巫一人，主知灑掃，並命多蒔松柏。其霍山，雩祀日遣使就焉。"《通典·吉禮五》同。又："詔北鎮於營州龍山立祠。東鎮晉州霍山鎮，若修造，並準西鎮吳山造神廟。"

【考釋】《隋志》此二昭前者署"開皇十四年閏十月"，後者署"十六年正月"，前後不出一年，今不作細分，均繫於此月下。

開皇十六年(596)

制 六月甲午（十三），制工商不得仕進。（隋書·高祖紀下，北史·隋本紀上）

嘉 六月辛丑（二十），下詔九品以上妻、五品以上妾，夫亡不得改嫁。

（隋書·高祖紀下，北史·隋本紀上）

開皇十七年(597)

嘉 二月壬寅（二十五），楊昭（河南王，皇孫）納妃，宴群臣。（隋書·高祖紀下）

【附識】《隋志·禮儀四》記隋皇太子納妃儀注："皇帝臨軒，使者受詔而行。主人俟於廟。使者執雁，主人迎拜於大門之東。使者入，升自西階，立於楹間，南面。納采訖，乃行問名儀。事畢，主人請致禮於從者。禮有幣馬。其次擇日納吉,如納采。又擇日,以玉帛乘馬納徵。又擇日告期。又擇日,命有司以特牲告廟,册妃。皇太子將親迎,皇帝臨軒,醮而誠曰:"往迎爾相,承我宗事,勖帥以敬。"對曰:"謹奉詔。"既受命,羽儀而行。主人几筵於廟,妃服褕翟,立於東房。主人迎於門外,西面拜。皇太子答拜。主人揖皇太子先入,主人升,立於阼階,西面。皇太子升進,當房戶前,北面,跪奠雁,俛伏,興拜,降出。妃父少進,西面戒之。母於西階上,施衿結帨,及門內,施鞶申之。出門,妃升輅,乘以几。姆加幜。皇太子乃御,輪三周,御者代之。皇太子出大門,乘輅,羽儀還宮。妃三日,雞鳴夙興以朝。奠笲於皇帝,皇帝撫之。又奠笲於皇后,皇后撫之。席於戶牖間,妃立於席西,祭奠而出。"《通典·嘉禮三》同。按隋代未見皇太子納妃之事,楊昭於大業元年(605)方立爲皇太子。

【論評】秦蕙田《五禮通考》評《隋志》所載皇太子納妃儀注曰:"皇太子納妃曲依《儀禮》者,莫如隋。"(《嘉禮二十七》"昏禮")陳戍國亦認爲:"有誰將《隋書》此《志》與《禮經·士昏》稍加對照,肯定會驚訝於兩篇文字用語的一致。如果把上引文字冠以'太子昏儀'的標題,編入《禮經》,除了個別句子的完整性尚可商榷,所有儀注的契合實毫無可疑。"(《中國禮制史·隋唐卷》,第38頁)

[嘉] 三月庚午(二十三),遣柳彧(治書侍御史)、皇甫誕(治書侍御史)巡省河南、河北。(隋書·高祖紀下,北史·隋本紀上)

[制] 四月戊寅(初二),頒新曆。(隋書·高祖紀下,北史·隋本紀上)

【考釋】《隋志·律曆中》記前後之事曰:"至十四年七月,上令參問日食事。……楊素、牛弘等傷惜之,又薦[張]胄玄。上召見之,胄玄因言日長影短之事,高祖大悦,賞賜甚厚,令與參定新術。劉焯聞胄玄進用,又增損[劉]孝孫曆法,更名《七曜新術》,以奏之。與胄玄之法,頗相乖爽,袁充與胄玄害之,焯又罷。至十七年,胄玄曆成,奏之。""於是[劉]暉等四人,元造詐者,並除名;[庾]季才等六人,容隱奸慝,俱解見任。胄玄所造曆法,付有司施行。"

[嘉] 五月,宴百官於玉女泉。(隋書·高祖紀下,北史·隋本紀上)

[樂] 九月庚寅(十七),帝令群臣詳議廟庭如何奏樂。(隋書·高祖紀下,北史·隋

本紀上)

【理據】《隋書》録帝曰："禮主於敬,皆當盡心。黍稷非馨,貴在祗肅。廟庭設
樂,本以迎神,齋祭之日,觸目多感。當此之際,何可爲心! 在路奏樂,禮未爲
允。"《北史》同。

樂 **十月庚午**(二十七)**,下詔享廟日不再備鼓吹,殿庭不設樂懸,王公以
下祭私廟,不得作音樂。**(隋書·高祖紀下,隋志·音樂下,北史·隋本紀上)

【理據】《隋書》録帝詔曰："仰惟祭享宗廟,瞻敬如在,罔極之感,情深兹日。而
禮畢升路,鼓吹發音,還入宮門,金石振響。斯則哀樂同日,心事相違,情所不
安,理實未允。宜改兹往式,用弘禮教。"《隋志》、《北史》同。

【因革】《隋志》記曰："故事,天子有事於太廟,備法駕,陳羽葆,以入于次。禮畢
升車,而鼓吹並作。"至此方得改。

賓 **十一月丁亥**(十四)**,突厥遣使來朝,請婚。**(隋書·高祖紀下、北狄列傳)

【儀制】《北狄列傳》記曰："上舍之太常,教習六禮,妻以宗女安義公主。"

【因革】《北狄列傳》記曰："上欲離間北夷,故特厚其禮,遣牛弘、蘇威、斛律孝卿
相繼爲使,突厥前後遣使入朝三百七十輩。"

吉 **皇太子言東宮多鬼魅、鼠妖,帝令蕭吉至東宮禳邪氣。**(隋書·藝術列
傳,北史·藝術列傳上)

【儀制】《隋書》記曰："於宣慈殿設神坐,有廻風從艮地鬼門來,掃太子坐。吉以
桃湯葦火驅逐之,風出宮門而止。又謝土,於未地設壇,爲四門,置五帝坐。于
時至寒,有蝦蟇從西南來,入人門,升赤帝坐,還從人門而出。行數步,忽然不
見。"《北史》同。

【考釋】此事未悉年月,在皇太子被廢之前,暫繫於此。

軍 **時儺。**(隋志·禮儀三,通典·軍禮三)

【儀制】《隋志》記曰："隋制,季春晦,儺,磔牲於宮門及城四門,以禳陰氣。秋分
前一日,禳陽氣。季冬傍磔、大儺亦如之。其牲,每門各用羝羊及雄鷄一。選侲
子,如後齊。冬八隊,二時儺則四隊。問事十二人,赤幘褠衣,執皮鞭。工人二

十二人。其一人方相氏,黃金四目,蒙熊皮,玄衣朱裳。其一人爲唱師,著皮衣,執棒。鼓角各十。有司預備雄雞牴羊及酒,於宮門爲坎。未明,鼓譟以入。方相氏執戈揚楯,周呼鼓譟而出,合趣顯陽門,分詣諸城門。將出,諸祝師執事,預副牲胸,磔之於門,酌酒禳祝。舉牲并酒埋之。"

【考釋】此禮未見具體施行之記載,暫與上條同列。

開皇十八年(598)

[吉] 五月辛亥,禁畜猫鬼、蟲毒、厭魅、野道。(隋書·高祖紀下,北史·隋本紀上)

【考釋】此年五月辛未朔,無辛亥日。

[吉] 十一月癸未(十六),祀南郊。(隋書·高祖紀下,北史·隋本紀上)

[凶] 李公孝(永寧令)之後母去世,劉炫(河間人)以無撫育之恩,議不解官,劉子翊(侍御史)駁之,以爲當從令解官,申其心喪,從之。(隋書·誠節列傳,北史·節義列傳)

【儀制】《隋書》記録劉子翊論引令曰:"爲人後者,爲其父母並解官,申其心喪。父卒母嫁,爲父後者雖不服,亦申心喪;其繼母嫁,不解官。"《北史》同。

開皇二十年(600)

[軍] 四月己未(初一),楊廣(晉王)將北征突厥,禡祭黃帝。(隋志·禮儀三,通典·軍禮一)

【儀制】《隋志》記曰:"次於河上,禡祭軒轅黃帝,以太牢制幣,陳甲兵,行三獻之禮。"

[制] 楊廣(晉王)在廣陵,令潘徽與諸儒撰《江都集禮》。(隋書·文學列傳)

【考釋】①《文學列傳》録潘徽所作序曰:"……以爲質文遞改,損益不同,明堂、

曲臺之記，南宮、東觀之說，鄭、王、徐、賀之答，崔、譙、何、庾之論，簡牒雖盈，菁
華蓋鮮。乃以宣條暇日，聽訟餘晨，娛情窺寶之鄉，凝相觀濤之岸，總括油素，躬
披緗縹，芟蕪刈楚，振領提綱，去其繁雜，撮其指要，勒成一家，名曰《江都集禮》。
凡十二帙，一百二十卷，取方月數，用比星周，軍國之義存焉，人倫之紀備矣。"
② 據高明士考證，"撰述《集禮》之時間，當在是年六月至十一月之間。前後不
到半年，完成十二帙，一百二十卷，可謂倉促成章。其藍本當是集漢以來之舊文
而成。"(《隋代的制禮作樂》，《隋唐史論集》，第 26 頁)

【因革】①《舊唐志·禮儀二》載聖曆元年(698)王方慶奏議曰："宋朝何承天纂
集其文，以爲《禮論》，雖加編次，事則闕如。……隋大業中(按不確)，煬帝命學士
撰《江都集禮》，祇抄撮禮論，更無異文。"② 高明士據此認爲"《集禮》之藍本，是
何承天的《禮論》"，其"來自南朝禮典，但其源頭仍爲'漢、魏之舊'"(《隋代的制禮作
樂》，《隋唐史論集》，第 27 頁)。③ 張文昌《制禮以教天下》指出："楊廣以晉王的身分
任揚州總管時，召聚江南以後以潘徽爲首之儒者，集漢、魏古禮編修而成，參與
者大部分都是南方學人。"(第二章，第 50 頁)

又《舊唐志·禮儀一》記曰："自晉至梁，繼令條纘。鴻生鉅儒，銳思綿蕝，江左學
者，髣髴可觀。隋氏平陳，寰區一統，文帝命太常卿牛弘集南北儀注，定五禮一
百三十篇。煬帝在廣陵，亦聚學徒，修《江都集禮》。由是周、漢之制，僅有
遺風。"

嘉 十月乙丑(初九)，皇太子楊勇及其諸子並被廢爲庶人。(隋書·高祖紀下，
北史·隋本紀上)

【考釋】《隋書·文四子列傳》記曰："高祖戎服陳兵，御武德殿，集百官，立於東
面，諸親立於西面，引勇及諸子列於殿庭。命薛道衡宣廢勇之詔……勇再拜而
言，……言畢，泣下流襟，既而舞蹈而去。左右莫不憫默。"《北史·隋宗室諸王
列傳》同。

【論評】王夫之《讀通鑑論》(卷十九)論曰："太子勇耽聲色，狎群小，而逆廣立平陳
之功，且矯飾恭儉以徼上寵、釣下譽，聲施爛然。文帝廢勇而立廣，雖偏聽悍妻，
致他日有獨孤誤我之歎，然當廣惡未著、勇德有愆之日，參互相觀，亦未見廢立

之非社稷計也。"又曰:"勇於見廢之日,再拜泣下,舞蹈而出,終不訟廣之見誣而摘其隱慝,然則使勇嗣立,隋尚可以不亡,藉令不然,亦何至逞梟獍之凶如廣之酷邪?故勇與廣之賢不肖未易辨也,而廣訴勇,勇不訴廣,其仁心之僅存與其澌滅,則灼然易知也。"

嘉 十一月戊子(初三),立楊廣(晉王)爲皇太子。(隋書·高祖紀下,北史·隋本紀上)

吉 十二月辛巳(二十六),下詔爲佛像、天尊像及嶽鎮海瀆神形建廟立祀。(隋書·高祖紀下,北史·隋本紀上)

【理據】《資治通鑑·隋紀三》記曰:"帝晚年深信佛道鬼神。"

仁壽元年(601)

吉 正月乙酉(初一),因袁充(太史令)上表奏帝本命與陰陽律吕合者六十餘條,改元。(隋書·高祖紀下、袁充列傳,北史·袁充列傳)

凶 正月辛丑(十七),下詔戰亡之徒,宜入墓域。(隋書·高祖紀下,北史·隋本紀上)

【理據】《隋書》録帝詔曰:"投主殉節,自古稱難,殞身王事,禮加二等。而代俗之徒,不達大義,至於致命戎旅,不入兆域。虧孝子之意,傷人臣之心,……且入廟祭祀,並不廢闕,何止墳塋,獨在其外?"《北史》同。

嘉 六月乙卯(初三),遣十六使巡省風俗。(隋書·高祖紀下,北史·隋本紀上)

嘉 六月乙丑(十三),廢太學、四門及州縣學,國子學留博士二人、學生七十人。七月戊戌(十七),改國子學爲太學。(隋書·高祖紀下、儒林列傳,北史·隋本紀上、儒林列傳下)

【論評】《隋書·儒林列傳》評曰:"高祖暮年,精華稍竭,不悦儒術,專尚刑名,執政之徒,咸非篤好。暨仁壽間,遂廢天下之學,唯存國子一所,弟子七十二人。"

【考釋】二《儒林列傳》均載此事在開皇二十年(600)，又載劉炫"上表言學校不宜廢，情理甚切，高祖不納"。

吉 十一月己丑(九日，冬至)，南郊。（隋志·禮儀一，隋書·高祖紀下，北史·隋本紀上）

【儀制】《隋志》記曰："置昊天上帝及五方天帝位，並于壇上，如封禪禮。"其板文有曰："敬薦玉帛犧齊，粢盛庶品，燔祀于昊天上帝。皇考太祖武元皇帝，配神作主。"又《資治通鑑·隋紀三》記曰："初，帝受周禪，恐民心未服，故多稱符瑞以耀之，其偽造而獻者，不可勝計。"而此次南郊，"版文備述前後符瑞以報謝"。

【考釋】陳戌國指出："[開皇十五年]楊堅連山上都沒有去，有何封禪可言"史書也沒有記載隋煬帝楊廣封禪之事。既然終隋之世不行封禪禮，《隋書·禮儀志一》謂隋之南郊'如封禪禮'，豈不費解嗎？"並進而推測："隋帝南郊之儀，大致與《隋志》所記的'拜岱山'相類。"（《中國禮制史·隋唐五代卷》，第6頁）

樂 下詔牛弘(吏部尚書)、柳顧言(開府儀同三司)、許善心(秘書丞，攝太常少卿)、虞世基(內史舍人)、蔡徵(禮部侍郎)等，創製雅樂歌詞。（隋志·音樂下，通典·樂二）

【因革】《隋志》記此前，文帝遣李元操(內史侍郎)、盧思道(直內侍省)等"列清廟歌辭十二曲"，令曹妙道(齊樂人)"於太樂教習，以代周歌"；至此年，"煬帝初爲皇太子，從饗于太廟，聞而非之"，於是下詔。

【論評】《隋書·藝術列傳》記曰："[萬]寶常嘗聽太常所奏樂，泫然而泣。人問其故，寶常曰：'樂聲淫厲而哀，天下不久相殺將盡。'時四海全盛，聞其言者皆謂爲不然。大業之末，其言卒驗。"《通典·樂三》同。

仁壽二年(602)

凶 八月己巳(二十四)，皇后(獨孤氏)去世，牛弘(吏部尚書)議定儀注；閏十月壬寅(二十八)，葬於太陵。（隋書·高祖紀下、后妃列傳，北史·隋本紀上）

【儀制】①《隋書·牛弘列傳》記曰："弘以三年之喪，祥禫具有降殺，朞服十一月而練者，無所象法，以聞於高祖，高祖納焉。下詔除綦練之禮，自弘始也。"《北史·牛弘列傳》同。②《資治通鑑·隋紀三》記皇太子服喪曰："太子對上及宮人哀慟絶氣，若不勝喪者；其處私室，飲食言笑如平常。又，每朝令進二溢米，而私令取肥肉脯酢，置竹筩中，以蠟閉口，衣襆裹而納之。"

【因革】《北史·裴矩列傳》記曰："文獻皇后崩，太常舊無儀注，矩與牛弘、李百藥等據齊禮參定。"《隋書·裴佗列傳》略同。按其時裴矩任尚書左丞。

【考釋】①《通鑑》記皇后去世在八月甲子（十九），誤。②《隋書·楊素列傳》記"及獻皇后崩，山陵制度，多出於素。"按楊素，其時任尚書左僕射。③《隋書·藝術列傳》則記"及獻皇后崩，上令［蕭］吉卜擇葬所。吉歷筮山原，至一處，云：'卜年二千，卜世二百。'具圖而奏之，……竟從吉言"。

軍 **九月壬辰**（十七），**河南、河北諸州大水，遣使楊達**（工部尚書）**賑恤。**（隋書·高祖紀下，北史·隋本紀上）

【儀制】《高祖紀》末總記曰："嘗遇關中饑，遣左右視百姓所食。有得豆屑雜糠而奏之者，上流涕以示群臣，深自咎責，爲之徹膳不御酒肉者殆將一朞。"

吉 **閏十月甲申**（初十），**下詔令楊素**（尚書左僕射，越國公）**與諸術者刊定陰陽舛謬。**（隋書·高祖紀下，北史·隋本紀上）

制 **閏十月己丑**（十五），**下詔令楊素、蘇威**（尚書右僕射，邳國公）**、牛弘**（吏部尚書，奇章公）**、薛道衡**（内史侍郎）**、許善心**（秘書丞）**、虞世基**（内史舍人）**、王劭**（著作郎）**等論改新禮。**（隋書·高祖紀下，北史·隋本紀上）

【理據】《高祖紀》録帝詔曰："自區宇亂離，綿歷年代，王道衰而變風作，微言絶而大義乖，與代推移，其弊日甚。至於四時郊祀之節文，五服麻葛之隆殺，是非異説，蹖駁殊途，致使聖教凋訛，輕重無准。"由此可見開皇五年所定新禮尚未能愜人心意。

【考釋】①《隋書·牛弘列傳》記曰："［弘］拜吏部尚書。時高祖又令弘與楊素、蘇威、薛道衡、許善心、虞世基、崔子發等并召諸儒，論新禮降殺輕重。"《北史·牛弘列傳》同。此所記録與本紀略異。② 陳寅恪《隋唐制度淵源略論稿》指出：

"[楊]素之得與此役,不過以尚書左僕射首輔之資位監領此大典而已。……[蘇]威本西魏蘇綽之子,綽爲宇文泰創制立法,實一代典章所從出。威既志在繼述父業,文帝稱其斟酌古今,必非泛美之詞,故威之與素不得同論,而威之預知修禮,亦非止尸空名絕無建樹者之比無疑也。"(《禮儀》,第18—19頁)

又《資治通鑑·隋紀三》將此事繫於閏十月甲申下,又失載上條。

【因革】① 陳寅恪《隋唐制度淵源略論稿》指出:"[薛]道衡家世本出北齊,其本身於北齊又修定五禮,參預政事,及齊亡歷周入隋,復久當樞要,隋文命其修定隋禮,自爲適宜,而道衡依其舊習,効力新朝","兩朝禮制因襲之證此其一也"(《禮儀》,第50、13頁)。② 高明士承之曰:"[牛弘]雖出自北周官僚,但其學術則屬於南學;另外,許善心、虞世基也爲南學者;而楊素、蘇威則爲西魏、北周系,薛道衡、王劭、崔子發爲北齊系。……此次修定五禮,動員專家包括魏周系、北齊系、南朝系等,實較撰述開皇禮爲廣。其中薛道衡且曾參預北齊後主修定五禮,而成爲開皇禮之藍本。"又云:"整體説來,仁壽禮的修定,或許無大幅更動開皇禮。……至於詔修仁壽禮時所提出的兩項重點,此即郊祀、五服,恐皆就開皇禮文加以修正而已。"(《隋代的制禮作樂》,《隋唐史論集》,第24—25頁)

【論評】陳寅恪《隋唐制度淵源略論稿》論曰:"隋文帝繼承宇文氏之遺業,其制定禮儀則不依北周之制,別采梁禮及後齊儀注。所謂梁禮並可概括陳代,以陳禮幾全襲梁舊之故,亦即梁陳以降南朝後期之典章文物也。所謂後齊儀注即北魏孝文帝摹擬采用南朝前期之文物制度,易言之,則爲自東晉迄南齊,其所繼承漢、魏、西晉之遺產,而在江左發展演變者也。"(《禮儀》,第13頁)

吉 **藉田**。(隋志·禮儀二,通典·吉禮五)

【儀制】《隋志》記曰:"隋制,於國南十四里啓夏門外,置地千畝,爲壇,孟春吉亥,祭先農於其上,以后稷配。牲用一太牢。皇帝服衮冕,備法駕,乘金根車。禮三獻訖,因耕。司農授耒,皇帝三推訖,執事者以授應耕者,各以班五推九推。而司徒帥其屬終千畝。播殖九穀,納于神倉,以擬粢盛。穰槀以餇犧牲云。"

【考釋】以下四條均無法考實具體施行年月,陳戍國亦指出:"遍查史籍,未見有

楊隋帝后行藉田先蠶禮的具體記録”（《中國禮制史·隋唐五代卷》，第45頁）。今暫附
於隋禮改定之時。

吉 **享先蠶。**（隋志·禮儀二，通典·吉禮五）

【儀制】《隋志》記曰：“隋制，於宮北三里爲壇，高四尺。季春上巳，皇后服鞠
衣，乘重翟，率三夫人、九嬪、内外命婦，以一太牢，制幣，祭先蠶於壇上，用一
獻禮。祭訖，就桑位於壇南，東面。尚功進金鉤，典制奉筐。皇后采三條，反
鉤。命婦各依班采，五條九條而止。世婦亦有蠶母受切桑，灑訖，還依位。皇
后乃還宮。”

【因革】《隋志》述曰：“自後齊、後周及隋，其典大抵多依晉儀。然亦時有損
益矣。”

吉 **祀高禖於南郊壇。**（隋志·禮儀二，通典·吉禮十四）

【儀制】《隋志》記“以玄鳥至之日”祀之，“牲用太牢一”。

【因革】《通典》記此後至唐，“亦以仲春玄鳥至之日，以太牢祀於高禖，天子
親往”。

嘉 **皇太子冠。**（隋志·禮儀四，通典·嘉禮一）

【儀制】《隋志》記曰：“隋皇太子將冠，前一日，皇帝齋於大興殿。皇太子與賓贊
及預從官，齋於正寢。其日質明，有司告廟，各設筵於阼階。皇帝衮冕入拜，即
御座。賓揖皇太子進，升筵，西向坐。贊冠者坐櫛，設纚。賓盥訖，進加緇布冠。
贊冠進設頍纓。賓揖皇太子適東序，衣玄衣素裳以出。贊冠者又坐櫛，賓進加
遠游冠。改服訖，賓又受冕。太子適東序，改服以出。賓揖皇太子南面立，賓進
受醴，進筵前，北面立祝。皇太子拜受觶。賓復位，東面答拜。贊冠者奉饌於筵
前，皇太子祭奠。禮畢，降筵，進當御東面拜。納言承詔，詣太子戒訖，太子拜。
贊冠者引太子降自西階。賓少進，字之。贊冠者引皇太子進，立於庭，東面。諸
親拜訖，贊冠者拜，太子皆答拜。與賓贊俱復位。納言承詔降，令有司致禮。賓
贊又拜。皇帝降復阼階，拜，皇太子已下皆拜。皇帝出，更衣還宮。皇太子從至
闕，因入見皇后，拜而還。”

仁壽三年(603)

嘉 **五月癸卯**(初二)，**下詔於六月十三日**(帝之生日)，**爲帝之先父母斷屠。**

(隋書・高祖紀下，北史・隋本紀上)

凶 **六月甲午**(二十四)，**下詔辨論喪服，令父在喪母服朞，不宜有練，取十三月而祥，間月而禫。**(隋書・高祖紀下，北史・隋本紀上)

【理據】《隋書》録帝詔曰："期喪有練，於理未安。……而儒者徒擬三年之喪，立練禫之節，可謂苟存其變，而失其本，欲漸於奪，乃薄於喪。致使子則冠練去絰，黄裏縓緣，絰則布葛在躬，粗服未改。豈非経哀尚存，子情已奪，親疏失倫，輕重顛倒！"又曰："然喪與易也，寧在於戚，則禮之本也。禮有其餘，未若於哀，則情之實也。今十一月而練者，非禮之本，非情之實。"《北史》同。

凶 **牛弘**(吏部尚書)**建議二品官降旁親服一等，劉炫**(騎尉)**駁之以爲不可。**

(隋書・儒林列傳，北史・儒林列傳下)

【理據】《隋書》録劉炫曰："今之仕者，位以才升，不限適庶，與古既異，何降之有。今之貴者，多忽近親，若或降之，民德之疏，自此始矣。"《北史》略同。陳戍國指出："劉炫正是拿團結宗族、防止'民德之疏'作大旗，從古制族人與宗子的關係以及當時社會的實際情況立論，駁斥了牛弘的建議。"(《中國禮制史・隋唐五代卷》，第19頁)

【考釋】《隋書》記去年蜀王劉秀廢，劉炫"與諸儒修定五禮"，可見此事當在此年，今與上條同繫於此年。

【論評】陳寅恪《隋唐制度淵源略論稿》論曰："二劉尤爲北朝數百年間之大儒，觀炫駁牛弘二品官降旁親服一等之議，則知山東禮學遠勝於關隴也。"(《禮儀》，第53頁)

嘉 **七月丁卯**(二十七)，**下詔令州縣搜揚賢哲，取士必須以禮。**(隋書・高祖紀下，北史・隋本紀上)

【理據】《隋書》録帝詔曰："皆取明知今古,通識治亂,究政教之本,達禮樂之源。不限多少,不得不舉。"《北史》略同。

[軍] 十二月癸酉(初六),河南諸州水,遣使楊達(納言)賑恤。(隋書·高祖紀下,北史·隋本紀上)

仁壽四年(604)

[凶] 七月甲辰(初十),帝卧於仁壽宮,與百官辭訣;丁未(十三),去世於大寶殿;乙卯(二十一),發喪;八月,煬帝奉梓宮還京城,丙子(十二),殯於大興前殿;十月己卯(十六),葬於太陵。(隋書·高祖紀下,北史·隋本紀上)

【儀制】①《隋書》録帝之遺詔曰："既葬公除,行之自昔,今宜遵用,不勞改定。凶禮所須,纔令周事。務從節儉,不得勞人。諸州總管、刺史已下,宜各率其職,不須奔赴。"②又記葬制曰："合葬於太陵,同墳而異穴。"按皇后獨孤氏於仁壽二年(602)葬於此。

[制] 七月丁未(十三),遺詔可修改所定法令。(隋書·高祖紀下,北史·隋本紀上)

【儀制】《隋書》録帝之遺詔曰："國家事大,不可限以常禮。……自古哲王,因人作法,前帝後帝,沿革隨時。律令格式,或有不便於事者,宜依前勑修改,務當政要。"《北史》同。

煬帝(楊廣,文帝第二子)

[制] 七月,太子即位於仁壽宮。 十一月癸丑(二十一),下詔營建洛陽。

(隋書·煬帝紀上,北史·隋本紀下)

【考釋】《隋書·宇文愷列傳》記曰："煬帝即位,遷都洛陽,以愷爲營東都副監,尋遷將作大匠。愷揣帝心在宏侈,於是東都制度窮極壯麗,帝大悦之。"《北史·

宇文貴列傳》同。

凶 十一月壬子(二十)，陳後主去世於洛陽；葬於洛陽之芒山。（陳書·後

主本紀，南史·陳本紀下）

大業元年(605)

嘉 正月壬辰(初一)，立蕭氏(妃)爲皇后。（隋書·煬帝紀上，北史·隋本紀下）

嘉 正月丙申(初五)，立楊昭(晉王)爲皇太子。（隋書·煬帝紀上、煬三子列傳，北史·

隋本紀下）

嘉 正月戊申(十七)，遣八使巡省風俗。（隋書·煬帝紀上，北史·隋本紀下）

【儀制】《隋書》錄帝詔云巡省之務曰："孝悌力田，給以優復。鰥寡孤獨不能自
存者，量加振濟。義夫節婦，旌表門閭。高年之老，加其版授，並依別條，賜以粟
帛。篤疾之徒，給侍丁者，雖有侍養之名，曾無賙贍之實，明加檢校，使得存養。
若有名行顯著，操履修潔，及學業才能，一藝可取，咸宜訪采，將身入朝。所在州
縣，以禮發遣。"《北史》同。

嘉 閏七月丙子(十八)，下詔國子監宜申明舊制，定課試之法。（隋書·煬
帝紀上，北史·隋本紀下）

【考釋】《通典·職官九》記曰："煬帝即位，改國子學爲國子監，依舊置祭酒。"
【論評】《隋書·儒林列傳》述曰："煬帝即位，復開庠序，國子郡縣之學，盛於開
皇之初。徵辟儒生，遠近畢至，使相與講論得失於東都之下，納言定其差次，一
以聞奏焉。"

吉 擬營立七廟，詔有司詳定其禮；許善心(禮部侍郎，攝太常少卿)、褚亮(博
士)等議立宗廟圖，詔可。（隋志·禮儀二，通典·吉禮六）

【儀制】《隋志》錄許善心等議所立宗廟之制爲："太祖、高祖各一殿，准周文武二
祧，與始祖而三。餘並分室而祭。始祖及二祧之外，從迭毀之法。"

【理據】高明士分析:"此時之文帝對煬帝而言,是爲皇考;但在新制裏,文帝是被列爲受命祖,且爲不毀之祧;如此,所謂四親廟,實際祇是三廟,全數加起來,共六廟,並非七廟。單就六廟數而言,是爲魏、晉、南朝之制;惟其以始祖加上二祧,共立三殿七廟之制,仍然用鄭玄説,則又有別於江左用王肅説。依此看來,大業新制似有意折衷鄭、王之分歧。"(《隋代的制禮作樂》,《隋唐史論集》,第29頁)

【論評】秦蕙田《五禮通考》論曰:"自漢以後,唯此議爲合禮。"(《吉禮七十九》"宗廟制度")

吉 **於洛邑**(東都)**固本里北建天經宮,四時致祭文帝衣冠。**(隋志•禮儀二,通典•吉禮六)

【考釋】《隋志》記曰:七廟"未及創制,既營建洛邑,帝無心京師",因有文帝寢廟之建;究其深層原因,大業三年(607)帝謂柳晉(祕書監)之言曰:"今始祖及二祧已具,今後子孫,處朕何所?"可見,京都七廟恐未及建成。

樂 **下詔修高廟樂,總付柳顧言**(祕書監)、**何稠**(少府副監)、**諸葛穎**(著作郎)、**袁慶隆**(祕書郎)**等新製郊廟樂懸。**(隋志•音樂下,通典•樂二)

【考釋】《隋志》總述煬帝以後修樂曰:"[柳]顧言等後親,帝復難於改作,其議竟寢。諸郊廟歌辭,亦並依舊制,唯新造高祖廟歌九首。今亡。又遣祕書省學士,定殿前樂工歌十四首,終大業世,每舉用焉。帝又詔博訪知鍾律歌管者,皆追之。時有曹士立、裴文通、唐羅漢、常寶金等,雖知操弄,雅鄭莫分,然總付太常,詳令删定。……仍屬戎車,不遑刊正,禮樂之事,竟無成功焉。"

吉 **孟春祀感帝,孟冬祀神州。**(隋志•禮儀一,通典•吉禮一、禮五)

【因革】①《隋志•禮儀一》曰:"改以高祖文帝配,其餘並用舊禮。"②《禮儀二》曰:"梁、陳、後齊、後周及隋,制度相循,皆以其時之日,各於其郊迎,而以太皥之屬五人帝配祭,並以五官、三辰、七宿於其方從祀焉。"可見五時迎氣之制梁以來一度承用。

【儀制】《隋志•禮儀二》總記隋代五時迎氣之制曰:"隋五時迎氣,青郊爲壇,國東春明門外道北,去宮八里。高八尺。赤郊爲壇,國南明德門外道西,去宮十三里,高七尺。黃郊爲壇,國南安化門外道西,去宮十二里,高七尺。白郊爲壇,國西開遠門外道南,去宮八里,高九尺。黑郊爲壇,宮北十一里丑地,高六尺。並廣四丈。各以四方立日,黃郊以季夏土王日。祀其方之帝,各配以人帝,以太祖武元帝配。五官及星三辰七宿,亦各依其方從祀。其牲依方色,各用犢二,星辰加羊豕各一。其儀同南郊。其岳瀆鎮海,各依五時迎氣日,遣使就其所,祭之以太牢。"

凶 楊恪(襄城王,楊勇之子)被殺,棺斂訖,妃(柳氏)撫棺號慟,自經而死,以求合葬。(隋書‧列女列傳,北史‧列女列傳)

大業二年(606)

嘉 二月丙戌(初一),下詔楊素(尚書令)、牛弘(吏部尚書)、宇文愷(大將軍)、虞世基(內史侍郎)、許善心(禮部侍郎)、何稠(太府少卿)、閻毗(朝請郎)制定輿服。(隋書‧煬帝紀上,隋志‧禮儀五、禮儀七,北史‧隋本紀下,舊唐志‧輿服)

【儀制】①《隋志‧禮儀七》記此前服制:"高祖元正朝會,方御通天服,郊丘宗廟,盡用龍袞衣,大裘毳褘,皆未能備。至平陳,得其器物,衣冠法服,始依禮具。然皆藏御府,弗服用焉。百官常服,同於匹庶,皆著黃袍,出入殿省。高祖朝服亦如之,唯帶加十三環,以爲差異。蓋取於便事。"②《隋書》記此年定制:"始備輦路及五時副車。上常服,皮弁十有二琪,文官弁服,佩玉,五品已上給犢車、通幰,三公親王加油絡,武官平巾幘,袴褶,三品已上給鼓吹。下至胥吏,服色皆有差。非庶人不得戎服。"《北史》同。③《隋書‧閻毗列傳》錄帝與閻毗論法駕,帝定之爲:"大駕宜三十六,法駕宜用十二,小駕除之。"《通典‧嘉禮十一》同。④《通典‧嘉禮二》記隋因北齊服通天冠,"加金博山,附蟬十二首,施珠翠,黑介幘,玉簪導。朔日、元會、冬朝會、諸祭還則服之"。

【因革】①《隋志‧禮儀七》記曰:"憲章古制,創造衣冠,自天子逮于胥皂,服章皆有等差。若先所有者,則因循取用,[牛]弘等議定乘輿服,合八等焉。"② 就具體條目而言，又別有所記曰："武弁之制，案徐爰《宋志》，謂籠冠是也。"又："白帢，……蓋自魏始也。梁令，天子爲朝臣等舉哀則服之。今亦準此。"又："開皇以來，天子唯用袞冕，自鷩之下，不施於尊，具依前式。"又："鞶囊，……今采梁、陳、東齊制，品極尊者，以金織成，二品以上服之。次以銀織成，三品已上服之。下以綖織成，五品已上服之。"又："諸建華、鷄翹、鶡冠、委貌、長冠、樊噲、却敵、巧士、術氏、却非等，前代所有，皆不采用。"又："承衣刀人、采女，皆服襈衣，無印綬。參準宋泰始四年及梁陳故事，增損用之。"又："皇太子妃，服褕翟之衣，青質，五采織成爲搖翟，以備九章。……準宋孝建二年故事而增損之。"又："保林、八子，展衣之服，銅印環鈕，文如其職。……自良娣等，準宋大明六年故事而損益之。"

又《隋書·何稠列傳》記曰："稠參會今古，多所改創。魏、晉以來，皮弁有繅而無笄導。稠曰：'此古田獵之服也。今服以入朝，宜變其制。'故弁施象牙簪導，自稠始也。又從省之服，初無佩綬。……乃加獸頭小綬及佩一隻。舊制，五輅於轅上起箱，天子與參乘同在箱內。……乃廣爲盤輿，別搆欄楯，侍臣立於其中。於內復起須彌平坐，天子獨居其上。自餘麾幢文物，增損極多。"《北史·藝術列傳下》同。

又陳寅恪《隋唐制度淵源略論稿》指出："虞世基、許善心則南朝後期文物即梁陳文化之代表者。"（《禮儀》，第 61 頁，並參 65 頁）"綜合隋代三大技術家宇文愷、閻毗、何稠之家世事跡推論，蓋其人俱含有西域胡族血統，而又久爲華夏文化所染習，故其事業皆藉西域家世之奇技，以飾中國經典之古制。如明堂、輅輦、袞冕等，雖皆爲華夏之古制，然能依託經典舊文，而實施精作之，則不藉西域之工藝亦不爲功。"（《禮儀》，第 88 頁）

閻步克則認爲："大業冕服之制，梁陳沒有，北齊沒有；其藍本是《周禮》及鄭玄注，其'服周之冕'的動力則來自北周。把六冕補足備齊之舉，是北周'周禮復古'路綫的延伸和繼續。"（《服周之冕》第九章，第 317 頁）

【考釋】《隋志》二處、《舊唐志》記此事均在"大業元年"，《禮儀七》曰"二年總了，始班行焉，軒冕之盛，貫古今矣"。

【論評】《隋書·牛弘列傳》末評牛弘之貢獻曰：“牛弘篤好墳籍，學優而仕，有淡雅之風，懷曠遠之度，采百王之損益，成一代之典章，漢之叔孫，不能尚也。”

嘉 **皇太子冬正朝服，牛弘奏請服袞冕，許善心**(給事郎)**以爲仍當著遠游冠，從之。**（隋志·禮儀七）

【因革】《隋志》記曰：“始後周采用周禮，皇太子朝賀，皆袞冕九章服。開皇初，自非助祭，皆冠遠游冠。至此，……竟用開皇舊式。”又錄許善心曰：“晉令皇太子給五時朝服、遠游冠。至宋泰始六年，更議儀注，……革近代之陋制，皇太子朝，請服冕。自宋以下，始定此儀。至梁簡文之爲太子，嫌於上逼，還冠遠游，下及於陳，皆依此法。後周之時，亦言服袞入朝。至于開皇，復遵魏、晉故事。”對此，陳寅恪《隋唐制度淵源略論稿》釋曰：“隋代制禮實兼采梁陳之制，雖北周之制合於經典，牛弘亦所同意，然煬帝從許善心之言，依魏晉故事，不改開皇舊式。蓋不欲泥經典舊文，而以江東後期較近之故事爲典據，可知北齊間接承襲南朝前期之文物尚有所不足，不得不用梁陳舊人以佐參定也。”（《禮儀》，第66頁）

【論評】陳戍國論曰：“隋朝輿服制度對皇太子限制頗嚴(如不得服袞冕)，原因是‘臣子之道，義無上逼’，唯皇帝爲獨尊。應該說對皇太子的限制符合其時禮制精神(但隋朝此制實與楊勇、楊廣及其周圍的政治集團之間的鬥爭有關)。”（《中國禮制史·隋唐五代卷》，第43頁）

嘉 **牛弘等定朝服帶劍之制。**（隋志·禮儀七）

【儀制】《隋志》記曰：“今天子則玉具火珠鏢首，餘皆玉鏢首。唯侍臣帶劍上殿，自王公已下，非殊禮引升殿，皆就席解而後升。六品以下，無佩綬者，皆不帶。”

【因革】《隋志》記曰：“案漢自天子至于百官，無不佩刀。……近代以木，未詳所起。東齊著令，謂爲象劍，言象於劍。周武帝時，百官燕會，並帶刀升座。至開皇初，因襲舊式，朝服登殿，亦不解焉。十二年，因蔡徵上事，始制凡朝會應登殿坐者，劍履俱脫。其不坐者，勑召奏事及須升殿，亦就席解劍，乃登。納言、黃門、内史令、侍郎、舍人，既夾侍之官，則不脫。其劍皆真刃，非假。既合舊典，弘制依定。又準晉咸康元年定令故事，自天子已下，皆衣冠帶劍。”

嘉 三月庚午(十六)，帝赴江都，令州縣送羽毛，何稠(太府少卿)營黃麾三萬六千人仗，及車輿輦輅、皇后鹵簿、百官儀服，送於江都。(隋書‧煬帝紀上、何稠列傳，北史‧隋本紀下、藝術列傳下)

嘉 四月庚戌(二十六)，帝入洛陽(東京)，盛修儀仗，備千乘萬騎。(隋書‧煬帝紀上，北史‧隋本紀下)

吉 五月乙卯(初二)，下詔爲古來賢人君子營立祠宇，以時致祭。(隋書‧煬帝紀上，北史‧隋本紀下)

凶 七月乙亥(二十三)，楊素(上柱國，司徒，楚國公)去世，給輼輬車，班劍四十人，前後部羽葆鼓吹，粟麥五千石，物五千段，鴻臚監護喪事，下詔立碑。(隋書‧楊素列传、煬帝紀上，北史‧楊敷列傳)

吉 十二月庚寅(初十)，下詔守視古來帝王陵墓。(隋書‧煬帝紀上，北史‧隋本紀下)

凶 姚察(太子内舍人)去世於洛陽，遺命薄葬，務從率儉。(陳書‧姚察列传，南史‧姚察列傳)

【因革】《陳書》載其遺命曰："吾意斂以法服，竝宜用布，土周於身。又恐汝等不忍行此，必不爾，須松板薄棺，纔可周身，土周於棺而已。葬日，止鱸车，即送厝舊塋北。……且吾習蔬菲五十餘年，既歷歲時，循而不失。瞑目之後，不須立靈，置一小牀，每日設清水，六齋日設齋食菓菜，任家有無，不須別經營也。"

樂 裴蘊(太常少卿)奏括北周、北齊、梁、陳樂家子弟皆爲樂户，有善音樂及倡優百戲者，皆入太常。(隋書‧裴蘊列傳，隋志‧音樂上，北史‧裴蘊列傳，通典‧樂二、樂六，資治通鑑‧隋紀四)

【因革】《隋書》記曰，"初，高祖不好聲技，遣牛弘定樂，非正聲清商及九部四儛之色，皆罷遣從民。至是，[裴]蘊揣知帝意"，方有此奏。"帝意"所指，《資治通鑑‧隋紀四》釋之云"帝以啓民可汗將入朝，欲以富樂誇之"。由此，"是後異技淫聲咸萃樂府，皆置博士弟子，遞相教傳，增益樂人至三萬餘"。《北史》同。

【考釋】裴蘊之奏在此年，帝詔之下則恐在大業六年(610)矣。

【評論】《隋書‧高潁列傳》録其時高潁(太常)奏曰：“此樂久廢。今若徵之，恐無識之徒棄本逐末，遞相教習。”又記曰：“帝時侈靡，聲色滋甚，又起長城之役。潁甚病之，謂太常丞李懿曰：‘周天元以好樂而亡，殷鑒不遥，安可復爾！’”《北史‧高潁列傳》同。

制 **朝會事有不能庭決，入閣之後，召虞世基**(内史侍郎)**等口授節度。**(隋書‧虞世基列傳，北史‧文苑列傳)

【因革】黎虎指出：“隋朝已經産生了‘入閣’決策這樣一種御前決策方式，這是皇帝在朝會後入閣與宰臣進行外交決策，這與後來唐代的仗下、延英決策十分相似，當爲其雛形。”(《漢唐外交制度史》，第274頁)

大業三年(607)

制 **四月甲申**(初六)，**頒律令；壬辰**(十四)，**改度量衡。**(隋書‧煬帝紀上，北史‧隋本紀下，通典‧刑法二)

【考釋】①《隋志‧刑法》記曰：“煬帝即位，以高祖禁網深刻，又敕修律令，除十惡之條。……三年，新律成，凡五百條，爲十八篇。詔施行之，謂之大業律。”②《資治通鑑‧隋紀四》記在去年“十月，詔改脩律令”，歷五月而成。

【因革】《隋書》記曰：“並依古式。”《北史》同。

吉 **四月己亥**(二十一)，**帝至赤岸澤，以太牢祭李穆**(故太師)**墓。**(隋書‧煬帝紀上，北史‧隋本紀下)

賓 **五月丁巳**(初九)，**突厥啓民可汗遣子**(拓特勤)**來朝；丙寅**(十八)，**又遣其兄子**(毗黎伽特勤)**來朝；辛未**(二十三)，**又遣使請自入朝，帝不許。**(隋書‧煬帝紀上，北史‧隋本紀下)

【儀制】《隋志‧禮儀七》記此年“正月朔旦，大陳文物，時突厥染干朝見，慕之，請襲冠冕”。

軍賓 六月戊子(十一)，帝至榆林，陳兵耀武；丁酉(二十)，啓民可汗來朝，所部諸國及奚、霫、室韋等種部落數十酋長咸集。(隋書·煬帝紀上、長孫覽列傳，北史·隋本紀下)

【儀制】①《隋志·音樂下》記曰："每歲正月，萬國來朝，留至十五日，於端門外，建國門內，綿亘八里，列爲戲場。百官起棚夾路，從昏達旦，以縱觀之。至晦而罷。伎人皆衣錦繡繒綵。其歌舞者，多爲婦人服，鳴環佩，飾以花毦者，殆三萬人。……三年，駕幸榆林，突厥啓民，朝于行宮，帝又設以示之。"②《隋書·長孫覽列傳》記啓民可汗"拔所佩刀，親自芟草，其貴人及諸部爭放效之"。《北史·長孫道生列傳》同。③《隋書·北狄列傳》記此年四月，"煬帝幸榆林，啓民及義成公主來朝行宮，前後獻馬三千匹。帝大悅，賜物萬二千段"。

【理據】《北史·長孫道生列傳》錄長孫晟對啓名可汗曰："國家法，天子行幸所在，諸侯並躬親洒掃，耘除御路，以表至敬之心。"

軍 六月辛巳(初四)，獵於連谷。(隋書·煬帝紀上，北史·隋本紀下)

吉 六月辛巳(初四)，有司奏於洛陽(東京)建立宗廟，丁亥(初十)，下詔唯別立文帝之廟。(隋志·禮儀二，隋書·煬帝紀上，北史·隋本紀下)

【儀制】《隋書》記曰："高祖文皇帝宜別建廟宇，以彰巍巍之德，仍遵月祭，用表蒸蒸之懷。有司以時創造，務合典制。"《北史》同。

【考釋】《隋志》記曰"屬有行役，遂復停寢"，可見此事實未行。

【因革】《隋志·五行上》於此年"河南大水"下曰："帝嗣位已來，未親郊廟之禮，簡宗廟，廢祭祀之應也。"

軍 六月甲辰(二十七)，行冬狩禮，帝觀於北樓。(隋志·禮儀三，隋書·煬帝紀上，北史·隋本紀下，通典·軍禮一)

【儀制】①《隋書》簡記曰："觀漁于河，以宴百僚。"《北史》同。②《隋志》詳記之曰："詔虞部量拔延山南北周二百里，並立表記。前狩二日，兵部建旗於表所。五里一旗，分爲四十軍，軍萬人，騎五千匹。前一日，諸將各帥其軍，集於旗下。鳴鼓，後至者斬。詔四十道使，並揚旗建節，分申佃令，即留軍所監獵。布圍，圍闞南面,方行而前。帝服紫袴褶、黑介幘,乘闒豬車,……駕六黑駵。太常陳鼓筇鐃簫角於帝左右,各百二十。百官戎服騎從,鼓行入圍。諸將並鼓行赴圍。乃設驅逆騎千有二百。闒豬停軔,有司斂大綏,王公已下,皆整弓矢,陳於駕前。有司又斂小綏,乃驅獸出,過於帝前。初驅過,有司整御弓矢以前,待詔。再驅過,備身將軍奉進弓矢。三驅過,帝乃從禽,鼓吹皆振,坐而射之。每驅必三獸以上。帝發,抗大綏。次王公發,則抗小綏。次諸將發射之,無鼓,驅逆之騎乃止。然後三軍四夷百姓皆獵。凡射獸,自左膘而射之,達于右腢,爲上等。達右耳本,爲次等。自左髀達于右䯏,爲下等。群獸相從,不得盡殺。已傷之獸,不得重射。又逆向人者,不射其面。出表者不逐之。佃將止,虞部建旗於圍內。從駕之鼓及諸軍鼓俱振,卒徒皆譟。諸獲禽者,獻於旗所,致其左耳。大獸公之,以供宗廟,使歸,薦腊于京師。小獸私之。”

【寅】七月辛亥(初四),**突厥啓民可汗上表請變服,襲冠冕;甲寅**(初七),**帝宴啓民可汗。**(隋書·煬帝紀上,北史·隋本紀下)

【儀制】①《隋書》記辛亥日,帝“詔啓民贊拜不名,位在諸侯王上”;又甲寅日,“上於郡城東御大帳,其下備儀衛,建旌旗,宴啓民及其部落三千五百人,奏百戲之樂”。《北史》同。②《隋志·音樂下》記帝示可汗百戲,“有神鼇負山,幻人吐火,千變萬化,曠古莫儔,染干大駭之”。③《隋書·北狄列傳》又記曰:“賜物二十萬段,其下各有差。……賜啓民及主金甕各一,及衣服被褥錦綵,特勤以下各有差。”

【嘉】帝北巡狩出塞,行宮設六合城。(隋志·禮儀七)

【儀制】《隋志》詳載城制曰:“方一百二十步,高四丈二尺。六合,以木爲之,方六尺,外面一方有板,離合爲之,塗以青色。疊六板爲城,高三丈六尺,上加女牆板,高六尺。開南北門。又於城四角起樓敵二,門觀、門樓檻皆丹青綺畫。又造六合殿、千人帳,載以槍車,車載六合三板。”

【論評】《通典·吉禮十三》論曰:“隋煬帝自文帝山陵纔畢,即事巡游,乃慕秦皇、漢武之事,西征東幸,無時暫息,六宮與文武吏士,常十餘萬人,然非省方展義之行也。"

【考釋】帝於此年四月丙申啓程,《隋志》則標此事在明年。

凶 裴肅(永平郡丞)去世,夷、獠爲立廟於鄭江之浦。(隋書·裴肅列傳,北史·裴
俠列傳)

【考釋】此事未悉年月,在煬帝即位後數年,暫繫於此。

大業四年(608)

軍 正月庚戌(初六),百官大射於允武殿。(隋書·煬帝紀上,北史·隋本紀下)

制 四月,於汾水之源起汾陽宮。(隋書·煬帝紀上,北史·隋本紀下,資治通鑑·隋
紀五)

【考釋】《通鑑》述曰:"帝無日不治宮室,兩京及江都,苑囿亭殿雖多,久而益厭,
每游幸,左右顧矚,無可意者,不知所適。乃備責天下山川之圖,躬自歷覽,以求
勝地可置宮苑者。"

吉 八月辛酉(二十一),親祠恒山。(隋書·煬帝紀上,隋志·禮儀二,北史·隋本紀下)

【儀制】①《隋志》記曰:"其禮頗采高祖拜岱宗儀,增置二壇,命道士女官數十
人,於壝中設醮。"②《隋書·牛弘列傳》記牛弘(右光禄大夫)"從拜恒岳,壇場珪
幣,壝畤牲牢,並弘所定"。《北史·牛弘列傳》同。③《隋書·裴矩列傳》記曰:
"帝復命矩往張掖,引致西蕃,至者十餘國。大業三年,帝有事於恒岳,咸來助
祭。"《北史·裴佗列傳》同。按《隋志》標此事在"大業中",《隋書》二列傳均作大
業三年,恐誤。

制 十月乙卯(十六),頒新式。(隋書·煬帝紀上,北史·隋本紀下)

吉 宇文愷(工部尚書)造明堂儀及明堂木樣上奏,未能施行。(隋志·禮儀一,
舊唐志·禮儀二,通典·吉禮三注)

【因革】①《隋書·宇文愷列傳》記曰:"自永嘉之亂,明堂廢絕,隋有天下,將復
古制,議者紛然,皆不能決。"②《隋志》載自開皇十三年(593)議論之後,"[牛]弘

等又條經史正文重奏,時非議既多,久而不定,又議罷之",至此年又起奏,"煬帝下其議,但令於霍山采木,而建都興役,其制遂寢",可見終隋代明堂竟未能建成。

【理據】《隋書·宇文愷列傳》録宇文愷奏曰:"自古明堂圖惟有二本,一是宗周,劉熙、阮諶、劉昌宗等作,三圖略同;一是後漢建武三十年作,禮圖有本,不詳撰人。臣遠尋經傳,傍求子史,研究衆説,總撰今圖。其樣以木爲之,下爲方堂,堂有五室,上爲圓觀,觀有四門。"《北史·宇文貴列傳》同。

【考釋】《隋志》僅標"大業中",《隋書·宇文愷列傳》載宇文氏此年奏文,並云"帝可其奏,會遼東之役,事不果行",檢《隋書·煬帝紀》,征高麗(遼東)起於大業八年,宇文愷由將作大匠升任工部尚書在此年三月,大業八年十月去世,故繫於此年。

【理據】① 秦蕙田《五禮通考》推測曰:"愷圖不及見,據此大概與牛弘議同也。"(《吉禮二十六》"明堂")② 張一兵《明堂制度源流考》則認爲:"其尺度應當是指前引漢武帝汶上明堂所依據的《黄圖》所載'堂方百四十四尺'。"(第五章,第178頁)

賓 遣裴世清(文林郎)使於倭國,倭王遣阿輩臺(小德)從數百人,設儀仗,鳴鼓角來迎,後十日,又遣哥多毗(大禮)從二百餘騎郊勞,倭王見之,並設宴。(隋書·東夷列傳,北史·倭列傳)

【考釋】阿輩臺,《北史》作"何輩臺"。

大業五年(609)

賓 正月,突厥啓民可汗來朝於東都,禮賜甚厚。(隋書·北狄列傳,資治通鑑·隋紀五)

吉 二月戊戌(初一),下詔祭古帝王陵及開皇功臣墓。(隋書·煬帝紀上,北史·隋本紀下)

嘉 二月丙辰(十九),帝至京城,宴耆舊四百人於武德殿。(隋書·煬帝紀上,北史·隋本紀下)

【儀制】《隋志·音樂下》記曰："大業中,煬帝制宴饗設鼓吹,依梁爲十二案。"

軍 四月己亥(初三),大獵於隴西。癸亥(二十七),帝至西平,陳兵講武。五月乙亥(初九),大獵於拔延山。(隋書·煬帝紀上,北史·隋本紀下)

賓 四月壬寅(初六),高昌、吐谷渾、伊吾遣使來朝。(隋書·煬帝紀上,北史·隋本紀下)

嘉 五月甲申(十八),渡過星嶺,宴群臣於金山之上。(隋書·煬帝紀上,北史·隋本紀下)

賓 六月壬子(十七),高昌王(麴伯雅)來朝,伊吾吐屯設等獻西域數千里之地;丙辰(二十一),帝至觀風行殿,宴高麗王、吐屯設。(隋書·煬帝紀上,北史·隋本紀下)

【儀制】《隋書》記曰："上御觀風行殿,盛陳文物,奏九部樂,設魚龍曼延,宴高昌王、吐屯設於殿上,以寵異之。其蠻夷陪列者三十餘國。"《北史》同。

凶 周宣帝皇后(楊氏)去世,帝下詔有司備禮,祔葬於定陵。(周書·皇后列傳)

大業六年(610)

嘉 正月丁丑(十五),角抵大戲於端門街,終月而罷,帝數微服往觀。(隋書·煬帝紀上,北史·隋本紀下)

【儀制】《隋志·音樂下》記曰："六年,諸夷大獻方物。突厥啓民以下,皆國主親來朝賀。乃於天津街盛陳百戲,自海內凡有奇伎,無不總萃。崇侈器玩,盛飾衣服,皆用珠翠金銀,錦罽絺繡。其營費鉅億萬。關西以安德王雄總之,東都以齊王暕總之,金石匏革之聲,聞數十里外。彈弦擪管以上,一萬八千人。大列炬火,光燭天地,百戲之盛,振古無比。"

【因革】《隋志》又曰："自是每年以爲常焉。"

軍 二月乙巳(十三),陳稜(武賁郎將)、張鎮州(朝請大夫)擊琉球,破之,獻俘

一萬七千人。（隋書·煬帝紀上，北史·隋本紀下）

樂 二月庚申（二十八），徵北魏、北齊、北周、南朝陳樂人，悉配太常。

（隋書·煬帝紀上，隋志·音樂下，北史·隋本紀下）

【考釋】《資治通鑑·隋紀五》記曰："皆置博士弟子以相傳授，樂工至三萬餘人。"

【因革】《隋志》記曰："自漢至梁陳樂工，其大數不相踰越。及周并齊，隋并陳，各得其樂工，多爲編户。"而至此時，"並於關中爲坊置之，其數益多前代"。

【儀制】《隋志》記曰："及大業中，煬帝乃定《清樂》、《西涼》、《龜兹》、《天竺》、《康國》、《疏勒》、《安國》、《高麗》、《禮畢》，以爲九部。樂器工衣創造既成，大備於兹矣。"《通典·樂六》同。陳寅恪《隋唐制度淵源略論稿》指出："隋代上自宫廷，下至民衆，實際上最流行之音樂，即此《龜兹樂》是也。"（《音樂》，第133頁）

樂 高昌獻龜兹樂《聖明樂》曲，帝令肄習。（隋志·音樂下）

【因革】《隋志》記曰："龜兹者，起自吕光滅龜兹，因得其聲。吕氏亡，其樂分散，後魏平中原，復獲之。其聲後多變易。至隋有西國龜兹、齊朝龜兹、土龜兹等，凡三部。開皇中，其器大盛於閭閈。時有曹妙達、王長通、李士衡、郭金樂、安進貴等，皆妙絕弦管，新聲奇變，朝改暮易，持其音技，估衒公王之間，舉時争相慕尚。高祖病之。……煬帝不解音律，略不關懷。後大製豔篇，辭極淫綺。"

【儀制】《隋志》記曰："其歌曲有《善善摩尼》，解曲有《婆伽兒》，舞曲有《小天》，又有《疏勒鹽》。其樂器有豎箜篌、琵琶、五弦、笙、笛、簫、篳篥、毛員鼓、都曇鼓、答臘鼓、腰鼓、羯鼓、雞婁鼓、銅拔、貝等十五種，爲一部。"

嘉 四月丁未（十七），宴江淮以南父老。（隋書·煬帝紀上，北史·隋本紀下）

凶 十二月己未（初三），牛弘（左光禄大夫，吏部尚書）去世於江都，賵贈甚厚，後歸葬安定。（隋書·牛弘列傳、煬帝紀上，北史·牛弘列傳）

【考釋】《隋書》列傳記在此年"十一月"，未確。

嘉 下詔百官從駕遠行者不服袴褶，皆改服戎衣。（隋志·禮儀七，舊唐志·輿服）

【儀制】《隋志》記曰："貴賤異等,雜用五色。五品已上,通著紫袍,六品已下,兼用緋綠,胥吏以青,庶人以白,屠商以皁,士卒以黃。"

大業七年(611)

嘉 二月己未(初三),帝登釣臺,臨揚子津,大宴百官。(隋書‧煬帝紀上,北史‧隋本紀下)

嘉 二月壬午(二十六),下詔版授河北諸郡及山西、山東年九十以上者太守,八十者縣令。(隋書‧煬帝紀上,北史‧隋本紀下)

軍 二月,將征高麗,行宜社、類上帝、禡祭。(隋志‧禮儀三,通典‧軍禮一)

【儀制】《隋志》記隋出征通制曰："親征及巡狩,則類上帝,宜社,造廟,還禮亦如之,將發軔,則禡祭。其禮,有司於國門外委土爲山象,設埋坎。有司刳羊,陳俎豆。駕將至,委奠幣,薦脯醢,加羊於軷,西首。又奠酒解羊,并饌埋於坎。駕至,太僕祭兩軹及軓前,乃飲,授爵,遂轢軷上而行。"楊志剛簡括之曰:"其祭祀是先築一大土堆,象徵山,插草木等爲神主。車從土堆上碾過,表示一路無艱難險阻。"(《中國禮儀制度研究》,第432頁)

又記此年之儀曰:"煬帝遣諸將,於薊城南桑乾河上,築社稷二壇,設方壇,行宜社禮。帝齋於臨朔宮懷荒殿,預告官及侍從各齋于其所。十二衛士並齋。帝袞冕玉輅,備法駕。禮畢,御金輅,服通天冠,還宮。又於宮南類上帝,積柴於燎壇,設高祖位於東方。帝服大裘以冕,乘玉輅,祭奠玉帛,並如宜社。諸軍受胙畢,帝就位,觀燎,乃出。又於薊城北設壇,祭馬祖於其上,亦有燎。又於其日,使有司并祭先牧及馬步,無鍾鼓之樂。"又曰:"是歲也,行幸望海鎮,於禿黎山爲壇,祀黃帝,行禡祭。詔太常少卿韋霽、博士褚亮奏定其禮。皇帝及諸預祭臣近侍官諸軍將,皆齋一宿。有司供帳設位,爲埋坎神坐西北,內壇之外。建二旗於南門外。以熊席設帝軒轅神坐於壇內,置甲冑弓矢於坐側,建槊於坐後。皇帝出次入門,群官定位,皆再拜奠。禮畢,還宮。"

【附識】《隋志》又記曰："隋制,常以仲春,用少牢祭馬祖於大澤,諸預祭官,皆於祭所致齋一日,積柴於燎壇,禮畢,就燎。仲夏祭先牧,仲秋祭馬社,仲冬祭馬步,並於大澤,皆以剛日。牲用少牢,如祭馬祖,埋而不燎。"《通典·軍禮三》同。

軍 **四月,帝至涿郡之臨朔宮,行出師之禮。**(隋書·煬帝紀下)

【儀制】《隋志·儀禮三》詳記出師儀制:① 軍伍之制:"眾軍將發,帝御臨朔宮,親授節度。每軍大將、亞將各一人。騎兵四十隊。隊百人置一纛。十隊爲團,團有偏將一人。……又步卒八十隊,分爲四團。團有偏將一人。……受降使者一人,給二馬軺車一乘,白獸幡及節各一,騎吏三人,車輻白從十二人。承詔慰撫,不受大將制。戰陣則爲監軍。"② 出行隊列:"軍將發,候大角一通,步卒第一團出營東門,東向陣。第二團出營南門,南向陣。第三團出營西門,西向陣。第四團出營北門,北向陣。陣四面團營,然後諸團嚴駕立。大角三通,則鐃鼓俱振,騎第一團引行。隊間相去各十五步。次第二團,次前部鼓吹,次弓矢一隊,合二百騎。建蹲獸旗,颷槊二張,大將在其下。次誕馬二十匹,次大角,次後部鐃,次第三團,次第四團,次受降使者。次及輜重戎車散兵等,亦有四團。第一輜重出,收東面陣,分爲兩道,夾以行。第二輜重出,收南面陣,夾以行。第三輜重出,收西面陣,夾以行。第四輜重出,收北面陣,夾以行。亞將領五百騎,建騰豹旗,殿軍後。"③ 駐營之制:"至營,則第一團騎陣於東面,第二團騎陣於南面,鼓吹翊大將居中,駐馬南向。第三團騎陣於西面,第四團騎陣於北面,合爲方陣。四團外向,步卒翊輜重入於陣內,以次安營。營定,四面陣者,引騎入營。亞將率驍騎游弈督察。其安營之制,以車外布,間設馬槍,次施兵幕,內安雜畜。事畢,大將、亞將等,各就牙帳。其馬步隊與軍中散兵,交爲兩番,五日而代。"④ 發軍間隔:"於是每日遣一軍發,相去四十里,連營漸進。二十四日續發而盡。首尾相繼,鼓角相聞,旌旗亙九百六十里。天子六軍次發,兩部前後先置,又亙八十里。通諸道合三十軍,亙一千四十里。"⑤ 行軍標記:"諸軍各以帛爲帶,長尺五寸,闊二寸,題其軍號爲記。御營內者,合十二衛、三臺、五省、九寺,並分隸內外前後左右六軍,亦各題其軍號,不得自言臺省。王公已下,至于兵丁廝隸,悉以帛爲帶,綴于衣領,名"軍記帶"。諸軍並給幡數百,有事,使人交相去來者,執以行。不執幡而離本軍者,他軍驗軍記帶,知非部兵,則所在斬之。"《通典·軍禮一》同。

【論評】秦蕙田《五禮通考》論曰:"此爲征遼東事,當屬出師,然其儀節實係將出兵之前先定其訓練簡閱之禮也。"(《軍禮八》"校閱")

賓 十二月己未(初八),西突厥處羅多利可汗來朝,帝於臨朔宮饗之,接以殊禮。(隋書·煬帝紀上、北狄列傳,北史·隋本紀下、突厥列傳)

【因革】《北狄列傳》記去年帝召處羅會於拔谷,未至,今年,"適會其酋長射匱遣使來求婚",帝令發兵誅處羅,處羅大敗,裴矩遣使曉喻之,遂入朝。《突厥列傳》同。

大業八年(612)

軍 正月辛巳(初一),大軍集於涿郡;壬午(初二),下詔誓師。(隋書·煬帝紀下,北史·隋本紀下)

【儀制】《隋書》記曰:"總一百一十三萬三千八百,號二百萬,其餽運者倍之。癸未(初三),第一軍發,終四十日,引師乃盡,旌旗亘千里。近古出師之盛,未之有也。"《北史》同。

凶 二月壬戌(十二),楊雄(司空,京兆尹,光祿大夫,觀德王)去世,帝爲之廢朝,遣鴻臚監護喪事。(隋書·觀德王雄列傳、煬帝紀下,北史·楊紹列傳)

賓 十一月己卯(初三),以華榮公主(宗女)嫁於高昌王。(隋書·煬帝紀下,北史·隋本紀下)

大業九年(613)

凶 十二月甲申(十五),車裂楊積善(楊玄感之弟,朝請大夫)及黨羽十餘人,焚而揚之。(隋書·煬帝紀下,北史·隋本紀下)

【考釋】楊玄感（禮部尚書）於此年六月反於黎陽，直逼東都洛陽，八月，爲宇文述（左翊衛大將軍）等所破。《隋書·楊玄感列傳》記其時情形曰："玄感大敗，……至葭蘆戍，玄感窘迫，獨與弟積善步行。自知不免，謂積善曰：'事敗矣。我不能受人戮辱，汝可殺我。'積善抽刀斫殺之，因自刺，不死，爲追兵所執，與玄感首俱送行在所。磔其屍於東都市三日，復臠而焚之。"

⬜吉 十二月丁亥（十八），向海明（扶風人）舉兵，稱皇帝，建元白烏。（隋書·煬帝紀下，北史·隋本紀下）

大業十年（614）

⬜賓 正月甲寅（十五），信義公主（宗女）嫁於突厥可汗（曷娑那）。（隋書·煬帝紀下，北史·隋本紀下）

⬜吉 二月丁酉（二十九），唐弼（扶風人）舉兵反，推李弘爲天子。（隋書·煬帝紀下，北史·隋本紀下）

⬜軍 三月癸亥（二十五），親御戎服，禡祭黃帝，斬叛軍者以釁鼓。（隋書·煬帝紀下，北史·隋本紀下）

⬜吉 五月庚申（二十三），劉迦論（延安人）舉兵反，自稱皇王，建元大世。（隋書·煬帝紀下，北史·隋本紀下）

⬜吉 十月，祀華山，築場於廟側。（隋志·禮儀二）

⬜吉 十一月乙巳（十一日，冬至），南郊。（隋志·禮儀一，隋書·煬帝紀下，北史·隋本紀下，通典·吉禮一）

【儀制】此年頗例外，故《隋志》記曰："帝不齋於次。詰朝，備法駕，至便行禮。是日大風，帝獨獻上帝，三公分獻五帝。禮畢，御馬疾驅而歸。"

⬜吉 十一月乙卯（二十一），劉苗王（離石胡）舉兵反，自稱天子。（隋書·煬帝紀下，北史·隋本紀下）

大業十一年(615)

嘉 **正月甲午**(初一)，**朝會百官。**（隋書·煬帝紀下，北史·隋本紀下）

【儀制】《隋志·禮儀四》録隋元會之通制曰："正旦及冬至，文物充庭，皇帝出西房，即御座。皇太子鹵簿至顯陽門外，入賀。復詣皇后御殿，拜賀訖，還宮。皇太子朝訖，群官客使入就位，再拜。上公一人，詣西階，解劍，升賀；降階，帶劍，復位而拜。有司奏諸州表。群官在位者又拜而出。皇帝入東房，有司奏行事訖，乃出西房。坐定，群官入就位，上壽訖，上下俱拜。皇帝舉酒，上下舞蹈，三稱萬歲。皇太子預會，則設坐于御東南，西向。群臣上壽畢，入，解劍以升。會訖，先興。"《通典·嘉禮十五》同。

又録皇后受群臣賀禮曰："隋儀如後齊制，而又有皇后受群臣賀禮。則皇后御坐，而内侍受群臣拜以入，承令而出，群臣拜而罷。"

【考釋】此禮在隋代當早有施行，今難以考信其所起，故暫隸此。

賓 **正月乙卯**(二十二)，**大會蠻夷，設魚龍曼延之樂。**（隋書·煬帝紀下，北史·隋本紀下）

【附識】《隋書》載此年正月初一，"突厥、新羅、靺鞨、畢大辭、訶咄、傳越、烏那曷、波臘、吐火羅、俱慮建、忽論、靺鞨、訶多、沛汗、龜兹、疎勒、于闐、安國、曹國、何國、穆國、畢、衣密、失范延、伽折、契丹等國並遣使朝貢"。

吉 **二月丙子**(十三)，**王須拔**(上谷人)**自稱漫天王，國號燕。**（隋書·煬帝紀下，北史·隋本紀下）

吉 **十二月庚辰**(二十二)，**朱粲**(譙郡人)**自稱楚帝，建元。**（隋書·煬帝紀下，北史·隋本紀下）

大業十二年(616)

嘉 **正月，朝會，朝集使不至者二十餘郡。**（資治通鑑·隋紀七）

【考釋】《通鑑》胡注："漢儀，正旦大朝會，諸郡計吏皆覲。隋之朝集使，亦此類也。"

凶 七月壬戌(初八)，樊子蓋(民部尚書，光禄大夫，濟北公)去世，帝令百官就弔，賜縑三百匹，米五百斛；會葬者萬餘人，武威民吏爲之立碑。(隋書·樊子蓋列傳、煬帝紀下，北史·樊子蓋列傳)

凶 十月己丑(初六)，宇文述(開府儀同三司，左翊大將軍，光禄大夫，許公)去世，帝爲之廢朝，贈班劍四十人，輼輬車，前後部鼓吹，鴻臚監護喪事；令裴矩(黃門侍郎)祭以太牢。(隋書·宇文述列傳、煬帝紀下，北史·宇文述列傳)

吉 十二月癸未(初一)，操天成(鄱陽人)舉兵，自號元興王，建元。(隋書·煬帝紀下，北史·隋本紀下)

吉 十二月壬辰(初十)，林士弘(鄱陽人)自稱皇帝，國號楚。(隋書·煬帝紀下，北史·隋本紀下)

大業十三年(617)

吉 正月丙辰(初五)，竇建德(渤海人)設壇於河間之樂壽，自稱長樂王，置百官，改元。(隋書·煬帝紀下，北史·隋本紀下，舊唐書·竇建德列傳，新唐書·竇建德列傳)

吉 二月庚子(十九)，李密號爲魏公，設壇場，即位，建元。(隋書·煬帝紀下、李密列傳，北史·隋本紀下、李弼列傳)

吉 三月，梁師都略定雕陰、弘化、延安等郡，即皇帝位，國號梁，改元。(舊唐書·梁師都列傳，資治通鑑·隋紀七)

【儀制】《舊唐書》記曰："突厥始畢可汗遺以狼頭纛，號爲大度毗伽可汗。"

吉 四月癸未(初三)，薛舉(金城校尉)舉兵，自稱西秦霸王，建元。(隋書·煬

帝紀下,北史·隋本紀下)

吉 七月，薛舉稱秦帝於蘭州，起墳塋，置陵邑，立廟於城南，又立鞠氏（妻）爲皇后，薛仁果爲皇太子。（舊唐書·薛舉列傳）

【儀制】《舊唐書》記曰：“其月，舉陳兵數萬，出拜墓，禮畢大會。”

吉 七月丙辰（初八），李軌（武威人）舉兵，自稱涼王，建元。（隋書·煬帝紀下，北史·隋本紀下）

吉 十月，董景珍（巴陵校尉）等推立蕭銑爲梁公，改隋服色旗幟皆如梁舊，丙申（十九），築壇於城南，燔燎告天，自稱梁王，改元。（隋書·煬帝紀下，北史·隋本紀下，舊唐書·蕭銑列傳，新唐書·蕭銑列傳、高祖本紀，資治通鑑·隋紀八）

制 十一月丙辰（初九），李淵克京城，命宋公弼（主符郎）收圖籍，約法十二條。（新唐書·高祖本紀，通典·刑法三）

吉 十一月辛酉（十四），李淵（唐公）遙尊帝爲太上皇，立楊侑（代王）爲帝。（隋書·煬帝紀下，北史·隋本紀下，舊唐書·高祖本紀，新唐書·高祖本紀）

【考釋】《舊唐書》記此事曰：“癸亥（十六），率百僚，備法駕，立代王侑爲天子，遙尊煬帝爲太上皇。”時日略往後。《新唐書》略同。

恭帝（楊侑，煬帝之孫）

義寧元年(617)

吉 十一月壬戌（十五），代王即位於大興殿，改元。（隋書·恭帝紀，北史·隋本紀下）

凶 楊子崇（離石郡太守）被殺，棄屍城下，李德紹（離石司法書佐）赴哭盡哀，收瘞之；後至離石禮葬之。（隋書·孝義列傳、楊子崇列傳，北史·李靈列傳）

義寧二年(618)

凶 三月丙辰(十一)，煬帝被殺於江都，草葬之。（隋書·煬帝紀下、恭帝紀，北史·隋本紀下，舊唐書·高祖本紀，新唐書·高祖本紀）

【儀制】①《隋書·煬帝紀下》記曰："蕭后令宮人徹牀簀爲棺以埋之。〔宇文〕化及發後，右禦衛將軍陳稜奉梓宮於成象殿，葬吳公臺下。……大唐平江南之後，改葬雷塘。"《北史》同。②《隋書·陳稜列傳》、《北史·陳稜列傳》記改葬之儀，曰："稜集衆縞素，爲煬帝發喪，備儀衛，改葬於吳公臺下，衰杖送喪，慟感行路，論者深義之。"《資治通鑑·唐紀二》繫於此年八月，並概述之曰："隋江都太守陳稜求得煬帝之柩，取宇文化及所留輦輅鼓吹，粗備天子儀衛，改葬於江都宮西吳公臺下，其王公以下，皆列瘞於帝塋之側。"

嘉 三月戊辰(二十三)，下詔李淵(唐王)備九錫之禮，加璽綬遠游冠，綠綟綬，位在諸王上。置唐國丞相以下百司。（隋書·恭帝紀，北史·隋本紀下，舊唐書·高祖本紀，新唐書·高祖本紀）

吉 三月戊辰，唐國立四廟於長安通義里。（舊唐書·高祖本紀，新唐書·高祖本紀）

吉 四月，梁王蕭銑即皇帝位，置百官，準梁室故事。（舊唐書·蕭銑列傳，新唐書·蕭銑列傳，資治通鑑·唐紀一）

吉 五月己巳(初一)，下詔李淵(唐王)冕十有二旒，建天子旌旗，出警入蹕，金根車駕，備五時副車，置旄頭雲罕，舞八佾，設鍾虡宮縣。（隋書·恭帝紀，北史·隋本紀下，舊唐書·高祖本紀，新唐書·高祖本紀）

【因革】以上二條，《隋書》、《北史》均稱"一遵舊式"。

吉 五月戊午(十四)，下詔遜位於唐。（隋書·恭帝紀，北史·隋本紀下，舊唐書·高祖本紀，新唐書·高祖本紀）

【考釋】《舊唐書》記此後帝被封爲酅國公，於明年五月去世。

吉 五月，煬帝去世訊息至東都，戊辰（二十四），楊侗（越王）即位，改元，公私即日大祥。（隋書·煬三子列傳，舊唐書·高祖本紀，資治通鑑·唐紀一）

賓 五月，唐以楊侗爲酅公，行隋正朔，車騎服色一依隋舊。（通典·賓禮一）

二、唐初至開元之部

　　618 年，李淵代隋稱帝，定都長安（今陕西西安），國號唐。武則天時曾短期以周代唐。907 年，朱溫篡唐，唐亡。共歷二十一帝（高祖、太宗、高宗、武則天、中宗、睿宗、玄宗、肅宗、代宗、德宗、順宗、憲宗、穆宗、敬宗、文宗、武宗、宣宗、懿宗、僖宗、昭宗、哀帝），二百九十年。本譜至玄宗開元盛世而止。

高祖（李淵）

武德元年（618）

吉 五月甲子（二十），帝即位於太極殿，命蕭造（刑部尚書，兼太尉）告於南郊。（舊唐書・高祖本紀，新唐書・高祖本紀）

【考釋】太極殿，即隋時之大興殿，甫改名。

嘉 五月丁卯（二十三），宴百官於太極殿。（舊唐書・高祖本紀）

賓 五月辛未（二十七），突厥始畢可汗遣使骨咄禄特勤來朝，宴於太極殿，奏九部樂。（舊唐書・突厥列傳上，資治通鑑・唐紀一）

制 五月壬申（二十八），命裴寂（相國長史）修律令。六月甲戌（初一），廢隋大業律令，頒新格。（舊唐書・高祖本紀）

【因革】①《舊唐志・刑法》記曰："及受禪，詔納言劉文静與當朝通識之士，因開皇律令而損益之，盡削大業所用煩峻之法。"②《唐六典》（卷六）自注："其篇目一准隋開皇之律，刑名之制又亦略同，唯三流皆加一千里，居作三年、二年半、二年皆爲一年，以此爲異；又除苛細五十三條。"

陳寅恪《隋唐制度淵源略論稿》指出："唐律因於隋開皇舊本，隋開皇定律又多因北齊，而北齊更承北魏太和正始之舊，然則其源流演變固瞭然可考而知也。"（《刑

《律》,第 125—126 頁)

嘉 五月,置國子、太學、四門生,合三百餘員,郡縣學亦各置學員,又詔皇族子孫及功臣子弟,於祕書外省別立小學。(舊唐書·儒學列傳上,新唐書·儒學列傳上,新唐志·選舉上,通典·吉禮十二)

吉 六月己卯(初六),迎四親神主祔於太廟,始享四室。(舊唐書·高祖本紀,舊唐志·禮儀五,新唐志·禮樂三,通典·吉禮六)

【考釋】四親分別爲皇高祖宣簡公(李熙),皇曾祖懿王(李天賜),皇祖景帝(李虎),皇考元帝(李昞)。

嘉 六月庚辰(初七),立李建成爲皇太子。(舊唐書·高祖本紀,新唐書·高祖本紀)

吉 六月癸巳(二十),禁言符瑞者。(新唐書·高祖本紀)

吉 九月辛未(二十七),宇文化及殺楊浩(秦王),即皇帝位於魏州,國號許,置百官,建元。(舊唐書·高祖本紀,新唐書·高祖本紀,隋書·宇文化及列傳)

【考釋】宇文化及於明年二月被殺。

制 十月癸巳(二十二),下詔行傅仁均所造《戊寅曆》。(舊唐書·高祖本紀)

軍 十月辛丑(三十),大閱。(新唐書·高祖本紀)

樂 十月,帝以舞工安叱奴(胡人)爲散騎常侍,李綱(禮部尚書)上疏諫之,帝不納。(舊唐書·李綱列傳,新唐書·李綱列傳,資治通鑑·唐紀二)

【因革】《舊唐書·孫伏伽列傳》記孫氏此年曾上諫請廢散伎。

【理據】《舊唐書》録李綱諫曰:"周家均工樂胥不得預於仕伍,雖復才如子野,妙等師襄,皆身終子繼,不易其業。故魏武使禰衡擊鼓,衡先解朝服,露體而擊之,曰'不敢以先王法服爲伶人之衣'。雖齊高緯封曹妙達爲王,授安馬駒爲開府,既招物議,大亂彝倫,有國有家者以爲殷鑒。"《新唐書》略同。

【論評】《通鑑》録陳嶽論曰:"受命之主,發號出令,爲子孫法;一不中理,則爲屬階。今高祖曰'業已授之,不可追',苟授之而是,則已;授之而非,胡不可追歟!君人之道,不得不以'業已授之'爲誡哉!"

【考釋】安叱奴，《通鑑》作"安比奴"。

吉 十一月乙巳（初四），李軌（涼王）稱天子於涼州，改元。（舊唐書·高祖本紀）

【考釋】李軌明年四月投降。

制 十一月乙巳，下詔頒五十三條格，以約法緩刑。（舊唐書·高祖本紀）

吉 十一月冬至，竇建德自稱夏王，定都樂壽，大會群臣，改元。（隋書·煬帝紀下，新唐書·竇建德列傳，新唐書·竇建德列傳）

【因革】《新唐書》記曰："準開皇故事。"

【儀制】《資治通鑑·唐紀三》述曰："建德起於群盜，雖建國，未有文物法度，裴矩爲之定朝儀，制律令，建德甚悅，每從之諮訪典禮。"

軍 十一月癸亥（二十二），李世民（秦王）破薛仁杲軍，凱旋，獻捷於太廟。

（舊唐書·太宗本紀上，新唐書·高祖本紀，通典·軍禮一注）

【儀制】《新唐志·儀衛下》述曰："太宗平東都，破宋金剛，執賀魯，克高麗，皆備軍容，凱歌入京師，然其禮儀不傳。"

【考釋】《唐會要·獻俘》記此事在二十三日。

武德二年(619)

凶 正月乙卯（十五），采崔善爲（尚書左丞）奏，初令文官遭父母喪者可去職。（舊唐書·高祖本紀，通典·嘉禮十七）

制 正月甲子（二十四），下詔自今正月、五月、九月不行死刑，禁屠殺。

（新唐書·高祖本紀）

制 二月乙酉（十五），初定租、庸、調法。（新唐書·高祖本紀）

【因革】《資治通鑑·唐紀六》記至武德七年（624），"初定均田租、庸、調法"。

【論評】王夫之《讀通鑑論》（卷二十）評曰："租、庸、調之法，拓跋氏始之，至唐初而定。……三代以下郡縣之天下，取民之制，酌情度理，適用宜民，斯爲較得矣。"

凶 二月乙酉，令文武官終喪。（新唐書·高祖本紀）

吉 閏二月乙卯（十五），因穀貴，禁關內屠酤。（新唐書·高祖本紀）

吉 四月乙巳（初七），王世充逼越王禪位，稱帝，國號鄭，建元。（舊唐書·高祖本紀、王世充列傳，新唐書·高祖本紀、王世充列傳）

【儀制】《新唐書·王世充列傳》記曰："遣諸將以兵清宮，世充襲戎服，法駕，導鼓吹入宮，每歷一門，從者必呼。至東上閣，更袞冕，即正殿僭位。"

【考釋】王世充後年五月投降。

嘉 六月戊戌（初一），下詔立周公、孔子廟於國子監，四時致祭。（舊唐書·高祖本紀、儒學列傳上，舊唐志·禮儀四，新唐書·高祖本紀、儒學列傳上，新唐志·禮樂五，通典·吉禮十二）

吉 九月辛未（初六），李子通據江都，稱帝，國號吳。（舊唐書·高祖本紀，新唐書·高祖本紀）

【考釋】李子通後年十一月投降。

吉 十月甲子（二十九），親祠華山。（舊唐書·高祖本紀，新唐書·高祖本紀，通典·吉禮五注）

軍 十二月甲辰（初九），狩於華山。（舊唐書·高祖本紀，新唐書·高祖本紀）

【考釋】此事《新唐書》標在十二月丙申（初一），《資治通鑑·唐紀四》標在十二月庚申（二十五）。

武德三年(620)

軍 正月己巳（初五），獵於渭濱。（新唐書·高祖本紀）

吉 正月辛巳（十七），帝至蒲州，命祠舜廟。（舊唐書·高祖本紀）

吉 四月丙申（初三），祠華山。（新唐書·高祖本紀）

軍 四月二十四日，李世民（秦王）破宋金剛，復并州故地，凱旋，獻捷

於太廟。（新唐志・儀衛下,通典・軍禮一注,唐會要・獻俘）

吉 六月癸卯（十二），下詔爲隋帝及其宗室柩在江都者營窆，置陵廟。

（新唐書・高祖本紀）

武德四年（621）

制 五月，李世民（秦王）破王世充軍於洛陽（隋之東都），丁卯（初十），令房玄齡（記室）入中書、門下省，收隋圖籍。（舊唐書・太宗本紀上、高祖本紀,資治通鑑・唐紀五）

【考釋】《通鑑》記曰:"已爲世充所毀,無所獲。"

【附識】《通鑑》記曰:"秦王世民觀隋宮殿,歎曰:'逞侈心,窮人欲,無亡得乎!'命撤端門樓,焚乾陽殿,毀則天門及闕,廢諸道場。"

軍 六月，李世民（秦王）破竇建德軍，王世充降，凱旋，行飲至禮；七月甲子（初九），獻俘於太廟。（舊唐書・高祖本紀、太宗本紀上,新唐書・高祖本紀,通典・軍禮一注）

【儀制】《太宗本紀》記曰:"太宗親披黃金甲,陳鐵馬一萬騎,甲士三萬人,前後部鼓吹,俘二僞主及隋氏器物輦輅獻于太廟。高祖大悦,行飲至禮以享焉。"

制 七月丁卯（十二），廢五銖錢，行開元通寶錢。（舊唐書・高祖本紀）

嘉 八月，始著車輿、衣服之制。（舊唐志・輿服,新唐志・車服）

【儀制】《舊唐志》録敕曰:"三品已上,大科紬綾及羅,其色紫,飾用玉。五品已上,小科紬綾及羅,其色朱,飾用金。六品已上,服絲布,雜小綾,交梭,雙紃,其色黃。六品、七品飾銀。八品、九品鍮石。流外及庶人服紬、絁、布,其色通用黃,飾用銅鐵。"又記曰:"唐制,天子衣服,有大裘之冕、袞冕、鷩冕、毳冕、繡冕、玄冕、通天冠、武弁、黑介幘、白紗帽、平巾幘、白帢,凡十二等。"

【因革】《舊唐志》記曰:"武德初,因隋舊制,天子讌服,亦名常服,唯以黃袍及衫,後漸用赤黃,遂禁士庶不得以赤黃爲衣服雜飾。"

閻步克指出:"從《周禮》六冕的'多列式',到漢明帝的'六冕同制',是一次轉折;從'六冕同制'到北周三冕的君臣通用,又是一次轉折;隋朝不用驚冕以下,復歸於'六冕同制',又是一次轉折;而唐初冕服,又轉回到'君臣通用'和'多列式'這邊兒來了。"(《服周之冕》第十章,第342—343頁)

〔嘉〕 **八月十六日,下詔五品以上執象笏,六品以下竹木笏。**(舊唐書·輿服,唐會要·輿服下)

【因革】《隋志·禮儀七》記曰:"笏,案禮,諸侯以象,大夫魚須文竹,士以竹。……晉、宋以來,謂之手板,此乃不經,今還謂之笏,以法古名。自西魏以降,五品已上,通用象牙,六品已下,兼用竹木。"按此後北周保定四年(564),百官始執笏。

〔吉〕 **十月乙巳(二十一),李孝恭破江陵,梁帝蕭銑以太牢告於太廟,開門出降,率群臣緦縗布幘而出,守城者皆哭。**(舊唐書·蕭銑列傳,新唐書·蕭銑列傳,資治通鑑·唐紀五)

〔嘉〕 **十月,李世民**(天策上將)**開文學館,以杜如晦**(行臺司勳郎中)**等十八人爲學士,與之討論經義。**(舊唐書·太宗本紀上,新唐書·儒學列傳上,資治通鑑·唐紀五)

【考釋】此十八人除杜如晦之外,尚有房玄齡(記室)、虞世南(記室)、褚亮(文學)、姚思廉(文學)、李玄道(主簿)、蔡允恭(參軍)、薛元敬(參軍)、顏相時(參軍)、蘇勗(諮議典籤)、于志寧(天策府從事中)、蘇世長(軍諮祭酒)、薛收(記室)、李守素(倉曹)、陸德明(國子助教)、孔穎達(國子助教)、蓋文達(信都)、許敬宗(宋州總管府戶曹)。

〔軍〕 **閏十月壬戌**(初九),**獵於好畤;乙丑**(十二),**獵於九嵏;丁卯**(十四),**獵於仲山;戊辰**(十五),**獵於清水谷。**(新唐書·高祖本紀)

〔吉〕 **十一月甲申**(初一),**祀南郊。**(新唐書·高祖本紀)

【儀制】《資治通鑑·唐紀五》則記此日"上祀圜丘",胡注引《貞觀禮》:"冬至祀昊天上帝於圜丘"。

又《舊唐志·禮儀一》記曰：“武德初，定令：每歲冬至，祀昊天上帝於圜丘，以景帝配。其壇在京城明德門外道東二里。壇制四成，各高八尺一寸，下成廣二十丈，再成廣十五丈，三成廣十丈，四成廣五丈。每祀則昊天上帝及配帝設位于平座，藉用藁秸，器用陶匏。五方上帝、日月、內官、中官、外官及眾星，並皆從祀。……其牲，上帝及配帝用蒼犢二，五方帝及日月用方色犢各一，內官已下加羊豕各九。”又曰：“孟春辛日，祈穀，祀感帝于南郊，元帝配，牲用蒼犢二。孟夏之月，雩祀昊天上帝於圜丘，景帝配，牲用蒼犢二。五方上帝、五人帝、五官並從祀，用方色犢十。季秋，祀五方上帝於明堂，元帝配，牲用蒼犢二。五人帝、五官並從祀，用方色犢十。”《通典·吉禮二》、《吉禮三》略同。

【因革】① 秦蕙田《五禮通考》論曰：“冬至祀圜丘之禮，至武德乃得其正，開國規模邈然遠矣。”(《吉禮九》“圜丘祀天”) ② 楊志剛指出：“唐代明確地將郊祀大典定位於‘圜丘’，冬至圜丘之‘郊’被確立爲至上神崇拜的最高表現形式。”又曰：“隋唐以後，沿用北魏以來的季秋大饗明堂，並與冬至圜丘、正月上辛祈穀、孟夏雩祀結合，構造出了一個四大祭天活動的禮制系統。如此一來，明堂作爲‘佈政受朝’的功能就愈加淡化，它主要作爲一個祭祀活動[的場所]記錄在國家的典章制度中。”(《中國禮儀制度研究》，第274、298頁)

【考釋】秦蕙田《五禮通考》推論：“此郊《舊唐》不載，疑刻本之脫。”(《吉禮九》“圜丘祀天”)

[吉] **北郊**。(舊唐志·禮儀一，通典·吉禮四)

【儀制】《舊唐志》記曰：“武德初，定令：夏至，祭皇地祇于方丘，亦以景帝配。其壇在宮城之北十四里。壇制再成，下成方十丈，上成五丈。每祀則地祇及配帝設位於壇上，神州及五嶽、四鎮、四瀆、四海、五方、山林、川澤、丘陵、墳衍、原隰，並皆從祀。……其牲，地祇及配帝用犢二，神州用黝犢一，岳鎮已下加羊豕各五。”又曰：“孟冬，祭神州於北郊，景帝配，牲用黝犢二。”

【因革】①《通典》記曰：“因隋制。”② 又《吉禮二》論曰：“武德、貞觀之制，大享之外，每歲立春、立夏、季夏、立秋、立冬郊祀，並依周禮。其配食及星辰從祀亦然。”自注：“自梁陳以後，及於國朝，多相因襲，以此不可盡書焉。”

【論評】秦蕙田《五禮通考》論曰："夏至祭方丘，至唐乃合于禮。然神州之祭，尚仍襲鄭注之謬也。"（《吉禮三十八》"方丘祭地"）

【考釋】此事未見施行之記載，暫與上條同列。

武德五年（622）

軍 四月庚戌，李世民（秦王）破劉黑闥軍，勝還，帝迎勞於長樂宮。（舊唐書·高祖本紀）

【考釋】① 此年四月壬子朔，無庚戌日。② 劉黑闥於此年正月自稱漢東王，建國改元。

凶 八月辛亥（初二），葬隋煬帝於揚州雷堂。（舊唐書·高祖本紀）

【考釋】隋煬帝曾於義寧二年（618）三月草葬，八月改葬於江都。然《資治通鑑·唐紀六》胡注則曰："此又云葬煬帝，蓋三年李子通猶據江都，雖有是詔，不果葬也。"

軍 十一月丙申（十九），帝至宜州，簡閱將士。癸卯（二十六），獵於富平。（舊唐書·高祖本紀，新唐書·高祖本紀）

軍 十二月丙辰（初九），校獵於華池。（舊唐書·高祖本紀，新唐書·高祖本紀，通典·軍禮一）

【考釋】《新唐書》則記此日"獵于萬壽園"。

武德六年（623）

軍 二月辛亥（初五），校獵於驪山。（舊唐書·高祖本紀，新唐書·高祖本紀）

【考釋】《新唐書》則記此事在二月壬子（初六）。

凶 二月，平陽公主（帝第三女）去世，戊午（十二），下葬，詔加前後部羽葆鼓吹、大輅、麾幢、班劍四十人、虎賁甲卒。（舊唐書·柴紹列傳，資治通

鑑·唐紀六）

【理據】《舊唐書》記太常奏曰："以禮，婦人無鼓吹。"又録帝曰："鼓吹，軍樂也。往者公主於司竹舉兵以應義旗，親執金鼓，有克定之勳。周之文母，列於十亂，公主功參佐命，非常婦人之所匹也。"

嘉 三月乙未（十九），**帝至昆明池，宴百官。**（舊唐書·高祖本紀）

嘉 四月己未（十四），**舊宅改爲通義宮，置酒高會。**（舊唐書·高祖本紀）

吉 四月己未，**於通義宮舊寢祭元皇帝、元皇后。**（新唐書·高祖本紀）

吉 八月壬子（初九），**輔公祏**（淮南道行臺左僕射）**稱帝於丹陽，國號宋。**（舊唐書·輔公祏列傳、高祖本紀，新唐書·輔公祏列傳、高祖本紀）

【考釋】《舊唐書》列傳記曰："於陳故都築宮以居焉。署置百官。"《新唐書》同。

軍 十月，**帝至華陰，**庚申（十八），**獵於白鹿原。**（新唐書·高祖本紀）

軍 十一月丁亥（十五），**帝至華陰，**辛卯（十九），**校獵於沙苑；**丁酉（二十五），**獵於伏龍原。**（舊唐書·高祖本紀，新唐書·高祖本紀）

【儀制】《資治通鑑·唐紀六》又記曰："己丑（十七），迎秦王世民於忠武頓。"

武德七年（624）

制 正月，**每州置大中正一人，掌知州内人物，品量望第。**（資治通鑑·唐紀六）

【因革】《通鑑》記曰："依周、齊舊制。"胡注："周、齊又因魏、晉之制。"

嘉 二月己酉（初九），**下詔州縣及鄉，並令置學。**（舊唐志·禮儀四，通典·吉禮十二）

嘉 二月丁巳（十七），**帝至國子學，親臨釋奠。**（舊唐書·高祖本紀，舊唐志·禮儀四，新唐書·高祖本紀，新唐志·禮樂五，通典·吉禮十二）

【儀制】①《舊唐志》記曰："引道士、沙門有學業者，與博士雜相駁難，久之乃罷。"②《新唐志》記曰："以周公爲先聖,孔子配。"

又《新唐志》統記唐制曰："其中春、中秋釋奠于文宣王、武成王,皆以上丁、上戊,國學以祭酒、司業、博士三獻,樂以軒縣。前享一日,奉禮郎設三獻位於東門之內道北,執事位於道南,皆西向北上;學官、館官位於縣東,當執事西南,西向,學生位於館官之後,皆重行北上;觀者位於南門之內道之左右,重行北面,相對爲首。設三獻門外位於東門之外道南,執事位於其後,每等異位,北向西上;館官、學官位於三獻東南,北向西上。設先聖神座於廟室內西楹間,東向;先師於先聖東北,南向;其餘弟子及二十一賢以次東陳,南向西上。其餘皆如常祀。"

【因革】秦蕙田《五禮通考》論曰："前此之祭先聖、先師,皆以孔子爲先聖,顏回爲先師,其周公爲先聖,孔子爲先師,至此始有明文。"(《吉禮一百十七》"祭先聖先師")

【論評】秦蕙田《五禮通考》論曰："孟子曰……'能言距楊墨者,聖人之徒也。'是故楊墨之道不息,孔子之道不著。今也不惟不能距之、闢之、放之,反引佛老二氏與吾徒相辨論,烏覩所謂崇儒尊聖者乎? 高祖於是乎失禮矣。"(《吉禮一百十七》"祭先聖先師")

【考釋】《舊唐志》記此事在二月丁酉,不合曆日。

制 **三月,定官制令,三公、六省、九寺之職由此定。**(舊唐志·職官一,資治通鑑·唐紀六)

【因革】①《舊唐志》記曰："高祖發迹太原,官名稱位,皆依隋舊。及登極之初,未遑改作,隨時署置,務從省便。"②《新唐志·百官一》記曰："唐之官制,其名號祿秩雖因時增損,而大抵皆沿隋故。……蓋其始未嘗不欲立制度、明紀綱爲萬世法,而常至於交侵紛亂者,由其時君不能慎守,而徇一切之苟且,故其事愈繁而官益冗,至失其職業而卒不能復。"

【論評】王夫之《讀通鑑論》(卷二十)評曰："唐初定官制,三公總大政於上,六省典機務於中,九寺分庶政於下,其後沿革不一,而建國之規模,於此始基之矣。一代興,立一代之制,或相師,或相駮,乃其大要,分與合而已。"

制 **四月庚子**(初一)**,頒行新律令。**(舊唐書·高祖本紀,新唐書·高祖本紀,通典·刑

法三)

【因革】① 此上承武德元年(618)六月,《資治通鑑·唐紀六》記曰:"比開皇舊制增新格五十三條"。②《舊唐志·刑法》記其後,"及太宗即位,又命長孫無忌、房玄齡與學士法官,更加釐改。戴胄、魏徵又言舊律令重,於是議絞刑之屬五十條,免死罪,斷其右趾";其後,裴弘獻(蜀王法曹參軍)"又駁律令不便於時者四十餘事,太宗令參掌刪改"。《新唐志·刑法》略同。

凶 四月庚子,因天下大定,下詔遭父母喪者,可終制。(舊唐書·高祖本紀)

軍 閏七月己未(二十一),下詔李世民(秦王)、李元吉(齊王)將兵出豳州,以禦突厥,帝餞之於蘭池。(新唐書·高祖本紀,資治通鑑·唐紀七)

賓 八月壬辰(二十五),突厥請和;丁酉(三十),遣裴寂使於突厥。(新唐書·高祖本紀)

嘉 九月十七日,歐陽詢(給事中)與裴矩、陳叔達撰《藝文類聚》一百卷成,奏上。(舊唐書·儒學列傳上,唐會要·修撰)

軍 十月辛未(初五),獵於鄠南;庚寅(二十四),獵於圍川。(新唐書·高祖本紀)

吉 十月,帝至終南山,癸酉(初七),至樓觀,謁老子廟。(舊唐書·高祖本紀,新唐書·高祖本紀)

吉 十月癸未(十七),以太牢祭隋文帝陵。(資治通鑑·唐紀七)

軍 十二月戊辰(初三),校獵於高陵。(舊唐書·高祖本紀,新唐書·高祖本紀)

【考釋】《舊唐書》記此事作"十一月戊辰",誤。

武德八年(625)

軍 四月甲申(二十一),帝至鄠,獵於甘谷。(新唐書·高祖本紀)

賓 四月，西突厥統葉護可汗遣使請婚，帝與群臣謀，封德彝以爲宜，乃許之，下詔李道立（高平王）報之。（舊唐書·突厥列傳下，新唐書·突厥列傳下，資治通鑑·唐紀七）

【儀制】《新唐書》記曰："統葉護可汗喜，遣真珠統俟斤與道立還，獻萬釘寶鈿金帶，馬五千匹以籍約。"

【考釋】封德彝，《通鑑》作裴矩。

軍 五月辛亥（二十四），復置十二軍，以竇誕等爲將軍，檢練士馬，議大舉擊突厥。（資治通鑑·唐紀七）

【考釋】去年二月，廢參旗十二軍。

軍 十月辛巳（二十），帝至周氏陂，校獵於北原；十一月庚子（初十），講武於宜州同官縣。（舊唐書·高祖本紀，新唐書·高祖本紀）

軍 十一月癸丑（二十三），獵於華池北原；十二月庚辰（二十），獵於鳴犢泉。（新唐書·高祖本紀）

武德九年(626)

嘉 正月庚寅（初一），因雨，廢朝。（冊府元龜）

樂 正月己亥（初十），下詔祖孝孫（太常少卿）、竇璡（協律郎）更定雅樂。（舊唐志·音樂一，新唐志·禮樂十一，通典·樂三，資治通鑑·唐紀七）

【因革】①《舊唐志》記在隋世，祖孝孫（協律郎）"依京房舊法，推五音十二律爲六十音，又六之，有三百六十音，旋相爲宮，因定廟樂。諸儒論難，竟不施用，……隋末大亂，其樂猶全"。至帝建唐之後，"擢祖孝孫爲吏部郎中，轉太常少卿，漸見親委。孝孫由是奏請作樂，時軍國多務，未遑改創，樂府尚用隋氏舊文"。②《新唐志》則記曰："蓋王者未作樂之時，必因其舊而用之。唐興即用隋樂。"又《隋志·律曆上》記隋初，毛爽（陳山陽太守）曉音律，"時爽年老，以白衣見高祖，授淮州刺史，辭不赴官。因遣協律郎祖孝孫，就其受法"。

吉 **二月丙子**(十七)，**初令州縣祀社稷，令士民里閈相從立社。**（資治通鑑·唐紀七）

【理據】《通鑑》記曰："用洽鄉黨之歡。"

吉 **二月戊寅**(十九)，**親祠社稷。**（舊唐書·高祖本紀）

【儀制】①《舊唐志·禮儀四》統記之曰："仲春、仲秋二時戊日，祭太社、太稷，社以勾龍配，稷以后稷配。"《通典·吉禮四》同，且曰："大唐社稷亦於含光門內之右"，可見承自隋。②《舊唐志》又曰："社、稷各用太牢一，牲色並黑，籩、豆、簠、簋各二，鉶、俎各三。春分，朝日於國城之東；秋分，夕月於國城之西。各用方色犢一，籩、豆各四，簠、簋、甒、俎各一。"

吉 **四月辛巳**(二十三)，**下詔罷京城及各地釋老寺觀，未能行。**（舊唐書·高祖本紀，新唐書·高祖本紀）

【儀制】《舊唐書》錄帝詔曰："京城留寺三所，觀二所。其餘天下諸州，各留一所。餘悉罷之。"

【考釋】《舊唐書》記此事作"五月辛巳"，誤。

嘉 **六月甲子**(初八)，**立李世民**(秦王)**爲皇太子。**（舊唐書·高祖本紀、太宗本紀上，新唐書·高祖本紀）

【考釋】① 皇太子李建成、齊王李元吉均爲李世民所殺。②《新唐書》標此事時在"六月癸亥(初七)"。

【附識】據《舊唐書·后妃列傳上》，此年同時冊皇太子妃長孫氏。

凶 **六月己巳**(十三)，**皇太子令"世民"兩字不連續者，不需避諱。**（舊唐書·太宗本紀上，通典·凶禮二十六）

【理據】《舊唐書》錄皇太子令曰："依禮，二名不偏諱。近代已來，兩字兼避，廢闕已多，率意而行，有違經典。"

吉 **八月癸亥**(初八)，**下詔傳位於皇太子，帝爲太上皇。**（舊唐書·高祖本紀、太宗本紀上）

太宗(李世民,高祖第二子)

吉 八月甲子(初九),**帝即位於東宮顯德殿,遣裴寂**(司空,魏國公)**柴告於南郊。**（舊唐書·太宗本紀上,新唐書·高祖本紀、太宗本紀）

嘉 八月丙子(二十一),**立長孫氏**(妃)**爲皇后。**（舊唐書·太宗本紀上,新唐書·太宗本紀）

嘉 八月十八日,**下詔減省宮人,各從娶聘。**（唐會要·出宮人）

【考釋】《唐會要》記曰:"自是中宮前後所出,計三千餘人。"

軍 九月丁未(二十二),**帝引諸將士習射於顯德殿庭,以備突厥來侵。**（舊唐書·太宗本紀上）

【儀制】《舊唐書》記曰:"於是每日引數百人於殿前教射,帝親自臨試,射中者隨賞弓刀、布帛。"朝臣諫止,帝不納,"自是後,士卒皆爲精銳"。

吉 九月壬子(二十七),**下詔禁民間立妖神,妄設淫祀。**（舊唐書·太宗本紀上,新唐書·太宗本紀）

【儀制】《新唐書》尚記有禁"占卜非龜、易、五招者"。

嘉 十月癸亥(初八),**立李承乾**(中山王)**爲皇太子。**（舊唐書·太宗本紀上,新唐書·太宗本紀）

凶 **以禮改葬李建成**(故皇太子,追封息王)、**李元吉**(故齊王),**葬日,帝哭於宜秋門,魏徵、王珪表請陪送至墓所,許之。**（舊唐書·高祖二十二子列傳,新唐書·高祖諸子列傳,資治通鑑·唐紀八）

貞觀元年(627)

嘉 正月丁亥(初三),**宴群臣,奏《秦王破陳樂》,封德彝**(尚書右僕射)**謂文

容不如蹈武，帝非之。（舊唐志·音樂一，新唐志·禮樂十一，資治通鑑·唐紀八）

【理據】《舊唐志》録帝曰："朕雖以武功定天下，終當以文德綏海内。文武之道，各隨其時，公謂文容不如蹈厲，斯爲過矣。"《新唐志》略同。

嘉 二月丁巳（初四），下詔男二十、女十五以上未成婚者，州縣以禮聘娶。（新唐書·太宗本紀，通典·嘉禮四）

吉 三月癸巳（初十），皇后親蠶。（舊唐書·太宗本紀上，新唐書·太宗本紀）

【儀制】《資治通鑑·唐紀八》記曰："皇后帥内外命婦親蠶。"胡注："唐制，皇后以季春吉巳享先蠶，遂以親桑。《輿服制》：皇后親蠶，服鞠衣，黃羅爲之。"

又《舊唐志·禮儀四》統記曰："孟春吉亥，祭帝社於藉田，天子親耕；季春吉巳，祭先蠶於公桑，皇后親桑。並用太牢，籩、豆各九。將蠶日，内侍省預奉移所司所事。諸祭祀卜日，皆先卜上旬；不吉，次卜中旬、下旬。筮日亦如之。其先蠶一祭，節氣若晚，即於節氣後取日。"

軍 夏，山東諸州大旱，令所在賑恤，免今年租賦。九月辛酉（十二），命温彦博（中書侍郎）、魏徵（尚書右丞）等分往關東等州賑恤。（舊唐書·太宗本紀上）

嘉 十一月，車輅加黄鉞車、豹尾車，通爲十二乘。（舊唐志·輿服，通典·嘉禮九）

【因革】《通典》記曰："大唐因隋制，玉、金、象、革、木，是爲天子五輅。……武德初著令，天子鑾輅，玉金象革木五等，屬車十乘，指南車、記里鼓車、白鷺車、鸞旗車、辟惡車、皮軒車、耕根車、安車、四望車、羊車。"

【儀制】《通典》記曰："高祖、太宗大禮則乘輅。高宗不喜乘輅，每有大禮則御輦。至武太后，以爲常。玄宗以輦不中禮，廢而不用。"

吉 十二月壬午（初四），帝語侍臣，神仙事本虛妄，不必妄求。（舊唐書·太宗本紀上）

嘉 采封德彝（尚書右僕射）説，宗室以屬疏降爵爲郡公，唯有功者數人封

王。（舊唐書・宗室列傳）

【因革】《舊唐書》記曰："初，高祖受禪，以天下未定，廣封宗室以威天下，皇從弟及姪年始孩童者數十人，皆封爲郡王。"又録封德彝曰："歷觀往古，封王者今最爲多。兩漢已降，唯封帝子及親兄弟，若宗室疏遠者，非有大功如周之郇、滕，漢之賈、澤，並不得濫封，所以別親疏也。"

【論評】秦蕙田《五禮通考》論曰："太宗此舉是也。《傳》云'親親之殺'，封爵多則濫，濫則淫，淫則刑，禍隨之，豈保全宗族之道乎！"（《嘉禮十七》"飲食禮"）

貞觀二年（628）

凶 四月己卯（初三），下詔隋人骸骨暴露者，令埋瘞。（舊唐書・高祖本紀，新唐書・太宗本紀）

樂 六月乙酉（初十），祖孝孫（太常少卿）等奏上新樂。（舊唐志・音樂一，新唐志・禮樂十一，通典・樂二、樂三，資治通鑑・唐紀八）

【儀制】《舊唐志》記曰："制十二和之樂，合三十一曲，八十四調。祭圜丘以黃鐘爲宮，方澤以林鐘爲宮，宗廟以太簇爲宮。五郊、朝賀、饗宴，則隨月用律爲宮。……祭天神奏《豫和》之樂，地祇奏《順和》，宗廟奏《永和》。天地、宗廟登歌，俱奏《肅和》。皇帝臨軒，奏《太和》。王公出入，奏《舒和》。皇帝食舉及飲酒，奏《休和》。皇帝受朝，奏《政和》。皇太子軒懸出入，奏《承和》。元日、冬至皇帝禮會登歌，奏《昭和》。郊廟俎入，奏《雍和》。皇帝祭享酌酒、讀祝文及飲福、受胙，奏《壽和》。五郊迎氣，各以月律而奏其音。又郊廟祭享，奏《化康》、《凱安》之舞。"

又《新唐志》記曰："初，隋有文舞、武舞，至祖孝孫定樂，更文舞曰《治康》，武舞曰《凱安》，舞者各六十四人。"

【理據】《舊唐志》録魏徵（尚書右丞）曰："古人稱：'禮云禮云，玉帛云乎哉！樂云樂云，鐘鼓云乎哉！'樂在人和，不由音調。"《新唐志》同。

【因革】《舊唐志》録祖孝孫奏曰："陳、梁舊樂,雜用吳、楚之音;周、齊舊樂,多涉胡戎之伎。於是斟酌南北,考以古音,作爲大唐雅樂。"

《舊唐志》又記祖孝孫去世后,張文收(協律郎)"復采三禮,言孝孫雖創其端,至於郊禋用樂,事未周備,詔文收與太常掌禮樂官等更加釐改,於是依《周禮》",制定祭禮用樂。

【論評】《舊唐志》評曰:"《周禮》旋宮之義,亡絶已久,時莫能知,一朝復古,自此始也。"

嘉 九月丙午(初三),下詔文武百官年高致仕、抗表去職者,參朝之日位在本品見任之上。(舊唐書·太宗本紀上)

【因革】秦蕙田《五禮通考》論曰:"禮有七十致仕之文,所以崇禮讓誠止足也。唐制……其扶風教勵廉恥之義,可爲後世法。"(《嘉禮十》"朝禮")

吉 十一月辛酉(十九),祀圜丘。(舊唐書·太宗本紀上,新唐書·太宗本紀)

【儀制】《舊唐志·禮儀一》記曰:"貞觀初,詔奉高祖配圜丘及明堂、北郊之祀,元帝專配感帝,自餘悉依武德。"《通典·吉禮二》、《吉禮三》注、《吉禮四》散采之。

吉 房玄齡(左僕射)、朱子奢(博士)建言釋奠以孔子爲先聖,乃罷周公,升孔子爲先聖,以顔回爲先師,始立孔子廟堂於國學。(舊唐書·儒學列傳上,新唐書·儒學列傳上,新唐志·禮樂五)

【考釋】《新唐書》記下詔在貞觀六年。

貞觀三年(629)

嘉 正月丙午(初四),因旱,避正殿。(新唐書·太宗本紀)

賓 正月辛亥(初九),契丹渠帥來朝。(舊唐書·太宗本紀上)

吉 正月戊午(十六),謁太廟。(舊唐書·太宗本紀上,新唐書·太宗本紀)

【儀制】《舊唐志·禮儀五》統記唐禮："四時各以孟月享太廟，每室用太牢。季冬蜡祭之後，以辰日臘享於太廟，用牲如時祭。三年一祫，以孟冬。五年一禘，以孟夏。……若品物時新堪進御者，所司先送太常，與尚食相知，簡擇精好者，以滋味與新物相宜者配之。太常卿奉薦於太廟，不出神主。仲春薦冰，亦如之。"《通典·吉禮八》同。

吉 **正月癸亥(二十一)，親耕藉田於東郊。**（舊唐書·太宗本紀上，舊唐志·禮儀四，新唐書·太宗本紀，新唐志·禮樂四，通典·吉禮五）

【理據】《舊唐志》錄孔穎達(給事中)曰："禮，天子藉田於南郊，諸侯於東郊。晉武帝猶於東南。今於城東置壇，不合古禮。"又錄帝曰："《虞書》云'平秩東作'，則是堯、舜敬授人時，已在東矣。又乘青輅、推黛耜者，所以順於春氣，故知合在東方。且朕見居少陽之地，田於東郊，蓋其宜矣。"

【因革】①《舊唐志》記曰："初，晉時南遷，後魏來自雲、朔，中原分裂，又雜以獯戎，代歷周、隋，此禮久廢，而今始行之，觀者莫不駭躍。於是秘書郎岑文本獻《藉田頌》以美之。初，議藉田方面所在，……於是遂定。自後每歲常令有司行事。"②《新唐志》記曰："藉田祭先農，唐初爲帝社，亦曰藉田壇。"此年經孔穎達議，"乃耕于東郊"。

【儀制】《舊唐志》統記曰："武德、貞觀之制，神祇大享之外，每歲立春之日，祀青帝於東郊，帝宓羲配，勾芒、歲星、三辰、七宿從祀。立夏，祀赤帝於南郊，帝神農氏配，祝融、熒惑、三辰、七宿從祀。季夏土王日，祀黃帝於南郊，帝軒轅配，后土、鎮星從祀。立秋，祀白帝於西郊，帝少昊配，蓐收、太白、三辰、七宿從祀。立冬，祀黑帝於北郊，帝顓頊配，玄冥、辰星、三辰、七宿從祀。每郊帝及配座，用方色犢各一，籩、豆各四，簠、簋各二，甒、俎各一。勾芒已下五星及三辰、七宿，每宿牲用少牢，每座籩、豆、簠、簋、甒、俎各一。孟夏之月，龍星見，雩五方上帝於雩壇，五帝配於上，五官從祀於下。牲用方色犢十，籩豆已下，如郊祭之數。"

制 **四月，申明舊制，凡軍國大事采用五花判事。**（資治通鑑·唐紀九）

【考釋】《通鑑》記曰："故事：凡軍國大事，則中書舍人各執所見，雜署其名，謂之五花判事。中書侍郎、中書令省審之，給事中、黃門侍郎駁正之。"

【論評】王夫之《讀通鑑論》（卷二十）評曰："此會議之始也。敕旨既下，給事中、黃門侍郎駁正之，則抄參封駁之始也。"

吉 **六月戊寅**（初八），**因旱，遣長孫無忌**（尚書右僕射）、**房玄齡**（尚書左僕射）**等祈雨於名山大川。**（舊唐書·太宗本紀上）

【儀制】《舊唐志·禮儀四》統記曰："京師孟夏以後旱，則祈雨，審理冤獄，賑恤窮乏，掩骼埋胔。先祈嶽鎮、海瀆及諸山川能出雲雨，皆於北郊望而告之。又祈社稷，又祈宗廟，每七日皆一祈。不雨，還從嶽瀆。旱甚，則大雩，秋分後不雩。初祈後一旬不雨，即徙市，禁屠殺，斷繖扇，造土龍。雨足，則報祀。祈用酒醢，報準常祀，皆有司行事。已齊未祈而雨，及所經祈者，皆報祀。"按《通典·吉禮二》同，然前標"開元十一年"，校勘記亦辨其誤。

【附識】《舊唐志·禮儀四》又記曰："若霖雨不已，禜京城諸門，門別三日，每日一禜。不止，乃祈山川、嶽鎮、海瀆；三日不止，祈社稷、宗廟。其州縣，禜城門；不止，祈界內山川及社稷。三禜、一祈，皆準京式，並用酒脯醢。國城門報用少牢，州縣城門用一特牲。"《通典·吉禮十四》自注略同。

賓 **八月，制令二王之後，量置國官，營立廟宇。**（通典·賓禮一）

賓 **十二月戊辰**（初二），**突利可汗入朝。**（舊唐書·太宗本紀上、突厥列傳上）

軍 **閏十二月癸丑**（初七），**下詔於建義以來交兵之處，爲將士身亡者立寺。**（舊唐書·太宗本紀上，新唐書·太宗本紀）

貞觀四年（630）

軍 **三月甲午**（二十九），**擒突厥頡利可汗，告於太廟。四月丁酉**（初二），**軍吏執頡利可汗，獻捷於順天門。**（舊唐書·太宗本紀下，新唐書·太宗本紀，通典·軍禮一注）

【理據】《舊唐書》記此事之功效曰："自是西北諸蕃咸請上尊號爲'天可汗'。"《新唐書》略同。

制 八月丙午(十四)，下詔定臣服之色，婦人從夫服。（舊唐書·太宗本紀下，舊唐志·輿服，通典·嘉禮六）

【儀制】《舊唐志》記曰："三品已上服紫，五品已下服緋，六品七品服綠，八品九品服以青，帶以鍮石。……雖有令，仍許通著黃。"

【因革】《舊唐志》又記明年八月，敕"七品已上，服龜甲雙巨十花綾，其色綠。九品已上，服絲布及雜小綾，其色青"，十一月，"賜諸衛將軍紫袍，錦爲褾袖"。

凶 吉 九月庚午(初八)，令收瘞長城以南隋人骸骨，令致祭。（舊唐書·太宗本紀下，新唐書·太宗本紀）

吉 九月壬午(二十)，令自古帝王、賢臣烈士墳墓不得芻牧，春秋致祭。（舊唐書·太宗本紀下，新唐書·太宗本紀）

軍 十月辛丑(初十)，校獵於貴泉谷；甲辰(十三)，校獵於魚龍川。（舊唐書·太宗本紀下，新唐書·太宗本紀）

軍 十二月甲辰(十四)，獵於鹿苑。（新唐書·太宗本紀）

賓 十二月甲寅(二十四)，高昌王(麴文泰)來朝。（舊唐書·太宗本紀下）

嘉 下詔州、縣學皆作孔子廟。（新唐志·禮樂五）

【因革】秦蕙田《五禮通考》指出："此州縣立孔廟之始。"（《吉禮一百十七》"祭先聖先師"）

貞觀五年(631)

軍 正月癸酉(十三)，大蒐於昆明池，蕃夷君長咸從。（舊唐書·太宗本紀下，新唐書·太宗本紀）

吉 正月癸未(二十三)，諸州朝集使請封禪。（舊唐書·太宗本紀下，資治通鑑·唐

紀九）

【因革】《資治通鑑·唐紀十》記明年正月，"文武官復請封禪"，"群臣猶請之不已，上亦欲從之，魏徵獨以爲不可"，"會河南、北數州大水，事遂寢"。其後，"公卿以下請封禪者前後相屬，上諭以'舊有氣疾，恐登高增劇，公等勿復言'"。

【考釋】據《册府元龜》所記，此年正月朝集使李孝恭(趙郡王)等僉議上表請封禪，十一月朝集使武士彠(利州都督)等詣朝堂，又上表請封禪。

嘉 正月，下詔僧、尼、道士致拜父母。（資治通鑑·唐紀九）

嘉 正月，有司言皇太子將冠，宜用二月，蕭瑀(太子太保)奏同，帝令改用十月。（通典·嘉禮一）

【理據】《通典》錄帝曰："今東作方興，恐妨農事。"

凶 六月甲寅(二十六)，李綱(太子少師，新昌縣公)去世，宇文憲(北周齊王)之女被髮號哭，以父禮喪之。（舊唐書·李綱列傳、太宗本紀下，新唐書·李綱列傳）

吉凶 八月甲辰(十七)，遣使高麗，毀所立京觀，收隋人骸骨，葬而祭之。（舊唐書·太宗本紀下，新唐書·太宗本紀）

凶 八月戊申(二十一)，初令決死刑必三覆奏，在京諸司五覆奏，其日蔬食，内教坊及太常不舉樂。（舊唐書·太宗本紀下）

軍 九月乙丑(初九)，群官大射於武德殿。（舊唐書·太宗本紀下）

吉 十一月丙子(二十一)，祀南郊。（新唐書·太宗本紀）

【儀制】《新唐志·禮樂三》記曰："唐初貞觀禮，冬至祀昊天上帝于圓丘，正月辛日祀感生帝靈威仰于南郊以祈穀，而孟夏雩于南郊，季秋大享于明堂，皆祀五天帝。"按此年所祀當爲圓丘。

【論評】秦蕙田《五禮通考》論曰："郊丘之論，自漢以後紛然矣。……貞觀禮所定冬至圓丘，孟春祈穀，孟夏雩祀，季秋明堂，卓然與經典合。儒者之效，遂開有唐一代制作。厥後《開元禮》成而五典燦然明備矣。後代禮樂之得其正，實賴貞觀禮爲之權輿，太宗之治所以煥然不同也。然南郊祀靈威仰、圓丘、雩祀、明堂皆祀五天帝，尚未能革鄭氏信讖之流弊深哉！"(《吉禮九》"圜丘祀天")

[軍] 十二月癸卯(十八)，獵於驪山。(舊唐書·太宗本紀下，新唐書·太宗本紀)

[吉] 帝命諸儒議明堂之制，豆盧寬(禮部尚書)、劉伯莊(國子助教)議以爲上層祭天、下層布政，孔穎達(太子中允)以爲違古，魏徵(侍中)議請爲五室重屋，上圓下方，議未決。(舊唐志·禮儀二，新唐志·禮樂三)

【因革】①《新唐志》述曰："隋無明堂，而季秋大享，常寓雩壇；唐高祖、太宗時，寓於圓丘。"②《通典·吉禮三》述曰："迄於貞觀之末，竟未議立明堂，季秋大享則於圜丘行事。"

【理據】《舊唐志》録魏徵議曰："若據蔡邕之説，則至理失於文繁；若依裴頠所爲，則又傷於質略。求之情理，未允厥中。今之所議，非無用捨。……其高下廣袤之規，几筵尺丈之制，則並隨時立法，因事制宜。自我而作，何必師古。"

【論評】秦蕙田《五禮通考》論曰："祭與聽政有堂、室之分，無上下之別，鄭公謂下室布政，上堂祭天，人神不雜，舛矣。至謂高下廣袤，几筵丈尺，自我而作，何必師古，可爲通達之見。"(《吉禮二十七》"明堂")

[嘉] 長樂公主出嫁長孫沖，帝敕有司資送倍於永嘉長公主，魏徵(秘書監)諫之，長孫皇后從其言，並致謝其家。(舊唐書·后妃列傳上、魏徵列傳，新唐書·諸帝公主列傳，通典·嘉禮四)

【理據】《后妃列傳》録長孫皇后曰："今聞其諫，實乃能以義制主之情，可謂正直社稷之臣矣。"其他諸列傳同。

[嘉] 南平公主出嫁王敬直，其父王珪(侍中)請復婦見舅姑之禮。(舊唐書·王珪列傳，新唐書·王珪列傳，通典·嘉禮四)

【理據】《舊唐書》録王珪曰："今主上欽明，動循法制。吾受公主謁見，豈爲身榮，所以成國家之美耳。"

【儀制】《舊唐書》記曰："[珪]遂與其妻就席而坐，令公主親執笲行盥饋之道，禮成而退。"

【因革】《舊唐書》記曰："是後公主下降有舅姑者，皆備婦禮，自珪始也。"

【考釋】此事《通典》標在"貞觀中"，暫與上條同列。

貞觀六年(632)

<u>吉</u> **正月，平突厥，文武官復請封禪，帝詔不許。**（舊唐志・禮儀三，資治通鑑・唐紀十）

【理據】①《舊唐志・禮儀三》記此時，"平突厥，年穀屢登，群臣上言請封泰山"。又錄帝曰："昔秦始皇自謂德洽天心，自稱皇帝，登封岱宗，奢侈自矜；漢文帝竟不登封，而躬行儉約，刑措不用。今皆稱始皇爲暴虐之主，漢文爲有德之君。以此而言，無假封禪。"又曰："《禮》云'至敬不壇'，掃地而祭，足表至誠，何必遠登高山，封數尺之土也！"②《通鑑・唐紀十》又錄魏徵又曰："且陛下封禪，則萬國咸集，遠夷君長，皆當扈從。此乃引戎狄入腹中，示之以虛弱也，……崇虛名而受實害，陛下將焉用之！"

【考釋】《舊唐志》記此時"上問禮官兩漢封山儀注，因遣中書侍郎杜正倫行太山上七十二帝壇迹"，然而"是年兩河水潦，其事乃寢"。

<u>制</u> **二月戊子**（初四），**初置律學。**（舊唐書・太宗本紀下）

<u>嘉</u> **七月己巳**（十七），**下詔天下行鄉飲酒禮。**（新唐書・太宗本紀，通典・嘉禮十八）

【儀制】《通典・吉禮十二》記曰："西京國子監領六學：一曰國子學，二曰大學，三月四門學，四曰律學，五曰書學，六曰算學。……凡諸學，皆有博士、助教授其經藝。每歲仲冬，郡縣館監課試，其成者，長吏會屬僚，設鄉飲之禮。"

<u>嘉</u> **九月己酉**（二十九），**帝至慶善宮，宴貴人於渭水之濱，賦詩。**（舊唐志・音樂一，新唐志・禮樂十一，新唐書・太宗本紀）

【儀制】《舊唐志》記曰："起居郎呂才以御製詩等於樂府，被之管絃，名爲《功成慶善樂》之曲，令童兒八佾，皆進德冠、紫袴褶，爲《九功》之舞。冬至享醮，及國有大慶，與《七德》之舞偕奏于庭。"《新唐志》同。

<u>樂</u> **褚亮、魏徵作冬至祀昊天於圜丘樂章八首等。**（舊唐志・音樂三）

【考釋】《舊唐志》尚記褚亮等作正月上辛祈穀於南郊樂章八首、季秋享上帝於明堂樂章八首、孟夏雩祀上帝于南郊樂章八首、夏至祭皇地祇於方丘樂章八首。

吉 王珪(侍中)**不營私廟，四時烝嘗祭於寢，被法司彈劾，帝乃官爲立廟。**(舊唐書‧王珪列傳,通典‧吉禮七)

【儀制】《通典》記曰:"大唐制,凡文武官二品以上,祠四廟。三品以上須兼爵,四廟外有始封祖,通祠五廟。五品以上,祠三廟。牲皆用少牢。六品以下,達於庶人,祭祖禰於正寢。縱祖、父官有高下,皆用子孫之牲,用少牢。"

【理據】《舊唐書》記曰:"太宗優容,弗之譴也,因爲立廟,以媿其心;珪既儉不中禮,時論以是少之。"

【儀制】陳戍國指出:"以不營私廟而受劾,不爲時論所容,而皇帝居然親爲立廟,足見其時對於家廟祭祀的重視。"並進而認爲:"李唐皇室之外另有系統的家廟制度,此種制度的系統化與嚴肅性,有唐以前是看不到的。"(《中國禮制史‧隋唐五代卷》,第117、116頁)

嘉 韋挺(御史大夫)**上表爲婚嫁定制。**(唐會要‧嫁娶)

【儀制】《唐會要》錄韋挺上表曰:"今貴族豪富,婚姻之始,或奏管絃,以極歡宴,唯競奢侈,不顧禮經,非所謂嗣親之道。"

貞觀七年(633)

樂 **正月戊子(初十),帝制《破陣樂舞圖》,更名爲《七德》之舞。**(舊唐書‧太宗本紀下,舊唐志‧音樂一,新唐志‧禮樂十一)

【因革】①《新唐志》記曰:"《七德》舞者,本名秦王破陣樂。太宗爲秦王,破劉武周,軍中相與作《秦王破陣樂》曲。及即位,宴會必奏之。……後令魏徵與員外散騎常侍褚亮、員外散騎常侍虞世南、太子右庶子李百藥更製歌辭,名曰《七德》舞。舞初成,觀者皆扼腕踊躍,諸將上壽,群臣稱萬歲,蠻夷在庭者請相率以舞。……其後,更號《神功破陣樂》。"②《舊唐志》則記顯慶元年(656)正月,改爲

《神功破陣樂》。

【儀制】①《舊唐志》記曰：“更名《七德》之舞，增舞者至百二十人，被甲執戟，以象戰陣之法焉。”②《新唐志》記曰：“製舞圖，左圓右方，先偏後伍，交錯屈伸，以象魚麗、鵝鸛。命呂才以圖教樂工百二十八人，被銀甲執戟而舞，凡三變，每變爲四陣，象擊刺往來，歌者和曰：‘秦王破陣樂’。”又曰：“自是元日、冬至朝會慶賀，與九功舞同奏。舞人更以進賢冠，虎文袴，螣蛇帶，烏皮鞾，二人執旌居前。”

嘉 正月癸巳(十五)，宴三品以上及州牧、蠻夷酋長於玄武門，奏《七德》、《九功》之舞。（舊唐志·音樂一，資治通鑑·唐紀十）

【儀制】《舊唐志》記曰：“觀者見其抑揚蹈厲，莫不扼腕踴躍，凜然震竦。武臣列將咸上壽云：‘此舞皆是陛下百戰百勝之形容。’群臣咸稱萬歲。蠻夷十餘種自請率舞，詔許之，久而乃罷。”

制 正月癸巳，李淳風(直太史，將仕郎)鑄渾天黃道儀，置於凝暉閣。（舊唐書·太宗本紀下）

軍 八月，山東、河南三十州大水，遣使賑恤。（舊唐書·太宗本紀下）

【因革】明年七月，山東、河南、淮南大水，已如之。

嘉 十一月丁丑(初三)，頒新定五經。（舊唐書·太宗本紀上）

【考釋】《舊唐書·儒學列傳上》記帝詔顏師古(前中書侍郎)“考定五經，頒於天下”，又詔孔穎達(國子祭酒)“與諸儒撰定五經義疏”。

軍 古 十二月丙辰(十三)，狩於少陵原，下詔以少牢祭杜如晦、杜淹、李綱之墓。（舊唐書·太宗本紀下，新唐書·太宗本紀）

【考釋】《新唐書》僅記“獵于少陵原”。

嘉 十二月戊午(十五)，帝與高祖置酒於未央宮，三品以上均赴宴。（舊唐書·高祖本紀，資治通鑑·唐紀十）

【儀制】《舊唐書》記曰：“高祖命突厥頡利可汗起舞，又遣南越酋長馮智戴詠詩。

既而笑曰：'胡越一家，自古未之有也。'太宗奉觴上壽，……高祖大悦，群臣皆呼萬歲，極夜方罷。"

【理據】《舊唐書》記此事在明年，兹從《通鑑》。

貞觀八年（634）

凶 正月癸未（初十），突厥頡利可汗去世，從其俗禮，焚屍於灞水之東。（舊唐書·突厥列傳上，新唐書·突厥列傳上，資治通鑑·唐紀十）

嘉 正月壬寅（二十九），命李靖（尚書右僕射）、蕭瑀（特進）、楊恭仁（特進）、王珪（禮部尚書）、韋挺（御史大夫）、皇甫無逸（鄜州大都督長史）、李襲譽（揚州大都督長史）、張亮（幽州大都督長史）、李大亮（涼州大都督）、竇誕（右領軍大將軍）、杜正倫（太子左庶子）、劉德威（綿州刺史）、趙弘智（黃門侍郎）使於四方，觀省風俗。（舊唐書·太宗本紀上，新唐書·太宗本紀）

嘉 二月乙巳（初三），皇太子（李承乾）加元服。（舊唐書·太宗本紀上，新唐書·太宗本紀）

【儀制】《資治通鑑·唐紀九》記貞觀四年（630）"有司上言皇太子當冠，用二月吉，請追兵備儀仗"，帝曰宜改用十月，因"農事最急，不可失也"，蕭瑀（少傅）奏以爲據陰陽當在二月。由此年施行看，仍在二月。

【考釋】李承乾帝即位時年8歲，至今16歲。

嘉 三月甲戌（初二），高祖宴西突厥使者於兩儀殿。（舊唐書·高祖本紀）

【儀制】《舊唐書》記曰："太宗與文德皇后互進御膳，并上服御衣物，一同家人常禮。"

制 五月丁丑（初七），帝初服翼善冠，貴臣服進德冠。（舊唐書·太宗本紀下，舊唐志·輿服）

【因革】①《新唐志·車服》記曰："太宗嘗以幞頭起於後周，便武事也。方天下

偃兵,采古制爲翼善冠,自服之。又制進德冠以賜貴臣。"②《舊唐志》記後至開
元十七年(729),翼善冠廢。

軍 十二月乙卯(十七),帝從高祖閱武於城西,高祖臨視,勞將士而
還。(舊唐書·太宗本紀下、高祖本紀,新唐書·太宗本紀)

貞觀九年(635)

凶 五月庚子(初六),高祖去世於太安宮,下詔園陵制度務從儉約;十
月庚寅(二十七),葬於獻陵。(舊唐書·高祖本紀、太宗本紀下,新唐書·太宗本紀,通
典·凶禮一)

【因革】《高祖本紀》記高祖詔曰:"其服輕重,悉從漢制,以日易月。"

【儀制】①《舊唐書·虞世南列傳》載其時有詔獻陵"準漢長陵故事,務從隆高,
程限既促,功役勞弊",虞世南(秘書監)上疏以爲當"爲三仞之墳,器物制度,率皆
節損"。《新唐書·虞世南列傳》同。②《資治通鑑·唐紀十》又載房玄齡等又
議以爲"九丈則太崇,三仞則太卑,請依原陵之制",用六丈。③《通典》記曰:
"於是山陵制度,頗有減省。"

又《舊唐書·后妃列傳上》記太穆皇后(竇氏)"初葬壽安陵,後祔葬獻陵"。

【理據】《虞世南列傳》記虞世南舉出西漢成帝造延、昌二陵,魏文帝作終制等故
事,"宜依《白虎通》所陳周制,爲三仞之墳,其方中制度,事事減少。事竟之日,
刻石於陵側,明丘封大小高下之式。明器所須,皆以瓦木,合於禮文,一不得用
金銀銅鐵"。

吉 七月辛亥(十八),下詔禮官詳議宗廟遷祔,朱子奢(諫議大夫)議請立三
昭三穆而虛太祖之位,八座同之;甲寅(二十一),增修太廟爲六室。

(舊唐書·太宗本紀下,舊唐志·禮儀五,新唐志·禮樂三,新唐書·儒學列傳上,資治通鑑·唐
紀十,通典·吉禮六)

【儀制】《舊唐志》記曰:"始崇祔弘農府君及高祖神主,并舊四室爲六室。"

【理據】《舊唐志》録八座奏曰："《春秋穀梁傳》及《禮記·王制》《祭法》《禮器》、《孔子家語》並云：'天子七廟，諸侯五廟，大夫三廟，士二廟。'《尚書》曰：'七世之廟，可以觀德。'至於孫卿、孔安國、劉歆、班彪父子、孔晁、虞憙、干寶之徒，或學推碩儒，或才稱博物，商較今古，咸以爲然。故其文曰：'天子三昭三穆，與太祖之廟而七。'晉、宋、齊、梁皆依斯義。"按《通典》録此標爲岑文本（中書侍郎）之議。

【因革】《新唐志》記曰："蓋自漢、魏以來，創業之君特起，其上世微，又無功德以備祖宗，故其初皆不能立七廟。唐武德元年，始立四廟，曰宣簡公、懿王、景皇帝、元皇帝。"

【論評】《新唐書·儒學列傳》評曰："言七廟者，本之[朱]子奢。"秦蕙田《五禮通考》亦評曰："子奢論七廟，是。"（《吉禮八十》"宗廟制度"）

吉 **十一月戊申**（十六），**高祖祔於太廟。**（舊唐書·太宗本紀下）

【考釋】《舊唐書》記此事"戊申"前無"十一月"，連上似爲十月，未確。

吉 **十一月庚戌**（十八），**下詔議於太原立高祖廟，顏師古**（秘書監）**議以爲不可，乃止。**（資治通鑑·唐紀十，唐會要·廟議上）

【理據】《通鑑》録顏師古議曰："寢廟應在京師，漢世郡國立廟，非禮。"

貞觀十年（636）

凶 **六月己卯**（二十一），**皇后**（長孫氏）**去世於立政殿；十一月庚寅**（初四），**葬於昭陵。**（舊唐書·太宗本紀下、后妃列傳上，新唐書·太宗本紀）

【儀制】昭陵位於陝西醴泉九嵕山，墓室的建築，"沿用魏晉和南朝流行的辦法，在半山腰南麓穿鑿而成，没有起築墳丘"，昭陵的構造，可參楊寬《中國古代陵寢制度史》（第52—55頁）。

賓 **十二月壬申**（十六），**吐谷渾慕容諾曷鉢**（河源郡王）**來朝。**（舊唐書·太宗本紀下）

貞觀十一年(637)

制 **正月庚子**(十四)，**頒新律令一千五百九十條，三十卷。**（舊唐書·太宗本

紀下，舊唐志·刑法，新唐志·刑法，通典·刑法三）

【考釋】《資治通鑑·唐紀十》概括曰："房玄齡等先受詔定律令，……自是比古
死刑，除其太半，天下稱賴焉。玄齡等定律五百條，立刑名二十等，比隋律減大
辟九十二條，減流入徒者七十一條，凡削煩去蠹，變重爲輕者，不可勝紀。又定
令一千五百九十餘條。"

【因革】《舊唐志》記曰："刪武德、貞觀已來敕格三千餘件，定留七百條，以爲格
十八卷，留本司施行。斟酌今古，除煩去弊，甚爲寬簡，便於人者。"

制 **正月甲寅**(二十八)，**房玄齡**(尚書左僕射)**等進所修五禮，行用之。**（舊唐

書·太宗本紀下，舊唐志·禮儀一）

【因革】①《舊唐志》記曰："神堯受禪，未遑制作，郊廟宴享，悉用隋代舊儀。太
宗皇帝踐祚之初，悉興文教，乃詔中書令房玄齡、祕書監魏徵等禮官學士，修改
舊禮。"②《新唐志·禮樂一》記曰："唐初，即用隋禮，至太宗時，中書令房玄齡、
祕書監魏徵，與禮官、學士等因隋之禮，增以天子上陵、朝廟、養老、大射、講武、
讀時令、納皇后、皇太子入學、太常行陵、合朔、陳兵太社等，……是爲《貞
觀禮》。"

就具體儀注而言，《舊唐志》又記其間因革曰："玄齡等始與禮官述議，以爲《月
令》蜡祭，唯祭天宗，謂日月而下。近代蜡五天帝、五人帝、五地祇，皆非古典，今
並除之。又依禮，有益於人則祀之。神州者國之所託，餘八州則義不相及。近
代通祭九州，今除八州等八座，唯祭皇地祇及神州，以正祀典。又漢建武中封
禪，用元封時故事，封泰山於圓臺上，四面皆立石闕，並高五丈。有方石再累，藏
玉牒書。石檢十枚，於四邊檢之，東西各三，南北各二。外設石封，高九尺，上加
石蓋。周設石距十八，如碑之狀，去壇二步，其下石跗入地數尺。今案封禪者，

本以成功告於上帝。天道貴質,故藉用稾秸,罇以瓦甒。此法不在經誥,又乖醇素之道,定議除之。近又案梁甫是梁陰,代設壇於山上,乃乖處陰之義。今定禪禮改壇位於山北。又皇太子入學及太常行山陵、天子大射、合朔、陳五兵於太社、農隙講武、納皇后行六禮、四孟月讀時令、天子上陵、朝廟、養老於辟雍之禮,皆周、隋所闕,凡增多二十九條。餘並準依古禮,旁求異代,擇其善者而從之。"

【考釋】①《舊唐志》記曰:"定著《吉禮》六十一篇,《賓禮》四篇,《軍禮》二十篇,《嘉禮》四十二篇,《凶禮》六篇,《國恤》五篇,總一百三十八篇,分爲一百卷。"②《新唐志·藝文二》"《大唐儀禮》一百卷"下云:"長孫無忌、房玄齡、魏徵、李百藥、顏師古、令狐德棻、孔穎達、于志寧等撰。"③《唐會要·五禮篇目》記貞觀七年"正月二十四日獻之"。

【論評】張文昌《制禮以教天下》論曰:"《貞觀禮》的編定,雖是與《開皇禮》同樣以《周禮》爲本,但《貞觀禮》更對《開皇禮》進行了大規模的修訂與增補,標示太宗一朝之立國政策,乃是超越漢、魏而直追周制。"(第二章,第52頁)

吉 **武德、貞觀之制祭先代帝王。**(舊唐志·禮儀四)

【儀制】《舊唐志》記曰:"帝嚳,祭於頓丘。唐堯,契配,祭於平陽。虞舜,咎繇配,祭於河東。夏禹,伯益配,祭於安邑。殷湯,伊尹配,祭於偃師。周文王,太公配,祭於酆。周武王,周公、召公配,祭於鎬。漢高祖,蕭何配,祭於長陵。三年一祭,以仲春之月。牲皆用太牢。祀官以當界州長官,有故,遣上佐行事。"

吉 **武德、貞觀之制祀五嶽、四鎮、四海、四瀆。**(舊唐志·禮儀四,通典·吉禮五)

【儀制】《舊唐志》記曰:"五嶽、四鎮、四海、四瀆,年別一祭,各以五郊迎氣日祭之。東嶽岱山,祭於兖州;東鎮沂山,祭於沂州;東海,於萊州;東瀆大淮,於唐州。南嶽衡山,於衡州;南鎮會稽,於越州;南海,於廣州;南瀆大江,於益州。中嶽嵩山,於洛州。西嶽華山,於華州;西鎮吳山,於隴州;西海、西瀆大河,於同州。北嶽恒山,於定州;北鎮醫無閭山,於營州;北海、北瀆大濟,於洛州。其牲皆用太牢,籩、豆各四。祀官以當界都督刺史充。"

吉 **武德、貞觀之制禘祭百神。**（舊唐志・禮儀四，通典・吉禮三）

【儀制】《舊唐志》記曰："季冬寅日，蜡祭百神於南郊。大明、夜明，用犢二，籩、豆各四，簠、簋、甒、俎各一。神農氏及伊耆氏，各用少牢一，籩、豆各四，簠、簋、甒、俎各一。后稷及五方、十二次、五官、五方田畯、五嶽、四鎮、四海、四瀆以下，方別各用少牢一，當方不熟者則闕之。其日祭井泉於川澤之下，用羊一。卯日祭社稷於社宮，辰日臘享於太廟，用牲皆準時祭。井泉用羊二。二十八宿，五方之山林、川澤，五方之丘陵、墳衍、原隰，五方之鱗、羽、臝、毛、介，五方之水墉、坊、郵表畷，五方之貓、於菟及龍、麟、朱鳥、白虎、玄武，方別各用少牢一，各座籩、豆、簠、簋、俎各一。蜡祭凡一百八十七座。當方年穀不登，則闕其祀。蜡祭之日，祭五方井泉於山澤之下，用羊一，籩、豆各二，簠、簋及俎各一。蜡之明日，又祭社稷于社宮，如春秋二仲之禮。"

【考釋】以上三條爲統記武德、貞觀之制，因未見具體施行之記載，姑暫繫於此。

制 **正月，下詔道士、女冠，宜在僧尼之前。**（通典・嘉禮十三）

凶 **二月丁巳**（初二）**，下詔喪禮務從儉約，營九嵏山爲陵，功臣密戚賜塋地及東園秘器。**（舊唐書・太宗本紀下，新唐書・太宗本紀）

【理據】《舊唐書》錄帝詔曰："猶恐身後之日，子子孫孫，習於流俗，猶循常禮，加四重之槻，伐百祀之木，勞擾百姓，崇厚園陵。今預爲此制，務從儉約。"

【儀制】《舊唐書》錄帝詔定帝陵曰："於九嵏之山，足容棺而已。積以歲月，漸而備之。木馬塗車，土桴葦籥，事合古典，不爲時用。"

【因革】《舊唐書》錄帝詔曰："漢氏使將相陪陵，又給以東園秘器，篤終之義，恩意深厚，古人豈異我哉！自今已後，功臣密戚及德業佐時者，如有薨亡，宜賜塋地一所，及以秘器，使窀穸之時，喪事無闕。"

吉 **二月甲子**（初九）**，帝至洛陽，命祭漢文帝。**（舊唐書・太宗本紀下）

軍 **二月壬午**（二十七）**，獵於鹿臺嶺。**（新唐書・太宗本紀）

軍 **三月辛亥**（二十六）**，大蒐於廣城澤。**（舊唐書・太宗本紀下，新唐書・太宗本紀）

吉 三月，群臣復勸封禪，房玄齡（左僕射）、魏徵（特進）、楊師道（中書令）博采衆議與舊禮不同者奏之。（舊唐志·禮儀三，新唐志·禮樂四，通典·吉禮十三，資治通鑑·唐紀十）

【考釋】《舊唐志》記其時劉伯莊（國子博士）、徐令言（睦州刺史）等"各上封祀之事，互設疑議，所見不同，多言新禮中封禪儀注，簡略未周"，於是敕顏師古（秘書少監）、朱子奢（諫議大夫）等"與四方名儒博物之士參議得失，議者數十家，遞相駁難，紛紜久不決"。

【儀制】①《舊唐志》録房玄齡等所奏衆議昊天上帝壇、制玉牒、玉策、金匱、方石再累、泰山上圓壇、圓壇上土封、玉璽、立碑、設告至壇、廢石闕及大小距石等儀制。《新唐志》略記之。②《通典》自注又記其時太常舊儀"封禪降神樂格，並用郊丘之辭"，韋安仁議"謂宜采《周頌》，創新詞，告精誠於上天，請皇靈於東岳"，其後從之。

凶 六月甲寅（初一），温彦博（尚書右僕射，虞國公）去世，家無正寢，殯於別室，帝命有司爲造堂；陪葬昭陵。（舊唐書·温大雅列傳、太宗本紀下，新唐書·温大雅列傳）

【儀制】《舊唐書》記其子温振（太子舍人），"居喪以毀，卒"。《新唐書》同。

吉 七月丙午（二十四），修老君廟於亳州，修孔子廟於兗州，各給二十户享祀。（舊唐書·太宗本紀下，新唐書·太宗本紀，新唐志·禮樂五）

凶 十月癸丑（初二），下詔先朝謀臣、武將及勳戚亡者陪葬獻陵。（新唐書·太宗本紀，通典·凶禮八）

軍 十一月乙未（十五），狩於濟源麥山。（舊唐書·太宗本紀下，新唐書·太宗本紀）

【儀制】《唐會要·蒐狩》録帝曰："今所獲鹿，宜令所司造脯醢，以充薦享。"

【附識】《唐會要》又記此年十月，"射猛獸洛陽苑"。

賓 十二月辛酉（十一），百濟扶餘隆（太子）來朝。（舊唐書·太宗本紀下）

貞觀十二年(638)

賓 正月乙未(十五)，王珪(禮部尚書)上奏三品以上遇親王於路皆降乘，非禮，魏徵(特進)同之，從其議。（舊唐書·魏徵列傳，資治通鑑·唐紀十一）

【理據】《舊唐書》録魏徵曰："自古迄兹，親王班次三公之下。今三品皆曰天子列卿及八座之長，爲王降乘，非王所宜當也。"又曰："自周以降，立嫡必長，所以絶庶孽之窺覦，塞禍亂之源本，有國者之所深慎。"

吉 二月乙丑(十五)，帝至河北縣，祀夏禹廟。（舊唐書·太宗本紀下）

軍 二月乙亥(二十五)，獵於河濱。（新唐書·太宗本紀）

凶 五月壬申(二十五)，虞世南(銀青光禄大夫，永興縣公)去世，帝舉哀於別次，哭之慟；賜東園祕器，陪葬昭陵。（舊唐書·虞世南列傳、太宗本紀下，新唐書·虞世南列傳）

軍 十月己卯(初五)，狩於始平。（舊唐書·太宗本紀下，新唐書·太宗本紀）

貞觀十三年(639)

吉 正月乙巳(初一)，謁獻陵，丁未(初三)，還京，己酉(初五)，朝於太極殿。（舊唐書·太宗本紀下，舊唐志·禮儀五，新唐書·太宗本紀，通典·吉禮十一）

【儀制】①《舊唐志》記曰："先是日，宿衛設黄麾仗周衛陵寢，至是質明，七廟子孫及諸侯百僚、蕃夷君長皆陪列于司馬門内。皇帝至小次，降輿納履，哭於闕門，西面再拜，慟絶不能興。禮畢，改服入于寢宫，親執饌，閲視高祖及先后服御之物，匍匐牀前悲慟。左右侍御者莫不歔欷。初，甲辰之夜，大雨雪。及皇帝入陵院，悲號哽咽，百辟哀慟，是時雪益甚，寒風暴起，有蒼雲出於山陵之上，俄而流布，天地晦冥。至禮畢，皇帝出自寢宫，步過司馬門北，泥行二百餘步。"《新唐志‧禮樂四》略記之。《通典》則於其下又記曰："上入寢,哭踊,絕於地。進至東階,西面再拜,號慟久之。乃進太牢之饌,加珍羞具品。引大尉[長孫]無忌、司空[李]勣、越王[李]貞、趙王[李]福、曹王[李]明及左屯衛將軍程知節,並入執爵進俎。上至神座前,拜哭,奠饌,閱先帝先后衣服,拜辭訖,行哭出寢北門,乃御小輦還宮。"② 又記"庚子,會群臣,奏《功成慶善》及《破陣》之樂"。按"庚子",不合曆日,恐當爲庚戌(初六)。

凶 正月,王珪(禮部尚書)去世,帝素服舉哀於別次,下詔李泰(魏王)率百官往臨哭。(舊唐書‧王珪列傳,新唐書‧王珪列傳,資治通鑑‧唐紀十一)

嘉 五月,自去年冬至今不雨,甲寅(十二),帝避正殿,減膳罷役,分使賑恤。(舊唐書‧太宗本紀下,新唐書‧太宗本紀)

賓 十二月己丑(二十一),吐谷渾王慕容諾曷鉢來朝,娶弘化公主。 明年二月庚辰(十三),李道明(左驍衛將軍,淮揚王)送弘化公主出嫁吐谷渾。(舊唐書‧太宗本紀下)

軍 十二月壬辰(二十四),狩於咸陽。(舊唐書‧太宗本紀下,新唐書‧太宗本紀)

貞觀十四年(640)

嘉 正月庚子(初二),初命有司讀時令。(舊唐書‧太宗本紀下,舊唐志‧禮儀四,新唐書‧太宗本紀)

【儀制】《舊唐志》記曰:"詔百官之長,升太極殿列坐而聽之。"

【考釋】《通典‧嘉禮十五》記在貞觀十一年,"復修四時讀令"。

吉 二月丁丑(初十),帝至國子學,觀釋奠,孔穎達(國子祭酒)講《孝經》。(舊唐書‧太宗本紀下,舊唐志‧禮儀四,新唐書‧太宗本紀,新唐志‧禮樂五,通典‧吉禮十二)

【考釋】①《舊唐書》本紀記此事則曰"幸國子學,親釋奠"。②《舊唐志》記此事則在此年"三月丁丑",誤。

【因革】《舊唐書·儒學列傳上》概括貞觀年間國子學盛況曰:"大徵天下儒士,以爲學官。[太宗]數幸國學,令祭酒、博士講論,畢,賜以束帛。學生能通一大經已上,咸得署吏。又於國學增築學舍一千二百間,太學、四門博士亦增置生員,其書算各置博士、學生,以備藝文,凡三千二百六十員。其玄武門屯營飛騎,亦給博士,授以經業,有能通經者,聽之貢舉。是時四方儒士,多抱負典籍,雲會京師。俄而高麗及百濟、新羅、高昌、吐蕃等諸國酋長,亦遣子弟請入於國學之內。鼓篋而升講筵者,八千餘人,濟濟洋洋焉,儒學之盛,古昔未之有也。"按《通典·吉禮十二》則確切記"貞觀五年,太宗數幸國學",後略同。

制 五月二十一日,下詔以魏徵所撰《類禮》二十卷,賜皇太子及諸王,並藏於秘府。（舊唐書·魏徵列傳,新唐書·魏徵列傳,唐會要·修撰）

【考釋】《舊唐書》記曰:"徵以戴聖《禮記》編次不倫,遂爲《類禮》二十卷,以類相從,削其重復,采先儒訓注,擇善從之,研精覃思,數年而畢。

賓 六月己丑(二十三),薛延陀遣使求婚。（舊唐書·太宗本紀下）

樂 六月,敕令制定宗廟奏樂,采許敬宗(給事中)議,定制。（舊唐志·音樂一,通典·樂七）

【儀制】《舊唐志》錄所定制曰:"皇祖弘農府君、宣簡公、懿王三廟樂,請同奏《長發》之舞。太祖景皇帝廟樂,請奏《大基》之舞。世祖元皇帝廟樂,請奏《大成》之舞。高祖大武皇帝廟樂,請奏《大明》之舞。文德皇后廟樂,請奏《光大》之舞。七廟登歌,請每室別奏。"

【因革】《新唐志·禮樂十一》記曰:"初,太宗時,詔祕書監顏師古等撰定弘農府君至高祖太武皇帝六廟樂曲舞名,其後變更不一。"

軍 閏十月甲辰(十一),狩於堯山。（舊唐書·太宗本紀下,新唐書·太宗本紀）

賓 閏十月丙辰(二十三),吐蕃遣使祿東贊(國相)來求婚,獻黃金器千斤,帝許以文成公主妻之。（舊唐書·太宗本紀下,資治通鑑·唐紀十一）

吉 十一月甲子(初一,冬至)，祀圜丘。(舊唐書·太宗本紀下,新唐書·太宗本紀)

【儀制】《舊唐書》記其時,"日南至"。

凶 十一月，帝就叔嫂無服集學者詳議，丁卯(初四)，魏徵(侍中)、令狐德棻(禮部侍郎)議定服制，制可。(舊唐志·禮儀七,新唐志·禮樂十,資治通鑑·唐紀十一)

【理據】《舊唐志》録帝曰:"同爨尚有緦麻之恩,而嫂叔無服。又舅之與姨,親疏相似,而服紀有殊,理未爲得。"

【儀制】《舊唐志》録魏徵等議曰:"曾祖父母舊服齊衰三月,請加爲齊衰五月。嫡子婦舊服大功,請加爲朞。衆子婦小功,今請與兄弟子婦同爲大功九月。嫂叔舊無服,今請服小功五月報。其弟妻及夫兄,亦小功五月。舅服緦麻,請與從母同服小功。"《通典·凶禮十二》、《凶禮十三》、《凶禮十四》散録之。

【因革】① 王夫之《讀通鑑論》(卷二十)揭出:"貞觀改服制,嫂、叔、夫之兄、弟之妻,皆相爲服,變周制也。古之不相爲服者,《禮傳》言之詳矣。嫂不可以母道屬,弟之妻不可以婦道屬,所以定昭穆之分也。嫂叔生而不通問,死而不爲服,所以厚男女之別也。唐推兄之敬,而從兄以服嫂;推弟之愛,而從弟以服其妻;所以廣昆弟之恩也。周謹胡禮之微,唐察乎情之至,皆道也,而周之義精矣。"② 陳戌國亦指出:"唐代與後世禮家對李世民、武后、魏徵、顏籀諸人的批評固然自有其禮制的依傍,而李唐君臣對於喪制的改革緣情度理(禮),亦有愜人意者。禮本有自義起者,何必唯古禮是從呢?"(《中國禮制史·隋唐五代卷》,第185頁)

軍 十二月丁酉(初五)，侯君集(吏部尚書,陳國公)執高昌王(麴智盛)，獻俘於觀德殿，行飲至禮，賜酺三日。(舊唐書·太宗本紀下)

軍 十二月癸卯(十一)，獵於樊川。(新唐書·太宗本紀)

賓 十二月乙卯(二十三)，高麗高相權(世子)來朝。(舊唐書·太宗本紀下)

【考釋】《舊唐書·東夷列傳》記此人作"太子桓權"。

樂 張文收采古《朱雁》、《天馬》之義，制《景雲河清歌》，名曰燕

樂。（舊唐志·音樂一，新唐志·禮樂十一）

【論評】《舊唐志》稱之"爲諸樂之首，元會第一奏者是也"。

【附識】《舊唐志》總記其時太樂之盛："凡奏黃鐘，歌大吕；奏太簇，歌應鐘；奏姑

洗，歌南吕；奏蕤賓，歌林鐘；奏夷則，歌中吕；奏無射，歌夾鐘。黃鐘蕤賓爲宮，

其樂九變；大吕、林鐘爲宮，其樂八變；太簇、夷則爲宮，其樂七變；夾鐘、南吕爲

宮，其樂六變；姑洗、無射爲宮，其樂五變；中吕、應鐘爲宮，其樂四變。天子十二

鐘，上公九，侯伯七，子男五，卿六，大夫四，士三。及成，奏之，太宗稱善。"《通

典·樂三》同，且曰："然後樂教大備"。

貞觀十五年(641)

賓 正月丁卯（初五），吐蕃遣使禄東贊（國相）來迎娶；丁丑（十五），李道宗

（禮部尚書，江夏王）送文成公主出嫁吐蕃，贊普親迎之。（舊唐書·太宗本紀

下、吐蕃列傳上，新唐書·吐蕃列傳上）

【儀制】《舊唐書》列傳記曰："弄讚率其部兵次柏海，親迎於河源。見道宗，執子

壻之禮甚恭。既而歎大國服飾禮儀之美，俯仰有愧沮之色。及與公主歸國，遂

築城邑，立棟宇以居處焉。公主惡其人赭面，弄讚令國中權且罷之，自亦釋氈

裘，襲紈綺，漸慕華風。仍遣酋豪子弟，請入國學以習《詩》、《書》。"《新唐書》同。

吉 四月辛卯（初一），下詔明年二月祀泰山，令公卿諸儒詳定儀制。（舊唐

書·太宗本紀下，舊唐志·禮儀三，新唐書·太宗本紀）

【因革】《資治通鑑·唐紀十一》載去年十月，李元景（荊王）曾"復表請封禪，上

不許"。

【考釋】①《舊唐志》記其時韋挺（太常卿）、令狐德棻（禮部侍郎）"爲封禪使，參考其

議"，"時論者又執異見，顏師古上書申明前議。太宗覽其奏，多依師古所陳爲

定"。②《通鑑·唐紀十一》載此事在去年四月，"丙子（初九），百官復表請封禪，

詔許之,更命諸儒詳定儀注"。③《新唐書‧儒學列傳上》記曰:"帝將有事泰山,詔公卿博士雜定其儀,而論者争爲異端,師古奏:'臣撰定《封禪儀注書》在十一年,于時諸儒謂爲適中。'於是以付有司,多從其説。"

凶 四月己酉(十九),吕才(太常博士)與諸術士刊定陰陽書五十三卷。(舊唐書‧吕才列傳,資治通鑑‧唐紀十二,通典‧凶禮二十七)

【因革】《舊唐書》記曰:"太宗以陰陽書近代以來漸致訛僞,穿鑿既甚,拘忌亦多,遂命[吕]才與學者十餘人共加刊正,削其淺俗,存其可用者。……才多以典故質正其理,雖爲術者所短,然頗合經義。"

【儀制】《舊唐書》録吕才叙《葬書》曰:"暨乎近代以來,加之陰陽葬法,或選年月便利,或量墓田遠近,一事失所,禍及死生,巫者利其貨賄,莫不擅加妨害。遂使葬書一術,乃有百二十家,各説吉凶,拘而多忌。"又曰:"野俗無識,皆信葬書,巫者詐其吉凶,愚人因而徼幸。遂使擗踊之際,擇葬地而希官品;荼毒之秋,選葬時以規財禄。或云辰日不宜哭泣,遂莞爾而對賓客受弔;或云同屬忌於臨壙,乃吉服不送其親。"按諸如此類,均被刊落。

吉 六月丙辰(二十六),帝至洛陽,下詔停封泰山,避正殿,思咎減膳。

(舊唐書‧太宗本紀下,舊唐志‧禮儀三,新唐志‧禮樂四,新唐書‧太宗本紀)

【理據】《舊唐書》記此月己酉(十九),"有星孛于太微,犯郎位"。

【考釋】《資治通鑑‧唐紀十二》記此月己酉(十九),薛頤(太史令)"上言,未可東封",辛亥(二十一),褚遂良"亦言之"。

軍 十月辛卯(初三),大閲於伊闕。(舊唐書‧太宗本紀下,新唐書‧太宗本紀)

貞觀十六年(642)

嘉 六月,下詔使嫁娶合典禮,禁賣婚。(唐會要‧嫁娶)

賓 九月癸亥(初十),薛延陀真珠可汗遣沙鉢羅泥熟俟斤來請婚,獻馬

三千，貂皮萬八千等，帝不許。（新唐書·回鶻列傳下，資治通鑑·唐紀十二）

軍 十一月丙辰(初四)，獵於武功；壬戌(初十)，獵於岐山之陽。 十二月

甲辰(二十三)，狩於驪山。（舊唐書·太宗本紀下，新唐書·太宗本紀）

【考釋】①《舊唐書》略記十一月事曰：“冬十一月丙辰，狩于岐山。”②《通典·軍禮一》僅録十二月，狩於驪山。

吉 十一月辛酉(初九)，使祭隋文帝陵。（舊唐書·太宗本紀下）

嘉 十一月丁卯(十五)，宴武功士女於慶善宫南門。（舊唐書·太宗本紀下）

【儀制】《舊唐書》記曰：“酒酣上與父老等涕泣論舊事，老人等遞起爲舞，爭上萬歲壽，上各盡一杯。”

吉 將行禘祭，有司請集禮官學士等議功臣配享，韋挺(太常卿)等十八人

議以爲禘不配功臣，詔從之。（舊唐志·禮儀六，通典·吉禮九）

【理據】《舊唐志》録韋挺等曰：“梁初誤禘功臣，左丞何佟之駁議，武帝允而依行。降泊周、齊，俱遵此禮。竊以五年再殷，合諸天道，一大一小，通人雅論，小則人臣不預，大則兼及功臣。”

【因革】《舊唐志》記曰：“當時令文，祫禘之日，功臣並得配享。”經此年之議，改爲“祫享，功臣配享於廟庭，禘享則不配”，然後“至開元中改修禮，復令禘祫俱以功臣配饗焉”。

【考釋】秦蕙田《五禮通考》評曰：“禘祭無配享，其禮極是。是特所謂禘者非古之禘耳。”（《吉禮一百二十二》“功臣配享”）

嘉 刻受命玄璽，白玉爲螭首。（新唐志·車服，通典·嘉禮八）

【考釋】《新唐志》記其上刻文“皇天景命，有德者昌”八字，《通典》皇天作“皇帝”。

【因革】《新唐志》記曰：“至武后改諸璽皆爲寶。中宗即位，復爲璽。開元六年，復爲寶。天寶初，改璽書爲寶書。”

貞觀十七年(643)

凶 正月戊辰(十七)，魏徵(太子太師，鄭國公)去世，帝親臨慟哭，廢朝五日；陪葬昭陵，帝登苑西樓，望喪而哭，下詔百官送出郊外。(舊唐書·魏徵列傳、太宗本紀下，新唐書·魏徵列傳)

【儀制】《舊唐書》記曰：“徵宅先無正寢，太宗欲爲小殿，輟其材爲徵營構，五日而成。”又曰：“給羽葆鼓吹、班劍四十人，賻絹布千段、米粟千石，陪葬昭陵。及將祖載，徵妻裴氏曰：‘徵平生儉素，今以一品禮葬，羽儀甚盛，非亡者之志。’悉辭不受，竟以布車載柩，無文彩之飾。”《新唐書》略同。

凶 三月壬子(初二)，禁送終違令式者。(新唐書·太宗本紀)

嘉 四月丙戌(初七)，立李治(晉王)爲皇太子。(舊唐書·太宗本紀下、高宗本紀上，新唐書·太宗本紀)

【考釋】皇太子李承乾於此月庚辰(初一)，被廢爲庶人。

【儀制】《高宗本紀》記李治立爲皇太子後，“太宗每視朝，常令在側，觀決庶政，或令參議”。

吉 四月庚寅(十一)，因廢皇太子(李承乾)，親謁太廟。(舊唐書·太宗本紀下，新唐書·太宗本紀)

賓 四月庚子(二十一)，定太子見三師儀。(資治通鑑·唐紀十三)

【儀制】《通鑑》記其儀曰：“迎於殿門外，先拜，三師答拜；每門讓於三師。三師坐，太子乃坐。其與三師書，前後稱名、‘惶恐’。”

吉 五月，顏師古(秘書監)議明堂非止一堂，又上表請創新制。(舊唐志·禮儀二)

【理據】《舊唐志》錄顏師古上表曰：“臣愚以爲五帝之後，兩漢已前，高下方圓，皆不相襲。惟在陛下聖情創造，即爲大唐明堂，足以傳於萬代，何必論户牖之多少，疑階庭之廣狹？若恣儒者互説一端，久無斷決，徒稽盛禮。”

【因革】張一兵《明堂制度源流考》指出：“後來武則天建明堂所設計的方案，祇有小部分有古代禮儀的依據，而大部分都是根據自己的需要和施工的方便進行的創造，基本上不受周禮和漢世成法的約束，其思想理論根源在魏徵和顏師古的《明堂議》裏面就已經産生了。”（第五章，第 184 頁）

【論評】《新唐志》評曰：“[魏]徵及師古等皆當世名儒，其論止於如此。”按魏徵議在貞觀五年（631）。

凶 **六月壬午**（初四），**改葬隋恭帝。**（舊唐書·太宗本紀下，新唐書·太宗本紀）

【考釋】《新唐書》標此事在六月壬辰（十四）。

嘉 **六月甲午**（十六），**因旱，避正殿，減膳。**（新唐書·太宗本紀）

賓 **閏六月戊午**（十一），**薛延陀遣突利設**（兄子）**來請婚，獻馬五萬匹、牛駝一萬、羊十萬，帝與大臣計，房玄齡以爲宜和親，乃許嫁新興公主，召突利設大享。**（舊唐書·太宗本紀下，新唐書·回鶻列傳下）

【儀制】《資治通鑑·唐紀十三》記曰：“庚申（十三），突利設獻饌，上御相思殿，大饗群臣，設十部樂，突利設再拜上壽，賜賚甚厚。”

吉 **七月庚辰**（初三），**京城謠言帝遣根根取人心肝，以祠天狗，帝遣使遍加宣諭。**（舊唐書·太宗本紀下）

凶 **七月丁酉**（二十），**房玄齡**（司空，太子太傅，梁國公）**因母親去世，丁憂去職，敕賜以昭陵葬地；十月丁巳**（十一），**起復本職。**（舊唐書·太宗本紀下、房玄齡列傳）

吉 **十一月己卯**（初三），**祀南郊。**（舊唐書·太宗本紀下）

【儀制】《册府元龜》記曰：“太宗升壇，皇太子從奠，于時累日陰雪，是旦猶雲霧晦冥，及太宗升壇，煙氛四散，風景清朗，文物昭映。禮畢，祝官讀謝天祝文。”

嘉 **下詔令撰三師儀注。**（新唐志·百官四上，通典·嘉禮十二）

【儀制】《新唐志》記曰：“每見，迎拜殿門，三師答拜，每門必讓，三師坐，太子乃坐。與三師書，前名惶恐，後名惶恐再拜。太子出，則乘路備鹵簿以從。”

【考釋】《新唐志》記曰："太子太師、太傅、太保,各一人,從一品。"

貞觀十八年(644)

嘉 十月癸卯(初三),宴雍州父老於上林苑。(新唐書·太宗本紀)

軍 十月己巳(二十九),獵於天池。(新唐書·太宗本紀)

嘉 十一月庚辰(初十),遣使巡問宴會鄭、汝、懷、澤四州高年。(新唐書·太宗本紀)

凶 十二月辛丑(初一),李大亮(左衛大將軍,太子右衛率,工部尚書,武陽懿公)去世,帝爲舉哀於別次,哭之甚慟,廢朝三日;陪葬昭陵。(舊唐書·李大亮列傳,新唐書·李大亮列傳,資治通鑑·唐紀十三)

【儀制】《舊唐書》記曰："死之日,家無珠玉可以爲唅,唯有米五石、布三十端。親戚孤遺爲大亮所鞠養,服之如父者十五人。"

凶 十二月壬寅(初二),李承乾(故太子)去世於黔州,帝爲之廢朝;葬以國公之禮。(舊唐書·太宗諸子列傳,新唐書·太宗諸子列傳、太宗本紀)

貞觀十九年(645)

軍 二月癸丑(十五),射虎於武德北山。(新唐書·太宗本紀)

吉 二月丁巳(十九),下詔封比干墓,修祠堂,春秋祠以少牢,帝自爲文以祭之。(舊唐書·太宗本紀下,資治通鑑·唐紀十三)

吉 二月癸亥(二十五),帝至鄴,自爲文祭魏太祖。(資治通鑑·唐紀十三)

軍 四月癸卯(初六),誓師於幽州城南,大饗六軍。十一月癸酉(初九),帝至幽州,大饗,還師。(舊唐書·太宗本紀下,新唐書·太宗本紀)

吉 十月丙午（十一），至營州，以太牢祭戰死者。（新唐書・太宗本紀）

貞觀二十年(646)

賓 六月丁卯（初七），西突厥乙毗射匱可汗遣使入貢，且請婚，帝許之，使割龜茲、于闐、疏勒、朱俱波、葱嶺五國以爲聘禮。（舊唐書・突厥列傳下，新唐書・突厥列傳下，資治通鑑・唐紀十四）

賓 九月甲辰（十五），鐵勒諸部落俟斤、頡利發等遣使相繼至靈州，請上尊號爲天可汗。（舊唐書・太宗本紀下，新唐書・太宗本紀）

【論評】《舊唐書》述曰："於是北荒悉平，爲五言詩勒石以序其事。"

吉 十一月己丑（初一），下詔祭祀等七事上聞於帝，其餘委政於皇太子。（新唐書・太宗本紀）

【考釋】《新唐書》録此七事曰："祭祀、表疏，藩客、兵馬、宿衞行魚契給驛，授五品以上官及除解，決死罪。"按藩客，《資治通鑑・唐紀十四》作"胡客"，胡注："四夷朝貢之客。"

賓 有司請每春二王入朝，禮畢還藩。（通典・賓禮一）

【因革】《通典》録有司言："按史記，正月諸侯王朝賀凡四見，留長安不過二十日。"

貞觀二十一年(647)

凶 正月壬辰（初五），高士廉（開府儀同三司，申國公）去世，帝將往臨哭，房玄齡（司空）、長孫無忌固諫；陪葬昭陵。（舊唐書・高士廉列傳、太宗本紀下，新唐書・高儉列傳）

【儀制】《新唐書》記曰："司空玄齡以上餌藥石，不宜臨喪，抗表切諫，……太宗從數百騎出興安門,至延喜門,長孫無忌馳至馬前諫,……其言甚切,太宗猶不許。無忌乃伏於馬前流涕,帝乃還宮。"又曰:"及喪柩出自橫橋,太宗登故城西北樓望而慟。"又曰:"高宗即位,追贈太尉,與房玄齡、屈突通並配享太宗廟庭。"

吉 **正月丁酉**(初十)**,下詔明年二月祀泰山。八月壬戌**(初八)**,下詔因河北大水,停封禪。**(舊唐書·太宗本紀下,新唐書·太宗本紀)

【因革】《册府元龜》去年十一月,長孫無忌與百官及方岳等"上表請封禪,不許",又請,昭曰"俟百姓間逸,可徐議之",十二月己丑,"長孫無忌等又詣順天門抗表請封禪","乃詔有司,廣召搢紳先生,議方石圜壇之制,草封禪射牛之禮,修造羽儀輦輅,並送之雒陽宮"。《資治通鑑·唐紀十四》采之。按此月己未朔,無己丑日。

【論評】秦蕙田《五禮通考》論曰:"漢光武、唐太宗皆一代令主,灼知封禪之非而不免爲累,一則惑於讖記,卒毅然行之,一則上下往復,歸於中止。然光武之興也,何由知非僕,本以讖爲始事,故深信不疑,雖初有欺天之語,而亦不顧,其心事固坦然明白也。若太宗,非力不能行,特以終非盛德之舉,雖四方獻諛,議協盈廷,不過藉以頌述功德,爲快心之事,故時與答敕而姑從之,意在居其美而謝其名,其用心更爲深遠也。"(《吉禮五十》"四望山川附")

吉 **二月壬申**(十五)**,下詔名儒二十一人配享太學孔子廟堂。**(舊唐書·太宗本紀下、儒學列傳上,舊唐志·禮儀四,新唐志·禮樂五,通典·吉禮十二)

【考釋】①《舊唐書》、《新唐書》記此二十一人依次爲:左丘明、卜子夏、公羊高、穀梁赤、伏勝、高堂生、戴聖、毛萇、孔安國、劉向、鄭衆、杜子春、馬融、盧植、鄭玄、服虔、何休、王肅、王弼、杜預、范甯。②《舊唐志》則記爲二十二人,在范甯之後尚有賈逵,《新唐志》亦記爲二十二人,且將賈逵上移至杜子春之前。

吉 **許敬宗**(中書侍郎)**等奏請定釋奠祭主及三獻者。**(舊唐志·禮儀四,新唐志·禮樂五,通典·吉禮十二)

【儀制】《舊唐書》記曰:"初,以儒官自爲祭主,直云博士姓名,昭告于先聖。又州縣釋奠,亦以博士爲主。"許敬宗等奏曰:"國學釋奠,令國子祭酒爲初獻,祝辭稱'皇帝謹遣',仍令司業爲亞獻,國子博士爲終獻。其州學,刺史爲初獻,上佐爲亞獻,博士爲終獻。縣學,令爲初獻,丞爲亞獻,博士既無品秩,請主簿及尉通爲終獻。若有闕,並以次差攝。州縣釋奠,既請各刺史、縣令親獻主祭,望準祭社,同給明衣。"

吉 二月丁丑(二十),皇太子釋奠於國學。(舊唐書·太宗本紀下,新唐書·太宗本紀)

【儀制】《新唐志·禮樂五》記曰:"[皇太子]自爲初獻,以祭酒張後胤亞獻,光州刺史攝司業趙弘智終獻。"

【考釋】①《新唐書》稱曰"釋菜于太學"。②《新唐書·儒學列傳上》記曰:"帝幸太學觀釋菜,命穎達講經。畢,上《釋奠頌》,有詔褒美。"按孔穎達,時任國子祭酒。

貞觀二十二年(648)

賓 二月辛酉(初十),帝引見諸胡使者。(資治通鑑·唐紀十四)

【儀制】《通鑑》記曰:"是時四夷大小君長爭遣使入獻見,道路不絶,每元正朝賀,常數百千人。"

軍 二月己卯(二十八),蒐於華原。(舊唐書·太宗本紀下,新唐書·太宗本紀)

凶 三月庚子(二十),隋蕭后去世,使三品護葬,備鹵簿儀衛,送至江都,與隋煬帝合葬。(資治通鑑·唐紀十四)

【考釋】隋煬帝去世於隋義寧二年(618),唐武德五年(622)改葬於揚州。

嘉 四月甲寅(初四),蕃人爭牧馬出界,帝親臨斷決,雙方咸服。(舊唐書·太宗本紀下)

軍 五月,吐蕃擊破中天竺國,遣使獻捷。(舊唐書·太宗本紀下)

凶 七月癸卯(二十四),房玄齡(司空,梁國公)去世,帝廢朝三日,給班劍、羽葆、鼓吹、絹布二千段、粟二千斛;陪葬昭陵。(舊唐書·房玄齡列傳、太宗本紀下,新唐書·房玄齡列傳)

賓 十月，令百官朔望服袴褶入朝。(通典·賓禮一)

賓 閏十二月丁丑(初一)，龜茲王(訶黎布失畢)被擒至京，于闐王(伏闍信)被脅來朝。(舊唐書·太宗本紀下)

【考釋】《舊唐書》述曰："龜茲平，西域震駭。"

賓 閏十二月癸未(初七)，新羅王遣相金春秋(伊贊干)及其子文王來朝。
(舊唐書·太宗本紀下、東夷列傳)

【儀制】①《東夷列傳》記曰："春秋請詣國學觀釋奠及講論，太宗因賜以所制温湯及晉祠碑并新撰《晉書》。將歸國，令三品以上宴餞之，優禮甚稱。"②《資治通鑑·唐紀十五》記曰："〔金〕春秋請改章服從中國，内出冬服賜之。"

貞觀二十三年(649)

軍 正月辛亥(初六)，獻浮龜茲王(訶黎布失畢)及其相(那利)於社廟。(舊唐書·太宗本紀下、西戎列傳，新唐書·太宗本紀、西域列傳上)

賓 二月丁亥(十二)，西突厥肆葉護可汗遣使來朝。(舊唐書·太宗本紀下)

凶 五月己巳(二十六)，帝去世於含風殿，遺詔皇太子即位於柩前，秘不發喪；壬申(二十九)，發喪於太極殿；六月甲戌(初一)，殯於太極殿；八月庚寅(十八)，葬昭陵。(舊唐書·太宗本紀下、高宗本紀上，新唐書·太宗本紀、高宗本紀)

【因革】《舊唐書·太宗本紀》述遺詔曰："喪紀宜用漢制。"

【儀制】《資治通鑑·唐紀十五》記曰："諸王爲都督、刺史者，並聽奔喪，濮王泰不在來限。罷遼東之役及諸土木之功。四夷之人入仕於朝及來朝貢者數百人，聞喪皆慟哭，翦髮、勞面、割耳，流血灑地。"又曰："阿史那社爾、契苾何力請殺身殉葬，上遣人諭以先旨不許。蠻夷君長爲先帝所擒服者頡利等十四人，皆琢石爲其像，刻名列于北司馬門内。"

凶 五月二十九日，許敬宗（禮部尚書）奏臣下喪服從三十六日之限，從

之。（唐會要·服紀上）

【儀制】《唐會要》載許敬宗奏曰："依禮，近臣君服斯服（指衰絰），……請延至葬畢

後除。"

高宗（李治，太宗第九子）

吉 六月甲戌（初一），即位於柩前。（舊唐書·高宗本紀上，新唐書·高宗本紀）

吉 八月丁酉（二十五），許敬宗（禮部尚書）奏弘農府君廟應毀，請藏主於西

夾室，從之；庚子（二十八），太宗神主祔於太廟。（舊唐志·禮儀五，新唐

書·儒林列傳上，新唐志·禮樂三，通典·吉禮七、吉禮六，資治通鑑·唐紀十五）

【因革】① 此時太廟仍爲六室。②《唐會要·廟制度》自注記曰："初，有司請依

典禮，上欲留神主於內寢，旦夕申如在之敬，有詔停祠廟"，李勣（英國公）等抗表

拒之，乃許之。

吉 九月丙寅（三十），下詔房玄齡（太尉，梁國公）、高士廉（司徒，申國公）、屈突

通（左僕射，蔣國公）並配食太宗廟庭。（舊唐書·高宗本紀上）

樂 長孫無忌（太尉）、于志寧（侍中）議太宗廟樂，定樂名《崇德》之舞，

制可之。（舊唐志·音樂一）

【附識】《舊唐志》又記此後，先後定高宗廟樂，名《鈞天》，中宗廟樂，名《太和》之

舞，睿宗廟樂，名《景雲》之舞。

永徽元年（650）

嘉 正月辛丑（初一），帝不受朝。壬寅（初二），帝御太極殿，受朝而不

會。（舊唐書·高宗本紀上）

【考釋】《通典・樂七》記去年帝即位,"詔宜以來年正月二日受朝,其樂懸及享群臣並停"。

嘉 正月丙午(初六),立王氏(妃)爲皇后。(舊唐書・高宗本紀上,新唐書・高宗本紀)

【儀制】《通典・嘉禮三》統記曰:"大唐皇帝納后,卜日,告天地,臨軒命太尉爲使,宗正卿爲副。"

嘉 正月,衡山公主(太宗女)應嫁於長孫氏,有司以爲既除公服,欲以今秋成婚,于志寧(侍中)上疏請待三年喪畢,詔從之。(舊唐書・于志寧列傳,新唐書・于志寧列傳,通典・嘉禮五,資治通鑑・唐紀十五)

【理據】《舊唐書》錄于志寧上疏曰:"至於公主,服是斬縗,縱使服隨例除,無宜情隨例改。心喪之內,方復成婚,非唯違於禮經,亦是人情不可。"

【論評】秦蕙田《五禮通考》評曰:"于志甯議是。"(《嘉禮二十七》"昏禮")

樂 正月,有司奏郊廟奏宮懸宜教習如初,從之。(通典・樂七)

【理據】《通典》錄有司言:"比停教習,恐致廢忘。伏尋故實,漢魏祇祔之後,庶事如舊。國之大禮,祠典爲先。今既逾年,理宜從吉。"

賓 五月,吐火羅遣使獻大鳥如蛇,帝遣獻於昭陵。(舊唐書・高宗本紀上)

賓 五月,吐蕃贊普去世,遣使鮮于匡濟(右武衛將軍)往弔祭。(舊唐書・高宗本紀上)

軍 九月癸卯(初七),高侃(右驍衛郎將)擒突厥車鼻可汗至京,獻於社廟及昭陵。(舊唐書・高宗本紀上,新唐書・高宗本紀,通典・軍禮一注)

凶 太宗妃徐氏去世,陪葬於昭陵之石室。(舊唐書・后妃列傳上)

嘉 李乾祐(御史大夫)奏鄭宣道(鄭州人)娶李玄义(少府監主簿)妹爲婦,乃其堂姨,請付禮官詳議,李慎(左衛大將軍,紀王)等議以爲不可爲婚,詔可。(通典・嘉禮五)

【考釋】《通典》錄李乾祐述其前後曰:"玄义先雖執迷,許其姻媾,後以情禮不合,請與罷婚。宣道經省陳訴,省以法無此禁,判許成親。"

【理據】《通典》録李慎等議曰："父之姨及堂姨母，父母之姑舅姊妹，堂外甥，並外姻無服，請不爲婚。"

嘉 定制堂外甥，雖外姻無服，不得爲婚姻。（通典·凶禮十七）

永徽二年(651)

軍 正月戊戌（初四），下詔開義倉以賑民。（舊唐書·高宗本紀上，新唐書·高宗本紀）

嘉 四月乙丑（初二），命有司毋進肉食，訖於五月。（新唐書·高宗本紀）

嘉 五月壬辰，敕開府儀同三司及京官文武職事四品、五品，並給隨身魚袋。（舊唐書·高宗本紀上，舊唐志·輿服，通典·嘉禮八）

【考釋】此年五月癸巳朔，壬辰日當爲四月三十，故《通典》作"四月"。

吉 七月癸巳（初二），下詔諸禮官學士議明堂形制，柳宣（太常博士）以爲當爲五室，孔志約（内直丞）以爲九室，趙慈皓（曹王友）、薛文思（秘書郎）等各造明堂圖，帝以九室之議爲是；明年六月，内出九室樣，有司奏損益之，于志遠（尚書左僕射）等請爲九室，唐睗（太常博士）等請爲五室，帝於公卿至觀德殿觀兩儀，閻立德（工部尚書）傾向五室，帝是之，議未定。（舊唐志·禮儀二，通典·吉禮三）

【理據】《舊唐志》稱柳宣"依鄭玄義，以爲明堂之制，當爲五室"，孔志約"據《大戴禮》及盧植、蔡邕等義，以爲九室"，閻立德明確指出"兩議不同，俱有典故，九室似闇，五室似明"。

【儀制】内樣之形制，可參張一兵《明堂制度源流考》的分析及所制"唐永徽三年明堂内樣推測示意圖"（第五章，第200—205頁）。

【論評】①《新唐志·禮樂三》綜述此事曰："高宗時改元總章，分萬年置明堂縣，示欲必立之。而議者益紛然，或以爲五室，或以爲九室，而高宗依兩議，以帟幕爲之,與公卿臨觀,而議益不一。乃下詔率意班其制度。至取象黃琮,上設鴟尾,其言益不經,而明堂亦不能立。"② 秦蕙田《五禮通考》論曰:"此議頗合古,惟房室通巷及辟廱爲謬耳。既別有巷,九室闇矣,宜以五室爲便,而終不定也。"(《吉禮二十七》"明堂")

吉 七月癸巳,下詔諸禮官學士議明堂制度,采長孫無忌(太尉)等與禮官議,以高祖配於圓丘,以太宗配於明堂。(舊唐志‧禮儀一,新唐志‧禮樂三,通典‧吉禮三,資治通鑑‧唐紀十五)

【理據】《新唐志》記其時"有司乃以高祖配五天帝,太宗配五人帝",長孫無忌等議指出"鄭玄以祖宗合爲一祭,謂祭五帝、五神于明堂,以文、武共配。而王肅駁曰:'古者祖功宗德,自是不毀之名,非謂配食於明堂。'……以此知祖、宗非一祭"。

【論評】秦蕙田《五禮通考》論曰:"自晉宋以後,諸人議配帝,唯此爲的當,駁鄭氏極是。"(《吉禮九》"圓丘祀天")

吉 七月二十九日,有司言獻陵、昭陵上食之制,從之。(唐會要‧緣陵禮物)

【儀制】《唐會要》錄有司言:"獻陵三年之後,每朔、望上食,冬、夏至伏、臘、清明、社節等日,亦準朔望上食。來月之後始復平常。昭陵所司上食,請依獻陵故事。"

嘉 九月,李慎(紀王)請外姻無服不爲婚,詔可。(唐會要‧嫁娶)

【儀制】《唐會要》記包括"堂姨母之姑姨,及堂姑姨父母之姑姨,父母之姑舅姊妹婿,姊妹堂外甥。"

制 閏九月辛未(十一),長孫無忌(太尉)等上新定律令、格式;甲戌(十四),頒行之。(舊唐書‧高宗本紀上,通典‧刑法三,資治通鑑‧唐紀十五)

吉 十月,于志寧(尚書左僕射)奏弘農府君神主已遷,請依禮不諱,從之。(通典‧凶禮二十六)

[吉] **十一月辛酉**(初二)，**祀南郊。**（舊唐書‧高宗本紀上，新唐書‧高宗本紀）

[軍] **冬，出獵，遇雨，采谷那律**(諫議大夫)**説，不復出獵。**（舊唐書‧儒學列傳上，新唐書‧儒學列傳上，通典‧軍禮一）

永徽三年(652)

[吉] **正月癸亥**(初五)，**自去年秋至今不雨，帝避正殿，減膳。**（舊唐書‧高宗本紀上，新唐書‧高宗本紀）

【考釋】《新唐書》標此事在正月甲子(初六)。

[吉] **正月丙子**(十八)，**親祠太廟。**（舊唐書‧高宗本紀上，新唐書‧高宗本紀）

[吉] **正月丁亥**(二十九)，**藉田於千畝。**（舊唐書‧高宗本紀上，新唐書‧高宗本紀）

[嘉] **二月甲寅**(二十七)，**帝至安福門樓，觀百戲。**（資治通鑑‧唐紀十五）

【理據】《通鑑》記明日帝曰：“昨登樓，欲以觀人情及風俗奢儉，非爲聲樂。”

[軍] **三月庚申**(初三)，**帝至觀德殿，文武群官大射。**（舊唐書‧高宗本紀上）

[嘉] **七月丁巳**(初二)，**立李忠**(陳王)**爲皇太子。**（舊唐書‧高宗本紀上，新唐書‧高宗本紀）

[賓] **十一月庚寅，弘化長公主自吐谷渾來朝。**（舊唐書‧高宗本紀上）

【考釋】此年十一月甲寅朔，無庚寅日。

永徽四年(653)

[嘉] **正月癸丑**(初一)，**帝臨軒，不受朝。**（舊唐書‧高宗本紀上）

【理據】《舊唐書》記曰：“以濮王泰在殯故也。”按李泰乃帝之兄，去世於去年十二月癸巳(初十)。

嘉 三月壬子（初一），頒孔穎達《五經正義》於天下，令每年明經依次考試。（舊唐書·高宗本紀上）

軍 三月丙辰（初五），帝至觀德殿，王公、諸親、蕃客及文武九品以上射。（舊唐書·高宗本紀上）

【儀制】《舊唐書》記曰："陳逆人房遺愛等口馬資財爲五垛。"按房遺愛，房玄齡之子，因謀反於此年二月詔自盡。

賓 四月戊子（初七），林邑國王遣使來朝。（舊唐書·高宗本紀上）

嘉 四月壬寅（二十一），因旱，帝避正殿，減膳。（舊唐書·高宗本紀上，新唐書·高宗本紀）

制 十月，長孫無忌等奏上新撰《律疏》三十卷；十一月癸丑（初五），頒行之。（舊唐書·高宗本紀上，舊唐志·刑法，通典·刑法三）

【因革】《四庫全書總目·史部政書類二》論曰："論者謂《唐律》一準乎禮，以爲出入得古今之平，故宋世多采用之，元時斷獄，亦每引爲據。明洪武初，命儒臣同刑官進講《唐律》。"（卷八二，第712頁）

【因革】《通典》記此後，"麟德二年（665），重定格式行之。儀鳳二年（677），又刪格式行之。及文明元年（684）四月，敕'律令格式，……書於廳事之壁，俯仰觀瞻，使免遺忘'。"

永徽六年（655）

吉 正月壬申（初一），親謁昭陵。（舊唐書·高宗本紀上，新唐書·高宗本紀，新唐志·禮樂四，通典·吉禮十一）

【儀制】《通典》記曰："有司先設儀衛於陵寢，質明，七廟子孫、二王後、百僚、州鎮藩牧、四夷君長等並陪列於位。皇帝降輦，入次，易服出次，行哭就位，再拜，擗踊慟絕。禮畢，又改服，奉謁寢宮。其妃嬪、公主先於神座左右侍列如平生。

帝入寢門即哭,瞻視幄座,踊絕於地。進至東階,西面再拜,號哭。乃進牢饌珍羞,引三公、諸王並入執爵進俎。帝至神座前,再拜哭,自奠饌,閱先帝先后衣服,更增感絕,拜辭訖,行哭出寢北門。"《新唐志》略記之。

【因革】《新唐志》錄永徽二年(651)有司奏:"先帝時,獻陵既三年,惟朔、望、冬至、夏伏、臘、清明、社上食,今昭陵喪期畢,請上食如獻陵。"

嘉 二月乙巳(二十五),皇太子(李忠)加元服。(舊唐書·高宗本紀上,新唐書·高宗本紀)

【考釋】李忠生於貞觀十七年(643),至今13歲。

吉 六月,皇后與其母柳氏(魏國夫人)求巫祝厭勝,被發。(舊唐書·后妃列傳上,資治通鑑·唐紀十五)

嘉 十月己酉(十三),廢皇后(王氏)爲庶人。乙卯(十九),立武曌(昭儀)爲皇后。(舊唐書·高宗本紀上、則天皇后本紀,新唐書·高宗本紀)

嘉 十一月丁卯(初一),帝臨軒,命李勣(司空)、于志寧(左僕射)册皇后。

十一月己巳(初三),皇后見於廟。(舊唐書·高宗本紀上,新唐書·高宗本紀)

【儀制】《舊唐書》記册封時曰:"文武群官及番夷之長,奉朝皇后於肅義門。"

顯慶元年(656)

嘉 正月辛未(初六),廢皇太子(李忠)爲梁王,立李弘(代王)爲皇太子。(舊唐書·高宗本紀上,新唐書·高宗本紀)

軍 正月甲子,帝御玄武門,餞程知節(葱山道大總管)出征西突厥。(舊唐書·高宗本紀上)

【考釋】此年正月丙寅朔,無甲子日,且上已記辛未、壬申,後接甲子必誤。

樂 二月庚寅,名《破陣樂》爲《神功破陣樂》。(舊唐書·高宗本紀上)

【考釋】此年二月乙未朔,無庚寅日。

吉 三月辛巳(十七)，皇后祀先蠶於北郊。（舊唐書·高宗本紀上,新唐書·高宗本紀,通典·吉禮五）

嘉 四月戊申(十四)，帝御安福門，觀玄奘迎御製並書慈恩寺碑文，導從天竺法儀。（舊唐書·高宗本紀上）

吉 六月辛亥(十八)，依長孫無忌(太尉)等與禮官議，停太祖、世祖配祀，以高祖配於昊天於圜丘，以太宗配五帝於明堂。（舊唐志·禮儀一,新唐志·禮樂三,通典·吉禮三,資治通鑑·唐紀十六）

【論評】秦蕙田《五禮通考》論曰："明堂之配,此議爲是。"（《吉禮二十七》"明堂"）

吉 九月，長孫無忌(太尉)與修禮官于志寧、許敬宗等奏天子祀天地不宜服大裘冕，請用袞冕，制可。（舊唐志·輿服,新唐志·車服,通典·嘉禮六）

【因革】《舊唐志》録長孫無忌等奏曰："准武德初撰《衣服令》,天子祀天地,服大裘冕,無旒。……是故漢、魏以來,下迄隋代,相承舊事,唯用袞冕。今《新禮》親祭日月,仍服五品之服,臨事施行,極不穩便。請遵歷代故實,諸祭並用袞冕。"《新唐志》略同。

【理據】《舊唐志》録長孫無忌等奏曰："謹按《郊特牲》云:'周之始郊,日以至。''被袞以象天,戴冕藻十有二旒,則天數也。'而此二禮,俱說周郊,袞與大裘,事乃有異。……按周遷《輿服志》云,漢明帝永平二年,制采《周官》、《禮記》,始制祀天地服,天子備十二章。沈約《宋書·志》云:'魏、晉郊天,亦皆服袞。'又王智深《宋紀》曰:'明帝制云,以大冕純玉藻、玄衣、黃裳郊祀天地。'後魏、周、齊,迄于隋氏,勘其禮令,祭服悉同。斯則百王通典,炎涼無妨,復與禮經事無乖舛。"因此,服大裘冕,雖然有《周禮》"祀昊天上帝則服大裘而冕,五帝亦如之"的經典依據,然不合情理,違反故事,故《通典》録長孫無忌等奏"是武德初撰,雖憑《周禮》,理極未安"。

凶 九月，長孫無忌(太尉)等奏帝爲臣及五服親舉哀，改著素服，從之。（舊唐志·輿服,新唐志·車服,通典·嘉禮六）

【因革】《舊唐志》録長孫無忌等奏曰："今令乃云白帢，禮令乖舛，須歸一塗。且白帢出自近代，事非稽古，雖著令文，不可行用。"《新唐志》略同。

嘉 十二月乙酉，置算學。（舊唐書·高宗本紀上）

【考釋】此年十二月辛卯朔，無乙酉日。

顯慶二年（657）

吉 六月，許敬宗（禮部尚書）等奏請祭先代帝王。（舊唐志·禮儀四，通典·吉禮十二）

【因革】《舊唐志》記曰："貞觀之禮，無祭先代帝王之文。"又録許敬宗奏曰："伏惟大唐稽古垂化，網羅前典，唯此一禮，咸秩未申。今請聿遵故事，三年一祭，以仲春之月。"按《舊唐志》前曾記武德、貞觀之制祭先代帝王，參見貞觀二十二年（648），許敬宗此年所奏儀注與之同，據此可知唐代此前確實未曾施行此禮。

吉 七月十一日，許敬宗（禮部尚書）等議請配周公於武王，以孔子爲先聖，從之。（舊唐志·禮儀四，新唐志·禮樂五，通典·吉禮十二，唐會要·褒崇先聖）

【因革】《新唐志》記此前，"永徽中，復以周公爲先聖，孔子爲先師，顏回、左丘明以降皆從祀"。

【考釋】《新唐志》、《唐會要》標議者乃"太尉長孫無忌等"。

吉 八月己巳（十三），依許敬宗（禮部尚書）等與禮官議，四郊迎氣存五帝之祀，南郊明堂廢六天之義，方丘、神州合爲一祀。（舊唐志·禮儀一，新唐志·禮樂三，新唐書·儒學列傳上，通典·吉禮二、禮五，資治通鑑·唐紀十六）

【理據】①《新唐志》概括許敬宗議曰："六天出於緯書，而南郊、圓丘一也，[鄭]玄以爲二物；郊及明堂本以祭天，而玄皆以爲祭太微五帝。《傳》曰：'凡祀，啓蟄而郊，郊而後耕。'故'郊祀后稷，以祈農事'。而玄謂周祭感帝靈威仰，配以后稷，因而祈穀，皆繆論也。"又曰："由是盡黜玄説。"②《新唐書·儒學列傳》録長孫無忌等議："《月令》'孟春祈穀上帝'，《春秋》'啓蟄而郊，郊而後耕'，故郊后稷以祈農,《詩》'春夏祈穀于上帝',皆祭天也。著之感帝,尤爲不稽。請四郊迎氣祀太微五帝,郊、明堂罷六天説,止祀昊天。方丘既祭地,又祭神州北郊,皆不載經,請止一祠。"

【因革】① 秦蕙田《五禮通考》論曰:"鄭氏神州之謬,至是乃破。"(《吉禮三十八》"方丘祭地")② 張文昌《制禮以教天下》論曰:"《顯慶禮》對《貞觀禮》最大之改變,就是在郊祀方面大幅改采王肅學説,原因除了南學在高宗時已蔚爲主流外,更重要的是爲強調皇權爲權力頂點,所以捨棄鄭玄的六天説,而改采王肅的一天論,作爲郊天的理論依據。"(第二章,第53頁)

【論評】秦蕙田《五禮通考》論曰:"五帝非天,郊丘非二,所議真如撥雲霧也。"(《吉禮九》"圜丘祀天")

【考釋】《通典》標此事在"永徽二年七月",奏議者爲"太尉長孫無忌等",乃從《新唐書・儒學列傳》;然秦蕙田《五禮通考》則從《通典》。

吉 許敬宗(禮部尚書)等議籩豆之數舊式難以因循,宜改新式,詔可。(舊唐志・禮儀一、禮儀四)

【儀制】《舊唐志》記許敬宗議定新式曰:"大祀同爲十二,中祀同爲十,小祀同爲八,釋奠準中祀。自餘從座,並請依舊式。"

【考釋】《唐會要・祭器議》記此事在"永徽二年",恐誤。

吉 許敬宗(禮部尚書)修改舊禮,自是郊丘諸祀,並先焚而後祭。(舊唐志・禮儀三,通典・吉禮二)

【儀制】《舊唐志》記曰:"舊禮:郊祀既畢,收取玉帛牲體,置於柴上,然後燔於燎壇之上,其壇於神壇之左。"

【儀制】《舊唐志》録許敬宗奏曰:"燔柴作樂,俱以降神,則處置之宜,須相依準。柴燔在左,作樂在南,求之禮情,實爲不類。且《禮論》説積柴之處在神壇之南,新禮以爲壇左,文無典故。請改燔爲祭始,位樂懸之南,外壝之內。"

【因革】秦蕙田《五禮通考》指出:"祭畢燔柴、牲玉同燎,非禮違經,至是乃革。"(《吉禮九》"圜丘祀天")

【考釋】《舊唐志》標此事在"顯慶中"。

凶 九月，長孫無忌(修禮官)等奏請改律，舅爲甥服小功，庶母爲服總麻，制湊够之。（舊唐志·禮儀七，通典·凶禮十四）

【因革】《舊唐志》錄長孫無忌等奏曰：“依古喪服，甥爲舅總麻，舅報甥亦同此制。貞觀年中，八座議奏：‘舅服同姨，小功五月。’而今律疏，舅報於甥，服猶三月。……修律疏人不知禮意，舅報甥服，尚止總麻，於例不通，禮須改正。今請修改律疏，舅報甥亦小功。”

【考釋】《唐會要·服紀上》記此事在去年九月二十九日。

軍 十一月乙巳(二十一)，獮於滍水之南；壬子(二十八)，講武於新鄭。（新唐書·高宗本紀，通典·軍禮一）

【儀制】《通典》記曰：“行三驅之禮，上設次於尚書臺以觀之。”

【考釋】此事《舊唐書·高宗本紀上》簡記之作：“十月戊戌，講武於許、鄭之郊。”按此年十月丙辰朔，無戊戌日，今不采。

吉 十一月，遣使祭鄭國子産(大夫)、漢陳寔(太丘長)墓。（舊唐書·高宗本紀上）

【考釋】此事時日《舊唐書》承上爲十月戊戌，誤。

嘉 下詔公主出嫁，舅姑父母降禮答拜之儀自今禁斷。（通典·嘉禮四）

【儀制】①《通典》錄帝詔曰：“若更有以貴加於所尊者，令所司隨事糾聞。”② 明年又下詔定縣主出嫁宜稱“適”，娶王女者稱“娶”。

【論評】秦蕙田《五禮通考》評曰：“此詔不可易。”（《嘉禮二十七》“昏禮”）

顯慶三年(658)

制 正月戊子(初五)，長孫無忌(太尉，趙國公)等修《新禮》成，下詔頒行。
（舊唐書·高宗本紀上，舊唐志·禮儀一）

【考釋】①《資治通鑑·唐紀十六》概括之曰：“先是，議者謂《貞觀禮》節文未備，故命無忌等脩之。時許敬宗、李義府用事，所損益多希旨，學者非之。太常博士蕭楚材等以爲豫備凶事，非臣子所宜言；敬宗、義府深然之，遂焚《國恤》一篇，由是凶禮遂闕。"②《舊唐志》記其緝定者除長孫無忌之外尚有：杜正倫(中書令)、李義府(中書令)、李友益(中書侍郎)、劉祥道(黃門侍郎)、許圉師(黃門侍郎)、許敬宗(太子賓客)、韋琨(太常少卿)、史道玄(太學博士)、孔志約(符璽郎)、蕭楚材(太常博士)、孫自覺(太常博士)、賀紀(太常博士)。最終，"勒成一百三十卷。至顯慶三年奏上之，增損舊禮，并與令式參會改定，高宗自爲之序"。

【論評】《舊唐志》記曰："行用已後，學者紛議，以爲不及《貞觀》。"

嘉 **九月，廢書、算、律學。**(舊唐書·高宗本紀上，舊唐志·禮儀四)

【因革】此後至龍朔二年(662)五月，又復此三學。

【考釋】《舊唐志》記廢三學在二年，復三學在龍朔二年二月。

軍 **十一月戊子**(初九)**，賀魯**(西突厥可汗)**被擒，十五日，獻於昭陵，十七日，告於太廟。**(舊唐書·高宗本紀上，新唐書·高宗本紀，唐會要·獻俘)

【儀制】《唐會要》記告廟儀曰："皇帝臨軒，大會文武百寮、夷狄君長。蘇定方戎服，操賀魯獻于樂懸之北，上責之，不能對。……詔免其死。"

【因革】《唐會要》錄帝與侍臣議能否獻於昭陵，許敬宗對曰："古者出師凱還，則飲至策勳于廟。若諸侯以王命討不庭，亦獻俘于天子，近代將軍征伐克捷，亦用斯禮，未聞獻俘于陵所也。"按不過許氏仍以爲獻於昭陵"亦可行也"。

顯慶四年(659)

吉 **六月己巳**(二十四)**，許敬宗**(中書令)**議封禪，請以高祖、太宗俱配昊天上帝，太穆、文德二皇后配皇地祇，從之。**(資治通鑑·唐紀十六)

嘉 **七月己丑**(十四)**，因旱，帝避正殿。**(新唐書·高宗本紀)

嘉 **十月丙午**(初三)**，皇太子**(李弘)**加元服。**(舊唐書·高宗本紀上，新唐書·高宗本紀)

【考釋】① 李弘生於永徽三年(652)，至今8歲。②《舊唐書》標此事在十月乙巳

（初二）。

嘉 十月十五日，下詔定嫁女受財之數。（通典·嘉禮三，唐會要·嫁娶）

【儀制】《通典》路帝詔曰："天下嫁女受財，三品以上之家，不得過絹三百匹，四品五品不得過二百匹，六品七品不得過一百匹，八品以下不得過五十匹。皆充所嫁女資裝等用，其夫家不得受陪門之財。"

【考釋】《新唐書·高儉列傳》略載此事，據之可知乃因李義府之奏。

顯慶五年（660）

軍 正月癸卯（初二），薛定方（左驍騎大將軍,邢國公）擒西突厥都曼，獻俘於乾陽殿。（新唐書·高宗本紀，資治通鑑·唐紀十六，唐會要·獻俘）

【儀制】《唐會要》記曰："獻俘于東都，上御乾陽殿，定方操都曼等以獻，法司請斬之。定方請曰……乃宥之。"

吉 正月，帝至并州，令有司致祭開國初五品以上身亡者之墳墓。（舊唐書·高宗本紀上）

凶 正月，下詔鈔寫古典，不需避諱。（通典·凶禮二十六）

【理據】《通典》録帝詔曰："比見鈔寫古典，至於朕名，或闕其點畫，或隨便改換，恐六籍雅言，會意多爽，九流通義，指事全違。誠非立書之本。"

吉 二月甲午（二十三），祠舊宅，以武士矱、殷開山、劉政會配食。（舊唐書·高宗本紀上，新唐書·高宗本紀）

嘉 三月丙午（初五），皇后宴親族鄰里故舊於朝堂，命婦、婦人入會於內殿。（舊唐書·高宗本紀上，新唐書·高宗本紀）

軍 三月己酉（初八），講武於并州城西。（舊唐書·高宗本紀上，新唐書·高宗本紀，通典·軍禮一）

【儀制】《舊唐書》記曰："上御飛閣，引群臣臨觀。"

【理據】《通典》錄帝曰："講閱者，安不忘危之道也。梁朝衣冠甚盛，人物亦多，侯景以數千人渡江，一朝瓦解。武不可黷，又不可棄，此之謂也。"

凶 九月戊午（二十），賜李勣墓塋一所。（舊唐書·高宗本紀上）

軍 十一月戊戌（初一），蘇定方（神丘道總管，邢國公）擒扶餘義慈（百濟王）、扶餘隆（太子）等五十八人，獻俘於則天門。（舊唐書·高宗本紀上，新唐書·高宗本紀）

軍 十一月乙卯（十八），狩於許、鄭之地。（舊唐書·高宗本紀上）

軍 十二月辛未（初五），獵於安樂川。（新唐書·高宗本紀）

龍朔元年（661）

嘉 三月丙申（初一），帝宴群臣與外夷於洛城門，觀新舞，謂之《一戎大定樂》。（舊唐志·音樂一，新唐志·禮樂十一，資治通鑑·唐紀十六）

【理據】《通鑑》述曰："時上欲親征高麗，以象用武之勢也。"

【儀制】《新唐志》記曰："舞者百四十人，被五采甲，持槊而舞，歌者和之曰：'八紘同軌樂。'象高麗平而天下大定也。"

【考釋】《舊唐志》記其時參與者有"李義府、任雅相、許敬宗、許圉師、張延師、蘇定方、阿史那忠、于闐王伏闍、上官儀等"。

嘉 五月丙申（初二），皇后請禁天下婦人爲俳優之戲，從之。（舊唐書·高宗本紀上）

【因革】此前永徽六年（655）三月，武氏册封皇后前夕，曾著《内訓》一篇。

嘉 九月甲辰（十二），因河南縣女張氏年百三歲，帝至其宅。（舊唐書·高宗本紀上）

嘉 九月壬子（二十），敕中書門下五品以上諸司長官、尚書省侍郎並諸親三等以上，並謁李賢（沛王）宅，設宴禮，奏九部樂。（舊唐書·高宗本

紀上）

軍 十月丁卯（初五），狩於陸渾；戊辰（初六），獵於非山。（舊唐書·高宗本紀
上，新唐書·高宗本紀）

【考釋】①《舊唐書》僅載前一日事。②《資治通鑑·唐紀十六》記畋於非山在
十月戊申，恐誤。③ 非山，《唐會要·蒐狩》作"飛山頓"。

龍朔二年（662）

制 正月丙午（十六），洛陽（東都）初置國子監。（舊唐書·高宗本紀上，舊唐志·禮儀
四，新唐志·選舉上，通典·吉禮十二）

【考釋】①《舊唐志》記曰："東都置國子監丞、主簿、録事各一員，四門助教博士、
四門生三百員，四門俊士二百員。"②《通典》記曰："置弘文館於上臺，生徒三十
人。置崇文館於東宮，生徒二十人。"

嘉 六月乙丑（初七），初令道士、女冠、僧尼等，並盡禮致拜其父母。
（舊唐書·高宗本紀上）

嘉 六月癸亥（初五），禁宗戚獻纂組雕鏤。（新唐書·高宗本紀）

凶 八月，蕭嗣業（司文正卿）嫡繼母改嫁去世，請申心制，付有司議定其
制，李博乂（司禮太常伯）等奏不應解官，詔從之。（舊唐志·禮儀七，通典·凶
禮十一）

【理據】《舊唐志》録李博乂等奏曰："母非所生，出嫁義絶，仍令解職，有紊緣
情。……其禮及律疏有相關涉者，亦請準此改正。"

嘉 九月戊寅（二十二），孫茂道（司禮少常伯）奏請該諸臣九章服以雲、麟代
龍，仍改冕，紛議不定。（舊唐志·輿服，通典·嘉禮二）

【儀制】《通典》概括其時服制："大唐依周禮，制天子之六冕，有大裘冕、袞冕、鷩
冕、毳冕、繡冕、玄冕。……自袞冕以下，旒數並依周禮。皇太子袞冕，白珠九
旒。諸臣袞冕，青珠九旒，青纊充耳，簪導，第一品服之。鷩冕七旒，第二品服

之。毳冕五旒,第三品服之。繡冕四旒,第四品服之。玄冕三旒,第五品服之。"

嘉 **九月,孫茂道**(司禮少常伯)**奏請改八品、九品官著碧,非朝參可兼服黃,從之。**(舊唐志·輿服,通典·嘉禮六)

【理據】《通典》自注:"前令九品以上,朝參及視事,聽服黃。以洛陽縣尉柳誕服黃夜行,爲部人所毆,高宗聞之,以章服錯亂,故此昭申明之,朝參行列一切不得著黃。"

【因革】《舊唐志》記後至總章元年(668),"始一切不許著黃"。

吉 **十月癸丑**(二十七)**,下詔四年正月封泰山。**(資治通鑑·唐紀十七)

【因革】《通鑑》又記此年十二月戊申(二十三),又詔因討高麗、百濟,河北之民勞於征役,停封泰山;麟德元年(664)七月丁未(初一),又下詔三年正月封泰山。

龍朔三年(663)

制 **二月,下詔以書學隸蘭臺,算學隸秘閣,律學隸詳刑寺。**(舊唐書·高宗本紀上)

麟德元年(664)

軍 **三月辛亥**(初三)**,展大射禮。**(舊唐書·高宗本紀上)

凶 **三月丁卯**(十九)**,追封長女爲安定公主,鹵簿鼓吹及供葬所須,並如親王之制。**(舊唐書·高宗本紀上)

嘉 **五月丙寅**(十九)**,因旱,避正殿。**(新唐書·高宗本紀)

嘉 **十二月起,帝每視朝,皇后垂簾於御座後。**(舊唐書·高宗本紀上、下)

【因革】直至上元二年(675)三月,帝欲下詔令皇后攝國政,被諫止。

【論評】《資治通鑑·唐紀十七》述曰:"政無大小,皆與聞之。天下大權,悉歸中宮，黜陟、殺生，決於其口，天子拱手而已，中外謂之二聖。”

麟德二年（665）

吉 二月，帝東巡，下詔禮官、博士撰定封禪儀注。（舊唐志·禮儀三，通典·吉禮十三）

【因革】①《舊唐志》記曰：“高宗即位，公卿數請封禪，則天既立爲皇后，又密贊之。”② 此年五月，即以李勣（司空，英國公）、許敬宗（少師，高陽郡公）、陸敦信（右相，嘉興縣子）、竇德玄（左相，鉅鹿男）爲檢校封禪使。

【考釋】《舊唐志》録儀注，兹略，又曰“至其年十二月，車駕至山下。及有司進奏儀注”。

軍 四月丙寅（二十五），講武於邙山之陽，御城北樓觀之。（舊唐書·高宗本紀上，新唐書·高宗本紀）

制 五月辛卯（二十），李淳風（秘閣郎中）造曆成，名《麟德曆》，頒行之。（舊唐書·高宗本紀上）

吉 十月戊午（二十），皇后請封禪，劉祥道（司禮太常）上疏請封禪。（舊唐書·高宗本紀上）

樂 十月壬戌（二十四），下詔郊廟享宴，文舞用《功成慶善》之樂，武舞用《神功破陣》之樂，並改器服。（舊唐志·音樂一，通典·樂七，資治通鑑·唐紀十七）

賓 十月癸亥（二十五），高麗王遣福男（太子）來朝。（舊唐書·高宗本紀上）

嘉 十月丁卯（二十九），帝與皇后自東都出發，赴泰山，從駕文武儀仗，數百里不絶。（舊唐書·高宗本紀上，資治通鑑·唐紀十七）

【儀制】《通鑑》記曰：“列營置幕，彌亘原野。東自高麗，西至波斯、烏長諸國，朝會者，各帥其屬扈從，穹廬毳幕，牛羊駝馬，填咽道路。”

【考釋】《通鑑》記出發之日在丙寅(二十八)。

吉 **十一月丙子**(初八)，**帝至原武，以少牢祭紀信**(漢將)**墓。**（舊唐書·高宗本紀上）

吉 **十二月乙卯**(十八)，**命有司祭泰山。**（舊唐書·高宗本紀上）

吉 **十二月丙辰**(十九)，**帝至泰山下，有司於山南爲圓壇，山上爲登封壇，社首山上爲降禪方壇。**（資治通鑑·唐紀十七）

【儀制】《舊唐志·禮儀三》記有司定儀注"封祀以高祖、太宗同配，禪社首以太穆皇后、文德皇后同配，皆以公卿充亞獻、終獻之禮"，皇后抗表，"祭地祇、梁甫，皆以皇后爲亞獻，諸王大妃爲終獻"。

又記此日，李敬貞論封禪須明水實樽，於是制曰："其封祀、降禪所設上帝、后土位，先用藥秸、瓦甒、瓢杯等物，並宜改用茵褥、罍爵，每事從文。其諸郊祀亦宜準此。"

乾封元年(666)

吉 **正月，帝登泰山，行封禪。**（舊唐書·高宗本紀下，舊唐志·禮儀三，新唐書·高宗本紀，新唐志·禮樂四，通典·吉禮十三）

【儀制】《舊唐志》記去年末所定制曰："昊天上帝之座褥以蒼，皇地祇褥以黃，配帝及后褥以紫，五方上帝及大明、夜明席皆以方色，内官已下席皆以莞。"《新唐志》略同。

《舊唐志》又記此月所行之儀曰："帝親享昊天上帝于山下，封祀之壇，如圓丘之儀。祭訖，親封玉策，置石礮，聚五色土封之。圓徑一丈二尺，高九尺。其日(戊辰，初一)，帝率侍臣已下升泰山。翌日，就山上登封之壇封玉策訖，復還山下之齋宮。其明日，親祀皇地祇於社首山上，降禪之壇，如方丘之儀。皇后爲亞獻，越國太妃燕氏爲終獻。翌日，上御朝覲壇以朝群臣，如元日之儀。禮畢，謙文武百僚，大赦改元。初，上親享于降禪之壇，行初獻之禮畢，執事者皆趨而下。宦者執帷,皇后率六宮以升,行禮。帷帟皆以錦繡爲之。百僚在位瞻望,或竊議焉。於是詔立登封、降禪、朝覲之碑,各於壇所。又詔名封祀壇爲舞鶴臺,介丘壇爲萬歲臺,降禪壇爲景雲臺,以紀當時所見之瑞焉。"同時,《舊唐書》本紀略記經過曰"正月戊辰朔,車駕至泰山頓。是日親祀昊天上帝於封祀壇,以高祖、太宗配饗。己巳(初二),帝升山行封禪之禮。庚午(初三),禪於社首,祭皇地祇,以太穆太皇太后、文德皇太后配饗;皇后爲亞獻,越國太妃燕氏爲終獻。辛未(初四),御降禪壇。壬申(初五),御朝覲壇受朝賀。"按可兩相對照,並參《新唐志》。

【論評】《新唐志》記曰:"群臣瞻望,多竊笑之。"楊志剛據則指出:"衆人竊笑的原因,乃是高宗'率六宮以登',並且竟然讓武則天和燕氏行亞獻、終獻禮,此與古禮嚴重相悖。"(《中國禮儀制度研究》,第302頁)

秦蕙田《五禮通考》論曰:"高宗非有封禪之志者,特以席太宗之盛,迫武后之請,絕不復權其是非,而昧昧爲之,斯亦事理之至奇者矣。禪地配后,爲武氏亞獻地也,慢神悖禮,不可言矣,遂至變亂,不亦宜哉!"(《吉禮五十一》"四望山川附")

嘉 **正月癸酉**(初六),**宴群臣,陳九部樂,日昳而罷。**(舊唐書·高宗本紀下)

嘉 **正月丙子**(初九),**皇太子**(李弘)**設會。**(舊唐書·高宗本紀下)

吉 **正月辛卯**(二十四),**帝至曲阜,赴孔子廟,追贈太師,增修祠宇,以少牢致祭。**(舊唐書·高宗本紀下,舊唐志·禮儀四,新唐書·高宗本紀,通典·吉禮十二)
【考釋】《舊唐書》標此事在正月甲午(二十七)。

吉 **二月己未**(二十二),**帝至亳州,赴老君廟,追號曰太上玄元皇帝,創造祠堂。**(舊唐書·高宗本紀下,新唐書·高宗本紀,通典·吉禮十二)
【考釋】《資治通鑑·唐紀十七》標此事在癸未,誤。

吉 **四月甲辰**(初八),**帝回京城,先謁太廟。**(舊唐書·高宗本紀下)

吉 **帝東封回京,下詔依舊祀感帝及神州,以正月祭北郊,郝處俊**(司禮少常伯)**等奏以爲配饗之祖及是否用十月均難定,下詔依鄭玄義,祭五天帝、雩及明堂並準敕祭祀,陸遵楷**(奉常博士)、**張統師**(奉常博士)、

權無二(奉常博士)、**許子儒**(奉常博士)**等議以爲仍用十月。**（舊唐志·禮儀一，新唐志·禮樂三，新唐書·儒學列傳上，通典·吉禮二、禮五）

【理據】《舊唐志》錄郝處俊等奏曰："顯慶新禮，廢感帝之祀，改爲祈穀，昊天上帝，以高祖太武皇帝配。檢舊禮，感帝以世祖元皇帝配。今既奉敕依舊復祈穀爲感帝，以高祖太武皇帝配神州，又高祖依新禮，見配圜丘昊天上帝及方丘皇地祇，若更配感帝神州，便恐有乖古禮。"又曰："其神州十月祭者，十月以陰用事，故以此時祭之，依檢更無故實。按《春秋》'啓蟄而郊'鄭玄注禮云：'三王之郊，一用夏正。'又《三禮義宗》云：'祭神州法，正月祀於北郊。'請依典禮，以正月祭者。……其靈臺、明堂，檢舊禮用鄭玄義，仍祭五方帝，新禮用王肅義。"《通典·吉禮三》注略之。

【因革】《舊唐志》錄陸遵楷等議曰："武德來禮令即用十月，爲是陰用事，故於時祭之。請依舊十月致祭。"按由此復顯慶二年(657)廢感帝。

【論評】秦蕙田《五禮通考》論曰："顯慶時黜康成説，罷感帝祠，善矣。乾封時乃又復之，鄭氏之學中于人心者如此！"（《吉禮二十一》"祈穀"）

吉 **六月二十三日，下詔定宗廟薦享之制。**（唐會要·原廟裁制上）

【儀制】《唐會要》錄帝詔曰："自今已後，宗廟薦享，爵及簠、簋、甀、鉶，各宜別奠。其餘牢饌，並依常典。"

軍 **十月二十一日，李勣平高麗還，便道獻俘於昭陵，又奏凱歌於京城，獻於太廟。**（唐會要·獻俘）

吉 **復議立明堂，于志寧**(左僕射)**等請爲九室，唐昕**(太常博士)**等請爲五室，帝親與公卿議於觀德殿，未定。**（通典·吉禮三）

乾封二年(667)

嘉 **正月丁丑**(十六)**，自去冬至今無雨雪，帝避正殿，減膳，罷乾封**

錢。（舊唐書・高宗本紀下，新唐書・高宗本紀）

【考釋】唐此前一度行用開元通寶錢，去年五月改鑄新錢，至此復舊。

【因革】《新唐書》記此年七月己卯（二十），又因旱，避正殿。

吉 正月，帝耕藉田，九推乃止。（資治通鑑・唐紀十七）

【儀制】《通鑑》記其時"有司進耒耜，加以彫飾"，帝曰"耒耜農夫所執，豈宜如此之麗"，命易之。

嘉 二月，禁工商不得乘馬。（唐會要・輿服上）

吉 十二月甲午（初八），下詔圜丘、五方、明堂、感帝、神州等祠，並以高祖、太宗配，合祀昊天上帝及五帝於明堂。（舊唐志・禮儀一，新唐志・禮樂三，新唐書・儒學列傳上，通典・吉禮二、禮四、禮五，資治通鑑・唐紀十七）

【因革】《通鑑》胡注："此兼用貞觀、顯慶之禮。"

總章元年(668)

吉 二月丙寅（十二），新制明堂圖。（舊唐書・高宗本紀下，舊唐志・禮儀二，通典・吉禮三）

【因革】《舊唐書》記曰："以明堂制度歷代不同，漢魏以還，彌更訛舛，遂增損古今，新制其圖。"

【考釋】《舊唐志》記此年三月，因明堂"詳宜略定"，改元。

吉 二月癸未（二十一），皇太子（李弘）釋奠於國學。（舊唐書・高宗本紀下，舊唐志・禮儀四，新唐書・高宗本紀，新唐志・禮樂五，通典・吉禮十二）

【儀制】《舊唐書》記曰："贈顏回太子少師，曾參太子少保。"《新唐志》同。

【考釋】《新唐書》標此事在二月丁巳（初三），記贈顏回、曾參在四月乙卯（初一）。

嘉 四月丙辰（初二），彗星見於畢、昂之間，乙丑（十一），帝避正殿，減膳，徹樂，至乙亥（二十一），彗星滅。（舊唐書・高宗本紀下，新唐書・高宗本紀）

【理據】《舊唐書》記群臣奏云"星孛于東北,此高麗將滅之徵",帝曰:"高麗百姓,即朕之百姓也。既爲萬國之主,豈可推過於小蕃!"

【考釋】《新唐書》未記彗星滅,《資治通鑑·唐紀十七》記戊辰(十四),彗星滅。

[軍] 十二月丁巳(初七),俘高句麗王(高藏)以獻。(新唐書·高宗本紀,資治通鑑·唐紀十七)

【儀制】《資治通鑑·唐紀十七》記曰:"李勣將至,上命先以高藏等獻于昭陵,具軍容,奏凱歌,入京師,獻于太廟。十二月丁巳,上受俘于含元殿。"

[吉] 十二月丁卯(十七),祀南郊;己巳(十九),謁太廟。(新唐書·高宗本紀,資治通鑑·唐紀十七)

【儀制】《資治通鑑·唐紀十七》記南郊曰:"告平高麗,以李勣爲亞獻。"

【考釋】秦蕙田《五禮通考》推論:"此郊《舊唐》不載,疑刻本脱。"(《吉禮九》"圜丘祀天")

總章二年(669)

[吉] 三月丁亥(初九),下詔定明堂規制廣狹。(舊唐志·禮儀二,通典·吉禮三,資治通鑑·唐紀十七)

【儀制】①《資治通鑑·唐紀十七》概括其制曰:"其基八觚,其宇上圓,覆以清陽玉葉,其門牆階級,窗櫺楣柱,栭㮰枅栱,皆法天地陰陽律曆之數。"② 其設計方案,可參張一兵《明堂制度源流考》的分析及所制"唐總章二年明堂推測示意圖"(第五章,第204—206頁)。

【因革】《舊唐志》記曰:"詔下之後,猶群議未決。終高宗之世,未能創立。"

【考釋】《通典》記此事在"總章三年三月",恐誤。

【論評】秦蕙田《五禮通考》論曰:"此猶顏師古所謂聖情創造者也。附會愈多,規制愈大,去古愈遠,宜終弗克立矣。"(《吉禮二十七》"明堂")

[吉] 三月癸巳(十五),皇后親祀先蠶。(舊唐書·高宗本紀下,新唐書·高宗本紀)

【考釋】《舊唐書》標此事在三月癸酉，不合曆日。

軍 六月，括州、冀州大水，遣使賑恤。七月，劍南十九州旱，百姓乏絕，遣路勵行（司珍大夫）存問賑貸。（舊唐書・高宗本紀下）

軍 九月壬寅（二十六），帝至華林頓，大蒐於岐。（舊唐書・高宗本紀下）

凶 十二月戊申（初三），李勣（司空，太子太師，英國公）去世，帝舉哀於光順門，廢朝七日；給東園祕器，陪葬昭陵，令楊昉（司平，太常伯）、文正卿監護。（舊唐書・李勣列傳、高宗本紀上，新唐書・李勣列傳）

【儀制】《舊唐書》記曰："及葬日，帝幸未央古城，登樓臨送，望柳車慟哭，并爲設祭。皇太子亦從駕臨送，哀慟悲感左右。詔百官送至故城西北，所築墳一準衞、霍故事，象陰山、鐵山及烏德鞬山，以旌破突厥、薛延陀之功。"《新唐書》略同。

咸亨元年(670)

吉 二月戊申（初五），因旱，祈禱名山大川。（舊唐書・高宗本紀下）

吉 五月丙戌（十四），下詔諸州縣孔子廟堂及學館有破壞或未造者，速事營造。（舊唐書・高宗本紀下，新唐志・禮樂五）

制 八月庚戌（初十），因穀貴，禁酒。（新唐書・高宗本紀）

嘉 八月丙寅（二十六），因久旱，帝避正殿，減膳。（舊唐書・高宗本紀下，新唐書・高宗本紀）

【儀制】《新唐書》又記至此年閏九月癸卯（初三），"皇后以旱請避位"。

凶 閏九月甲寅（十四），武士彠（故司徒，周忠孝公，太原王）夫人下葬，京官文武九品以上及外命婦，送至便橋。（舊唐書・高宗本紀上）

【考釋】武士彠，乃皇后武氏之父，去世於貞觀九年（635）。

吉 加贈武士彠爲太尉兼太子太師、太原郡王，配享高祖廟庭，位列

功臣之上。（舊唐書·武士彠列傳，新唐書·武士彠列傳）

【考釋】此事二書均載在"咸亨中"，當即在上條之後。

凶 十月癸酉（初四），大雪，行人凍死者贈帛給棺木。（舊唐書·高宗本紀下）

咸亨二年(671)

嘉 十月丙子（十三），搜揚明達禮樂之士。（舊唐書·高宗本紀下，新唐書·高宗本紀）

軍 十二月癸酉（初十），冬狩，校獵於許州昆水之陽。（舊唐書·高宗本紀下，新唐書·高宗本紀）

【考釋】《新唐書》標此事在十一月癸酉，不合曆日。

咸亨三年(672)

軍 四月壬申（十一），演武校旗於洛水之南。（舊唐書·高宗本紀下，新唐書·高宗本紀）

嘉 五月乙未（初五），五品以上改賜新魚袋，並飾以銀；三品以上賜金裝刀子、礪石一具。（舊唐書·高宗本紀下，舊唐志·輿服，新唐志·車服）

【因革】《舊唐志》記此後垂拱二年（686）正月，"諸州都督刺史，並准京官帶魚袋"。

凶 八月壬午（二十四），許敬宗（特進，高陽郡公）去世，帝爲之舉哀，廢朝三日，詔百官就第赴哭；陪葬昭陵。（舊唐書·許敬宗列傳、高宗本紀下，新唐書·姦臣列傳上，資治通鑑·唐紀十八）

【附識】關於許敬宗之謚，《舊唐書》記袁思古（太常博士）議以爲謚曰繆，後詔集五品以上更議，最終采陽思敬（禮部尚書）議，謚曰恭。

【考釋】《舊唐書》標此事在八月壬子,不合曆日。

咸亨四年(673)

嘉 二月壬午(二十六),皇太子納妃裴居道(左金吾將軍)女,至十月乙未(十四),畢。(舊唐書・高宗本紀下,新唐書・高宗本紀)

嘉 七月庚午(二十七),九成宮(太子新宮)成,帝召五品以上諸親宴太子宮。(舊唐書・高宗本紀下)

軍 七月辛巳(二十八),婺州暴雨,下詔令賑恤。(舊唐書・高宗本紀下)

樂 十一月丙寅(十五),帝製樂章,下詔有司,諸大祠享即奏之。(舊唐書・高宗本紀下)

【考釋】《舊唐書》記樂章有《上元》、《二儀》、《三才》、《四時》、《五行》、《六律》、《七政》、《八風》、《九宮》、《十洲》、《得一》、《慶雲》。

上元元年(674)

吉 三月己巳(十九),皇后祀先蠶。(舊唐書・高宗本紀下,新唐書・高宗本紀)

吉 五月己未(初十),下詔春秋二社,不得別爲集會。(舊唐書・高宗本紀下)

【理據】《舊唐書》錄帝詔曰:"春秋二設,本以祈農,如聞此外別爲邑會,……有司嚴加禁止。"

吉 八月壬辰(十五),皇帝稱天皇,皇后稱天后,改元。(舊唐書・高宗本紀下,新唐書・高宗本紀)

制 八月戊戌(二十一),敕文武官服帶之制。(舊唐書・高宗本紀下,舊唐志・輿服,通典・嘉禮八)

【理據】《舊唐書》記曰:"敕文武官三品已上服紫,金玉帶;四品深緋,五品淺緋,並金帶;六品深緑,七品淺緑,並銀帶;八品深青,九品淺青,鍮石帶;庶人服黄,銅鐵帶。一品已下文官,並帶手巾、算袋、刀子、礪石,武官欲帶亦聽之。"《舊唐志》同。

嘉 九月辛亥(初五),百僚具新服,帝宴之於麟德殿。(舊唐書·高宗本紀下)

凶 九月癸丑(初七),追復長孫無忌(故太尉,趙國公)官爵,許歸葬於昭陵先造之墳。(舊唐書·高宗本紀下)

樂 九月甲寅(初八),帝至含元殿東翔鸞閣,觀大酺,分設樂爲東西朋,角勝,郝處俊(中書侍郎)諫之,帝遽令止。(舊唐書·郝處俊列傳,資治通鑑·唐紀十八)

【儀制】《舊唐書》記曰:"時京城四縣及太常音樂分爲東西兩朋,帝令雍王賢爲東朋,周王諱爲西朋,務以角勝爲樂。"

軍 十一月己酉(初四),狩於華山之曲武原。(舊唐書·高宗本紀下,新唐書·高宗本紀)

賓 十二月戊子(十三),于闐王(伏闍雄)來朝。辛卯(十六),波斯王(卑路斯)來朝。(舊唐書·高宗本紀上)

嘉 十二月壬寅(二十七),天后請王公百官習《老子》,每歲明經一準《孝經》、《論語》。(舊唐書·高宗本紀下)

凶 十二月壬寅,天后請父在子爲母服三年,詔行之。(舊唐書·高宗本紀下,舊唐志·禮儀七,通典·凶禮十一)

【理據】《舊唐志》録天后上表曰:"至如父在爲母服止一朞,雖心喪三年,服由尊降。……尊父之敬雖周,報母之慈有闕。"

【因革】《舊唐志》録此後盧履冰上疏曰:"禮:父在,爲母十一月而練,十三月而祥,十五月而禫,心喪三年。上元中,則天皇后上表,請同父没之服,亦未有行。至垂拱年中,始編入格,易代之後,俗乃通行。臣開元五年,頻請仍舊。"此禮延續至開元二十年(732),編入《開元禮》。

【論評】王夫之《讀通鑑論》(卷二十二)斥之曰:"黃帝正昏姻而父子定,周禮父在爲母服齊,以體黃帝之精義,而正性以節情,非聖人莫能制也。武帝崇婦以亢夫,而改爲斬衰,於是三從之義毀,而宮闈播醜,禍及宗社。"

【附識】《資治通鑑·唐紀十八》記天后此二條,"及其餘便宜,合十二條,詔書褒美,皆行之"。

上元二年(675)

| 吉 | 二月,杜鴻漸(禮儀使,太常卿)奏議讓皇帝、七太子廟等停四時享獻。

(唐會要·諸太子廟)

| 吉 | 三月丁巳(十三),天后親蠶於邙山之陽。(舊唐書·高宗本紀下,新唐書·高宗本紀)

【儀制】《資治通鑑·唐紀十八》記曰:"百官及朝集使皆陪位。"

| 軍 | 四月丙戌(十二),因旱,避正殿,減膳,徹樂。(新唐書·高宗本紀)

| 凶 | 四月己亥(二十五),皇太子(李弘)被殺於合璧宮,五月戊申(初五),下詔謚曰孝敬皇帝;八月庚寅(十九),葬於恭陵。(舊唐書·高宗本紀下,新唐書·高宗本紀,資治通鑑·唐紀十八)

【因革】秦蕙田《五禮通考》論曰:"父在子没,追謚爲帝,此高宗獨創之制。"(《吉禮一百起》"太子廟")

| 嘉 | 六月戊寅(初五),立李賢(雍王)爲皇太子。(舊唐書·高宗本紀下,新唐書·高宗本紀)

上元三年(676,十月改元儀鳳)

| 吉 | 二月,天后勸帝封中嶽,癸未(十五),下詔今冬祀嵩山。(資治通鑑·唐

紀十八）

【考釋】據《册府元龜》，帝命有司草儀注，"務從典故"，然閏三月，詔以吐蕃犯塞，停頌嶽封禪之禮。

嘉 七月，彗星起東井，八月庚子（初五），**帝避殿，減膳，徹樂。** （舊唐書·高宗本紀下，新唐書·高宗本紀）

軍 八月壬寅（初七），**因青、齊等州海水汜濫，又大雨，遣使賑恤。** （舊唐書·高宗本紀下）

吉 十月丁酉（初三），**依史玄璨**（太學博士）**等議，祫祀太廟。** （舊唐志·禮儀六，新唐志·禮樂三，新唐書·韋安石列傳，通典·吉禮九，資治通鑑·唐紀十八）

【理據】①《新唐書》記其時，"議者以《禮緯》三年祫，五年禘；公羊家五年再殷祭。二家舛互，諸儒莫能決"。②《舊唐志》録史璨等議曰："《春秋》：僖公三十三年十二月薨。文公二年八月丁卯，大享于太廟。《公羊傳》云：'大享者何？ 祫也。'……以此定之，則新君二年祫、三年禘。自爾已後，五年而再殷祭，則六年當祫，八年當禘。又昭公十年，齊歸薨。至十三年，喪畢當祫，爲平丘之會。冬，公如晉，至十四年祫，十五年禘。……至十八年祫，二十年禘；二十三年祫，二十五年禘。……如上所云，則禘已後隔三年祫，已後隔二年禘，此則有合禮經，不違《傳》義。"

【因革】《新唐書》記曰："自是相循，五年再祭矣。"

【考釋】史玄璨，《舊唐志》作史璨。

樂 十一月丁卯（初三），**敕新造《上元舞》，圜丘、方澤、享太廟用之，餘祭則停。** （舊唐書·高宗本紀下，舊唐志·音樂一，新唐志·禮樂十一，通典·樂三）

【因革】《新唐志》又録帝詔"《神功破陣樂》不入雅樂，《功成慶善樂》不可降神，亦皆罷"，由此，"郊廟用《治康》、《凱安》如故"。

嘉 十二月戊午（二十五），**遣使分道巡撫：來恒**（宰相）**河南道，薛元超**（宰相）**河北道，崔知悌**（左丞）**等江南道。** （舊唐書·高宗本紀下）

制 **下詔復用貞觀禮。** （新唐志·禮樂一）

【理據】《新唐志》稱顯慶禮"其文雜以式、令，……事既施行，議者皆以爲非"。

【因革】《新唐志》記曰："是終高宗世，《貞觀》、《顯慶》二禮兼行。而有司臨事，遠引古義，與二禮參考增損之，無復定制。武氏、中宗繼以亂敗，無可言者，博士掌禮，備官而已。"

儀鳳二年(677)

古　正月乙亥(十二)，帝藉田於東郊。(舊唐書·高宗本紀下，新唐書·高宗本紀)

古　二月二十九日，采賈大隱(博士)説，太常以仲春告祥瑞於太廟。(舊唐書·儒林列傳上，通典·吉禮十四)

【因革】《新唐書》録賈大隱曰："近世元日奏瑞，則二月告廟。告者必有薦，本于始，不得其時焉。"帝令依此施行。《新唐書·儒學列傳上》略引之。

軍　四月，河南、河北旱，遣使賑恤。(舊唐書·高宗本紀下)

古　七月，韋萬石(太常少卿)奏明堂大享儀注難定；十二月，下詔以顯慶新禮多不師古，五禮並依周禮行事。(舊唐志·禮儀一，新唐書·儒學列傳中)

【理據】《舊唐志》録韋萬石議明堂曰："明堂大享，准古禮鄭玄義，祀五天帝，王肅義，祀五行帝。貞觀禮依鄭玄義祀五天帝，顯慶已來新修禮祀昊天上帝。奉乾封二年敕祀五帝，又奉制兼祀昊天上帝。伏奉上元三年三月敕，五禮並依貞觀年禮爲定。又奉去年敕，並依周禮行事。今用樂須定所祀之神，未審依古禮及貞觀禮，爲復依見行之禮？"

【因革】①《舊唐志》記去年三月，"下詔令依貞觀年禮爲定"，此詔之後，"自是禮司益無憑準，每有大禮，皆參會古今禮文，臨時撰定"。② 又曰："時高宗及宰臣並不能斷，依違久而不決。尋又詔尚書省及學者詳議，事仍不定。自此明堂大享，兼用《貞觀》、《顯慶》二禮。"《新唐書》同。

樂　十一月六日，韋萬石(太常少卿)奏請加入《凱安》六變樂，修改《上元舞》、《神功破陣樂》、《功成慶善樂》，從之。(舊唐志·音樂一，新唐

志・禮樂十一,通典・樂七)

[嘉] 十一月，蘇知機（太常博士）上表別立公卿以下冕服十三章，詔下有司詳議，楊炯（崇文館學士）奏議以爲不經，遂寢。（舊唐書・文苑列傳上,舊唐志・輿服,通典・嘉禮二)

【儀制】《通典》録蘇知機所定曰："制大明冕十二章,乘輿服之,加日、月、星辰、龍、虎、山、火、麟、鳳、玄龜、雲、水等象。鷩冕八章,三公服之。毳冕六章,三品服之。繡冕四章,五品服之。"

【理據】《舊唐志》録楊炯奏曰："夫以周公之多才也,故化定制禮,功成作樂。夫以孔宣之將聖也,故行夏之時,服周之冕。先王之法服,乃此之自出矣;天下之能事,又於是乎畢矣。"

【理據】閻步克論曰："[蘇知機]的'大明冕'主意把皇帝十二章弄得面目全非,而三公以下所用冕名服章跟皇帝又不相同,又有了鷩冕、黼冕之名,又有了鷹鶻、熊羆、水草(蓮花)之類服章。蘇知機也太大膽、太迂怪了。"(《服周之冕》第十章,第 374 頁)

儀鳳三年(678)

[嘉] 正月辛酉（初四），百官及四夷酋長朝天后於光順門。（資治通鑑・唐紀十八)

[吉] 正月，至并州，建太原郡王（武士彠）廟。（新唐書・后妃列傳上,通典・吉禮七)

[嘉] 四月丁亥（初一），因旱，帝避正殿。（舊唐書・高宗本紀下,新唐書・高宗本紀)

[嘉] 五月，下詔《道德經》爲上經，貢舉人皆須兼通。（舊唐志・禮儀四)

【因革】《舊唐志》記曰："其餘經及《論語》,任依常式。"

[嘉] 七月丁巳（十三），宴近臣諸親於咸亨殿。（舊唐書・高宗本紀下)

【儀制】《舊唐書》記曰："上因賦七言詩效柏梁體,侍臣並和。"

樂 七月辛酉(十七)，韋萬石(太常少卿)奏《破陣樂》久廢，請自今宴會復
奏之，帝從之。(舊唐志·音樂一，新唐志·禮樂十一，資治通鑑·唐紀十八)

【理據】《舊唐志》録帝曰："不見此樂，垂三十年，乍此觀聽，實深哀感。追思往
日，王業艱難勤苦若此，朕今嗣守洪業，可忘武功？古人云：'富貴不與驕奢期，
驕奢自至。'朕謂時見此舞，以自誡勗，冀無盈滿之過。"

調露元年(679)

嘉 正月二十一(壬寅)，天后至洛城南樓宴會，太常奏《六合還淳》之
舞。(舊唐志·音樂一)

賓 二月壬戌(十一)，吐蕃贊普去世，遣使弔祭。(舊唐書·高宗本紀上)

吉 七月己卯(初一)，下詔今年冬至祀嵩山，禮官學士詳定儀注。十月
庚申(十三)，以征突厥故，下詔停封嵩山。(舊唐書·高宗本紀下)

賓 十月癸亥(十六)，吐蕃文成公主遣使倫塞調傍來告喪，請和親，不
許，遣使宋令文(郎將)赴之，會贊普之葬。(舊唐書·高宗本紀上)

調露二年(680，八月改元永隆)

嘉 正月乙酉(初九)，宴諸王、諸司三品以上、諸州都督刺史於洛陽南
門樓，奏新造《六合還淳》之舞。(舊唐書·高宗本紀下，新唐志·禮樂十一)

吉 二月戊午(十三)，至汝州，親謁少姨廟，至田游巖(隱士)所居。己未
(十四)，至嵩陽觀及啓母廟，並命立碑。(舊唐書·高宗本紀下)

樂 皇太子使樂工於東宮作《寶慶》之曲，奏於太清觀，李嗣真(始平縣
令)謂此樂宮商不和，角徵失位。(舊唐書·方伎列傳，新唐書·李嗣真列傳，唐會

要・論樂)

【考釋】數月後,皇太子廢。李嗣真升任太常丞,使掌五禮儀注。

嘉 七月,令諸州每年遵行鄉飲酒禮。(冊府元龜)

嘉 八月乙丑(二十三),立李顯(英王,改名李哲)爲皇太子。(舊唐書・高宗本紀下、中宗本紀,新唐書・高宗本紀)

【考釋】此月甲子(二十二),廢皇太子李賢爲庶人。

賓 十月丙午(初五),吐蕃文成公主去世,遣使弔祭。(舊唐書・吐蕃列傳上,新唐書・吐蕃列傳上,資治通鑑・唐紀十八)

凶 歐陽通(中書舍人)母去世,居喪過禮,起復本官,每入朝,必徒跣至皇城門外,然後著韡韈而朝。(舊唐書・儒學列傳上,通典・嘉禮十七)

【儀制】《舊唐書》記曰:"直宿在省,則席地藉藁。非公事不言,亦未嘗啓齒。歸家必衣縗絰,號慟無恒。……年凶未葬,四年居廬不釋服,家人冬月密以氈絮置所眠席下,通覺,大怒,遽令徹之。"

【論評】①《舊唐書》評曰:"自武德已來,起復後而能哀感合禮者,無與通比。"②《唐會要・奪情》自注:"國朝奪情者多矣,惟通能合典禮。"

開耀元年(681)

嘉 正月庚辰(初十),因太子初立,帝欲宴群臣及命婦於宣政殿,設九部冀、散樂,袁利貞(太常博士)上疏諫之,乃命移宴於麟德殿。(舊唐書・文苑列傳上,新唐書・文藝列傳上,資治通鑑・唐紀十八)

【儀制】《新唐書》錄袁利貞上疏:"前殿正寢,非命婦宴會之地;象闕路門,非倡優進御之所。望詔命婦會於別殿,九部伎從東西門入,散樂一色伏望停省。"

制 正月己亥(二十九),下詔李義玄(雍州長史)禁靡麗服飾、厚葬越禮之行。(舊唐書・高宗本紀下)

吉 二月丙午（初六），皇太子親行釋奠禮。（舊唐書·高宗本紀下，新唐書·高宗本紀，通典·吉禮十二）

【考釋】《通典》重複記此事曰："永隆二年二月，皇太子親行釋奠之禮。開耀元年二月，皇太子釋奠於國學。"二者所指爲一。

制 六月壬子（十五），李晫（江王李元祥之子）以犯名教，斬於大理寺後園。（舊唐書·高宗本紀下）

【考釋】《舊唐書·高祖二十二子列傳》則記此事曰："永嘉王晫，永隆中，爲復州刺史。以禽獸其行，賜死于家。"

軍 閏七月，裴行儉（禮部尚書）大破突厥，執突厥阿史那伏念（可汗）、溫傅，振旅凱旋，九月壬戌（二十七），獻俘。（舊唐書·高宗本紀下，新唐書·高宗本紀）

【考釋】《唐會要·獻俘》記此事在此年十月。

軍 八月丁卯（初一），河南、河北大水，遣使賑恤。（新唐書·高宗本紀）

永淳元年（682）

嘉 正月乙未（初一），因年飢，罷朝會。（舊唐書·高宗本紀下）

嘉 三月戊午（二十五），立李重照爲皇太孫，並欲開府置官屬，王方慶（吏部郎中）云未有前例，終不立府僚。（舊唐書·高宗本紀下，新唐書·高宗本紀）

【因革】《舊唐書》録王方慶曰："按周禮，有嫡子無嫡孫。漢、魏已來，皇太子在，不立太孫，但封王耳。晉立愍懷太子子或爲太孫，齊立文惠太子子昭業爲太孫，便居東宮；而皇太子在而立太孫，未有前例。"又録帝曰："自我作古，可乎？"

【考釋】此事《舊唐書》所標"戊午"上承二月，誤。《資治通鑑·唐紀十九》同之。《唐會要·皇太孫》記在"三月十五日"。

軍 六月，京兆、岐、隴螽蝗食苗，民多疫癘，死者枕藉，下詔所在官

司埋瘞。（舊唐書·高宗本紀下）

吉 七月，作奉天宮於嵩山南。（新唐志·禮樂四，資治通鑑·唐紀十九）

弘道元年(683)

吉 正月甲午（初六），帝至奉天宮，遣使祭嵩山、少室、箕山、具茨等山，祀西王母、啓母、巢父、許由等祠。（舊唐書·高宗本紀下）

【考釋】此事《舊唐書》標作"正月甲午朔"，此月己丑朔，恐誤。《資治通鑑·唐紀十九》同之。

吉 七月壬辰（初七），下詔今年十月封嵩山，李行偉（國子司業）、賈大隱（考工員外郎）、韋叔夏（太常博士）、裴守貞（太常博士）、輔抱素（太常博士）等詳定儀注；十一月丙戌（初三），因帝疾甚，下詔罷明年封嵩山。（舊唐書·高宗本紀下，舊唐志·禮儀三，新唐志·禮樂四，資治通鑑·唐紀十九）

【因革】《舊唐書》記此前："時天后自封岱之後，勸上封中岳。每下詔草儀注，即歲饑、邊事警急而止。"

就《舊唐書》所記其時議禮，可知"東封祠祭日，天皇服袞冕，近奉制，依貞觀禮服大裘"，又可知"若祀前一日射牲，事即傷早。祀日方始射牲，事又傷晚。若依漢武故事，即非親射之儀，事不可行"。

【考釋】《通典·吉禮十三》將裴守貞等議射牛之儀剔出，繫於乾封元年封禪禮下自注中，欠妥。

嘉 十二月丁巳（初四），下詔改元，帝於真觀殿前宣詔書。（舊唐書·高宗本紀下，新唐書·高宗本紀）

【儀制】《舊唐書》記曰："將宣赦書，上欲親御則天門樓，氣逆不能上馬，遂召百姓於殿前宣之。"

【考釋】此事《舊唐書》標作"十二月己酉"，此月甲寅朔，無己酉日；《舊唐書》記改元在"十二月丁巳",然未記宣書事。

凶 **十二月丁巳**（初四），**帝去世於洛陽真觀殿，皇太子**（李顯）**即位於柩前；明年八月庚寅**（十一），**葬於乾陵。**（舊唐書·高宗本紀下、則天皇后本紀、中宗本紀，新唐書·高宗本紀、則天皇后本紀）

【儀制】乾陵，位於陝西乾縣梁山，墓穴穿鑿在南麓的山腰中，參見楊寬《中國古代陵寢制度史》所收"唐代乾陵平面圖"（第 57 頁）。

武則天（武曌，高宗之皇后）

嗣聖元年（684，二月改元文明，九月改元光宅）

嘉 **正月，立韋氏**（妃）**爲皇后。**（舊唐書·后妃列傳上，資治通鑑·唐紀十九）

吉 **二月戊午**（初六），**廢帝**（李顯）**爲廬陵王；己未**（初七），**立李輪**（豫王，後改名李旦）**爲皇帝，令居別殿，改元。**（舊唐書·則天皇后本紀、中宗本紀、睿宗本紀，新唐書·則天皇后本紀）

嘉 **二月己未**（初七），**立劉氏**（妃）**爲皇后，立李成器**（永平郡王）**爲皇太子，改元。**（新唐書·則天皇后本紀）

吉 **二月甲子**（十二），**皇帝率群臣上尊號於武成殿；丁卯**（十五），**册武則天爲皇帝。**（新唐書·則天皇后本紀）
【儀制】《資治通鑑·唐紀十九》記曰："太后臨軒，遣禮部尚書武承嗣册嗣皇帝。自是太后常御紫宸殿，施慘紫帳以視朝。"
【因革】秦蕙田《五禮通考》論曰："上尊號始此。"（《嘉禮三》"上尊號"）

嘉 **七月甲寅**（初五），**下詔改八品以下官服之制。**（舊唐志·輿服）
【儀制】《舊唐志》録帝詔曰："八品已下舊服者，並改以碧。京文官五品已上，六品已下，七品清官，每日入朝，常服袴褶。諸州縣長官在公衙，亦准此。"

吉 八月，奉高宗神主祔於太廟，遷宣皇帝神主於夾室。(舊唐志·禮儀五，新唐志·禮樂三，通典·吉禮六)

吉 九月，改元，旗幟改從金色，飾以紫，畫以雜文，改東都(洛陽)爲神都。(舊唐書·則天皇后本紀，新唐書·則天皇后本紀)

【儀制】《舊唐書》則記曰："旗幟尚白，易內外官服青者以碧。"

吉 九月，册玄元黃帝妻爲先天太后，立尊像於老君廟所。(通典·吉禮十二)

吉 武承嗣(禮部尚書)請立武氏七廟，追王父祖，裴炎(中書令)上諫，乃止。(舊唐書·裴炎列傳，新唐書·裴炎列傳、后妃列傳上)

垂拱元年(685)

制 三月辛未(二十六)，頒親撰《垂拱格》於天下。(舊唐書·則天皇后本紀，新唐書·則天皇后本紀，通典·刑法三)

吉 七月，有司議圜丘、方澤及南郊、明堂配饗之禮，孔玄義(成均助教)議以爲以太宗、高宗配上帝於圜丘，沈伯儀(太子右諭德)以爲配高祖於圜丘、方澤，太宗於南北郊，高宗於五天，元萬頃(鳳閣舍人)、范履冰(鳳閣舍人)等議以爲高宗可同高祖、太宗，配饗五祠，制從元氏等議。(舊唐志·禮儀一，新唐書·儒學列傳中，新唐志·禮樂三，通典·吉禮二、吉禮三)

【因革】①《舊唐志》錄沈伯儀曰："貞觀、永徽，共尊專配，顯慶之後，始創兼尊。"②《新唐志》記曰："由是郊丘諸祠，常以高祖、太宗、高宗並配。"③馬端臨《文獻通考》："並配之制，始于唐。"

【考釋】《通典》"郊天下"與"大享明堂"兩處均詳載孔、沈、元、范諸家議，重見。

垂拱二年(686)

賓 制 二月十四日，新羅王遣使來朝，並請《唐禮》一部，武后令所司寫《吉凶要禮》賜之。（舊唐書·東夷列傳，唐會要·蕃夷請經史）

制 三月，初置銅匭於朝堂，有進書言事者可投之。（舊唐書·則天皇后本紀，舊唐志·職官二，新唐書·則天皇后本紀）

【理據】《舊唐志》述曰："置匭以達冤滯。其制，一房四面，各以方色，東曰延恩，西曰申冤，南曰招諫，北曰通玄，所以申天下之冤滯，達萬人之情狀。蓋古善旌、誹謗木之意也。"

【因革】《舊唐志》記曰："天寶九年(750)，改匭爲獻納。乾元元年(758)，復名曰匭。垂拱已來，常以諫議大夫及補闕、拾遺一人充使，受納訴狀。每日暮進內，而晨出之也。"

垂拱三年(687)

吉 二月己亥(初五)，因旱，避正殿，減膳。（新唐書·則天皇后本紀）

凶 四月辛丑(初八)，追號孝敬皇帝妃(裴氏)爲哀皇后，葬於恭陵。（新唐書·則天皇后本紀）

【考釋】《舊唐書·中宗本紀》則記"尊孝敬妃裴氏爲哀皇后"在神龍元年(705)八月甲子，《玄宗本紀上》則記"孝敬哀皇后祔于恭陵"在開元六年(718)五月乙未。

垂拱四年(688)

吉 正月甲子(初五)，增七廟，立高祖、太宗、高宗廟於洛陽，四時享祀如西京宗廟之儀。（舊唐志·禮儀五，新唐書·則天皇后本紀，通典·吉禮六）

吉 正月，別立崇先廟以享武氏之祖，周悰(司禮博士，崇文館學士)請立爲七室，太廟減爲五室，賈大隱(春官侍郎)奏請同諸侯之數立爲五室，武后乃止。(舊唐志·禮儀五，新唐書·則天皇后本紀、儒林列傳上，通典·吉禮六)

【考釋】《新唐書·儒林列傳》則記"武后不獲已，僞聽之；時皆服大隱沈正不詭從，有大臣體"。

【論評】秦蕙田《五禮通考》評曰："賈議辭嚴義正，卓然不可磨。"(《吉禮八十》"宗廟制度")

吉 二月，毀乾元殿，就其地造明堂。 十二月辛亥(二十七)，明堂成，改名爲萬象神宮。(舊唐書·則天皇后本紀，舊唐志·禮儀二，新唐書·則天皇后本紀，通典·吉禮三)

【因革】《資治通鑑·唐紀二十》簡括之曰："太宗、高宗之世，屢欲立明堂，諸儒議其制度，不決而止。及太后稱制，獨與北門學士議其制，不問諸儒。諸儒以爲明堂當在國陽巳之地，三里之外，七里之内。太后以爲去宮太遠。"張一兵釋曰："所謂'北門學士'，其實都是事先串通好了的佞臣。"(《明堂制度源流考》第五章，第188頁)

《唐會要·明堂制度》録此前在光宅元年(684)，陳子昂上疏請於國南郊，建立明堂。

【儀制】《舊唐志》記曰："明堂成。凡高二百九十四尺，東西南北各三百尺。有三層：下層象四時，各隨方色；中層法十二辰，圓蓋，蓋上盤九龍捧之；上層法二十四氣，亦圓蓋。亭中有巨木十圍，上下通貫，栭、欂、楔、棜，藉以爲本，亘之以鐵索。蓋爲鷺鷥，黃金飾之，勢若飛翥。刻木爲瓦，夾紵漆之。明堂之下施鐵渠，以爲辟雍之象。號萬象神宮。"

此明堂遺址在1988年曾被發掘，可參張一兵《明堂制度源流考》的分析及所制"武后明堂推測示意圖"及"武后明堂立體平面推測與考古發掘平面對比圖"(第五章，第207—209頁)。

【考釋】明堂建成之日，《舊唐志》記在明年正月五日。

【論評】①《資治通鑑·唐紀二十》録王求禮(侍御史)上書："古之明堂，茅茨不翦，采椽不斲。今者飾以殊玉，塗以丹青，鐵鷟入雲，金龍隱霧，昔殷辛瓊臺，夏癸瑶室，無以加也。"②《新唐志·禮樂三》評曰："至則天始毀東都乾元殿，以其地立明堂，其制淫侈，無復可觀，皆不足記。"③ 楊志剛指出："據王世仁先生的研究結果，武則天明堂高 194 尺(合今 54.32 米)，每邊各寬 300 尺(合今 84 米)，是中國歷史上規模最宏大的明堂。"(《中國禮儀制度研究》，第 294 頁)

[軍] 二月，山東、河南甚飢，下詔遣王及善(司屬卿)、歐陽通(司府卿)、狄仁傑(冬官侍郎)巡撫賑恤。(舊唐書·則天皇后本紀)

[吉] 七月，封洛水神爲顯聖侯，加位特進，禁漁釣，並立廟。十二月己酉(二十五)，武則天拜洛水，受"天授聖圖"。(舊唐書·則天皇后本紀,舊唐志·禮儀四,新唐書·則天皇后本紀)

【儀制】《舊唐志》記曰："爲壇於洛水之北，中橋之左。皇太子皆從，内外文武百僚、蠻夷酋長，各依方位而立。珍禽奇獸，並列於壇前。文物鹵簿，自有唐已來，未有如此之盛者也。禮畢，即日還宮。"

【考釋】據《舊唐書》，其因乃此年四月，武承嗣(魏王)僞造瑞石，文云："聖母臨人，永昌帝業。"令唐同泰(雍州人)表稱獲之於洛水，武則天號其石曰"寶圖"，七月，改曰"天授聖圖"。

[吉] 七月，改嵩山爲神嶽，封其神爲天中王、太師、使持節、大都督。(新唐書·則天皇后本紀)

【因革】陳成國指出："封名山大川爲王公，以王公之禮祭之，這在中國古代吉禮史上可算是一大發明，其發明權似非李唐皇帝莫屬。"(《中國禮制史·隋唐五代卷》，第 114 頁)

【論評】秦蕙田《五禮通考》論曰："山川之神加以人爵、封號，蓋始于此。非禮之端，肇之者則天也。"(《吉禮四十七》"四望山川")

[吉] 狄仁傑(冬官侍郎)充任江南巡撫使，奏毀吳、楚淫祠一千七百所，唯留夏禹、吳太伯、季札、伍員四祠。(舊唐書·狄仁傑列傳、則天皇后本紀,新唐

書・狄仁傑列傳)

【因革】王夫之《讀通鑑論》(卷二十一)評曰："是舉也,疑夫輕率任氣者亦能爲之,而固不能也。鬼神者,即人心而在也,往而悍然以興,氣雖盛,心之惴惴者若或掣之,昧昧之士民,競起而撓之,非心服於道而天下共服其心者,未有不踟蹰而前却者也,故曰赫然與日月爭光者也。"

永昌元年(689)

吉 正月乙卯(初一),武后親享明堂(萬象神宮),改元。(舊唐書・則天皇后本紀,舊唐志・禮儀二,新唐書・則天皇后本紀、后妃列傳上)

【儀制】①《新唐書》列傳記曰："享萬象神宮,改服衮冕,搢大圭,執鎮圭,睿宗亞獻,太子終獻。合祭天地,五方帝、百神從,以高祖、太宗、高宗配,引魏王士䕶從配。班九條,訓百官。遂大饗群臣。"②《新唐志》又記曰："其月四日,御明堂布政,頒九條以訓于百官。……翌日,又御明堂,饗群臣,賜縑繒有差。"

吉 九月,敕自今郊祀,唯昊天上帝稱天,其餘五帝皆稱帝。(通典・吉禮二)

載初元年(690,九月改元天授)

吉 十一月庚辰(初一),武后親享明堂,改元,用周正。(舊唐書・則天皇后本紀,舊唐志・禮儀二,新唐書・則天皇后本紀)

【儀制】《舊唐書》記曰："依周制建子月爲正月,改永昌元年十一月爲載初元年正月,十二月爲臘月,改舊正月爲一月。"《通典・吉禮十四》自注同。

又《舊唐志》記曰："翼日,布政于群后。其年二月,則天又御明堂,大開三教。內史邢文偉講《孝經》,命侍臣及僧、道士等以次論議,日昃乃罷。"

嘉 二月十四日,試貢舉人於洛成殿,數日方畢。(唐會要・貢舉中)

【因革】《唐會要》記曰："殿前試人,自兹始也。"

【論評】王夫之《讀通鑑論》(卷二十一)論曰："策貢士於殿試,自武氏始。既試之南宮,又試之殿廷,任大臣以選士,不推誠以信,而以臨軒易其甲乙,終未見殿試之得士優於南宮,徒以市恩遇於士,而離大臣之心。故至於宋而富鄭公欲請罷之,其説是已。"

嘉 三月乙酉(初八),因旱,減膳。(新唐書·則天皇后本紀)

嘉 七月,頒《大雲經》於天下,令諸州置大雲寺,總度僧千人。(舊唐書·則天皇后本紀,新唐書·則天皇后本紀)

【考釋】《舊唐書》記其導因曰："有沙門十人偽撰《大雲經》,表上之,盛言神皇受命之事。"

吉 九月壬午(初九),改國號爲周,改元。(舊唐書·則天皇后本紀,新唐書·則天皇后本紀)

【因革】《舊唐書》記曰："革唐命。"

【儀制】《舊唐書·睿宗本紀》記曰："及革命,改國號爲周,降帝爲皇嗣,令依舊名輪,徙居東宮,其具儀一比皇太子。"

吉 九月丙戌(十三),改制洛陽太廟爲七室,初立武氏七代神主。(舊唐書·則天皇后本紀,新唐書·則天皇后本紀,新唐志·禮樂三,通典·吉禮六)

嘉 九月,改内外官所佩魚並作龜。(舊唐書·則天皇后本紀,舊唐志·輿服,新唐志·車服,通典·嘉禮八)

【因革】《舊唐志》記此後久視元年(700),進一步確定"職事三品已上龜袋,宜用金飾,四品用銀飾,五品用銅飾,上守下行,皆從官給"。

【考釋】《新唐志》記在天授二年,恐誤。

天授二年(691)

吉 十一月甲戌(正月初二),改置社稷,旗幟尚赤。(新唐書·則天皇后本紀,通典·吉禮十四注)

吉 十一月辛巳(正月初九)，奉武氏七代神主入太廟。（舊唐志·禮儀五,資治通鑑·唐紀二十）

吉 十一月乙酉(正月十八)，親祀明堂，韋叔夏(春官郎中)奏請修改儀注，從之。（舊唐書·則天皇后本紀,舊唐志·禮儀二,通典·吉禮三）

【儀制】《舊唐志》記此日儀注:"合祭天地,以周文王及武氏先考、先妣配,百神從祀,並於壇位次第布席以祀之。"而韋叔夏之奏望改作:"望請每歲元日,惟祀天地大神,配以帝后。其五岳以下,請依禮於冬、夏二至,從祀方丘、圜丘,庶不煩黷。"

吉 一月，武思文(地官尚書)及朝集使二千八百人表請封嵩山。（資治通鑑·唐紀二十）

嘉 二月，朝集使、刺史賜繡袍，各於背上繡成八字銘。（舊唐志·輿服）

【因革】《舊唐志》記至長壽三年四月,"敕賜岳牧金字銀字銘袍"。

吉 三月，改長安唐太廟爲享德廟，改崇先廟爲崇尊廟，享祀如太廟之儀。（舊唐書·則天皇后本紀,通典·吉禮六）

【儀制】《舊唐志·禮儀五》記曰:"四時唯享高祖已下三室,餘四室令所司閉其門,廢其享祀之禮。"

【附識】《新唐志·禮樂十一》記曰:"武后毀唐太廟,七德、九功之舞皆亡,唯其名存。自後復用隋文舞、武舞而已。"

【論評】秦蕙田《五禮通考》評曰:"武氏之罪,此爲最大。"（《吉禮八十》"宗廟制度"）

制 四月癸卯(初二)，令佛教在諸法之上，僧尼處道士、女冠之前。（舊唐書·則天皇后本紀,資治通鑑·唐紀二十）

【理據】《通鑑》稱"制以釋教開革命之階",胡注:"謂《大雲經》"。

如意元年(692)

吉 十一月戊辰(正月初一)，親祀明堂。（舊唐書·則天皇后本紀,資治通鑑·唐紀二十）

嘉 五月丙寅（初一），禁斷天下屠殺及捕魚蝦。（舊唐書·則天皇后本紀,資治通鑑·唐紀二十一）

軍 七月，洛水氾濫，五千餘家受殃，遣使巡問賑貸。（舊唐書·則天皇后本紀）

吉 九月庚子（初九），改元長壽，改用九月爲社。（舊唐書·則天皇后本紀,新唐書·則天皇后本紀,通典·吉禮四）

長壽二年（693）

吉 十一月壬辰（初一），親祀明堂。（舊唐書·則天皇后本紀,舊唐志·音樂一,新唐書·后妃列傳上,資治通鑑·唐紀二十一）

【儀制】《新唐書》記曰："享神宮，自制大樂，舞工用九百人，以武承嗣爲亞獻，三思爲終獻。"

【考釋】《舊唐書》標作"春一月"，然在臘月之前，誤。

賓 一月甲寅（二十四），裴匪躬（尚方監）、阿史那元慶（左衛大將軍）、薛大信（白澗府果毅）、范雲仙（監門衛大將軍）私謁睿宗，被殺。（舊唐書·則天皇后本紀、忠義列傳上,新唐書·則天皇后本紀、后妃列傳上）

【儀制】《新唐書》本紀明確記載殺裴、范於此日，殺阿史那、薛在三月己卯，然此年三月庚寅朔，無己卯日。《舊唐書》本紀則僅記殺裴在二月。

吉 九月，武承嗣（魏王）等五千人表請加尊號爲金輪聖神皇帝，乙未（初九），武后至萬象神宮，受尊號，作金輪等七寶。（舊唐書·則天皇后本紀,新唐書·則天皇后本紀）

嘉 武后自制《臣軌》兩卷，令貢舉人爲業，停《老子》。（舊唐志·禮儀四,資治通鑑·唐紀二十一）

延載元年(694)

吉 十一月丙戌(初一)，親祀明堂。（資治通鑑·唐紀二十一,舊唐書·則天皇后本紀）

【考釋】《舊唐書》記此事在"春一月"。

樂 十一月二十三日，製《越古長年樂》一曲。（舊唐志·音樂一）

嘉 五月，賜文武三品以上緋紫單羅銘襟背衫。（舊唐志·輿服,通典·嘉禮六）

【儀制】《舊唐志》記曰："左右監門衛將軍等飾以對師子,左右衛飾以麒麟,左右武威衛飾以對虎,左右豹韜衛飾以豹,左右鷹揚衛飾以鷹,左右玉鈐衛飾以對鶻,左右金吾衛飾以對豸,諸王飾以盤龍及鹿,宰相飾以鳳池,尚書飾以對鴈。"

【論評】《新唐志·車服》記曰："武后擅政,多賜群臣巾子、繡袍,勒以回文之銘,皆無法度,不足紀。"

吉 八月，武三思(梁王)勸率諸蕃酋長徵斂洛陽銅鐵，造天樞於端門之外。（舊唐書·則天皇后本紀）

【考釋】①《舊唐書》記此事之目的："立頌以紀上之功業。"②《新唐書·則天皇后本紀》則記明年,"四月戊寅(初一),建大周萬國頌德天樞",當即其成。

證聖元年(695,九月改元天册萬歲)

吉 正月丙申(十七)，明堂火災，燒燼；庚子(二十一)，告廟，手詔責躬。

（舊唐書·則天皇后本紀,舊唐志·禮儀二,通典·吉禮三）

【考釋】《舊唐志》記前後原委曰："時則天又於明堂後造天堂,以安佛像,高百餘尺。始起建構,爲大風振倒。俄又重營,其功未畢。"此日夜,"佛堂災,延燒明堂,至曙,二堂並盡"。姚璹(宰相)曰："此實人火,非是天災。"於是,"則天乃御端門觀酺宴,下詔令文武九品已上各上封事,極言無有所隱"。

吉 五嶽四瀆之祀，有司上言改舊儀，帝署訖祝版，不拜，從之。（舊唐
志·禮儀四,通典·吉禮五注）

【儀制】《舊唐志》記曰："舊儀,祝版御署訖,北面再拜。"

【理據】《舊唐志》録有司言："五嶽視三公,四瀆視諸侯,天子無拜公侯之禮,臣
愚以爲失尊卑之序。其日月已下,請依舊儀。五嶽已下,署而不拜。"

吉 九月甲寅（初九），合祭天地於南郊，加尊號天册金輪聖神皇帝，改
元。（舊唐書·則天皇后本紀,舊唐志·禮儀一,新唐書·則天皇后本紀,通典·吉禮二,資治
通鑑·唐紀二十一）

【儀制】《舊唐志》記曰："以武氏始祖周文王追尊爲始祖文皇帝,后考應國公追
尊爲無上孝明高皇帝,亦以二祖同配,如乾封之禮。"

【因革】《舊唐志》記曰："其後長安年,又親享南郊,合祭天地及諸郊丘,並以
配焉。"

萬歲登封元年(696,四月改元萬歲通天)

吉 十二月甲申（十一），武后登封於嵩山，改元；丁亥（十五），禪於少室
山；己丑（十七），至朝覲壇朝群臣。（舊唐書·則天皇后本紀,舊唐志·禮儀三,新
唐書·則天皇后本紀,通典·吉禮十三）

【儀制】《舊唐志》記去年,"將有事於嵩山,先遣使致祭以祈福助,下制,號嵩山
爲神岳,尊嵩山神爲天中王,夫人爲靈妃;嵩山舊有夏啓及啓母、少室阿姨神廟,
咸令預祈祭"。又記封禪禮畢,"登封壇南有槲樹,大赦日於其杪置金雞樹。則
天自制昇中述志碑,樹於壇之丙地"。

【因革】《舊唐志》記曰："咸如乾封之儀。"

吉 十二月甲午（二十一），武后親謁太廟。（舊唐書·則天皇后本紀,新唐書·則天皇
后本紀）

吉 正月己巳（二十六），改長安崇尊廟爲太廟。（新唐書·則天皇后本紀,舊唐志·

禮儀五）

【考釋】崇尊廟，即武氏七廟，原名崇先廟，去年九月改名。

吉 三月丁巳（十六），**重造明堂成，改名通天宮。**（舊唐書·則天皇后本紀，舊唐志·禮儀二，新唐書·則天皇后本紀，通典·吉禮三）

【儀制】《舊唐志》記曰：“則天尋令依舊規制重造明堂，凡高二百九十四尺，東西南北廣三百尺。上施寶鳳，俄以火珠代之。明堂之下，圍遶施鐵渠，以爲辟雍之象。”

吉 **四月初一，親享明堂，改元。**（舊唐書·則天皇后本紀，舊唐志·禮儀二，通典·吉禮三）

嘉 **四月初二，武后至通天宮之端扆殿，命有司讀時令，布政於群后。**（舊唐志·禮儀二）

萬歲通天二年(697，九月改元神功)

吉 **十一月，親享明堂。**（舊唐書·則天皇后本紀）

【考釋】《舊唐書》標作“正月”。

【考釋】明年十一月，亦如之。

吉 **四月戊辰（初三），九鼎鑄成，置於明堂之庭。**（舊唐書·則天皇后本紀，舊唐志·禮儀二，新唐書·則天皇后本紀，通典·吉禮三注）

【儀制】《舊唐志》記曰：“其年，鑄銅爲九州鼎，既成，置於明堂之庭，各依方位列焉。神都鼎高一丈八尺，受一千八百石。冀州鼎名武興，雍州鼎名長安，兗州名日觀，青州名少陽，徐州名東原，揚州名江都，荆州名江陵，梁州名成都。其八州鼎高一丈四尺，各受一千二百石。”

【考釋】①《舊唐志》叙此事承去年而云“其年，鑄銅爲九州鼎”，欠妥，秦蕙田《五禮通考》推斷“其年”恐爲“明年”之誤（《吉禮二十七》“明堂”），可從。② 又記“九鼎初成，欲以黃金千兩塗之”，因姚璹（納言）諫言，乃止。

[軍] 七月，李攸宜（清邊道大總管，建安王）破契丹凱旋，王及善（內史）以爲將軍

入城例有軍樂，值先帝忌月，請備而不奏，王方慶（鳳閣侍郎）議以爲

可奏。（舊唐書·王方慶列傳，新唐書·王綝列傳，通典·凶禮二十二、樂七）

【理據】《舊唐書》錄王方慶奏曰：“按《禮經》，但有忌日，而無忌月。……軍樂是

軍容，與常不等，臣謂振作於事無嫌。”

【考釋】《通典》標此事在武太后天冊萬歲二年，欠妥。

[吉] 九月，以契丹李盡滅等平，大享明堂，改元。（舊唐書·則天皇后本紀，舊

唐志·禮儀二，通典·吉禮三）

聖曆元年(698)

[吉] 十一月甲子（初一，冬至），親享明堂，受朝賀，改元。（資治通鑑·唐紀二十

二，舊唐志·禮儀二）

[嘉] 閏十二月十九日，制每月一日於明堂行告朔之禮，辟閭仁諝（司禮博

士）奏請停之，王方慶（鳳閣侍郎）奏議以爲以四時孟月及季夏告朔，帝

命廣集衆儒議定，吳揚吾（陳均博士）、郭山惲（太學博士）同王説，從

之。（舊唐志·禮儀二，舊唐書·王方慶列傳，新唐書·儒學列傳中，通典·嘉禮十五，唐會

要·饗明堂議）

【理據】①《舊唐志》錄辟閭仁諝奏議曰：“謹按經史正文，無天子每月告朔之事。

惟《禮記·玉藻》云：‘天子聽朔於南門之外。’《周禮·天官·太宰》：‘正月之吉，

布政于邦國都鄙。’干寶注云：‘周正建子之月，告朔日也。’此即《玉藻》之聽朔

矣。今每歲首元日，於通天宮受朝，讀時令，布政事，京官九品以上、諸州朝集使

等咸列於庭，此則聽朔之禮畢，而合于《周禮》、《玉藻》之文矣。……臣等謹檢

《禮論》及《三禮義宗》、《江都集禮》、《貞觀禮》、《顯慶禮》及祠令，並無天子每月

告朔之事。”② 又錄王方慶議曰：“先儒舊説，天子行事，一年十八度入明堂：大

享不問卜,一入也;每月告朔,十二入也;四時迎氣,四入也;巡狩之年,一入也。今禮官立議,王惟歲首一入耳,與先儒既異,臣不敢同。"③ 吳揚吾等則曰:"臣等謹按《周禮》、《禮記》及三《傳》,皆有天子告朔之禮。夫天子頒告朔於諸侯,秦政焚滅《詩》、《書》,由是告朔禮廢。"

【考釋】《新唐書·儒學列傳》尚録張齊賢(奉禮郎)辯駁辟閭仁諝之説,其有云:"周太史'頒朔邦國',是總頒十二朔於諸侯;天子猶月告者,頒官府都鄙也。内外異言之也。禮不可罷。"《唐會要》合而一之。

【論評】①《通典》議曰:"按《太宰》職:'正月之吉,懸治象之法於象魏,使萬人觀之。'又《春官·太史》'頒告朔於邦國',《玉藻》復云'聽朔於南門之外',並無讀時令故事。而辟閭仁諝云'元日受朝讀令,此則聽朔禮畢,合於《玉藻》之文',王方慶雖有所駁,大旨與仁諝不異,皆臆説也。凡言時者,謂四時耳。若正月之朔讀令,則合云歲令,何以謂之時邪? 其夏秋冬,又何爲不讀? 斯則辟閭輩誤矣。"② 秦蕙田《五禮通考》論曰:"齊賢之論最當。如方慶、揚吾之説,則仍是五時迎氣,何告朔之有! 且方慶自言告朔十二,而忽病其煩,其爲師心棄禮,夫亦自知之矣。"(《吉禮二十七》"明堂")

吉 四月庚寅(初一),武后祀太廟。(資治通鑑·唐紀二十二)

吉 五月庚午(十一),禁斷屠殺。(舊唐書·則天皇后本紀,新唐書·則天皇后本紀)

賓 五月,突厥默啜可汗請和親。七月,令武延秀(淮陽王)往突厥,納默啜女爲妃。(舊唐書·則天皇后本紀)

【考釋】武延秀爲突厥所囚。

嘉 九月壬申(十五),立李顯(廬陵王)爲皇太子。(舊唐書·則天皇后本紀、中宗本紀,新唐書·則天皇后本紀)

【考釋】① 李顯,永隆元年(680)曾立爲皇太子,弘道元年(683)稱帝,隨即被廢,此年三月,召回洛都。②《舊唐書·睿宗本紀》記曰:"帝(李旦)數稱疾不朝,請讓位於中宗,則天遂立中宗爲皇太子。"③《舊唐書》標此事在九月丙子(十九)。

吉 九月辛巳(二十四),皇太子謁太廟。(舊唐書·則天皇后本紀)

凶 王方慶(太子左庶子)書問徐堅(太子文學)，女子母再嫁，後夫去世，己已出嫁，可制服否，徐氏以爲服齊衰三月，王氏深善之。(唐會要·服紀上)

【理據】《唐會要》録徐堅答舉《禮儀·喪服》及鄭注，以明"繼父服並有明文，斯《禮經》之正説也。至於馬融、王肅、賀循等，並稱達禮，更無異文"，然"傅玄著書，以爲父無可繼之理，不當制服"，"袁準作論，亦以爲此則自制文亂名之大者"，繼而，徐氏又證傅、袁之駁不合情理，"繼父之服，宜依正禮"。

凶 王元感(弘文館學士)著論三年之喪以三十六月，張柬之(鳳閣舍人)駁之，遂廢。(舊唐書·張柬之列傳，新唐書·儒學列傳中)

【理據】《舊唐書》録張柬之舉證經史文獻以明"三年之喪，二十五月，不刊之典也"，又從情禮角度論曰："竊以子之於父母喪也，有終身之痛，創巨者日久，痛深者愈遲，豈徒歲月而已乎？故練而慨然者，蓋悲慕之懷未盡，而踊擗之情已歇；祥而廓然者，蓋哀傷之痛已除，而孤邈之念更起。此皆情之所致，豈外飾哉。故《記》曰：三年之喪，義同過隙，先王立其中制，以成文理。是以祥則縞帶素紕，禫則無所不佩。今吾子將徇情棄禮，實爲乖僻。"《新唐書》略同。

【考釋】此事僅知在"聖曆初"，張柬之出任鳳閣舍人之際，茲從《唐會要·服紀上》。

聖曆二年(699)

吉 十一月丁巳(初一)，告朔於明堂。(資治通鑑·唐紀二十二)

【考釋】《通鑑》標此事在"正月丁卯朔"，然丁卯爲十一日，茲改作丁巳。

軍 一月，武后欲季冬講武，有司延入孟春，王方慶(檢校太子左庶子)上疏請至明年孟冬，從之。(舊唐書·王方慶列傳，通典·軍禮一)

【理據】《舊唐書》録王方慶上疏："謹按《禮記·月令》：'孟冬之月，天子命將帥講武，習射御角力。'此乃三時務農，一時講武，以習射御，角校才力，蓋王者常事，安不忘危之道也。'孟春之月，不可以稱兵。'兵者，甲胄干戈之總名。……今孟春講武，是行冬令，以陰政犯陽氣，害發生之德。"

吉 二月戊子(初三)，武后至嵩山，過王子晉廟。（舊唐書·則天皇后本紀）

吉 二月壬辰(初七)，武后有疾，遣閻朝隱(給事中)禱於少室山，閻氏自爲犧牲，伏俎盤上，請代武后。（舊唐書·文苑列傳中，新唐書·文藝列傳中，資治通鑑·唐紀二十二）

吉 四月，親祀太廟。（舊唐志·禮儀五）

吉 七月，武后令皇太子、李旦(相王)、武三思(梁王)、武攸寧(定王)立誓於明堂。（舊唐書·則天皇后本紀）

【理據】《舊唐書》稱"上以春秋高"，又慮皇太子與諸武"不協"。

【考釋】《資治通鑑·唐紀二十二》則記四人爲太子、相王、太平公主與武攸暨。

嘉 十月，因學校頹廢，刑法濫酷，韋嗣立(鳳閣舍人)上疏請興國學，昭洗大辟以下之罪，未從。（舊唐書·韋思謙列傳，新唐書·韋思謙列傳，資治通鑑·唐紀二十二）

【因革】①《舊唐書》録韋嗣立上疏曰："國家自永淳已來，二十餘載，國學廢散，胄子衰缺，時輕儒學之官，莫存章句之選。"②《舊唐書·儒學列傳上》概述其間原委："高宗嗣位，政教漸衰，薄於儒術，尤重文吏。於是醇醲日去。華競日彰，猶火銷膏而莫之覺也。及則天稱制，以權道臨下，不吝官爵，取悦當時。其國子祭酒，多授諸王及駙馬都尉。……於博士、助教，唯有學官之名，多非儒雅之實。是時復將親祠明堂及南郊，又拜洛，封嵩嶽，將取弘文國子生充齋郎行事，皆令出身放選，前後不可勝數。因是生徒不復以經學爲意，唯苟希僥倖。二十年間，學校頓時隳廢矣。"③《唐會要·學校》録此前光宅二年(685)陳子昂曾上疏立太學。

久視元年(700)

軍 七月，李楷固(左玉鈐衛將軍)平契丹餘黨，獻俘於含樞殿。（資治通鑑·唐紀二十三）

凶 九月辛丑(二十六)，狄仁傑(內史)去世，武后爲之舉哀，廢朝三日。(舊唐書·狄仁傑列傳,新唐書·則天皇后本紀)

制 十月甲寅(初十)，復舊正朔，改一月爲正月，以爲歲首。(舊唐書·則天皇后本紀,新唐書·則天皇后本紀)

吉 十二月，開屠禁，諸祠祭令依舊用牲牢。(舊唐書·則天皇后本紀)

【理據】《通典·刑法七》錄其時崔融(鳳閣舍人)上議曰："春生秋殺，天之常道；冬狩夏苗，國之大事。豺祭獸，獺祭魚，自然之理也。……今者禁屠宰，斷芻獵，三驅莫行，一切不許，將恐違聖人之達訓，紊明王之善經，一不可也。……但使順月令，奉天經，造次合禮儀，從容中刑典，自然人得其性，物遂其生。"

大足元年(701，十月改元長安)

賓 拂菻王遣使來朝。(舊唐書·西戎列傳)

長安二年(702)

嘉 正月乙酉(十七)，初設武舉。(新唐志·選舉上,資治通鑑·唐紀二十三)

【因革】《新唐志》記曰："武舉，蓋其起於武后之時。"

【儀制】《新唐志》記曰："其制，有長垛、馬射、步射、平射、筒射，又有馬槍、翹關、負重、身材之選。……亦以鄉飲酒禮送兵部。"

吉 十一月戊子(二十五)，親祀南郊。(舊唐書·則天皇后本紀,新唐書·則天皇后本紀)

長安三年(703)

凶 正月二十六日，敕終三年之喪，非從軍更籍者，不得自奏起復。

（通典·嘉禮十七,唐會要·奪情）

[賓] 四月庚子（初九），吐蕃來求婚。（新唐書·則天皇后本紀）

[嘉] 四月乙巳（十四），因旱，避正殿。（新唐書·則天皇后本紀）

[賓] 六月辛酉（初一），突厥默啜可汗遣使者莫賀達干來，請以女妻皇太

子之子。（舊唐書·突厥列傳上,新唐書·突厥列傳上,資治通鑑·唐紀二十三）

長安四年(704)

[軍] 九月至十一月，大雨雪，都中人有飢凍死者，令官司開倉賑恤。

（舊唐書·則天皇后本紀,舊唐志·五行）

[嘉] 始制元日明堂受朝，停讀時令。（舊唐志·禮儀二）

中宗(李顯,高宗第七子)

神龍元年(705)

[吉] 正月庚寅（初九），禁屠。（舊唐書·則天皇后本紀）

[吉] 正月甲辰（二十三），皇太子監國，總統萬機；令樊忱（地官侍郎）往京師

告廟陵。（舊唐書·中宗本紀、則天皇后本紀）

【考釋】《則天皇后本紀》稱皇太子監國"是日,上傳皇帝位于皇太子",恐未確。

[吉] 正月乙巳（二十四），武后傳位於皇太子，徙居上陽宮；丙午（二十五），

太子即位於通天宮。（舊唐書·中宗本紀,新唐書·則天皇后本紀）

[嘉] 正月丙午，出宮女三千。（舊唐書·中宗本紀）

[吉] 正月，改享德廟依舊爲太廟，享太廟。（舊唐志·儀禮五,通典·吉禮六,唐會

要·論樂)

嘉 二月辛亥(初一)，帝率百官詣上陽宮，問太后起居，自是十日一

朝。(新唐書·盧懷慎列傳,資治通鑑·唐紀二十四)

制 二月甲寅(初四)，復國號爲唐，社稷、宗廟、陵寢、郊祀、行軍旗

幟、服色、天地、日月、寺宇、臺閣、官名，並依永淳(682)以前故

事。(舊唐書·中宗本紀)

吉 二月己未(初九)，老君依舊爲玄元皇帝，令貢舉人停習《臣軌》，依

舊習《老子》。(舊唐書·中宗本紀,舊唐志·禮儀四)

【因革】令習《臣軌》，起於武則天長壽二年(693)；所依之舊，參見儀鳳三年(678)。

嘉 二月甲子(十四)，立韋氏(妃)爲皇后。(舊唐書·中宗本紀,新唐書·中宗本紀)

【考釋】《新唐書》記此事曰"皇后韋氏復于位"。

凶 二月，追復李元嘉(韓王)、李元軌(霍王)官爵，令備禮改葬。 三月辛

巳(初二)，追復李勣(司空,英國公)官爵，令起墳改葬。(舊唐書·中宗本紀)

【考釋】① 李元嘉、李元軌等於垂拱四年(688)被殺，《舊唐書·則天皇后本紀》
稱"自是宗室諸王相繼誅死者,殆將盡矣"。② 李勣去世於總章二年(669)十
二月。

【因革】《資治通鑑·唐紀二十四》記曰："初,武后誅唐宗室,有才德者先
死。……武后所誅唐諸王、妃、主、駙馬等皆無人葬埋,子孫或流竄嶺表,或拘囚
歷年,或逃匿民間,爲人傭保。至是,制州縣求訪其柩,以禮改葬,追復官爵,召
其子孫,使之承襲,無子孫者爲擇後置之。"

嘉 二月丙子(二十六)，諸州置寺、觀一所，名爲中興。(舊唐書·中宗本紀)

嘉 二月，内外官五品以上依舊佩魚袋；六月，郡王、嗣王特許佩金魚

袋。(舊唐志·輿服,新唐志·車服,通典·嘉禮八)

【因革】① 由此革天授以來改佩龜之制。②《舊唐志》記此後景龍三年八月，又
"令特進配魚"。"散職佩魚,自此始也"。③《舊唐志》概括曰："自武德已來,皆

正員帶闕官始佩魚袋，員外、判試、檢校自則天、中宗後始有之，皆不佩魚。雖正員官得佩，亦去任及致仕即解去魚袋。至開元九年，張嘉貞爲中書令，奏諸致仕許終身佩魚，以爲榮寵，以理去任，亦聽佩魚袋。自後恩制賜賞緋紫，例兼魚袋，謂之章服，因之佩魚袋、服朱紫者衆矣。"按武德，當爲永徽。《唐會要·輿服上》列之詳矣。

嘉 三月己丑(初十)，下詔革皇族姑叔致拜子姪。(舊唐書·中宗本紀)

【儀制】《舊唐書》録帝詔曰："退朝私謁，仍用家人之禮。近代以來，罕遵軌度，王及公主，曲致私情，姑叔之尊，拜於子姪，違法背禮，情用惻然。自今已後，宜從革弊。安國相王某及鎮國太平公主更不得輒拜衛王重俊兄弟及長寧公主姊妹等。"

【因革】《舊唐書》述曰："先是，諸王及公主皆以親爲貴，天子之子，諸姑叔見之必先致拜，若致書則稱爲啓事。上志欲敦睦親族，故下制革之。"

嘉 三月庚寅(十一)，李重俊(衛王)赴任洛州牧，諸王公以下送之甚隆。

戊申(二十九)，李旦(安國相王)赴任太常廳，亦送之。(舊唐書·中宗本紀)

【儀制】《舊唐書》記送李重俊曰："王乘駟馬車，鹵簿從；諸王公已下、中書門下五品已上及諸親並祖送，禮儀甚盛。"又記送李旦曰："王公諸親祖送，衛尉張設，光禄造食。禮畢，賜物如衛王上洛州牧之儀。"

吉 三月丙午(二十七)，改秋社依舊用八月。(舊唐書·中宗本紀，通典·吉禮四)

【因革】由此改如意元年(692)之制。

【考釋】《通典》記此事在去年三月。

軍 四月，同官縣大雨雹，四百家受災，遣使賑恤。(舊唐書·中宗本紀)

吉 五月壬午(初四)，遷武氏七廟神主於長安崇尊廟。(舊唐書·中宗本紀，舊唐志·禮儀五，新唐書·中宗本紀，新唐志·禮樂三，通典·吉禮六)

吉 五月乙酉(初七)，洛陽創置太廟、社稷，采張齊賢(太常博士)、韋叔夏(太常少卿)等所議定之制。(舊唐書·中宗本紀，新唐書·中宗本紀，儒學列傳中，通典·

吉禮四)

【儀制】《新唐書・儒學列傳》記韋叔夏等所定制有三條，其一依舊社主用石，其二依舊社主長一尺六寸，方一尺七寸，其三"以方色飾壇四面及陛，而黃土全覆上焉；祭牲皆太牢"。

吉 祝欽明（禮部尚書）與韋叔夏（太常少卿）、張齊賢（博士）等奏請改先農爲帝社稷，制從之。（舊唐志・禮儀四，新唐志・禮樂四，新唐書・儒學列傳中，通典・吉禮四、禮六）

【因革】《舊唐志》記曰："則天時，改藉田壇爲先農。"又錄祝欽明奏曰："永徽年中猶名藉田，垂拱已後刪定，改爲先農。"至此年，"於是改先農爲帝社壇，於壇西立帝稷壇，禮同太社、太稷，其壇不備方色，所以異於太社也"。《新唐志》略同。

【理據】《新唐志》錄韋叔夏等議曰："今宜於藉田立帝社、帝稷，配以禹、棄，則先農、帝社並祠，叶於周之《載芟》之義。"按《詩・周頌・載芟》有曰："春藉田而祈社稷。"又錄祝欽明議曰："藉田之祭本王社。古之祀先農，句龍、后稷也。"

【儀制】①《新唐志》錄韋叔夏等議曰："其祭，準令以孟春吉亥祠后土，以句龍氏配。"②《新唐書》記曰："於是以方色飾壇四面及陛，而黃土全覆上焉。祭牲皆太牢。其後改先農曰'帝社'，又立'帝稷'，皆齊賢等參定。"

【考釋】《新唐書・儒學列傳中》則記"其後改先農曰帝社，又立帝稷，皆[張]齊賢等參定"。

【論評】秦蕙田《五禮通考》論曰："社在藉田，本無明據。唐始以帝社爲藉田壇，繼以藉田爲先農壇，合社與先農而一之，謬矣。叔夏等又欲合先農、帝社並祠而爲二壇，尤謬矣。後乃改先農之名而曰帝社，稍爲得之。然立社于藉田，而奪先農之祀，終非禮也。"（《吉禮四十三》"社稷"）

吉 五月，議立涼武昭王（李玄盛）爲始祖，爲七廟，張齊賢（太常博士）建議太廟七室，以宣帝爲始祖，劉承慶（太常博士）、尹知章（太常博士）議以爲太廟三昭三穆，宣帝當遷，制令宰相詳定，祝欽明（禮部尚書）等奏以景帝爲太祖，尊崇六室，從之。（舊唐志・禮儀五，新唐志・禮樂三，新唐書・

儒學列傳中,通典·吉禮六)

【理據】①《舊唐志》録張齊賢議曰:"景皇帝始封唐公,實爲太祖。中間代數既近,列在三昭三穆之内,故皇家太廟,唯有六室。其弘農府君、宣、光二帝,尊於太祖,親盡則遷,不在昭穆合食之數。""涼武昭王勳業未廣,後主失國,土宇不傳。景皇始封,實基明命。今乃捨封唐之盛烈,崇西涼之遠構,考之前古,實乖典禮。魏氏不以曹參爲太祖,晉氏不以殷王卬爲太祖,宋氏不以楚元王爲太祖,齊、梁不以蕭何爲太祖,陳、隋不以胡公、楊震爲太祖,則皇家安可以涼武昭王爲太祖乎?……武德、貞觀之時,主聖臣賢,其去涼武昭王,蓋亦近於今矣。當時不立者,必不可立故也。"② 又録劉承慶等議曰:"宣皇既非始祖,又廟無祖宗之號,親盡既遷,其廟不合重立。若禮終運往,建議復崇,實違《王制》之文,不合先朝之旨。請依貞觀之故事,無改三聖之宏規,光崇六室,不虧古議。"

【論評】秦蕙田《五禮通考》論曰:"張齊賢論唐太祖之説,極是;而以尊於太祖之祖爲不在合食之列,則未審也。蓋時享所奉,七廟之定制也,太祖而外,三昭三穆,論親而不論功德。祫祭之禮,毀廟所合食也,太祖而外,凡爲祖者,無拘太祖前後,皆得與食,亦論親而不論功德。……劉承慶等六廟之説,自亦權宜。"(《吉禮八十》"宗廟制度")

凶 五月丙申(十八),皇后表請天下士庶爲出母服三年。(舊唐書·中宗本紀,通典·凶禮十一)

【因革】《資治通鑑·唐紀二十四》記此表乃因"上官婕妤勸韋后襲則天故事"。

【論評】陳戌國論曰:"中宗韋皇后提議爲出母服喪三年,亦猶武后倡議父在服母三年,蓋包藏禍心而故意爲之,其違背古禮實甚於武后。"(《中國禮制史·隋唐五代卷》,第190頁)

嘉 五月丙申,皇后表請年二十二成丁,年五十九免役。(舊唐書·中宗本紀)

吉 五月丙午(二十八),制以鄒魯之邑百户爲孔子(太師,隆道公)采邑,供薦享。(舊唐書·中宗本紀,新唐志·禮樂五,通典·吉禮十二)

【考釋】《新唐志》記此前武后天授元年，"封周公爲褒德王，孔子爲隆道公"。

【儀制】《唐會要·褒崇先聖》載此年正月敕："諸州孔子廟堂，有不向南者，改向正南。"

⟨吉⟩ **六月丁卯**(十九)，**祔孝敬皇帝**(李弘，帝之兄)**神主於太廟，廟號義宗。**(舊唐書·中宗本紀，舊唐志·禮儀五，新唐志·禮樂三，新唐書·中宗本紀、儒學列傳中)

【儀制】《新唐書·中宗本紀》記曰："由是爲七室，而京太廟亦七室。"又曰："由是東西二都皆有廟，歲時並享。"

【因革】《唐會要·孝敬皇帝廟》記此前在儀鳳二年(677)四月二日，即敕令祔孝敬皇帝神主於太廟之夾室。

【論評】《舊唐書》評曰："非禮也。"秦蕙田《五禮通考》亦曰："東西二都立廟竝享，非禮也。"又曰："以孝敬帝升祔足數，則非禮矣。"(《吉禮八十》"宗廟制度")

【考釋】《新唐書》標此事在八月乙亥。

⟨吉⟩ **八月乙亥**(二十八)，**帝親祔七帝神主於太廟，皇后廟見。**(舊唐書·中宗本紀，舊唐志·禮儀五，新唐書·中宗本紀)

【儀制】七帝分別爲：太祖景皇帝、獻祖光皇帝、世祖元皇帝、高祖、太宗、高宗、義宗。

【考釋】《新唐書》僅記曰"皇后見于廟"。

⟨吉⟩ **九月壬午**(初五)，**親祀天地於明堂。**(舊唐書·中宗本紀，舊唐志·禮儀一、二，新唐書·中宗本紀，通典·吉禮三)

【儀制】《資治通鑑·唐紀二十四》記曰："上祀昊天上帝、皇地祇于明堂，以高宗配。"

【因革】①《舊唐志·禮儀一》記曰："其儀亦依乾封故事。"②《禮儀二》記曰："明年駕入京，於季秋大享，復就圜丘行事，迄于睿宗之世。"

【論評】秦蕙田《五禮通考》論曰："唐初本無明堂，武后創之，而中宗反承用之，以是行禮；不若復就圜丘之爲愈矣。"(《吉禮二十七》"明堂")

⟨制⟩ **九月壬午，禁《化胡經》及婚娶之家父母去世停喪。**(舊唐書·中宗

本紀)

嘉 九月二十一日，敕吐蕃王及可汗子孫欲習經業，可附國子學讀書。(新唐志·選舉上,唐會要·附學讀書)

凶 九月，改葬韋玄貞(上洛王)，其儀皆如武士彠(太原王)故事。(資治通鑑·唐紀二十四)

【考釋】韋玄貞,乃皇后韋氏之父,嗣聖元年(684)帝因擬提拔韋玄貞爲宰相而被廢。

軍 十月乙丑(十九)，獵於新安。(新唐書·中宗本紀)

吉 十一月壬午(初六)，帝、皇后親謁太廟，告受加徽號爲應天、順天。(舊唐書·中宗本紀,新唐書·中宗本紀)

賓 十一月己丑(十三)，帝至洛陽城南門樓，觀潑寒胡戲。(舊唐書·中宗本紀)

【考釋】潑寒胡戲,西域樂舞,相傳源於大秦(東羅馬帝國)。

凶 十一月壬寅(二十六)，武后去世於上陽宮，遺制祔廟、歸陵，去帝號；明年正月丙申(二十一)，護靈柩還京，五月庚申(十八)，祔葬於乾陵。(舊唐書·則天皇后本紀、中宗本紀,新唐書·中宗本紀)

吉 十一月壬寅，廢崇恩廟。(新唐書·中宗本紀)

凶 十二月，武后將合葬乾陵，嚴善思(給事中)上疏以爲不可，宜於乾陵旁更擇吉地爲陵，帝不從。(舊唐書·方伎列傳,新唐書·方技列傳,通典·凶禮八)

【理據】《舊唐書》記曰："則天太后卑於天皇大帝,今欲開乾陵合葬,即是以卑動尊,事既不經,恐非安穩。臣又聞乾陵玄闕,其門以石閉塞,其石縫隙,鑄鐵以固其中,今若開陵,必須鐫鑿。然以神明之道,體尚幽玄,今乃動衆加功,誠恐多所驚黷。又若別開門道,以入玄宮,即往者葬時,神位先定,今更改作,爲害益深。"又曰："伏見漢時諸陵,皇后多不合葬,魏、晉已降,始有合者。……伏望依漢朝之故事,改魏、晉之頹綱。"

神龍二年(706)

嘉 二月乙未(二十一)，遣十使巡察風俗。(舊唐書·中宗本紀,新唐書·中宗本紀)

【考釋】《新唐書》標此事在二月丙申(二十二)。

嘉 七月丙午(初五)，立李重俊(衛王)爲皇太子。(舊唐書·中宗本紀,新唐書·中宗本紀)

嘉 九月，敕停京六品以下著緋袴褶令，各依本品爲定。(通典·嘉禮六)

制 敕韋安石(中書令)、祝欽明(禮部侍郎)、蘇瓌(尚書右丞)、狄光嗣(兵部郎中)等，删定《垂拱格》及神龍元年以來制敕，爲《散頒格》七卷，頒行之。(舊唐志·刑法,新唐志·刑法,通典·刑法三)

樂 武后喪公除，太常請習樂以供祀享，詔未許，嚴善思(給事中)上表請從太常，帝許之。(新唐書·嚴善思列傳)

【考釋】《新唐書》記此事在"神龍中"，《唐會要·論樂》明確定在"神龍元年正月"，誤，兹暫繫於此年。

神龍三年(707，九月改元景龍)

嘉 正月庚子(初一)，因武后喪未再期，不受朝會。(舊唐書·中宗本紀)

吉 正月己巳(三十)，因旱，遣武攸暨、武三思往乾陵，祈雨於武后，既而雨降。(舊唐書·中宗本紀)

吉 二月辛未(初二)，復武氏崇恩廟，昊陵、順陵置令、丞如廟。(舊唐書·中宗本紀,新唐書·中宗本紀)

【儀制】①《新唐書》記曰："置令、丞、守户如昭陵。"②《舊唐志·禮儀五》記曰："復令崇恩廟一依天授時享祭。"

【考釋】① 昊陵、順陵，分別是武則天父母之陵。②《新唐書》標此事在二月丙戌(十七)。

又《舊唐志·禮儀五》則記去年，"駕還京師，太廟自是亦崇享七室，仍改武氏崇尊廟爲崇恩廟"，此與去年十一月《新唐書》所記不合。《通典·吉禮六》則紀此年，"改武氏崇尊廟爲崇恩廟"。

【附識】《舊唐志·禮儀五》又記帝又令崇恩廟齋郎取五品子，楊孚(太常博士)奏諫之，以爲太廟齋郎乃用七品以下子，又明確論定"崇恩廟爲太廟之臣，太廟爲崇恩廟之君"，其事乃寢。

【論評】秦蕙田《五禮通考》論曰："楊孚之奏與賈大隱，可稱二絶。"(《吉禮八十》"宗廟制度")

吉 二月壬午(十三)，名韋玄貞(皇后之父)廟爲褒德廟，陵曰榮先陵，置令、丞。(舊唐書·中宗本紀，新唐書·中宗本紀)

【考釋】《新唐書》標此事在二月甲午(二十五)。

賓 四月辛巳(十四)，金城公主(嗣雍王李守禮之女)出嫁吐蕃贊普。(舊唐書·中宗本紀)

嘉 五月丙午(初九)，因旱，避正殿，減膳。(新唐書·中宗本紀)

軍 夏，山東、河北二十餘州旱，饑饉疾疫死者數千，遣使賑恤。(舊唐書·中宗本紀)

凶 七月辛丑(初六)，武三思(司空，同中書門下三品)、武崇訓(武三思子)被皇太子羽林軍所殺，帝爲之舉哀，廢朝五日，令趙履溫(司農少卿)監護喪事；追殺太子，以其首獻太廟及祭武三思、武崇訓之柩。(舊唐書·武承嗣列傳、儒學列傳下，新唐書·武士彠列傳、中宗本紀)

【附識】《儒學列傳》記趙履溫令安樂公主"請依永泰公主故事，爲崇訓造陵"，爲盧粲(給事中)固諫而止。

嘉 十月壬午(十八)，皇后上《神武頌》，令兩京及四大都督府皆刻之於

石。（舊唐書·中宗本紀）

景龍二年(708)

嘉 二月庚寅(二十七)，因皇后服見慶雲之瑞，内外五品以上母、妻更加邑號一等，無妻者授女，婦人八十以上，版授鄉、縣、郡等君。
（舊唐書·中宗本紀，新唐書·中宗本紀）

【考釋】①《舊唐書》載此月"皇后自言衣箱中裙上有五色雲起，令畫工圖之，以示百僚"。②《舊唐書》標此事在二月乙酉(二十二)。

嘉 四月癸未(二十一)，修文館增置大學士八員，直學士十二員。（舊唐書·中宗本紀，資治通鑑·唐紀二十五）

【儀制】《通鑑》記曰："每游幸禁苑，或宗戚宴集，學士無不畢從，賦詩屬和，使上官昭容第其甲乙，優者賜金帛。同預宴者，惟中書、門下及長參王公、親貴數人而已，至大宴，方召八座、九列、諸司五品以上預焉。於是天下靡然爭以文華相尚，儒學忠讜之士莫得進矣。"

嘉 十一月己卯(二十一)，安樂公主出嫁武延秀，假皇后儀仗，成禮，帝與皇后至安福樓以觀；辛巳(二十三)，宴群臣於兩儀殿，命公主出拜公卿，公卿皆伏地稽首。（舊唐書·中宗本紀，資治通鑑·唐紀二十五）

【儀制】《通鑑》記出嫁曰："分禁兵盛其儀衛，命安國相王障車。"

【考釋】安樂公主原嫁於武崇訓，武崇訓死於去年七月，此爲改嫁。

【論評】秦蕙田《五禮通考》評曰："此舉非禮，宜後之不終也。"（《嘉禮二十七》"昏禮")

吉 唐紹(右臺侍御史)上書請停武后時四季及生日、忌日、節日遣使謁陵，帝手敕乾陵外從之。（新唐志·禮樂四，通典·吉禮十一）

【儀制】《新唐志》錄帝手敕曰："乾陵歲冬至、寒食以外使，二忌以内使朝奉。"

【因革】《新唐志》記此前曰："顯慶五年，詔歲春、秋季一巡，宜以三公行陵，太常少卿貳之，太常給鹵簿，仍著於令。始，《貞觀禮》歲以春、秋仲月巡陵，至武后時，乃以四季月、生日、忌日遣使詣陵起居。"

吉 **彭景直**(太常博士)**上疏請停獻陵、昭陵、乾陵每日奠祭，帝不納。**(新唐志·禮樂四，新唐書·儒學列傳中，通典·吉禮十一)

【儀制】《新唐志》錄帝所定曰："乾陵宜朝晡進奠如故。昭、獻二陵日一進，或所司苦於費，可減朕常膳為之。"

【理據】《新唐志》錄彭景直上疏曰："禮無日祭陵，惟宗廟月有祭。……近代始以朔、望諸節祭陵寢，唯四時及臘五享廟。考經據禮，固無日祭於陵。"

【考釋】《唐會要·緣陵禮物》記此事在神龍二年(706)二月。

景龍三年(709)

嘉 **二月己丑**(初二)**，帝與皇后至玄武門，觀宮女大酺，假爲市肆。**(舊唐書·中宗本紀，新唐書·中宗本紀)

【儀制】《舊唐書》記曰："與近臣觀宮女大酺，既而左右分曹，共爭勝負。上又遣宮女爲市肆，鬻賣衆物，令宰臣及公卿爲商賈，與之交易，因爲忿爭，言辭猥褻。上與后觀之，以爲笑樂。"《新唐書》則記曰："觀宮女拔河。"

吉 **三月，唐紹**(太常博士)**上疏請裁減武氏昊陵、順陵等守户，韋氏褒德廟衛兵，未納。**(舊唐書·唐臨列傳，新唐書·唐臨列傳，資治通鑑·唐紀二十五)

【考釋】《新唐書》錄唐紹曰："昊、順二陵守户五百，與昭陵同。在令，先世帝王陵户二十，今雖崇奉外家，宜準附常典。又親王墓户十，梁、魯乃追贈，不可踰真王。褒德衛卒，至踰宗廟，不可明甚，請罷之。"按武三思贈梁宣王，武崇訓贈魯忠王。

嘉 **六月壬寅**(十七)**，因旱，帝避正殿，減膳，撤樂。**(舊唐書·中宗本紀，新唐書·中宗本紀)

【考釋】《新唐書》標此事在六月庚子(十五)。

嘉 七月辛酉(初七)，至梨園亭，宴侍臣學士。(舊唐書‧中宗本紀)

嘉 七月辛酉，皇后表請婦人不因夫、子封者，蔭其子孫。(舊唐書‧中宗本紀，新唐書‧中宗本紀)

嘉 八月壬辰(初八)，遣十使巡察天下。(舊唐書‧中宗本紀)

嘉 八月乙未(十一)，帝親送張仁亶(朔方軍總管、韓國公)於通化門外，製序賦詩。(舊唐書‧中宗本紀)

吉 八月丁酉(十三)，將祀南郊，祝欽明(國子祭酒)、郭山惲(國子司業)建言以皇后當助祭，唐紹(太常博士)、蔣欽緒(太常博士)、褚无量(脩文館學士)等固爭以爲不可，韋巨源(左僕射)定儀注，請依祝氏説，帝從之。(舊唐書‧唐臨列傳、蘇瓌列傳、韋安石列傳、褚无量列傳、儒學列傳下、后妃列傳上，舊唐志‧禮儀一，新唐書‧唐臨列傳、祝欽明列傳、蘇瓌列傳、儒學列傳下，通典‧吉禮二注，資治通鑑‧唐紀二十五)

【理據】①《舊唐志》録祝欽明上言：“《内司服》：‘職掌王后之六服，凡祭祀，供后之衣服。’又《祭統》曰：‘夫祭也者，必夫婦親之。’據此諸文，即知皇后合助皇帝祀天神祭地祇明矣。”② 然又録唐紹等議曰：“皇后南郊助祭，於禮不合。但欽明所執，是祭宗廟禮，非祭天地禮。按漢、魏、晉、宋及後魏、齊、梁、隋等歷代史籍，興王令主，郊天祀地，代有其禮，史不闕書，並不見皇后助祭之事。”

【附識】《通典》自注又記曰：“欽明又奏請以安樂公主爲終獻，遂改南郊儀注，唐紹、蔣欽緒固爭，乃止。遂以巨源爲終獻。”

【考釋】①《新唐書‧唐臨列傳》記曰：“祝欽明等知韋后能制天子，欲迎諂之，即奏以皇后亞獻，安樂公主終獻。”② 據各列傳，知固爭者尚有蘇瓌(吏部尚書)、褚无量(國子司業)、彭景直(博士)。

【論評】秦蕙田《五禮通考》論曰：“皇后助祭南郊，固非典禮，然其端起于合祭也。天地既已同牢，夫婦何妨並薦，殉葬之禍由于作俑，信然。唐紹、蔣欽緒奮然爭之，考證確實，辨駁明暢，洵爲快矣。然卒不行邪，見之難黜如是！”(《吉禮九》

"圜丘祀天")

嘉 八月乙巳(二十一)，帝至安樂公主(帝之女)山亭，宴侍臣、學士；十月庚寅(初八)，帝至安乐公主金城新宅，宴侍臣、學士。（舊唐書·中宗本紀）

嘉 九月壬戌(初九)，帝至九曲亭子，宴侍臣、學士。（舊唐書·中宗本紀）

吉 十一月乙丑(十三，冬至)，依唐紹(右臺侍御史)議，親祀圜丘。（舊唐書·中宗本紀，舊唐志·禮儀一，新唐書·中宗本紀，通典·吉禮二）

【儀制】①《舊唐書》記曰："皇后登壇亞獻，左僕射舒國公韋巨源爲終獻。"②《舊唐志·禮儀一》則記曰："以皇后爲亞獻，仍補大臣李嶠等女爲齋娘，執籩豆焉。"

【理據】《舊唐志》記其時盧雅、侯藝等奏請"十二日甲子以爲吉會"，唐紹非之，以爲當從冬至。

【因革】《舊唐書·玄宗本紀上》記有"四年，中宗將祀南郊，[李隆基]來朝京師"，可見明年又行南郊。

【考釋】此事二《唐書》本紀均作"親祀南郊"，《舊唐志》作"竟依紹議以十三日乙丑祀圜丘"。而《通典》則別爲兩條，其一曰"景龍三年，親祀南郊"，其二曰"景雲元年十一月十三日乙丑冬至，祀圜丘"，誤，因明年曆日顯然不合。

賓 十一月甲戌(二十二)，吐蕃贊普遣使尚贊吐來迎娶，帝宴之於苑内毬場。（舊唐書·中宗本紀、吐蕃列傳上）

景龍四年(710)

嘉 正月乙卯(初三)，於化度寺設無遮大齋。（舊唐書·中宗本紀）

嘉 正月丙寅(十四)夜，帝與皇后微行觀燈；丁卯(十五)夜，又微行看燈。（舊唐書·中宗本紀，新唐書·中宗本紀）

賓 正月己卯(二十七)，帝至始平，送金城公主歸吐蕃。(舊唐書·中宗本紀、吐蕃列傳上)

【儀制】《吐蕃列傳》記曰："設帳殿於百頃泊側，引王公宰相及吐蕃使入宴。中坐酒闌，命吐蕃使進前，諭以公主孩幼，割慈遠嫁之旨，上悲泣歔欷久之。因命從臣賦詩餞別。"

【理據】陳戎國指出："王姬下嫁而築外館，周禮已如此。皇帝親自送出嫁之女到郊外，此則周禮所無，我們祇能用愛女之深而不覺越禮或者重視'爲國大計'而不覺過分來解釋了。"(《中國禮制史·隋唐五代卷》，第250頁)

嘉 二月庚戌(二十九)，帝與皇后、公主至梨園毬場，觀文武官員拔河。(舊唐書·中宗本紀，新唐書·中宗本紀)

【儀制】《舊唐書》記曰："令中書門下供奉官五品已上、文武三品已上並諸學士等，自芳林門入集於梨園毬場，分朋拔河。"

嘉 三月甲寅(初三)，帝至臨渭亭修禊飲；丙辰(初五)，游宴桃花園；四月丁亥(初六)，游宴桃花園。(舊唐書·中宗本紀)

【儀制】《舊唐書》記修禊曰："賜群官柳棬以辟惡。"又記四月游桃花園曰："引中書門下五品已上諸司長官學士等入芳林園嘗櫻桃，便令馬上口摘，置酒爲樂。"

嘉 四月乙未(十四)，帝至隆慶池，結綵爲樓，宴侍臣，泛舟戲樂。(舊唐書·中宗本紀)

凶 嘉 六月壬午(初二)，帝被殺於神龍殿，秘不發喪；癸未(初三)，立李重茂(温王)爲皇太子；甲申(初四)，發喪於太極殿，改元唐隆。(舊唐書·中宗本紀、睿宗本紀，新唐書·睿宗本紀)

【考釋】①《舊唐書》記安樂公主求立爲皇太女，未果，而與皇后合謀毒殺帝。② 原皇太子李重俊被殺於景龍元年(707)。

吉 六月丁亥(初七)，皇太子即位於柩前，皇太后(韋氏)臨朝稱制。(舊唐書·中宗本紀)

嘉 六月丁亥，立陸氏（妃）爲皇后。（新唐書·睿宗本紀）

睿宗(李旦,高宗第八子)

吉 六月甲辰（二十四），帝即位，御承天門樓，李重茂遜位，封爲溫王。

（舊唐書·睿宗本紀,新唐書·睿宗本紀）

【理據】《舊唐書》記數日前，"諸韋、武黨與皆誅之"，"王公百僚上表，咸以國家多難，宜立長君，以帝衆望所歸，請即尊位"。

景雲元年(710)

嘉 七月己巳（二十），册李隆基（平王）爲皇太子，改元。（舊唐書·睿宗本紀、玄宗本紀上,新唐書·睿宗本紀）

【儀制】《玄宗本紀》記曰："睿宗御承天門，皇太子詣朝堂受册。"

吉 七月乙亥（二十六），廢武氏崇恩廟，昊陵、順陵並去陵名。（舊唐書·睿宗本紀,舊唐志·禮儀五,新唐書·睿宗本紀,通典·吉禮六）

【因革】明年五月庚戌（初六），又復昊陵、順陵。

凶 七月，追廢韋太后爲庶人，安樂公主爲悖逆庶人，以禮改葬；追削武三思、武崇訓爵諡，剖棺戮屍，平其墳墓。（舊唐書·睿宗本紀,資治通鑑·唐紀二十五）

【儀制】《舊唐書·后妃列傳上》記曰："翌日，敕收后屍，葬以一品之禮，追貶爲庶人；安樂公主葬以三品之禮，追貶爲悖逆庶人。"

吉 十月甲申（初七），下詔於洛陽別立義宗廟；癸卯（二十六），出孝敬皇帝神主於太廟，遷入義宗廟，祔中宗神主於太廟。（舊唐書·睿宗本紀,舊唐志·禮儀五,新唐書·睿宗本紀）

【考釋】孝敬皇帝，即李弘，神龍元年(705)祔入太廟，《舊唐書》記曰："詔蕭敬皇帝神主先祔太廟，有違古義。"

【理據】《舊唐志》録此年姚元之(中書令)、宋璟(吏部尚書)奏言："準禮，大行皇帝山陵事終，即合祔廟。其太廟第七室，先祔皇兄義宗孝敬皇帝、哀皇后裴氏神主。伏以義宗未登大位，崩後追尊，神龍之初，乃特令遷祔。《春秋》之義，國君即位未踰年者，不合列昭穆。"《舊唐書·高宗諸子列傳》、《新唐志·禮樂三》亦載此事。

【儀制】《新唐志·禮樂三》記宗廟神主："由是祔中宗，而光皇帝不遷，遂爲七室矣。"

凶 十一月己酉(初二)，葬中宗於定陵，追諡號和思順聖皇后(趙氏)，祔葬。(舊唐書·睿宗本紀、后妃列傳上，新唐書·睿宗本紀)

【理據】《后妃列傳》記曰："及中宗崩，將葬于定陵，議者以韋后得罪，不宜祔葬。於是追諡后爲和思。"

【儀制】《后妃列傳》記祔葬："莫知[后]瘞所，行招魂祔葬之禮。"其時依彭景直(太常博士)言，"古無招魂葬之禮，不可備棺椁，置輀輬。宜據《漢書·郊祀志》葬黃帝衣冠於橋山故事，以皇后褕衣於陵所寢宮招魂，置衣於魂輿，以太牢告祭，遷衣於寢宮，舒於御榻之右，覆以夷衾而祔葬焉"。

【考釋】趙氏去世於高宗上元二年(675)。

景雲二年(711)

賓 正月癸丑(初七)，突厥默啜可汗遣使請和親，許以金山公主(李成器女)嫁之。(舊唐書·睿宗本紀、突厥列傳上，新唐書·突厥列傳上)

吉 正月乙丑(十九)，追立劉氏(妃)爲肅明皇后，陵曰惠陵，竇氏(德妃)爲昭成皇后，陵曰靖陵，皆招魂葬於東都城南，於京師立儀坤廟。

(舊唐書·睿宗本紀，舊唐志·禮儀五，新唐書·睿宗本紀，資治通鑑·唐紀二十六)

【考釋】劉、竇二妃被殺於武后長壽二年(693)。

吉 二月辛卯(十六)，禁屠。(新唐書·睿宗本紀)

嘉 四月癸未(初八)，下詔自今每緣法事集會，僧尼、道士、女冠等宜齊行道集。(舊唐書·睿宗本紀)

【理據】《舊唐書》記曰："詔以釋典玄宗，理均迹異，拯人化俗，教別功齊。"

制 四月壬寅(二十七)，令內外官依上元元年(674)故事改服制。(舊唐書·睿宗本紀，舊唐志·輿服)

【儀制】①《舊唐書》記曰："九品已上文武官咸帶手巾算袋，武官咸帶七事鞊鞢並足。其腰帶一品至五品並用金，六品七品並用銀，八品九品並用鍮石。魚袋著紫者金裝，著緋者銀裝。"②《舊唐志》記曰："一品已下帶手巾、算袋，其刀子、礪石等許不佩。武官五品已上佩鞊鞢七事，七謂佩刀、刀子、礪石、契苾真、噦厥針筒、火石袋等也。"

【因革】《舊唐至》記曰："至開元初復罷之。"

吉 四月甲辰(二十九)，作老子(玄元皇帝)廟。(新唐書·睿宗本紀)

吉 七月，皇太子(李隆基)將釋奠，有司草儀注令從臣皆乘馬，著衣冠，劉子玄(太子左庶子)進議宜省廢，從之。八月丁巳(十五)，皇太子釋奠於太學。(舊唐書·睿宗本紀，舊唐志·禮儀四、輿服，新唐書·睿宗本紀，新唐志·車服，通典·吉禮十二)

【理據】《舊唐志·輿服》録劉子玄議曰："褒衣博帶，革履高冠，本非馬上所施，自是車中之服。必也襪而升鐙，跣以乘鞍，非惟不師古道，亦自取驚今俗，求諸折中，進退無可。"又曰："今議者皆云秘閣有梁武帝南郊圖，多有衣冠乘馬者，此則近代故事，不得謂無其文。臣案此圖是後人所爲，非當時所撰。"

賓 十二月丁未(初七)，作潑寒胡戲。(新唐書·睿宗本紀)

【理據】神龍元年(705)十一月，中宗始觀此戲。

軍 源乾曜(諫議大夫)上疏請行三九射禮。(舊唐書·源乾曜列傳，新唐書·源乾曜列

傳,通典・軍禮二)

【儀制】《通典》記曰:"大唐之制,皇帝射於射宮則張熊侯,射觀於射宮則張麋侯,皆去殿九十步。太樂令設宮懸之樂,鼓吹令設十二案於殿之庭。若游宴射則不陳樂懸。三月三日、九月九日,賜百僚射。"

【因革】《舊唐書》記曰:"時久廢公卿百官三九射禮。"《通典》自注則記之更詳:"自貞觀至麟德元年,行三月之射,行九月之射,其禮遂。至景雲二年,諫議大夫源乾曜上表請行射禮,直至先天元年、二年。"按"其禮遂",校勘記云當作"自後其禮遂廢"。

太極元年(712,五月改元延和)

吉 正月辛未(初一),親謁太廟。(舊唐書・睿宗本紀,新唐書・睿宗本紀)

嘉 正月癸酉(初三),帝始釋慘服,御正殿受朝賀。(舊唐書・睿宗本紀)

吉 正月,將祀南郊,有司立議唯祭昊天上帝,不設皇地祇之位,賈曾(諫議大夫)上表謂宜合祭天地,制令禮官詳議,褚无量(國子祭酒)、郭山惲(國子司業)等同之,未從。(舊唐志・禮儀一,舊唐書・文苑列傳中,新唐志・禮樂三,通典・吉禮二、吉禮四)

【因革】此前武后天册萬歲元年(695),南郊始合祭天地。

【考釋】《舊唐書》記最終"竟依[賈]曾所奏",非也,茲依《舊唐志》所記"時又將親享北郊,竟寢曾之表",《新唐志》同。

吉 正月辛巳(十一),南郊。(舊唐書・睿宗本紀,新唐書・睿宗本紀)

吉 正月戊子(十八),親耕藉田,改元。(舊唐書・睿宗本紀,舊唐志・禮儀四,新唐書・睿宗本紀)

吉 正月己丑(十九),下詔孔子(宣父)祠廟,旁三十户供以灑掃。(舊唐書・睿宗本紀,舊唐志・禮儀四,新唐志・禮樂五)

【儀制】《舊唐書》記曰："追贈顏回爲太子太師,曾參爲太子太保。每年春秋釋奠,以四科弟子、曾參從祀,列于二十二賢之上。"

樂 **正月,皇太子令宮臣就率更寺閱女樂。**(新唐書·賈曾列傳,通典·樂七)

【考釋】《新唐書》錄賈曾(太子舍人)上諫並令禁斷。按此後開元二年八月之禁蓋源於此。

吉 **二月丁巳**(十八),**皇太子釋奠於太學。**(舊唐書·睿宗本紀,新唐書·睿宗本紀)

【儀制】《唐會要·釋奠》記曰："皇太子親釋奠,開講筵,國子司業褚无量執經。"

【考釋】《舊唐書》標此事在二月丁亥,不合曆日。

制 **二月己巳**(三十),**奏上《太極格》,頒行之。**(舊唐書·睿宗本紀,舊唐志·刑法,新唐志·刑法,通典·刑法三)

【考釋】《舊唐志》記在景雲初,帝即位,即敕岑羲(戶部尚書)、陸象先(中書侍郎)、徐堅(右散騎常侍)、唐紹(右司郎中)、邵知與(刑部員外郎)、陳義海(刪定官大理寺丞)、張處斌(右衞長史)、張名播(大理評事)、羅思貞(左衞率府倉曹參軍)、閻義顓(刑部主事)"凡十人,刪定格式律令",至此方成。

吉 **五月戊寅**(初十),**親祀北郊,改元。**(舊唐書·睿宗本紀,新唐書·睿宗本紀)

凶 **六月,唐紹**(左司郎中)**上疏禁斷厚葬,從之。**(舊唐志·輿服,通典·凶禮八)

【儀制】《舊唐志》錄唐紹上疏："近者王公百官,競爲厚葬,偶人像馬,雕飾如生,徒以眩耀路人,本不因心致禮。更相扇慕,破產傾資,風俗流行,遂下兼士庶。若無禁制,奢侈日增。望諸王公已下,送葬明器,皆依令式,並陳於墓所,不得衢路行。"

嘉 **七月己卯**(十二),**帝觀樂於安福門。**(舊唐書·睿宗本紀,新唐書·睿宗本紀)

【儀制】《舊唐書》記曰："以燭繼晝,經日乃止。"

嘉 **七月丙戌**(十九),**因旱,減膳。**(新唐書·睿宗本紀)

吉 **八月庚子**(初三),**傳位於皇太子,自稱太上皇帝。**(舊唐書·睿宗本紀,新唐書·玄宗本紀)

【考釋】《舊唐書·玄宗本紀》則記傳位之制下於七月壬午（十五）。

凶 賈曾任爲中書舍人，因曹司名與其父賈忠同音，固辭，議者以爲於禮無嫌，賈乃就職。（通典·凶禮二十六）

玄宗（李隆基，睿宗第三子）

先天元年（712）

嘉 八月丁巳（二十），立王氏（妃）爲皇后。（舊唐書·睿宗本紀、后妃列傳上，新唐書·睿宗本紀）

【考釋】《新唐書》標此事在八月丁未（初十）。

吉 十月庚子（初四），親謁太廟。（舊唐書·睿宗本紀，新唐書·玄宗本紀）

吉 十月壬寅（初六），祔昭成皇后（竇氏）、肅明皇后（劉氏）神主於儀坤廟。

（舊唐書·睿宗本紀、后妃列傳上）

軍 十月癸卯（初七），帝至新豐之温湯，校獵於渭川。（舊唐書·睿宗本紀，新唐書·睿宗本紀）

【考釋】《通典·軍禮一》則記此年"十一月，獵於驪山之下"。

嘉 十一月，唐紹（左司郎中）上疏禁斷婚禮用障車及戲樂，從之。（舊唐志·輿服，新唐書·唐臨列傳，通典·嘉禮三）

【儀制】《舊唐志》録唐紹上疏："往者下俚庸鄙，時有障車，邀其酒食，以爲戲樂。近日此風轉盛，上及王公，乃廣奏音樂，多集徒侶，遮擁道路，留滯淹時，邀致財物，動踰萬計。遂使障車禮既，過於聘財，歌舞喧譁，殊非助感。既虧名教，實蠹風猷，違紊禮經，須加節制。"

嘉 十二月丁未（十二），禁人屠殺犬雞。（舊唐書·睿宗本紀）

先天二年(713，十二月改元開元)

嘉 正月上元(十五)夜，太上皇至安福門觀燈。（舊唐書·睿宗本紀）

【儀制】《舊唐書》記曰：“出內人連袂踏歌，縱百僚觀之，一夜方罷。”

嘉 二月，帝至延喜門觀燈縱樂，凡三日夜，嚴挺之(左拾遺)上疏諫止。

（舊唐書·睿宗本紀）

吉 三月辛巳(十八)，皇后祀先蠶。（舊唐書·睿宗本紀，通典·吉禮五，資治通鑑·唐紀二十六）

【因革】《通鑑》胡注引《太上皇録》：“自嗣聖、光宅以來，廢闕此禮，至是重行。”

【考釋】此事時日，《舊唐書》記在三月辛卯，《新唐書·玄宗本紀》記在正月辛巳，茲從《通鑑》，胡三省注引《考異》已作出辨析。

嘉 六月辛丑(初九)，因霖雨，避正殿，減膳。（新唐書·睿宗本紀）

吉 七月甲戌(十三)，令毀天樞。（舊唐書·玄宗本紀上，新唐書·玄宗本紀）

【因革】天樞建於延載元年(694)。

【考釋】《資治通鑑·唐紀二十七》記“毀天樞”在明年三月，又云“韋后亦於天街作石臺，高數丈，以頌功德，至是并毀之”。

吉 七月己丑(二十八)，改稱昊陵、順陵爲太原王及妃墓。（舊唐書·玄宗本紀上）

【因革】參見景雲元年(710)二陵一度曾廢、復。

賓 八月丙辰(二十五)，突厥默啜可汗遣子楊我支來求婚，丁巳(二十六)，

許以南和縣主(蜀王女)嫁之。（新唐書·突厥列傳上，資治通鑑·唐紀二十六）

【考釋】前年默啜可汗請婚，許嫁金山公主，未成。

嘉 九月己卯(十九)，宴王公百僚於承天門。（舊唐書·玄宗本紀上）

【儀制】《舊唐書》記曰：“令左右於樓下撒金錢，許中書、門下五品已上官及諸司

三品已上官争拾之。"

軍 十月癸卯（十三），帝至新豐之溫湯，講武於驪山；甲辰（十四），畋獵

於渭川。（舊唐書・玄宗本紀上，新唐書・玄宗本紀，通典・軍禮一）

【儀制】《通典》記曰："征兵二十萬，戈鋌金甲，照耀天地。列大陣於長川，坐作

進退，以金鼓之聲節之。玄宗親擐戎服，持大鎗，立於陣前。"

【考釋】①《舊唐書》標此二事在十一月，不合曆日。②《舊唐志・禮儀一》記此

次講武，郭元振（兵部尚書）因虧失軍容，配流新州，唐紹（給事中知禮儀）以草軍儀有

失，被斬。

【附識】《舊唐志》記其前後之事曰："則天時，以禮官不甚詳明，特詔國子博士祝

欽明及[韋]叔夏，每有儀注，皆令參定。叔夏卒後，博士唐紹專知禮儀，博學詳

練舊事，議者以爲稱職。"又曰："其後禮官張星、王琇又以元日儀注乖失，詔免官

歸家學問。"

賓 十二月己亥（初十），禁斷潑寒胡戲。（舊唐書・玄宗本紀上，通典・樂六）

【因革】① 此戲傳入時，中宗曾觀之，參見神龍元年（705）。②《通典》載此前在

神龍二年三月即有吕元泰（并州清源縣令）上疏，景雲二年（711）又有韓朝宗（左拾遺）

諫，先天二年（713）十月又有張説（中書令）諫請罷此戲。

【考釋】《通典》記曰："乞寒者，本西國外蕃之樂也。"又録張説言其儀："乞寒、潑

胡，未聞典故，裸體跳足，盛德何觀；揮水投泥，失容斯甚。"

【理據】《新唐書・吕元泰列傳》録吕氏上疏曰："比見坊邑相率爲《渾脱》隊，駿

馬胡服，名曰《蘇莫遮》。旗鼓相當，軍陣勢也；騰逐喧譟，戰争象也；錦繡夸競，

害女工也；督斂貧弱，傷政體也；胡服相歡，非雅樂也；渾脱爲號，非美名也。安

可以禮義之朝，法胡虜之俗？"

吉 五嶽四瀆之祀，太常奏不當稱嗣天子，並親署祝文，從之。（通典・

吉禮五注）

【儀制】《通典》自注録太常奏曰："伏請稱皇帝謹遣某乙，敬祭於某岳瀆之神。"

卷六
隋至唐開元：禮制極盛期

開元二年(714)

吉 軍 正月壬午(二十三)，關中自去年秋至今不雨，遣使賑給，並令祈祭名山大川，葬暴骸。(舊唐書·玄宗本紀上，新唐書·玄宗本紀)

樂 正月，置左右教坊以教俗樂，選樂工三百人，帝自教法曲於梨園，選宮女數百，居宜春北院，張廷珪(禮部侍郎)、袁楚客(酸棗尉)上疏諫，未從。(舊唐志·音樂一，新唐志·禮樂十二，資治通鑑·唐紀二十七)

【因革】《通鑑》記曰："舊制，雅俗之樂，皆隸太常。上精曉音律，以太常禮樂之司，不應典倡優雜伎，乃更置左右教坊以教俗樂。"

嘉 二月壬辰(初四)，避正殿，減膳，徹樂。(新唐書·玄宗本紀)

嘉 閏二月癸亥(初五)，令道士、女冠、僧尼致拜父母。(舊唐書·玄宗本紀上)

吉 四月辛未(十五)，停諸陵供奉鷹犬。(新唐書·玄宗本紀)

【因革】《唐會要·緣陵禮物》自注："高宗時置。"

嘉 七月乙未(初十)，焚錦繡、珠玉於前殿，戊戌(十三)，禁采珠玉、刻鏤器玩、珠繩帖綃服，廢織錦坊。(新唐書·玄宗本紀，通典·嘉禮八)

【理據】《資治通鑑·唐紀二十七》記曰："上以風俗奢靡。"

【儀制】《通典》又記曰："敕百官所帶算袋等，每朔望參日著，外官衙日著，餘日停。"

【論評】《通鑑》評曰："明皇之始欲爲治，能自刻厲節儉如此，晚節猶以奢敗，甚哉奢靡之易以溺人也！"

凶 七月丁未(二十二)，李重茂(房州刺史、襄王)去世於梁州，謚曰殤帝，帝廢朝三日；十一月庚寅(初六)，葬於武功西原。(舊唐書·玄宗本紀上、中宗諸子列傳，資治通鑑·唐紀二十七)

【考釋】① 喪日,《舊唐書》標作七月辛未,不合曆日,據《新唐書》可知在丁未日。
② 葬日,《資治通鑑·唐紀二十七》標在十一月辛卯(初七)。

嘉 七月戊申(二十三),禁百官家不得與僧尼、道士往還;壬子(二十七),
禁民間鑄佛、寫經。(資治通鑑·唐紀二十七)

【因革】《通鑑》於此年正月記曰:"中宗以來,貴戚爭營佛寺,奏度人爲僧,兼以
偽妄;富户強丁多削髮以避徭役,所在充滿。姚崇上言,……命有司沙汰天下僧
尼,以偽妄還俗者萬二千餘人。"

樂 八月壬戌(初七),禁女樂。(新唐書·玄宗本紀)

嘉 九月丁酉(十三),宴京城侍老於含元殿庭。(新唐書·玄宗本紀)

【儀制】《新唐書》記曰:"賜九十以上几、杖,八十以上鳩杖,婦人亦如之,賜於
其家。"

凶 九月甲寅(三十),明喪禮務有節制,定制依準施行。(舊唐書·玄宗本
紀上)

【儀制】《舊唐書》録制曰:"宜令所司據品令高下,明爲節制:冥器等物,仍定色
數及長短大小;園宅下帳,並宜禁絶;墳墓塋域,務遵簡儉;凡諸送終之具,並不
得以金銀爲飾。"

【理據】《舊唐書》録制曰:"自古帝王皆以厚葬爲誡,以其無益亡者,有損生業故
也。近代以來,共行奢靡,遞相仿效,浸成風俗,既竭家産,多至凋弊。……且墓
爲真宅,自便有房,今乃别造田園,名爲下帳,又冥器等物,皆競驕侈。失禮違
令,殊非所宜;戮屍暴骸,實由於此。"

開元三年(715)

嘉 正月丁亥(初四),立李嗣謙(郢王)爲皇太子。(舊唐書·玄宗本紀上、玄宗諸子列
傳,新唐書·玄宗本紀)

嘉 二月,禁斷天下采捕鯉魚。(舊唐書·玄宗本紀上)

嘉 五月戊申(二十八)，因旱，避正殿，減膳。(新唐書·玄宗本紀)

軍 十月二十四日，大蒐於岐州鳳泉湯。(通典·軍禮一,唐會要·蒐狩)

吉 陳貞節(右拾遺)上疏以爲章懷太子(李賢)等四太子廟不當官守供祀，並令承後子孫自修其事，帝令有司集禮官詳議，裴子餘(駕部員外郎)、段同泰(太常博士)議均以爲不可。(通典·吉禮六)

【儀制】《通典》録陳貞節上疏稱其時四廟之儀曰："今章懷太子等乃以陵廟，分署官寮，八處修營，四時祭享，物須官給，人必公糧，各樂登歌，咸同列帝。"

【因革】《通典》記此後至開元二十二年(734)七月，敕"諸贈太子有後者，但官置廟，各令子孫自主祭，其署及官悉停"。

軍 邠王(李守禮)將鷹犬與家人出獵，潘好禮(滑州刺史,邠王府司馬)遮道請還，臥於馬前，遂止。(舊唐書·良吏列傳下)

【理據】《舊唐書》録潘好禮曰："今正是農月，王何得非時將此惡少狗馬踐暴禾稼，縱樂以損於人！"

【考釋】此事在潘好禮此年出任滑州刺史後，未悉具體年月。

開元四年(716)

凶 六月癸亥(十九)，太上皇(睿宗)去世於百福殿；十月庚午(二十八)，葬於橋陵。(舊唐書·睿宗本紀、玄宗本紀上,新唐書·玄宗本紀)

【儀制】《舊唐志·后妃列傳上》記皇后劉氏、竇氏均遷祔橋陵。

【考釋】去世之日,《新唐書·玄宗本紀》記作六月甲子(二十)。

吉 七月壬辰(十三)，姜皎(太常卿)與陳貞節(太常博士)、蘇獻(太常博士)等奏議請奉睿宗神主於太廟，遷中宗神主於別廟，從之。(舊唐志·禮儀五,新唐志·禮樂三,新唐書·儒學列傳下,通典·吉禮十,資治通鑑·唐紀二十七)

【儀制】①《舊唐志》又記采陳貞節等奏，"遷昭成皇后神主祔於睿宗之室，惟留蕭明神主於儀坤廟”。②《新唐志》記曰：“於是立中宗廟于太廟之西。”

【理據】《舊唐志》録陳貞節等議曰：“謹按孝和皇帝在廟，七室已滿。今睿宗大聖真皇帝是孝和之弟，甫及仲冬，禮當祔遷。……孝和皇帝有中興之功，而無後嗣，請同殷之陽甲、漢之成帝，出爲別廟，時祭不虧，大祫之辰，合食太祖。”

【論評】①《資治通鑑·唐紀二十七》胡注：“蕭明皇后，睿宗之元妃也；昭成后，次妃也。以生帝升祔睿宗，而蕭明后祀於別廟，非禮也。”② 秦蕙田《五禮通考》論曰：“兄弟不相爲後者，謂兄弟昭穆等倫同堂異室，祔則竝祔，祧則同祧，不紊世次之序耳，非謂不相爲後，則不可同享於廟也。陳貞節等迺有出爲別廟之議，可爲未達於禮矣。”（《吉禮八十》“宗廟制度”）

凶 七月，王仁皎（開府儀同三司）去世，子王守一（駙馬都尉）請依竇孝諶（昭成皇后父）故事，墳高五丈一尺，宋璟（侍中）、蘇頲（中書侍郎）上表請一依禮式，帝從之。（舊唐書·宋璟列傳，新唐書·宋璟列傳，唐會要·葬）

吉 十一月丁亥（十五），遷中宗神主於西廟。（舊唐書·玄宗本紀上，新唐書·玄宗本紀）

【考釋】《資治通鑑·唐紀二十七》記此年八月乙巳，“立中宗廟於太廟之西”。按此年八月庚戌朔，無乙巳日。

吉 十二月，姜皎（太常卿）與陳貞節（禮官）等上表請改題“天后聖地帝武氏”神主爲“則天皇后武氏”，詔從之。（舊唐志·禮儀五，通典·吉禮六，唐會要·廟議上）

【理據】《舊唐志》録姜皎等上表曰：“夫七廟者，高祖神堯皇帝之廟也。父昭子穆，祖德宗功，非夫帝子天孫，乘乾出震者，不得升祔於斯矣。但皇后祔廟，配食高宗，位號舊章，無宜稱帝。”

開元五年(717)

嘉 正月壬寅（初一），帝以太上皇喪，不受朝賀。（舊唐書·玄宗本紀上）

吉 正月癸卯(初二)，太廟四室壞，移神主於太極殿，帝素服避正殿，親於太極殿祭享五日。(舊唐書·玄宗本紀上,舊唐志·禮儀五,新唐書·玄宗本紀、儒學列傳下,新唐志·禮樂三)

【考釋】《新唐書·儒學列傳下》記其時，"帝將幸東都而太廟壞，姚崇建言廟本苻堅故殿，不宜罷行"，褚无量"鄙其言，以爲不足聽，乃上疏"，然帝從姚崇，遂東行。

吉 正月己酉(初八)，帝將赴東都，謁神主於太極殿。(新唐書·玄宗本紀,新唐志·禮樂三)

吉 帝東行，下詔遣褚无量祠堯於平陽，遣宋璟祠舜於蒲坂，蘇頲祠禹於安邑，所在刺史參獻。(新唐書·儒學列傳下)

吉 正月，王仁忠(太常少卿)、馮宗(博士)、陳貞節(博士)等議武則天時所造明堂有乖典制，詔令詳議，王志愔(刑部尚書)等議請依舊造乾元殿，七月甲子(二十七)，下詔改明堂爲乾元殿，罷辟雍之號。(舊唐書·玄宗本紀上,舊唐志·禮儀二,新唐志·禮樂三,新唐書·儒學列傳下,通典·吉禮三)

【理據】《舊唐志》録王仁忠等議曰："增土木之麗，因府庫之饒，南街北闕，建天樞大儀之制，乾元遺趾，興重閣層樓之業。煙焰蔽日，梁柱排雲，人斯告勞，天實貽誠。煨燼甫爾，遽加修復。況乎地殊丙巳，未答靈心，跡匪膺期，乃申嚴配。事昧彝典，神不昭格。此其不可者一也。……今體式乖宜，違經紊禮，雕鐫所及，窮侈極麗。此其不可者二也。……人神雜擾，不可放物。此其不可者三也。"

【儀制】《舊唐志》記曰："自是駕在東都，常以元日冬至於乾元殿受朝賀；季秋大享祀，依舊於圓丘行事。"《新唐志》亦曰："迄唐之世，季秋大享，皆寓圓丘。"

【因革】武后垂拱四年(688)，毀乾元殿，造明堂。張一兵《明堂制度源流考》列出此地在隋唐時期變遷的序列："1. 隋之乾陽殿→2. 唐麟德二年之乾元殿→3. 武后垂拱三年改造爲明堂→4. 唐玄宗開元五年改爲乾元殿→5. 唐玄宗開元十年復爲明堂→6. 唐玄宗開元二十七年改明堂爲新殿→7. 唐玄宗開元二十八年改

新殿爲含元殿……"。（第五章，第199頁）

<u>吉</u> 四月甲午（二十五），從盧履冰（左補闕）上言，廢毀武則天拜洛受圖壇及

顯聖侯廟。（舊唐書・玄宗本紀上，舊唐志・禮儀四，新唐書・玄宗本紀）

【因革】此壇及廟，作於垂拱四年（688）。

【考釋】毀壇之事，《新唐書》標在四月甲申（十五）。

<u>吉</u> 十月七日，因太廟毀，孫平子（河南府人）上書中宗不應遷於別廟，詔

下禮官議，陳貞節（太常博士）、蘇獻（太常博士）、馮宗反對，帝令雙方詳

議，蘇頲（宰相）支持博士，孫氏議不得行，且被貶都城尉。（舊唐志・

禮儀五，新唐書・儒學列傳下，通典・吉禮十，唐會要・廟災變）

【理據】《新唐書》録孫平子上書舉證《春秋》之義，相較而言，"武后篡國，孝和中

興有功，今内主別祠，不得列于世，亦已薄矣"。

【考釋】《新唐書》記曰："博士護前言，合軋平子。平子援經辯數分明，獻等不

能屈。蘇頲右博士，故平子坐貶都城尉。然諸儒以平子孤挺，見迮於禮官，

不平。"

【論評】秦蕙田《五禮通考》論曰："平子之議，漢魏以來儒者論禮皆未之及也，史

稱其援經辨數分明，人莫能屈，豈非理足者可以特立，而諸儒爲之不平，又以見

人心之大公耶！乃卒受貶，而中宗不得復廟，惜哉！"（《吉禮八十》"宗廟制度"）

<u>吉</u> 十月丙子（初十），京城太廟修成；戊寅（十二），祔神主於太廟。（舊唐

書・玄宗本紀上，舊唐志・禮儀五，新唐書・玄宗本紀）

<u>賓</u> 十一月己亥（初三），契丹王李失活來朝；十二月壬午（十七），以永樂

公主（楊氏，宗女）妻之。（舊唐書・玄宗本紀上，資治通鑑・唐紀二十七）

<u>凶</u> 田再思（刑部郎中）議叔嫂可服緦，元行沖（左散騎常侍）議以爲不可。（舊唐

志・禮儀七，通典・凶禮十四）

【理據】《通典》録田再思議臂之以"同爨之服緦，《禮經》明義"，元行沖議則堅決

以爲"嫂叔不服，避嫌疑也"。此乃曹魏時蔣濟與何晏等議之再現。

開元六年(718)

嘉 正月丙辰(初一)，帝以未經大祥，不受朝賀。（舊唐書‧玄宗本紀上）

凶 五月乙未(初二)，孝敬皇后祔於恭陵。（舊唐書‧玄宗本紀上）

嘉 八月，頒鄉飲酒禮於州縣，令每年十二月行之。（資治通鑑‧唐紀二十八）

【考釋】《新唐志‧百官四下》記曰："縣令掌導風化，察冤滯，聽獄訟。凡民田收授，縣令給之。每歲季冬，行鄉飲酒禮。"

吉 秋，睿宗喪畢，祫祀於太廟。（舊唐志‧禮儀六，新唐志‧禮樂三，通典‧吉禮九）

【因革】《新唐志》記曰："明年而禘。自是之後，祫、禘各自以年，不相通數。凡七祫五禘，至二十七年，禘、祫並在一歲。"

吉 十一月丙申(初六)，帝至長安，親謁太廟。（舊唐書‧玄宗本紀上，舊唐志‧禮儀五，新唐書‧玄宗本紀）

【儀制】《舊唐志》記其時有司撰儀注，"祭之日發大明宮"，帝以爲欠妥，"宜於廟所設齋宮，五日，赴行宮宿齋，六日，質明行事"，並改定儀注："玄宗自齋宮步詣太廟，入自東門，就立位。樂奏九成，升自阼階，行裸獻之禮。至睿宗室，俯伏嗚咽，侍臣莫不流涕。"

嘉 宋璟(侍中)上表請停皇太子冠之上禮。（通典‧嘉禮一）

【因革】《通典》録宋璟上表曰："謹按上禮非古，從南齊、後魏方始有此事。而垂拱、神龍，更扇其道，群臣斂錢獻食，君上厚賜答之，姑息施恩，方便求利。"故秦蕙田《五禮通考》論曰："上禮自魏行之，晉王彪之云上禮唯酒犢而已，……相沿已久，習尚成風。宋文貞公以爲……應當停止，可謂卓見矣。"（《吉禮一百四十九》"冠禮"）

開元七年(719)

嘉 五月己丑(初一)，日有食之，帝素服，徹樂，減膳。（新唐書‧玄宗本紀）

嘉 閏七月辛巳（二十五），因旱，避正殿，徹樂，減膳。（新唐書·玄宗本紀）

凶 八月癸丑（二十八），下敕諸服紀一依舊文。（舊唐書·玄宗本紀上，舊唐志·禮儀七，通典·凶禮十一）

【因革】此係針對上元元年（674）武后改爲母服制而來，據《舊唐志》所記，此前在開元五年（717），盧履冰（右補闕）即上言請改從舊禮，於是下制令百官詳議，田再思（刑部郎中）議猶豫其間，"於是紛議不定"，盧履冰又兩度上奏，元行沖（左散騎常侍）亦奏議，然"自是百僚議竟不決"，至此帝方下敕。然而結果是，"自是卿士之家，父在爲母行服不同：或既周而禫，禫服六十日釋服，心喪三年者；或有既周而禫，禫服終三年者；或有依上元之制，齊衰三年者。時議者是非紛然"。《新唐書·儒學列傳下》同。

【理據】《舊唐志》錄帝敕曰："惟周公制禮，當歷代不刊；況子夏爲傳，乃孔門所受。格條之內，有父在爲母齊衰三年，此有爲而爲，非尊厭之義。與其改作，不如師古，諸服紀宜一依《喪服》文。"

【考釋】田再思，《通典》作"田再恩"。

吉 十月，於洛陽來庭縣置義宗廟。（舊唐書·玄宗本紀上，新唐書·玄宗本紀）

【因革】① 義宗廟，曾別立於景雲元年（710）。② 去年正月辛酉（二十六），韋湊（將作大匠）曾上疏請遷孝敬神主，別立義宗廟。

【附識】《舊唐志·禮儀五》尚記韋湊上疏請去廟號"義宗"，以"孝敬"爲廟稱。

【論評】秦蕙田《五禮通考》論曰："廢崇恩廟，出義宗，皆極是。"（《吉禮八十》"宗廟制度"）

嘉 十一月乙亥（二十一），皇太子入國學，行齒胄禮。（舊唐書·玄宗本紀上，舊唐志·禮儀四，新唐書·玄宗本紀、玄宗諸子列傳，新唐志·禮樂五，通典·吉禮十二）

【儀制】①《新唐書》列傳記曰："太常擇日謁孔子，太子獻。"②《新唐志》記曰："皇太子齒胄於學，謁先聖，詔宋璟亞獻，蘇頲終獻。臨享，天子思齒胄義，乃詔二獻皆用胄子，祀先聖如釋奠。右散騎常侍褚无量講《孝經》、《禮記·文王世子》篇。"

【考釋】《舊唐書》標此事在十月戊寅,不合曆日。

開元八年(720)

嘉 正月甲子(十一),皇太子(李嗣謙)加元服;乙丑(十二),皇太子謁太廟。

(舊唐書·玄宗本紀上)

【考釋】①《舊唐書》標此事在"正月甲子朔",此日實非朔日。②《舊唐書·玄宗諸子列傳》記此事在去年正月。

嘉 正月丙寅(十三),會百官於太極殿。(舊唐書·玄宗本紀上)

嘉 三月十八日,李元瓘(國子司業)奏請將孔廟十哲列享在二十二賢之上,從之。(舊唐志·禮儀四,新唐志·禮樂五,通典·吉禮十二,唐會要·褒崇先聖)

【儀制】《舊唐志》記曰:"等十哲爲坐像,悉預從祀。曾參大孝,德冠同列,特爲塑像,坐於十哲之次。圖畫七十子及二十二賢於廟壁上。"

軍 九月,制賜百官九日射。(通典·軍禮二)

樂 九月,趙慎言(瀛洲司法參軍)《論郊廟用樂表》提議祭天地宗廟樂,請加商調,去角調等數項。(通典·樂七,唐會要·雅樂上)

【理據】《通典》錄趙慎言表曰:"以樂治身心,禮移風俗,請立樂教以化兆民。……其國子諸生請教以《樂經》,同於《禮傳》,則人人知禮,家家知樂,自然風移俗易,災害不生。"

軍 十月壬午(初三),獵於下邽。(新唐書·玄宗本紀)

嘉 十一月,中書門下奏改冬至日受朝,從之。(通典·嘉禮十五)

開元九年(721)

軍 七月,許景先(給事中)上疏罷三九射禮,從之。(舊唐書·玄宗本紀上、文苑列

傳中,通典·軍禮二)

【因革】《玄宗本紀》記曰:"先天中,重修三九射禮。"

【理據】《文苑列傳》錄許景先奏曰:"夫古之天子,以射選諸侯,以射飾禮樂,以射觀容志,……今則不然。眾官既多,鳴鏑亂下,以苟獲爲利,以偶中爲能,素無五善之容,頗失三侯之禮。冗官厚秩,禁衛崇班,動盈累千,其算無數。近河南、河北,水潦處多,林胡小蕃,見寇郊壘,軍書日至,河朔騷然。命將除凶,未圖克捷,興師十萬,日費千金。"

賓 九月丁巳（十三），帝至丹鳳樓,宴突厥首領。（舊唐書·玄宗本紀上）

凶 九月丁未（初三），姚崇（開府儀同三司,梁國公）去世,遺令殮以常服,四時之衣各一副,不得求佛寫經造像。（舊唐書·姚崇列傳、玄宗本紀上）

【儀制】《姚崇列傳》錄姚崇遺令:"汝等各宜警策,正法在心,勿效兒女子曹,終身不悟也。吾亡後必不得爲此弊法。若未能全依正道,須順俗情,從初七至終七,任設七僧齋。若隨齋須布施,宜以吾緣身衣物充,不得輒用餘財,爲無益之枉事,亦不得妄出私物,徇追福之虛談。"

開元十年(722)

嘉 六月辛丑（初二），帝訓注《孝經》,頒於天下及國子學。（舊唐書·玄宗本紀上,唐會要·修撰）

吉 六月己巳（三十），增置京城太廟爲九室,宣帝祔於正室,移中宗神主入太廟。（舊唐書·玄宗本紀上,新唐志·禮樂三,通典·吉禮六）

【儀制】《新唐志》記曰:"將親祔之,而遇雨不克行,乃命有司行事。"

軍 八月丁亥,遣陸象先（戶部尚書）往汝、許等州存撫賑給。（舊唐書·玄宗本紀上）

【考釋】此年八月庚子朔,無丁亥日。

吉 九月乙亥（初七），下制百官不得與卜祝之人交游來往。（舊唐書·玄宗本

紀上)

吉 十月癸丑（十五），**復以乾元殿爲明堂，不行享祀之禮。**（舊唐書·玄宗本

紀上，舊唐志·禮儀二，通典·吉禮三）

【因革】明堂改名爲乾元殿，事在開元五年(717)。

軍 十月甲寅（十六），**帝至壽安之故興泰宮，畋獵於上宜山。**（舊唐書·玄宗

本紀上）

制 下詔韋縚（國子司業）**爲禮儀使，專掌五禮。**（舊唐志·禮儀一，新唐志·禮樂一）

開元十一年(723)

吉 二月壬子（十六），**祠后土於汾陰之脽上。**（舊唐書·玄宗本紀上，舊唐志·禮儀

四，新唐書·玄宗本紀）

【儀制】①《舊唐書》記曰："昇壇行事官三品已上加一爵，四品已上加一階，陪位

官賜勳一轉。改汾陰爲寶鼎縣。"②《舊唐志》記"亦如方丘儀"，並以李守禮（邠

王）亞獻，李憲（寧王）終獻。

【因革】《舊唐志》記曰："汾陰后土之祀，自漢武帝後廢而不行。"至去年，纔下制

復祀。

【考釋】《通典·吉禮四》記此事時日頗不同，其曰："開元十一年，玄宗自東都將

還西京，便幸并州。至十二年二月二十二日，祠后土於汾陰脽上。"

吉 四月丙辰（二十二），**遷祔中宗神主於太廟。**（舊唐書·玄宗本紀上）

【儀制】《舊唐志·禮儀五》記曰："追尊宣皇帝爲獻祖，復列於正室，光皇帝爲懿

祖，并遷中宗神主於太廟。及將親祔，會雨而止。乃令所司行事。其京師中宗

舊廟，便毀拆之。"

【考釋】《新唐書·玄宗本紀》記此事曰："五月乙丑（初一），復中宗于太廟。"《唐

會要·廟制度》同之，且記四月徐堅（國子祭酒）上表。

嘉 五月，置麗正書院，聚文學之士。（新唐志·百官二，資治通鑑·唐紀二十八）

【因革】《新唐志》記曰："十三年，改麗正脩書院爲集賢殿書院，五品以上爲學士，六品以下爲直學士，宰相一人爲學士知院事。……玄宗嘗選耆儒，日一人侍讀，以質史籍疑義，至是，置集賢院侍講學士、侍讀直學士。"

吉 八月戊申（十五），尊宣皇帝（八代祖）爲獻祖，光皇帝（七代祖）爲懿祖，始祔於太廟九室。（舊唐書·玄宗本紀上，通典·吉禮六）

【考釋】至此，唐太廟九室爲獻祖、懿祖、太祖、代祖、高祖、太宗、高宗、中宗、睿宗。

吉 九月癸未（二十一），下詔有司備郊天之禮。（冊府元龜）

【考釋】《舊唐書·張九齡列傳》記帝即位，未行親郊之禮，張九齡（右拾遺）上疏請行之。《新唐書·張九齡列傳》同。

吉 九月，令春秋二時釋奠，諸州依舊用牲牢，其屬縣用酒脯。（舊唐書·玄宗本紀上，舊唐志·禮儀四，通典·吉禮十二）

吉 將南郊，張説（中書令，禮儀使）奏請遵古制，服用大裘，乃命有司製二冕，帝定以服袞冕。（新唐志·車服，唐會要·輿服上）

【理據】①《唐會要》録張説奏："皇帝祭昊天上帝，服大裘之冕，事出《周禮》，取其質也。永徽二年，高宗享南郊用之。顯慶元年修禮，改用袞冕，事出《郊特牲》，取其文也。自則天已來用之。若遵古制，則應用大裘；若便於時，則袞冕爲美。"據此，閻步克指出："大裘冕與袞冕之爭，也是一場經學之爭，事涉《周禮》與《禮記·郊特牲》之爭。"（《服周之冕》第十章，第 370 頁）②《新唐志》記曰："玄宗以大裘樸略，不可通寒暑，廢而不服。"

【考釋】《新唐志》記曰："自是元正朝會用袞冕、通天冠，百官朔、望朝參，外官銜日，則佩算袋，餘日則否。玄宗謁五陵，初用素服，朔、望朝顗用常服。"

【論評】閻步克評曰："東漢袞冕郊祀之法，其'六冕同制'的'單列式'冕服結構，至此全部恢復。南北朝以來的六冕復古浪潮，轉趨消歇，冕服變遷繞了一個大

卷六 隋至唐開元：禮制極盛期

彎子，又回歸到了漢明帝水平制度了。"(《服周之冕》第十章，第370頁)

吉 十一月，張説(中書令，禮儀使)建議請以高祖配昊天上帝，罷三祖同配之禮；戊寅(十六)，親祀南郊。(舊唐書·玄宗本紀上，舊唐志·禮儀一，新唐書·玄宗本紀，新唐志·禮樂三，通典·吉禮二)

【因革】《資治通鑑·唐紀二十八》胡注："武德初定令，圜丘以景帝配，明堂以元帝配。貞觀奉高祖配圜丘，永徽二年又奉太宗配明堂。垂拱初用元萬頃議，奉高宗配圜丘。自是郊祀之禮，三祖並配。三祖，謂高祖、太宗、高宗。"

【儀制】《通典·嘉禮九》記此年祀南郊，"乘輅而往，禮畢，騎還"。

開元十二年(724)

賓 七月，突厥默棘可汗遣使哥解頡利發來求婚，八月丙申(初九)，還國，未許婚。(新唐書·突厥列傳下，資治通鑑·唐紀二十八)

【因革】《新唐書》記突厥"連歲遣使獻方物求婚"，至開元二十二年(734)，"默棘連請昏既勤，帝許可，於是遣哥解栗必來謝，請昏期"，旋可汗被殺。

吉 十一月庚申(初四)，帝至華陰，制嶽廟文，勒石立於祠南。(舊唐書·玄宗本紀上)

吉 閏十二月，群臣上書請封禪，裴漼(吏部尚書)、張説(中書令)等累日固請，丁卯(十二)，下制明年十一月十日登封泰山，詔張説、徐堅(右散騎常侍)、韋縚(太常少卿)、康子元(秘書少監)、侯行果(國子博士)等與禮官於集賢書院刊撰儀注。(舊唐志·禮儀三，新唐志·禮樂四，通典·吉禮十三，冊府元龜)

開元十三年(725)

凶 正月壬子(二十七)，葬朔方、隴右、河西戰亡者。(新唐書·玄宗本紀)

凶 七月，下制廢皇后(王氏)爲庶人，十月，去世，以一品禮葬於無相

寺。(舊唐書·后妃列傳上)

吉 八月，張説(中書令)議封禪以睿宗配皇地祇，從之。(舊唐志·禮儀三,通

典·吉禮十三,資治通鑑·唐紀二十八)

【因革】《舊唐志》記徐堅、康子元等奏顯慶年間改燔柴在祭前不妥，趙冬曦(考功

員外郎)、侯行果(太學博士)曰："先焚者本以降神，行之已久。若從祭義，後焚爲

定。"張説曰："據祭義及貞觀。顯慶已後，既先燔，若欲正失禮，求祭義，請從貞

觀禮。如且因循不改，更請從顯慶禮。"於是帝定"依後燔及先奠之儀"。

【儀制】《舊唐志》記李憲(太常卿,寧王)奏請"郊壇時祭，並依此先奠璧而後燔柴、

瘞埋"，從之。

又施敬本(四門助教)駁奏舊封禪禮八條，帝令張説、徐堅與之對議詳定。

【考釋】《舊唐書·張説列傳》記説"首建封禪之議"，此年，受詔與徐堅(右散騎

常侍)、韋縚(太常少卿)等撰《東封儀注》。

制 十月癸丑(初三)，新鑄水運渾天銅儀成，置於景運門内。(舊唐書·玄宗

本紀,資治通鑑·唐紀二十八)

【考釋】《舊唐志·天文上》記曰："詔一行與梁令瓚及諸術士更造渾天儀，鑄銅

爲圓天之象，上具列宿赤道及周天度數。注水激輪，令其自轉，一日一夜，天轉

一周。又別置二輪絡在天外，綴以日月，令得運行。"《新唐志·天文一》同。

吉 十一月，登封泰山。(舊唐書·玄宗本紀上,舊唐志·禮儀三,新唐書·玄宗本紀,新唐

志·禮樂四,通典·吉禮十三)

【儀制】①《舊唐書》略記之曰："十月辛酉(十一)，東封泰山，發自東都。十一月

丙戌(初六)，至兗州岱宗頓。丁亥(初七)，致齋於行宮。己丑(初九)，日南至，備法

駕登山，仗衛羅列嶽下百餘里。詔行從留於谷口，上與宰臣、禮官昇山。庚寅

(初十)，祀昊天上帝於上壇，有司祀五帝百神于下壇。禮畢，藏玉册於封祀壇之

石礀，然後燔柴。燎發，群臣稱萬歲，傳呼自山頂至嶽下，震動山谷。上還齋宮，

慶雲見，日抱戴。辛卯(十一)，祀皇地祇於社首，藏玉册於石礀，如封祀壇之禮。

壬辰(十二),御帳殿受朝賀。……甲午(十四),發岱嶽。"②《舊唐志》詳記每日之儀,尤其是庚寅日,曰:"祀昊天上帝于山上封臺之前壇,高祖神堯皇帝配享焉。邠王守禮亞獻,寧王憲終獻。皇帝飲福酒。"又記辛卯日,曰:"享皇地祇于社首之泰折壇,睿宗大聖貞皇帝配祀。"又記癸巳(十三),曰:"張說進稱:'天賜皇帝太一神策,周而復始,永綏兆人。'帝拜稽首。山上作圓臺四階,謂之封壇。臺上有方石再累,謂之石礌。玉牒、玉策,刻玉填金爲字,各盛以玉匱,束以金繩,封以金泥,皇帝以受命寶印之。納二玉匱於礌中,金泥礌際,以'天下同文'之印封之。壇東南爲燎壇,積柴其上。皇帝就望燎位,火發,群臣稱萬歲,傳呼下山下,聲動天地。"

又《新唐書·突厥列傳下》記曰:"默棘遣大臣阿史德頡利發入獻,遂從封禪。有詔四夷諸酋皆入仗佩弓矢,……因令仗內馳射。"

【考釋】①《新唐書》僅記庚寅、辛卯二日事。②《舊唐書·張說列傳》記曰:"及將東封,授說爲右丞相兼中書令,源乾曜爲左丞相兼侍中,蓋勒成岱宗,以明宰相佐成王化也。說又撰《封禪壇頌》以紀聖德。初,源乾曜本意不欲封禪,而說固贊其事,由是頗不相平。及登山,說引所親攝供奉官及主事等從升,加階超入五品,其餘官多不得上。又行從兵士,惟加勳,不得賜物,由是頗爲内外所怨。"《新唐書·張說列傳》略同。

〔吉〕**十一月丙申(十六),帝至孔子宅,親設奠祭。**(舊唐書·玄宗本紀上,新唐書·玄宗本紀)

開元十四年(726)

〔制〕**正月,王嵒**(通事舍人)**上疏請改撰《禮記》,詔付集賢院學士詳議,張說**(右丞相)**奏請討論貞觀、顯慶五禮,刪改施行,從之。**(舊唐志·禮儀一,新唐志·禮樂一)

【理據】《舊唐志》錄張說奏曰:"今之五禮儀注,貞觀、顯慶兩度所修,前後頗有不同,其中或未折衷。"

軍 秋,十五州旱及霜,五十州水,河南、河北尤甚,遣宇文融(御史中丞)檢覆賑給。(舊唐書·玄宗本紀上)

賓 十一月甲戌,突厥遣使來朝。辛丑(二十七),渤海靺鞨遣子義信來朝。(舊唐書·玄宗本紀上)

【考釋】此年十一月乙亥朔,無甲戌日。

軍 十二月丁巳(十四),獵於方秀川。(新唐書·玄宗本紀)

開元十五年(727)

軍 二月,遣黎敬仁(左監門將軍)往河北賑給貧乏。(舊唐書·玄宗本紀上)

吉 二月十五日,敕享宗廟差左右丞相、尚書、嗣王、郡王攝三公行事。(唐會要·原廟裁制上)

【儀制】《唐會要》更記曰:"若人數不足,通取諸司三品以上長官。自餘祭享,差諸司長官及五品已下清官。"

【因革】《唐會要》又記此後開元二十三年(735)正月二十日,又敕:"宜差丞相、特進、少保、少傅、尚書、賓客、御史大夫攝行事。"至開元二十五年(737)七月八日,又敕:"太廟每至五饗之日,應攝三公,令中書門下及丞相、師傅、尚書、御史大夫、嗣王、郡王中揀擇德望高者通攝。"至開元二十七年(739)二月七日,又制:"宜于宗子及嗣王、郡王中揀擇有德望者,令攝三公行事。"

【考釋】《舊唐書·柳登列傳》錄柳璟於寶曆初奏引及開元二十三、二十五年之敕。

嘉 五月,帝命妃嬪以下宮中育蠶,欲使知女功。(資治通鑑·唐紀二十九)

賓 九月丙戌(十七),突厥毗伽可汗遣使梅錄啜來朝。(舊唐書·玄宗本紀上)

軍 秋，六十三州水，十七州霜旱，河北飢，轉江淮之南祖米百萬石賑給。（舊唐書·玄宗本紀上）

軍 十一月丁卯(二十九)，獵於城南。（新唐書·玄宗本紀）

吉 錢嘉會(太常博士)上議請每年九月，於南郊雩壇行享禮，以睿宗配，從之。（通典·吉禮二）

【因革】《通典》錄錢嘉會議曰："準《月令》及《祠令》，九月農功畢，大享五帝於明堂。貞觀及神龍皆於南郊報祭。中閒寢廢，有虧祀典。"

吉 采司馬承禎(天臺道士)之言，敕五嶽各置真君祠一所。（舊唐書·隱逸列傳，通典·吉禮五注）

【儀制】《舊唐書》記曰："其形象制度，皆令承禎推按道經，創意爲之。"

【考釋】《通典》記此事在開元九年十二月，恐誤。

開元十六年(728)

賓 正月甲子(二十七)，黑水靺鞨遣使來朝。（舊唐書·玄宗本紀上）

制 八月己巳(初六)，張説(特進)進《開元大衍曆》，下詔頒行。（舊唐書·玄宗本紀上，資治通鑑·唐紀二十九）

【考釋】《通鑑》胡注："僧一行推大衍數立術，以應氣朔及日食以造新曆，故曰《大衍曆》。"

嘉 唐昌公主(帝女)出嫁薛鏽，有司進儀注於紫宸殿行五禮，施敬本(右補闕)等上疏以爲不可，遂移於光順門外，設次行禮。（通典·嘉禮四注）

【理據】《通典》自注錄施敬本等上疏曰："竊以紫宸殿者，漢之前殿，周之路寢，陛下所以負黼扆，正黃屋，饗萬國，朝諸侯，人臣至敬之所，猶玄極可見不可得而升也。"

開元十七年(729)

吉 **四月庚午**(初十)**，禘太廟九室，采韋縚**(太常少卿)**等奏，序昭穆，命有司攝行禮。**（通典・吉禮九,資治通鑑・唐紀二十九）

【因革】《通典》自注記曰："初,唐禮,祫序昭穆,禘各於其室。"

【理據】《通典》自注録韋縚等指出："孔安國、王肅等先儒皆以爲序昭穆。唯鄭玄云'禘,各於其室'。若如鄭旨,即與常享不異,恐鄭説謬於周經。請依古禮、王肅等議,序列昭穆。"

嘉 **八月癸亥**(初五)**，帝以生日，宴百官於花萼樓下。**（舊唐書・玄宗本紀上）

【儀制】《舊唐書》記曰："百僚表請以每年八月五日爲千秋節,王公已下獻鏡及承露囊,天下諸州咸令讌樂,休暇三日,仍編爲令,從之。"

吉 **十一月庚寅**(初四)**，親饗九廟。**（舊唐書・玄宗本紀上,新唐書・玄宗本紀）

【考釋】《舊唐書》標此事在十一月庚申,不合曆日。

【儀制】《舊唐志・儀禮五》記唐祭七祀曰："又時享之日,修七祀於太廟西門內之道南：司命、戶以春,竈以夏,門、厲以秋,行以冬,中霤則於季夏迎氣日祀之。"

【因革】《通典・吉禮十》記曰："大唐初,廢七祀,唯季夏祀祭中霤。開元中制禮,祭七祀,各因時享,祭之於廟庭。"按據此,將唐祭七祀之禮附記於此年享廟。

吉 **十一月丙申**(初十)**，謁橋陵。戊戌**(十二)**，謁定陵。己亥**(十三)**，謁獻陵。壬寅**(十六)**，謁昭陵。乙巳**(十九)**，謁乾陵。**（舊唐書・玄宗本紀上,舊唐志・禮儀五,新唐書・玄宗本紀,新唐志・禮樂四）

【儀制】《舊唐志》記謁橋陵,"皇帝望陵涕泣,左右並哀感,進奉先縣同赤縣,以所管萬三百戶供陵寢,三府兵馬供衞",又記謁昭陵,"陪葬功臣盡來受饗,風吹颮颮,若神祇之所集。陪位文武百僚皆聞先聖嘆息、功臣蹈舞之聲,皆以爲至孝所感"。

【因革】《唐會要・親謁陵》記曰："自開元十七年後,無親謁陵事。"

開元十八年(730)

嘉 四月丁卯(十三)，侍臣以下宴於李憲(寧王)之園池，帝至花萼樓飲酒為舞。(舊唐書・玄宗本紀上)

【因革】《舊唐書》記曰："是春，命侍臣及百僚每旬暇日尋勝地讌樂，仍賜錢，令所司供帳造食。"

嘉 閏六月辛卯(初八)，禮部奏請千秋節休假三日，及村閭過節禮。(舊唐書・玄宗本紀上)

【儀制】《舊唐書》記曰："村閭社會，並就千秋節先賽白帝，報田祖，然後坐飲。"

嘉 八月丁亥(初五)，帝至花萼樓，百官獻賀千秋節。(舊唐書・玄宗本紀上)

【儀制】《舊唐書》記曰："賜四品已上金鏡、珠囊、縑綵，賜五品已下束帛有差。上賦八韻詩，又制秋景詩。"

【因革】陳戍國指出："所謂皇帝千秋節，實即皇帝壽辰。慶賀皇帝壽辰禮典，《隋志》以前禮制文獻未見有正式記載者，蓋始於李唐。"(《中國禮制史・隋唐五代卷》，第242頁)

吉 百官及華州父老累表請封西嶽，不許。(舊唐書・玄宗本紀上)

嘉 裴耀卿(宣州刺史)上疏請州縣每年各備禮儀，行鄉飲酒禮，選樂工至太常習樂。(通典・嘉禮十八)

【儀制】《通典》錄裴耀卿上疏言鄉閭習禮曰："竊見以鄉飲酒禮頒於天下，比來唯貢舉之日，略用其儀，閭里之閒，未通其事。臣在州之日，率當州所管，一一與父老百姓，勸遵行禮。奏樂歌至白華、華黍、南陔、由庚等章，言孝子養親及群物遂性之義，或有泣者，則人心有感，不可盡誣。"

開元十九年(731)

賓 正月辛卯，遣崔琳(鴻臚卿)入吐蕃報聘。二月甲午(十五)，以崔氏為御

史大夫。三月己酉（初一），出使。（舊唐書·玄宗本紀上）

【考釋】① 此年正月庚戌朔，無辛卯日。②《舊唐書》標出使時在"三月乙酉朔"，當爲己酉之誤。

吉 正月丙子（二十七），親耕於興慶宮龍池。（舊唐書·玄宗本紀上，新唐書·玄宗本紀）

吉 正月己卯（三十），禁采捕鯉魚，制州府春秋二社及釋奠，停牲牢，唯用酒醴。（舊唐書·玄宗本紀上，舊唐志·禮儀四，新唐書·玄宗本紀）

【因革】《舊唐書》記曰："永爲常式。"

制 四月壬午（初四），於京城置禮院。（舊唐書·玄宗本紀上、德宗諸子列傳，通典·嘉禮三）

【考釋】禮院，屬太常，主禮儀議論與儀注制定，置於崇仁立南街。《德宗諸子列傳》、《通典》作禮會院。

【儀制】《德宗諸子列傳》記禮院功用之一："既成婚於禮會院，明晨，舅坐於堂東階西向，姑南向，婦執笲，盛以棗栗，升自西階，再拜，跪奠於舅席前。退降受笲，盛以殿修。升，北面再拜，跪奠於姑席前。降，東面拜壻之伯叔兄弟姊妹。已而謝恩於光順門，壻之親族亦隨之，然後會讌於十六宅。"

吉 四月丙申（十八），令兩京及諸州各置太公（尚父）廟。（舊唐書·玄宗本紀上，新唐書·玄宗本紀，新唐志·禮樂五，通典·吉禮十二，資治通鑑·唐紀二十九）

【儀制】《舊唐書》記曰："以張良配饗，春秋二時仲月上戊日祭之。"《新唐志》同，且曰："牲、樂之制如文宣。出師命將，發日引辭于廟，仍以古名將十人爲十哲配享"。《通鑑》胡注十哲爲：張良、田穰苴、孫武、吳起、樂毅、白起、韓信、諸葛亮、李靖、李勣。

【因革】《通鑑》胡注："祠武成王自此始。"

【論評】《通鑑》評曰："經緯天地之謂文，戡定禍亂之謂武，自古不兼斯二者而稱聖人，未之有也。故黃帝、堯、舜、禹、湯、文、武、伊尹、周公莫不有征伐之功，孔子雖不試，猶能兵萊夷，却費人，曰'我戰則克'，豈孔子專文而太公專武乎？……自孫、吳以降，皆以勇力相勝，狙詐相高，豈足以數於聖賢之門而謂之武哉！乃復誣引以偶十哲之目，爲後世學者之師，使太公有神，必羞與之同食矣。”

【論評】秦蕙田《五禮通考》論曰：“祀尚父可也，以古名將爲十哲，陋矣。厥後更有七十二賢，異哉！”(《吉禮一百二十三》“賢臣祀典”)

吉 **五月壬戌**(十五)，**五嶽各置老君廟。**(舊唐書·玄宗本紀上)

賓 **九月辛未**(二十五)，**吐蕃遣使論尚他碑**(國相)**來朝，請於赤嶺互市，許之。**(舊唐書·玄宗本紀上，資治通鑑·唐紀二十九)

開元二十年(732)

嘉 **四月乙亥**(初三)，**宴百官於上陽東州。**(舊唐書·玄宗本紀上)

吉 **五月癸卯**(初一)，**制定寒食上墓，編入五禮。**(舊唐書·玄宗本紀上，通典·吉禮十一)

【理據】《通典》録制曰：“寒食上墓，禮經無文，近代相傳，浸以成俗。士庶有不合廟享，何以再展孝思？宜許上墓同拜掃。……仍編入五禮，永爲恒式。”

吉 **七月，蕭嵩**(中書令)**請報祀后土，從之；十一月庚申**(二十一)，**祀后土於脽上。**(舊唐書·玄宗本紀上，舊唐志·禮儀四，新唐書·玄宗本紀，通典·吉禮四)

【理據】《舊唐志》録蕭嵩上言：“去十一年親祠后土，爲祈穀，自是神明昭格，累年豐登。有祈必報，禮之大者。且漢武親祠脽上，前後數四，伏請準舊祀后土，行賽之禮。”

【考釋】《舊唐書》標祀禮在十一月庚午，不合曆日。

吉 **王仲丘**(起居舍人)**議以爲祈穀，遍祭五方帝，亦祀感帝。**(舊唐志·禮儀一，新唐書·儒學列傳下，新唐志·禮樂三)

【理據】《新唐志》録王仲丘議曰：“夫祈穀，本以祭天也，然五帝者五行之精，所

1156

以生九穀也,宜於祈穀祭昊天而兼祭五帝。"

【因革】《舊唐志》記曰:"按貞觀禮,正月上辛,祀感帝於南郊,顯慶禮,祀昊天上帝於圓丘以祈穀。……且感帝之祀,行之自久。……夫五帝者,五行之精。五行者,九穀之宗也。今請二禮並行,六神咸祀。"《新唐書》略同。《通典·吉禮五十六》注同。

【論評】秦蕙田《五禮通考》論曰:"王仲邱二禮皆用之説,非是。"(《吉禮二十一》"祈穀")

吉 **王仲丘**(起居舍人)**議以爲孟夏雩、季秋大享亦宜兼祭昊天上帝與五帝。**(舊唐志·禮儀一,新唐書·儒學列傳下,新唐志·禮樂三,通典·吉禮三注)

【因革】①《舊唐志》記曰:"按貞觀禮,孟夏雩祀五方上帝、五人帝、五官於南郊,顯慶禮,則雩祀昊天上帝於圓丘。且雩祀上帝,蓋爲百穀祈甘雨。……亦請二禮並行,以成大雩帝之義。"《通典·吉禮二》注同。②《舊唐志》又記曰:"貞觀禮,季秋祀五方帝、五官於明堂,顯慶禮,祀昊天上帝於明堂。……然則禋享上帝,有合經義。而五方皆祀,行之已久,有其舉之,難於即廢。亦請二禮並行,以成月令大享帝之義。"《通典·開元禮纂類一》注同。又二段《新唐書》略同。

【論評】《新唐志》評曰:"既而蕭嵩等撰定《開元禮》,雖未能合古,而天神之位別矣。"

吉 **蕭嵩**(中書令)**改定新禮,祀天一歲有四,祀地有二。**(舊唐志·禮儀一)

【儀制】《舊唐志》記曰:"冬至,祀昊天上帝於圓丘,高祖神堯皇帝配。""正月上辛,祈穀,祀昊天上帝於圓丘,以高祖配,五方帝從祀。""孟夏,雩祀昊天上帝於圓丘,以太宗配,五方帝及太昊等五帝、勾芒等五官從祀。""季秋,大享于明堂,祀昊天上帝,以睿宗配,其五方帝、五人帝、五官從祀。""夏至,禮皇地祇于方丘,以高祖配,其從祀神州已下六十八座,同貞觀之禮。""立冬,祭神州于北郊,以太宗配。"《通典·吉禮三》、《吉禮四》、《開元禮纂類一》同。

【因革】①《舊唐志》記曰:"自冬至圓丘已下,餘同貞觀之禮。"② 秦蕙田《五禮通考》論曰:"是時(指高宗時),圜丘、五方、明堂、感帝、神州皆以高祖、太宗並配;則天垂拱元年,郊丘諸祠以高祖、太宗、高宗並配;開元十一年,以高祖配而罷三祖並配;至二十年,蕭嵩等定禮,而祖宗之配始定,不復改矣。"(《吉禮三十八》"方丘祭地")

【論評】秦蕙田《五禮通考》論曰:"自漢以後千餘年間,爲注家所惑,郊丘天帝配位乖舛互異,至不可究詰。即貞觀定禮以後,而乾封之祀感帝,垂拱之三帝並祀,不旋踵而襲謬,至《開元禮》成而大典秩如矣。後世雖時有損益,然大綱率不外此,是古今禮一大關鍵也。"(《吉禮十》"圜丘祀天")

凶 蕭嵩(中書令)與學士改修五禮,請依上元敕,父在爲母服齊衰三年爲定。(舊唐志·禮儀七,通典·凶禮十一)

【因革】由此開元七年(719)之敕被廢,回到上元元年(674)所定之制。

制 九月乙巳(初五),蕭嵩等奏上《大唐開元禮》一百五十卷,制所司行用。(舊唐書·玄宗本紀上,舊唐志·禮儀一,新唐志·禮樂一)

【考釋】據《舊唐志》所記,此事起自開元十四年(726)張説之奏,其後令徐堅(右散騎常侍)及李銳(左拾遺)、施敬本(太常博士)等檢撰,"歷年不就,説卒後,蕭嵩代爲集賢院學士,始奏起居舍人王仲丘撰成一百五十卷"。《新唐志》略同。

《通典·禮一》概述唐建國以來修禮經過曰:"及太宗踐祚,詔禮官學士修改舊儀,著《吉禮》六十一篇,《賓禮》四篇,《軍禮》十二篇,《嘉禮》四十二篇,《凶禮》六篇,《國恤》五篇,總百三十篇,爲百卷。貞觀七年,始令頒示。高宗初,以貞觀禮節文未盡,重加修撰,勒合成百三十卷,至顯慶三年奏上。高宗自爲之序。時許敬宗、李義府用事,其所取舍,多依違希旨,學者不便,異議紛然。上元三年下詔,命依貞觀年禮爲定。儀鳳二年,詔並依周禮行事。自是禮司益無憑准,每有大事,輒別制一儀,援古附今,臨時專定,《貞觀》、《顯慶》二禮,亦皆施行。武太后時,以禮官不甚詳明,特詔國子司業韋叔夏、率更令祝欽明每加刊定。叔夏卒後,給事中唐紹專知禮儀,紹博學,詳練舊事,議者以爲稱職。開元十四年,通事舍人王巖上疏,請改撰《禮記》,削去舊文,編以今事。……於是令徐堅、李銳、施敬本等檢撰,歷年其功不就。銳卒後,蕭嵩代爲集賢院學士,始奏起居舍人王仲丘修之。二十年九月,新禮成,凡百五十卷,是爲《大唐開元禮》。"

【理據】楊華分析《開元禮》的性質曰："唐人是在'稽周、漢之舊儀'、'考圖史於前典'和'因時制范'的原則下創改禮制的,即在回復周、漢傳統禮樂制度的指歸之下,不斷地'考取王、鄭',兼采南、北,對南北朝晚期至唐朝前期關乎人情、普遍認同的禮俗加以法典化。這樣,經過從唐初至唐中期八十年間的幾次禮制創改工作,《開元禮》已是一個南、北總彙,鄭、王雜糅的産物,鄭學自然不再居於主導地位,王學反而略占優勢。"(《論〈開元禮〉對鄭玄和王肅禮學的擇從》)

【因革】陳寅恪《隋唐制度淵源略論稿》指出："唐高祖時固全襲隋禮,太宗時制定之貞觀禮,即據隋禮略有增省,其後高宗時制定之顯慶禮,亦不能脱此範圍,玄宗時制定之開元禮,乃折中貞觀、顯慶一一禮者,故亦仍間接襲用隋禮也。"(《禮儀》,第 68 頁)

《新唐志》贊之曰："由是,唐之五禮之文始備,而後世用之,雖時小有損益,不能過也。"又王夫之《讀通鑑論》(卷十七)縂叙之曰:"周公而後,至漢曹襃始有禮書。又閲四姓,至齊伏曼容始請修之;梁武帝乃敕何佟之、伏暅終其事,天監十一年而五禮成。其後嗣之者,唯唐開元也。宋於儒者之道,上追東魯,而典禮之修,下無以繼梁、唐,是可惜也。朱子有志而未逮焉,蓋力求大醇而畏小疵,慎而葸,道乃息於天下矣。"

【論評】張文昌指出:"《開元禮》不僅是作爲中國禮典傳統之典範,更成爲東亞世界共通之禮儀規制。"(《制禮以教天下》,第 57 頁)

吉 **季秋,大享明堂,祀昊天上帝,以睿宗配。**(通典·吉禮三)

【儀制】《通典》記曰:"又以五方帝、五官從祀。籩豆罇罍之數,與雩禮同。"

【考釋】秦蕙田《五禮通考》論曰:"是年大享,《新》《舊書》本紀竝失載。然杜氏必可信,且據《舊書》本紀,開元新禮適以是年九月告成,則行大享尤爲得情。"(《吉禮二十七》"明堂")

開元二十一年(733)

嘉 **正月庚子**(初一),**制令士庶家藏《老子》一本,每年貢舉加《老**

子》，量減《尚書》、《論語》。（舊唐書·玄宗本紀上，新唐志·選舉上）

吉 正月乙巳（初六），遷祔肅明皇后（劉氏）神主於廟，毀儀坤廟。（舊唐書·玄宗本紀上、后妃列傳上，舊唐志·禮儀五）

【考釋】儀坤廟，立於先天元年(712)。

凶 二月，安定公主去世，其子王繇請與其父合葬，夏侯銛（給事中）駁奏葬當還崔銑，詔可。（新唐書·文藝列傳上，通典·凶禮八）

【理據】《通典》記曰："安定公主初降王同皎，後降韋濯，又降博陵崔銑，銑復先卒，及是公主薨。"又録夏侯銛奏曰："則生存之時，已與前夫義絶；殂謝之日，合從後夫禮葬。"

軍 四月丁巳（二十一），因久旱，命陸象先（太子少保）、杜暹（戶部尚書）等七人往諸道宣慰賑給。（舊唐書·玄宗本紀上）

嘉 五月甲申（十八），皇太子納妃（薛氏）。（舊唐書·玄宗本紀上）

【儀制】《通典·嘉禮三》統記曰："大唐皇太子納妃禮，臨軒命使，行納采，問名，納吉，納徵，請期，告廟，臨軒醮戒，親迎，同牢，朝見，並如《開元禮》。"

嘉 五月，敕諸州縣學生優者入四門學，爲俊士，許百姓立私學。（新唐志·選舉，唐會要·學校）

軍 八月，敕依舊行三九射禮，今年九月九日，行於安福樓下。（通典·軍禮二）

【因革】因開元八年許景先奏，雖罷此禮；此年又復，然《通典》自注："自此以後，其禮又息"。

開元二十二年(734)

吉 正月癸亥，制古帝王、嶽瀆海鎮用牲牢，餘並以酒醢充奠。（舊唐書·玄宗本紀上，舊唐志·禮儀四）

【因革】《舊唐志》前曾記武德、貞觀之制祭先代帝王、嶽瀆海鎮,本譜暫繫於貞觀二十二年(648),至此有所更易。

【儀制】《舊唐志》又記明年正月,下詔"明衣絹布,並祀前五日預給",又下詔"有大祭,宜差丞相、特進、開府、少保、少傅、尚書、御史大夫攝行事"。

【考釋】《舊唐書》標此事時在"春正月癸亥朔",然此年正月甲子朔,癸亥爲去年十二月三十日。

[吉] 正月十八日,制以籩豆之薦,令禮官學士詳議,韋縚(太常卿)請宗廟之奠每室加籩豆各十二,酌獻酒爵稍令廣大,張均(兵部侍郎)、韋述(職方郎中)建議宜依典故,不求豐大,楊仲昌(禮部員外郎)議亦以爲宜謹守舊章,崔沔(太子賓客)、楊伯成(戶部郎中)、劉秩(左衛兵曹)等皆建議依舊禮,不可改易,帝以爲不必泥於祖制,韋縚又奏請宗廟每室加籩豆各六,四時薦新,制可之。(舊唐志·禮儀五,通典·吉禮六,唐會要·祭器議)

【因革】《舊唐志》錄帝曰:"朕承祖宗休德,至於享祀粢盛,實思豐潔,禮物之具,諒在昭忠。其非芳潔不應法制者,亦不可用。"而此年所改,"自是常依行焉"。

【理據】《舊唐志》錄張均等議曰:"夫神,以精明臨人者也,所求備物,不求豐大。苟失於禮,雖多何爲?豈可捨先王之遺法,徇一時之所尚,廢棄禮經,以從流俗。裂冠毀冕,將安用之!且君子愛人以禮,不求苟合,況在宗廟,敢忘舊章。請依古制,庶可經久。"

[吉] 二月壬寅(初十),秦州地震,命蕭嵩(尚書右丞)往祭山川,並遣使存問賑恤。(舊唐書·玄宗本紀上)

[嘉] 二月,敕定居官婚制。(唐會要·嫁娶)

【儀制】《唐會要》錄敕曰:"男年十五,女年十三,聽婚嫁。諸州縣,官人在任之日,不得共部下百姓交婚,違者雖會赦仍離之。其州上佐以及縣令,于所統屬官同。其定婚在前,居官在後,及三輔內官門閥相當情願者,不在禁限。"

吉 三月，下詔州縣社仍用牲牢。（文獻通考）

吉 四月乙未（初四），廢太廟署，以太常寺奉宗廟。（舊唐書·玄宗本紀上）

吉 夏，帝於苑中種麥，親率皇太子以下躬自收穫，又分賜侍臣。（舊唐書·玄宗本紀上）

【理據】《舊唐書》録帝謂太子曰：“此將薦宗廟，是以躬親，亦欲令汝等知稼穡之難也。”

開元二十三年(735)

吉 正月乙亥（初八），親耕藉田。（舊唐書·玄宗本紀上，舊唐志·禮儀四，新唐書·玄宗本紀，新唐志·禮樂四，通典·吉禮五）

【儀制】《舊唐志》記曰：“親祀神農於東郊，以勾芒配。禮畢，躬御耒耜于千畝之甸。時有司進儀注：‘天子三推，公卿九推，庶人終畝。’玄宗欲重勸耕藉，遂進耕五十餘步，盡壠乃止。禮畢，輦還齋宮，大赦。侍耕、執牛官皆等級賜帛。”

【因革】《新唐志》記此前開元十九年（731），“停帝稷而祀神農氏於壇上，以后稷配”。

【考釋】①《舊唐書》標此事在正月己亥，不合曆日。②《舊唐志》記去年冬，王仲丘（禮部員外郎）曾上疏請行藉田之禮。③《唐會要·修撰》記此年正月，勅張九齡、韋紹“與禮官就集賢院撰《耤田儀注》”。

凶 正月十八日，下制詳議姨舅從服之制，韋紹（太常卿）奏以爲古禮宜加重，崔沔（太子賓客）建議從開元八年敕，一依《喪服》禮，韋述（職方郎）、楊仲昌（禮部員外郎）、楊伯成（户部郎中）、劉秩（左監門録事參軍）議並同之，帝又二度手敕令熟詳之，裴耀卿（侍中）、張九齡（中書令）、李林甫（禮部尚書）等奏請取類新禮以定制，制從之。（舊唐志·禮儀七，通典·凶禮十四，唐會要·服紀上）

【儀制】《舊唐志》錄裴耀卿等定曰："今聖制親姨舅小功，更制舅母緦麻，堂姨舅祖免等服，取類新禮，垂示將來，通於物情，自我作則。"

【理據】《舊唐志》錄帝手敕曰："從服有六，此其一也。降殺之制，禮無明文。此皆自身率親，用爲制服。所有存抑，盡是推恩。朕情有未安，故令詳議，非欲苟求變古，以示不同。"

吉 四月，下詔定五陵朔望祭，冬至、寒食各日設一祭。（新唐志·禮樂四，通典·吉禮十一）

【考釋】五陵，獻、昭、乾、定、橋。至此始改中宗以來日祭諸陵之禮。

吉 九月丁卯(十五)，蕭嵩(尚書左丞)等累表請封嵩、華二嶽。（冊府元龜）

賓 十二月，新羅遣使朝獻。（舊唐書·玄宗本紀上）

開元二十四年(736)

嘉 二月甲寅(初四)，宴新任縣令於朝堂，帝作《令長新戒》一篇，賜之。（資治通鑑·唐紀三十）

吉 命禮官議宗廟增籩豆之數，六月，韋縚(太常卿)奏宗廟籩豆皆加十二，令百官詳議，張均(兵部侍郎)、韋述(職方郎中)議以爲當從舊，崔沔(太子賓客)議亦以爲不必加，楊伯成(戶部郎中)、楊仲昌(禮部員外郎)、劉秩(左衛兵曹參軍)等同崔議，又令中書門下參詳，韋縚又奏每室加籩豆各六，四時實以新果珍羞，從之。（舊唐書·孝友列傳，新唐書·韋安石列傳，資治通鑑·唐紀三十）

【理據】《新唐書》錄崔沔議曰："大凡祭器，視物所宜。……有古饌而用時器者，則毛血于盤，玄酒于尊。未有進時饌用古器者，古質而今文，有所不稱也。雖加籩豆十二，未足盡天下之美，而措諸廟，徒以近侈而見訾抵。臣聞墨家者流，出於清廟，是廟貴儉不尚奢也。"

凶 命禮官學士詳議外親服紀，六月，韋縚(太常卿)上言請加外祖父母爲大功九月，姨舅皆小功五月，堂舅、堂姨、舅母並至袒免，韋述(職方郎中)議請依《儀禮‧喪服》爲定，帝手敕定制，裴耀卿(侍中)、張九齡(中書令)、李林甫(禮部尚書)等奏請準制；八月戊申(初一)，下詔加親舅小功服，舅母緦麻服，堂舅袒免。(舊唐書‧玄宗本紀上、孝友列傳，新唐書‧韋安石列傳，資治通鑑‧唐紀三十)

【理據】《新唐書》錄帝手敕曰："朕謂親姨、舅服小功，則舅母於舅有三年之喪，不得全降於舅，宜服緦。堂姨、舅古未有服，朕思睦厚九族，宜袒免。古有同爨緦，若比堂姨、舅於同爨，不已厚乎？傳曰：'外親服皆緦。'是亦不隔堂姨、舅也。若謂所服不得過本，而復爲外曾祖父母、外伯叔父母制服，亦何傷？皆親親敦本意也。"

吉 七月乙巳(二十八)，初置壽星壇，祭老人星及角、亢等七宿。(舊唐書‧玄宗本紀上，舊唐志‧禮儀四，通典‧吉禮三)

【考釋】①《舊唐書》本紀標此事在七月己巳，不合曆日，誤。②《册府元龜》載此年七月庚子(二十三)，有上封事言當修此祀典之理據。

樂 升胡部樂於堂上。(新唐志‧禮樂十二)

【考釋】《新唐志》記曰："帝又好羯鼓，……蓋本戎羯之樂，其音太蔟一均，龜兹、高昌、疏勒、天竺部皆用之，其聲焦殺，特異衆樂。"

開元二十五年(737)

嘉 正月，初置玄學博士，每歲依明經舉。(資治通鑑‧唐紀三十)

【考釋】《通鑑》胡注："崇玄學，習《老子》、《莊子》、《文子》、《列子》，亦曰道舉。"

賓 二月戊辰(初四)，新羅王(金興光)去世，其子(金承慶)嗣位，遣邢璹(贊善大夫，攝鴻臚少卿)往弔祭册立。(舊唐書‧玄宗本紀下，資治通鑑‧唐紀三十)

嘉 三月，定明經策士帖經之制。（舊唐志·禮儀四）

【儀制】《舊唐志》録敕曰："明經自今已後，帖十通五已上；口問大義十條，取通六已上；仍答時務策三道，取粗有文理者及第。進士停帖小經，宜準明經例試大經，帖十通四，然後試雜文及策，訖，封所試雜文及策，送中書、門下詳覆。"

嘉 五月，敕自今以後除有戰功者外，不得賞魚袋。（通典·嘉禮八）

制 七月己卯（初七），徐嶠（大理少卿）上言今年斷死刑五十八，百官以幾致刑措，上表稱賀。（舊唐志·刑法，資治通鑑·唐紀三十）

制 九月壬申（初一），奏上新定律、疏、令、式及開元新格，又格式律令事類，敕尚書都省寫五十本，頒行之。（舊唐書·玄宗本紀下，舊唐志·刑法，通典·刑法三）

【因革】《通典》概述開元以來修律曰："開元初，玄宗又令删定格式令，名爲《開元格》。六年，又令删定律令格式，名爲《開元后格》。至二十五年，又令删緝舊格式律令及勅，總七千四百八十條。其千三百四條於事非要，並删除之。"

【考釋】《舊唐志》記此前開元二十二年（734），李林甫（户部尚書）"受詔改修格、令"，其後李林甫遷中書令，乃與牛仙客（侍中）、王敬從（御史中丞）、崔見（左武衛胄曹參軍）、陳承信（衛州司户參軍，直中書）、俞元杞（酸棗尉，直刑部）等"共加删緝舊格式律令及敕"。

吉 嘉 十月辛丑（初一），制每年立春日迎春於東郊，十二月朔日於正殿受朝，讀時令。（舊唐書·玄宗本紀下）

【儀制】《新唐書·韋安石列傳》記曰："初，帝詔歲率公卿迎氣東郊，至三時，常以孟月讀時令於正寢。二十六年，詔[韋]紹月奏令一篇，朔日於宣政側設榻，東向置案，紹坐讀之，諸司官長悉升殿坐聽。歲餘，罷。"

嘉 十一月，李適之（御史大夫）建議冬至、元日朝參官及六品清官服朱衣，六品以下通服綺褶。（新唐志·車服，通典·賓禮一）

【儀制】《通典》録李適之奏補充條款曰："如有慘故，準式不合著朱衣袴褶者，其日聽不入朝。自餘應合著而不著者，請奪一月俸，以懲不恪。"

凶 十二月丙午（初七），惠妃（武氏）去世；明年二月庚申（二十二），葬於敬

陵。（舊唐書·玄宗本紀下、后妃列傳上）

【儀制】《后妃列傳》記曰："時慶王琮等請制齊衰之服，有司請以忌日廢務，上皆

不許之。立廟於京中昊天觀南，乾元之後，祠享亦絕。"

賓 十二月，吐蕃遣使屬盧論莽藏（大臣）來朝。（舊唐書·玄宗本紀下）

吉 下詔遣康𧧌素（將作大匠）往東都毀明堂，康氏請去上層，依舊爲乾元

殿，從之。（舊唐志·禮儀二，新唐志·禮樂三，通典·吉禮三）

【儀制】《舊唐志》記康𧧌素以爲"毀拆勞人，乃奏請且拆上層，卑於舊制九十五

尺；又去柱心木，平座上置八角樓，樓上有八龍，騰身捧火珠。又小於舊制，周圍

五尺，覆以真瓦，取其永逸"。

樂 韋縚（太常卿）令韋迪（博士）、尚沖（直太樂）、沈元福（樂正）、陳虔（郊社令）、

申懷操（郊社令）等，銓叙前後所行用樂章爲五卷；又令孫玄成（太樂令）

整理舊傳《讌樂五調》歌詞，編爲七卷。（舊唐志·音樂三，通典·樂七注）

【因革】①《舊唐志》記前在貞觀二年(628)，"太常少卿祖孝孫既定雅樂"，貞觀

六年(632)，"詔褚亮、虞世南、魏徵等分制樂章"，又"其後至則天稱制，多所改易，

歌辭皆是内出。開元初，則中書令張説奉制所作，然雜用貞觀舊詞。自後郊廟

歌工樂師傳授多缺，或祭用宴樂，或郊稱廟詞"。②《新唐志·禮樂十一》記曰：

"開元定禮，始復用孝孫《十二和》。"

開元二十六年(738)

吉 正月丁丑（初八），親迎氣於東郊，祀青帝。（舊唐書·玄宗本紀下，舊唐志·禮

儀四，新唐書·玄宗本紀）

【儀制】《舊唐志》記曰："祀青帝，以勾芒配，歲星及三辰七宿從祀。其壇本在春

明門外，玄宗以祀所隘狹，始移於滻水之東面，而值望春宮。其壇一成，壇上及四面皆青色。勾芒壇在東南。歲星已下各爲一小壇，在青帝壇之北。"

[嘉] 正月，制每鄉一學，擇師資教授，諸鄉貢每年令就國子監謁先師，明經加口試。（舊唐書·玄宗本紀下，舊唐志·禮儀四，通典·吉禮十二）

【儀制】《舊唐志》記曰："其日，祀先聖已下，如釋奠之禮。青宮五品已下及朝集使，就監觀禮。遂爲常式，每年行之至今。"

[吉] 二月甲辰（初六），禁大寒食以雞卵相饋送。（舊唐書·玄宗本紀下）

[嘉] 四月己亥（初一），始令韋縚（太常卿）讀時令於宣政殿，諸司官長於殿上列坐聽之。（舊唐書·玄宗本紀下，舊唐志·禮儀四，通典·嘉禮十九）

【儀制】《舊唐志》記此年，帝命韋縚"每月進《月令》一篇"。

【因革】《舊唐志》記曰："是後每孟月視日，玄宗御宣政殿，側置一榻，東面置案，命韋縚坐而讀之。……歲餘，罷之。"

[嘉] 六月庚子（初三），立李嶼（忠王，後更名紹）爲皇太子；七月己巳（初二），帝至宣政殿，册太子。（舊唐書·玄宗本紀下，舊唐志·輿服，新唐書·玄宗本紀，資治通鑑·唐紀三十）

【因革】①《舊唐志》記其時，"太常所撰儀注有服絳紗袍之文。太子以爲與皇帝所稱同，上表辭不敢當，請有以易之"，後采裴耀卿（尚書左丞）、蕭嵩（太子太師）等奏，手敕改爲朱明服。《通典·嘉禮六》同。②《通鑑》則記曰："故事，太子乘輅至殿門，至是，太子不就輅，自其宮步入。"

【考釋】皇太子李嗣謙（後改名爲李瑛）於去年四月被廢爲庶人，被殺。

[軍] 六月，張守珪（幽州節度使副大使）破契丹林胡，遣使獻捷，擇日告廟。（唐會要·獻俘）

[嘉] 七月己卯（十二），册韋氏（妃）爲太子妃。（資治通鑑·唐紀三十）

[賓] 閏八月辛巳（十五），渤海靺鞨王（武藝）去世，其子（欽茂）嗣位，遣使往弔祭册立。（舊唐書·玄宗本紀下，資治通鑑·唐紀三十）

賓 九月戊午(二十三)，馳遣中人册南詔蒙歸義爲雲南王。(新唐書·南蠻列傳

上,資治通鑑·唐紀三十)

【理據】《新唐書》記曰:"當是時,五詔微,歸義獨彊,乃厚以利啖劍南節度使王

昱,求合六詔爲一,制可。歸義已并群蠻,遂破吐蕃,寖驕大。入朝,天子亦爲

加禮。"

開元二十七年(739)

吉 二月己巳(初七)，帝加尊號開元聖文神武皇帝。(舊唐書·玄宗本紀下,新唐

書·玄宗本紀)

【論評】《舊唐書》明年末評曰:"其時頻歲豐稔,京師米斛不滿二百,天下乂安,

雖行萬里不持兵刃。"

制 二月，奏上《六典》三十卷。(新唐志·藝文,唐會要·修撰)

【考釋】①《新唐志》述撰述經過曰:"開元十年,起居舍人陸堅被詔集賢院脩'六

典',玄宗手寫六條,曰'理典、教典、禮典、政典、刑典、事典'。張説知院,委徐

堅,經歲無規制,乃命毋煚、余欽、咸廙業、孫季良、韋述參撰。始以令式象《周

禮》六官爲制。蕭嵩知院,加劉鄭蘭、蕭晟、盧若虛。張九齡知院,加陸善經。李

林甫代九齡,加苑咸。二十六年書成。"②《唐會要》則徑稱此年二月,"中書令

張九齡等撰《六典》三十卷,成,上之"。對此,淺井虎夫《中國法典編纂沿革史》

認爲:"實張九齡爲相時既已成書,蓋開元二十四年以前,已經大部編修也。以

故《唐會要》一書直稱撰者爲張九齡。"(第六章,第 133 頁)

【論評】①《四庫全書總目·史部職官類》評曰:"程大昌《雍録》則曰:'唐世制度,

凡最皆在《六典》。'……一代典章,燦然具備。"(卷七九,第 682 頁)② 楊志剛指出:"一

部以唐代中央及地方各級官吏的名稱、員品、職掌爲正文,以其自《周禮》以來之沿

革爲注文的《唐六典》,就應運而生了。"(《中國禮儀制度研究》,第 175 頁)

然陳寅恪《隋唐制度淵源略論稿》則論曰:"開元時所修《六典》乃排比當時施行

令式以合古書體裁,本爲粉飾太平制禮作樂之一端,故其書在唐代行政上遂成爲一種便於徵引之類書,並非依其所託之《周官》體裁,以設官分職實施政事也。"又曰:"今觀《六典》一書未能將唐代職官之全體分而爲六,以象《周禮》之制,僅取令式條文按其職掌所關,分別性質,約略歸類而已。其書祇每卷之首列叙官名員數同於《周禮》之序官,及尚書省六部之文摹倣《周禮》,比較近似,至於其餘部分,則《周禮》原無此職,而唐代實有其官,儻取之以強附古經,則非獨真面之迥殊,亦彌感駢枝之可去。……由此言之,依據《唐六典》不徒不足以證明唐代現行官制合於《周禮》,且轉能反證唐制與《周禮》其系統及實質絶無關涉"(《職官》,第91、109頁)

吉 **四月,禘於太廟;冬,又當祫,太常議請改從五年再殷,陸善經**(集賢院學士)**、韋綯**(太常卿)**同之,制從,今冬停祫祀。**(舊唐志・禮儀六,新唐志・禮樂三,通典・吉禮九)

【因革】①《舊唐志》記自開元六年(718)以來,采取"三年一祫,五年一禘","凡經五禘、七祫"。②《新唐志》記曰:"由是一禘一祫,在五年之間,合於再殷之義,而置祫先後,則不同焉。"

【理據】①《新唐書・韋安石列傳》記兩種施行法爲:"議者以禮緯三年祫,五年禘;公羊家五年再殷祭。二家舛互,諸儒莫能決。"《舊唐志》則録韋綯奏辨析之曰:"禮有禘祫,俱稱殷祭,二法更用,鱗次相承。或云五歲再殷,一禘一祫。或云三年一祫,五年一禘。法天象閏,大趣皆同。皆以太廟禘祫,計年有差,考於經傳,微有所乖。"然後確定:"請以今年夏禘,便爲殷祭之源,自此之後,禘、祫相代,五年再殷,周而復始。"②《新唐志》概括之曰:"鄭玄用高堂隆先三而後二,徐邈先二後三。而邈以謂二禘相去爲月六十,中分三十,置一祫焉。此最爲得,遂用其説。"

吉 **八月甲申**(二十四)**,制追贈孔子爲文宣王,顔回爲兗國公,餘十哲皆爲侯,夾坐。**(舊唐書・玄宗本紀下,舊唐志・禮儀四,新唐志・禮樂五,通典・吉禮十二)

【儀制】①《舊唐書》記曰:"又贈曾參、顓孫師等六十七人皆爲伯。於是正宣父坐於南面,内出王者袞冕之服以衣之。遣尚書左丞相裴耀卿就國子廟册贈文宣王。册畢,所司奠祭,亦如釋奠之儀,公卿已下預觀禮。又遣太子少保崔琳就東都廟以行册禮,自是始用宮懸之樂。"②《新唐志》記曰:"於是二京之祭,牲太牢、樂宮縣、舞六佾矣。州縣之牲以少牢而無樂。"

又《新唐志》記明年下詔"春秋二仲上丁,以三公攝事,若會大祀,則用中丁,州、縣之祭,上丁"。《通典》、《唐會要·釋奠》同。

【因革】《新唐志》記曰:"先時,孔廟以周公南面,而夫子坐西墉下。貞觀中,廢周公祭,而夫子位未改。至是,二京國子監、天下州縣夫子始皆南向,以顏淵配。贈諸弟子爵公侯。"

吉 十月辛巳(二十二),毀洛陽明堂之上層,改拆下層爲乾元殿;十一甲辰(十六),明堂成。 (舊唐書·玄宗本紀下,資治通鑑·唐紀三十)

開元二十八年(740)

嘉 正月壬寅(十五,望日),帝至勤政殿宴群臣,連夜燒燈。 (舊唐書·玄宗本紀下)

【因革】《舊唐書》記曰:"會大雪而罷。因命自今常以二月望日夜爲之。"

【儀制】《舊唐志·音樂一》記曰:"玄宗在位多年,善音樂,若讌設酺會,即御勤政樓。先一日,金吾引駕仗北衙四軍甲士,未明陳仗,衛尉張設,光禄造食。候明,百僚朝,侍中進中嚴外辦,中官素扇,天子開簾受朝,禮畢,又素扇垂簾,百僚常參供奉官、貴戚、二王後、諸蕃酋長,謝食就坐。太常大鼓,藻繪如錦,樂工齊擊,聲震城闕。太常卿引雅樂,每色數十人,自南魚貫而進,列於樓下。鼓笛雞婁,充庭考擊。太常樂立部伎、坐部伎依點鼓舞,間以胡夷之伎。日旰,即内閑厩引蹀馬三十匹,爲《傾杯樂曲》,奮首鼓尾,縱橫應節。又施三層板牀,乘馬而上,抃轉如飛。又令宮女數百人自帷出擊雷鼓,爲《破陣樂》、《太平樂》、《上元樂》,雖太常積習,皆不如其妙也。若《聖壽樂》,則迴身換衣,作字如畫。又五坊使引大象入場,或拜或舞,動容鼓振,中於音律,竟日而退。……每初年望夜,又御勤政樓,觀燈作樂,貴臣戚里,借看樓觀望。夜闌,太常樂府縣散樂畢,即遣宮女於樓前縛架出眺歌舞以娛之。若繩戲竿木,詭異巧妙,固無其比。"

〔吉〕 七月十八日,敕建初、啓運、興寧、永康四陵,每年四時八節,造食進獻。(唐會要·緣陵禮物)

〔軍〕 八月二十日,幽州節度使破奚、契丹,敕令擇日告廟。(唐會要·獻俘)

【因革】《唐會要》自注曰:"自後,諸軍每有克捷,必先告廟。"

開元二十九年(741)

〔吉〕 正月己丑(初七),下詔兩京及諸州各置玄元皇帝廟,並置崇玄學。

(舊唐書·玄宗本紀下,舊唐志·禮儀四,新唐志·選舉上,通典·吉禮十二)

【儀制】《舊唐志》記曰:"其生徒令習《道德經》及《莊子》、《列子》、《文子》等,每年準明經例舉送。"

〔凶〕 正月十五日,敕明器、墓田等,令於舊數內減。(通典·凶禮八,唐會要·葬)

【儀制】《通典》錄帝敕曰:"三品以上明器,先是九十事,減至七十事,七十事減至四十事,四十事減至二十事。庶人先無文,限十五事。皆以素瓦爲之,不得用木及金銀銅錫。其衣,不得用羅繡畫。其下帳,不得有珍禽奇獸,魚龍化生。其園宅,不得廣作院宇,多列侍從。其輴車,不得用金銅花結綵爲龍鳳及旒蘇、畫雲氣。其別敕優厚官供者,准本品數,十分加三分,不得別爲華飾。"

【理據】《通典》錄帝敕曰:"古之送終,所尚乎儉。"

〔樂〕 六月,太常奏請準開元十二年封禪泰山所定雅樂,編入史册,制定名曰《大唐樂》。(舊唐志·音樂一,通典·樂七)

【附識】《舊唐志·音樂二》記唐立部伎八部,分別是:"《安樂》者,後周武帝平齊所作也。行列方正,象城郭,周世謂之城舞。""《太平樂》,亦謂之五方師子舞。師子鷙獸,出於西南夷天竺、師子等國。""《破陣樂》,太宗所造也。""《慶善樂》,

太宗所造也。”“《大定樂》,出自破陣樂。”“《上元樂》,高宗所造。”“《聖壽樂》,高宗武后所作也。”“《光聖樂》,玄宗所造也。”又總括其特徵:“自《破陣舞》以下,皆雷大鼓,雜以龜兹之樂,聲振百里,動蕩山谷。《大定樂》加金鉦,惟《慶善舞》獨用西涼樂,最爲閑雅。《破陣》、《上元》、《慶善》三舞,皆易其衣冠,合之鐘磬,以享郊廟。以《破陣》爲武舞,謂之七德;《慶善》爲文舞,謂之九功。”《通典·樂六》同。

又記唐坐部伎六部,分别是:“《讌樂》,張文收所造也。”“《長壽樂》,武太后長壽年所造也。”“《天授樂》,武太后天授年所造也。”“《鳥歌萬歲樂》,武太后所造也。”“《龍池樂》,玄宗所作也。”“《破陣樂》,玄宗所造也。”《通典·樂六》同。

凶 **十一月辛未,李憲**(睿宗長子,太尉,寧王)**去世,謚爲讓皇帝,葬於惠陵。**

(舊唐書·玄宗本紀下、睿宗諸子列傳,新唐書·睿宗諸子列傳)

【儀制】《舊唐書》列傳記曰:“上聞之,號叫失聲,左右皆掩涕。”“及册斂之日,内出御衣一副,仍令右監門大將軍高力士賷手書置于靈座之前。”“又制追贈憲妃元氏爲恭皇后,祔葬于橋陵之側。及將葬,上遣中使敕璀等務令儉約,送終之物,皆令衆見。所司請依諸陵舊例,壙内置千味食。”“及發引,時屬大雨,上令慶王潭已下泥中步送十數里,制號其墓爲惠陵。”

主要參考文獻

一、史籍類

〔西漢〕司馬遷:《史記》,中華書局,1959 年

〔東漢〕班固:《漢書》,中華書局,1962 年

〔宋〕范曄:《後漢書》,中華書局,1965 年

〔梁〕沈約:《宋書》,中華書局,1974 年

〔梁〕蕭子顯:《南齊書》中華書局,1972 年

〔北齊〕魏收:《魏書》,中華書局,1974 年

〔唐〕魏徵、令狐德棻:《隋書》,中華書局,1973 年

〔唐〕房玄齡:《晉書》,中華書局,1974 年

〔唐〕杜佑:《通典》,中華書局,1988 年

〔唐〕李林甫等:《唐六典》,中華書局,1992 年

〔唐〕劉知幾撰,〔清〕浦起龍注:《史通通釋》,上海古籍出版社,1978 年

〔宋〕司馬光編著,〔元〕胡三省注:《資治通鑑》,中華書局,1956 年

〔宋〕鄭樵:《通志二十略》,中華書局,1995 年

〔宋〕徐天麟:《西漢會要》,上海古籍出版社,1977 年

——:《東漢會要》,上海古籍出版社,1978 年

〔清〕王夫之:《讀通鑑論》,中華書局,1975 年

〔清〕錢儀吉:《三國會要》,上海古籍出版社,2006 年

〔清〕朱銘盤:《南朝宋會要》,上海古籍出版社,1984 年

——:《南朝齊會要》,上海古籍出版社,1984 年

——:《南朝梁會要》,上海古籍出版社,1984 年

——:《南朝陳會要》,上海古籍出版社,1986 年

〔清〕秦蕙田:《五禮通考》,江蘇書局光緒六年(1880)重刊本

〔清〕黃以周：《禮書通故》，中華書局，2007 年

〔清〕永瑢等：《四庫全書總目》，中華書局，1965 年

二、論著類（以作者音序排列）

北京大學中國古史研究中心編：《紀念陳寅恪先生誕辰百年學術論文集》，北京大學出版社，1989 年

卞僧慧：《陳寅恪先生年譜長編》，中華書局，2010 年

柏俊才：《梁武帝蕭衍考略》，上海古籍出版社，2008 年

蔡宗憲：《淫祀、淫祠與祀典——漢唐間幾個祠祀概念的歷史考察》，收入《唐研究》第 13 輯，北京大學出版社，2007 年

陳顧遠：《中國法制史》，中國書店影印本，1988 年

——：《中國文化與中國法系——陳顧遠法律史論集》，范忠信、尤陳俊、翟文喆編校，中國政法大學出版社，2006 年

陳寅恪：《馮友蘭中國哲學史下冊審查報告》，《大公報·文學副刊》第 268 期（1933 年 2 月 20 日），收入冯友兰《中国哲学史》（下），商务印书馆，1934 年

——：《隋唐制度淵源略論稿　唐代政治史述論稿》，生活·讀書·新知三聯書店，2004 年

——：《寒柳堂集》，上海古籍出版社，1980 年

陳戍國：《中國禮制史·秦漢卷》，湖南教育出版社，1993 年

——：《中國禮制史·魏晉南北朝卷》，湖南教育出版社，1995 年

——：《中國禮制史·隋唐卷》，湖南教育出版社，1998 年

程樹德：《九朝律考》（1925），中華書局，2006 年

段玉裁：《戴東原先生年譜》，《戴震文集》，中華書局，1980 年

甘懷真：《唐代京城社會與士大夫禮儀之研究》，臺灣大學歷史學研究所博士論文（1993.12）

——：《皇權、禮儀與經典詮釋：中國古代政治史研究》，華東師範大學出版社，

2008 年

高明士：《隋代的制禮作樂——隋代立國政策研究之二》，收入黄約瑟、劉健明合編《隋唐史論集》，香港大學亞洲研究中心，1993 年

——：《中國中古的教育與學禮》，臺灣大學出版中心，2005 年

顧頡剛：《秦漢的方士與儒生》，上海古籍出版社，2005 年

顧濤：《陳寅恪"續命河汾"之經史學脈》，《中國文化研究》2012 年冬之卷（按此文內容已基本收入本譜叙説。）

——：《論祭爲四本説的積成》，待刊

——：《重新發掘六朝禮學》，《國學研究》第 39 卷，北京大學出版社，2017 年

顧廷龍：《大晉龍興皇帝三臨辟雍皇太子又再蒞之盛德隆熙之頌跋》，《燕京學報》第 10 期，1931 年 12 月

郭鋒：《杜佑評傳》，南京大學出版社，2011 年

郝懿行：《晉宋書故》，上海文瀾書局石印本，1902 年

何炳棣：《華夏人本主義文化：淵源、特徵及意義》（1996），范毅軍、何漢威整理《何炳棣思想制度史論》，臺灣聯經出版事業公司，2013 年

何德章：《魏晉南北朝史叢稿》，商務印書館，2010 年

何澤恒：《歐陽修之經史學》，臺灣大學文學院，1980 年

侯旭東：《魏晉南北朝時期禮樂教化述論》，收入張金龍主編《黎虎教授古稀紀念中國古代史論叢》，世界知識出版社，2006 年

黄展嶽：《關於王莽九廟的問題——漢長安城南郊一組建築遺址的定名》，《考古》1989 年第 3 期

賈海生：《周代禮樂文明實證》，中華書局，2010 年

江上波夫：《匈奴的祭祀》（1948），黄舒眉譯，收入劉俊文主編《日本學者研究中國史論著選譯》，中華書局，1993 年

金子修一：《關於魏晉到隋唐的郊祀、宗廟制度》（1979），譙燕譯，收入劉俊文主編《日本中青年學者論中國史·六朝隋唐卷》，上海古籍出版社，1995 年

康樂：《從西郊到南郊：拓跋魏的"國家祭典"與孝文帝的"禮制改革"》（1989），

收入王健文主編《臺灣學者中國史研究論叢·政治與權力》,中國大百科全書出版社,2005年

雷聞:《郊廟之外——隋唐國家祭祀與宗教》,生活·讀書·新知三聯書店,2009年

黎虎:《漢唐外交制度史》,蘭州大學出版社,1998年

梁滿倉:《魏晉南北朝五禮制度考論》,社會科學文獻出版社,2009年

淩廷堪:《校禮堂文集》,中華書局,1998年

劉汝霖:《漢晉學術編年》,中華書局,1987年

樓勁:《〈周禮〉與北魏開國建制》,收入《唐研究》第13輯,北京大學出版社,2007年

逯耀東:《從平城到洛陽——拓跋魏文化轉變的歷程》,中華書局,2006年

彭林:《從正史所見禮樂志看儒家禮樂思想的邊緣化》,收入《禮學與中國傳統文化》,中華書局,2006年

皮錫瑞:《經學通論》,中華書局,1954年

淺井虎夫:《中國法典編纂沿革史》,陳重民譯,中國政法大學出版社,2007年

屈萬里:《漢石經周易殘字集證》,臺北聯經出版事業公司,1984年

錢穆:《兩漢經學今古文平議》,商務印書館,2001年

——:《中國文化史導論》(1951),商務印書館修訂版,1994年

——:《中國史學名著》(1973),生活·讀書·新知三聯書店,2005年

——:《現代中國學術論衡》(1984),生活·讀書·新知三聯書店,2005年

——:《湖上閑思録》(1960),生活·讀書·新知三聯書店,2005年

沈文倬:《菿闇文存——宗周禮樂文明與中國文化考論》,商務印書館,2006年

史睿:《北周後期至唐初禮制的變遷與學術文化的統一》,《唐研究》第3卷,北京大學出版社,1997年

孫啓治、陳建華編:《古佚書輯本目録》,中華書局,1997年

孫曉輝:《兩唐書樂志研究》,上海音樂學院出版社,2005年

汪榮祖:《史家陳寅恪传》,香港波文書局初版,1976年;臺灣聯經出版有限公司

增訂版，1997 年

王銀田：《北魏平城明堂遺址研究》，《中國史研究》2000 年第 1 期

王銀田等：《山西大同市北魏平城明堂辟雍遺址 1995 年的發掘》，《考古》2001
年第 3 期

邢義田：《治國安邦：法制、行政與軍事》，中華書局，2011 年

——：《天下一家：皇帝、官僚與社會》，中華書局，2011 年

閻步克：《官階與服等》，三聯書店香港有限公司，2008 年

——：《服周之冕——〈周禮〉六冕禮制的興衰變異》，中華書局，2009 年

閆寧：《齊梁〈五禮儀注〉修撰考》，《文史》2011 年第 4 期

楊華：《論〈開元禮〉對鄭玄和王肅禮學的擇從》，《中國史研究》2003 年第 1 期

楊寬：《中國古代陵寢制度史》，上海人民出版社，2008 年

楊樹達：《漢書窺管》，上海古籍出版社，1984 年

楊志剛：《中國禮儀制度研究》，華東師範大學出版社，2001 年

葉南客、譚正雲、李惠芬《南京百年城市史（1912—2012）·綜合卷》，南京出版
社，2014 年

〔宋〕葉適：《習學記言序目》，中華書局，1977 年

游自勇：《漢唐鄉飲酒禮制化考論》，《漢學研究》第 22 卷第 2 期（2004.12）

余嘉錫：《晉辟雍碑考證》（1931），收入《余嘉錫文史論集》，岳麓書社，1997 年

張晉藩主編：《中華法系的回顧與前瞻》，中國政法大學出版社，2007 年

張文昌：《唐代禮典的編纂與傳承——以〈大唐開元禮〉爲中心》，臺灣大學歷史
學研究所碩士論文，1997 年，臺灣花木蘭文化出版社，2008 年

——：《制禮以教天下——唐宋禮書與國家社會》，臺灣大學出版中心，2012 年

張一兵：《明堂制度源流考》，人民出版社，2007 年

章太炎：《太炎文錄續編》，《章太炎全集》（五），上海人民出版社，1985 年

——：《章太炎政論選集》，湯志鈞編，中華書局，1977 年

——：《章太炎國學講演錄》，諸祖耿等記錄，中華書局，2013 年

中國社會科學院考古研究所編：《漢魏洛陽故城南郊禮制建築遺址：1962—

1992 年考古發掘報告》,文物出版社,2010 年

朱溢:《唐代孔廟釋奠禮儀新探——以其功能和類别歸屬的討論爲中心》,《史學月刊》2011 年第 1 期

年號索引

人名索引

到漑	623,645	丁琳	195	竇泰	891
到洽	631	丁潭	403	竇武	240
到彥之	506	丁忠	331	竇嬰	71
到仲舉	661	丁纂	640	都曼	1075
鄧艾	308	東方朔	92	獨孤信	865,872
鄧昊	361	董朝	334	杜豹	738
鄧羌	699	董皎	695	杜布	303
鄧琬	529	董景道	687	杜道生	738
鄧羨	831	董景珍	1014	杜杲	925,930—932,946
鄧彥海	710	董爵	791,792	杜嘏	687
鄧逸	426	董鈞	184,188,206	杜漢	931
鄧禹	169	董峻	878	杜弘據	426
鄧淵	708,709	董謐	32,703,708—711,828	杜鴻漸	1089
鄧元起	608			杜畿	257,269
鄧芝	317,321,322	董琬	739	杜夔	272,283,361
鄧騭	214,219	董偃	91	杜賈	926
狄光嗣	1121	董仲舒	57,70,73,76,94,131	杜棱	670
狄仁傑	1101,1113			杜林	167
典韋	302	董卓	248—250,268	杜緬	670
刁幹	292	豆盧寬	1038	杜栖	562
刁協	401—403,408,630	豆盧寔	967	杜潛	433
刁玄	332	豆盧通	975	杜銓	738
刁雍	755,829	竇誕	1028,1042	杜如晦	35,1022,1041
刁遵	829	竇德玄	1079	杜僧明	662
丁孚	187,193,201,221,335,336	竇建德	1013,1019,1021	杜暹	1160
		竇璡	1028	杜淹	1041
丁鴻	195	竇榮定	972	杜鄴	131
丁況	490	竇融	169,171,173	杜夷	403,408,410,412

馮友蘭　4

馮智戴　1041

馮子琮　903

馮宗　1140,1141

夫餘王　173,229

伏闍信　1062,1076

伏闍雄　1088

伏恭　192,199

伏連籌　787,809,857

伏曼容　3,51,547,560—
562,601,605,1159

伏勝　1060

伏完　253

伏暅　3,596,601,1159

伏湛　165

扶餘隆　1076

扶餘義慈　1076

苻登　704

苻洪　699

苻堅　451,470,682,691,
698—702,851

苻健　696—699

苻丕　703,704

苻生　698

苻雄　697

服虔　87,1060

福男　1079

輔抱素　1096

輔公祏　1025

傅暢　308,374,687

傅純　12,405,406,410

傅和　855

傅亮　473,478,481

傅靈櫬　857

傅隆　489

傅岐　645

傅仁均　1018

傅斯年　9

傅咸　337,377,379,381—
383

傅休　507,509

傅玄　295,311,338,345,
350,352,353,357,366,
368,480,505,560,1111

傅郁　513,517

傅瑗　457

傅縡　680

傅昭　600

傅祗　268

復株絫單于　123

富弼　1103

G

干寶　307,371,405,1044,
1109

甘懷真　27,44,48,49,
111,121,217,262,387,

444,446,631

甘卓　404

皋陶(咎繇)　148,339,
385,964

高阿那肱　907

高昂　891

高百年　891

高藏　1084

高昌　971

高琛　902

高澄　858,860—863,876,
878,881

高綽　814,821

高聰　790,797,819

高道悦　804

高德　970

高歸彦　895

高恒　903,909

高歡　848,849,852—856,
859—861

高暉　150

高冀　469

高濟　744

高熲　953,955,958,1001

高侃　1064

高璉　469,784,839

高隆之　854

高閭　765,769,774,775,

劉欽 164	劉騰 827,839,842	劉斅 577
劉慶 199,200,211,214	劉逖 897	劉協 248
劉璩 467	劉外 164	劉勰 625
劉璩之 579	劉偉之 499	劉孌 836
劉悛 539	劉隗 387,394,395	劉欣 129,131
劉仁 171	劉衛辰 700	劉歆 2,19,117,132,
劉榮 67	劉温 491	133,138,139,144,146,
劉融 550	劉文静 1017	147,149,361,509,872,
劉汝霖 133,303	劉武 67	1044
劉潤之 12,466,467	劉熙 686,1005	劉廞 852
劉善明 547,551,627	劉熙伯 739	劉興 129,193
劉尚 205	劉熹 224,352	劉熊渠 171
劉韶慧 907	劉喜 17,297,346,354	劉休倩 500,501
劉劭(邵) 12,281,298,	劉憙 339	劉休仁 515,530,531
307,349,430,432,483,	劉退 432	劉休業 508
490,499	劉羨 205	劉秀 156,160,166,360,
劉勝 72	劉祥道 1074,1079	993
劉師知 658,659	劉詳 703	劉盰 176,193
劉石 193	劉享 445	劉胥 79
劉寔 287,370,379	劉向 97,106,121,122,	劉訏 626
劉爽 101,105,108	125—128,130,135,149,	劉昫 9
劉壽 220	206,442,829,1060	劉玄 156
劉叔子 519	劉歆 625,626	劉玄德 417
劉鑠 499,508	劉孝標 465	劉璿 318
劉頌 279	劉孝綽 628	劉烜 198
劉臺龍 827	劉孝勝 858	劉炫 971,986,989,993
劉陶 372	劉孝孫 878,967,984	劉詢 97
劉駒騄 216	劉孝儀 638,855,856	劉焉 195,200,202,204,

孫卿 1044	莎車王 169	滕曇恭 535
孫權 255,258,259,262,	所忠 78	田疇 251
264,268,290,321—324,	索敞 740	田德懋 960
326,401,462	索季孫 729	田蚡 71,72,74,117
孫榮乂 821	索琳 64,95,397	田横 43
孫紹 37,814	**T**	田惠紹 760
孫深 932	太昊(皞) 139,143,342	田奇 734
孫詵 533	太平公主 1112,1116	田千秋 93
孫盛 63,264,265,286,	談劇 423	田穰苴 1155
295,299,335,336,345,	檀超 551	田仁恭 960
411,428	檀道濟 486	田思 683
孫寔 242	湯 102,129,777,850,	田游巖 1093
孫恕 930	873,964,1046,1155	田元鳳 862
孫騰 891	唐弼 1011	田再思 1141,1143
孫霤 330	唐昌公主 1152	統葉護可汗 1028
孫文 402	唐和 747	禿髮傉檀 720
孫武 511,1155	唐羅漢 996	禿鹿傀 737
孫霄 407	唐紹 1123—1126,1132,	突厥可汗 868,978,1011
孫曉輝 15	1133,1135,1158	突利可汗 1035
孫復 532	唐同泰 1101	突利設 1057
孫休 329	唐昕 1082	吐屯設 1006
孫玄成 1166	唐則 932	託拔迪 923
孫彧 331,335	唐畛 1065	拓跋澄 793,800
孫毓 301,363,365,	唐咨 309	拓跋處文 726
976	堂谿典 244	拓跋壽 730,731
孫兆 388	陶弘景 637	拓跋弗 683
孫仲謀 417	陶侃 417	拓跋伏真 733
孫自覺 1074	陶韶 580	拓跋幹 774

作者簡介

顧濤,1978 年生,江蘇無錫人。先後獲得南京大學文學學士、碩士、博士學位,博士學位論文是《〈儀禮〉漢本異文構成分析》(2007)。現任清華大學人文學院歷史系副教授、博士生導師,新雅書院常任導師,兼任中華書局經典教育研究中心研究員。2013 年,獲悉尼大學國際學術交流獎(International Research Collaboration Award, The University of Sydney)。近期研究偏重於禮制史、經學史、思想史、《史記》研究、《通典》研究。著有《中國的射禮》(南京大學出版社,2013年),《漢語古音學史》(合著,上海古籍出版社,2016 年),《禮治三千年》(商務印書館,即出)等。

從 2009 年 3 月踏入清華園,作者便開始啟動此書的研究與撰寫,至今八載有餘。此書印製完成,便意味着進一步修訂的開始。衷心期待廣大學術界的同好、真心的朋友們,尤其是初生牛犢的同學們,采用各種方式,讓作者知道你們發現了什麼問題。

聯繫郵箱:chubaolang@vip.sina.com。

圖書在版編目（CIP）數據

漢唐禮制因革譜/顧濤著. -- 上海：上海書店出版社，
2018.10（2019.3重印）
ISBN 978-7-5458-1668-6

Ⅰ.①漢… Ⅱ.①顧… Ⅲ.①禮儀－制度－研究－中國－
漢代②禮儀－制度－研究－中國－唐代 Ⅳ.①K892.9

中國版本圖書館CIP數據核字(2018)第140880號

責任編輯　　解永健　　盛　魁
特約審讀　　許仲毅
特約編輯　　陳小魯
封面裝幀　　汪　昊

漢唐禮制因革譜
顧　濤　著

出　　　版　上海書店出版社
　　　　　　　（200001　上海福建中路193號）
發　　　行　上海人民出版社發行中心
印　　　刷　上海展強印刷有限公司
開　　　本　787×1092　1/16
印　　　張　77.75
字　　　數　1 170 000
印　　　數　1 501–3 000
版　　　次　2018年10月第1版
印　　　次　2019年3月第2次印刷
ISBN 978-7-5458-1668-6/K·318
定　　　價　390.00圓